Einer-Canadier, 500 m
G Sergej Postrechin (UdSSR)
S Lubomir Lubenoff (Bulgarien)
B Olaf Heukrodt (DDR)

Zweier-Canadier, 500 m
G Foltan/Vaskuti (Ungarn)
S Potzaichin/Capusta (Rumänien)
B Ananieff/Ilkoff (Bulgarien)

Frauen

Einerkajak, 500 m
G Birgit Fischer (DDR)
S Vania Ghecheva (Bulgarien)
B Antonina Melnikowa (UdSSR)

Zweierkajak, 500 m
G Genauss/Bischof (DDR)
S Alexejewa/Trofimowa (UdSSR)
B Rakusz/Zakarias (Ungarn)

Männer

Einerkajak, 1000 m
G Rüdiger Helm (DDR)
S Alain Lebas (Frankreich)
B Ion Birladeanu (Rumänien)

Zweierkajak, 1000 m
G Parfenowitsch/Schuchrai (UdSSR)
S Istvan Szabo/Istvan Joos (Ungarn)
B Ramos-Misione/Menendez (Spanien)

Viererkajak, 1000 m
G DDR
S Rumänien
B Bulgarien

Einer-Canadier, 1000 m
G Lubomir Lubenov (Bulgarien)
S Sergei Postrechin (UdSSR)
B Eckhard Leue (DDR)

Zweier-Canadier, 1000 m
G Potzaichin/Simionov (Rumänien)
S Olaf Heukrodt/Uwe Madeja (DDR)
B Jurschenko/Lobanow (UdSSR)

Leichtathletik

Männer

100 m
G Allan Wells (GB) 10,25 Sek.
S Silvio Leonard (Kuba) 10,25 Sek.
B Petar Petrov (Bulgarien) 10,39 Sek.

200 m
G Pietro Mennea (Italien) 20,19 Sek.
S Allan Wells (GB) 20,21 Sek.
B Don Quarrie (Jamaika) 20,29 Sek.

400 m
G Viktor Markin (UdSSR) ER 44,60 Sek.
S Richard Mitchell (Australien) 44,84 Sek.
B Frank Schaffer (DDR) 44,87 Sek.

800 m
G Steve Ovett (GB) 1:45,4 Min.
S Sebastian Coe (GB) 1:45,9 Min.
B Nikolai Kirow (UdSSR) 1:46,0 Min.

1500 m
G Sebastian Coe (GB) 3:38,4 Min.
S Jürgen Straub (DDR) 3:38,8 Min.
B Steve Ovett (GB) 3:39,0 Min.

5000 m
G Miruts Yifter (Äthiopien) 13:21 Min.
S Suleiman Nyambui (Tansania) 13:21,6 Min.
B Kaarlo Maaninka (Finnland) 13:22,0 Min.

10000 m
G Miruts Yifter (Äthiopien) 27:42,7 Min.
S Kaarlo Maaninka (Finnland) 27:44,3 Min.
B Mohammed Kedir (Äthiopien) 27:44,7 Min.

110 m Hürden
G Thomas Munkelt (DDR) 13,39 Sek.
S Alejandro Casanas (Kuba) 13,40 Sek.
B Alexander Putschkow (UdSSR) 13,44 Sek.

400 m Hürden
G Volker Beck (DDR) 48,70 Sek.
S Wassili Archipenko (UdSSR) 48,86 Sek
B Gary Oakes (GB) 49,11 Sek.

3000 m Hindernis
G Bronislaw Malinowski (Polen) 8:09,7 Min.
S Filbert Bayi (Tansania) 8:12,5 Min.
B Eshetu Tura (Äthiopien) 8:13,6 Min.

Marathon
G Waldemar Cierpinski (DDR) 2:11,03 Std.
S Gerard Nijboer (Niederlande) 2:11,20 Std.
B S. Dschumanazarow (UdSSR) 2:11,35 Std.

4 × 100 m
G UdSSR ER 38,26 Sek.
S Polen 38,33 Sek.
B Frankreich 38,53 Sek.

4 × 400 m
G UdSSR 3:01,1 Min.
S DDR 3:01,3 Min.
B Italien 3:04,3 Min.

Hochsprung
G Gerd Wessig (DDR) WR 2,36 m
S Jacek Wszola (Polen) 2,31 m
B Jörg Freimuth (DDR) 2,31 m

Der italienische Sprinter Pietro Mennea gewinnt den 200 m Lauf vor dem Schotten Allan Wells

Weitsprung
G Lutz Dombrowski (DDR) 8,54 m
S Franz Paschek (DDR) 8,21 m
B Waleri Podluschny (UdSSR) 8,18 m

Stabhochsprung
G Wladyslaw Kozakiewicz (Polen) WR 5,78 m
S Konstantin Wolkow (UdSSR) 5,65 m
S Tadeusz Slusarski (Polen)

G Jaak Uudm
S Viktor Sane
B Joao Carlos

Ku
G Wladimir Kis
S Alexander Ba
21,08 m
B Udo Beyer (DDR) 21,06 m

Sebastian Coe, Olympiasieger über 1500 m

Diskus
G Viktor Raschtschupkin (UdSSR) 66,64 m
S Imrich Bugar (CSSR) 66,38 m
B Luis Delis (Cuba) 66,32 m

Speerwerfen
G Dainis Kula (UdSSR) 91,20 m
S Alexander Marakow (UdSSR) 89,64 m
B Wolfgang Hanisch (DDR) 86,72 m

Hammerwurf
G Juri Sedych (UdSSR) WR 81,80 m
S Sergej Litwinow (UdSSR) 80,64 m
B Juri Tamm (UdSSR) 78,96 m

Zehnkampf
G Daley Thompson (GB) 8495 P.
S Juri Kutsenko (UdSSR) 8331 P.
B Sergej Tschelanow (UdSSR) 8135 P.

20 km Gehen
G Maurizio Damilano (Italien) 1:23:35 Std.
S Pieto Potschentschuk (UdSSR) 1:24:45 Std.
B Roland Wieser (DDR) 1:25:58 Std.

50 km Gehen
G Hartwig Gauder (DDR) 3:49:24 Std.
S Jorge Llopart (Spanien) 3:51:25 Std.
B Jewgeni Iwschenko (UdSSR) 3:56:32 Std.

Frauen

100 m
G Ludmilla Kondratjewa (UdSSR) 11,06 Sek.
S Marlies Göhr (DDR) 11,07 Sek.
B Ingrid Auerswald (DDR) 11,14 Sek.

200 m
G Bärbel Wöckel (DDR) 22,03 Sek.
S Natalja Bochina (UdSSR) 22,19 Sek.
B Merlene Ottey (Jamaika) 22,20 Sek.

400 m
G Marita Koch (DDR) 48,88 Sek.
S Jarmila Kratochvilova (CSSR) 49,46 Sek.
B Christina Lathan (DDR) 49,66 Sek.

800 m
G Nadeschda Olisarenko (UdSSR) WR 1:53,5
SSR) 1:54,9 Min.
na (UdSSR)
1:55,5 Min.

dSSR)
3:56,6 Min.
(DDR)
3:57,8 Min.
Nadeschda Olisarenko (UdSSR) 3:59,6 Min.

100 m Hürden
G Vera Komisowa (UdSSR) 12,56 Sek.
S Johanna Klier (DDR) 12,63 Sek.
B Lucyna Langer (Polen) 12,65 Sek.

Hochsprung
G Sara Simeoni (Italien) 1,97 m
S Urzula Kielan (Polen) 1,94 m
B Jutta Kirst (DDR) 1,94 m

Weitsprung
G Tatjana Kolpakowa (UdSSR) 7,06 m
S Brigitte Wujak (DDR) 7,04 m
B Tatjana Skatschko (UdSSR) 7,01 m

Kugelstoßen
G Ilona Slupianek (DDR) 22,41 m
S Swetlana Kratschewskaja (UdSSR) 21,42 m
B Margitta Pufe (DDR) 21,10 m

Der Äthiopier Miruts Yifter gewinnt über 5000 und 10000 Meter

Speerwerfen
G Maria Colon (Cuba) 68,40 m
S Saida Gunba (UdSSR) 67,76 m
B Ute Hommola (DDR) 66,56 m

Diskus
G Evelin Jahl (DDR) 69,96 m
S M. Petkowa-Wergowa (Bulgarien) 67,90 m
B Tatjana Lesowaja (UdSSR) 67,40 m

Fünfkampf
G Nadeschda Tkatschenko (UdSSR) WR 5083 P.
S Olga Rukawischnikowa (UdSSR) 4937 P.
B Olga Kuragina (UdSSR) 4875 P.

4 × 100 m
G DDR WR 41,60 Sek.
S UdSSR 42,10 Sek.
B Großbritannien 42,43 Sek.

4 × 400 m
G UdSSR 3:20,2 Min.
S DDR 3:20,4 Min.
B Großbritannien 3:27,5 Min.

Guinness
Buch der Rekorde

»Guinness Book of Records«
Deutsche Ausgabe
Ullstein 1981

Herausgeber der englischen Ausgabe:
Norris McWhirter
Chefredakteur der deutschen Ausgabe:
Dr. Manfred Barthel
Redaktion: Bernhard Weidner, Bernd Sagasser, Matthias Lorenzen (Sport)
Deutsche Bildredaktion: Sigrid Lézin
Schutzumschlag: Hansbernd Lindemann

Die Redaktion dankt allen Behörden, Dienststellen, Medien und Instituten, die durch Mitarbeit, Publikationen und Auskünfte mitgeholfen haben, die Angaben auf den jüngsten Stand zu bringen.

Die Originalausgabe erscheint seit 1955. Ihr Titel:

Guinness Book of Records

im Verlag Guinness Superlatives Limited, London

Fremdsprachige Ausgaben:
Guinness Book of World Records, 1979, USA
Guinness Rekord bog forst og Storst Sidst og Mindst, 1979, Dänemark
Guinness Rekord bok Forst of Storst Sist of Minst, 1978, Norwegen
Guinness Korega Sekai Ichi, 1978, Japan
Enciclopedia Guinness de Superlativos Mundiales, 1978, USA (für Südamerika)
Il Guinness dei Primati, 1977, Italien
Guinness Suuri Ennätys Kirja, 1976, Finnland
Guinness Rekord bok Först och Störst, 1979, Schweden
Guinness Groot rekord Boek, 1979, Niederlande
Guinnessova knika rekordu, 1975, ČSSR
Guinness Sefer Haisiim, 1979, Israel
Heimsmetabok Guinness, 1977, Island
Guinness Rekaman Rekor Dunia, 1979, Indonesien
Guinnessova Knjiga Rekorda, 1977, Jugoslawien
El Libro Guinness de los Recordes, 1978, Spanien
Guinness Rekorlar Kitabi, 1979, Türkei
Guinness Le Livre des Records, 1980, Frankreich.
Weitere Ausgaben in portugiesisch, arabisch, chinesisch und slowenisch sind in Vorbereitung.

ISBN: 0900424907

Satz: Süddeutsche Verlagsanstalt und Druckerei, Ludwigsburg
Reproduktion: Firma Otterbach Repro, Rastatt
Druck und Binden: Mohndruck Graphische Betriebe GmbH, Gütersloh

Printed in Germany
ISBN: 3 550 07697 5

Zeichenerklärung:
(Globus) = Weltrekord[1]
(D) = Westdeutscher Rekord*
(DDR) = Ostdeutscher Rekord*
(A) = Österreichischer Rekord*
(CH) = Schweizer Rekord*

[1] bei Redaktionsschluß, sowie Einmaligkeiten, die weltweit nicht ihresgleichen haben
* und Fakten aus diesem Gebiet

An den Leser:
Wenn Sie daran interessiert sind, mit einem eigenen Rekord in die nächste Ausgabe unseres **Guinness Buches der Rekorde** aufgenommen zu werden, so füllen Sie bitte das Rekord-Formular am Schluß dieses Buches aus und senden es an

Guinness Buch der Rekorde
Abteilung: Rekord-Anerkennung
Lindenstr. 76
1000 Berlin 61

Der Verlag behält sich in jedem Fall die Entscheidung vor, einen Rekord in die nächste Ausgabe aufzunehmen oder nicht. Wird ein Rekord aufgenommen, so entstehen weder dem Rekordhalter noch dem Berichterstatter irgendwelche Kosten.
Damit ein Rekord geprüft werden kann, müssen folgende Voraussetzungen erfüllt sein:
Rekorde sind nach unserer Auffassung Leistungen, die meß- oder vergleichbar sein müssen.
Wer Anspruch auf einen Rekord erhebt, muß Bestätigungen von unabhängigen, volljährigen Dritten beibringen. Dies können Ausschnitte aus der Tagespresse oder aus Illustrierten sein, oder auch Fernseh- und Rundfunkberichte über die jeweilige Rekordleistung.
Bei Dauerleistungen muß ein Stundenbuch geführt werden, dessen korrekte Eintragungen von unabhängigen volljährigen Dritten unterschriftlich bestätigt werden müssen.
Bei Marathonveranstaltungen sind Ruhepausen von fünf Minuten nach jeder vollen Stunde zulässig. Sie müssen jedoch in dem Rekordbericht aufgeführt werden.
Dauerleistungen – dies sei ausdrücklich betont – sind für die Gesundheit nicht ungefährlich. Wer einen Dauerrekord aufzustellen beabsichtigt, sollte unbedingt vorher einen Arzt aufsuchen und ihn unter Umständen während des Rekordversuchs hinzuziehen.
Die Redaktion ist dankbar, wenn Rekordbrecher Fotos oder Dias von sich und/oder ihrem Rekord miteinsenden. Bei Nichtverwendung werden sie dem neuen Rekordhalter wieder zugestellt.

(Dr. Manfred Barthel)
Chefredakteur

Gruß aus London an die deutschen Leser

Mit besonderem Vergnügen begrüßen wir die erste umfassende deutschsprachige Ausgabe vom **Guinness Buch der Rekorde.**
Dieses Buch wurde vor 25 Jahren geschaffen, um Streitfragen über Rekorde auf allen Gebieten des menschlichen Lebens zuverlässig und rasch zu beantworten, und wir finden, daß eine deutschsprachige Ausgabe längst fällig war, denn es wäre falsch, anzunehmen, daß Rekorde aufzustellen, sie zu überbieten und zu registrieren nur eine angelsächsische Marotte ist.
Das **Guinness Buch der Rekorde** umfaßt alle Wissensgebiete, Hobbies und Sportarten, es erscheint in 23 Sprachen mit einer weltweiten Auflage von 40 Millionen Exemplaren. Seine Verbreitung ist größer als die jedes anderen Nachschlagewerks.
Mehr als ein Viertel der vielen tausend Rekordmeldungen werden Jahr für Jahr, von Ausgabe zu Ausgabe durch neue, in jedem Fall genau überprüfte ersetzt.
Wir begrüßen es, daß diese deutsche Ausgabe zu den im englischen Original vermerkten Rekorden auch Meldungen aus Deutschland, Österreich und der Schweiz hinzugefügt hat, wodurch sie zu einem unentbehrlichen Nachschlagewerk für das gesamte deutschsprachige Gebiet wird.
Aber auch lebenswichtige Nebensächlichkeiten, wie z. B. die Fragen, wie schwer das größte Gewicht war, das je von einer Frau gehoben wurde, oder um wieviel höher ein Mensch springen kann, als er selbst groß ist, beantwortet dieses Buch zuverlässig.
Auch für die 26. Ausgabe gelten unverändert jene Worte, die ich 1955 zur ersten englischen Ausgabe schrieb:
»Wieviel hitzköpfige Debatten sich an solchen harmlosen Fragen auch entzünden mögen – Guinness hofft, daß dieses Buch eine nützliche Hilfe ist, um die meisten der Streitfragen korrekt zu beantworten und vielleicht die Erregung in Erleuchtung, die Hitze der Diskussion in das Licht des Wissens zu verwandeln.«

London, im August 1980

Norris McWhirter

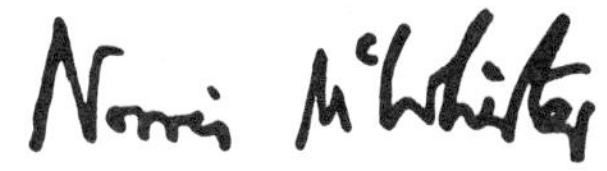

Herausgeber **GUINNESS Book of Records**

INHALT

Filmvertrag für Sandy Allen (USA), der größten lebenden Riesin (231,7 cm). Frederico Fellini gab ihr eine Rollle in seinem Film »Casanova«.

In letzter Minute

Kapitel 1: DER MENSCH

Die ältesten Zwillinge (Seite 4) Der außerordentlich seltene Fall (1:700 Mio.), daß eineiige Zwillinge 100 Jahre alt werden, trat nochmals am 16. Juni 1980 ein, als *Elin Hagmark* und *Naemi Bomanson* von den finnischen Alandinseln gemeinsam ihren 100. Geburtstag als Zwillingsschwestern feiern konnten. Elin ist zwar inzwischen auf einen Rollstuhl angewiesen und Naemi braucht eine starke Brille, aber die geistige Frische der beiden ist ungetrübt.

Kapitel 3: ERDE – WELTALL – RAUMFAHRT

Temperaturen (Seite 97) Die größte Hitzekatastrophe unserer Tage erlebten im Juni und Juli 1980 die Südwest-Bundesstaaten der USA, vornehmlich Texas, wo z. B. in Dallas/Fort Worth tageweise nahezu 50° C und eine monatliche Durchschnitttstemperatur von 37,5° C gemessen wurden. Die Dürre- und Feuerschäden der Landwirtschaft erreichten Milliardenhöhe. Aus den sechs hauptbetroffenen Bundesstaaten wurden bis zum 25. Juli weit über 1000 Tote gemeldet.

Längster bemannter Raumflug (Seite 114) Mit dem Transporter *Progress 10,* der am 1. Juli 1980 gestartet wurde, bekamen *Popow* und *Rjumin* ein Farbfernsehgerät an Bord von *Saljut 6* geliefert, damit sie die Übertragungen von den Olympischen Spielen in Moskau genußvoller erleben konnten. Ihr alter Bordempfänger arbeitete nur schwarzweiß.

Kapitel 4: NATURWISSENSCHAFT UND TECHNIK

Patente (Seite 154) Den ersten Patentschutz für einen künstlichen, von Menschen geschaffenen Organismus erteilte im Juli 1980 der Oberste Gerichtshof der USA in Washington D. C. für einen von einem Biologen der Fa. *General Electric* »erfundenen« neuen Bakterientyp, der Rohöl in kleine Komponenten zerlegt und so die Ölverschmutzung nach Tankerunfällen bekämpfen kann. Das Gericht erklärt, die Schaffung neuer Formen von Organismen sei grundsätzlich patentierbar, doch müsse im Hinblick auf die Gefahren, die z. B. das sog. »genetic engineering« berge, jeweils der Gesetzgeber entscheiden, ob er derartigem künstlichen Leben in Zukunft Patentschutz gewähren will. Die US-Universitäten Stanford und San Francisco sollen bereits einen Patentantrag für den grundlegenden Prozess der Gen-Spaltung gestellt haben.

Uhren und Zeitmesser (Seite 149) Die größte Sonnenuhr der Welt stammt aus dem 2. Jahrhundert n. Chr. und wurde im Frühsommer 1980 von westdeutschen Archäologen unter Leitung von *Prof. Edmund Buchner* in Rom (Italien) entdeckt. Sie liegt 6,5 m unter dem heutigen Straßenniveau, auf der Rückseite des Gebäudes, in dem die italienische Abgeordnetenkammer tagt. Es ist eine zerbrochene, bronzene Skala, die über einer früheren Sonnenuhr liegt, welche vermutlich aus der Zeit des Kaisers Augustus (63 v. bis 14 n. Chr.) stammt. Als »Zeiger« diente der vor dem Kammergebäude stehende Obelisk.

Erdbeben (Seite 78) Am 15. Juli 1980 ereignete sich um 14 Uhr 17 ein tektonisches Beben mit dem Richter-Skalenwert 5,5 im Raum von Südwestdeutschland, dem Elsaß (Frankreich) und der Nordschweiz. Das Epizentrum lag im Großraum der Stadt Basel (Schweiz) bzw. im oberen Rheingraben zwischen den Städten Straßburg und Mühlhausen (Frankreich). Insbesondere dort kam es zu erheblichen Glasbruch- und Dachschäden an Gebäuden. Menschenleben waren nicht zu beklagen.

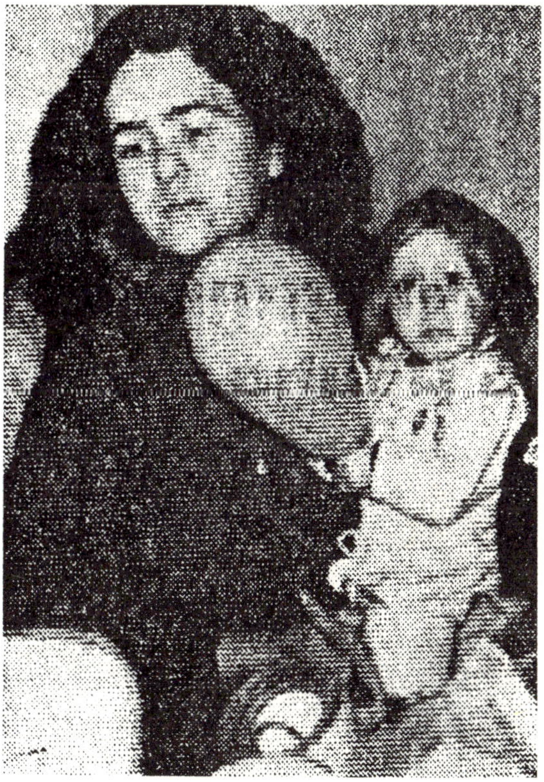

Die kleinste lebende Zwergin ist die inzwischen zehnjährige Griechin *Stamatuola.* Ihre Eltern gaben sie in ein Kloster, weil sie nicht als Abnormität vermarktet werden, sondern als normaler Mensch aufwachsen oder wenigstens älter werden soll.

In letzter Minute

Kapitel 5:

BAUWERKE UND ARCHITEKTUR

Spezialtunnel (Seite 181) Ende April 1980 wurde ein Kanal zwischen dem ägyptischen Festland und der Halbinsel *Sinai* eröffnet, der mit einem Kostenaufwand von 138 Mio. DM in 51 m Tiefe 17 km nördlich von Suez *unter* dem Suezkanal hindurch gegraben worden ist. Er dient vorwiegend der Bewässerung der Sinai-Wüste. Durch sechs Wasserrohre laufen täglich 1,3 Mio. m^3 Süßwasser und bewässern 12 000 ha Land. In dem 2,7 km langen Tunnel, mit dessen Bau 1979 begonnen worden war, befindet sich auch eine zweispurige Straße und elektrische Versorgungsleitungen.
Wie verlautet, will Ägypten 1981 noch zwei weitere Tunnels unter dem Suezkanal bauen.

Kapitel 6:

KUNST UND UNTERHALTUNG

Höchstpreise für Gemälde (Seite 191) Das auf Eichenholz gemalte, 185 × 205 cm große Gemälde *Samson und Delilah* von *Peter Paul Rubens* (* 28. Juni 1577, † 30. Mai 1640), vermutlich 1610 nach einer Italienreise des flämischen Barockmeisters in Antwerpen gemalt, wurde am 11. Juli 1980 bei Christie's in London für 2,3 Mio. Pfund Sterling (ca. 9,5 Mio. DM) versteigert. Den Zuschlag zu diesem höchsten, jemals für ein Rubens-Bild gezahlten Preis erhielt ein englischer Kunsthändler, der es für die Londoner *National Gallery* erwarb. Verkäufer war eine in den Presseverlautbarungen nicht näher genannte europäische Familie. (Nach Meinung von Insidern war es die Familie *Neuerburg* aus Hamburg, Westdeutschland.)

Musical-Rekord (Seite 226) Beim Abschluß der New Yorker Theatersaison 1979/80 wurde Anfang Juni 1980 im *Mark-Hellinger-Theater* am Brodway das Musical *Evita* (Buch: *Tim Rice,* Musik: *Andrew Lloyd Webber)* als bestes Musical mit sechs *Tony-Awards* ausgezeichnet, dem höchsten und begehrtesten Preis, mit dem die New Yorker Kritiker alljährlich hervorragende Bühnenleistungen honorieren.

Kapitel 8:

WELT DER WIRTSCHAFT

Viehpreise, teuerste Kuh (Seite 324) Der früher zur Pop-Gruppe der *Beatles* gehörende Sänger *John Lennon* (* 9. Oktober 1940), der jetzt zusammen mit seiner aus Japan stammenden Frau *Ono* neben anderen Geschäften sechs Farmen an der amerikanischen Ostküste betreibt, erzielte Anfang Juli 1980 auf einer Zuchtviehausstellung für eine schwarzbunte Holsteinische Kuh (von denen er 250 Stück besitzt) den Rekordpreis von 265 000 Dollar (rund 470 000.– DM).

Kapitel: 9

WELT DES VERKEHRS

Segelschiffe (Seite 334) Das größte noch fahrende Segelschiff der Welt ist der sowjetrussische Viermaster *Krusenstern.* Das Schiff, ursprünglich ein deutsches Schulschiff, ist über alles 115 m lang. Im Juli 1980 nahm es von der Kieler Förde aus an einer internationalen »Windjammer«-Regatta nach Schweden teil.

Weltumseglungs-Rekorde (Tabelle Seite 335) Für eine Einhand-Weltumseglung mit seiner 12 m langen Jacht *Ocean Bound* – Start und Ziel war die Hafenstadt Plymouth in Südwestengland – brauchte der 38jährige *David Scott Cowper* genau 249 Tage. Am 23. April 1980 lief er in Plymouth wieder ein. Er brach damit den 266-Tage-Rekord der Neuseeländerin *Naomi James* vom 8. Juni im Jahre 1978.

Sparsamstes Auto (Seite 353) Mit einem ebenfalls von den Lehrlingen der *Daimler-Benz AG* konstruierten Dreiradwagen schaffte bei einem Sparsamkeits-Wettbewerb, der im Juli 1980 abermals auf dem westdeutschen *Hockenheim-Ring* abgehalten wurde, unter 70 Teilnehmern ein 17jähriger Mechaniker aus Esslingen (Baden-Württemberg) einen neuen Rekord: für 1028 km verbrauchte er *nur einen Liter* Dieselkraftstoff!
Einen Weltrekord für Fahrzeuge mit Ottomotoren fuhr bei gleicher Gelegenheit ein 38jähriger Versuchsmechaniker aus Oberndorf (Baden-Württemberg) heraus. Er legte auf einem stromlinienförmigen Eigenbau-»Sparmobil«, für das er rund 1000 Arbeitsstunden aufgewendet hatte, 781 km *mit einem Liter* Superbenzin zurück. Als Antrieb diente ein 20 Jahre alter 2 PS (1,47 kW) Viertaktmotor aus einem ehemaligen Heinkel-Kabinenroller.

Kapitel 10:

DAS TÄGLICHE LEBEN

Größte Kuchen (Seite 400) Den größten Erdbeerkuchen der Welt buken am 13. Juli 1980 die 7800 Bürger von *Nersingen* bei Neu-Ulm (Bayern) zugunsten der *Aktion Sorgenkind.* Der runde, süßfruchtige Gigant war 51 m^2 groß und enthielt 60 000 Stück bzw. 450 kg frisch gepflückte Erdbeeren, 185 kg Mehl, 4200 Eier, 145 kg Zucker, 38 kg Fett, 25 kg Weizenpuder, 250 kg Marmelade

In letzter Minute

und 250 l Guß. Aufgeteilt in genau 5100 Kuchenstücke, erbracht er über 10 000.– DM für den guten Zweck.
Die Nersinger hatten der *Aktion Sorgenkind* schon einmal mit einer Rekord-Aktion geholfen! Sie produzierten am 24. September 1977 die größte Schwarz- bzw. Blutwurst der Welt.

Preisschnupfen (Seite 411) Am 12. Juli 1980 wurde in *Nadlstadt* bei Freising (Westdeutschland, Bayern) die zweite internationale Schnupftabak-Weltmeisterschaft ausgetragen. 138 »Nasensportler«, Damen und Herren aus Westdeutschland, Österreich, der Schweiz und England versammelten sich dazu in der Marktgemeinde in der Hollledau. Es galt, genau fünf Gramm Tabak 60 Sekunden lang in der Nase zu halten. Für die Vergabe von Plus- und Minuspunkten galten strenge internationale Regeln, wobei eine elektronische Waage eine gewichtige Rolle spielte. Weltmeister mit 4,97 g in 60 Sec. wurde der deutsche Meister *Hans Schmidt* (32), ein Metzgermeister aus Egensbach bei Hersbruck a. d. Pegnitz (Bayern) gefolgt von seinem Bruder *Alfred* mit nur einem Zehntel Gramm Rückstand. Das aus England angereiste Team erreichte nur den 28. von 29 Plätzen, wird aber dessen ungeachtet die nächstjährige WM in England ausrichten, wo im vorigen Jahr auch schon die erste stattgefunden hatte.

Porzellan (Seite 415) Die kostbarste, in letzter Zeit entdeckte Porzellan-Antiquität dürfte ein von einer englischen Witwe unwissentlich als Blumenübertopf verwendeter, mit Lotusblumen und Schmetterlingen bemalter blauweißer Porzellankrug aus der Zeit der chinesischen *Ming-Dynastie* (1367 bis 1644 n. Chr.) sein. Ein Experte des Londoner Auktionshauses Sotheby's fand ihn bei der alten Dame, als er in ihrem Haus ein Gemälde schätzen sollte, dessen Wert aber unbedeutend war. Den »Blumentopf« jedoch, von dessen Art nur noch zwei Stück bekannt sind, schätzte der Kunsthändler sofort auf gut 400 000.– DM. Tatsächlich brachte die Versteigerung bei Sotheby's am 15. Juli 1980 der glücklichen Besitzerin 265 000 Pfund Sterling (ca. 1,1 Mio. DM), die ein anonymer Käufer aus Fernost dafür bezahlte.

Kapitel 11:
SPASSREKORDE

Achterbahn-Fahren (Seite 436) Vom 22. Juni bis zum 9. Juli 1980 hatte der amerikanische Pizzaverkäufer *Noel Aube* (26) aus Farmingdale bei New York 432 Stunden bzw. 18 Tage die Steilkurven und Serpentinen einer Achterbahn durchrast. Damit stellte er den bisherigen Dauerrekord von *Jim King* weit in den Schatten. *King* hatte allerdings auch diesmal gleichzeitig mit Aube eine Achterbahn in Florida bestiegen, brach aber nach 368 Stunden zusammen und mußte ins Krankenhaus gebracht werden.
Aube wollte noch bis zum 12. Juli durchhalten und einen Superrekord von 500 Stunden aufstellen.

Miss-Wahlen (Seite 451) »Miss Germany 1980« wurde am 27. Juli 1980 die in Los Angeles (USA) lebende Berlinerin Gabrielle Brum (18).
Den Titel »Miss Universum« errang – unter 69 Bewerberinnen aus aller Welt – auch 1980 wieder eine US-Amerikanerin. Am 8. Juli wurde die 20jährige Studentin der Kommunikations- und Werbewissenschaften *Shawn Weatherley* aus South Carolina in der südkoreanischen Hauptstadt Seoul zur schönsten Frau der Welt gekürt.

Schlangengrube-Sitzen (Seite 457) Unwiderruflich letzte Meldung dazu: Am 2. Juli 1980 hatte es der 25jährige Engländer Mike *Dickson* im westdeutschen Ort Haiger (Hessen) genau 61 Tage lang in einem Glaskäfig mit 25 hochgiftigen Schlangen ausgehalten.

Nicht anerkannt wurde dieser Rekordversuch im Rückwärtsgehen, da er mit Rückspiegeln unternommen wurde.

Für eigene Notizen

Der Mensch

Der Mensch

Herkunft und Alter

Der Mensch *(homo sapiens)* ist eine Gattung der Unterfamilie *Homoninae* der Familie *Hominidae,* die zur Superfamilie *Hominoidea,* einer Unterordnung der *Simiae* (oder *Anthropoidea*) aus der Ordnung der *Primaten* zur Infraklasse *Eutheria* gehört, wie auch zur Unterklasse *Theria* der Klasse der Säugetiere des *Sub-Phylum* der Wirbeltiere *(Craniata)* und zum *Phylum Chordata* des Unterreiches *Metazoen* des Tierreiches. Alles klar? Klingt doch so einfach!

Die ersten Menschen

Wenn man das Alter des Erde-Mond-Systems (laut neuester Schätzung mindestens 4700 Mio. Jahre) als ein einziges Jahr annimmt, dann erschienen der erste Mensch am 31. Dezember um 20 Uhr 35, die ersten Einwohner Deutschlands um ca. 23 Uhr 32; die christliche Zeitrechnung fing etwa 13 Sekunden vor Mitternacht an, und die Lebensspanne eines 114jährigen Mannes entspräche etwa einer dreiviertel Sekunde.
Nach neuesten Berechnungen wächst die Wärme der Sonne derart, daß sie in ca. 10 Mio. Jahren zu einem »feurigen Riesen« wird, der Leben auf der Erde nicht mehr ermöglicht. Doch die Wissenschaftler trösten uns: In dieser Zeitspanne kann es möglicherweise kältere Epizyklen (Zwischenzeiträume) geben.

Die einzelnen Entwicklungsstufen:

Primaten: Die ersten uns bekannten Primaten erschienen im *Paläozän* vor etwa 80 Mio. Jahren. *Die Simiae* (oder *Anthropoides*) genannte Unterordnung entwickelte sich aus dem *Infraordo Catarrhina* (Affen der Alten Welt) über 40 Mio. Jahre später während des unteren Oligozäns. Die Superfamilie Hominoides tauchte während des mittleren und oberen Oligozäns auf mit den drei anerkannten Familien: *Hominidae* (aufrechter Gang, menschenähnlich), *Pongidae* (Menschenaffen) und *Oreopithecidae*. Das bisher früheste hominide Fossil ist der *Oligopithecua savagei,* der in El Faiyum in Ägypten entdeckt wurde und der vor ca. 33 Mio. Jahren lebte.
Der amerikanische Primaten-Forscher *Elwyn Simons* von der *Duke*-Universität in Durham veröffentlichte Anfang 1980 Einzelheiten über den *Aegyptopithecus zeuxis,* den »verbindenden ägyptischen Affen«, wie ihn die Wissenschaftler nennen. Simons meint, er sei »ein garstiges kleines Ding« gewesen. Er lebte in den Baumwipfeln tropischer Wälder, war fuchsgroß, hatte eine kurze Schnauze, voll nach vorn blickende Augen, Greifhände und -füße. Er bewegte sich vierbeinig. Zu dieser Theorie kam Simons nach der Untersuchung von mehr als 20 Knochenfragmenten.

Hominiden (Menschenartige): Die Charakteristika der Hominidae, wie z. B. ein großes Gehirn, unterscheiden sie deutlich von den anderen Hominoiden. Im August 1969 veröffentlichte Ergebnisse lassen darauf schließen, daß der 1932 von *G. Edward Lewis* in Simalik Hills in Nordindien entdeckte *Ramapithecus* 8–13 Mio. Jahre alt sein dürfte.

Genus Homo (echter Mensch): Die ältesten dem Genus Homo zugeschriebenen Fossilien sind die im Sommer 1975 von *Dr. Mary Leakey* in Laetolil in Tansania entdeckten Überreste von acht Erwachsenen und drei Kindern, die nach Analysen der Universität Berkeley (Kalifornien) um 3 350 000–3 750 000 v. Chr. lebten. Das Fragment eines Armknochens aus Kanapoi stammt vermutlich ebenfalls von einem Homo und soll ca. 4 Mio. Jahre alt sein.

Homo sapiens: Die frühesten überprüften Überreste der Gattung *Homo sapiens,* aus dem Mittelpleistozän, deren Altersbestimmungen von 300 000 bis 450 000 Jahre variieren, wurden am 24. August 1965 von *Dr. Lászlo Vértes* in einem Kalksteinbruch in Vértaszöllös ca. 35 km westlich von Budapest entdeckt. Unter diesen Fossilien, *Homo sapiens palaeo-hungaricus* benannt, befand sich ein fast vollständiger Occipitalknochen (Teil des Schädels) mit einem geschätzten Rauminhalt von fast 1400 ccm.

Der älteste Europäer wurde im März 1980 in der *Arago-Höhle* bei Perpignan (Frankreich) entdeckt. Formen seines Schädels wie auch die Abnutzung seiner Zähne verrieten den Wissenschaftlern, daß der Mann 18–25 Jahre alt gewesen sein muß. *Arago XXI* muß etwa vor 460 000 Jahren gelebt haben.

(D) **Der früheste Hominiden-Fund in Deutschland** ist wesentlich jünger. 1907 wurde in Mauer bei Heidelberg der Unterkiefer eines *Pithekanthropus* gefunden. Diese Kinnlade des *Homo Heidelbergen-*

sis dürfte aus der Zeit zwischen 360 000–350 000 v. Chr. stammen – also zwischen den ersten zwei Eiszeiten. Der berühmte *Neandertaler-Mensch* ist viel jünger – »nur« etwa 100 000 Jahre alt.

Ⓐ **Auch in Österreich** ist eine Kinnlade der erste menschenähnliche Fund. Ihr Alter wird auf 11 000 Jahre geschätzt. 1959 wurden in Villendorf (Wachau) Teile eines – vermutlich weiblichen – Unterkiefers und Schenkels gefunden. Diese Skelettreste sollen älter sein, wahrscheinlich an die 30 000 Jahre.

Auf dem amerikanischen Kontinent gibt es mindestens seit 50 000 v. Chr. Menschen. Nach Untersuchungen von prähistorischen Feuerstellen, die 1970 in der Mojave-Wüste gefunden wurden, hält der inzwischen verstorbene *Dr. Leakey* menschliches Leben dort sogar seit 100 000 v. Chr. für wahrscheinlich. Das früheste menschliche Fossil ist ein in der Nähe von Los Angeles gefundener Schädel, der aus der Zeit um 22 000 v. Chr. stammt.

Langlebigkeit

Allgemein: Es gibt nichts, was durch Eitelkeit, Täuschung, Lügen oder Betrug mehr verschleiert worden wäre, als das Höchstalter des Menschen. Doch werden die falschen Angaben meist nicht von den Alters-Rekordhaltern selbst gemacht, sondern von anderen über sie.
Im Laufe der Geschichte hat es immer wieder Berichte über Menschen gegeben, die weit über 100, ja sogar über 200 Jahre alt geworden sein sollen. Tatsächlich gibt es nur sehr wenige Menschen, die über 110 Jahre alt geworden sind. Es gibt keinen dokumentarisch belegten Fall von Langlebigkeit, der bestätigte, daß jemand einen Geburtstag mehr als seinen 114. gefeiert hätte.
Es ist bezeichnend, daß in Schweden, dem einzigen Land, das nach dem Ableben jedes überdurchschnittlich alt gewordenen Bürgers gründliche amtliche Untersuchungen durchführt, niemand ermittelt wurde, der sein 108. Lebensjahr überlebt hätte. Der durch seine Chroniken gut überprüfbare britische Hochadel hat in zehn Jahrhunderten nur einen Hundertjährigen aufzuweisen und einen, der es auf 101 Jahre gebracht hat. Allerdings können auch die feuchtkalten Schlösser und das viele Schrotblei im Wildbret eine Ursache für die niedrige Lebenserwartung in diesen Nobel-Kreisen sein.
Eine genaue Altersbestimmung wird oft auch dadurch erschwert, daß Menschen im hohen Alter sich gern noch älter machen. Eine Feststellung, die sich bei einer Überprüfung von Volkszählungen aus den Jahren 1901 und 1911 weitgehend bestätigt hat. Offensichtlich sind die Altersangaben in der Vergangenheit vielfach durch Unkenntnis der exakten Geburtsdaten zustande gekommen. Deutschland gehört zu den ersten Ländern, die die Meldepflicht und amtliche Geburteneintragung einführten. In den USA wurden noch zwischen 1890 und 1920 bis zu 45 Prozent der Geburten nicht angemeldet.
Von einigen einst berühmten »Überhundertjährigen« weiß man inzwischen, daß ihr hohes Alter nur zustande kam, weil die Lebensdaten von Vater und Sohn oder von Verwandten gleichen Namens zusammengerechnet wurden.

Das berühmteste Beispiel ist *Christian Jakobsen Drackenberg,* der angeblich am 18. November 1626 in Stavanger (Norwegen) geboren wurde und am 9. Oktober 1772, also im Alter von 145 Jahren und 326 Tagen, in Aarhus (Dänemark) starb.
Von 100 Bürgern der Sowjetunion (Bevölkerung 1977 ca. 258 Mio.) wurde im März 1960 behauptet, sie wären zwischen 120 und 156 Jahre alt. Insgesamt soll es in der UdSSR 21 700 Hundertjährige geben (zum Vergleich: 7000 in den USA). Aus internationalen Statistiken über Hundertjährige geht jedoch hervor, daß von 2,1 Mrd. Menschen (Mitte 1980 wurde die Bevölkerung der Welt auf 4,405 Mrd. geschätzt) ein einziger das Alter von 115 Jahren erreichen kann.

Den Rekord an Übertreibung stellte am 5. Mai 1933 ein Nachrichtenbüro auf, das allen Ernstes eine aus Peking stammende Meldung durchgab, derzufolge der älteste Mensch der Welt, *Li Chung-jun,* geboren 1680, gerade im Alter von 256 (statt 253!) Jahren gestorben wäre. Vor kurzem kam eine Meldung aus der Sowjetunion, daß *Shirali ›Baba‹ Mislimow* aus Barzavu, Aserbaidschan (angeblich * 26. März 1805, † 2. September 1973), 168 Jahre alt geworden sei. Niemals hat ein westlicher Journalist oder Wissenschaftler diesen Mann interviewen dürfen. 1966 soll er den 100. Geburtstag seiner dritten Frau *Hartum* und im August 1973 den 100. Geburtstag eines seiner Enkelkinder gefeiert haben. Nach einem anderen Bericht aus der UdSSR werden in der Abkhasischen Republik von Georgien 2,58 Prozent der Bevölkerung älter als 90 Jahre. Das wären 25mal soviel wie in den Vereinigten Staaten von Amerika.
Man vermutet, daß das angeblich so enorm hohe Alter einiger Männer in Georgien (UdSSR) auf deren Versuche zurückging, sich in ihrer Jugend vor dem Militärdienst zu drücken, indem sie die Identität älterer Männer annahmen.
Bis Februar 1978 glaubte man völlig kritiklos die Berichte über das hohe Alter der im *Vilcabambatal* in den Anden (Ekuador) lebenden Menschen. Die-

Langlebigkeitsrekorde					
	Lebensdauer				
Land	Jahre	Tage	Name	geboren	gestorben
Japan	115	—	Shigechiyo Izumi	29. Juni 1865	lebte noch am 15. 4. 1980
USA (1)	113	214	Delina Filkins, geb. Ecker	4. Mai 1815	4. Dezember 1928
Kanada	113	124	Pierre Joubert	15. Juli 1701	16. November 1814
Großbritannien	112	39	Alice Stevenson	10. Juli 1861	18. August 1973
Marokko	112	—	El Hadj Mohammes el Mokri	1844	16. September 1957
Irland	111	327	Katherine Plunket	22. Nov. 1820	14. Oktober 1932
Frankreich	111	210	Virginie Duhem	August 1866	1. Mai 1978
Süd-Afrika	111	151	Johanna Booyson	17. Januar 1857	16. Juni 1968
Niederlande	110	113	Geert Adriaans Boomgaard	23. Sept. 1788	3. Februar 1899
Australien	110	39	Frau Ada Sharp	6. April 1861	15. Mai 1971
Italien	109	179	Rosalia Spoto	25. August 1847	20. Februar 1957
Belgien	108	327	Mathilda Vertommen-Hellemans	12. August 1868	4. Juli 1977
Deutschland (2)	108	128	Luise Schwarz	27. Sept. 1849	2. Februar 1958
Finnland	107	221	Amalla Wallenius	6. August 1867	24. März 1975
Schweden	107	94	Anna Johansson	21. Nov. 1865	23. Februar 1973
Österreich	106	231	Anna Migschitz	3. Februar 1850	1. November 1956
Spanien	106	14	Jose Palido	15. März 1866	29. März 1972

(1) Die US Veterans Administration zahlte noch im März 1974 Renten an 272 Frauen, die nachweislich Witwen von Veteranen des Bürgerkrieges (1860–65) waren, von denen der letzte 15 Jahre früher, im Jahre 1959, gestorben war.
(2) Friedrich Sadowski aus Heidelberg soll am 31. Oktober 1936 seinen 111. Geburtstag gefeiert haben. Franz Josef Eder starb am 3. Mai 1911 in Spitzburg angeblich im Alter von 116 Jahren.

---

se sollten angeblich bis zu 25 Jahren länger als der bisher älteste Mensch mit dem akzeptierten Höchstalter von ca. 115 Jahren leben. Im März 1978 enthüllten *Mazess* und *Forman*, daß die Talbewohner die Taufdaten ihrer Väter und mitunter sogar Großväter als ihre eigenen angegeben hatten. Das Alter des ältesten Mannes im Tal sank danach von 140 auf 96 Jahre, und entsprechend wird nun wohl auch der Zulauf von Touristen im Rentenalter sinken.
Jedoch gilt es inzwischen als erwiesen, daß die verschiedenen Blutgruppen Hochrechnungen auf die Lebenserwartung erlauben. So ist es wahrscheinlicher, daß die Träger der Blutgruppe 0 älter als 75 Jahre werden können als die Träger anderer Blutgruppen. Übrigens: unter Sportlern ist die Blutgruppe 0 häufiger als in der Durchschnittsbevölkerung.

Das höchste Lebensalter

Der älteste Mensch ist *Shigechiyo Izumi* aus Asan auf der Insel Tokunoshima (Japan). Er war 1979 bereits 114 Jahre alt. Am 29. Juni 1865 geboren, wurde er als Sechsjähriger bei der ersten Volkszählung in Japan 1871 mitregistriert. Er verbringt seine Zeit mit Fernsehen und sagt: »Wer sich keine Sorgen macht, lebt lange.«

Die älteste Frau ist die Amerikanerin Fannie Thomas (* 1867). Sie lebt in San Gabriel, Kalifornien. Am 23. April 1980 feierte sie ihren 113. Geburtstag.

Der älteste Deutsche ist *Franz Gnieser* aus Berlin (Ost). Am 12. Januar 1980 wurde er 104 Jahre alt. Er raucht fünf bis sechs Zigarren täglich. Bis zu seinem 76. Lebensjahr arbeitete Gnieser als Tischler; ernsthaft krank war er nie.

(DDR) **Die älteste Deutsche** ist *Gabriele Sadde,* * 1872. Im Juli 1979 wurde sie 107 Jahre alt. Sie lebt im Pflegeheim der Stadt Markneukirchen (Ostdeutschland). Frau Sadde war bis zur Pensionierung Russisch-Lehrerin.

(D) In Westdeutschland war *Barbara Kraus* mit 106 Jahren die älteste Frau. Sie starb 1977 in einem Heim bei Fürth (Bayern). Mit 99 Jahren war sie das erstemal in ärztlicher Behandlung.

(A) Auch für Österreicherinnen liegt der Altersrekord bei 107 Jahren. Zwei Frauen erreichten im Jahre 1959 bzw. 1960 dieses Alter.

(CH) Nach statistischen Unterlagen der Schweizer Behörden hat kein eidgenössischer Bürger das 106. Lebensjahr erreicht. Die erste Bestätigung von Hundertjährigen kam 1926 aus Bern. Immerhin wurden zwischen 1951 und 1960 15 Männer und 46 Frauen älter als 100 Jahre.

Die ältesten Drillinge waren die am 27. März 1868 in Marlborn (USA) geborenen *Faith, Hope* und *Charity Caughlin.* Als erste von ihnen starb Hope am 2. März 1962 im Alter von 93 Jahren.

Die ältesten Zwillinge. Die Möglichkeit, daß von eineiigen Zwillingen beide 100 Jahre alt werden, soll eins zu 700 Mio. sein. Die ältesten Zwillinge waren *Eli* und *John Pipps* (* 14. Februar 1803 in Affington, USA). Eli starb am 23. Februar 1911 im Alter von 108 Jahren und neun Tagen, sein Bruder John überlebte ihn ein Jahr.

Körperdimensionen

Riesen

Die Länge großer Menschen ist ein Thema, bei dem Übertreibungen aus Geldgier die Tatsachen oft verfälschen. Die einzigen zuverlässigen Aussagen über die tatsächliche Größe übergroßer Menschen sind diejenigen, die in den letzten 100 Jahren unter objektiver ärztlicher Aufsicht gesammelt worden sind. Aber noch 1962 wurden medizinische Berichte veröffentlicht, die auf erfundenen Abmessungen basierten.
Die Behauptung, der biblische *Goliath* aus Gath (ca. 1060 v. Chr.) sei sechs Ellen und eine Spanne hoch gewesen, also 2,90 m, bedeutet entweder, daß die jüdischen Chronisten die Größenmaße verwechselten oder daß sie reichlich übertrieben haben. Der jüdische Historiker *Flavius Josephus* (* 37 oder 38 n. Chr., † 93 n. Chr.) sowie einige Manuskripte der *Septuaginta* (früheste griechische Übersetzung des Alten Testaments) geben Goliath die eher glaubhafte Größe von vier griechischen Ellen und einer Spanne (2,08 m).
In der Antike waren die Menschen kleiner. Auch der »große« *Cäsar* dürfte nicht mehr als 1,50 m lang gewesen sein.
Um 1900 waren die deutschen Männer im Durchschnitt 10 cm kleiner als heute.
Zirkus- und sonstigen Riesen, die als Attraktionen auftreten, ist es meist vertraglich verboten, sich messen zu lassen. Fast traditionsgemäß werden sie von ihren Agenten bis zu 45 cm größer ›gemacht‹ als sie tatsächlich sind. Zwei Beispiele:

Der Riese *Eddie Carmel* (* 1938 in Tel Aviv, Israel), vormals ›der größte Mann der Welt‹ bei den Ringling Brothers und Barnum & Bailey's Zirkus (1961–68), war angeblich 2,75 m groß und wog 242 kg. Aber Fotos mit Vergleichsobjekten beweisen, daß seine wahre Länge ca. 2,29 m betrug. Er starb am 14. August 1972 in New York. Infolge schwerer Kyphoskoliose (Buckelbildung bei gleichzeitiger seitlicher Verkrümmung) war er stehend nur noch 2,12 m groß.
Ein Fall besonders großer Übertreibung war *Siah Khan ibn Kashmir Khan* (* 1913) aus Bushehr (Iran). Bei einer Konferenz der *Society of Surgeons* in Wien im Januar 1935 zeigte Prof. *D. H. Fuchs* Fotografien von ihm und behauptete, er sei 320 cm groß. Später, als Siah Khan wegen einer Operation ins Krankenhaus in Teheran kam, stellte sich heraus, daß er in Wirklichkeit einen ganzen Meter kleiner, nämlich »nur« 2,20 m groß, war.

Der größte Mann war nach heutigem Wissensstand der am 22. Februar 1918 in Alton (Illinois, USA) geborene Riese *Robert Pershing Wadlow*. Nachdem er bei der Geburt 3,85 kg gewogen hatte, begann sein überdurchschnittliches Wachstum im Alter von zwei Jahren nach einer doppelten Bruchoperation und nahm folgenden Verlauf:

Wadlows Wachstum

Alter (Jahre)	Größe (cm)	Gewicht (kg)	Alter (Jahre)	Größe (cm)	Gewicht (kg)
5	163	48	15	234	161
8	183	77	16	240	170
9	189	82	17	245	143[1]
10	196	95	18	253	—
11	200	—	19	258	218
12	210	—	20	261	—
13	218	116	21	265	223
14	226	137	22,4[2]	272	199

[1] Nach einer schweren Grippe und Infektion am Fuß
[2] Wadlow wuchs noch während der Krankheit, an der er starb.

Medizinischer Befund:
Die von der medizinischen Fakultät der Washington-Universität in St. Louis am 27. Juni 1940 vorgenommene Messung von Robert Wadlow ergab 272 cm. 18 Tage später, am 15. Juli, starb Wadlow in Manistee (USA) an den Folgen einer Zellgewebsentzündung am rechten Knöchel, die sich durch eine kurz vorher angepaßte, schlecht sitzende Schiene verschlimmert hatte.
Er wurde auf dem Dakwood-Friedhof in Alton in einem 328 cm langen, 81 cm breiten und 76 cm tiefen Sarg beigesetzt. An seinem 21. Geburtstag betrug sein Höchstgewicht 222,71 kg. Als er starb, wog er 199 kg. Seine Schuhe waren 47 cm lang und seine Hände vom Handgelenk bis zur Spitze des Mittelfingers 32,5 cm. Seine Armspannweite betrug 288 cm, und es gab Zeiten, in denen er täglich bis zu 8000 Kalorien verzehren konnte. Bereits mit neun Jahren konnte er seinen Vater, der 182 cm groß war und 72 kg wog, tragen.

Rekordgrößen. Die einzigen anderen Männer, deren Größe von 244 cm oder mehr zuverlässig verzeichnet worden ist, sind die acht nachstehend angeführten. In sechs Fällen folgte dem Gigantismus eine Akromegalie, eine Krankheit, die eine übermäßige Vergrößerung der Nase, Lippen, Zunge, des Unterkiefers, der Hände und Füße hervorruft und auf erneute Aktivität einer schon angeschwollenen Hypophyse an der Hirnbasis zurückzuführen ist.
1) *John F. Carroll* (1932–69) aus Buffalo (USA): 263,5 cm. Litt an schwerer Kyphoskoliose (Wirbelsäulenverkrümmung nach hinten und nach der Seite). Die Maßangabe bezieht sich auf seine Grö-

Die 15 größten Riesen aller Zeiten

Nationalität	Körpergröße	Name	geb./gest.
USA	2,72 m	Robert Pershing Wadlow	1918–1940
Finnland	2,47 m	Vainö Myllyrinne	1909–1963
Deutschland	2,46 m	Constantine	1872–1902
Libyen	2,45 m	Silaiman 'Ali Nashnush	1943
Mozambique	2,44 m	Gabriel Estevao Monjane	1944
VAR (Verein. arab. Rep.)	2,44 m	Sa'id Muhammad Ghazi	1909–1941
England	2,36 m	William Bradley	1797–1820
China	2,36 m	Chang Wu-Gow	1847–1893
Holland	2,34 m	Albert Johann Kramer	1897
Belgien	2,34 m	Fernand Bachelard	1923
Frankreich	2,34 m	Joseph Brice	1840–1867
Spanien	2,33 m	Giant if Estremadura	1849–1875
Japan	2,31 m	Yoshimitsu Matsuzaka	1936
Israel	2,29 m	Eddi Carmel	1938
Österreich	2,28 m	Franz Winkelmeier	1867–1887

(Die Riesen, bei denen nur das Geburtsdatum angegeben ist, waren bei Redaktionsschluß noch am Leben.)

ße bei angenommener normaler Rückgratskrümmung und ist berechnet aufgrund der im Stehen vorgenommenen Messungen am 14. Oktober 1959, die 244 cm ergaben. (Kurz vor seinem Tod war sein Maß im Stehen 234 cm.)

2) *John William Rogan* (1871–1905), ein Neger aus Gallatin (USA): 259,1 cm, im Sitzen gemessen. Infolge schwerer Ankylosis (Gelenksteifigkeit durch Knochenverwachsungen usw.) der Knie und Hüften konnte er nicht stehen.

3) *Don Koehler* (* 1929) aus Denton (USA) 248,9 cm; lebt jetzt in Chicago. Ebenfalls Rückgratsverkrümmung. Gegenwärtige Größe im Stehen 238,4 cm. Er hat eine 175 cm große Zwillingsschwester. Sein Vater war 187 cm, seine Mutter 177 cm groß.

4) *Bernard Coyne* (1897–1921) aus Anthon (USA): 248,9 cm. Eunuchoider Riese. Wurde 1918, als er 236 cm groß war, nicht zum Militärdienst zugelassen.

5) *Vainö Myllyrinne* (1909–63) aus Helsinki (Finnland): 247 cm. Im Alter von 21 Jahren war er 222 cm groß. Ende der dreißiger Jahre fing er noch einmal zu wachsen an und war danach 251 cm groß.

6) *Patrick Cotter O'Brien* (1760–1806) aus Kinsale (Irland): 246 cm (korrigierte Größe aufgrund erneuter Knochenmessungen im Jahre 1975).

7) *›Constantin‹* (1872–1902) aus Reutlingen (Deutschland): 245,8 cm. Eunuchoid. Größe geschätzt, da beide Beine infolge von Gangräne amputiert werden mußten.

8) *Sulaiman ›Ali Nashnush‹* (* 1943) aus Tripolis (Libyen): 245 cm. Operation in Rom im Jahre 1960 zur Behebung des Wachstums war erfolgreich.

(D) **Der größte deutsche Riese** war *Thomas Hasler* (1853–78). Er hatte eine Körpergröße von 2,35 m, seine Hände maßen von der Handwurzel bis zum Mittelfinger 28 cm. Er starb 25jährig in Stuttgart.

Der größte lebende Riese Westdeutschlands ist *Konstantin Gerhard Klein* (* 15. März 1957 in Hainstadt). Er ist 2,23 m groß und wiegt 127 kg. In seiner Familie gab es vor ihm keine Riesen. Seine Schuhgröße: 53. Von der Bundeswehr wurde der Riese Klein freigestellt.

(A) Der Österreicher *Joseph Winkelmaier* (1887–1911) soll 2,27 m groß gewesen sein.

Riesinnen

Allgemein: Riesinnen sind seltener als Riesen, aber auch ihre Körperlänge ist beachtlich.

(D) Dafür überraschte das *Forschungsinstitut Hohenstein* in Bönningheim (Westdeutschland) im Dezember 1979 mit der Nachricht, daß die westdeutsche Durchschnittsfrau größer wird. Jede zweite Westdeutsche hat das Normalmaß von 164 cm, bei 30 Prozent der Frauen wurde eine Länge von 1,56 m gemessen; etwa 22 Prozent sind sogar 172 cm groß.

Die größte Frau in der Geschichte der Medizin war die akromegalische Riesin *Jane (»Ginny«) Bunford,* * 26. Juli 1895 in Barthley Green (England). Ihr übermäßiges Wachstum begann im Alter von elf Jahren infolge einer Kopfverletzung. An ihrem 13. Geburtstag maß sie 198 cm, und kurz vor ihrem Tod am 1. April 1922 war sie 231 cm groß. Da sie aber an schwerer Kyphoskoliose litt, würde sie bei angenommener normaler Rückgratskrümmung 241 cm groß gewesen sein. Ihr Skelett, das im Museum für Anatomie in der medizinischen Fakultät der Universität Birmingham aufgestellt ist, hat eine Höhe von 223,5 cm.

Von *Anna Hane Swan* (1846–88) aus Neu-Schottland (Kanada) wurde behauptet, sie wäre 246 cm groß gewesen, in Wirklichkeit waren es aber »nur« 227 cm. Am 17. Juni 1871 heiratete sie den 220 cm großen *Martin van Buren* (1845–1919) aus Whitesburg (USA), wodurch beide **das größte Ehepaar der Welt** wurden.

(D) **Die größte Frau Westdeutschlands** war mit 204 cm bis 1979 *Brigitte Raphael* aus Dortmund. Sie starb im Alter von 23 Jahren.

Die größte lebende Riesin ist *Sandy Allen* (* 18. Juni 1955 in Chicago), die jetzt in Shelbyville (USA) lebt. Am 14. Juli 1977 unterzog sie sich einer Hypophysenoperation, wodurch weiteres Wachstum unterbunden wurde. Sie mißt 231,7 cm. Bei der Geburt wog sie 2,91 kg und schon kurz danach fing ihr akromegalisches Wachstum an. Jetzt wiegt sie 200 kg und hat Schuhgröße 50.
Im Dezember 1978 wurde über ein 17jähriges Mädchen namens *Hu Chun-Rhang* aus Schaschih in der Provinz Hupeh (China) berichtet, das 229,8 cm groß sein soll (Größe nicht belegt) und noch weiter wächst.

Der kleinste erwachsene Mensch, über den objektive Zeugnisse vorliegen, war *Pauline Musters* (›Prinzessin Pauline‹), eine holländische Liliputanerin. Sie wurde am 26. Februar 1876 in Ossendrecht geboren und war bei der Geburt 30 cm lang. Mit neun Jahren hatte sie es auf 55 cm gebracht und wog nur 1,5 kg. Sie starb in New York am 1. März 1895 im Alter von 19 Jahren an einer Lungenentzündung mit Meningitis und einem durch übermäßiges Trinken geschwächten Herzen. Obgleich sie im Zirkus mit 48 cm Größe angekündigt wurde, hatte eine ärztliche Messung eine Größe von 59 cm gezeigt. Eine Post-Mortem-Untersuchung ergab eine Länge von genau 61 cm (nach ihrem Tod war eine Streckung eingetreten). Als sie erwachsen war, schwankte ihr Gewicht zwischen 3,4 kg und 4 kg, und ihre Körpermaße waren 47–48–43 cm, sie war also entschieden zu dick.
Coroline Crachami, ein 1815 in Palermo (Italien) geborenes Mädchen, war nur 51,3 cm groß, als sie 1824 im Alter von neun Jahren in London starb.

Ein Spezialbett brauchte die größte Frau Deutschlands. Brigitte Raphael war 2,04 m groß.

Zwerge

Allgemein: Was für Riesen gilt, gilt auch für Zwerge: Die Größenangaben stimmen meist nicht. Nur werden die Angaben bei ihnen logischerweise nach unten übertrieben.
58 cm gelten als die Tiefstgrenze für die kleinsten ausgewachsenen Zwerge. Die Durchschnittslänge Neugeborener ist 46–50 cm. Bei zwerghaften Kindern wird von deren Agenten oft das Alter erhöht und die Größe reduziert.
Es gibt viele Formen menschlicher Zwerghaftigkeit. Ateleiotische Zwerge, Liliputaner genannt, haben im wesentlichen normale Proportionen, leiden aber an einem Mangel an Wachstumshormonen. In früheren Zeiten, als die menschliche Statur durch die schlechte Ernährung im allgemeinen kleiner war, waren diese Zwerge sogar noch wesentlich kleiner.

Bei ihrer Geburt war sie 18 cm lang und wog 450 g. Ihr 50,3 cm langes Skelett befindet sich jetzt im Museum des *Royal College of Surgeons* in London (England).

(A) In Österreich ist als niedrigste Größe einer Zwergin die Länge von 71 cm für *Anastasia Boruwlaski* registriert worden.

Die kleinste lebende Zwergin soll nur 35 cm groß sein. Zum ersten Mal wurde 1979 die damals neunjährige Griechin *Stamatoula* fotografiert. Ihre Eltern hatten sie in ein Nonnenkloster gegeben, weil dort die größtmögliche Sicherheit für ein ungestörtes Aufwachsen (oder nur Älterwerden?) des zierlichen Persönchens gegeben ist.

Der kleinste männliche Zwerg war der am 14. Januar 1791 in Bridgewater (USA) geborene *Calvin Phillips.* Bei der Geburt wog er 907 g. Mit 19 Jahren

Varieté-Attraktionen: Zwerge und Liliputaner.

war er 67 cm groß und wog mit Kleidern 5,4 kg. Zwei Jahre später, im April 1812, starb er an Progeria, einer seltenen Krankheit, bei der der Zwergwuchs von Greisenhaftigkeit begleitet ist.

Der berühmteste Liliputaner war der am 4. Januar 1838 geborene Charles Sherwood Stratton, alias *»General Däumling«*. Der Zirkusinhaber Barnum datierte »Däumlings« Geburtsdatum auf den 4. Januar 1832 vor, so daß, als er im Alter von 18 Jahren mit einer Größe von 77 cm angekündigt wurde, er in Wirklichkeit erst zwölf Jahre alt war. Er starb in seinem Geburtsort Bridgeport (USA) am 15. Juli 1883 im Alter von 45 Jahren an einem Schlaganfall. Zu diesem Zeitpunkt war er 102 cm groß.
Ein anderer berühmter Liliputaner war *Jozef (»Graf«) Boruwalaski* (* November 1739) aus Polen. Als er geboren wurde, war er nur 20 cm groß. Mit einem Jahr war er 36 cm, mit sechs Jahren 43 cm, mit zehn Jahren 53 cm, mit 15 Jahren 64 cm, mit 25 Jahren 89 cm und mit 30 Jahren 99 cm groß. Er starb im Alter von 97 Jahren am 5. September 1837 in der Nähe von Durham (England).

(D) **Der kleinste deutsche Zwerg** war *Walter Boehming* (1907–55). Als er in Delmenhorst starb, war er nur 57 cm groß.

(A) Der Österreicher *Johann Hauptmann* war 81 cm groß.

(CH) Der Schweizer *Johann Wormbugh* erreichte eine Größe von 78,5 cm.

Der kleinste lebende erwachsene Mensch ist ein rachitischer Zwerg namens *Nruturam* (* 28. Mai 1929) aus Naydwar (Indien). Er ist 71 cm groß. Der akrobatische Zirkustänzer *Süleyman Eris* (* 24. Januar 1955 in der Türkei) war laut ärztlichen Messungen am 3. März 1977 76,5 cm groß und wog 11,4 kg. Er und sein Bruder (83,5 cm) und seine Schwester (96,5 cm) sind primordiale Zwerge.

Als älteste Zwerge sind zwei Hundertjährige urkundlich belegt: Miss *Anne Clowes* aus Matlock (England), die 1784 im Alter von 103 Jahren starb. Sie war 114 cm groß und wog 21,7 kg. Am 6. April 1979 feierte die in Ungarn geborene Miss *Susanna Bokoyni* (»Prinzessin Susanna«) in Newton (USA) ihren hundertsten Geburtstag. Sie ist 96 cm groß und wiegt 18,14 kg.

(A) **Das unterschiedlichste Wachstum** ist von einem Österreicher überliefert. Der 1899 in Graz geborene *Adam Rainer* war mit 21 Jahren 118 cm groß, dann begann er plötzlich sehr schnell in die Höhe zu schießen und war 1931 bei 218 cm angelangt. Diese rapide Größenzunahme schwächte ihn derart, daß er den Rest seines Lebens bettlägerig war. Am 4. März 1950 starb er im Alter von 51 Jahren.

Durchschnittsgröße der Tutsi-Männer: 1,80 m.

Der höchstgewachsene Volksstamm sind die *Tutsi* (auch *Watussi*): nilotische Hirten aus Ruanda und Burundi in Zentralafrika, wo die jungen Männer im Durchschnitt 180 cm groß sind.

Die *Rechuelches* in Patagonien, von denen lange behauptet wurde, sie wären riesig (213–244 cm), haben in Wirklichkeit eine Durchschnittsgröße von 178 cm.
Die größten Europäer sind die *Montenegriner* in Jugoslawien; deren Männer werden durchschnittlich 178 cm groß (in der Stadt Trebinje liegt der Durchschnitt sogar bei 183 cm).

Die kleinsten Pygmäen sind die *Mbuti* mit einem Durchschnittsmaß von 137 cm bei den Männern und 135 cm bei den Frauen, wobei es Gruppen gibt, deren Männer nur 132 cm und die Frauen 124 cm groß sind. Sie leben in den Wäldern in der Nähe des Flusses Ituri in Kongo (Afrika).

Durchschnittsgröße: 1,37 m. Mbuti sind die kleinsten Pygmäen.

Gewicht

Die schwersten Männer. Das höchste, jemals einem Menschen zugeschriebene Gewicht war 538 kg. *Francis John Lang* (* 1934), alias *Michael Walker,* aus Clinton (USA) soll soviel gewogen haben. Als er 1972 zur Behandlung einer Gallenblasenentzündung ins Veteran's Administration

Die schwersten Zwillinge der Welt. Siehe Seite 12.

Hospital von Houston (USA) eingeliefert werden mußte, war es unmöglich, ihn durch die Türen zu bringen. Es wurde in einem Wohnwagen auf dem Parkplatz behandelt. Man wog ihn nicht, schätzte aber sein Gewicht auf zwischen 408 kg und 453 kg. Das höhere Gewicht stammt aus der Zeit, als er im Sommer 1971 an einer durch Drogen verursachten Bulimie (Heißhunger) litt.

Das unbestrittene Höchstgewicht eines Menschen ist vorläufig noch 485 kg. So viel wog *Robert Earl Hughes* (* 4. Juni 1926 in Montocello, Missouri, USA), der in seinem Sarg von der Größe einer Klavierkiste am 10. Juli 1958 auf dem Friedhof von Benville (USA) beigesetzt wurde.
Die einzigen sonstigen Männer, deren Gewicht laut zuverlässiger Quellen 350 kg übersteig, sind:

Die schwersten Männer	
1) Mills Darden (1798–1857) USA (2,79 m)	463 kg
2) John Hanson Craig (1856–94) USA (1,95 m) (Er gewann 1000 Dollar als »Schönstes Baby« in New York im Jahre 1858.)	411 kg
3) Arthur Knorr (1914–60) USA (1,85 m) (Er nahm während der letzten sechs Monate seines Lebens 136 kg zu.)	408 kg
4) Jon Brower Minnoch (*1941) USA (1,78 m) (Gewicht wurde März 1978 vom Seattle Krankenhaus nicht bestätigt.)	408 kg
5) Toubi (*1946) Kamerun	389 kg
6) T. A. Valenzuela (1895–1937) Mexiko (1,80 m)	386 kg

Die schwerste Frau war Mrs. *Percy Pearl Washington,* die im Alter von 46 Jahren am 9. Oktober 1972 in einem Krankenhaus in Milwaukee (USA)

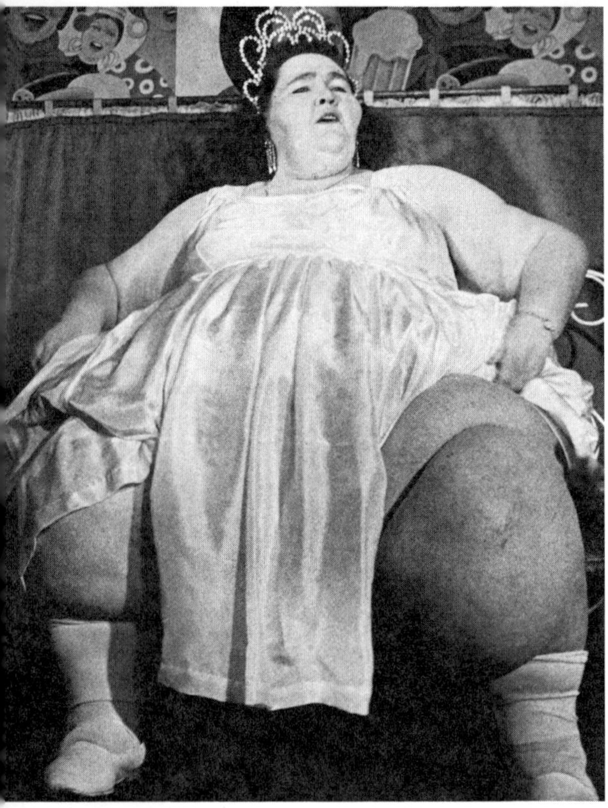

Die schwerste Frau der Welt wog ca. 400 kg.

starb. Die Waage im Krankenhaus reichte nur bis 362,8 kg. Aber ihr Gewicht wurde auf ca. 399,1 kg geschätzt. 84 Jahre früher hatte eine Frau, die 386 kg wog, den Weltrekord gehalten.
Ein besser dokumentierter Fall war Mrs. *Flora Jackson* (geb. King), eine in Shuqualak, Mississippi (USA), geborene Negerin. Bei ihrer Geburt wog sie 4,5 kg, mit 11 Jahren 121 kg, mit 25 Jahren 182 kg und kurz vor ihrem Tod am 9. Dezember 1965 in Meridian, Mississippi, 381 kg. Im Show-Business war sie unter dem Namen *»Baby Flo«* bekannt.

Der leichteste Mensch war *Lucia Zarate* (1863–89) in San Carlo (Mexiko), eine ausgemergelte mexikanische ateleiotische, 67 cm große Zwergin, die mit 17 Jahren 2,125 kg wog. Bis zu ihrem 20. Geburtstag hatte sie es auf 9,90 kg gebracht. Bei der Geburt wog sie 1,1 kg.
Bei den dünnsten normal großen Erwachsenen, deren Fälle belegt sind, handelt es sich gewöhnlich um *Simmond's Disease* (Ausfall der Leistung der Hypophyse). Bis zu 65 Prozent Verlust des ursprünglichen Körpergewichtes ist bei Frauen verzeichnet worden.

Abmagern. Die Höchstleistung auf diesem Gebiet schaffte ein Berufsringkämpfer namens *William J. Cobb* (* 1926), alias *»Happy Humphrey«*. Im Juli 1957 hieß es, daß er sein Gewicht in drei Jahren von 364 auf 105 kg, also um 259 kg reduziert habe. Sein Taillenumfang schrumpfte von 257 auf 112 cm. Im Oktober 1973 hörte man, daß »Happy« wieder bei seinem Normalgewicht von 295 kg angelangt sei.
Die »dicke Dame« des amerikanischen Zirkus, Mrs. *Celesta Geyer* (* 1901), alias *Dolly Dimples,* nahm von 1950–51 in 14 Monaten 182 kg ab; von 251 auf 69 kg. Ihr Brust-Taillen-Hüft-Umfang schrumpfte dementsprechend von 200-213-213 cm auf 86-71-91 cm. Ihr Buch *»Wie ich 182 kg abnahm«* wurde kein Bestseller, weil sich niemand für Kleiderprobleme einer Frau interessiert, die bei einer Größe von 1,50 m 182 kg abgenommen hatte. Im Dezember 1967 wog sie angeblich nur noch 50 kg.

Der Geschwindigkeitsrekord im Abmagern wurde von dem 21jährigen *Paul M. Kimelman* aus Pittsburgh (USA) aufgestellt. Vom 25. Dezember 1966 bis August 1967 machte er eine Gewaltkur, bei der er nur 300–600 Kalorien pro Tag aß und von 215,6 kg auf 59 kg – also im ganzen 156,9 kg – abnahm. Sein Gewicht hat sich jetzt bei 79 kg eingependelt.

Den Rekord bei der Gewichtszunahme stellte *Arthur Knorr* auf (* 1914, † 1960 in Reseda, USA). Während der letzten sechs Monate seines Lebens nahm er 136 kg zu und wog bei seinem Tode satte 408 kg.

Der größte Gewichtsunterschied zwischen einem Ehepaar beträgt 419 kg. *Mills Darden,* der Ehemann, wog 463 kg, seine Frau *Mary* 44,5 kg. Obwohl sie so klein war, gebar Mrs. Darden ihrem Mann drei Kinder. Sie starb 1837.

Fortpflanzung

Mutterschaft

Die meisten Kinder, nämlich 69, wurden von der ersten der beiden Frauen des Bauern *Fjodor Wassiljew* (1707–82) aus Schuja, einer Ortschaft etwa 240 km östlich von Moskau, geboren. Sie brachte in 27 Schwangerschaften 16 Paar Zwillinge zur Welt, siebenmal Drillinge und viermal Vierlinge. Der Fall wurde vom Kloster Nikolsky am 27. Februar 1782 nach Moskau gemeldet, und zumindest 67 der Kinder überlebten das Säuglingsalter.

🌐 **Lebende, kinderreichste Mutter** ist *Magdalena Carnauba* in Ceilandia (Brasilien). Sie heiratete mit 13 Jahren und brachte 24 Söhne und acht Töchter zur Welt. Der Vater *Raimundo* erklärte Reportern: »Ich weiß gar nicht, warum man soviel Aufhebens von dieser Angelegenheit macht.«

Die kinderreichste deutsche Mutter war *Barbara Schmotzerin.* Als sie 1504 im schwäbischen Ort Bönningheim starb, wurde auf ihrer Sterbetafel in der Pfarrkirche vermerkt, daß sie 38 Söhne und 14 Töchter geboren hatte.

Die älteste Mutter. In medizinischen Fachschriften finden sich immer wieder nicht belegte Fälle von siebzigjährigen Müttern. Bei vielen dieser Fälle dürfte es sich um Versuche handeln, unehelich geborene Enkelkinder zu »tarnen«.

Die älteste Mutter, über die es urkundliche Beweise gibt, ist Frau *Ruth Alice Kistler* (geb. Taylor) (USA). Am 18. Oktober 1956, im Alter von 57 Jahren und 129 Tagen, schenkte sie einer Tochter, Susan, das Leben.

Die jüngste Mutter war nach einem Bericht der französischen Zeitschrift »La Presse Médicale« aus dem Jahre 1939 die Peruanerin *Lina* aus einem Dorf bei Pauranga. Sie gebar einen Sohn, als sie fünf Jahre und acht Monate alt war.

Deutschlands jüngste Oma Renate Hansch: 29 Jahre alt.

Die jüngste Mutter Westdeutschlands ist seit dem 23. September 1979 die zwölfjährige *Eva* aus München. Sie brachte einen Jungen von acht Pfund durch Kaiserschnitt zur Welt. Der Vater ist unbekannt. Evas Mutter (30) ist jedoch nicht **Deutschlands jüngste Oma.** Dieser Titel gebührt seit dem 14. September 1979 der 29jährigen *Renate Hansch* in Aschaffenburg. Ihre 14jährige Tochter *Helga* brachte einen sechs Pfund schweren Knaben zur Welt. Die Mutter, die zur Jung-Oma wurde, hat selbst ein 20 Monate altes Töchterchen. Es ist **Deutschlands jüngste Tante.**

Ungewöhnliche Schwangerschaften. Die durchschnittliche Dauer einer Schwangerschaft beträgt 273 Tage.
Die Dauer der Schwangerschaften ist durch zunehmende Verwendung empfängnisverhütender Pillen nicht mehr exakt zu bestimmen, da Pillen Amenorrhoe zur Folge haben können. Manche Frauen rechnen, sobald sie schwanger werden, vorangegangene Monate ohne Menstruation irrtümlich zur wirklichen Schwangerschaft hinzu.

Die längste Schwangerschaft machte *Jaqueline Haddock* (England) durch. Sie dauerte 398 Tage (1 Jahr und 33 Tage), bis endlich 1910 eine Tochter von 1,360 kg zur Welt kam.

Kürzeste Schwangerschaften: Frau *Wendra Orr* in East Kilbride (England) gebar am 3. März 1967 einen Sohn und wurde 227 Tage später, am 16. Oktober, von Zwillingstöchtern entbunden.
Frau *Gloria Kuehn* aus Lemay, Missouri (USA) gebar am 9. Juni 1978 eine Tochter Amy Elizabeth und wurde 224 Tage später, am 19. Januar 1979, von einem Sohn Gregory Charles entbunden.

Geburt post mortem: Die längste Zeitspanne bei einer Geburt nach dem Tode der Mutter (mindestens 80 Minuten) wurde in Magnolia (USA) registriert. Die 25jährige *Fanella Anderson* wurde am 15. Oktober 1966 um 23.40 Uhr tot in ihrer Wohnung aufgefunden. Durch Kaiserschnitt wurde sie am frühen Morgen des 16. Oktober von einem Sohn, 2,83 kg schwer, entbunden.

Zeugung ohne Mann: Die amerikanische Junggesellin *Susan Rawsky* gebar im Januar 1978 ihre Tochter *Betsy* und im November ihren Sohn *Paul,* ohne vorher mit einem Mann intim gewesen zu sein. Ihrer unfruchtbaren Freundin zuliebe, ließ sie sich den Samen von deren Ehemann mit einer Spritze injizieren. Susan schenkte ihre beiden Kinder den Eheleuten als Dank, daß das Paar sie aus ihrer Einsamkeit herausgerissen hat.

Kinder bekommen Kinder. 1977 gebaren rund 2500 Mütter unter 16 Jahren in Westdeutschland. Zehn Mädchen unter 13 Jahren, 62 unter 14 und 375 unter 15 Jahren wurden Mütter. Circa 2000 Mädchen waren bereits vor ihrem 16. Geburtstag schwanger.

Säuglinge und Kleinkinder

Der kräftigste Säugling soll am 3. Juli 1961 in Cegham (Türkei) geboren worden sein. Eine führende Presseagentur meldete, daß das männliche Baby 11 kg gewogen habe.
Ein mißgestalteter Säugling mit einem Gewicht von 13,28 kg wurde im Mai 1936 in den USA geboren. Das Kind lebte jedoch nur zwei Stunden.

Der leichteste Säugling war *Marion Chapman* aus England. Sie wog bei ihrer Geburt am 5. Juni 1938 nur 283 g und war 31 cm groß. Ein Jahr später wog sie 6,29 kg. Der behandelnde Arzt fütterte das Baby stündlich mit der Tinten-Pipette seines Füllfederhalters.

Die erste Samenbank Europas gibt es in *Kopenhagen* (Dänemark). Die künstliche Befruchtung wird in Krankenhäusern als normale »Krankheit« behandelt. Die Ärzte garantieren völlige Anonymität. Will ein Paar jedoch vorher den Spender kennenlernen, so kann es dies über ein privates »Konkurrenzunternehmen« ermöglichen. Es bietet seine Dienste »ohne staatliche Einmischung« in Zeitungsanzeigen an und ist auf Wunsch bereit, die Anonymität der Spender zu lüften.

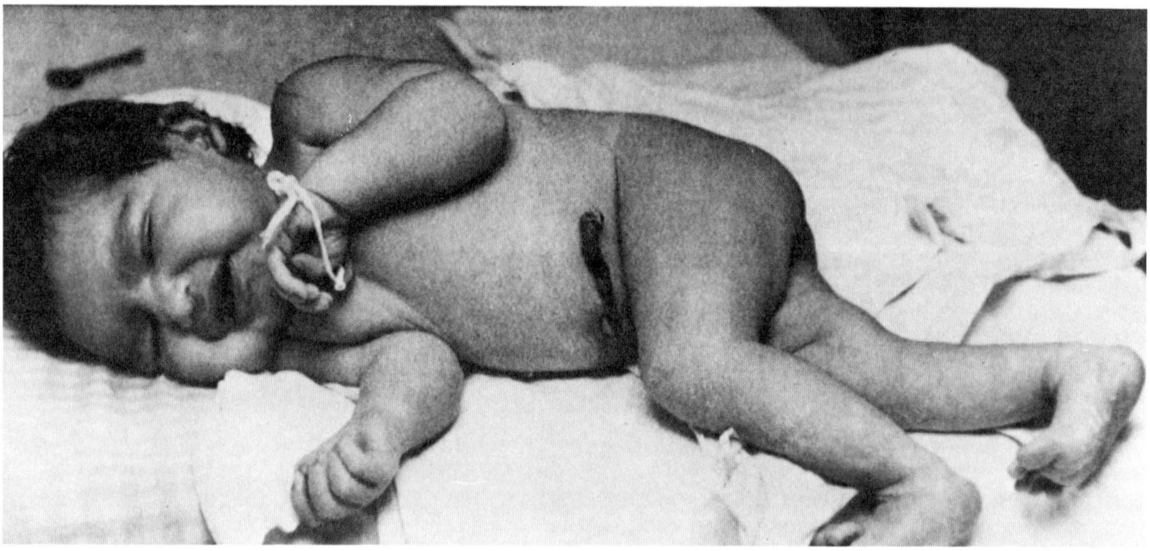

Das erste Baby aus der Reagenzröhre: Louise Brown (2,6 kg). Ihre Mutter wurde durch Kaiserschnitt entbunden.

Die südlichste Geburt: *Emilio Marcos Palma,* * am 7. Januar 1978 im Stützpunkt Sargento Cabral in der Antarktis, ist der einzige, der sagen kann, daß er der Erstgeborene eines Kontinents ist.

Erstes Baby aus der Reagenzröhre ist *Louise Brown* (2,6 kg). Ihre Mutter, *Leslie Brown* (31 Jahre), wurde am 25. Juli 1978 um 23.47 Uhr im Allgemeinen Krankenhaus von Oldham (England) durch Kaiserschnitt entbunden. Louise war am 10. November 1977 extern empfangen worden. Inzwischen sind drei weitere Kinder außerhalb des Mutterleibs gezeugt worden.

Das erste Retortenbaby, das auf normalem Wege zur Welt kam, also nicht durch Kaiserschnitt, ist das vierte dieser Spezies. Es ist *Candice Elizabeth Reed,* die am 22. Juni 1980 im Royal Women's Hospital in Melbourne (Australien) geboren wurde.

Erste Retortenbabies nach Programm: In einer Klinik in Norfolk, Virginia (USA), ist im Januar 1980 das erste Retortenbaby-Programm aufgestellt worden. Die private Klinik arbeitet nach dem gleichen Verfahren, das in Oldham (England) bei der »Zeugung« des ersten Retortenmädchens angewendet wurde: Embryos, die in einem Labor aus der künstlichen Befruchtung von Eizellen hervorgehen, werden in die Gebärmutter eingepflanzt.

Multiple Geburten

Die schwersten Zwillinge sind bzw. waren *Billy Léon und Benny Lloyd McCrary* alias *McGuire* (* 7. Dezember 1946) aus Hendersonville, North-Carolina (USA), die im November 1978 337 kg (Billy) und 328 kg (Benny) wogen und einen Taillenumfang von 213 cm hatten. Bei ihrem Auftreten als Ringkämpfer wurde ihnen auf den Plakatanschlägen ein Gewicht bis zu 349 kg zugeschrieben. Nach einer sehr strengen, sechs Wochen langen Abmagerungskur hatten beide nicht ab-, sondern 2,26 kg zugenommen. Billy starb am 13. September 1979 in Niagarafalls an einem Herzinfarkt, nachdem er von seinem eigens für ihn konstruierten Rad gefallen war und niemand Kraft genug hatte, ihn aufzuheben.

Die leichtesten Zwillinge wogen zusammen nur 992 g. Es waren die am 16. April 1931 geborenen englischen Schwestern *Mary* (453 g) und *Margaret* die 538 Gramm wog.

»Siamesische Zwillinge«: Zusammengewachsene Zwillinge verdanken diese Bezeichnung dem berühmten Paar *Chang und Eng Bunker,* die am 11. Mai 1811 in Maklong (Siam, jetzt Thailand) geboren wurden. Sie waren durch ein knorpeliges Gewebe an der Brust verbunden und heirateten im April 1843 die Schwestern *Sarah und Adelaide Yates.* Sie zeugten zehn bzw. zwölf Kinder und starben, 62 Jahre alt, am 17. Januar 1874 im Abstand von drei Stunden.

Die erste erfolgreiche Operation zur Trennung siamesischer Zwillinge wurde an *Prisma* und *Napit Atkinson* (* 1953 in Thailand) von Dr. Dragstedt, Universität Chicago (USA), am 29. März 1955 durchgeführt.

Die seltenste Form zusammengewachsener Zwillinge ist *Dicephales Tetrabrachius Dipus* (2 Köpfe, 4 Arme und 2 Beine), von der nur zwei Fälle bekannt sind. Diese sind *Mascha* und *Dascha* (* 4. Januar 1950 in der UdSSR) sowie ein unbenanntes Paar, das durch eine zehnstündige Operation in Washington (USA) am 23. Juni 1977 getrennt wurde.

Zwillinge in drei Generationen gab es in der Familie von *Edith Patrick* aus Worcester (England). Die

Erfolgreich war die operative Trennung bei diesen siamesischen Zwillingen.

83jährige Mutter und Großmutter von Zwillingen wurde Dezember 1979 auch Urgroßmutter eines »Doppelten Lottchen«.

(D) **Ein Mädchen mit zwei Köpfen** kam im Juni 1979 in der Frauenklinik von Aschaffenburg (Bayern) zur Welt. Es starb nach Durchtrennen der Nabelschnur. Beide Köpfe waren voll entwickelt. Doch hatte das Kind nur eine etwa 5 cm große Lunge und das Herz war durch zwei Hauptschlagadern verbunden. Einer der beiden Mägen hatte sich in den Brustbereich verschoben. Bis zum Becken zeigte der Körper keinerlei Anomalitäten, erst oberhalb teilte sich die Wirbelsäule. Die Mutter des Doppelkopf-Kindes hatte bereits einen eineinhalbjährigen normalen Sohn.

Die rascheste Drillings-Geburt wurde am 21. März 1977 in Memphis, Tennessee (USA), verzeichnet. Die Geburt der Drillinge *Bradley, Christopher und Carmon* dauerte zwei Minuten.

Höchste Kinderzahl bei einer Geburt: Zehnlinge (zwei männliche und acht weibliche) in Bacacay (Brasilien) am 22. April 1946.
Höchste Kinderzahl (ärztlich bestätigt): Neunlinge (fünf männliche und vier weibliche), Sydney (Australien), am 13. Juni 1971. Zwei Knaben wurden tot geboren, einer blieb sechs Tage am Leben. Die Mutter war 29 Jahre alt.

Neunlinge, geboren am 29. Mai 1972 in Pennsylvania (USA). Alle starben. Weitere Neunlinge wurden am 11. Mai 1977 in Bagerhat (Indien) geboren. Auch von diesen überlebte keiner.

Achtlinge, am 16. August 1979 in Neapel (Italien) geboren. *Silvana, Anna und Valentina* überlebten als einzige die ersten Tage in der Klinik. Sie wogen fünf Tage nach der Geburt zehn Prozent weniger, nämlich zusammen nur 750 g, so daß die Ärzte des Sankt-Pauls-Krankenhauses auch ihnen keine großen Überlebenschancen einräumten. Über ihr weiteres Schicksal ist nichts bekannt.

Sechslinge wurden am 11. Januar 1974 in Kapstadt (Südafrika) geboren und zwar in der Reihenfolge: *David, Nicolette, Jason, Emma, Grant und Elisabeth.* Gesamtgewicht: 10,91 kg.
In Florenz (Italien) gebar nach einem Kaiserschnitt am 11. Januar 1980 *Rosanna Cavigli* (28) nach 35 Wochen Schwangerschaft vier Jungen und zwei Mädchen: *Linda, Letizia, Giorgio, Francesco, Mario* und *Roberto* wogen bei der Geburt zwischen 1200 und 1750 g. Von dieser Sechslingsgeburt wurde unter ärztlicher Aufsicht ein Film gedreht, dessen Rechte bereits eine US-Fernsehgesellschaft erworben hat. Sein Titel: *Eine Wiege mit fünf Betten.*

Sechslinge am 11. Januar 1974 in Kapstadt (Südafrika) geboren. Gesamtgewicht: 10,9 kg. An ihrem 1. Geburtstag.

Fünflinge. Die höchste Fünflingsquote wird aus Albanien gemeldet: Fast 5500 auf 1 Mio. Geburten! (Zum Vergleich: In Westdeutschland kommt auf 1 Mio. Geburten eine Fünflingsgeburt.)
In Chicago (USA) brachte am 9. Februar 1980 die 27jährige *Patricia Möller* durch Kaiserschnitt Fünflinge zur Welt – und zwar neun Wochen zu früh! Sie wogen zwischen 1000 und 1400 g.
In Fukui (Japan) wurde die 30jährige *Midori Osaki* im Januar 1980 von Fünflingen entbunden, von denen jedoch nur ein Junge und ein Mädchen überlebten. Andere japanische Fünflinge, deren Mutter *Noriko Yamashita* heißt, feierten im Januar 1980 ihren vierten Geburtstag.

Das größte Gesamtgewicht

Fünflinge. 11,35 kg wogen jene, die am 7. Juni 1953 in Tschekiank (China) geboren wurden. Aufs Gramm genausoviel wogen Fünflinge, die am 30. Dezember 1956 in Pandisherry (Indien) zur Welt kamen.

Vierlinge. Größtes Gesamtgewicht: 9,76 kg. Am 7. September 1975 in Minnesota (USA) geboren. Alles Mädchen.

Drillinge. Größtes Gesamtgewicht: 11,96 kg aus Iran (zwei männlich, einer weiblich), * am 18. März 1968, unbestätigter Fall.

Zwillinge. Größtes Gesamtgewicht: 16,10 kg. Zwei Knaben aus Derbyshire (England), * am 6. Dezember 1884.

Sonderfälle

Fünfzehnlinge: *Dr. Gennaro Montanino,* Rom, veröffentlichte, daß er am 22. Juli 1971 die Fötusse von zehn Mädchen und fünf Knaben aus der Gebärmutter einer 35jährigen Hausfrau entfernt habe. Für diesen einzigartigen und beispiellosen Fall von Fünfzehnlingen dürfte ein Fruchtbarkeitspräparat die Ursache gewesen sein.

Geburtstage am gleichen Tage des Jahres: Der einzige bestätigte Fall von fünf Kindern einer Familie, die *am gleichen Tag in verschiedenen Jahren* zur Welt kamen, betrifft *Catharine* (1952), *Carol (1953), Charles* (1956), *Claudia* (1961) und *Cecilia* (1966): Die Kinder von *Ralph* und *Carolyn Cummins* in Clintwood (USA). Der Geburtstag aller Kinder ist der 20. Februar. Die Wahrscheinlichkeit von fünf einzeln geborenen Geschwistern mit dem gleichen Geburtstag ist eins gegen 17 797 577 730 – viermal die Weltbevölkerung.

Größte Nachkommenschaft: In Ländern mit Polygamie kann die Anzahl der Nachkommen einer Person unberechenbar werden. Vom Sultan Marokkos *Mulay Ismael* (1672–1727), genannt »der Blutdürstige«, hieß es, er habe nicht weniger als 700 Söhne gezeugt. (Vgl. S. 259)

Kapitän *Wilson Kettle* (* 1860) in Grand Bay (Kanada), der am 25. Januar 1963 im Alter von 102 Jahren verstarb, hinterließ elf Kinder von zwei Frauen, 65 Enkel, 201 Großenkel und 305 Urgroßenkel, insgesamt 582 lebende Nachkommen.

Frau *Johanna Booysen* in Belfast (Südafrika) besaß im Januar 1968 schätzungsweise 600 lebende Nachkommen.

Groß- und Urgroßeltern: Während der letzten 20 Jahre wurden mindestens elf Fälle von *Ururgroßeltern* berichtet. Die jüngste von ihnen, die erfuhr, daß ihre Urgroßenkelin Großmutter geworden war, hieß *Ann V. Weirick* (1888–1978) in Paxtonville (USA). Von der Geburt ihres Urururenkels *Matthew Stork* (* 9. September 1976) erfuhr sie im Alter von nur 88 Jahren.

Jüngster deutscher Großvater: 29 Jahre.

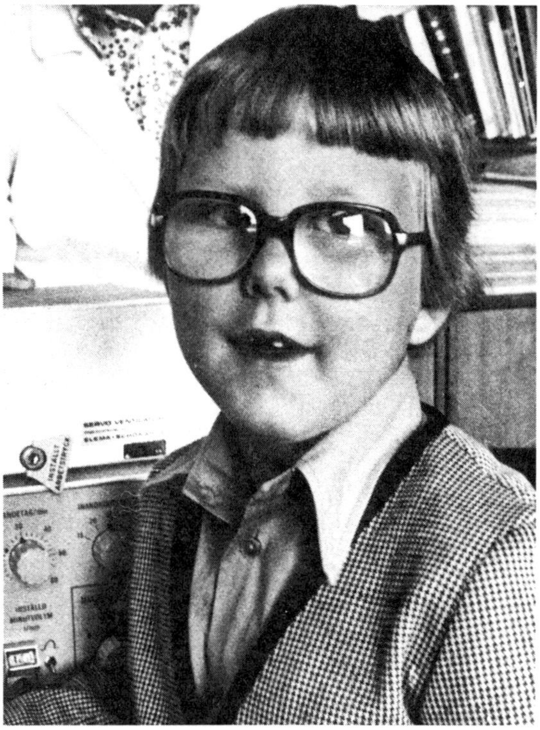

Für tot erklärt wurde dieser kleine Norweger, als er durch das Eis eines Flusses brach. Nach 40 Minuten begann sein Herz wieder zu schlagen. (Siehe S. 23)

(D) **Der jüngste Großvater** Westdeutschlands ist Zeitungsmeldungen zufolge der 29jährige *Horst Schenk* aus Hannover. Seine 15jährige Tochter gebar 1969 einen Sohn. Der Twen-Opa war bereits mit 14 Jahren Vater. In 15 Ehejahren hat er es auf acht Kinder gebracht.

Die meisten lebenden Vorfahren hat *Kurt Dickrager* aus Winona, Minnesota (USA). Als er am 17. Mai 1978 geboren wurde, lebten alle seine Großeltern, Urgroßeltern und eine Ururgroßmutter noch – also 15 direkte Vorfahren.

Physiologie und Anatomie

Allgemein: *Wasserstoff* (63 Prozent) und *Sauerstoff* (25,5 Prozent) sind die bekanntesten der 24 Elemente im menschlichen Körper. 1972 wurden vier weitere Spurenelemente entdeckt: *Fluor, Sili-*

cium, Zinn und *Vanadium.* Über die feststellbare Menge von *Nickel* liegt noch kein abschließendes Urteil vor.
Der Wert des menschlichen Körpers ist in den letzten zehn Jahren um 643 Prozent gestiegen. Doch nicht das *»Menschenmaterial«* ist besser geworden, sondern schuld daran ist die weltweite Inflation. Das Institut der US-Krankenversicherungen gab im März 1980 den »Preis« für die im menschlichen Organismus enthaltenen Mineralien wie Kalzium, Kalium, Natrium und Spurenelemente mit 7,28 Dollar (ca. 13,00 DM) an. Vor zehn Jahren betrug ihr Wert nur 98 Cent. Eine andere Rechnung besagt allerdings, daß der Mensch einen Wert von sechs Mio. Dollar (ca. 12 Mio. DM) habe. Diese Berechnung bewertet so kostbare Körpersubstanzen wie Hämoglobin, Insulin und das genetische Material.

Knochen

Die längsten Knochen: Im normalen menschlichen Körper gibt es 206 Knochen. Der längste ist das Oberschenkelbein. Normalerweise macht dieses 27½ Prozent des Knochengerüstes einer Person aus und sollte bei einem 1,83 m großen Mann 50 cm lang sein.

Der längstgemessene Knochen war das Oberschenkelbein des deutschen Riesen *Constantin,* der am 30. März 1902 in Mons (Belgien) im Alter von 30 Jahren starb. Der Knochen war 76 cm lang.

Der kleinste Knochen ist der sog. Steigbügel, einer der drei Gehörknöchelchen im Mittelohr. Er ist 2,6 bis 3,4 mm lang und wiegt 2 bis 4,3 mg.

Muskeln

Die größten: Die 639 Muskeln machen normalerweise 40 Prozent des Körpergewichts aus. Der kräftigste ist der große Gesäßmuskel.

Der kleinste Muskel ist *Stapedius,* der den Steigbügel (siehe kleinste Knochen) bewegt und knapp 0,127 cm lang ist.

Das Gehirn

Das größte Gehirn: Das Gehirn besitzt 10×10^{10} Nervenzellen oder *Neuronen,* die durch *Dendriten* (feine Fasern) bzw. 10×10^{11} *Ganglien* verbunden sind. Einige der chemischen Reaktionen des Gehirns benötigen lediglich eine Millionstel Sekunde. Vom 18. Lebensjahr an verliert das Gehirn etwa 103 Zellen pro Tag. Das Gehirn eines durchschnittlichen Erwachsenen (30–59 Jahre) wiegt zwischen 1410 g und 1030 g.

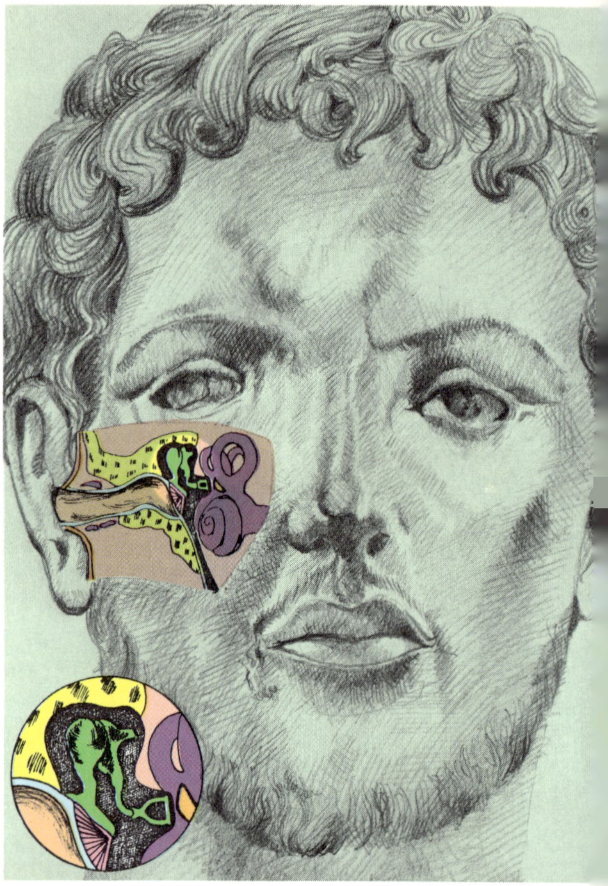
Der kleinste Knochen ist der Steigbügel, einer der drei Gehörknöchelchen.

Gehirngewichte deutscher Geistesgrößen:			
Name	Beruf	Alter	Gehirngewicht
Gauß, Friedrich	Mathematiker	78	1492 g
Schiller, Friedr.	Dichter	46	1580 g
Kant, Immanuel	Philosoph	82	1600 g
v. Liebig, Justus	Chemiker	70	1352 g
Menzel, Adolph	Maler	89	1298 g
Mommsen, Theod.	Historiker	86	1425 g
Bunsen, Robert	Chemiker	88	1295 g
Haeckel, Ernst	Naturforscher	85	1575 g

🌐 **Das schwerste bisher gewogene Gehirn** wurde 1975 von dem amerikanischen Arzt Dr. Thomas F. Hegert ermittelt. Es wog 2049 g und gehörte einem 50jährigen Weißen.

Das kleinste Gehirn: Bei extremen Fällen von Mikrozephalie kann das Gehirn nur 300 g wiegen (gegenüber 567 g beim erwachsenen Gorilla und 454–567 g bei anderen Menschenaffen).

Das nicht geschrumpfte Gehirn des französischen Schriftstellers *Anatole France* (1844–1924) wog ohne Membran nur 1017 g.

Intelligenzquotient

Die höchsten Intelligenzquotienten: Auf der *Terman-Skala* für Intelligenz-Quotienten entspricht 150 der *»Genie«*-Stufe. Manche Wissenschaftler halten alles, was die Stufe von 200 überschreitet, für nicht mehr meßbar.

Ein Intelligenzquotient von 210 wird jedoch dem Südkoreaner *Kim Ung-Yong* aus Seoul (* 7. März 1963) zugeschrieben. Im Alter von vier Jahren und acht Monaten trat er am 2. November 1967 in dem Fernsehprogramm *»Überraschungsschau der Welt«* des Senders Tokio auf, verfaßte Gedichte, sprach vier Sprachen (Koreanisch, Englisch, Deutsch und Japanisch) und führte Integral- und Differentialrechnungen durch. Seine Eltern sind Hochschulprofessoren. Beide wurden am 23. Mai 1934 um 11 Uhr morgens geboren.

Die internationale Gesellschaft für philosophische Forschung hat 140 Mitglieder, von denen 22 Prozent einen IQ über 160 besitzen, während kein Mitglied unter 148 liegt. Ein IQ von mehr als 160 findet sich nur bei 100 Personen in einer Million.

Der höchste Bevölkerungsdurchschnitt der IQs beträgt 106,6 für die japanische Nation (Zum Vergleich: Westdeutschland = 100,0).

Bei Untersuchungen an der Universität Stanford (USA) über den Intelligenzquotienten verstorbener Genies wurde *Johann Wolfgang v. Goethe* mit über 200 eingestuft.

Menschliche Rechenanlage: Die rascheste Ziehung der dreizehnten Wurzel einer 100stelligen Zahl bewerkstelligte *Willem Klein* (* 1914, Niederlande) im November 1978 in Stockholm (Schweden). Er benötigte dafür lediglich 3 Minuten 51 Sekunden.

Weniger Zeit als man braucht, um ein Ei zu kochen, genügt Willem Klein für schwierigste Rechenaufgaben.

Menschliches Gedächtnis: *Mehmed Ali Halici* aus Ankara (Türkei) rezitierte am 14. Oktober 1967 aus dem Gedächtnis 6666 Verse des Korans sechs Stunden hintereinander. Sechs Koran-Studenten kontrollierten die Rezitation.

Intelligenzquotient über 200: Johann Wolfg. v. Goethe.

Hände

Tastsinn: Die Empfindlichkeit der Finger ist derart feinfühlig, daß damit eine Schwingungsbewegung von 0,02 eines Mikrons wahrgenommen werden kann.

Am 12. Januar 1963 berichtete die sowjetische Zeitung *Iswestija* über ein Mädchen, *Rosa Kulgeschowa,* das mit verbundenen Augen Farben einzig und allein durch ihren Tastsinn zu erkennen imstande sein sollte. Spätere Berichte aus dem Jahre 1970 widerlegten jedoch diese Behauptung.

Die meisten Finger: 1938 wurde der außergewöhnliche Fall eines (weiblichen) Säuglings mit 14 Fingern und zwölf Zehen vom St. George's Hospital (London) gemeldet.

Der längste Fingernagel mit einer Abmessung von 64,7 cm wurde bei *Romesch Scharma* in Delhi (Indien) am 15. Februar 1979 nach 13 Jahren Wachstum gemessen.

Am 23. Februar 1979 erreichte *Schridhar Tschillal,* 41jährig, aus Puna (Indien) für die fünf Nägel seiner Hand, die er 1952 zum letztenmal geschnitten hatte, eine Gesamtlänge von 235 cm, wobei der Daumennagel allein 59 cm maß.

Haare

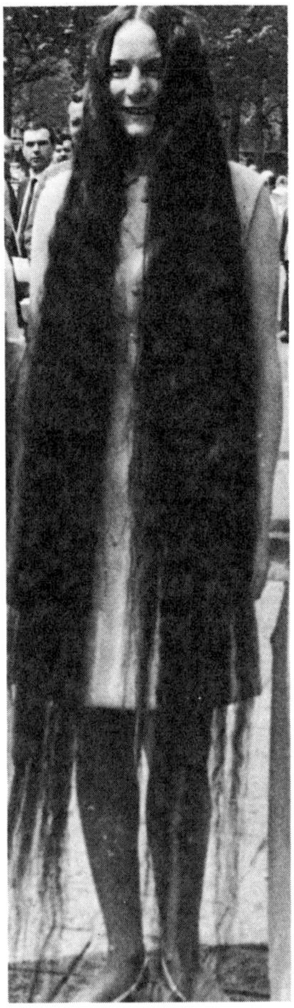

Bei der »Olympiade der längsten Haare« in Paris gewann mit großem Vorsprung vor allen anderen Bewerberinnen die Französin Marie-Odile Lefèbvre (unser Bild). Ihr Haar hatte die beachtliche Länge von 1,86 m. Vom gewonnenen Geld kaufte sie sich einen Fön.

Allgemein: Ein blonder Mensch hat auf seinem Kopf ca. 140 000 Haare, ein schwarzhaariger etwa 109 000. Rothaarige haben »nur« ca. 88 000, Braunhaarige immerhin 102 000. Jedes einzelne Haar wächst täglich etwa 0,3 mm. Übrigens: vormittags wächst es am schnellsten, nachts überhaupt nicht. Die Lebensdauer eines Haares liegt zwischen einem halben und vier Jahren. Durchschnittlich auf ein Lebensalter gerechnet verliert der Mensch täglich ca. 90 Haare.

Das längste Haupthaar: *Swami Pandarasannadhi,* Abt des Tirudadutural Klosters im Kreis Tanjore, Madras (Indien), soll Berichten zufolge im Jahr 1949 Kopfhaar von einer Länge von 7,93 m besessen haben.

Ⓓ **Als Frau mit den längsten Haaren** in Westdeutschland wurde 1972 *Irmgard Symanzik* (* 1933) aus Gütersloh gefeiert. Ihre Haare waren 2,03 m lang. 27 Jahre lang war sie bei keinem Friseur. Jedes Haarekämmen dauerte eine halbe Stunde. Da sie nur 1,56 m groß ist, mußte sie dazu auf einen Hocker steigen. Inzwischen sind Haarpracht (und -last) zugunsten einer Normalfrisur der Schere zum Opfer gefallen.

Der längste Bart gehörte *Hans N. Langseth* (* 1846 in Norwegen); als Hans 1927 in den USA starb, hatte der Bart eine Länge von 5,33 m. Der Bart wurde 1967 dem *Smithsonian Institut,* Washington, zum Geschenk gemacht.
Der Vollbart der »bärtigen Jungfrau« *Janice Deveree* (* 1842 in Bracken, USA) wurde nach einer Messung im Jahr 1884 mit 36 cm angegeben.

Ⓐ **Einen 207 cm langen Bart** hatte der Ratsherr und Stadthauptmann von Braunau am Inn (Österreich) *Hans Staininger* (1499–1567). Er war so stolz darauf, daß er sich mit vollem Bartschmuck auf sein Grabmal meißeln ließ.

Als längster Schnurrbart wurde ein dem indischen Brahmanen *Masuriya Din* (* 1908) zugewachsenes Exemplar registriert. Der Schnurrbart wuchs sich von 1949–62 auf eine Spannweite von 2,59 m aus.
Karna Ram Bheel (* 1928) erhielt im Februar 1979 vom Direktor eines Zuchthauses in Neu Delhi die Erlaubnis, seinen seit Antritt einer lebenslangen Kerkerstrafe im Jahre 1949 auf eine Breite von 238 cm gewachsenen Schnurrbart unrasiert weiterwachsen zu lassen.

Total behaart sind 32 Einwohner der *Volksrepublik China.* Dies teilte die amtliche Nachrichtenagentur *Neues China* im Januar 1980 mit. Anlaß dafür waren Meldungen über die Geburt eines am

Über 2 m soll der Bart des Braunauer Ratsherren Hans Staininger (1499–1567) gewesen sein.

ganzen Körper behaarten Kindes in der Provinz *Liaoning.* Der inzwischen einjährige Junge hat lediglich an Nase, Lippen, Hals und Fußflächen keine Haare.

Zähne

Die frühesten Milchzähne: Die ersten Milchzähne erscheinen gewöhnlich bei Kleinkindern im Alter von fünf bis acht Monaten, und zwar zuerst die Schneidezähne des Unter- und Oberkiefers. Zahlreiche Aufzeichnungen berichten von Kindern, die mit Zähnen zur Welt kamen; der bekannteste Fall war *Prinz Louis Dieudonné,* der spätere *Ludwig XIV.* von Frankreich, der am 5. September 1638 mit zwei Zähnen geboren wurde.

Die Backenzähne bekommt man gewöhnlich im Alter von 24 Monaten, aber nach dem in Dänemark veröffentlichten Fall *Pindborg* wies 1970 ein um sechs Wochen zu früh geborenes Baby bei seiner Geburt acht Zähne, davon vier Backenzähne, auf.

Die meisten Zähne: Der Wuchs dritter Zähne im vorgerückten Alter wurde wiederholt registriert. In Frankreich erregte 1896 der sogenannte *Lisson-Fall* Aufsehen: Eine Französin namens *Lisson* hatte im Alter vierte Zähne bekommen.

Die meisten gezogenen Zähne: Bruder *Giovanni Battista Orsenigo,* Mönch und Zahnarzt am Ospedale Fatebenefratelli in Rom, sammelte sämtliche Zähne, die er während seiner Berufstätigkeit von 1868–1904 gezogen hatte, in drei riesigen Kästen. Bei einer Zählung im Jahre 1903 kam man auf 2 Mio. 744 Zähne.

Zahnlosigkeit ist in England am meisten verbreitet. 37 Prozent der Bevölkerung sind auf der britischen Insel ohne eigene Zähne.
In Schweden sind es 24 Prozent, in den USA 18 Prozent.
In Westdeutschland beißen sich nur fünf Prozent nicht mit eigenen Zähnen durchs Leben.

Augen

Der kleinste sichtbare Gegenstand: Die Zerlegungsfähigkeit des menschlichen Auges beträgt 0,0003 eines Bogengrads von einer Minute ($^1/_{60}$ Grad), was 100 Mikron bei 254 mm entspricht. Das menschliche Auge kann eine helle Lichtquelle durch einen Spalt von bloß 3–4 Mikron Weite wahrnehmen. Im Oktober 1972 berichtete die Universität Stuttgart, daß die Studentin *Veronica Seider* (* 1953) eine Sehschärfe besaß, die zwanzigmal besser als der Durchschnitt war. Sie konnte

1. Augenbank Europas: Universitäts-Augenklinik Würzburg.

Personen auf eine Entfernung von mehr als 1,6 km unterscheiden.

Farbsinn: Das menschliche Auge kann, unter optimalen Sichtverhältnissen, 10 Mio. verschiedene Farbflächen unterscheiden. Die genauesten fotoelektrischen Spektrometer besitzen nur etwa 40 Prozent dieser Trennschärfe. Rund 7,5 Prozent aller Männer und 0,1 Prozent aller Frauen sind farbenblind. Die extremste Form, der sog. *Monochromatismus,* ist höchst selten.
Die größte Häufigkeit von Rot/Grün-Blindheit wird aus der ČSSR gemeldet, die geringste von den Fidschi-Inseln und von Indianern Brasiliens.

Ⓓ **Die erste Augenbank** Europas wurde 1972 in der Universitäts-Augenklinik in Würzburg (Bayern) eröffnet. Unter Leitung von *Prof. Dr. Dr. h. c. W. Leydhecken* werden dort Hornhäute, die Verstorbenen bis vier Stunden nach dem Ableben entnommen wurden, bei minus 196 Grad konserviert. Die Augenbank wurde mit Unterstützung aller bayerischen *Lions-Clubs* errichtet.

Stimme

Höchste und tiefste Stimmen: Die höchsten und tiefsten Noten, die vor diesem Jahrhundert für die menschliche Stimme nachgewiesen sind, wurden

von der Amerikanerin *Ellen Beach Yaw* (1869–1947) erreicht. Sie sang am 19. Januar 1896 in der New Yorker *Carnegie Hall* eine Staccato E in alto altissimo. *Kaspar Foster* (1617–73) sang das tiefe A, basso al ottovio (55 Hz/sec). *Madeleine Marie Robin* (1918–60), die französische Koloraturdiva, erreichte und hielt das B oberhalb des hohen C in der Wahnsinnsszene aus *»Lucia von Lammermoor« von Geatano Donizetti.*
Seit 1950 haben Sänger und Sängerinnen hohe bzw. tiefe Noten weit außerhalb des bis dahin für möglich Gehaltenen erreicht. Allerdings fehlen den höchsten und tiefsten Noten des Registers die Obertöne, wodurch sie musikalisch so gut wie wertlos werden.

Salvini bei der Welturaufführung von Bellinis *»Adelson e Salvini«* in New York City (USA) am 12. September 1972.

Der größte Stimmumfang: Die normale Hörweite der männlichen menschlichen Stimme beträgt bei Windstille und im Freien 180 m. Das *Silbo,* die gepfiffene Sprache auf der kanarischen Insel *La Gomera,* ist unter idealen Verhältnissen auf eine Entfernung von 8 km zu verstehen.
In einem Fall war die menschliche Stimme unter abnorm günstigen akustischen Bedingungen über stehendem Wasser und bei Nacht auf eine Entfernung von 17 km vernehmbar, ohne daß man jedoch die einzelnen Worte verstand.

Die höchste für Singstimme gesetzte Note kommt zweimal in Mozarts »Popolo di Tessaglia« vor.

Marita Gunter, eine Schülerin *Alfred Wolfsohns,* sang den gesamten Bereich des Klaviers vom A bis zum viergestrichenen C (von diesen 7¼ Oktaven sind 6 Oktaven musikalisch wertvoll). *Roy Hart,* ein anderer Wolfsohn-Schüler, sang Noten unterhalb des Klavierbereichs. *Barry Girard* aus Canton (USA) erreichte im Mai 1975 das E (4340 Hz) oberhalb des höchsten Tones des Klaviers. Die höchste für Singstimme gesetzte Note ist das G^{IV} und kommt zweimal in Mozarts *»Popolo di Tessaglia«* vor. (Siehe Abbildung der Partitur dieser Stelle)

Die tiefste Note, das D_{11}, erreichte der Engländer *Tom King. Stephan Zucker* hielt das A in *alto altissimo* für 3,8 Sekunden in der Tenorpartie des

Auf dem »Welt«-Brüllwettbewerb in Scarborough (England) am 17. Februar 1973 siegte Kapitän *Kenny Leader* mit 111 Dezibeln über mehr als 2,5 m. Weltmeisterin im Brüllen mit 110 Dezibeln wurde Frau *Grace Hall* in Pathfinder Village (England) am 19. November 1976.

Das leiseste Geräusch: Die Intensität des Lauts, die Lautstärke, wird in Druckeinheiten gemessen. Der Druck des schwächsten Geräusches, das vom normalen menschlichen Ohr bei einer Schwingungszahl von etwa 2750 Hz wahrgenommen werden kann, beträgt 2×10^{-5} Pascal. Der zehnte Teil des Logarithmus obigen Werts ist die »Dezibel« genannte Einheit. Anhaltender Lärm von mehr als

150 Dezibeln verursacht sofortige unheilbare Taubheit, 200 Dezibel können den Tod zur Folge haben. Ein Geräusch von 30 Dezibeln jedoch ist unschädlich.

Größte vernehmbare Tonhöhe: 20000 Hz galt lange als oberste Hörgrenze des menschlichen Ohrs, obwohl asthmatische Kinder oft ein Geräusch mit 30000 Hz wahrnehmen können. Im Februar 1964 verlautete aus der UdSSR, dortige Versuche hätten eindeutig bewiesen, daß Schwingungen bis zu 200000 Hz gehört werden können, falls der Schwingkörper unmittelbar an den Kopf gehalten wird.

Der rascheste Sprecher: Wenige Menschen können deutlich mit einer Dauergeschwindigkeit von 300 Worten pro Minute sprechen. Als raschester Rundfunksprecher gilt der Kanadier *Gerry Wilmot,* ein Eishockey-Reporter in den vierziger Jahren.

Der Schnellsprechrekord für Politiker wurde von *John F. Kennedy* (1917–63) als Präsident der USA aufgestellt, als er im Dezember 1961 während einer Ansprache 327 Worte pro Minute erreichte.
Gewiß ohne die Absicht, einen Rekord aufzustellen, verschaffte sich die deutsche Bundestagsabgeordnete *Heide Simonis* (SPD) am 19. Juni 1980 Eingang in die Spalten dieses Buches, als der amtierende Bundestagsvizepräsident *Georg Leber* sie – Pressemeldungen zufolge – »wegen zu schnellen Sprechens« ermahnte und die Abgeordnete bat, auf die Stenographen Rücksicht zu nehmen. Frau Simonis erwiderte, ihr Schnellreden sei ein Geburtsfehler, auf den auch ihr Ehemann sie immer hinweise.
In Westdeutschland sprach im Oktober 1965 *Peter Spiegel* (62 Jahre) aus Essen bei einem Stenografen-Wettbewerb 908 Silben in einer Minute.
Bandaufnahmen, bei denen man versuchte, den Hamlet-Monolog von 262 Worten in weniger als 24 Sekunden zu rezitieren (das sind 655 Worte in der Minute), scheiterten. Der Text wurde absolut unverständlich.

Blut

Blutgruppen: Das Vorherrschen einer bestimmten Blutgruppe ist in den einzelnen Gebieten der Erde höchst verschieden.

Die häufigste Blutgruppe der Welt ist 0 (46 Prozent); in gewissen Gebieten jedoch, z. B. in Norwegen, wiegt Gruppe A vor.

Die seltenste Blutgruppe im System AB0 (einem von 14 Systemen) ist AB.

Schnellsprechrekord: John F. Kennedy.

Die seltenste Type der Welt ist das *Bombay Blut* (Untergruppe A-h), das bisher nur 1961 bei einer tschechoslowakischen Krankenschwester festgestellt wurde, sowie bei einem Amerikaner und seiner Schwester aus Massachusetts. Der Bruder hat eine eigene Blutbank für sich eingerichtet.

Größter natürlicher Reichtum: Von *Joe Thomas,* Detroit (USA) wurde im August 1970 der Besitz der größten bekannten Anzahl von Anti-Lewis B, des seltenen Blut-Antikörpers, in seinem Blut gemeldet. Eine amerikanische Firma für biologische Präparate bezahlt ihm 1500 Dollar pro Liter. Die Steuerbehörde entschied, dies sei »flüssiges Kapital« und daher steuerpflichtig!

Weltmeister der Blutspender: *Ed ›Spike‹ Howard* (1877–1946), der professionelle »Starke Mann« von Philadelphia (USA), spendete während seines Lebens die Rekordmenge von 499,66 l Blut. Gegenwärtig liegt die normale Höchstgrenze bei knapp 3 l pro Jahr und Spender.

Blutgruppen in Deutschland:		
36,55 %	= A +	43 %
6,45 %	= A −	
10,20 %	= B +	12 %
1,80 %	= B −	
4,25 %	= AB +	5 %
0,75 %	= AB −	
34,00 %	= 0 +	40 %
6,00 %	= 0 −	

Ⓓ In Westdeutschland liegt die erlaubte oberste Grenze für Blutspender bei monatlich 500 Milliliter. *Wilhelm Klein* aus Frankfurt spendete von 1935–73 über 2000mal Blut, insgesamt mehr als 880 l. Das dürfte europäischer Rekord sein. Sein Blut regenerierte sich innerhalb von zwölf Stunden. Normalerweise dauert die Bluterneuerung ca. sieben Wochen.

Größte Bluttransfusion: Der 50jährige *Warren C. Jyrich,* ein Bluter, benötigte für seine »offene« Herzoperation im Dezember 1970 2400 Spendereinheiten, das sind 1080 l Blut.

Die längste Vene im menschlichen Körper ist eine Herzvene, die sog. *Vena Cava,* die Blut von unterhalb des Herzens zurückführt.

Körpertemperatur

Höchste Körpertemperatur: Eine Patientin bekam 1970 nach einer *Halothan*-Narkose Fieber von 44,4 Grad. Sie genas nach einer Prokainamid-Infusion. Teilnehmer am Marathonlauf erreichen bei heißem Wetter Körpertemperaturen von 41 Grad und mehr.

Tiefste Temperatur: Zwei Fälle sind bekannt, daß Menschen Körpertemperaturen von nur 16 Grad überlebten. *Dorothy Mae Stevens* (1929–74) wurde am 1. Februar 1951 in einer Chicagoer Seitenstraße aufgefunden, und am 21. Januar 1956 die zwei Jahre und einen Monat alte *Vickie Mary Davis* in einem ungeheizten Haus. Beide hatten eine Körpertemperatur von nur 16 Grad.

Sonderfälle

Die schlankste Taille: Königin *Katharina von Medici* (1519–89) schrieb für die Damen des französischen Hofs eine Gürtellinie von 33 cm vor. Freilich waren zu dieser Zeit die Frauen auch kleiner. Die schlankste Taille einer normal gewachsenen Frau im 20. Jahrhundert, nämlich 33 cm, soll die französische Bühnen-Schauspielerin *Polaire* (1881 bis 1939) gehabt haben.

Größter Brustkorb: Unter muskulösen Menschen *(Mesomorphen)* normaler Größe sind Abmessungen über 142 cm bei gedehnter Brust außerordentlich selten. *Louis Cyr* (1865–1912), der berühmte »starke Mann« des französischen Kanada, hatte bei seinem Idealgewicht von 136 kg einen Brustumfang von 150 cm.
Arnold Schwarzenegger (* 1948) aus Graz (Österreich), der ehemalige *Mr. Universum* und *»der am vollkommensten entwickelte Mann der Weltge-*

Taillen-Umfang: 33 cm war Vorschrift für die Damen des französischen Hofs unter Königin Katharina v. Medici.

schichte«, hat einen Brustumfang von 147 cm bei einem Gewicht von 115 kg. Der Umfang seines Oberarms mißt 56 cm. (Siehe S. 23)

Längste Hälse: Die größte Verlängerung des Halses durch wiederholtes Anpassen von Kupferringen, wie dies die *Karen* in Birma praktizieren, kann Verlängerungen bis zu 40 cm bewirken.

Krankheiten

Die häufigste Krankheit, jedoch nicht ansteckend, ist *Karies* (Zahnfäule). Nur wenige Menschen bleiben ihr Leben lang davon verschont. In gewissen Teilen der Welt erreicht der Befall mit Springwurm *(Enterobius vermicularis)* eine Rate von 100 Prozent.

Die häufigste ansteckende Krankheit ist der Schnupfen (akuter Nasen-Rachenkatarrh).
Ⓓ In Westdeutschland ist die Erkrankung der Atmungsorgane *(Grippe)* der häufigste Grund für Arbeitsunfähigkeit. Die durchschnittliche Krankheitsdauer betrug 1979 11,7 Tage.

Die ansteckendste aller Krankheiten ist die *Lungenpest,* mit einer Sterblichkeitsrate von 99,99 Prozent.

Am wenigsten ansteckend ist der Aussatz *(Lepra),* der von *Mycobacterium leprae* übertragen

wird. Er ist jedoch der stärkste Bazillenträger unter sämtlichen Infektionskrankheiten.
Rund 20 Mio. Menschen leiden an *Lepra,* aber nur 4 Mio. sind medizinisch registriert und auch von diesen kann nur ein äußerst geringer Teil behandelt werden.

Die seltenste Krankheit: *Kuru,* die sogen. Lachkrankheit, befällt ausschließlich den *Fore*-Stamm in Neu-Guinea und verläuft zu 100 Prozent tödlich. Die Krankheit wird durch die Kannibalensitte des Verzehrens menschlicher Hirne übertragen.

Die seltensten ansteckenden Krankheiten in Westdeutschland sind *Cholera, Pest* und *Pocken.* 1976 kam es lediglich zu je einem Todesfall aufgrund akuter *Poliomyelitis* und *Fleckfieber.*

Höchste Sterblichkeit: *Die Tollwut* bei Menschen, wenn sie mit dem Symptom der Wasserscheu auftritt, gilt seit langem als zu 100 Prozent tödlich. Die 25jährige *Candida de Sousa Barosa* aus Rio de Janeiro (Brasilien) überlebte im November 1968 als erste diese Krankheit.

Die häufigste Todesursache in den Industrieländern ist die *Arteriosklerose* (durch Verkalkung bewirkte Verdickung der Arterienwände). Sie ist die Ursache zahlreicher Koronar-, Hirn- und Gefäßerkrankungen.

Die berüchtigtste Keimträgerin von allen Trägern des *Typhus*-Bazillus war *Mary Mallon,* genannt *»Typhus Mary«* aus New York City (USA). Sie war die Ansteckungsquelle bei der Epidemie von 1903 mit 1300 Fällen. Da sie ihre Beschäftigung, zu der auch das Berühren von Nahrungsmitteln gehörte, nicht aufgab, sondern unter falschem Namen weiter ausübte, wurde sie ab 1915 in Dauerhaft genommen, in der sie bis zu Ihrem Tod 1938 verblieb.

Medizinische Extreme

Längstes Aussetzen des Herzens: Ein Stillstand des Herzens von drei Stunden 32 Minuten überlebte die 29jährige *Jean Jawbone.* Unter Verwendung von Bauchfelldialyse gelang es einem 26köpfigen Mediziner-Team am 19. Januar 1977 in der Klinik von Winnipeg (Kanada), die Patientin ins Leben zurückzurufen.
Im Februar 1974 brach der fünfjährige *Vegard Slettmoen* durch das Eis des Flusses Nitselv in Norwegen. 40 Minuten später wurde er aus einer Tiefe von 2,5 m geborgen und im Hauptkrankenhaus von Akerhaus wieder belebt.

Der längste Traum: Das Träumen ist durch rasche Augenbewegungen der schlafenden Person (REM) gekennzeichnet. Die längste verzeichnete Zeitspanne von REM dauerte zwei Stunden 23 Minuten. Sie wurde am 15. Februar 1967 bei *Bill Carskadon,* dessen Schlaf vorher unterbrochen worden war, auf der psychologischen Abteilung der Universität Chicago, Illinois (USA), gemessen.

Der größte Gallenstein, von dem die medizinische Literatur berichtet, wog 6294 g und wurde am 29. Dezember 1952 bei einer 80jährigen Frau im Charing Cross Hospital, London (England), operativ entfernt.

Mr. Universum: Arnold Schwarzenegger.

Der längste Aufenthalt in der Eisernen Lunge betrug 31 Jahre und neun Monate. *Howard Lee Hale* (1912–76) aus Crockett (USA) lebte vom August 1944 bis zu seinem Tod am 10. Mai 1976 in dem Apparat.

Schnellste Reflexe: Versuche, die 1966 veröffentlicht wurden, ergaben, daß Mitteilungen des menschlichen Nervensystems mit einer Geschwindigkeit bis zu 288 km/h übertragen werden. Mit zunehmendem Alter werden die Impulse um 15 Prozent langsamer übermittelt.

Schluckauf: Den längsten registrierten Anfall von Schluckauf hat *Charles Osborne* (* 1894) aus Anthon (USA). Er fing 1922 an und hat noch nicht aufgehört. Er bekam das Schlucken beim Schlachten eines Schweines. Er ist nicht imstande, sein künstliches Gebiß im Mund zu halten.

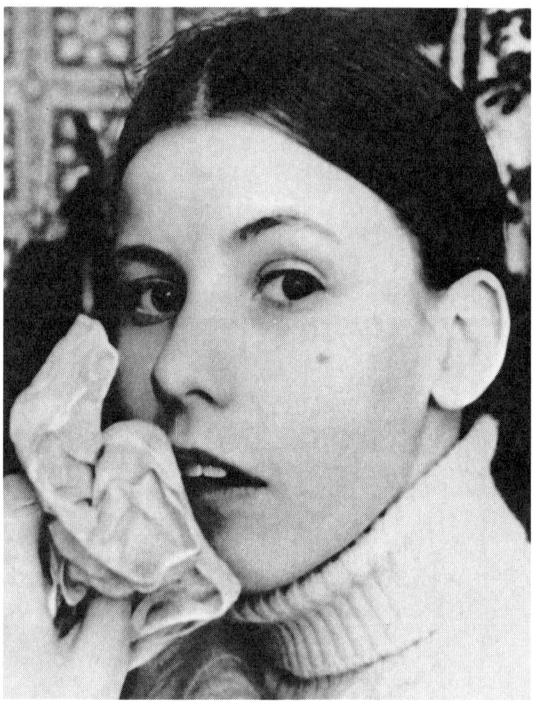

204 Tage Dauerniesen: Tricia Reay, 12 Jahre.

Das längste Niesen wurde bei der zwölfjährigen Engländerin *Tricia Reay* beobachtet. Sie nieste nach einer Erkältung vom 14. Oktober 1979 bis 18. März 1980 ganze 156 Tage lang. Dabei nahm sie drei kg ab.

Lautestes Schnarchen: Forschungsergebnisse der Hals-Nasen-Ohren-Abteilung des St.-Mary-Krankenhauses in London aus dem Jahre 1968 berechneten für krächzendes Schnarchen Lautstärken bis zu 69 Dezibeln.

Gähnen: Eine 15jährige Patientin gähnte unaufhörlich fünf Wochen lang. Dies wird aus dem Jahr 1888 berichtet.

Schlaflosigkeit: Der tiefste Schlaf liegt zwischen acht und neun Uhr abends; der leichteste etwa um vier Uhr morgens.

Die längste Zeit freiwillig wach blieb *Maureen Weston* aus Petersborough (England). Während eines *»Schaukelstuhlmarathons«* (14. April bis 2. Mai 1977) durchwachte sie insgesamt 14 Tage und 13 Stunden. Obwohl sie gegen Ende dieses nicht nachahmenswerten Versuchs zu Wahnvorstellungen neigte, kam sie überraschenderweise ohne bleibende Gesundheitsschädigung davon.

Bewegungslosigkeit: Die längste freiwillige Reglosigkeit von sechs Stunden 31 Minuten nahm *William Fuqua* im Kaufhaus Dillards in Fort Worth (USA) am 22. Juli 1978 auf sich.
Die längste unfreiwillige »Habacht«-Stellung wurde im Frühling 1945 als Strafe über den amerikanischen Flieger *Samuel B. Moody* im japanischen *Narumi*-Lager von Nagoya verhängt. 53 Stunden mußte er still stehen. Moody überlebte und wurde Autor von *»Begnadigung aus der Hölle«.*

Verschlucken: Der schlimmste Fall des Verschluckens als Zwangshandlung wurde bei einer 42jährigen Geistesgestörten beobachtet, die über »leichte Bauchschmerzen« klagte. In ihrem Magen fanden sich nicht weniger als 2533 Gegenstände, darunter 947 verbogene Nadeln. Sie wurden im Juni 1927 im Ontario-Krankenhaus (Kanada) operativ entfernt.
Der schwerste jemals aus einem menschlichen Magen entfernte Gegenstand war eine 2,53 kg wiegende Haarkugel. Sie wurde am 30. März 1895 aus dem Magen der 20jährigen Engländerin *Irene Swain* operativ entfernt.

Schwertschlucker: Das längste Schwert, das von einem geübten »Schlucker« nach einer kräftigen Mahlzeit verschlungen werden kann, mißt 76 cm. Der größte Vertreter dieser Kunst ist der Däne Dan Larsen (* 18. Dezember 1943). Dieser *»König Fürchtenichts«* (so sein »Künstlername«) schluckte zwölf Klingen von je 58,4 cm Länge bis unterhalb des *Xiphisternums.*

Fasten: Die meisten Menschen verspüren bereits nach zwölf Stunden ohne Nahrung beträchtliches Unbehagen, das aber oft nach 24–48 Stunden verschwindet. Rekorde, die ohne ständige ärztliche Beobachtung geltend gemacht werden, haben keinen Wert.

Therese von Konnersreuth. (Vgl. Letzte Meldungen)

Die längste Zeitspanne, die jemand ohne feste Nahrung zubrachte, betrug 383 Tage. *Angus Barbieri* (* 1940) lebte vom Juni 1965 bis Juli 1966 im Maryfield Hospital (Schottland) ausschließlich von Tee, Kaffee, Wasser, Mineralwasser und Vitaminen. Sein Gewicht ging von 214,1 kg auf 80,74 kg herunter.

(D) *»Therese von Konnersreuth«,* die katholische Schwester *Therese Neumann* (* 9. April 1898, † 18. September 1962), war seit 1926 stigmatisiert und ernährte sich 35 Jahre lang einzig von der Hostie bei der Frühmesse.

Hungerstreik: Der längste überprüfte Hungerstreik dauerte 94 Tage und wurde von neun Insassen des Gefängnisses von Cork (Irland) vom 11. August bis 12. November 1920 durchgehalten. Insgesamt hatten sich zwölf Gefangene an dem Hungerstreik beteiligt. Drei starben.

Die längste Zeit ohne feste Nahrung oder Wasser, nämlich 13 Tage und neun Stunden, überlebten zwei amerikanische Soldaten, die als blinde Passagiere im Container Nr. 303 454 an Bord des Dampfers *Sea-Land-Economy* vom 7.–22. Dezember 1977 die Fahrt von Rotterdam (Holland) nach Houston (USA) durchhielten.

Die hungrigsten Feuerschlucker: *Jack Sholomir* (Großbritannien) blies mit Lungenkraft am 6. Juni 1977 eine Flamme sieben Meter weit. Frau *Jean Chapman* löschte am 25. August 1979 in dem Gasthaus *»Zu den sechs Glocken«* in Stoke Poges (England) nacheinander 4593 brennende Fackeln in ihrem Mund. Die Löschaktion dauerte 120 Minuten.
Gierig war auch *Darryl Hayden,* der am 15. April 1979 in *Kingston-upon-Thames* (England) innerhalb einer Stunde und 52 Minuten nacheinander 2509 Flammen »schluckte«. Beide Rekorde sind wirklich nicht zur Nachahmung zu empfehlen.

Menschliche Salamander: Die Höchsttemperaturen, die von unbekleideten Männern während der Versuche der amerikanischen Luftwaffe im Jahre 1960 ertragen wurden, betrugen bei trockener Luft 204,4 Grad Celsius, und sehr dick angezogene Versuchspersonen vermochten 260 Grad Celsius auszuhalten. (Zum Vergleich: Steaks braten bereits bei 162,8 Grad, und 140 Grad werden in einer Sauna keineswegs als unerträglich empfunden.)

Gehen auf glühenden Kohlen: Die höchste Temperatur, die mittels eines Pyrometers gemessen wurde, betrug 812 Grad. Über diese Kohlen schritt »Komar« *(Vernon E. Craig)* aus Wooster (USA) beim *Internationalen Festival für Yoga und Esoterische Wissenschaften* in Maidenhead (England) am 14. August 1976.

Der Unter-Wasser-Weltrekord wird mit 13 Minuten, 42,5 Sekunden von dem 32jährigen Elektroniktechniker *Robert Foster* aus Richmond (USA) gehalten. Er blieb am 15. März 1959 während die-

Die schnellste Feuerlöscherin: Jean Chapman.

ser Zeit unter dem 3,05 m tiefen Wasser des Schwimmbades des *Bermuda Palma Motels* in San Rafael, Kalifornien. Vorher hatte er 30 Minuten lang Sauerstoff eingeatmet.

Gravitation: Die schwerkraftbedingte Beschleunigung beträgt auf Meeresspiegelhöhe am Äquator 9,78 m/sec.^{2} Im Zuge astronautischer Versuche widerstand *Dr. Carter Collins* (USA) in einer trokkenen Kapsel einer Beschleunigung von 25 g. Die höchste g-Zahl von 82,6 auf einem wassergebremsten Raketenschlitten wurde am 16. Mai 1958 für 0,04 Sekunden von *Eli L. Beedin jr.* im Flugstützpunkt Holloman (USA) ausgehalten. Anschließend mußte er für drei Tage ins Krankenhaus.
Der Rennfahrer *David Purley* (England) überlebte eine Geschwindigkeitsabnahme von 173 km/h auf Null innerhalb von 66 cm bei einem Zusammenstoß auf der Rennstrecke von Silverstone (USA) am 13. Juli 1977, wobei eine Kraft von 179,8 g auftrat.
Auf den Pentecost-Inseln in der Neuen Hebridengruppe lassen sich Meeres-Springer von 21,3 m hohen Felsen herabfallen. Die um die Fußknöchel geschlungenen Lianen bremsen den Sturz im letzten Augenblick. Der Ruck kann dabei vorübergehend mehr als 100 g auslösen.

Elektrischer Schock: Abgesehen von Blitzschlägen wurde als höchste überlebte Spannung die

12 Jahre brauchte Rusty Skuses Ehemann, um 85 % ihres Körpers zu tätowieren.

von 230 000 Volt registriert. Der 17jährige *Brian Latasa* überlebte sie auf dem Mast einer Ultrakraftstromleitung in Griffith Park, Los Angeles (USA), am 9. November 1967.
Gut isolierte Spezialisten haben 1 200 000 Volt führende Kabel bei der Arbeit mit bloßen Händen berührt, ohne Schaden zu nehmen.

Isolation: Die längste Zeitspanne, die eine Person freiwillig ohne irgendwelche Sinneseindrücke (Gesicht, Gehör, Tastsinn) zubrachte, wurde 1962 im *Lancaster Moor Hospital* (England) mit 92 Stunden verzeichnet.

Arzneimittelkonsum: Die größte Menge von Medikamenten, die ein Patient jemals einnahm, wurde bei *C. H. A. Kilner* (* 1926 in Malawi, Südostafrika) zwischen dem 9. Juni 1967 und dem 1. Januar 1980 registriert. Nach einer erfolgreichen Operation der Bauchspeicheldrüse schluckte er 358 586 Pillen und Tabletten.

Die meisten Tätowierungen hatte *Viviàn Simmons,* genannt *»Matrosen Joe«,* ein kanadischer Tätowierer. Als er im Alter von 77 Jahren am 22. Dezember 1965 in Toronto starb, hatte sein Körper 4831 Tätowierungen.

Operationen

Die längsten Operationen sind chirurgische Eingriffe im Gehirnbereich. Am 17. und 18. Januar 1972 wurde in *San Diego Hospital,* Kalifornien, der 19jährige *Victor Zazueta* aus El Centro im Kopfbereich 31 Stunden lang operiert.
Noch länger, nämlich 47 Stunden, dauerte die Arterienoperation, die der 24jährige *James Boydston* vom 15.–17. Juni 1979 im *Veterans Administration Hospital* in Des Moines, Iowa (USA), über sich ergehen lassen mußte.

Die meisten Operationen: Am 20. August 1975 unterzog sich *Charles Hill* (* 1914) aus Sydney (Australien) seiner 87. schweren Operation. Die meisten chirurgischen Eingriffe betrafen den Unterleib.

Der älteste Operationspatient ist *James Henry Brett jun.* Am 7. November 1960 wurde der 111 Jahre und 105 Tage alte Patient (1849–1961) aus Houston (USA) an der Hüfte operiert.

Die früheste Herztransplantation wurde an *Louis Washkansky* im Alter von 55 Jahren im *Groote-Schuur-Hospital,* Kapstadt (Südafrika), zwischen ein Uhr und sechs Uhr morgens am 3. Dezember 1967 vorgenommen. An der Operation wirkte eine dreißigköpfige medizinische Gruppe unter Leitung von Prof. *Christian Neethling Barnard*

Erste Herztransplantation: Prof. Dr. Christian N. Barnard.

Prof. Dr. Rudolf Zenker und sein Team führten 1969 die erste deutsche Herztransplantation durch.

(* 8. Oktober 1922) mit. Die Spenderin war *Denise Ann Darval*, die 25jährig starb. *Washkansky* starb am 21. Dezember 1967. Am längsten überlebte *Emmanuel Vitria* (59 Jahre) aus Marseille (Frankreich) eine Herztransplantation. Er wurde am 28. November 1968 operiert und feierte 1979 den elften Geburtstag seines neuen Lebens.
Seit Barnards Operation wurden weltweit ca. 500 Herzen übertragen. Nach fünf Jahren lebten noch 40–50 Prozent der Empfänger.

(D) **Die erste westdeutsche Herztransplantation** wurde am 13. Februar 1969 in München versucht. Dem Ärzteteam gehörten die Professoren *Zenker, Sebening* und *Klinnen* an. Sie pflanzten das Herz der Hausfrau *Emma Salvermoser* (39 Jahre) dem Kraftfahrer *Josef Zehner* (36 Jahre) ein. Er lebte damit 22 Stunden.

(DDR) **Das erste künstliche Herz,** das ostdeutsche Mediziner entwickelt haben, wurde Anfang Dezember 1979 auf einer Konferenz der *Gesellschaften für klinische Medizin* in Berlin (Ost) vorgestellt.

(D) **Die erste Operation mit einer Herz-Lungen-Maschine** in Westdeutschland wurde am 19. Februar 1958 von Prof. *Rudolf Zenker* in Marburg durchgeführt. Die Patientin lebt noch heute.

Der erste Deutsche mit einem künstlichen Herzen lebte 17 Stunden. Es war der 57jährige Berliner *Helmut Mellentin.* Prof. *E. Bücherl* und sein zwölfköpfiges Operationsteam hatten den Patienten im Juni 1979 für 17 Stunden an ein Kunstherz angeschlossen. Während dieser Zeit ersetzten sie ein abgestorbenes Herzgewebestück durch ein Stück Vene vom linken Bein des Patienten.

(D) **Die erste Nierenoperation** gelang am 2. August 1869 in Heidelberg. Prof. *Simon* führte sie erfolgreich an *Margaretha Kleb* durch.

(D) **Die erste Nervenverpflanzung** nahm Oberarzt *Dr. Jacoby* 1968 in der Neurochirurgischen Klinik der Universität München (Bayern) vor. Es gelang ihm, durch Kältetrocknung die Nerven Verstorbener zu konservieren.

Früheste Nierentransplantation: Die erste Verpflanzung einer Niere von Mensch zu Mensch führte *R. H. Lawler* (* 1895 USA) im Jahre 1950 durch. Am längsten, 20 Jahre, überlebten eineiige Zwillinge eine solche Operation.
Seit 1954 wurden weltweit rund 50 000 Nieren verpflanzt. 20 000 Patienten leben noch mit dem fremden Organ, einige von ihnen seit über 20 Jahren. In Westdeutschland wurden bisher rund 2800 Nieren eingesetzt.

(A) Die erste Nierenverpflanzung, allerdings an Hunden, wurde in Österreich im Dezember 1901 in Wien von *Dr. Emmerich Kuhlmann* durchgeführt.

Die früheste Blinddarmoperation, die verbürgt ist, nahm *Claudius Amyand* (1680–1740) im Jahre 1736 vor. Er war Hofchirurg König *Georgs II.* von England.

Ⓓ In Deutschland gelang 1899 die erste Blinddarmoperation durch Prof. *Schüller* in Berlin.

Früheste Narkose: Die erste Operation unter Vollnarkose war die Entfernung einer Zyste am Hals. *Dr. Crawford Williamson Long* (1815–78) führte sie am 30. März 1842 in Jefferson (USA) durch. Als Betäubungsmittel verwendete er *Diethyl-Äther* ($(C_2H_5)_2O$)).

Ⓓ In Deutschland gelang *Dr. Ferdinand Heyfelder* (1798–1869) 1847 in Erlangen die erste *Äther-Narkose.* Bereits ein Jahr später wandte er als Narkosemittel das 1831 von *Justus v. Liebig* erstmals hergestellte *Chloroform* an.

Ⓓ **Die erste Lokalanästhesie** gelang 1892 in Berlin Prof. *Dr. Carl Ludwig Schleich* (* 19. Juli 1859, † 7. Mai 1922) der mit seinen Lebenserinnerungen unter dem Titel *»Besonnte Vergangenheit«* auch zu literarischem Ruhm kam.

Rascheste Amputation: Die kürzeste Zeit für eine Beinamputation vor Entdeckung der Narkose war 13–15 Sekunden, die Napoleons Chefchirurg *Dominique Larrey* dafür benötigte. Von Abbindung kann dabei wohl keine Rede gewesen sein.

Erste Lokalanästhesie: Prof. Dr. Carl Ludwig Schleich.

Größtes chirurgisches Besteck ist der »Robot« – Wundrandhalter für Unterleibsoperationen, der von einer englischen Firma im Jahre 1968 auf den Markt gebracht wurde und 5 kg wiegt.

Gewisse Zangen für bronchoskopische Zwecke sind 60 cm lang.

Kleinstes chirurgisches Besteck ist Elliots *Augen-Trephine* mit einem Blatt von 0,20 cm Durchmesser, sowie die »gerade« Steigbügelsonde mit einer nadelförmigen Spitze von 0,3 mm Länge.

Die ersten künstlichen Fingergelenke, die fast so gut arbeiten wie natürliche, wurden im April 1980 von dem Orthopäden *Kingsbury G. Heiple* von der Universitätsklinik in Cleveland, Ohio (USA), vorgestellt. Sie bestehen aus zwei Titanstahl-Schäften, die durch ein Scharnier aus synthetischem Gummi verbunden werden. Einer der ersten Vorläufer dafür war die *»Eiserne Hand«* des Ritters *Götz von Berlichingen.* (1480–1562).

Telepathie

Übersinnliche Wahrnehmung: Bei Versuchen zur Feststellung übersinnlicher Wahrnehmungskräfte bewährte sich am besten *Pavel Stepanek* (ČSSR). Seine Leistungen bei Benennung weißer bzw. grüner versteckter Karten zwischen Mai 1967 und März 1968 wich derartig von den aufgrund der Wahrscheinlichkeitstheorie zu erwartenden Ergebnissen ab, daß mit 100 Oktillionen gegen eins anzunehmen ist, daß es sich dabei um mehr als Zufall handelt. Einer der beiden Schiedsrichter sprach sich gegen die Veröffentlichung der Ergebnisse aus.

Die höchsten Punktzahlen bei PSI-Versuchen erreichte eine von Prof. *Bernard F. Reiss* vom *Hunter College,* New York (USA), 1936 überprüfte 26jährige. Bei 74 Experimenten mit je 25 Fragen erriet sie bei einem Versuch sämtliche 25 Fragen richtig, bei zwei je 24 und erzielte einen Durchschnitt von 18.24 gegenüber dem wahrscheinlichen Mittelwert von 5. Ein derartiges Ergebnis wich von dem zu erwartenden Wahrscheinlichkeitswert um einen Faktor von $> 10^{700}$ ab, was einige Wissenschaftler zu der Bemerkung veranlaßte, mit der Wahrscheinlichkeitstheorie könne wohl etwas nicht ganz stimmen.

Lebensdauer von Geistern: Gespenster sind nicht unsterblich, sondern »verkümmern« laut dem *Gazetteer of British Ghosts* nach 400 Jahren. Die Ausnahme von dieser »Regel« wären demnach die Geister römischer Legionäre, die angeblich nach nahezu 19 Jahrhunderten noch immer durch die Keller des Schatzamtes von *York Minster* (England) marschieren.
In Großbritannien wird über mehr Gespenster pro Quadratmeile berichtet als in irgendeinem anderen Land.

Tierreich und Pflanzenwelt

Tierreich

Quer durch das Tierreich

Nach Schätzung des Biologen *Ernst Mayr* von der Harvard-Universität (Boston, USA) gibt es mehr als eine Million gegenwärtig lebende (rezente) Tierarten. Weitaus die größte Gruppe bilden die Insekten mit etwa 750000 verschiedenen Arten, und jährlich werden etwa 6000 neue Insektenarten beschrieben. Am bekanntesten sind die Vögel (mehr als 99 Prozent aller Arten beschrieben), sowie die Säugetiere und Reptilien (mehr als 90 Prozent). Andererseits gibt es Gruppen von im Meer lebenden wirbellosen Tieren, von denen weniger als zehn Prozent erfaßt sind. Noch im Jahre 1758 hatte der schwedische Naturforscher *Carl von Linné* (* 23. Mai 1707, † 10. Januar 1778) lediglich 4162 lebende Tierarten registriert. Um 1900 bezifferte der Berliner Zoologe *Karl August Möbius* (* 7. Februar 1825, † 26. April 1908) die Gesamtzahl der lebenden Tierarten aber bereits auf das Hundertfache der *Linné*-Schätzung: 415600.

Das größte und schwerste Tier ist der Blauwal *(Balaenoptera musculus),* auch Sibbalds Furchenwal genannt. Das größte Exemplar war ein Weibchen, das zwischen 1904 und 1920 bei Cia Argentina de Pesca, South Georgia (USA), mehrmals an Land gespült wurde und 33,58 m lang war. Ein anderes Walweibchen, 29,48 m lang, wurde 1931 bei der Küstenstation Prince Olaf, South Georgia, eingeliefert. Sein Gesamtgewicht soll 177 t betragen haben. Ein gesunder Blauwal von 30,50 m Länge wiegt im Durchschnitt ca. 163 t. Aber bei trächtigen Walweibchen kann das Gewicht bis 200 Tonnen betragen. Soviel wiegen 35 erwachsene afrikanische Elefantenbullen. (S. a. »Säugetiere«, S. 31.)

Das höchstgewachsene lebende Tier ist die Giraffe *(Giraffa camelopardalis),* die heute nur noch in den Savannen Afrikas südlich der Sahara anzutreffen ist. Das höchstgewachsene jemals registrierte Exemplar war eine männliche Giraffe *(Giraffa camelopardalis tippelskirchi)* namens »George«. Das Tier traf am 8. Januar 1959 aus Kenia im Zoo von Chester (England) ein. Als es neun Jahre alt war, reichte sein Kopf fast bis an das Dach des 6,09 m hohen Giraffenhauses. »George« starb am 22. Juli 1969.

Das längste Tier ist der sog. Fadenwurm *(Lineus longissimus),* der in den seichten Küstengewässern der Nordsee anzutreffen ist. 1864 wurde ein Exemplar von mehr als 54 m Länge nach einem Sturm bei St. Andrews (Schottland) angeschwemmt.

Die seltensten Landtiere sind jene, von denen nur ein einziges Exemplar bekannt ist. Eines der seltensten ist der schwanzlose Insektenfresser Tanreck *(Dasogale fontoynonti),* von dem ein einziges Exemplar in Ostmadagaskar entdeckt wurde, das sich jetzt im naturgeschichtlichen Museum von Paris (Frankreich) befindet.

Die häufigsten Tiere: Der Mensch teilt die Erde mit schätzungsweise 3000 Quintillionen (3×10^{33}) anderen Lebewesen. Die Anzahl von Rundwürmern im Meer wird auf 4×10^{25} geschätzt.

Die schnellsten Tiere: Die höchste jemals verläßlich gemessene Fluggeschwindigkeit irgendeines Tieres wurde mit 171 km/h für die spitzschwanzige Turmschwalbe *(Chaetura caudacuta)* 1942 in der UdSSR ermittelt. Berichte von Geschwindigkeiten zwischen 276,5 bis 353,3 km/h, die bei Turmschwalben auf einer 3 km langen Rennstrekke in Nordostindien mit der Stoppuhr ermittelt worden sein sollen, dürften kaum stimmen. Wissenschaftliche Überprüfungen ergaben, daß diese Vögel schon bei einer Entfernung von 1,6 km auch mit Ferngläsern nicht mehr auszumachen sind. Die Körpertemperatur dieser Turmschwalben beträgt 44,7 Grad.
Geschwindigkeiten, größer als die des »freien Falls« (maximal 297 km/h), werden zwar dem Sturzflug des Wanderfalken *(Falco peregrinus)* zugeschrieben, aber Versuche mit Miniaturgeschwindigkeitsmeßgeräten, die an den Vögeln befestigt waren, ergaben beim Sturzflug lediglich Höchstgeschwindigkeiten von 132 km/h.

Die langlebigsten Tiere: Nur wenige Geschöpfe leben länger als der Mensch. Unter diesen leben Schildkröten am längsten. Das höchste Alter von mehr als 152 Jahren ist für eine männliche Marion-Schildkröte *(Testudo sumeirii)* verbürgt. Sie wurde 1766 vom Chevalier de Fresne von den Seychellen-Inseln nach Mauritius gebracht und der Garnison von Port Louis geschenkt. Das Tier erblindete 1908 und starb 1918 durch einen Unfall.
Eine andere berühmte Königsschildkröte, die »Tu' malilia« von Tonga (vermutlich von der Gattung *Testudo radiata),* die am 19. Mai 1966 starb, soll 200 Jahre alt gewesen sein. Nicht kontrollierbaren

Berichten zufolge soll Kapitän James Cook (1728–79) das Tier dem damaligen König von Tonga geschenkt haben.
Eine lebende Bakterie *Thermoactinomyces vulgaris,* deren Alter auf 1500 Jahre beziffert wurde, entdeckte man in Lehmablagerungen auf dem Boden des Lake Windermere (England).

Das schwerste Gehirn sämtlicher Lebewesen besitzt der Pottwal *(Physeter catodon).* Das Gehirn eines Pottwalbullen von 14,93 m Länge, der in dem japanischen Walfangschiff *Nissin Maru Nr. 1* in der Antarktis am 11. Dezember 1949 verarbeitet wurde, wog 9,2 kg. Das Gehirn eines 27 m langen Blauwals wiegt ca. 7,0 kg.
Das schwerste jemals bei einem Elefanten ermittelte Gehirn wog bei einer 1957 kg schweren asiatischen Elefantenkuh 7,5 kg. Das ist jedoch absolut ungewöhnlich.
Das Gehirn-Normalgewicht eines erwachsenen afrikanischen Elefantenbullen liegt zwischen 4,2 und 5,4 kg.

Das größte Auge aller Lebewesen besitzt der Riesentintenfisch *(Architeuthis sp.).* Der Durchmesser seines Auges kann über 38 cm betragen. (Zum Vergleich: Der einer Langspielplatte = 30 cm.)

Das größte Ei aller Lebewesen stammt vom Walhai *(Rhiniodon typus).* Ein Ei mit den Abmessungen 30×14×9 cm wurde von dem Krabbenfischerboot *Doris* am 29. Juni 1953 in einer Tiefe von 56,6 m im Golf von Mexiko 209 km südlich Port Isabel (USA) aufgefischt. Das Ei enthielt den 35 cm langen Embryo eines Walhais.

Längste Trächtigkeit: Der lebende Junge gebärende schwarze Alpensalamander *(Salamandra atra)* hat in den Schweizer Alpen bei Höhenlagen über 1400 m eine Trächtigkeitsdauer bis zu 38 Monaten. In niedrigeren Höhen reduziert sich diese Zeit auf 24–26 Monate.

Schnellstes Wachstum im Tierreich hat das Kalb des Blauwals. Aus dem kaum sichtbaren Ei, das den Bruchteil eines Milligramms wiegt, wächst es in 22¾ Monaten zu einem Gewicht von 26 t. Das entspricht einer 30millionenfachen Zunahme während der Trächtigkeit des Muttertieres und den ersten zwölf Monaten des eigenen Lebens.

Das langsamste Wachstum im Tierreich hat die Tiefseemuschel *Tindaria callistiformis* im Nordatlantik. Sie benötigt schätzungsweise 100 Jahre, um eine Länge von 8 mm zu erreichen.

Die höchste Bluttemperatur unter den Säugetieren hat die Hausziege *(Capra hircus),* mit einem Durchschnitt von 39,9 Grad.

Die niedrigste Körpertemperatur aller Säugetiere wurde beim Dürren Ameisenfresser *(Tachyglossus aculeatus)* gemessen. Diese Tiere leben in Australien und Neuguinea. Ihr normaler Bluttemperaturbereich liegt zwischen 22,2 und 24,4 Grad. Die Körpertemperatur des Goldhamsters *(Mesocricetus auratus)* fällt während des Winterschlafs auf 3,5 Grad Celsius.

Wertvollste Pelze: Die kostbarsten Felle stammten von Seeottern *(Enhydra Lutris),* auch unter dem Namen »Kamchatka-Biber« bekannt, die bei Versteigerungen 2700 Dollar erzielten, bevor 1912 eine 55jährige Schonzeit für diese Tiere verfügt wurde. 1967, nach deren Beendigung, wurden bei der ersten legalen Versteigerung von Seeotterfellen in Seattle (USA) für vier Pelze aus Alaska 9200 Dollar bezahlt. Im Mai 1970 kaufte der Schauspieler Richard Burton für 125 000 Dollar – eine kleine Aufmerksamkeit für seine damalige Frau Elizabeth Taylor – einen Kojapelzmantel (eine Kreuzung zwischen Nerz und Zobel).

Die wertvollsten Tiere sind, was den Preis anlangt, reinrassige Rennpferde. Im März 1980 wurden für das US-amerikanische Rennpferd *Spectacular Bid* 22 Mio. Dollar (44 Mio. DM) gezahlt.

Der wertvollste Besitz eines zoologischen Gartens ist der Riesenpanda *(Ailuropoda melanoleuca);* für ein zeugungsfähiges Paar der Gattung bot 1971 die Menagerie von San Diego (USA) 250 000 Dollar (damals: 813 000 DM).1980 lebten in zehn chinesischen Reservaten noch ca. 1000 Riesenpandabären. Rund zehn Prozent der vorwiegend als Einzelgänger lebenden Tiere sind in den letzten Jahren an Nahrungsmangel gestorben.

Säugetiere

Allgemein:

🌐 **Das größte und schwerste Säugetier** ist der Blauwal, der auch die größte und schwerste Tierart überhaupt ist. (Vgl. S. 30.)
Bei einem weiblichen Blauwal, der am 17. März 1947 von der Walfangflotte *Slava* in der Antarktis gefangen wurde, wogen Zunge und Herz zusammen 698,5 kg.
Der Blauwal lebt in den kälteren Meeresgewässern und wandert im Winter zur Paarung in wärmere. Beobachtungen in der Antarktis von 1947–48 ergaben, daß der Blauwal auf der Flucht eine Geschwindigkeit von 37 km/h zehn Minuten lang durchhalten kann. Ein 27 m langer Blauwal, der mit einer Geschwindigkeit von 37 km/h

Der größte Salzwasserfisch ist der Walhai. Es gibt jedoch nur noch wenige Exemplare.

schwimmt, entwickelt eine Kraft von 520 PS (382 kW). Neugeborene Blauwalkälber sind 6,5 bis 8,6 m lang und wiegen bis zu 3000 kg.
1977 lebten zwischen 17 500 und 19 000 Blauwale in den Meeren der Welt. Die Gattung ist seit 1967 durch völkerrechtliche Abmachung geschützt. Länder, wie z. B. Chile und Peru, die nicht Mitglieder der *International Whaling Commission* sind, werden von diesem Jagdverbot jedoch nicht betroffen.

Tiefstes Tauchen: Ein 14,32 m langer Pottwalbulle *(Physeter catodon)* tauchte am 14. Oktober 1955 1134 m tief. Dies war so genau festzustellen, weil er sich mit seinem Kiefer in das Unterseekabel verwickelt hatte, das in dieser Tiefe zwischen Ekuador und Peru verläuft. Bei 1134 m Tiefe lastet auf dem Körper des Wals ein Außendruck von 120 kg/cm^2.
Ein anderer Pottwal-Bulle, der 1969 südlich Durban (Südafrika) gefangen wurde, hatte in seinem Magen zwei kleine Haie, die er etwa zwei Stunden vorher geschluckt haben mußte. Diese Haie gehörten zur Gattung *Scymnodon,* die sich nur in unmittelbarer Nähe des Meeresbodens aufhält. Da an dieser Stelle das Meer eine Tiefe von 3193 m hat, kann man schließen, daß Pottwale auf Nahrungssuche bis zu 3000 m tief tauchen.

Größtes Landsäugetier, das es heute noch gibt, ist der afrikanische Buschelefant *(Loxodonta africana africana).* Der erwachsene Bulle hat eine durchschnittliche Schulterhöhe von 3,20 m und wiegt 5,7 t. Das größte erlegte Exemplar war ein Elefantenbulle, der am 7. November 1974 in Südangola geschossen wurde. Auf der Seite liegend, maß dieser Elefant 4,16 m vom höchsten Punkt der Schulter bis zur Vorderfußsohle, im Stehen also 3,96 m groß. Andere Abmessungen: Gesamtlänge (Spitze des ausgestreckten Rüssels zur Spitze des gestreckten Schwanzes) 10,67 m; Vorderfußumfang 1,80 m. Das Gewicht wurde mit 11,96 Tonnen errechnet.

(D) Das größte wildlebende Säugetier in Deutschland und der Schweiz ist der Rothirsch *(Cervus elaphus).* Die größten dieser Hirsche erreichen ein Gewicht bis zu 220 kg.

(CH) Der größte Rothirsch in der Schweiz, der im Val Fenet erlegt wurde, hatte sogar ein Gewicht von 250 kg.

(A) Das größte wilde Säugetier in österreichischen Wäldern ist der Braunbär *(Ursus arctos).* In früheren Zeiten erreichten diese Tiere Gewichte bis zu 400 kg. Ein Braunbär, der 1950 in Kärnten erlegt wurde, wog allerdings nur 265 kg.

Das kleinste Landsäugetier ist die seltene Schweinsschnauzen-Fledermaus *(Craseonycteris thonglongyai),* auch Hummelfledermaus genannt, die nur in zwei Höhlen in Thailand angetroffen wurde. Ausgewachsene Exemplare beider Geschlechter haben eine Spannweite der Flügel von ca. 16 cm und wiegen 1,75–2 g.

(D) Das kleinste Landsäugetier im deutschsprachigen Raum ist die Zwergspitzmaus *(Sorex minutus).* Ihre Durchschnittslänge beträgt 5 cm, ihr Gewicht 3–6 g. Sie braucht täglich das Zweifache ihres Eigengewichts als Nahrung.

(D) **Das größte Meeressäugetier** in Deutschland ist der Seehund *(Phocaritulina).* Er kann ein Gewicht bis zu 250 kg erreichen.
Das größte deutsche Süßwasser-Säugetier ist der Biber (Castor fiber), der bis zu 25 kg wiegen kann.

Kleinstes Wasser-Säugetier, das ausschließlich im Meer lebt, ist der Heavisides-Delphin *(Cephalarhynchus heavisidei)* des Südatlantiks. Ausgewachsene Exemplare sind ca. 1,22 m lang und wiegen ca. 40 kg. Die Seeotter *(Enhydra lutris)* ist noch kleiner (25–38,5 kg), aber diese Gattung kommt gelegentlich bei Stürmen an Land.

Das seltenste Säugetier ist – außer dem Tanreck s. S. 30) – der javanische Tiger *(Panthera tigris sondaica).* 1980 lebten nur noch vier Exemplare in dem Naturschutzpark Meru Betiri in Ostjava.
Auch vom arabischen Oryx *(Oryx leucoryx)* lebt kein Exemplar mehr in Freiheit. 1972 wurden vier gefangen und drei getötet.
Dezember 1979 teilte der World-Wildlife-Fund mit, daß es Anzeichen gibt, nach denen der Bali-Leopard (Panthera pardus balica) doch noch auf der Insel existiert.

(D) Zu den seltensten Säugetieren in Deutschland gehören einige Fledermausarten wie die Fransenfledermaus (Myotis nattereri), Langflügel-Fledermaus (miniopterus schreibersi), Alpenfledermaus (Pipistrellus savii) und die Nordfledermaus (Eptesicus missoni). Aber auch die Hausratte (tattus rattus) ist infolge intensiver Bekämpfung praktisch ausgerottet.

Das schnellste Landtier: der Gepard.

Schnellstes Landtier über kurze Strecken (bis zu 550 m) ist der Gepard *(Acinonyx jubatus)*, der in den Ebenen Ostafrikas, Irans, Turkmenistans und Afghanistans lebt. Seine geschätzte Höchstgeschwindigkeit dürfte zwischen 96–101 km/h auf flachem Grund liegen. 1937 auf einer englischen Windhundrennstrecke von 316 m durchgeführte Versuche ergaben eine durchschnittliche Geschwindigkeit eines weiblichen Gepards bei drei Läufen von 69,8 km/h. Doch dieser Gepard lief nicht mit vollem Einsatz. (Zum Vergleich: Der Geschwindigkeitsrekord des schnellsten Rennpferdes: 69,9 km/h.)

Das schnellste Landtier über eine Strecke von mehr als einem Kilometer ist die Hirschziegenantilope *(Antilocapra americana)* im Westen der USA. Diese Antilopen wurden abgestoppt mit 56 km/h über 6 km, 67 km/h über 1,6 km und 88,5 km/h über 0,8 km.
Am 14. August 1936 wurde bei einem gehetzten Steinbock in Lake County (USA) eine Geschwindigkeit von 98 km/h über 183 m festgestellt. Die Zeitnahme erfolgte mit einem PKW-Tachometer.
Der mitteleuropäische Feldhase *(Lepus europäus)* erreicht eine Geschwindigkeit von ca. 65 km/h.

Langsamstes Landsäugetier ist das Ai oder dreizehige Faultier *(Bradypus tridactylus)* im tropischen Amerika. Seine Durchschnittsgeschwindigkeit am Boden beträgt 1,83 bis 2,44 m pro Minute (0,109 bis 0,158 km/h), in den Bäumen jedoch vermag es bis zu 4,57 m pro Minute (0,272 km/h) zu »beschleunigen«.

Das größte Landsäugetier ist der afrikanische Elefant. Dieses Prachtexemplar wurde 1954 in Angola geschossen.

Am längsten lebende Säugetiere: Kein anderes Säugetier erreicht die mit 114 Jahren festgestellte längste Lebenszeit des Menschen *(Homo sapiens).* Am nächsten kommen dieser Lebensdauer vermutlich der Blauwal und der Furchenwal *(Balaenoptera musculus bzw. physalus).* Beobachtungen der jährlich angesetzten Wachstumsschichten an dem in der Ohrmuschel abgelagerten Schmalz deuten auf eine maximale Lebenszeit dieser Säugetiere von 90–100 Jahren.

Das am längsten lebende Land-Säugetier ist, abgesehen vom Menschen, der asiatische Elefant *(Elephas maximus).*
Das höchste Alter, das mit Sicherheit festgestellt wurde, erreichte mit 70 Jahren der mit Forstarbeit beschäftigte Stoßzahn-Elefantenbulle »Kyaw Thee«, der 1965 in Birma starb.
Die berühmte Zirkuselefantenkuh »Modoc« soll 78 Jahre alt gewesen sein, als sie am 17. Juli 1975 in Santa Clara (USA) starb. Doch ist diese Altersangabe nicht nachzuprüfen.

Säugetiere in größten Höhen: Das in höchsten Lagen wild lebende Säugetier der Welt ist wahrscheinlich der Grunzochse *(Bos grunniens)* Tibets und der Alpen von Setschuan in China, der gelegentlich auf der Suche nach Nahrung bis auf 6100 m klettert. Das Bharal *(Pseudois nayaur)* und die Hasenmaus *(Ochotona thibetana)* dürften im Himalaya diese Höhe ebenfalls erreichen.
1890 wurden in einer Höhe von 4750 m am Kilimandscharo in Tansania Spuren eines Elefanten entdeckt.

Im deutschsprachigen Gebiet leben Gemse *(Rupicapra rupicapra),* Schneemaus *(Microtus nivalis)* und Mauswiesel *(Mustela nivalis)* bis zu den höchsten Punkten der Alpen (ca. 4500 m).

Das größte fleischfressende Landsäugetier ist der Kodiakbär.

Längste und kürzeste Schwangerschaften: Die längste Trächtigkeit aller Säugetiere ist die des asiatischen Elefanten *(Elephas maximus).* Sie dauert zwischen 609 und 760 Tagen.
Die Trächtigkeit der nordamerikanischen Beutelratte *(Didelphis marsupialis)* dauert normalerweise 12 bis 13 Tage, kann aber auch bloß acht Tage währen.

Die größte Säugetier-Ansammlung ist in der Gegenwart die von wilden Guano-Fledermäusen *(Tadarida brasiliensis)* in den Höhlen von Bracan (USA). Nach ihrem Wanderflug aus Mexiko kommen hier 20 Mio. Fledermäuse zusammen.

Fleischfresser

Die größten Fleischfresser: Das größte heute lebende Raubtier zu Lande ist der Kodiakbär *(Ursus arctos middendorffi),* der auf den Inseln Kodiak, Afognak und Shujak im Golf von Alaska (USA) lebt. Das erwachsene Männchen erreicht eine Länge (Schnauze und Schwanz) von 2,4 m. Der Schwanz allein mißt 10 cm. Seine Schulterhöhe beträgt 132 cm und sein Gewicht liegt zwischen 476 und 533 kg. Ein »käfiggemästetes« Männchen im Zoologischen Garten von Colorado-Springs (USA) wog 757 kg, als es am 22. September 1955 starb.

Gewichte über 725 kg wurden ebenfalls von Eisbären *(Ursus maritimus)* gemeldet, aber der durchschnittliche erwachsene männliche Eisbär wiegt 386–408 kg und ist von Schnauze bis Schwanz 2,4 m lang. 1960 wurde im Kotzebuesund (Alaska) ein Eisbär geschossen, der vor der Abhäutung 1002 kg gewogen haben soll. 1962 war das 3,39 m lange präparierte Exemplar auf der Weltausstellung von Seattle (USA) ausgestellt.

Größtes Meeres-Säugetier mit Zähnen ist der Pottwal *(Physeter catodon).* Der erwachsene Bulle ist ca. 14 m lang und wiegt rund 33,5 t. Das größte exakt gemessene Exemplar war ein 20,7 m langer Bulle, der auf Höhe der Kurilen im nordwestlichen Pazifik von einer sowjetischen Walfängerflotte im Sommer 1950 gefangen wurde.

Kleinste Fleischfresser: Das kleinste Raubtier ist das Zwergwiesel *(Mustela rixosa),* das in den Polarkreisen lebt. Vier Arten dieser Gattung sind bekannt, von denen die kleinste die *M. pygmaea* Sibiriens ist. Erwachsene Exemplare erreichen eine Gesamtlänge von 177–207 mm und wiegen zwischen 35 und 70 g.

Größte Raubkatzen: Das größte Mitglied der Katzenfamilie *(Felidae)* ist der langhaarige Sibirische Tiger *(Panthera tigris altaica),* auch Amur- bzw.

Mandschurischer Tiger genannt. Erwachsene Männchen sind durchschnittlich 3,15 m lang (Nase bis zur Spitze des gestreckten Schwanzes), haben eine Schulterhöhe von 99–107 cm und wie-

Die größte Raubkatze: der sibirische Tiger.

gen rund 265 kg. 1950 wurde ein männlicher Tiger mit einem Gewicht von 384 kg in den Bergen von Sikhote Alin (UdSSR) geschossen. Im November 1967 erlegte ein amerikanischer Jäger in Uttar Pradesch (Indien) einen indischen Tiger *(Panthera tigris tigris)*. Das Prachtexemplar wog 388,7 kg und war 3,37 m lang.
Der ausgewachsene afrikanische Löwe *(Panthera leo)* erreicht eine Gesamtlänge von 2,7 m, eine Schulterhöhe von 91–97 cm und wiegt 181–185 kg. Das schwerste in Freiheit lebende Exemplar mit einem Gewicht von 313 kg wurde 1936 am Stadtrand von Hektorspruit (Südafrika) geschossen. Im Juli 1970 wurde für einen schwarzmähnigen Löwen namens »Simba« (* 1959 im Zoo von Dublin, Irland) ein Gewicht von 375 kg aus dem Zoo von Colchester (England) gemeldet. »Simba« starb am 16. Januar 1973.

Die kleinsten Raubkatzen sind die rostfleckigen Katzen *(Felis rubiginosa)* Südindiens und Sri Lankas. Der erwachsene Kater hat eine Durchschnitts-Gesamtlänge von 64–71 cm (Schwanzlänge 23–25 cm) und wiegt etwa 1,3 kg.

Flossenfüßler

(Robben, Seelöwen, Walrosse usw.)

Der größte Flossenfüßler, von denen 32 Arten bekannt sind, ist die südliche Elefanten-Robbe *(Mirounga leonina),* die auf subarktischen Inseln lebt. Ausgewachsene Bullen werden ca. 5 Meter lang (von der ausgestreckten Rüsselspitze bis zu den Enden der Schwanzflossen gemessen). Ihr Körperumfang beträgt bis zu 3,7 m, ihr Gewicht kann 2268 kg erreichen. Das größte exakt gemessene Exemplar war ein Bulle, der in der Possession Bay (USA) am 28. Februar 1913 getötet wurde. Nach Abhäutung war er 6,50 m lang (vor Häutung 6,85 m) und dürfte mindestens 4 t gewogen haben.

Die kleinsten Flossenfüßler sind die Baikalrobben *(Pusa sibirica)* vom Baikalsee (UdSSR) und die beringten Robben *(Pusa hispida)* der Arktis. Erwachsene Exemplare sind bis 1,67 m lang und wiegen unter 127 kg.

Seltenste Robben: Ein Einzeltier der karibischen bzw. westindischen Mönchseelöwen *(Monachus tropicalis)* wurde 1962 zum letzten Mal am Strand der Isla Mujeres vor der Halbinsel Yucatan (Mexiko) gesichtet. Es scheint, daß das Aussterben dieser Robbenart nicht mehr aufzuhalten ist.

Schnellste und tiefste Flossenfüßler: Die Höchstgeschwindigkeit einer schwimmenden Robbe wurde mit 40 km/h bei einem kalifornischen Seelöwen *(Zalophus californianus)* gestoppt. Am tiefsten, nämlich 600 m, tauchte eine Weddell-Robbe *(Leptonychotes weddelli);* am McMurdo-Sund in der Antarktis wurde dies im März 1966 registriert. In dieser Tiefe widerstand das Tier einem Druck von 6033 k Pa auf seine Körperfläche.
Die außergewöhnlich großen Augen des Südlichen Elefantenseelöwen *(Mirounga leonina)* deuten auf großes Tauchvermögen. Man spricht von – allerdings unbestätigten – Tiefen bis zu 609 m.

Die schnellsten Flossenfüßler: Seelöwen.

Langlebigste Robben: Eine weibliche Graue Robbe *(Halichoerus grypus)*, die bei Shunni Wick in der schottischen Shetland-Inselgruppe am 23. April 1969 geschossen wurde, dürfte, den Jahresringen an den Hauern nach zu schließen, »mindestens 46 Jahre alt« gewesen sein.

Fledermäuse

Die größten Fledermäuse: Die einzigen fliegenden Säugetiere sind die Fledermäuse (Gattung *Chiroptera)*, von denen es heute etwa 1000 Arten gibt. Die größte Flügelspannweite besitzt der Kalong *(Pteropus vampyrus)*, eine Obstfledermaus, die in Malaysia und Indonesien lebt. Die Flügelspannweite des Tiers mißt bis zu 170 cm, es wiegt bis zu 900 Gramm.

Kleinste Fledermaus: Siehe »Kleinstes Säugetier der Welt« Seite 32.

Schnellste Fledermaus ist die Guano-Fledermaus *(Tadarida mexicana)*. Sie erreicht Geschwindigkeiten von 51 km/h. Dicht an diese Geschwindigkeit kommen die Noctule *(Nyctalus noctula)* und die langflügelige Fledermaus *(Miniopterus schreibersi)*; bei beiden Arten wurden Geschwindigkeiten von 50 km/h gemessen.

Langlebigste Fledermaus mit dem höchsten Alter von »mindestens 24 Jahren« ist eine braune kleine Fledermaus *(Myotis lucifugus)*, die am 30. April 1960 in einer Höhle des Mount Aeolis (USA) gefunden wurde. Sie war am 22. Juni 1937 in einem Ferienlager mit einem Datumsband versehen worden.

Die größte Hörschärfe aller Landtiere haben Fledermäuse durch ihre Ultraschall-Echolotung. Vampir- *(Desmodontidae)* und Obstfledermäuse *(Ptero-podidae)* können Schwingungen bis zu 150 kHz hören; die Obergrenze des menschlichen Ohrs liegt bei 20 kHz, der stumpfnasige Delphin *(Tursiopis truncatus)* kann bis zu 153 kHz hören.

Primaten (Herrentiere)

Der größte lebende Menschenaffe ist der Osttiefland-Gorilla *(Gorilla gorilla graueri)*, der im Flachland von Ostzaire und des südwestlichen Uganda lebt. Das erwachsene Männchen ist ca. 1,75 m groß (einschließlich des Schopfs), besitzt einen Brustumfang von 147–152 cm und wiegt etwa 160 kg. Die größte Höhe (Schopfspitze bis Ferse), die bei einem Gorilla ermittelt werden konnte, betrug 1,88 m. So groß war ein Männchen der Berglandrasse *(Gorilla g. beringei)*. Es wurde 1921 im Ostkongo geschossen.

Die größten Menschenaffen sind die Osttiefland-Gorillas, die in Zaire und Uganda leben.

Der schwerste Gorilla, der jemals in Gefangenschaft lebte, war ein Männchen der Osttiefland-Gattung namens »Mbongo«, das im zoologischen Garten von San Diego (USA) am 15. März 1942 starb. Kurz vor seinem Tod versuchte man, ihn zu wiegen, wobei die Waage »zwischen 293 und 304 kg schwankte«. Mbongo war 1,71 m groß und hatte einen Brustumfang von 175 cm.

Das kleinste Herrentier ist der seltene federschwänzige Baumlemur *(Ptiolcercus lowii)* Malaysias. Ausgewachsene Exemplare besitzen eine Gesamtlänge von 23–31 cm (Kopf und Körper 100–140 mm; Schwanz 130–190 mm) und ein Gewicht von 35–50 Gramm. Der Mauslemur *(Microcebus murinus)* aus Madagaskar ist etwa gleich lang (27–30 cm), aber schwerer; erwachsene Exemplare wiegen 45–80 g.

Das seltenste Herrentier ist der behaartohrige Mauslemur *(Cheirogaleus trichotis)* von Madagaskar. Diese Menschenaffenart war bis 1966 nur aufgrund zweier Häute bekannt. Inzwischen wurde jedoch ein lebendes Exemplar an der Ostküste der Insel bei Mananara gefangen.

Langlebigstes Herrentier: Das höchste, eindeutig festgestellte Alter eines Menschenaffen sind 57 Jahre bei einem männlichen Orang-Utan *(Pongo pygmaeus)* namens »Guas«, der im zoologischen

Garten von Philadelphia (USA) am 9. Febr. 1977 starb.

Der älteste lebende Menschenaffe ist das Gorillamännchen »Massa« des Zoos von Philadelphia (USA), das im Juli 1980 49 Jahre und 7 Monate alt war. Es war im Alter von fünf Jahren am 30. Dezember 1935 in diesem Zoo eingetroffen.

Die ersten Orang-Utan-Zwillinge Europas wurden am 18. Februar 1969 im Tierpark Hellabrunn von München (Bayern) geboren.

Ein Orang-Utan-Baby der zweiten Zoo-Generation (– ein seltener Zuchterfolg! –) ist »Djuru« im Zoo von Dresden (Ostdeutschland, Sachsen), das dort Ende Februar 1980 zur Welt kam. Sowohl »Djurus« Mutter als auch der Vater haben im gleichen Zoo das Licht der Welt erblickt.

Stärke: 1924 wurde für »Boma«, einen 74,80 kg schweren männlichen Schimpansen im Bronx Zoo, New York (USA), eine einhandige Zugleistung von 384 kg auf dem Dynamometer gemessen. (Zum Vergleich: Ein Mann von gleichem Gewicht kann eine Zugkraft von 95 kg entwickeln.) »Suzette«, ein erwachsenes Schimpansenweibchen von ca 61 kg, entwickelte während eines Wutausbruchs eine Zugkraft von 572 kg.

Viel größer werden sie nicht: zwei Seidenäffchen, etwa drei Wochen alt, unternehmen erste Kletterversuche an den Fingern ihres schwedischen Pflegers.

Affen

Der größte Affe: Die einzige Affenart, von der verläßlich ein Gewicht über 45 kg festgestellt wurde, ist der Mandrill *(Mandrillus sphyinx)* des äquatorialen Westafrika. Das größte verläßlich verzeichnete Gewicht beträgt 54 kg.

Am längsten von allen Affen lebte »Jekky«, ein Kapuzineraffe mit weißem Kopf. Er starb 1976.

Der kleinste Affe ist der Zwergkrallenaffe *(Cebuella pygmaea)* in Ekuador, Nordperu und Westbrasilien. Erwachsene Exemplare haben eine Maximallänge von 304 mm (zweimal die Länge des Schwanzes) und wiegen 49–80 g.

Nagetiere

Das größte Nagetier ist das Capybara *(Hydrochoerus hydrochaeris)*, eine Art südamerikanisches Meerschwein. Erwachsene Exemplare sind 1,0 bis 1,4 m lang (Kopf- und Körperlänge) und wiegen bis zu 80 kg.

Das kleinste Nagetier der Alten Welt ist die Zwergmaus *(Micromys minutus)* mit einer Körperlänge von 135 mm (einschl. Schwanz) und einem Gewicht von 6,2–10,2 Gramm. Noch kleiner ist die Pygmäenmaus (Baiomys faylori), die in Mexiko und Texas lebt. Sie wird nur 10,9 cm lang.

Als seltenstes Nagetier gilt die Reisratte *(Oryzomys swarthi)* der James-Insel in der Galapagos-Gruppe, auch Swarths Reisratte genannt. Vier Exemplare wurden 1906 auf dieser Insel eingefangen, dann fehlte jeder Hinweis, bis 1966 der Schädel eines kurz vorher verendeten Tieres gefunden worden ist.

Am längsten lebendes Nagetier: Das höchste verläßlich berichtete Alter eines Nagetiers ist 22 Jahre zehn Monate bei einem buschigschwanzigen weiblichen Stachelschwein *(Atherurus africanus),* das am 6. Mai 1953 im zoologischen Garten von Philadelphia (USA) starb.

Rascheste Fortpflanzung: Das Weibchen der Wiesenwühlmaus *(Microtus agrestis),* die in Mitteleuropa beheimatet ist, kann sich von ihrem 25. Lebenstag an vermehren und 17 Würfe von sechs bis acht Jungen pro Jahr haben.

Insektenfresser

Der größte Insektenfresser ist die Mondratte *(Echinosorex gymnurus),* die in Birma, Thailand, Malaysia, auf Sumatra und Borneo lebt. Ausgewachsene Exemplare erreichen eine Kopf- und Körperlänge von 265–445 mm, eine Schwanzlänge von 200–210 mm und ein Gewicht bis zu 1400 Gramm.
Ameisenfresser (Gattung *Myrmecophagidae)* gehören, obwohl sie sich von Termiten und anderen unbewehrten Insekten nähren, nicht zu den Insektenfressern, sondern zur Gattung *Edentata,* was »zahnlos« bedeutet.

Der kleinste Insektenfresser ist Savis weißzähnige Zwergspitzmaus *(Suncus etruscus),* auch etruskische Spitzmaus genannt, die an der Nordküste des Mittelmeers sowie im Süden Afrikas bis zur Kap-Provinz vorkommt. Ausgewachsene Exemplare erreichen eine Kopf- und Körperlänge von 36–52 mm, eine Schwanzlänge von 24–29 mm und ein Gewicht von 1,5 bis 2,5 Gramm.

Langlebigster Insektenfresser: Das höchste verläßlich verzeichnete Alter eines Insektenfressers sind 10 1/2 Jahre für einen Igel-Tanreck *(Setifer setosus),* der 1971 im Londoner Zoo starb. Außerdem gibt es einen unbestätigten Bericht über einen Igel *(Erinaceus europaeus)* mit einem Alter von 14 Jahren.

Antilopen

Die größte Antilope ist die seltene Derby-Elenantilope *(Taurotragus derbianus),* auch Riesenelenantilope genannt, aus West- und Nordzentralafrika. Sie kann mehr als 900 kg wiegen. Die Gemeine Elenantilope *(T. oryx)* Ost- und Südafrikas besitzt die gleiche Schulterhöhe bis zu 1,78 m, ist aber nicht ganz so stämmig. Allerdings gibt es eine Aufzeichnung über einen Bock mit einer Länge von 1,65 m, der 1937 im Nyassaland (heute Malawi) geschossen wurde und 943 kg wog.

Die kleinste Antilope ist die Königsantilope *(Neotragus pygmaeus)* Westafrikas. Ausgewachsene Exemplare haben eine Schulterhöhe von 25–31 cm und nur ein Gewicht von 3–3,6 kg, was dem eines großen Feldhasen *(Lapus europaeus)* entspricht. Die schlanke Swaynes Dik-Dik *(Madoqua swaynei)* von Somalia, Ostafrika, wiegt um 2–2,7 kg, erreicht aber eine Schulterhöhe von etwa 33 cm.

Die seltenste Antilope ist wahrscheinlich Jentinks Duiker *(Cephalophus jentinki),* auch schwarzköpfiger Duiker genannt. Sie kommt nur in einem begrenzten Gebiet des tropischen Westafrika vor. In Gefangenschaft leben lediglich vier Tiere dieser Gattung: Alpha, Beta und ihre beiden Jungen im Zoo von Bronsville (USA).

Rotwild

Die größte Rotwildart ist der Elch von Alaska *(Alces alces gigas).* Ein Bock mit einer Höhe von 2,3 m zum Widerrist und mit einem Gewicht von schätzungsweise 816 kg wurde am Yukon (Kanada) im September 1897 geschossen. Die Rekordspannweite eines Geweihs beträgt 199 cm.

Die größte Rotwildart: der Alaska-Elch.

(D) **Den stärksten Rothirsch,** der je in Westdeutschland erlegt wurde, schoß Horst Esch aus Düsseldorf 1979 im Jagdrevier des Grafen zu Solms-Laubach. Das Geweih des 22-Enders wiegt 9,3 kg und hat eine Stangenlänge von 96 cm. Nach der internat. Rothirschformel hat es 227 Punkte.

Das stärkste bekanntgewordene Rothirschgeweih der Welt mit der Punktzahl 297,47 ist das eines ungeraden 24-Enders aus dem 17. Jahrhundert, das im Jagdschloß Moritzburg bei Dresden (Ostdeutschland, Sachsen) hängt. Seine äußere Spanne ist 191 cm, die Länge 120 cm und das Gewicht beträgt 18,8 kg.

Die größte Zahl von Geweih-Enden hatte wahrscheinlich ein Hirsch, der 1696 von Kurfürst Friedrich III. von Brandenburg, nachmals König Friedrich I. von Preußen (1657 bis 1713) geschossen wurde. Das Geweih hatte 33 Enden.
Ein Hirschgeweih von 17 kg kann im Schloß Berchtesgaden (Westdeutschland, Bayern) besichtigt werden.

Das kleinste Rotwild ist das Pudu *(Pudu mephistophiles)* Ekuadors, dessen Männchen eine Schulterhöhe von 33–38 cm und ein Gewicht von 8–9 kg hat.

Ältestes Rotwild: Das höchste verläßlich berichtete Alter für Rotwild sind 26 Jahre, sechs Monate und zwei Tage eines Hirsches *(Cervus elephus)*, der im Zoologischen Park von Washington (USA) am 24. März 1941 starb.

Das seltenste Rotwild ist der Fea-Muntjak-Hirsch *(Muntiacus feae)*, der nur durch zwei, an der Grenze zwischen Tenasserim, Niederbirma und Thailand gefangene Exemplare bekannt ist.

Das längste Paar Elefanten-Stoßzähne: zusammen sind beide 6,84 m lang. 1904 wurden sie entdeckt.

Der kleinste bekannte Wiederkäuer ist das Malaysische Zwerg-Moschustier *(Tragulus javanicus)* Südostasiens. Ausgewachsene Exemplare haben eine Schulterhöhe von 20–25 cm und wiegen 2,7–3,2 kg.

Stoßzähne

Die längsten Stoßzähne eines Elefanten (abgesehen von prähistorischen Exemplaren) sind ein Paar aus dem östlichen Kongo (Zaire), jetzt in der staatlichen Sammlung von Schädeln und Hörnern der New Yorker zoologischen Gesellschaft. Der rechte Stoßzahn ist, an der äußeren Krümmung gemessen, 3,49 m lang. Der linke ist 3,35 m lang. Zusammen wiegen sie 133 kg (Siehe Abbildung).

Der schwerste Elefantenstoßzahn gehörte einem in Benin (dem ehemaligen Dahomey, Westafrika) gefangenen Tier. Er wog 117 kg und war auf der Pariser Weltausstellung 1900 ausgestellt.

Der größte Zahn eines Narwals ist im westdeutschen Ledermuseum in Offenbach (Hessen) zu besichtigen. Er hat die enorme Länge von 2,74 m. Da diese Stoßzähne aus dem Oberkiefer normalerweise nur ca. 2 m lang werden, dürfte es sich um den größten der Welt handeln.

Hörner

Das längste Horn mißt 206 cm an der Außenseite der Krümmung und hat einen Umfang von 46 cm. Es gehörte zu einem Ankole-Rind *(Bos taurus)* vom Ngami-See (Botswana).
Der größte (gehörnte) Schädel (wobei der Hornabstand von Spitze zu Spitze quer über die Stirn gemessen wird) mit einer Breite von 4,24 m gehörte einem wilden Büffel *(Bubalus bubalus)*, der 1955 in Indien geschossen wurde.
Die größte Schädelbreite, die bei einem Texas-Langhornstier gemessen wurde, betrug 2,97 m von Hornspitze zu Hornspitze.

Das längste Horn eines Rhinozeros maß 158 cm und gehörte einem Weibchen des Weißen Nashorns *(Ceratotherium simum simum)*, das ca. 1848 in Südafrika geschossen wurde.

Beuteltiere

Größtes Beuteltier ist das Rote Riesenkänguruh *(Macropus rufus)* Süd- und Ostaustraliens. Erwachsene Männchen sind 1,83–2,13 m groß, wiegen 68–80 kg und messen von der Nase zur Spitze des gestreckten Schwanzes 2,70 m.

Das kleinste Beuteltier ist die seltene Kimberley-Planigale oder flachköpfige Beutelmaus *(Planigale subtilissima)*, die ausschließlich im Distrikt Kimberley Westaustraliens vorkommt.
Erwachsene Männchen haben eine Kopf- und Körperhöhe von 44,5 mm, eine Schwanzlänge von 50 mm und ein Gewicht von rund 4 g. Die Weibchen sind noch kleiner als die Männchen.

Das seltenste Beuteltier ist wahrscheinlich der Thylacin *(Thylacinus cynocephalus)*, auch als »tasmanischer Tiger« bekannt. Er ist das größte aller fleischfressenden Beuteltiere. Die Gattung schien seit Mitte der dreißiger Jahre ausgestorben (das letzte Exemplar starb 1934 im Zoo von Hobart, Tasmania). 1961 wurde jedoch zufällig ein junges Männchen von Fischern beim Sandy Cap (Westtasmania) getötet, und im Juli 1977 wurde ein weiterer »tasmanischer Tiger« bei Derby an der Nordwestseite der Insel gesichtet.

Langlebigstes Beuteltier: Das höchste ermittelte Alter sind 19 Jahre und sieben Monate für das südaustralische Wallaruh *(Macropus robustus erubescens)*, das 1968 im New Yorker Zoologischen Park starb.

Der höchste Sprung eines gejagten Känguruhs, das über einen Holzstoß hinwegsetzte, wurde mit 3,20 m gemessen. Während einer Jagd im Januar 1951 machte ein Rotes Riesenkänguruhweibchen *(Macropus rufus)* eine Anzahl von Sprüngen, darunter einen von 12,80 m Länge. Einem unbestätigten Bericht zufolge soll ein Graues Riesenkänguruh fast 13,5 m weit gesprungen sein.

Pferde und Ponies

Allgemein: Es gibt ca. 75 Mio. Pferde auf der Erde.
Ⓓ In westdeutschen Ställen standen 1979 insgesamt 378 000 Pferde. Die meisten – nämlich jedes vierte – lebten in Nordrhein-Westfalen. In Berlin gibt es 2500 Pferde. 1980 galten folgende Durchschnitts-

Die kleinsten Pferde sind die Falabellas, die in Argentinien gezüchtet werden. Sie werden nicht größer als 74 cm. Sie wurden aus Kreuzungen von Vollblutpferden mit Shetlandponys gezüchtet.

preise: Füchse 17900 DM, Braune 13000 DM, Rappen 13000 DM, Schimmel 12750 DM.
Die letzten Wildpferde Europas leben in Dülmen im westdeutschen Münsterland.

Das schwerste Pferd war ein 1,98 m großer belgischer Vollbluthengst namens »Brooklyn Supreme« (geworfen am 12. April 1928). Als er zwanzigjährig in einem amerikanischen Stall starb, betrug sein Gewicht 1,44 t.

Das größte Pferd war »Firpon«, eine Kreuzung zwischen Percheron und Shire-Zugpferd (geworfen 1959), mit einer Größe von 2,16 m und einem Gewicht von 1350 kg. Es starb am 15. März 1972 auf einer Ranch bei Buenos Aires (Argentinien).

Die kleinsten Pferde sind die Falabellas in Argentinien. Sie wurden durch wiederholte Kreuzungen über vier Jahrzehnte aus kleinen englischen Vollblutpferden mit Shetland-Ponies gezüchtet. Ausgewachsene Exemplare haben eine Schulterhöhe von 38–74 cm und wiegen 18–36 kg.

Älteste Pferde: 62 Jahre sind das höchste Alter, das verläßlich für ein Pferd bezeugt ist. Es hieß »Old Billy« (geworfen 1760) und war vermutlich eine Kreuzung zwischen Cleveland und Eastern Blood. Bis 1819 zog es für eine englische Kanalschiffahrtsgesellschaft Lastkähne. Am 27. November 1822 starb es in den Treidel-Sielen.
Das höchste Alter eines europäischen Pferdes liegt bei 54 Jahren. Es war ein Hengst, der einem französischen Bauern gehörte.
Das höchste Alter eines Rennpferdes, nämlich 42 Jahre, erreichte der rotbraune Wallach »Tango Duke« in Australien (geworfen 1935, gest. 1978).

Stärkstes Zugpferd: Die stärkste Last, die jemals von einem Paar Zugpferde gezogen wurde, waren 43,5 t Holz auf einer eigens konstruierten Schlittentrage, die am 26. Februar 1893 in Michigan (USA) 250 m über Schnee gezogen wurde. Die beiden Clydesdale-Rösser wogen zusammen 1587 kg.
1924 wurde für ein Gespann Shire-Wallache eine noch größere Leistung registriert: Auf der British Empire-Ausstellung in Wembley (England) zeigte das Dynamometer 51 t Zuglast an.

Hunde

Allgemein: In den USA gibt es ca. 41 Mio. Hunde.
(D) In Westdeutschland schätzt man die Zahl der bellenden Vierbeiner auf mehr als 3,5 Mio. Davon sind zwei Drittel Rassehunde, der Rest sogenannte »Promenadenmischungen«.
Unter allen deutschen Städten hält Berlin den Hunderekord: rund 90000 leben hier. Statistisch sind 46 von 1000 Berlinern »auf den Hund gekommen«.
(CH) Basel (Schweiz) ist die einzige europäische Stadt, in der es Straßenbahn-Zeitkarten für Hunde gibt. Die Karten mit Foto berechtigen zur verbilligten Benutzung der städtischen Verkehrsmittel.

Die schwersten Haushunde *(Canis familiaris)* sind die Bernhardiner. Am meisten wog »Schwarzwald-Hof-Benedikt«, der einem Amerikaner gehörte. Er wurde am 18. Dezember 1970 geworfen, wog am 2. Mai 1978 138,8 kg.

Die größten Hunderassen sind die Deutsche Dogge und der Irische Wolfshund. Beide erreichen oft eine Schulterhöhe von mehr als 100 cm. Die größte Deutsche Dogge ist »Shamgret Danzas« (geworfen 1975). Sie ist 102,9 cm groß und wiegt 101,6 kg. Der Irische Wolfshund »Broadbridge Michael« (geworfen 1920) war im Alter von zwei Jahren 100,3 cm groß.

Die größte deutsche Dogge »Shamgret Danzas«.

Die kleinsten Hunderassen sind der Yorkshire-Terrier, der kurzhaarige Chihuahua und der Zwergpudel, von denen es ausgewachsene Exemplare mit weniger als 453 g Gewicht gibt. Im April 1971 wurde ein Gewicht von 283 g für die erwachsene Yorkshire-Hündin »Sylvia« (Schulterhöhe 89 mm) in England registriert.

Älteste Hunde: Authentische Belege über Hunde mit einem Lebensalter von mehr als 20 Jahren sind außerordentlich selten. Das höchste Alter eines Hundes ist 29 Jahre, fünf Monate für einen Queensland-»Bei-Fuß«-Hund namens »Bluey«. Er war fast 20 Jahre als Schäferhund in Australien »tätig«. Am 14. November 1939 wurde er eingeschläfert.

Stärke und Ausdauer: Die größte jemals von einem Hund bewegte Last war eine Eisenbahnschiene mit einem Gewicht von 2905 kg. Ein 80 kg schwerer Bernhardiner namens »Ryettes Brandy Bear« aus Bothell (USA) schleppte sie am 21. Juli 1978. Der vierjährige Hund zog die Last auf einem vierrädrigen Karren 4,57 m über eine Zementfläche in weniger als 90 Sekunden.
Die Rekordzeit für das jährliche Hundeschlittenrennen über 1690 km von Anchorage nach Nome (Alaska) beträgt 14 Tage, 14 Stunden, 43 Minuten und wurde von »Emitt Peters« 1975 aufgestellt.

(CH) **Die meisten Lebensrettungen:** Der Schweizer Bernhardinger »Barry« verdient unsere höchste Anerkennung: Er rettete 44 Menschen aus Bergnot, Eis und Schnee. Im Diorama des Naturhistorischen Museums in Bern (Schweiz) wird sein Bild gezeigt. Kein Hund der Welt hat so viele Menschenleben gerettet.

Die seltenste Hunderasse ist der Tahl-Tan-Bärenjagdhund Kanadas. Im Mai 1978 sollen noch drei reinrassige Exemplare gelebt haben; alle in Atlin (Bristisch Columbia). Die seltenste vom britischen Zuchtverband anerkannte Rasse ist der Portugiesische Wasserhund *(Cao de Agua).* Im Febr. 1980 gab es von dieser Rasse auf der ganzen Welt 334 Exemplare, darunter 297 in den USA und nur 20 in Portugal.

Die ersten Blindenhunde wurden in Deutschland und Österreich 1916 während des Ersten Weltkrieges ausgebildet und eingesetzt. Dr. Gorlitz, Arzt in einem Lazarett bei Stettin, gab den Anstoß zur Ausbildung von Hunden als Führer für Blinde.

Längste »Dienstzeit«: Blindenhund »Polly«, eine Labradorhündin (geworfen am 10. Oktober 1956), diente ihrer Herrin Rose Resnick in San Rafael (USA) 13 Jahre und zwei Monate. Es ist dies der längste verbürgte Dienst eines Blindenhundes. Am 15. Dez. 1971 wurde das Tier eingeschläfert.

Der größte Wurf: 33 Welpen warf die braun-weißgescheckte Foxterrier-Hündin »Teddy« im Juni 1977 in Herford (Westdeutschland). 23 davon bliebe am Leben. Teddy brachte die Jungen in Herrchens Bett zur Welt. Der Kunstmaler Friedrich Werner überließ »Teddy« nach der anstrengenden Niederkunft das Bett und schlief im Sessel. Reinrassig sind die Welpen allerdings nicht: Ihr Vater war ein schwarzer Pudel.
Am 6. Februar 1975 warf das »sorglose Ännchen«, eine Bernhardiner-Hündin aus Lebanon (USA), 23 Welpen, von denen 14 am Leben blieben.

Produktivster Hundevater aller Zeiten war der auch sonst preisgekrönte Windhund »Timmy«, auch »Tiefdruck« genannt (im September 1957 geworfen). Vom Dezember 1961 bis zu seinem Tod im November 1969 zeugte er 2414 registrierte Junge, von mindestens 600 nicht registrierten ganz abgesehen. Sein englisches »Frauchen« hat genau Buch geführt.

Wertvollster Hund: Im Juni 1972 lehnte Judith Thurlow aus Great Ashfield (England) ein Angebot von 14 000 Pfund Sterling (damals 104 000 DM) für ihr Windspiel »Super Rory« (geworfen 1970) ab.

Höchster Hund: Am höchsten von allen Säugetieren, nämlich 1690 km hoch, kam jene Eskimohündin, die als Insassin von Sputnik II am 3. November 1957 in den Weltraum geschossen wurde. Die Hündin war bekannt unter den Namen »Kudryawaks« (Lockenköpfchen), »Limontschik« (Zitrönchen), »Malyschka«, bzw. unter dem russischen Namen für ihre Rasse »Laika« (vgl. Kapitel »Weltall und Raumfahrt«).

Der sowjetische Kosmonautenhund »Laika«.

Den Hoch- und Weitsprungrekord halten zwei deutsche Schäferhunde. »Droll von der Rachelspitze« kam 1948 im Klettersprung über 5 m und »Arras vom Raubritter« sprang 1950 über acht Stühle, was einer Weite von 4,5 m entspricht.

Die meisten Preise, nämlich 127, errang der Pekinese »Chik T'sun« bei Wettbewerben in den USA zwischen Januar 1957 bis Februar 1960.

Der beste Polizeihund ist »Trep« von der Kriminalpolizei in Dade County (USA). »Trep« hat Rauschgift im Wert von 63 Mio. Dollar ausgeschnüffelt. Auf einer Vorführung, bei der zehn Pakete Rauschgift versteckt waren, fand Trep elf!

Auf den Kopf von »Sergeant Blitz«, eines Polizeihundes in Savannah, Georgia (USA), der Rauschgift erfolgreich »wittert«, hatten Verbrecher im Januar 1977 einen Preis von 10000 Dollar gesetzt.

(D) Als bester deutscher Diensthund wurde bei den »Internationalen deutschen Meisterschaften für Diensthundführer« 1978 in Krefeld (Nordrhein-Westfalen) »Bernd von der Azalee« ermittelt. Sein Halter ist Zolloberinspektor Günther Fiegle vom Hauptzollamt Singen (Baden-Württemberg).

(D) Als bestdressierter deutscher Schäferhund eines privaten Halters gewann 1978 »Drigon von Führmannshof« die Europameisterschaften (Halter: Fritz Bichler).

Die beste »Spürnase« besaß der Dobermann-Pinscher »Sauer«. 1925 stellte er einen Viehdieb über eine Entfernung von 160 km nur durch seinen Geruchssinn. Er verfolgte den Dieb quer durch die Große Karu (Südafrika).

Vom Hofmops des Herzogs Carl Alexander von Winnenden wird eine noch unglaublichere Geschichte erzählt: Sein Herr nahm ihn unter Prinz Eugen mit in den Krieg gegen die Türken. 1717 vor Belgrad ging der Hund verloren, sein Herr hatte andere Sorgen. Als er endlich wieder in sein Stammschloß Winnental kam, war der Mops längst da. Er hatte die gut 1000 km in 11 Tagen zurückgelegt. Hunde können eben mehr als Bellen und Häufchen machen! Deshalb erhielt der Mops auch am Schloßeingang ein Denkmal in Lebensgröße.

Das größte Hundebegräbnis war die Beerdigung der Promenadenmischung »Lazarus« im Jahre 1862 in San Francisco (USA). Der Hund gehörte dem Sonderling Kaiser Norton I. der Vereinigten Staaten, Statthalter von Mexiko. 10000 Personen sollen der Hundebeerdigung beigewohnt haben.

Katzen

Allgemein: In den USA wird die Zahl der Katzen mit 23 Mio. angegeben. Von den fast 5 Mio. englischen Katzen sind ca. 100000 als Mäusefänger im öffentlichen Dienst tätig.

(D) In Westdeutschland schätzt man die Zahl der privat gehaltenen und streunenden Katzen auf ungefähr 2,5 bis 3 Mio.

Die schwerste Hauskatze *(Felis catus)*, die 1979 ermittelt werden konnte, ist der Angora-Mischlingskater »Tiger«. Er hält sein Gewicht konstant zwischen 19,05 und 19,50 kg. Halsumfang 31,75 cm, Taille 83,8 cm, Länge 94 cm. Natürlich wird er im klassischen Hauskatzenland England gefüttert.

Älteste Katzen: Katzen leben im allgemeinen länger als Hunde. Die meisten werden über 20 Jahre alt. Die älteste Katze war vermutlich der gestreifte Kater »Puss«, der einer Engländerin gehörte. Er beging seinen 36. Geburtstag am 28. November 1939 und starb tags darauf. Ein neuerer und besser belegter Fall, ebenfalls aus England, war die Tigerkatze »Ma«. Sie wurde am 5. November 1957 im Alter von 34 Jahren eingeschläfert.

Den größten Wurf von 19 Kätzchen (vier totgeboren), entbunden durch Kaiserschnitt, brachte die vierjährige braune Birmakatze »Tarawood Antigone« am 7. August 1970 zur Welt. Der Wurf war das Ergebnis eines »Fehltritts« mit einem Halbsiamesenkater. Von den 15 lebend geborenen Jungen waren 14 Kater.

Der größte Wurf, bei dem sämtliche Jungen lebten und am Leben blieben, waren 14 Kätzchen, geworfen in Südafrika im Dezember 1974 von einer Angorakatze namens »Glockenblümchen«.

Die fruchtbarste Katze war »Dusty«. Sie warf am 12. Juni 1952, 17jährig, in Bonham (USA) ihr 420. Kätzchen.

Mit einer Aktion »Krankenschein für Katzen« versucht die in Westdeutschland tätige »Katzenschutz-Initiative e. V.« der allzu zügellosen Paarungslust der Katzen Herr zu werden. Im März 1980 hat sie vorgeschlagen, den Tierhaltern die Kosten für Kastration oder Sterilisation bis zu 60 Prozent zu verbilligen.

Reichste Katzen: Dr. William Grier aus San Diego (USA) starb im Juni 1963 und vermachte sein ganzes Vermögen von 415000 Dollar (damals ca. 1,8 Mio. DM) seinen beiden 15jährigen Katzen »Hellcat« und »Brownie«. Nach dem Tod der Katzen 1965 bekam das Geld die George-Washington-Universität (USA).

Wertvollste Katze: 1967 lehnte die Engländerin Elspeth Sellar 2100 Pfund Sterling (damals 23000 DM) eines amerikanischen Züchters ab, die er für ihren preisgekrönten weißen Angorakater mit kupferfarbenen Augen »Coylum Marcus« (geworfen 28. März 1965) geboten hatte. Das kostbare Tier starb am 14. April 1978.

Größter Mäusefänger aller Zeiten ist ein Tigerkater namens »Mickey« der Firma Shepherd & Sons Ltd. (England). Während seiner 23 Dienstjahre tötete er mehr als 22000 Mäuse; er starb im November 1968 und bekam ein Ehrengrab.

Kaninchen

Das größte zahme Kaninchen *(Oryctolagus cuniculus)* ist das britische Riesenkaninchen. Erwachsene Exemplare wiegen durchschnittlich 8,17 kg, aber für Männchen wurden überprüfte Gewichtszahlen bis 13,6 kg gemeldet. Das mit 3,06 kg schwerste wilde Kaninchen wurde im Februar 1976 in England geschossen.

Die kleinsten zahmen Kaninchen sind das niederländische Zwergkaninchen und das polnische Kaninchen, beide mit Durchschnittsgewichten von 1,11 kg für erwachsene Exemplare.

Größte Würfe von Haustieren

Tier	Anzahl	Rasse	Besitzerland
Katze	15	Birma/Siam.	England
Hund	23	Jagdhund	USA
	23	Bernhardiner	USA
Kaninchen	24	Neuseeländ.	Kanada
Meerschweinchen	12		Labor-Exemplar
Hamster	18	Goldhamster	Labor-Exemplar
Maus	32	Hausmaus	Labor-Exemplar (USA)

Vögel

Der größte lebende, aber flugunfähige Vogel ist der afrikanische Strauß *(Struthio camelus camelus)*. Er lebt südlich des Atlasgebirges vom Oberlauf des Senegal und Niger bis hinüber zum Sudan und nach Zentraläthiopien. Hähne dieser Subspezies können 2,74 m groß werden und 156,5 kg wiegen.

Der schwerste fliegende Vogel ist die Kori-Trappe oder Paaw *(Otis kori)* in Ost- und Südafrika. Seriöse Berichte geben für in Südafrika erlegte Hähne Gewichte bis zu 18 kg an.
Der Höckerschwan *(Cygnus olor)*, der in Mitteleuropa lebt, kann 18 kg wiegen; aus Polen stammt das Rekordgewicht eines Schwanenmännchens, nämlich 22,5 kg, was ihn wahrscheinlich am Fliegen hinderte.

Der schwerste Raubvogel ist der Anden-Condor *(Vultur gryphus)*, dessen Männchen durchschnittlich 9,10–11,30 kg wiegen.
(DDR) Die Groß-Trappe *(Otis tarda)* ist der schwerste
(A) europäische Vogel. Er kann bis zu 19 kg wiegen. In Mecklenburg (Ostdeutschland) und am Neusiedler See (Österreich) nistet er am häufigsten.

Die größte Flügelspannweite hat der Wanderalbatros *(Diomeda exulans)*, der im Gebiet der südlichen Ozeane lebt. Bei ausgewachsenen Männchen mit völlig ausgebreiteten Flügeln beträgt sie 3,15 m. Mit 3,60 m trug ein 1957 in Australien gefangenes Männchen den Rekord davon, aber man hält es für möglich, daß bei bestimmten Exemplaren auch Flügelspannweiten von knapp 4 m vorkommen.
Der einzige andere Vogel, dessen Flügelspannweite über 3,35 m hinausreichen soll, ist der afrikanische Marabu *(Leptoptilus crumeninferus)*. Im Jahre 1930 wurde ein Höchstmaß von 4,06 m bei einem in Zentralafrika erlegten Exemplar festgestellt, aber normalerweise geht bei dieser Vogelart die Spannweite nicht über 2,43 m hinaus.
In Mitteleuropa hat der Gemeine Pelikan *(Pelicanus onocrotalus)* die größte Flügelspannweite, nämlich 2,70 m.

Der kleinste Vogel ist der Hummel-Kolibri *(Mellisuga helenae)*, der in Kuba und auf der Isla de Pinos zu Hause ist. Sein Herz ist dreimal so groß wie sein Magen. Die Gesamtlänge eines ausgewachsenen Männchens liegt im Durchschnitt bei 58 mm. Schnabel 15 mm, Kopf und Körper 15 mm und der Schwanz 28 mm – und er wiegt ca. 2 g, also weniger als eine Sphinxmotte (2,2 g).

Der kleinste Raubvogel ist der 35 g schwere Zwergfalke *(Microhierax latifrons)* auf Borneo, der die Größe eines Spatzen hat.

Der kleinste Seevogel ist der Zwergsturmvogel *(Halocyptena microsoma)*, der nur auf der Insel San Benito in Kalifornien nistet. Ausgewachsene Exemplare sind durchschnittlich 140 mm groß.

Der kleinste Vogel Mitteleuropas ist das Goldhähnchen *(Regulus regulus)*. Die Durchschnittslänge beträgt 9 cm, das Gewicht 4–6 Gramm. Die 580 km zwischen England und Skandinavien legen diese winzigen Vögel in knapp 12 Stunden zurück. Das entspricht einer Durchschnittsgeschwindigkeit von ca. 48,3 km/h.

Am zahlreichsten unter den wilden Vögeln sind die Blutschnabelweber *(Quelea quelea)*. Man schätzt die Zahl dieser Vögel, die in den trockenen Gebieten Afrikas südlich der Sahara leben, auf 10 Mrd. Jahr für Jahr wird ein Zehntel dieser Vögel durch Schädlingsbekämpfungsmittel getötet.
Am zahlreichsten unter den zahmen Vögeln ist das Huhn, genauer: die zahme Art des Bankivahuhns *(Gallus gallus)* aus Südostasien.
1974 schätzte man den Welthühnerbestand auf 4 Mrd. Damit kam – grob gerechnet – auf jeden Menschen ein Huhn.
Am zahlreichsten unter den Seevögeln sind die

Die größte Flügelspannweite: die Männer halten einen Marabu, dessen Spannweite der des Albatros kaum nachsteht.

Wilson-Sturmvögel *(Oceanitis oceanicus)*. Über ihre Anzahl wurden bisher keine Angaben veröffentlicht, aber es steht fest, daß es Hunderte Millionen – wenn nicht gar Milliarden – von ihnen gibt. Die häufigste Vogelart Mitteleuropas sind die Sperlinge.

Seltenste Vögel: Angesichts der Schwierigkeiten, Vogelbestände in freier Natur zu schätzen, ist es fast unmöglich, den seltensten Vogel zu bestimmen. Aber einer der aussichtsreichsten Kandidaten ist zweifellos der Kauai O-o *(Moho braccatus)* auf der Insel Kauai, die zur Hawaii-Inselgruppe gehört. Von ihm gab es 1976 nur ein einziges überlebendes Paar.
Eine neuseeländische ornithologische Expedition, die 1978 die Insel Chatham erforschte, konnte drei Magenta-Sturmvögel *(Pterodroma magentae)* identifizieren und fotografieren. Diese seltenen Vögel sollen vorher nur ein einziges Mal – im Jahre 1868 – gesehen worden sein.
Auch die Schakuhühnerart *(Penelope albinensis)*, von der man annahm, daß sie schon seit 100 Jahren ausgestorben sei, wurde im Dezember 1977 in großer Menge im Nordwesten Perus wiederentdeckt.
(D) Der seltenste in Deutschland nistende Vogel dürfte der Uferläufer *(Bartramia longicauda)* sein, von dem seit 1811 kein Exemplar gesehen wurde. Die vom Aussterben bedrohten Seeadler scheinen durch Hilfsmaßnahmen in ihrem letzten Brutgebiet Schleswig-Holstein seit Juni 1980 wieder zahlreicher zu werden.
(A) Die Sichelente *(Anas falcata)* gilt als seltenster Vogel Österreichs. 1839 wurde das bisher letzte Exemplar im Burgenland geschossen.
(CH) Auch die Schweiz hat ihren eigenen, seltensten Vogel: die Rüppel-Seeschwalbe *(Sterna bengalensis)*. Außer in der Schweiz gibt es nur noch einzelne Exemplare auf Sizilien.

Der seltenste Raubvogel der Welt ist eine Falkenart *(Falco punctatus)* von der Insel Mauritius. Im Dezember 1978 gab es davon nur 18 noch in Freiheit befindliche und fünf in der Gefangenschaft gezüchtete Exemplare.

Der am schnellsten fliegende Vogel ist der Stachelschwanzsegler *(Chaetura caudata)*.
Der Vogel, der dem Jäger die größten Schwierigkeiten macht, ist der Mittelsäger *(Mergus serrator)*. Er kann mit einer Geschwindigkeit von 128 km/h fliegen. Dies konnte exakt durch ein Sportflugzeug gemessen werden, das am 29. Mai 1960 in Alaska einen Mittelsäger aufscheuchte, der fast 13 Sekunden lang mit dieser Geschwindigkeit neben dem Sportflugzeug herflog, bevor er abbog.

Die schnellsten Schwimmvögel sind die Eselpinguine *(Pygoscelis papua).* Im Januar 1913 wurde bei einer kleinen unter Wasser schwimmenden Gruppe in der Nähe der Bay of Isles in Süd-Georgia (USA) eine Geschwindigkeit von 10 m/sec gemessen. Und das ist für manche Vögel sogar eine ansehnliche Fluggeschwindigkeit.

Der am tiefsten tauchende Vogel ist der Kaiserpinguin *(Aptenodytes forsteri)* vom Südpol, der eine Tiefe von 265 m erreichen und bis zu 18 Minuten unter Wasser bleiben kann.

Schnellster und langsamster Flügelschlag: Mit 90 Flügelschlägen pro Sekunde hat der Kolibri *(Heliactin cornuta)* aus den südamerikanischen Tropen den schnellsten verzeichneten Flügelschlag. Den langsamsten Flügelschlag haben große Geier (Familie der *Vulturidae*) und Albatrosse *(Diomedeidae).* Sie können stundenlang in großen Höhen schweben, ohne mit den Flügeln zu schlagen.

Die längste Flugstrecke, die ein beringter Zugvogel zurücklegte, war 19300 km lang. Dies schaffte eine Polarseeschwalbe *(Sterna paradisaea),* die als Nestling am 5. Juli 1955 im Kandalaksha-Schutzgebiet am Weißen Meer mit einem Ring versehen und lebend am 16. Mai 1956 von einem Fischer 13 km südlich von Freemantle (Australien) eingefangen wurde.

Höchste Flughöhen: Der Bericht über einen Schwarm von 17 Nilgänsen *(Alopochen aegyptiacus),* der am 17. September 1919 von einem Astronomen in Dehra Dun (Nordindien) fotografiert wurde, als er in einer geschätzten Höhe von 17,7–19,3 km vor der Sonne vorbeiflog, wird von Fachleuten angezweifelt.
Die höchste glaubwürdige, für einen Vogel gemeldete Höhe ist ca. 8,2 km. Es handelte sich dabei um eine kleine Gruppe von Alpendohlen *(Pyrrhocorax graculus),* die der britischen Everest-Expedition vom Jahre 1924 bis zum Camp V folgte.
Am 9. Dezember 1967 entdeckte der Pilot eines Verkehrsflugzeuges über den Äußeren Hebriden (Schottland) 30 Singschwäne in einer Höhe von 8230 m. Die Höhe wurde auch von der nordirischen Luftverkehrskontrolle bestätigt, die die Schwäne auf dem Radargerät erfaßt hatte.

Am längsten in der Luft: Von allen Vögeln kann sich die Ruß-Seeschwalbe *(Sterna fuscata)* am längsten in der Luft aufhalten. Nachdem sie die Brutstätte verlassen hat, bleibt sie drei bis vier Jahre ständig in der Luft, bevor sie zurückkehrt.
Unter den Landvögeln hält sich der Mauersegler *(Apus apus)* am längsten in der Luft. Mindestens neun Monate im Jahr schwebt er durch die Lüfte.

Die schärfsten Augen: Raubvögel *(Falconiformes)* haben von allen Vögeln die größte Sehschärfe, die acht- bis zehnmal schärfer ist als die des Menschen. Der Steinadler *(Aquila chrysaetos)* kann bei gutem Licht und gegen einen abstechenden Hintergrund einen 46 cm großen Hasen aus einer Entfernung von 1950 m erspähen, und ein Wanderfalke *(Falco peregrinus)* eine Taube aus einer Entfernung von 1000 m.

Die längsten Federn hat der Onagadorihahn, eine langschwänzige Hühnerart (verwandt mit *Gallus gallus),* die seit der Mitte des 17. Jahrhunderts in Japan gezüchtet wird. 1973 erschienen japanische Berichte über eine 10,60 m lange Deckfeder. Die Schwanzfedern des fliegenden Königsfasans *(Syrmaticus reevesi)* aus China können sogar die Länge von 2,43 m überschreiten.

Die meisten Federn: Bei »Federzählungen« an verschiedenen Vögeln stellte sich heraus, daß der Singschwan *(Cygnus columbianus)* 25216 Federn hatte. Hingegen hat der *Archilochus*-Kolibri nur 940, obgleich Kolibris im Verhältnis zur Oberfläche des Körpers mehr Federn haben als sonst ein lebender Vogel.

Die längste Lebensdauer eines Vogels ist mit mehr als 72 Jahren belegt. Dieses Alter erreichte ein Condor-Männchen *(Vultur gryphus)* aus den Anden. Er hörte auf den Namen »Kuzya« und starb 1964 im Moskauer Zoologischen Garten (UdSSR).
Andere Altersrekorde stellten ein 73jähriger großer, gelbäugiger Kakadu *(Cacatua galerita)* (1818–91),
ein 72jähriger afrikanischer Graupapagei *(Psittacus erithacus)* (1797–1869),
ein 70jähriger Höckerschwan *(Cygnus olor)* (1770–1840) und
ein 69jähriger Rabe *(Corus corax)* auf.
1972 wurde ein 62 Jahre und drei Monate alter Strauß *(Struthio camelus austrialis)* in einem südafrikanischen Straußenschlachthof getötet.

Nester und Eier

Das größte Nest wurde 1963 entdeckt. Es ist 3,1 m weit, 6 m tief, wiegt 2 t und wurde von Seeadlern *(Haliacetus leucocephalus)* in Florida (USA) gebaut. Die von Großfußhühnern (Fam. *Megapodidae)* gebauten Nestmulden haben einen Durchmesser bis zu 15,25 m und können eine Höhe von 6 m erreichen.

(D) In Deutschland gibt es nur einen einzigen Vogel, der sein Nest ohne jeden festen Untergrund baut. Es ist der Pirol *(Oriolus oriolus).* Sein Nest hängt freischwebend zwischen waagrechten Ästen.

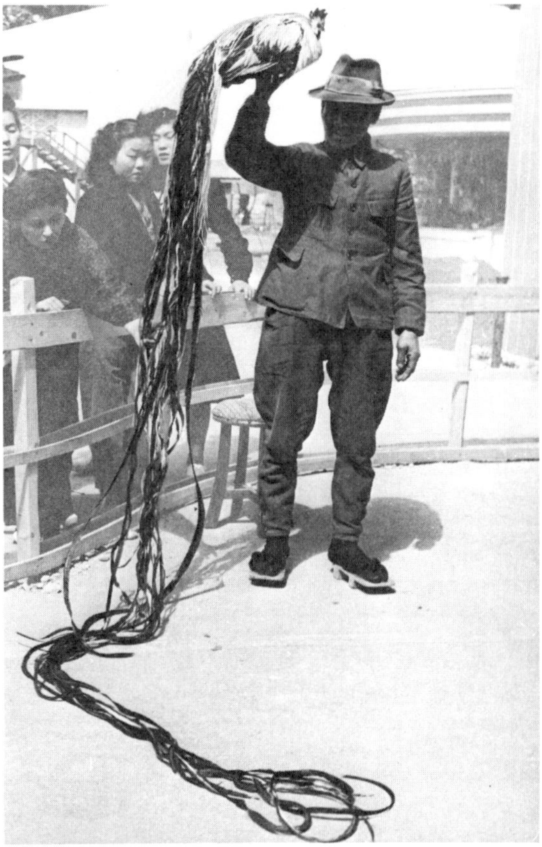

Über 2,40 m lang sind die Schwanzfedern dieses chinesischen Königsfasans.

Die größten Eier von allen lebenden Vögeln legt der Strauß *(Struthio camelus)*. Ein Straußenei ist 15–20 cm lang, hat einen Durchmesser von 10–15 cm und wiegt 1,65–1,80 kg. Das entspricht etwa dem Gewicht von zwei Dutzend Hühnereiern. Ein Straußenei muß ca. 40 Minuten gekocht werden. Obgleich seine Schale nur 1,5 mm dick ist, hält sie das Gewicht eines 127 kg schweren Menschen aus.

Die kleinsten Eier legt der kleinste Vogel der Welt, der Kolibri. Ein am 8. Mai 1906 in Boyate, Santiago de Cuba gefundenes Kolibri-Ei, das dem Nationalmuseum in Washington (USA) geschenkt wurde, ist 11,4 mm lang, hat einen Durchmesser von 8 mm und wiegt 0,5 Gramm.

Ausbrüten: Der Wanderalbatros *(Diomedea exulans)* hat die längste Brutzeit, die normalerweise 75–80 Tage dauert.
Die kürzeste Zeit zum Ausbrüten – nur 10 Tage – brauchten der Buntspecht *(Dendrocopus major)* und eine Kuckucksart *(Coccyzus erythropthalmus)*.
Zu den untätigsten Männchen gehören der Kolibri (Fam. *Trochilidae)*, der Eider-Enterich *(Somateria mollissima)* und der Goldfasan *(Chrysolophuspictus)*, deren Weibchen das Brüten ganz allein zu besorgen haben, während das Kiwiweibchen *(Apteryx australis)* diese Arbeit 75–80 Tage lang ausschließlich dem Männchen überläßt.

Erstmals in einer Brutmaschine kam das Junge eines Weißkopfadler-Paares im März 1980 in einem Wildgehege in Hellenthal/Eifel (Westdeutschland, Nordrhein-Westfalen) zur Welt. (Der Weißkopfadler ist das Wappentier der USA.) Das Elternpaar hatte erstmals in acht Jahren ein Gelege mit zwei Eiern gesetzt und es fünf Tage lang selbst bebrütet, ehe der Oberfalkenmeister des Geheges die Eier in die Brutmaschine gab. Dort schlüpfte vier Wochen später das 86 Gramm schwere Junge aus.

Federvieh

Huhn: Die schwerste Hühnerart, »White Sully« genannt, wurde in Kalifornien (USA) im Laufe von sieben Jahren entwickelt.
Ein Ungeheuer von einem Hahn namens »Weirdo«, der im Januar 1973 10 kg gewogen haben soll, war so aggressiv, daß er zu dem Zeitpunkt zwei Katzen umgebracht und einen Hund verletzt hatte, weil sie ihm zu nahe gekommen waren.
Die von einem Huhn geflogene Rekordstrecke ist 92,25 m und wurde von »Lola B« beim 8. Treffen der International Chicken Flying Association in Rio Grande (USA) im Juni 1979 erreicht.

Pute: Das höchste Lebendgewicht einer Pute *(Meleagris gallopavo)* ist 34,00 kg. So viel wog im Dezember 1973 ein in Salt Lake City (USA) gezüchteter »Festtagsbraten«.
Der höchste auf einer Auktion je erreichte Preis war 1300 Pfund Sterling (damals 5200 DM). Er wurde am 8. Dez. 1978 auf einer englischen Auktion für einen 32,65 kg schweren Truthahn bezahlt.

Enten haben von allen Tieren die beste Wärmeisolation, wie chinesische Wissenschaftler im Januar 1980 berichtet haben. Sie ermittelten, daß Enten eine Temperatur von minus 110°C unbeschadet vertragen, während z. B. ein Eisbär »schon« bei minus 80 Grad eingeht. Schnecken vertragen bis zu minus 90 Grad, und auch Gänse sind ähnlich widerstandsfähig gegen Kälte wie Enten.

Altersrekorde: Abgesehen vom Strauß, erreicht die Hausgans *(Anser anser domesticus)* das höchste Alter. Normalerweise wird sie 25 Jahre alt. Am 16. Dezember 1976 starb ein englischer Gänserich

namens George im Alter von 49 Jahren und acht Monaten.
Von den kleinen Käfigvögeln leben die Kanarienvögel am längsten. Das älteste Beispiel dafür war ein 34 Jahre altes Kanarienhähnchen namens Joey. Der Vogel war 1941 in Calabar (Nigeria) gekauft worden und starb am 8. April 1975.
Der älteste Wellensittich *(Melopsittacus undulatus)* war ein Weibchen namens Charlie. Es starb am 20. Juni 1977 im Alter von 29 Jahren und zwei Monaten in England.

Geschwätzigkeit: Der geschwätzigste Vogel der Welt ist ein afrikanischer Graupapagei *(Psittacus erythacus)* namens Prudle, der einer Engländerin gehört und zwölf Jahre hintereinander (1965–76) bei der in jedem Dezember in London stattfindenden »National Cage & Aviardy Bird Show« den Titel des »am besten sprechenden papageiartigen Vogels« gewonnen hat. Prudle, der über einen Wortschatz von fast 1000 Wörtern verfügt, wurde 1958 in Jinja (Uganda) aus einem Nest genommen, das sich in einem Baum befand, der gefällt werden sollte. Im Jahre 1977 zog er sich – unbesiegt – zurück.

Reptilien

Allgemein: Zu den Reptilien gehören Krokodile, Schlangen, Land- und Wasserschildkröten sowie Eidechsen.

Das größte Reptil ist das Leisten- oder Salzwasserkrokodil *(Crocodylus porosus)* in Südostasien, Nordaustralien, Neuguinea, den Philippinen und auf den Salomoninseln. Ausgewachsene Männchen sind 3,7–4,3 m lang und wiegen ca. 500 kg. 1823 wurde ein 8,23 m langes und schätzungsweise 2 t wiegendes, als Menschenfresser berüchtigtes Krokodil in Jala Jala auf der Insel Luzon (Philippinen) erlegt, nachdem es die Leute in der Umgebung jahrelang terrorisiert hatte. Sein Schädel, der bisher größte – wenn wir von den Fossilien absehen –, ist jetzt im Museum für vergleichende Zoologie in der Harvard Universität (Massachusetts, USA).
Ein anderes Exemplar, das eine Länge von 10,00 m und an seiner dicksten Stelle einen Umfang von 4,16 m besessen haben soll, wurde 1840 in der Bay von Bengal erlegt, aber die Abmessungen seines im Britischen Museum, London, aufbewahrten Schädels lassen eher vermuten, daß er zu einem 7,30 m langen Krokodil gehörte.
Der »offizielle« Rekordhalter ist ein 6,14 m langes Männchen, das im MacArthur-Fluß (Australien) am 26. Juni 1960 mit der Harpune erlegt wurde.

Sehr selten: eine Schlange mit zwei Köpfen. Von allen zweiköpfigen Schlangen hielt diese den Langlebigkeitsrekord: zwei Jahre.

Die kleinste Reptilienart scheint der *Sphaerodactylus parthenopion,* ein winziger Gecko, zu sein, der nur auf der Insel Virgin Gorda, einer der Virgininseln in Westindien, vorkommt. Man kennt nur 15 Exemplare davon, darunter ein paar trächtige Weibchen, die man zwischen dem 10. und 16. August 1964 fand. Die drei größten Weibchen hatten eine Körperlänge von 18 mm, wozu noch der Schwanz von gleicher Länge kam.
Möglicherweise ist ein anderer Gecko *(Sphaerodactylus elasmorhynchus)* noch kleiner. Das einzige bisher bekannte Exemplar war ein anscheinend ausgewachsenes Weibchen mit einer Kör-

perlänge von 17 mm und ebensolangem Schwanz. Am 15. März 1966 wurde es unter den Wurzeln eines Baumes in Haiti gefunden.
Eine in Madagaskar vorkommende Zwergchamäleonart, *Evoluticauda tuberculata,* die nur durch ein einziges Exemplar bekannt ist, hat eine Körperlänge von 18 mm und eine Schwanzlänge von 14 mm. Aber Chamäleons sind plumper als Gekkos, und man weiß nicht, ob dieses Exemplar voll ausgewachsen war.

Schnellstes Reptil: Die höchste auf Land gemessene Geschwindigkeit besaß eine sechsstreifige Rennechse *(Cnemidophorus sexlineatus)* mit 29 km/h, die 1941 von einem Auto in Süd-Carolina (USA) verfolgt wurde.
Die höchste Geschwindigkeit, die je ein Reptil im Wasser erreicht haben soll, nämlich 35 km/h, besaß eine verängstigte Lederschildkröte im Pazifik.

Echsen

Die größte aller Eidechsen ist der Komodo-Waran oder Ora *(Varanus komodoensis),* ein drachenartiges Reptil, das auf Komodo, Rintja, Padar und Flores (indonesische Inseln) beheimatet ist. Ausgewachsene Männchen sind im Durchschnitt 2,40 m lang und wiegen 79 bis 91 kg. Angeblich sind bis zu 7 m (!) lange Exemplare dieser Echsenart gesehen worden, aber das größte bisher gemessene Exemplar war ein Männchen, das 1928 der Sultan von Birma einem amerikanischen Zoologen geschenkt hat, und dieses maß 3,05 m.
Die längste Eidechse der Welt ist der schlanke Salvadori-Waran *(Varanus salvadori)* in Neuguinea, die nach zuverlässigen Messungen eine Länge von 4,75 m erreichen kann.
Ende 1979 haben britische Forscher in einem Sumpfgebiet von Papua-Neuguinea eine fünf Meter lange Rieseneidechse bisher noch unbekannter Art sowie eine augenlose Schlange entdeckt.

Die größte Schildkrötenart wiegt bis zu 400 kg.

Das höchste Alter einer Echsenart sind verbürgt 54 Jahre. Ein Blindschleichenmännchen *(Anguis fragilis)* im Zoologischen Museum in Kopenhagen (Dänemark) lebte von 1892 bis 1946.

Schildkröten

Die allergrößte Schildkröte ist die Lederschildkröte im Pazifik *(Dermochelys coriacea schlegelii).* Ein mittleres ausgewachsenes Exemplar mißt 1,83–2,13 m im ganzen (Länge des Panzers 1,22–1,52 m) und wiegt zwischen 300 und 363 kg. Das zuverlässig verzeichnete Höchstgewicht von 865 kg besaß ein in Kalifornien (USA) am 29. August 1961 gefangenes Exemplar mit einer Gesamtlänge von 2,54 m.

Die größte lebende Landschildkröte ist die *Geochelone gigantea,* die auf der Insel Aldabra nördlich von Madagaskar und den Seychellen (wo sie 1874 eingeführt wurde) im Indischen Ozean anzutreffen ist. Ausgewachsene Männchen wiegen manchmal über 158 kg, und ein 408 kg wiegendes Exemplar wurde 1847 auf Aldabra gefunden.
Die größte Wüstenschildkröte ist die geschützte *Gopherus agassizi* im Südwesten der USA, die normalerweise 4,50–5,40 kg wiegt. Im Januar 1976 fand man ein enorm großes Männchen in der Mojave-Wüste in Kalifornien, das 10,8 kg wog und eine Panzerlänge von 38 cm besaß.

Das höchste Alter von allen Wirbeltieren erreichen die Schildkröten. Rekordzahlen von mehr als 100 Jahren sind verbürgt für eine Karolina-Dosenschildkröte *(Testudo carolina)* (138 Jahre) und eine europäische Sumpfschildkröte *(Emys orbicularis)* mit über 120 Jahren.
Das höchste Alter einer ständig beobachteten Schildkröte beträgt mehr als 116 Jahre. Eine maurische Landschildkröte *(Testudo graeca),* die 1957 in einem englischen Zoo starb, erreichte dieses methusalemische Alter.

Die langsamsten Schildkröten: Bei einem »Geschwindigkeitstest«, der auf den Seychellen abgehalten wurde, konnte es eine männliche Riesenschildkröte *(Geochelone gigantea)* trotz eines verlockenden und lockenden Weibchens nur auf 0,37 km/h oder 4,57 m/sec bringen.

Schlangen

Die längste Schlange (mittlere, ausgewachsene Länge) ist der Netzpython *(Python reticulatus)* in Südostasien, Indonesien und den Philippinen, der immer über 6 m lang wird. 1912 wurde an der Nordküste von Celebes im Malaiischen Archipel ein genau 10 m langes Exemplar erschossen.
Von der Anakonda *(Eunectes murinus)* in den südamerikanischen Tropen wird behauptet, es gäbe bis zu 13,7 m lange Exemplare. Aber diese Größen beziehen sich wahrscheinlich auf gestreckte Häute. Die größte geprüfte Länge einer Anakonda war 8,48 m, wobei es sich um ein Weibchen handelte, das 1960 in Brasilien erlegt wurde.
(D) Die ungefährliche Äskulaps-Natter *(Elaphe longissima)*, die bis zu 1,85 m lang werden kann, ist in ganz Mitteleuropa verbreitet.
(A) In der Steiermark (Österreich) wurde 1929 eine Äskulaps-Natter von 2,18 m Länge gefangen.
(CH) In den Schweizer Kantonen Wallis und Tessin erreicht die ungiftige *Coluber viridiflavus* eine Länge von 1,80 m.

Die kürzeste Schlange ist eine Blindschleichenart *(Leptotyphlops bilineata)*, die auf Martinique, Barbados und S. Lucia in Westindien vorkommt. Ihre Höchstlänge ist 12 cm.

Die kürzeste Giftschlange ist die Zwergnatter *(Elaps dorsalis)* in Südafrika, deren ausgewachsene Exemplare im Durchschnitt nur 15,0 cm lang werden.

Die schwerste Schlange ist die Anakonda *(Eunectes murinus)*, die fast doppelt soviel wiegt wie eine Netzpython *(Python reticulatus)* derselben Länge. Ein in Brasilien 1960 erlegtes Exemplar hatte aber einen Höchstumfang von 111 cm, muß daher fast 227 kg gewogen haben.
Die schwerste Giftschlange ist die Klapperschlange *(Crotalus adamanteus)*, die im Südosten der USA lebt. Ein 2,36 m langes Exemplar wog 15 kg.
Im Februar 1973 wurde im Zoo von New York eine Königskobra nach ihrem Tod gewogen und gemessen. Sie war 4,39 m lang und wog 12,75 kg.

Die längste Giftschlange der Welt ist die Königskobra *(Ophiophagus hannah)*, die in Südostasien und auf den Philippinen zu Hause ist. Ein im April 1937 in Malaysia gefangenes Exemplar erreichte im Londoner Zoo eine Länge von 5,71 m. Es wurde bei Kriegsausbruch 1939 getötet.
(D) Die längste Giftschlange Deutschlands ist die Kreuzotter *(Vipera berus)*, die bis zu 87 cm lang werden kann.

Die älteste Schlange wurde 40 Jahre, drei Monate und 14 Tage alt. Eine Riesenschlange *(Boa constrictor)* namens »Popeye« im Zoo von Philadelphia (USA) erreichte dieses Alter. Am 15. April 1977 mußte sie aus medizinischen Gründen getötet werden.

Die schnellste Landschlange ist wahrscheinlich die schlanke Schwarze Mamba *(Dendroasips polylepis)*. Am 23. April 1906 stellte man fest, daß eine wütende Schwarze Mamba in der Serengeti-Ebene (Tansania) eine vermessene Strecke von 43 m in einer Geschwindigkeit von 11 km/h zurücklegen konnte.
Geschichten, daß Schwarze Mambas galoppierende Pferde (Höchstgeschwindigkeit 69,92 km/h) überholen können, sind maßlos übertrieben. Aber für kurze Strecken auf ebenem Boden sind Geschwindigkeiten von 24 km/h schon möglich.
Die Ringelnatter *(Natrix natrix)* hat eine Höchstgeschwindigkeit von 6,8 km/h.
Die in ganz Europa verbreitete Grasschlange kann sich mit 6,80 km/h vorwärtsschlängeln.

Die giftigste Schlange ist die Seeschlange *(Hydrophis belcheri)*, deren Gift hundertmal stärker ist als das des australischen Taipans *(Oxyuranus scutellatus)*. Es gibt sehr viele davon in der Timorsee am Ashmore-Riff gegenüber der Nordwestküste Australiens.

Die giftigste Landschlange ist die in Queensland (Australien) vorkommende kleinschuppige ›Fierce Snake‹ (wütende Schlange) *(Parademansia microlepidotus)*, deren Gift neunmal so stark ist wie das der Tigerotter (*Notechis scutatus)* aus Südaustralien und Tasmanien. (Als man einer ›Fierce Snake‹ das Gift entzog, hatte man die erstaunliche Menge von 110 mg. Sie reicht aus, um mindestens 125 000 Mäuse zu töten.) Bis 1976 hielt man diese 2 m lange Schlange für eine Abart des Taipans, aber ihr Gift ist von jenem ganz und gar verschieden.

Schlangebiß-Tote: Schätzungsweise werden jedes Jahr 30–40 000 Menschen (Chinesen und Russen nicht mitgerechnet) von Schlangenbissen getötet, 75 Prozent allein im dichtbesiedelten Indien. Die höchste Sterblichkeitsziffer durch Schlangenbisse hat Birma mit 15,4 Toten auf 100 000 Menschen pro Jahr.

Die längsten Giftzähne aller Schlangen hat die Puffotter *(Bitis gabonica)* aus dem tropischen Afrika. Die Giftzähne eines 1,83 m langen Exemplars hatten eine Länge von 5 cm. Am 12. Februar 1963 biß eine Puffotter im Zoo von Philadelphia (USA) sich selbst tot. Wärter fanden die tote Schlange, deren eigene Giftzähne tief in ihren Rücken eingedrungen waren.

Die größte Kröte, die südamerikanische Bufo marinus, kann 1 kg und mehr wiegen.

Amphibien

Die größte Amphibienart ist der chinesische Riesensalamander *(Megalobatrachus davidianus),* der in den kalten Bergbächen und Sumpfgebieten von Nordost-, Mittel- und Südchina lebt.
Ein ausgewachsenes Durchschnittsexemplar mißt im ganzen 1,00 m und wiegt 11 bis 13 kg. Ein Anfang 1920 in Südchina gefangenes Exemplar war 1,52 m lang und wog fast 45 kg.
Der japanische Riesensalamander *(Megalobatrachus japonicus)* ist etwas kleiner, aber ein gefangenes Exemplar wog lebend 40 kg.

Das kleinste Amphibium ist vermutlich der nur in Kuba vorkommende Pfeilgift-Frosch *(Sminthillus limbatus).* Ausgewachsene Exemplare haben eine Körperlänge von 8,5–12,4 mm.

Das langlebigste Amphibium wurde ca. 55 Jahre alt. Es war ein japanisches Riesensalamandermännchen *(Megalobatrachus japonicus),* das am

Die kleinste Kröte heißt Bufo taitanus beiranus. Sie wurde 1906 zum ersten Mal in Mozambique entdeckt.

3. Juni 1881 im Aquarium des Zoos von Amsterdam (Holland) starb.

Die größte Höhe, in der man ein Amphibium gefunden hat, ist 8000 m. Es handelt sich um eine im Himalaja gefundene Erdkröte *(Bufo vulgaris).* Dieselbe Gattung lebt auch 340 m tief in Kohlebergwerken.

Das wirksamste Gift ist das in den Hautabsonderungen des Kokoi *(Phyllobates latinasus),* eines Pfeilgiftfrosches aus Kolumbien. Der Name des Giftes: Batrachotoxin. Schon ca. ein Hunderttausendstel von einem Gramm genügt, um einen Menschen zu töten.

Molche: Der größte von ihnen ist der Rippenmolch *(Pleurodeles waltl),* der in Marokko, Spanien und Portugal vorkommt. Exemplare mit einer Gesamtlänge von 40 cm und einem Gewicht von über 450 g wurden gefunden.
Der kleinste scheint eine Streifenmolchart *(Notophtalmus perstriatus)* aus dem Südosten der USA zu sein. Ausgewachsene Exemplare haben im Durchschnitt eine Gesamtlänge von 51 mm.

Der größte Frosch ist der seltene Goliathfrosch *(Rana goliath)* aus Kamerun und Äquatorialguinea. Ein 3,3 kg wiegendes Weibchen wurde am 23. August 1960 in den Stromschnellen des Mbia (Äquatorialguinea) gefangen. Seine Körperlänge betrug 34 cm und seine Gesamtlänge mit ausgestreckten Beinen 81,5 cm.
Im Dezember 1960 wurde ein anderer Riesenfrosch im Inneren von Neuguinea entdeckt, wo er »Agak« oder »Carnpnag« genannt wird. Er soll 30–38 cm vom Maul bis zu seinem After gemessen und 2,7 kg gewogen haben. Aber sonst ist nichts über ihn bekannt.
1969 ist eine neue Riesenfroschart in Sumatra entdeckt worden.

Der längste Sprung gelang »Santjie«, einem spitznasigen Froschweibchen *(Rana oxyrhyncha),* das am 21. Mai 1977 bei einem Froschrennen in Natal in drei aufeinanderfolgenden Sprüngen die 10,3-Meter-Marke übersprang.
1975 schaffte »Ex Lax« bei einem jährlich stattfindenden Springfrosch-Fest in Kalifornien (USA) einen Gewaltsprung von 5,35 m. Auf dem gleichen Froschderby gewann 1980 »Oh No« vor 40000 Zuschauern mit einer Gesamtleistung von mehr als sechs Meter für drei Wertungssprünge.

Der größte Baumfrosch ist *Hyla vasta,* der nur auf der Insel Hispaniola (Haiti und Dominikanische Republik) in Westindien vorkommt. Seine durchschnittliche Körperlänge ist ca. 9 cm, aber ein im März 1928 im San-Juan-Fluß in der Dominikanischen Republik gefundenes Weibchen war 14,3 cm lang.

Der kleinste Baumfrosch ist der in den südöstlichen USA vorkommende winzige *Hyla ocularis,* dessen maximale Länge vom Maul bis zum After 15,8 mm beträgt.

Die größte Kröte ist wahrscheinlich die Aga *(Bufo marinus)* im tropischen Südamerika. Ein enormes Weibchen wurde am 24. November 1965 in Kolumbien gefunden und später im Zoo-Reptilienhaus in New York (USA) ausgestellt. Als es 1967 starb, betrug seine Körperlänge 23,8 cm und sein Gewicht 1302 g.

Die kleinste Kröte ist eine erstmalig um 1906 in Mozambique entdeckte Subspezies namens *Bufo taitanus beiranus.* Ausgewachsene Exemplare haben eine Höchstlänge von 24 mm.

Fische

Der größte Salzwasserfisch ist der seltene, planktonfressende Walhai *(Rhiniodon typus),* der in den wärmeren Teilen des Atlantischen, Pazifischen und Indischen Ozeans vorkommt. Er ist aber nicht das größte im Meer lebende Tier, denn er ist kleiner als die großen Walfischarten (die allerdings Säugetiere sind).

Der größte fleischfressende Fisch ist der relativ seltene Menschenhai *(Carchardon charcharias),* der in den Gewässern tropischer und gemäßigter Zonen vorkommt. Im Juni 1930 soll ein 11,27 m langes Exemplar in einer Heringsreuse bei Whitehead Island (Kanada) gefangen worden sein. Aber wahrscheinlich hat es sich dabei um einen nicht richtig identifizierten Riesenhai gehandelt.
Im Mai 1947 wurde ein 6,40 m langer Menschenhai nach einem heftigen Kampf mit Fischern an der Küste von Havanna (Kuba) gefangen. Er wog 3312 kg und war 6,4 m lang.

Der längste »echte« Fisch *(Pisces)* ist der Hausen *(Acipenser huso),* auch Beluga genannt, der in der Adria, dem Schwarzen und dem Kaspischen Meer vorkommt, aber zum Laichen große Flüsse wie die Wolga oder Donau hinaufschwimmt. Über Längen von 8 m liegen zuverlässige Berichte vor, und ein 1827 in der Wolgamündung gefangenes Weibchen wog 1474,2 kg.

Der schwerste Knochenfisch ist der Sonnenfisch *(Mola mola),* der in allen tropischen , suptropischen und gemäßigten Gewässern vorkommt. Am

18. September 1908 wurde ein Riesenexemplar versehentlich von einem Schiff vor der australischen Küste gerammt. Dieser Sonnenfisch maß 4,26 m und wog 2,28 t.

Der größte Süßwasserfisch, der nur in Süß- oder brackigem Wasser lebt, ist der seltene Pa beuk oder Pla buk *(Pangasianodon gigas),* ein riesiger Brackwels, der in den tiefen Gewässern des Mekong-Flusses in Laos und Thailand lebt. Ausgewachsene Männchen erreichen eine Durchschnittsgröße von 2,40 m und wiegen ca. 163 kg. Früher war der europäische Wels *(Silurus glanis)* sogar noch größer – im 19. Jahrhundert wurden Längen bis 4,57 m und Gewichte bis 336 kg von russischen Exemplaren notiert. Aber jetzt gilt bereits alles, was über 1,83 m lang ist und mehr als 90 kg wiegt, als groß.
Der Arapaima *(Arapaima glanis),* auch Pirarucu genannt, der im Amazonas und anderen südamerikanischen Flüssen vorkommt und oft für den größte Flußfisch gehalten wird, mißt durchschnittlich 2 m und wiegt 68 kg. Der größte »authentisch verzeichnete« war 2,48 m lang und wog 147 kg. Er wurde 1936 im Rio Negro in Brasilien gefangen. (Im September 1978 wurde ein 188,6 kg wiegender Nilbarsch *(Lates niloticus)* im östlichen Teil des Viktoriasees in Kenia gefangen.

Der schwerste Stör (68 kg) mit 6,8 kg Kaviar.

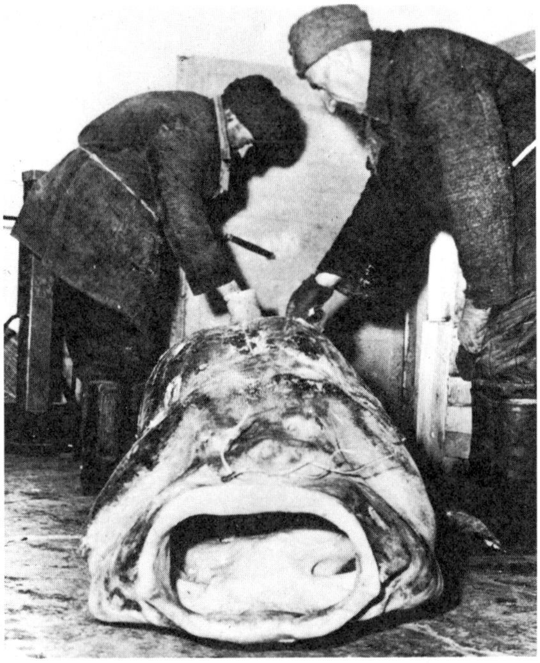

Der größte Süßwasserfisch: ein Brackwels.

Die kleinsten Seefische sind die Zwerggrundeln *(Eviota zonura)* mit einer Länge von 12–16 mm und *Schindleria praematurus* in Samoa mit einer Länge von 12–19 mm. Beide leben im Pazifik. Ausgewachsene Exemplare der letzteren Art, die erst 1940 zum erstenmal beschrieben wurde, wiegen manchmal nur 2 mg – sie sind also die leichtesten Wirbeltiere der Welt.

Der kleinste bekannte Hai ist eine Zwerghaiart *(Squaliolus laticaudus)* im westlichen Pazifik. Sie haben eine Länge von ca. 11 cm.

Der kleinste Süßwasserfisch und gleichzeitig das kürzeste aller Wirbeltiere ist die *Pandaka pygmaea,* eine farblose und fast durchsichtige Grundel, die in den Bächen und Seen von Luzon in den Philippinen schwimmt. Ausgewachsene Männchen sind 7,5–9,9 mm lang und wiegen 4–5 mg.
Der kleinste in mitteleuropäischen Gewässern lebende Süßwasserfisch ist der Zwergstichling, der ca. 3–4 cm lang wird.

Der schnellste aller Fische soll der Seglerfisch *(Istiophorus platypterus)* sein. Doch exakt läßt sich die Geschwindigkeit nicht messen.

Bei einem Seglerfisch vor der Küste Floridas (USA) will man eine Geschwindigkeit von 109,7 km/h (91 m in 3 sec.) gemessen haben.
Auch der Schwertfisch *(Xiphias gladius)* soll sehr schnell sein, aber Beweise dafür beruhen nur auf tief in den Schiffsrumpf gebohrten, abgebrochenen Schwertern dieser Fische. Von einem 56 cm tief in eine Schiffsplanke eingedrungenen Schwert hat man eine Geschwindigkeit von 50 Knoten oder 92,7 km/h abgeleitet, aber 30–35 Knoten oder 56–64 km/h ist die höchste Geschwindigkeit, die einige Fachleute für wahrscheinlich halten.
Geschwindigkeiten über 35 Knoten oder 64 km/h werden auch dem Wahoo *(Acanthocybium solandri)*, dem Großen Blauhai *(Prionace glauca)* und dem Knochenfisch *(Albula vulpes)* zugeschrieben.
Vom Thunfisch *(Tunnus thynnus)* liegt sogar eine exakte Geschwindigkeitsmessung über 20 sec vor. Danach hat er 69,8 km/h erreicht.
Der vierflügelige Flugfisch *(Cypsselurus heterurus)* kommt bei seinem schnellen Unterwasserstart auf 64 km/h. Seine mittlere Geschwindigkeit in der Luft liegt bei 55 km/h. Aus dem tropischen Atlantik wurden Rekordflüge dieser Fische von 90 sec in einer Höhe von 11 m–1100 m gemeldet.

Älteste Fische: Es gibt erst zu kurze Zeit Aquarien, als daß bereits verbindlich hätte festgestellt werden können, welche Fischart am langlebigsten ist. Vieles spricht dafür, daß es der nordamerikanische Stör *(Acipenser fulvescens)* ist. Als man die Jahresringe (annuli) von 966 Exemplaren untersuchte, die zwischen 1951–1954 im Winnebagoseegebiet, Wisconsin (USA), gefangen wurden, zeigte ein 2 m langes Männchen ein Alter von 82 Jahren an und wuchs immer noch.
Im Juli 1974 wurden bei einer Jahresringzählung 228 (!) Jahre bei einem Koiweibchen (einer Schmuckkarpfenart) namens »Hanako« festgestellt, das in einem Teich in Higashi Shirakawa (Japan) lebt. Aber das höchste von Fachleuten akzeptierte Alter dieser Sorte ist nur »über 50 Jahre.«
1948 wurde berichtet, daß ein 88 Jahre altes europäisches Aalweibchen *(Anguilla anguilla)* namens »Putte« im Aquarium des Halsingborn Museums in Süd-Schweden gestorben sei. Angeblich war es 1860 im Sargassomeer, einem Teil des Nordatlantik, geboren und als dreijähriger Glasaal in einem Fluß gefangen worden.
Ein 55 Jahre alter Knochenhecht, der älteste Bewohner des (West-)Berliner Zoos, ist im Juni 1980 verendet. Bereits 1927 war der damals zweijährige Fisch an die Spree gekommen. Trotz seines hohen Alters waren die Fütterer von seinem Tod überrascht, da er noch immer einen guten Appetit entwickelte.

Der giftigste Fisch ist der gut getarnte Steinfisch. Die Berührung mit seinen Flossenstacheln ist tödlich.

Ältester Goldfisch: Obgleich Goldfische *(Carassius auratus)* angeblich nur 40 Jahre alt werden, ist der europäische Rekord 41 Jahre und wurde von »Fred« gehalten, der im April 1980 in einem Privataquarium in Warthing (England) vergnügt seine Runden schwamm.

Das kürzeste Leben haben die sogenannten Killi-Fische aus der Kategorie *Cyprionodontei*, die man in Seen Afrikas und Südamerikas findet und die in der Freiheit nur ungefähr acht Monate am Leben bleiben.

Die größte Tiefe, aus der ein Fisch geholt worden ist, war 8300 m im Puerto-Rico-Graben (8366 m) im Atlantik. Ein US-Forschungsschiff fing ihn – einen *Bassogigas profundissimus* – im April 1970. Es war der fünfte jemals gefangene Brotulid.
Dr. Jacques Piccard und Leutnant Don Walsh von der US-Marine berichteten über einen 33 cm langen, seezungenartigen Fisch (vorläufig als *Chascanopsetta lugubris* identifiziert), den sie am 24. Januar 1960 in ihrer Tauchkugel »Trieste« in

einer Tiefe von 10912 m im Marianas-Graben im westlichen Pazifik sahen. Aber dieser Bericht wird von einigen Fachleuten angezweifelt.

Die meisten Eier, nämlich bis zu 300 Mio., laicht der Sonnenfisch *(Mola mola).* Jedes Ei hat einen Durchmesser von 1,3 mm.

Die wenigsten Eier laicht der Zahnkarpfen *(Jordanella floridae),* der in den Gewässern von Florida (USA) lebt. Er stößt nur 20 Eier ab und braucht dazu mehrere Tage.

Der giftigste Fisch ist der mit Tarntracht ausgerüstete Steinfisch. Er gehört zur Familie der *Synanceidae* und lebt in den tropischen Gewässern des Pazifik. Direkte Berührung mit seinen Flossenstacheln, die ein starkes neurotoxisches Gift enthalten, ist oft tödlich.

Stärkste Elektrizität: Die höchsten elektrischen Spannungen erzeugt der Zitteraal *(Electrophorus electricus),* der in den Flüssen von Brasilien, Kolumbien, Venezuela und Peru lebt. Ein mittelgroßes Exemplar kann 400 Volt zu 1 Ampère entladen, doch sind auch schon 650 Volt registriert worden.

Seesterne

Der größte Seestern von allen 1600 bekannten Arten ist, nach der gesamten Armlänge gemessen, der sehr zarte *Midgardia xandaros.* Ein im Sommer 1968 im Golf von Mexiko von einem US-Forschungsschiff gefundenes Exemplar maß von Spitze zu Spitze 138 cm, während der Scheibendurchmesser nur 2,6 cm betrug. Sein Trockengewicht war 70 g.

Der schwerste Seestern ist der fünfarmige *Thronmidia catalai* im westlichen Pazifik. Ein am 14. September 1969 nahe der Küste Neukaledoniens gefundenes Exemplar hatte ein geschätztes Gewicht von 6 kg (Gesamtarmspannweite 63 cm).

Der kleinste Seestern ist der *Marginaster capreenis,* der sich in großer Tiefe im Mittelmeer aufhält und nicht größer als 2 cm wird.

Die größte Tiefe, in der ein Seestern gefangen worden ist, war 7584 m. Es handelte sich um einen *Porcellanaster ivanovi,* der 1962 von einem sowjetischen Forschungsschiff im Westpazifik gefunden wurde.

Die schwersten Seesterne sind die fünfarmigen Thromidia catalai. Sie können bis zu 6 kg wiegen.

Die stärksten Beißwerkzeuge aller Spinnen hat die Tarantel. Sie ist aber nicht die giftigste.

Spinnen

Die größte Spinne ist eine vogelfressende Spinne *(Theraphosa blondi)* im nördlichen Südamerika. Im April 1925 wurde in Französisch-Guayana ein männliches Exemplar gefunden, dessen Beinspannweite bei voller Streckung 25 cm und dessen Körperlänge 8,9 cm betrug. Sein Gewicht war fast 56 g.

Die schwerste, je registrierte Spinne war ein Tarantelweibchen der langhaarigen Gattung *Lasiodora klugi,* das 1945 in Manaus (Brasilien) gefunden wurde. Ihre Beinspannweite betrug 24,0 cm und sie wog 85 g.
In Mitteleuropa ist die *Aranea grossus* die größte Spinne. Die weiblichen Exemplare erreichen eine Körperlänge von 17,5 cm.

Die kleinste Spinne ist die *Patu marplesi* (Fam. Symphytognathidae) in Samoa. Ein im Januar 1965 in einer Höhe von 610 m gefundenes männliches Exemplar war nur 0,43 mm groß – das heißt tatsächlich nur halb so groß wie dieser Punkt · !

Die seltenste und am schwersten zu findende aller Spinnen ist die primitive atypische Tarantelart *Liphistius,* die jedoch nur in Südostasien vorkommt.

Die schnellste Spinne dürfte die *Tegenaria atrica* sein. Ein Exemplar erreichte auf ebener Fläche 53 cm/sec (1,88 km/h). Das bedeutet, sie legt in einer Sekunde eine Strecke zurück, die 33mal ihrer Körperlänge entspricht. (Zum Vergleich: der menschliche Rekord liegt bei 5,5mal in der Sek.)

Die langlebigsten von allen Spinnen sind die primitiven *Mygalomorphae* (Taranteln und verwandte Sorten). Ein 1935 in Mexiko gefundenes und damals auf zwölf Jahre geschätztes Tarantelweibchen lebte 16 Jahre in einem Laboratorium, wurde also demnach 28 Jahre alt.

Die größten Spinnennetze sind die Luftnetze, die die tropische Webspinne der *Nephila*-Familie baut und die einen Umfang von 5,73 m erreichen können. Spinnen wie *Glyphesis cottonae* usw. weben die kleinsten Netze, die ungefähr so groß sind wie eine Briefmarke.

Die giftigste Spinne ist wahrscheinlich die in den USA vorkommende *Latrodectus mactans,* die als »Schwarze Witwe« bekannt ist. Weibchen dieser Spezies, die höchstens 6,35 mm groß sind, können durch ihren Biß einen Menschen töten.
Der Biß der australischen Trichterspinne *(Atrax robustus),* der Jockeyspinne (Australien und Neuseeland), der südafrikanischen *Latrodectus indistinctus,* der Podadora *(Glyptocranium gasteracanthoides)* aus Argentinien und der braunen Hermitenspinne *(Loxosceles reclusa)* aus dem Süden der USA soll ebenfalls tödlich sein.

Krustentiere

Allgemein: Zu Krustentieren rechnen: Taschenkrebse, Hummer, Krabben, Garnelen, Langusten, Entenmuscheln, Wasserflöhe, Wasserasseln, Bohrasseln, Sandhüpfer, Kiemenschwänze usw.

Die größte (aber nicht die schwerste) Krebsart ist die japanische Riesenkrabbe *(Macrocheira kaempferi),* die vor der Südostküste von Japan in tiefen Gewässern lebt. Ausgewachsene Exemplare haben gewöhnlich einen 30–35 cm breiten Körper mit einer 2,43–2,74 m großen Spannweite zwischen den Scheren. Sogar Spannweiten bis 5,80 m sind gemeldet, aber nicht überprüft worden. Ein Exemplar mit einem Scherenspann von 3,70 m wog 18,6 kg.

Die größte Hummerart und das schwerste aller Krustentiere ist der amerikanische oder nordamerikanische Hummer *(Homarus americanus).* Am 11. Februar 1977 wurde ein 20,14 kg schweres , vom Schwanzende bis zur Spitze der größten Schere 1,06 m langes Exemplar nahe der Küste von Neuschottland (Kanada) gefangen. Ein New Yorker Feinschmeckerrestaurant erwarb das Prachtexemplar.

Die kleinsten Krustentiere sind Wasserflöhe der *Alonella*-Familie. Sie sind nicht einmal 0,25 mm groß und leben im Nordatlantik.
Die kleinsten bekannten Hummer sind die Kaphummern *(Homarus capensis)* aus Südafrika, deren Gesamtlänge 10–12 cm beträgt.
Der kleinste Krebs der Welt, der Muschelwärter *Pinnotheres pisum* und andere Arten der Pinnotherodenfamilie, hat einen Schalendurchmesser von nur 6,3 mm. Er lebt in der Nordsee.

Das langlebigste aller Krustentiere ist der amerikanische Hummer *(Homerus americanus).* Sehr große Exemplare können 50 Jahre alt werden.

Die größte Hummer der Welt wog 19,5 kg. Ausgestellt im Wissenschaftsmuseum Boston (USA).

Die größte Tiefe, in der Krustentiere leben können, wurde 1951 von einer Tiefsee-Expedition festgelegt. Sie fand im Philippinen-Graben in einer Tiefe von 9790 m einen Flohkrebs der Spezies *Amphipoden.* Aber auch in 4053 m Höhe sind in den Anden-Gewässern von Ekuador Amphipoden gefunden worden.

Insekten

Allgemein: Es gibt mehr als 750 000 verschiedene Insektenarten. Über sie informierte 1972 eine Ausstellung in Paris unter dem Motto »Der Mensch und das Insekt«. Viele Insekten sind für den ökologischen Haushalt der Natur unentbehrlich.

Die schwersten Insekten sind die Goliathkäfer (Fam. *Scarabaeidae)* in Äquatorialafrika. Das größte Mitglied dieser Gruppe ist der *Goliathus goliathus,* bei dem das Gewicht von ausgewachsenen Männchen 70–100 g betragen kann.

Der schwerste in Europa weitverbreitete Käfer ist der Hirschkäfer *(Lucanus cervus).* Das schwerste verzeichnete Exemplar war ein 1871 in England gefundenes Männchen, das sich heute im

Britischen Museum in London befindet. Es ist 87,4 mm lang (Körper plus Mandibeln) und muß lebend über 6000 mg gewogen haben. Die Normallänge der Hirschkäfer beträgt 82–83 mm.

Das längste Insekt ist eine tropische Stabheuschrecke *(Pharnacia serratipes).* Die Körperlänge des Weibchens erreicht 330 mm.

Der längste bekannte Käfer (ohne Fühler gemessen) ist der Herkuleskäfer *(Dynastes hercules)* aus Zentral- und Südamerika, der bis 180 mm lang sein kann, doch die Hälfte der Länge mißt sein oberes Horn.
Der Langhornkäfer *(Batocera wallacei)* aus Neuguinea ist bis zu 267 mm lang, wovon 190 mm auf seine Fühler entfallen.

Die kleinsten Insekten sind bis heute die »fransenflügligen« Käfer der Familie *Ptiliidae (=Trichopterygidae)* und eine Schmarotzerwespenart der Familie *Myrmaridae.* Sie sind nur 0,2 mm lang und der Flügelspann der Zwergwespe mißt nur 1 mm. Demnach sind sie kleiner als gewisse Protozoen (einzellige Lebewesen).
Das Männchen der blutsaugenden Bandlaus *(Enderleinellus zonatus)* in ungesättigtem Zustand und die Zwergwespe *(Caraphractus cinctus)* wiegen jede nur 0,005 mg, und ein Ei der Zwergwespe wiegt 0,0002 mg.

Am zahlreichsten von allen Insekten sind die Springschwänze *(Collembola).* Die oberste Schicht von ca. 4050 m^2 Weideland beherbergt bis zu einer Tiefe von etwa 29 cm mindestens 230 Mio. Springschwänze.

Schnellster Flug: Experimente haben bewiesen, daß die 1926 aufgestellte Behauptung eines amerikanischen Entomologen, die Dasselfliege *(Cephenemyia pratti)* könne eine Geschwindigkeit von 1316 km/h erreichen, maßlos übertrieben war. Stimmte die Behauptung, dann würden diese Fliegen einen Überschall-»Knall« erzeugen! Moderne Experimente haben jetzt gezeigt, daß die höchste anhaltende Geschwindigkeit jeglichen Insekts, einschließlich der Dasselfliege, 39 km/h und vorübergehend 58 km/h betragen kann.
Die Höchstgeschwindigkeit eines Bienenschwarms ist 18 km/h. Bei einer mittleren Geschwindigkeit von 11 km/h würde ein solcher Schwarm für einen 6,5 Mio. km langen Flug nur etwa 4,5 l Nektar verbrauchen.

Das längste Leben aller Insekten haben die Termitenköniginnen *(Isoptera).* 50 Jahre lang können sie Eier legen.

Am lautesten von allen Insekten sind die Zikadenmännchen (Fam. *Cicadidae).* Bei 7400 Schwingungen in der Minute erzeugen ihre

Scherenförmig sind die Beißwerkzeuge der Krebsspinne, die hier eine Heuschrecke im tödlichen Griff hat.

Trommelorgane ein Geräusch, das man in einer Entfernung von über 400 m hören kann.

Der größte Schwarm von Wanderheuschrecken *(Schistocera gregaria)* erstreckte sich über ein Gebiet von 5180 km². Der Schwarm wurde 1889 beobachtet, als er das Rote Meer überquerte. Ein solcher Schwarm muß aus ca. 250 Mrd. Insekten bestanden haben. Das entspricht einem Gesamtgewicht von 508 000 Tonnen.

Den schnellsten Flügelschlag von allen Insekten unter natürlichen Bedingungen – 62 760 Schläge pro Minute – hat eine winzige Mücke der Gattung *Forcipomyia.* Bei Experimenten mit beschnittenen Flügeln und einer Temperatur von 37°C erhöhte sich die Geschwindigkeit auf 133 080 Schläge pro Minute.

Den langsamsten Flügelschlag von allen Insekten hat mit 300 Schlägen pro Minute der Schwalbenschwanz *(Papilio machaon).* Der Flügelschlag der meisten Schmetterlinge beträgt 460–636 in der Minute.

Die größte Menge von wildem Honig, die je einem einzigen Bienennest entnommen wurde, betrug 183,2 kg. Am 29. August 1974 konnte ein kalifornischer Imker diese »Rekordernte« einbringen.

Laubheuschrecken: Den größten Spann hat die *Siliquofera grandis,* ein Grashüpfer aus Neuguinea, der bei den Weibchen über 25,4 cm messen kann. Der *Pseudophyllanax imperialis,* der auf Neukaledonien im SW-Pazifik vorkommt, hat bis 20,3 cm lange Fühler.

Libellen: Die größte Libelle ist die in Zentral- und Südamerika lebende *Megaloprepes caeruleata,* deren Spannweiten bis zu 19,1 cm und deren Körperlängen 12 cm betragen können.
(D) Die größte deutsche Libelle ist die Königslibelle *(Anax imperator).* Sie erreicht Spannweiten bis 10,6 cm.

Flöhe: Siphonaptherologen unterscheiden 1830 Floharten. Der größte bekannte Floh *(Hystrichopsylla schefferi schefferi)* wurde nach einem einzigen 1913 in Puyallup (USA) in einem Biberbau gefundenen Exemplar beschrieben. Weibchen werden bis zu 8 mm lang, was immerhin dem Durchmesser eines Bleistifts entspricht.
Der Flohweltmeister im Springen ist der Menschenfloh *(Pulex irritans).* Bei einem amerikanischen Experiment im Jahre 1910 vollführte ein Menschenfloh einen Hochsprung von 19,7 cm und einen Weitsprung von 33 cm. Ein Floh, der 130mal so hoch springt wie seine eigene Höhe, überwindet dabei eine Kraft von 200 g.

Schmetterlinge und Motten

Allgemein: Schmetterlinge drohen in Mitteleuropa auszusterben. Von den 200 Schmetterlingsarten, die noch 1950 in Westdeutschland beheimatet waren, existieren heute nur noch 100. Die Ursache: Durch die chemische Schädlingsbekämpfung und die Kunstdüngung werden den Schmetterlingen ihre »Nahrungsmittel« entzogen.

Der größte Schmetterling ist der Königin-Alexandra-Falter *(Ornithoptera alexandrae)* aus Neuguinea. Die Flügelspannweite der Weibchen kann über 28 cm und ihr Gewicht über 5 g betragen.

Die größte (aber nicht die schwerste) Motte ist die im tropischen Australien und in Neuguinea vorkommende Herkulesmotte *(Cosdinoscera hercules),* deren Flügelfläche eine Größe von 263,2 cm² und deren Flügelspannweite 28 cm erreichen kann.
Der seltene brasilianische Nachtfalter *(Thysania agrippina)* erreicht Flügelspannweiten von 30 cm und der philippinische Atlasspinner *(Attacus crameri caesar)* 28 cm, aber diese beiden wiegen nicht so viel wie die *C. hercules.*

Die größten Tagfalter Mitteleuropas sind der Schwalbenschwanz *(Papilo machaon)* und der Admiral *(Limentis populi).* Ihre Weibchen können Flügelspannweiten von 8 cm erreichen.
Unter den mitteleuropäischen Nachtfaltern ist das Nachtpfauenauge *(Saturnia pyri)* mit einer Flügelspannweite bis zu 13,2 cm der größte. Der Totenkopf *(Acherontia atropos)* hat zwar einen längeren Körper, aber seine Flügelspannweite ist kleiner.

Der kleinste Schmetterling ist der südafrikanische Zwergbläuling *(Brephidium barbarae)* mit einer Flügelspannweite von 14 mm.
Eine Abart davon flattert auch in Mitteleuropa, die *Lycaena minima,* auch *Cupido minimus* genannt.

Für eigene Rekorde

Den schärfsten Geruchssinn aller Lebewesen hat das männliche Kleine Nachtpfauenauge *(Eudia pavonia)*, das nach deutschen Experimenten aus dem Jahre 1961 den Geruch eines paarungsbereiten Weibchens aus der fast unglaublichen Entfernung von 11 km gegen den Wind wahrnehmen kann. Dieser Geruch ist als der eines der höheren Alkohole identifiziert worden ($C_{16}H_{29}OH$), von dem das Weibchen weniger als 0,0001 mg an sich hat.

Hundert- u. Tausendfüßler

Die längste Hundertfüßlerart ist eine größere Variante des weitverbreiteten *Scolopendra morsitans*, der auf den Andaman-Inseln in der Bucht von Bengalen (Indien) vorkommt. Es gibt Exemplare mit einer Länge bis zu 33 cm und 3,8 cm Breite.

Der kürzeste Hundertfüßler ist eine nichtidentifizierte, nur 5 mm lange Spezies.
Der kürzeste Hundertfüßler in Mitteleuropa ist der *Lithobius dubosequi*, der 9,5 mm lang und 1,1 mm breit wird.

Die meisten Beine eines Hundertfüßlers hat der südeuropäische *Himantarum gabrielis*, der ausgewachsen 171–177 Paar Beine besitzt.

Der schnellste Hundertfüßler ist wahrscheinlich *Scutigera coleoptrata*, der in Südeuropa zu finden ist und 50 cm in der Sekunde, umgerechnet also 1,8 km/h, zurücklegen kann.

Die längsten Tausendfüßler sind der afrikanische *Graphidostreptus gigas* und der *Scaphistostreptus seychellarum* von den Seychellen im Indischen Ozean. Beide können 28 cm lang werden und einen Durchmesser von 20 cm erreichen.

Der kürzeste Tausendfüßler ist die Spezies *Polyxenus lagurus*, die 2,1–4,0 mm lang wird. Sie ist besonders auf den Britischen Inseln anzutreffen.

Die meisten Beine, nämlich 355 Paar (710 Beine) hat eine nicht identifizierte südafrikanische Art.

Ringelwürmer/Weichtiere

Die längsten Riesenregenwürmer sind die in Südafrika beheimateten *Microchaeta rappi*. Ein durchschnittlich großes Exemplar hat eine Länge von 1,36 m (zusammengezogen 65 cm), aber es liegen Berichte über viel größere Exemplare vor.

Im November 1967 wurde ein 3,35 m (bei natürlicher Streckung 6,40 m) langes Exemplar in Südafrika gesichtet, das eine 6 m breite Landstraße überquerte.

Der kürzeste Ringelwurm ist der nicht einmal 0,5 mm lange *Chaetogaster annandalei*.

Schnurwürmer: Die längsten von allen 550 verzeichneten Schnurwürmerarten, auch *Nemertinen* genannt, sind die in den seichten Gewässern der Nordsee vorkommenden Schnurwürmer *(Lineus longissimus)*. Ein im Jahre 1864 nach einem schweren Sturm in St. Andrews (Schottland) an Land geschwemmtes Exemplar war über 55 cm lang. Der Durchmesser betrug nur 1 cm.

Ein Riesentintenfisch mit dem ganz beachtlichen Gewicht von 53,8 kg.

Das schwerste von allen Weichtieren, zu denen Tintenfische, Kraken, Muscheln, Schnecken usw. gehören, ist der Atlantische Riesentintenfisch *(Architeuthis sp.)*. Das größte je gefangene Exemplar hatte eine Gesamtlänge von 16,75 m (Kopf und Körper 6,09 m, Tentakel 10,66 m). Es wurde am 2. November 1878 in Neufundland (Kanada) am Strand gefangen. Es wog 2 t.
Im Oktober 1887 wurde ein anderes Exemplar *(Architeuthis longimanus)*, das eine Gesamtlänge von 17,37 m hatte, in Lyall Bay (Neuseeland) an Land geschwemmt. Von dieser Länge entfielen aber 14,93 m auf seine Tentakel.

Das älteste Weichtier und am längsten existierende Lebewesen ist die *Neopilina galatheae*, eine Tiefsee-Wurmschnecke, von der man meinte, daß

sie schon seit 320 Mio. Jahren augestorben sei. Aber 1952 fand ein dänisches Forschungsschiff einige Exemplare in einer Tiefe von 3470 m nahe der Küste von Costa Rica. In USA, Neufundland, Kanada und Schweden gefundene Fossilien beweisen, daß diese Weichtierart schon vor 500 Mio. Jahren existierte.
Langlebigstes Weichtier ist wahrscheinlich die Tiefsee-Venusmuschel *(Tindaria callistiformis)*, die schätzungsweise 100 Jahre alt wird. Die Riesenvenusmuschel *(Tridacra derasa)* wird etwa 30 Jahre alt.

Größter Krake: Im November 1896 wurden an einem Strand in Florida (USA) die Überreste eines unbekannten, etwa 6–7 t wiegenden Seetieres gefunden. Hautproben, die an das US-Nationalmuseum in Washington gesandt worden waren, wurden 1970 definitiv als die eines Riesenkraken identifiziert. Man nimmt an, daß dieses Tier eine Tentakelspannweite von 61 m hatte.

Die größte Muschel unter den noch lebenden, zweischaligen, ist die *Tridacna gigas,* eine Riesenmuschel, die auf den Korallenriffen im Indo-Pazifik vorkommt. Ein 109,2 × 73,6 cm großes, 262,9 kg wiegendes Exemplar wurde 1917 auf dem Great Barrier Reef gefunden und wird im amerikanischen Museum der Naturwissenschaften in New York (USA) aufbewahrt.
Ⓓ Die größte Muschel der Nordsee ist die große Kamm-Muschel *(Pecten opereularsi)*, die 16 cm groß wird.
Die kleinste zweischalige Muschel der Nordsee, ist mit einer mittleren Größe von 1,2 mm die Münzmuschel *(Neolepton sykesi)*, von der nur wenige Exemplare in der Nähe der Kanalinsel Guernsey und in Irland gefunden worden sind.

Die bekannteste Muschel in den küstennahen Gewässern um Europa (Atlantik, Mittelmeer, Wattgebiete der Nord- und Ostsee) ist die Miesmuschel *(Mytilus Edulis)*. Sie wird seit längerer Zeit nicht nur frei aus dem Meer gefangen, sondern meistens auf sog. »Muschelweiden « gezüchtet und gilt als »Auster des kleinen Mannes« als Delikatesse.

Die größte bisher bekannte Miesmuschel von 60 cm Länge und einem Gewicht von 1,5 kg haben spanische Fischer im April 1980 südlich von Malaga an Land gezogen.

Die seltenste Muschel: Von der als ausgestorben geltenden und zum ersten Mal im Jahre 1811 gefundenen *Tibia serrata* (Perry) wurde im August 1977 ein zweites Exemplar in Bandar Abbas (Iran) gefunden. Sie ist grau-gelblich und goldgelb und hat eine Länge von 130 mm.

Der größte Bauchfüßler ist die australische Trompetenschnecke *(Syrinx aruanus)*. Ein 1974 in Australien gefundenes Riesenexemplar hatte ein Lebendgewicht von 16 kg. Die Schale hat eine Länge von 71 cm und mißt an ihrer dicksten Stelle 96,5 cm.
Der größte Landbauchfüßler ist die afrikanische Riesenschnecke *(Achatina*-Familie). Ein Riesenexemplar namens »Gee Geronimo« hatte im Dezember 1978 eine Körperlänge von 39,3 cm (Schalenlänge 27,0 cm) und wog 900 g. Diese Schnecke war im Juli 1976 in Sierra Leone gefunden worden, wo Schalenlängen bis 35,5 cm vorkommen.

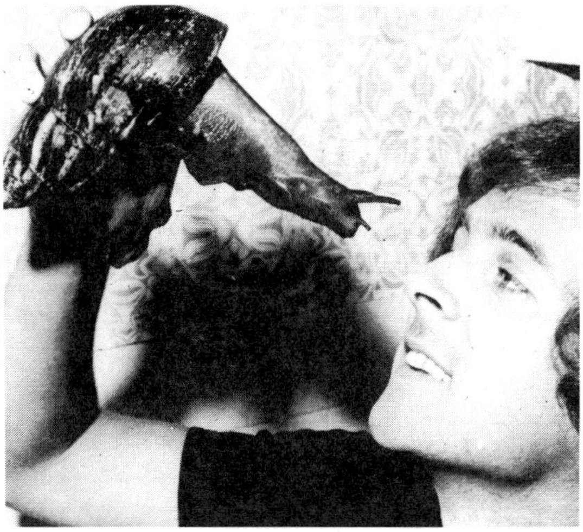

Die größte Landschnecke

Am schnellsten von allen Landschnecken bewegt sich wahrscheinlich die gewöhnliche Gartenschnecke *(Helix aspersa)*. Nach in den USA durchgeführten Versuchen ist die absolute Höchstgeschwindigkeit der *Helix aspersa* 0,05 km/h, während es andere Arten gibt, die es bei der größten Anstrengung auf nur 0,0005 km/h oder 58 cm in der Stunde bringen.

Quallen und Schwämme

Die größte Qualle mit bis zu 36,5 cm langen Tentakeln ist die *Cyanea arctica.*
Das größte in der Nordsee und im Atlantik lebende Hohltier ist die Feuerqualle *(Cyanea capillata)*, auch gemeine Seequalle genannt. Ein im St. Andrew's Marine Laboratory in Fife (Schottland) untersuchtes Exemplar hatte einen Glockendurchmesser von 91 cm und 13,7 cm lange Fangarme.

Die kleinste Quallenart hat einen Glockendurchmesser, der nicht einmal 20 mm beträgt.

Die giftigsten Hohltiere gehören den *Chriopsalmus-* und *Chironex*-Arten an. Sie kommen im Indo-Pazifik vor und sind mit einem Nervengift versehen, das dem der asiatischen Kobra gleichkommt. Diese Quallen haben von 1880–1979 mindestens 66 Todesopfer an der Küste von Queensland (Australien) gefordert. Ihre Opfer sterben innerhalb von 1–3 Minuten. Das beste Schutzmittel gegen sie ist eine extragroße Strumpfhose, die neuerdings von Lebensrettern in Queensland auch bei Festlichkeiten am Strand getragen wird.

Der größte Schwamm ist der zylinderförmige, in den Gewässern Westindiens und Floridas vorkommende *Spheciospongia vesparium.* Einzelne Exemplare erreichen eine Höhe von 1,05 m und einen Durchmesser von 91 cm.
Der in Indonesien beheimatete Neptunsbecher *(Poterion patera)* wird zwar 1,20 m hoch, ist aber nicht so plump.
Im Jahre 1909 wurde bei den Bahama-Inseln ein großlöcheriger Pferdeschwamm *(Hippospongia canaliculata)* mit einem Umfang von 1,83 m gefischt. Als er aus dem Wasser kam, wog er zwischen 36 und 41 kg, aber nachdem er getrocknet und entfleischt worden war, wog er nur noch 5,44 kg. Er befindet sich jetzt im US-Nationalmuseum in Washington.

Der kleinste Schwamm ist der weitverbreitete *Leucosolenia blanca,* der ausgewachsen 3 mm hoch ist.

Die tiefsten Schwämme hat man in einer Meerestiefe von 5637 m gefunden.

Ausgestorbene Tiere

Allgemeines: Das Wort »Dinosaurier« bedeutet »schrecklich große Eidechse«. Es wurde 1841 zum ersten Mal für vorzeitliche Reptilien verwendet. Doch bereits 1824 wurde der *Megalosaurus* (große Eidechse) wissenschaftlich beschrieben. Es handelt sich um einen 6 m langen, zweifüßigen *Theropoden.* Die Beschreibung basierte auf dem Fund eines Unterkiefers und anderer Knochen, der vor 1818 in einem englischen Steinbruch gemacht worden war. Diese Tiere lebten vor 130 Mio. Jahren bei uns in Nord- und Mitteleuropa.

Der längste Dinosaurier war der *Diplodocus.* Dieser gewaltige Riesensaurier lebte vor ca. 150 Mio. Jahren im westlichen Nordamerika. Ein aus drei in Utah (USA) zwischen 1909 und 1922 ausgegrabenen Exemplaren zusammengesetztes Skelett, das sich im Carnegie-Museum für Naturgeschichte in Pittsburg (USA) befindet, hat eine Gesamtlänge von 26,67 m (Hals 6,70 m, Rumpf 4,57 m, Schwanz 15,40 m) – ist also fast so lang wie drei Autobusse zusammen – und beim Beckenknochen (dem höchsten Punkt des Körpers) eine Höhe von 3,60 m. Man hat ausgerechnet, daß dieses Tier lebend 10,4 t gewogen haben muß.

Das schwerste prähistorische Tier, das bis jetzt bekannt und wissenschaftlich untersucht worden ist, war der *Brachiosaurus brancai* (»Armechse«), der vor 135–165 Mio. Jahren gelebt hat. Reste davon sind in Ostafrika (Zimbabwe und Tansania), den USA (Colorado, Oklahoma und Utah) und in Europa gefunden worden.
Ein komplettes, 1909 im heutigen Tansania ausgegrabenes Exemplar, das sich jetzt im Museum für Naturkunde in Ostberlin befindet, hat eine Gesamtlänge von 22,68 m und eine Schulterhöhe von 6,40 m. Man hat ausgerechnet, daß es lebend 78 t gewogen haben muß. Inzwischen entdeckte Einzelknochen (in Ostafrika ausgegraben) lassen es möglich erscheinen, daß es sogar Exemplare gegeben hat, die ein Gewicht von 127 t hatten.
Im Sommer 1972 entdeckte eine Forschungsgruppe von der Brigham Young Universität in Provo (USA) in einer alluvialen Knochenansammlung in Colorado die Reste eines anderen bisher unbekannten Sauropoden. Die Ausgrabungen sind noch nicht abgeschlossen, aber erste Untersuchungen der nicht vollständigen Genickwirbel deuten darauf hin, daß dieser Dinosaurus einen ca. 12 m langen Hals gehabt haben muß (vgl. 6,70 m beim Diplodocus). Sollte der übrige »Supersaurus« (wie man ihn genannt hat) dieselbe Struktur gehabt haben wie die Brachiosaurier, dann war er wahrscheinlich 39,6 m lang, besaß eine Schulterhöhe von 11,30 m, maß mit erhobenem Kopf 22,80 m und wog mindestens 250 t, was ihn zum größten aller prähistorischen Tiere machen würde. 1979 entdeckte der Expeditionsleiter Dr. James Jensen im gleichen Gebiet ein zweites Schulterblatt von 2,70 m Länge.

Das größte Raubtier (Fam. *Megalosauridae)* war vermutlich der *Tyrannosaurus rex,* der vor ca. 75 Mio. Jahren die Wälder in den heutigen US-Staaten Montana und Wyoming durchstreifte. Bisher hat man von diesem fleischfressenden Dinosaurus kein komplettes Skelett entdeckt, aber aus zusammengesetzten Resten hat man gefolgert, daß er, auf zwei Füßen stehend, bis 5,60 m hoch war und eine Gesamtlänge von 10,65 m besaß. Er wog 6,75 t.

Kleinstes Gehirn: Der Stegosaurus (»Plattenreptil«), dessen Gesamtlänge 9 m und dessen Gewicht 1,75 Tonnen betrug, besaß nur ein walnußgroßes, 70 g wiegendes Gehirn, das nur 0,004 Prozent seines Körpergewichtes ausmachte (zum Vergleich: 0,074 Prozent beim Elefanten und 1,88 Prozent beim Menschen). Vor 150 Mio. Jahren tummelte er sich in der nördlichen Hemisphäre.

Die größten Dinosauren-Eier legte – soweit heute bekannt – der *Hypselosaurus priscus,* ein 9,14 m langer Sauropod, der vor ca. 80 Mio. Jahren lebte. Einige im Oktober 1961 im Durancetal (Frankreich) ausgegrabene Exemplare hätten in unbeschädigtem Zustand eine Länge von 30 cm und einen Durchmesser von 25,5 cm besessen.

Das größte fliegende prähistorische Lebewesen war ein geflügeltes Reptil (noch unbenannt) das zu den Pterosauriern gerechnet werden muß und vor ca. 70 Mio. Jahren im heutigen Staat Texas (USA) lebte. Skeletteile (vier Flügel, ein Hals, Hinterbeine und Mandibeln) von drei vor kurzem entdeckten Exemplaren zeigen, daß dieser Pterosaurus eine Flügelspannweite von mindestens 11 m hatte, aber auch eine Maximalweite von 21 m war möglich.

Das größte Seereptil war der *Kronosaurus queenslandicus,* ein kurzhalsiger Pliosaurus, der vor ca. 100 Mio. Jahren in den Gewässern um das heutige Australien schwamm. Er war bis 16,75 m lang und hatte eine Schädellänge von 3,60 m.
Der *Stretosaurus macromerus,* ein anderer kurzhalsiger Pliosaurus, war etwa gleich groß.

Das größte Krokodil der Vorzeit war das *Deinosuchus riograndensis,* das vor ca. 75 Mio. Jahren in den Seen und Sümpfen des heutigen Texas (USA) lebte. Die im Big Bend Nationalpark entdeckten

Das größte Tier, das je auf unserer Erde lebte: ein 250-t-Supersaurus, der, nach den Knochenfunden in Colorado (USA), größer als ein siebenstöckiges Wohnhaus war. Eine Rekonstruktion unseres Zeichners.

fragmentarischen Überbleibsel lassen vermuten, daß es eine Gesamtlänge von mindestens 15,25 m besaß.
Die nicht so plumpe Echse *Rhamphosuchus*, die vor ca. 7 Mio. Jahren im heutigen Nordindien lebte, dürfte dieselbe Länge erreicht haben.

Die größte Schildkröte war die wahrscheinlich im Meer lebende pelomeduside *Stupendemys geographicus*, die vor 80 Mio. Jahren existierte. Die von einer paläontologischen Expedition der Universität Harvard 1972 in Venezuela entdeckten Fossilien lassen vermuten, daß diese Schildkröte einen ca. 2,35 m langen Panzer und eine Mindestgesamtlänge von 3,65 m besaß.
Die größte Landschildkröte der Vorzeit war wahrscheinlich die *Geochelone (=Colossochelys) atlas*, die vor 1 bis 2,5 Mio. Jahren im heutigen Indien, in Birma, Java, Celebes und Timor lebte. 1923 wurden in Indien Fossilienreste eines Exemplares gefunden, dessen Panzer 1,65 m lang war (2,23 m über die Biegung gemessen). Die Gesamtlänge dieses Tieres betrug 2,44 m. Es hatte demnach ein Lebendgewicht von 852 kg.
Fossilien von Riesenschildkröten ähnlicher Größe sind vor kurzem in Florida und Texas (USA) gefunden worden.

Panzer einer prähistorischen Schildkröte.

Die längste Schlange der Vorzeit war die pythonartige *Gigatophis garstini*, die vor ca. 50 Mio. Jahren im heutigen Ägypten lebte. Teile einer Wirbelsäule und ein Stückchen von einem Kiefer, die man in El Fajyum fand, deuten auf eine Länge von 10 m hin, was der längsten heute lebenden Königsschlange oder *Boa Constrictor* entsprechen würde.

Größter Fisch: Bisher ist kein prähistorischer Fisch entdeckt worden, der größer gewesen wäre als heute existierende Fischarten. Die Behauptung, daß der vor 15 Mio. Jahren im Miozän in großer Zahl existierende Rauhai *(Carcharodon megalodon)* eine Länge von 24 m gehabt habe, hat sich nach Überprüfung der auf Zahnfossilien basierten Berechnungen als irrig erwiesen. Man schätzt, daß dieser Hai nicht länger als 13 m war.
Ⓓ Im heutigen Mainzer Becken (Westdeutschland, Rheinland-Pfalz) lebten nach neuesten Forschungsergebnissen aus dem Jahre 1979 vor 30 Mio. Jahren 28 Hai- und Rochenarten.

Das größte Insekt der Vorzeit war die vor 280 Mio. Jahren lebende Wasserjungfer namens *Meganeura monyi*. Versteinerte Überreste (d. h. Flügelabdrücke), die in Frankreich gefunden wurden, lassen eine Flügelspannweite von mindestens 70 cm vermuten.
Ein im Juli 1978 in einem Bergwerk in England auf einem Stück Kohle gefundener Flügelabdruck einer Wasserjungfer *Typus* (Fam. *Meganeuridae)*, die vor 300 Mio. Jahren lebte und somit das älteste zu belegende fliegende Lebewesen ist, hatte eine Spannweite von 50–60 cm.

Das südlichste Ur-Lebewesen, das man bisher gefunden hat, ist eine Süßwasser-Salamanderart namens *Labyrinthodont*, von der im Dezember 1967 ein 63,5 mm großes Fossil eines Kieferknochens 532 km vom Südpol entfernt entdeckt wurde. Es stammt aus dem frühen Jura und hat ein Alter von 200 Mio. Jahren.

Der größte Vogel der Vorzeit war der *Dromornis stirtoni*, ein riesiger emuartiger Vogel, der vor ca. 10–11 Mio. Jahren in Zentralaustralien lebte. 1974 bei Alice Springs gefundene versteinerte Beinknochen lassen vermuten, daß der Vogel eine Größe von ca. 3 m und ein Gewicht von mindestens 500 kg besessen haben muß.
Der flugunfähige Moa *(Dinoris giganteus)* von der Nordinsel Neuseelands war sogar fast 4 m groß, wog aber nur 227 kg.
Der größte flugfähige Vogel war vermutlich der condorartige *Teratornis incredibilis*, der vor etwa 100 Mio. Jahren im heutigen Nordamerika verbreitet war. Im Jahre 1952 in Nevada (USA) entdeckte Fossilien zeigen, daß seine Flügelspannweite 5 m maß und er fast 22,5 kg wog.
Ein anderer fliegender Vogel, der *Ornithodesmus latidens*, der vor ca. 90 Mio. Jahren in Mitteleuropa zu Hause war, soll ebenfalls diese Spannweite besessen haben.

So könnte das größte Säugetier ausgesehen haben, das vor 20 bis 40 Millionen Jahren auf unserer Erde lebte.

Ein vor ca. 20 Mio. Jahren im heutigen Kalifornien (USA) lebender fliegender Riesenvogel, der *Osteodontornis orri,* hatte eine Flügelspannweite von 4,87 m und war vermutlich schwerer. Er war mit den Pelikanen und Störchen verwandt.
Der albatrosartige *Gigantornis eaglesomei,* der sich vor 34 bis 58 Mio. Jahren in den Lüften über dem heutigen Nigeria aufhielt, soll eine über 6 m messende Flügelspannweite besessen haben. Diese Behauptung beruht jedoch nur auf Messungen eines einzigen versteinerten Brustbeins.

Das größte im Wasser lebende Säugetier der Vorzeit war der *Basilosaurus (=Zeuglodon),*der vor 50 Mio. Jahren lebte. Ein aus Alabama (USA) stammendes Exemplar maß 21,33 m und wog vermutlich 27 t.

Das größte prähistorische Landsäugetier, das bis jetzt ermittelt worden ist, war das *Baluchitherium (=Indricotherium, Paraceratherium, Aceratherium, Thaumastotherium, Aralotherium und Benaratherium),* ein langhalsiges, hornloses Rhinozeros, das vor 20 bis 40 Mio. Jahren in Europa und im westlichen Zentralasien lebte. Vom Boden bis zu den Schultern war es 5,40 m hoch (mit erhobenem Kopf 8,25 m), hatte eine Länge von 10,70–11,30 m und wog vermutlich fast 20 t. Die Knochen dieses gigantischen Pflanzenfressers wurden zum ersten Male 1907/08 in Pakistan entdeckt.
DDR Außergewöhnlich gut erhaltene, mehr als 700 000 Jahre alte Skelettreste der aus Afrika stammenden Urflußpferde hat man im Januar 1980 im ostdeutschen Werratal gefunden. Wissenschaftler empfanden diese Funde als sensationell, weil bisher angenommen worden war, daß Urflußpferde auf ihrem Nordzug nach Europa die Donau-Rheingrenze nach Nordosten nicht überschritten, sondern nur den Südwesten Europas erreicht hätten.

Der größte ausgestorbene Elefant war das Steppenmammut *Paraelephas (= Mammuthus) trogontherii,* das vor 1 Mio. Jahren im heutigen Zentraleuropa umherstampfte. Ein bei Mosbach in Baden (Westdeutschland) gefundenes fragmentarisches Skelett deutet auf eine Schulterhöhe von 4,5 m hin.

Die Neuzüchtung eines Mammuts wollen, wie im Januar 1980 gemeldet wurde, Wissenschaftler des Instituts für Zellenlehre in Leningrad (UdSSR) versuchen. Aus dem kürzlich aus dem sibirischen Eis geborgenen Kadaver eines vor rund 44 000 Jahren eingegangenen Urzeit-Elefanten soll eine Zelle entfernt und im Labor mit der Eizelle eines lebenden indischen Elefanten zusammengebracht werden. Die dort befruchtete Zelle soll nach dem Plan der Forscher dann dem Versuchstier eingepflanzt werden. Unter günstigen Bedingungen könnte auf diese Weise nach 13 bis 20 Monaten das erste »künstliche« Mammut das Licht der Welt erblikken. Allerdings bezweifeln westliche Experten, daß dieses Experiment gelingen wird.

Die längsten Stoßzähne von allen prähistorischen Tieren hatte der *Hesperoloxodon antiquus germanicus,* ein Elefant mit geraden Stoßzähnen, der vor ca. 2 Mio. Jahren im heutigen Norddeutschland lebte. Die Durchschnittslänge der Stoßzähne ausgewachsener Bullen betrug 5 m.
Der einzige Stoßzahn eines wolligen Mammuts *(Mammonteus primigenius),* der sich im Franzens-Museum in Brünn (CSSR) befindet, mißt entlang der Außenbiegung 5,02 m.
Im August 1933 wurde ein einzelner, über 4,87 m langer (vorderes Ende fehlte) Stoßzahn eines Imperialmammuts *(Archidiskodon imperator)* in Texas (USA) ausgegraben und dem amerikanischen Naturkundemuseum in New York geschenkt.

Der schwerste fossile Stoßzahn wiegt 149,7 kg und hat an seiner dicksten Stelle einen Umfang von 89 cm. Er befindet sich jetzt im Museum für Naturgeschichte in Mailand (Italien). Dieses Exemplar (in zwei Stücken) ist 3,58 m lang.

Die schwersten Mammutstoßzähne befinden sich im Museum der Universität Nebraska (USA). Es handelt sich um ein Paar, das zusammen 226 kg wiegt und von dem der eine Zahn 4,21 m, der andere 4,14 m lang ist. Sie wurden im April 1915 in der Nähe von Campbell in Nebraska gefunden.

Größte Geweih-Spannweite: Der prähistorische, noch vor 50 000 Jahren in Nordeuropa und Nordasien verbreitete Riesenhirsch *(Megaceros giganteus)* hatte die längsten Hörner von allen Tieren. Ein in einem irischen Sumpf gefundenes Exemplar hatte ein 4,30 m breites, stark verzweigtes Geweih.

Im Vordergrund ein afrikanischer Elefant, dahinter seine wahrscheinlichen Ahnen.

Zoologische Gärten, Wildgehege, Aquarien

🌐 **Das größte Wildschutzgebiet** ist die 1907 gegründete »Etosha Reserve« in Namibia, Afrika, mit einer auf 99 525 km^2 angewachsenen Fläche.

Ⓓ Das größte Großwild-Reservat Europas hat Westdeutschland. In der Nähe von Fallingbostel (Niedersachsen) leben auf 185 Hektar ca. 1000 Tiere, darunter Löwen, Tiger, Elefanten und Nashörner.

Ⓓ **Das größte Affenhaus** hat der Zoo in Duisburg (Westdeutschland, Nordrhein-Westfalen). Auf ca. 7000 m^2 leben mehr als 200 verschiedene Affen.

Ⓓ **Der erste Wild- und Wanderpark** Westdeutschlands wurde 1973 bei Silz im Pfälzer Bergwald eröffnet. Auf 100 Hektar sind Wege und Kinderspielplätze in unmittelbarer Nachbarschaft zu freilebenden Tieren angelegt.

Ⓓ **Europas einziges Wildpferd-Gehege** befindet sich bei Dülmen (Westdeutschland, Nordrhein-Westfalen). Einmal im Jahr werden die Pferde eingefangen und untersucht.

Zoologische Gärten: Man schätzt die Zahl der zoologischen Gärten auf der ganzen Welt etwa auf 500 und die jährliche Besucherzahl auf 330 Mio.

🌐 **Der älteste Tiergarten** soll von Schulgi, einem Herrscher der 3. Dynastie (2094–2047 v. Chr.), in Puzurisch im heutigen Irak angelegt worden sein.

Ⓐ Der älteste Tiergarten, dessen Gründung durch Dokumente belegt werden kann, ist der Tiergarten Schönbrunn (Österreich). Er wurde 1752 von Kaiser Franz I. für seine Frau Maria Theresia eingerichtet. Seitdem ist er auf dem Gründungsgelände ununterbrochen in Betrieb. Er bedeckt eine Fläche von 12 Hektar. Nach schweren Bombenschäden während des Zweiten Weltkrieges wurden der historische Kern bei gleichzeitiger tiergärtnerischer Modernisierung restauriert und moderne Freisichtanlagen errichtet. Am 31. Dezember 1978 wurden in Schönbrunn 4473 Tiere in 878 verschiedenen Arten betreut (456/125 Säugetiere, 666/264 Vögel, 588/173 Reptilien und Amphibien, 2243/216 Fische und 631/100 Wirbellose).

Ⓓ Der erste Zoologische Garten Deutschlands war die Stuttgarter Menagerie. Sie bestand jedoch nur von 1812 bis 1816.
Der älteste, heute noch existierende Zoologische Garten Deutschlands ist der in Berlin (West). Er wurde 1841 gegründet und 1844 eröffnet. Am 31. Dezember 1978 wurden 9319 Tiere in 2825 Arten betreut (1350/271 Säugetiere, 3071/713 Vögel, 416/187 Reptilien, 455/54 Amphibien, 2081/427 Süßwasserfische, 248/102 Seewasserfische, 1698/71 Wirbellose). Er ist der tier- und artenreichste Zoo Europas.

ⒸⒽ Der größte Zoo der Schweiz ist der von Basel. Er hat 4000 Tiere von 650 verschiedenen Arten.

🌐 **Das erste Ozeanarium** war das 1938 eröffnete Marineland in Florida (USA). Bis zu 26,3 Mio. l

Seewasser werden täglich durch zwei Riesentanks gepumpt. In den Tanks gibt es Korallenriffe, und sogar ein Wrack.
Der Salzwassertank in Hanna-Barbera' s Marineland auf der Palos-Verdes-Halbinsel (USA) hat einen Umfang von 76,65 m, ist 6,7 m tief und hält 2,4 Mio. l. Insgesamt hat dieses Ozeanarium ein Volumen von 9,4 Mio. l. Sein Menschenhai *Orky*, (6350 kg) ist der größte in Gefangenschaft.

Das größte Aquarium ist das John G. Shedd-Aquarium in Chicago (USA), das 1929 für 3 250 000 Dollar (damals 13 650 000 RM) errichtet wurde. Die Ausstellungsbehälter fassen 1,7 Mio. l, die Reservoiretanks 7,5 Mio. l. Ausgestellt sind dort 5500 Tiere 350 verschiedener Arten. Diese Tiere werden von einem Spezialboot in Florida gesammelt und mit Flugzeugen nach Chicago befördert. Die Rekordzahl an Besuchern an einem Tag wurde am 21. Mai 1931 mit 78 568 erreicht. 1931 war auch das Jahr, das mit 4 689 730 Besuchern den bis heute unübertroffenen Jahresrekord hält.
Ⓓ Das Aquarium des Zoologischen Gartens von Berlin (West) ist das größte Europas. Es beherbergt ca. 5000 Tiere aller Art aus allen Kontinenten.
Ⓐ Das größte Aquarium Österreichs ist das Vivarium, Haus des Meeres, in Wien. Es beherbergt ca. 3000 Fische und Reptilien.

Pflanzenwelt

Allgemein

Seltenste Pflanzen: Jedes Jahr entdeckt man Pflanzen, von denen man geglaubt hatte, sie wären ausgestorben, und von vielen Pflanzen sind überhaupt nur noch einzelne Exemplare bekannt. Die kleinen rosa Blüten der *Presidio manzanita* gibt es, wie im Juni 1978 berichtet wurde, nur an einem einzigen Exemplar, das sich an einem nicht genannten Ort in Kalifornien (USA) befindet.
Die *Pennantia baylisiana,* ein im Jahr 1945 auf der Neuseeland vorgelagerten Three-Kings-Insel entdeckter Baum, existiert nur in weiblicher Form und kann keine Früchte tragen.

Nördlichste Pflanzen sind der gelbe Mohn *(Papaver radicatum)* und die arktische Weide *(Salix arctica).* Beide überleben – letztere recht verstümmelt – auf nördlichstem Gebiet (83° N).

Südlichste Pflanzen sind sieben Arten von Thallophyten oder Lagerpflanzen, die 1933–34 bei der zweiten Expedition unter Konteradmiral Richard E. Byrd von der US-Marine 86°03'S im Queen-Maud-Gebirge in der Antarktis gefunden wurden.

Die südlichste blühende Pflanze ist die Nelke *(Colobanthus crassifolius),*die man auf der Jenny Insel, in der Margaret Bay, in Grahamland (Palmer-Halbinsel) 67° 15' S, in der Antarktis fand.

Die höchste Höhe, in der noch eine blühende Pflanze gefunden wurde, ist 6135 m. In dieser Höhe gibt es auf dem Himalaja die *Stellaria decumbens.* Die Behauptung, daß der *Christolea crassifolia* in einer Höhe von 7000 m auf dem Himalaja vorkommt, ist noch nicht bewiesen.
Eine nichtblühende *Androsace microphylla* wurde von A. Zimmermann während der Schweizer Everest-Expedition 1952 in 6350 m Höhe gefunden.

Der älteste Weizen, die sogenannte *Emmer*-Art, von der bereits das Alte Testament berichtet hat, wurde, Zeitungsberichten zufolge, im Januar 1979 im niederbayrischen Obereltenbach (Westdeutschland) gefunden. Ziegeleiarbeiter legten 2 m unter der Erdoberfläche einen Vorratsspeicher frei, der fünf Zentner Urweizen enthielt. Das Getreide ist mindestens 4500 Jahre alt und damit das älteste Europas, wenn nicht der Welt.

Ältester Baum: In Stammersdorf bei Wien wurde 1976 in 15 m Tiefe in einer Schottergrube das Mittelteil eines Baumstammes gefunden, dessen Alter man auf 2 bis 5 Mio. Jahre schätzt. Eine Untersuchung des 1,2 m großen Stückes nach der C-14-Methode, die zu exakten Meßwerten führen würde, ist noch nicht erfolgt.

Die tiefsten Wurzeln gruben sich 120 m tief ins Erdreich. Es handelt sich um einen wilden Feigenbaum in Echo Caves bei Ohrigstad (Südafrika).
Eine Winter-Roggenpflanze *(Secale cereale)* hat einmal 622,8 km Wurzeln in 0,051 m^3 Erde getrieben.

Schlimmste Unkräuter: Das hartnäckigste Unkraut ist die *Salvinia auriculata,* eine in Afrika vorkommende Art Wasserfarn. Man entdeckte es,

Die ältesten Bäume Mitteleuropas (von links nach rechts im Kreis):
Die Feme-Eiche in Nordrhein-Westfalen, ca. 1500 Jahre.
Die Eibe im Allgäu, ca. 2000 Jahre.
Die Zirbelkiefer im Kanton Wallis, ca. 1100 Jahre.
Die Linde in Niederösterreich, ca. 1000 Jahre.
Die Eichen in Mecklenburg, ca. 800–1500 Jahre.

als im Mai 1959 der Karibasee (Sambia) gefüllt wurde. Bis zum Jahre 1963 hatte es bereits 1002 km^2 überwuchert.

Die schlimmsten Unkrautarten sind u. a. Bermudagras, gewisse Schilfarten, die Reisquecke, das kletternde Labkraut, Johnsongras, Guineagras, Cogongras und die Lantane.

Die am weitest verbreiteten wilden Getreide sind die Haferarten *Avena fatua* und *Avena ludoviciana.* Samen dieser Arten können 15 Minuten lang Temperaturen bis 115,6° C aushalten.

Die größte Ausbreitung durch klonare (vegetative) Vermehrung erreicht eine Heidelbeeren-Art

(Gaylussacia brachyera). Von diesem immergrünen, strauchförmigen Gewächs, das sich wie ein Teppich ausbreitet, wurde 1796 zum ersten Mal berichtet. An den Ufern des Juniata (USA) gibt es eine 40 ha große Kolonie dieser Sträucher, die vermutlich 13 000 Jahre alt sind.

Das größte Philodendron wächst in Kalifornien (USA). Es ist 91,5 m hoch.

Das älteste Fossil einer blühenden Pflanze mit palmenartigen Abdrücken wurde 1953 in Colorado (USA) gefunden und hat ein Alter von ca. 65 Mio. Jahren.

Größter aller Kakteen ist der Saguaro *(Cereus giganteus* oder *Carnegiea gigantea)*, der in Arizona (USA) und in Mexiko vorkommt. Der grüne kannelierte säulenförmige Stamm trägt kronleuchterartige Zweige, die bei einem Exemplar eine Höhe von 16 m erreicht haben. Seine wachsartigen Blüten sind weiß, die eßbaren Früchte blutrot. Ein in Arizona (USA) wachsendes, armloses Exemplar maß im April 1978 23,77 m.

Die größte Kaktee: die Saguaro.

Weinernte am Kreuzberg in Berlin-West, dem nördlichsten deutschen Weinberg. Der Wein wird ausländischen Gästen vom Berliner Senat als Kuriosum überreicht.

Der größte Weinstock wurde 1842 in Kalifornien (USA) gepflanzt. Vor 1900 gab es Jahre, in denen er 9000 kg Trauben trug. Der normale Jahresdurchschnitt lag bei 7000 kg. 1920 ging er ein.

Nördlichster Weinberg: In Sabile (Lettland, UdSSR) gibt es nördlich von 57° N noch einen Weinberg.

Ⓓ Der nördlichste in Deutschland liegt in Berlin (West); es ist der 66 m hohe Kreuzberg. In Schlesien (jetzt Polen) gab es ebenfalls Weinanbau.

Der südlichste Weinberg ist der Coonawarra-Weinberg (Australien). Er liegt auf 37,20 Grad südlicher Breite.

Ⓓ Der südlichste Weinberg Deutschlands ist der Erzinger Kapellenberg am Bodensee (Baden-Württemberg).

Algen: Immer wieder hört man, daß in Feuerland Algenarten existieren sollen, die Längen zwischen 180–300 m erreichen. Doch liegen exakte Messungen nicht vor.
Wissenschaftlich registriert wurden Längen von

60 m beim Riesenblatt-Tang *(Macrocystis pyrifera)*, der im Pazifik vorkommt.

Die höchste Hecke gibt es im Park des Grafen Bathurst in Cirencester (England). Sie wurde 1720 gepflanzt, ist 155 m lang, 11 m hoch, 4,57 m dick. 20 Arbeitstage dauert es, sie zu schneiden.

Das kleinste aller Moose ist das Schwindmoos *(Ephemerum)* und das längste das Quellmoos *(Fontinalis)*, das in fließendem Wasser 91 cm lange Sprosse entwickelt.

Bäume und Holz

Größter Baum ist zur Zeit ein Riesenmammutbaum *(Sequoiadendron giganteum)*, der den Namen »General Sherman« trägt, 83 m hoch ist und 1,50 m über dem Boden einen Umfang von 24,10 m hat. Man nimmt an, daß »General Sherman«, der im Sequoia National Park in Kalifornien (USA) steht, genug Holz hat, um daraus 5 Mrd. Streichhölzer herzustellen. Er hat blaugrüne Blätter und die rotbraune Rinde dürfte stellenweise bis zu 61 cm dick sein. Sein 1968 veröffentlichtes Gewicht wird auf 2,03 Mio. kg geschätzt.
(D) In Westdeutschland steht der höchste Mammutbaum Europas im Staatspark »Fürstenlager« des Kurorts Bensheim-Auerbach an der Bergstraße (Hessen). Seine Maße nehmen sich allerdings gegen das amerikanische Exemplare bescheiden aus: Höhe 53 m, Stammumfang in 1 m Höhe: 8 m.

Die höchste Baumart ist der Küstenmammutbaum *(Sequoia sempervirens)*, der als einheimischer Baum heute nur noch an der kalifornischen Küste vorkommt. Das größte gemessene Exemplar ist der Howard-Libbey-Baum im kalifornischen Redwood Creek Grove (USA), dessen Höhe mit anscheinend abgestorbener Spitze auf 111,60 m geschätzt wurde.

Der höchste Laubbaum ist ein 103 m hoher *Eucalyptus regnans* im westlichen Australien.
Der absolute Höhenrekord eines einzelnen Baumes ist allerdings umstritten. Allgemein gilt ein 1880 vermessener *Eucalyptus regnans* in Australien mit 114 m Höhe als höchster Baum.
(DDR) Der höchste Baum Deutschlands ist eine 64 m hohe Blaufichte *(Abies peetinata)*, die bei Hohengeiß im Oberharz (Ostdeutschland) steht.
(A) Der höchste Baum Österreichs dürfte eine Tanne im Urwaldgebiet »Rotwald« (Niederösterreich) sein. Sie ist rund 1000 Jahre alt und hat eine Höhe von ca. 53 m. Sein Festmetergehalt: ca. 50.

Der größte Baum der Welt steht in Kalifornien.

(CH) Der höchste Baum der Schweiz und Europas war eine der Tannen von Dürsrüti bei Langnau (Kanton Bern). Sie erreichte eine Höhe von 57,35 m. Ein Teil des Stammes ist heute im Heimatmuseum Langau im Emmental ausgestellt.

Der höchste Weihnachtsbaum war eine 67,36 m hohe Douglastanne *(Pseudotsuga taxifolia)*, die im Dezember 1950 im Northgate Shopping Centre, Seattle (USA) aufgestellt wurde.

Den größten Umfang aller Baumstämme hat der Santa-Maria-del-Tule-Baum, eine Montezumazypresse *(Taxodium mucronatum)* in Mexiko. Sein Umfang: 34 m, 1,50 m vom Boden (1949).
1972 erschien ein Bericht, daß die als »Baum der 100 Pferde« (Castagno dei Cento Cavalli) bekannte, später gekappte Edelkastanie *(Castanea sativa)* auf dem Ätna in Sizilien (Italien), einen Umfang von 51 m gehabt haben soll. Der Bericht wurde nicht bestätigt.

(D) 12 m mißt der Stammumfang der Kirchenlinde bei Elbrinxen in der Nähe von Bad Pyrmont (Niedersachsen, Westdeutschland). Sie ist fast 2000 Jahre alt, und ihre ausladende Krone erreicht einen Durchmesser bis zu 23 m.

(A) Eine 1000jährige Linde in Ernegg (Niederösterreich) hat mit 10,40 m den größten Stammumfang. Ihre Krone mißt ca. 22 m.

(CH) In Châtillon im Schweizer Kanton Wallis steht die dickste Eiche Europas. Mindestens sieben gestandene Mannsbilder müssen mit gestreckten Armen sich die Hände halten, um den Stamm zu umspannen.

Der älteste Baum war ein *Pinus longaeva* mit der Bezeichnung WPN-114, der in 3275 m Höhe in der Sierra Nevada in Kalifornien (USA) wuchs. Durch 1963 und 1964 vorgenommene Untersuchungen stellte man fest, daß er ca. 4900 Jahre alt war, als er gefällt wurde.

Der älteste bekannte lebende Baum ist ein *Pinus longaeva* namens »Methusalem«, der in einer Höhe von 3050 m auf der kalifornischen Seite der White Mountains (USA) wächst und 4600 Jahre alt sein soll. Im März 1974 wurde berichtet, daß dieser Baum 48 lebende Sämlinge hervorgebracht habe. Aufgrund dendrochronologischer Schätzung kann ein *Pinus longaeva* fast 5500 Jahre alt werden. Ein »Großer Baum« (Sumpfzypresse) sogar 6000 Jahre. Nach einem Bericht vom März 1976 soll ein Riesenexemplar der japanischen Zeder *(Cryptomeria japonica)* mit Hilfe des C-14-Verfahrens auf 5200 v. Chr. datiert worden sein. Dieser Baum wäre damit fast 7000 Jahre alt.
Im März 1980 wurde in Tibet (China) in 3100 m Höhe eine 1000 Jahre alte Zypresse entdeckt. Sie ist 52 m hoch; ihr Stammumfang: 14,2 m.

(D) Im Allgäu (Bayern, Westdeutschland), am Wegesrand zur Wilhelminen-Alpe, steht eine knorrige, graugrüne Eibe. Sie ist der älteste Baum Westdeutschlands, über 2000 Jahre alt, möglicherweise sogar 4000 Jahre. Jeder ihrer beiden Stämme ist 2,90 m dick.
Auf mehr als 1500 Jahre wird die »Feme-Eiche« geschätzt, die im Ortsteil Erle der Gemeinde Raesfeld, Kreis Borken (Nordrhein-Westfalen), steht. Diese Gerichts-Eiche ist 15 m hoch und hat einen Umfang von 14 m. In ihrem Stamm hätten zwölf Personen an einem runden Tisch Platz. Der Baum wird von »Baumchirurgen« immer wieder behandelt, die u. a. den Stamm mit Beton ausgossen, um den Baum zu erhalten.
1200 Jahre soll die Tassilo-Linde alt sein, die beim Kloster Wessobrunn (Bayern) steht und nach dem Klostergründer benannt ist. 1980 wurde sie zum Naturdenkmal erklärt. Wer sie beschädigt, muß nun mit Strafen bis zu 50 000 DM rechnen. Zur Erhaltung der aus sieben Einzelstämmen bestehenden Linde wurden 10 000 DM bereitgestellt.
6000 Jahre alt ist der 12 m hohe, 37 t schwere versteinerte Stamm einer Mooreiche, der im Donauried beim Autobahnbau gefunden wurde und 1980 als eine Art Denkmal vor einer Möbelfabrik in Aich (Bayern) aufgestellt wurde.

Dickste Eiche Europas: im Schweizer Kanton Wallis.

(DDR) Im Dorf Ivenack in Mecklenburg (Ostdeutschland), stehen in einem Wildgatter sechs Eichen, von denen jede mindestens 800, einige möglicherweise 1500 Jahre alt sind. Außerdem gibt es in diesem Gebiet auch Buchen, die aber »nur« 300 bis 400 Jahre alt sind.

(CH) **Der älteste Baum** der Schweiz ist eine 1100jährige Zirbelkiefer im Aletsch-Wald im Kanton Wallis.

Den realen Wert eines alten Baumes hat im April 1980 erstmals der deutsche Ökologe Aloys Bernatzky in der Zeitschrift des Niedersächsischen Heimatbundes am Beispiel einer 100jährigen Buche berechnet, die 25 m hoch ist und – bei einem Kronendurchmesser von 15 m – ein Kronenvolumen von 2700 m^3 hat. Ihre Blätter ergäben eine Fläche von 1600 m^2. Sie verarbeiten unter guten Bedingungen stündlich 2,3 kg Kohlendioxid und geben gleichzeitig 1,7 kg Sauerstoff an die Umwelt ab. Um diesen Assimilationseffekt zu ersetzen, müßten 2700 junge Bäume mit einem Kronenvolumen von je 1 m^3 gepflanzt werden. Pro Jungbaum wären 100,– DM Kosten anzusetzen, so daß der ökologische Wert der alten Buche – abgesehen vom Holzwert – 270 000,– DM beträgt.

Das größte geschlossene Baumschulgebiet befindet sich im westdeutschen Kreis Pinneberg (Schleswig-Holstein). 590 Betriebe bewirtschaften hier eine Produktionsfläche von 3522 ha. Der Schwerpunkt der Produktion liegt bei laubabwerfenden Ziersträuchern und Heckenpflanzen (27 Mio.) und Forstgehölzen (750 Mio.)

Früheste, primitivste noch existierende Baumart ist der Fächerblattbaum oder *Gingko biloba,* der aus China stammt und schon vor ca. 160 Mio. Jahren existierte. 1690 wurde er von dem Holländer Kaempfer wiederentdeckt und gegen 1754 in Europa eingeführt.

Schnellstes Wachstum wurde bei einer am 17. Juni 1974 in Sabah (Malaysia) gepflanzten *Albizzia falcata* festgestellt. Sie erreichte in 13 Monaten über 10 m. In Zimbabwe erreichte ein Eucalyptus regnans in sieben Jahren eine Höhe von mehr als 30 m.
Bambus scheidet bei solchen Vergleichen aus, da er botanisch kein Baum, sondern verholztes Gras ist. Von den 45 Bambusarten sind einige absolute Wachstumsrekordhalter. Sie entwickeln Wachstumsgeschwindigkeiten von 91 cm pro Tag (0,00003 km/h), 30 m in weniger als drei Monaten.

Langsamstes Wachstum: Die Schnelligkeit, mit der ein Baum wächst, hängt zum großen Teil von den Umweltbedingungen ab. Dennoch gibt es ein paar Arten, wie Buchsbaum und Eibe, die besonders langsam wachsen.
Den Rekord hält eine Sitkafichte an der arktischen Baumgrenze, die es in 98 Jahren auf eine Höhe von 28 cm und einen Umfang von kaum 2,5 cm brachte.
Das Züchten von Miniaturbäumchen oder *bonsai* geht auf einen orientalischen Kult zurück, der schon um 1320 erwähnt wird. Bonsai-Bäume sind lebende Pflanzen, nur ca. 50mal kleiner als das Original. In Japan werden sie gezüchtet, in Westdeutschland wurden 1979/80 über 20 000 Bäumchen verkauft. Ihre Preise: von 10–50 000 DM.

Die meisten Blätter: Die Frage, welcher Baum die meisten Blätter hat, ist noch nicht beantwortet. Eine große Eiche dürfte vielleicht 250 000 und eine Zypresse 45 bis 50 Mio. Schuppenblättchen haben.

Der einsamste Baum, jener also, der von irgendeinem anderen Baum am weitesten entfernt ist, stand in einer Oase in der Téneré-Wüste in der Niger-Republik. Er war der einzige Baum im Umkreis von 50 Kilometern. Im Februar 1979 wurde dieser Baum von einem französischen Lastwagenfahrer angefahren, blieb jedoch am Leben. Der Baum wurde verpflanzt und befindet sich jetzt im Museum von Niamey in Niger.

Teuerster Baum: Der höchste je für einen Baum erzielte Preis, den eine Baumschule in Missouri (USA) 1959 für einen Starkspur-Golden-Delicious-Apfelbaum aus Yakima (USA) zahlte, war 51 000 Dollar (damals ca. 250 000 DM).

(Welt) **Größter Wald:** Das größte aufgeforstete Waldgebiet liegt im Norden der Sowjetunion zwischen 55° N und dem Polarkreis. Riesige Nadelwälder bedecken eine Fläche von 1100 Mio. ha – das ist ein Viertel der Weltwaldfläche –, wovon 38 Prozent sibirische Lärchen sind. 34 Prozent der Sowjetunion sind aufgeforstet.
Die Forstfläche im Bereich der Europäischen Gemeinschaft betrug Ende 1979 rund 32 Mio. ha. Damit hat sie sich in den letzten beiden Jahrzehnten um 4,2 Mio. ha oder 3 Prozent vergrößert.

(D) Die Waldfläche in Westdeutschland hat in der gleichen Zeit um 112 000 ha bzw. 1,5 Prozent zugenommen und beträgt jetzt 7,22 Mio. ha. Damit konnte der Waldverlust in Ballungsgebieten mehr als ausgeglichen werden.

(D) Der größte deutsche Wald ist der Schwarzwald, der sich über 500 000 ha erstreckt und zu 60 Prozent aufgeforstet ist.

(A) Das Waldgebiet im südlichen Niederösterreich und in der Steiermark dürfte mit seinen ca. 300 000 ha das größte Österreichs sein.

(CH) Mit einer Fläche von 1 Mio. ha ist der Jura-Wald das größte aufgeforstete Gebiet der Schweiz. Er bedeckt 40 Prozent aller bewaldeten Schweizer Gebiete.

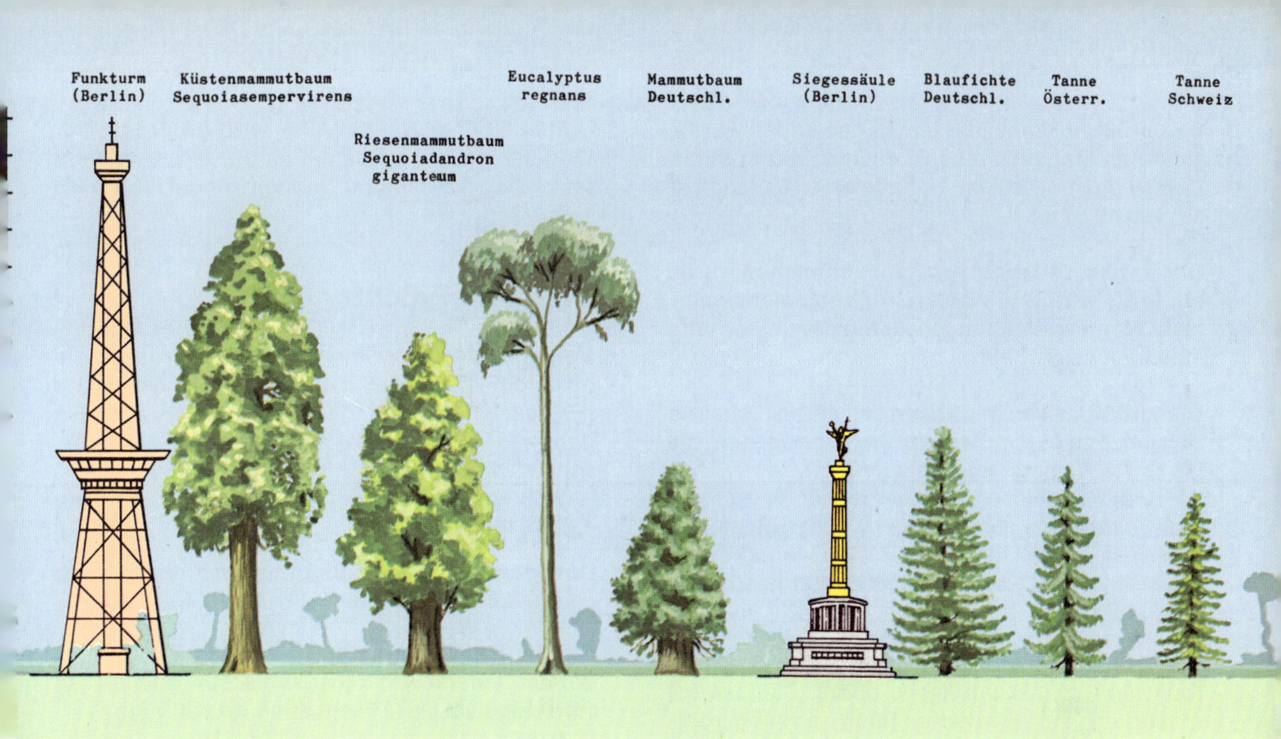

Die größten Bäume Mitteleuropas sind zwischen 60 und 150 Meter hoch (zum Vergleich: Berliner Bauwerke).

Das schwerste Holz ist Eisenholz *(Olea laurifolia)*, auch südafrikanisches Eisenholz genannt, mit einem spezifischen Gewicht bis zu 1,50 und einem Gewicht von 1490 kg m^3.

Ⓓ Das schwerste deutsche Holz kommt vom Buchsbaum (Buxus sempervirens) und kann ein Höchstgewicht von 1025 kg m^3 erreichen.

Das leichteste Holz ist *Aeschynomene hispida*, das in Kuba wächst und 44 kg m^3 wiegt. Das Holz des Balsabaumes *(Ochroma pyramidale)* ist von verschiedenartiger Dichte, und sein Gewicht reicht von 40 bis 384 kg m^3. Kork wiegt 240 kg m^3.

Blüten und Blumen

Die größte Blüte hat die ziegelrotgefleckte Schmarotzerlilie *(Rafflesia arnoldii)*, die auf den Wurzeln einer wilden Weinrebe *(Cissus)* im Dschungel Südostasien wächst. Ihre 1,9 cm dikken Blütenblätter können ein Gewicht von 7 kg erreichen. Der Blütendurchmesser kann mehr als 90 cm betragen.

Den größten Blütenstand hat die *Puya raimondii*, eine seltene bolivianische Pflanze mit aufrechter Rispe (Durchmesser 2,4 m), die 10,7 m hoch wird. Jede davon trägt bis zu 8000 weiße Blüten.

Die größte blühende Pflanze ist eine riesige chinesische Glyzinie in Kalifornien (USA). Sie wurde 1892 gepflanzt und hat jetzt 152 m lange Zweige. Sie bedeckt fast 4050 m^2, wiegt 228 t und hat während ihrer fünf Wochen langen Blütezeit schätzungsweise 1,5 Mio. Blüten. Ca. 30 000 zahlende Besucher bewundern in dieser Zeit die Blütenpracht.

Die kleinste blühende Pflanze mit einem Blütendurchmesser von 0,35 mm ist die westindische *Pylea microphylla*.

Ⓓ Die kleinste regelmäßig in Deutschland blühende Pflanze gehört der Primelfamilie an und heißt *Centunculus minimus*. Ein einzelner Samen wiegt 0,00003 g.

Seltenste Blume: Der 1924 von der Burpee Company ausgeschriebene Preis von 20 000 Dollar (damals 84 000 DM) für die erste schneeweiße Ringelblume wurde von Alice Vonk in Sully (USA) gewonnen.

Schnellstes Wachstum einer Blume wird von einer *Liliacea hesperogucca whipplei* berichtet. Im Juli 1978 soll sie auf einer der Scilly-Inseln (Großbritannien) innerhalb von 14 Tagen um 3,65 cm gewachsen sein.

Langsamtes Wachstum: Am längsten warten muß man auf die Blüte der höchst seltenen *Puya raimondii*, die im Jahre 1870 in Bolivien (Südamerika) entdeckt wurde. Erst wenn die Pflanze 150 Jahre alt ist, wächst der Blütenstand heraus. Danach stirbt sie.
Einige Agaven, fälschlich »Jahrhundertpflanzen« genannt, haben ihre ersten Blüten erst nach 40 Jahren.

Den größten Kranz, der jemals gewunden wurde, stellte im Mai 1979 eine Blumenhandlung in Mt. Lawley (Australien) her. Er hatte einen Durchmesser von 13,37 m.

Die längste Girlande aus Gänseblümchen wurde am 11. Juni 1978 in Wales (Großbritannien) innerhalb von sieben Stunden geflochten. Sie hatte eine Länge von 1244 m.

Die größte aller Orchideen ist die in Malaysia beheimatete *Grammatophyllum speciosum,* die bis zu 7,62 m hoch werden kann.
Die größte Orchideenblüte besitzt die *Phragmipedium caudatum,* die in den tropischen Regionen Amerikas wächst. Ihre Blütenblätter werden bis zu 46 cm lang, der Durchmesser der geöffneten Blüte beträgt 90 cm.

Die höchste frei stehende Orchidee ist *Grammatophyllum speciosum* (siehe oben). Die *Galeola foliata* kann auf verwitterten Bäumen in den tropischen Wäldern Australiens bis zu 15 m hoch werden.
Die kleinste Orchidee ist *Bulbophyllum minutissimum,* die in Australien vorkommt. Doch auch die *Notylia norae,* die in Venezuela wächst, erhebt diesen Anspruch. Die mit einer Länge von weniger als 1 mm kleinste Blüte hat die *Stelis graminea.*

Die teuerste Orchidee dürfte eine *Odontoglossum crispum* (var. *pittanum)* gewesen sein, für die 1906 bei einer Auktion in London 1207,50 Pfund Sterling (damals 24 660 DM) gezahlt wurden.
Eine Cymbidium-Orchidee mit dem hübschen Namen Rosanna Pinkie wurde 1952 in den USA für 4500 Dollar (damals 18 500 DM) verkauft.

Die größte Rhododendronart ist das scharlachrote *Rhododendron arboreum,* von dem es in Mangalbare (Nepal), Exemplare gibt, die über 18 m groß werden.

(D) **Den größten Rhododendron-Park** Westdeutschlands, wahrscheinlich sogar des europäischen Kontinents, hat Bremen. Auf einer Fläche von 1800 m ^{2} werden in Schaugewächshäusern 1700 ausschließlich tropische und subtropische Rhododendron-Arten gezeigt.

Der größte Rosenstock steht in Tombstone (USA). An ihm blühen »Lady-Banks«-Rosen. Er hat einen 1 m dicken Stamm, ist über 2,70 m hoch, und seine Zweige reichen fast über 500 m^2. Er wird von 68 Pfählen gestützt, dadurch können sich 150 Personen in dieser »Laube« aufhalten. Der Steckling kam 1884 aus Schottland.
(D) Nicht der größte, wohl aber der älteste Rosenstock Deutschlands dürfte der Rosenstock am Hildesheimer Dom sein. Sein Alter wird großzügig mit 1000 Jahren angegeben, dies dürfte übertrieben sein. Der Volksmund jedoch nennt ihn den »1000jährigen«.

Obst und Früchte

Den höchsten Kaloriengehalt der 38 Früchte, die man roh verzehren kann, hat die Avocadobirne *(Persea americana).* 100 g ihres Fruchtfleisches haben 163 Kalorien. Der Avocadobaum, der wahrscheinlich aus Zentral- und Südamerika stammt, enthält außerdem die Vitamine A, C und E sowie 2,2 Prozent Protein.

Den geringsten Kaloriengehalt mit 16 Kalorien pro 100 g hat die Gurke.

Die größte Wassermelone, die amtlich registriert wurde, lieferte ein amerikanischer Züchter im April 1980 ab. Das Prachtstück wog 90,7 kg.

Die größte Ananas wurde im Dezember 1978 in Kenia gepflückt. Die Waage registrierte 7,70 kg.

Die meisten Kartoffelsorten, nämlich 252 verschiedene, wurden im Oktober 1979 in London auf einer Pflanzenschau vorgestellt.

Farne, Blätter und Samen

Die größten unter den mehr als 6000 Farnen sind die Baumfarne *(Alsophila excelsa)* im Süd-Pazifik, die bis zu 18 m hoch wachsen.

Die kleinsten sind der *Hecistopteris pumila,* der in Mittelamerika vorkommt, und der aus den USA stammende *Azolla caroliniana.*

Die größten Blätter von allen Pflanzen haben die Raffiapalme *(Raphia raffia)* von den Mascarene-Inseln im Indischen Ozean und die Amazonas-Bambuspalme *(R. toedigera),* deren gefiederte Blätter 19,80 m lang werden und fast 4 m lange Stiele haben können.

Das größte ungeteilte Blatt hat die in Sabah (Malaysia) vorkommende *Alocasia macrorrhiza.* Ein 1966 gefundenes Exemplar war ca. 3 m lang und fast 2 m breit.

Ein vierzehnblättriges Kleeblatt *(Trifolium repens)* fand am 16. Juni 1975 der Amerikaner Randy Farland bei den Sioux-Fällen in Dakota (USA).

Den größten Samen hat der Kokos, auch Coco de Mer *(Lodoicea seychellarum)* genannt, dessen Frucht ein Gewicht von 18 kg erreichen kann. Er wächst nur auf den Seychellen im Indischen Ozean. Jede Frucht enthält nur einen Samen.

Die kleinsten Samen haben die *Epiphytischen Orchideen,* von denen ca. 1 Mio. Samen ein Gramm wiegen.
Ein nordamerikanisches Unkraut *(Ambrosia artemisiifolia)* kann in fünf Stunden 8 Mrd. Pollenkörner erzeugen.

Den widerstandsfähigsten Samen besitzt die arktische Lupine *(Lupinus arcticus).* Im Juni 1954 in gefrorenem Schlamm in Kanada gefundene Samen wurden 1966 zum Keimen gebracht und mit Hilfe der Radiokarbonmethode auf mindestens 8000 v.Chr., höchstwahrscheinlich aber 13000 v.Chr. zurückdatiert.

Pilze und Urtierpflanzen (Protisten)

Das größte Exemplar eines Riesenstäublings *(Lycoperdon gigantea)* hatte einen Durchmesser von 157 cm, war 45,5 cm hoch und wurde 1971 in England gefunden.
(D) Der größte Pilz in Deutschland, bei normalem Wachstum, dürfte der Riesenbovist sein (Calvatia gigantha).

Giftigster Giftpilz: Der gelblich-olivenfarbige Knollenblätterschwamm *(Amanita phalloides)* dürfte der giftigste Pilz der Welt sein. Sechs bis 16 Stunden, nachdem man von ihm gekostet hat, treten Erbrechen, Delirium, Kollaps und schließlich der Tod ein. Zu seinen Opfern gehörte Kardinal Giulio de'Medici (* 1478), (später: Papst Clemens VII.). Nach dem Genuß des Pilzes starb er am 25. September 1534.

Protisten: Der holländische Naturwissenschaftler Anton van Leeuwenhoek aus Delft (1632–1723), war der Entdecker der Protisten, die Eigenschaften von Tieren und Pflanzen in sich vereinten. Die den Pflanzen ähnlichsten Protisten werden *Protophyten* genannt. Zu dieser Gruppe gehören z. B. einzellige Algen. Die tierähnlichsten Protisten heißen *Protozoen,* zu ihnen gehören Amöben und Geißeltierchen.

Die größten Protozoen, die einst existierten, jetzt aber ausgestorben sind, waren *Nummuliten,* von denen jede einen Durchmesser von 24 mm besaß.

Die größte noch existierende Urtierpflanze ist *Pelomyxa palustris,* die 15,2 mm lang werden kann.

Die kleinste von allen Urpflanzen ist die *Micromonas pusilla,* mit einem Durchmesser von weniger als 2 Mikron (2×10^{-6} m).

Schnellstes Urtierchen ist das *Monas stigmatica,* das sich in einer Sekunde über eine Strecke bewegt, die dem Vierzigfachen seiner eigenen Länge entspricht. Ein Mensch schafft nicht einmal das Siebenfache seiner eigenen Länge pro sec.

Schnellste Vermehrung: Das Urtierchen *Glaucoma,* das sich durch Spaltung vermehrt, tut dies alle drei Stunden. Es kann also im Laufe eines Tages ein »Urururururgroßelternpaar« mit 510 Nachkommen werden.

Bakterien

Allgemein: Als erster beobachtete 1675 Anton van Leeuwenhoek (1632–1723) Bakterien.

Das größte Bakterium ist das Schwefelbakterium *(Beggiatoa mirabilis),* das 16–45 Mikron breit ist und mehrere Millimeter lange Fäden bilden kann.

Die kleinsten Organismen, die eigenständiges Leben führen, sind die pleuropneumoniaähnlichen Mykoplasmen. Das zum erstenmal 1936 im Abwasser entdeckte *Mykoplasma laidlawii* hatte während seines Anfangsstadiums einen Durchmesser von nur 100 Millimikron. Exemplare des H.39 genannten Bakterienstammes haben einen Höchstdurchmesser von 300 Millimikron und wiegen schätzungsweise $1{,}0 \times 10^{-16}$ g.

Höchste Bakterien: Im April 1967 meldete die US Luft- und Raumfahrtbehörde (NASA), daß in einer Höhe von 41100 m noch Bakterien festgestellt worden seien.

Langlebigste Bakterien: Die ältesten Ablagerungen, in denen lebende Bakterien gefunden wurden, sind Salzlager in der Nähe von Irkutsk (UdSSR), die ca. 600 Mio. Jahre alt sein sollen.
Bei Bohrungen in der Antarktis entdeckten Amerikaner stäbchenförmige Bakterien, die aus einer Höhle stammten, die ca. 1 Mio. Jahre alt war. Die Bakterien konnten wiederbelebt werden.
Im Juli 1980 wurde gemeldet, daß der australische Forscher Malcom Walter zusammen mit einer Gruppe amerikanischer Paläobiologen unter William Schopf (Universität Los Angeles) im Nordwesten Australiens Spuren von bakterienähnlichen Lebewesen entdeckt hat, die 3,5 Mrd. (!) Jahre alt sind. Die Strukturen seien zwar nicht perfekt erhalten, »aber wir können die Zellwände genau erkennen« erklärte Walter.

Widerstandsfähigstes Bakterium ist das *Micrococcus radiodurans.* Es kann radioaktiven Strahlen widerstehen, die 10000mal so stark sind wie eine für den Menschen tödliche Dosis.

Viren

Allgemein: Viren wurden 1892 von Dmitrij Iwanovsky (1864–1920) entdeckt.

Die größten Viren sind die länglichen, rechteckigen Pockenviren (z. B. echte Pocken, Kuhpocken usw.), die ca. 250 × 300 nm groß sind (Ein Nanometer (nm) = ein Millionstel von einem Millimeter, aber wer kann sich das schon vorstellen!).
Der kleinste von den mehr als 1000 identifizierten Viren ist der Schafpockenvirus mit einem Durchmesser von 14 nm. Nur ca. $^{1}/_{40}$ dieser Größe hat die Nanovariante WSI RNA mit einer Länge von 91 Nukleotiden, über die Dr. Walter Schaffner von der Universität Zürich (Schweiz) 1977 berichtet hat.

Parks, Botanische Gärten

Größter Naturpark ist der Wood Buffalo National Park in Alberta (Kanada), der 1922 zum Naturschutzgebiet erklärt wurde und sich über ein Gebiet von 45 480 km² erstreckt.

(D) Der größte Naturpark Westdeutschlands ist mit 2908 km² das Altmühltal (Bayern).

Hamburgs Blindengarten war der erste in Deutschland.

(A) Der österreichische Nationalpark »Hohe Tauern« wurde 1979 fertiggestellt. Mit seinen 2590 km² ist er das größte Naturschutzgebiet Österreichs.

(D) **Der älteste deutsche Naturpark** ist der 200 km² große Naturpark Lüneburger Heide, der seit 1909 existiert.

(D) **Der größte Botanische Garten Deutschlands** ist der von Berlin (West). Auf 42 ha werden über 18 000 Pflanzenarten gepflegt.

(DDR) **Der älteste deutsche Botanische Garten** wurde 1542 in Leipzig (Ostdeutschland, Sachsen) angelegt.

(A) **Der größte österreichische Botanische Garten** mit ca. 10 000 Pflanzenarten auf 9 ha befindet sich in Frohnleiten (Steiermark).

(CH) **In der Schweiz** ist der Botanische Garten von Basel mit 15 ha der größte.

(D) **Der erste Blindengarten Westdeutschlands** wurde 1975 in Hamburg eröffnet. In ihm sind 80 verschiedene Gehölze, Stauden, Sonnenblumen, Gewürze und Getreidesorten angepflanzt. Die Beete sind ca. 70 cm hoch. An Führungskanten können sich die Blinden an ihnen entlangtasten, und Tafeln in Blindenschrift nennen Namen und optische Eigenarten der einzelnen Pflanzen.

(A) Der 1959 eröffnete, 6000 m² große Blindengarten im Wertheimsteinpark von Wien enthält neben Sträuchern und Gehölzen etwa 35 Arten Blumenpflanzen.

(DDR) Das Rosarium Sangershausen (Ostdeutschland, Thüringen) ist mit seinen ca. 6000 Rosenarten und seinem 76jährigen Bestehen das älteste und größte deutsche wissenschaftliche Zentrum der Rosenzucht.

(D) Das Gegenstück in Westdeutschland ist das Deutsche Rosarium in Dortmund (Nordrhein-Westfalen) mit 3000 Rosensorten.

Für eigene Rekorde

Erde, Weltraum, Raumfahrt

Erde und Wetter

Allgemein: Die Erde ist keine wirkliche Kugel, sondern an den Polen abgeflacht. Geometrisch ist sie daher ein Ellipsoid.
Der Polardurchmesser der Erde (12 713,51 km) ist 42,77 km kürzer als der Äquatorialdurchmesser (12 756,28 km).
Die Erde weist auch eine leichte Abplattung des Äquators auf, denn ihre lange Achse (ca. 37° westl. Länge) ist 159 m länger als ihre kurze Achse.

Die größten Abweichungen vom Referenz-Ellipsoiden sind eine 74 m hohe Ausbuchtung in der Papua/Neuguinea-Gegend und eine 108 m tiefe Senkung südlich von Sri Lanka (früher Ceylon) im Indischen Ozean.

Der größte Umfang der Erde, am Äquator, beträgt 40 075,03 km, während er am Meridian 40 007,89 km beträgt. Die geschätzte Erdoberfläche ist 510 066 100 km^2. Eine Axialdrehung – also ein echter Sterntag – dauert 23 Stunden, 56 Min., 4,0996 Sek. mittlerer Zeit.
Die Erdmasse wiegt 5974×10^{18} Tonnen und ihr spezifisches Gewicht ist 5,515mal so groß wie das des Wassers. Ihr Rauminhalt wird auf 1 083 208 840 000 km^3 geschätzt.
Die Erde zieht kosmischen Staub an, doch sind die Mengenschätzungen recht verschieden, wobei die Höchstgrenze 30 000 t pro Jahr beträgt.
Nach neuester Auffassung besteht die Erde aus einer 40 km dicken Außenschale oder Lithosphäre, unter der sich ein äußerer und ein innerer Gesteinsmantel bis zu einer Tiefe von 2900 km befinden, der einen Eisen-Nickelkern umschließt, dessen Temperatur auf 3700° C geschätzt wird und der einen Druck von 330 GPa besitzt. Sollte die Eisen-Nickelkern-Theorie stimmen, dann wäre Eisen das mit Abstand am reichlichsten vorhandene Element auf der Erde.
Forschungen, die im April 1980 von Wissenschaftlern aus Pakistan, Indien, Italien und der Sowjetunion durchgeführt wurden, haben ergeben, daß die Erd-Kruste unter den Gebirgsketten des Himalaja und des Hindukusch 75 km dick ist.

Für eigene Rekorde

Naturerscheinungen

Erdbeben

(Anmerkung: Seismologische Angaben basieren nicht auf lokaler, sondern mittlerer Sonnenzeit und setzen beim Datum immer das Jahr an die erste Stelle. Wir haben für unsere seismologischen Rekorde diese Schreibweise übernommen.)

Das schwerste Erdbeben: Die Zahl der feststellbaren seismischen oder mikroseismischen Störungen pro Jahr wird auf 500 000 geschätzt. Davon sind 100 000 fühlbar und 1000 richten Schaden an. Aufgrund der neuen (1977 definierten) seismischen Stärkewerte war das größte abschätzbare Erdbeben der Welt der verheerende Lebu-Schock südlich von Concepción in Chile 1960 Mai 22. mit einer geschätzten Stärke von 9,5.

Die meisten Todesopfer: Bei dem Erdbeben *(ti chen)* in den chinesischen Provinzen Shensi, Shansi und Honan 1556 Februar 2. kamen die meisten Menschen, schätzungsweise 830 000, ums Leben.
In unserer Zeit forderte das Erdbeben von Tangshan in Ostchina 1976 Juli 27. (Ortszeit 3 Uhr morgens Juli 28.) die meisten Todesopfer (Stärke des Erdbebens 8,2). Am 4. Januar 1977 bekanntgegebene Daten gaben die Zahl der Toten mit 655 327 an, doch wurde diese später auf 750 000 erhöht.

Den größten Sachschaden verursachte das Erdbeben in der Kwanto-Ebene (Stärke 8,2, Epizentrum 35° 15′ N, 139° 30′ 0) in Japan 1923 September 1. An einer Stelle in der Sagami Bay senkte sich der Meeresspiegel um 400 m. Nach Angabe der Behörden betrug die Zahl der Toten und Vermißten in dem *Shinsai* oder großen Erdbeben und den dadurch hervorgerufenen Bränden 142 807. In Tokio und Jokohama wurden 575 000 Häuser zerstört, und der Schaden wurde auf 1,5 Mrd. DM geschätzt.

Die totalste Zerstörung einer Großstadt bewirkte das Erdbeben von *San Francisco* (Kalifornien, USA) 1906 April 18., bei dem 1000 Todesopfer zu beklagen waren. Da die Stadt in einem der von Erdbeben am meisten gefährdeten Gebiete der Erde liegt, befürchten kalifornische Seismologen, daß – mit einem Risiko von 50 Prozent – noch vor

Ende dieses Jahrzehnts ein neuer gewaltiger Erdstoß Stadt und Umgebung wiederum zusammenfallen läßt. Durch Ernstfall-Übungen (zuletzt am 18. April 1980) versuchen die Behörden, die Bevölkerung darauf vorzubereiten.

(D) In Deutschland sind seit 1350 nur neun Menschen durch Erdbeben ums Leben gekommen. Eines der heftigsten Beben war das vom 1756 Februar 18. bei Düren in der Gegend von Aachen, mit der Stärke 8 auf der internationalen zwölfteiligen Intensitätsskala. 1872 März 6. ereignete sich ein starkes Beben (Intensität 8) bei Gera im Thüringer Wald. 1978 September 3. ereignete sich im Gebiet der Schwäbischen Alb ein starkes Beben, das in seinem Zentrum Intensität 6 erreichte und erheblichen Schaden anrichtete.

(A) Das stärkste Erdbeben in Österreich war jenes von Villach 1348 Januar 25. (Intensität 9) mit mehr als 1000 Toten.

(CH) Das folgenschwerste Erdbeben in der Schweiz ereignete sich 1356 Oktober 18. in Basel. Die Intensität dieses Bebens, bei dem 300 Personen den Tod fanden, hatte den Wert 9.

(Vgl. auch Kap. 4, S. 133, »Katastrophen«)

Vulkane

Allgemein: Insgesamt sind 455 tätige Vulkane auf der Erde bekannt. Dazu kommen noch ca. 80 submarine Vulkane.
Die meisten Vulkane gibt es in Indonesien. Von den 167 bekannten sind 77 in historischer Zeit ausgebrochen.

Die größte Lavamasse ergoß sich beim Ausbruch des Vulkans *Tambora* auf der Insel Sumbawa (Indonesien) vom 5.–7. April 1815. Die Gesamtmenge wird auf 152 km^3 geschätzt. Die Energie dieser Eruption betrug $8{,}4 \times 10^{26}$ erg. Der Vulkan wurde um 1250 m niedriger und es bildete sich ein Krater mit einem Durchmesser von 11 km. Der Innendruck, der den Ausbruch des *Tambora* auslöste, wird auf 3 270 000 kg/cm^2 geschätzt.
Eine Lavamasse von 62,5 km^3 wurde beim Ausbruch des Inselvulkans *Santorini* (Griechenland) herausgeschleudert. Die Explosion ereignete sich 1470 v. Chr.

Der längste Lavastrom in historischer Zeit, *pahoehoe* genannt (Erstarrung in der Form eines gedrehten Stranges), ergoß sich beim Ausbruch des *Laki* (Island). Er erreichte eine Länge von 65–70 km. Der breiteste bekannte prähistorische Lavastrom ist der Roza-Basaltstrom in Nordamerika. Er entstand vor ca. 15 Mio. Jahren und hatte die außergewöhnliche Länge von 480 km, einen Flächeninhalt von 40 000 km^2 und einen Rauminhalt von 1250 km^3.

Die größte Explosion ereignete sich gegen 10 Uhr Lokalzeit (oder 3 Uhr MEZ) am 27. August 1883 bei einem Ausbruch des *Kratatau,* einer damals 47 km^2 großen Insel in der Sunda-Straße zwischen Sumatra und Java in Indonesien. 163 Dörfer wurden vernichtet und 36 380 Menschen kamen in der durch den Ausbruch ausgelösten Flut ums Leben. Felsbrocken wurden 55 km in die Höhe geschleudert, und noch zehn Tage später fiel mehr als 5000 km von der Insel entfernt Staubregen. Die Explosion wurde vier Stunden später auf der 4776 km entfernten Insel Rodrigues als »Donner von schweren Geschützen« verzeichnet und wurde in einem Gebiet von der Größe Europas (einem Dreizehntel der Erdoberfläche) gehört. Man nimmt an, daß diese Explosion ungefähr 26mal so stark war wie die stärkste Testdetonation einer Wasserstoffbombe, aber dennoch nur einem Fünftel der Eruption von *Santorini* entsprach.

Der höchste erloschene Vulkan ist mit 6960 m der *Cerro Aconcagua* (Steinener Wächter) auf der argentinischen Seite der Anden. Er wurde zum ersten Mal von Matthias Zurbriggen am 14. Januar 1897 erstiegen und war bis zum 12. Juni 1907 der höchste je erklommene Berg.

Der höchste tätige Vulkan ist wahrscheinlich der *Antofalla* (6450 m) in Argentinien. Doch weiß man nur vom *Guayatiri* oder *Guallatiri* (6060 m, Chile), daß er 1959 zum letzten Mal ausbrach.

Der nördlichste Vulkan ist der *Beeren-Berg* (2276 m) auf der zu Norwegen gehörenden Insel Jan Mayen (71° 05′ N) im Grönländischen Meer. Er brach am 20. September 1970 aus, und die 39 Einwohner der Insel (alles Männer) mußten ausgesiedelt werden. Wahrscheinlich wurde die Insel von Henry Hudson 1607 oder 1608 entdeckt, bestimmt wurde sie 1614 von Jan Jacobsz May (Niederlande) besucht. Am 8. Mai 1929 wurde sie von Norwegen annektiert.

Der südlichste unter den bekannten tätigen Vulkanen ist der *Mount Erebus* (3795 m) auf Ross Island in der Antarktis. Er wurde am 28. Januar 1841 bei der Expedition von Captain James Clark Ross entdeckt und erstmalig am 10. März 1908 um 10 Uhr morgens von einer britischen Gruppe unter der Leitung von Prof. Tannatt William Edgeworth David (1858–1934) bestiegen.

Der größte Krater (auch *Caldera* genannt) ist der *Mount Aso* (1590 m) auf der japanischen Insel Kyushu mit einem Flächeninhalt von 27×16 km^2 und einem Umfang von 114 km.

Nach 123 Jahren wieder tätig wurde der bis dahin 2950 m hohe Vulkan *Mount St. Helens* im Staat

Flugaufnahme der glühenden Lavamasse im Krater des Ätna auf Sizilien.

Washington (USA), der 1857 zuletzt ausgebrochen war. Am 27. März 1980 schleuderte er – nachdem einige heftige Erdstöße vorausgegangen waren – plötzlich wieder Dampf und Asche in die Höhe. Am 8. Mai 1980 wurde der Berg abermals von seismischen Beben der Stärke 3,3 (Richterskala) erschüttert, und am 18. Mai explodierte der Vulkan, wobei 500–600 Höhenmeter seines Gipfels weggesprengt und glühende Asche und Dampf aus einem 2,5 km langen, neu entstandenen Krater ca. 15 km hoch geschleudert wurden. Ströme von Lava und heißem Schlamm verwüsteten die Umgebung des Berges. Die Aschenwolke zog innerhalb von 24 Stunden über die Staaten Oregon, Montana, Idaho, Wyoming und Colorado bis nach Neu-Mexiko. Nach 48 Stunden hatte sie die amerikanische Ostküste erreicht. Aschenregen lähmte noch in 300 km Entfernung den Verkehr.

Die Zahl der Toten wurde nach einer Woche mit 32, später mit 24 angegeben. 68 Menschen wurden vermißt. In der Folgezeit haben sich am *Mount St. Helens* noch weitere starke Asche- und Lava-Eruptionen ereignet und es wird befürchtet, daß eine Beruhigung seiner Tätigkeit nicht vor Ende 1980 eintreten wird. Der Ausbruch am 18. Mai 1980 soll, wissenschaftlichen Berechnungen zufolge, die Explosionskraft von zehn Mio. t Dynamit gehabt haben und damit etwa 500mal stärker gewesen sein als die Gewalt der Hiroshima-Atombombe von 1945.

Geysire

Die höchste Wasserfontäne von 457 m stieß der *Waimangu-Geysir* (auf Maori: Schwarzes Wasser), Neuseeland, 1904 aus. Das letzte Mal brach er unerwartet am 1. April 1917 aus und tötete vier Menschen.

Der höchste Geysir der Gegenwart ist der *Service Steamboat Geysir* im Yellowstone National Park (USA). Von 1962–69 stieg in Abständen von fünf Tagen bis 10 Monaten seine Fontäne zwischen 76–115 m hoch.

Die größte Wassermenge, nämlich 37 850 hl, speit der *Gigant Geysir*, ebenfalls im Yellowstone National Park (USA).
Der *Geysir* (vom Altisländischen *geysa* »wild strömen«) in der Nähe des Mount Hekla auf Island, nach dem alle anderen benannt sind, stößt gelegentlich Fontänen von Höhen bis zu 55 m aus.
Ⓓ Der höchste natürliche Springbrunnen Deutschlands war der *Namedy-Sprudel* auf der Rheininsel Namedyweith bei Andernach (Nordrheinwestfalen). Er erreichte eine Höhe von 70 m. 1953 versiegte er.

Meere

Allgemein: Die vom Meer bedeckte Oberfläche der Erde wird auf 361 740 000 km^2 oder 71 Prozent der Gesamtoberfläche geschätzt.
Die mittlere Tiefe der Hydrosphäre wurde bis vor wenigen Jahren auf 3795 m geschätzt, aber neuere Messungen haben zu niedrigeren Werten (3554 m) geführt.
Das geschätzte Gesamtgewicht des Wassers ist $1{,}3 \times 10^{18}$ t oder 0,022 Prozent des Gesamtgewichts der Erde.
Das Wasservolumen der Ozeane wird auf 1 285 600 000 km^3 geschätzt, das Süßwasser nur auf 35 000 000 km^3.

Der größte Ozean ist der *Pazifik*. Sein Flächeninhalt beträgt 165 250 000 km^2. Das sind 45,8 Prozent aller Meere.

Die kürzeste, mit Schiffen befahrbare Entfernung über den Pazifik, von Guayaquil in Ecuador nach Bangkok in Thailand, ist 17 550 km.

Die größte Meerestiefe wurde 1951 im Marianengraben im Pazifik von dem brit. Vermessungsschiff *Challenger* ermittelt. Damals wurde eine Tiefe von 5960 Faden (10 900 m) durch Abloten und Echolot gemessen. Spätere Untersuchungen, die das sowjetische Forschungsschiff *Vityaz* im März 1959 in der Challenger Deep mit Ultraschall vornahm, ergaben Tiefen von 6033 Faden (11 033 m).
Ein Metallgegenstand, wie z. B. eine Stahlkugel von 500 Gramm, würde, wenn man sie über diesen Graben ins Wasser fallen ließe, fast 63 Minuten brauchen, bis sie 11 km tiefer auf dem Meeresboden anlangt. Die mittlere Tiefe des Pazifischen Ozeans ist 4167 m.

Das größte Meer ist das *Südchinesische Meer* mit einem Flächeninhalt von 2 974 600 km^2.
Das Malaiische Meer, das aus den Gewässern zwischen dem Indischen Ozean und dem Südpazifik südlich vom chinesischen Festland besteht und sich über 8 142 900 km^2 erstreckt, wird vom International Hydrographic Bureau nicht mehr als Einheit anerkannt.

Der größte Golf ist der *Golf von Mexiko* mit einem Flächeninhalt von 1 500 000 km^2 und einer 4990 km langen Küstenlinie, die von Cape Sable, Florida (USA), bis Cabo Catoche (Mexiko) reicht.

Die größte Bay ist die *Hudson Bay* im nördlichen Kanada mit einem Flächeninhalt von 822 300 km^2 und einer 12 268 km langen Küstenlinie.

Der längste Fjord ist der *Nordvestfjordarm* des *Scoreby Sundes* in Ostgrönland, der 313 km vom Meer ins Land hineinreicht. Der längste norwegische Fjord ist der *Sognefjord*, der 183 km landeinwärts von Sygnefest bis zur Spitze des Lusterfjordarmes in Skjolden reicht. Er ist durchschnittlich kaum breiter als 4,75 km und an seiner tiefsten Stelle 1245 m tief. Der längste dänische Fjord ist der *Limfjord* (160 km).

Der höchste Berg auf dem Meeresgrund wurde 1953 in der Nähe des Tonga-Grabens zwischen Samoa und Neuseeland entdeckt. Er erhebt sich 8690 m vom Meeresboden und der Meeresspiegel liegt 365 m über seiner Spitze.

Der landfernste Punkt liegt im Südpazifik ca. 48° 30′ S und 125° 30′ W. Er ist ca. 2670 km vom nächsten Flecken Land, nämlich der *Pitcairninsel*, der *Ducieinsel* und dem *Cap Dart* in der Antarktis, entfernt. Die diesen Punkt umgebende Wasserfläche hat eine Ausdehnung von 22 421 500 km^2 und ist damit 18 000 km^2 größer als das größte Land der Welt, die Sowjetunion.

Die Wassertemperatur an der Meeresoberfläche reicht von −2° im Weißen Meer bis 35,6° im Sommer an den seichten Stellen im Persischen Golf.
Eine außergewöhnliche geothermische Temperatur von 56° wurde im Februar 1965 vom Vermessungsschiff *Atlantis II* nahe beim Grund der *Discovery Deep* (2195 m) im Roten Meer registriert. Die Normaltemperatur des Roten Meeres ist 22°.

Der längste Fjord: der Nordwestfjordarm des Scoreby Sunds in Ostgrönland. 313 km reicht er vom Land ins Meer.

Meerengen

Die längste Meerenge ist *Tatarskiy Proliv* oder die Tatarmeerenge zwischen der Insel Sachalin und dem sowjetischen Festland, die das Japanische Meer mit Sakhalinsky Zaliv verbindet. Diese Strekke ist 800 km lang, also kaum länger als die Straße von Malakka.

Die breiteste Meerenge ist die *Davisstraße* zwischen Grönland und Baffinland mit einer Mindestweite von 338 km.
Die *Drakepassage* zwischen den Diego-Ramirez-Inseln (Chile) und den Südshetlandinseln hat eine Breite von 1140 km.

Die engste schiffbare Meerenge befindet sich zwischen der ägäischen Insel Euböa und dem griechischen Festland. Bei Chalkis ist sie nur 40 m breit. Der *Seilsund* in Strahthclyde (Schottland) ist an einer Stelle nur 6 m breit. Dort verbindet eine Brücke die Insel mit dem Festland, man kann also sagen, daß durch sie der Atlantik überbrückt wird.

Wellen

Die höchste Welle wurde von US-Marineleutnant *Frederic Margraff* gemessen, als er mit dem Schiff *Ramapo* auf dem Weg von Manila (Philippinen) nach San Diego, Kalifornien (USA), in der Nacht vom 6. zum 7. Februar 1933 durch einen Hurrikan fuhr, der mit einer Geschwindigkeit von 126 km/h daherraste. Er errechnete für die Welle vom Wellental bis zum Scheitel eine Höhe von 34 m.

Die höchste mit Instrumenten gemessene Welle war 26,2 m hoch und wurde vom britischen Schiff *Weather Reporter* im Nordatlantik am 30. Dezember 1972 59° N, 19° W verzeichnet.
Am 9. Juli 1958 löste ein Erdrutsch in der fjordartigen Lituya Bay (USA) eine 530 m hohe Welle aus.

Höchste Erdbebenwellen: Die höchste Höhe, die man für eine *Tsunami* (oft mit Unrecht *Flutwelle* genannt) schätzte, betrug 85 m und erschien bei Ischigaki, einer der Riukiu-Inseln, am 24. April 1971. Diese Erdbebenwelle schleuderte einen 790 t schweren Korallenblock über 2,5 km weit.
Tsunami (ein japanisches Wort, das im Singular und Plural gleich ist) können eine Geschwindigkeit von 750 km/h erreichen. Zwischen 479 v. Chr. und 1977 hat es mindestens 500 Fälle von *Tsunami* gegeben, von denen 270 auch Gebäude zerstörten.

Meeresströmungen

Die größte Meeresströmung ist der antarktische *Zirkumpolarstrom* oder die Westwindtrift. Messungen in der Drakepassage zwischen Südamerika und Antarktis ergaben 1969 eine Strömungsgeschwindigkeit von 270 000 000 m^3/sec., also fast dreimal so schnell wie der Golfstrom. Seine Breite liegt zwischen 300 und 2000 km, und seine Oberflächenströmung beträgt 1,4 km/h.

Die stärkste Strömung haben die *Nakwakto Rapids* in Slingsby Channel (Kanada) (51° 05′ N, 127° 30′ W), wo die Strömungsgeschwindigkeit 16 Knoten (29,6 km/h) erreichen kann.

Gezeiten

Allgemein: Außergewöhnliche Gezeiten entstehen durch die Gravitationskraft des Mondes und der Sonne unter der Einwirkung ihres Perigäums, Perihelions und ihrer Konjunktionen. Luftdruck und Wind können zusätzliche Schwankungen hervorrufen, und die Formation der Küsten und des Meeresbodens steigern von sich aus diese verändernden Kräfte.

Die stärksten Gezeiten gibt es in Kanada in der *Bay of Fundy*, die zwischen Neuschottland, Maine (dem nordöstlichen Staat der USA) und der kanadischen Provinz New Brundswick liegt. *Burncoat Head* im Minasbecken in Neuschottland hat mit 14,50 m den höchsten mittleren Springtidenhub in der Welt und einen Höchsttidenhub von 16,30 m.
Ⓓ Der größte Tidenhub für 1978 an der *deutschen Nordseeküste* wurde mit 4,17 m an der großen Weserbrücke in Bremen ermittelt. Der mittlere Tidenhub ist das Jahresmittel aus den Unterschiedsbeträgen zwischen Tidenhochwasser und Tidenniedrigwasser.
In der *Ostsee* gibt es keinen regelmäßigen und vorher bestimmbaren Wechsel zwischen Ebbe und Flut.

Nur ein Fünftel ragt von ihm aus dem Wasser: Der größte Eisberg war ausgedehnter als Belgien.

Eisberge

Der größte Eisberg war ein antarktischer Tafelberg von über 31 000 km² (335 km × 97 km, also größer als Belgien), der am 12. November 1956 von dem US-Schiff *Glacier* 240 km W von Scott-Island im südlichen Pazifik gesichtet wurde.
Die 1946 entdeckte, 61 m dicke arktische Eisinsel T. 1 (360 km²) konnte 17 Jahre lang geortet und gemessen werden.

Der höchste Eisberg hatte eine Höhe von 167 m und wurde von dem US-Eisbrecher *East Wind* 1958 nahe der Westküste von Grönland gesichtet.

Der südlichste arktische Eisberg wurde im April 1935 von einem US-Wetterbeobachtungsschiff im Atlantischen Ozean 28° 44′ N, 48° 42′ W gesichtet.

Der nördlichste antarktische Eisberg war ein Eisbergrest, der am 30. April 1894 von dem Handelsschiff *Dochra* im Atlantik 26° 30′ S, 25° 40′ W gesichtet wurde.

Eisberge zur Wasserversorgung von Wüstengebieten auszunutzen planen Australien und die Staaten der Region am Persischen Golf, insbesondere Saudi-Arabien. Eine in Paris (Frankreich) ansässige *Internationale Eisberg-Transportgesellschaft* entwickelt unter wissenschaftlicher Leitung Pläne zum Bau von Spezial-Schleppschiffen, die Eisberge aus der Antarktis zunächst bis in die australische Stadt *Perth* ziehen sollen. Nach diesen Plänen werden etwa 1983 Versuche beginnen, Eisberge von etwa zehn Mio. m³ innerhalb von sechs Monaten aus der Antarktis nach Perth zu schleppen. In dieser Zeit würde ein solcher Eisberg zwar die Hälfte seines Volumens abschmelzen, aber es würden doch noch 50 Mio. t Wasser übrigbleiben – genug, um eine Mio. Menschen ein Jahr lang zu versorgen. Diese Wassermenge stellt in Australien einen realen Wert von umgerechnet 20 Mio. DM dar, in Saudi-Arabien von 100 Mio. DM.

Land

Allgemein: Für die Wissenschaft gilt es als erwiesen, daß das gesamte Landgebiet unseres Planeten in einem einzigen Urkontinent zusammengezogen war, der *Pangaea* genannt wird. Dieser spaltete sich vor ca. 190 Mio. Jahren während des Juras in zwei Superkontinente, die *Laurasien* (Eurasien, Grönland und Nordamerika) und *Gondwanaland* (Afrika, Arabien, Indien, Südamerika, Ozeanien und Antarktis) heißen.
Der Name des zweiten Superkontinents ist von der indischen Landschaft Gondwana abgeleitet, die sich ebenfalls vor 120 Mio. Jahren teilte.
Der Südpol dürfte noch vor ca. 450 Mio. Jahren während des *Ordoviziums* im Gebiet der Sahara gelegen haben.

Gestein

Das älteste Gestein der Erde ist 3800 ± 100 Mio. Jahre alt. Es ist *Granit-Gneis-Gestein* aus dem Gebiet der *Granite Falls* im Stromgebiet des Minnesota (USA). Sein Alter wurde mit Hilfe des Blei-Isotopen- und Rubidium-Uranium-Verfahrens vom Geologischen Vermessungsinstitut der USA bestimmt und am 26. Januar 1975 veröffentlicht. Diese metamorphischen Proben entsprechen dem *Amitsoq-Gneis* aus Godthaab (Grönland), dessen Alter eindeutig als zwischen 3700 und 3750 Mio. Jahre anerkannt ist. Durch Vergleiche mit Meteoriten und Mondgestein, dessen Alter mit 4600 ± 100 Mio. Jahren als erwiesen gilt, nimmt man an, daß auch das Erdgestein etwa so alt ist.

Der größte Gesteinskomplex ist der am 3. Juni 1858 320 km östlich von Carnarvon (Australien) entdeckte *Mount Augustus* (1105 m ü. NN). Der Fels ist aus einem 8 × 3 km² großen monoklinen sandigen Konglomerat. Er ist also doppelt so groß wie der berühmte *Ayer-Felsen* (Australien).

Kontinente

Größter Kontinent: Nur 29,08 Prozent, also 148 328 000 km² der Erdoberfläche bestehen aus Land mit einer mittleren Höhe von 756 m über dem Meeresspiegel. *Eurasien* ist mit einer Ausdehnung von 54 527 000 km² der größte Kontinent.

Der kleinste Kontinent ist das australische Festland mit einer Ausdehnung von 7 614 500 km². Zusammen mit Tasmanien, Neuseeland, Neuguinea und den pazifischen Inseln wird die ganze Gruppe auch *Ozeanien* genannt. Das gesamte Gebiet von *Ozeanien* hat eine Fläche von ca. 8 935 000 km² einschließlich Westirian (vormals Westneuguinea), das politisch zu Asien gehört.

Weitester Küstenabstand: In der *Dzoosotoyn-Elisen-Wüste* (China) liegt jener – kartographisch noch nicht fixierte – Punkt, der nach allen Himmelsrichtungen weiter von einer Meeresküste entfernt ist als irgendein anderer Punkt auf der Erde. Die Mindestentfernung zum offenen Meer beträgt 2400 km. Die nächste größere Stadt südlich dieses Punktes ist *Wulumuchi* (Urumchi).

Ⓓ In Mitteleuropa liegt das Gebiet um die westdeutsche Stadt *Heilbronn* (Baden-Württemberg) im Zentrum zwischen Nordsee, Ostsee, Adria und Ligurischem Meer.

Ⓓ **Der geographische Mittelpunkt Westdeutschlands** liegt, neuesten Vermessungen zufolge, am

Blick auf die Bodenseeinsel Reichenau, die größte westdeutsche Binneninsel.

Ortsrand des Städtchens *Rennerod* a. Westerwald (Rheinland-Pfalz), 450 m üNN.

Inseln

Die größte Insel, wenn man Australien nicht als Insel, sondern als kontinentale Landmasse betrachtet, ist *Grönland* (selbstverwaltetes Gebiet des Königreichs Dänemark) mit ca. 2 175 000 km^2. Allerdings besteht Grönland aus mehreren von einer Eisdecke bedeckten Inseln, ohne die es nur 1 680 000 km^2 groß wäre.

(DDR) Die größte deutsche Insel ist *Rügen* (Ostdeutschland) in der Ostsee mit einer Fläche von 926,4 km^2.

(D) Die größte Insel Westdeutschlands ist die Ostsee-Insel *Fehmarn* (Schleswig-Holstein) mit einer Fläche von 185,1 km^2. Seit 1963 ist die Insel durch die 963 m lange Fehmarn-Sund-Brücke mit dem Festland verbunden.

Die größte Insel im Süßwasser ist die *Ilha de Marajo* (35 000 km^2) in der Amazonasmündung in Brasilien. Die größte Binneninsel (d. h. zwischen Flüssen liegendes Land) ist die *Ilha do Bananal* in Brasilien.

Die größte Insel in einem See ist *Manitoulin* (2766 km^2) im kanadischen (Ontario-)Gebiet des Huron-Sees.

(D) Die größte Binnenlandinsel von Westdeutschland ist die Bodenseeinsel *Reichenau* (Baden-Württemberg) mit 4,5 km^2 Fläche.

(A) Österreichs größte Insel ist 5,25 ha groß und liegt im Neusiedler See. Es ist die *Apetlonen-Schilf-Insel* an der Grenze zu Ungarn; eine reine Moorinsel, die nicht bebaubar ist.

(CH) Die größte Schweizer Insel ist die *Île de St. Pierre* im Bieler See (frz. Schweiz). Da der Seespiegel ständig sinkt, vergrößert sich die Insel von Jahr zu Jahr. 1978 betrug ihre Fläche 89 ha.

Die entlegenste, unbewohnte Insel ist *Bouvet Øya* (ehem. Liverpoolinsel) im Südatlantik. Sie wurde am 1. Januar von *Bouvet de Lozier* entdeckt und zum ersten Mal am 16. Dezember 1825 von Captain *George Norris* betreten. Sie liegt 54° 26′ S, 3° 24′ O. Dieses unbewohnte norwegische Schutzgebiet ist ca. 1700 km vom nächsten Festland, der ebenfalls unbewohnten Küste von Queen-Maud-Land, entfernt.

Die entlegenste bewohnte Insel ist *Tristan da Cunha* im Süd-Atlantik. Sie wurde im März 1506 von *Tristao da Cunha,* einem portugiesischen Admiral, entdeckt. Sie hat einen Flächeninhalt von 98 km^2, wovon 31 km^2 bewohnbar sind. Am 14. August 1816 wurde sie von Großbritannien annektiert. Nachdem sie wegen vulkanischer Tätigkeit 1961 evakuiert werden mußte, kehrten im November 1963 198 Inselbewohner wieder auf die Insel zurück. Dieser Insel am nächsten gelegen ist die Insel *St. Helena*, 2120 km in nordöstlicher Richtung entfernt. Die Entfernung zum nächsten Kontinent, Afrika, beträgt 2735 km.

Das nördlichste Land ist die gegenüber von NO-Grönland und 708 km von Nordpol entfernt gele-

gene *Kaffeklubben Øyen (Kaffeeklubinsel),* die von *Dr. Lange Koch* bereits 1921 entdeckt, deren genauer Breitengrad (83° 40′ 6″) aber erst im Juni 1969 festgestellt wurde.
Am 26. Juli 1978 bemerkte Uffe Petersen vom Dänischen Geodätischen Institut ein bisher unbekanntes, etwa 30 m^2 großes Inselchen, 1,36 km nördlich von Kaffeklubben Øyen auf 83° 40′ 32,5″ N, 30° 40′ 10,1″ W.

Südlichstes Land: Im Gegensatz zum Nordpol befindet sich der Südpol auf Festland. Die Amundsen-Scott-Südpolarstation wurde dort 1957 in einer Höhe von 2855 m erbaut. Zusammen mit der Eisdecke treibt sie 8–9 m im Jahr in Richtung 43° W und wurde 1975 durch ein neues Gebäude ersetzt.
(D) Die Sommerstation *Filchner* der westdeutschen Antarktisforschungsgruppe wird zur Zeit westlich der Berkner-Insel auf 77° 9′ 5″ S, 50° 38′ 13″ W auf dem Ronne-Eisschelf errichtet. Sie soll als Basis für wissenschaftliche Untersuchungen dienen, wie z. B. solche über die Bewegungen des Schelfeises, für Klimabeobachtungen, Radaruntersuchungen der Gletscherstruktur und über die Bildung von Eisbergen. Außerdem sollen meeresbiologische und ozeanographische Tests durchgeführt werden. An Kosten für die Station stellt das westdeutsche Forschungsministerium 15 Mio. DM zur Verfügung, für die Durchführung der Forschungsprojekte bis zum Jahr 1983 insgesamt etwa 250 Mio. DM.

Der größte Archipel ist die 5600 km lange, sichelförmige, aus über 13 000 Inseln bestehende Inselgruppe, aus der sich *Indonesien* zusammensetzt.

In der größten der 4000 deutschen Höhlen, der Kluterhöhle, hoffen Patienten auf Heilung von Asthma.

Das größte Atoll ist *Kwajalein* in den Marschall-Inseln im Zentralpazifik. Sein schmales, 283 km langes Korallenriff umgibt eine 2850 km^2 große Lagune.
Das Atoll mit der größten Landoberfläche ist das *Christmas Atoll* in den Linainseln im Zentralpazifik. Ihr Flächeninhalt beträgt 477 km^2, und ihre Hauptsiedlungen, *London* und *Paris*, sind 6 km voneinander entfernt.

Das längste Riff ist das *Great Barrier Reef* gegenüber von Queensland (Australien). Es ist 2027 km lang. Zwischen 1959 und 1971 wurde ein großes Gebiet zwischen Cooktown und Townsville durch die übermäßige Vermehrung einer Seestern-Art namens *Acanthaster planci* (Dornenkronenseestern) zerstört.

Die größte Halbinsel ist *Arabien* mit einer Fläche von ca. 3 250 000 km^2.

Vertiefungen (Depressionen)

Die tiefste Senke, die bisher entdeckt wurde, befindet sich unter dem *Hollick-Kenyon-Plateau* in Marie-Byrd-Land (Antarktis), wo an einem Punkt 1800 m über dem Meeresspiegel die Eisdecke 4267 m tief ist, was für eine 2468 m tiefe Senke des Felsgrundes unter dem Meeresspiegel spricht.

Die größte submarine Senke ist ein großes Gebiet des Meeresbodens im NW-Pazifik mit einer durchschnittlichen Tiefe von 4570 m.

Die tiefste freiliegende Senke an Land ist die Küste des *Toten Meeres,* die 393 m unter dem Meeresspiegel liegt. Der tiefste Punkt auf dem Grund dieses Sees ist 792 m tiefer als der des Mittelmeers.

Die tiefste Stelle des Baikalsees in Sibirien (Sowjetunion) liegt 1484 m unter dem Meeresspiegel.

(D) **Der tiefste Punkt Westdeutschlands** ist *Gruben Seekoog* an der Ostküste von Schleswig-Holstein. Er liegt 2,2 m unter NN.
(A) Österreichs tiefster Punkt befindet sich im *Neusiedler See*, dessen tiefste Stelle 162 m ü. NN liegt.
(CH) In der Schweiz ist das Ufer des *Lago Maggiore* (Kanton Tessin) mit 193 m ü. NN der tiefstgelegene Punkt dieses Alpenstaats.

Die größte freiliegende Senke ist das Becken des *Kaspischen Meeres* in der aserbaidschanischen, russischen, kasachischen und turkmenischen Republik der UdSSR und dem nördlichen Iran. Sie ist über 518 000 km^2 groß, wovon 371 800 km^2 vom Meer eingenommen werden. Das bei weitem größ-

306 km lange Gänge verbinden das Flint Ridge mit dem Mammoth-Höhlensystem (USA).

te Landgebiet der Senke ist die *Prikaspiyskaya Nizmennost*, die das nördliche Drittel des Ufers bildet und reicht bis zu 450 km landeinwärts.

Höhlen und Grotten

Das längste Höhlensystem (1799 entdeckt) befindet sich unter dem *Mammoth-Cave-Nationalpark* (USA). Seit 1972 sind dort das Flint Ridge und das Mammoth-Höhlensystem zu einem Gesamtverbund mit einer erforschten Ganglänge von 306 km vereint.

Ⓓ Die größte der ca. 4000 deutschen Höhlen ist die *Kluterhöhle* in Ennepetal-Altenvoerde (Sauerland, Nordrhein-Westfalen) mit einem Rauminhalt von 475 km³. Sie gilt als Asthma-Heilstätte.

Ⓐ Die größte Höhle in Österreich und zugleich die **größte Eishöhle der Welt** ist die *Eisriesenwelt* im Tennengebirge bei Werfen (Land Salzburg). Die Höhle wurde 1879 entdeckt, die erforschte Ganglänge beträgt 42 km.

(CH) Die Schweizer Höhle mit dem längsten Gangsystem ist das *Hölloch* (Kanton Schwyz), dessen 116 km langen Gänge eine Höhendifferenz von 576 m überwinden. Sie ist 827 m tief und damit auch die tiefste Höhle der Schweiz.

Der größte Höhlenraum ist der »Big Room« der *Carlsbad Caverns*, Neumexiko (USA). Er hat eine Ausdehnung von 5,6 ha und eine Deckenhöhe von 24 bis 77 m. Seine Längsachse beträgt 550 m.

🌐 **Die unterste Tiefe,** die bisher von Höhlenforschern erreicht wurde, betrug 1410 m. Eine französische Gruppe drang Ende Februar 1980 in der *Gouffre de Samoen* in Savoyen bis zu dieser Tiefe vor und hat damit den eigenen Weltrekord verbessert, der bisher bei 1358 m stand.
Mitarbeiter des Instituts für Geographie der Akademie der Wissenschaften der UdSSR wollen jedoch auch diesen neuen Rekord brechen: in der Höhle *Towliani* (Georgien), der tiefsten der Sowjetunion, stiegen sie bisher bereits 1190 m hinab.

Ⓓ *Die Laichinger Tiefenhöhle,* eine sogenannte Schachtelhöhle, ist mit 70 m die tiefste deutsche Höhle (Baden-Württemberg).

Ⓐ Die tiefste Höhle Österreichs ist mit 913 m der *Kacherlschacht*. Die bekannte *Geldlochhöhle* bei Mariazell (Steiermark) ist nur 518 m tief.

Stalaktiten und Stalagmiten

Allgemein: *Stalaktiten* sind Tropfsteingebilde, die von oben nach unten wachsen. *Stalagmiten* sind jene, die von unten nach oben wachsen. *Heliktiten* wachsen in jede Richtung und *Sinterungen* an Wänden und Boden. Alle brauchen etwa ein Jahrzehnt, um 1 mm zu wachsen. Die Lehre von der Höhlenkunde heißt *Speläologie*.

Den längsten Stalaktiten gibt es in der Nähe von Malaga (Spanien) in der *Cueva de Nerja* in Form einer von einer Wand gestützten Säule. Von der Decke bis zum Boden hat sie eine Länge von 59 m. Die geringe Stabilität von Kalkstein (kohlesaurer Kalk) verhindert sehr lange freihängende Stalaktiten. Doch gibt es in der *Poll-an-Ionain*-Höhle (Irland) einen 11,60 m langen Stalaktiten.

Der höchste Stalagmit, der bis jetzt entdeckt wurde, ist La Grande Stalagmite in der *Aven-Armand-Höhle* (Frankreich), der eine Höhe von 29 m erreicht hat. Er wurde 1897 entdeckt.
(D) Die höchsten Stalagmiten in Westdeutschland sind die Tropfsteinsäulen in der »Fürstengruft« der Erdmannshöhle bei Hasel (Baden-Württemberg). Sie sind über 4 m hoch.

Gebirge

Höchste Gipfel: Aufgrund von Theodolitenmessungen aus den Jahren 1849 und 1850 stellte die Landvermessungsbehörde der indischen Regierung 1852 fest, daß ein 8848 m hoher Gipfel des östlichen Himalajagebirges an der Grenze zwischen Tibet und Nepal der höchste Berg der Welt ist. 1860 wurde seine Höhe mit 8840 m errechnet. Am 25. Juli 73 meldeten die Chinesen, daß er 8848 m hoch sei. Allgemein wird eine Durchschnittshöhe von 8848 m zugrunde gelegt. Dieser Gipfel wurde nach *Sir George Everest* (1790–1866), vormals Generalgouverneur von Indien, *Mount Everest* genannt. Seit dem ersten Besteigungsversuch 1921 kamen elf Menschen ums Leben, bis der *Mount Everest* schließlich am 29. Mai 1953 um 11.30 Uhr von dem Engländer Sir *Edward Hillary* (* 20. Juli 1919) und *Sherpa Tensing Novgay* (* 1914 in Nepal) erstmals erobert werden konnte.

Im Mai 1980 unternahmen 39 japanische Bergsteiger unter Leitung von *Hyoriki Watanabe* den Versuch einer erneuten Everest-Besteigung. Dabei sollte festgestellt werden, ob eine im Oktober 1979 von einem chinesischen Bergsteiger im Everest-Gebiet entdeckte Leiche Aufschluß über das Schicksal der beiden Briten *George Leigh Mallory* und *Andrew Irvine* geben kann, die im Juni 1924 auf dem Everest verschollen sind. Es ist unklar, ob diese beiden Everest-Pioniere den Gipfel erreicht haben oder vorher gescheitert sind. Sollten sie erst nach dem Gipfelsieg gestorben sein, müßte das Datum der Erstbesteigung um fast 30 Jahre vorverlegt werden.
(Vgl. auch »Sport«, S. 472)

Am weitesten vom Mittelpunkt der Erde entfernt ist die Spitze des *Chimborasso* (6267 m) in den Anden (Ecuador). Er erhebt sich 158 m südlich des Äquators.

Der höchste Berg auf dem Äquator ist der Vulkan *Cayambe* (5878 m) in Ecuador, 77° 58′ W.

Der höchste Inselberg ist der noch nicht vermessene *Ngga Pulu*, ehem. Mount Sukarno, ehem. Carstensz Pyramide in Irian Jaya (Indonesien, vormals Niederl. Neuguinea). Nach neuesten Schätzungen ist er 5030 m hoch.

Der höchste noch nicht erstiegene Berg steht erst an 31. Stelle unter den höchsten Bergen. Es ist der *Zemu Gap Peak* (7780 m) im Sikkimer Himalaja Gebirge.

Der größte von seiner submarinen Basis bis zur Spitze gemessene Berg ist der *Mauna Kea* (Weißer Berg) im Hawaiischen Graben auf der Insel Hawaii. Seine Gesamthöhe beträgt 10 203 m, wovon sich 6000 m unter und 4205 m üNN befinden.
Ein anderer Berg, dessen Abmessungen, aber nicht seine Höhe, über den Mount Everest hinausgehen, ist der vulkanische Gipfel des *Mauna Loa* (Langer Berg) auf Hawaii mit 4170 m.

(D) **Höchster Berg Deutschlands** ist die 2963 m hohe *Zugspitze* im Wettersteingebirge. Zum ersten Mal wurde die Zugspitze am 27. August 1820 erstiegen. Heute ist sie mit Bergbahnen und Restaurant ein beliebtes Ausflugsziel.
(DDR) Der höchste Berg in Ostdeutschland ist der *Fichtelberg* im Erzgebirge mit einer Höhe von 1214 m.
(A) Höchster Berg Österreichs ist der *Großglockner* in den Hohen Tauern (Land Salzburg). Der 3797 m hohe Berg wurde am 28. Juli 1800 zum ersten Mal erstiegen.
(CH) Höchster Berg der Schweiz ist die 4634 m hohe *Dufourspitze* der Monte-Rosa-Gruppe in den Walliser Alpen. Sie wurde am 1. August 1855 erstmals bezwungen.

Das höchste Gebirge ist der *Himalaja-Karakorum* mit 96 von den 109 Gipfeln der Welt, die über 7315 m hoch sind.

Das ausgedehnteste aller Gebirge sind die submarinen *Kordilleren* im Indischen Ozean und Ostpazifik, die sich 30 720 km vom Golf von Aden bis zum Golf von Kalifornien erstrecken, sich zwischen Australien und dem Südpolargebiet hinziehen und eine mittlere Höhe von 2430 m üNN haben.

Die größte Sichtweite hat man von dem 4949 m hohen *Mount Sanford* (Alaska, USA). Von ihm aus ist der 370 km entfernte *Mount McKinley* (6193 m) zu sehen.

Der längste Fluß der Alten Welt: Ägyptens Lebensstrom, der Nil (6670 km).

Das ausgedehnteste Hochplateau ist das tibetanische Plateau in Zentralasien. Seine mittlere Höhe ist 4875 m und sein Flächeninhalt 200 000 km².

Die steilste Felsenwand ist die 975 m breite NW-Seite von *Half Dome*, Yosemite (USA). Sie ist 670 m hoch, weicht aber nirgends um mehr als sieben Grad von der Vertikalen ab. Sie wurde zum ersten Mal im Juli 1957 erklettert (Klasse VI).

Niedrigster Hügel: Auf der amtlichen Landkarte von Seria (Brunei) ist ein 4,5 m hohes Hügelchen namens *Bukit Thompson* auf dem Padang-Golfplatz verzeichnet.

Flüsse

Die beiden längsten Flüsse sind der *Amazonas*, der in den Südatlantik fließt, und der *Nil* (Bahr-el-Nil), der ins Mittelmeer mündet. Welcher von beiden länger ist, ist eine Sache der Auslegung und nicht der Messung.

Für den *Amazonas* gibt es folgende Meßmöglichkeiten: Die Quelle des Amazonas ist ein Bach namens Huarco, der 1953 entdeckt wurde. Er entspringt nahe dem Gipfel des Cerro Huagra (5238 m) in Peru. Dieser Bach wird zum Fluß Toro, dann zum Santiago, dann zum Apurimac, der wiederum zum Ene wird, und dann zum Tambo, bevor er mit dem bedeutendsten Nebenfluß des Amazonas, dem Ucayali, zusammenfließt. Nach Messungen aus dem Jahr 1969 beträgt die Länge des Amazonas von dieser Quelle bis zum Südatlantik über den Canal do Norte 6448 km.

Wenn allerdings ein flußabwärts fahrendes Schiff südlich der *Ilha de Marajó* durch die Meerengen von Breves und Boiuci in den Pará einbiegt, dann kommt man auf eine Gesamtlänge von 6750 km für den Amazonas. Jedoch ist der Pará kein Nebenfluß des Amazonas, da er hydrologisch zum Stromgebiet des Tocantins gehört.

Die Länge des *Nils* wurde mit 6670 km vermessen. Inzwischen sind jedoch einige Kilometer von Mäandern hinter dem Staudamm von Assuan durch den Nasser-See verlorengegangen.

(D) Der längste Fluß Westdeutschlands ist der *Rhein*. Von seinen insgesamt 1320 km verlaufen 867 km durch deutsches Gebiet.

(DDR) Der längste Fluß Ostdeutschlands ist die *Elbe*. Von ihrer Gesamtlänge (1165 km) verläuft fast die Hälfte – 566 km – durch ostdeutsches Gebiet.

(A) Der längste Fluß Österreichs ist die *Donau*. Nach der Wolga ist sie der zweitgrößte Strom Europas. Von ihren 2850 km Gesamtlänge liegen 350 km in Österreich, auf 647 km fließt die Donau durch Westdeutschland.

Höchster Wasserfall der Schweiz: der Staubachfall im Lautenbrunnental ist 297 m hoch.

(CH) Der längste Fluß der Schweiz ist der *Rhein*, von dem 375 km durch die Schweiz fließen.

Der kürzeste Fluß ist der Fluß *»D«* in Lincoln City (USA), der den Devil's Lake mit dem pazifischen Ozean verbindet und bei Ebbe 134 m lang ist.

Das weiteste Stromgebiet ist das Becken des 6448 km langen *Amazonas*, das sich über ein Gebiet von 7 045 000 km^2 erstreckt. Der *Amazonas* hat ca. 15 000 Nebenflüsse mit deren eigenen Nebenflüssen, von denen vier über 1609 km lang sind. Der längste davon ist der *Madeira*, mit einer Länge von 3380 km. Nur 14 Flüsse in der ganzen Welt sind länger als er.

Der längste Nebenfluß eines Nebenflusses ist der 1609 km lange *Pilcomayo* in Südamerika. Er ist ein Nebenfluß des *Paraguay* (2415 km lang), der wiederum ein Nebenfluß des 4025 km langen *Paraná* ist.

Die längste Flußmündung, die aber häufig zugefroren ist, hat eine Länge von 885 km und eine Breite bis zu 80 km. Sie gehört zum *Ob* im Norden der UdSSR.

Das längste Delta bilden der *Ganges* und der *Brahmaputra* in Bangladesh (ehem. Ostpakistan) und Westbengalen (Indien). Es erstreckt sich über ein Gebiet von 75 000 km^2.

Die gewaltigste Strömung von allen Flüssen hat der *Amazonas*. Die von ihm in den Atlantik beförderte durchschnittliche Wassermenge beläuft sich auf 120 000 m^3/sec. und steigt bei Flut auf 200 000 m^3/sec. Die Durchschnittstiefe seines 1450 km langen Unterlaufes ist 90 m.

Fluß unter dem Meeresspiegel: 1952 wurde ein 400 km breiter submariner Fluß – der *Cromwell Strom* – entdeckt, der in östlicher Richtung 90 m unter der Oberfläche des Pazifik 5625 km den Äquator entlang fließt. Seine Wassermenge ist tausendmal so groß wie die des Mississippi.

Unterirdischer Fluß: Im August 1958 wurde mit Hilfe von Radioisotopen ein Krypto-Fluß unter dem Nil ermittelt, dessen jährliche mittlere Strömung sich auf eine halbe Mrd. m^3 beläuft. Das ist das Sechsfache des Nils.

Das größte Sumpfgebiet ist das Stromgebiet des *Pripet – oder Pripyat* – eines Nebenflusses des Dnjepr in der UdSSR. Die Sümpfe erstrecken sich über eine geschätzte Fläche von 46 950 km^2.

Die bemerkenswerteste Flutwelle ist die in der *Ch'ient'ang'kian*-Mündung (China). Bei Springflut

Bei den Triberg-Wasserfällen, die höchsten Westdeutschlands, stürzen die Wassermassen 163 m tief.

erreicht die Welle eine Höhe bis zu 7,5 m und eine Geschwindigkeit von 24 km/h. Man hört sie schon aus einer Entfernung von 22 km heranrollen.
Die Flutwelle auf dem *Hooghly-Arm* des Ganges erreicht auf einer Strecke von 110 km eine Geschwindigkeit von 27 km/h.
Die jährliche flußabwärts laufende Flutwelle des *Mekong* (Hinterindien) erreicht zeitweise eine Höhe von 14 m.
Die mengenmäßig größte Flutwelle ist die des *Canal do Norte* (16 km breit) in der Amazonasmündung an der brasilianischen Atlantikküste.

Die schnellsten Stromschnellen sind die *Lavafälle* im Colorado (USA). Bei Flut erreichen sie eine Geschwindigkeit von 48 km/h mit bis zu 3,65 m hohen Wellen.

Wasserfälle

Der höchste Wasserfall ist der *Salto Angel* in Venezuela in einem Arm des *Carrao,* der ein oberer Nebenfluß des *Caroni* ist. Er hat eine Gesamtfallhöhe von 979 m und sein höchster Wassersturz ist 807 m hoch. Er wurde von dem US-Flieger *James (Jimmy) Angel* († 8. Dezember 1956), der in der Nähe des Wasserfalls am 9. Oktober 1937 abgestürzt war, wiederentdeckt. Über die von den Indianern *Cherun-Meru* genannten Fälle wurde zum ersten Mal 1910 von Ernesto Sanchez La Cruz berichtet.

(D) Die höchsten Wasserfälle Westdeutschlands sind die *Tribergfälle* an der Gutach im Schwarzwald. Das Wasser stürzt über sieben Stufen 163 m tief.

(A) Die *Krimmler Wasserfälle* bei Krimml im Salzburger Land sind die höchsten Österreichs. In drei Stufen stürzen sie 390 m tief. Die obere Stufe hat mit 140 m die höchste Fallhöhe.

(CH) Der *Staubachfall* im Lautenbrunnental stürzt 297 m in die Tiefe. Er ist damit der höchste der Schweiz.

Der Wasserfall mit der größten Wassermenge, die im Jahresdurchschnitt herabstürzt, ist der 114 m hohe *Guairá* (auch Salto dos Sete Quedas genannt) im Alto Paraná zwischen Brasilien und Paraguay. Trotz seiner Durchschnittshöhe von nur 33,5 m fließt schätzungsweise eine Jahresmenge Wasser von 13 300 m³/sec. über seinen 4850 m breiten Rand. Diese gewaltigen Wassermengen würden, flössen sie in die Kuppel der St.-Peters-Kirche zu Rom, diese in der unglaublich kurzen Zeit von ³/₅ Sekunden füllen. Andere Berechnungen begnügten sich mit dem Füllen der kleineren Kuppel von St. Pauls in London.
Die sieben Katarakte der *Boyoma-* (ehem. Stanley-) Fälle in Zaire befördern eine mittlere Jahresmenge von 17 000 m³/sec.

Die breitesten Wasserfälle sind die 15–21 m hohen *Khône-Fälle* in Laos. Sie sind 10,8 km breit und haben eine Strömung von 42 500 m³/sec.

Seen und Binnenmeere

Der größte Binnensee ist das *Kaspiskoye More* (Kaspisches Meer) im Süden der UdSSR und im Iran. Seine Länge: 1225 km, sein Flächeninhalt: 371 800 km². Davon gehören ca. 143 200 km² zum Iran. An seiner tiefsten Stelle ist das Kaspische Meer 980 m tief und seine Oberfläche liegt 28 m unter dem Meeresspiegel. Laut Schätzung enthält es 89 600 km³ Wasser mit einem Salzgehalt von 1,3 Prozent. Seit 1930 hat sich sein Flächeninhalt um 39 000 km² vermindert, sein Spiegel ist 18,90 m gesunken und seine Küstenlinie an manchen Stellen über 16 km zurückgewichen. Die Sowjetunion plant einen 122 km langen Kanal in den südwärts fließenden *Kolva* zu sprengen und durch ihn die Wasser der *Kama* und der *Wolga* in das Kaspische Meer zu lenken, damit es wieder aufgefüllt wird.

Den größten Flächeninhalt eines Süßwasser-Sees, nämlich 82 350 km², hat der *Lake Superior* (Oberer See) in Nordamerika. 53 600 km² seiner Fläche gehören zu den USA, 27 750 km² zu Kanada. Der See liegt 182 m üNN und ist bis 393 m tief.

Den größten Kubikinhalt eines Süßwassersees hat der *Baikalsee* (UdSSR). Seine Wassermenge wird auf 23 000 km³ geschätzt.

(D) (A) (CH) Der größte See Deutschlands ist mit 538,5 km² der *Bodensee.* Doch nur 319 km² des Sees gehören zu Westdeutschland. Der österreichische Anteil beträgt 51 km², der der Schweiz 168,5 km².

(D) Der größte See, der zur Gänze in Westdeutschland liegt, ist mit 80 km² der *Chiemsee* in Bayern.

(DDR) Der größte See Ostdeutschlands ist der *Müritzsee* bei Neubrandenburg in Mecklenburg mit einer Fläche von 116,8 km².

Der Chiemsee in Bayern: der größte Binnensee, ganz auf westdeutschem Grund.

(A) Der größte See Österreichs ist der *Neusiedler See,* obwohl von dessen 320 km^2 ein kleiner Teil auf ungarischem Gebiet liegt. Dieser flache See (max. Tiefe 3,5 m) ist der einzige mitteleuropäische Steppensee und ein berühmtes Vogelparadies.
Der *Attersee* ist mit seinen 46,7 km^2 der größte See, der mit seiner Gesamtfläche auf österreichischem Boden liegt.

(CH) Der größte Schweizer See ist der *Genfer See.* Von seinen 581,50 km^2 liegen 234 km^2 auf französischem Gebiet. Dort heißt er *Lac Leman.*

Der tiefste See ist der sibirische *Baikalsee* (UdSSR). Er ist 620 km lang und 32 bis 74 km breit. Nach Messungen aus dem Jahre 1957 ist der Olkhon-Spalt des Sees 1940 m tief, also 1485 m unter dem Meeresspiegel.

(D) Der tiefste deutsche See ist der *Bodensee,* denn seine tiefste Stelle (252 m) liegt auf dem Gebiet von Westdeutschland.

(A) Der tiefste österreichische See ist mit 141 m der *Millstätter See* (Kärnten).

(CH) Der tiefste ganz zur Schweiz gehörende See ist der *Brienzer See* mit 261 m Tiefe (Kanton Bern).

Der höchstgelegene See, auf dem Schiffsverkehr möglich ist, ist der *Titicacasee* (Maximaltiefe 370 m) mit einem Flächeninhalt von 8285 km^2, wovon 4790 km^2 zu Peru und 3495 km^2 zu Bolivien gehören. Er ist 209 km lang und liegt 3811 m über dem Meeresspiegel.
Es gibt einen *Gletschersee ohne Namen* in der Nähe des Mount Everest in einer Höhe von 5880 m.
Der größte See in Tibet, *Nam Tso,* erstreckt sich über 1956 km^2 und liegt in einer Höhe von 4578 m.

(D) Der höchste See Westdeutschlands ist der *Stuibensee,* östl. der Alpspitze (Bayern) auf 1921 m. Er hat eine Fläche von ca. 0,5 ha.

(A) Der höchste See Österreichs ist der *Schwarzsee* im Ötztal (Tirol), westlich von Hochsölden. Er liegt auf 2799 m.

(CH) Höchster See der Schweiz ist – nicht endgültig bestätigt – der 1 ha große *Lac de Tsofeiret* im südl. Wallis mit 2572 m üNN.

See auf einem See: Der größte See auf einem See ist der *Manitousee* (106,42 km^2) auf Manitoulin, der größten Binneninsel der Welt (2766 km^2), im kanandischen Teil des Huronsees. Er selbst hat ebenfalls einige Inseln.

Der größte unterirdische See soll der *Lost Sea* sein, der 91 m unter der Erde in den *Graighead-Höhlen* (USA) liegt, 1,8 ha mißt und 1905 entdeckt wurde.

Die größte Lagune ist die *Lagoa dos Patos* im südlichsten Teil Brasiliens. Sie ist 254 km lang und erstreckt sich über 10 645 km^2.

Wüsten

Die größte Wüste: Fast ein Achtel des Festlandgebietes der Welt ist trocken und hat weniger als 25 cm Regen im Jahr.
Die *Sahara* in Nordafrika ist die größte Wüste. An ihrer längsten Stelle mißt sie 5150 km von O nach W. Von N nach S mißt sie zwischen 1275 und 2250 km und ihr Flächeninhalt beträgt 8,4 Mio. km^2. Ihre tiefste Stelle, in der *Quattârasenke* in Ägypten, liegt 132 m unter dem Meeresspiegel; an ihrer höchsten Stelle, dem Berg *Emi Koussi* im Tschad, hat sie eine Höhe von 3415 m. Die Tagestemperaturspanne kann mehr als 45° C betragen.

Die höchsten Sanddünen wurden in Zentralalgerien im Sandmeer *Isouane-n-Tifernine* in der Sahara (26° 42′ N, 6° 43′ O) gemessen. Ihre Wellen sind fast 5 km lang und bis zu 430 m hoch.

Klippen

Die höchsten kartographisch erfaßten Klippen sind in Hawaii an der Nordküste von *Ost-Moloka'i* in der Nähe der *Umilehi-Spitze.* Sie fallen aus einer Höhe von 1005 m mit einer Durchschnittssteilheit von über 55° zum Meer ab.
Die höchsten Klippen in NW-Europa sind die an der Nordküste der Insel *Achill* (Irland). Sie ragen bei Croaghan in einer Höhe von 668 m senkrecht aus dem Meer.

(D) Die Steilküste der Nordseeinsel *Helgoland* ist bis zum Hochplateau 58 m hoch.

(DDR) Bei *Stubbenkammer* sind die Kreidefelsen der Ostseeinsel Rügen 122 m hoch.

Naturbrücken

Die längste Naturbrücke ist der *Landscape Arch* (Landschaftsbogen) im Arches-Nationalpark (USA). Dieser Sandsteinbogen hat eine Spannweite von 88 m und steht ca. 30 m über der Sohle eines Canõns. An einer Stelle ist er durch Erosion nur noch 1,82 m breit.
Breiter, nämlich 6,7 m, ist die am 14. August 1909 in Utah entdeckte *Rainbow Bridge* mit einer Spannweite von 84,7 m.

Die höchste Naturbrücke ist ein Sandsteinbogen in *Sinkiang* (China), 40 km WNW von *K'ashih,* der nach Schätzungen aus dem Jahre 1947 312 m hoch ist und eine Spannweite von ca. 45 m hat.

Schluchten

Die größte Festlandschlucht ist der *Grand Cañon* des Colorado im Nordteil von Zentralarizona

5 km lang und bis zu 430 m hoch sind die Wellen der Sanddünen in der Sahara.

(USA). Er erstreckt sich über 349 km von der Marble Gorge zu den Grand Wash Cliffs. Seine Breite beträgt zwischen 6 und 20 km. Er ist bis zu 2133 m tief.

Die tiefste Schlucht in einem Flachlandgebiet ist der *Hell's Cañon,* der die Staaten Oregon und Idaho (USA) trennt. Der Devil Mountain wird vom Snake River durch diese 2400 m tiefe Schlucht getrennt.

Der tiefste submarine Abgrund ist 1800 m tief und liegt 40 km südlich von *Esperance* (Australien).

(D) **Die tiefste deutsche Schlucht** ist die *Breitachklamm* bei Oberstdorf (Bayern). Sie hat eine Tiefe von mehr als 100 m.

(A) **Die tiefste Schlucht Österreichs** ist wahrscheinlich die *Lichtensteinklamm* bei St. Johann im Pongau (Land Salzburg). Sie schneidet bis zu 280 m tief ins Tal.

(CH) **Als tiefste Schlucht der Schweiz** bezeichnet man die *Via Mala,* die der Hinterrhein südlich Thusis im Kanton Graubünden bildet. Sie ist etwa 3 km lang und hat – je nach Bezugspunkten – einen Tiefen-Mittelwert von ca. 700 m. Der Schluchtboden liegt etwa 850 m üNN, die Schluchtränder 1400 bis 1700 m üNN. Die direkt anschließenden Höhenzüge sind ca. 2000 m hoch.

Gletscher

Allgemein wird angenommen, daß ca. 10,4 Prozent der Festlandoberfläche der Erde, d. h. 15,6 Mio. km^2, ständig vereist sind.

Der längste bekannte Gletscher ist der von der Besatzung eines australischen Flugzeuges 1956–57 im australischen Südpolgebiet entdeckte *Lambertgletscher.* Er ist bis zu 64 km breit und hat zusammen mit seinem oberen Abschnitt, dem *Mellorgletscher,* eine Mindestlänge von 402 km.

Die größte Festlandsschlucht: bis zu 2133 m ist der Grand Cañon des Colorado in den USA tief.

Für eigene Rekorde

Mit dem Ausläufer des *Fisher-Gletschers* bildet der *Lambert-Gletscher* eine ununterbrochene ca. 514 km länge Eisfläche.

Der sich am schnellsten bewegende Gletscher ist der *Quarayaq* in Grönland. Er legt 20–24 m pro Tag zurück.

(CH) Der längste Alpengletscher ist der *Aletsch-Gletscher* in den Berner Alpen, zwischen dem Aletschhorn, der Jungfrau und dem Finsteraarhorn (Schweiz). Er ist 24,7 km lang und bedeckt eine Fläche von 86,8 km².

(D) Der größte deutsche Gletscher ist der *Plattferner* auf der Zugspitze (Bayern). Er ist 0,9 km lang und bedeckt eine Fläche von ca. 0,8 km².

(A) Österreichs größter Gletscher ist die *Pasterze* in den Hohen Tauern am Großglockner (Land Salzburg). Der Gletscher ist 8,8 km lang und bedeckt eine Fläche von 19,6 km².

Lawinen

Die größten Lawinen gibt es im Himalaja, allerdings hat kaum jemand Gelegenheit, sie zu beobachten.

Eine Schneelawine, die 1885 in den italienischen Alpen niederging, soll ca. 3,5 Mio. m³ Schneemasse bewegt haben.

(D) **Die größte Lawinenkatastrophe in Deutschland** ereignete sich am 15. Mai 1965 auf der Zugspitze, als an einem sonnenreichen Tage eine 500 m breite Lawine sich löste und über die Terrasse des Schneefernerhauses donnerte. Zehn Menschen kamen dabei um.

Witterung

Temperaturen

Allgemein: Nachstehende meteorologische Daten beziehen sich auf die zurückliegenden 130–150 Jahre, da Aufzeichnungen aus früherer Zeit ebenso selten wie unzuverlässig sind.

Die ersten verläßlichen Barometer kamen erst im Jahre 1820 auf.

Fortlaufende Wetterbeobachtungen machte man allerdings bereits 1815 im *Radcliffe Observatory* in Oxford (England).

Die ersten Wetterkarten zeichnete 1820 der deutsche Astronom *Heinrich Wilhelm Brandes* (1777–1834).

Die ersten Wetterkarten mit Eintragungen telegrafischer Wettermeldungen vom gleichen Tage erschienen 1849 in England.

(A) Die höchstgelegene Wetterwarte Europas ist das *Zittelhaus* auf dem Sonnblick (3107 m) in den österreichischen Hohen Tauern (Land Salzburg).

(D) Deutschlands höchste Wetterwarte ist auf der *Zugspitze* (2963 m) im Wettersteingebirge (Bayerische Kalkalpen).

Die gleichmäßigsten Temperaturen herrschten lange Zeit in *Garapan* auf Saipan in den Marianen im Pazifik. Neun Jahre lang, von 1927 bis einschl. 1935, wurden zwischen dem 30. Januar und dem 9. September nie eine größere Temperaturspanne als 11,8° C gemessen.

Vor ca. 8000 Jahren lag in Mitteleuropa die Sommertemperatur durchschnittlich bei 19,4° C, also um 3,3° höher als heute.

Die größten Temperaturunterschiede findet man im Gebiet des sibirischen »kalten Poles« im Osten der UdSSR. In *Werkojansk* (67° 33′ N, 133° 23′ O) gibt es Unterschiede von mehr als 100 Grad Celsius: zwischen -70° C (nicht offiziell) und +36,6° C.

Der größte Temperatursturz an einem Tage betrug 55° C (von +6,7° C auf −48,8° C) und wurde vom 23. zum 24. Januar 1916 in *Browning* (USA) gemessen.

Der »unnatürlichste« Temperaturanstieg betrug 27,2° C und wurde in *Spearfish* (USA) verzeichnet, wo am 22. Januar 1943 die Temperatur innerhalb von zwei Minuten von −20° C auf +7,2° C stieg. Die Veränderung geschah morgens zwischen 7 Uhr 30 und 7 Uhr 32.

Angenehmes oder unangenehmes Klima hängt nicht nur von der Temperatur ab, sondern vom Zusammenwirken von Temperatur, Feuchtigkeit,

Fata Morgana: Luftspiegelung auf dem Fichtelberg

Strahlung und Windgeschwindigkeit. So würde z. B. jemand, der mit einer Geschwindigkeit von 72 km/h in einem Auto ohne Windschutzscheibe bei −42° C fährt, infolge des Abkühlfaktors eine Kälte von −87,2° C empfinden, das heißt, nur 1,1° C weniger als die tiefste gemessene Temperatur.

Die tiefste jemals gemessene Temperatur in der Atmosphäre ist −143° C in einer Höhe von ca. 80,5–96,5 km. Sie wurde bei Untersuchungen phosphoreszierender Wolken über *Kronogard* (Schweden) vom 27. Juli bis 7. August 1963 von Meteorologen ermittelt.

Die größte Permafrosttiefe von 1,5 km wurde im April 1968 im *Lenabecken* in Sibirien (UdSSR) zweifelsfrei gemessen.

Regen

Allgemein: Die Niederschlagshöhe wird in mm gemessen, wobei 1 mm einer Wassermenge von 1 Liter pro m² der Erdoberfläche entspricht.

Der kleinste Regentropfen in den Wolken ist nicht größer als 0,1 mm. Das ergaben Radarmessungen.

Der größte Regentropfen erreicht einen Durchmesser von 7 mm und ein Höchstgewicht von immerhin 4,2 Gramm.

Heftigster Regen: Messungen von Regenmengen während sehr kurzer Zeiten sind schwierig. Dennoch werden die am 26. November 1970 in *Barst* (Guadeloupe) in einer Minute gefallenen 38,1 mm für den heftigsten registrierten Regenguß unseres Zeitalters angesehen.

(D) In Deutschland lag die größte Niederschlagshöhe bei 222 mm innerhalb von 24 Stunden. Diese Menge fiel am 13. September 1899 in *Bad Reichenhall* (Bayern).

(A) Den heftigsten Regen innerhalb 24 Stunden erlebte Österreich am 5. Juni 1947 am *Semmering* (Niederösterreich/Steiermark). 323 mm Niederschlag wurden gemessen.

(CH) In der Schweiz wurde am 24. September 1924 in *Mosogno* (Kanton Tessin) eine Niederschlagsmenge von 359 mm gemessen, 1978 fiel, übers Jahr gerechnet, auf der *Schwägalp* der meiste Regen, nämlich 2476 mm.

Die größte Luftspiegelung wurde 1913 von *Donald B. MacMillan* im Nordpolgebiet bei 83° N, 103° W verzeichnet. Diese Art der Luftspiegelung, die als *Fata Morgana* bekannt ist, »erstreckte sich über mindestens 120° des Horizonts und zeigte Hügel, Täler und schneebedeckte Bergspitzen« eines Gebiets, das sechs Jahre vorher entdeckt und *Crocker-Land* getauft worden war.
Am 17. Juli 1939 sah man vom Meer aus eine Luftspiegelung des 539–563 km entfernten *Snaefells Jokull* (1437 m) auf Island.

Blitze

Allgemein: Die sichtbare Länge von Blitzen ist sehr unterschiedlich. In gebirgigen Gegenden

Liste der Höchsttemperaturen

53,0° C	Ouargla, Algerien	27. August 1884
54,4° C	Amos, Kalifornien (USA)	17. August 1885
54,4° C	Mammoth Tank, Kalifornien (USA)	17. August 1885
56,7° C	Death Valley, Kalifornien (USA)	10. Juli 1913
58,0° C	Al'Aziziyah, Libyen	13. Sept. 1922*)

*)Vom libyschen Ministerium für Nachrichtenwesen nicht offiziell bestätigt.

Liste der tiefsten Temperaturen

–58,3° C	Floeberg Bay, Kanada	1852
–68 ° C	Werkhoyansk, UdSSR	3. Januar 1885
–68 ° C	Werkhoyansk, UdSSR	5. + 7. Februar 1892
–68 ° C	Oymyakon, UdSSR	6. Februar 1933
–73,5° C	Südpol, Antarktis	11. Mai 1957
–74,5° C	Südpol, Antarktis	17. September 1957
–78,34°C	Sowietskaya, Antarktis	2. Mai 1958
–80,7° C	Wostock, Antarktis	15. Juni 1958
–81,2° C	Sowietskaya, Antarktis	19. Juni 1958
–83,0° C	Sowietskaya, Antarktis	25. Juni 1958
–85,7° C	Wostock, Antarktis	7. – 8. August 1958
–86,7° C	Sowietskaya, Antarktis	9. August 1958
–87,4° C	Wostock, Antarktis	25. August 1958
–88,3° C	Wostock, Antarktis	24. August 1960

Die gleichmäßigsten Temperaturen herrschten lange Zeit in Garapan auf Saipan in den Marianen im Pazifischen Ozean. Neun Jahre lang, von 1927 bis einschließlich 1935, wurde zwischen dem 30. Januar und dem 9. September nie eine größere Temperaturspanne als 11,8 Grad gemessen.

Westdeutschland

Lufttemperatur (° C)
1. Höchste Temperatur im Schatten 39,6° C am 2. Juli 1952 in Neustadt an der Weinstraße (Rheinland-Pfalz).
2. Niedrigste Temperatur −37,8° C am 12. Februar 1929 in Hull (Kreis Mainburg, Bayern).

Niederschlag (mm)
3. Größte Niederschlagshöhe (24 Stunden) 222 mm am 13. September 1899 in Bad Reichenhall (Bayern).
3.1 Gewitterunwetter im Raum Stuttgart (Baden-Württemberg) am 15. August 1972. In Tübingen fielen in 45 Minuten fast 80 l Wasser pro m². Aber allein in den ersten drei Minuten des Unwetters waren es 40 l/m².
4. Größte Niederschlagshöhe (Kalendermonat) 647 mm im Juli 1954 in Marktschellenberg (Bayern). Größte mittlere Niederschlagshöhe (Jahr) in der Periode 1931–1960 2813 mm Schneefernerhaus (Kreis Garmisch-Partenkirchen, Bayern).

Schneedecke (cm)
Höchste gemessene Schneedecke 730 cm am 18. Februar 1948 auf der Zugspitze (Bayern).

Sonnenschein (Stunden)
6. Größte mittlere Jahressumme in der Periode 1961–1970 1834 Stunden Hohenpeißenberg (Bayern). 1820 Stunden Berlin.
7. Geringste mittlere Jahressumme: 1350 Stunden, Reg.-Bez. Detmold (Nordrhein-Westfalen). (Zum Vergleich: 1710 Stunden Meran, Südtirol, Italien) 2790 Stunden Insel Korsika (Frankreich, Mittelmeer).

Luftdruck (mbar)
8. Luftdruck (höchster) 1056,7 mbar am 23. Januar 1907 in Hamburg.
9. Luftdruck (niedrigster) 955,5 mbar am 13. November 1972 in Hamburg, St. Pauli.

Wind (km/h)
10. Absolutes Maximum der Windgeschwindigkeit in Böen 205 km/h am 13. Februar 1962 auf dem Feldberg/Schwarzwald (Baden-Württemberg).

*) Die Niederschlagshöhe wird in mm gemessen, wobei 1 mm einer Wassermenge von 1 l pro m² der Erdoberfläche entspricht.

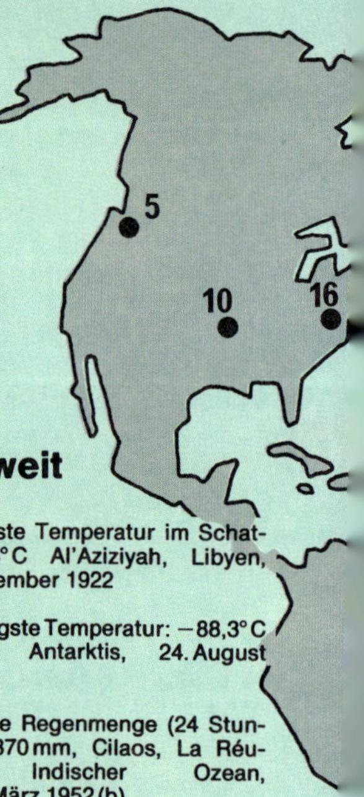

weltweit

1. Höchste Temperatur im Schatten: 58° C Al'Aziziyah, Libyen, 13. September 1922

2. Niedrigste Temperatur: −88,3° C Wostok, Antarktis, 24. August 1969 (a)

3. Größte Regenmenge (24 Stunden): 1870 mm, Cilaos, La Réunion, Indischer Ozean, 15.–16. März 1952 (b)

4. Größte Regenmenge (Kalendermonat): 9299 mm, Cherrapunji, Meghalaya, Indien, Juli 1861
Größte Regenmenge (12 Monate): 26 461 mm, Cherrapunji, Meghalaya, Indien, 1. August 1860 bis 31. Juli 1861

5. Größter Schneefall (c) (12 Monate): 31 102 mm, Paradise, Mt. Rainier, Washington, USA, 19. Februar 1971 bis 18. Februar 1972

6. Meister Sonnenschein (d): 97 + (über 4300 Stunden), östliche Sahara, Jahresdurchschnitt

7. Wenigster Sonnenschein: Null am Nordpol; über 186 Tage, lange Perioden im Winter

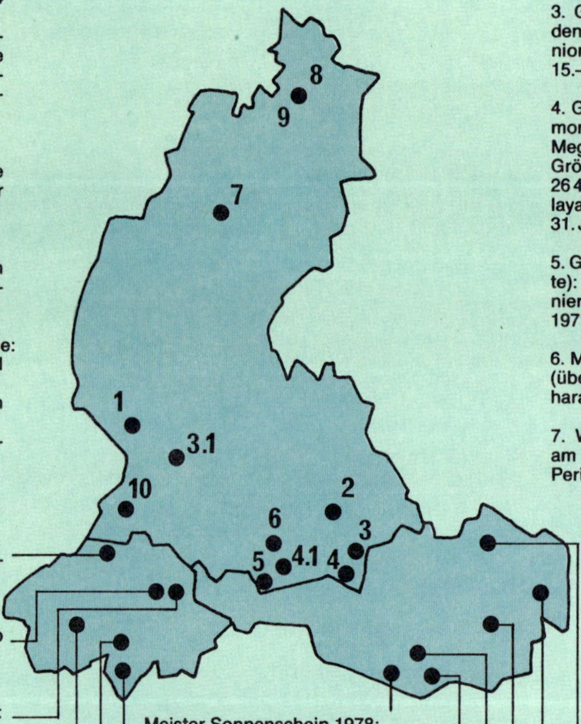

Schweiz

Höchste Temperatur 1978 Rheinfelden (31,6° C).

Meister Regen 1978: Schwägalp (2476 mm).

Höchste Windgeschwindigkeit: Auf dem Säntis (2504 m) 198 km/h.

Niedrigste Temperatur 1978: Jungfraujoch (−27,5° C).

Stärkster Schneefall am 31. Januar 1951: St.-Gotthard-Paß (1200 mm).

Meister Sonnenschein 1978: Locarno-Monti (2255 Std.).

Meister Sonnenschein 1978: Villacher Alpe (2160 m üNN): 1996 Stunden

Meister Regen (Tagesniederschlagsmenge): Kornat (3. Oktober 1978): 107,6 mm Eisenkappel (30. September 1978): 106,9 mm

Meiste Gewittertage 1978: Klagenfurt: 60

Österreich

Niedrigste Temperatur 1978: Sonnenblick (3105 m üNN −25,2° C
Stift Zwettl (504 m üNN): −24,8°(

Höchste Temperatur 1978: Eisenstadt (199 m üNN): 31,6° C
Schleinbach (149 m üNN): 31,6°(

Meiste Sommertage 1978 (ma 25° C): Schleinbach: 51

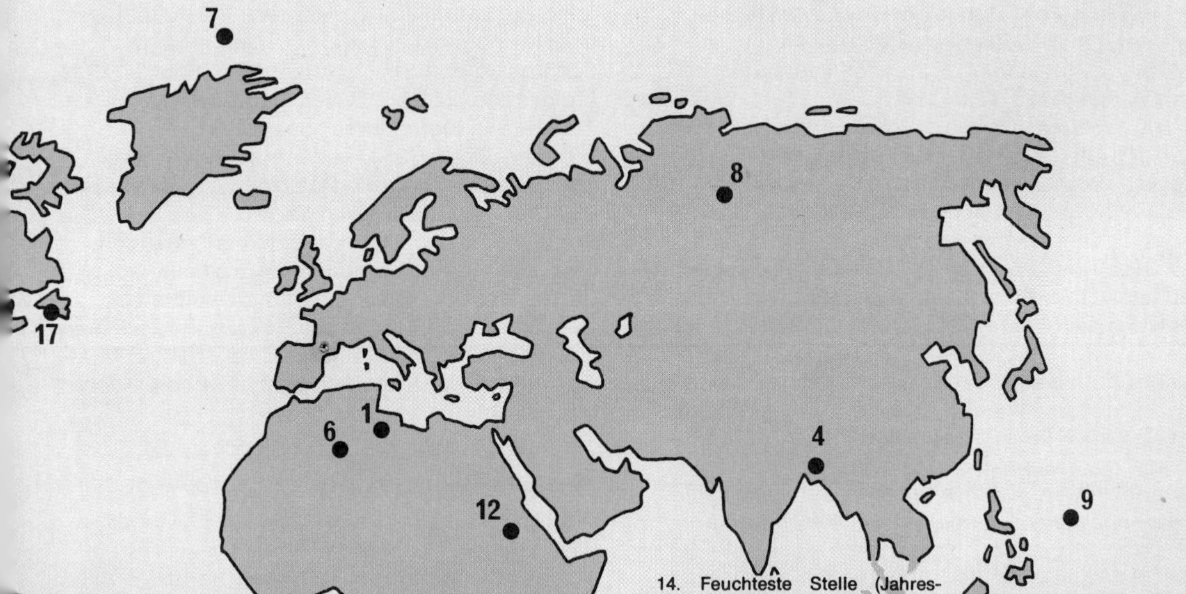

8. Luftdruck (höchster): 1083,8 mb Agata, Sibirien, UdSSR (Höhe 262 m), 31. Dezember 1968

9. Luftdruck (niedrigster) (e): 876 mb 390 km westlich von Guam, Pazifik, 19. November 1975

10. Höchste Oberflächenwindgeschwindigkeit (f): 371 km/h, Mt. Washington (1916 m), New Hampshire, USA, 12. April 1934

11. Gewitter (Jahr) (g): 322 Tage, Bogor (ehem. Buitenzorg), Java, Indonesien (Durchschnitt 1916–1919)

12. Wärmste Stelle (Jahresdurchschnitt) (h): Daliol, Äthiopien, 34,4° C (1960–66)

13. Kälteste Stelle (Jahresdurchschnitt): Polus Nedostupnosti, Kältepol (78° S, 96° O) Antarktis, −57,8° C

14. Feuchteste Stelle (Jahresdurchschnitt): Mt. Wai-'ale-'ale (1569 m hoch) Kauai, Hawaii, 11 455 mm (Durchschnitt 1920–72), 1948: 15 773 mm

Meiste Regentage (Jahr): Mt. Wai-'ale-'ale – bis 350 Tage im Jahr

15. Trockenste Stelle (Jahresdurchschnitt): Kein Regen im Desierto de Atacama in der Nähe von Calama, Chile
Längste Trockenheit ca. 400 Jahre bis 1971: Desierto de Atacama, Chile

16. Schwerste Hagelkörner (i): 750 g, Durchmesser 19 cm, Umfang 44,45 cm, Coffeyville, Kansas, USA, 3. September 1970

17. Längste Periode von Nebel zur See (Sicht weniger als 914,4 m): Nebel hält auf den Grand Banks, Neufundland, Kanada, wochenlang an, und der Jahresdurchschnitt beträgt über 120 Tage (k)

18. Windigste Stelle: Commonwealth Bay, George-V-Küste, Antarktis, wo Stürme 320 km/h erreichen

Fußnoten zur Tabelle der Wetterrekorde (weltweit)

(a) Wostok ist 3419 m üNN. Der kälteste ständig bewohnte Ort ist das sibirische Dorf Oymyakon (63° 16′ N, 143° 15′ O) in der UdSSR, wo 1964 die Temperatur auf −71,1° C fiel.
(b) Dies entspricht 7554 t Regen pro Morgen. Höhe 1200 m.
(c) Der Rekord für einen einzigen Schneesturm ist 4800 mm auf dem Mont Shasta, Ski Bowl, Kalifornien, und 1930 mm für 24 Stunden (14.–15. April 1921) in Silver Lake, Colorado (USA).
(d) Vom 9. Februar 1967 bis 17. März 1969 verzeichnete St. Petersburg, Florida (USA), 768 aufeinanderfolgende Sonnentage.
(e) Das US-Lazarettschiff *Repose* registrierte am 16. September 1945 856 mb im Mittelpunkt eines Zyklons 25° 35′ N, 128° 20′ O an der Küste von Okinawa (Pazifik).
(f) Die höchste bisher bei einem Tornado gemessene Geschwindigkeit ist 450 km/h am 2. April 1958 bei Wichita Falls, Texas (USA).
(g) Zwischen 35° nördlicher und 35° südlicher Breite gibt es während der zwölf Nachtstunden ständig etwa 3200 Gewitter, von denen einige bis zu 29 km weit zu hören sind.
(h) Im Death Valley (USA) wurden an 43 aufeinanderfolgenden Tagen Temperaturen von 48,9° C gemessen und zwar vom 6. Juli bis 17. August 1917. In Marble Bar (Australien) (max. 49,4° C) wurden 160 Tage hintereinander Höchsttemperaturen von über 37,8° gemessen und zwar vom 31. Oktober 1923 bis 7. April 1924. In Wyndham (Australien) kletterte 1946 das Thermometer an 333 Tagen über 32,2° C.
(i) Es gibt gelegentlich Meldungen über wesentlich schwerere Hagelkörner. Doch meist handelt es sich nicht um einzelne Körner, sondern um zusammenhängende Gruppen von Körnern.
(k) Ben Nevis in Schottland soll 300 Tage im Jahr in Wolken gehüllt sein.

sieht man bei tiefhängenden Wolken oft Blitze, die nicht einmal 90 m lang sind, während im Flachland bei sehr hohen Wolken ein Blitz eine Länge bis zu 6000 m haben kann. In Extremfällen kommen sogar Längen bis zu 32 km vor.
Einige Fachleute behaupten, die sehr helle Mittelader des Entladungskanals hätte nur einen Durchmesser von 1,27 cm. Diese Ader ist von einer Strahlenhülle (Glimmentladung) umgeben, deren Durchmesser 3–6 m beträgt.
Die Geschwindigkeit eines Blitzes liegt zwischen 160 und 1600 km/sec. (fast die Hälfte der Lichtgeschwindigkeit) beim gewaltigen Rückschlag.

Größte Entladung: Nach Millionen Blitzschlägen gibt es eine Riesenentladung, bei der die von den Wolken zur Erde und zurücklaufenden Blitzschläge von der Oberseite der Gewitterwolken abblitzen. Bei diesen *›positiven Riesen‹* entwickelt sich manchmal eine Energie bis zu 3000 Mio. Joule (3×10^{16} Erg.). Die Temperatur erreicht ca. 30 000° C, was mehr als fünfmal so hoch ist wie die an der Sonnenoberfläche. Laut einer Theorie aus dem Jahre 1977 werden Blitze durch kosmische Strahlen ausgelöst.
Ein im September 1933 aus *Coimbra* (Portugal) gemeldeter außergewöhnlicher Wärmeblitz, der 120 Sekunden lang einen Temperaturanstieg auf 70° C hervorgerufen haben soll, wird angezweifelt.

Die höchste Wasserhose, über die glaubhafte Angaben vorliegen, wurde am 16. Mai 1898 bei *Eden* (Australien) beobachtet. Eine an der Küste vorgenommene Theodolitenmessung ergab eine Höhe von 1528 m.
Die *Spithead*-Wasserhose, die nahe der Küste von Ryde auf der Insel Wight (England) am 21. August 1878 entstand und deren Höhe mit einem Sextanten gemessen wurde, war ca. 1,6 km hoch.

Wolken

Die höchste Normalwolkenbildung ist *Zirrus* mit einer Durchschnittshöhe von 8250 m und höher. Aber die seltenen *Perlmutterwolken* erreichen manchmal Höhen von fast 24 000 m.
Die niedrigsten Wolken sind *Stratus*- oder Schichtwolken in Höhen bis zu 1066 m.

Die größte Steighöhe hat der *Kumulonimbus,* der in den Tropen in Höhen von fast 20 000 m beobachtet worden ist.

Wind

🌐 **Die windigste Ecke der Welt** ist die *Commonwealth Bay* (Antarktis). Stürme erreichen dort eine Geschwindigkeit von 320 km/h.

(D) Auf dem *Feldberg* im Schwarzwald (Baden-Württemberg) wurde am 13. Februar 1962 in Böen eine Geschwindigkeit von 205 km/h gemessen.

(A) Schäden, die Stürme am 16. und 18. Februar 1946 anrichteten, lassen Geschwindigkeiten von ca. 200 km/h glaubhaft erscheinen.

(CH) Auf dem *Säntis* (2504 m) wurde ein Anemometer (Windmesser) zerstört, der Geschwindigkeiten bis 180 km/h zu registrieren in der Lage war. Der Sturm war also ca. 200 km/h schnell gewesen.
Solche Windgeschwindigkeiten kommen auf den Gipfeln der Schweizer Alpen nicht selten vor.
Der in den Niederungen der Schweiz in den letzten Jahren gemessene größte Wert liegt bei 145 km/h. Er wurde am 8. Dezember 1977 in *Altdorf,* Kanton Uri, registriert.

Bauernwetterregel

Fast jedes Land hat seine eigenen Bauernwetterregeln, die auf Überlieferungen beruhen. Allen gemeinsam ist, daß sie wissenschaftlichen Nachprüfungen nicht standhalten.

(D) In Deutschland besagt die sogenannte *Siebenschläfer*-Regel, daß das Wetter vom 27. Juni für die nächsten sieben Wochen entscheidend ist. Meteorologen haben nachgewiesen, daß diese Regel in den letzten 20 Jahren nicht ein einziges Mal bestätigt wurde.

Erster deutscher Umweltschutz-Ingenieur wurde 1973 Jutta Acke (23) in Hamburg.

Weltall und Gestirne

Allgemein: Lichtjahr nennt man die Entfernung, die Licht (Geschwindigkeit 299 792,458 km/sec. –1 oder 1 079 258 848,8 km/h –1 im Vakuum) in einem tropischen Jahr (365,24219878 mittlere Sonnentage) durchmißt; das sind 9,460 Billionen km. Die Einheit wurde im März 1888 zum ersten Mal verwendet.

Größe ist ein Maß der Sternenhelligkeit, wobei das Licht eines Sterns einem Anteil von 2,511886 derjenigen des nächstgroßen Sterns entspricht. Ein Stern fünfter Größe ist also 2,511886mal so hell wie ein Stern sechster Größe, während ein Stern erster Größe genau 100(oder $2{,}511886^5$)-mal so hell ist. Bei außergewöhnlich hellen Himmelskörpern wie dem Sirius, der Venus, dem Mond (Größe –12,71) oder der Sonne (Größe –26,78) wird die Größe als Minusquantität ausgedrückt.

Eigenbewegung wird jene Komponente der Sternbewegung im Raum genannt, die im rechten Winkel zur Visierlinie einen offenkundigen Positionswechsel der Sterns in der Himmelssphäre erkennen läßt.

Das Universum

Allgemein: Das Universum ist die Gesamtheit von Raum, Materie und Antimaterie. Eine Möglichkeit, seine Größe zu begreifen, erhält man am besten dadurch, daß man sich vorstellt, man bewege sich von der Erde fort durch das Sonnensystem und unsere eigene Milchstraßengalaxis zu den entferntesten außergalaktischen Nebeln und Quasaren.
Außerhalb der Milchstraßengalaxis, die sich möglicherweise um das Zentrum des lokalen Super-Haufens von 2500 benachbarten Galaxien mit einer Geschwindigkeit von 2,172 Mio. km/h bewegt, gibt es 10 000 Mio. weitere Galaxien. Diese bewegen sich der Größe nach bis zum größten bekannten Objekt im Universum, der Radiogalaxis *3C-236* im *Leo Minor.* Das Westerbork Synthesis Radio-Teleskop (Niederlande) hatte im August 1974 diese Galaxis mit einem Durchmesser von 18,6 Mio. Lichtjahren gemeldet. Im Oktober 1976 erschienen Berechnungen, nach denen *3C-123* möglicherweise einen Durchmesser von 120 Mio. Lichtjahren haben könnte.

Der entfernteste Himmelskörper, der mit bloßem Auge sichtbar ist, ist die Große Galaxis in der

Der Andromeda-Nebel – seit Jahrhunderten bekannt, weil mit bloßem Auge sichtbar.

Andromeda (Größe 3,47), die als *Messier 32* bekannt ist. Sie ist ein rotierender Nebel in Spiralform. Ihre Entfernung von der Erde beträgt etwa 2,2 Mio. Lichtjahre oder etwa 21×10^{18} km. *Messier 33,* die Spirale im Triangulum (Größe 5,79), könnte unter idealen Sichtbedingungen von scharfsichtigen Leuten mit bloßem Auge aus einer Entfernung von 2,3 Mio. Lichtjahren noch gesehen werden, was immer wieder gemeldet wird.

Quasare: Im November 1962 wurde die Existenz quasistellarer Radioquellen (»Quasare« oder QSOs) festgestellt. Es ist bisher kein zufriedenstellendes Modell konstruiert worden, um die enorm hohe Leuchtkraft von offenbar so entfernten Körpern mit einem derart geringen Durchmesser zu erklären. Im April 1975 wurde bekanntgegeben, daß *3C-2979* eine gemessene Helligkeit von $2{,}75 \times 10^{14}$mal soviel wie die Sonne habe.

Pulsare: Die früheste Beobachtung einer pulsierenden Radioquelle oder eines »Pulsars« durch *Dr. Jocelyn Bell Burnell* wurde am 29. Februar 1968 vom Mullard Radio Astronomy Observatory (England) bekanntgegeben. Der Hundertste wurde im Juni 1973 von *Jodrell Bank* gemeldet.
Der schnellste bisher entdeckte ist *NP 0532* im Krebsnebel mit einer Pulsperiode von 33 Millisekunden. Die zur Zeit gültige Arbeitsformel geht davon aus, daß sie rotierende Neutronensterne mit einer inneren Kerndichte von $4{,}7 \times 10^{15}$ g/cm^3 (74 400 Mio. Tonnen/In^3) sind.

Veränderungen bei den Entfernungsmessungen der am weitesten entfernten Himmelskörper

Die mögliche Existenz von Galaxien außerhalb unseres eigenen Milchstraßensystems wurde zum erstenmal im Jahre 1789 von Sir William Herschel (1738–1822), dem Entdecker des Uranus, erörtert. Diese außergalaktischen Nebel wurden zunächst »Insel-Universen« genannt. Sein Sohn, Sir John Herschel (1792–1871) meinte bereits 1835, daß einige von ihnen 48 000 Lichtjahre entfernt seien. Die erste direkte Messung eines Körpers außerhalb unseres Sonnensystems erfolgte 1838.

Geschätzte Entfernung in Lichtjahren[1]		**Objekt**	**Meßmethode**	**Astronom**	**Observatorium**	**Datum**
fast 11 (jetzt 11,08)		61 Cygni	Parallaxe	F. Bessel	Königsberg (Deutschland) (jetzt Kaliningrad [UdSSR])	1838
> 20 (jetzt 26)		Vega	Parallaxe	F. G. W. Struve	Dorpat (jetzt Tartu, Lettl.)	1840
ca. 200		Limit	Parallaxe	——	——	ca. 1900
750 000 (jetzt 2,2 M)[2]		Galaxis M 31	Cepheiden-[3] veränderung	E. P. Hubble	Mount Wilson, Kal., USA	1923
900 000 (jetzt 2,2 M)[2]		Galaxis M 31	Cepheiden-veränderung	E. P. Hubble	Mount Wilson, Kal., USA	1924
Millionen von Lichtjahren	**% von c**					
250	2,5	Ursa Major Galaxis	Rot-verschiebung	E. P. Hubble	Mount Wilson, Kal., USA	ca. 1934[4]
>350	3,6			M. L. Humason		ca. 1952
	>10			M. L. Humason	Palomar, Kal., USA	1954
3 000	31	Sternhaufen 1448			Palomar, Kal., USA	1956
4 500 (ca.)	46	30 295 in Boötes			Palomar, Kal., USA	Juni 1960
5 300	54,5	QSO 3C 147			Palomar, Kal., USA	April 1964[5]
8 700	80	QSO 3C 9		M. Schmidt	Palomar, Kal., USA	Mai 1965
10 000 (ca.)	81			M. Burbidge u.a.	Palomar, Kal., USA	Dez. 1965
	82,2	QSO 1116 + 12		M. Schmidt	Palomar, Kal., USA	Januar 1966
13 000	82,4	QSO PKS 0237–23		J. G. Bolton	Parkes (Australien)	März 1967
	83,8	QSO 4C 25,5		E. Olson	Palomar, Kal., USA	Juli 1968
	87,5	QSO 4C 0,5,34			Kitt Peak, Arizona, USA	Mai 1970
15 000	92	QSO OH 471		R. F. Carswell u.a.	Steward Observat. Arizona, USA	März 1973
15 500	95,5	QSO 0Q 172		M. Burbidge u.a.	Lick Observat. Kal., USA	April 1973

[1] Begriff, der zum erstenmal im März 1888 verwandt wurde.
[2] Neuschätzung durch W. Baade im September 1952.
[3] Cepheiden nennt man eine Gruppe von veränderlichen Sternen mit besonders hoher Leuchtkraft, deren Dichte, Durchmesser,
[3] Temperatur und Helligkeit periodisch wechseln. Die Dauer eines Wechsels, die für jeden Stern speziell kennzeichnend ist, beträgt zwischen einem und 50 Tagen. Im Milchstraßensystem hat man bisher etwa 400 Cepheiden erkannt.
[4] In diesem Jahr äußerte Hubble die Ansicht, der beobachtete Horizont umfasse 3 Mrd. Lichtjahre.
[5] Damals glaubte man, daß QSO 3C2 und 286 möglicherweise entfernter seien – im Dezember 1953 wurde von Dr. Schklowski (UdSSR)

+ Die Entfernungen basieren auf einem euklidischen Modell. Dem Schramm-Modell zufolge, das sich auf einen Wert der Hubble-Konstante vom August 1978 gründet (etwa 60 km/sec. Megaparsek), begann die Expansion des Universums vor 14,5 ± 1 Mrd. Jahren.

Die entferntesten Objekte: Die Ausdeutung sehr großer Rotverschiebungen von Quasaren ist umstritten. Die Interpretation des Rekordwertes von Z = 3,53 für *Quasar 172* vom August 1978 liegt zwischen 13 500 und 15 500 Mio. Lichtjahren.

Die 1965 von *Penzias* und *Wilson* entdeckte 3°-Hintergrundstrahlung scheint sich mit einer Lichtgeschwindigkeit von 99,9998 % zu bewegen.

Wie alt ist das Universum? Im November 1976 ergab sich ein neu ermittelter Wert von Hubbles Konstante, daß das Alter des Universums zwischen 17,5 und 21,3 Mrd. Jahren liegt. Im August 1978 wurde es durch neue Meßhilfen auf 13,5 bis 15 Mrd. Jahre festgelegt.

Meteoroiden

Meteoroiden sind kometischen oder asteroiden Ursprungs. Ein *Meteor* ist das Lichtphänomen, das durch den Eintritt eines Meteoroiden in die Erdatmosphäre verursacht wird. Der größte registrierte *Meteorschauer* trat in der Nacht vom 16. zum 17. November 1966 ein, als die *Leonidmeteore* (die alle 33 1/4 Jahre wiederkehren) zwischen dem westlichen Nordamerika und dem östlichen Gebiet der UdSSR sichtbar waren. Es wurde errechnet, daß Meteore sich am 17. November 1966 in einem Zeitraum von 20 Minuten ab 5 Uhr über Arizona (USA) mit einer Geschwindigkeit von 2300 km pro Minute bewegt haben.

Meteoriten

Wenn ein Meteoroid zur Erdoberfläche vordringt, so wird der Überrest als Meteorit bezeichnet. Dies ereignet sich etwa 150mal im Jahr auf der gesamten Landoberfläche der Erde. Obwohl man kaum von ihnen getroffen werden kann, hier die gefährlichste Tageszeit für sog. *Meteorophoben* 15 Uhr.

Die ältesten Meteoriten: Im August 1978 wurde berichtet, daß Staubkörner im *Murchinson*-Meteorit, der im September 1969 auf Australien fiel, aus der Zeit vor der Bildung des Sonnensystems datieren. Die ältesten datenmäßig fixierten Meteoriten stammen vom *Allende-Fall* in Chihuahua (Mexiko) vom 8. Februar 1969.

Der größte bekannte Meteorit wurde 1920 in der Nähe von *Grootfontein* in Südwestafrika gefunden. Es ist ein 2,75 m langer und 2,43 m breiter Block, dessen Gewicht auf 59 t geschätzt wird.

Der größte von einem Museum ausgestellte Meteorit ist der *Tent*-Meteorit, der 30 882 kg wiegt und 1897 in der Nähe von Cape York an der Westküste Grönlands von der Expedition *Robert Edwin Pearys* (1856–1920) gefunden wurde. Er wurde von den Eskimos *Abnighito* genannt und ist im Hayden Planetarium in New York ausgestellt.

Das größte Stück Steinmeteorit, das gefunden wurde, ist ein 1770 kg schwerer Teil eines Schauers, der am 8. März 1976 auf *Kirin* in der chinesischen Provinz Kaoshan niederging.
Eine rätselhafte Explosion von 12¹/₂ mt ereignete sich am 30. Juni 1908 um 0 Uhr, 17 Min., 11 Sek. Einheitszeit im Becken des Podkamennaya-Tunguska-Flusses, 64,5 km nördlich von Wanawar in Sibirien (UdSSR). Die Ursache wurde zuerst einem Meteoriten (1927), dann einem Kometen (1930), später einer Nuklearexplosion (1961) und Anti-Materie (1965) zugeschrieben. Die Explosion verwüstete ein Gebiet von etwa 3885 km², und die Erschütterung wurde noch in 1000 km Entfernung gespürt. Gegenwärtig hat die Kometentheorie die meisten Befürworter.
(D) Der größte Meteorit, der je deutsches Gebiet traf, stürzte 1802 nahe der Albacher Mühle in der Nähe von Bitburg bei Trier (Rheinland-Pfalz) zur Erde. Er wog 1600 kg. Der größte Meteorit, dessen Sturz *beobachtet* wurde, wog 63 kg und traf am 3. April 1916 14 Uhr 30 bei Treysa (Hessen) auf die Erde.
(A) Der größte österreichische Meteorit ist ein grauschwarzer Klumpen, der am 25. August 1925 niederging.
(CH) Der größte bekannte Meteorit, der auf Schweizer Boden fiel, wiegt 76,5 kg und traf am ersten Weihnachtstag 1926 bei Ulmiz auf die Erde.

Der größte Meteoriten-Krater, 241 km im Durchmesser und 805 m tief, soll von einem 13 000 Mio. t schweren Mereoriten verursacht worden sein, der 1962 mit einer Geschwindigkeit von 70 811 km/h in Wilkesland (Antarktis) aufschlug.
Wissenschaftler der UdSSR meldeten im Dezember 1970 ein Kratergebilde von 96 km Durchmesser mit einer Maximaltiefe von 400 m im Becken des Popigai-Flusses.
Der größte, als solcher nachgewiesene Krater ist allerdings der Coon Butte oder *Barringerkrater*, der 1891 in der Nähe von Cañon Diablo in Nordarizona (USA) entdeckt wurde. Er hat einen Durchmesser von 1265 km, ist jetzt etwa 175 m tief und mit einem 40–48 m hohen Wall umgeben. Es wird vermutet, daß eine Eisen-Nickel-Masse mit einem Durchmesser von ca. 70 m und einem Gewicht von ca. 2 Mio. t diesen Krater um 25 000 v. Chr. schlug.

Der tiefste Meteoritenkrater liegt in der Sierra Madre in Texas (USA). Bei einem Durchmesser von 12 km ist er 2,4 km tief.
(D) Der größte Meteoritenkrater in Westdeutschland ist das *Nördlinger Ries* in Bayern. Man hielt ihn lange für vulkanischen Ursprungs, hat aber durch Messungen und Analysen mit modernsten physikalischen Methoden vor einigen Jahren seinen wirklichen Ursprung ermittelt. Das Ries, vor 8 Mio. Jahren entstanden, hat einen Durchmesser von rund 25 km und eine Tiefe von 600 m. Noch heute ist der Kraterrand 100 m höher als die Füllung. Beim Aufschlag des Meteoriten wurde Gestein bis 20 km hoch geschleudert und füllte beim Niedergehen den Krater.

Der hellste Feuerball, der jemals fotografisch festgehalten worden ist, wurde von *Dr. Zdeněk Ceplecha* am 4. Dezember 1974 mit einer momentanen Größe von −22 (d. h. 10 000mal heller als ein Vollmond) über Sumava (ČSSR) aufgenommen.

Der größte Tektit (glasartiger Meteorkörper kosmischen Ursprungs), über den Einzelheiten berichtet wurden, wiegt 3,2 kg und wurde 1932 in *Muong Nong* (Laos) gefunden.

Polarlichter, bekannt seit 1560 als *Aurora Borealis* oder Nordlicher (in der nördlichen Hemisphäre) und seit 1773 als *Aurora Australis* (in der südlichen Hemisphäre), werden von Sonnenentladungen in der oberen Atmosphäre verursacht. Sie treten am häufigsten in hohen Breitengraden auf. Sie sind manchmal in Polargegenden innerhalb von 20 Graden von den magnetischen Polen in jeder klaren, dunklen Nacht zu sehen. Ihre Extremhöhe wurde mit 1000 km gemessen, die niedrigste mit etwa 72,5 km. Verläßliche Zahlen existieren lediglich seit 1952, seitdem die Rekordmaximal- und Minimalzahl in Nächten mit Nordlichterscheinungen in Shetland (geomagnetische Breite 63°) 203 (1957) und 58 (1965) betrug. Die jüngste große Erscheinung in Nordwesteuropa war die vom 4.–5. September 1958.
Extremfälle von Erscheinungen in sehr niedrigen Breitengraden sind in Cuzco (Peru) am 2. August 1744, Honolulu (Hawaii) am 1. September 1859 und möglicherweise in Singapur am 25. September 1909 beobachtet worden.

Nachtleuchtende Wolken: Regelmäßige Beobachtungen dieses Himmelsphänomens wurden in Westeuropa erst seit 1964 durchgeführt. Seitdem betrugen die Maximal- und Minimalzahl in Nächten, in denen diese Phänomene (in Höhen von etwa 85 km) beobachtet wurden, 41 im Jahr 1974 und 15 im Jahre 1970.

Das Nördlinger Ries in Bayern, Westdeutschlands größter Meteoritenkrater.

Die Sonne

Entfernungsextreme: Der 107 220 km/h-Erdumlauf von 939 885 500 km um die Sonne ist elliptisch, wodurch unsere Entfernung von der Sonne sich verändert. Die Umlaufgeschwindigkeit variiert zwischen 105 450 km/h (Minimum) und 109 030 km/h. Die Durchschnittsentfernung der Sonne beträgt 1 000 000 230 astronomische Einheiten oder 149 597 906 km.
Die dichteste Annäherung *(Perihelium)* beträgt 147 097 000 km und die weiteste Entfernung *(Aphelium)* 152 099 000 km. Das Sonnensystem hat das Zentrum der Milchstraße alle 225 Mio. Jahre einmal mit einer Geschwindigkeit von 774 000 km/h umkreist und hat im Verhältnis zu Sternen in unserer unmittelbaren Region, wie die Wega, auf die es sich zubewegt, eine Geschwindigkeit von 68 400 km/h.

Temperaturen und Dimensionen: Die Sonne hat eine Innentemperatur von etwa 16 Mio. K (0 K = −273° C), einen Kerndruck von 500 Mio. t und verbraucht 4 Mio. t Wasserstoff pro Sekunde, wodurch sie eine Leuchtkraft von 3×10^{27} Kerzenstärke mit einer Intensität von 1,5 Mio. Kerzen, bzw. 1,53 Mio. *Candela* besitzt. (Kerzenstärke, bzw. Candela [cd] sind physikalische Maßeinheiten der Lichtstärke.)
In der Sternenklassifizierung wird die Sonne als »gelber Zwerg« bezeichnet, und obwohl ihre Dichte nur das 1,407fache des Wassers beträgt, ist ihre Masse 332946mal so groß wie die der Erde. Sie hat einen mittleren Durchmesser von 1 392 520 km. Mit einer Masse von 1989×10^{27} t (das sind 2 Quadrilliarden t oder 333 000 Erdmassen) stellt die Sonne mehr als 99 Prozent der Gesamtmasse des Sonnensystems dar.
Die Oberfläche der Sonne mißt 6,09 Billionen km^2, das gleicht 12 000mal der Erdoberfläche. Ihr Volumen beträgt 1,41 Trillionen km^3 = 1,3 Mio. Erdkugeln. Die Energieabstrahlung der Sonne beträgt 63 000 kW je km^2. Dadurch erleidet sie einen Masseverlust von 4 Mio. t pro Sekunde und einen weiteren Masseverlust von ca. 1 Mio. t pro Sekunde durch den Sonnenwind.
Die chemische Zusammensetzung der Sonne: 75 Prozent Wasserstoff, 23 Prozent Helium, zwei Prozent andere Elemente.
Das Alter der Sonne wird auf etwas weniger als 5 Mrd. Jahre geschätzt, ihre weitere Lebensdauer auf noch 4 Mrd. Jahre, – so daß man getrost sagen kann: uns wird die Sonne zwar nach wie vor an jedem Abend, aber zu unseren Lebzeiten wohl doch nicht auf Dauer untergehen ...

Der größte Sonnenfleck trat am 8. April 1947 auf der südlichen Hemisphäre der Sonne auf. Seine Fläche betrug etwa 18 000 Mio. km^2 mit einer Extremlänge von 300 000 km und einer Extrembreite von 145 000 km.
Sonnenflecke erscheinen dunkler, weil sie über 1500° C kühler sind als die restliche Oberflächentemperatur der Sonne von 5525° C. Die größte beobachtete Sonnenprotuberanz ragte 588 000 km hervor und wurde 1973 von *Skylab* beobachtet: Damit ein Sonnenfleck für das *geschützte* bloße Auge sichtbar ist, muß er sich über einen Zweitausendstel-Teil der Sonnenscheibe erstrecken, also eine Fläche von etwa 1300 Mio. km^2 haben.

Die meisten Sonnenflecken ergab eine Zählung im Oktober 1957. Mit 263 Flecken übertraf dieses Jahr das Rekordjahr 1778, als im Mai 239 Flecken registriert wurden.
Aufzeichnungen über Sonnenflecken wurden 1775 zum ersten Mal vorgenommen.
1943 hielt sich ein Sonnenfleck 200 Tage von Juni bis Dezember.

Der Mond

Allgemein: Er ist der nächste Nachbar der Erde im Raum und ihr einziger natürlicher Satellit. Die mittlere Entfernung beträgt 384 400 km von Zentrum zu Zentrum oder 376 284 km von Oberfläche zu Oberfläche. Seine größte Annäherung *(Perigäum)* und seine weiteste Entfernung *(Apogäum)*, gemessen von Oberfläche zu Oberfläche, betragen 348 294 und 398 581 km oder, von Zentrum zu Zentrum gemessen, 356 410 und 406 697 km. Er hat einen Durchmesser von 3475,0 km und eine Masse von $7{,}35 \times 10^{19}$ t bei einer mittleren Dichte von 3,34. Die mittlere Umlaufgeschwindigkeit ist 3680 km/h.

Der erste direkte Aufprall auf den Mond vollzog sich am 14. Sept. 1959, 2 Min., 24 Sek. nach Mitternacht (Moskauer Zeit) durch die sowjetische Raumsonde *Lunik II* in der Nähe des »Mare Serenitatis«. Die ersten Fotos von der verborgenen Seite des Mondes wurden von *Lunik III* am 7. Okt. 1959 von 6 Uhr 30 ab aus einer Entfernung von 70 400 km aufgenommen und aus einer Entfernung von 470 000 km zur Erde übertragen. Die erste »weiche« Landung machte die sowjetische *Luna IX* am 3. Febr. 1966 im Gebiet des »Ozeans der Stürme«.

Blauer und grüner Mond: Aufgrund von Schwefelpartikeln in der höheren Atmosphäre, von einem Waldbrand stammend, der sich über 100 000 ha zwischen Meile 103 und Meile 119 auf dem Alaska Highway im nördlichen Britisch-Kolumbien (Kanada) erstreckte, nahm der Mond, wie er in der Nacht vom 26. Sept. 1950 von Mitteleuropa aus gesehen wurde, eine bläuliche Färbung an.
Grün erschien der Mond nach dem Ausbruch des Vulkans Krakatau vom 27. Aug. 1883. Außerdem in Stockholm drei Minuten lang am 17. Jan. 1884.

Der größte Mondkrater: Nur 59 Prozent der Mondoberfläche sind von der Erde aus direkt sichtbar aufgrund seiner »gebundenen Rotation«, das heißt, daß die Rotationsperiode der Umlaufperiode gleicht. Der größte gänzlich sichtbare Krater ist der von Wällen umgebene flache *Bailly* in Richtung zum Mondsüdpol, der einen Durchmesser von 295 km und Wälle bis zu 4250 m Höhe hat. Das *Orientalbecken*, das sich teilweise auf der abgewandten Seite befindet, mißt mehr als 965 km im Durchmesser.

Der tiefste Krater ist der *Newtonkrater*, dessen Grund schätzungsweise 7 bis 8 km unter seinem Rand liegt und 225 km unter der Höhe der ihn umgebenden Ebene.

Die höchsten Mond-Berge: In Ermangelung eines Meeresspiegels werden Mondhöhen relativ zu einer Bezugskugel mit dem Radius 1 738 000 km gemessen. Demnach war die höchste von einem der US-Astronauten erreichte Erhebung 7830 m

Mondberge werden anders gemessen als Erdberge. Die höchste von US-Astronauten erreichte Monderhebung war nach dieser Rechnung 7830 m hoch.

auf den *Descartes*-Hochflächen durch Capt. John Walter Young und Major Charles M. Duke Jr. am 27. April 1972.

Temperaturextreme: Wenn die Sonne hochsteht, erreicht die Temperatur auf dem Mondäquator 117,2° C, also 17,2° C über dem Siedepunkt von Wasser. Bei Sonnenuntergang beträgt die Temperatur 14,4° C, sinkt jedoch nachts auf −162,7° C.

Die älteste Mondmaterie, die von den Mannschaften des *Apollo*-Programms zur Erde zurückgebracht wurde, waren Bodenproben, die 4720 Mio. Jahre alt waren.

Finsternisse (Eklipsen)

Allgemein: Sonnenfinsternisse treten auf, wenn der Mond genau zwischen Sonne und Erde steht. Mondfinsternisse entstehen dadurch, daß der Mond hinter die Erde in deren Schatten tritt.

Die frühesten Finsternisse sind 1361 v. Chr. für den Mond und 2136 v. Chr. für die Sonne verbürgt. Für den Nahen Osten reicht die Registrierung noch weiter zurück: Für Mondfinsternisse bis ins Jahr 3450 v. Chr. und für Sonnenfinsternisse sogar bis 4200 v. Chr.

Die erste in Deutschland beobachtete Sonnenfinsternis wurde 538 n. Chr. in der sog. *Metzer Handschrift* erwähnt.
Die letzten Totalfinsternisse, die in Mitteleuropa beobachtet werden konnten, fanden am 15. Februar 1961 (Sonne) und am 13./14. März 1979 (Mond) statt. Am 1. März 1980 war in Mitteleuropa eine Mond-Halbschatten-Finsternis zu beobachten.

Die nächsten Finsternisse, die man in Mitteleuropa beobachten kann, haben folgende Daten:

Mond:	17. Juli 1981	(Kernschatten, partiell)
	9. Januar 1982	(total)
Sonne:	mehrfach 1990	(partiell)
	11. August 1999	(total)

Die längste mögliche Dauer einer Sonnenfinsternis beträgt 7 Min., 31 Sek. Die längste tatsächlich *gemessene* fand am 20. Juni 1955 statt (7 Min., 8 Sek.), gesichtet von den Philippinen. Eine Finsternis von 7 Min., 29 Sek. müßte am 16. Juli 2186 im Mittelatlantik auftreten und wäre dann für die nächsten 1469 Jahre die längste.

Nächste totale Mondfinsternis: 9. Januar 1982.

Die Dauer einer Sonnenfinsternis kann für Beobachter aus der Luft verlängert werden. So wurde am 30. Juni 1973 eine Eklipse von einer *Concorde* aus auf 72 Min. »ausgedehnt«.
Eine ringförmige Sonnenfinsternis kann 12 Min., 24 Sek. dauern.
Die längste totale Mondfinsternis dauert 104 Minuten. Sie ist zahlreiche Male aufgetreten.

Die meisten Eklipsen in einem Jahr waren sieben. 1935 gab es fünf Sonnen- und zwei Mondfinsternisse; 1982 wird es vier Sonnen- und drei Mondfinsternisse geben.

Die geringste Anzahl sind zwei, von denen beide solar sein müssen. Dies war in den Jahren 1944 und 1969 der Fall.

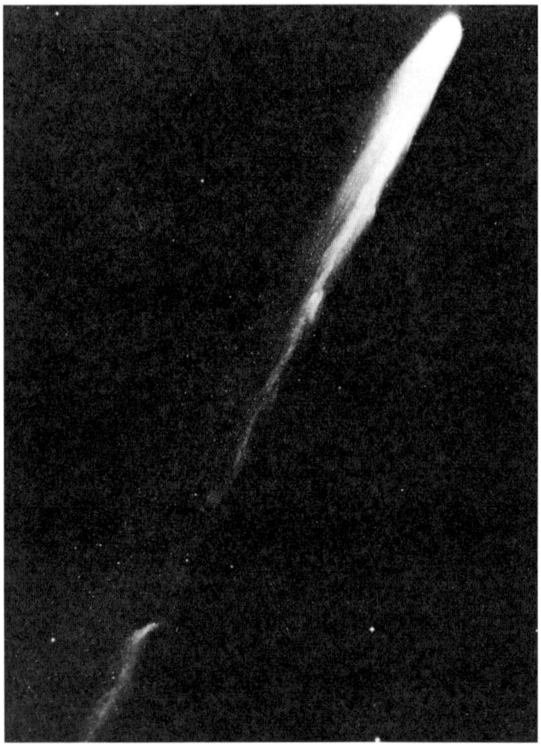

Der jüngste Komet: der Kohutek.

Kometen

Ein Komet ist ein nebelartiges Sterngebilde, das in einer sehr langgestreckten Ellipsenbahn um die Sonne läuft. Meistens zeigt er einen leuchtenden Fortsatz, den sog. Kometenschweif. Die frühesten Kometen datieren vom 7. Jh. v. Chr. Die Geschwindigkeiten der schätzungsweise 2 Mio. Kometen variieren zwischen 1125 km/h im Weltraum und 2 Mio. km/h, wenn sie in Sonnennähe sind. Die aufeinanderfolgenden Erscheinungen des *Halleyschen Kometen* sind bis 467 v. Chr. zurückverfolgt

Oben: Das Sonnensystem, im Mittelpunkt die Sonne. Neun Planeten sowie die Planetoiden bewegen sich jeder auf eigener Bahn. Sie benötigen verschiedene Zeiten für ihren Sonnenumlauf. Sie sind nicht maßstabsgetreu, da die äußeren weiter von der Sonne entfernt sind als die inneren.

Unten: Sonne und Planeten im Größenvergleich. Rechts ein Segment der Sonne. Von ihr aus nach rechts die Planeten Pluto, Neptun, Uranus, Saturn, Jupiter, Mars, Erde, Venus und Merkur. Der Unterschied zwischen den fünf kleinen Planeten und den vier Giganten ist enorm. Allein im Inneren des Jupiter hätten 1300 Erden Platz!

worden. Er wurde zum ersten Mal in der Nürnberger Chronik von 684 n. Chr. beschrieben. Die erste Vorhersage seiner Wiederkehr durch *Edmund Halley* (1656–1742) erwies sich am Weihnachtstag 1758, 16 Jahre nach seinem Tod, als zutreffend. Sein nächstes Wiedererscheinen soll am 9. Febr. 1986 um 9 Uhr 30 sein, 75,81 Jahre nach dem letzten, das auf den 19. Mai 1910 fiel. Eine Teilbeobachtung könnte allerdings schon im Dezember 1984 möglich sein.

Die größte Annäherung eines Kometen an die Erde erfolgte am 1. Juli 1770. Damals kam der *Lexellsche Komet*, der sich mit einer Geschwindigkeit von 38,5 km/sec. (in Relation zur Sonne) bewegt, der Erde auf 1,2 Mio. km nahe. Es wird jedoch auch angenommen, daß die Erde den Schweif des *Halleyschen Kometen* durchquert habe, das letztemal am 19./20. Mai 1910.

Die größten Kometen haben eine so geringe Dichte, daß wahrscheinlich sogar die feste Materie ihres Kopfes selten mehr als etwa 1 km im Durchmesser umfaßt. Schweife, wie der des hellsten aller Kometen, des *Großen Kometen* von 1843, können sich über 330 Mio. km hinziehen.
Der Kopf des *Holmesschen Kometen* von 1892 maß 2,4 Mio. km im Durchmesser. Der Komet *Bennett,* der im Januar 1970 auftrat, war von einer Wasserstoffwolke von etwa 12,75 Mio. km Länge umgeben.

Der am häufigsten wiederkehrende Komet von allen periodischen Kometen (diese gehören zum Sonnensystem) ist der *Enckesche Komet*, der zum ersten Mal 1786 registriert wurde. Seine Periode von 1206 Tagen (3,3 Jahren) ist die kürzeste aller beobachteten. Nicht eine seiner 51 Wiederkünfte (einschließlich 1977) wurde von Astronomen versäumt. Da er zunehmend schwächer wird, nimmt man an, daß er im Februar 1994 »stirbt«.

Die am häufigsten beobachteten Kometen sind *Schwassmann-Wachmann I, Kopff* und *Oterma,* die jedes Jahr zwischen Mars und Jupiter beobachtet werden können.

Die längste Kometen-Periode ist die des *Delavanschen Kometen* von 1914, dessen Bahn nicht genau bestimmt wurde. Man vermutet, daß er wahrscheinlich 24 Mio. Jahre lang nicht wiederkehrt.

Der jüngste Komet ist der *Kohutek.* Er wurde zum ersten Mal am 7. März 1973 vom Observatorium Hamburg (Westdeutschland) beobachtet, schnitt die Erdumlaufbahn am 26. November 1873 und trat am 29. Januar 1974 wieder aus ihr aus. Sein Schweif wird auf 50 Mio. km geschätzt. Am 15. Januar 1974 war er 120 Mio. km von der Erde entfernt. Seinen Namen erhielt er von seinem tschechischen Entdecker.

Planeten

Allgemein: Planeten (einschließlich der Erde) sind Körper im Sonnensystem, die sich in bestimmten Bahnen um die Sonne drehen.

Der größte Planet unter den neun Hauptplaneten ist *Jupiter* mit einem Äquatordurchmesser von 142 880 km und einem Polardurchmesser von 133 540 km. Seine Masse entspricht dem 317,8fachen und sein Volumen dem 1318fachen der Erde. Er hat die kürzeste Umdrehungsperiode, die sich auf einen Jupitertag von nur 9 Std. 50 Min. 30,003 Sek. in der Äquatorzone beläuft .
Am 5. März 1979 übermittelte die amerikanische Raumsonde *Voyager 1* die im Vorbeiflug am Jupiter in 276 000 km Entfernung gemachte überraschende Beobachtung zur Erde, daß der Planet von einem aus Eiskristallen und Staubteilchen bestehenden Ring umgeben ist. Dieser Ring ist nur 30 km breit, aber mehrere 1000 km dick, unterscheidet sich also kaum von dem seit 250 Jahren bekannten Ring des *Saturns* und dem vor drei Jahren entdeckten Ring des *Uranus.*
Der *Jupiter* hat 13 (nachgewiesene) Monde, zwei weitere wurden am 8. Juli 1979 *(1979–J_1)* auf Fotos der Sonde *Voyager 2* und im Mai 1980 *(1979–J_2)* auf einem bereits am 5. Mai 1979 aufgenommenen Foto der Sonde *Voyager 1* entdeckt. Die vier hellsten Jupitermonde sind die nach ihrem Entdecker Galileo Galilei (* 15. Februar 1564, † 8. Januar 1642) so genannten *Galilei-Monde.* Von ihnen entsprechen der stark vulkanische *Jo* und *Europa* der Größe des Erdmonds, *Ganymed* und *Callisto* sind größer als der Planet *Merkur.*
Der *Jupiter* ist vermutlich im Inneren mehrere 10 000° C heiß, an seiner Oberfläche jedoch −160° C kalt. Er besteht aus dichtem Wasserstoff, zusammengepreßtem Eis und Metallen. Seine lückenlose Atmosphäre ist dagegen, wie spektroskopische Untersuchungen ergeben haben, aus Wasserstoff mit hohen Anteilen von Ammoniak und Methan zusammengesetzt.

Der kälteste Planet ist naturgemäß der am weitesten von der Sonne entfernte, nämlich *Pluto,* der schätzungsweise eine Oberflächentemperatur von −220° C (53° C über dem absoluten Nullpunkt) hat. Seine mittlere Entfernung von der Sonne beträgt 5913,5 Mio. km und seine Umlaufperiode ist 248,54 Jahre lang. Sein Durchmesser beträgt etwa 3000 km und seine Masse etwa ein 500tel von der der Erde. Pluto wurde zum ersten Mal von *Clyde William Tombaugh* (* 4. Februar 1906) am Lowell Observatory in Arizona (USA) am 18. Februar 1930 anhand von am 23. und 29. Januar aufgenommenen Fotos registriert und am 13. März bekanntgegeben. Aufgrund seiner exzentrischen Umlaufbahn bewegt sich Pluto zwischen dem 23. Januar

1979 und dem 15. März 1999 näher an die Sonne als Neptun.

Der schnellste der Hauptplaneten ist *Merkur*, der die Sonne in einer Durchschnittsentfernung von 57,9 Mio. km umkreist. Er hat eine Umlaufperiode von 87,9686 Tagen und daher mit 172 248 km/h die höchste Umlaufgeschwindigkeit.

Der heißeste der Hauptplaneten ist die *Venus*. Sie wurde nach Messungen durch die UdSSR-Sonden *Verena 7* und *Verena 8* in den Jahren 1970 und 1972 auf eine Oberflächentemperatur von etwa 480° C geschätzt. Sie ist zugleich der der Erde nächste Planet. Sie befindet sich manchmal etwa 41,3 Mio. km innerhalb der Erdumlaufbahn. (Zum Vergleich: Der zweitnächste Nachbarplanet der Erde ist *Mars* mit der größten Annäherung von 55,6 Mio. km außerhalb der Erdumlaufbahn.)
Mars, von dem seit 1965 bekannt ist, daß er Krater hat, hat Temperaturen von 29,4° C bis −123° C. Die bei weitem höchste und spektakulärste seiner Oberflächenformen ist *Olympus Mons* (früher *Nix Olympica*) in der Tharsisregion mit einem Durchmesser von 500–600 km und einer Höhe von 2600–3000 m über der umliegenden Ebene.

Der bei weitem hellste der von der Erde aus mit bloßem Auge sichtbaren fünf Planeten ist die *Venus*, mit einer Maximalgröße von −4,4. (*Uranus* ist bei Größe 5,7 nur marginal sichtbar.) Der schwächste ist *Pluto* mit einer Größe von 14.

Der dichteste Planet mit einer Durchschnittsdichte, die das 5515fache von Wasser ausmacht, ist die *Erde*, während *Saturn* nur eine Durchschnittsdichte von etwa einem Achtel dieses Wertes oder vom 0,7fachen der des Wassers hat.

Konjunktionen: Die dramatischste Konjunktion (d. i. die Stellung von Gestirnen im gleichen Längengrad) der Hauptmitglieder des Sonnensystems ohne die Erde (Sonne, Mond, Merkur, Venus, Mars, Jupiter und Saturn) trat am 5. Februar 1962 auf, als während einer Eklipse in der Pazifikgegend alle sieben von 16° gedeckt wurden. Es ist möglich, daß die siebenfältige Konjunktion vom September 1186 nur 12° umspannte. Die nächste bemerkenswerte Konjunktion wird am 5. Mai 2000 stattfinden.

Satelliten

Allgemein: Von den neun Hauptplaneten haben alle bis auf Venus und Merkur natürliche Satelliten. Mit seinen vier großen und (mindestens) neun kleinen Monden ist Jupiter der Planet mit den meisten Satelliten.
Erde und Pluto sind die einzigen Planeten, die nur einen einzelnen Satelliten haben. Die Entfernung von ihren Mutterplaneten variiert zwischen 9378 km von *Phobos* zum Marszentrum und 23 705 000 km von Jupiters äußerstem Satelliten *Sinope* (zu dessen Zentrum Jupiter IX).
Das Sonnensystem hat (nicht eingerechnet Saturns noch nicht nachgewiesenem elften und zwölften und Jupiters noch nicht endgültig nachgewiesenem 14. und 15., aber einschließlich Plutos wahrscheinlichem Mond *Charon*, der im Juli 1978 bekanntgegeben wurde) eine Gesamtzahl von 34 gesichert nachgewiesenen Satelliten.

Die größten und kleinsten Satelliten: Der größte natürliche Satellit ist *Titan*, der sechste Mond Saturns, mit einem Durchmesser von 5500 km und einer möglichen atmosphärischen Schicht von 150 km. Der schwerste Satellit ist der dritte Mond Jupiters, *Ganymed*, der 2,02mal schwerer ist als unser eigener Mond. Aber möglicherweise ist der große Satellit Neptuns *Triton* sowohl größer als *Titan* als auch schwerer als *Ganymed*.
Der kleinste Satellit ist nach den bisherigen Feststellungen *Jupiter XIII* mit einem Durchmesser von nur 15 km.

Asteroiden: Im Bereich zwischen Mars und Jupiter gibt es etwa 45 000 (bis Januar 1980 wurden allerdings nur 2200 numeriert) kleinere Planeten oder Asteroiden, die in ihrer Mehrzahl zu klein sind, um eine Durchmesserberechnung mit irdischen Instrumenten zuzulassen.

Der größte Asteroid ist *Ceres* mit einem Durchmesser von 1003 km. Er wurde als erster aller Asteroiden von dem Italiener *Piazzi* in Palermo auf Sizilien entdeckt.
Der einzige mit bloßem Auge sichtbare ist *Vesta* (Durchmesser 538 km), entdeckt am 29. März 1807 von *Dr. Heinrich Wilhelm Olbers* (1758–1840), einem deutschen Amateurastronomen.
Die naheste gemessene Annäherung eines Asteroiden an die Erde war 780 000 km. Sie erreichte *Hermes* am 30. Oktober 1937.
Der fernste bis jetzt entdeckte Asteroid ist *Objekt Kowal*, gefunden am 18./19. Oktober 1977 zwischen Saturn und Uranus von *Charles Kowal* vom Hale Observatory Kalifornien (USA) und vorläufig *Chiron* benannt.

Sterne

Als größten aller bekannten Sterne bezeichnet man *IRS 5*, einen Giganten von 15 Mrd. km Durchmesser. *Beteigeuze*, der obere linke Stern im Sternbild *Orion* (die Schulter), hat einen Durchmesser von annähernd 400 Mio. km. Das ent-

spricht ungefähr dem Dreifachen des Abstands Erde–Sonne. 1978 stellte man fest, daß er eine dünne Kalium-»Hülse« von 1,6 Mrd. km besitzt. Das Licht dieses Sterns, das wir heute sehen, wurde von ihm vor ca. 3500 Jahren ausgestrahlt.
Der Haufenstern *Alpha Herkules,* der einen Hauptstern und einen Nebenstern aufweist, ist von einer Kaltgashülle umgeben. Dieses Gesamtgebilde, das mit bloßem Auge sichtbar ist, hat einen Durchmesser von 275 Mrd. km.
Die amerikanischen Astronomen *Webster Cash* und *Philip Charles* haben Ende Januar 1980 im Sternbild *Schwan* mit Hilfe eines Astronomie-Satelliten der NASA eine gigantische Blase heißen Gases entdeckt. Mit einem Durchmesser von etwa 1200 Lichtjahren (d. h. 11 Billiarden, 352 Billionen km) dürfte sie das größte Objekt in unserer Galaxis sein. Sie enthält genügend Materie, um daraus 10 000 neue Sonnen zu formen. Das Gas der möglicherweise ringförmigen Blase ist rund 2 Mio.°C heiß und enthält zehnmal mehr Energie, als die Sonne in den etwa 5 Mrd. Jahren seit ihrer Entstehung abgestrahlt hat. Die Entfernung dieses Riesenobjekts von der Erde wird auf 6000 Lichtjahre geschätzt.

Der massivste bekannte Stern mit einer Masse, die etwa dem 55fachen der Masse der Sonne entspricht, ist die schwächere Komponente von *Plasketts Stern,* entdeckt 1922 von J. S. Plaskett vom Dominion Astrophysical Observatory (Kanada).

Der kleinste der bekannten Sterne ist *LP 327-186,* ein »weißer Zwerg«, der nur den halben Durchmesser unseres Mondes hat. Er wurde 1962 in Minneapolis (USA) entdeckt und ist 100 Lichtjahre von der Erde entfernt.

Der älteste Stern ist nicht genau ermittelt. Man nimmt an, daß die Sonne etwa 5 Mrd. Jahre alt ist und unsere Galaxis zehn bis zwölf Mrd. Jahre.

Der hellste Stern unter den 5776 am Himmel sichtbaren Sternen ist *Sirius A (Alpha Canis Majoris),* auch als »Hundestern« bekannt. Er hat eine geschätzte Größe von −1,46. Er befindet sich im Sternbild *Canis Major,* ist in den Wintermonaten der nördlichen Hemisphäre sichtbar und steht um Mitternacht am letzten Tage des Jahres genau im Süden. Der Sirius ist 8,64 Lichtjahre entfernt und hat die 26fache Leuchtkraft der Sonne. Er hat einen Durchmesser von 2,33 Mio. km und eine Masse von $4{,}26 \times 10^{27}$ t.
Der blasse weiße Zwergbegleiter *Sirius B* hat einen Durchmesser von nur 10 000 km, ist jedoch 350 000mal schwerer als die Erde.

Die fernsten und nächsten Sterne: Unser Sonnensystem mit seiner Sonne, neun Hauptplaneten, mindestens 33 Satelliten, Asteroiden und Kometen ist, wie 1921 entdeckt wurde, etwa 32 000 Lichtjahre vom Zentrum der linsenförmigen Milchstraßengalaxis (Durchmesser 100 000 Lichtjahre) mit etwa 100 000 Mio. Sternen entfernt. Der entfernteste Stern in unserer Galaxis ist daher etwa 80 000 Lichtjahre entfernt.
Nimmt man den Sonderfall unserer Sonne aus, so ist der nächste Stern der sehr schwache *Proxima Centauri,* der 4,28 Lichtjahre entfernt ist.
Der nächste mit bloßem Auge sichtbare Stern ist der *Alpha Centauri* oder *Rigel Centaurus* der südlichen Hemisphäre (4,38 Lichtjahre) mit einer Größe von −0,29. Bis zum Jahr 11 800 n. Chr. wird der nächste Stern *Barnards Stern* mit einer Entfernung von 3,75 Lichtjahren sein.

Hellste und blasseste Sterne: Wenn alle Sterne gleich weit von der Erde entfernt wären, dann wäre der hellste der scheinbar schwache und veränderliche *S. Doradûs* in der größeren Magellanschen Wolke *(Nebecula Major),* der nahezu eine Mio.mal heller als die Sonne sein dürfte und eine absolute Größe von −8,9 hat.
Der schwächste visuell entdeckte Stern ist ein sehr roter Stern, der als *LP 425-140* registriert wurde, 23,5 Lichtjahre entfernt ist und etwa ein Millionstel der Helligkeit der Sonne hat.

»Temporäre Sterne«, die aufleuchten und dann verblassen, werden Supernovae genannt. Sie treten vielleicht fünfmal alle 1000 Jahre in unserer Galaxis auf. Der hellste in geschichtlicher Zeit

Für eigene Rekorde

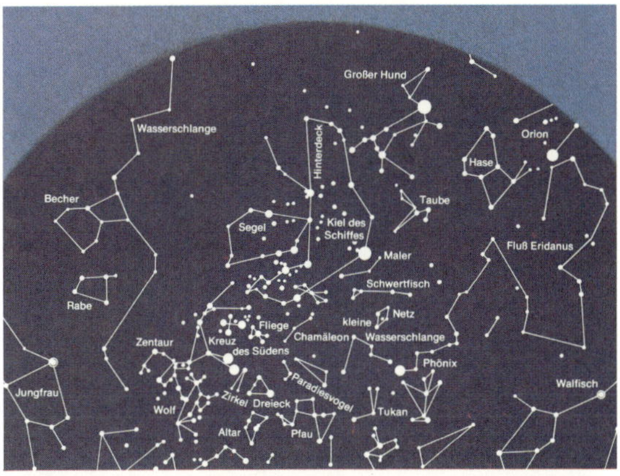

Oben: die Formen und Namen der Sternbilder.
Unten: der Sternenhimmel, wie wir ihn mit bloßem Auge sehen.

gesehene »Stern« ist die Supernova vom April 1006 in der Nähe von *Lupus ß,* die zwei Jahre lang hell strahlte und eine Größe von −9 bis −10 erreichte. Heute nimmt man an, daß sie die Radioquelle G. 327,6+14.5 in einer Entfernung von nahezu 3000 Lichtjahren ist.

Abhöroperationen (»Project Ozma«), gerichtet auf *Tau Ceti* und *Epsilon Eridani,* wurden vom 4. April 1960 bis zum März 1961 durchgeführt, wobei ein 25,90-Meter-Radioteleskop in Deer Creek Valley (USA) verwandt wurde. Das Gerät war möglicherweise nicht empfindlich genug, um irgendein Signal aus einer Entfernung von 10,7 Lichtjahren zu empfangen. Seit 1969 werden von Gorki (UdSSR) aus Überwachungen durchgeführt.

Der längste Name für einen Stern ist *Shurnarkabtishashutu,* der arabische Begriff für »unter dem südlichen Horn des Stiers«.

Schwarze Löcher entstehen infolge eines sog. Gravitationskollaps, also einer Komprimierung bis zu einer Dichte von 10^{17} g pro ccm. Die Gravitation ist dann so stark, daß keine Radiowelle und kein Lichtstrahl die Sternoberfläche verlassen können. Die erste versuchsweise Identifizierung eines Schwarzen Lochs wurde im Dezember 1972 in der Doppelstern-Röntgenstrahlenquelle *Cygnus X-1* angekündigt. Dies ist ein kleiner dunkler Gefährte von etwa zehn Sonnenmassen, dessen Fluchtgeschwindigkeit nach c (Lichtgeschwindigkeit) neigt. Die Grenzgröße wurde auf lediglich 5,90 km Durchmesser geschätzt. Anfang 1978 kam die Vermutung auf, daß es supermassive Schwarze Löcher mit einer Masse von 100 Mio. Sonnen – 2×10^{35} t – gibt.

Raumfahrt

Allgemein: Die physikalischen Gesetze, die den Flug künstlicher Satelliten bestimmen, wurden zum erstenmal von *Sir Isaac Newton* (* 4. Januar 1643, † 31. März 1727) in seinen »Mathematischen Prinzipien der Naturphilosophie« formuliert, die er im März 1686 begann und im Sommer 1687 zum erstenmal veröffentlichte.

Der erste künstliche Satellit wurde in der Nacht des 4. Oktober 1957 von *Tjura Tam,* einer Gegend 275 km östlich des Aralsees (UdSSR), in einer Höhe von 228,6 km und mit einer Geschwindigkeit von 28 565 km/h erfolgreich in die Umlaufbahn gebracht. Dieser runde Satellit *Sputnik I* (d. i. *»Weggenosse«*), der offiziell als »Satellit 1957 Alpha 2« bezeichnet wurde, wog 83,6 kg bei einem Durchmesser von 58 cm. Seine Lebensdauer, die am 4. Januar 1958 endete, betrug vermutlich 92 Tage. Er wurde unter der Leitung von Dr. *Sergej Pawlowitsch Koroljow* (1907–66) entworfen.

Bis Anfang 1979 befanden sich schätzungsweise 4670 mehr oder weniger sichtbare, von Menschenhand geschaffene Objekte im Weltraum in der Erdumlaufbahn, von denen über 1000 funktionstüchtige Erdsatelliten waren. Bei dem Rest von mehr als 3600 Objekten handelt es sich um

»Trümmerstücke« der Raumfahrt (Raketenendstufen, Kameras u. a.).
Nach Angaben der Intern. Verteidigungs-Organisation ICDO sind dagegen bisher mehr als 10 000 Satelliten gestartet worden. Bis Oktober 1977 kamen schätzungsweise 40 Prozent aller Abschüsse von *Plecetsk* (UdSSR).

Das erste irdische Lebewesen im Weltraum war der Hund *Laika,* der am 3. November 1957 mit dem sowjetischen Satelliten *Sputnik 2* in eine Umlaufbahn von 1690 km Höhe geschossen wurde. Das Tier verendete nach fünf Tagen infolge Sauerstoffmangels.

Raketentechnik u. Raumfahrzeuge

Die frühesten Raketen dürften Kriegsraketen gewesen sein, die mit Kohlensalpeterschwefel-Schießpulver angetrieben wurden. Im Jahre 1042 sollen sie nach einem Bericht von *Tsing Kung Liang* in China angewendet worden sein. Nachrichten über diese Raketen kamen 1258 zum ersten Mal nach Europa.

Die ersten militärischen Raketen in Europa entwickelte der englische Colonel *Sir William Congreve* (1772–1828), dessen »2,72-kg-Rakete« bis zum Jahre 1805 eine Reichweite von 1,8 km erzielte. Die Rakete wurde zum ersten Mal am 8. Oktober 1806 von der Royal Navy gegen Boulogne (Frankreich) eingesetzt.
Eine Rakete mit Flüssigtreibstoff, patentiert am 14. Juli 1914, wurde zum ersten Mal von Dr. *Robert Hutchings Goddard* (1882–1945, USA) am 16. März 1926 in Auburn (USA) abgeschossen. Sie erreichte eine Höhe von 12,5 m und flog 56 m weit.
Die früheste Rakete der UdSSR war die halbflüssig angetriebene *GIRD-IX,* die am 17. August 1933 getestet wurde.

Die größte Reichweite einer Rakete soll die einer Globalrakete der UdSSR sein. Jedenfalls behauptete dies *Nikita Chruschtschow* am 16. März 1962, damals Ministerpräsident der UdSSR. Die Rakete habe eine Reichweite von 30 000 km, d. h. von mehr als dem halben Erdumfang, und sei folglich in der Lage, jedes Ziel aus jeder Richtung zu treffen.

Die leistungsfähigsten Raketen: Die Mondrakete der UdSSR, die im Sommer (Juli?) 1969 in *Tjura Tam* explodierte, hatte einen Schub von 4,5 bis 6,35 Mio. kg. Außerdem gibt es Hinweise auf den Abschuß einer »G«-Klasse-Mondrakete der UdSSR am 11. Mai 1973, die größer ist als die *Saturn V* der USA. Doch fehlte bis Redaktionsschluß jede offizielle Bestätigung.

Zu A):
Diese Höhe hatte Pioneer 10 am 1. Juli 1978 erreicht. Wenn er 1987 das Gravitationsfeld der Sonne verläßt und in die Nähe des Planeten Pluto kommt, wird seine Entfernung von der Erde 5,8 Mrd. km betragen. Pioneer 11 flog am 1. September 1979 mit einer Geschwindigkeit von 174 000 km/h am Saturn vorbei und folgt seither Pioneer 10 nach dem Verlassen des Sonnen-Gravitationsbereichs in den tieferen Weltraum.
Die am 20. August 1977 gestartete US-Raumsonde Voyager 2 (früher Mariner 11) und ihre »Schwester« Voyager 1 (früher Mariner 12), gestartet am 1. September 1977, setzen die Jupiter-Saturn-Mission der USA fort. Am 27. August 1981 soll Voyager 2 so gesteuert werden, daß er am 31. Januar 1986 an den Planeten Uranus herankommt und im September 1989 in die Nähe des Planeten Neptun gelangt.

Zu B und C):
Mars 1 und Luna 1 sind in eine Sonnen-Umlaufbahn eingeschwenkt.

Zu P):
Es gibt Anzeichen dafür, daß Tilling wenig später mit einer Feststoff-Rakete von der ostfriesischen Insel Wangerooge (Deutschland) aus eine Höhe von 9,5 km erreichen konnte.

Die leistungsfähigste Rakete, deren Daten bekannt sind, ist die *Saturn V,* die für die *Apollo-* und *Skylab*-Programme verwandt wurde, mit deren Entwicklung im Januar 1962 am *John-F.-Kennedy*-Weltraum-Center (USA) begonnen worden ist. Die Rakete ist 110,85 m hoch mit einer Nutzlast von 74 783 kg (im Falle von *Skylab I*) und verbraucht während einer Dauer von 2½ Minuten 13,6 t Treibstoff pro sec. Das sind mehr als 2000 t. Die erste Stufe (S-IC) ist 42,06 m hoch und wird von fünf Raketendyn-F-1-Maschinen angetrieben, die jeweils flüssigen Sauerstoff (LOX) und Kerosin und eine Schubkraft von 686 680 kg liefern. Stufe II (S-II) wird von fünf LOX und Flüssigwasserstoff-Raketendyn-Maschinen vom Typ J-2 angetrieben mit einer Gesamtschubkraft von 517 759 kg, während Stufe III (bezeichnet als S-IVB) durch eine einzige J-2-Schubkraftmaschine angetrieben wird. Die Gesamtrakete erzeugt 175,6 Mio. PS (130 Mio. kW) und wiegt vollbeladen bis zu 3447 t im Fall von *Apollo 17.* Sie wurde zum ersten Mal am 9. November 1967 von *Cape Canaveral* (später *Cape Kennedy*) (USA) abgeschossen.

Raketen-Höchstgeschwindigkeit: Das erste Raumfahrzeug, das die Dritte Kosmische Geschwindigkeit erreichte, die genügt, um aus dem Sonnensystem auszubrechen, war die amerikanische *Pioneer 10.* Der Raketenträger *Atlas* SLV-3C mit einer modifizierten *Centaur*-D-Zweitstufe und einer *Thiokol*-Te-364-4-Drittstufe verließ die Erde am 2. März 1972 mit einer bisher nie erreichten Geschwindigkeit von 51 682 km/h.

Die höchste registrierte Geschwindigkeit erreichte mit 240 000 km/h die amerikanisch-deutsche Sonnensonde *Helios B,* die am 15. Januar 1976 abgeschossen wurde.

Raketen mit Ionenantrieb: Geschwindigkeiten bis zu 160 000 km/h werden für Raketen geplant, die durch Ionenentladung angetrieben werden. Ein Ionenantrieb wurde im *Lewis Research Center* in Cleveland (USA) 9715 Stunden lang, also fast 40 Tage länger als ein Jahr, in Betrieb gehalten. Ionenraketen wurden zum ersten Mal im Flug verwandt für die *SERT I*-Rakete der NASA, die am 20. Juli 1964 abgeschossen wurde.

Menschen im All

Der erste erfolgreiche bemannte Raumflug begann am 12. April 1961 um 9 Uhr 07 (Moskauer Zeit) oder 6 Uhr 08 MEZ. Der Kosmonaut Fliegermajor (später Oberst) *Jurij Aleksejewitsch Gagarin* (* 9. März 1934, † 27. März 1968) vollbrachte in 89,34 Minuten einen einzigen Erdumlauf in dem 4,72 t schweren Raumfahrzeug *Wostok 1* (d. i. *»Ost«*). Er startete von *Tjura Tam* in Kasachstan und landete 108 Min. später im Gebiet von *Saratow* (UdSSR). Die Höchstgeschwindigkeit betrug 28 260 km/h und die Maximalhöhe 327 km bei einem Flug von 40 868,6 km. Gagarin, der als *Held der Sowjetunion* ausgezeichnet wurde und hohe sowjetische Orden erhielt, wurde am 27. März 1968 bei einem Düsenflugzeugabsturz in der Nähe von Moskau getötet.

(DDR) **Der erste Deutsche im Weltraum** war Fliegerkosmonaut *Sigmund Jähn,* Oberleutnant (jetzt Oberst) der ostdeutschen Luftwaffe (* 13. Februar 1937). Er startete am 26. August 1978 zusammen mit dem Sowjet-Kosmonauten *V. F. Bykowskij* (bereits mit *Wostok 5* im All gewesen) im Raumschiff *Sojus 31.* Das Schiff koppelte an dem Komplex *Saljut 6/Sojus 29* an. Nach Durchführung von Experimenten kehrten Jähn und Bykowski am 3. September 1978 mit *Sojus 29* wieder zur Erde zurück. Alle ihre Körperfunktionen waren normal.

Die erste und bisher einzige Frau, die die Erde umkreiste, war Leutnant (jetzt Oberstleutnant) *Valentina Wladimirowna Tereschkowa,* jetzt Frau *Nikolajew* (* 6. März 1937), die am 16. Juni 1963 um 9 Uhr 30 MEZ mit *Wostok 6* von Tjura Tam (UdSSR) abgeschossen wurde und am 19. Juni um 8 Uhr 16 nach einem Flug von zwei Tagen, 22 Std., 42 Min. landete, während dessen sie über 48 Erdumkreisungen vollführte (fast 2 Mio. km) und einen Moment lang in einer Entfernung von 4,8 km an dem zwei Tage vorher gestarteten Raumschiff *Wostok 5,* mit dem sowjetischen Kosmonauten *V. F. Bykowskij* an Bord, vorbeikam. Sie war früher Textilarbeiterin gewesen. Von ihrer Mission wurde unterschiedlich berichtet; einerseits habe sie gebeten, man möge sie wegen Schwindelgefühls zur Erde zurückbringen und andererseits, man möge aufgrund ihrer ausgezeichneten Ausführung den Flug verlängern.
Mitte März 1980 wurde gemeldet, daß sich inzwischen Tausende sowjetischer Frauen bei dem Leiter der sowjetischen Kosmonauten-Ausbildung, *Wladimir Schatalow,* um eine Raumfahrt-Teilnahme beworben haben. Schatalow ist jedoch der Meinung, daß der Komfort an Bord der Raumschiffe noch verbessert werden müsse, ehe wieder eine Frau ins Weltall aufsteigen kann.

Die ersten Raumfahrt-Opfer: Am 27. Januar 1967 brannte auf dem Gelände von Cape Kennedy die Kapsel eines Apollo-Raumschiffes aus. Dabei kamen die US-Astronauten *Chaffee, Grissom* und *White* ums Leben.

Der erste tödliche Unfall während einer Raumfahrt ereignete sich, als Oberst *Wladimir Michailowitsch Komarow* (* 16. März 1927) am 23. April

Der erste Deutsche im Weltall war der ostdeutsche Volksarmee-Luftwaffenoberst Sigmund Jähn.

1967 um 00 Uhr 35 MEZ in *Sojus I* (d. i. *»Bündnis«*) in den Raum geschossen wurde. Das Raumfahrzeug befand sich 25 1/4 Std. in der Umlaufbahn, prallte aber bei der abschließenden Landung wegen Fallschirmversagens auf. Komarow war damit der erste Mensch, dessen Tod während eines Raumfluges offiziell gemeldet wurde.
Das erste Raumfahrt-Unternehmen, das – abgesehen von Fehlstarts ohne oder mit mißglücktem Abhub von der Erde – vorzeitig abgebrochen werden mußte, war der Mondflug-Versuch von *Apollo 13*. Die drei US-Astronauten *James Lovell, Fred Haise* und *John Swigert* waren damit am 11. April 1970 gestartet. Um 5 Uhr 19 MEZ erhielten sie das Kommando, sich in eine Rückkehrbahn zur Erde zurückzuschießen, weil 330000 km von der Erde entfernt eine Störung im Energiesystem aufgetreten war: ein Sauerstofftank war explodiert. Die Astronauten mußten sich in die Landefähre zurückziehen. Die Sauerstoff-Vorräte der mitgeführten Mondfähre *Aquarius* reichten bis zur Rückkehr zur Erde aus. Dadurch wurde sie zum Rettungsboot. *Apollo 13* erreichte die richtige Bahn zur Rückkehr. Kurz vor Eintritt in die Erdatmosphäre stiegen die Raumfahrer in die defekte Kommandokapsel zurück. Am 17. April 1970 trennten sie um 17 Uhr 43 MEZ dann die Mondfähre vom Mutterschiff, und um 19 Uhr 07 MEZ vollzog *Apollo 13* im Südpazifik eine präzise Notwasserung.
Von den sowjetischen Weltraumflügen mißlang – soweit bekanntgegeben – außer der Landekatastrophe von *Sojus 1* am 24. April 1967 (s. o.) auch der am 10. April 1979 unternommene Versuch des Raumschiffs *Sojus 33,* an *Saljut 6* anzukoppeln. Die Mannschaft, der Sowjetrusse *Nikolai Rukawischnikow* und der Bulgare *Georgi Iwanow,* mußte ihren Rückflug zwei Tage später unverrichteter Dinge antreten, landete aber problemlos in Kasachstan.

Erster Weltraumspaziergang: Der erste Astronaut, der außerhalb eines Raumfahrzeuges frei schwebte, war der verstorbene *Edward H. White II* († 27. Januar 1967), der 21 Min. lang am 3. Juni 1965 von *Gemini IV* aus über Hawaii zur US-Atlantikküste schwebte.
Der frühere Anspruch, den Oberstleutnant *Aleksej A. Leonow* von *Woschkod 2* erhob, der am 18. März 1965 sein Raumschiff verlassen haben will, kann nicht ohne Vorbehalt akzeptiert werden.

🌐 **Den längsten bemannten Raumflug** absolvierten *Wladimir Ljachow* und *Waleri Rjumin,* die am 25. Februar 1979 mit *Sojus 32* gestartet waren. Sie hielten sich bis zum 15. Juli 1979 an Bord der sowjetischen Raumstation *»Saljut 6«* auf und kehrten erst nach 175 Tagen am 19. August 1979 mit *»Sojus 34«* zur Erde zurück. Sie brachen damit den Rekord ihrer Landsleute Oberst *Wladimir Kowaljonok* (*1942) und *Aleksandr Sergejewitsch Iwantschenkow* (*1940), die am 15. Juni 1978 um 23 Uhr 17 (Moskauer Zeit) vom *Baikonur-Kosmodrom* abgeschossen wurden, um zu *Saljut 6* zu stoßen und nach 139 Tagen, 14 Stunden und 47 Minuten, am 2. Nov. 1978 um 14 Uhr 05 in Kasachstan landeten. Sie sollen bei der Rückkehr in die Schwerkraft der Erde Schwierigkeiten beim Gehen und Tassenheben gehabt haben. Außerdem versuchten sie, morgens aus dem Bett zu »schwimmen«.

Daß sein Weltrekord-Raumaufenthalt dessenungeachtet ohne weitere Schädigungsfolgen für ihn geblieben sein dürfte, bewies *Waleri Rjumin,* als er zusammen mit seinem (neuen) Kommandanten Oberstleutnant *Leonid Popow* am 9. April 1980 mit dem Raumschiff *Sojus 35* startete, um wiederum an die zu dieser Zeit unbemannte Raumstation *Saljut 6* anzudocken, die damals mit dem sowjetischen Raumtransporter *Progress 8* verbunden war. *Progress 8* wurde von den beiden Kosmonauten entladen, am 26. April abgedockt und verglühte beim Rücksturz zur Erde. Aber schon am 27. April um 8 Uhr 24 MEZ starteten die Sowjets einen weiteren Raumtransporter, *Progress 9,* um *Saljut 6* und seine Besatzung mit

Der erste Mensch auf dem Mond: US-Astronaut Neil Armstrong betrat ihn am 21. Juli 1969 um 3 Uhr 56 min.

Am längsten im All: Die sowjetische Sojus 32-Crew.

weiterem Gerät und Nachschub zu versorgen. Seit Jurij Gagarin am 12. April 1961 als erster Mensch in den Weltraum flog, sind bis zum 30. April 1980 vom Sowjet-Raumfahrtzentrum Baikonur (Kasachstan) 45 sowjetische Kosmonauten und vier Weltraumpiloten aus anderen Ostblockländern in den Weltraum gestartet.
Am 26. Mai 1980 startete die UdSSR in Baikonur das Raumschiff *Sojus 36,* besetzt mit dem ungarischen Luftwaffenhauptmann *Bertalan Farkas* (31) und dem sowjetischen Weltraum-Veteranen *Walerij Kubasow* (45). Sie dockten zwei Tage später an der Raumstation *Saljut 6* an und führten bis zum 2. Juni medizinische, geophysikalische und technologische Experimente durch. Am 3. Juni kehrten sie mit dem Raumschiff *Sojus 35* zur Erde zurück.
Schon zwei Tage später startete ein sowjetisches Raumschiff neuen Typs, *Sojus T 2* genannt, mit den Kosmonauten Oberstleutnant *Juri Malyschew* und Ingenieur *Wladimir Axjonow* an Bord, und koppelte an den Orbitalkomplex *Saljut 6/Sojus 36* an. Nachdem sie bis zum 8. Juni gemeinsam mit *Popow* und *Rjumin* in der Raumstation gearbeitet hatten, landeten sie mit *Sojus T 2* am 9. Juni wieder in der Sowjetunion.
Im Jahr 1982 werden voraussichtlich die Franzosen Oberstleutnant *Jean-Loup Chrétien* (41) und Major *Patrick Baudry* (34), beide Testpiloten des Kampfflugzeugs *F 1 Mirage,* jeweils zusammen mit sowjetischen Kosmonauten in Sojus-Raumschiffen zur Orbitalstation *Saljut 6* aufsteigen. Gleichzeitig werden gegenwärtig auch mit indischen Kosmonauten sowjetische Raumflüge vorbereitet.

Das erste Ehepaar im Weltraum werden wahrscheinlich die beiden Ärzte *Anne* (30) und *Bill Fisher* (34) aus Kalifornien (USA) sein. Sie wurden im Mai 1980 von der NASA als Kandidaten für die ersten Flüge der wiederverwendbaren US-Weltraumfähre *Space Shuttle* ausgewählt, die zwischen 1982 und 1984 geplant sind.

Die gefährlichste Rückkehr eines künstlichen Erdsatelliten zur Erde war die des US-Weltraumlabors *»Skylab«*, das am 14. Mai 1973 in eine Erdumlaufbahn gebracht wurde und nach rund 35 000 Erdumkreisungen infolge von Schwächen wieder in die tieferen Schichten der Erdatmosphäre eindrang. Die dabei nicht verglühten Teile, deren Absturztermin und -ort bis kurz davor nicht exakt berechnet werden konnte, stürzten nicht, wie erwartet, in den Pazifik oder in den Indischen Ozean, sondern am 14. Juni 1979 nach 2220 Tagen Raumaufenthalt auf ein dünn besiedeltes Gebiet Westaustraliens.

Der älteste Mensch im Raum war *Donald Kent »Deke« Slayton* (* 1. März 1924, USA), der 51 Jahre und 146 Tage alt war, als er am 24. Juli 1975 auf die amerikanisch-sowjetische *Apollo-Sojus*-Mission geschickt wurde.

Der jüngste war Major (später Oberst) *Gherman Stapanowitsch Titow* (* 11. Sept. 1935), der knapp 26 Jahre alt war, als er am 6. Aug. 1961 in *Wostok 2* in den Raum geschossen wurde.

Der erste Mensch auf dem Mond war der US-Astronaut *Neil Armstrong* (* 5. Aug. 1930), der zusammen mit *Edwin Aldrin* (* 1930) von der Raumrakete *»Apollo I«* im Juli 1969 in eine Umlaufbahn um den Mond gebracht wurde und am 21. Juli 1969 um 3 Uhr 56 Min. von der Mondfähre *»Eagle«* aus im »Meer der Ruhe« in den Staubboden des Mondes trat.
Die von Amstrong und Aldrin gemachten Fernsehaufnahmen waren die erste Live-Übertragung von einem anderen Himmelskörper zur Erde.

Modell des ersten Räderfahrzeugs für »Verkehr« auf dem Mond: Lunochod 1. Es wurde von der Erde aus gesteuert.

Dauerrekord auf dem Mond: Die Mannschaft von *Apollo 17* sammelte eine Rekordmasse von 114,8 kg Fels und »Erde« während ihrer 22 Stunden, 5 Min. »Tätigkeit außerhalb des Fahrzeuges«. Es waren Cap. *Eugene A. Cernan,* US Navy (* 14. März 1934) und *Dr. Harrison H. (Jack) Schmitt* (* 3. Juli 1935), der als zwölfter Mann den Mond betrat. Die Mannschaft befand sich während dieser längsten Mondmission, die insgesamt 12 Tage, 13 Stunden und 51 Min. dauerte, in der Zeit vom 7. bis 12. Dezember 1972, also rund 75 Stunden, auf der Mondoberfläche.

Das erste Räderfahrzeug auf dem Mond war *Lunochod 1,* das am 17. November 1970 seine von der Erde gesteuerten Reisen begann. Es bewegte sich insgesamt 10,54 km auf Gefällen bis zu 30 Grad im *Mare Imbrium* und war bis 4. Oktober 1971 in Betrieb.

Der erste »Autofahrer« auf dem Mond war der US-Astronaut *David Scott,* der am 31. August 1971 mit einem nur 35 kg schweren Geländewagen mit 1 PS-Leistung eine Geschwindigkeit von 8 km/h erreichte.

Den Geschwindigkeits- und Entfernungsrekord auf dem Mond hält der von *Apollo 16* mitgeführte *Rover* mit 18 km/h bergab und einer Strecke von 33,8 km.

Raumsonden zu anderen Planeten: In den Jahren 1978 und 1979 haben sowohl die Sowjetunion wie die USA mehrere Raumsonden zur Venus gestartet. So am 14. September 1978 die sowjetische *»Venus 11«* und am 19. September 1978 *»Venus 12«,* die beide Daten aus der Atmosphäre der Venus zur Erde sandten und Landegeräte auf deren Oberfläche abgelassen haben.

Die US-Sonden *»Pioneer-Venus I«,* gestartet am 21. Mai 1978, und *»Pioneer-Venus II«* (8. August 1978), die im November und Dezember ihre geplanten Umlaufbahnen um die Venus erreichten, übermittelten besonders ergiebige Daten und plazierten ebenfalls Abwurfsonden auf die Oberfläche der Venus. Eine von ihnen übermittelte noch eine Stunde nach dem Aufprall wichtige Informationen.

Mit der am 5. September 1977 gestarteten Raumsonde *Voyager I* gelang es den Amerikanern, im März 1979 in etwa 275 000 km Entfernung an Jupiter und in nur 20 000 km Entfernung am Jupiter-Mond *Jo* vorbeizufliegen, wichtige Entdeckungen zu machen und zahlreiche Bilder von der Jupiter-Atmosphäre und dessen Monden *Ganymed* und *Callisto* zur Erde zu funken. *Voyager I* setzt seinen Weg in Richtung auf den 1,2 bis 1,6 Mrd. km von der Erde entfernten Saturn fort, den er am 12. November 1980 erreichen soll.

Die am 20. August 1977 gestartete US-Raumsonde *Voyager 2* – wie ihre »Schwester« *Voyager 1*

850 kg schwer – wird dieses Ziel voraussichtlich am 27. August 1981 erreichen. Danach sollen von beiden Sonden noch 14 weitere größere Himmelskörper angesteuert werden. Vorausgesetzt, daß die mit Atomkraft angetriebenen Bord-Generatoren noch genügend Strom für die Meß- und Regelgeräte liefern und die Treibstoff-Vorräte für etwaige Kurskorrekturen ausreichen, würde auf dieser interplanetarischen Forschungsreise Neptun, der 30mal so weit von der Erde entfernt ist wie die Sonne, etwa im Spätsommer 1989 erreicht werden.

Größte Annäherung an die Sonne: Das Forschungsraumschiff *Helios B* näherte sich am 16. April 1976 der Sonne auf 43,4 Mio. km. Es war mit US-Geräten und Instrumenten aus Westdeutschland ausgerüstet.

Das schwerste Objekt in der Umlaufbahn ist *Apollo 15* (Raumschiff plus dritte Stufe), das vor der translunaren Einführung in die Parkumlaufbahn 140 512 kg wog.
Der 200 kg schwere *US-R. A. E.* (Radio Astronomy Explorer) B oder *Explorer 49,* der am 10. Juni 1973 abgeschossen wurde, hat Antennen von 415 m Länge von Spitze zu Spitze.

Die Gesamtkosten des bemannten US-Raumprogramms bis einschließlich der Mondmission von *Apollo 17* wurden auf 25 541 400 000 Dollar (d. i. nach dem Umrechnungswert vom 1. Mai 1980 rund 46 Mrd. DM) geschätzt. Die ersten 15 Jahre des Raumprogramms der UdSSR von 1958 bis September 1973 haben schätzungsweise 45 Mrd. Dollar (bzw. rund 81 Mrd. DM) gekostet.

Zu den erfolgreichsten Weltraumprogrammen der NASA gehört das *Landsat*-Programm für die Erderkundung. Seine Ergebnisse werden von nahezu allen Ländern – einschließlich UdSSR und China – genutzt. Die von dem US-Konzern General Electric entwickelten *Landsat*-Satelliten (Startdaten: *Landsat 1* am 23. Juli 1972, *Landsat 2* am 22. Januar 1975 und *Landsat C* am 15. März 1978) umrunden in fast polarer, kreisförmiger Bahn die Erde 14mal täglich in 915 km Höhe. Innerhalb von 17 Tagen wird so mit Hilfe eines Vier-Kanal-Multispektral-Scanners die gesamte Erdoberfläche in jeweils 185 km breiten Streifen aufgenommen und auf Veränderungen der Vegetation und der Wasserqualität hin untersucht. Dabei sind noch Details bis zu einem Durchmesser von 80 m (Landsat 1 und 2) bzw. 40 m (Landsat C) zu erkennen. (Die UdSSR hat sich allerdings aus Geheimhaltungsgründen gegen die Zurverfügungstellung von Aufnahmen ausgesprochen, die noch Objekte unter 50 m Durchmesser zeigen.) 1981 soll ein weiterer solcher Satelit, der 1,7 t schwere *Landsat D,* gestartet werden. Die Hälfte der Kosten von 70,5 Mio. Dollar (127 Mio. DM) werden für die Errichtung von Bodenstationen benötigt. Bereits im Januar 1979 hat China in den USA über den Kauf einer Landsat-Bodenstation verhandelt und die Rechte zur Auswertung der Aufnahmen für 200 000 Dollar (damals 370 000,- DM) erworben.

Die europäische Raumfahrtbehörde *ESA* konzentriert ihre Aktivität bis auf weiteres auf das *Ariane*-Programm, das von der *Arianespace-Company,* Paris (Frankreich) betrieben wird. Diese Gesellschaft wird von fast 50 Firmen aus 11 europäischen Ländern getragen, darunter von 4 westdeutschen Luft- und Raumfahrtfirmen und 2 Banken; sie halten zusammen 19,6 Prozent des rund 55 Mio. DM betragenden Aktienkapitals.
Nach dem erfolgreichen Start der ersten *Ariane*-Versuchsrakete (– es ist eine dreistufige Trägerrakete –) am 24. Dezember 1979 im Raumfahrtzentrum Kourou in Französisch-Guayana an der Nordküste Südamerikas mißglückte am 23. Mai 1980 der Start einer zweiten *Ariane,* die eine Nutzlast von 1600 kg in Form von zwei westdeutschen wissenschaftlichen Satelliten in den Weltraum bringen sollte. Vier Minuten nach der Zündung mißlang die Trennung der ersten zur zweiten Raketenstufe. *Ariane* explodierte und stürzte in den Atlantik. Der bis November 1980 geplante dritte Testflug ist verschoben worden. Er soll jetzt im Februar 1981, der nächste Mitte 1981 erfolgen.

Sternwarten u. Planetarien

Die höchste Sternwarte der Welt ist das Observatorium der *Universität Denver* (USA) in einer Höhe von 4297 m üNN. Sie wurde 1973 in Betrieb genommen. Das Hauptinstrument ist ein 60,50 cm Spiegelfernrohr.

(D) Die höchste astronomische Beobachtungsstation in Westdeutschland ist die Sonnenwarte auf dem *Wendelstein* (Bayern) in 1845 m Höhe üNN.

(DDR) Die höchste Sternwarte in Ostdeutschland steht bei *Sonneberg* auf dem *Erbisbühl* in Thüringen in 640 m Höhe üNN.

(A) Die höchste astronomische Beobachtungsstation Österreichs ist das Sonnenobservatorium auf der *Kanzelhöhe* in Kärnten. Der sog. *Gerlitzen-Turm* steht 1903 m üNN.

(CH) Die höchste Sternwarte der Schweiz befindet sich auf dem *Jungfraujoch* 3567 m üNN. Das Hauptinstrument dieses 1936 eröffneten Observatoriums ist ein 76-cm-Spiegelteleskop mit Coudé-Fokus und Cassegrain-Fokus. Das *Sphinx-Observatorium* gehört zur Hochalpen-Forschungsstation Jungfraujoch. An ihm sind fast alle europäischen

Tiefster Blick ins Weltall: Das Observatorium auf dem Mount Palomar (USA).

Länder beteiligt. Die Station verfügt über 5 Labors, Ställe für Tieruntersuchungen, Dunkelkammer, Bibliothek, 10 Schlafzimmer, 15 Schlafstätten.
Noch höher, nämlich 4570 m üNN., liegt die *Margaritha-Hütte* oberhalb von *Zermatt* an der schweizerisch-italienischen Grenze. Auch sie besitzt ein Observatorium, das jedoch nur im Sommer von der italienischen Seite her bedient wird.

🌐 **Die älteste noch bestehende Sternwarte** der Welt ist die *Chomsongdae-Warte* von Kyongju (Südkorea), die 632 v. Chr. erbaut wurde.

Ⓓ Die erste Sternwarte Westdeutschlands soll angeblich 1472 von *Regiomontan* in Nürnberg errichtet worden sein. Dokumentarisch verbürgt ist jedoch erst die von Landgraf Wilhelm IV. 1560 in Kassel gegründete Sternwarte.
In den Ruhm, die ältesten noch bestehenden Sternwarten zu besitzen, teilen sich *München* und *Göttingen.* Die Observatorien beider Städte wurden 1816 gegründet. Allerdings: Münchens Sternwarte war eine Neugründung, während in Göttingen bereits seit 1751 eine Sternwarte – allerdings an einem anderen Platz – existierte.

Ⓐ Die älteste österreichische Sternwarte ist das *Observatorium der Jesuiten* an der Wiener Universität. Es wurde 1755 unter Maria Theresia erbaut.

(CH) Die älteste Sternwarte der Schweiz steht in *Genf.* Seit 1772 ist sie in Betrieb und wurde ständig dem neuesten technischen Stand angepaßt.

Das älteste Planetarium. Der Ahnherr des Planetariums ist der *Gottorp-Schwenkglobus*, erbaut von *Andreas Busch* in Dänemark zwischen 1654 und 1664 auf Bestellung von *Olearius,* dem Hofmathematiker von Herzog Friedrich III. von Holstein. Der Globus hat einen Umfang von 10,50 m, wiegt nahezu 3,5 t und wird in Leningrad (UdSSR) aufbewahrt. Die Gestirne waren an der Innenseite aufgemalt.

Das erste Planetarium mit einer optischen Anlage, die die Fa. *Carl Zeiss,* Jena, erstellte, wurde am 21. Oktober 1923 im *Deutschen Museum München* (Westdeutschland) eröffnet. Inzwischen ist dieses Planetarium bereits zweimal – 1925 und 1960 – erweitert und ergänzt worden.

🌐 **Das größte Planetarium der Welt** mit einem Durchmesser von 25,15 m befindet sich in *Moskau.*

Ⓓ Das größte deutsche Planetarium hat *Berlin* (West). Seine Kuppel hat einen Durchmesser von 20 m. 330 Zuschauer haben in ihm Platz. Auch die Planetarien in *Hamburg* und *Bochum* haben einen Kuppeldurchmesser von 20 m, jedoch wesentlich weniger Zuschauerplätze.

Ⓐ Österreichs größtes Planetarium steht in *Wien.* Sein Kuppeldurchmesser beträgt 20 m, und 240 Sitzplätze sind vorhanden.

(CH) In *Luzern* steht das größte Planetarium der Schweiz. Kuppeldurchmesser: 18 m, 300 Plätze.

Deutschlands größtes Planetarium steht in Berlin-West auf dem Schuttberg »Insulaner«. Seine Kuppel hat einen Durchmesser von 20 m.

Die Sternwarte auf dem Jungfraujoch in 3567 m Höhe.

Naturwissenschaft und Technik

Naturwissenschaft und Technik

Elemente

Allgemein: Alle Materie, die in, auf und außerhalb der Erde bekannt ist, setzt sich aus chemischen Elementen zusammen.
Insgesamt wurden bisher 94 in der Natur vorkommende Elemente entdeckt. Bei Normaltemperatur treten 2 von ihnen als Flüssigkeiten, 11 als Gase und 81 als Festkörper auf. Der sogenannte *vierte Zustand* der Materie ist *Plasma,* wobei negativ geladene Elektronen und positiv geladene Ionen in ständiger Bewegung sind.

Leichteste und schwerste Elementarteilchen: Seit Anfang 1979 geht man von der Existenz von *23 stabilen Teilchen, 37 Meson-Resonanzmultipletten* und *56 Baryon-Resonanzmultipletten* aus, was die Möglichkeit der Entdeckung von 221 Teilchen und ebensovielen Antiteilchen einschließt. Von den SU (3) Teilchen besitzt die größte Masse das am 24. Februar 1964 durch das *Brookhaven Laboratorium,* bei Upton, Long Island, New York State, (USA), bekannt gemachte *Omega Minus.* Seine Masse beträgt 1672,2 ± 0,4 Mev und seine Lebensdauer ist $1{,}1 \times 10^{-10}$ Sekunden.

Neueste Partikel. Nach Experimenten, die sich über 41 Monate hinzogen, wurde im Dezember 1978 das Teilchen *Tau Lepton* (Symbol T–) durch Prof. *Martin Perl* von der Zentralstelle für Linearbeschleuniger in Stanford, Kalif. (USA), bestätigt.

Stabilste und unstabilste Elemente. *Proton* wurde bei einer Messung im Jahre 1974 als zerfallsfest für eine Zeit von mehr als 2×10^{30} Jahre ermittelt. Die radioaktivsten und damit kurzlebigsten Partikel, die bis heute entdeckt wurden, sind das *Rho Grund Meson* (Existenzbeweis definitiv am 29. Januar 1973 bekanntgegeben) und die vier *Baryon Resonanzen N* (2650) N (3030), △ (2850) und △(3230), sämtlich $1{,}6 \times 10^{-24}$sec.

Die übelstriechende Substanz von den 17000 bisher klassifizierten Gerüchen ist wohl Geschmacks- bzw. Geruchssache. Die Führung machen einander streitig *Äthyl Merkaptan* (C_2H_5SH) und *Butyl Seleno-Merkaptan* (C_4H_9SeH), beide mit einem Aroma, das an eine Mischung von faulem Kohl, Knoblauch, Zwiebeln und Kloakengas denken läßt.

Stärkstes Gift. *Rickettsia* oder *»Q-Fieber«* kann durch einen einzelnen Organismus hervorgerufen werden, verläuft jedoch nur bei einem von 1000 Fällen tödlich. Rund 10 Organismen von *Francisella tularenesis* (ehem. *Pasteurella tularenesis)* können Tularämie oder Hasenpest hervorrufen,

Chemische Verbindungen
Schätzungsweise gibt es 4 040 000 definierte chemische Verbindungen, von denen allgemein 63 000 verwendet werden. (Nach dem Stand von 1978)

Größte Schmelzfestigkeit	Tantulum Karbid Ta $C_{0,88}$	Schmilzt bei ± 75° C
Größte Schmelzfestigkeit (Kunststoffe)	Modifizierte Polyamide	Schmelzbeständigkeit bis 482° C (für kurze Zeit)
Geringste Dehnung	Invar Metall (Ni-Fe Legierung mit C und Mn)	$1{,}3 \times 10^{-7}$ cm/cm/° C bei 20° C
Höchste Zugfestigkeit	Sapphir-Whisker Al_2O_3	42,7 GPa.
Höchste Zugfestigkeit (Kunststoffe)	Polyvinylalkohol-Fasern	1,03 GPa.
Höchst magnetische Verbindung	Kobalt-Kupfer-Samarium Co_3Cu_2Sm	10 500 Oersted Koerzitivkraft
Wenigst magnetische Legierung	Kupfer-Nickel-Legierung CuNi	963 Teile Cu auf 37 Teile Ni
Stärkst riechende Verbindung	Vanilladehyd	Spürbar bei 2×10^{-8} mg/Liter
Süßeste Verbindung	1n-Propoxy-2-Amino-4-Nitrobenzol	5600mal süßer als 1% Zucker
Bitterste Verbindung	Bitrex oder Benzyl Diäthyl-Ammoniakbenzoat	200mal so bitter wie Chininsulfat
Sauerste Verbindung[1]	Überchlorsäure ($HClO_4$)	pH Wert der Normalflüssigkeit um O
Höchst alkalische Verbindung	Ätznatron (NaOH), Pottasche (KOH) und Tetramethylammoniumhydroxid ($N(CH_3)_4OH$)	pH Wert der Normalflüssigkeit 14
Höchster spezifischer Impuls	Wasserstoff mit flüssigem Fluor	4382 N/sec/kg
Giftigst	Thiopenton (ein Barbiturat)	Herzinjektion tötet in 1 bis 2 sec

[1]Die stärkste Säure als Wasserstoff-Ion-Geber ist eine Lösung von Antimonpentafluorid in Fluorsulfonsäure ($SbF_3 + FSO_3H$)

Die 107 Elemente

In der Natur sind 94 Elemente bekannt, und zwar, bei Normaltemperatur, 2 Flüssigkeiten, 11 Gase, 72 Metalle und 9 andere Festkörper. Bis jetzt wurden weitere 13 (transuranische) Elemente entdeckt (Elemente 95 bis 107), von denen jedoch erst neun allgemein anerkannt und unbestritten sind.

Kategorie	Name	Symbol	Entdeckung des Elements	Rekord
Häufigstes (Lithosphäre)	Sauerstoff	O	1771 Scheele (Deutschland-Schweden)	46,60% gewichtsmäßig
Häufigstes (Atmosphäre)	Stickstoff	N	1772 Priestly (Engl.) u. andere	78,09% volumenmäßig
Häufigstes (außerhalb d. Erdatm.)	Wasserstoff	H	1776 Cavendish (Engl.)	90% aller Materie
Seltenstes (der 94)	Astatin	At	1940 Corson (USA) u. andere	0,35 g in der Erdkruste
Leichtestes	Wasserstoff	H	1776 Cavendish (Engl.)	0,00008989 g/cm^3
Leichtestes (Metall)	Lithium	Li	1817 Afrwedson (Schweden)	0,5334 g/cm^3
Dichtestes	Osmium	Os	1804 Tennant (Engl.)	22,59 g/cm^3
Schwerstes (Gas)	Radon	Rn	1900 Dorn (Deutschland)	0,01009 g/cm^3
Neuestes*	Unnilseptium	Uns	1976 Oganesyan u. andere (UdSSR)	Höchste Atomzahl (Element 107)
Reinstes	Helium	He	1895 Ramsay (Engl.)	2 Teile in 10^{15} (1978)
Härtestes	Kohlenstoff	C	—— prähistorisch	Diamant Allotrope, Knoopwert 8.400
Wertvollstes	Californium	Cf	1950 Seaborg (USA) u. andere	Verkauft 1968 für 1000 Dollar pro mikrog.
Stabilstes**	Tellurium	Te 130	1782 Von Reichenstein (Österr.-Ungarn)	Halbzeit 2,51 × 10^{21} Jahre (1974)
Radioaktivstes	Lithium (Isotope 5)	Li 5	1817 Afrwedson (Schweden)	Halbzeit 4,4 × 10^{-22} Sekunden
Meiste Isotopen	Zaesium	Cs	1860 Bunsen & Kirchoff (Deutschland)	34
Wenigste Isotopen	Wasserstoff	H	1776 Cavendish (England)	3 (bestätigt)
Höchst formbar	Gold	Au	Vor 3000 v.Chr.	1 g gezogen auf 2,4 km
Höchst formbar unter Spannung	Blei-Zinn (1:1)			
Höchste Zugfestigkeit	Boron	B	1808 Gay Lussac u. andere (Frankreich)	26,8 GPa
Tiefster Schmelz-/Siedepunkt	Helium	He	1895 Ramsay (England)	–272,375° C (unter Druck von 25 320 k Pa) und –268,928° C
Höchster Schmelz-/Siedepunkt	Wolfram	W	1783 J. J. & F. d'Elhuyar (Spanien)	3422° C und 5730° C
Geringste Dehnung (negativ)	Plutonium	Pu	1940 Seaborg (USA) u. andere	5,8 × 10^{-5} cm/cm° C zwischen 450–480° C Delta Grund-allotrope (entd. 1953)
Geringste Dehnung (positiv)	Kohlenstoff (Diamant)	C	—— prähistorisch	1,0 × 10^{-4} cm/cm° C (bei 20° C)
Größte Dehnung (Metall)	Zaesium	Cs	1860 Bunsen & Kirchoff (Deutschland)	9,7 × 10^{-5} cm/cm° C (bei 20° C)
Größte Expansion (Gas)	Stickstoff	N	1916 Beta Allotrope	108 × 10^{-3} cm/cm° C (bei minus 210° C)
Giftigstes	Plutonium	Pu	1940 Seaborg (USA) u. andere	1 Mikro g eingeatmet oder geschluckt verursacht Krebs. Angesichts der Halbzeit von 23 640 Jahren bleibt die Toxizität tausende Jahrhunderte bestehen.

*Vorläufiger I.U.P.A.C.-Name; Beweismaterial zur Erhärtung der Existenz der Elemente 116, 124 und 126, das am 17. Juni 1976 veröffentlicht wurde, ist später stark angezweifelt worden. Unnilhexium (Unh) oder Element 106 wurde von Ghiorso u. anderen (USA) am 9. September 1974 identifiziert.

**Geschätzter Doppelbeta-Zerfall. Den Alpha-Teilchen-Rekord hält Blei – 204 mit 1,4 × 10^{17} Jahren (1958); den Beta-Teilchen-Rekord Kadmium – 113 mit 9 × 10^{15} Jahren (Greth, Gangadharan und Wolke, 1969).

die auch Alkalikrankheit, Francis-Krankheit oder Hirschzeckenfieber genannt wird und in mehr als 10 Fällen von 1000 tödlich verläuft.

Das stärkste allgemein erhältliche Arzneimittel ist *d-lysergisch saures Diäthylamin-Tartrat* (LSD-25. $C_{20}H_{25}H_{25}N_3O$), zum ersten Mal 1938 für die Schnupfenforschung als Halluzinogen von *Dr. Albert Hoffmann* (Schweiz) im April 1943 hergestellt. Das stärkste schmerzstillende Mittel ist *Ätorphin* oder M-99, bekanntgegeben von *Dr. Kenneth W. Bentley* (* 1925) und *D. G. Hardy* (England). Es ist fast 10 000mal wirksamer als Morphium.

Das am meisten verschriebene Präparat ist das Beruhigungsmittel *Valium* aus der *Benzodiazepingruppe. Valium* ist eine Entdeckung des Pharmakonzerns *Hoffmann-La-Roche* (Schweiz).

Stärkstes Absorptionsmittel. Der landwirtschaftliche Forschungsdienst der US-Regierung gab am 18. August 1974 bekannt, daß »H-span« oder »Superschlürfer« bei Behandlung mit Eisen eine Wassermenge binden kann, die 1300mal größer ist als sein Eigengewicht. Das Präparat setzt sich zur Hälfte aus einem *Stärkederivat* und zu je einem Viertel aus *Akrylamid* und *Akrylsäure* zusammen.

Edelsteine

Allgemein: Für die Qualitäts- und Wertbestimmung eines Diamanten sind vier Bewertungsmerkmale (nach den englischen Begriffen die 4 C genannt) maßgeblich: *Color* (Farbe), *Clarity* (Reinheit), *Cut* (Schliff) und *Carat* (Gewicht).

Color (Farbe) Wichtigstes Merkmal ist die Farbe. Ein Diamant kann alle Farben haben. Farbige Diamanten *(Fancy Diamonds)* sind überaus selten und werden zu ausgesprochenen Liebhaberpreisen gehandelt. Der international üblichen Farbgraduierung unterliegen daher nur solche Exemplare, die entweder farblos sind oder eine geringe gelbliche Tönung aufweisen. Die Farbe des geschliffenen Diamanten wird entsprechend der sogenannten *Gelbreihe* bestimmt, die folgende Abstufungen kennt:

Hochfeines Weiß +	D	River
Hochfeines Weiß	E	River
Feines Weiß +	F	Top-Wesselton
Feines Weiß	G	Top-Wesselton
Weiß	H	Wesselton
Leicht getöntes Weiß	I	Top-Crystal
Leicht getöntes Weiß	J	Crystal
Getöntes Weiß	K	Top-Cape
Getöntes Weiß	L	Top-Cape
Gelblich-Bräunlich	M–Z	Cape to Yellow
Farbige Diamanten		Fancy Diamonds

Der größte Diamant, der je gefunden worden ist, ist der Cullinan. Er stammt aus Südafrika.

Clarity (Reinheit). Unter diesen Begriff fallen die inneren Merkmale eines Steines. Als lupenrein gilt ein geschliffener Diamant, der bei zehnfacher Vergrößerung frei von Einschlüssen ist. Der höchste von insgesamt sieben Reinheitsgraden ist *if = (internally flawies loupe clean) = Lupenrein:* Ein

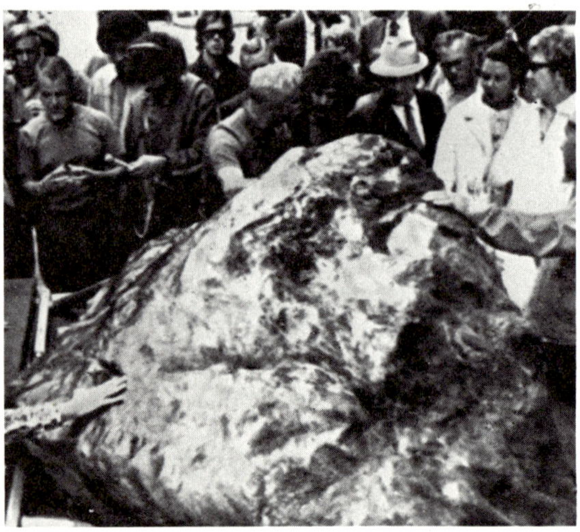

Vier amerikanische Sporttaucher bargen südlich von Big Sur (Kalifornien, USA) einen fünf Tonnen schweren Jadeblock aus dem Pazifik.

Diamant darf nur dann als lupenrein bezeichnet werden, wenn er sich unter dieser Voraussetzung als absolut transparent und frei von inneren Einschlüssen erweist. Der schlechteste Reinheitsgrad ist *P3 = Piqué (3rd)* = Große und/oder

Edelsteinrekorde

Steine	Die größten	Die größten geschliffenen Steine	Andere Rekorde
Diamant (reiner kristallisierter Kohlenstoff)	*Der Cullinan.* Am 26. Januar 1906 in Pretoria (Südafrika) gefunden (3106 k, d. h. 621,2 g). *Stern von Sierra Leone.* Der letzte, größte Bruttodiamant, 1972 in Südafrika entdeckt (969 k). *Der grüne Dresden* (119,5 k). Der größte jemals gefundene bekannte grüne Diamant. Er ist im Dresdner Palais (Ostdeutschland) ausgestellt. *Pricie Diamont* (426,55 k). Der größte honigfarbene Diamant. 1955 in Südafrika entdeckt. *Tiffany* (112,51 k). Der größte kanariengelbe Diamant. *Hope* (112,5 k). Der größte blaue Diamant. 1830 in Indien entdeckt. Er befindet sich im Smithsonian Institut in Washington (USA). *Eureka* (10 k). Der erste Diamant in den Minen von Südafrika entdeckt. *Blaue Eugenie* (31 k). Der erste herzförmige. *Grand Chrysantheme* (105,15 k). Der größte birnenförmige. *Earth Star* (11,59 k). Der größte braune Diamant.	530,2 k. Geschliffen aus dem *Cullinan* von Jak Asscher in Amsterdam 1908 und poliert von Henri Koe. Bekannt unter dem Namen *Stern von Afrika,* krönt er das königliche Zepter von England.	Der Diamant ist die härteste natürliche Substanz. Blaue Diamanten (Rekord der Diamant *Hope,* 44,4 k) und rosafarbene (Rekord 24 k) sind die seltensten. Der teuerste Diamant ist ein Diamant von 69,42 k und wurde 1969 von Richard Burton bei Cartier für seine Frau Elizabeth Taylor gekauft. Angeblich für 500 000 Pfund Sterling (damals DM 1 962 000). Der Versteigerungspreis 1978 war für einen Diamantring 413 173 Pfund Sterling (damals 1,591 Mio. DM) für einen 20,56 Karat birnenförmigen makellosen D-Diamanten. Auf einer Auktion Sotheby's in Zürich am 22. November 1978 wurde dieser Preis erzielt.
Smaragd (blauer Beryll) ($Be_3Al_2(SiO_3)_6$)	56,7 kg Kristall (bis zu 40 cm lang und 25 cm Durchmesser) von einer Grube im Ural (UdSSR).	2680 Karat-Salbenkrug, gemeißelt von Dionysio Miseroni im 17. Jahrhundert, Eigentum des österreichischen Staates.	Ein Halsband mit acht großen Smaragden und einem Smaragdanhänger von 75,63 Karat mit Diamanten wurde von Sotheby's in Zürich am 24. November 1971 um 436 550 Pfund Sterling (damals DM 3793,00) verkauft. Die Schweizer Zollbehörde in Genf bestätigte am 16. April 1972 die Existenz eines sechseckigen Smaragds von rund 20 000 Karat, der also einen Wert von mehr als 100 Mio. Dollar (damals 319 Mio. DM) hat.
Saphir (blauer Korund) (Al_2O_3)	Ein Stein mit 63 000 Karat (12,6 kg) wurde als Sternsaphir 1966 in der Nähe von Mogok in Oberbirma gefunden. Ein zerbrochener Stein von 3421 Karat, im Juli 1961 in den USA gefunden. Das größte Stück wiegt 750 Karat.	1444 Karat *Schwarzer Stern,* geschliffen aus 2097 k für eine Büste General Dwight David Eisenhowers (1890–1969). Die Bearbeitung dauerte von 1953–1955. 1184 k natürlicher Edelstein aus Burma. Der größte Sternrubin ist der 138,72 k Rosser-Reeves-Stein im Smithsonian Institut.	Seit 1955 sind Rubine die wertvollsten Edelsteine der Welt und erzielten um 1969 bis zu 4000 Pfund Sterling (damals DM 37 500) pro Karat.

zahlreiche Einschlüsse, die leicht zu erkennen sind und die Brillanz deutlich beeinträchtigen.

Cut (Schliff). Diese Bezeichnung umfaßt Proportionen, Symmetrie und äußere Merkmale eines geschliffenen Exemplares. Die weltweit beliebteste und dem Stein zuträglichste Form ist der *Rund- und Brillantschliff.* Daneben gibt es eine Reihe von Varianten *(Oval-, Marquise-, Navette-, Tropfen-, Baguette-, Carré-, Smaragd-, Herz- und Achtkantschliff).* Entsprechend Proportion und Politur werden sie in vier Klassen unterteilt.

170,5 Karat: der größte fehlerfreie Diamant der Welt, »Star of Peace«. Er gehört Manfredo Horowitz aus Genf (Schweiz).

Karat (Gewicht). Von hoher preisbestimmender Bedeutung ist das Gewicht. Wie bei den übrigen Edelsteinen wird es auch in *Karat* ($^1/_5$ oder 0,2 g) angegeben. Im Diamant-Handel wird das Karat in 100 Punkte aufgeteilt. Die Preise werden stets *pro Karat* angegeben, wobei sich der Gesamtpreis durch Multiplikation mit dem Gewicht des jeweiligen Steines errechnet.

Größer als der Kohinoor (109 Karat), aber kleiner als der *Cullinan I* (530 Karat) ist der Diamant, der im Juni 1980 in *Jakutien* (Ostsibirien, UdSSR) gefunden wurde. Er hat 119,55 Karat und soll von außerordentlicher Schönheit sein. Nach dem Entdecker der jakutischen Diamantfelder erhielt er den Namen *Professor Odsintsow*.

Den Preisrekord erzielte ein *Solitärdiamantring* auf der dreitägigen Versteigerung des Auktionshauses *Sotheby* im Februar 1980 in St. Moritz (Schweiz). Für den Ring mit einem Diamanten von

Rekorde bei Halbedelsteinen und anderen kostbaren Stoffen

Größte	**Fundstelle**	**Derzeitiger Besitzer oder Aufbewahrungsort**
Perle (Weichtierausscheidung) 6,37 kg, 24 cm lang, Durchm.: 14 cm. Die »Perle des Laotse«.	Palawan auf den Philippinen, 7. Mai 1934 in der Schale einer Riesenmuschel.	Im Tresor einer Bank in San Francisco und seit 1936 Eigentum von Wilburn Dowell-Cobb. Schätzwert Juli 1971: 4 080 000 Dollar (damals 14,196 Mio. DM).
Opal ($Si\ O_2nH_2O$) (gelb – orange-farben)	Andamooka, Südaustralien, Januar 1970	Der Andamooka Stein (34,215 Karat) wurde von einem Räumpflug aufgedeckt.
Bergkristall, Gestein: 250 t (Beryll) Warner-Kugel: 40,5 kg, Durchm.: 32,7 cm.	Malakialina (Madagaskar) 1964 Birma (urspr. ein Stück von 450 kg)	18 lang, Rauminhalt 173 m^3. US-Nationalmuseum, Washington.
Topas $(AlSi_2O_4)_4(F_1OH)_2)$ »Brasilianische Prinzessin«, 21,327 Karat, 221 Facetten, hellblau.	Brasilien	Ausgestellt im Smithsonian Institut, Nov. 1978. Schätzwert: 1 066 350 Dollar (damals DM 2,023 Mio.) (50 Dollar pro Karat).
Bernstein (Nadelbaumharz-Versteinerung) 15,25 kg.	Angebl. birmesisch	1860 in Kanton (China) gekauft für ca. 300 Pfund Sterling (damals RM ca. 6000) von John Charles Bowing. Seit 1940 im Museum für Naturgeschichte, London.
Türkis Monolith $(CuAl_6(PO_4)_4(OH)_8(_4H_2O)$ 98,8 kg.	Riverside County, Kalifornien, (USA) 17. Januar 1975.	Gefunden von Chester Jastromb und Kenneth Casper. Originalgewicht vermutlich ca. 113 kg.
Jade (Nephrit) $(Na\ Al\ (Si_2O_6))$ Block von 28,71 t, entdeckt von Karl Ebner.	Watson Lake, British Columbia (Kanada) 1977.	Jadeit kommt in fast allen Farben vor. Der weniger wertvolle Nephrit hat die Formel $Ca_2(Mg, Fe)_5(OH)_2(Si_4O_{11})_2$.
Marmor (Verwandelter Kalkstein $CaCO_3$) 90 t (Einzelplatte).	Steinbruch in Yule, Colorado (USA)	Ein Stück von über 45 t wurde aus dieser Platte bossiert (geschnitten), das als Abdeckung des Grabmals des Unbekannten Soldaten im Arlington Militärfriedhof, Virginia (USA), dient.
Goldnuggets (Au) 214,32 kg (in Goldader) sog. Holtermann Klumpen	Beyers & Holtermann Star of Hope Gold Mining Co., Hill End (Australien), 19. Oktober 1872	Der reinste große Nugget war der *Welcome Stranger*, gefunden in Mollagul, Victoria (Australien) mit einer Ausbeute von 69,92 kg reinem Gold aus einer Masse von 70,92 kg.
Silber (Ag) 2750 Pfund Troygewicht	Sonora (Mexiko)	Vor 1821 von der spanischen Regierung gewonnen.

600 Karat hat der größte Citrin der Welt.

21,54 Karat wurden zwei Mio. Schweizer Franken (ca. 2,15 Mio. DM) gezahlt. Käufer und Verkäufer legten Wert darauf, anonym zu bleiben, was niemanden verwunderte.

Die erste Diamant- und Edelsteinbörse der Welt wurde am 28. März 1974 in *Idar-Oberstein* bei Koblenz (Westdeutschland) eröffnet. Eine Sehenswürdigkeit der Stadt mit mehr als 600 Edelsteinschleifereien ist außerdem das *Deutsche Edelsteinmuseum.*

Zahlenlehre (Numerologie)

Allgemein: Wissenschaftler, die mit vielstelligen Zahlen arbeiten, schreiben diese Zahlen nicht aus, sondern verwenden verschiedene Potenzen der Zahl 10, um dadurch das Niederschreiben vieler Nullen zu umgehen.
So schreibt man zum Beispiel für 19 160 000 000 000 einfach $1{,}916 \times 10^{13}$. Ähnlich schreibt man sehr kleine Zahlen, wie z. B. 0,0000154324 g: $1\,5432 \times 10^{-5}$ g.

Das kleinste Präfix einer Zahl ist *Atto* (nach dem dänischen Wort *Atten* für achtzehn) und bedeutet ein Trillionstel einer Einheit, es steht vor Maßeinheiten; Zeichen: a (10^{-18}).

Das höchste Präfix ist *Exa* (griechisch Hexa = sechs). Zeichen E, für sechs Gruppen von je drei Nullen: 10^{18}, bzw. trillionen-(UK-) oder quintillionen-(US-)mal.

Die höchste lexikographisch akzeptierte Zahl in einer Progression von Potenzen der Zahl 10 ist die Zentillion, d. h. die 600. Potenz von zehn, oder Eins, gefolgt von 600 Nullen.

Die höchste Zahl, die jemals in einem mathematischen Beweis verwendet wurde, ist ein Grenzwert, der 1977 veröffentlicht wurde und als *Grahams Zahl* bekannt ist. Hierbei handelt es sich um bichromatische Hyperkubikzahlen, die nur durch die von *Knuth* 1976 ausgearbeitete *Pfeil*-Schreibweise ausgedrückt werden können.

Kleinste und größte Primzahlen. Unter Primzahlen versteht man alle ganzen Zahlen (mit Ausnahme von 1), die nur durch sich selbst bzw. 1 teilbar sind, z. B. 2, 3, 5, 7 oder 11. Die kleinste Primzahl ist also 2, die größte bekannte Primzahl (eine Zahl mit 6533 Stellen) ist $2^{44497}-1$. Sie wurde am 30. Mai 1979 als höchste Primzahl gemeldet, nachdem *Harry Nelson* (47) und *David Slowinski* (25) zwei Monate lang mit Hilfe eines *Cray-One*-Computers der Universität von Kalifornien (im *Lawrence Livermore Laboratorium)* an dieser Berechnung gearbeitet hatten.

Eine perfekte Zahl ist gleich der Summe ihrer Divisoren (mit Ausnahme ihrer selbst): z. B. $1 + 2 + 4 + 7 + 14 = 28$. Die kleinste vollkommene Zahl ist 6 ($1 + 2 + 3$). Die größte bekannte und 25. bisher entdeckte perfekte Zahl ist $(2^{21701} - 1 \times 2^{2170\,00}$. Dies ergibt sich aus der größten bekannten Primzahl.

Die einzigen Menschen ohne Zahlenbegriff sind die *Nambignaras* im nordwestlichen *Matto Grosso* (Brasilien). Ihnen fehlt jegliches Zahlensystem, obwohl ihre Sprache ein Zeitwort enthält, das etwa *»sie sind wie zwei«* bedeutet.

Genaueste und ungenaueste Angabe für »Pi«. Die größte Anzahl von Dezimalstellen, die für Pi (π) errechnet wurde, ist 1 000 000. Die französischen Mathematiker *Jean Guilloud* und *Martine Bouyer* haben dies am 24. Mai 1973 durch einen CDC-7600-Rechner ermittelt. Die Bestätigung erfolgte am 3. September 1973. Die errechnete Zahl mit einer Million Dezimalstellen belief sich auf 3 141 592 653 589 793... (wir lassen die nächsten 999 975 Stellen aus und bringen nur die zehn letzten Zahlen)... 5779458151. 1897 beschloß die Erste Kammer des amerikanischen Bundesstaates Indiana das Gesetz Nr. 246, wonach Pi *de jure* 4 ist. Das waren noch Zeiten!

Die längste Ziffernfolge der Zahl Pi, nämlich 15 186 Stellen, konnte am 12. Juli 1979 *Creighton Carvello* aus Cleveland (England) auswendig (!) aufsagen.

Das früheste bekannte Gewichtsmaß ist das Beqa aus der amratischen Periode der ägyptischen Zivilisation, um 3800 v. Chr. Ein Exemplar wurde in Naqada in Ägypten gefunden. Diese Gewichte sind zylindrisch mit abgerundeten Ecken und wiegen 189–211 g.
Das Längenmaß der megalithischen Gruftbaumeister um 2200 v. Chr. in Mitteleuropa scheint 82,9 cm + 0,09 cm gewesen zu sein.

Die längste Zeiteinheit ist das *Kalpa* der Hinduzeitrechnung: es entspricht 4 320 Mio. Jahren. Die Astronomie rechnet mit dem *kosmischen Jahr* für die Zeit des Umlaufs der Sonne um den Mittelpunkt der Milchstraße, d. h. etwa 225 Mio. Jahre. In der späteren Kreidezeit, vor etwa 85 Mio. Jahren, drehte die Erde sich schneller, was 370,3 Tage pro Jahr zur Folge hatte, während im *Kambrium* vor etwa 600 Mio. Jahren, das Jahr aus 425 Tagen bestanden haben dürfte.

Kürzestes Zeitmaß. Da sich die 24-Stunden-Einteilung eines Tages durch die – dem Einfluß des Mondes unterliegenden – Gezeiten um durchschnittlich zwei Millisekunden pro Jahrhundert sprunghaft ändert, wurde die Dauer einer Sekunde neu definiert.
Seit 1960 ist eine Sekunde nicht mehr der 1/86 400ste Teil eines mittleren Sonnentages, sondern der 1/31 556 925,9747ste Teil des Sonnenjahres am 0. Januar 1900 12 Uhr *Ephemeridenzeit* (astronomische Kalenderzeit).
1958 wurde die Sekunde *Ephemeridenzeit* errechnet als das Äquivalent von 9 192 631 770 ± 20 Strahlungszyklen, was der Übergangszeit eines Zäsiumatoms 133 entspricht, das keiner Störung von außen unterliegt.

Die größte Tagesänderung betrug 10 Millisekunden am 8. August 1972. Ursache war der heftigste Sonnensturm, der je während der letzten 370 Jahre festgestellt wurde.

Das kürzeste Leuchtzeichen währte 0,2 einer *Picosekunde* ($0{,}2 \times 10^{-12}$ einer Sekunde) und wurde von der Forschungsstelle für Laserstrahlen, Universität von South California (USA), im August 1978 produziert. Während dieser Zeit legt das Licht 0,06 mm zurück.

Für eigene Rekorde

Physikalische Extreme – von Menschen erzeugt

Die höchsten künstlich erzielten Temperaturen gibt es im Innern einer thermonuklearen Fusionsbombe. Sie liegen zwischen 300 und 400 Mio.° C. Für kontrollierbare Temperaturen ist der bisher höchste Laboratoriumswert 50 Mio.° C. Für zwei Hundertstel einer Sekunde erreichte sie Prof. *Lev. A. Arzimowitsch*, Tokamuk (UdSSR) 1969.
Bei sehr geringen Partikeldichten können noch höhere Temperaturen erreicht werden. Vor 1963 sollen in der UdSSR mit dem *Ogra-Injektionsspiegelgerät* 3000 Mio.° C erzeugt worden sein.

Die tiefste Temperatur von 5×10^{-8} *Kelvin* über absolut Null erzielte Prof. *Olli V. Lounasmaa* (* 1920) im März 1979 in einem 2 Stufen-Nuklear-Demagnetizaton-Cryostat der Helsinki-Universität für Technologie in Otanienic (Finnland).
Absolute oder Thermodynamische Temperaturen werden relativ ausgedrückt und nicht vom unerreichbaren absoluten Nullpunkt aus gemessen (auf der Kelvinskala – 273,16° C).

Die tiefste Umwandlungstemperatur, die jemals erzielt wurde, war 0,0003 K, und zwar mittels Kernkühlung in einer 1,4 kg schweren Kupferprobe. Dies erreichten *Prof. Olli V. Lounasmaa* (* 1920) und seinTeam an der technologischen Universität Helsinki, Otaniemi (Finnland) am 17. April 1974.

Der höchste anhaltende Labordruck wird mit 1,7 *Megabar* (160 GPa) beziffert und wurde auf der riesigen rautenflächigen hydraulischen Presse des Geophysikalischen Laboratoriums im Carnegie Institut, Wash. (USA), im Juni 1978 erzielt.
Momentane Drücke von 75 000 000 Atmosphären, bewirkt durch Anwendung dynamischer Methoden mit Aufschlaggeschwindigkeiten von 29 000 km/h, wurden 1958 aus den USA gemeldet.

Das leerste Vakuum *(Ultrahochvakuum)*, das auf experimentellem Wege erzeugt wurde, betrug 10^{-14} *Torr* und wurde im *Thomas J. Watson Forschungsinstitut* der IBM, Yorktown Heights, New York (USA), im Oktober 1976 mit einer Kryopumpe bei Temperaturen bis zu –269° C erzielt.

Die rascheste Zentrifuge. Die höchste, künstlich erzeugte Drehzahl und damit gleichzeitig die Höchstgeschwindigkeit, die ein auf der Erde befindlicher Gegenstand erreichen kann, beträgt 7250 km/h. Diese Geschwindigkeit wurde im Januar 1975 an der Universität Birmingham (England) bei Experimenten mit einem konischen, 15 cm langen Kohlenfaserstab erzielt, der in einem Vakuum herumgewirbelt wurde.

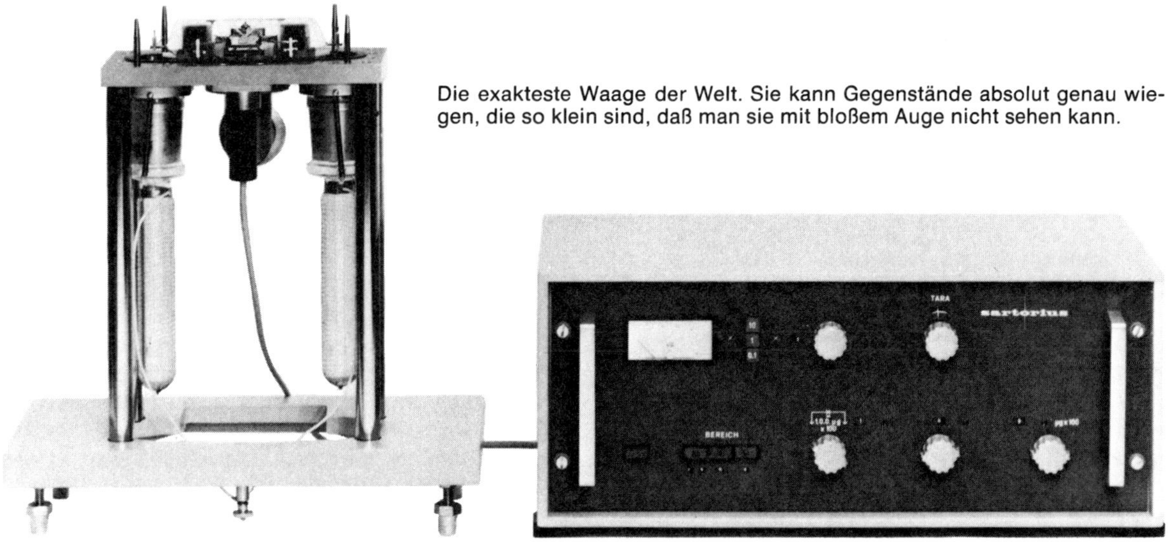

Die exakteste Waage der Welt. Sie kann Gegenstände absolut genau wiegen, die so klein sind, daß man sie mit bloßem Auge nicht sehen kann.

Das kleinste Loch der Welt hat die Firma *Inco Nickel* im August 1977 gebohrt. Es hat einen Durchmesser von 0,000004 mm; das ist tausendmal feiner als ein Menschenhaar.

Das größte Loch der Welt entsteht z. Zt. im *Hambacher Forst* westl. von Köln, zwischen Düren, Jülich und Bergheim (Westdeutschland). Auf einer Fläche von 100 m^2 soll es im Laufe der nächsten sieben Jahre 600 m tief werden. Man schätzt, daß in diesem Gebiet 2,4 Mio. t Braunkohle lagern, die man innerhalb von 55 Jahren zutage fördern will.

Der bisher höchste Ton mit einer Frequenz von 60 GHz (60 Mio. Schwingungen pro Sekunde) wurde von einem Laserstrahl hervorgerufen, der auf einen Saphirkristall traf. Das Experiment fand im Massachusetts Institute of Technology (USA) im September 1964 statt.

Das stärkste Geräusch, das in einem Laboratorium erzeugt wurde, waren 210 Dezibel oder 400 000 akustische Watt. Dieser Lärmrekord gelang der NASA im Oktober 1965 mit einer 14,6 m langen Stahl- und Betonhupe in Huntsville, Alabama (USA). Mit diesem Lärm kann man in feste Körper Löcher bohren.

Den stillsten Raum der Welt mit den Abmessungen 10,67 × 8,50 m hat das Laboratorium des *Bell Telephone System*-Konzerns in Murray Hill (USA). Es ist der echofreieste Raum der Welt. 99,98 Prozent des reflektierten Schalls werden durch Spezialisolierung ausgeschaltet.
(D) Die größte Stille in Europa herrscht in einem »Haus im Haus« der *Siemens AG* in Karlsruhe. 1966 wurde dort der größte, reflexionsärmste Raum Europas mit einer Grundfläche von 200 m^2 gebaut. Die praktisch nur aus Keilen bestehenden Wände, Decke und Boden reflektieren höchstens ein Prozent der Schallwellen. Der Raum dient vor allem zum Testen von Lautsprechern und Spezialmikrofonen.

Die exakteste Waage der Welt ist das *Sartorius-* (D) *Modell 4108* aus Göttingen (Westdeutschland). Mit dieser Waage können Gegenstände bis zu 0,5 g mit einer Genauigkeit von 0,01 µg (gleich 0,00000001 g) gewogen werden, und dies ist kaum mehr als $^1/_{60}$ des Gewichts der Druckerschwärze in dem Punkt am Ende dieses Satzes.

Geringste Viskosität. Das California Institute of Technology (USA) gab am 1. Dezember 1957 bekannt, daß flüssiges *Helium II*, das nur bei Temperaturen nahe dem absoluten Nullpunkt vorkommt (–273,15° C) keine meßbare Zähflüssigkeit besitzt, mithin als reibungsfreie Flüssigkeit bezeichnet werden kann.

Geringste Reibung. Den geringsten statischen und dynamischen Reibungskoeffizienten aller Festkörper hat *Polytetrafluoroäthylen* (P. T. F. E.) ($[C_2F_4]n$) mit 0,02. Es besitzt also ebensowenig Reibung wie nasses Eis auf nassem Eis. Die Massenfertigung begann 1943. Es wird u. a. in den USA und in Westdeutschland als *Teflon* zur Beschichtung von Kochtöpfen benutzt.
In der Zentrifuge der Universität von Virginia dreht sich ein magnetisch gestützter Rotor von 13,6 kg mit einer Geschwindigkeit von 1000 Umdrehungen pro Sekunde in einem Vakuum von 10^{-6} mm Quecksilberdruck. Der Drehkörper verliert nur eine Umdrehung pro Sekunde im Tag, kann daher jahrelang weiterkreisen.

Der schwerste Magnet der Welt hat einen Durchmesser von 60 m, wiegt 36 000 t und gehört zum

10 *GeV Synchrophasotron* im Unionsinstitut für Kernforschung von Dubna in Moskau (UdSSR).

Die stärkste Magnetfeldleistung von 301 *Kilogauß* wurde im Juli 1977 im *Francis Bitter Magnetlaboratorium* des Institute of Technology (USA) erreicht. Der äußere Magnet besteht aus superleitfähigem *Niobium-Titanium*.

Das schwächste Magnetfeld wurde im stark isolierten Versuchsraum des *Francis Bitter Laboratoriums* (USA) mit 8×10^{-11} *Gauß* gemessen. Das Magnetfeld dient der Erforschung der äußerst schwachen Magnetfelder im Herzen und Hirn.

Feinster Schnitt. Biologische, in Kunstharz eingebettete Präparate können mit einem Glasmessermikrotom unter idealen Bedingungen bis zu $2{,}9 \times 10^{-5}$ mm oder 29 µm unterteilt werden.

Schärfstes Instrument. Die medizinische Forschungsstelle der Universität von Kalifornien (USA) gab im Juli 1974 den bisher höchsten Grad an Schärfe bekannt. Er wird mit Glaselektroden, die 200mal dünner sind als diamantene Grammophonnadeln, erreicht. Diese Elektroden, mit Spitzen von 0,05 µm, dienen zur Untersuchung von Zellen im Auge.

Hinter dem ältesten Museumsbau auf dem europäischen Kontinent, in Kassel (Westdeutschland), sichtbar: die erste ständige Laser-Licht-Zeitskulptur der Welt.

Stärkste Laserstrahlen: Die erste Beleuchtung eines anderen Himmelskörpers von der Erde aus gelang am 9. Mai 1962, als ein Lichtstrahl vom Mond reflektiert wurde. Dies gelang, weil ein optischer *Maser* (Abkürzung für *microwave amplification by stilmulated emission of radiation*) beziehungsweise *Laser* (Abkürzung für *light amplification by stimulated emission of radiation*) an einem 122 cm langen Fernrohr befestigt und auf einen Punkt auf dem Mond geworfen werden konnte. Das Ziel auf dem Mond besaß einen Durchmesser von schätzungsweise 6 ½ km.
Das Verfahren wurde 1958 von Dr. *Charles Hard Townes* (* 1915 USA) dargelegt. *Maser* sind Molekularverstärker, *Laser* sind Lichtverstärker. Wird ein *Maser-Lichtblitz* auf ein Rubinkristall gerichtet, das mittels flüssigem Stickstoff gekühlt wird, dann werden die Chromatome des Rubins in einen Energiezustand versetzt, der sie zwingt, rotes Licht auszustrahlen, das aber nur in der gewünschten Richtung scheinen kann. Ein solcher *Maser-Lichtblitz* kann in einer fünftausendstel Sekunde durch Verdunstung bei 10 000° C, die von 2×10^{23} Photonen hervorgerufen wird, ein Loch durch einen Diamanten bohren.
Über den *Schiwa-Laser* liegt ein Bericht vom 18. Mai 1978 aus dem *Lawrence Livermore Laboratorium* (USA) vor, demzufolge dieser einen Strahl von $2{,}6 \times 10^{13}$ Watt für eine Dauer von $9{,}5 \times 10^{-11}$ Sekunden auf ein Ziel von der Größe eines Stecknadelkopfes konzentrieren konnte.

Die hellsten künstlichen Dauerlichtquellen sind *Laser*-Strahlen mit einer Leuchtstärke, welche die 232 500 Kerzenstärken/cm² der Sonnenstrahlen um mehr als das 1000fache übersteigt.
Von dauernden Lichtquellen soll die stärkste eine 200-kW-*Hochdruck-Xenon-Bogenlampe* mit 600 000 Kerzenstärken sein, die angeblich seit 1965 in der UdSSR existiert.
Die Synchrotron-Ausstrahlung aus einem 100 × 2,5-mm-Schlitz in der *SPEAR*-Anlage für Hochenergiephysik gilt als der stärkste Leuchtstrahl der Welt. Der Schlitz befindet sich am Ende des 3,2 km langen Linearpartikelbeschleunigers in Stanford, Kalifornien (USA).

Der stärkste jemals entwickelte Scheinwerfer wurde während des Zweiten Weltkriegs in der *Hirst Forschungszentrale* in Wembley, London (England), hergestellt. Sein Stromverbrauch betrug 600 kW, er lieferte eine Bogenlichtstärke von 45 000 Kerzen/cm² und eine maximale Strahlenintensität von 2 700 000 000 Kerzen mit Hilfe seines Parabolspiegels von 3 m Durchmesser.

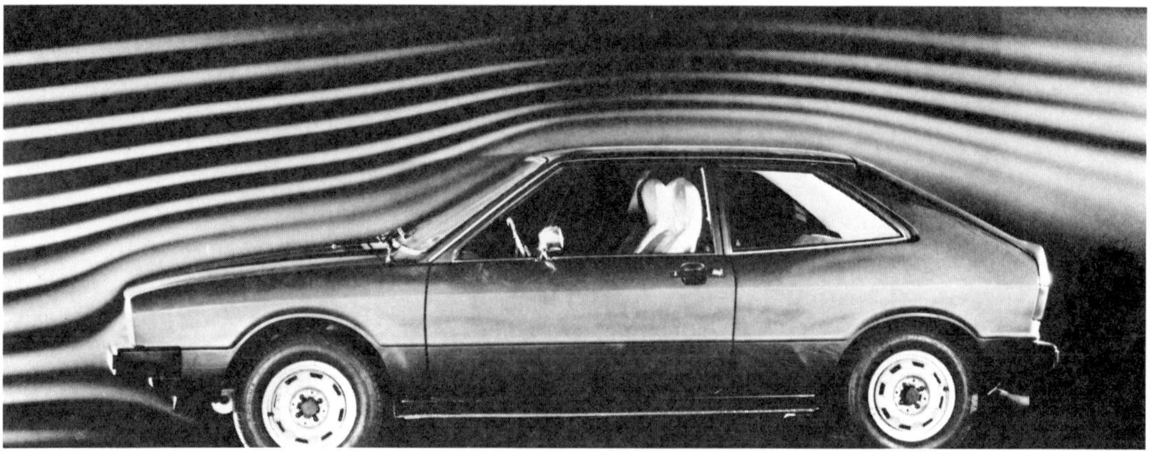

Viel Wind weht den VW-Kindern im Windkanal um die Nase, damit der Luftwiderstandsbeiwert günstig beeinflußt wird.

Höchste gemessene Frequenz: Im Mai 1979 teilte das *US-Bureau of Standard* mit, daß Dr. A. Jennings, F. R. Peterson und K. M. Evenson eine Frequenz von 2,6010328 × 10^{14} Hz (260 terahertz) mit einer Helium-Neon-Laser-Ausstrahlung erreicht haben.

Die höchste Luftgeschwindigkeit mit einer Machzahl M = 27 wurde in einem Windkanal bei den Boeing-Flugzeugwerken in Seattle (USA) erzielt. Für Mikrosekunden wurden Luftstoßwerte von 30 *Mach* (36 735 km/h) in Impulsröhren in der Cornell Universität, Ithaka (USA), gemessen.
(D) Den Windkanal mit dem größten Querschnitt besitzt in Westdeutschland das *Volkswagenwerk* in Wolfsburg. Bei Abmessungen von 5 × 7,5 m werden in ihm Geschwindigkeiten von 42 m/sec. erzielt.
Ein größerer Windkanal, der in Nordoostpolder (Niederlande) aufgestellt werden soll, ist z. Z. als deutsch-holländisches Projekt im Bau. Er wird einen Meßkanalquerschnitt von 9,5 m × 9,5 m haben und Geschwindigkeiten bis zu 62 m/sec. erzeugen.
Der schnellste deutsche Windkanal ist ein 1971 in Betrieb genommener Plasma-Windkanal der *Deutschen Forschungs- u. Versuchsanstalt für Luft- u. Raumfahrt* in Köln. Sein Meßdurchschnitt beträgt 25 cm und in ihm sind Geschwindigkeiten bis zu 4500 m/sec. zu erzeugen.

Für eigene Rekorde

Bergbau

Der früheste Bergbau wurde in den *Ngwenya-Hügeln* des *Hhohho*-Bezirks von *NW-Swasiland* entdeckt, wo bereits um 41 000 v. Chr. Roteisenstein zur Körperbemalung abgebaut wurde.
(D) In dem Gebiet des heutigen Deutschland gab es erste Bergbauschächte im *Neolithikum* (3000–1800 v. Chr.). Sie dienten vorzugsweise der Gewinnung von Feuerstein. Die Schächte waren bis zu 12 m tief. Solche alten Bergbauschächte entdeckte man auf Rügen und am Bodensee.

Das älteste Bergwerk Europas soll im Januar 1980 in der Nähe des Ortes *Majdanpek*, im östlichen Teil Jugoslawiens, entdeckt worden sein. Der verfallene Schacht wird auf 3–4000 Jahre geschätzt. Heute wird die Gegend von dem Hüttenkombinat *Bor* beherrscht, in dessen 14 Werken beuten 22 000 Beschäftigte eines der größten Kupfervorkommen Europas aus.

Das tiefste Bergwerk der Welt ist die *Western Deep Levels Mine* in Carltonville (Südafrika). Im Mai 1975 hatte es eine Tiefe von 3840 m. In solchen Tiefenlagen erreicht die Gesteinswärme Temperaturen von 55° C und macht gekühlte Belüftung notwendig. Durch die extremen Druckverhältnisse kann leicht Steinschlag ausgelöst werden.
(D) Das tiefste Bergwerk Westdeutschlands ist der *Nordschacht Ibbenbüren* (Münsterland), der der *Preussag AG Kohle* gehört. Steinkohle wird hier in einer Tiefe von 1417,5 m abgebaut.

Die ältesten Kupfergruben wurden im Februar 1977 im Timnatal, nördlich von *Elath* (Israel) entdeckt. Ihre Entstehungszeit wird vorläufig als vor 3000 v. Chr. liegend angenommen.

Die schwersten Unglücksfälle und Katastrophen der Welt

Ursache/Art	Zahl der Opfer	Ort und Umstände	Datum
Alpinismus	40	[1]Himalaja (Nepal): Mount-Everest-Expedition der UdSSR	Dezember 1952
Atombombe	141 000	Hiroshima (Japan)	6. August 1945
Autosport	82	Le Man (Frankreich): Franz. Mercedes-Fahrer Pierre Levegh rast beim Intern. Automobilrennen über die Bahn hinaus, Wagen explodiert in der Menge	11. Juni 1955
	17	Monza (Italien): Deutscher Rennfahrer Graf Berghe von Trips auf Ferrari kollidiert kurz nach dem Start mit anderen Rennwagen und wird ins Publikum geschleudert	10. September 1961
Bergsturz	1500–2000	Plurs (Schweiz): Gesteinsmassen des Monte Conti (Berg) begraben die Stadt unter sich	25. August 1618
	ca. 2200	Longarone (Italien): Bergnase des 1821 m hohen Monte Toc stürzt in den Vaiont-Stausee im Piavetal	9./10. Oktober 1963
Bergwerk[2]	1572	Honkeiko-Grube (China): (Kohlenstaub-Explosion)	26. April 1942
	437	Coalbrook (Oranje-Freistaat, Südafrika): Gesteinseinbruch i. d. Grube „Chlydesale"	21. Januar 1960
	412	Bergkamen/Ruhr (Westdeutschl.): Grubenunglück auf Zeche Monopol	20. Februar 1946
	401	Tsinanfu (China): Wassereinbruch in Bergwerk	1932
	265	Gresford, Wrexham (England): Schlagende Wetter	22. September 1934
	263	Alsdorf b. Aachen (Westdeutschl.): Explosion im Wilhelmsschacht der Grube Anna II	21. Oktober 1930
	262	Marcinelle (Belgien): Brand im Schacht „Du Bois du Cazier"	8. August 1956
Blitzeinschlag	21	Umtali (Zimbabwe, ehem. Rhodesien): Blitzschlag in Hütte im Chinamasa-Kraal	23. Dezember 1975
Dammbruch	421	Nähe Cannes/Fréjus (Frankreich): Malpasset-Staudamm des Reyran-Flusses bricht, Fréjus überschwemmt	2./3. Dezember 1959
	20 000	Charbin, Mandschurei (China): Dämme des Sungari-Flusses brechen, Charbin überschwemmt	1932
	2209	Johnstown (Pennsylvania, USA): Bruch des South-Fork-Dammes	31. Mai 1889
Drahtseilbahn	42	Cavalese (Italien): Seilriß	9. März 1976
Eisenbahn	500–800	Leon (Spanien): Zusammenstoß im Torro-Tunnel	3. Januar 1944
	236	Nähe Buenos Aires (Argentinien): Schnellzug fährt auf stehenden Sonderzug	1./2. Februar 1970
	186	Genthin (jetzt Ostdeutschland): Zusammenstoß zweier D-Züge	22. Dezember 1939
	112	Harrow, Middlesex (England): Zusammenstoß eines Vorortzuges mit zwei Schnellzügen	8. Oktober 1952
	93	Wörden b. Utrecht (Niederlande): Zusammenstoß zweier Schnellzüge	8. Januar 1962
	94	Langenweddingen (bei Magdeburg): Personenzug rammt Benzintankwagen auf Bahnübergang; Explosion und Brand	6. Juli 1967
	46	Radevormwald (Nordrhein-Westfalen): Zusammenstoß zwischen Güterzug und mit Schülern besetztem Triebwagen, unter den Toten 41 Kinder	28. Mai 1971

Ursache/Art	Zahl der Opfer	Ort und Umstände	Datum
Epidemien	75 Mio.	Weltweit: »Der Schwarze Tod« (Pest)	1347–1351
	21,64 Mio.	Weltweit: Grippe	April-November 1918
Erdbeben	830 000	Provinz Schensi (China): Dauer 2 Stunden	23. Januar 1556
Erdrutsch	180 000	Provinz Kansu (China)	16. Dezember 1920
	144	Aberfan, Wales (Großbritannien): Durch Regen unterspülte Kohlenhalde (2 Mio. t) rutscht zu Tal, begräbt eine Schule, 15 Häuser und ein Gehöft	21. Oktober 1966
Explosion	1963	[3]Halifax (Kanada)	6. Dezember 1917
Feuer (1 Gebäude)	1670	Kanton (China): Theaterbrand	Mai 1845
	450	Wien (Österreich): Brand des Ringtheaters	8. Dezember 1881
	162	Seoul (Südkorea): Brand des Hotels Taeyonkak	25. Dezember 1971
Feuerwerk	über 800	Paris (Frankreich): Prinzenhochzeit auf der Seine	17. Mai 1770
Gletscher-Abbruch	88	Saas-Fee, Kanton Wallis (Schweiz): Eis- und Geröllmasse der Allalin-Gletschermoräne stürzt aus 2300 m Höhe auf Baustelle des Mattmann-Staudamms	30. August 1965
Hagel	246	Moradabad Utter Pradesh (Indien)	20. April 1880
Hochwasser	100 000	Jangtsekiang (China)	1911
	10 000	Midnapore (Bengalen, Indien)	6. November 1942
Hubschrauber-Absturz	54	Über Westjordanien: Israel. Mil.-Hubschrauber ,,Sea Stallion"	10. Mai 1977
Hungersnot	9,5 Mio.	Nordchina	Februar 1877 bis September 1878
Konventionelle Bomben	ca. 25 000	[4]Dresden (Deutschland, jetzt Ostdeutschl.)	13.–15. Februar 1945
Lawinen	ca. 10 000	[5]Dolomiten, Südtirol (Italien): Die Opfer sind vorwiegend österr. und ital. Soldaten	13. Dezember 1916
	120	Dorf Blons (Vorarlberg, Österreich)	11./12. Januar 1954
Menschenfressende Tiere	ca. 1500	Kenia (Ostafrika): Rudel von 22 Löwen[6]	1941–1942
	463	Champawat (Indien): Tigerin[7]	1907
	900	[8]Remree-Insel (Birma): Krokodile fressen japan. Soldaten	19./20. Februar 1945
Orkan	1 Mio.	[9]Inseln im Gangesdelta (Ost-Pakistan, jetzt Bangladesh)	12./13. November 1970
Panik	5000	Moskau (Rußland, jetzt UdSSR): Bei Ansturm auf Freibier anl. der Krönung Zar Nikolaus' II. zu Tode getrampelt	Mai 1896
	ca. 4000	Tschungking (China): Luftschutzbunker	8. Juni 1941
Raumforschung	3	Cape Kennedy (USA): Sauerstoffbrand US-Apollo-Raumschiff	27. Januar 1967
	3	über UdSSR: Wiedereintritt von UdSSR-Raumschiff in Erdatmosphäre	29. Juni 1971
Schiffsuntergang	ca. 7700	Vor Danzig (Deutschl., jetzt Gdansk, Polen): Deutscher 25 484-t-Passagierdampfer »Wilhelm Gustloff« mit Zivilflüchtlingen von UdSSR-U-Boot S 13 torpediert	30. Januar 1945
	1810	Chicago, Illinois (USA): Vergnügungsdampfer »Eastland« läuft im Michigan-See auf Grund und kentert	24. Juli 1915
	1513	Vor Neufundland (USA): Luxusdampfer »Titanic« rammt Eisberg	15. April 1912
	über 250	Straße von Korea: Südkoreanisches Fährschiff »Nanyang-Ho« (362 BRT) sinkt	15. Dezember 1970

Ursache/Art	Zahl der Opfer	Ort und Umstände	Datum
Straßenverkehr	127	Ägypten: Autobus stürzt in Bewässerungskanal	9. August 1973
	45	Kreis Heilbronn (Baden-Württemberg): Autobus von Eilzug an beschranktem Bahnübergang gerammt	20. Juni 1959
	33	Nähe Limburg/Lahn (Hessen): Belgischer Kinder-Ferienbus stürzt von Autobahnbrücke auf Landstraße, 30 der Todesopfer sind Kinder	25. Juli 1966
Sturmflut	27 000	Japanische Westküste	1896
	8000	Englische Südküste	26. November 1703
	1794	England/Niederlande: (In England 307, i. d. Niederl. 1487 Tote)	31. Jan./1. Febr. 1953
	347	Hamburg (Westdeutschland)	16./17. Februar 1962
Tornado	689	Südliche Zentralstaaten der USA (3 Std.)	18. März 1925
Tribüneneinsturz	220	Sincelejo (Kolumbien): Arenatribüne stürzt bei einem Amateur-Stierkampf-Festival ein	20. Januar 1980
U-Boot	129	Karibik: Französ. U-Boot »Le Surcouf« gerammt	18. Februar 1942
	129	Vor Cape Code, Massachusetts (USA): US-U-Boot »Thresher« sinkt	10. April 1963
Überschwemmung	3,7 Mio.	Fluß Huangho (»Gelber Fluß«, China)	August 1931
	900 000	Fluß Huangho (»Gelber Fluß«, China)	1887
	10 000	Fluß Huangho (»Gelber Fluß«, China)	11./12. Juni 1938
Verschüttung	über 3000	Stadt Ranrahica und sechs Bergdörfer im Huaraz-Tal (Peru): Eis-, Schnee- und Schuttmassen stürzen vom Berg Huascaran (6768 m) zu Tal	11. Januar 1962

[1] Laut polnischen Quellen von der UdSSR nicht bestätigt. Auch auf dem Fujijama (Japan) kamen am 20. März 1972 in Schneestürmen und Lawinen 23 Menschen ums Leben.
[2] Das schwerste Goldbergwerks-Unglück ereignete sich 1909 in Südafrika, als 152 Bergleute durch Wassereinbruch in der Grube der Witwaterstrand Gold Mining Co. ums Leben kamen.
[3] Nach anderen Quellen hat die Zahl der Toten am 6./7. Dezember 1917 über 3000 betragen.
[4] Die Zahl der in Deutschland durch Bombardierung umgekommenen Zivilisten wird verschieden geschätzt. Sie schwankt zwischen 593 000 und über 635 000.
Der amerikanische Bombenangriff auf Tokio am 10. März 1945 soll ca. 140 000 Menschenleben gekostet haben. Insgesamt betrugen die Menschenverluste in Japan 600 000 durch konventionelle Bomben und 22 000 durch Atombomben.
[5] Die Zahl ist vielleicht übertrieben, aber bis 1952 fand man immer wieder weitere Leichen.
[6] 18 der Tiere wurden von einem Jäger namens Rushby erlegt.
[7] Das Tier wurde 1907 von Oberst Jim Corbett erschossen.
[8] Die Zahl der Opfer wird angefochten.
[9] Diese 1972 veröffentlichte Zahl der Opfer der Katastrophe im damaligen Ost-Pakistan stammt von Dr. Afzal, dem obersten beamteten Wissenschaftler der Zentralstelle für Atom-Energie in Dakka. In einem Bericht heißt es, daß weniger als die Hälfte der Bevölkerung der vier Inseln Bhola, Charjabbar, Hatia und Ramagati (Volkszählung 1961: 1,4 Mio.) überlebt hätte.
[10] Die meisten tödlichen Verkehrsunfälle in den USA ereigneten sich im Jahr 1969; sie forderten 56 400 Menschenleben. In Westdeutschland wurde 1970 mit 19 193 Verkehrstoten die Höchstzahl erreicht. Die Zahl der tödlichen Verkehrsunfälle ging in den letzten Jahren in Westdeutschland ständig zurück. Sie erreichte 1978 mit 14 580 Todesopfern ihren tiefsten Stand. Doch von Januar bis April 1980 starben auf westdeutschen Straßen 11% (3644 Tote) mehr als im gleichen Vorjahreszeitraum. Die Zahl der Schwerverletzten nahm um 10% auf 13 194 zu. Die Gesamtzahl der Verkehrsunfälle mit Personenschäden stieg im Vergleich zum Vorjahr um 12%.
Im September 1975 wurde die Gesamtziffer der Verkehrstoten weltweit auf 25 Mio. geschätzt. Queensland (Australien) gilt als das Land mit den meisten tödlichen Verkehrsunfällen.

Das größte Kupferbergwerk der Welt ist der Untertageabbau des *Manuel*-Bergwerkes in Arizona (USA). Er erstreckt sich über 572,7 km und förderte 1972–77 im Jahresdurchschnitt ca. 18 Mio. t.

Die größte Blei-, Zink- und Silbergrube der Welt ist die *Kidd Creek Grube* der *Texasgulf Canada Ltd.* in Timmins, Ontario (Kanada).

Seit 1970 ist die produktivste Bleigrube der Welt *Viburnum Trend* (USA), mit einer Förderung von 443 700 t im Jahr 1972. Allein aus dieser Fördermenge werden 10 Prozent der Welt-Bleiproduktion gewonnen.

Die größte Zinkhütte der Welt ist die Anlage der *Cominco Ltd.* in *Trail*, British Columbia (Kanada), mit einer Leistungsfähigkeit von 267 000 t Zink und 813 t Kadmium pro Jahr.

Die größte Goldbergbaugegend der Welt ist das Goldfeld *Witwatersrand,* mit einer Ausdehnung von je 48 km östlich und westlich von *Johannesburg* (Südafrika). 1886 entdeckte *George Harrison* dort Gold und 1944 kamen bereits mehr als 45 Prozent der Welt-Goldförderung von dort. 320 000 Bantuneger und 44 000 Europäer sind auf diesem Goldfeld beschäftigt. 1979 kamen 30 Prozent der Weltproduktion von Gold aus diesem Gebiet. Die Spitzenleistung wurde 1970 mit 984,3 t erreicht.

Das größte Goldbergwerk der Welt ist von der Bodenfläche her die größte der *East-Rand-Proprietary-Mines*-Ltd.-Goldgrube (Südafrika), deren 8785 *Mutungen* sich über 4900 ha erstrecken. (*Mutung* bedeutet i. d. Bergmannssprache »Erheben von Anspruch auf Ausbeutung«).

Das ergiebigste Goldbergwerk. 1977 hatte die reichste Ausbeute *West-Driefontein* (Südafrika) mit 19,79 g Gold pro geförderter Tonne . Mengenmäßig führte *Vaal Reefs* mit 67 t im Jahr 1979.

Die größte Platin-Abscheidungsanlage der Welt ist die *Impala-Anlage* in Springs (Südafrika). Der größte Produzent von Platin ist die *Rustenburg-Gruppe* mit mehr als 28 t pro Jahr.

Die ertragreichste Zinnförderung betrug 788,3 t Zinnerz (76,8 Prozent Sn). Sie wurde mit Hilfe eines *Ayer-Hitam-Baggers* in *Putschong* (Malaysia) innerhalb von 30 Tagen im November 1976 72 m unter der Erde aus einem 21 m tief ausgepumpten Teich gefördert.

Das größte Uranbergwerk der Welt wurde 1978 in *Rossing* (Namibia) in Betrieb genommen.

Das größte Uranbergwerk Ostdeutschlands liegt südlich von *Aue* bei *Zwickau* im Erzgebirge. Das gesamte Areal ist durch mehrere Sicherheitsgürtel von der übrigen Umgebung abgeriegelt.

Für eigene Rekorde

Die größte Wolframgrube, über deren Leistung Angaben veröffentlicht wurden, ist die *Union Carbide Grube* in Mount Morgan, Kalifornien (USA). Sie wurde 1937 mit einem Produktionsvermögen von 2000 t pro Tag und einer Belegschaft von 420 Mann eröffnet.

Die größte Eisenerzgrube der Welt befindet sich in *Lebedinskij* im Gebiet Kursk (UdSSR), mit einer Gesamtförderung von schätzungsweise 20 320 Mio. t von reichen (45–65 Prozent) und 10 000 000 Mio. t ($10{,}16 \times 10^{12}$) t von weniger reichen Erzen in Flözen bis zu einer Dicke von 610 m.

Die größten Eisenlagerstätten hat allerdings Brasilien, mit schätzungsweise 58 930 Mio. t, d. h. 35 Prozent des Gesamtbestandes der Erde.

Die älteste deutsche Eisenhütte ist die *Antomyhütte* in Oberhausen (Ruhrgebiet, heute Westdeutschland). Am 18. Oktober 1758 stiegen dort die ersten Bergleute unter Tage.

Die größte Steinkohlen-Schachtanlage Westdeutschlands ist wahrscheinlich auch die größte der Welt. Nur in Südafrika könnte eine Anlage inzwischen über die deutschen Maße hinaus erweitert worden sein. Die deutsche Schachtanlage *Rheinland* – entstanden aus der Zusammenlegung der drei Bergwerke *Pattberg* in Moers, *Rheinpreussen* in Moers und *Rossenray* in Kamp-Lintfert – hat eine Belegschaft von 8930 Mitarbeiter und fördert pro Tag 20 600 t Steinkohle, das sind jährlich 4,9 Mio. t verwertbare Steinkohle. Um diese Menge zu gewinnen, müssen täglich 41 000 t, jährlich 10 Mio. t Rohmaterial gefördert werden.

In Ostdeutschland ist der Steinkohlenbergbau wegen Unrentabilität eingestellt. Als letzte wurden die Zechen im *Zwickau-Ölsnitzer-Revier* 1977 geschlossen.

Die größte aufgeschüttete Abraumhalde der Welt ist mit 209 506 000 m^3 die *New-Cornelia-Halde* in *Ten Mile Wash,* Arizona (USA).

Die größte Abraumhalde Westdeutschlands entsteht zur Zeit in *Leverkusen* bei Köln. Auf dieser größten Sondermüll-Deponie Europas sollen hauptsächlich chemische Abfallstoffe der Fa. *Bayer AG* gelagert werden. Im Endausbau finden auf einer Fläche von 34 000 m^2 6,3 Mio. m^3 feste Abfallstoffe Platz.

Der größte Steinbruch der Welt ist die *Bingham-Canyon-Kupfergrube* 48 km südlich von Salt Lake City (USA). Von 1906 bis Mitte 1976 betrug der Gesamtaushub 3355 Mio. t über eine Fläche von 7,21 km^2, bis zu Tiefen von 774 m.

Bohrungen

Die tiefste Bohrung in die Erdkruste wurde unter dem Gasbohrtum Nr. 32 auf dem *Bertha-Rogers-Feld Nr. 1,* Washita County, Oklahoma (USA), erzielt. Nach 503tägiger Bohrarbeit wurde am 3. April 1974 eine Tiefe von 9583 m erreicht. Die Temperatur am Boden des Bohrlochs betrug 246° C. Man kann sich eine Vorstellung von der Tiefe dieses 6-Millionen-Dollar-Lochs (damals DM 15,5 Mio.) machen, wenn man sich vorstellt, daß die Zugspitze mehr als dreimal übereinander getürmt werden müßte, um diese Höhe zu erreichen.

Ⓓ Die tiefste Bohrung auf westdeutschem Gebiet führte *Preussag, Hannover,* durch. Am 6. November 1978 hat sie in der *Vorderriß I* in den nördlichen Kalkalpen (Bayern) eine Bohrung von 6468 m abgeteuft (so der Fachausdruck in der Bergmannssprache für *»einen Schacht niederbringen«*). Die Bohrung lieferte Informationen über die Tiefe, in der Erdgasvorkommen vorkommen.

Die tiefste Bohrung in den Meeresboden gelang 1976 einem amerikanischen Tiefseebohr-Unternehmen an der Nordwestküste Spaniens. Von einem Schiff aus drangen die Bohrer bis zu einer Tiefe von 1740 m vor.

Die tiefste Wasserbohrung der Welt ist der 2231 m tiefe Brunnen *Stensvad Water Well 11-W1,* der Oktober/November 1961 in Rosebud County, Montana (USA), gebohrt wurde. 1955 begann in Kalifornien eine Bohrung zur Erschließung geothermischen Dampfes. Sie hat zur Zeit eine Tiefe von 2752 m erreicht.

Die größte Wassermenge, die von einem artesischen Brunnen geliefert wurde, nämlich 757 hl/min, kam 1973 aus einem Brunnen 32 km nordwestlich von Orlando (Florida, USA) am *Wekivafluß.*

Die größte Mineralgewinnungsstätte der Welt ist der Braunkohlentagebau *Fortuna-Garsdorf* bei Bergheim (Westdeutschland). Seit 1955 ist die Grube 4×3 km groß und 250 m tief. Zwei Schaufelradbagger mit einer Tagesleistung von mehr als 200 000 m^3 haben 1976 über 140×10^6 ME (Meßeinheiten m^3 Abraum und t Kohle) bewegt.
Noch größer wird der Tagbau *Hambach* der *Rheinischen Braunkohlewerke,* Köln (Westdeutschland). Dieser Tagbau wurde offiziell 1978 eröffnet, seine Förderfläche wird ständig erweitert, bis sie 70 km^2 an der Geländeebene erreicht und 400 m tief unter die Geländeoberfläche reicht. 1995 soll die Förderleistung 50 Mio. t Braunkohle pro Jahr betragen. Auf diesem Tagbau ist der größte Schaufelradbagger der Welt eingesetzt. (Siehe Seite 144).

Ⓓ **Der größte Steinbruch Europas** ist der Kalksteinbruch *Prangenhaus* in Wülfrath (Westfalen, Westdeutschland). Seine Abbaufläche ist 100 ha groß, rechnet man das umliegende Terrain dazu, sind es 125 ha. Der Steinbruch ist 1700 m lang und 800 m breit. 1980 im Mai war er 163 m tief. Die *Rheinischen Kalksteinwerke GmbH* in Wülfrath errichten z. Zt. einen zweiten gleichgroßen Steinbruch in unmittelbarer Nähe. Beide zusammen liefern dann 24 Mio. t Kalkstein jährlich.

Die rascheste Abteufung eines Normalschachtes von 381,3 m Tiefe und einem Durchmesser von 7,92 m wurde im Bergwerk *Buffelsfontein,* Transvaal (Südafrika) im März 1962 erreicht. Unter *abteufen* versteht man in der Bergmanns-Sprache *»einen Schacht niederbringen«.*

Energiegewinnung

Allgemein: Die aus verschiedenen Energiequellen (Kohle, Erdöl, Erdgas, Wasserkraft usw.), aber ohne pflanzliche Brennstoffe und Torf gewonnene Energie wird gewöhnlich in *Tonnen Steinkohle* umgerechnet.

Den höchsten Energie-Verbrauch von durchschnittlich 11,5 t je Kopf haben die *Vereinigten Staaten.* Mit nur 5,3 Prozent der Weltbevölkerung verbrauchen die USA 28,6 Prozent des Weltvorrates an Benzin und 32,9 Prozent der Elektrizität.
Eine amerikanische Durchschnittsfamilie verfährt pro Jahr ca. 3380 l Benzin. Zum Vergleich: der Durchschnittsbenzinverbrauch einer westdeutschen Familie liegt jährlich bei 958 Liter.

Den niedrigsten Durchschnittsverbrauch an Energie hatte 1974 *Ruanda* mit 13 kg *Steinkohle* pro Kopf.

Ölvorkommen

Das größte Ölfeld der Welt, das *Ghawarfeld* in Saudi-Arabien, wurde von *Aramco* erschlossen und mißt 240×35 km.
Das Gasfeld von Groningen im niederländischen Friesland, das seit 1965 abgebaut wird, besitzt Reserven von rund 30×3^{12} m^3.
Etwa gleichwertig dürfte die *Dome-Fundstelle* des Jahres 1972 vor *Qatar* sein.

Die schwerste Bohr-Plattform der Welt: in Schottland gebaut, in der Nordsee verankert.

Die Ausdehnung der für Bohrzwecke bestimmten Teile des *britischen Kontinentalschelfs* belief sich am 1. April 1975 auf 579 000 km², mit erreichbaren Gesamtvorkommen von 3200 Mio. t Öl und 1 443 000 Mio. m³ Gas. Gas wurde erstmalig im Oktober 1965 im *West-Sole-Feld* entdeckt; Ölvorkommen im Forties-Feld in einer Tiefe von 3352 m wurden vom Bohrschiff *Sea Quest* am 7. Oktober 1970 gemeldet. Als das ergiebigste Ölfeld dürfte sich *Brent* (entdeckt im Juli 1971) herausstellen. 1979 erreichte dort die Tagesförderung 350 000 Barrels (1 Barrel = 159,1 l) und soll 1983 mehr als 850 000 betragen.
Unter dem Nordseeboden hat man bisher rund drei Mrd. t Öl entdeckt. Das entspricht dem Jahresverbrauch der Welt.

Die tiefste Ölschürfung im Meer wurde 1486 m unter Wasser 320 km nordwestl. von St. John's (Neufundland, Kanada) von dem *Discoverer Seven Seas* am 28. April 1979 vorgenommen.

Der am tiefsten verankerte Fuß einer Ölplattform reicht 312 m unter Wasser und zwar 106 km SO von New Orleans (USA). Die Gesamthöhe des Baus bei diesem 275-Mio.-Dollar-(500 Mio. DM)-Vorhaben beträgt 385,5 m.

Die schwerste Plattform der Welt ist die im schottischen Hochland bei *Loch Kishorn* gebaute *Central-Ninian-Förder-und-Lagerplattform.* Acht Schlepper mit einer Gesamtleistung von 92 000 PS (67 800 kW) waren notwendig, um dieses 600 000 t schwere Objekt (Leergewicht) am 5. Mai 1978 zur Förderstelle in der Nordsee zu transportieren. Der Betonbau ist 155 m hoch, die Gesamthöhe der Anlage beträgt 250 m.

Der bisher ergiebigste Ölspringer ist der 353 m tiefe *Lucas Nr. 1* bei Spindletop etwa 4,8 km südlich von Beaumont in Texas (USA), wo er am 10. Januar 1901 bei einer Probebohrung ausbrach. Er war 1,5 km weit zu hören, während der neun Tage vor seiner Versiegelung sprudelten 800 000 Faß Öl hervor. Der umliegende Boden lieferte danach 142 Mio. Barrel.

Der größte Ölverlust bei Bohrungen ereignete sich bei Unterwasserbohrungen im *Golf von Campeche,* (Golf von Mexiko). In der Zeit vom 3. Juni bis 5. August 1979 breitete sich die Öllache über 640 km aus. Am 24. März 1980 gelang es. den Ölaustritt zu stoppen. Bis dahin waren bereits 3 Mio. Barrel Öl ins Meer geflossen.

Der größte Ölverlust beim Transport war das Auslaufen von 236 000 t Öl aus den Supertankern *Atlantic Empress* und *Aegean Captain* als sie am 19. Juli 1979 auf der Höhe der westindischen Insel *Tobago* zusammenstießen.

Die schwersten Öltanker-Unfälle			
Name des Tankers	**Ort des Unfalls**	**Ölverlust in 1000 t**	**Datum**
Torrey-Canyon	Engl. Küste	119	18. März 1967
Othello	Ostsee	60	20. März 1970
Wafra	Südafrika	63	27. Februar 1971
Sea-Star	Golf von Oman	115	19. Dezember 1972
Metula	Maghellan-Straße	53	9. August 1975
Yuyo-Maru	Japan	50	11. November 1974
Jakob Maersk	Portugal	84	29. Januar 1975
Epic-Colocotronis	Santo Domingo	57	Mai 1975
Urquiola	Spanien	101	12. Mai 1976
Hawaiian Patriot	Pazifik	99	25. Februar 1977
Amoco Cadiz	Normandie-Küste, Frankreich	228	16. März 1978
Cabo-Tamaro	Chile	60	10. Juli 1978
Andros Patria	Spanien	49	31. Dezember 1978
Atlantic Emp./Aegean Capt.	Tobago	236	19. Juli 1979

Eine neue Rekordhöhe in der Ölförderung wurde 1979 erreicht. Trotz des Rückgangs der Ölförderung im Iran um 100 Mio. t wurden die Förderleistungen in der Nordsee, Mexiko und einigen OPEC-Ländern so gesteigert, daß die Weltförderung das Rekordvolumen von rund 3,3 Mrd. t erreichte. Das sind 3,7 Prozent mehr als 1978.

Platz eins auf der Liste der Hauptförderländer nimmt die Sowjet-Union mit einer Förderung von ca. 585 Mio. t ein. Platz zwei hält Saudi-Arabien mit rund 465 Mio. t.

(D) In Westdeutschland wurden 1979 insgesamt 4 Mio. 773515 t Erdöl gefördert. 252518 Bohrmeter waren bis Ende 1979 »abgeteuft«. (Zum Vergleich: Englands Ölförderung kam im gleichen Zeitraum auf 60 Mio. t.)
Größter Öllieferant Westdeutschlands war 1980 erstmals die Nordsee (ca. 19 Mio. t = 16,5 Prozent der Gesamteinfuhr). Damit löste die Nordsee Saudi-Arabien ab, das 1979 die Liste der Rohöllieferanten mit knapp 18 Mio. t angeführt hatte. Der Lieferanteil des Iran war 1979 auf 10,5 Prozent gesunken, soll jedoch wieder auf 16,4 Prozent gesteigert werden.

Der größte Öl-Konsument sind die USA mit 874 Mio. t. Es folgt die UdSSR mit 440 Mio. t. Japan nimmt mit 265 Mio. t den dritten, Westdeutschland mit 142 Mio. t den vierten Platz ein.

Die längste Pipeline der Welt für Rohöl ist die Einrichtung der *Interprovincial Pipe Line Company* zwischen Edmonton in der kanadischen Provinz Alberta und Buffalo im amerikanischen Bundesstaat New York, über eine Länge von 2856 km. Auf der Leitungsstrecke befördern 13 Pumpstationen täglich eine Menge von 31 367 145 l Öl.
Die endgültige Länge der transsibirischen Pipeline soll auf der Strecke von Tuimazy über Omsk und Nowosibirks bis Irkutsk (sämtliche: UdSSR) 3732 km betragen. Der erste Abschnitt von 48 km wurde bereits im Juli 1957 in Betrieb genommen.

Die längste Pipeline unter der Meeresoberfläche ist die Ekofisk-Emden-Pipeline in der Nordsee. Sie ist 418 km lang und wurde im Juli 1975 in Betrieb genommen. Die tiefstgelegene Pipeline in der Nordsee verläuft in 162 m Tiefe vom *Cormorant Field* nach Firths Voe (Shetland-Inseln, England).

Die älteste unterirdische Pipeline war nicht für Öltransporte angelegt, sondern verbindet auch heute noch das Salzbergwerk von *Berchtesgaden* (Bayern, Westdeutschland) mit dem *Bad Reichenhaller Quellenbau,* ebenfalls in Bayern. Diese 18 km lange, hölzerne Leitung für *Sole* (*Sole* = mindestens 14 Gramm Salz in einem kg Wasser) wurde 1817 fertiggestellt, weil die Ergiebigkeit der *Reichenhaller Quelle* nachgelassen hatte.

Die teuerste Ölleitung der Welt ist die *Alaska-Pipeline* von Prudhoe Bay bis Valdez (Alaska, USA) mit einer Länge von 1284 km. Bei Inbetriebnahme des ersten Abschnitts im Jahre 1977 hatte sie bereits Kosten von mindestens 6 000 Mio. Dollar (damals 13,8 Mio. DM) verursacht. Die Rohrleitung hat einen Durchmesser von 1,2 m und soll schließlich täglich bis zu 2 Mio. Barrels Rohöl befördern.

Der größte Öltank, der jemals hergestellt wurde, ist der *Million Barrel Ekofisk-Öltank*, der 1973 in Norwegen fertiggestellt und in der Nordsee verankert wurde. Seine Ausmaße: 92×92×102 m (Höhe). Er besteht aus 8000 t Stahl und 202 000 t Beton. Sein Fassungsvermögen: 160 000 m^3.

Der größte katalytische Kracker der Welt ist die *Bayway-Raffinerie der Exxon Co.* in Linden, New Jersey (USA), mit einer Schwerölzufuhr von 19 077 000 l pro Tag.

Die größte Erdölgesellschaft der Welt ist *Exxon Corp.* (ehemals *Standard Oil Comp.*) in New Jersey (USA) mit 130 000 Angestellten und einem Vermögen, das am 1. Januar 1979 auf 41 Mrd. 530 Mio. 804 000 Dollar (etwa 83 Mrd. DM) geschätzt wurde. *Exxon* hat rund 700 000 Anteilseigner: der größte Einzelaktionär ist eine alte Dame, der 0,1 Prozent des gesamten *Exxon*-Aktienkapitals gehören, das in 439 Mio. Aktien aufgeteilt ist. Der *Exxon*-Gewinn betrug 1979 4,3 Mrd. Dollar (8,6 Mrd. DM), bei einem Umsatz von 85 Mrd. Dollar (170 Mrd. DM). 40 Prozent des Gewinns wurden als Dividende ausgeschüttet, was pro Aktie 3,90 Dollar (rund 7,14 DM) ausmachte. Der größere Teil des Gewinns von 60 Prozent wurde durch das Unternehmen reinvestiert.

Die größte Erdölraffinerie der Welt ist die *Amerada-Hess-Raffinerie* in St. Croix auf den Jungfern-Inseln (USA), die zu den Antillen im Karibischen Meer gehören. Sie hat eine Kapazität von 30,7 Mio. t im Jahr.

Ⓓ Die größte Ölraffinerie in Westdeutschland liegt in Gelsenkirchen-Scholven (Nordrhein-Westfalen). Sie gehört dem größten westdeutschen Industrie-Unternehmen *VEBA-Konzern* und hat eine Jahreskapazität von 10 Mio. t. Die in Dinslaken (Nordrhein-Westfalen) von der deutschen Tochtergesellschaft der *BP British Petrol* betriebene Großraffinerie hat eine durchschnittliche Kapazität von 9,9 Mio. t im Jahr.

Erdgas

Die größte Gasflamme wurde am Mittag des 13. November 1961 in *Gassi Touil* in der algerischen Sahara entfacht und brannte bis zum 28. April 1962, 9.30 Uhr. Die Flammensäule erreichte eine Höhe von 137 m, der Rauch stieg 182 m hoch. Schließlich wurde der Brand von *Paul Neal (»Red«) Adair,* einem 47jährigen Fachmann aus Austin, Texas (USA), gelöscht. Er verwendete 245 kg Sprengstoff und soll 1 Mio. Dollar (damals 4 Mio. DM) als Bezahlung erhalten haben.

Die längste Erdgasleitung der Welt ist die *Trans-Canada-Pipeline,* die 1974 eine Länge von 9099 km mit Röhren bis zu einem Durchmesser von 106,5 cm hatte.

Der größte Kugelgasbehälter der Welt mit einem Fassungsvermögen von 250 000 m^3 wurde 1959 bei Wuppertal (Westdeutschland) fertiggestellt. Er hat einen Durchmesser von fast 50 m.
Der höchste Gasbehälter Westdeutschlands steht als Hochofen-Gasbehälter am *Rhein-Herne-Kanal* bei Oberhausen. Er ist 116 m hoch.

Ⓓ Der größte Untertage-Gasspeicher Westdeutschlands ist in dem ehemaligen *Gasfeld Bierwang,* 70 km östlich von München, eingerichtet. Für die Speicherung werden die ca. 1500 m unter der Erdoberfläche anstehenden porösen und meist gasführenden Sandsteine der *Chatt*-Formation ge-

Das größte Kraftwerk der Welt steht am Yenisey-Fluß in Sibirien. Sein Wasserreservoir soll 386 km lang sein.

Die größte einwellige Gasturbine der Welt. Sie kann mit Erdgas oder Öl befeuert werden.

nützt. Beim derzeitigen Ausbaustand hat der Speicher ein Fassungsvermögen von ca. 1000 Mio. m^3.

Erdgashauptlieferant für die EG ist Algerien (41,9 %), Norwegen (25 %), UdSSR (17,5 %).

Ⓓ **Das Gesamtaufkommen für Erdgas** lag 1979 in Westdeutschland bei 85,7 Mrd. m^3. In dieser Menge ist Naturgas (Erdgas, Erdölgas) mit 62,3 Mrd. m^3 enthalten. Ein Drittel dieser Menge, nämlich 21,1 Mrd. m^3, wurden in Westdeutschland gefördert. Die anderen zwei Drittel kamen aus den Niederlanden (23,2 Mrd. m^3), aus der UdSSR (10 Mrd. m^3) und aus Norwegen (7,5 Mrd. m^3).

Elektrizität und Kraftwerke

Das größte Kraftwerk der Welt ist das sowjetische hydro-elektrische Werk in *Krasnojarsk* am *Yenisey*-Fluß in Sibirien mit einer Leistung von 6096 Megawatt. Sein dritter Generator lief im März 1968, der zwölfte wurde 1970 in Betrieb genommen. Die 1968 fertiggestellte Turbinenhalle ist 420 m lang. Das durch einen Damm abgegrenzte Wasserreservoir soll eine Länge von 386 km haben.

Ein noch größeres Kraftwerk ist bei *Itaipu* am Parana-Fluß an der Grenze zwischen Brasilien und Paraguay geplant. Es soll eine Endleistung von 12 600 000 kW aus 18 Turbinen beziehen.

Der stärkste elektrische Strom wird vom *Zeus Mehrfachkondensator* im wissenschaftlichen Laboratorium von Los Alamos, New Mexiko (USA), erzeugt. Seine 4032 Kondensatoren würden bei gleichzeitiger Zündung während einiger Mikrosekunden zweimal soviel Strom erzeugen wie die Generatoren der ganzen Welt.

Als größte Einphasen-Transformatoren der Welt gelten die acht von der *American Electric Power Service Corporation* betriebenen Transformatoren mit einer Leistung von je 1 500 000 kV. Fünf von ihnen können von 765 auf 345 kV heruntertransformieren.

Der größte Drehstromtransformator der Welt arbeitet seit 1955 in einem *Nürnberger* Transformatorenwerk. Die 14 m lange, 208 t schwere Maschine verwandelt die von einem Turbo-Generator erzeugte Spannung von 10,5 kV in eine Spannung von 245 kV.

Die höchste derzeit übermittelte Spannung beträgt 1 330 000 V auf einer Strecke von 1970 km auf dem pazifischen Gleichstromnetz in den USA.
Die Gleichstromleitungen von *Ekibastuz* in Kasachstan (UdSSR) sollen 2400 km lang werden und eine Leistung von 1 500 000 V haben.

Der größte Generator wird zur Zeit mit einem Leistungsvermögen von 1300 MW von der *Brown Boverie & Cie.* in der Schweiz für die Behörden von Tennessee Valley hergestellt.

Die längste Überlandleitung der Welt, die eine Stromleitung zwischen zwei Masten zu überbrükken hat, führt zwischen Rabnaberg und Fatlaberg über den *Sognefjord* (Norwegen). Sie hat eine Spannweite von 4888 m, und ihr Gewicht beträgt 12 Tonnen.

Der größte Seilnetzkühlturm der Welt ist 181 m hoch und steht in der Höhe der Autobahn am Kamener-Kreuz (Westdeutschland). Der »Alu-Riese« wiegt nur 8000 t.

1967 wurden hier zwei weitere Hochspannungsleitungen aus Stahl und Aluminium mit einer Länge von 4878 m und einem Gewicht von 33,5 t erstellt.

Die höchste Überlandleitung der Welt führt mit einer Masthöhe von 205 m (in Sizilien) und 224 m (in Calabrien) über eine Strecke von 3627 m über die Meerenge von *Messina* (Italien).

Ⓓ Die größte konventionelle Wärmekraftwerksanlage Westdeutschlands ist das Kraftwerk *Scholven* (Gelsenkirchen) mit einer Gesamtleistung von 3 Mio. 700 000 kW.

Die größte einwellige Gasturbine der Welt wird seit Ende 1979 im Berliner (West) Werk der *Kraftwerk-Union AG* gebaut. Die 125 000-Kilowatt-Turbine wird mit Öl befeuert und ist für das Kraftwerk Walheim der Neckarwerke in Westdeutschland bestimmt.

Ⓐ Das größte Gasturbinenwerk Österreichs hat seit 1975 Wien. Das Werk hat eine Leistungskapazität von 100 MW.

Den größten Stromausfall der Geschichte erlebten sieben nordostamerikanische Staaten und **Ontario** (Kanada) am 9. und 10. November 1965. In einem Gebiet von 207 200 km^2 saßen etwa 30 000 000 Menschen im Dunkeln. Nur zwei Personen kamen ums Leben. In New York fiel der Strom um 17.27 Uhr aus und konnte erst nach 13$^1/_2$ Stunden wieder voll eingeschaltet werden. Der Gesamtverlust in Zusammenhang mit dem 52 Min. andauernden Stromausfall in New York am 13. Juli 1977 wurde, einschließlich nachfolgender Plünderungen, auf 1 Mrd. Dollar (damals 2,3 Mrd. DM) beziffert. Eine weitere, wesentlich erfreulichere Begleiterscheinung dieses Stromausfalls: Nach neun Monaten stieg die Zahl der Geburten in den stromlosen Gebieten rapide an.

Atomenergie

Allgemein: Die Theorie der Kernspaltung nahm mit *Albert Einsteins* Veröffentlichung der Formel $E = mc^2$ am 14. Mai 1907 in Leipzig ihren Anfang. Zur praktischen Möglichkeit wurde sie durch die *Mesothorium*-Experimente von *Otto Hahn, Fritz Strassmann* und *Lise Meitner* am 17. Dezember 1938. Im Juni 1942 fing man in der Sowjetunion mit der Entwicklung von Atombomben an. Ihre erste Kettenreaktion gelang jedoch *Dr. Igor Wasilyewich Kurchatow* erst im Dezember 1945. Das Patent für die Wasserstoffbombe wurde in den USA am 26. Mai 1946 von *Dr. Janos (John) von Neumann* (1903–57), einem aus Ungarn stammenden Mathematiker, und *Dr. Klaus Julius Emil Fuchs* (* in Deutschland, 29. Dezember 1911) angemeldet. *Fuchs* ist jener Physiker, der Atombombengeheimnisse an die Sowjetunion verriet.

Das erste Groß-Gezeitenwerk arbeitet an der Rance-Mündung am Golf von St. Malo.

Der erste Atommeiler der Welt wurde auf einem nicht mehr benutzten Squash-Spielplatz auf dem Sportgelände der Universität von Chicago, Illinois (USA), gebaut. Am 2. Dezember 1942 um 15.25 Uhr geriet er in eine kritische Phase.

Stärkster Partikelbeschleuniger: Das Protonen-Synchrotron des *US-Fermi-Beschleuniger-Laboratoriums* in Batavia, Illinois (USA), mit einem Durchmesser von 2 km ist der stärkste *Atomzertrümmerer* der Welt. Im Juni 1976 wurde eine Energie von 500 Mrd. (5×10^{11}) Elektronenvolt erzielt. Pläne zur Verdoppelung dieser Energie auf nahezu *1 Tera* Elektronenvolt sind in Vorbereitung. Dazu muß man 1000 Superleitermagneten bauen, die durch eine Heliumverflüssigungsanlage mit einer Stundenleistung von 4000 l auf einer Temperatur von −268,8° C gehalten werden.

(CH) Die ISR-Hochenergie-Erzeugungsanlage von *CERN* bei Genf (Schweiz) kostete ca. 150 Mio. DM. Sie wurde am 27. Januar 1971 in Betrieb genommen. Sie arbeitet mit zwei 28 GeV Protonenstrahlen und liefert das Äquivalent von 1700 GeV oder 1,7 TeV (1,7 Mio. Mio. Elektronenvolt) für die Massenversuchsanlage.

Der größte Einzelkernreaktor der Welt ist mit einer Leistung von 1098 MW der Siedewasserreaktor vom Typ *Browns Ferry Unit 1* der Firma *General Electric.* Er befindet sich am *Wheeler-Reservoir* in der Nähe von Decatur, Alabama (USA), und wurde 1973 in Betrieb genommen.

Das größte Kernkraftwerk der Welt ist das *Hydro's-Pickering-Werk* in Ontario (USA), das 1973 eine Gesamtleistung von 2160 MW entwickelte.

Der größte Kernkraft-Kühlturm der Welt hat eine Höhe von 186 m und gehört zum westdeutschen *Kernkraftwerk Üntrop* (Sauerland).

(D) Im Jahre 1979 waren in Westdeutschland 15 Kernkraftwerke in Betrieb bzw. fertiggestellt, 9 im Bau und 14 in der Planung.
Die größte Kernkraftwerksanlage in Westdeutschland ist *Biblis* am Rhein in der Nähe der Stadt Worms, mit einer Gesamtleistung von 2 Mio. 400 000 kW.
Die größte Einzelanlage (Blockanlage) der Kernkraftwerke in Westdeutschland hat das Kernkraftwerk *Unterweser* mit 1 Mio. 300 000 kW.

Den größten Anteil der Kernenergie an der Stromerzeugung hat mit 25,2 Prozent Schweden. Unter den zehn führenden Industrienationen liegt *Westdeutschland* auf diesem Gebiet an siebenter Stelle mit 11,3 Prozent. Auf Schweden folgen Belgien (21,8 Prozent), Schweiz (18,4 Prozent), Frankreich (16,4 Prozent), die USA (12,1 Prozent) und England (11,9 Prozent). Hinter Westdeutschland rangieren Japan mit 9,9 Prozent, die Niederlande mit 5,3 Prozent und Italien mit 1,4 Prozent als Schlußlicht. Frankreich will bis 1990 zwei Drittel seiner Elektrizität aus Kernkraft gewinnen.

(DDR) In Ostdeutschland waren 1979 4 Kernkraftwerke in Betrieb, 5 im Bau und weitere 4 in Planung.

(CH) In der Schweiz waren 1979 ebenfalls vier in Betrieb, eines im Bau und zwei vor Baubeginn.
(A) In Österreich verhinderte eine Volksabstimmung die Inbetriebnahme des ersten Kernkraftwerks bei Zwentendorf.

Wasser, Wind, Sonne

Das erste größere Gezeitenkraftwerk der Welt ist das *Usine marémotrice de la Rance* an der Rance-Mündung im Golf von St. Malo in der französischen Bretagne, das am 26. November 1966 offiziell in Betrieb genommen wurde. Es wurde in fünf Jahren mit einem Kostenaufwand von 420 000 000 Ffr. (damals 342 Mio. DM) erbaut und erzielt eine jährliche Nettoleistung von 544 000 000 kW. Das 804 m lange Sammelbecken enthält 24 Turbinen-Aggregatgruppen. Diese Flutspeicherung hat die Geschwindigkeit der Erdumdrehung unmerklich verringert.

Das größte Wasserrad der Welt ist das *Mohammadieh Noria Rad* in Hama (Syrien). Es hat einen Durchmesser von 40 m und stammt noch aus der Römerzeit.

(DDR) **Das einzige Wasserkraft-Museum der Welt** gibt es in *Ziegenrück* (Thüringen, Ostdeutschland). Die beiden größten Sehenswürdigkeiten sind ein altägyptisches Schöpfrad und eine funktionsfähige Kraftwerksanlage von 150 kW. Jährlich besuchen ca. 60 000 Menschen das Museum.

Die älteste Dampfmaschine in betriebsfähigem Zustand wurde 1812 von *Boulton & Watt* gebaut. Sie hat eine Leistung von 26 PS, einen Hub von 107 cm und wird noch immer als Balancier-Dampfmaschine auf dem *Kennet & Avon-Kanal* bei Great Bedwyn, Wiltshire (England) eingesetzt. 1971 wurde sie von der *Crofton Society* restauriert.
(D) Die erste Dampfmaschine Deutschlands wurde 1799 in der Königlichen Porzellanmanufaktur in Berlin aufgestellt. 25 Jahre lang, bis 1824, arbeitete diese *»Feuermaschine«*.

Die größten Dampfkessel, die jemals konstruiert wurden, stellt die amerikanische Firma *Bab cock & Wilcox* her. Mit einer Verdampfung von 4 232 000 kg pro Stunde erbringen sie eine Leistung von 1330 MW.

Die ersten Windmühlen, von denen die Geschichte berichtet, wurden im 7. Jahrhundert im Iran zum Mahlen von Getreide benutzt.
Im Februar 1979 meldete die chinesische Nachrichtenagentur aus Peking, daß archäologische Funde die Existenz von Windmühlen in China vor 6000 Jahren bestätigt hätten.

Die größte Windmühle der Welt ist die 53 m hohe *Tvind-Windmühle* in Ulfborg (Dänemark), die im Februar 1978 fertiggestellt wurde. Die drei Flügel beschreiben einen Kreis mit einem Durchmesser von 54 m. Ihr Bau kostete 4 Mio. Kronen (1,46 Mio. DM), und sie erbringt eine Leistung von 2000 kW.
Die größte herkömmliche Windmühle steht in Holland. Ihr Name ist der ihres Standorts *Dijkpolder* im Maasland. Sie wurde im Jahre 1718 gebaut, und ihre Segel haben die Ausmaße von 29 m, von Spitze zu Spitze.

Die höchste Windmühle heißt *De Walvisch*. Sie befindet sich in Schiedam (Holland), wurde im Jahre 1794 gebaut und hat eine Höhe von 33 m.
(D) In Ostfriesland (Westdeutschland) hält man die *Hager Windmühle* mit einer Höhe von 30,2 m für die höchste Europas.
(DDR) Die *Bockwindmühle* aus dem Jahre 1733, die bis 1977 in *Saritsch* (Kreis Bautzen, Ostdeutschland) stand, wurde in den 10 km entfernten Ort *Luga* versetzt. Der Grund für diesen späten Umzug: Unter dem bisherigen Windmühlenplatz stieß man auf Tonvorkommen, die jetzt abgebaut werden sollen.

(D) **Das erste Windkraftwerk** Westdeutschlands wurde Juni 1980 auf der nordfriesischen Insel *Pellworm* in Betrieb genommen. Es handelt sich um neun Anlagen mit Rotorblättern zwischen 5,5 m

23 m² groß sind 112 dieser Heliostaten im Sonnenkraftwerk Eurhelios.

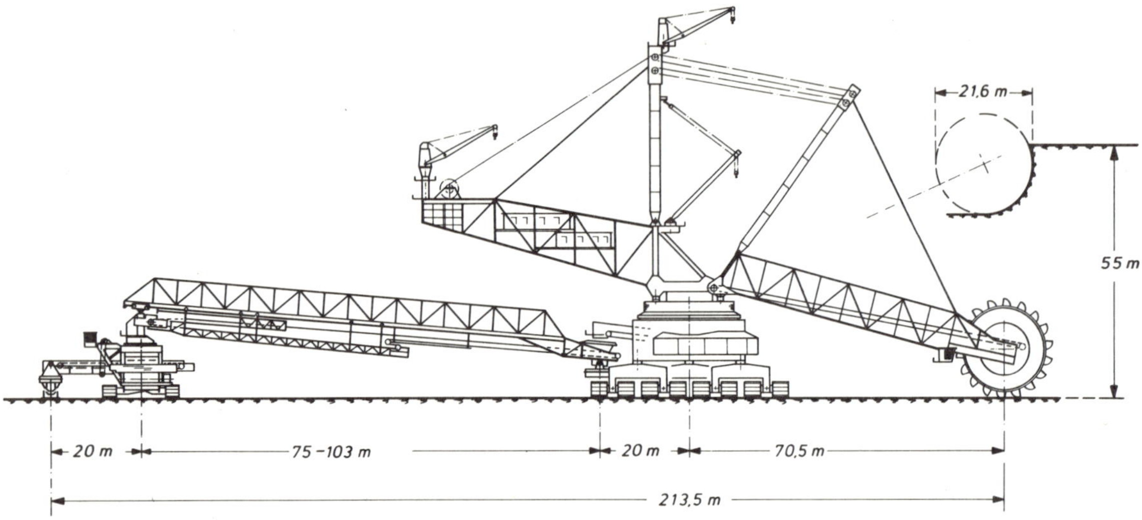

Der größte Schaufelradbagger der Welt. Für die Bedienung dieses technischen Giganten genügen fünf Mann.

und 12 m. Die Modelle gehören zur Leistungsklasse von zehn KW, ihre Masten sind zwischen neun und zwölf Meter hoch. Die gesamte Anlage dient einer zweijährigen Erforschung der Nutzungsmöglichkeiten des Windes als Energiequelle. Auf der Insel Pellworm herrschen besonders günstige Windverhältnisse.

Solarenergie und andere Methoden

Der größte Sonnenofen der Welt ist die 5 MW Sonnenwärme-Versuchsanlage in den *Sandia-Laboratorien,* Albuquerque, New Mexiko (USA), die im Dezember 1977 fertiggestellt wurde. Das Sonnenlicht von 222 Heliostaten wird auf ein 34,7 m hohes Ziel im Energieturm konzentriert.

Das größte Sonnenenergie-Kraftwerk der Welt wird Ende 1980 auf Sizilien (Italien) in Betrieb genommen werden. Das Projekt *Eurhelios* wurde von EG-Staaten finanziert. Testversuche verliefen befriedigend, allerdings: der gelieferte Strom ist noch wesentlich teurer als der konventionelle.

Die größte Wärmepumpe des europäischen Kontinents erhält das neue *Penta*-Hotel in *Berlin (West).* Die Anlage kostet 500 000 DM und kann mit der Klima-Anlagenwärme täglich 70 Kubikmeter Wasser für den Hotelbetrieb erwärmen. Energiekosten-Ersparnis pro Jahr: ca. 70 000 DM.

Maschinenbau

Die älteste Maschine der Welt, die heute noch benutzt wird, ist die *dâlu* – eine Vorrichtung zur Wasserförderung, die bereits 3500 v. Chr. von den Sumerern im Gebiet des südlichen Irak benutzt wurde; noch früher als die *Saqijas* am Nil.

Die älteste Papiermaschine der Welt, basierend auf der Erfindung des mechanisch bewegten Siebes durch den Franzosen *N. L. Robert,* stammt aus dem Jahre 1799 und steht jetzt im *Deutschen Museum* in München (Westdeutschland, Bayern).

Die stärksten Produktionsmaschinen der Welt sind *Schmiedepressen* in den USA. Die geschlossene Gesenkpresse der Firma *Loewy,* die in einer Fabrik in North Grafton, Massachusetts steht, wiegt 9620 t und hat eine Höhe von 34,8 m, von denen 20 m in den Boden eingelassen sind. Sie hat eine geschätzte Leistung von 45 315 t und wurde im Oktober 1955 in Betrieb genommen. Die andere, ähnliche Presse befindet sich in der Fabrik der Aluminium Company of America in Cleveland.
Berichten zufolge soll es in *Novo Kramatorsk* in der Sowjetunion eine Presse mit einer Leistung von 75 000 t geben.

Ⓓ **Die größte Drehmaschine der Welt** konstruierte die *Hoesch-Maschinenfabrik* in Dortmund (Westdeutschland). Die Maschine kann Werkstücke bis zu einem Gewicht von 500 000 kg aufnehmen. Sie arbeitet mit zwei NC-gesteuerten Supporten. 1976 wurde sie an das Werk *Birr* (Schweiz) der Firma *Brown, Boverie & Cie.* geliefert.

Ⓓ **Die langsamste Maschine der Welt** ist ein Elektromotor, den eine westdeutsche Firma konstruierte. Der Motor liefert so langsame Umdrehungen, daß sie vom menschlichen Auge nicht wahrgenommen werden können. Für die Meß- und Regeltechnik ist gerade diese stetige Langsamkeit von größter Bedeutung.

Ⓓ **Den größten Schaufelradbagger der Welt** baute 1978 die Firma *O & K Orenstein & Koppel,* Lübeck (Westdeutschland). Der Bagger ist für den Aufschluß des größten Tagebaues der Welt, den Tagebau *Hambach* der *Rheinischen Braunkohlenwerke,* eingesetzt. Der Bagger wiegt fast 14 000 t und hat eine Motorleistung von 16 800 kW. Er kann 240 000 m gewachsenen Boden in einer Arbeitszeit von 19,2 Stunden fördern. Das sind 528 000 t pro Tag. Der Baggergigant hat eine Gesamthöhe von fast 87 m und eine Gesamtlänge von fast 250 m – und kann dennoch von nur fünf Bedienungskräften geführt werden.

Der größte Hydraulikbagger der Welt wird von der gleichen Firma hergestellt. Sein Gewicht: 475 t, Antriebsleistung: 1730 kW, Schaufelinhalt: 30 m³.

Ⓓ **Der kräftigste Steinknacker der Welt:** Dieser Maschinengigant hat einen »Rachen«, der 1,5 m hoch und 1,8 m breit ist. In einer einzigen Stunde kann der Knacker 300 m³ Rohgestein verarbeiten.

Der stärkste Kran der Welt ist der 53 000 t große, 178 m lange umgebaute Tanker *Odin* der Firma *Heerema Engineering Service* in Den Haag (Niederlande). Am 26. Mai 1976 unternahm er einen Hub-Versuch mit 3048 t Gewicht bei einem maximalen Radius von 32 m im Calard-Kanal in Europoort (Niederlande).

Die größte Drehmaschine der Welt kann Lenkstücke bis 500 000 kg aufnehmen.

Die größte Hubleistung, die jemals in der Geschichte der Technik von einem Kran geschafft wurde, waren die 37 194 t des Dachs der Radrennbahn in *Montreal* (Kanada). Es wurde im Jahr 1975 mit Winden um etwa 10 cm angehoben, um seine Zentrierung zu ermöglichen.

Der größte Hochofen der Welt befindet sich in der *Oita-Fabrik* auf der japanischen Insel *Kyuschu*. Er hat einen Innenraum von 5070 m^3, ein Feuerloch mit einem Durchmesser von 14,8 m und wurde im Oktober 1976 mit einer Jahreskapazität von 4 451 500 t in Betrieb genommen.

Ⓓ Der größte Hochofen Westdeutschlands gehört der *Thyssenhütte* in Duisburg. Er hat ein Fassungsvermögen von 3600 m^3 und eine Jahreskapazität von 3,5 Mio. t Roheisen.

Das größte Schmiedestück wurde im Oktober 1973 von der *Bethlehem Steel Corp.* in Pennsylvania (USA) mit einer 204,4 t schweren und 16,76 m langen Generatorwelle hergestellt.

Ⓓ **Das größte einteilige Walzlager der Welt,** das außerdem gehärtet ist, wurde von der Firma *FAG Kugelfischer* in Schweinfurt (Westdeutschland) hergestellt. Es wiegt ca. 14 t und hat einen Durchmesser von 2,7 m. Es war für eine Erdöl-Verteilersäule in der Nordsee bestimmt, die 1979 in Betrieb genommen wurde.

Ⓓ **Die größte Werkstoffprüfmaschine der Welt,** die auf dynamischer servohydraulischer Basis arbeitet, wurde im Juni 1978 im *Institut für Eisen- und Hüttenkunde der Technischen Hochschule Aachen* in Betrieb genommen. Mit dieser Maschine können Werkstücke bis zu einer Länge von 4300 mm, einer Breite von 650 mm und einer Stärke von 150 mm mit einer maximalen Prüfkraft von 12 000 KN belastet werden. Die Anlage hat ein Gewicht von 250 t und kostete ca. 6 Mio. DM.

Die größten Schraubenmuttern, die jemals hergestellt wurden, haben ein Gewicht von je 2,4 t, einen Außendurchmesser von 128,2 cm und ein Gewinde von 80 cm. Unter dem Namen *Moorthrust* werden sie von der *Doncaster Moorside Ltd.* in Oldham (England) zur Befestigung von Propellern hergestellt.

Das größte Ventil der Welt ist das in Aurora, Illinois (USA), hergestellte *Pratt-Triton-XL-Schmetterlings-Ventil* mit einem Durchmesser von 4,26 m, das für Wasser- und Kraftanlagen verwendet wird.

Die größte Verseilmaschine mit 30 cm Durchmesser.

Das schwerste Walzlager der Welt. Es wiegt ca. 14 t und ist seit 1979 in Betrieb.

Ⓓ **Das längste Förderband der Welt** baute die Firma *Krupp*, Essen (Westdeutschland), 1971 in der ehemaligen Spanischen Sahara zum Transport von Phosphat aus dem Grubengebiet von Bu-Craa zum Hafen El Aaium. Die Strecke ist rund 100 km lang, überwindet 213 m Gefälle und steht auf 6 m hohen Stützen. Transportiert werden 2000 t Material pro Stunde, die etwa 300 Minuten vom Start zum Ziel benötigen. Diese Entfernung entspricht der von Hamburg nach Bremen.

Das längste einteilige Förderband der Welt wurde mit einer Länge von 14 km von der *Cable Belt Ltd.* aus Camberley in Surrey (England), in der Nähe von Uniontown, Kentucky, USA, installiert. Es hat eine wöchentliche Förderleistung von 142 247 t Kohle auf einem 1,06 m breiten Band mit einer Geschwindigkeit von 243 m/min. und ist Bestandteil eines Fördersystems von 20 km Länge.

Ⓓ **Die größte Verseilmaschine der Welt** baute die westdeutsche Firma *Krupp* Anfang 1979. Die Maschine fertigt Seile bis zu 305 mm Durchmesser, die vor allem als Tragseile für Gebirgsbahnen, Abspannungen von Hängebrücken, zum Verankern von schwimmenden Bohrinseln und als Trossen für Schiffskräne eingesetzt werden. Mit ihren Abmessungen (85 m lang) und Gewichten (670 t) ist sie fast doppelt so groß wie die vorher größte.

Das längste Förderband der Welt läuft 100 km durch die Sahara und dient dem Transport von Phosphat.

Das längste Drahtseil, das jemals in einem Stück hergestellt wurde, war 14 219 m lang, hatte einen Umfang von 7,93 cm und ein Gewicht von 28,9 t. Es wurde von der Firma *British Ropes Ltd.* in Doncaster (England) hergestellt.

Das dickste Drahtseil mit einem Durchmesser von 28,2 cm aus 2392 einzelnen Drähten wurde ebenfalls von *British Ropes* hergestellt.

Die dünnste Röhre der Welt wurde von der englischen Firma *Accles and Pollock Ltd.* hergestellt. Sie besteht aus reinem Nickel und hat einen Außen- und Innendurchmesser von 0,0127 bzw. 0,003 302 mm. Sie wurde am 9. September 1963 vorgestellt. Das menschliche Haar hat im Durchschnitt einen Durchmesser von 0,05 bis 0,075 mm. Die rostfreie Röhre kann zur künstlichen Befruchtung von Bienen und für den medizinischen Prozeß der Nerven-Versorgung verwendet werden und wiegt nur 141 g bei einer Länge von 160 km.

Die höchste Feuerleiter der Welt mit einer Steighöhe von 62 m hat die Firma *Carl Metz,* Karlsruhe (Westdeutschland) konstruiert. Es gibt z. Zt. nur zwei Leitern dieser Größenordnung. Die eine ging in die Volksrepublik China, die andere in die UdSSR. Die volle Länge der Leiter kann in weniger als einer Minute ausgefahren werden. Auch ein Rekord.

Das erste Radar wurde von *Dr. Rudolph Kühnold,* einem Angehörigen der deutschen Kriegsmarine, am 20. März 1933 im Kieler Hafen vorgeführt. Ein Zerstörer in 200 m Entfernung reflektierte die Radarimpulse.

Die größte Radarstation der Welt ist eine der drei Stationen des Lenkwaffen-Frühwarnsystems der USA. Sie befindet sich in der Nähe von *Thule* (Grönland). Ihr Standort ist 1500 km vom Nordpol entfernt. Die Station wurde 1960 mit einem Kostenaufwand von 500 000 000 Dollar (damals 2,1 Mrd. DM) fertiggestellt. Ihre Schwesterstationen liegen in *Cape Clear,* Alaska (fertiggestellt 1961) und in *Fylingdales Moor* (England). Diese Station wurde mit einem Kostenaufwand von 115 000 000 Dollar (damals 485 Mio. DM) im Juni 1963 fertiggestellt.

Die größte wissenschaftliche Radarstation befindet sich in *Jicamarca* in Peru.

Der schnellste Drucker der Welt ist die elektronische Anlage der *Radiation Inc.* im *Lawrence Radiation Laboratory* in Livermore, Kalifornien (USA). Bis zu 30 000 Zeilen in der Minute kann das Gerät drucken. Dies wird durch Steuerung von Stromstößen mittels chemisch imprägniertem Schreibpapier erreicht, das mit hoher Geschwindigkeit unter feststehenden, eng angeordneten Schreibspitzen hinwegläuft. Die Anlage kann den gesamten Bibeltext (773 692 Wörter) in 65 sec. drucken, das ist 3333mal so schnell wie der schnellste Maschinenschreiber der Welt.

Der erste Computer mit elektronischer Digitaltechnik hieß ENICA und wurde 1946 von *J. Presper Eckert, jr.* und *John W. Mauchly* von der Moore-Schule für Elektro-Ingenieure der Universität von Pennsylvania (USA) fertiggestellt. Die Weiterentwicklung der Computer wurde dann durch die im Juli 1948 bekanntgegebene Erfindung des Spitzentransistors durch *John Bardeen* und *Walter Brattain* und den Anfang 1951 von *R. L. Wallace, Morgan Sparks* und *Dr. William Shockley* erfundenen Flächentransistor ermöglicht.

Der stärkste und schnellste Computer der Welt ist der von *Seymour R. Cray* von der *Cray Research Inc.* in Minneapolis (USA) entwickelte CRAY-1. Die Taktperiode beträgt 12,5 Nanosekunden und die Speichergröße bis zu 1 048 576 64-Bit-Worten; daraus ergibt sich eine Kapazität von 8 388 608 *Bytes* des Hauptspeichers. Er erreicht Geschwindigkeiten von 200 Mio. Gleitkomma-Operationen pro Sekunde. Mit 32 CRAY-DD-19 Plattenspeicher-Einheiten hat er eine Speicher-Kapazität von $77\,568 \times 10^{10}$ Bits. Der Preis für eine Anlage mittlerer Größe liegt bei 6 500 000 Dollar (13 Mio. DM). Der größte Computer Europas steht in der *Techn. Universität Braunschweig* (Westdeutschland).

Die größte Radarstation der Welt ist in der Nähe von Thule.

Uhren und Zeitmesser

Die älteste mechanische Uhr, d. h. eine Uhr mit Hemmung, wurde im Jahre 725 in China von *I Hsing* und *Liang Ling-tsan* gebaut.

Das Nürnbergisch Ei, die erste Taschenuhr der Welt.

Die älteste Uhr der Welt, die heute noch geht, ist eine Uhr ohne Zifferblatt in der Kathedrale von *Salisbury* (England). Sie wird in das Jahr 1386, möglicherweise noch früher zurückdatiert. 1956 wurde sie überholt, nachdem sie 498 Jahre lang die Stunden geschlagen und mehr als 500 Mio. mal getickt hatte.
Ein Modell der siebeneckigen astronomischen Uhr von *Giovanni de Dondi* aus der Zeit von 1348 bis 1364 wurde 1962 fertiggestellt.

Die älteste Uhr mit Sekundenzeiger dürfte die sogenannte *Orpheusuhr* sein, die im Württembergischen Landesmuseum Stuttgart (Westdeutschland) ausgestellt ist. Diese runde Tischuhr ist nur 9 cm hoch, hat einen Durchmesser von 25 cm und ruht in einem vergoldeten Messinggehäuse. Sie wurde zwischen 1560 und 1570 in Süddeutschland konstruiert

Die erste Taschenuhr der Welt konstruierte der Nürnberger *Peter Henlein* (1480–1542) im Jahre 1504. Voraussetzung für diese erste eiserne Taschenuhr, die *Nürnbergisch Ei* genannt wurde, war die Erfindung der Unruhe, ebenfalls durch *Henlein*. Das erste *Nürnbergisch Ei* ist in der *Memorial Hall* in Philadelphia (USA) ausgestellt.

Die ersten Armbanduhren fertigten die Firmen *Jauquet-Droz* und *Leschot* im Jahre 1790 in Genf (Schweiz) an.

Diese älteste Räderuhr, die älteste in Deutschland, stammt aus dem 14. Jahrhundert.

Die größte Uhr der Welt ist die astronomische Uhr in der Kathedrale von *St. Pierre* in Beauvais (Frankreich), die zwischen 1865 und 1868 gebaut wurde. Sie besteht aus 90000 Teilen und ist 12 m hoch, 6 m breit und 2,7 m tief.
Die *Su-Sung-Uhr,* die zwischen 1088 und 1092 in *K'aifeng* in China gebaut wurde, hatte eine 20,3 t schwere ringförmige Kugel aus Bronze für 1,52 t Wasser. Sie wurde im Jahre 1126 nach Peking geschafft und soll dort im Jahre 1136 in einem 12 m hohen Turm eingebaut worden sein.

Die größte öffentliche Uhr der Welt mit vier Zifferblättern befindet sich auf dem Gebäude der *Allen-Bradley-Company* in Milwaukee (USA). Jedes Zifferblatt hat einen Durchmesser von 12,3 m und einen Minutenzeiger von 6 m Länge.

Die höchste Uhr der Welt mit vier Zifferblättern findet man auf dem Gebäude der *Williamsburgh Savings Bank* in Brooklyn, New York (USA), in einer Höhe von 131 m über dem Straßenniveau.

Die größte öffentliche Uhr Deutschlands ist die Westberliner Turmuhr in *Berlin-Siemensstadt.* Die Uhr wurde im Zweiten Weltkrieg zerstört, 1952 jedoch repariert. Jedes ihrer vier Zifferblätter hat einen Durchmesser von 7 m und die Stundenzeiger sind 4 m lang.

(A) Die größte und älteste Turmuhr Österreichs befindet sich in *Graz* (Steiermark). Die Uhr stammt aus dem Jahre 1522, doch ihre 5,5 m großen Zifferblätter erhielt sie erst 1712.

(CH) Das größte Kirchenzifferblatt Europas hat die *Sankt-Peter-Kirche* in Zürich. Sein Durchmesser beträgt 8,7 m.

Den längsten Stillstand seiner »Laufzeit« hatte *Big Ben,* die Turmuhr im Londoner Unterhaus, vom Mittag des 4. April bis zum Mittag des 17. April 1977. Nie zuvor, seit dem 31. Mai 1859, als Big Ben zu ticken begann, war er 13 Tage lang außer Betrieb. 1945 allerdings ging diese berühmte Turmuhr fünf Minuten nach, weil ein Starenschwarm sich im Laufwerk eingenistet hatte.

(CH) **Als einzige Uhr der Schweiz** zeigte die Bahnhofsuhr von *Basel* im Sommer 1980 auf ihren vier Zifferblättern *zwei verschiedene Zeiten* an. Es handelte sich dabei um kein Versehen, sondern um einen Service für Bahnreisende aus Westdeutschland, da diese nach der dortigen *Sommerzeit* ihre Uhren gestellt hatten, während die Schweiz bei der regulären Zeit geblieben war, so daß an Grenzstationen »Anschlußsuchende« immer mit zwei Zeiten rechnen mußten.

Das einzige Turmuhren-Museum der Welt befindet sich in der – 1803 säkularisierten – *Silvesterkirche* in Mindelheim. Der Lehrer *Wolfgang Vogt* (39), der dieses Museum ehrenamtlich betreut, hat dort über 30 Chronometer von 1562 an aus allen Jahrhunderten zusammengetragen.

Die genaueste mechanische Turmuhr der Welt ist die am Rathaus von *Kopenhagen* (Dänemark) angebrachte *Olsen*-Uhr. Sie besteht aus über 14000 Einzelteilen. Ihre Herstellung dauerte zehn Jahre, und ihr Mechanismus funktioniert mit 570000 verschiedenen Bewegungen. Die Balancewelle im Uhrwerk bewegt sich so langsam, daß sie für eine volle Umdrehung 25753 Jahre benötigen würde. Die Uhr geht in 300 Jahren auf eine halbe Stunde genau – 50mal genauer als der bisherige Rekord.

Die größte Kuckucksuhr der Welt kommt natürlich aus dem Schwarzwald (Westdeutschland). Im April 1980 wurde das Monstrum in einem Souvenirgeschäft in Wiesbaden ausgestellt. Auf dem Dach des Uhrengehäuses sitzt ein Hirsch zwischen Eicheblättern, ein Jagdhorn schmückt das Zifferblatt. Aller halben Stunde ertönt es aus einem Lautsprecher *»Kuckuck, Kuckuck«.*

Die erste Mengenlehre-Standuhr der Welt wurde in *Berlin (West)* aufgestellt. Rote und grüne Rechtecke zeigen durch Aufleuchten die Stunden-, Minuten- und Sekundenmengen an.

Die erste Mengenlehre Standuhr verwirrt die Betrachter auf Berlins Kurfürstendamm.

Den Weltrekord der Meßgeschwindigkeit hält das *Max-Planck-Institut für Biochemie* in Martinsried bei München (Westdeutschland). Mit der Version einer *Feldsprung-Apparatur* lassen sich molekulare Prozesse bis hinab zu zwei Milliardstel Sekunden Dauer erfassen. Damit ist dieses Zeitmeßgerät zehnmal so schnell wie die bisher verfügbaren.

Die genauesten Zeitmesser sind Atomuhren. In Braunschweig (Westdeutschland) steht ein solches zentnerschweres technisches Prachtstück. In ihm wird eine Sekunde von mehr als neun Mrd. Schwingungen eines *Cäsium-Atoms* dargestellt. Durch solche Zeitmesser wurde das *Primäre Zeitnormal* entwickelt. Doch selbst diese genaueste Uhr der Welt arbeitet nicht fehlerfrei: In fünf Mio. Jahren könnte sie um eine Sekunde differieren.
Andere Atomuhren, wie sie von der *Deutschen Forschungs- und Versuchsanstalt für Luft- und Raumfahrt* (DFVLR) in Oberpfaffenhofen (Bayern) benützt werden, differieren »bereits« in 317 000 Jahren um eine sec. Diese Uhren sollen zur Verbesserung der Navigation eingesetzt werden und sind der westdeutsche Beitrag für die erste europäische *Spacelab*-Mission 1983.

Die kleinste Pendeluhr der Welt, der sog. *Wiener Zappler,* ist im *Wiener Uhrenmuseum* ausgestellt. Die Uhr ist 1,9 cm hoch, 1,2 cm breit, nicht mal einen cm tief. Ihr Zifferblatt hat einen Durchmesser von 6 mm und das Pendel ist 7,5 mm lang. Uhrmachermeister *Max Stadek* aus Wien hat sie am 23. März 1952 fertiggestellt.

Der größte Uhrenhersteller der Welt ist die Firma *Seiko K. Hattori & Co. Ltd.,* Tokio (Japan). Im Geschäftsjahr 1978 setzte die japanische Firma 2,6 Mrd. DM um.

(D) Der größte Uhrenhersteller Europas ist die Firma *Junghans GmbH,* Schramberg (Westdeutschland). Sie beschäftigt 2500 Arbeitnehmer, die Tagesproduktion: 30 000 Uhren und Uhrwerke.

Die beliebtesten Kleinuhren sind weltweit *Digital-Quarzuhren,* die ihren Marktanteil seit 1977 verdreifachen konnten und jetzt bei 35 Prozent liegen. Allerdings werden jetzt Quarzuhren mit konventionellen Zeigern wieder bevorzugt.

Die kleinsten Armbanduhren der Welt werden von der Firma *Jaeger Le Coultre* in der Schweiz hergestellt. Sie haben ein Werk mit 15 Steinen und sind etwas mehr als 1,2 cm lang und 0,476 cm breit. Das Werk wiegt mit Gehäuse weniger als 7 g.

Die flachste Armbanduhr der Welt ist die *Concorde Delirium III* die von der Schweizer Uhrenindustrie im Mai 1980 zum ersten Mal vorgestellt wurde. Mit 1,69 mm Höhe ist sie die flachste Quarzuhr der Welt, dünner als das dazugehörende Armband! Die Uhr wird in *Biel* (Schweiz) hergestellt und jeder, der bereit ist, 8500 DM für eine Uhr auszugeben, kann sie kaufen.

Die teuersten Taschenuhren. Abgesehen von Uhren mit edelsteinbesetzten Gehäusen, ist die teuerste serienmäßige Herrentaschenuhr die Schweizer *Grande Complication* von *Audemars-Piguet,* die im Mai 1979 zum Preis von 38 000 Pfund (152 000,– DM) verkauft wurde.

Die Atomuhr im Atomuhrenhaus der Physikalisch-technischen Bundesanstalt in Braunschweig.

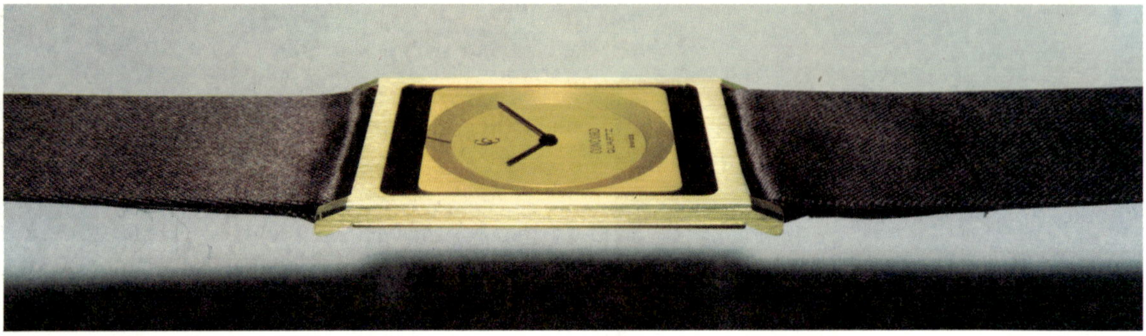

Die flachste Armbanduhr der Welt ist nur 1,69 mm dick. Ein Meisterwerk der Schweizer Uhrenindustrie!

Die *Patek Philippe*-Taschenuhr aus 18karätigem Gold, eine Minutenrepetieruhr mit immerwährendem Kalender, wurde am 28. September 1976 von *Tiffany's* in New York zu einem Preis von 48 000 Dollar (damals 121 000 DM) angeboten.

Die teuerste Armbanduhr der Welt wurde im Januar 1980 auf der Schmuck- und Edelsteinausstellung *Inhorgenta* in München ausgestellt. Das wertvolle Stück kostet die Kleinigkeit von acht Mio. DM. Die Uhr ist aus einem ein Kilogramm schweren Goldblock geschmiedet worden und mit 118 Diamanten, jeder von einem bis vier Karat, bestückt. Das Uhrwerk ist das flachste, das je entwickelt wurde.

Die teuerste Armbanduhr der Welt kostet 8 Mio. DM

Optik und Fotografie

Die ersten Brillen wurden in Deutschland im 13. Jahrhundert hergestellt. Die Augengläser schliff man aus *Beryll,* einem Halbedelstein, aus dessen Namen sich später auch das Wort *Brille* entwickelt hat.

Die ersten Fernrohre: Zwar kannten arabische Naturwissenschaftler im frühen Altertum bereits die Vergrößerungskraft optischer Linsen, aber ihre erstmalige Verwendung zum Bau eines Fernrohrs wird dem Engländer *Roger Bacon* (um 1214–92) zugeschrieben.
Der Prototyp des modernen Refraktorfernrohrs wurde von *Johannes Lippershey* am 2. Oktober 1608 für die niederländische Regierung fertiggestellt. 1611 konstruierte dann *Johannes Kepler* das nach ihm benannte Fernrohr.

Das größte Spiegelfernrohr der Welt ist das 6 m lange Teleskop auf dem *Semirodriki,* bei Selentschuskaja im Kaukasus (UdSSR), in einer Höhe von 2100 m. Die Arbeit an dem Spiegel, der 70 t wiegt, wurde im Sommer 1974 beendet. Regelmäßige Beobachtungen begannen am 7. Februar 1976, nach 16jähriger Arbeit. Das 42 m hohe Gerät wiegt 840 t. Dieses stärkste aller Fernrohre hat eine Reichweite, die das Auffinden von Objekten bis zu Fixsternen der 25. Größe ermöglicht und erreicht somit die Grenzen des erforschbaren Universums. Sein Lichtsammlungsvermögen ermöglicht die Lagebestimmung einer Kerzenflamme über 24 000 km.

(D) Das größte Spiegelteleskop Westdeutschlands steht bei *Hoherlist* in der Eifel. Sein Spiegel hat einen Durchmesser von 1 m.
Das *Max-Planck-Institut* hat allerdings – aus Witterungsgründen – in Südspanien bei *Calor alto* ein weiteres wesentlich größeres Spiegelteleskop mit einem Durchmesser von 2,2 m.
Bei der Firma *Carl Zeiss* (Oberkochen b. Ulm) ist ein noch größeres mit einem Spiegeldurchmesser von 3,5 m im Bau.

(DDR) In Ostdeutschland steht das größte Spiegelfernrohr bei *Tautenburg* in der Nähe von Jena. Sein Spiegel hat einen Durchmesser von 2 m.

Das größte Refraktor-Teleskop der Welt (Vergrößerung durch Linsen) ist das 18,9 m lange, 101,6-cm-Fernrohr, das 1897 auf der Sternwarte von *Yerkes,* Williams Bay (USA), montiert wurde und Eigentum der Universität von Chicago ist.

Das größte Kurzwellen-Teleskop mit Richtstellen-Antenne gehört zum Max-Planck-Institut und steht in der Eifel.

Im Jahre 1900 wurde ein 125-cm-Refraktorteleskop mit einer Länge von 55 m für die *Pariser Weltausstellung* gebaut, aber seine Optik war derart unzureichend, daß es nie benutzt wurde.

Das wird das größte Spiegelteleskop mit einem Durchmesser von 3,5 m. Die Firma Zeiss baut es.

(D) Das größte Refraktorteleskop Westdeutschlands mit einem Linsendurchmesser von 60 cm hat die Sternwarte *Hamburg.*

(DDR) In Ostdeutschland steht das größte Refraktorteleskop mit einem Linsendurchmesser von 80 cm in *Potsdam.* Es wurde 1899 gebaut.

Das stärkste Ultraschall-Mikroskop, für dessen Bau die *Stanfort*-Universität Kalifornien (USA) im März 1980 eine Lizenz an die Firma *Leitz* in Wetzlar (Westdeutschland) vergeben hat, arbeitet nach dem Prinzip, Objekte, die mit bloßem Auge nicht wahrnehmbar sind, mit Schallwellen sehr hoher Frequenz – 500 Mio. bis eine Mrd. Schwingungen in der sec. – abzutasten, die am Objekt entstehenden Echosignale mittels eines *piezo-elektrischen Transducers* in elektrische Signale umzuwandeln und auf einem Bildschirm sichtbar zu machen.

Das größte Tellerradioteleskop der Welt ist die Anlage für die Ionosphäre, die in eine Bodenmulde in *Arecibo* (Puerto Rico) gebaut und im November 1963 mit einem Kostenaufwand von 9 000 000 Dollar (36 Mio. DM) fertiggestellt wurde. Der Teller hat einen Durchmesser von 305 m und bedeckt eine Fläche von 7,28 ha. Seine Empfindlichkeit wurde inzwischen vertausendfacht; seine Reichweite erstreckt sich jetzt bis zu den Grenzen des erforschbaren Weltraums über 15 Mrd. Lichtjahre, was mittels neuer Aluminiumplatten erreicht wurde.

Ihm gelang im Jahr 1826 das erste Foto: der französische Arzt Joseph Nicéphore Niepce.

Das RATAN-600-Radioteleskop, das im Nordkaukasus (UdSSR) gebaut wird, soll nach Fertigstellung einen Spiegelteller mit einem Umfang von 600 m haben.

Das größte Kurzwellen-Teleskop mit Richttellerantenne gehört dem *Max-Planck-Institut* in Bonn (Westdeutschland). Es steht im *Effelsburger Tal* (Eifel) und wurde im Mai 1971 in Betrieb genommen. Die gesamte Anlage wiegt 3048 t und seine schwenkbare Tellerantenne hat einen Durchmesser von 100 m. Dieser Reflektor kann Signale aus einer Entfernung von 12 Mrd. Lichtjahren empfangen. Damit übertrifft er alle anderen Anlagen um das zehnfache. Elektromagnetische Strahlen bis zu 7 mm Wellenlänge werden von diesem Gerät sicher beherrscht. Die Kosten der gesamten Anlage, mit deren Bau im November 1967 begonnen wurde, betrugen 36 Mio. DM.

Die ersten Radiowellen aus dem Weltraum wurden 1932 von *Carl Jansky* von *Bell Telephone Laboratories,* Holmdel (USA), entdeckt. Er arbeitete mit einer 31 m langen Kurzwellen-Schwenkantenne.

Das allergrößte Radioteleskop entsteht z. Zt. in den USA. Es wird die VLA *(Very Large Array)* der *US National Science Foundation* sein. Die Anlage ist y-förmig, wobei jeder Arm 21 km lang ist und die 27 fahrbaren Antennen (mit Durchmessern von je 25 km) auf Schienen laufen. Sie befindet sich 80 km westlich von *Socorro* im Flachland von San Augustin, New Mexico, und soll im Januar 1981 mit Kosten von schätzungsweise 78 Mio. Dollar (z. Zt. ca. 155 Mio. DM) fertiggestellt werden.

Das größte Solarteleskop der Welt ist das 146,3 m lange *McMath-Fernrohr* auf der *Kitt-Peak-Sternwarte* bei Tucson, Arizona (USA). Es besitzt eine Brennweite von 91,44 m und einen Sonnenspiegel von 2 m. Es wurde 1962 fertiggestellt und liefert ein Bild von 83,8 cm Durchmesser.

Das stärkste Mikroskop der Welt wurde von *Dr. Lawrence Bartell* und *Charles Ritz* von der Universität Michigan (USA) im Juli 1974 mit einer 260millionenfachen Vergrößerung vorgestellt. Es dekodiert Hologramme, die durch 40-Kev-Strahlung produziert werden, mittels eines optischen Lasers und hat Aufnahmen von Elektronenwolken von Neon- und Argonatomen ermöglicht.

Fotografie

Das erste Lichtbild wurde von *Joseph Nicéphore Niepce* (1765–1833), einem französischen Arzt und Naturwissenschaftler, im Sommer 1826 aufgenommen. Das Foto zeigte sein Landhaus in *Gras* bei St.-Loup-De-Varennes. Das Bild wurde vermutlich acht Stunden belichtet und auf einer 20×16,5 cm großen, polierten Weißmetallplatte mit Asphaltanstrich festgehalten.

Ⓓ Die erste Fotografie in Deutschland fertigte der Professor der Mineralogie *Franz v. Kobell* (1803–75) gemeinsam mit dem Professor der Physik und Mathematik *Carl August v. Steinbeil* (1801–70) in München an. Sie legten Proben ihrer fotografischen Versuche am 13. April 1839 der *Bayerischen Akademie der Wissenschaften* vor; also vier Monate früher als *Daguerre* sein Verfahren bekanntgab.

Eine Papprohr-Kamera, die *Prof. C. A. v. Steinbeil* im Jahre 1839 anfertigte, ist im *Deutschen Museum,* München (Bayern, Westdeutschland) ausgestellt.

Ⓐ In Wien wurde von der Firma *Voigtländer & Sohn* die erste österreichische Kamera am 1. August 1841 vorgestellt.

Die früheste Flugaufnahme der Welt wurde 1858 gemacht und zwar aus einem Luftballon über *Villacoublay* in der Umgebung von Paris, von *Gaspard Félix Tournachon* (1820–1910) (alias *Nadar).*

Die größte jemals gebaute Kamera ist die 27 t schwere *Rolls-Royce*-Kamera, die 1959 fertiggestellt wurde. Sie ist 2,7 m hoch, 2,5 m breit und 10,66 m lang. Die Linse ist eine 63″ f 15 *Cooke Apochromatisch.* Nach mehreren Verbesserun-

Die meisten Patente: Thomas A. Edison.

gen war die Kamera 1971 mehr als 100 000 Pfund Sterling (ca. 400 000 DM) wert.

Kleinste Kamera. Abgesehen von Kameras für Herzchirurgie und Spionage, ist die kleinste im Handel erhältliche Kamera die japanische *Petal,* mit einem Durchmesser von 2,9 cm, einer Höhe von 1,65 cm und einer Brennweite von 12 mm.

Die schnellste Kamera der Welt ist die englische *Imacon 600,* die 600 Mio. Bilder pro Sekunde aufnehmen kann. Sie dient u. a. der Forschung auf dem Gebiet der Lichtverstärkung und Ballistik, und wird für Detonations- Plasma- und Corona-Aufnahmen verwendet.
Prof. Basor von der *Sowjetischen Akademie der Wissenschaften* veröffentlichte 1972 Einzelheiten einer Versuchskamera mit einem Zeitauflösungsvermögen von 5×10^{-13} in einer Sekunde bzw. $^1/_2$ Picosekunde.

Der teuerste komplette Kamerasatz der Welt stammt von der Firma *Nikon,* Tokio (Japan), die 1980 einen Satz von 20 Kameras mit 63 Linsen und 336 Zusatzgeräten anbot. Der europäische Verkaufspreis für diese Ausrüstung liegt bei ca. 300 000 DM.

Die ersten Farbfotos durchs Telefon sind in einer Experimentierserie der *Technischen Universität Braunschweig* übermittelt worden. Dieses *Farbtelebildsystem* benötigt keine längere Übermittlungszeit als die weltweit eingeführte Schwarzweiß-Telebildübertragung.

Die erste Filmkamera mit einer Spiegelreflexeinrichtung war die *Arriflex 35,* die von der Münchner Firma *Arnold & Richter* konstruiert und 1936 auf der *Leipziger Messe* vorgestellt wurde. Der Motor dieser Handkamera war im Handgriff untergebracht, der Revolverknopf konnte drei Objektive aufnehmen. Für diese Kamera erhielt *Arnold & Richter* 1967 einen Academy Award der *Academy of Motion Picture Arts and Sciences* in Hollywood.

Patente

Das erste Patent erhielt 500 v. Chr. ein griechischer Koch, der ein ausgefallenes Gericht erfunden hatte, und dem das Recht zugesprochen wurde, daß nur er allein daraus Gewinn ziehen durfte. Heute werden Patente nicht mehr zur Monopolisierung und Geheimhaltung gebraucht, sondern zur Übertragung von Technologie durch Vergabe von Lizenzen.

Ⓓ Das erste *deutsche Patent* wurde vom *Kaiserlichen Patentamt* in Berlin am 2. Juli 1877 Herrn *Johann Zelter* aus Nürnberg für sein *»Verfahren zur Herstellung einer rothen Ultramarinfarbe«* erteilt. Das Patentamt und seine Nachfolgebehörde, das *Deutsche Patentamt,* haben bis 1978 ca. 1,4 Mio. weitere Erfindungen durch Patentertei-

Für eigene Rekorde

lungen vor geistigem Diebstahl geschützt. In den letzten Jahren lagen Patentanmeldungen aus dem Bereich der Chemie weit vor allen anderen Anmeldungen.

Die meisten Patente erhielt der Amerikaner *Thomas A. Edison* (1847–1931). Er hat sich auf Erfindungen spezialisiert und in seiner Erfinder-Fabrik mehr als 1350 Neuentwicklungen von der Glühbirne über den Phonographen bis zum Film in Angriff genommen.

Die fleißigsten Patentanmelder waren 1978 die Deutschen. Mehr als 33 Prozent der Anmeldungen beim *Europa-Patentamt* (EPA) in München kamen aus Westdeutschland. Die US-Amerikaner folgten mit 25 Prozent. Aus Großbritannien und Frankreich kamen je 10 Prozent.

Das älteste Patentgesetz wurde am 19. März 1474 von der Republik Venedig erlassen.
Um ausländische Handwerker ins Land zu ziehen, erteilten die englischen Könige etwa zur gleichen Zeit Ausländern durch sogenannte *Offene Briefe (litterae patentes)* ihren Schutz und ein Privileg für die ungestörte Ausübung ihres Handwerks.

Ähnliche Privilegien wurden auch von den deutschen Kaisern und Landesherren erteilt, – oft gegen erhebliche Zahlungen. Erst die Verfassung der Vereinigten Staaten vom 17. September 1787 und ein französisches Gesetz vom 7. Januar 1791 sicherten die neuzeitlichen patentrechtlichen Prinzipien. An sie knüpften dann die Patentgesetze des 19. Jahrhunderts in Österreich, in den deutschen Einzelstaaten und im Deutschen Reich an.

(D) In Westdeutschland ist das Patentrecht geregelt durch das Patentgesetz vom 5. Mai 1936 in der Fassung vom 9. Mai 1961. Hiernach werden Patente für neue Erfindungen erteilt, die einen wesentlichen Fortschritt der Technik bedeuten und eine gewerbliche Verwertung ermöglichen.

(DDR) In Ostdeutschland ist das Patentrecht durch das Patentgesetz vom 6. September 1950 geregelt.

(A) (CH) In Österreich und in der Schweiz ist das Patentrecht ähnlich dem deutschen geregelt.

Den höchsten Betrag für eine Patentverletzung mußte die US-amerikanische Firma *Ford Corporation* im April 1952 dem Traktorenhersteller *Ferguson* zahlen; insgesamt 9,25 Mio. Dollar (das waren damals 40 Mio. DM).

Das Europa-Patentamt in München an der Isar, gegenüber dem Deutschen Museum.

Bauwerke und Architektur

Bauwerke und Architektur

Früheste Bauten

Allgemein: Die älteste bekannte, von Menschenhand geformte Konstruktion ist ein Kreis von Lavablöcken, der aus der frühesten Entwicklungsstufe der *Altsteinzeit* stammt und 1960 in der *Olduvai-Schlucht* (Tansania) entdeckt wurde. Dieses Bauwerk ist genauso alt wie das ebenfalls dort gefundene *Gebein.*
Dieser Kreis aus Lavablöcken dürfte als Arbeitsplatz gedient haben und etwa 1 750 000 Jahre v. Chr. entstanden sein.

Die frühesten Gebäude im eigentlichen Sinn, die bisher entdeckt wurden, waren 21 Hütten, die mit Kiesel ausgelegte Feuerstellen besaßen. Sie wurden im Oktober 1965 auf dem *Terra-Amaba-Gelände* bei Nizza (Frankreich) gefunden. Man schätzt ihr Alter auf 120 000 Jahre; sie stammen demnach aus der *Acheuleen*-Kulturstufe der *Altsteinzeit.*
Bei Ausgrabungen im Juni und Juli 1966 wurde eine Hütte mit Palisadenwänden mit 15 bzw. 6 m Länge freigelegt.

Als die ältesten freistehenden Gebäude der Welt dürften wohl die megalithischen Tempel von *Mgarr* und *Skarba* auf Malta bzw. *Ggantija* auf der zu Malta gehörigen Insel Gozo einzuordnen sein, die 3250 Jahre v. Chr. errichtet wurden.
Die Reste eines 6 m hohen Steinturms, der in die Mauern von *Jericho* eingebaut war, wurden ausgegraben und ihr Alter als über 5000 Jahre v. Chr. bestimmt.

Die ältesten erhaltenen Holzgebäude der Welt sind die *Pagode,* das *Chumanartor* und der *Horyu-ji Tempel* in Nara (Japan), die aus dem Jahr 607 stammen. Das benachbarte *Daibutsuden,* erbaut 1704–11, maß seinerzeit 87 × 51 × 46,8 m. Die heutigen Abmessungen sind 57 × 50,5 × 48,7 m.

Kirchen, Tempel, Kultstätten

Die älteste bekannte Kultstätte ist ein Heiligtum, das in *Jericho* (heute *Ariha,* Jordanien) an ehemals geweihter Stätte gefunden wurde und aus der Mittelsteinzeit (etwa 9000 v. Chr.) stammen soll.
Ein ebenfalls in *Jericho* ausgegrabener einfacher, rotgepflasterter rechteckiger Raum mit einer Steinsäule soll ein dem Fruchtbarkeitskult dienendes Heiligtum, um 6500 v. Chr., gewesen sein.

Die älteste christliche Kirche ist in *Qal'at es Salihiye,* Ost-Syrien, erhalten. Sie wurde 232 errichtet.
(D) Das älteste Baudenkmal in Westdeutschland, das religiösen Zwecken diente, ist die 768 erbaute *Torhalle* des Benediktinerklosters in *Lorsch* (Hessen).
Die Krypta der Kirche auf dem *Petersberg* in Fulda (Hessen) stammt aus dem frühen 9. Jahrhundert und ist damit eines der ältesten Sakralbauwerke Deutschlands.
(DDR) Die älteste aufrecht stehende Kirche Ostdeutschlands ist die *Stiftskirche* in *Gernrode* (Harz). Sie wurde im Jahr 963 zum erstenmal geweiht.
(A) Das älteste Gotteshaus Österreichs zu sein – um diesen Ruhm streiten sich zwei: die *Martinskirche* in *Linz* (Oberösterreich) wurde bis vor kurzem als die älteste angesehen, da sie ins frühe 8. Jahrhundert datiert wurde. In jüngster Zeit sind allerdings Zweifel laut geworden, und noch nicht publizierte Untersuchungsergebnisse sprechen für einen etwas späteren Zeitabschnitt. – Die *Pfarrkirche Peter und Paul* auf der *Karnburg* bei *Klagenfurt* (Kärnten) wird urkundlich erstmals 927 erwähnt und beanspruchte lange Zeit hindurch, die älteste aufrecht stehende Kirche Österreichs zu sein.

Das größte, religiösen Zwecken dienende Bauwerk, das je geschaffen wurde, ist der 162,6 ha große *Wischnu-Tempel* von *Angkor* (Kambodscha). Der Khmer-König *Suryavarman II.* ließ ihn in der Zeit zwischen 1113 und 1150 errichten. Seine Umfassungsmauer ist 1,28 × 1,28 km lang, und bevor er 1432 verlassen wurde, lebten 80 000 Menschen in ihm.

Der größte Buddha-Tempel ist der aus dem 8. Jahrhundert stammende *Borobudur-Tempel* von *Jogjakarta* (Indonesien).

Der größte Mormonentempel steht in *Kensington* (Maryland, USA). Er bedeckt eine Fläche von 14,77 km² und wurde im November 1974 eingeweiht.

Die größte Kirche der Welt ist die zwischen 1492 und 1612 gebaute *Peterskirche* in der *Vatikanstadt* in Rom (Italien). Von der Apsis aus gemessen, hat sie eine Länge von 186,3 m. Ihr Flächenmaß beträgt 15 142 m²; der Innendurchmesser der be-

Torhalle des Benediktinerklosters in Lorsch. Im Jahre 774 wurde dieses karolingische Triumph-Tor erbaut.

rühmten Kuppel hat eine Länge von fast 42 m, und sie ist 119 m hoch (außen 139,50 m).
Die 200 m lange elliptische Basilika des *Hl. Pius X.* im Wallfahrtsort *Lourdes* (Frankreich), deren Bau 1957 beendet wurde, kann 20 000 Personen unter ihrem gewölbten Riesendach aufnehmen.
Die Krypta des in den Fels des *Guadarrama-Gebirges* gehauenen Mausoleums für die Gefallenen des spanischen Bürgerkrieges ist 260 m lang. Der Bau dieser katholischen Weihestätte, 45 km von Madrid entfernt, dauerte 21 Jahre (1937–58). Über dem Fels erhebt sich ein 150 m hohes Kreuz. In der Krypta wurde Generalissimus Franco beigesetzt.

🌐 **Die größte Kathedrale** (Bischofskirche) der Welt ist die des *Hl. Johannes (St. John the Divine)* in der Diözese New York (USA). Sie bedeckt eine Fläche von 11,42 km^2 und hat einen Rauminhalt von 476 350 m^3. Die Grundsteinlegung fand 1892 statt, aber 1977 war das dem gotischen Baustil nachempfundene Gotteshaus noch immer nicht fertig. Im Volksmund heißt es darum auch *»St. John, der Unvollendete«*. Das Mittelschiff ist mit 183,18 m das längste der Welt, seine Höhe beträgt 37,79 m.

Die Kathedrale mit der größten Grundfläche ist *Santa Maria de la Sede* in Sevilla (Spanien). Sie wurde zwischen 1402 und 1519 im Stil der spanischen Gotik erbaut und ist 126,18 m lang, 82,60 m breit und im Mittelschiff 30,48 m hoch.

Ⓓ **Die größte Kathedrale Deutschlands** ist der *Dom zu Köln* (Nordrhein-Westfalen). Mit seinem Bau wurde 1248 begonnen, aber erst 1880 wurde er fertiggestellt. Dieser gotische Dom hat eine Bodenfläche von 8360 m^2 (Länge 144 m, Breite 45 m) und ein Fassungsvermögen von 28 000 Menschen. Seine Türme sind 157 m hoch.

Die größte romanische Kirche Deutschlands ist der *Dom zu Speyer* (Rheinland-Pfalz). Er stammt aus dem 11. Jahrhundert, ist zugleich der erste gewölbte Kirchenbau Deutschlands und besitzt die größte Krypta.

Die älteste gotische Kirche auf deutschem Boden ist die von 1235 bis 1283 erbaute *St.-Elisabeth-Kirche* in *Marburg* (Hessen).
Der einzige große gotische Dombau Deutschlands, der noch im Mittelalter vollendet worden ist, ist das *Münster* von *Freiburg* im Breisgau (Baden-Württemberg). Es entstand in der Zeit zwischen 1200 und 1536.

Die größte Holzkirche Deutschlands ist die *Marktkirche* in Clausthal-Zellerfeld (Niedersachsen). Sie wurde von 1639 bis 1642 erbaut.

Die größte Kirche der Welt: der Petersdom in Rom.

Ⓐ **Die größte Kathedrale Österreichs** ist der *Stephansdom* in Wien. Er wurde 1147 geweiht, im 13. Jahrhundert erneuert, im 14. Jahrhundert ausgebaut. Seine Grundfläche umfaßt 4000 m^2. Er ist 107,20 m lang und hat ein Fassungsvermögen von 8000 Menschen.

Ⓓ **Die ältesten Klöster Deutschlands** sind die 728 auf der Insel *Reichenau* im Bodensee (Baden-Württemberg) durch den Hl. Priminius gestiftete *Benediktinerabtei* und das 764 gegründete *Benediktinerkloster* in *Ottobeuren* (Bayern).
Die einzige Kirche Deutschlands, in der sowohl ein Kaiser (*Heinrich II. der Heilige,* * 973, † 1024) und ein Papst *(Clemens II.,* von 1046–47 auf dem *Hl. Stuhl)* begraben sind, ist der um 1010 begonnene, 1237 geweihte *Kaiserdom zu Bamberg* (Bayern).

Die größte deutsche Kathedrale: der Dom zu Köln, 1248 begonnen, 1880 fertiggestellt.

Die größte Kirchenruine Deutschlands ist die der ehemaligen, von 1038–1144 im romanischen Stil erbauten *Stiftskirche* in *Bad Hersfeld* (Hessen). Sie wurde 1761 im sog. *Siebenjährigen Krieg* durch Brandstiftung zerstört. Seit 1951 dient sie den dort alljährlich stattfindenden Hersfelder Festspielen als imposante Kulisse.

Die höchstgelegene Kirche in Westdeutschland ist die *Kapelle* auf dem *Wendelstein* (bayerische Alpen) in 1837 m Höhe üNN.
Allerdings soll im Zuge umfangreicher Um- und Ausbauarbeiten auf dem *Zugspitzplatt* (Bayern) in etwa 2600 m Höhe 1981 auch eine *Bergkapelle* errichtet werden; sie wäre dann das höchstgelegene Gotteshaus Westdeutschlands.

🌐 **Die kleinste Kathedrale der Welt** ist die 1933 in *Laguna Beach,* (Kalifornien, USA) erbaute Kathedral-Kapelle des Hl. Franziskus der amerikanischen katholischen Kirche. Sie hat einen Flächeninhalt von 93,6 m^2 und faßt 42 Personen.

🌐 **Die kleinste Kirche** ist die *Union Church* in Wiscasset (Maine, USA), mit einer Bodenfläche von 2,13×1,37 m.

🌐 **Die größte Synagoge** der Welt ist der *Emanu-El-Tempel* in der Fifth Avenue in New York (USA). Der 1929 fertiggestellte Tempel hat eine fast 46 m lange Frontseite in der Fifth Avenue und eine 77 m lange in der 65. Straße. Im Tempel haben 2500 Menschen Platz. Die mit ihm verbundene Betstube *Beth-El* faßt 350 Personen. Wenn alle Räumlichkeiten benutzt werden, haben insgesamt 6000 Gläubige Platz.

🌐 **Die älteste Synagoge,** die noch erhalten ist, steht in *Kapharaum* (Israel), dem biblischen *Kapernaum* am See Genezareth. Sie wurde dort im 3. Jahrhundert n. Chr. erbaut.

Ⓓ Die älteste Synagoge auf deutschem Boden wurde 1034 in *Worms* (Rheinland-Pfalz) gegründet.
Die Synagoge der deutschsprachigen Juden im historischen Getto von *Venedig* (Italien), die in der Renaissancezeit gegründete *Schola Grande Tedesca,* wurde nach ihrer mit Hilfe deutscher und italienischer Spenden durchgeführten Restaurierung Anfang 1980 wieder der jüdischen Kultusgemeinde übergeben. Da die Synagogen im *»Großdeutschen Reich«* ausnahmslos zerstört worden sind, ist diese Synagoge der älteste erhaltene Kultraum, in dem Juden deutscher Zunge beteten.

🌐 **Die größte Moschee** war die heute verfallene *Al-Malawiya-Moschee* von *Al-Mutawakil* in Samara (Irak). Sie wurde 842–852 erbaut, hatte eine Bodenfläche von 3,72 ha oder 239×156 m.

Die größte heute noch benutzte Moschee der Welt ist die *Umayyad-Moschee* in *Damaskus* (Syrien), die auf einer 2000 Jahre alten 157×97 m großen Kultstätte erbaut ist.
Die seit 1962 im Bau befindliche *Merdeka-Moschee* in *Djakarta* (Indonesien) wird, wenn sie einmal fertig ist, die größte Moschee der Welt sein, mit Platz für über 50000 Menschen und einer Kuppel mit einem Durchmesser von 45 m.
Die größte Moschee Europas ist die ehemalige *Abd-er-Rachman-Moschee* in *Córdoba* (Spanien). Sie dient jetzt als christliche Kirche.

Das höchste Minarett ist *Qutb Minar,* südlich von *Neu Delhi* (Indien). Es wurde 1194 gebaut und ist 72,50 m hoch.

Die höchste Pagode ist die *Schwe-Dagon-Pagode* in *Rangun* (Birma), die durch *Hsinbyuschin,* König von Ava, (1763–1776) auf ihre heutige Höhe von ca. 99,5 m und einen Umfang von 433 m vergrößert wurde.
Die älteste Pagode in China ist die 523 in *Sung-Yo (Honan)* errichtete 12seitige, 15stöckige Pagode.

🌐 **Den höchsten Kirchturm** hat mit 161 m das *Münster* in *Ulm* (Baden-Württemberg). Der Unterbau wurde 1377 errichtet, der Turm aber erst 1890 vollendet. Bis zu seiner obersten Aussichtsgalerie führen 758 Stufen.

🌐 **Die höchste Kirchturmspitze** hat der Tempel der *Ersten Methodistenkirche (First Methodist Church)* in Chicago (Illinois, USA). Das Gebäude besteht aus einem 22 Stockwerke hohen Wolkenkratzer (1924 errichtet), auf dem sich in 100 m Höhe das Pfarramt, in 122 m Höhe eine Himmelskapelle und in 173 m Höhe über der Straße ein Kreuz befinden.

🌐 **Die ältesten Glasmalereien** sind die um 1100 entstandenen *Prophetenfenster* des *Domes* von *Augsburg* (Westdeutschland, Bayern).
Das größte Glasmalerei-Fenster ist das eine ganze Wand einnehmende, 2079 m² große und aus 2448 Scheiben bestehende *Auferstehungsfenster* des *Resurrection-Mausoleums* in Justice (USA).

Burgen, Schlösser und Paläste

Älteste Burgen der Welt. In sämtlichen frühen Kulturen gab es Festungen, in Ägypten seit 3000 v. Chr. Befestigte Burgen gab es allerdings erst viel später. Die älteste der Welt befindet sich in *Gomdan,* im Yemen. Sie stammt aus dem ersten Jahrhundert n. Chr. und besaß ursprünglich 20 Stockwerke.

Ⓓ **Die älteste deutsche Burg** stand in *Meersburg* am Bodensee. Sie wurde um 930 auf den Fundamenten des *Dagobert-Turms* errichtet, der aus dem 7. Jahrhundert stammt. Besser erhalten ist allerdings die *Brömserburg* bei *Rüdesheim am Rhein.* Diese Befestigung wurde ca. 970 n. Chr. vom Erzbischof von Mainz erbaut.

Die größte Burg der Welt: der Prager Hradschin. Er wurde im 9. Jahrhundert erbaut.

Erst 90 Jahre alt und immer unvollendet: Neuschwanstein, das Traumschloß des bayerischen Märchenkönigs Ludwig II.

Ⓐ **Die älteste und größte Befestigung in Österreich,** die noch existiert, ist die Feste *Hohensalzburg* auf dem 542 m hohen Festungsberg in *Salzburg.* Sie wurde 1077 errichtet, von 1465–1527 und im 17. Jahrhundert erweitert und ausgebaut, so daß sie zur *größten Festung Europas* wurde.

🌐 **Die größte Burg** ist der *Prager Hradschin* (ČSSR), der aus dem 9. Jahrhundert stammt. Das langgestreckte unregelmäßige *Polygon* mit einer Achse von 570 m und einem Durchmesser von ca. 128 m steht auf einem Gelände von 7,28 ha.

Ⓓ Die größte deutsche Burg, die erhalten geblieben ist, liegt bei dem bayerischen Ort *Burghausen* (Westdeutschland), nahe der österreichischen Grenze, auf einer Erhebung zwischen der *Salzach* und dem *Wöhrsee.* Sie bestand aus einer *Kernburg* und fünf kleineren *Vorburgen.* Ihre Gesamtlänge beträgt 1,2 km.

🌐 Die größte deutsche Festung war im Mittelalter die *Feste Rosenberg* bei Kronach (Franken, Westdeutschland). 1980 feierte sie ihr 850jähriges Bestehen. Sie wurde nie bezwungen. Heute ist sie *Jugendherberge* und *Heimatmuseum.*

Die größte deutsche Burgruine ist die Ruine der *Burg Lichtenberg* bei *Kusel* (Rheinland-Pfalz, Westdeutschland). Sie ist 420 m lang und 90 m breit. Die Burg wurde ca. 1210 erbaut. Wenig später – 1245 – entstand auf den Grundmauern eines Klosters die *Burg Rheinfels* über Sankt Goar, die ebenfalls als älteste Burgruine genannt wird. Die dritte *»größte, deutsche Burgruine«* soll die auf dem *Hohentwiel* bei *Singen* am Bodensee sein.

Ⓐ **Als stärkste Festung** nicht nur *Österreichs,* sondern des *Abendlandes* galten die *Schloßberg-Befestigungen* der Stadt *Graz* (Steiermark). Weder die Türken (15.–16. Jahrhundert) noch die Franzosen (1809) konnten sie erstürmen.

🌐 **Der größte Palast der Welt** ist der kaiserliche Palast *(Gugong)* in der Stadtmitte Pekings (*Bei jing*, chinesisch für *nördliche Hauptstadt*), dessen Areal ein Rechteck von 960×750 m bildet und 72 ha mißt. Der äußere Grundriß entspricht noch dem ursprünglichen Bau, der unter *Yung lo,* dem dritten Kaiser der *Ming*-Dynastie (1402–24), entstanden ist. Danach kam es jedoch zu ständigen

Umbauten, so daß die meisten Gebäude des Palastes innerhalb der Außenmauern aus dem 18. Jahrhundert stammen. Die gesamte Palastanlage besteht aus fünf großen Hallen und 17 verschiedenen Palästen. Einen davon, den Palast der *Gesammelten Vornehmheit (Chu xia gong)* bewohnte die letzte chinesische Kaiserin bis 1924.

Der größte Residenzpalast der Welt ist der *Vatikan* in der Vatikanstadt Roms (Italien). Mit einer Gesamtfläche von 5,5 ha besitzt er 1400 Räume, Kapellen und Säle, von denen die ältesten aus dem 15. Jahrhundert stammen.

Ⓓ **Das meistbesuchte Schloß Westdeutschlands** ist *Neuschwanstein* (Bayern). König Ludwig II. von Bayern (1864–86) hatte sich diese Traumburg errichten lassen. Die Besichtigung gehört als *»Muß«* ins Programm jedes Europatouristen. 1978 besuchten mehr als eine Mio. Touristen das Schloß, 1979 waren es 891 949 Besucher.

(DDR) Das am meisten besuchte Schloß *Ostdeutschlands* ist *Sanssouci* bei Potsdam, das Friedrich II. von Preußen im Stil von *Versailles* errichten ließ.

Ⓐ Das am meisten besuchte Schloß *Österreichs* ist mit Abstand *Schönbrunn* bei Wien. 1979 besuchten 1,2 Mio. Schaulustige die Räume des Schlosses. In seinen Gärten registrierte man sogar 5–6 Mio. Besucher.

Die älteste Kaserne der Welt, die von Anfang an als Unterkunft für Soldaten errichtet wurde, dürfte die *Collins Kaserne* in Dublin (Irland) sein. Sie wurde 1704 erbaut, hieß längere Zeit *Royal Barracks,* und nach wie vor ist sie mit Soldaten belegt. In ihren Mauern gibt es also seit mehr als 250 Jahren Spindkontrollen!

Die größte Botschaft der Welt ist die *Botschaft der UdSSR* auf *Bei Xiao Jie* im Nordostwinkel der nördlichen, von Mauern umgebenen *Inneren Stadt* von *Peking* (China). Die gesamt Fläche von 18,2 ha der ehemaligen Mission der *Orthodoxen Kirche,* die nun *Bei guan* heißt, wurde 1949 an die UdSSR abgetreten.

Ⓓ Die größte Botschaft der *Bundesrepublik Deutschland* befindet sich in Washington (USA). Die größte Botschaft eines anderen Staates auf dem Boden der *Bundesrepublik* ist die der *Vereinigten Staaten von Amerika.*

Industriebauten

Die größten hölzernen Industriebauten der Welt sind die beiden 1942–43 erbauten *Hangars* für *Luftschiffe* der *US-Marine* in Tillamook, Oregon. Heute werden sie von der *Louisiana-Pacific-Corporation* als *Sägemühle* verwendet; die Abmessungen sind 304,8×51,8×90,2 m und ihr Wert beläuft sich auf 6 Mio. Dollar (12 Mio. DM).

Die größte mit einem auf Luft ruhenden Dach versehene Halle ist 262 m lang, 42,6 m breit und 19,8 m hoch; sie befindet sich in Lima, Ohio (USA), und wurde von der US Firma *Irvin Industries Stamford* erbaut.

Das größte auf Luft ruhende Dach der Welt überdeckt jedoch keinen Industriebau, sondern das achteckige *Pontiac Silverdome Stadion* in Michigan (USA), in dem 80 600 Zuschauer Platz haben. Der Luftdruck, der die 4 ha des durchsichtigen *»Glaswolle«*-Dachs stützt, beträgt 34,4 kPa.

Ⓓ Die größte Traglufthalle Europas steht im *DEMAG-Kunststoffwerk* in Nürnberg (Bayern, Westdeutschland). Die Halle wurde 1973 ihrer Bestimmung übergeben. Das Dach bedeckt eine Fläche, die der von 22 Tennisplätzen entspricht.

Der größte Schornstein der Welt ist der 380 m hohe Fabrikschlot von *International Nickel Company* in Copper Cliff (Kanada), der 1970 fertiggestellt wurde und 5,5 Mio. Dollar (damals 19,8 Mio. DM) gekostet hat. Er wurde in 60 Tagen gebaut und der Durchmesser verengt sich von 35,4 m am Boden zu 15,8 m am oberen Rand. Sein Gesamtgewicht beträgt 39 006 t. Seit 1971 ist er in Betrieb.

Der geräumigste Schornstein der Welt und gleichzeitig Europas höchster ist 350 m lang und wurde von *M. W. Kellogg Co.* in Puentes (Spanien) gebaut. Er besteht aus 15 750 m^3 Beton und 1315 t Stahl und sein innerer Fassungsraum beträgt 189 720 m^3.

Ⓓ Der höchste Schornstein *Westdeutschlands* ist 337 m hoch, gerechnet vom Fundament bis zur Oberkante. Er ist einer von sechs Schornsteinen der *VEBA-Kraftwerke* bei Gelsenkirchen (Ruhrgebiet).

(DDR) Der höchste Schornstein *Ostdeutschlands* gehört zu dem *Leipziger Fernheizwerk.* Er ist 154 m hoch.

Öffentliche Bauten

Die größte Bodenfläche, die von einem Gebäude bedeckt wird, gehört zur Ersatzteilzentrale von *Ford,* Brownstown Township, Michigan (USA). Sie erstreckt sich über 28,8 ha. Die Zentrale wurde am 20. Mai 1971 in Betrieb genommen und beschäftigt 1400 Personen. Die Feuerwehranlage besitzt Leitungen mit einer Gesamtlänge von 112 km und 37 000 Feuerlöschgeräte.

Das größte auf Luft ruhende Dach überdeckte das achteckige Pontiac Silverdome Stadion in Michigan.

Das Gebäude mit dem größten Rauminhalt der Welt ist die Hauptmontageabteilung der Firma *Boeing* in Everett (USA). Das Gebäude wurde 1968 fertiggestellt und hat einen Fassungsraum von 5,6 Mio. m^3.

Das geräumigste wissenschaftliche Gebäude ist das VAB *(Vehicle Assembly Building)*, das für die Fertigstellung und den Abschuß des *Apollo-Mond-Raumschiffs* auf der *Saturn-V-Rakete* bestimmt war und sich im KSC *(John F. Kennedy Space Center)* auf der Insel Merrit, Florida (USA), befindet. Der Stahlgerüstbau ist 218 m lang, 158 m breit und 160 m hoch; er umfaßt vier Hallen, jede mit eigenem Eingang in einer Höhe von 140 m. Der Bau wurde im April 1963 vom *Ursum Konsortium* in Angriff genommen, die Bodenfläche mißt 3,18 ha, der Fassungsraum beträgt 3 666 500 m^3. Zum Zeitpunkt der Fertigstellung, am 14. April 1965, beliefen sich die endgültigen Baukosten auf 108,7 Mio. Dollar (damals 434,8 Mio. DM).

Die größte Bodenfläche irgendeines Verwaltungsgebäudes nimmt das *Pentagon* (amerikanisches Verteidigungsministerium) ein. Der Bau wurde am 15. Januar 1943 fertiggestellt und kostete schätzungsweise 83 Mio. Dollar (damals ca. 332 Mio. DM). Er befindet sich in Arlington County, Virginia (USA). Jede Außenmauer des *Pentagon* ist 280 m lang und das Gebäude besitzt einen Umfang von etwa 1370 m. Die fünf Stockwerke des Ministeriums haben eine Gesamtbodenfläche von 604 000 m^2; während des Tages arbeiten dort 29 000 Menschen. Das Telefonsystem des Gebäudes besitzt mehr als 44 000 Apparate, die mit 257 000 km Kabeln verbunden sind; in der Hauszentrale werden täglich 280 000 Gespräche von 220 Telefonistinnen vermittelt. Zwei Restaurants, sechs Selbstbedienungsbüffets, zehn Imbißstuben und 675 Bedienungen sorgen für die Verpflegung der Beschäftigten. Die Gänge erstrecken sich über insgesamt 27 km und 7748 Fenster müssen jeden Monat geputzt werden.

Die größten Bürogebäude der Welt besitzt das *World Trade Center* in New York City (USA), mit einer Mietfläche von 40,6 ha in seinen beiden Zwillingstürmen, von denen der größere 411,5 m mißt.

Hauptverwaltungsgebäude der Deutschen Bank in Frankfurt a. M.

Das höchste Bürogebäude der Welt ist der *Sears Turm,* die US Zentrale von *Sears, Robuck & Co.* in Chicago (USA), mit 110 Stockwerken und einer Höhe von 443 m. Der Bau wurde im August 1970 begonnen und am 4. Mai 1973 fertiggestellt. Die Bruttogesamtfläche mißt 40,8 ha. Am 6. März 1973 um 14.35 Uhr war es höher als das *World Trade Center* in New York City, als die erste Stahlsäule das 104. Stockwerk erreichte. Einschließlich der beiden Fernsehantennen beträgt die Gesamthöhe des Gebäudes 475,2 m. 16 700 Personen arbeiten in dem Gebäude. Es gibt 103 Fahrstühle, 18 Rolltreppen und 16 000 Fenster.

Wenn man aber die 110 m hohe Antenne des *World Trade Centers* in New York zu seiner Gesamthöhe dazurechnet, dann ist dieses Gebäude mit 521 m doch wieder höher als der *Sears-Turm.* Eine klare Entscheidung steht aus: die Einwohner Chicagos halten ihren *Turm* und die New Yorker ihr *Center* für das höchste Verwaltungsgebäude.

Obgleich die Gefahr von Erdbeben in Asien eine besondere Bauweise erfordert, hat das *Sunshine-Co-Gebäude* in Tokio (Japan) mit 60 Stockwerken die beachtliche Höhe von 240 m. Das Gebäude wurde 1978 fertiggestellt.

Europas höchstes Rathaus steht in der Stadt Essen.

Vienna International Center, die UNO-City in Wien. Jahresmiete: ein Schilling.

(D) Das höchste Verwaltungsgebäude Westdeutschlands und das höchste Bankhaus Westeuropas ist seit Juni 1980 der Wolkenkratzer der *Dresdner Bank* in Franfurt. Mit seinen 166,30 m überragt das 300-Mio.-DM-Projekt den benachbarten 142,70 m hohen Verwaltungsbau der *Bank für Gemeinwirtschaft.* Der neue Gebäuderiese hat 32 Stockwerke, 40 000 m² Bürofläche (was etwa acht Fußballplätzen entspricht). 24 Aufzüge bringen 2500 Beschäftigte an ihre Arbeitsplätze. Im 32. Stockwerk befindet sich ein Swimmingpool. Das Gebäude hat die Hausnummer eins auf dem neugeschaffenen *Jürgen-Ponto-Platz,* von dem aus am 28. Juni das prominenteste europäische Radrennen *Tour de France* startete.

(A) Das größte Verwaltungsgebäude *Österreichs* ist das Hauptgebäude der *UNO-City (»Vienna International Center«)* in Wien. Seine Errichtung kostete 1,2 Mrd. DM. Das Gebäude hat 24 000 Fenster und 6000 Türen. Sollten die 4700 Schreibtisch-Arbeitsplätze eines Tages nicht ausreichen, so hat der Architekt *Johann Staber* diesem *Parkinsonschen Effekt* bereits Rechnung getragen: der Komplex kann durch entsprechende Zubauten verdoppelt werden. Die Gesamtfläche der Anlage beträgt 170 000 m², die Büro-Netto-Nutzfläche hat 80 000 m² und die Gesamt-Geschoßfläche 230 000 m². Am 23. August 1979 wurde das 119,5 m hohe Gebäude offiziell in Betrieb genommen. Die UNO hat das aus österreichischen Steuergeldern finanzierte Gebäude zu einer symbolischen Jahresmiete von einem Schilling (vierzehn Pfennig) für 99 Jahre gepachtet.

(CH) Das höchste Verwaltungsgebäude der *Schweiz* steht in Winterthur und gehört zur Maschinenfabrik *Gebrüder Sulzer.* Es ist 92 m hoch.

(D) **Das größte und höchste Rathaus** Westdeutschlands ist das Rathaus der Stadt *Essen* (Ruhrgebiet). Es wurde Ende 1979 bezugsfertig. 106,3 m ist das Gebäude hoch, zwei Meter mehr als geplant, weil der Hubschrauberlandeplatz auf dem Dach aus Sicherheitsgründen mit einer Mauer eingefaßt werden mußte. 339 000 m³ umbauter Raum bietet 1900 Arbeitsplätze. In dem Mammutbau mit 23 Stockwerken sitzen 24 Dienststellen. 187 Mio. DM sollen die Baukosten betragen haben.

(D) **Das älteste Rathaus Deutschlands** zu besitzen, diesen Rekord beanspruchen mehrere Städte für sich. Die früheste urkundliche Erwähnung hat zweifelsfrei *Fritzlar a. d. Eder* (Hessen, Westdeutschland). In seiner Stadtchronik wird ein *Vogteihaus* bereits 1109 erwähnt. Die Stadt erwarb es 1274 als Rathaus. Doch von dem Haus ist kaum noch etwas erhalten.

Anders in *Michelstadt im Odenwald.* Dessen Rathaus gehört zu den schönsten Fachwerkbauten des Mittelalters. Es stammt aus dem Jahr 1484. Auch das gotische Altstadt-Rathaus von *Braunschweig* stammt aus dem 15. Jahrhundert.

Für eigene Rekorde

Wohnstätten und Wohnbauten

Wohnstätten

🌐 **Die höchsten bewohnten Bauten der Welt** gehören zur Festung *Basisi* an der indisch-tibetanischen Grenze, ca. 6000 m NN.
Allerdings entdeckte man an der Grenze zwischen Argentinien und Chile im April 1961 ein Haus mit drei Räumen in einer Höhe von 6600 m am *Cerro Llullaillaco* (6723 m). Man nimmt an, daß dieses Haus aus dem Ende des 15. Jahrhunderts der präkolumbischen Zeit stammt. Eine namenlose Siedlung am *T'eli'mofad* in Südtibet dürfte 6020 m hoch liegen.

(D) Das höchstgelegene Gebäude *Westdeutschlands* ist das *Schneefernerhaus* auf der *Zugspitze* in einer Höhe von 2650 m. Das Hotel wurde 1931 eröffnet. (Siehe auch Hotels, S. 317).

(A) Das höchstgelegene Haus *Österreichs* ist die *Erzherzog-Johann-Schutzhütte* auf der *Adlersruhe* auf dem *Großglockner* in 3574 m Höhe.

(CH) Das höchstgelegene Gebäude der *Schweiz* ist die *Hochalpine Forschungsstation Jungfraujoch* in 3570 m (siehe auch Sternwarten, S. 118).

Die nördlichste Behausung der Welt ist die *Dänische Wissenschafts-Station*, die 1952 in Pearyland (Nordgrönland) 1450 km nördlich des Polarkreises errichtet wurde. 1969 wurden in Pearyland Eskimo-Feuerstellen entdeckt, die aus der Zeit 1000 v. Chr. stammen.
Die UdSSR und die USA besitzen Forschungsstationen auf Treibeis im nördlichen Eismeer. Die sowjetische *Nordpol 15*, die 2000 km weit getrieben wurde, schwamm im Dezember 1967 in weniger als 3 km Entfernung am Nordpol vorbei.

Die nördlichste dauernd bewohnte Behausung ist der Stützpunkt des *kanadischen Verteidigungsministeriums* in *Alert* auf Ellesmere Island, Nord-West-Territorium, auf 82 1/2° nördl. Breite und 62° westl. Länge, der 1950 errichtet wurde.

Die südlichste dauernd bewohnte menschliche Behausung ist die *United States Scott-Amundsen South Polar Station*, die 1957 fertiggestellt und 1975 durch einen Neubau ersetzt wurde.

Wohnbauten

(D) **Das älteste Fachwerk-Wohnhaus Deutschlands** steht in *Frankfurt* im Stadtteil *Sachsenhausen* in

Ältestes erhaltenes deutsches Rathaus in Michelstadt im Odenwald. 1484 wurde es erbaut.

Das höchstgelegene deutsche Gebäude: das Schneeferner-Haus auf der Zugspitze (2650 m).

der *Schellgasse* im *»Äpelwoi-Viertel«*. Dies wurde erst im August 1979 von Denkmalspflegern bei einer Untersuchung der Jahresringe im Gebägebälk festgestellt. Bis dahin galt das Haus *Am Römer 1* in *Limburg an der Lahn* als ältester Fachwerkbau aus dem Jahre 1296. Doch das Frankfurter Haus wurde bereits in den Jahren 1291/92 errichtet. Bei seinem Bau wurde nur Eichenholz verwendet, dessen Tragfähigkeit auch nach 700 Jahren noch als unverändert gut gilt. Übrigens: Das Haus war ein sog. *Rauchhaus*, es hatte weder einen Schornstein noch einen anderen Rauchabzug.

Der höchste Wohnblock der Welt ist *Lake Point Towers* mit 70 Stockwerken und einer Höhe von 197 m in Chicago (USA).

(D) **Der höchste Wohnblock Europas** steht in Köln (Westdeutschland). Es ist das 1973 fertiggestellte *Colonia-Hochhaus*, das mit 147 m Höhe das Uni-Center in Köln um gut neun Meter überragt.

Der größte Wohnblock Westdeutschlands steht seit 1969 im Stuttgarter Vorort *Freiberg*. Er ist 135 m lang, 20 m breit und 65 m hoch. Neben 440 Wohnungen gibt es in ihm mehrere Supermärkte, ein Kino und ein Schwimmbad.

(A) Der höchste Wohnblock *Österreichs* ist die Wiener Anlage *Wohnpark Alt-Erlaa*. Sie hat eine Höhe von 73,66 m. Rechnet man jedoch die Höhe der Aufzugtürme, dann ist der Gebäudekomplex an diesen Stellen sogar 85,10 m hoch.

Das größte Privathaus der Welt ist *Biltmore House* mit 250 Räumen in Asheville (USA). Es ist Eigentum von *George* und *William Cecil*, Enkeln von *George Washington Vanderbilt II* (1862–1914). Das Haus wurde von 1890–95 auf einem Areal von 48 160 ha für 4 Mio. Dollar gebaut und wird heute, mit bloß 4860 ha, auf 55 Mio. Dollar (110 Mio. DM) geschätzt.

Die größten Städte der Welt – vom Altertum bis zur Neuzeit			
Bevölkerung	**Name der Stadt**	**Land**	**Jahr**
ca. 150	Chemi Shanidar	Irak	8910 v.Chr.
3 000	Jericho (Ariha)	Samaria	7800 v.Chr.
50 000	Uruk (Erech) (jetzt Warka)	Irak	3000 v.Chr.
250 000	Ur in Chaldäa	Irak	2200 v.Chr.
350 000	Babylon (heute al-Hillah)	Irak	600 v.Chr.
500 000	Pataliputra (Paltna) Bihar	Indien	400–185 v.Chr.
600 000	Seleukia (in d. Nähe v. Bagdad)	Irak	300 v.Chr.–165 n.Chr.
1 100 000	Rom	Italien	133 v.Chr.
1 500 000	Angkor	Kambodscha	900 n.Chr.
1,0–1,5 Mio.	Hangtschou	China	1279
707 000	Peking (Cambaluc) auch Beijing	China	1578
1 117 290	Groß-London	Großbritannien	1801
8 615 050	Groß-London	Großbritannien	1939
11 649 000	Tokio	Japan	1977
Anmerkung: 1975 wurde der Stadtbezirk Tokio-Jokohama auf 17 037 300, New York auf 16 848 000 geschätzt. Die Hochrechnung der Vereinten Nationen für das Jahr 2000 für Groß-Mexiko-City ist 31 610 000, für Tokio-Jokohama 27 717 000.			

Das teuerste jemals gebaute Privathaus ist die *Hearst Ranch* in San Simeon (USA). *William Randolph Hearst* (1863–1951), der Zeitungsmagnat, ließ es von 1922–39 mit einen Kostenaufwand von mehr als 30 Mio. Dollar (heute ca. 120 Mio. DM) bauen. Das Haus mit über 100 Räumen, einem 32 m langen geheizten Schwimmbad, einem 25 m langen Konferenzsaal und einer Garage für 25 Limousinen erforderte 60 Hausangestellte.

Das teuerste möblierte Privathaus. Der höchste Preis für ein möbliertes Privathaus, 3 Mio. 800 000 Pfund Sterling (ca. 15 Mio. 200 000 DM) wurde für *Kenstead Hall*, Bishops Avenue, Hampstead, London (England), von Eigentümer *Ravi Tikoo* gefordert. Es wurde am 6. April 1977 vom Kronprinzen Saudi Arabiens *Fahd* erstanden, ohne daß es zur Versteigerung gekommen wäre. Das benachbarte Gebäude, *Risinghurst,* wurde für die Dienerschaft für 500 000 Pfund Sterling (2 Mio. DM) erworben, und die Gesamtkosten einschließlich Erweiterungen und Modernisierung hatten im November 1978 bereits 8 Mio. Pfund Sterling (32 Mio. DM) überschritten.

Ältestes Fachwerk-Wohnhaus, in Frankfurt ermittelt.

Das teuerste Penthouse ist das vierstöckige *Galleria International Penthouse* in der 57th Street zwischen Park und Lexington Avenue, Manhattan, New York City, mit vier Hauptschlafräumen, einem 7 m langen Schwimmbad, einer Bibliothek, einer Sauna und mehreren Sonnenterrassen. Im März 1976 war das Penthouse für 1 750 000 Pfund Sterling (damals 7 Mio. 875 000 DM) zum Verkauf ausgeschrieben.

Die teuerste Eigentumswohnung liegt an der *Fifth Avenue* in New York (USA). Im Juni 1980 schossen dort die Preise in einem solchen Rekordtempo in die Höhe, daß für eine besonders luxuriöse Eigentumswohnung 11 Mio. Dollar (ca. 21 Mio. DM) verlangt wurden. Vier Interessenten meldeten sich. Keiner von ihnen war Amerikaner.

Stadien und Sporthallen

Stadien

Das größte Stadion der Welt ist das *Strahov Stadion* in Prag (ČSSR). Es wurde 1934 fertiggestellt und hat Raum für 240 000 Zuschauer für Massenvorführungen von gelegentlich 40 000 Kunstturnern.

Das größte Fußballstadion der Welt ist das Städtische Stadion *Maracana* von Rio de Janeiro (Brasi-

Der erweiterte Luschniki-Sportkomplex, Schauplatz der Olympischen Sommerspiele 1980 in Moskau.

lien) mit einem Normalfassungsraum von 205 000, davon 155 000 Sitzplätzen.

Beim *Weltmeisterschaftsendspiel* zwischen *Brasilien* und *Uruguay* am 16. Juli 1950 waren 199 854 Zuschauer im Stadion. Ein Graben von 2,13 m Breite und 1,5 m Tiefe schützt die Spieler vor den Zuschauern und diese vor wütenden Spielern.

Ⓓ **Deutschlands größtes Stadion** ist das am 1. Juli 1936 eröffnete *Olympiastadion* in *Berlin (West)*, das für die *Olympischen Spiele 1936* erbaut worden war. Es faßt 95 861 Zuschauer, für 63 761 gibt es Sitzplätze.

Das *Olympiastadion* in *München* (Westdeutschland), für die *Olympischen Spiele 1972* erbaut, faßt 75 500 Zuschauer, für die 45 000 Sitz- und 30 000 Stehplätze vorgesehen sind.

(DDR) Das größte Sportstadion *Ostdeutschlands* ist das *Leipziger Zentralstadion* mit ca. 100 000 Plätzen.

Ⓐ Das größte Sportstadion *Österreichs* ist das *Kriauer Stadion*, auch *Praterstadion* genannt. Es hat einen Fassungsraum für 70 730 Zuschauer und ist 455 483 m² groß.

(CH) Das größte Stadion der *Schweiz* ist das Sportstadion *Wankdorf* bei Bern. Es faßt 60 000 Zuschauer. 1954 fanden auf seinem Gelände die Europäischen Leichtathletik-Meisterschaften statt.

Das modernste Sportstadion der Welt ist der *Luschniki-Sportkomplex*, der für die *Olympischen Spiele 1980* in *Moskau* erweitert wurde. Der Gesamtkomplex ist 180 ha groß und verfügt über 140 Sportanlagen, Sportplätze und Sporthallen. Im Hauptstadion haben 101 339 Zuschauer auf Bänken Platz. Aneinandergereiht wären die Bänke 40 km lang. Sie sind in *Krag-Dachform* angeordnet, so daß Sportler und Zuschauer möglichst wenig der Sonne ausgesetzt sind. Noch ein Rekord: die Ein- und Ausgänge sind so angelegt, daß das vollbesetzte Stadion bereits zehn Minuten nach einer Veranstaltung menschenleer ist. Die bisherige Bestzeit für Zuschauer-Abgänge lag bei 15 Minuten.

Die größte Überdachung eines Stadions hat das *Azteka Stadion*, Ciudad de Mexico (Mexiko), das 1968 eröffnet wurde. Die 107 000 Zuschauer sitzen zu 95 Prozent unter einem Dach, das mehr vor Sonne als vor Regen schützt.

Ⓓ Das lichtdurchlässige *Akrylglasdach* über dem *Münchner Olympia-Stadion* ist 74 800 m² groß und überspannt eine Fläche von 8,5 ha. Es hängt an einem mastengetragenen Stahlnetz, für das 1771 km Stahldraht verarbeitet wurden. Durch das absolute Fehlen von Stützpfeilern im Innenraum ist für alle Zuschauer ungehinderte Sicht garantiert. Das Gesamtgewicht der Dachkonstruktion aus Seilnetz, Beschlägen, Knotenpunkten, Masten, Lagern und Verankerungen beträgt ca. 6850 mp.

Das Dach mit der größten Spannweite hat der *Superdome* (ein Kuppelbau) von New Orleans (USA). Sein Durchmesser beträgt 207,26 m.

Das einzige käufliche Stadiondach war 1980 das Dach des *Bökelberg-Stadions* der Stadt Mönchengladbach (Westdeutschland). Die 104 × 25 m große Stahlkonstruktion mußte einem Um- und Neubau weichen. Die Stadt bot das Dach zum Verkauf an und erzielte von einem Fan aus Beckum 40 000 DM. 13 000 DM Schrottwert waren kalkuliert worden.

Das bestbeleuchtete Sportstadion der Welt ist das *Münchner Olympiastadion*. Das Flutlicht besteht aus 550 Breitstrahlern mit Halogen-Metalldampflampen. Jeder Strahler leistet 3500 Watt.

Sporthallen

Das größte Hallenstadion der Welt ist mit 5,26 ha Fläche und einer Höhe von 83,2 m der *Superdome* von New Orleans (USA), der im Mai 1975 für 173 Mio. Dollar (damals 425 Mio. 58 000 DM) errichtet wurde. Für Versammlungen usw. bietet er 97 365 Sitzplätze, bei Fußballspielen 76 791. Logen sind für 35 000 Dollar (70 000 DM) zu mieten, der Eintrittspreis ist in diesem Betrag nicht enthalten. Ein Wagen mit 8 m großen Fernsehschirmen ermöglicht die sofortige Wiederholung einzelner Spielphasen.

(D) Die größte Sporthalle *Westdeutschlands* ist die *Westfalenhalle* in *Dortmund.* 23 000 Zuschauer haben in ihr Platz. Mit allen Nebenanlagen wie *Tattersall* und *Boxschule* hat die Anlage eine Grundfläche von 20 000 m².

(A) Die größte Sporthalle *Österreichs* ist das *Wiener Hallenstadion* mit einem Fassungsraum für 5600 Zuschauer und einer Größe von 51 096 m².

(CH) Die größte Sporthalle der *Schweiz* hat die Stadt *Magglingen.* Es ist eine reine Trainings- und Wettkampfhalle, die 5000 Zuschauer faßt. Die Sportfläche ist 44 × 84 m und die lichte Höhe beträgt 11 m.

Türme und Masten

Das höchste Gerüst der Welt ist der verankerte Mast von *Radio Warschau* in Konstantinov bei Gabin und Plock, 96 km nordwestlich der polnischen Hauptstadt. Seine Länge beträgt 646,38 m. Der Funkmast wurde am 18. Juli 1974 fertiggestellt und am 22. Juli 1974 in Betrieb genommen. Die Konstruktion *Jan Polaks* wiegt 550 t. Der Mast ist so hoch, daß ein Gegenstand, der von der Spitze fällt, seine Endgeschwindigkeit vor Aufschlagen auf dem Boden erreicht, es würde also keine weitere Beschleunigung erfolgen. Die Arbeit an der Stahlrohrkonstruktion begann im Juli 1970, 15 Ankerseile mußten ausgespannt werden.

Der höchste Turm, der vor dem Zeitalter der Fernsehmasten erbaut wurde, ist der *Eiffelturm,* den *Alexandre Gustave Eiffel* (1832–1923) für die *Pariser Weltausstellung* konstruierte und der am 31. März 1889 fertiggestellt wurde. Er war damals 300,51 m hoch, wurde seither durch eine Fernsehantenne auf 320,75 m erhöht und wiegt 7224 t. Bei Sturmböen schwankt der Turm bis zu 12,7 cm. Das Stahlgerüst mit 1792 Stufen erforderte eine Bauzeit von zwei Jahren, zwei Monaten und zwei Tagen und kostete 7 799 401 Francs und 31 Centimes (heute ca. 7 Mio. DM).

Der höchste Ziegelsteinturm der Welt steht in Landshut (Bayern, Westdeutschland). Es ist der Turm der *Markuskirche.* Seine Höhe: 133 m.

Der höchste weder gemauerte noch kabelverankerte Turm der Welt ist der 44-Mio.-Dollar (88 Mio. DM-)-Fernmeldeturm im *Metro Centre,* Toronto (Kanada). Seine Höhe: 555,33 m. Die Arbeiten am Fundament für das 130 000-Tonnen-Bauwerk aus nachgespanntem Beton begannen am 12. Februar 1973, die Fertigstellung erfolgte am 2. April 1975. Das Restaurant mit 416 Sitzen dreht sich in einer Höhe von 347 m. Aus seinen Fenstern kann man bis zu den 120 km entfernten Bergen blicken. Blitze treffen den Turm bei einem jährlichen Durchschnitt von ca. 30 Gewittern etwa 200mal.

Der höchste Fernsehturm der Welt steht in Moskau. 1980 wurde der *Fernsehturm* (nicht *Mast,* wie in Warschau!) mit 537 m Höhe in Betrieb genommen.
Der Fernsehturm für das ostdeutsche Fernsehen in Berlin (Ost) am Alexanderplatz, vom schnellen Berliner Witz *Telespargel* getauft, ist 362 m hoch. 1969 wurde er eingeweiht, seitdem hält er den gesamtdeutschen Höhenrekord. In 200 m Höhe hat der Turm einen kugelförmigen Ausbau, in dem ein Café für 150 Gäste, eine Aussichtsplattform und Arbeitsräume untergebracht sind.

(D) Der höchste westdeutsche *Fernmeldeturm* steht in Frankfurt. Er ist 331,14 m hoch. In 246 m Höhe kann man in einem Restaurant außer dem Höhenrausch auch zu einem Alkoholrausch kommen. Noch im Jahr 1980 sollen die technischen Anlagen für den Richtfunkverkehr fertig montiert sein, so daß die *Bundespost* sie in Betrieb nehmen kann.
Der höchste westdeutsche Fernsehturm ist 217 m hoch und steht in *Stuttgart.* Er war der erste deutsche Fernsehturm.
In Mannheim steht ein 204 m hoher »Fernsehturm«, der jedoch gar keiner ist. Er dient ebenfalls der Fernmeldetechnik. Da aber die Bezeichnung *Fernsehturm* sich eingebürgert hatte, blieb man auch offiziell bei diesem Namen, *»da man von der Aussichtsplattform in die Ferne sehen kann«.*

Brücken

Älteste Brücken

Bereits die Sumerer (ca. 3000 v. Chr.) kannten sich im Brückenbau aus. Auf einem Papyrus aus dem Jahr 2650 v. Chr. wird eine Brücke über den Nil erwähnt.

Die älteste heute noch bestehende Brücke ist die Einzelbogenbrücke aus Steinplatten über den

Die höchsten Bauten der Welt

Höhe in Metern	Name	Standort	Baumaterial	Bau- bzw. Fertigstellungsdaten
62	Djoser Grabkammerpyramide (fälschlich »Stufenpyramide« genannt) (früheste Pyramide)	Saqqâra, Ägypten	Tura-Kalkstein-Gehäuse	um 2650 v.Chr.
89	Pyramide von Meidum	Meidum, Ägypten	Tura-Kalkstein-Gehäuse	um 2600 v.Chr.
102	Pyramide Snefru Bent	Dahshûr, Ägypten	Tura-Kalkstein-Gehäuse	um 2600 v.Chr.
104	Snefru (Nordsteinpyramide)	Dahshûr, Ägypten	Tura-Kalkstein-Gehäuse	um 2600 v.Chr.
146,5[1]	Große Cheopspyramide	El Gizeh, Ägypten	Tura-Kalkstein-Gehäuse	um 2580 v.Chr.
161	Turm des Ulmer Münsters	Ulm, Westdeutschland	Stein	1377–1890
149[2]	Turm der St. Paulskathedrale	City of London, England	Bleiverkleidetes Holz	1315–1561
141	Münster von Notre-Dame	Straßburg, Frankreich	Vogesensandstein	1420–1439
153[3]	Kirchturm von St. Pierre de Beauvais	Beauvais, Frankreich	Bleiverkleidetes Holz	–1568
144	St. Nikolauskirche	Hamburg, Westdeutschland	Stein und Eisen	1846–1847
147	Kirchturm des Doms von Rouen	Rouen, Frankreich	Gußeisen	1823–1876
156	Türme des Kölner Doms	Köln, Westdeutschland	Stein	–1880
169[4]	Washingtondenkmal	Washington, D.C., USA	Stein	1848–1884
300,5[5]	Eiffelturm	Paris, Frankreich	Eisen	1887–1889
318	Crysler Gebäude	New York City, USA	Stahl und Beton	1929–1930
381[6]	Empire-State-Gebäude	New York City, USA	Stahl und Beton	1929–1930
479	KWTV-Fernsehmast	Oklahoma City, USA	Stahl	Nov. 1954
490[7]	KSWS-Fernsehmast	Roswell, New Mexico, USA	Stahl	Dez. 1956
493	WGAN-Fernsehmast	Portland, Maine, USA	Stahl	Sept. 1959
510	KFVS-Fernsehmast	Cape Girardeau, Missouri, USA	Stahl	Juni 1960
533	WTVM & WRBL-Fernsehmast	Columbus, Georgia, USA	Stahl	Mai 1962
533	WBIR-Fernsehmast	Knoxville, Tennessee, USA	Stahl	Sept. 1963
628	KTHI-Fernsehmast	Fargo, North Dakota, USA	Stahl	Nov. 1963
646,38	Warschauer Radiomast	Plock, Polen	Zinkstahl	22. Juli 1974
537	Moskauer Fernsehturm	Moskau, UdSSR	Stahl	ca. 1980

1 Ursprgl. Höhe. Seit Verlust der Pyramidenspitze heutige Höhe: 137 m.
2 Durch Blitzschlag vernichtet am 4. Juni 1561.
3 Stürzte April 1573, kurz nach Fertigstellung, ein.
4 Sinkt seit 1884 12,7 cm jährlich.
5 Ursprgl. Höhe. Höhe zusätzlich der Fernsehantenne seit 1957: 320,75 m.
6 Ursprgl. Höhe; zusätzlich Fernsehturm seit 1. Mai 1951: 449 m. Am 11. Oktober 1972 wurde bekanntgegeben, daß die obersten 15 Stockwerke durch 33 ersetzt werden könnten, was dem Rekordgebäude 113 Etagen und eine Höhe von 455,4 m sichern würde.
7 Fiel 1960 einem Sturm zum Opfer.

Fluß *Meles* in *Smyrna* (dem heutigen Izmir, Türkei), die ca. 850 v. Chr. entstand.

Ⓓ **Die älteste Steinbrücke Deutschlands,** über die heute noch der Verkehr läuft, ist die *Steinerne Brücke* in *Regensburg* (Bayern). Ihre Bauzeit von 1135–47 ist urkundlich belegt.

Ⓒⓗ **Die älteste Holzbrücke Europas** ist die um 1330 erbaute *Kapellbrücke* in *Luzern* (Schweiz). Sie spannt sich über die *Reuß* und ist 200 m lang und 3,5 m breit.

Die erste Aluminiumbrücke Westdeutschlands ist die 1956 erbaute *Schwansbell-Brücke,* die bei *Lünen* (Westfalen) üder den *Datteln-Hamm-Kanal* führt. Ihre Stützweite beträgt 44 m. Ihr Gewicht: 25 t. Die gleiche Brücke in Stahl würde 60 t wiegen.

Die meisten Brücken aller europäischen Städte hat *Berlin* (West und Ost), nämlich 957. Selbst das kanaldurchzogene *Venedig* hat nur 398 Brücken.

Längste Brücken

🌐 **Die längste Hängebrücke der Welt** ist die *Mackinac-Straits-Brücke* zwischen Machinaw City und St. Ignace, Michigan (USA). Zwischen ihren Verankerungen liegen 2540 m. Ihre Gesamtlänge, einschließlich der *Viadukte* der eigentlichen Brücke, beträgt zwischen den Widerlagern 5853,8 m. Die

Die älteste Steinbrücke Deutschlands, die in Regensburg seit 1147 über die Donau führt.

Brücke wurde im November 1957 dem Verkehr übergeben (feierliche Einweihung 28. Juni 1958). Ihre Baukosten betrugen 100 Mio. Dollar (damals 420 Mio DM); sie besitzt eine Stützweite der Hauptpfeiler von 1158 m.

Ⓓ Die längste und höchste Hängebrücke *Westdeutschlands* ist die *Köhlbrandbrücke* in *Hamburg*, die die neuen und die alten Teile des Hafens verbindet. Ihre lichte Höhe beträgt bis zu 53 m. Diese Schrägseil-Hängebrücke ist 3940 m lang, sie wurde von 1970 bis zum 20. September 1974 mit einem Kostenaufwand von 113 Mio. DM errichtet.

Die längste Stützweite einer Hängebrücke mit einem Hauptpfeilerabstand von 1410 m hat die

Die älteste Holzbrücke Europas: die Kapellbrücke in Luzern, die über die Reuß führt.

Hängebrücke über die *Humbermündung* in England. Der Bau begann am 27. Juli 1972; die Masten befinden sich 162,5 m über dem Baugrund und fallen um 36 mm außer Tritt, um die Erdkrümmung zu kompensieren. Einschließlich der Pfeilerabstände von *Hessle* und *Barton* erstreckt sich die Brücke über 2200 m. Veranschlagte Baukosten: 67 Mio. Pfund Sterling (ca. 268 Mio. DM). Die Brükke soll Ende 1980 für den Verkehr freigegeben werden.
Die *zweigeschossige* Straßen- und Bahnbrücke von *Akaschi Kaikyo,* die Honschu und Schikoku (Japan) verbindet, soll 1988 fertig werden. Die Hauptstützweite soll 1780 m lang sein, wobei die gesamte Hängelänge einschließlich der Querteile 3560 m betragen wird. Der Bau wurde im Oktober 1978 begonnen, die Baukosten werden auf 1 Trillion Yen (10^{12}) geschätzt. (Damals waren 100 Yen ca. 0,96 DM).

Europas größte Hängebrücke könnte einmal die *Messina-Brücke* werden, die Sizilien mit dem italienischen Festland verbinden soll. Seit 1972 wird im *römischen Parlament* dieser Bau gefördert – bis jetzt nur auf dem Papier. Es soll eine 3300 m lange *Einbogenhängebrücke* für Eisenbahn- und Autoverkehr werden. Das Brückenportal ist mit einer Höhe von 304,8 m vorgesehen, die Stützweite mit mehr als 1850 m. Die Kosten werden auf zwei Mrd. DM geschätzt. Ca. 500 000 t Stahl würden für den Brückenbau notwendig sein.

Den längsten Freivorbau aller Brücken der Welt hat die *Fleher Brücke* bei *Düsseldorf,* die im November 1979 dem Verkehr übergeben wurde. Sie gilt als die *»Königin der fünf Düsseldorfer Rheinbrücken«. Krupp* baute gemeinsam mit *anderen Firmen* diese Brückenkonstruktion für 104 Mio. DM. Das 1147 m lange Bauwerk besteht aus der 779 m langen Spannbeton-Vorland-Brücke und der 368 m langen Mittelträger-Schrägseil-Brücke in Stahlkasten-Konstruktion. Auf sechs Fahr- und zwei Standspuren fließt der Verkehr über diese westdeutsche Großbrücke.

Die größte Auslegerspannweite aller Brücken hat die *Quebec Brücke* (Pont de Quebec) über den *St. Lawrence* in Kanada, nämlich 549 m zwischen den Pfeilern und 987 m insgesamt. Sie trägt eine Bahnstrecke sowie zwei Straßenfahrbahnen. Der Bau begann 1899, der Betrieb wurde am 3. Dezember 1917 aufgenommen; das Bauunternehmen erforderte 87 Menschenleben und 22,5 Mio. kanadische Dollar.

Die längste Stahlbogenbrücke der Welt ist die *New-River-George-Brücke* bei Fayetteville, West Virginia (USA), die 1977 mit einer Stützweite von 518,2 m fertiggestellt wurde.

(D) **Die längste westdeutsche Stahlbogenbrücke** (Bogen liegt oberhalb der Fahrbahn) ist die *Rheinbrücke* in Duisburg-Rheinhausen mit einer Stützweite von 256 m.

(A) **Die längste Stahlbetonbrücke Österreichs** ist die Tal- und Hangbrücke *Kremsbrücke* im Verlauf der Tauernautobahn mit einer Länge von 2607 m im *Liesertal* (Kärnten).

Die längste Stahlbogenbrücke Österreichs ist die *Salzachbrücke* bei *Anif* (Land Salzburg) mit einer Stützweite von 135 m.

(CH) **Die längste Stahlbogenbrücke der Schweiz** ist die *Kirchenfeldbrücke* in *Bern.* Sie hat eine Länge von 229,2 m.

Die längste überdachte Brücke der Welt befindet sich in *Hartland,* New Brunswick (Kanada). Sie hat eine Länge von 390,8 m und wurde 1899 gebaut.

Die längste Steinbogenbrücke der Welt ist die 1901 fertiggestellte *Rockville-Brücke* nördlich von Harrisburg, im Staat Pennsylvanien. Zum Bau ihrer 48 Pfeiler wurden 196 000 t Steine verwendet.
(D) Die längste Steinbrücke Westdeutschlands ist die 480 m lange *Körbecke-Brücke* über den *Möhnesee* (Ruhrgebiet).

Die längste Eisenbahn- und Straßenbrücke ist jene, die über den *Jang-tse-Kiang* (China) führt. 1968 wurde sie in *Nangking* fertiggestellt. Das Eisenbahngeschoß ist 6772 m, das Straßengeschoß 4589 m lang.

Die längste Pontonbrücke der Welt ist die *Second-Lake-Washington-Brücke,* Seattle (USA). Die Gesamtlänge beträgt 3839 m, der Schwimmteil mißt 2291 m. Der Bau wurde im August 1963 fertiggestellt und kostete 15 Mio. Dollar (damals 58,5 Mio. DM).

Die breiteste Brücke der Welt mit langer Stützweite ist die Brücke über den *Hafen von Sydney* (Australien) mit einer Spannweite von 503 m und einer Breite von 48 m. Sie trägt die Gleise für zwei Hochbahnzüge, hat acht Fahrbahnen, sowie je einen Weg für Radfahrer und Fußgänger. Die offizielle Eröffnung fand am 19. März 1932 statt.

Höchste Brücken

Die höchste Brücke der Welt überspannt den *Royal Gorge* im Arkansasstromsgebiet in Colorado (USA) und erhebt sich 320 m über dem Flußspiegel. Diese Hängebrücke besitzt einen Hauptpfeilerabstand von 268 m und wurde in sechs Monaten bis zum 6. Dezember 1929 erbaut.

Den längsten Freivorbau aller Brücken hat die Fleher Brücke bei Düsseldorf, Königin der fünf Rheinbrücken.

(A) **Die höchste Brücke Europas und die höchste Pfeilerbrücke der Welt** ist die *Europa-Brücke* auf der Autobahn *Kufstein-Brennerpaß* (Österreich). In 190 m Höhe führt sie über das *Silltal*. Sie ist 820 m lang und 34 m breit. Noch einen Rekord hat diese Brücke: Sie ruht u. a. auf dem höchsten europäischen Brückenpfeiler. Dieser *Stahlbeton-Hohlkastenpfeiler* ist 181 m hoch, trotzdem sind seine Wände nie stärker als 55 cm.

(D) Die höchste *deutsche Talbrücke* ist die *Kochertalbrücke* bei *Geislingen*. Sie überquert in einer Höhe von ca. 185 m das *Kochertal* nördlich von *Schwäbisch-Hall* und hat eine Länge von 1128 m. Die beiden mittleren Talpfeiler überragen mit ca. 180 m das *Ulmer Münster*, das den höchsten Kirchturm der Welt hat. Sie wurde 1980 als Teil der Autobahn *Heilbronn–Nürnberg* für den Verkehr freigegeben. Gesamtkosten: über 72 Mio. DM.

(CH) Die höchste Brücke der *Schweiz* ist auch gleichzeitig die längste schweizerische Auslegerbrücke. Es ist die *Ganterbrücke* auf der Nationalstraße Nr. 6, *Simplon* (Kanton Wallis). Sie führt 150 m über die Talsohle, ihre größte Spannweite beträgt 174 m. Der Ausleger überbrückt 87 m.

Aquädukte

Der größte Aquädukt des Altertums war der von *Karthago* (im heutigen Tunesien), der über 141 km von den Quellen des *Saghuan* bis *Dschebel Dschugar* führte. Er wurde von den Römern unter der Herrschaft Kaiser *Hadrians* (117–138 n. Chr.) erbaut. 1895 waren noch 344 Bögen erhalten. Die ursprüngliche Tagesleistung des Aquädukts hat man mit 31,8 Mio. Litern errechnet.
Der dreistöckige *Pont du Gard* bei *Nîmes* (Frankreich), von den Römern 19 n. Chr. erbaut, ist 48 m hoch.

Der höchste der 14 Bögen des *Aguas-Livres-Aquädukts*, der 1784 in *Lissabon* (Portugal) erbaut wurde, ist 65 m hoch.

🌐 **Der längste moderne Aquädukt der Welt,** also eine *Wasserleitung* und nicht ein *Bewässerungskanal,* ist der Aquädukt des *Wasserversorgungsdienstes* des amerikanischen Bundesstaates Kalifornien, der 1974 mit einer Gesamtlänge von 1329 km fertiggestellt wurde, von denen 619 km kanalisiert sind.

Kanäle und Schleusen

Kanäle

Die Überreste des ältesten Kanals der Welt, dessen Entstehung von Archäologen um 4000 v. Chr.

Der meistbefahrene Seekanal: der Panamakanal, einzige künstliche Wasserstraße zwischen Atlantik und Pazifik.

angenommen wird, sind Anfang 1968 bei *Mandali* (Irak) freigelegt worden.

Der längste Kanal des Altertums war der *Große Kanal* Chinas von *Peking* nach *Hangtschau.* Sein Bau wurde 540 v. Chr. begonnen, aber erst 1327 n. Chr. vollendet, als er sich (einschließlich der kanalisierten Flußstrecken) über 1781 km erstreckte. Bis 1950 hatte man den Kanal derartig verschlammen lassen, daß er nirgends tiefer als 1,8 m war. Heute aber wird er bereits wieder von Schiffen bis zu 2000 t befahren.

Das längste Kanalsystem der Welt hat der im April 1965 eröffnete *Wolga-Ostsee-Kanal.* Er verläuft über 2300 km von *Astrachan* wolgaaufwärts über *Kuibyschew, Gorki* und den *Ladogasee* nach *Leningrad* (UdSSR).

Die längste künstliche Wasserstraße der Welt ist der 1959 eröffnete *Sankt-Lorenz-Seeweg,* der den Atlantik mit den großen Seen zwischen den USA und Kanada verbindet. Er ist 3769 km lang, 10 m tief und hat 17 Schleusen. Kanalisiert sind jedoch nur 304 km.

Der längste Seeschiffahrtskanal ist der *Weißmeerkanal* in der UdSSR. Er ist seit 1933 in Betrieb und verbindet – durch den *Ladogasee* und den *Onegasee* – das *Weiße Meer* mit der *Ostsee.* Er ist 227 km lang und hat 19 Schleusen, jedoch kann er nur von Schiffen mit weniger als 5 m Tiefgang befahren werden.

Der größte Kanal der Welt für Hochseeschiffe ist der *Suezkanal* (Ägypten), der das *Rote-* mit dem *Mittelmeer* verbindet. Er wurde am 16. November 1869 eröffnet, war jedoch vom Juni 1967 bis Juni 1975 außer Betrieb. Der Plan für den Kanal stammt von dem französischen Diplomaten *Graf Ferdinand de Lesseps* (1805–94), und der Bau begann am 25. April 1859. Bei den Bauarbeiten waren 8213 Personen beschäftigt, 368 Kamele wurden verwendet. Zehn Jahre später – 1869 – wurde er eröffnet. Seine Länge beträgt vom Leuchtturm von *Port Said* bis *Suez Roads* 162 km, die Breite 60 m, die Tiefe 13 m. An der weiteren Austiefung der Fahrrinne wird gearbeitet. Das größte Schiff, das durch den Kanal fuhr, war das britische Riesenfrachtschiff *British Progress* mit 228 589 BRT Eigengewicht (Länge: 329,66 m, Breite: 48,68 m und größter Tiefgang: 25,6 m). Die Fahrt mit einer Schotterladung fand am 5. Juli 1976 in südlicher Richtung statt.

Der meistbefahrene Seekanal ist der *Panamakanal,* der zum ersten Mal am 15. August 1914 befahren wurde. 1974 wurde die Rekordziffer von 14304 Durchfahrten erreicht. Er ist *die einzige künstliche Wasserstraße zwischen dem Atlantik und dem Pazifik.* Er ist 81,6 km lang, 12,5 m tief und hat sechs Schleusen. Er untersteht bis zum Jahr 2000 der Verwaltungshoheit der USA, dann wird er laut dem 1979 geschlossenen Vertrag an Panama übergeben, das einen weiteren Ausbau plant. Nach vorläufigen Schätzungen wird der Bau eines größeren, 98 km langen Kanals 16 Mrd. DM kosten und zehn Jahre dauern. Die höchste Kanalgebühr, nämlich 42077,88 Dollar (ca. 103500,00 DM), zahlte der englische Passagierdampfer *Queen Elizabeth II* (66851 BRT) am 25. März 1975. Die geringste Kanalgebühr von 36 US-Cents wurde 1928 vom Kanalschwimmer *Richard Halliburton* kassiert. Die rascheste Durchfahrt (drei Stunden, 28 Minuten) erreichte der US-Zerstörer *McDougal DD 358* im April 1941.

(D) **Die größte künstliche Wasserstraße auf deutschem Gebiet** ist der zwischen 1905 und 1938 erbaute *Mittellandkanal,* der den Binnenhafen *Duisburg* (Nordrhein-Westfalen) über den *Rhein-Herne-Kanal* und den *Dortmund-Ems-Kanal* mit der *Elbe* (bei Magdeburg, Ostdeutschland) verbindet. Er ist 465 km lang.

(D) **Die deutsche Wasserstraße mit der größten Tonnage-Kapazität** (befahrbar für Schiffe bis zu 61000 t) ist der *Nord-Ostsee-Kanal* (früher *Kaiser-Wilhelm-Kanal*), der die *Elbmündung* an der Nordsee bei Brunsbüttel (Schleswig-Holstein) mit dem Ostseehafen von *Kiel* (Schleswig-Holstein) verbindet. Er wurde zwischen 1887 und 1895 erbaut, ist 98,7 km lang und 11 m tief. Er wird jährlich von etwa 60000 Schiffen befahren. Alle übrigen deutschen Wasserstraßen können von Schiffen über 1500 t nicht befahren werden.

Der längste Bewässerungs/Entwässerungskanal der Welt ist der *Karakumkanal,* der über 850 km von *Chaus-Chan* nach *Aschchabad,* der Hauptstadt der Turkmenischen SSR (UdSSR), führt. Der Kanal ist seit September 1971 angeblich auf 450 km schiffbar; die geplante Gesamtlänge des 15 Mrd. DM-Vorhabens ist etwa 1400 km.

Schleusen

Die größte Einzelschleuse der Welt verbindet die *Schelde* mit dem *Kanaldock-System* von *Zandvliet,* westlich Antwerpen (Belgien). Sie ist 500 m lang, 57 m breit und führt zu einem Staubecken von 18 km Länge.

(D) Die größte *westdeutsche Seeschleuse* ist die *Nordschleuse Bremerhaven.* Sie ist 372 m lang und 50 m breit.

(DDR) Die größte *Flußschleuse Ostdeutschlands* ist die *Doppelschleuse Magdeburg* mit 325 m Länge und 25 m Breite.

Die tiefste Schleuse der Welt gehört zum *John-Day-Damm* am *Columbiastrom* (USA) und wurde 1963 fertiggestellt. Das Schiffshebewerk hebt bzw. senkt Leichter um 34,5 m. Das Schleusentor wiegt 998 t.

Den größten Höhenunterschied überwindet das *Schiffshebewerk* bei *Ronquières* am *Charleroi-Brüssel-Kanal* (Belgien). Die beiden Schleusenkammern mit je 236 Rädern befördern 1350 t in 22 Minuten über eine Rampe von 1432 m und heben sie 68,5 m.

Dämme, Talsperren und Stauseen

Dämme

Der früheste Staudamm dürfte der von *Sadd al-Kafara,* 10 km südlich von Heluan (Ägypten), gewesen sein. Er wurde zwischen 2950 und 2750 v. Chr. errichtet und hatte eine Länge von 106 und eine Höhe von 11 m.

(CH) **Der höchste Damm der Welt** ist der *Grande Dixence* in der Schweiz, der im September 1961 für 1,6 Mio. Schweizer Franken fertiggestellt wurde. Er ist vom Fuß bis zur Krone 285 m hoch, 700 m lang und enthält insgesamt 5957000 m³ Beton.

(D) Den höchsten Staudamm *Westdeutschlands* mit einer Stauhöhe von 68 m hat die *Schwammenauler Talsperre* bei *Aachen.* Sie wurde 1959 fertiggestellt.

(DDR) Den höchsten Staudamm *Ostdeutschlands* mit einer Stauhöhe von 80 m hat die Talsperre von *Wendefurth* (Sachsen). Sie wurde 1959 fertiggestellt.

(A) Der höchste Staudamm *Österreichs* ist 120 m hoch und gehört zur *Limberg-Sperre* des Kraftwerks *Kaprun.*

Der längste Flußdamm der Welt ist der 19 m hohe *Kiewdamm* am *Dnepr* (UdSSR), der 1964 mit einer Länge von 54 km fertiggestellt wurde.
Anfang des 17. Jahrhunderts soll ein Staudamm mäßiger Höhe im *Hungtse See,* bei *Kiangsu* (China), errichtet worden sein, dessen Länge 100 km betragen haben soll.

Der längste Seedamm der Welt ist der *Afsluitdijk,* der das *Ijsselmeer* (die ehemalige *Zuidersee*) gegen die Nordsee abschließt und Nordholland mit

Friesland verbindet. Ursprünglich (1926–32) war der Abschlußdeich in zwei Teilen angelegt, nämlich 2,5 km von Nordholland zur damaligen Insel *Wieringen* und 30 km von *Wieringen* nach *Friesland:* zusammen 32,5 km. Seit 1930 aber ist *Wieringen* durch einen Polder Teil des nordholländischen Festlands geworden, so daß der Deich auf neueren Landkarten nur mit einer Länge von 30 km verzeichnet ist. Am Meeresspiegel ist der Deich 89 m breit und 7,5 m hoch.

Der stärkste Damm der Welt wird der *Sajano-Schuschenskaja-Damm* am *Jenissei* (UdSSR) sein, der noch im Bau ist und einer Belastung von 18 000 000 t standhalten soll.

Massivster Damm. Gemessen am Rauminhalt ist der größte Damm der Welt der 1973 fertiggestellte 29,8 m hohe Damm aus aufgeschütteter Erde von *New Cornelia Tailings,* Arizona (USA), mit einem Volumen von 209 506 000 m^3 (Länge 10,85 km).

Der größte Betondamm der Welt, und gleichzeitig der größte Betonbau überhaupt, ist die *Grand-Coulee-Talsperre* am *Columbia-Strom* im Staat Washington (USA). Die Arbeit am Damm begann 1933, die Fertigstellung erfolgte 1942, obwohl der Betrieb bereits am 22. März 1941 aufgenommen wurde; die Gesamtkosten beliefen sich auf 56 Mio. Dollar. Die Dammkrone ist 1272 m lang, die Höhe des Dammes besträgt 167 m. Er enthält 8 092 000 m^3 Beton und wiegt rund 19 595 000 t. Das Wasserkraftwerk (im Ausbau begriffen) wird eine Kapazität von 9 780 000 kW besitzen.

Größte Uferdämme. Die massivsten jemals errichteten Uferdämme sind die aus dem Jahr 1717 stammenden Dämme des *Mississippi,* die durch die US-Regierung nach den katastrophalen Überschwemmungen des Jahres 1927 bedeutend vergrößert wurden. Sie erstrecken sich nun über 2787 km längs des Hauptstroms, von *Cape Girardeau,* Missouri bis zum *Golf von Mexiko* und bestehen aus mehr als 765 Mio. m^3 aufgeschüttetem Erdreich. Dämme an den Nebenflüssen erstrecken sich über weitere 3200 km. Der Abschnitt *Pine Bluff,* von *Arkansas* nach *Venice,* Louisiana, verläuft ohne Unterbrechung über 1046 km.

Talsperren und Stauseen

Der umfangreichste künstliche Stausee der Welt ist das *Becken von Bratsk* am *Angara-Fluß* in der UdSSR, mit einem Rauminhalt von 169,25 km^3. Der Staudamm wurde 1964 fertiggestellt.

Flächenmäßig ist der größte Stausee der Welt der *Voltasee* in *Ghana,* den der 1965 fertiggestellte Akosombodamm bildet. 1969 hatte sich der See auf eine Fläche von 8482 km^2 gefüllt, mit einer Küstenlinie von 7250 km.
Der 1954 fertiggestellte *Owen-Falls-Damm* bei

Der höchste Staudamm der Welt: 285 m hoch ist die Mauer des Grande-Dixence-Dammes in der Schweiz.

Der Stausee mit der größten Ausdehnung: der Volta-See in Ghana hat 7250 km Küstenlinie.

Dschinscha in *Uganda,* quer über den *Weißen Nil,* wo er an der Nordseite des *Viktoriasees* abfließt, hat den natürlichen See durch eine zusätzliche Wassermenge von 204,75 km^3 technisch zu einem Staubecken von 6,9 Mio. ha gemacht.

(D) Der Stausee *Westdeutschlands* mit dem größten Rauminhalt ist jener der *Schwammenauel-Talsperre* (Maasgebiet). Sein Inhalt: 205 Mio. m^3.

Der längste Tunnel der Welt entsteht in Japan.

(DDR) Der Stausee *Ostdeutschlands* mit dem größten Rauminhalt ist jener der *Saale-Talsperre* bei *Bleiloch* (Thüringen). Sein Inhalt: 215 Mio. m^3. Er wurde 1932 zum ersten Mal gefüllt.

(A) Der größte Stausee *Österreichs* ist der *Moserboden-Stausee* des Kraftwerks *Kaprun.* Sein Inhalt: 85 Mio. m^3.

(CH) Der größte Stausee der *Schweiz* ist der *Lac des Dix.* Sein Inhalt: 400 Mio. m^3.

Tunnel

Der längste aller Tunnel der Welt ist der *New-York-City-West-Delaware-Wasserversorgungstunnel,* der von 1937–1944 gebaut wurde. Sein Durchmesser ist 4,1 m, seine Länge vom *Roundout-Reservoir* zum *Hillview-Reservoir* in *Yonkers,* New York City (USA), beträgt 169 km.

Eisenbahntunnel

Der längste Eisenbahntunnel der Welt ist der 22,2 km lange *Oschimisu-Tunnel* auf der Strecke *Tokio–Niigata–Jutsu* in Mittelhondo (Japan), dessen Bohrung durch den *Tanigawaberg* am 25. Juli 1979 vollendet wurde. Bis zum März 1981 dürften sich die Gesamtkosten des Vorhabens auf 12600 Mio. DM belaufen. Während der sieben Jahre dauernden Bauarbeiten kamen 13 Menschen ums Leben.

Ⓓ Der längste Eisenbahntunnel *Westdeutschlands* ist zur Zeit noch der über 100 Jahre alte *Kaiser-Wilhelm-Tunnel* bei *Cochem a. d. Mosel.* Er ist 4203 m lang. Doch wird er bald auf den zweiten Platz verwiesen werden, wenn der *Pfingstbergtunnel* auf der *Bundesbahn-Neubaustrecke Mannheim–Stuttgart* fertiggestellt sein wird. Von seinen 5380 m waren 1980 bereits 4012 m fertig.

Ⓐ *Österreichs* längster Eisenbahntunnel ist der von 1880–84 gebaute *Arlbergtunnel,* der 10,3 km lang ist.

(CH) Der längste Eisenbahntunnel der *Schweiz* ist der am 16. Oktober 1922 nach über vier Jahren Bauzeit eröffnete *Simplontunnel.* Er verbindet die *Schweiz* mit *Italien* durch die *Alpen* hindurch. Bis 1979 war er mit 19,8 km der längste Eisenbahntunnel der Welt.

Unterwassertunnel. Der 54 km lange *Seikan-Eisenbahntunnel* wird einmal 240 m unter dem Meeresspiegel und 100 m unter dem Grund der Meerenge von *Tsugaru* zwischen *Tappi Saki* auf *Honschu* und *Fukuschima* auf *Hokkaido* (Japan) verlaufen. Der ursprüngliche Fertigstellungstermin, März 1979, mit Gesamtkosten von 200 Mrd. Yen (ca. 180 Mio. DM), wurde durch das Eindringen riesiger Wassermengen am 6. Mai 1976 unmöglich gemacht und mußte auf 1982 oder später verschoben werden. Erste Versuche an der Unterwasserstrecke, die 23,3 km lang sein wird, begannen bereits 1963, die Bauarbeiten selbst im Juni 1972. Gegenwärtig ist der längste Unterwasser-Bahntunnel der *Schin-Kanmon-Tunnel,* fertiggestellt im Mai 1974, der über 18,7 km von *Honschu* nach *Kiuschu* (Japan) führt.

Der am längsten geplante Unterwasser-Tunnel ist der *Kanaltunnel,* der England mit dem europäischen Kontinent verbinden würde. Bereits zu Napoleons Zeiten wurde dieses Tunnelobjekt erörtert und im April 1980 erlebte das über 200 Jahre alte Vorhaben – wieder einmal – eine Renaissance. Mit EG-Geldern ist jetzt ein *Eisenbahntunnel* geplant, der einen Durchmesser von 6,02 m haben soll. Der dazugehörige Servicetunnel soll einen Durchmesser von 4,50 m erhalten. Beide Tunnelröhren sollen bis zu 40 m unter dem Meeres*boden* verlaufen und eine Länge von 49 km haben. Obgleich noch nicht ein einziger Spatenstich getan wurde und die Finanzierung keineswegs gesichert ist, haben die britische und die französische Eisenbahn bereits ihre Fahrpläne für 1988 fertig. Die Fahrzeit London–Paris wird viereinhalb Stunden betragen. Die Tunnelbaukosten sind mit 860 Mio. Pfund Sterling (ca. 3,6 Mrd. DM) veranschlagt.

Die längsten Eisenbahntunnel der Welt

Namen	Länder	Längen
Oschimisu	Japan	40 100 m
Simplon	Schweiz-Italien	19 821 m
Apennin	Italien	18 519 m
Gotthard	Schweiz	14 998 m
Lotschberg	Schweiz	14 612 m
Hokuriku	Japan	13 870 m
Mont-Cenis	Frankr.-Italien	13 657 m
Shin-Shimizu	Japan	13 500 m
Cascades	USA	12 542 m
Plathead	USA	12 479 m
Kubiki	Japan	11 353 m
Drammen	Norwegen	10 700 m
Arlberg	Österreich	10 250 m
Moffat	USA	9 997 m
Schimizu	Japan	9 724 m
Kvineshei	Norwegen	9 065 m
Rimutaka	Neuseeland	8 798 m
Ricken	Schweiz	8 603 m
Grenchenberg	Schweiz	8 578 m
Otira	Neuseeland	8 563 m
Granges-Moutier	Schweiz	8 560 m
Tauern	Österreich	8 551 m
Haegebostad	Norwegen	8 474 m
Ronco	Italien	8 297 m
Hauenstein	Schweiz	8 134 m
Tende	Italien	8 098 m
Connaught	Kanada	8 083 m
Karawanken	Österreich	7 958 m
New Tanna	Japan	7 876 m
Somport	Frankr.-Spanien	7 874 m
Tanna	Japan	7 807 m
Ulriken	Norwegen	7 662 m
Hoosac	USA	7 562 m
Monte Orso	Italien	7 562 m
Lupacino	Italien	7 514 m
Vivola	Italien	7 335 m
Monte Adone	Italien	7 132 m
Jungfrau	Schweiz	7 123 m
Borgallo	Italien	7 077 m
Severn	England	7 011 m
Ste. Marie-aux-Mines	Frankreich	6 872 m
Marianopoli	Italien	6 475 m
Turchino	Italien	6 447 m
Wochein	Österreich	6 339 m
Mont d'Or (Vallorbe)	Frankreich	6 097 m
Col de Braus	Frankreich	5 949 m
Albula	Schweiz	5 865 m
Pfingstberg (4 012 m fertiggest.)	Westdeutschland	5 380 m

Der längste U-Bahntunnel der Welt ist die *Londoner Untergrundbahn-Strecke* von *Morden* nach *East-Finchley.* Der Tunnel wird seit 1939 durchfahren, ist 27,8 km lang, hat einen Durchmesser von 3,7 m und an den Stationen von 6,8 m.

Straßentunnel

Der längste Straßentunnel der Welt ist der 14 km lange Straßentunnel durch den *Arlberg* von *St. Anton* nach *Langen* in Vorarlberg (Österreich), der am 9. Dezember 1978 dem Verkehr übergeben wurde.

(D) **Der längste und größte westdeutsche Straßentunnel** ist mit einer geschlossenen Tunnelstrecke von 2653 m der *neue Elbtunnel* in *Hamburg*. Hinzu kommen noch 240 m Rasterstrecke an den Tunneleinfahrten.

(CH) **Der längste Straßentunnel der Schweiz** ist der *Sankt-Bernardinotunnel* (Kanton Graubünden). Er wurde 1967 eröffnet und hat eine Länge von 6,6 km.

Der Straßentunnel mit dem größten Durchmesser wurde durch die Insel *Yerba Buena*, San Francisco (USA), gesprengt. Er ist 23 m breit, 17 m hoch und 165 m lang. Seine beiden Geschosse werden jährlich von mehr als 35 000 000 Fahrzeugen benutzt.

Spezialtunnel

Der größte Bewässerungstunnel der Welt ist der 83 km lange *Orange-Fish-Rivers-Tunnel* in Südafrika, dessen Bohrung 1967 begann und im April 1973 beendet wurde; er kostete schätzungsweise 240 Mio. DM. Durch die Auskleidung der Tunnelwände auf eine Mindeststärke von 23 cm ist sein Durchmesser jetzt 5,33 m. Die Zahl der Arbeiter, die am Bau beschäftigt gewesen sind, überstieg gelegentlich 5000. Einige Zugangsschächte der acht Abschnitte sind mehr als 305 m tief.

Die größte Brückentunnelanlage der Welt ist der *Chesapeake-Bay-Bridge-Tunnel* (USA), der über 28,4 km von *Eastern Shore* auf der Halbinsel Virginia nach *Virginia Beach* führt. Die Kosten des Baues beliefen sich auf 200 Mio. Dollar (damals 780 Mio. DM). Nach 42 Monaten Bauzeit wurde der Tunnel am 15. April 1964 in Betrieb genommen. Der längste überbrückte Abschnitt ist 7,34 km lang, und der längste Tunnelabschnitt ist der *Thimble-Soal-Channel-Tunnel* mit 1,75 km.

Der längste Kanaltunnel der Welt gehört zu dem von 1912–27 gebauten *Rovekanal* zwischen dem Hafen von *Marseille* und der *Rhône* (Frankreich). Er ist 7,3 km lang, 22 m breit und 15 m hoch; der Bau erforderte die Abtragung von 1,7 Mio. m^3 Erdreich und Gestein.

Der höchste Tunnel Europas wird seit August 1979 zehn Meter unter dem bayerischen *Zugspitzgipfel* (2963 m) gebohrt. Er wird 40 m lang und begehbar sein. Doch ist er kein Verkehrstunnel, sondern wird die Antennen auf der Nordseite der Zugspitze mit denen im zukünftigen Richtfunkgebäude auf der Südseite verbinden. Die Richtfunkstrecke soll bis zu 10 000 Ferngespräche über die Alpen vermitteln.

Der Weltrekord für den schnellsten Tunnelbau wurde 1967 bei dem 8 km langen *Oso-Bewässerungstunnel* in *Colorado* (USA) erzielt, als die Bohrvorrichtung an einem Tage 127,7 m des 5,5 m^2 weiten Tunnels fertigstellte.

Bauten für Sonderzwecke

Der größte Zirkusbau der Welt heißt *Circus* und sein Gebäude steht in Las Vegas (USA). Er wurde für 15 Mio. Dollar (damals 60 Mio. DM) erbaut und am 18. 10. 1968 eröffnet. Zuschauerraum und Manege sind zusammen 11 984 m^2 groß. Das Haus hat ein 27,4 m hohes zeltförmiges Dach aus Plexiglas.

(D) Der erste Winterbau für den *Zirkus Krone* in München wurde am 4. Mai 1919 eröffnet. Er hatte 5000 Sitzplätze. 1944 wurde er ausgebombt und nach dem Krieg provisorisch mit 2000 Sitzplätzen wieder hergerichtet. Am 25. Dezember 1962 wurde der jetzige Bau mit 3000 Sitzplätzen und einer Gesamtfläche von 24 600 m^2 eröffnet. Die reinen Baukosten betrugen 1,9 Mio. DM. *Zirkus Krone* ist der einzige ortsfeste Zirkus in Westdeutschland.

Das größte Zirkus-Sommerzelt hat der westdeutsche *Zirkus Krone* seit 1902. Es hat eine Zeltfläche von 5500 m^2. Die Masten, an denen das Zelt aufgehängt wird, sind 22 m hoch (Innenhöhe 18 m). Alle drei Jahre wird das Zelt erneuert. Die gesamte Zeltkonstruktion mit Sitzreihen und Manege usw. kostete über 1 Mio. DM.

Die größten vier Rolltore für die Schaubühne in Berlin (West): jedes ist 20 m breit und 14 m hoch.

Die vier Eingänge zur Raumfahrzeugmontagehalle in Cape Kennedy haben die höchsten Tore: 140 m hoch.

Die größte unterirdische Montagehalle der Welt war die *Mittelwerkfabrik* bei *Nordhausen* im Harz (heute Ostdeutschland). Sie wurde zum Schutz vor Fliegerangriffen 1942 unter die Erde verlegt. Insassen von Konzentrationslagern bauten die 120 000 m² große Fabrikationsfläche aus. In dem Werk wurden V-2-Raketen montiert.

Die längsten Treppen der Welt sollen sich im *Aura Kraftwerk,* Sienndall (Westnorwegen) befinden. Die Holztreppen sind zusammen 1250 m lang und bestehen aus 3875 Stufen, die mit einer Steigung von 41° innerhalb des Druckschachts aufwärts führen.
Die *T'ai-Tschan-Tempeltreppen* von 6600 Stufen im chinesischen *Schantunggebirge* führen über eine Länge von 8 km auf eine Höhe von 1428 m.

Die größten Tore der Welt sind die vier Eingänge des Raumfahrzeugmontagegebäudes bei *Cape Kennedy,* Florida (USA), die 140 m hoch sind.

Die größten Rolltore Europas, vielleicht sogar der Welt, erhält das neue Theater der *Schaubühne* in *Berlin (West).* In dem Gebäude war das Kino *Capitol.* Mit Spezialkränen wurden zwei Rolltore, jedes 20 m breit und 14 m hoch, in das Bühnenhaus gehievt. Sie sollen später die Bühne unterteilen, wenn es sich für Inszenierungen als notwendig erweisen sollte.

Das größte Kuppelgewölbe der Welt ist der Louisiana *Superdome* New Orleans (USA). Sein Durchmesser beträgt 207,26 m.

Die größte Kuppel des Altertums besitzt das 112 n. Chr. in *Rom* gebaute *Pantheon,* mit einem Durchmesser von 43 m.

Der größte hygienische Müllabladeplatz der Welt ist die Müllverwertungsanlage Nr. 1 in *Fresh Kills,* Staten Island (USA), die im März 1974 in Betrieb genommen wurde. Während der ersten vier Monate seit Eröffnung wurden dort 450 000 t Abfall von 700 Leichtern aus New York City abgeladen.

Der größte Zaun der Welt ist das zum Schutz gegen *Dingos* errichtete Gehege um die Schafweiden in *Queensland* (Australien). Der Drahtzaun ist 1,8 m hoch (30 cm unter der Erde) und 5531 km lang.

Der höchste Springbrunnen der Welt befindet sich in *Fountain Hills,* Arizona (USA). Sein Bau kostete ca. 1 500 000 Dollar (6 Mio. DM). Bei vollem Druck von 26,3 kg/cm^2 und einem Austritt von 26 500 l/Min. wiegt die 170 m hohe Wassersäule mehr als 8 t. Die Düsengeschwindigkeit der drei Pumpen beträgt 75 km/h.

Den tiefsten Brunnen Europas hat die 630 m hoch gelegene *Bergfeste Wülzburg* bei Weissenburg im Naturpark Altmühltal (Bayern, Westdeutschland). Der 166 m tiefe Brunnen wurde ca. 1650 angelegt; eine erstaunliche Leistung damaliger Brunnenbautechnik. Noch heute hat er einen Wasserstand von 5 m.

Die größte Statue der Welt: 82 m hoch, bei Wolgograd.

Der höchste Fahnenmast befand sich vor dem *Oregongebäude* auf der *Internationalen Panama-Pacific-Ausstellung* 1915 in San Francisco (USA). Es war der Stamm einer Douglastanne. Er hatte eine Höhe von 91 m und wog 47 t.

Der höchste freistehende Fahnenmast, der noch existiert, ist eine Metallstange von 51,8 m (zusätzlich 3,05 m unter dem Boden) mit einem Gewicht von 12 700 kg, die 1943 auf dem Gelände der *Handelsmarineschule* in *Kings Point,* New York (USA), aufgestellt wurde. Der Mast verjüngt sich von 61 cm auf 14 cm an der Fahnenstockspitze.

Das größte Baugerüst, das jemals errichtet wurde, besaß 228,5 km Rohrmaterial bis zu einer Höhe von 148 m und wurde 1971 beim Umbau von *Guy's Hospital* in *London* (England) verwendet.

Denkmäler und Statuen

Das größte Denkmal der Welt ist die am 28. Oktober 1965 fertiggestellte Pforte aus rostfreiem Stahl zum sog. *West Arch in St. Louis,* Missouri (USA), zur Erinnerung an den *großen Zug nach Westen,* der 1803 nach dem Kauf von Louisiana einsetzte. Der Bogen wölbt sich über 192 m, mit einer Stützweite von ebenfalls 192 m und kostete 29 Mio. Dollar (damals 116 Mio. DM). Der Entwurf stammte von dem 1961 verstorbenen *Eero Saarinen.*

Die höchste Siegessäule der Welt soll an die *Schlacht von San Jacinto* (21. April 1836) erinnern. Sie steht am San Jacinto-Fluß bei Houston, Texas (USA). General *Sam Houston* (1793–1863) und seine 743 Texaner besiegten eine mexikanische Übermacht von 1600 Mann, von denen 630 getötet und 700 gefangen genommen wurden. Die amerikanischen Verluste beliefen sich auf neun Tote und 30 Verwundete. Die 1936–39 für 1,5 Mio. Dollar errichtete, sich nach oben verjüngende Säule ist 173 m hoch, 14 m^2 am Fuß und 9 m^2 am Aussichtsturm, den ein 200 t schwerer Stern krönt. Die Säule ist aus Beton, der mit gelbbraunem Sandstein verkleidet ist, und wiegt 31 888 t.

(DDR) **Das höchste Denkmal Europas** ist das 91 m hohe *Völkerschlachtdenkmal,* das 1898–1913 bei *Leipzig* (Sachsen, Ostdeutschland) zur Erinnerung an die Völkerschlacht 1813 errichtet wurde.

Die größte Statue der Welt ist eine riesige *Frauengestalt* aus Spannbeton auf dem *Mamajewberg* bei *Wolgograd* (UdSSR), die *Jewgenij Wuchetitsch* 1967 zum Andenken an den Sieg von *Stalin-*

grad (1942–43), das heute Wolgograd heißt, ausführte. Von der Basis zur Spitze des Schwerts in der rechten Hand des Standbilds mißt es 82,3 m.

Längste Statue. Bei *Bamijan* in Afghanistan befinden sich die Überreste einer ruhenden *Buddhafigur* aus mit Mörtel verkitteten kleinen Steinen. Sie soll *»etwa 300 m lang«* gewesen sein und aus dem 3. oder 4. Jahrhundert n. Chr. stammen.

Das größte Denkmal der Welt: West Arch in St. Louis.

Reklamebauten

Die höchsten Reklametafeln der Welt sind die vier am 72. Stockwerk des 285 m hohen Gebäudes der *Bank von Montreal* in Toronto (Kanada) angebrachten Firmenzeichen. Jedes der Schilder ist 6×6,7 m groß und wurde mit einem Hubschrauber an Ort und Stelle gebracht.

Die größte Leuchtreklame warb für *Citroën* am *Pariser Eiffelturm.* Sie wurde am 4. Juli 1925 eingeschaltet und war über eine Entfernung von 38 km zu sehen. Die Reklame war sechsfarbig, hatte 250 000 Glühbirnen und 90 km lange elektrische Kabel. Der Buchstabe N am Ende des Namens *Citroën* zwischen dem zweiten und dritten Abschnitt des Eiffelturms war 20,8 m hoch. Nach elf Jahren wurden die Buchstaben abmontiert.

Größte mobile Reklame: Mercedesstern in Berlin (West).

Die größte Neonreklame der Welt gehörte der *Atlantic Coast Line Railroad Company* und befand sich in *Port Tampa,* Florida (USA). Sie war 118 m lang, 23 m hoch, wog 178 t und enthielt rund 1280 m rote Neonlichtröhren. Sie wurde am 19. Februar 1970 abgerissen.

Die größte sich drehende Neonreklame der Welt ist der 10 m hohe *Mercedesstern* auf dem 88 m hohen *Europa-Center* in Berlin (West). Zur Reinigung (zweimal im Jahr) des 28 t schweren Sterns kann er durch seinen Elektromotor, der die Drehungen ermöglicht und auch dafür sorgt, daß der Stern sich bei Sturm automatisch so zum Wind stellt, daß er möglichst wenig Angriffsfläche bietet, horizontal gekippt werden. Das *Mercedeszeichen* auf dem *Europa-Center* ist jedoch nicht der größte *gute Stern auf allen Straßen,* der befindet sich in der Hafeneinfahrt von *Hongkong.* Er hat einen Durchmesser von 20 m, kann sich jedoch nicht drehen.

Antike Architekturrekorde

(in der Reihenfolge ihrer Entstehungszeiten)

Die größten vorgeschichtlichen Religionsbauten in Europa sind Riesensteinblöcke, die sich als Wälle über 11,5 ha bei *Avebury* (England) erstrekken. Sie wurden 1646 wiederentdeckt. Das früheste meßtechnisch ermittelte Datum für diese Stätte aus der *Jungsteinzeit* ist ca. 4200 v. Chr. Die gesamte Anlage hat einen Durchmesser von 365 m, war von einem 12 m tiefen Graben umgeben und benötigte schätzungsweise 15 Mio. Arbeitsstunden.

Die größte erhaltene Zikkurat (vom Verbum *zakkaru: hochbauen*) ist der *Stufenturm von Ur* im heutigen Irak mit einer Grundfläche von 60×45 m und ursprünglich mindestens drei Stockwerken, von denen das erste und Teile des zweiten mit einer Höhe von 18 m erhalten sind. Die Entste-

Die größten Steinblöcke in Dreiergruppen: Stonehenge. Der Zweck der Anlage ist noch immer umstritten.

hungszeit wird unterschiedlich zwischen 2800 und 2050 v. Chr. angesetzt.

Die älteste bekannte Pyramide ist die 62 m hohe Stufenpyramide des *Djoser* in *Sakkara* (Ägypten), die um 2650 v. Chr. erbaut wurde und ursprünglich mit Blöcken aus Tura-Kalkstein belegt war.

Die größten Trilithen *(Steinblöcke in Dreiergruppen)* finden sich in *Stonehenge*, südlich der Ebene von *Salisbury* (England). Die einzelnen Steinpfeiler wiegen mehr als 45 t und mußten von etwa 550 Mann eine Steigung von 9° bergauf geschleppt werden. Die früheste Bauphase des Rundgrabens wurde mit 2180 v. Chr. ± 105 Jahre errechnet. Ob *Stonehenge* als Mondkalender, Tempel oder zur Vorhersage von Sonnen- und Mondfinsternissen diente, ist noch immer umstritten.

Der Obelisk, der nie transportiert wurde, befindet sich noch immer in *Heliopolis* bei *Assuan* (Ägypten), wo ihn *Pharao Senusret I.* um 1750 v. Chr. errichten ließ.

Der größte erhaltene monolithische Obelisk steht seit 1588 auf der *Piazza San Giovanni* im *Lateran* (Rom, Italien). Er stammt aus *Heliopolis* (Ägypten). Dort war er 1450 v. Chr. aufgestellt worden. 357 n. Chr. kam der 33 m lange, 457 t schwere Obelisk in den römischen *Circus Maximus.*

Die höchsten tragenden Steinsäulen der Welt sind 21 m hoch und befinden sich in der Säulenhalle des *Amun-Tempels* von *Karnak* am Nilufer gegenüber *Theben,* der Hauptstadt Oberägyptens im Altertum. Die Säulen stammen aus der 19. Dynastie unter *Ramses II.* um 1270 v. Chr.
Nur $6^1/_2$ m höher sind die höchsten Säulen aus unserer Zeit. Es sind die 36 kannelierten Marmorsäulen in der Eingangshalle des *Education Building, Albany,* N.Y. (USA).

Die älteste Pyramide der Neuen Welt wurde auf der Insel *La Ven* in Südostmexiko vom Indianerstamm der *Olmeken* um 800 v. Chr. gebaut. Sie ist 30 m hoch, mit einem Durchmesser der Grundfläche von 128 m.

Der größte Grabhügel der Welt ist jener Kieshügel, der zum Gedächtnis an den *Seleukidenkönig Antiochos I.* (281–261 v. Chr.) auf dem Gipfel des *Nemud Dagi* (2494 m) südöstlich *Malatya* (Türkei) errichtet wurde. Er ist 59,8 m hoch und bedeckt eine Fläche von 3 ha.

Stufenturm von Ur (früher Sumer, heute Irak). Nur das erste Stockwerk ist erhalten.

Längste Mauer der Welt ist natürlich die *große Mauer Chinas,* die während der Herrschaft Kaiser *Tschin Schi Huang Ti's* (246–210 v. Chr.) fertiggestellt wurde. Sie ist 3460 km lang. Außerdem kommen weitere 2860 km an Abzweigungen und Ausläufern hinzu. Die Höhe schwankt zwischen 4,5 und 12 m. Die Mauer ist bis zu 9,8 m stark. Sie läuft von *Schanhaikuan,* am Golf von Pohai nach *Juman-Kuan* und *Jang-Kuan* und wurde bis zum 16. Jahrhundert instandgehalten.

Die größte Pyramide ist die Pyramide des *Quetzalcóatl* in *Cholula de Rivadabia,* 100 km südöstlich der Ciudad de Mexico (Mexiko). Sie ist 54 m hoch und die Grundfläche mißt nahezu 18,2 ha. Das Gesamtvolumen der Pyramide wurde auf 3 Mio. 300 000 m^3 geschätzt (zum Vergleich: die *Cheopspyramide* hat 2,5 Mio. m^3). Das Zeitalter der Pyramiden in Mexiko lag zwischen dem zweiten und dem sechsten Jahrhundert n. Chr.

Die größte Gruft der Welt ist die letzte Ruhestätte des japanischen Kaisers *Nintoku* (gest. 428 n. Chr.) südlich von Osaka. Die Gruft ist 485 m lang, 305 m breit und 45 m hoch.

Für eigene Rekorde

Die sieben Weltwunder

Die heute übliche Aufzählung der sieben Weltwunder folgt jener, die der griechische Schriftsteller Antipater aus Sidon im zweiten Jahrhundert n.Chr. aufgestellt hat. Nicht immer gehörten die gleichen Bauwerke zu den sieben Weltwundern, aber nie wurde die Zahl Sieben überschritten.

1. Die Pyramiden von Gizeh

Sie wurden unter den drei Pharaonen Cheops, Chephren und Mykerinus der vierten ägyptischen Dynastie bei Gizeh südwestlich von Kairo (Ägypten) erbaut. Die Große Pyramide (»Horizont des Cheops«) wurde um 2580 v.Chr. fertiggestellt. Ursprünglich 146,5 m, ist sie nach dem Abbröckeln der obersten Steine und des Pyramidions nur noch 137 m hoch, wobei die Basis 230 m mißt, so daß sich eine Gesamtfläche von etwas mehr als 5 ha ergibt. Man hat errechnet, daß schätzungsweise 4000 Arbeiter 30 Jahre damit beschäftigt waren, die 2 300 000 Kalksteinblöcke mit einem Durchschnittsgewicht von $2\frac{1}{2}$ t zu transportieren. Insgesamt mußten 5 750 000 t mit einem Volumen von 2 568 000 m^3 bewegt werden. Eine im Dezember 1974 veröffentlichte Kostenrechnung ergab, daß man heute dafür 405 Arbeiter sechs Jahre lang benötigen würde, was einen Kostenaufwand von ca. drei Mrd. DM erfordern würde. Die Pyramiden sind das am besten erhaltene der sieben Weltwunder. Von den anderen existieren bestenfalls noch Trümmer. Es sind dies folgende:

2. Die Zeusstatue des Phidias

12 m hoch soll dieses Kunstwerk aus Marmor, Gold und Elfenbein gewesen sein. Es wurde im 5. Jahrhundert in Olympia (Griechenland) geschaffen. Es fiel einem Brand in Istanbul (Türkei) zum Opfer.

3. Der Diana-(Artemis-)Tempel in Ephesus (heute: Türkei)

Er wurde um 350 v.Chr. erbaut und 262 n.Chr. von den Goten zerstört. Die biblische Apostelgeschichte erwähnt die Statue.

4. Grabmal des Königs Mausolos von Karia

Das Grabmal, von dem sich der Name Mausoleum ableitet, wurde um 325 v.Chr. im Halikarnassos (dem heutigen Bodrum in der Türkei) errichtet. Es wurde total zerstört.

5. Die hängenden Gärten der Semiramis

Es dürfte sich um Dachgärten auf dem Stadtpalast in Babylon (heute Irak) gehandelt haben. Nichts von ihnen ist erhalten.

6. Der Koloß von Rhodos

So bezeichnete man die Apollostatue des Chares von Lindos, weil die 35 m hohe Statue breitbeinig über der Hafeneinfahrt von Rhodos stand, so daß zwischen ihren Beinen Schiffe durchsegeln konnten. Bei einem Erdbeben im Jahre 224 v.Chr. ist die Statue, die zwischen 292–280 v.Chr. geschaffen wurde, eingestürzt. Übrigens hat 1979 der amerikanische Bildhauer Felix de Welton erklärt, er wolle einen neuen Koloß von Rhodos errichten, der über 93 m groß werden soll.

7. Der Leuchtturm von Pharos

Diesen frühesten Leuchtturm der Welt hatte Sostratos von Knidos um 270 v.Chr. als pyramidenförmigen weißen Marmorturm errichtet. Er stand auf der Alexandria (Ägypten) vorgelagerten Insel Pharos (griech. für Leuchtturm). Der Turm wurde 1375 durch ein Erdbeben zerstört.

Kunst
und Unterhaltung

Malerei und Bildhauerei

Malerei

Anfänge: Ockerstücke mit geschmirgelten Facetten, die am *Mungo-See* im australischen Bundesstaat Neusüdwales aufgefunden wurden und über die 1973 zum ersten Mal berichtet wurde, werden auf die Zeit vor 30 000 v. Chr. datiert; sie dienten möglicherweise als Farbstoff für Höhlenkunst. Falls dies bestätigt wird, sind sie also sogar älter als die Höhlenzeichnungen von Tieren und Symbolen in *La Ferrasie,* Périgord (Frankreich), aus der Alt-Steinzeit *(Aurignac-Periode),* die auf 25 000 v. Chr. geschätzt werden.

Die ältesten bekannten Wandgemälde auf von Menschenhand errichteten Mauern sind die von *Catal Hüyük* in Südanatolien in der Türkei, die auf ungefähr 5850 v. Chr. datiert werden.
Die ältesten *Fresken* innerhalb des deutschen Sprachraums hat das *St.-Proculus*-Kirchlein bei Naturns (Südtirol, Italien). Sie stammen aus dem 8. Jahrhundert.

Das größte Mosaik der Welt: die Außenfront der Universitätsbibliothek von Mexiko-City.

Nur wenig jünger, nämlich aus der Zeit um 830, sind die *Wandmalereien* der Krypta auf dem *Petersberg* bei Fulda (Hessen).

Das größte Wandgemälde der Welt und das größte Emblem ist das Symbol des zweihundertsten Jahrestags der amerikanischen Revolution auf dem geschwungenen Dach des *Veteranengedenk-Kolosseums* in Phoenix, Arizona (USA). Es nimmt 10 219 m^2 ein, das ist mehr als 1 ha. 1977 wurde es übermalt. Nachdem mit Hilfe eines Komputers die Umrisse gezeichnet worden waren, benötigten unter Anleitung des Designers *John M. Glitsos* mehrere Mitarbeiter 45 Arbeitstage, um vom 18.–26. August 1973 die notwendigen 3955 l *»patriotische Farbe«* (rot, weiß, blau) aufzutragen.

Das größte Mosaik befindet sich an den Außenmauern der *Zentralbibliothek* der Universität in *Mexiko City* (Mexiko). Es handelt sich um vier Wände, von denen die beiden größten 203 m^2 groß sind. Sie stellen die vorspanische Geschichte Mexikos dar.
Das größte Mosaik in Westdeutschland bedeckt die Südwand des *Wilhelm-Hack-Museums* in *Ludwigshafen.* Auf einer Breite von 55 m und einer Höhe von 10 m wurde es im Frühjahr 1980 von *Joan Miró* und *Juon Gardy-Artigas* nach Entwürfen von *Miró* ausgeführt. Es ist auch das größte Mosaik, das *Joan Miró* bisher geschaffen hat.

Das größte Gemälde der Welt war das *Panorama des Mississippi* aus dem Jahre 1846 von *John Banvard* (1815–91), das den Flußverlauf von 1930 km auf einer Leinwand von vermutlich 1525 m Länge und 3,65 m Höhe darstellte, also auf einer Fläche von mehr als 0,52 ha. Das Bild wurde wahrscheinlich total zerstört, als die Leinwandrollen, die in einem Schuppen in Cold Spring Harbor, Long Island, New York (USA), aufbewahrt wurden, kurz vor Banvards Tod am 16. Mai 1891 einem Feuer zum Opfer fielen.

Das größte noch existierende Gemälde ist *Die Schlacht von Gettysburg,* das von dem Franzosen *Paul Philippoteaux* und 16 Assistenten nach zweieinhalbjähriger Arbeit 1883 fertiggestellt wurde. Das Gemälde ist 125 m breit, 21,30 m hoch und wiegt 5,45 t. Es stellt den Höhepunkt der Schlacht von Gettysburg im Süden des amerikanischen

Bundesstaates Pennsylvania am 3. Juli 1863 dar. Es wurde 1964 von *Joe King* aus North Carolina (USA) erworben, nachdem *E. W. McConnell* es seit dem Jahre 1933 in einem Lagerhaus in Chicago aufbewahrt hatte.

Das den Ausmaßen nach größte Gemälde eines »alten Meisters« ist *Il Paradiso* (Das Paradies), das *Jacopo Robusti,* alias *Tintoretto* (1518–94), und sein Sohn *Domenico* (1565–1637) zwischen 1587 und 1590 auf die Wand des *Saals des Großen Rates* im *Dogenpalast* von *Venedig* malten. Das Werk ist 22 m breit und 7 m hoch und enthält mehr als 100 Abbildungen menschlicher Figuren.

(D) **Als größtes Gemälde in Westdeutschland** gilt das Panorama-Bild *Die Kreuzigung Christi,* das in einem speziell dafür errichteten zwölfeckigen Kuppelbau im Wallfahrtsort *Altötting* (Oberbayern) untergebracht ist. Das Bild ist ca. 94 m lang und 12 m hoch. Es wurde 1902–03 von dem Maler *Prof. Gebhard Fugel,* unterstützt von *Josef Krieger,* mit Öl auf Leinwand gemalt und stellt im Rahmen eines Rundblicks über die Stadt Jerusalem und Golgatha die Kreuzigung Christi zum Zeitpunkt der im Neuen Testament erwähnten Sonnenfinsternis dar.

(A) **Das größte Bild in Österreich** ist ebenfalls ein Panoramagemälde: *Die Andreas-Hofer-Schlacht am Berg Isel* 1809. Es befindet sich heute in einem Bauwerk in *Innsbruck* (Tirol). Gemalt wurde es 1896 von *Zeno Diemer.* Es ist 100 m lang, 10 m hoch und hat ein Gewicht von 3600 kg.

(CH) **Das größte Bild der Schweiz,** ebenfalls ein Panorama der *Kreuzigung Christi,* ist in *Einsiedeln,* Kanton Schwyz, zu sehen. Es wurde 1893 von dem Münchner Maler *Frosch,* dem Salzburger *Krieger* und dem Amerikaner *Leigh* (Baltimore) gemalt. 1960 ist es abgebrannt, wurde aber 1962 von den Wiener Malern *Wulz* und *Fastl* restauriert. Auch dieses Kolossalbild ist 100 m lang und 10 m hoch.

Die kleinsten bekannten Bilder sind ein »Ölgemälde« mit 0,11 mm Durchmesser des Kanadiers *José M. Salas* aus Orillia, Ontario, das er im April 1979 schuf, und das Bild *Mein kleines Land Holland,* das Gert Twigt im Januar 1979 auf eine kreisrunde Fläche von 0,15 mm Durchmesser gemalt hat. *(Weitere Rekordmeldungen für diese Kategorie werden für die nächsten Ausgaben nicht mehr angenommen, da mit diesen Bildern die Grenze des Erkennbaren erreicht ist.)*

(D) Gegenüber diesen wahren »Zwergen« unter den Gemälden wirken die in Deutschland bekannten *kleinsten Bilder* schon fast riesig. Es sind dies ein von einem »Kleinkünstler« aus Bonn gemaltes *Landschaftsbild des Siebengebirges* (9 × 12 mm) und das 7 × 8 mm große *Porträt des Schäferhundes Alf,* das der Gastwirt *Otto Schmidt* aus Berlin (West) etwa 1950 schuf. Mit einem einzigen Pinselhaar hat der Gastwirtssohn *Wolfgang Erlemann* aus Gelsenkirchen-Buer um 1960 winzige Porträts gemalt, so das des Bundespräsidenten *Theodor Heuss* (4 × 5 mm), der englischen Königin *Elizabeth II., Winston Churchills* u. a. Keines dieser Bilder ist größer als 8 × 12 mm. Das Porträt von *Papst Johannes XXIII.* malte er auf einen Nagelkopf!

Wertvollstes Gemälde aller Zeiten: da Vincis Mona Lisa.

Als wertvollstes Gemälde der Welt gilt die *Mona Lisa* (La Gioconda) von *Leonardo da Vinci* (1452–1519) im Louvre in Paris. Sie wurde für eine Versicherung auf die Höchstsumme von 100 Mio. Dollar (damals etwa 400 Mio. DM) geschätzt, als das Bild vom 14. Dezember 1962 bis 12. März 1963 in Washington und New York (USA) ausgestellt war. Es wurde jedoch keine Versicherung abgeschlossen, da die Kosten selbst für die strengsten Sicherheitsvorkehrungen niedriger waren als die Versicherungsprämie. Das Bild entstand um 1503–07 und mißt 77 × 53 cm; es soll *Mona* (Kurzform für *Madonna*) *Lisa Gherardini* darstellen, die Ehefrau des Florentiners *Francesco del Giocondo,* dem es jedoch nicht gefiel und der sich weigerte, die Rechnung zu bezahlen. König *Franz I.*

von Frankreich (* 12. September 1494, † 31. März 1547) erwarb das Gemälde 1517 für sein Badezimmer und bezahlte 4000 Goldgulden dafür, bzw. 15,30 kg Gold. (Heutiger Wert: 565 000,– DM).

Das berühmteste klassische Gemälde, das von fortschreitender Zerstörung bedroht ist, ist *Leonardo da Vincis* Fresko *Abendmahl,* das er von 1495 bis 1498 für das Refektorium des Dominikanerklosters *Santa Maria delle Grazie* in *Mailand* (Italien) schuf. Das Wandgemälde, schon seit langem durch Mauerfeuchte und Bakterienfraß gefährdet, weist seit Anfang 1980 einen daumenbreiten, zwei Meter langen Riß auf, der vermutlich aufgrund von Bodenerschütterungen durch den Straßenverkehr oder durch ein Absinken der Klosterfundamente verursacht wurde. Das Gemälde ist bis auf weiteres deswegen gegenwärtig nicht zu besichtigen. Als laut einer UNESCO-Liste »dringlichst zu rettendes Kunstwerk« soll es innerhalb von zwei Jahren restauriert und durch Luftfilteranlagen und Mauerbefestigung vor weiterem Verfall gesichert werden.

Der produktivste aller Maler war Pablo Picasso. (* 25. Oktober 1881, † 8. April 1973). Man schätzt, daß er im Verlaufe seiner 78 Jahre langen Karriere ungefähr 13 500 Gemälde oder Zeichnungen malte, sowie 100 000 Lithographien, Radierungen und Stiche, 34 000 Buchillustrationen und 3000 Skulpturen oder Keramiken anfertigte. Der Wert seines Lebenswerks wird auf 500 Mio. Pfund, also etwa 2 Mrd. DM nach heutigem Wert, geschätzt. Im Frühjahr und Sommer 1980 fand im New Yorker *Museum of Modern Art* die größte Picasso-Ausstellung des Jahrhunderts statt. Mehr als tausend Werke waren zu sehen. Nach dieser Ausstellung geht Picassos Antikriegsbild *Guernica* für immer nach Spanien. Es soll im *Prado* in Madrid ausgestellt werden. 1981, zum 100. Geburtstag des Malers wird dann das neue Pariser *Musée Picasso* im Marais eröffnet.

Der produktivste Porträtmaler ist *John A. Wismont* jr., (* 20. Sept. 1941 in New York, USA). Er malte während seiner Karriere (bis 1978) 45 423 Aquarellporträts, davon 9853 allein im Jahre 1976.

Der sein Motiv am häufigsten wiederholende Maler, *Antonio Bin* aus Paris, hat Leonardos *Mona Lisa* ungefähr 300mal gemalt; diese Kopien kosten bis zu 1000 Pfund, also etwa 4000,– DM, pro Stück.

Der höchste Preis für ein Gemälde, der je auf einer öffentlichen Auktion gezahlt wurde, waren 6,4 Mio. US-Dollar (etwa 11,3 Mio. DM). Dieser Betrag wurde im Mai 1980 bei *Sotheby Parke Bernet* in New York für das Gemälde *Juliet and her Nurse (Julia und ihr Kindermädchen)* gezahlt, das *William Turner* (* 23. April 1775, † 19. Dezember 1851) 1836 in Venedig gemalt hat. Das Bild gehört zu den bekanntesten Werken des englischen Vor-Impressionisten. Die Käuferin war eine – offenbar wohlhabende – Dame aus Argentinien.
Bis zu diesem Auktionsgebot waren 5,5 Mio. US-Dollar (heute ca. 11 Mio. DM, damals 21,8 Mio. DM) das höchste Gebot für ein Gemälde. Für diesen Betrag erwarb die *Wildenstein-Galerie* in New York am 27. November 1970 bei einer *Christie, Manson & Woods-Auktion* in London das Bildnis des *Juan de Pareja,* auch bekannt unter dem Titel *Der Sklave des Velázquez,* das 1649 von dem Spanier *Diego Rodriguez de Silva Velázquez* (1599–1660) in Rom gemalt wurde. Das Bild war von *Christie's* bei einer Auktion im Jahre 1801 für 39 Guineen (damals weniger als 1000 Goldmark, nach heutigem Wert etwa 165,– DM) verkauft worden und befand sich von Mai 1811 bis 1970 im Besitz der *Grafen von Radnor.*
Dieser Rekord wurde im Mai 1980 fast wieder erreicht, als ein Gemälde von *Vincent van Gogh* (* 30. März 1853, † 29. Juli 1890) für 5,2 Mio. US-Dollar (ca. 10 Mio. DM) den Besitzer wechselte. Bei *Christie's* in London mußte dieser Betrag für das 1888 gemalte Bild *Le jardin du poète, Arles* gezahlt werden. *Henry Ford II.* mußte sich von diesem und anderen Bildern trennen, um die Abfindung für seine von ihm geschiedene Frau zu finanzieren. Auf der gleichen Versteigerung wechselten das Bild *Paysan en blouse bleu* von *Paul Cézanne*

Bis 1980 das teuerste Bild: Der Sklave des Velázquez.

Die teuersten klassischen Bilder der Welt – Verkaufsrekorde					
Kaufpreise in DM Stand 1980	**Maler**	**Titel**	**Verkäufer**	**Käufer**	**Jahr**
587 000	Antonio Correggio	Lesende Magdalena		Kurfürst Friedrich August II. v. Sachsen	1746
597 000	Sanzio Raffael	Die Sixtinische Madonna		Kurfürst Friedrich August II. v. Sachsen	1759
673 000	Hubert u. Jan van Eyck	Anbetung des Lammes (u. a. vom Genter Altar)	Edward Solby	Preußische Regierung	1821
1 523 000	Bartolomé Esteban Murillo	Die unbefleckte Empfängnis	Erbmasse Marshall Soult	Louvre, Paris (gegen Nikolaus I.)	1852
6 747 000	Sanzio Raffael	Madonna Ansidei	8. Herzog von Marlborough	National Galery London	1885
9 746 000	Sanzio Raffael	Altarbild Colonna	Seldermeyer	I. Pierpoint Morgan	1901
8 005 000	Anton van Dyck	Bildnis der Elena Grimaldi-Cattaneo	Knoedler	Peter Widener (1834–1915)	1906
6 400 000	Rembrandt Harmensz van Ryn	Die Mühle	Marquise von Lansdowne	Peter Widener	1911
7 249 000	Raffael	Kleinere Panshanger Madonna	Josef Baron Duveen	Peter Widener	1913
19 123 000	Leonardo da Vinci	Madonna Benois		Zar Nikolaus II.	1914
8 894 000	Rembrandt	Aristoteles, die Büste Homers betrachtend	Erbmasse Alfred W. Erickson	Metropolitan Museum of Art, New York	1961
20 012 000	Leonardo da Vinci	Bildnis der Ginevra de'Benci	Fürst Franz-Josef II. von Liechtenstein	National Gallery of Art, Washington	1967
21 791 000	Diego Veláquez	Bildnis des Juan de Pareja	Graf von Radnor	Gallerie Wildenstein, New York	1970

(*19. Januar 1893, † 22. Oktober 1906) für 3,9 Mio. US-Dollar (ca. 7,5 Mio. DM) und *La plage au Pouldu* von *Paul Gauguin* (*7. Juni 1848, † 9. Mai 1903) für 2,9 Mio. US-Dollar (7,5 Mio. DM) den Besitzer.

Den höchsten Preis für das Bild eines modernen Künstlers erzielte das Gemälde *Sitzender Akrobat mit verschränkten Armen* des Spaniers *Pablo (Diego José Francisco de Paula Juan Nepumuceno Crispin Crispiano de la Santissima Trinidad Ruiz y) Picasso* (1881–1973). Bei einer Auktion des New Yorker Versteigerungshauses *Sotheby Parke Bernet* wurde dieses Bild aus dem Jahre 1923 am 12. Mai 1980 von einem japanischen Museum für drei Mio. US-Dollar (ca. sechs Mio. DM) ersteigert. Dies ist der höchste Preis, den je ein Gemälde aus dem 20. Jahrhundert auf einer Auktion erzielt hat und der vierthöchste Preis in der Geschichte des Kunsthandels überhaupt. Auf dieser Auktion wurden innerhalb einer knappen Stunde Kunstwerke im Wert von knapp 15 Mio. US-Dollar ersteigert. Insgesamt kamen im Mai 1980 innerhalb von drei Wochen in New York bei *Sotheby Parke Bernet* und *Christie's*, Kunstwerke im Wert von rund 63 Mio. Dollar (111 Mio. DM) unter den Hammer.

Ikonen-Versteigerungsrekorde: 75 000 US-Dollar (knapp 150 000,– DM) betrug bisher der Welthöchstpreis für Ikonen. Bei einer Versteigerung im April 1980 in New York wurde dieser Rekord jedoch gleich *siebenmal* gebrochen. Für eine *Auferstehung* der Moskauer Schule des 16. Jahrhunderts zahlte ein holländischer Antiquar 170 000 Dollar (über 300 000,– DM). Für ein ebenso altes

Jüngstes Gericht der Schule von Nowgorod bot eine New Yorker Galerie 150000 Dollar. Für 140000 Dollar wurde eine Nowgoroder *Geburt Christi* aus dem 15. Jahrhundert einem Londoner Händler zugeschlagen. Alle 91 Stücke der Sammlung fanden Käufer. Der Gesamterlös betrug rund fünf Mio. DM.

Den höchsten Preis für ein Pop-Art-Gemälde erzielte der Amerikaner *Roy Lichtenstein* (* 27. Oktober 1923) für sein 1965 entstandenes *Großes Bild Nr. 6,* das die Galerie *Parke Bernet* in New York (USA) am 18. November 1970 für 79200 Dollar (damals etwa 220000,– DM) erwarb.

Der höchste Preis, der je für eine Zeichnung geboten wurde, war der für *Die Jungfrau und das Kind mit Johannes dem Täufer und der Heiligen Anna,* wahrscheinlich 1499–1500 von *Leonardo da Vinci* (1452–1519) in Mailand gezeichnet. Die 137 × 100 cm große Zeichnung blieb der Nationalgalerie in London 1962 für rund 800000 Pfund (damals 8,9 Mio. DM) erhalten, obwohl angeblich drei Angebote aus den USA über mehr als 4 Mio. Dollar (seinerzeit rund 16 Mio. DM) vorlagen.

Den höchsten Preis, der je für ein Gemälde einer Malerin bezahlt wurde, nämlich 150000 Dollar (damals rd. 600000,– DM), erreichte am 3. März 1971 bei *Parke Bernet,* New York das Bild *Summertime* von *Mary Cassatt* (* 1844 in Pennsylvania (USA), † 1926). Sie arbeitete größtenteils in Paris und Umgebung.

(D) **Den Spitzenpreis für ein deutsches Aquarell** bezahlte die *Kunsthalle Bremen* auf der *Hirsch-Auktion* am 20. Juni 1978 bei *Sotheby's* in London für ein Bild von *Albrecht Dürer* (* 21. Mai 1471, † 6. April 1528). Der Nettopreis betrug 2,456 Mio. DM; 10 Prozent Versteigerungsgebühr und der Zoll kamen noch dazu. Bei der gleichen Auktion wurde eine Dürer-Zeichnung *Christus am Ölberg* für 1 Mio. 151250,– DM einem nicht bekannten Käufer zugeschlagen.

(A) **Der Spitzenpreis für das Gemälde eines österreichischen Künstlers** betrug drei Mio. öS (ca. 430000,– DM). Diese Summe wurde im November 1979 für ein Genrebild des Malers *Ferdinand Georg Waldmüller* (*15. Januar 1713, † 23. August 1865) bezahlt.

(D) **Der höchste Preis, der je von einem westdeutschen Museum** für ein Gemälde bezahlt wurde, betrug 12 Mio. DM. Die *Alte Pinakothek,* München (Bayern) erlegte diesen Betrag für das 205 × 135 cm große *Porträt des Willem van Heythuyzen* des Holländers *Frans Hals* (um 1580–1666). Fürst Franz-Josef von und zu Liechtenstein verkaufte es am 7. November 1969 zu diesem Preis an die Münchener Bildergalerie.

(CH) **Der höchste Preis, der je von einem Schweizer Museum** für Gemälde bezahlt wurde, betrug 8,4 Mio sfr. Diese Summe zahlte 1967 das *Kunstmuseum Basel* allerdings für *zwei* Gemälde *Picassos.* Das eine war das 1906 entstandene Bild *Les deux frères,* das andere war *L'harlekin assis* aus dem Jahr 1923. Der Ankauf wurde von einer Volksabstimmung abhängig gemacht, bei der sich die Baseler überraschend mit großer Mehrheit für den Erwerb aussprachen, nachdem von einem amerikanischen Interessenten 2,56 Mio. Dollar (damals mehr als 7 Mio. DM) dafür geboten worden waren. Es war der höchste Preis, der je zu Lebzeiten eines Künstlers für dessen Gemälde gezahlt worden ist.

Das höchstbezahlte Plakat war mit 404000 Dollar (damals über 1,25 Mio. DM) eines der 16 bekannten Exemplare der amerikanischen Unabhängigkeitserklärung, die 1776 von der Firma *Samuel T. Freeman & Co.* gedruckt worden war. Verkauft wurde dieser Anschlag Mai 1969 an einen Texaner.

Die größte Humorzeichnung *(Cartoon),* die je ausgestellt wurde, bedeckte fünf Stockwerke (15 × 45 m) eines Gebäudes der Universität von Arizona (USA) und wurde von *Dr. Peter A. Kesling* aus Anlaß des *Elterntages* 1954 gezeichnet.

Das größte Mobile mit den Ausmaßen 14 × 5 m und einem Gewicht von 272 kg ist seit Dezember 1957 im Hauptgebäude des *John-F.-Kennedy-Flughafens* von New York (USA) zu sehen. Sein Schöpfer ist *Alexander Calder* (* 1898), der die Mobile-Kunst – im Gegensatz zu der von ihm so genannten »Stabile«-Kunst der Skulpturen – um 1930 kreierte. (Den Begriff *Mobile* hat übrigens der französische Maler und Exzentrik-Künstler *Marcel Duchamp* (1887–1968) erst im Jahre 1932 populär gemacht).
Das massivste Mobile ist *Quest* von *Jerome Kirk,* das im September 1968 bei der Firma TRW Inc. in Redondo Beach in Kalifornien (USA) errichtet wurde. Es dreht sich – vom Wind angetrieben – um einen Angelpunkt, ist 9,75 m breit und wiegt 5,442 kg.

Museen

Das älteste Museum ist das *Ashmolean-Museum* in Oxford (England), das 1679 erbaut wurde.

Das größte Museum ist das *Amerikanische Museum für Naturgeschichte* in New York. Es wurde 1874 gegründet und umfaßt 19 miteinander verbundene Gebäude mit einer Fläche von 9 ha.

(D) **Der älteste, für öffentliche Benutzung** vorgesehene Museumsbau auf dem europäischen Kontinent ist das *Fridericianum* in *Kassel* (Hessen), erbaut von 1769–79. Es wurde 1943 durch Kriegseinwirkung zerstört. Nachdem der Außenbau wiederhergestellt worden ist, dient es seit dem Jahre 1955 der periodischen Ausstellung moderner Kunst *documenta.*

Die größte Kunstgalerie sind der *Winterpalast* und die benachbarte *Eremitage* in *Leningrad* (UdSSR). Man muß 24 km gehen, um jede der 322 Galerien zu besichtigen, in denen drei Mio. Kunstobjekte und Stücke von archäologischem Interesse untergebracht sind.

Das größte moderne Kunstmuseum ist das *Centre Georges Pompidou für Kunst und Kultur,* das 1977 in Paris, an der Stelle, an der sich früher die Markthallen befanden, eröffnet wurde und das eine Fläche von 17 700 m^2 umfaßt.

Das älteste Kunstmuseum der Welt ist das im Jahre 1471 gegründete *Kapitolinische Museum* in Rom (Italien).

Ⓓ Als ältestes Museum in Westdeutschland gilt das *Hessische Landesmuseum* in *Kassel.* Es besteht seit dem Jahre 1779.
Als größte westdeutsche Kunstgalerie gilt die *Galerie Brusberg* in *Hannover* (Niedersachsen).

Die kostbarste und teuerste private Gemäldesammlung der Welt befindet sich im Schloß der Fürsten von *Liechtenstein* in *Vaduz.*

🌐 **Das kleinste Kunstmuseum** befindet sich im *Kunsthaus* von *Zürich* (Schweiz). Es ist das *Schubladen-Museum* des Berner Künstlers *Herbert Distel,* das aus einem alten Kasten für Nähseiden-Spulen besteht. In seinen 500 kleinen »Räumen«, die sich auf 20 Schubladen verteilen, und von denen jeder 57 mm breit, 43 mm hoch und 48 mm tief ist, befinden sich zahlreiche Werke von Künstlern des 20. Jahrhunderts, darunter welche von *Miró, Picasso, Marcel Duchamp, Joseph Beuys* und *Andy Warhol.* 1977 hat *Distel,* der sein *Schubladenmuseum* inzwischen den Züricher Bürgern geschenkt hat, damit eine Ausstellungstournee durch Europa, die USA und Israel unternommen.

Ⓓ **Der erste autonome Museumsbau** in Deutschland ist die *Glyptothek* in München (Bayern), die 1816–30 unter König *Ludwig I. von Bayern* (1786–1868) von *Leo von Klenze* errichtet wurde.

Ⓓ **Das größte kulturgeschichtliche Museum** ist das *Römisch-Germanische Museum* in *Köln* (Nordrhein-Westfalen), das 1978 von etwa 700 000 Besuchern besucht wurde.

🌐 **Das größte technische Museum** ist das *Deutsche Museum* in *München* (Bayern), das eine Ausstellungsfläche von fast 40 000 m^2 hat und 1978 über 1,5 Mio. Besucher zählte.

Das größte Freilichtmuseum in Europa schuf der Arzt *Andreas Sandwig* in *Lillehammer* (Norwegen). Es enthält über 100 alte Gebäude.

Ⓓ Das größte Freilichtmuseum in Deutschland befindet sich bei *Cloppenburg* (Niedersachsen). Es zeigt seinen jährlich 400 000 Besuchern mehr als 80 historische Gebäude, die einen anschaulichen Überblick über die vorwiegend bäuerliche Bau- und Wohnkultur Norddeutschlands ermöglichen.

🌐 **Das erste »Imaginäre Kunstmuseum der Welt«** wurde im November 1979 in *Wasserburg* a. Inn (Oberbayern) eröffnet. Allerdings werden dort keine Originale, sondern meisterliche Reproduktionen (sog. Repliken) weltberühmter Gemälde und Grafiken ausgestellt, die der Kunstmaler *Günter Dietz* in seiner in *Lengmoos* (Oberbayern) angesiedelten *Offizin* seit 25 Jahren herstellt. Es sind absolut originalgetreue, nach einem Spezialverfahren hergestellte Drucke von Werken so berühmter Künstler wie *Breughel, Picasso, Chagall, Spitzweg, Gauguin, Kandinsky, Miró, Klee, Cézanne* usw. bis zu zeitgenössischen Malern wie *Hundertwasser, Fuchs, Dali, Grandma Moses* zu sehen.

Ⓓ **Das lustigste und originellste Museum** Deutschlands dürfte das im südlichen *Isartor-Turm* von München (Bayern) untergebrachte *Karl-Valentin-Musäum* sein, eine Sammlung origineller und skurriler Erinnerungsstücke an den Münchner Komiker und Volkssänger *Karl Valentin* (d. i. Valentin Fey, *4. Juni 1882, †9. Februar 1948). Die Scherz-Schau mit tieferer Bedeutung ist gegen ein Eintrittsgeld von 151 Pfennigen (Kinder, Schüler und Studenten 99 Pfennige) zu besichtigen.

🌐 **Das reichste Museum** der Welt dürfte das im Januar 1974 eröffnete Museum von *Malibu,* Kalifornien (USA), sein. Es repräsentiert mit seinen 38 Galerien einen Wert von rund 100 Mio. DM und ist mit finanziellen Mitteln von rund 3 Mrd. DM für Ankäufe und Ausbauten ausgestattet.

🌐 **Das größte und älteste Kunstauktionshaus** ist die *Sotheby-Parke-Bernet-Gruppe* in London und New York, die 1744 gegründet wurde. Ihr Jahresumsatz betrug 1976/77 211 Mio. Dollar (ca. 450 Mio. DM).

Die erste Museumsdirektorin der Welt war *Johanna Mestorf,* die von 1891–1909 das *Museum vaterländischer Altertümer* der Universität Kiel (Schleswig-Holstein) leitete. Es ist seit 1945 dem Schleswig-Holsteinischen Landesmuseum für

Vor- und Frühgeschichte im *Schloß Gottorf* angeschlossen.
Die erste Frau, die die Leitung eines deutschen Kunstmuseums übernahm, war *Katharina Schmidt*. Die 42jährige promovierte Kunstexpertin wurde am 1. April 1980 Direktorin der *Kunsthalle Baden-Baden*.

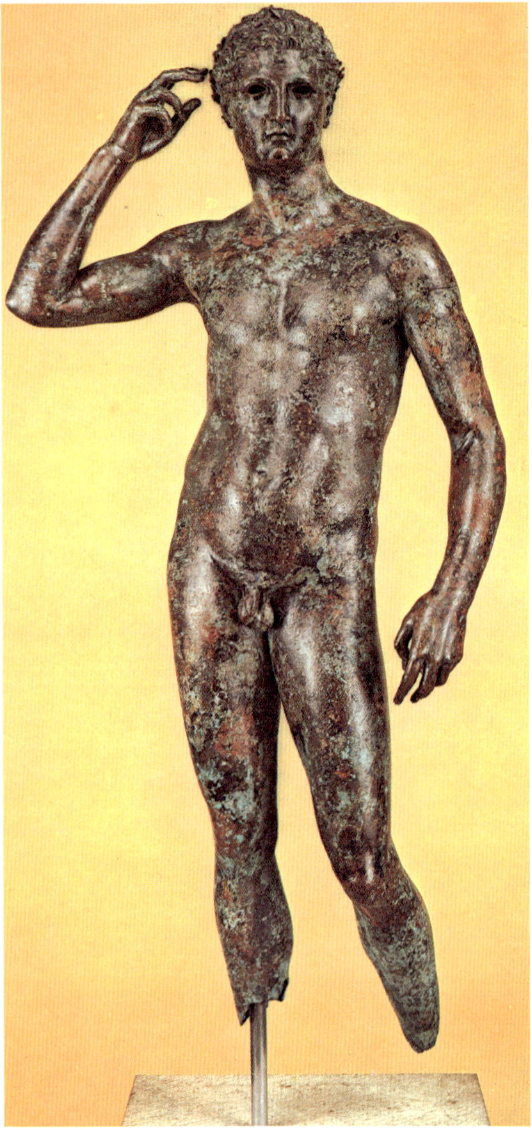

Die teuerste Skulptur: Antike Bronze-Statue.

Bildhauerei

Die ältesten Beispiele von Werken der Bildhauerei in Europa sind *Elfenbeinplastiken* von Tieren und Menschen, bzw. tierischen und menschlichen Attributen, die im *Lonetal* und im *Achtal* (bei Blaubeuren, Baden-Württemberg) gefunden wurden. Alle diese Skulpturen fallen in die Zeit von 35 000 bis 30 000 v. Chr. Sie gehören kulturell zur *Aurignac-Periode,* sind also deutlich älter als die bekannten sog. *Venus-Figuren* aus der Altsteinzeit, die auf 25 000–22 000 v. Chr. geschätzt werden, z. B. die berühmte *Venus von Willendorf* (Österreich) und die *Venus von Brassempouy* (Frankreich). Ein Stück Ochsenrippe, das 1973 in der *Dordogne* (Frankreich) in einer frühen paläolithischen Schicht des Riß-Gletschers gefunden wurde und auf 105 000 v. Chr. datiert wird, weist auf einer Seite einige anscheinend absichtlich eingravierte Linien auf.

🌐 **Der höchste Preis, der je für eine Skulptur bezahlt wurde,** betrug 3,9 Mio. Dollar (rund 8 Mio. DM), die das *Museum J. Paul Gettys* in Kalifornien (USA) Anfang 1977 für die Bronzestatue eines jungen Mannes aus dem 4. Jahrhundert v. Chr. bezahlte, die der *Lysippus-Schule* zugeschrieben wird. Die Statue war 1963 von Fischern auf dem Meeresboden nahe *Faro* (Italien) gefunden worden.

Den höchsten Preis für das Werk eines lebenden Bildhauers – 260 000 Dollar (damals etwa 600 000,– DM) – erreichte die 189 cm breite Holzplastik *Liegende Figur* des Briten *Henry Moore* (* Castleford, England, am 30. Juli 1898). Sie wurde am 1. März 1972 von der *Cranbrook Academy,* Michigan (USA), an *Fischer Fine Arts* in London verkauft.

🌐 **Die größten Skulpturen der Welt** sind die Porträts von *Jefferson Davis* (1808–89), General *Robert Edward Lee* (1808–70) und General *Thomas Jonathan Jackson* (1824–63), die auf dem *Stone Mountain,* in der Nähe von Atlanta (Georgia, USA), eine Fläche von 0,5 ha einnehmen. Sie sind 27,4 m hoch. *Roy Faulkner* arbeitete mit Hilfe eines Spezial-Schweißbrenners gemeinsam mit dem Bildhauer *Walker Kirtland Hancock* und anderen Helfern acht Jahre und 174 Tage lang – vom 12. September 1963 bis 3. März 1972 – an diesem Werk.

🌐 **Das größte Relief,** zugleich das größte *Denkmal* der Welt, befindet sich an einer Felswand des *Mount Rushmore* in South Dakota (USA). Es ist 140 m hoch und zeigt die Büsten von vier US-amerikanischen Präsidenten: *George Washington* (1732–99), *Thomas Jefferson* (1743–1826), *Abraham Lincoln* (1809–65) und *Theodore Roosevelt* (1858–1919).
Nach ihrer Fertigstellung wird allerdings die Skulptur eines indianischen Häuptlings das größte Denkmal der Welt sein: die Skulptur des *Tashunca-Uitco* (um 1849–77), genannt *Crazy Horse,* vom *Oglala-Stamm* der *Sioux-Gruppe* wurde am 3. Juni 1948 in der Nähe von *Mount Rushmore* in South Dakota (USA) begonnen. Sie soll 170 m

hoch und 195 m breit werden und erfordert die Sprengung von 5,89 Mio. t Stein. Die Skulptur ist das Lebenswerk eines Mannes: *Korczak Ziolkowski.*

Die älteste Muttergottesfigur des Abendlandes ist die um das Jahr 1000 entstandene *Goldene Madonna* in der 852 gegründeten *Münsterkirche* in *Essen* (Nordrhein-Westfalen).

Die größte Bronzestatue Westdeutschlands ist die 20,5 m hohe, von *Ludwig Schwanthaler* (1802–48) entworfene, in den Jahren 1844–50 von *Ferdinand von Miller* (1813–87) gegossene *Bavaria* an der Theresienwiese von München (Bayern).

Bodenreliefs: In der *Nazca*-Wüste südlich von *Lima* (Peru) sind Linien zu sehen (eine davon ist mehr als 11,2 km lang), die – aus der Luft betrachtet – geometrische Formen und solche von Pflanzen oder Tieren darstellen, die zwischen 100 v. Chr. und 700 n. Chr. zu unbekanntem, aber wahrscheinlich religiösem oder astronomischem Zweck von einer noch unbekannten Zivilisation gezeichnet wurden. Sie wurden erst 1928 aus der Luft entdeckt. Im August 1968 wurde in der Nähe von *Tarapacá* (Chile) eine 100 m lange Figur ähnlicher Art entdeckt.
Die größte derartige Figur eines Menschen in Europa ist der *Lange Mann* von *Wilmington,* Ost-Sussex (England). Er mißt 68 m.
Die größte *Tierfigur* in Europa ist das *Weiße Pferd* von *Uffington* (England). Sie stammt aus der späten Eisenzeit (etwa 150 Jahre v. Chr.). Ihre Maße: 114 m von der Nase bis zum Schwanz und 36 m von der Ohrspitze bis zum Vorderhuf.

Das längste, tiefste und nahezu unsichtbarste plastische Kunstwerk der Welt ist ein genau 1 km langer Messingstab. Er wurde 1977 anläßlich der *documenta 6* von dem amerikanischen Künstler *Walter de Maria* in den Friedrichsplatz von *Kassel* (Hessen) versenkt.

Für eigene Rekorde

Die Bavaria in München, 20,5 m hoch.

Antiquitäten

Die größte je verkaufte Antiquität war die *London Bridge.* Im März 1968 wurde sie von der *McCulloch Oil Corp.* in Los Angeles (Kalifornien, USA) zum Preis von 4 Mio. 260 000 Dollar (damals 17 Mio. 40 000,– DM) erworben. Als Verkäufer fungierte im Auftrag der Londoner Stadtverwaltung Mr. *Ivan F. Luckin.* Die 10 000 t Steine der Brücke wurden mit einem Kostenaufwand, der nahezu das Dreifache des Erwerbspreises ausmachte, in *Lake Havazu City* (Arizona, USA) wieder errichtet, und die Brücke am 10. Oktober 1971 »wieder eingeweiht«.

Den höchsten Versteigerungspreis für eine Ritterrüstung, nämlich 25 000 Pfund Sterling (damals 500 000,– RM), erzielte 1924 die *Pembroke-Rüstung,* die im 16. Jahrhundert für den 2. Earl of Pembroke in Greenwich (England) angefertigt worden war.

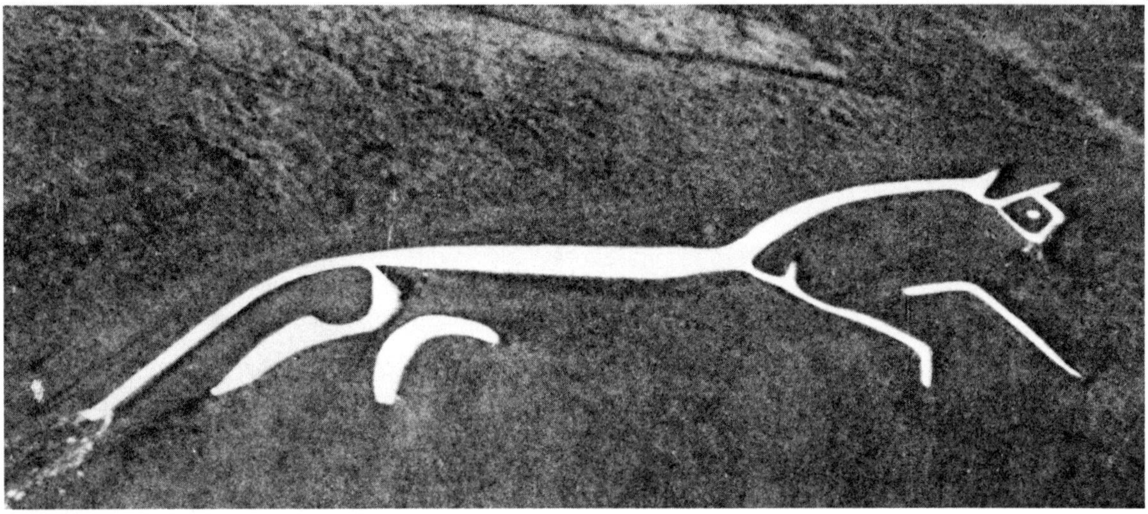

Das weiße Pferd von Uffington (England): das größte europäische Bodenrelief (114 m).

Die teuerste Schnupftabaksdose, die je versteigert wurde, ist am 26. Juni 1974 bei *Christie's* in London (England) von *Kenneth Snowman* für die stattliche Summe von 89 250 Pfund Sterling (damals etwa 360 000,– DM) gekauft worden. Es handelte sich dabei um ein Einzelstück aus Gold und Lapislazuli, signiert und datiert Paris 1728, von dem französischen Goldschmiedemeister *Juste-Oreille Meissonnier* († 1750). Diese Schnupftabakdose war einst für *Marie-Anne de Vavière-Neubourg,* die Gemahlin *Karls II. von Spanien,* angefertigt worden. Das kostbare Stück ist 83×57 mm groß und stammt aus der bekannten Sammlung *Ortiz-Patino.*

Sprache und Literatur

Früheste Sprach- und Schriftzeugnisse: Anthropologen haben nachgewiesen, daß die verstümmelte Rachenhöhle des *Neandertalers* ihn daran hinderte, sich eines den heutigen Sprachen vergleichbaren Kommunikationsmittels zu bedienen. Dies ist auch beim Affen und im Babyalter der Fall. Der *Cro-Magnon-Mensch* (40 000 v. Chr.) hatte dagegen bereits brauchbare Stimmwerkzeuge entwickelt.
Im Dezember 1966 wurden in *Tartaria* am Fluß *Moros* in Rumänien Tontafeln aus der neolithischen Donaukultur entdeckt, die in das 4. oder 5. Jahrtausend v. Chr. datiert werden. Diese Tafeln enthalten Symbole in Form von *Pfeil* und *Bogen, Toren* und *Kämmen.* Schreibtafeln mit Zeugnissen der frühen *elamischen* Sprache, die auf 3500 v. Chr. datiert werden, wurden 1970 im Süden des Iran gefunden. *Zeichen-* oder *Kerbhölzer* aus *Tepe Asiab* und *Ganji-I-Dareh Tepe* im Iran wurden sogar auf 8500 v. Chr. datiert.

Die älteste geschriebene Sprache mit der längsten ununterbrochenen Geschichte ist *Ägyptisch.* An zweiter Stelle steht *Englisch* als meistgesprochene und -verbreitete Sprache der Welt. Sie wurde Mitte 1979 von schätzungsweise 360 Mio. Menschen benutzt. Englisch wird in 34 souveränen Staaten von jeweils mehr als zehn Prozent der Bevölkerung gesprochen.
In Westdeutschland wird Englisch von ca. 40 Prozent der Bevölkerung gesprochen oder verstanden. In französischer Sprache können sich 13 Prozent Bundesbürger verständigen.

Die seltensten Sprachen: Es soll 20 oder mehr Sprachen geben, darunter sechs Indianersprachen in Nordamerika, die niemand mehr zur Kommunikation benutzen kann, weil jeweils nur noch *einer* sie spricht.
Die Sprache *Eyak* wird nur noch in Südostalaska gesprochen, und zwar lediglich von zwei alten Schwestern – falls sie zusammentreffen.

Die kompliziertesten Sprachen: *Chippewa,* eine nordamerikanische Indianersprache in Minnesota (USA), hat mit ca. 6000 die meisten Verbformen;

Tillamook, die Indianersprache in Oregon (USA), hat mit 30 die meisten Vorsilben; *Tabassaran,* eine Sprache in Dagestan (UdSSR), bedient sich der von den frühen Hieroglyphen-Inschriften auf der *Platte von Narmer* (3100 v. Chr.) bis hin zum *Koptischen,* das noch heute – 5000 Jahre später – als Kirchensprache benutzt wird. *Hieroglyphen* verschiedener Arten wurden bis zum Jahre 394 n. Chr. verwendet.

Die Anfänge der deutschen *(– hochdeutschen! –)* **Sprache** können frühestens auf das 6.–8. Jahrhundert n. Chr. festgelegt werden. Als ihre ältesten Zeugnisse in schriftlicher Überlieferung gelten die *Merseburger Zaubersprüche* und das *Wessobrunner Gebet,* beide aus dem 9. Jahrhundert. Fragmentarisch erhalten (jetzt im Hess. Landesmuseum Kassel) ist das *Hildebrandslied,* ein Heldenepos, das um 820 n. Chr. im Kloster Fulda niedergeschrieben wurde. Die wesentlich ältere Bibelübersetzung des Bischofs *Wulfila* (um 350) ist nicht in Althochdeutsch, sondern in *gotischer* Sprache geschrieben, einer indogermanischen Sprachform, die ausgestorben und noch nicht endgültig entziffert ist.
Der indogermanische Sprachstamm ist der Ursprung der Sprachen, die von mehr als der Hälfte aller Erdbewohner – z. Zt. rund 4 Mrd. – gesprochen werden.
Der nächstgroße Sprachstamm ist das *Tibeto-Chinesische,* aus dessen Sprachfamilien sich die Sprachen von mehr als einer Mrd. Menschen entwickelt haben. Heute werden in der Welt noch ungefähr 5000 verschiedene Sprachen und Dialekte gesprochen.

Die meistgesprochene Sprache der Welt ist *Nordchinesisch* oder *Mandarin,* das von 68 Prozent der Bevölkerung (also von 680 Mio. der 1 Mrd. Chinesen) gesprochen wird. Die sogenannte Nationalsprache *(Guóyǔ)* ist ein standardisiertes Nordchinesisch *(Běifanghuà),* wie es im Gebiet von Peking gesprochen wird. Dies wurde im Jahre 1918 zum *Zhùyìn fùhào* mit 37 Buchstaben alphabetisiert. 1958 wurde schließlich das *Pinyin-System,* eine phonetische Anleitung zur Aussprache, eingeführt.
Das aus 40 Bänden bestehende chinesische *Chung-wén-Tà-Tz'u-tiěn*-Wörterbuch enthält eine Liste von 49 905 Schriftzeichen. Die vierte Betonung von *»i«* hat z. B. 84 Bedeutungen, angefangen von *Kleid* und *Schluckauf* bis zu *zügellos.* Die Schriftsprache besitzt für *»i«* 92 verschiedene Zeichen. Das komplizierteste Schriftzeichen im Chinesischen steht für *»xiè«,* besteht aus nicht weniger als 64 Strichen und bedeutet *gesprächig.* Das komplizierteste Schriftzeichen, das noch benutzt wird, ist *»yù«* (32 Striche) und bedeutet *drängen* oder *anflehen.*

Die wenigsten unregelmäßigen Verben hat die Kunstsprache *Esperanto,* die *Dr. Ludwig Zamenhof* (1859–1917) aus Warschau (Polen) 1887 zum ersten Mal vorstellte. Die Sprache wird heute schätzungsweise von 1 Mio. Menschen gesprochen.

Den seltensten Sprachlaut stellt wahrscheinlich das tschechische »ř« dar, das es nur in wenigen Sprachen gibt und das von tschechischen Kindern als letzter Laut gelernt wird.
In der südlichen Buschmann-Sprache *Ixô* gibt es einen »Klick«-Laut, der mit beiden Lippen artikuliert wird und den man □ schreibt. Das »l« in arabisch »Allah« wird in manchen Lautumgebungen in der betreffenden Sprache auf einmalige Weise ausgesprochen.

Der häufigste Sprachlaut ist der Vokal »a«; er fehlt in keiner der bekannten Sprachen.

Der am häufigsten benutzte Buchstabe der deutschen Sprache ist »e«, gefolgt von »n«, »i«, »r« und »s«.

Die am häufigsten benutzten deutschen Wörter sind *der, die, und, in.* Für 1979 hat der *Sprachdienst* der Wiesbadener *Gesellschaft für deutsche Sprache* folgende Modewörter bzw. Neuschöpfungen zusammengestellt: *Holocaust* (nach der amerikanischen Fernsehserie über die Judenverfolgungen), *Unverzichtbarkeiten, Nachrüsten, Ölschock, Unsympath, Jogging, Disco, Freak.* Weibliche Endungen bei einigen Wörtern zeigen den Vorstoß der Frauen auf allen Gebieten: *Skipperin, Restauratorin, Snobin.*

Der Wortschatz der deutschen Sprache umfaßt rund 300 000 Wörter, dazu etwa 100 000 Fachwörter. Nach einer Untersuchung des Mannheimer *Instituts für deutsche Sprache,* bei der mehr als 2,2 Mio. deutsche Wörter von Computern erfaßt wurden, stellte sich heraus, daß Anfang 1980 bereits über 24 000 Wörter in Ostdeutschland unterschiedlich zu Westdeutschland benutzt werden. Besonders gravierend sind die Verständigungsschwierigkeiten auf den Gebieten Ideologie, Partei, Staat, Verwaltung, Rechtswesen und Wirtschaft. Aber auch Ausdrücke wie *softig* für *weich* in Westdeutschland gebraucht, werden jenseits der Elbe ebenso wenig verstanden, wie das ostdeutsche *Broiler* für *Brathähnchen* am Rhein.

Die meisten Sprachen unter den lebenden Menschen der ganzen Welt beherrscht *Georges Henri Schmidt* (* 28. Dezember 1914 in Straßburg, Frankreich), von 1965–1971 Chef der Terminologieabteilung der *Vereinten Nationen.* In *Who's Who in the United Nations* gab er »nur« 19 Sprachen an, da er keine Zeit hatte, seine frühere

fließende Beherrschung von zwölf weiteren Sprachen aufzufrischen.
In der Vergangenheit wurden Kardinal *Mezzofanti* (1774–1849), der 26 oder 27 Sprachen fließend beherrschte, Professor *Rask* (1787–1832), *Sir John Bowering* (1792–1872) und *Dr. Harold Williams* aus Neuseeland (1876–1928), der 28 Sprachen fließend sprach, als die größten Sprachgenies angesehen.
Wenn man sich an den Maßstab des relativ fließenden und korrekten Sprechens hält, ist es allerdings zweifelhaft, ob irgendein Mensch mehr als 20–25 Sprachen gleichzeitig beherrschen kann.

Alphabet

Anfänge: Die früheste Entwicklung eines Alphabets anstelle von Bildzeichen fand zwischen 1700 und 1500 v. Chr. auf der Halbinsel Sinai statt. Die dort gebräuchliche *westsemitische* Sprache entwickelte ein konsonantisches System, das auf phonetischen und Silbenprinzipien beruhte.

Der älteste Buchstabe ist »O«, der seit seiner Einführung ins phönizische Alphabet um 1300 v. Chr. unverändert geblieben ist. In der Gegenwart sind 65 Alphabete in Gebrauch.

Die meisten Buchstaben hat *Kambodschanisch* mit 72 (einschließlich solcher, die nicht mehr verwendet werden); *Rotokas*, das im Inneren der Insel Bougainville gesprochen wird, hat mit 11 (a, b, e, g, i, k, o, p, r, t und u) die wenigsten.
Amharisch hat 231 Zusammensetzungen von 33 Grundsilbenformen, von der jede sieben Abwandlungen hat; Amharisch kann deshalb nicht als alphabetische Sprache bezeichnet werden.

Ⓓ **Das Wort mit den meisten Konsonanten** in der deutschen Sprache ist *Angstschweiß*. Es hat acht Konsonanten.

Die meisten Vokale hat *Sedang*, eine zentralvietnamesische Sprache, die 55 verschiedene aufweist. Die mit den wenigsten ist *Abchasisch*, eine kaukasische Sprache mit nur zwei Vokalen.
Ein Wort mit vier gleichen Vokalen hintereinander ist das estnische *jäääärne*, was *»Rand des Eises«* bedeutet. *Ubiauai*, eine Sprache, die im brasilianischen Bundesstaat Pará gesprochen wird, besteht aus nur sieben Vokalen.

Wörter

Das längste Wort, das je in einem literarischen Werk erschien, findet man in der Komödie *Lysistrata* des Aristophanes (448–380 v. Chr.). In Griechisch ist das Wort 170 Buchstaben lang, in lateinischer Schrift 182: *Lopadotemachoselachogaleokranioleipsanodrimhypotrimmatosilphioparaomelitokatakochymenokichlepikossyphophattoperisteralektryonoptekephalliokigklopeleiolageiosiraiobaphetraganopterygon.* Das Wort bezeichnet ein Gericht mit 17 verschiedenen süßen und sauren Zutaten wie Meerbarbe, Hirn, Honig, Essig, saure Gurken, Mark und Ouzo (ein griechisches Anisgetränk).

Das längste bekannte Palindron, das sind Worte oder Sätze, die vorwärts und rückwärts gelesen gleich lauten, ist *saippuakivikauppias* (19 Buchstaben). Es ist das finnische Wort für einen Seifensieder.
Einige Taufbrunnen in Griechenland und der Türkei tragen die ringförmige, aus 25 Buchstaben bestehende Inschrift
ΝΙΨΟΝ ΑΝΟΜΗΜΑΤΑ ΜΗ ΜΟΝΑΝ ΟΨΙΝ
Sie bedeutet: *Wasche (meine) Sünden, nicht nur (mein) Gesicht.*
Der längste Palindrom-Text besteht aus 11 125 Wörtern und wurde von *Jeff Grant* aus Hastings, Neuseeland, im Januar 1979 zusammengestellt. Es beginnt mit *No elate man I meet sees a bed...* und endet mit... *Debase esteem in a metal eon.*

Die längste chemische Formel bezeichnet einen Stoff, der 500 Aminosäuren enthält und daher einen Namen von 3600 Buchstaben hat.

Die längste bekannte Abkürzung ist S.K.O.M.K.H.P.K.J.C.D.P.W.B., die Initialen der *Syarikat Kerjasama Orang-Orang Melayu Keranjaan Hilir Perak Kerana Jimat Cermat Dan Pinjaman Wang Berhad.* Dies ist der malayische Name für die *Kooperative Spar- und Kreditgesellschaft mit beschränkter Haftung der Angestellten der Malayischen Regierung von Niederperak in Teluk Anson, Perak, Westmalaysia* (früher Malaya). Die Abkürzung für diese Abkürzung ist *Skomk.*
Der aus 55 Buchstaben bestehende vollständige Name von Los Angeles (El Pueblo de Nuestra Senora la Reina de los Angeles de Porciuncula) wird zu L. A. oder 3,63 Prozent der Gesamtlänge abgekürzt.

Das längste Akronym (also ein Wort, das aus den Anfangsbuchstaben mehrerer Wörter neu gebildet wird, wie z. B. NATO) ist NIIOMTPIABOPARMBETZHELBETRABSBOMONIMONIMONKONONOTDTEKHSTROMONT mit 56 Buchstaben (oder 54 kyrillischen) im Kurzwörterbuch der sowjetischen Terminologie mit der Bedeutung: Das Laboratorium für Verschläge-, Verstärkung-, Beton- und Eisenbetonoperationen für zusammengesetzt-monolithische und monolithische Konstruktionen der Abteilung Bautechnik-Montageoperationen des wissenschaftlichen Forschungsinstituts der Organisation für Baumechanisierung und technische Hilfe der Akademie für Bau und Architektur der UdSSR.

Ⓓ **Die häufigsten Hauptwörter** der deutschen Sprache sind *Tag, Mensch, Mann, Geld.*

Die meisten Bedeutungen hat in der deutschen Sprache das Wort *Läufer.* Es steht für 15 verschiedene, meist technische und fachliche Begriffe.

Das am meisten verwendete Wort in der englisch sprechenden und schreibenden Welt ist das Wort *set.* Es wird in 58 Fällen als Hauptwort gebraucht, ist als Verbum 126mal unterschiedlich gebräuchlich und zehnmal als Partizip-Adjektiv.

Das Wort mit den meisten Akzenten ist *hétérogénéité* (Heterogenität). Ein Atoll im Pazifik heißt *Héréhérétué.* Akzente wurden im Französischen während der Regierungszeit *Ludwigs XIII.* (1601–43) eingeführt.

Den längsten Satz der Welt geschrieben oder gesprochen zu haben, um diese Ehre streiten verschiedene Persönlichkeiten.
Ein Satz von 1300 Worten kommt in *Absalom Absalom* von *William Faulkner* vor, und einer von 3153 Worten, 86 Strichpunkten und 390 Kommas

Einen Satz mit 823 Worten schrieb Victor Hugo.

in der *Geschichte der Kirche Gottes,* die *Sylvester Hassell* aus North Carolina (USA) um 1884 verfaßte.
Der längste Satz, den je ein Redakteur einer größeren Zeitung durchgehen ließ, bestand aus 1030 Worten und wurde in der Fernsehspalte der *Chicago Tribune* vom 19. August 1970 gedruckt.
Der Jahresbericht des Präsidenten der *Columbia University* in New York für 1942–43 enthielt einen Satz mit 4284 Wörtern.
Die ersten 40 000 Wörter von *Die Tore des Paradieses* des Polen *Jerzy Andrzewski* enthalten keinerlei Satzzeichen. Einige Autoren, wie *James Joyce* (1882–1941), bemühen sich bewußt, ganz ohne Satzzeichen auszukommen.

Den berühmtesten aller langen Sätze in der Literatur der westlichen Welt schrieb *Victor Hugo* (*26. Februar 1802, † 22. Mai 1885) in seinem 1862 erschienenen Roman *Les Misérables* (Die Elenden). Dieser Satz enthält 823 Worte, 93 Kommas, 51 Strichpunkte und 4 Gedankenstriche.

Den längsten Satz der deutschsprachigen Literatur verdanken wir dem Österreicher *Hermann Broch* (* 1. November 1886, †30. Mai 1951). Er ist in dem Romanwerk *Der Tod des Vergil* zu finden und enthält 1077 Wörter.

Ortsnamen

🌐 **Der längste Ortsname** dürfte der von *Bangkok,* der Hauptstadt *Thailands,* sein. Der offizielle Name ist zwar *Krungtep Manahakhon,* der vollständige Name lautet jedoch *Krungtep Manahakhon Bovorn Raranakosin Mahintharayutthaya Mahadilikpop Noparatratchathani Burirom Udomratchanivetnahasthan Amornpiman Avatarnsathit Sakkathattiyavisnukramprasit* (167 Buchstaben), in genauester Umschrift sind es 175 Buchstaben.
Der längste Ortsname, der heute noch benutzt wird, ist *Taumatawhakatangihangakoauauotamatea (turipukakapikimaungahoronuka) pokaiwhenuakitanatahu,* die inoffizielle Version aus 85 Buchstaben des Namens eines Hügels (ca. 300 m üNN) im Bezirk der Southern Hawke Bucht der Nordinsel Neuseelands. Dieser Maori-Name bedeutet: *Der Hügel, auf dem die Flöte des Tamatea gespielt wurde, des Landumseglers, für seine Geliebte.* Die offizielle Version hat 57 Buchstaben (1–36 und 65–85).
Der Ortsname *Ijouaououene* in Marokko hat acht Vokale hintereinander.
Jahrzehntelang zehrte ein unscheinbares Nest in Westengland von dem Ruhm, einen Ortsnamen mit 57 Buchstaben zu haben. Auf den Bahnsteigkarten der Eisenbahnstation stand als Ortsbezeichnung *Llanfairpwllgwyngyllgogerychwyrn-*

drobwllllantysiliogogogoch, was auf deutsch etwa bedeutet: »Kirche der heiligen Maria im Tal des weißen Haselstrauches nahe dem schnellen Strudel der roten Höhle von Llantysilio.« Die Bahnsteigkarte war 15 cm lang und viele Touristen kamen nur in den Ort, um diese Bahnsteigkarte zu kaufen. Jetzt entdeckte der Kurator des walisischen Volkskunde-Museums, daß der Ortsname nur aus zwölf Buchstaben besteht: *Llanfairpwll* (St. Maria am Teich). Im vorigen Jahrhundert hatte ein ortsansässiger Schneider aus Jux den Namen zu seiner jetzigen Länge aufgeblasen.

Die kürzesten Ortsnamen sind der des französischen Dorfes *Y* (143 Einwohner), das seit 1241 so heißt; der des dänischen Dorfes *Å* auf der Insel Fünen, der des norwegischen Dorfes *Å* und des schwedischen Ortes *Å*. Außerdem gibt es den Ort *U* auf den Karolineninseln im Pazifik und den der japanischen Stadt *Sosei,* der auch *Aioi* oder *O* lauten kann. Früher gab es im amerikanischen West-Virginia einen Ort mit den Namen *6.*

(D) **Der kürzeste deutsche Ortsname** ist *Au.* Das Postleitzahlenverzeichnis nennt ihn zwölfmal.

(A) (CH) In Österreich gibt es vier Orte *Au* und drei in der Schweiz.

Von gleicher Kürze ist übrigens *Ay,* der Name eines Ortes an der Iller in Bayern.

(D) **Der häufigste deutsche Ortsname** ist *Hausen.* Das Postleitzahlenverzeichnis nennt ihn 58mal, davon dreimal in Ostdeutschland.

Personennamen

Der früheste überlieferte Personenname ist wahrscheinlich *N'armer,* der des ersten ägyptischen Pharaos aus der Zeit um 3050 v. Chr.

Der längste eingetragene Vorname ist *Napuamahalaonaonekawehionakuahiweanenawawakehoonkakehoaalekeeaonanainaniakeao'-Hawaiikawao* (102 Buchstaben), den Fräulein *Dawne N. Lee* im Februar 1967 in Honolulu, Hawaii, erhielt. Der Name bedeutet: »Die reichen prächtigen Blüten der Berge und Täler beginnen die Luft weithin über Hawaii mit ihrem Duft zu erfüllen.«

Der längste benutzte Nachname ist der des Herrn *Adolph Blaine Charles David Earl Frederick Gerald Hubert Irvin John Kenneth Lloyd Martin Nero Oliver Paul Quincy Randolph Sherman Thomas Uncas Victor William Xerxes Yancy Zeus Wolfeschlegelsteinhausenbergerdorff Senior,* der am 29. Februar 1904 in Bergedorf bei Hamburg geboren wurde. Auf Fragebogen zum Ausfüllen benutzt er nur seinen zweiten und achten Vornamen und die ersten 35 Buchstaben seines Nachnamens. Er wohnt jetzt in Philadelphia (USA) und hat seinen Namen auf Mr. *Wolfe + 585, Senior* abgekürzt.

Die meisten Vornamen hatte der Urenkel Karls III. von Spanien, *Don Alfonso de Borbón y Borbón* (1866–1934). Es waren 89, von denen einige durch Bindestriche verlängert waren.

Der kürzeste Familienname ist der nur aus einem einzigen Buchstaben bestehende Nachname *O,* der 28mal in belgischen Telefonbüchern aufgeführt ist. Er ist der verbreiteteste Name mit einem einzigen Buchstaben. Es gibt allerdings viele burmesische Namen aus jeweils einem Buchstaben, z. B. *E* (ausgesprochen: aje) und *U* (u). U *vor* dem Namen bedeutet *Onkel.*

Der häufigste Familienname der Welt ist der chinesische Name *Tschang* (bzw. *Chang*), den nach Schätzungen zwischen 9,7 Prozent und 12,1 Prozent der chinesischen Bevölkerung tragen, so daß es mindestens 97 Mio. Tschangs gibt.

Einer von 650 000 Schmidts: der Bundeskanzler.

Der in der westlichen Welt häufigste Familienname ist *Schmidt,* einschl. der in USA und England üblichen Form *Smith.* In Westdeutschland gibt es rund 650 000 Träger dieses Namens, dagegen allein in den USA etwa 2,5 Mio. *Smith.* Als häufigster Familienname in Deutschland folgt dann *Müller* mit rund 600 000 Namensträgern.

In der islamischen Welt ist *Mohammed* der verbreitetste Name, allerdings in vielen unterschiedlichen Schreibarten.

In Großbritannien gibt es schätzungsweise 1,6 Mio. Menschen, deren Nachnamen mit M', Mc oder Mac (gälisch *Sohn von*) beginnen. Der häufigste ist *MacDonald,* den etwa 55000 Schotten tragen.

Ⓓ **Die häufigsten Vornamen** bei deutschen Männern sind *Hans (Johann)* und *Josef,* bei den Frauen ist es *Marie* bzw. *Maria.*
Die gegenwärtig beliebtesten Vornamen in Westdeutschland sind (nach einer Erhebung vom April 1980) der Reihenfolge nach Stephanie, Andreas, Melanie und Christian.

Die meisten Schreibweisen seines Namens hat *Mr. R. B. McActee* aus Arlington (USA) aufzuweisen. Seit dem Jahr 1902 verwendete er 334 verschiedene Versionen.

Um als letzter Name im jeweiligen örtlichen Telefonbuch zu erscheinen, haben sich in USA – aus kommerziellen oder anderen Gründen – manche Leute selbsterfundene Namen zugelegt, die z. B. mit 6 Z's beginnen, so *Vladimir Zzzzzzabakov* im Telefonbuch von San Francisco. Den letzten Platz im Telefonbuch von Madison, Wisconsin (USA), belegt dagegen *Hero Zzyzzx* (ausgesprochen: Sisicks), dessen Name, behauptet er, echt ist.

Seinen Namen als Zahlenkombination führen wollte der in die USA eingewanderte gebürtige Deutsche *Michael Herbert Dengler.* Er beantragte, sich *1069* nennen zu dürfen, weil dieser Name seiner Ansicht nach »seine Beziehung zur Gesellschaft und konzeptartig seine persönliche und philosophische Identität« am besen ausdrückt. Der Bundesgerichtshof in Washington hat Denglers Antrag kommentarlos abgelehnt.
Ⓓ Ebenfalls abgelehnt hat das westdeutsche Standesamt in Fulda (Hessen) *Rasputin* als Vornamen, da es sich hier eindeutig um einen russischen Familiennamen handelt. Das Wort bedeutet eigentlich *Kreuzweg.* Genehmigt hat dasselbe Standesamt für die gleichen Eltern den Vornamen für den gleichen neuen Erdenbürger *Robinson,* da diese Koseform des englischen *Robert* bereits 1976 in Heidelberg registriert wurde.
Paul Bakewell, englischer Fußballfan, gab seinem Sohn alle Vornamen der Spieler seines Lieblingsclubs. Der Knabe heißt nun: Paul, Geoff, Derek, George, Emlyn, Kenny, Willie, Andy, John, Mel, Wayne, John Richard Bakewell.

Texte, Schriften, Drucke, Bücher

Der älteste bekannte in Stein geschriebene Text, ist die bildliche Wiedergabe von Worten in sumerischer Sprache aus der Zeit um 3000 v. Chr. Die samarianischen Papyrusrollen in aramäischer Sprache, die 13,7 km nördlich von Jericho gefunden wurden, werden auf 375 bis 335 v. Chr. datiert.

Das älteste gedruckte Werk, das erhalten blieb, ist eine koreanische Rolle oder *Sutra* aus hölzernen Druckstöcken, die 1966 in den Fundamenten der *Pulguk-Sa-Pagode* in *Kyongju* (Korea) gefunden wurde. Sie muß vor 704 entstanden sein.

Das älteste mechanisch gedruckte Buch: Es wird allgemein angenommen, daß das erste mechanisch gdruckte vollständige Buch die 42zeilige *Gutenberg-Bibel* ist, die um 1455 von *Johann Henne zum Gensfleisch zur Laden,* genannt *zu Gutenberg* (* um 1398, † ca. 1468), in Mainz gedruckt wurde. Neuerdings neigt man jedoch zu der Ansicht, daß das 192 Blätter umfassende sog. *Konstanzer Meßbuch* aus Basel (das erste von drei im Jahr 1880 wiederentdeckten Exemplaren) noch älter sein dürfte.

Das erste genau datierte gedruckte Werk ist der *Psalter,* der am 14. August 1457 von *Johann Fust* (um 1400–1466) und *Peter Schöffer* (1425–1502), der Gutenbergs Hauptgehilfe war, fertiggestellt wurde.

🌐 **Das größte Buch** ist das *Superbuch,* das 2,74 × 3,07 m mißt und 252,6 kg wiegt. Es besteht aus 300 Seiten und erschien 1976 in Denver (Colorado, USA). Es steht jetzt in einem New Yorker Museum. Zum Umblättern der Seiten ist ein Elektro-Motor erforderlich.

Ⓓ **Das größte Buch Europas** ist der *Atlas des Großen Kurfürsten* (sog. *Mauritius-Atlas*). Er ist aufgeschlagen 222 × 170 cm groß, enthält 38 Karten und befindet sich in der *Berliner Staatsbibliothek.* Er ist um 1655 entstanden.

Ⓐ **Das größte Buch Österreichs** ist der 190 cm hohe, 90 cm breite *Atlas der Anatomie des Menschen* in der Bibliothek der *Wiener Staatsgewerbeschule.* Dieses Buch kann zugleich als das größte Lehrbuch der Welt angesehen werden. Es wurde in den Jahren 1823–1830 gedruckt.

Für eigene Rekorde

Das kleinste Buch der Welt kommt aus Japan von der größten Druckerei der Welt. Jedes Exemplar ist nur zwei mal zwei Millimeter groß und einen Millimeter dick. Ihr Inhalt: *Blumensprache, Glückssteine und Sternzeichen.* Zum Lesen wird eine Lupe mitgeliefert. Die Firma in Tokio hat im Mai 1980 jedoch nur eine Auflage von 500 Exemplaren pro Titel herausgegeben. Der Preis ist entsprechend: 175 US-Dollar (ca. 330 DM).
Bis zu dieser Neuerscheinung galt das zur *Deutschen Buchmesse 1952* vom *Gutenberg-Museum* herausgegebene Minibuch, in dem das *Vaterunser* in sieben Sprachen abgedruckt ist, als kleinstes Buch der Welt. Es ist 6 mm hoch, 6 mm breit und 2,5 mm »dick«. Es ist von Hand in Leder gebunden. Zum Lesen wird ebenfalls eine Lupe mitgeliefert.

Das teuerste Buch ist jene *Gutenberg-Bibel* (um 1455 in Mainz gedruckt), die am 7. April 1978 bei *Christie's* in New York von der Landesregierung von *Baden-Württemberg* für 4,3 Mio. DM erworben wurde. Von dieser ersten gedruckten Bibelausgabe gibt es nur noch 21 vollständige Exemplare auf der Welt.
Ein weiteres dieser Exemplare der Gutenberg-Bibel wurde für etwa den gleichen Preis (2,4 Mio. Dollar) am 9. Juni 1978 von der *Carl-und-Lily-Pforzheimer-Stiftung* in New York an die Universität von Texas (USA) verkauft.

Das schwerste Buch Deutschlands ist – dem Gewicht nach – die 1907 erschienene 5. Auflage der Jubiläumsausgabe von *Andrees Handatlas.* Sie wiegt fast 8 kg.

Die umfangreichste Publikation ist das aus 1112 Bänden bestehende Werk *Britische Parlamentsdokumente*, das 1968–72 von der Irish University Press veröffentlicht wurde. Im ganzen wiegen die Bände 3,3 t, kosten 25 000 Pfund (93 750,– DM), und es würde bei täglich zehn Stunden Lesezeit sechs Jahre dauern, bis man alles gelesen hätte. Die Herstellung kostete 34 000 Ziegen das Leben. Für Goldschnitt und Umschlagprägung wurden Goldbarren im Werte von 15 000 Pfund (56 250,– DM) verbraucht. Die Gesamtauflage beträgt 500 Exemplare.

Wörterbücher

Das umfangreichste Wörterbuch wurde um 1600 in China gedruckt. Es umfaßt 5010 Bände.

Das älteste Wörterbuch fanden italienische Archäologen 1976 bei Ausgrabungen in *Tell Mardigk,* ca. 55 km von *Aleppo* (Syrien) entfernt. Auf Tontafeln ist den Worten in sumerischer Keilschrift das jeweils entsprechende Wort in einer bis dahin unbekannten Sprache gegenübergestellt, der Prof. *Pettinato* von der Universität Rom die Bezeichnung *eblaisch* (nach dem Königreich Ebla) gab.

Das umfangreichste Wörterbuch, das jedoch noch nicht komplett erschienen ist, ist das zwölf Bände umfassende *Oxford English Dictionary* (in Quart-Format) mit 15 487 Seiten, die zwischen 1884 und 1928 erschienen, und einem ersten Ergänzungsband von 936 Seiten aus dem Jahre 1933; zwei weitere Ergänzungsbände, herausgegeben von *R. W. Burchfield,* sind bereits verlegt worden, die restlichen beiden (O–S und T–Z) sollen bald erscheinen. Das Werk enthält 414 825 Worteintragungen, 1 Mio. 827 306 Zitate zur Erläuterung und besteht angeblich aus 227 Mio. 779 589 Buchstaben und Zahlen; das wäre 63,8mal soviel wie die Bibel.

Das *Wörterbuch der deutschen Sprache,* 1854 von den *Gebrüdern Grimm* (Jacob, * 4. Januar 1785, † 20. September 1863 und Wilhelm, * 24. Februar 1786, † 16. Dezember 1859) begonnen, war erst 1971 beendet. Es brauchte zu seiner Entstehung also 117 Jahre.
Ende Juni 1980 erschien im Verlag *F. A. Brockhaus* (Wiesbaden, Hessen) der erste Band des sechsteiligen Titels *Brockhaus-Wahrig/Deutsches Wörterbuch,* so benannt nach seinem Herausgeber Prof. *Gerhard Wahrig* († 1978). Das auf insgesamt ca. 4700 Seiten angelegte Werk soll eine umfassende Darstellung des deutschen Wortschatzes im 20. Jahrhundert bieten. Es enthält 220 000 Hauptstichwörter, 550 000 Definitionen, 300 000 Angaben zur Grammatik, 130 000 Stilangaben, 45 000 Herkunftshinweise, 20 000 Synonyme sowie zahlreiche Fachausdrücke und Fremdbegriffe. Mit seiner Bearbeitung wurde 1972 begonnen. Alle vier Monate soll jeweils ein weiterer Band erscheinen.

Lexika

Das erste bekannte Lexikon wurde von Speusipus (etwa 408–338 v. Chr.), einem Neffen Platos, um 370 v. Chr. in Athen zusammengestellt.

Das umfangreichste Lexikon, das je zusammengetragen wurde, war die *Große Standardenzyklopädie von Yung-lo ta tien,* die aus 22 937 Bänden bestand (370 sind erhalten) und die zwischen 1403 und 1408 von 2000 chinesischen Gelehrten geschrieben wurde. Sie wurde nie gedruckt, sondern handschriftlich vervielfältigt.

Das erste große Lexikon in Europa, das in einer lebenden Sprache geschrieben wurde, war der von dem katholischen Geistlichen Moréri 1674 in Lyon (Frankreich) herausgegebene *Grand Dictionnaire Historique.*

Das erste große deutschsprachige Lexikon war das 1704 in Leipzig von Johann Hübner edierte *Reale Staats- und Zeitungs-Lexikon.* Es erreichte bis zum 19. Jahrhundert 31 Auflagen.

Die Enzyklopädie mit den berühmtesten Mitarbeitern war die der Franzosen *Diderot* und *d'Alembert,* die 1745 begonnen wurde. Mitarbeiter waren u. a. *Voltaire, Montesquieu* und *Rousseau.* Von 1751–1772 erschienen 17 Text-Foliobände und 11 Illustrationsbände. 1777 und 1780 fügten andere Herausgeber dem Werk weitere fünf Text- und zwei Bildbände zu.

Das umfassendste Lexikon der Gegenwart ist die *Encyclopedia Britannica,* die zum ersten Mal 1768–1771 in Edinburgh (Schottland) erschien. Eine Gruppe von Buchhändlern in den USA erwarb 1898 die Nachdruckrechte und übernahm 1899 das gesamte Copyright. 1943 wurde die *Britannica* an die Universität von Chicago (USA) übergeben. Die augenblickliche, aus 30 Bänden bestehende 15. Auflage hat 33 141 Seiten und 43 Mio. Wörter, die von 4277 Mitarbeitern geschrieben wurden. Das Lexikon wird jetzt in Chicago und in London herausgegeben.

Das gegenwärtig umfangreichste deutsche Lexikon ist *Meyers Enzyklopädisches Lexikon,* dessen erster von insgesamt 25 Bänden 1971 erschien. Der letzte Band wurde im Juni 1979 ausgeliefert.

Kataloge

Der Welt größter Katalog ist der 600bändige *National Union Catalogue* der USA, in dem die Bestände von 1100 amerikanischen Bibliotheken aufgelistet sind.
Ein Katalog, der 360 Bände umfassen soll, wird gegenwärtig vom westdeutschen Verlagshaus K. G. Saur (München, Bayern), produziert. Er soll alle gedruckten Werke der Londoner *British Library* seit dem 15. Jahrhundert verzeichnen und wird, wenn er 1984 fertiggestellt ist, etwa 50 000,– DM kosten. Für die Herstellung der vorgesehenen Gesamtauflage von 1000 Stück werden 650 t Papier und 65 km Leinen benötigt.

Der längste Index ist der *Neunte Sammelindex der Chemical Abstracts,* der am 23. August 1978 fertiggestellt wurde. Er enthält 20,55 Mio. Eintragungen auf 95 882 Seiten in 57 Bänden und wiegt 113,8 kg.

Landkarten

Die älteste überhaupt erhaltene Landkarte ist eine Tontafel, auf der der Verlauf des *Euphrat* in Nordmesopotamien dargestellt ist. Sie soll um 3800 v. Chr. entstanden sein und wird im *Britischen Museum* in London aufbewahrt.

Die erste Spezialkarte, die erhalten geblieben ist, stammt aus der Zeit des Pharaos *Ramses II.* (1300–1230 v. Chr.). Es ist der ebenfalls auf Tontafeln geritzte Lageplan einer ägyptischen Bergwerksanlage.
Aus der Zeit um 1170 v. Chr. stammt der sog. *Turin-Papyrus,* auf dem eine Übersicht von einer ägyptischen Goldmine aufgezeichnet ist.

Die früheste gedruckte Landkarte stammt aus Isodore de Sevellés *Etymologiarium* aus dem Jahre 1472.

Die erste gedruckte deutsche Weltkarte findet sich im Lübecker *Rudimentum novi tiorum.* Sie stammt aus dem Jahr 1475.

Die erste gedruckte Landkarte von Europa erschien um 1510. Sie wurde von *Martin Waldseemüller* entworfen (1470–1521). Er hatte bereits 1507 eine Weltkarte von zwölf Blättern entwickelt, auf der sich zum ersten Mal der Name *America* findet. 1516 schuf er die ebenfalls zwölfblättrige erste gedruckte Seekarte.

Die ersten Straßen- und Reisekarten Europas fertigte um 1500 der deutsche Kartograph *Erhard Etzlaub* an, so u. a. eine Straßenkarte für deutsche Rompilger.

Die erste topographische Landkarte der Welt, die mit Hilfe wissenschaftlicher Meßinstrumente und Berechnungen entworfen wurde, stammt aus dem Jahre 1750 und ist eine Schöpfung der Brüder *Jacques* und *César Cassini* aus Frankreich.

Die erste topographisch gestaltete Landkarte Deutschlands war eine Karte der Mark Brandenburg vom Kartographen *Güßfeld* aus dem Jahre 1773. 1774 erschien ein Kupferstich des Kartographen *Peter Anisch,* der das Land Tirol in seinen damaligen Grenzen zeigt.

Atlanten und Globen

Der höchste Preis für einen Atlas betrug 340 000 Pfund Sterling (1275 Mio. DM) für einen *Merkatoratlas* von Europa aus dem 16. Jahrhundert. Er wurde bei *Sotheby's* in London am 13. März 1979 verkauft.

Der größte Schwenkglobus von 21,5 t Gewicht und mit einem Durchmesser von 8,50 m befindet sich im *Coleman Kartographischen Institut* von Wellesley (USA) und wurde 1956 für 200 000 Dollar (damals ca. 800 000,– DM) hergestellt.

800 000 DM kostete der größte Schwenkglobus mit einem Durchmesser von 8,5 m.

Bibel

Die ältesten Leder- und Papyrusrollen vom Toten Meer mit Bibeltexten stammen aus der Zeit um 250 vor Christus.

Die älteste bekannte Bibel ist der *Codex Vaticanus,* der vor 350 n. Chr. in griechischer Sprache geschrieben wurde und im *Vatikanischen Museum* in Rom aufbewahrt wird.

Die älteste griechische Übersetzung des *Alten Testaments,* die sog. *Septuaginta,* wurde im 3. Jahrhundert v. Chr. auf der Insel *Pharus* bei Alexandria (Ägpyten) niedergeschrieben.
Eine syrische Übersetzung, die sog. *Peschittha,* wurde vom 2.–4. Jahrhundert n. Chr. aufgezeichnet.
Die erste Bibelübersetzung in einer *germanischen* Sprache, nämlich gotisch, erfolgte um 370 n. Chr. durch den Goten-Bischof *Wulfila* (auch *Ulfilas,* vgl. Seite 197).

Die älteste gedruckte Bibel der Welt ist die *Gutenberg-Bibel* von 1455 (vgl. Seite 201).
Die von der katholischen Kirche auf dem *Trientiner Konzil* 1546 für authentisch erklärte lateinische Bibelübersetzung, die *Vulgata,* wurde seit 383 n. Chr. auf Geheiß des Papstes *Damasus I.* vom Hl. *Hieronymus* (347–420) verfaßt. Sie fußt z. T. auf der älteren, altlateinischen *Itala.*

Die erste Übersetzung der Bibel ins Hochdeutsche (aus der *Vulgata)* erfolgte schon im 14. Jahrhundert. Martin Luthers Übersetzung (*Neues Testament* 1521, *Altes Testament* (1523–1534) wurde für die evangelischen Kirchen maßgebend.

Die Gesamtzahl von Buchstaben in der Bibel beträgt 3 Mio. 566 480. Die Wortmenge hängt von der Methode des Zählens ab, z. B. bei Wörtern mit Bindestrich, wird jedoch gewöhnlich als zwischen 733 692 und 773 746 liegend angegeben.
Die Bibel ist das meist übersetzte Buch der Welt. Sie liegt heute in 286 Sprachen vor. Andere Quellen nennen sogar 1136 Sprachen.

Die größte Bibel dürfte die eines Tischlers aus Los Angeles (USA) sein. Jedes ihrer »Blätter« ist ein 1 m hohes, dünnes Holzbrett, in das die Worte eingeprägt sind. Diese Riesenbibel ist 2,5 m dick, hat 8048 hölzerne Seiten und wiegt 547 kg.

Die kleinste gedruckte Bibel der Welt wurde in England hergestellt. Sie enthält 878 Seiten im Format 4,5×3 cm. Das Buch ist 2 cm dick und wiegt lediglich 20 g.

Der höchste Preis für ein Bibel-Manuskript betrug rund 1 Mio. DM und wurde im Jahr 1931 vom *Britischen Museum,* London, für den sog. *Codex Sinaiticus* an die Regierung der UdSSR gezahlt. Das Manuskript stammt aus dem *St. Katharinenkloster* am Berg Sinai (heute Ägypten). Es besteht aus 390 (von insgesamt 730) Seiten, jede 40,5×71 cm groß. Es ist um 350 n. Chr. drei Schreibern in griechischer Sprache diktiert worden. Vor der Vernichtung wurde es 1844 durch den deutschen evangelischen Theologen und Bibelforscher *Konstantin von Tischendorf* (* 18. Januar 1815, † 7. Dezember 1874) bewahrt.

Autoren

Die früheste bekannte Schriftstellerin Deutschlands war die Benediktinernonne *Roswitha von Gandersheim* (Niedersachsen), (* um 935, † nach 973). Sie schrieb Legenden, Dramen und Erzählungen, u. a. auch die erste Frühform der Legende, die später um den gelehrten Magier Faust gewoben wurde. Ihre Schriften sind in mittellateinischer Sprache verfaßt.

Die älteste Autorin unserer Zeit war Mrs. *Alice Pollock* (geb. Wykeham-Martin, 1868–1971) aus Haslemere in Surrey (England), deren Buch *Por-*

trät meiner viktorianischen Jugend im März 1971 erschien, als sie 102 Jahre und 8 Monate alt war.

Die jüngste Autorin, deren Werk von einem kommerziellen Verlag publiziert wurde, ist *Dorothy Straight* (* 25. Mai 1958) aus Washington, D. C. (USA),die 1962 im Alter von vier Jahren *Wie die Welt begann* schrieb. Das Buch wurde im August 1964 in New York verlegt.

Der produktivste lebende Romanautor ist *Lauren Paine* aus Kalifornien (USA), der ca. 850 Romane unter 70 verschiedenen Pseudonymen veröffentlichte.
Seit 1931 hat der englische Romanschriftsteller *John Creasey* (1908–73) unter seinem Namen und unter Verwendung 13 verschiedener Pseudonyme 564 Bücher geschrieben, insgesamt mehr als 40 Mio. Wörter. Er schrieb jährlich 15–26 Bücher.

Die produktivste Schriftstellerin ist – der Menge nach – wohl die Engländerin *Ursula Harvey Bloom,* die seit 1922 430 Werke veröffentlichte, darunter einige Bestseller.
Enid Mary Blyton (1898–1968) (d. i. *Darrell Waters*) vollendete 600 Kinderbücher, 59 allein im Jahre 1955. Ihre Bücher wurden in 128 Sprachen übersetzt – auch das ein Rekord.

Die meisten Komödien bzw. Bühnenwerke überhaupt dürfte der Spanier *Lope de Vega* (1562–1635) verfaßt haben, nämlich 1800 – neben mehr als 1000 anderen Schriften, Romanen, Gedichten usw.
Der Belgier *Georges Simenon* (* 13. Februar 1903) hat unter seinem eigenen Namen etwa 220 Romane veröffentlicht, jedoch 300 weitere unter 19 Pseudonymen. *Simenon,* der (angeblich) jetzt nicht mehr schreibt, war in der Lage, einen 200 Seiten starken Roman in acht Tagen zu schreiben. Seine Bücher wurden in 47 Sprachen übersetzt und in 31 Ländern verkauft. Die Gesamtauflage seiner verkauften Bücher soll sich auf über 300 Mio. belaufen.
Simenon ist der geistige Vater eines der berühmtesten Krimihelden der Weltliteratur: *Kommissar Maigret.*

Der Vielschreiber Nr. 1 unter den Kurzgeschichten-Autoren ist der 1914 in Henley (Australien) geborene *Michael Hervey.* Er hat – bisher! – nicht weniger als 3500 solcher Stories geschrieben und, mit Hilfe seiner Frau *Lilyan Brilliant,* noch zusätzlich 60 Kriminalromane und 80 Theaterstücke und Fernsehspiele.

Der schnellste Romanschreiber der Welt war der Amerikaner *Erle Stanley Gardner* (1889–1970), der Erfinder des Krimi-Helden *Perry Mason.* Er konnte bis zu 10 000 Worte am Tag diktieren und schrieb manchmal, unterstützt von einigen Mitarbeitern, bis zu sieben Romane gleichzeitig. Als er starb, hatte er 140 Titel produziert; seine Bücher wurden in 304 Mio. Exemplaren verkauft und in 23 Sprachen übersetzt. Am 1. Januar 1979 waren es bereits rund 311 Mio.!
Ein sehr schneller Autor war auch der Engländer *Edgar Wallace* (*1. April 1876, † 10. Februar 1932). Sein Theaterstück *On the Spot* schrieb er in zwei-

Für eigene Rekorde

Pro geschriebenem Wort 63 DM: Ernest Hemingway.

einhalb Tagen, einschließlich der Regieanweisungen. Für seinen Roman *Das Geheimnis der drei Eichen* brauchte er nur fünf Tage. Im ganzen umfaßt sein Werk 172 Romane, 250 Kurzgeschichten und 16 Theaterstücke. Seinen Erben hinterließ er 100 000 Pfund Sterling Schulden (damals etwa 2 Mio. DM), die aber aus seinen Tantiemen in wenigen Jahren abgezahlt werden konnten.

Der teuerste Autor war zweifellos der Träger des Nobelpreises von 1954, der Amerikaner *Ernest Hemingway* (1899–1961), der für einen Artikel von 2000 Worten über einen Stierkampf 1960 von der US-Zeitschrift *Sports Illustrated* 30 000 Dollar (damals 126 000 DM), also pro Wort 63,– DM, bekam. Dieser »Höchstpreis pro Wort« wird lediglich übertroffen von Frau *Deborah Schneider* aus Minneapolis (USA), die 1958 in einem Preisausschreiben um einen Werbespruch für eine Autofirma die 25 »siegreichen Worte« fand, was ihr für die Zeit ihres Lebens pro Monat 500 Dollar (damals 2100,– DM, jetzt allerdings nur noch knapp 1000,– DM) einbringt. Bei normaler Lebenserwartung würde das immerhin den Betrag von (gegenwärtig) 21 600,– DM pro Wort ausmachen.

Als höchstbezahlter Schriftsteller unserer Tage gilt der Italo-Amerikaner *Mario Puzo* (* 1920), der als Roman- und Drehbuchautor (*Der Pate, Superman*) in acht Jahren sechs Mio. Dollar (rund zwölf Mio. DM) verdiente.

Der höchste Preis, der überhaupt je für ein Manuskript bezahlt wurde, betrug 280 000 Pfund (1,12 Mio. DM). Er wurde bei *Christie's* in London am 17. November 1976 für ein einziges Blatt des *Tod des Zahhak* aus dem 258seitigen persischen *Schah-Name* erzielt. Das *Schah-Name* war 1522 von *Schah Ismai'l* in Auftrag gegeben worden und wurde von *Arthur J. Houghton* aus New York verkauft. Das Auseinanderreißen dieses Manuskripts ist von vielen Seiten kritisiert worden. Es wird geschätzt, daß der Gesamtwert des Manuskripts, das 1959 von Mr. Houghton erworben wurde, bis zu 60 Mio. Dollar (etwa 110 Mio. DM) hätte betragen können.

Den längsten Roman der Weltliteratur schrieb der Franzose *Jules Romains* (d. i. *Louis Farigoule,* (26. August 1885, † 14. August 1972). Es handelt-sich um den von 1932–1946 geschriebenen Zyklus *Die guten Willens sind (Les hommes de bonne volonté),* der 26 Bände umfaßt.

Der längste Fortsetzungsroman ist *Tokuga-Wa Jeyeyasu* des Japaners *Sohachi Yamaoka.* Er wird seit 1951 in einer japanischen Tageszeitung veröffentlicht. In Buchform umfaßt er ungefähr 40 Bände.

Das meistgedruckte Buch ist die *Bibel*, von der *Teile* in 1659 Sprachen erschienen sind. Es wird geschätzt, daß zwischen 1815 und 1975 ca. 2,5 Mrd. Exemplare gedruckt wurden, von denen 1,5 Mrd. von Bibelgesellschaften hergestellt wurden. Die Zahl vollständiger, von den *Vereinigten Bibelgesellschaften* (in 150 Ländern) vertriebenen Bibeln betrug 1978 9 Mio. 280 222 Exemplare.
Das berühmte *Kleine rote Buch* mit Zitaten von *Mao-Tse-Tung* (* 26. Dezember 1893, † September 1976) soll in 800 Mio. Exemplaren verbreitet sein. Die Zahl ist unbestätigt.
Am 13. März seines Todesjahres 1953 wurde in Moskau (UdSSR) mitgeteilt, daß die Werke *Stalins* (d. i. *Josef Wissarionowitsch Dschugaschwili,* 1879–1953) in mehr als 672 Mio. Exemplaren verkauft und in 101 Sprachen übersetzt seien.
Im April 1960 war in Moskau (UdSSR) offiziell verlautbart worden, daß die Werke *Lenins* (d. i. *Wladimir Iljitsch Uljanow,* * 22. April 1870, † 21. Januar 1924) in 7893 verschiedenen Ausgaben mit insgesamt 304 Mio. 757 000 Exemplaaren in 36 Sprachen der UdSSR und weltweit in weiteren 26 Sprachen veröffentlicht worden sind. Inzwischen sind Lenins Werke in 222 Sprachen übersetzt.

Bestseller

Der meistgekaufte Romanautor *Erle Stanley Gardner* erreichte mit 310,9 Mio. nicht einmal die Hälfte der angeblichen Verkaufsauflage *Stalins.*

Die meistgekaufte Schriftstellerin war (und ist zweifellos auch jetzt, nach ihrem Tod, noch) die Engländerin *Agatha Christie*, geb. *Miller,* spätere *Lady Mallowan* (1890–1976), deren 87 Kriminalromane 300 Mio. Auflage erreichten und in 103 Sprachen übersetzt wurden.

Das meistverkaufte Buch aller Zeiten ist das alljährlich erscheinende Nachschlagwerk *The World Almanac & Book of Facts,* das erstmals 1868 erschien und das zur Zeit von *George E. Delury* herausgegeben wird. Der Gesamtverkauf bis Oktober 1978 wird auf 38 Mio. Exemplare geschätzt mit einer Zuwachsrate von 1,1 Mio. pro Jahr.

Der meistverkaufte Roman ist *Tal der Puppen* von *Jacqueline Susan (Mrs. Irving Mansfield,* 1921–1974), der seit seinem Erscheinen im März 1966 mit einer Gesamtzahl von 21 Mio. 472 000 Exemplaren in aller Welt bis zum 1. Mai 1979 den Verkaufsrekord hält. Allein in den ersten sechs Monaten nach dem Erscheinen verkaufte der Verlag *Bantam* 6,8 Mio. Exemplare.

Die Autoren, die den meistverkauften Buchtitel verfaßten, sind *Norris Dewar Mc Whirter* (* 12. Au-

Am meisten gekauft, am meisten übersetzt: die Krimis von Killerlady Agatha Christie.

gust 1925) und sein Zwillingsbruder *Alan Ross McWhirter* († 27. November 1975) die Herausgeber und Bearbeiter des *Guinness Buch der Rekorde,* das zum ersten Mal 1955 von Nr. 107, Fleet Street, in London aus publiziert wurde. Bis Mai 1980 hatte der Verkauf in aller Welt mehr als 40 Mio. Exemplare erreicht.
Der französische Roman *Papillon* von *Henri Charrière* erschien im Mai 1969 und hatte bis Ende 1977 eine Welt-Gesamtauflage von über 10 Mio.
Weitere internationale Bestseller waren (und sind es z. T. noch) *Lady Chatterley's Lover* des Briten *D. H. Lawrence* (1885–1930). Von diesem Roman wurde bis April 1979 eine Gesamtauflage von über 4,2 Mio. festgestellt. *The Cruel Sea* des Amerikaners *Nicholas Monsarrat* (* 22. März 1910, † 8. August 1979) hatte bis 1976 eine Auflage von 1,18 Mio. der Orginalausgabe von 1951 erreicht.

(D) **Die erfolgreichsten Schriftsteller Westdeutschlands** im Querschnitt der Bestsellerlisten der Jahre 1974–1979 waren im Literaturbereich Belletristik *Johannes M. Simmel, Siegfried Lenz, Günther Grass, Heinrich Böll, Martin Walser* und *Heinz G. Konsalik* (letzterer insbesondere mit Taschenbuchausgaben seiner Romane).

Im Jahre 1979 führt allerdings *Ilse Gräfin von Bredow* mit ihrem Roman *Kartoffeln mit Stippe* die Bestsellerliste an.
Meistgenannter Autor in den deutschen Bestsellerlisten der letzten sechs Jahre ist indessen der Israeli *Ephraim Kishon* (* 23. August 1924).
Als Sachbuch-Autoren waren *Sebastian Haffner,* der Amerikaner *Ch. Berlitz* und der Schweizer *Erich von Däniken* am erfolgreichsten.

Erfolgreichste Schauspielerin als Buchautorin war *Lilli Palmer* mit ihren biographischen Büchern *Dicke Lilli, gutes Kind* und *Der Rabe.* Vor ihr war es *Hildegard Knef* mit *Der geschenkte Gaul* und *Das Urteil*, ebenfalls Autobiographien.

Als meistübersetzter Schriftsteller seines Gesamtwerkes gilt der russische Dichter *Fjodor Michailowitsch Dostojewskij* (* 11. November 1821, † 9. Februar 1881). Es ist in 110 Sprachen übersetzt worden. Ihm folgt der amerikanische Satiriker *Mark Twain* (eigentlich *Samuel Langhorne Clemens,* * 30. November 1835, † 21. April 1910) mit Übersetzungen seiner sämtlichen Werke in 90 Sprachen.
Der Franzose *Jules Verne* steht mit insgesamt 978 Übersetzungen verschiedener seiner Werke, insbesondere der utopischen und Science-Fiction-Romane, an *vierter* Stelle der Rekord-Übersetzun-

Erster in deutschen Bestseller-Listen: Ephraim Kishon.

gen nach der *Bibel, Lenin* und *Shakespeare,* dessen Werke (nicht alle!) über 1200mal übersetzt worden sind.

Die meistübersetzte moderne Autorin ist *Agatha Christie.* Ihre Werke erschienen in 103 Sprachen (vgl. »Bestseller« S. 206).

Ⓓ **Meistübersetzte deutsche Schriftsteller** waren und sind die Märchensammler *Jakob* und *Wilhelm Grimm,* deren Anfang bis Mitte des 19. Jahrhunderts entstandene Werke Übersetzungen in 76 Sprachen erreichten.

Erfolgreich auch als Autorin: Schauspielerin Lili Palmer.

Den längsten literarischen Reifeprozeß machte das *Deutsche Wörterbuch* durch, das 1854 von den *Brüdern Grimm* begonnen wurde, aber erst 1971 fertig war (s. Seite 202).

Die meisten belegten Ablehnungen von Verlegern für ein Manuskript erhielt *Gilbert Young* (* 1906) für seinen 130 000 Worte umfassenden *Kreuzzug für eine Weltregierung,* nämlich 109 seit dem Jahr 1958.

Das längste Gedicht, das je publiziert wurde, ist das kirgisische Volksepos *Manas,* das im Jahre 1958 gedruckt erschien. Es ist mehr als 500 000 Zeilen lang.

Die kleinste Literatur von allen Schriftsprachen hat *Kamassisch.* Das einzige noch existierende schriftliche Fragment der Sprache dieses Samojeden-Stammes, der in der Nähe des Baikalsees (UdSSR) ansässig war, ist ein Klage-Gedicht von knappen 24 Zeilen.

Den Preis für das sich am langsamsten verkaufende Buch der Welt (in US-Verlagskreisen *Slooowseller* genannt) gebührt wahrscheinlich der Übersetzung des *Neuen Testaments* vom *Koptischen* ins *Lateinische* von David Wilkins, die im Jahre 1716 von der *Oxford University Press,* England, in 500 Exemplaren verlegt wurde. Bei einem durchschnittlichen Verkauf von einem Exemplar alle 139 Tage, dauerte es 191 Jahre, also bis zum Jahre 1907, bis die Auflage vergriffen war.

Briefe

Der längste persönliche Brief, nach der Anzahl der Worte, ist 1 Mio. 113 747 Worte lang und wurde innerhalb von acht Monaten – bis Mai 1976 – von Miss *Jacqueline Jones* aus Lindale in Texas (USA) an ihre Schwester, Mrs. *Jean Stewart,* in Springfield, Maine (USA), geschrieben.

Der älteste bekannte Liebesbrief ist in Ton graviert und stammt aus der Zeit um 1630 v. Chr. aus Ägypten. Es ist die Bewerbung des Schreibers um die Hand einer Pharaonentochter.

Der längste bekannte Leserbrief bestand aus 13 000 Worten (d. i. ein Drittel eines modernen Romans), den »A.R.I.E.L.« an den Redakteur der *Fishing Gazette* richtete und der 1884 in zwei Ausgaben in der Sieben-Punkte-Schrift *Kolonel* veröffentlicht wurde.

Die kürzeste Korrespondenz war die zwischen dem französischen Dichter *Victor Hugo* (1802–85) und seinen Verlegern *Hurst und Blackett* im Jahre 1862. Der Schriftsteller war im Urlaub und wollte wissen, wie sich sein neuer Roman *Les Misérables (Die Elenden)* verkaufte. Er schrieb »?«, und die Antwort war »!«.

Die meiste (offiziell bestätigte) **Post,** die je in einem Jahr von einem Privatmann empfangen wurde, sind 900 000 Briefe, die der US-Baseball-Star *Hank Aaron* erhielt; dieser Rekord wurde von der amerikanischen Post im Juni 1974 gemeldet. Etwa ein Drittel waren Haßbriefe, weil es *Aaron* gelungen war, den Rekord von Superstar *Babe Ruth* bei *home runs* zu verbessern.

Die sparsamste Glückwunsch-Korrespondenz betreiben Mrs. *Amelia Finch* (* 18. April 1912) aus Lakehurst (New Jersey, USA) und Mr. *Paul E. Warburgh* (* 1. Februar 1902) aus Huntingdon (New Jersey). Sie schicken einander seit dem 1. Februar 1927 immer die gleiche Karte zum Geburtstag.

Autogramme und Unterschriften

Der höchste Preis, der je auf dem freien Markt für einen einzelnen signierten Brief bezahlt wurde, betrug 51 000 Dollar (damals 214 200 RM), die 1927 für einen Brief von *Button Gwinnett* (1732–77) geboten wurden. Er gehörte zu den drei Männern aus Georgia, die die amerikanische Unabhängigkeitserklärung am 4. Juli 1776 in Philadelphia unterzeichnet haben.

Für einen Brief *Martin Luthers* wurden im April 1980 bei einer Aktion von *Sotheby's* in London 13 000 Pfund Sterling (etwa 53 000 DM) erzielt. Der Brief aus dem Jahre 1538 ging nach Bayern. Preiswerter war ein Schreiben *Lenins* mit roter (!) Tinte und auf original *Kreml*-Papier vom 19. Mai 1919. Es kostete nur 5000 Pfund Sterling, also ca. 20 000 DM.

Ein Manuskript des Physikers *Albert Einstein* (* 14. März 1879, † 18. April 1955) wurde am 25. Juni 1980 in New York von einem Physiker aus Los Angeles (Kalifornien, USA) für umgerechnet 55 000,– DM ersteigert. Das auf Millimeterpapier geschriebene Manuskript *Zur einheitlichen Feldtheorie* hatte Einstein 1934 dem Jüdischen Institut in Brooklyn, New York, geschenkt. Dort wurde es jetzt in einem Tresor gefunden, der sich lange Zeit nicht öffnen ließ, weshalb man einen kriminellen Profi-Safeknacker zu Hilfe rief.

Ein weiteres *Einstein*-Manuskript erbracht etwa zur gleichen Zeit bei einer Autographen-Auktion von *Stargardt* in Marburg (Westdeutschland, Hessen) 28 000,– DM.

Bei der gleichen Versteigerung wurde als teuerstes Objekt das *Testament* (letzter Fassung) *Napoleons I.* für 115 000,– DM einem Schweizer Sammler zugeschlagen.

Den höchsten Preis für einen Autogrammbrief eines lebenden Menschen – 6250 Dollar (damals etwa 13 000 DM) – erzielte ein Brief des ehemaligen US-Präsidenten *Richard M. Nixon* vom 14. Dezember 1971 an einen Brigadekommandeur.

Verlage und Druckereien

Der größte Verlag der Welt ist die 1860 gegründete Regierungsdruckerei der USA in Washington, D.C. Die Dokumentenabteilung versendet jährlich Material im Wert von mehr als 44 Mio. Dollar (79 Mio. DM).

Die Verlagsfirma mit den höchsten Nettoeinnahmen ist *Time Inc.,* New York (USA), mit 1 Mrd. 697,6 Mio. Dollar (3 Mrd. 140,6 Mio. DM) 1978.

Der größte Buchverlagskonzern der Welt ist die Bücherabteilung von *McGraw-Hill Inc.*, New York (USA), mit einem Umsatz von 305 Mio. 321 000 Dollar im Jahr 1978 (rund 565 Mio. DM).

Ⓓ **Der größte Buchverlag** in Westdeutschland und die größte Buchdruckerei Europas ist der *Bertelsmann-Verlag* in Gütersloh (Nordrhein-Westfalen). Er wurde am 1. Juli 1835 gegründet. Seine Buchproduktion umfaßte 1978 mit 4,8 Prozent den höchsten Marktanteil verkaufter Bücher in Westdeutschland. Am 25. November 1979 zerstörte ein 15 Stunden lang währender Brand erhebliche Lagerbestände und Werkanlagen. Es entstand ein Sachschaden von mindestens 20 Mio. DM.

Ⓓ **Das älteste noch bestehende Druck- und Verlagshaus Deutschlands** ist der Verlag *Schmidt-Römhild* in Lübeck (Schleswig-Holstein). Er wurde 1579 gegründet und ist auch heute noch ein modernes, leistungsfähiges Unternehmen.

In Westdeutschland gibt es etwa 9500 Verlagsunternehmen. 1978 wurden insgesamt 53 137 Titel produziert. Dabei kam auf vier Erstauflagen eine Neuauflage. Der durchschnittliche Ladenpreis für ein Buch betrug im Jahr 1978 23,28 DM. 22,9 Prozent aller 1978 produzierten Bücher gehörten zum Gebiet der *Schönen Literatur.* 12,4 Prozent aller Neuerscheinungen waren *Taschenbücher* oder *Paperback-Ausgaben.*

Die größte Druckerei der Welt ist *R. R. Donnelley & Sons Co.* in Chicago (USA). Die Firma, die 1864 gegründet wurde, hat Niederlassungen an 13 verschiedenen US-Hauptstädten und liefert Druckarbeiten im Wert von 661 Mio. Dollar (1,9 Mrd. DM) pro Jahr aus. Die Firma verbraucht im Jahr mehr als 60 000 t verschiedener Arten von Druckfarbe und 1 Mio. t Papier und Pappe.

Bibliotheken

Die älteste Bibliothek der Welt dürfte sich um 3000 v. Chr. in Mesopotamien befunden haben. Dort entdeckte man bei Ausgrabungen Papyrusrollen und Tontafeln, die nach den Prinzipien einer Bücherei geordnet waren.

Die berühmteste Bibliothek des Altertums waren die beiden von *Ptolemäus II.* (283–246 v. Chr.) gegründeten Büchereien von *Alexandria* (Ägypten). Die größere von ihnen, mit etwa 700 000 Buchrollen, ging 47 v. Chr. im *Alexandrischen Krieg* durch Feuer zugrunde, die kleinere mit über 40 000 Buchrollen verbrannte im Jahr 391 n. Chr.

Die größte Bibliothek unserer Zeit ist die am 24. April 1800 gegründete *Kongreßbibliothek* der Vereinigten Staaten von Amerika auf dem Kapitolshügel in Washington (USA).

1973 enthielt sie 74,387 Mio. Werke und Schriften aller Art, darunter 18 Mio. 638 633 Buchbände.
Die Gebäude nehmen eine Fläche von 14 ha ein, in denen sich Bücherregale mit einer Gesamtlänge von 563 km befinden. Der *James-Madison-Gedenkanbau* wurde 1971 begonnen und wird jetzt fertiggestellt.
Die größte Bibliothek in der Welt, die nicht aufgrund staatlicher Anordnung Exemplare aller in dem entsprechenden Land erschienenen Publikationen erhält, ist die *Stadtbibliothek* auf der Fifth Avenue *von New York* (USA), gegründet 1895. Sie umfaßt eine Fläche von 48 800 m² und Regale von 128 km Länge. Ihre Sammlung, zu der 83 Niederlassungen gehören, enthält 9 Mio. 210 630 Bände, 10 Mio. 993 975 Manuskripte und 331 804 Karten.

Die größte Bibliothek Europas ist die *Lenin-Bibliothek* in Moskau, die über 14,5 Mio. Bücher verfügt.

(DDR) **Die größte deutsche Bibliothek** ist die *Deutsche Bücherei* in Leipzig (Sachsen), die rund 6 Mio. Bücher, Zeitschriften und Atlanten enthält.

(D) **Die umfangreichste Bibliothek in Westdeutschland** ist die 1558 gegründete *Bayerische Staatsbibliothek* in München mit (am 31. Dezember 1978) 4,2 Mio. Bänden.
Die *Deutsche Bibliothek* in Frankfurt a. Main (Hessen), die über einen Literaturbestand von 2,5 Mio. Bänden verfügt, bekommt in Frankfurt-Holzhausen ein neues Domizil. Mit Baukosten von 150 Mio. DM entsteht ein Neubau, in dem 12 Mio. Bücher und damit die voraussichtliche Literaturmenge der nächsten 50 Jahre Platz haben. Ende der achtziger Jahre soll der Umzug erfolgen.

(A) **Die größte Bibliothek in Österreich** ist die *Nationalbibliothek* in Wien, die im 15. Jahrhundert gegründet wurde. Sie umfaßt z. Zt. 2,27 Mio. Bände und ca. 3,9 Mio. Einheiten sonstiger Medien (Handschriften, Musikalien, Theatralia, Flugblätter, Karten, Papyri, Fotos usw.).

(CH) **Die größte Bücherei der Schweiz** ist die *Öffentliche Bibliothek der Universität Basel* (gegründet 1460) mit 2,3 Mio. Bänden.

Längste Leihfrist: Das Buch, das mit der größten Verspätung zurückgegeben wurde und dessen Entleiher namentlich bekannt ist, wurde 1823 aus der medizinischen Bibliothek der Universität Cincinnati (USA) entliehen; es handelte sich um ein Werk von *Dr. J. Currie* über Fiebererkrankungen, das 1805 in London erschienen war. Zurückgegeben wurde es am 7. Dezember 1968 vom Urenkel des Entleihers, *Richard Dodd.* Die Buße, die nach 145 »Ausleihjahren« immerhin 2264 Dollar (damals etwa 7000 DM) betragen hätte, wurde ihm erlassen.

Buchhandlungen

(Welt) **Die Buchhandlung mit den meisten Titeln** und den längsten Regalen ist *W. & G. Foyle,* London (England). Die Firma wurde 1904 in einem kleinen Laden in Islington gegründet und hat heute ihren Sitz in Nr. 119–125 Charing Cross Road. Das Geschäft ist 7044 m² groß.
Mit einer Verkaufsfläche von 14 330 m² ist jedoch die Fa. *Barnes & Noble Bookstore* in der Fifth Avenue, New York (USA), der geräumigste Buchladen der Welt. Seine Regallänge: 20,71 km.
Im September 1978 wurde in Tokio (Japan) eine Buchhandlung mit einem angeblichen Lagerbestand von 1 Mio. Bänden eröffnet. In den vier Stockwerken des Hauses werden täglich 10 000 bis 15 000 Kunden bedient.

(Welt) **Das größte Buchantiquariat** betreibt die Fa. *Richard Booth Ltd.* in Hay-on-Wye, Wales (Großbritannien) mit einer Regallänge von 13,75 km, einer Verkaufsfläche von 2795 m² und einem Lagerbestand von ca. 1 Mio. Büchern.

(D) **Die größte Buchhandlung Westdeutschlands** ist das Haus der Fa. *Hugendubel* am Marienplatz in München (Bayern), das Ende 1979 eröffnet wurde. Es umfaßt vier Stockwerke mit zusammen 2000 m² Verkaufsfläche. Täglich werden etwa 5000 Kunden bedient.

Für eigene Rekorde

Presse und Zeitschriften

Anfänge: Die älteste Zeitung ist, allerdings handgeschrieben, schon um 2000 v. Chr. in China erschienen.

(D) **Die ersten Zeitungen in Europa** im heutigen Sinne stammen aus dem Jahre 1609 und erschienen in *Wolfenbüttel* (15. Januar) und *Braunschweig* (Niedersachsen). Erst gegen Ende des 17. Jahrhunderts gab es in etwa 70 deutschen Städten zum Teil mehrere periodisch erscheinende Blätter. Zum täglichen Erscheinen ging im Jahre 1660 erstmals die *Leipziger Zeitung* über, die damit als erste Tageszeitung Deutschlands gelten kann.

Die älteste noch bestehende kommerzielle Zeitung Europas ist *Haarlems Dagblad/Oprechte Haarlemsche Courant,* die in Haarlem (Niederlande) verlegt wird. Der *Courant* erschien zuerst am 8. Januar 1656 als *Weeckelycke Courante van Europa;* ein Exemplar der Nummer 1 existiert.

Die erste Zeitschrift erschien 1665 in Paris (Frankreich). Es war das *Journal des Savants,* eine wissenschaftlich-kritische Monatszeitschrift.

Die älteste noch erscheinende Zeitschrift sind die *Philosophischen Berichte der Königlichen Gesellschaft,* die in London (England) seit dem 6. März 1665 erscheinen.

Die älteste noch existierende Zeitung ist das amtliche schwedische Journal *Post och Inrikes Tidningar,* das 1645 gegründet wurde.

Die dickste Einzelausgabe einer Zeitung war die 3,4 kg wiegende Sonntagsausgabe der *New York Times* vom 17. Oktober 1965. Sie enthielt insgesamt 946 Seiten.

Die größte je verwendete Seitengröße war 130×89 cm für *The Constellation,* die zum 4. Juli 1859 zur Feier des amerikanischen Unabhängigkeitstages in New York (USA) erschien.

Die kleinste nachgewiesene Seitengröße war 7,6×9,5 cm des *Daily Banner* in Roseberg, Oregon (USA), von dem Ausgaben vom 1. und 2. Februar 1876 erhalten sind.

Die kleinste Zeitung in Europa dürfte das am 28. Februar 1829 mit päpstlichen Privileg im römischen Kirchenstaat erschienene *Diario di Roma* sein. Sein Format: 12,7×6,8 cm.

Die höchste Auflage irgendeiner Zeitung hat *Yomiuri Shimbun* (gegründet 1874) in Japan, die im April 1979 13 Mio. 29 424 Exemplare erreichte. Dies ist die Gesamtsumme für alle Ausgaben an verschiedenen Erscheinungsorten; die Morgenausgabe hat eine Auflage von 8 Mio. 190 598, die Abendausgabe 4 Mio. 838 826. Es muß allerdings angenommen werden, daß das in Moskau (UdSSR) erscheinende Organ des *Zentralkomitees der Kommunistischen Partei der UdSSR,* die *Prawda* (d. i. *Wahrheit*), eine Gesamtauflage von täglich mehr als 10,7 Mio. Exemplaren hat und an 45 Orten der UdSSR gedruckt wird. Von *Lenin* im Exil gegründet, erschien die *Prawda* zum ersten Mal am 5. Mai 1912 in *Petersburg.* Seit Januar 1980 erscheint das Blatt einmal in der Woche mit acht Seiten Umfang. Sonst hat die *Prawda* bei einem Preis von 3 Kopeken (etwa 9 Pfennig) sechs Seiten. Die Ausgabe mit acht Seiten kostet 4 Kopeken (etwa 12 Pfennig).

Einen Rekord für Druckfehler erreichte die Londoner *Times* am 22. August 1978 auf Seite 19, wo eine Spalte von ca. 12 cm Länge 97 Druckfehler enthielt. Der Artikel hatte *Papst Paul VI.* zum Thema, der darin anstatt *Pope* u. a. *Pop* hieß.

Die eifrigsten Zeitungsleser der Welt sind die *Schweden* mit 564 verkauften Exemplaren pro 1000 Kopf der Bevölkerung.

(D) **Die älteste noch erscheinende Tageszeitung** ist die im Jahre 1705 gegründete *Hildesheimer Allgemeine Zeitung.*
Zur Zeit erscheinen in Westdeutschland etwa 450 Tages- und Wochen-Zeitungen mit einer Gesamtauflage von ca. 25 Mio.
(DDR) Die Auflage aller in Ostdeutschland erscheinenden Zeitungen (ca. 50) beläuft sich auf 7,75 Mio.

(D) **Der größte Zeitungsverlag Westdeutschlands** ist die *Axel-Springer-Verlags-AG.* (Hamburg und andere Verlagsorte)

Die erste Zeitung, die nach dem Zweiten Weltkrieg im Gebiet der jetzigen Bundesrepublik Deutschland erschien, waren die *Aachener Nachrichten,* die am 26. Juni 1945 die Lizenz Nr. 1 des Alliierten Hauptquartiers der britisch-amerikanischen Besatzungszone erhielten.

(D) **Die auflagenstärkste Tageszeitung** in Deutschland ist *Bild* aus dem Axel-Springer-Verlag, Hamburg, mit einer Tagesauflage von 4,9 Mio.

Die auflagenstärksten Tageszeitungen Westdeutschlands, die im Abonnement bezogen werden, sind die *Süddeutsche Zeitung* aus dem Süddeutschen Verlag, München (Bayern), mit einer Durchschnitts-Tagesauflage von 324 768 Exemplaren, gefolgt von der *Frankfurter Allgemeinen Zeitung »(FAZ«)* mit durchschnittlich 305 923 Tagesauflage und der *Welt* Springer-Verlag, Hamburg mit 215 664.

(A) In Österreich erreicht die *Neue Kronen-Zeitung,* Wien, mit 943 400 Exemplaren die höchste Tages-Durchschnittsauflage (Montag bis Sonntag).

(CH) Die größte Tageszeitung der Schweiz ist *Blick* mit z. Zt. rund 271 000 Tagesauflage. Die größte Abonnement-Tageszeitung der Schweiz ist der *Tages-Anzeiger,* Zürich, mit einer Auflage von 260 000. Die international bekannteste und renommierteste Schweizer Zeitung ist die *Neue Zürcher Zeitung,* die im Januar 1980 ihren 200. Geburtstag feiern konnte. Von ihrer Tagesauflage (ca. 120 000 Exemplare) gehen 20 Prozent ins Ausland.

Parade, ein farbiges Sonntags-Supplement, das wöchentlich 130 US-Tageszeitungen beigelegt wird, hatte 1979 eine Auflage von mehr als 21 Mio.

(D) Die Wochenzeitung *Die Zeit,* Hamburg, erscheint wöchentlich mit einer Durchschnittsauflage von 368 000 Exemplaren (einschl. beigelegtem farbigen *Zeit-Magazin*) im eigenen Verlag.

(A) Die größte Wochenzeitung Österreichs sind die *Niederösterreichischen Nachrichten* mit 115 960 Exemplaren Wochenauflage.

(CH) Die bedeutendste Wochenzeitung der Schweiz ist *Die Weltwoche,* Zürich, Auflage: 110 000.

(D) Die verbreitetsten Sonntagszeitungen Westdeutschlands sind *Bild am Sonntag* mit 2,7 Mio. Durchschnitts-Verkaufsauflage an jedem Sonntag und *Welt am Sonntag* mit 350 000. Beide erscheinen im Springer-Verlag, Hamburg.

(D) Das auflagenstärkste Supplement (Wochenbeilage) in Westdeutschland ist *rtv* (erscheint in Nürnberg, Bayern) mit einer Gesamtauflage von 2,1 Mio. pro Wochenende.

Zeitschriften

Die größte Auflage einer Wochenzeitschrift hat die Fernsehzeitschrift *TV Guide* in den USA, die 1974 als erste Zeitschrift 1 Mrd. Exemplare im Jahr erreichte. Der Wochendurchschnitt für Juli–Dezember 1979 belief sich auf 19 Mio. 043 358.
Die 39 internationalen Ausgaben von *Reader's Digest* (gegründet im Februar 1922) haben pro Monat eine Auflage von 29,701 Mio. in 15 Sprachen, einschließlich der amerikanischen Auflage von 17,75 Mio. (In Westdeutschland, in Österreich und in der Schweiz heißt das Magazin *Das Beste aus Reader's Digest.* Es hat in Westdeutschland eine monatliche Verkaufsauflage von 1,33 Mio.).

(D) **Die erste Zeitschrift Deutschlands** erschien erstmals um 1590. Es war die Frankfurter *Mess-Relation,* die halbjährlich zur Messezeit in der Main-Metropole erschien.

Der größte Zeitschriftenverlag Westdeutschlands ist der *Heinrich-Bauer-Verlag,* Hamburg. In ihm erscheinen z. Zt. insgesamt 15 Zeitschriften mit einer wöchentlichen Gesamt-Verkaufsauflage von 17,5 Mio., darunter die beiden auflagenstärksten deutschen Frauenzeitschriften *Neue Post* (wöchentlich 2,0 Mio.) und *Tina* (1,7 Mio.).

Die größten deutschen Zeitschriften sind *Hör zu* (Springer-Verlag, Hamburg) mit 3,75 Mio Wochenauflage und *TV Hören und Sehen* (Heinrich-Bauer-Verlag, Hamburg) mit 2,6 Mio. Wochenauflage. Eine Sonderstellung nimmt *Das Haus* mit 2,7 Mio. Durchschnittsauflage ein, eine Bauspar-Zeitschrift aus dem Burda-Verlag (Offenburg/Baden), die jedoch nicht nur auf dem üblichen Verkaufsweg abgesetzt wird.

(D) **Die größte deutsche »Illustrierte«** ist der *Stern* (Verlag Gruner und Jahr, Hamburg), mit wöchentlich rd. 1,7 Mio. Auflage.

Die größte deutsche Jugendzeitschrift ist *Bravo* (Heinrich-Bauer-Verlag, Hamburg/München), mit einer Wochen-Verkaufsauflage von rd. 1,5 Mio.

(D) **Die auflagenstärkste Monatszeitschrift** in Westdeutschland ist die Mitgliederzeitschrift *Motorwelt* des Allgemeinen Deutschen Automobil-Clubs *(ADAC)* mit monatlich über 6 Mio. Exemplaren, die den Klubmitgliedern im Rahmen ihrer Beitragsleistungen geliefert werden.

(A) Die auflagenstärkste Zeitschrift Österreichs ist *Profil* mit einer Auflage von 64 000. (Man darf jedoch nicht übersehen, daß in Österreich auch alle deutschen Zeitschriften stark gelesen werden.)

(CH) Die größte Zeitschrift der Schweiz ist das in Bern erscheinende Automobilisten-Blatt *Touring* mit wöchentlich 576 000 deutschen und 228 000 französischen Ausgaben. Alle zwei Wochen kommen 50 000 italienische Ausgaben hinzu.
Die nächstgroßen Zeitschriften der Schweiz sind *Schweizer Familie* (Zürich) mit einer Auflage von 326 000 und *Ringiers Unterhaltungsblätter* (Zofingen) mit 310 000 Auflage pro Woche.

Für eigene Rekorde

Den Altersrekord an jährlich erscheinenden Periodika hält der *Old Moore's Almanack.* Er wird seit 1697 jedes Jahr veröffentlicht. Zum ersten Mal erschien er in Plakatform und diente *Dr. Francis Moore* (1657–1715) aus Southwark bei London dazu, seine Heilmittel anzupreisen. Die jährliche Auflagenhöhe, von den Herausgebern W. Foulsham & Co. Ltd. in Slough (England) beglaubigt, beträgt 1,096 Mio. Exemplare, und der Gesamtverkauf des Almanachs wird auf mehr als 108 Mio. geschätzt.

Anzeigenpreise

Der höchste Preis, der je für eine einzige Seite bezahlt wurde, ist 142 600 Dollar (256 680 DM) für die Rückseite der US-Zeitschrift *Parade* (Auflage 21 Mio. pro Woche) im Vierfarbendruck im Juli 1978 (siehe Seite 212). Der augenblickliche Rekord ist 152 475 Dollar (305 000 DM) für eine Vierfarbendruckseite in *Parade* (Mai 1980).
Der Anzeigenerlös der amerikanischen Oktoberausgabe 1978 des *Reader's Digest* betrug 10 Mio. 393 200 Dollar (18 Mio. 707 760 DM).

Die höchste Ausgabe, die je für eine einzelne Anzeige in einer Zeitschrift getätigt wurde, ist 5,2 Mio. Dollar (9,36 Mio. DM), die von *Gulf and Western Industries* am 5. Februar 1979 für Beilagen in der Zeitschrift *Time* (in der amerikanischen und einigen überseeischen Ausgaben in englischer Sprache) bezahlt wurden.

Der höchste Anzeigenpreis, der zur Zeit für ein ganzseitiges Inserat in einer Tageszeitung verlangt wird, beläuft sich auf 30 Mio. 262 500 Yen (rd. 300 000 DM) für eine ganze Seite in der in Tokio erscheinenden *Asahi Shimbun* (Morgenausgabe). In der Abendausgabe kostet die Inserat-Ganzseite »nur« 170 000 DM.

Der höchste Anzeigenpreis für eine Ganzseite muß in Westdeutschland für ein Inserat in der Zeitschrift *Hör zu* gezahlt werden, und zwar netto 105 000 DM für eine farbige Anzeige, 64 000 DM in schwarz-weiß.
Den höchsten Tageszeitungs-Ganzseitenpreis verlangt in Westdeutschland die Zeitung *Bild* mit 340 000 DM für eine vierfarbige Seite.
Bei den deutschen Sonntagszeitungen sind Ganzseiten am teuersten bei *Bild am Sonntag* mit 56 000 DM netto (vierfarbig).

Die meisten Inserate unter allen Zeitschriften Westdeutschlands brachte – in Ganzseiten umgerechnet – *Der Spiegel* mit rund 110 Seiten pro Ausgabe, gefolgt vom *Stern* mit durchschnittlich 100 Seiten pro Nummer, jeweils in der Zeit vom Januar bis einschl. September 1979.

Kreuzworträtsel

Das erste Kreuzworträtsel bestand aus 32 zu ratenden Wörtern und wurde von *Arthur Wynne* (* Liverpool, England, †1945) erfunden; es wurde in *New York World* am 21. Dezember 1913 veröffentlicht.

Das größte Kreuzworträtsel, das je veröffentlicht wurde, entwarf der Kanadier *Marvin Ryder* aus Aylmer, Ontario. Es wurde am 28. März 1979 in der *Courier Press* von Wallaceberg (Ontario, Kanada) veröffentlicht. Seine 5585 Waagrecht- und 5358 Senkrecht-Worte nahmen 1,7 m² Platz ein.

Unveröffentlicht blieb dieses Kreuzworträtsel mit 21 417 Fragen und 43 500 Buchstabenkästen, das 15 m lang ist. Werner Schmidt aus Bergheim hat es ausgetüftelt.

Die größten regelmäßig erscheinenden Kreuzworträtsel sind die *Mammut*-Rätsel mit einem Grundmuster von 73 × 73 = 5329 Kästchen mit bis zu 828 zu erratenden Begriffen, die von der Firma *First Features Ltd.* in Hastings (England) seit dem 1. Mai 1970 herausgegeben werden.

Das längste Wort, das je in einem Kreuzworträtsel gesucht wurde, ist das holländische *Arrondissementsschoolopziener* – ein Bezirksschulinspektor (29 Buchstaben).
Die *kürzeste* Zeit, in der das Kreuzworträtsel der Londoner *Times* nachweislich unter Testbedingungen gelöst wurde, betrug 3 Min. 45 Sek., die der 43jährige *Roy Dean* aus Bromley bei London in der Radiosendung *Today* am 19. Dezember 1970 benötigte.

Im Mai 1966 erhielt die *Times* von einer Frau auf den *Fidschi*-Inseln die Mitteilung, daß es ihr soeben gelungen sei, das Kreuzworträtsel Nr. 673 in der Ausgabe vom *4. April* 1932 zu lösen.

Ⓓ **Deutscher Meister im Kreuzworträtsel-Raten** ist *Friedrich Schiemann* aus Hamburg. Er löste 1969 ein Rätsel mit 1400 Feldern in 14 Minuten, 19 Sek. und gewann den Meistertitel noch mehrere Male.

Comic Strips

Der Comic Strip mit der längsten Lebensdauer in einer Zeitung ist *Katzenjammer Kids,* der von *Rudolph Dirks* erfunden wurde und zum ersten Mal am 12. Dezember 1897 im *New York Journal* erschien; er wird von seinem Sohn weiter fortgeführt. In den *»Kids« Hans* und *Fritz* erkennen insbesondere deutsche Leser ohne Zweifel schnell deren Vorbilder *Max und Moritz* von *Wilhelm Busch* (* 15. April 1832, † 9. Januar 1908), dessen Bildergeschichten als Anfänge der Comic-strip-Kultur angesehen werden können.

Der älteste Comic Strip war *The Yellow Kid,* der am 18. Oktober 1896 zum ersten Mal im William R. Hearsts *New Yorker Journal* gedruckt wurde.

Am weitesten verbreitet ist der Strip *Blondie* (1930 entstanden), der in 1800 Zeitungen in 55 Ländern und 33 Sprachen erscheint.

Musik und Instrumente

Anfänge: Die älteste noch vorhandene musikalische Aufzeichnung der Welt stammt aus der Zeit um 1800 v. Chr.: eine 1966–67 von *Dr. Duchese-Guillemin* auf einer Tontafel entzifferte siebentonige *Tonleiter,* die an einem Fundort in *Nippur* in *Sumer* (heute Irak) entdeckt worden war.
Ein assyrisches Liebeslied – ebenfalls aus der Zeit um 1800 v. Chr. – an einen ugaritischen Gott, aufgezeichnet auf einer Tafel mit Noten und Text, wurde am 6. März 1974 an der Berkeley-University of California für eine elfsaitige Lyra rekonstruiert.
Die Geschichte der Musik läßt sich jedoch bis auf das 3. Jahrtausend v. Chr. zurückverfolgen, als die *Gelbe Glocke* (huang chung) in der chinesischen Tempelmusik einen immmer gleichen, festgelegten Musikton hatte.
Pfeifen und Flöten aus durchlöcherten Fingerknochen wurden an jungpaläolithischen Ausgrabungsstätten der *Aurignac*-Periode (um 25 000–22 000 v. Chr.) z. B. in Istallóskö (Ungarn), an verschiedenen Plätzen in Südfrankreich und Molodova (UdSSR) gefunden.

Instrumente

Das früheste noch existierende Klavier wurde 1720 in Florenz von *Bartolomeo Cristofori* (1655–1731) aus Padua (Italien) gebaut und befindet sich jetzt im *Metropolitan Museum of Art* in New York City (USA).

🌐 **Der größte Flügel,** der je gebaut wurde, wog 1 1/4 t und war 3,55 m lang; hergestellt wurde er 1935 von *Chas. H. Challen & Sohn* in London (England). Die längste Baßsaite war 3,02 m lang, und die Zugbelastung auf dem 330 kg schweren Rahmen betrug mehr als dreißig Tonnen.

🌐 **Das größte und lauteste Musikinstrument,** das je gebaut wurde, ist die jetzt nur zum Teil eingesetzte *Auditoriums-Orgel* in Atlantic City, New Jersey (USA). Dieses 1930 vollendete Instrument hat zwei Spieltische, einen mit sieben Manualen und einen weiteren beweglichen mit fünf, 1477 Registerzüge und 33 112 Pfeifen von 4,7 mm bis 19 m Größe. Es wird von einem Gebläse mit 365 PS (270 Kw) angetrieben, kostete 500 000 Dollar (damals 2,1 Mio. DM) und hat die Lautstärke von 25 Blaskapellen bei einem Umfang von sieben Oktaven. Sie hat auch den lautesten Registerzug, den sogenannten *Ophicleide-Zug.*
Die große Orgel im Kaufhaus *Wanamaker's* in Philadelphia (USA), die 1911 eingebaut wurde, wurde immer mehr erweitert, bis sie 1930 sechs Manuale und 30 067 Pfeifen hatte, darunter eine sogenannte *Gravissima* von 19 m.

🌐 **Die größte Kirchenorgel** der Welt befindet sich im *St. Stephans-Dom in Passau* (Bayern). Sie wurde 1924–28 von *D. F. Steinmeyer & Co.* eingebaut und wurde 1977–80 von Orgelbaumeister *L. Eisenbarth,* Passau, umgebaut und erweitert. Sie besteht jetzt aus Hauptorgel, Chororgel, Epistelorgel, Evangelienorgel und Fernorgel. Im ganzen besitzt das mächtige Instrument 231 Register, 17 429 Pfeifen und 116 Glocken. Die größte Pfeife ist 11,3 m lang, hat einen Durchmesser von 50 cm und wiegt 306 kg. Vom großen Hauptspieltisch aus (fünf Manuale) sind alle Teile der Orgel elektrisch bespielbar.

Die älteste noch spielbare Orgel der Welt stammt aus dem Jahr 1390 und befindet sich in der *Cathédrale de Notre Dame de Valère* in *Sion/Sitten* (Schweiz). Sie wurde erstmals 1687 und zuletzt 1954 restauriert. In jedem Sommer wird mit ihr ein Festival mit Aufführungen alter und neuer Orgelmusik veranstaltet. Die Orgel hat acht Register, von denen vier noch aus gotischer Zeit stammen.

Als größte Freiluft-Orgel der Welt gilt die *Heldenorgel* im Bürgerturm der *Festung Geroldseck* hoch über der Stadt *Kufstein* am Inn (Tirol, Österreich). Sie wurde 1931 erbaut, 1970/71 erweitert und verfügt jetzt über vier Manuale und 4307 Pfeifen. Schallöffnungen im Festungsturm ermöglichen es, das Orgelspiel kilometerweit zu hören.

Ⓓ **Als schönste Orgel Europas** gilt die in den Jahren 1737–50 von *Josef Gabler* geschaffene Orgel in der Klosterkirche von *Weingarten* (Baden-Württemberg). Sie verfügt über vier Manuale, 77 Register und mehr als 6600 Pfeifen, deren größte 300 kg wiegt.

Ⓓ **Die kleinste Orgel** ist die 1976 von einer deutschen Firma in Bad Windsheim (Bayern) erbaute *Truhenorgel* mit fünf Registern und 282 Pfeifen. Sie hat im Kofferraum eines Autos Platz und wurde als Begleitinstrument für Konzertreisen entwikkelt. (Man muß allerdings berücksichtigen, daß es inzwischen elektronische, den Orgelton simulierende Musikgeräte mit sehr viel geringeren Ausmaßen gibt.)

Die längste bestätigte Zeit, in der je jemand das Amt des Organisten ausübte, erreichte *Charles Bridgeman* (1779–1873), der 81 Jahre lang in der Allerheiligen-Pfarrkirche in Hertford (England) die Orgel spielte. Er wurde 1792 zum Organisten ernannt und spielte noch im Jahre 1873.

Den Weltrekord im Orgelspielen dürfte *John Tungay* aus Johannesburg (Südafrika) halten, der 1976 im dortigen *Charlton Center* 170 Stunden lang spielte.
Auf der elektronischen Orgel hält *Vince Bull* den Rekord. Er spielte zwischen dem 4. und 10. August 1974 144 Stunden lang im *Hotel Oswald* in Scunthorpe (England).

Das größte bekannte Blechinstrument ist eine 2,28 m hohe Tuba mit einer Schallröhre von 11,8 m Länge und einem Schalltrichter von 1 m Durchmesser. Diese Kontrabaß-Tuba wurde für eine Welttournee der Kapelle des amerikanischen Komponisten *John Philip Sousa* (1854–1932) um 1896–98 gebaut und wird noch gespielt. Das Instrument gehört jetzt einem Zirkusunternehmen in Südafrika.

Die älteste noch spielbare Orgel entstand 1390.

🌐 **Das längste Alphorn der Welt** mißt normal 13,4 m und wurde 1975–76 von *Josef Stocker* in Kriens (Schweiz) aus Rottannenholz hergestellt. Es wiegt 32 kg. Seine Länge ist variabel; das Instrument kann bis zu 18 m verlängert werden.

Ⓓ Das längste deutsche Alphorn wurde in *Aschau* (Bayern) gebaut. Es ist zehn Meter lang und hat ein dreifaches Mundstück.
Ein ähnlich großes Alphorn stammt aus *Bernau* am Chiemsee (Bayern). Es wurde 1960 zum erstenmal geblasen und befindet sich auf der Bergstation der Kampenwandbahn.

Das größte bewegliche Saiteninstrument, das je gebaut wurde, war ein *Pantalon* (dem Hackbrett verwandt) mit 270 Saiten, die eine Fläche von 4,6 m^2 einnahmen; gespielt wurde es 1767 von *George Noël.*

Die größte Gitarre, und wahrscheinlich auch am lautesten spielbar, ist 3 m hoch und wiegt 172 kg;

sie wurde von der Firma *Odessey Guitar Co.* in Vancouver (Kanada) gebaut.

Die teuerste Gitarre von Normalgröße ist die deutsche *Chittarabattente* von *Jacob Stadler* aus dem Jahre 1624, die am 12. Juni 1974 für 10 500 Pfund (damals etwa 46 000 DM) bei *Christie's* in London verkauft wurde.

Der größte Kontrabaß, der je gebaut wurde, war 4,26 m hoch und wurde 1924 (angeblich nach Aufforderung durch den Erzengel Gabriel) von *Arthur K. Ferris* in Ironia in New Jersey (USA) hergestellt. Er wog 590 kg mit einem Resonanzboden von 2,43 m Breite und hatte lederne Saiten von insgesamt 31,7 m Länge. Die tiefsten Töne konnten nicht gehört, sondern nur gefühlt werden.

Größte Gitarre der Welt: 3 m hoch, 172 kg schwer.

Als wertvollstes und teuerstes Violoncello gilt jenes 1735 von *Stradivari* in Cremona geschaffene Instrument, das im Mai 1980 bei *Sotheby's* in London einen Auktionspreis von 300 150 Dollar (600 200 DM) erzielte.

Der höchste Preis, der je für eine Violine bei einer Auktion bezahlt wurde, betrug 145 000 Pfund (550 000 DM) für die *Hubermann »ex« Kreisler-Stradivari* aus dem Jahre 1733, die am 3. Mai 1979 bei *Sotheby's* in London verkauft wurde. Ungefähr 700 der 1116 Geigen von *Stradivari* (1644–1737) sind erhalten. Seine mit Einlegearbeit verzierte *Hellier-Violine* wurde im März 1979 für angeblich 400 000 Dollar (720 000 DM) in den USA von einem Privatmann an einen anderen verkauft.

Der höchste Preis für einen Steinway-Flügel aus dem 19. Jahrhundert wurde im März 1980 im New Yorker Auktionshaus *Sotheby Parke Bernet* erzielt. Ein anonymer amerikanischer Bankier erwarb das Instrument für (umgerechnet) 684 000 DM. Der Flügel stammt aus dem Jahr 1884, er ist mit Elfenbein-, Korallen- und Perlmutteinlagen verziert. Seine Beine sind in Löwenform geschnitzt. Neu hatte der Flügel 1200 Dollar gekostet, 1903 wurde er bereits einmal versteigert – damals allerdings für 8000 Dollar.

Die kleinste Geige der Welt dürfte der Westberliner Uhrmacher *Martin Zahl* gebaut haben: sie wurde von ihm unter Verwendung von 200 Jahre altem Edelholz unter der Lupe vollkommen naturgetreu geschnitzt, einschließlich des Bogens. Die Saiten sind Haare. Allerdings ist diese Winziggeige, die nur 14,2 mm lang ist, nicht spielbar. *Zahl* hat jedoch außerdem noch eine Vielzahl weiterer Miniaturinstrumente gebaut, so einen Stutzflügel, 75×75 cm groß, ein Klavier, das 18 cm hoch und 24 cm breit ist, eine Klarinette von Bleistiftlänge, eine flaschenlange Konzerttrompete – insgesamt mehr als 40 spielbare Schlag-, Zupf-, Blas- und Streichinstrumente. Ohne Zweifel auch das ein Rekord: die umfangreichste selbst geschaffene Sammlung von Liliput-Musikinstrumenten!

Die kleinste spielbare Geige wurde im November 1979 in Westdeutschland der Öffentlichkeit vorgestellt, ein 15 cm langes Instrument, das Egerländer Geigenbauer anläßlich ihres Zunftjubiläums in *Bubenreuth* (Bayern) hergestellt haben.

Ausdauerndster Geiger: *Otto E. Funk,* 62, ging die 6702 km von New York City nach San Francisco in Kalifornien (USA) zu Fuß und spielte dabei ohne Unterbrechung seine *Hopf*-Violine. Nach 183 Tagen Marsch kam er am 16. Juni 1929 an.
Rolland S. Tapley trat von seinem Amt als Geiger beim *Boston Symphony Orchestra* in den Ruhestand, nachdem er dort angeblich die Rekordzeit von 58 Jahren von Februar 1920 bis 27. August 1978 gespielt hatte.
Der einzige Geiger, dem es gelang, *unter Wasser* zu spielen, ist *Mark Gottlieb.* Im Schwimmbad des *Evergreen State College* in Olympia, Washington (USA), gab er im März 1978 ein Unterwasserkonzert von Händels *Wassermusik*. Er arbeitet noch am Problem der Bogengeschwindigkeit und am abgesetzten Bogenstrich.

Der ausdauerndste Klavierspieler war der Berliner *Heinz Arntz,* der 1955 insgesamt 432 Stunden hintereinander am Klavier saß und spielte – von kleinen »naturgewollten« Pausen abgesehen.

Die größte Trommel ist die große Baßtrommel von *Disneyland* (USA) mit einem Durchmesser von 3,2 m und einem Gewicht von 204 kg. Sie wurde 1961 von der Firma *Remo Inc.* in Hollywood, Kalifornien, hergestellt und steht auf Rädern; um sie zu befördern, muß ein Traktor sie regelrecht ins Schlepptau nehmen.

Die höchsten und tiefsten Töne von Orchesterinstrumenten (ausschließlich der Orgel) reichen von einem *Handglöckchen,* das auf g^{v} (6272 Hz) gestimmt ist, bis zur *Sub-Kontrabaß-Klarinette,* die C,, (oder 16,4 Hz) erreichen kann.

Die höchste Note eines normalen Klaviers ist c^{v} (4186 Hz), die auch die Grenze für den Geiger ist. 1873 wurde ein Sub-Doppel-Fagott, das B,,, (oder 14,6 Hz) erreichen konnte, gebaut, aber es ist kein erhaltenes Exemplar bekannt.
Die extremen Noten der Orgel sind g^{v}1 (das sechste g oberhalb des mittleren c) (12 544 Hz) und C,,, (8,12 Hz), die von den 1,9 cm bzw. 19 m-Pfeifen produziert werden.

Leichteste und schwierigste Instrumente: Die amerikanische Musikkonferenz erklärte im September 1977, das leichteste Instrument sei das *Ukulele* und die schwierigsten seien *Waldhorn* und *Oboe,* »die niemand wirklich gut bläst«.

Das komplizierteste Instrument, ein sog. *Panharmonikon,* das von einem Mann gespielt werden konnte, wurde 1807 von dem Österreicher *J. N. Mälzl* konstruiert. Es setzte sich aus 150 Flöten, 150 Flageoletts, 50 Oboen, 18 Trompeten, 5 Fanfaren, 2 Zimbeln und 3 großen Trommeln zusammen, die mittels Blasebälgen und Walzen betätigt werden konnten. Erzherzog *Karl von Österreich* (1771–1847) kaufte es für 100 000 französische Francs (damals etwa 80 000 Silber- oder Kurantmark) und zwar nur zu dem Zweck, um die Leute am kaiserlichen Hof von Wien zu ärgern...

Orchester

Das an Mitwirkenden stärkste Orchester, das je zusammengestellt wurde, hatte 20 100 Mitglieder; im *Ullevaal Stadion* in Oslo, Norwegen, spielten am 28. Juni 1964 dem *Norges Musikkorps Forbund* angehörende Kapellen aus ganz Norwegen. Am 17. Juni 1872 dirigierte *Johann Strauß Sohn* (1825–99) ein Orchester mit 987 Mitwirkenden, unterstützt von einem Chor von 20 000; das Konzert fand im Rahmen des *Weltfriedensjubiläums* in Boston (USA) statt. Dabei gab es 400 erste Geigen.

Nur 5 bis 6 cm groß sind diese Mini-Instrumente.

Als *Gustav Mahlers* Symphonie Nr. 8 1910 in Wien erstmals aufgeführt wurde, hatte das Orchester 1000 Mitwirkende.

Die größte Marschkapelle bestand aus 1976 Musikern und 54 Exerziermeistern, Fahnenträgern und Dirigenten, die anläßlich der Amtseinsetzung Präsident *Richard M. Nixons* am 20. Januar 1973 3,2 km entlang der Pennsylvania Avenue in Washington (USA) marschierten.

Die meisten berufsmäßigen Symphonieorchester der Welt, nämlich insgesamt 94, gibt es in Westdeutschland.

Der größte Posaunenchor war am 19. Mai 1974 zum *25. Landesposaunentag* in *Ulm* (Baden-Württemberg) versammelt. 700 Posaunenchöre mit 7200 Bläsern bliesen gemeinsam den christlichen Choral *Lobe den Herrn.*

Die größte Zahl von Konzertbesuchern, die je bei einem Konzert klassischer Musik erreicht wurde, betrug 400 000. Sie hörten am 4. Juli 1977 in der *Hatch Memorial Shell* in Boston (USA), dem *Boston Pops Orchestra* unter Leitung von *Arthur Fiedler* (1895–1979) zu. Bei seinem Konzert 1978 wurde dem damals 83jährigen Dirigenten ein Ehrendiplom mit mehr als 500 000 Unterschriften überreicht.

Die meisten Zuhörer eines Pop-Festivals hatte mit 600 000 angeblich das *Summer Jam* am 29. Juli 1973 in *Watkins Glen,* New York (USA); 150 000 Popfans bezahlten sogar Eintritt. Es gab zwölf *Klangtürme.* Die Zuhörerschaft beim dritten Pop-Festival auf der *Insel Wight* (England) am 30. August 1970 betrug nach Angabe des Veranstalters 400 000 Pop-Fans aus England und Kontinental-Europa.

Die höchste Kasseneinnahme bei einem Popkonzert einer einzelnen Gruppe wurde bei einer Veranstaltung der englischen Band *Led Zeppelin* im *Silver Dome* von Pontiac (USA) am 30. April 1977 erzielt. 76229 Zuhörer bezahlten 792361 Dollar (über 1,5 Mio. DM).

Komponisten

Der produktivste Komponist aller Zeiten war wahrscheinlich der Deutsche *Georg Philipp Telemann* (* 1681, † 25. Juni 1767). Er komponierte 12 vollständige Jahrgänge von Kirchenkantaten, d. h. über 600, eine Kantate für jeden Sonntag! Ferner 78 Messen für besondere Anlässe, 40 Opern, 600 bis 700 Orchestersuiten, 44 Passionen, dazu Konzerte und Kammermusik.

Der produktivste Sinfonie-Komponist war ebenfalls ein Deutscher: *Johann Melchior Molter* (um 1695–1765), der 165 Sinfonien schrieb.
Der Österreicher *Joseph Haydn* (1732–1809) schrieb 104 Sinfonien, von denen viele heute noch regelmäßig gespielt werden.

Der schnellste Komponist der klassischen Periode war *Wolfgang Amadeus Mozart* (1756–91), zugleich auch der produktivste. Er schrieb an die 1000 Opern, Operetten, Sinfonien, Violinsonaten, Divertimenti, Serenaden, Motette, Konzerte für Klavier und viele andere Instrumente, Streichquartette, andere Kammermusik, Messen und Kantaten, von denen nur 70 veröffentlicht wurden, bevor er im Alter von 35 Jahren starb. Seine Oper *La Clemenze di Tito* (1791) stellte er in 18 Tagen fertig, und 3 sinfonische Meisterwerke, die *Sinfonie Nr. 39,* die *Sinfonie in g Moll* und die *Jupitersinfonie in g* schrieb er angeblich im Jahre 1788 im Zeitraum von 42 Tagen. Seine Quvertüre zu *Don Giovanni* schrieb er 1787 in Prag in einem Zuge und vollendete die Oper erst am Tag ihrer Uraufführung in der Prager Oper.

Längste Sinfonie: Die längste aller einzelnen klassischen Sinfonien ist die *Orchestersinfonie Nr. 3 in d-Moll* von *Gustav Mahler* (1860–1911). Dieses Werk aus dem Jahre 1896 erfordert eine Kontra-Altstimme, einen Frauen- und einen Knabenchor zusätzlich zu einem vollständigen Orchester. Eine komplette Aufführung dauert eine Stunde 34 Minuten, davon der erste Satz allein 45 Minuten.
Die *Sinfonie Nr. 2* (die *»Gotische«* oder *Nr. 1*), die *Havergal Brian* (1876–1972) in den Jahren 1919–22 komponierte, wurde am 21. Mai 1978 unter der Leitung von *Travor Stokes* in der *Victoria Hall,* Hanley (England) von mehr als 800 Musikern gespielt. Brian schrieb sogar ein noch gigantischeres Werk, das auf der Dichtung *Prometheus Unbound* des Engländers *Shelley* basiert und vier Stunden, elf Minuten dauert; die vollständige Partitur ist allerdings seit dem Jahr 1961 nicht mehr aufzufinden.

Der schnellste klassische Komponist: Mozart.

Ⓐ **Die längste instrumentale Sinfonie** ist die *Sinfonie Nr. 8 in c-Moll* des Österreichers *Anton Bruckner* (* 4. September 1824, † 11. Oktober 1896), deren Aufführung nicht weniger als 1 1/2 Stunden dauert. 1980 gab es posthum eine Bruckner-Uraufführung: Im Archiv der österreichischen *Gesellschaft der Musikfreunde* wurde unter Überklebungen ein bisher unbekannter Satz, Adagio Nr. 2, zu Bruckners dritter Symphonie entdeckt und zu Pfingsten im Rahmen der Philharmoniker-Konzerte unter *Claudio Abbado* im *Wiener Musikvereinssaal* uraufgeführt.

Die Sinfonie *Sieg auf dem Meer* des Amerikaners *Richard Rodgers* (* 28. Juni 1902, † 30. Dezember 1979), die 1952 für das N.B.C. Fernsehen arrangiert wurde, dauerte 13 Stunden und ist damit zweifellos die längste Sinfonie eines zeitgenössischen Komponisten.

Das längste ununterbrochene Werk für Klavier ohne Wiederholungen, das je komponiert wurde, ist *Opus Clavicembalistieum* von *Kaikhosru Shapurji Sorabji* (* 1892). Der Komponist selbst gab am 1. Dezember 1930 in Glasgow, Schottland, das einzige öffentliche Konzert des Werkes. Es besteht aus 12 Sätzen mit einem Thema und 44

Variationen und einer Passacaglia mit 81 und hat eine Spieldauer von 2 3/4 Stunden.

Die längste Pause auf einem Notenblatt beträgt vier Minuten 33 Sekunden in einem völlig lautlosen Opus des Amerikanes *John Cage.* Als Kommentar auf diesen Trend unter jungen Komponisten sagte *Igor Strawinsky* (* 17. Juni 1882, † 6. April 1971), er freue sich auf ihre zukünftigen Werke von »bedeutender Länge«.

Höchstbezahlte Musiker

Pianisten: *Wladziu Valentino Liberace* (* 16. Mai 1917 in Wisconsin, USA) verdient innerhalb einer Saison von 26 Wochen mehr als 2 Mio. Dollar (3,6 Mio. DM). Seine Spitzengage von 138 000 Dollar (damals ca. 550 000 DM) bekam er 1954 für einen einzigen Abend im *Madison Square Garden* in New York City (USA).

Der höchstbezahlte klassische Pianist war *Ignace Jan Paderewski* (* 18. November 1860, † 29. Juni 1941), 1919–20 Ministerpräsident von Polen, der ein Vermögen von schätzungsweise 5 Mio. Dollar (21 Mio. DM) anhäufte, von denen er 500 000 Dollar (damals 2,1 Mio. DM) während einer einzigen Saison 1922–23 verdiente. Die neureiche Frau eines amerikanischen Industriellen verlangte einmal von ihm, er solle hinter einem Vorhang spielen ...

Unter den von Sängern verdienten Vermögen sind die größten das von *Enrico Caruso* (* 27. Februar 1873, † 2. August 1921), dem italienischen Tenor, dessen Besitz sich auf 9 Mio. Dollar (damals 37,8 Mio. Goldmark) belief, und das der italienisch-spanischen Koloratursopranistin *Amelita Galli-Curci* (1889–1963), die etwa 3 Mio. Dollar (12 Mio. DM) verdiente.
1850 wurden bis zu 653 Dollar für einen einzigen Platz bei den Konzerten bezahlt, die *Johanna* (»Jenny«) *Maria Lind* (1820–87), die *schwedische Nachtigall,* in den USA gab. Ihre Stimme hatte eine Reichweite von g bis e''', deren Mittelregister noch heute als unübertroffen gilt.

Über den besten Sänger aller Zeiten gibt es *keine* einhellige Meinung.

Als schlechteste Sängerin aller Zeiten jedoch gilt allgemein *Florence Foster Jenkins* (1868–1944). Die Exkursionen der Sopranistin ins Reich der Lieder und sogar zur hohen Koloratur gipfelten 1944 in einem ausverkauften Konzert in der New Yorker *Carnegie Hall.* Das (ohnehin schon hohe) hohe F der Diva war angeblich durch einen Unfall mit einem Taxi 1943 noch höher geworden. Es ist eine der Tragödien der Musikgeschichte, daß Madame Jenkins' *Clavelitos,* begleitet von *Cosme McMoon,* nie für die Nachwelt auf Schallplatte aufgezeichnet wurden.

Geiger: Der in Österreich gebürtige Geiger *Fritz Kreisler* (1875–1962) soll in seiner Karriere mehr als 1 Mio. Pfund Sterling (im Durchschnitt 12 Mio. Mark) verdient haben.

Als höchstbezahlter Schlagzeuger gilt *Bernard* (»Buddy«) *Rich* (* 1917), der als Drummer der *Harry-James-Band* als Jahresverdienst rund 185 000 DM kassierte.

Der höchstdotierte Muskpreis ist der *Ernst-von-Siemens-Musikpreis,* den der deutsche Industrielle zu seinem 70. Geburtstag 1973 stiftete. Jährlich werden 150 000 sfr. an Persönlichkeiten vergeben, »deren kompositorische, interpretatorische, schriftstellerische oder auch pädagogische Arbeit der Musik genützt und die Liebe zu ihr gefördert hat«. Neben dem Hauptpreis gibt es Förderpreise in gleicher finanzieller Höhe. 1980 erhielt der Sänger und Dirigent *Dieter Fischer-Dieskau* (* 28. Mai 1925) diesen *Nobelpreis der Musik.*

Oper

Die längste der regelmäßig gespielten Opern ist *Die Meistersinger von Nürnberg* von *Richard Wag-*

Pianist und Ministerpräsident: Ignace Jan Paderewski.

ner (* 22. Mai 1813, † 13. Februar 1883). Eine normale ungekürzte Aufführung der Oper dauert fünf Stunden und 15 Minuten.
The Heretics von *Gabriel von Wayditch,* einem Amerikaner ungarischer Abstammung, ist für ein 110 Instrumente starkes Orchester konzipiert und dauert achteinhalb Stunden.

Die kürzeste Oper, die je geschrieben wurde, ist *Die Errettung des Theseus* von *Darius Milhaud* (* 4. September 1892, † 22. Juni 1974), die 1928 uraufgeführt wurde und nur sieben Minuten 27 Sekunden dauert.

Die erste deutsche Oper mit dem Titel *Daphne* schrieb *Heinrich Schütz* (* 14. Oktober 1585, † 6. November 1672) im Jahre 1627; von ihr ist allerdings nur noch der Text erhalten.

Das längste Gesangssolo in einer Oper ist *Brunhildes Klage* in *Richard Wagners Götterdämmerung.* Es dauert 17 Minuten.

🌐 **Das größte Opernhaus** ist die *Metropolitan Opera* New York City (USA), die im September 1966 zum Preis von 45,7 Mio. Dollar (damals ca. 180 Mio. DM) vollendet wurde. Sie hat eine Kapazität von 3800 Plätzen in einem 137 m tiefen Auditorium. Die Bühne ist 70 m breit und 45 m tief.

Das höchste Opernhaus der Welt ist in einem 42 Stockwerke hohen Gebäude in Chicago (USA) untergebracht.

Die meisten Ränge aller Opernhäuser haben das *Teatro della Scala* (»La Scala«) in Mailand (Italien) und das *Bolschoi-Theater* in Moskau (UdSSR). Beide haben sechs.

(D) **Das größte Opernhaus in Deutschland** ist die *Deutsche Oper* in Berlin (West) mit 1900 Sitzplätzen. Sie wurde im September 1961 mit einem Aufwand von 35 Mio. DM fertiggestellt. Die Fassade mißt 200 m Länge und 38,4 m Höhe.
Was das Personen-Fassungsvermögen betrifft, so wird das Berliner Haus allerdings vom *Nationaltheater* in München, der *Bayerischen Staatsoper,* übertroffen. Durch zusätzliche Partiturplätze und Galerie-Stehplätze bringt sie es auf ein Fassungsvermögen von 2100 Personen. Nach der Zerstörung im Zweiten Weltkrieg wurde das Haus am 23. November 1963 wiedereröffnet.

(A) **Das größte Opernhaus Österreichs** ist die *Wiener Staatsoper.* Sie wurde 1861–69 erbaut, erlitt durch Kriegseinwirkung 1945 schwere Zerstörungen und wurde bis 1955 wiederaufgebaut. Die Kosten dafür beliefen sich auf etwa 50 Mio. DM. Das Haus besitzt einen der größten Bühnenräume der Welt mit ca. 1700 m^2 Bühnenfläche und einer Gesamthöhe von 53 m. Der Fassungsraum des Auditoriums beträgt 2209 Plätze.

(CH) **Das größte Opernhaus der Schweiz** steht in Genf. Es wurde 1879 erbaut, brannte 1951 ab und wurde nach dem Wiederaufbau 1962 wiedereröffnet. Die Genfer Oper hat 1498 Plätze.

Die jüngste Opernsängerin war bei ihrem ersten Auftreten *Jeanette Gloria* (»Ginetta«) *La Bianca,* * 12. Mai 1934 in Buffalo (USA), die am 8. Mai 1950 im *Teatro dell' Opera* in Rom (Italien) im Alter von 15 Jahren und 361 Tagen im *Barbier von Sevilla* die Rosina sang, nachdem sie 45 Tage zuvor in Velletri als Gilda in *Rigoletto* aufgetreten war.

Der älteste Opernsänger: Der Tenor *Giovanni Martinelli* sang den Kaiser Altoum in Puccinis *Turandot* am 4. Februar 1967 in Seattle (USA) im Alter von 81 Jahren.

Ballett

Längster Entrechat: Der Entrechat oder Kreuzsprung ist ein senkrechter Sprung aus der fünften Position mit gestreckten Beinen, die über der Wade gekreuzt werden, wobei Ausgangs- und Endposition jeweils als ein Sprung zählen, so daß im *Entrechat Douze* die Beine fünfmal gekreuzt und gestreckt werden. Dies gelang *Wayne Sleep* in einem BBC-Programm am 7. Januar 1973. Er benötigte für diese Leistung weniger als eine Sekunde.

Die meisten Pirouetten, also die größte Zahl von Kreisdrehungen, die das klassische Ballett vorschreibt, sind die 32 *Fouettés rond de jambe en tournant* im *Schwanensee* von Tschaikowski (1840–93).
Rowena Jackson (Neuseeland) vollführte 121 solcher Drehungen in ihrer Ballettschule in Melbourne (Australien) im Jahre 1940.

🌐 **Die meisten Vorhänge:** Die größte Anzahl von Hervorrufen für Ballettänzer erhielten *Margot Fonteyn* (* 19. Mai 1919) und *Rudolf Nureyew* (* in einem Eisenbahnzug bei Irkutsk UdSSR, am 17. März 1938). Nach einer Aufführung des *Schwanenseeballetts* in der *Wiener Staatsoper* im Oktober 1964 wurden die beiden Stars 89mal vor den Vorhang gerufen.

Die größte Besetzung an Tänzern und Tänzerinnen hatte 1962 eine Ballett-Inszenierung der *Royal Albert Hall,* London (England). Im *London Coster Ballett* unter der Leitung von *Lilian Rowley* wirkten 2000 Personen mit.

Die Wiener Staatsoper besitzt einen der größten Bühnenräume der Welt und 2209 Plätze.

Lieder

Das älteste bekannte Lied ist der *Schaduf-Gesang,* der seit undenklichen Zeiten an den von Menschen angetriebenen Eimerbaggern zur Bewässerung der Wassermühlen am Nil *(Saqiyas)* in Ägypten gesungen wird.

Als ältestes deutsches Liebeslied darf das Lied *All mein Gedanken* gelten, das sich bereits im *Lochamer Liederbuch* findet, einer Sammlung von Minneliedern aus dem 14. und 15. Jahrhundert, die zusammen mit der (älteren) *Manesseschen Liederhandschrift* (um 1320), der *Jenaer* und *Weingartener Liederhandschrift* die wichtigsten Quellen des deutschen mittelalterlichen Liederschatzes, vor allem des Minnesangs, einer lyrisch-epischen Literaturform, bilden.

Als ältestes der deutschen Weihnachtslieder wird *Es ist ein Ros' entsprungen* angesehen, komponiert von *Michael Praetorius* (1571–1621).

Das bekannteste Weihnachtslied in aller Welt ist das aus Österreich stammende *Stille Nacht, heilige Nacht,* das erstmals während der Christmette 1818 in Oberndorf bei Salzburg erklang. Der Text stammt von dem Hilfsprediger *Joseph Mohr,* die Melodie von dem Organisten *Franz Gruber.*

Das meistverbreitete Weihnachtslied auf Schallplatten (s. Seite 231) ist *White Christmas* von *Irving Berlin.* Man schätzt die verkaufte Schallplattenmenge (Single) dieses Titels auf über 200 Mio.

Die älteste Nationalhymne ist die japanische *Kimigayo,* deren Worte aus dem 9. Jahrhundert stammen. Die Hymne Griechenlands besteht aus den ersten vier Versen des *Solomos*-Gedichts, das im ganzen 158 Strophen hat. Von den 23 Nationalhymnen ohne Text ist die älteste die spanische aus dem Jahre 1770.

Die kürzesten Hymnen sind die Japans, Jordaniens und San Marinos, die jeweils nur aus vier Zeilen bestehen.

Ⓓ **Die Nationalhymne der Bundesrepublik Deutschland** ist die dritte Strophe des *Liedes der Deutschen,* das *August Heinrich Hoffmann von Fallersleben* (* 2. April 1798, † 19. Januar 1874) dichtete. Die Musik ist eine im Jahre 1797 komponierte Melodie von *Joseph Haydn* (* 31. März 1732, † 31. Mai 1809).

(DDR) **Zur ostdeutschen Nationalhymne** schrieb *Johannes R. Becher* (* 22. Mai 1891, † 11. Oktober 1958) den Text. Die Musik stammt von *Hanns Eisler* (* 6. Juli 1898, † 6. September 1962). Der deutsche Komponist *Peter Kreuder* (* 18. August 1905) behauptet allerdings, die Melodie sei einem seiner für Hans Albers geschriebenen Filmlieder *(Good bye, Johnny)* entnommen und führte deswegen einen ebenso teuren wie sicherlich aussichtslosen Urheberrechts-Prozeß.

Ⓐ Als Nationalhymne Österreichs wird der Text *Land der Berge, Land am Strome* von *Paula Prevadović* aus dem Jahr 1887 zu einer in seinem Todesjahr 1791 komponierten Melodie von *W.A. Mozart* (* 27. Januar 1756, † 5. Dezember 1791) gesungen.

(CH) Der Text der Schweizer Nationalhymne *Trittst im Morgenrot daher* stammt von *L. Widmar* (1841), die Musik von *A. Zwyssig* (1808–54).

Die längste Version der englischen Nationalhymne *God Save the King* wurde am Morgen des 9. Februar 1909 auf dem Bahnsteig von *Rathenow* in der damals preußischen Mark Brandenburg von einer Militärkapelle gespielt. Sie intonierte die Hymne 16 oder 17 mal. Der Grund dafür war, daß sich *König Eduard VII.* im Zug in der Uniform eines deutschen Feldmarschalls verheddert hatte und sich erst hineinzwängen mußte, bevor er auf dem Bahnsteig erschien, um seinen Staatsbesuch im Deutschen Reich zu beginnen.

Die meistgesungenen Lieder aller Zeiten sind – insbesondere im Verbreitungsgebiet der englischen Sprache – das Geburtstagsständchen *Happy Birthday to you* (von *Mildred und Patty S. Hill* in New York, USA, 1935 veröffentlicht) und *For He's a Jolly Good Fellow,* das schon seit dem Jahre 1781 bekannt ist.

Wettbewerbe: Von den 25 Wettbewerben um das beste Lied in Europa *Grand Prix Eurovision de la Chanson,* die seit 1956 ausgetragen werden, hat Frankreich vier (1958–60–62–77) gewonnen und 1969 den Sieg geteilt. Großbritannien gewann 1967 *(Sandie Shaw, Puppet on a String)* und 1976 *(Brotherhood of Man, Save Your Kisses For Me)* und teilte den Sieg 1969 *(Lulu, Boom, Bang-a-Bang).*

Ⓓ Westdeutschland hat alljährlich teilgenommen und erreichte zweimal Platz 2, dreimal Platz 3 zweimal Platz 4.

Ⓐ Österreich gewann 1966 mit *Udo Jürgens* (d.i. Jürgen Udo Bockelmann, * 30. September 1934) und seinem Lied *Merci, Chérie.*

(CH) Für die Schweiz gewann *Lys Assia* 1956 den *Grand Prix* mit dem Lied *Refrain.*

Erfolgreichster Liedersänger beim *Grand Prix Eurovision de la Chanson* im *April 1980* in *Den Haag* (Holland) war der in Irland lebende Australier *Jonny Logan* mit *What's another year.* Die deutsche Sängerin *Katja Ebstein,* zum dritten Mal beim *Grand Prix* »gestartet«, kam mit ihrem Lied *Theater* auf den *zweiten* Platz.

Kirchenlieder: Es gibt mehr als 950 000 Kirchenlieder. Die früheste genau datierbare Hymne ist die *Heyr Rimna Smiour (Höre, Schöpfer des Himmels)* aus dem Jahre 1208, die von isländischen Seefahrern und ihrem Häuptling *Kolbeinn Tumason* (1173–1208) stammt.

Allerdings basiert die frühe christliche gesungene Kirchenmusik auf den *Psalmen* und den *Gregorianischen Chorälen* (so genannt nach *Papst Gregor I.,* 590–604). Sie waren alle auf lateinische Texte komponiert.

Kirchenlieder, die in der Muttersprache gesungen werden, gibt es seit *Martin Luther* (* 10. November 1483, † 18. Februar 1546). Sein Choral *Ein' feste Burg ist unser Gott* dürfte somit einer der ältesten deutschsprachigen Kirchenchoräle sein. Der protestantische Kirchengesang fand seine höchste Form in den Oratorien und Kantaten *Johann Sebastian Bachs* (* 21. März 1685, † 28. Juli 1750). Unter den deutschen Kirchenlied-Dichtern sind *Paul Gerhardt* (1607–1676), und im 18. Jahrhundert *Gellert, Klopstock* und *Matthias Claudius* die bekanntesten.

Das längste Kirchenlied ist *Hora novissima tempora pessima sunt; vigilemus* von *Bernhard von Cluny* (12. Jahrhundert), das 2966 Zeilen lang ist.

Die produktivste Kirchenlied-Komponistin der neueren Zeit war die Amerikanerin *Mrs. Frances* (Fanny) *Jane Van Alstyne,* geb. *Crosby* (1820–1915). Sie schrieb 8500 Kirchenlieder, obwohl sie – keine sechs Wochen alt – erblindet war. Sie soll eine Hymne in weniger als einer Viertelstunde verfaßt haben.

Der Verkauf von drei nicht mehr vom Urheberrecht geschützten Musikstücken hat, so viel man weiß, 20 Mio. Exemplare überschritten, nämlich *The Old Folks at Home* von *Stephen Forster* (1855), *Listen to the Mocking Bird* (1855) und *An der schönen blauen Donau* von *Johann Strauß* (1867).

Von Songs, die noch dem Copyright unterliegen, waren *Let Me Call You Sweetheart* (1910 von *Whitson* und *Friedman*) und *Till We Meet Again* (1918

Erfolgreichster Schlagerkomponist: Paul McCartney.

von *Egan* und *Whiting*) die beiden Bestseller, die bis 1967 sechs Mio. verkaufte Exemplare erreichten. Andere Songs mit hohen Verkaufszahlen sind *St. Louis Blues, Stardust* und *Tea for Two.*

Der erfolgreichste Schlagerkomponist, was verkaufte Singles betrifft, ist *Paul McCartney* (siehe auch Schallplatten S. 231), der früher zu den *Beatles,* jetzt zur Gruppe *Wings* gehört. Zwischen 1962 und dem 1. Januar 1978 schrieb er allein oder in Partnerschaft 43 Songs, von denen jeweils eine Mio. oder mehr verkauft wurden.

Glocken

Die älteste Glocke der Welt ist wahrscheinlich die, welche *Austen Henry Layard* (1817–94) 1849 im babylonischen Palast des *Nimrod* fand. Sie wird auf die Zeit um 1000 v. Chr. geschätzt.

(D) **Die älteste Glocke Deutschlands,** die noch geläutet wird, ist die *Lullusglocke* in der Ruine der Stiftskirche von *Bad Hersfeld* (Hessen). Sie wurde um 1050 gegossen und trägt ihren Namen zu Ehren des hl. *Lullus,* eines Bonifatius-Schülers, der das Kloster Hersfeld gründete. Der Abt *Meginher* ließ sie während seiner Amtszeit (1036–59) aus einer noch älteren Glocke gießen. Sie hat die Form eines Bienenkorbes und wird einmal im Jahr zu Beginn des Lullusfestes im Juli angeschlagen.

Die älteste Vesperglocke Deutschlands hängt im Münster von *Freiburg i. Breisgau* (Baden-Württemberg), dem einzigen noch im Mittelalter vollendeten gotischen Dom Deutschlands.

Die schwerste Glocke ist die *Zar Kolokol,* die am 23. November 1735 in *Moskau* gegossen wurde. Sie wiegt 196 t, hat einen Durchmesser von 5,90 m, ist 5,87 m hoch und an ihrer dicksten Stelle 60 cm stark. Die Glocke ist gesprungen, und ein Teilstück von 11 t Gewicht brach heraus. Die Glocke steht seit 1836 unbenutzt auf einem Podest im Moskauer Kreml.

Die schwerste benutzte Glocke ist die *Mingun-Glocke,* die 90,52 t wiegt und einen Durchmesser von 5,09 m hat. Sie steht in *Mandalaya* (Birma) und wird mit einem Klöppel aus Teakholz von außen geschlagen. Sie wurde gegen Ende der Herrschaft König *Bodawpayas* (1782–1819) in *Mingun* gegossen.

(D) **Die schwerste schwingende Glocke der Welt** und zugleich Deutschlands größte Glocke ist die *Pe-*

Größte Glocke Berlins: die Freiheitsglocke.

tersglocke im Dom zu *Köln am Rhein* (Nordrhein-Westfalen). Sie wurde 1923 gegossen, hat einen Durchmesser von 3,40, eine Höhe von 4,50 m und wiegt 25 t.

Die größte Glocke Berlins ist die *Freiheitsglocke* im Schöneberger Rathaus (Berlin-West). Sie wurde den Berlinern nach Beendigung der sowjetischen Blockade von der Bevölkerung der USA geschenkt und am 24. Oktober 1950 von General *Lucius D. Clay* (* 24. Juli 1897, † 16. April 1978) an die Bürger Berlins übergeben. Sie wiegt 10 200 kg, ist 2,25 m hoch und hat einen Durchmesser von 2,80 m. Der Klöppel wiegt 750 kg.

Ⓐ **Die schwerste Glocke Österreichs** ist mit 21 388 kg Gewicht (nach dem Neuguß nach der Zerstörung im Zweiten Weltkrieg) die *Pummerin* im *Stephansdom* von *Wien.* Sie stammt ursprünglich aus dem Jahr 1711 und wog damals 22 511 kg. Sie wurde am 26. April 1952 neu geweiht und im Oktober 1957 im Nordturm des Stephansdoms aufgezogen. Sie hat einen Durchmesser von 3 m.

(CH) **Die größte Glocke der Schweiz** ist die 4500 kg schwere *Schillerglocke.* Sie befindet sich in Schaffhausen.

🌐 **Das größte Glockenspiel** ist das *Laura-Spelman-Rockefeller-Memorial*-Glockenspiel in *Riverside Church,* New York City (USA), mit 74 Glocken von einem Gesamtgewicht von 102 t. Die *Bordunglokke* wiegt 18,5 t und ist damit die größte bekannte abgestimmte Glocke.

Das schwerste Glockenspiel der Welt ist der Ring von 13 Glocken in der anglikanischen Kathedrale von *Liverpool* in England; es wurde 1938–39 gegossen, wiegt 16,7 t, und die Tenorglocke *Emmanuel* hat ein Gewicht von 4170,8 kg.

(DDR) **Das größte Glockenspiel Europas** ertönt jetzt im *Bartholomäus-Turm* in Erfurt (Thüringen). Es hat 60 Glocken, deren größte fast 2,4 t wiegt. Die kleinste wiegt über 15 kg. Das Glockenspiel wurde anläßlich des 30. Jahrestages der DDR-Staatsgründung im Herbst 1979 installiert.

Ⓓ **Das größte Glockenspiel Westdeutschlands** befindet sich in *Schlitz* bei Fulda (Hessen). Es hat 26 Glocken und wird täglich alle zwei Stunden einmal gespielt.

Theater und Bühne

Anfänge: Das europäische Theater hat seinen Ursprung im griechischen Drama, das zu Ehren eines Gottes, meist des *Dionysos,* aufgeführt wurde.

Die ältesten Amphitheater stammen aus dem 5. Jahrhundert v. Chr. Das größte bekannte Amphitheater jener Zeit stand in Megalopolis in Mittelgriechenland. Sein Zuschauerraum hatte eine Höhe von 23 m und eine Kapazität von mehr als 17 000 Personen.

Im ersten aus Stein gebauten Theater in Rom, das 55 v. Chr. errichtet wurde, fanden 40 000 Zuschauer Platz. Das steinerne Theater auf der Akropolis von Athen (Griechenland) wurde um 330 v. Chr. erbaut.

Das älteste überdachte Theater der Welt ist das *Teatro Olimpico* in *Vicenza* (Italien). Entworfen wurde es im römischen Stil von *Andrea di Pietro,* alias *Palladio* (1508–80). Mit dem Bau wurde drei Monate vor seinem Tod begonnen. Sein Schüler *Vicenzo Scamozzi* (1552–1616) hat es 1582 vollendet. Es ist noch heute in seiner ursprünglichen Form erhalten.

Fast gleichaltrig – die Angaben schwanken – ist das *Theatro Español* in der Altstadt von Madrid (Spanien).

Ⓓ **Deutschlands ältestes erhaltenes Theatergebäude** ist das 1603–05 erbaute *Ottoneum in Kassel* (Hessen). Theateraufführungen fanden dort allerdings nur bis 1613 statt. Heute ist das Naturkundemuseum der Stadt Kassel darin untergebracht. Das älteste erhaltene und ständig bespielte fürstliche Theater Deutschlands ist das *Schloßtheater in Celle* (Niedersachsen). Es stammt aus dem Jahre 1674 und zählte neben vielen anderen bedeutenden Persönlichkeiten *Johann Sebastian Bach* zu seinen Besuchern.

Ⓐ **Die ältesten Theater Österreichs,** in denen noch gespielt wird, sind das *Schloßtheater von Schönbrunn* bei Wien, das am 4. Oktober 1747 eröffnet wurde, und das *Stadttheater Grein* in Oberösterreich, das 1791 erbaut worden ist.

(CH) **Das älteste Theater in der Schweiz** befindet sich in *Argovia* bei Baden (Kanton Aargau). Der Theaterraum stammt aus dem Jahr 1674, das Gebäude

Das Nationaltheater in München, die Bayerische Staatsoper, hat 2100 Plätze.

aus dem Jahr 1832. Es ist 1929 abgebrochen worden. Der Theaterbetrieb wird jetzt in einem Neubau weitergeführt.

Das größte Gebäude, das als Theater benutzt wird, ist das *Nationale Volkskongreßgebäude (Ren min da tang)* auf der Westseite des *Tian-an-men-Platzes (Platz des himmlischen Friedens)* in *Peking* (China). Es wurde 1959 fertiggestellt und bedeckt eine Fläche von 5,2 ha. Das Theater hat 10 000 Plätze, wird aber nur gelegentlich für Aufführungen benutzt.

Das größte ausschließlich für Theateraufführungen gebaute Theater ist das *Perth Entertainment Centre* in Westaustralien, das im November 1976 für 8,3 Mio. australische Dollar (ca. 17 Mio. DM) mit einer Kapazität von 8003 Plätzen fertiggestellt wurde. Die Bühnenfläche ist 148 m² groß.

(D) **Die größten Theater Westdeutschlands** sind die *Deutsche Oper* in Berlin (West) und das *Nationaltheater* in München (Bayern). (Siehe auch Oper Seite 220).

(DDR) **Die größten Theater in Ostdeutschland** sind das *Opernhaus Leipzig* (1634 Plätze), *Schauspielhaus Leipzig* (1105 Plätze), *Metropoltheater* Berlin (Ost) (1569 Plätze).

(A) **Das größte Theater Österreichs** ist das *Neue Festspielhaus* in Salzburg mit 2310 Sitzplätzen (bei Opernaufführungen 2158).

(CH) **Das größte Theater der Schweiz** ist das *Théâtre de Beaulieu* in Lausanne (Kanton Waadt). Es hat 1824 Sitzplätze.

Die größte Freilichtbühne unserer Zeit befindet sich in der Stadt *Mendoza* (Argentinien). Sie hat 40 000 Plätze.

Für eigene Rekorde

Das größte Amphitheater, das je gebaut wurde, ist das *Colosseum* in Rom (Italien), das im Jahre 80 n. Chr. vollendet wurde. Mit einer Fläche von 2 ha und Platz für 87 000 Zuschauer hatte es eine Ausdehnung von 187 m Länge und 175 m Breite.

Ⓐ **Die größte Seebühne** befindet sich in *Bregenz* (Vorarlberg) am österreichischen Ufer des Bodensees. Alljährlich im Juli und August finden hier die *Bregenzer Festspiele* mit Aufführungen von Opern, Schauspielen, Operetten, Musicals statt.

Das größte Theatergebäude, hinsichtlich seiner bebauten Fläche, ist die *Große Oper in Paris* (Frankreich). Sie bedeckt 11 000 m^2. Die Korridore sind insgesamt nahezu 20 km lang.

Die Deutsche Oper in Berlin (West).

Ⓓ **Das älteste Volkstheater Westdeutschlands** besteht seit 1618 in der Gemeinde *Kiefersfelden* am Inn (Bayern). Alljährlich finden dort im Juli und August Aufführungen sog. *Ritterspiele* statt, zumeist aus der Feder des einst aus Tirol zugewanderten Holzknechts und Köhlers *Josef Schmalz* (1792–1845). Die Darsteller und alle sonstigen Mitwirkenden sind ausschließlich Einheimische.

Das berühmteste Laientheater der Welt sind die *Passionsspiele von Oberammergau* (Bayern). Seit 1634 werden sie alle zehn Jahre von nahezu 1400 einheimischen Erwachsenen und 400 Kindern (das sind mehr als ein Drittel aller Einwohner) aufgeführt. Das Festspielhaus hat über 5000 Plätze. Eine Aufführung dauert etwa 8½ Stunden, allerdings mit Pausen.

Das Stück, das am längsten ohne Unterbrechung gespielt wird, ist *Die Mausefalle (The Mousetrap)* von *Agatha Christie* (1890–1976). Dieses Kriminalstück hatte am 25. November 1952 im Londoner *Ambassador Theater* (453 Plätze) Premiere und zog dann nach 8862 Aufführungen am 25. März 1974 ein paar Häuser weiter ins *St. Martin's Theater* um. Die Silberjubiläumsvorstellung am 25. November 1977 war die 10 390ste und die 11 500ste fiel auf den 22. Juli 1980.

Die größte Zahl von Aufführungen, nämlich 45 140 bis zum 27. April 1980, erreichte bisher *Das Goldene Hufeisen (The Golden Horseshoe Revue),* eine Show, die im *Disneyland Park* von Kalifornien (USA) gezeigt wird. Sie hatte am 17. Juli 1955 Premiere. Die drei Hauptdarsteller *Fulton Burley, Walley Bagg und Betty Taylor* geben pro Tag bis zu fünf Vorstellungen, die jeweils 45 Minuten dauern.

Den Broadway-Rekord hat das Musical *Grease (Schmiere)* am 8. Dezember 1979 errungen, als im *Royale-Theater* nach acht Jahren Spielzeit die 3243ste Aufführung stattfand. Das Einspielergebnis betrug bis dahin 70 Mio. Dollar (ca. 120 Mio. DM), nicht gerechnet die 200 Mio. Dollar (ca. 360 Mio. DM) aus der Verfilmung mit *John Travolta.*
Davor hatte das Musical *Anatevka (Fiddler on the Roof)* den Rekord gehalten, dessen erste Serie »en suite« am 3. Juli 1972 beendet wurde. Die Premiere hatte am 22. September 1964 stattgefunden. *Paul Lipson* spielte 1811mal den *Tevye* und hatte währenddessen zehn »Frauen« und 58 »Töchter«. Die Bruttoeinkünfte in aller Welt betrugen 64,3 Mio. Dollar (ca. 120 Mio. DM), bei einer Anfangsinvestition von 375 000 Dollar, was damals 1,5 Mio. DM entsprach.
Das Off-Broadway-Musical *The Fantasticks* von *Tom Jones* und *Harvey Schmidt* erreichte am 3. Mai 1979, als es in sein 21. Jahr ging, im *Sullivan Street Playhouse* in Greenwich Village, New York City, seine 8318ste Aufführung. Es wurde – und das ist ein weiterer Rekord – in 3788 Inszenierungen in 55 Ländern gespielt.

Ⓓ **Der meistgespielte Autor in Westdeutschland** ist *William Shakespeare.* Von 1947–79 wurden seine

Stücke ca. 40000mal aufgeführt. In Ostdeutschland wurden 1978 insgesamt 19 Shakespeare-Stücke 369mal aufgeführt.
Das meistgespielte Stück war von 1947–79 Lessings *Minna von Barnhelm.* Die meistgespielte Oper war Mozarts *Zauberflöte* (7008mal), der meistaufgeführte Komponist *Giuseppe Verdi* mit ca. 34000 Aufführungen seiner Opern. Meistgespielte Operette war mit 8087 Aufführungen *Die Fledermaus* von *Johann Strauß,* der meistaufgeführte Operettenkomponist *Franz Lehár* (ca. 28000mal). Unter den Musicals hält *My Fair Lady* von *Loewe* mit 5545 Aufführungen den Rekord in Westdeutschland; Loewe war damit auch der meistgespielte Musical-Komponist.

(D) **Das meistgespielte deutsche Theaterstück in der Theaterspielzeit 1978/79** war *Heinrich von Kleists* Lustspiel *Der zerbrochene Krug* mit 421 Aufführungen in Westdeutschland, in Österreich und in der Schweiz. An zweiter Stelle lag das Einpersonenstück *Ein Gespräch im Hause Stein über den abwesenden Herrn von Goethe* von *Peter Hacks.* (* 21. März 1928).
(DDR) In Ostdeutschland erlebten Stücke des Dramatikers *Friedrich Wolf* (* 23. Dezember 1888, † 5. Oktober 1953) seit 1949 die meisten Inszenierungen. Es führt das Stück *Professor Mamlock* mit 69 Inszenierungen vor Wolfs *Die Matrosen von Cattaro* mit 64 Produktionen. 1978 war *Bertolt Brecht* der meistgespielte Autor (802 Aufführungen von 20 seiner Stücke), gefolgt von *Rudi Strahl* (621 Aufführungen von 16 seiner Stücke). Die meistgespielte Oper war *Die Hochzeit des Figaro* von *Wolfgang Amadeus Mozart* (123 Aufführungen in 13 Inszenierungen).

Die längste Theaterinszenierung ist die von *The Warp* von *Neil Oram* unter der Regie von *Ken Campbell* – ein zehnteiliger Zyklus, der im Londoner *Institute of Contemporary Art* vom 18. bis zum 20. Januar 1979 aufgeführt wurde. Der Schauspieler *Russell Denton* stand bis auf fünf Minuten die gesamten 18 Stunden und fünf Minuten, die die Aufführung in Anspruch nahm, auf der Bühne. Die drei Pausen waren insgesamt drei Stunden zehn Minuten lang.

Die kürzeste Spielzeit hatte am 11. März 1930 *The Intimate Revue* im *Duchess-Theatre* in London (England). Alles was schief gehen konnte, ging schief. Kulissenwechsel dauerten 20 Minuten, deshalb ließ das Management sieben Szenen aus, um das Finale noch vor Mitternacht zu erreichen. Die Premiere wurde als eine halbe Vorstellung bezeichnet.

Premiere = Finale. Bei zahlreichen Broadway-Produktionen fanden die Premiere und die letzte Vorstellung an einem einzigen Abend statt. Eine der teuersten Shows, bei denen das der Fall war, war *Kelly,* ein Musical, das 700000 Dollar (2,8 Mio. DM) kostete und seinen gleichzeitigen Auf- und Untergang am 6. Februar 1965 erlebte.

Als jüngster Regisseur am Broadway bewährte sich *Margo Feiden* (Margo Eden) (* 2. Dezember 1944 in New York City). Sie führte in dem Musical *Peter Pan* Regie, das am 3. April 1961 Premiere hatte, als sie 16 Jahre und 5 Monate alt war. Sie schrieb außerdem *Out Brief Candle,* das am 18. August 1962 Premiere hatte. Jetzt ist sie eine bekannte Kunsthändlerin.

Den Gesamtrekord für Einmann-Shows hält *Roy Dotrice* mit 1700 Vorstellungen von *Brief Lives* (* 5. Mai 1923 auf Guernsey), einschließlich 400 Aufführungen »en suite« im *Mayfair Theater,* London, bis 20. Juli 1974. Er war bei diesem Monolog aus dem 17. Jahrhundert jeweils mehr als zweieinhalb Stunden auf der Bühne, brauchte drei Stunden fürs Schminken und eine Stunde fürs Abschminken, womit er insgesamt 40 Wochen vor dem Schminkspiegel verbrachte.

Der Schauspieler mit der längsten Bühnen- und Show-Karriere dürfte der Engländer *Richard Hearne* (* 30. Januar 1909) sein. Er spielte bereits im Alter von sechs Wochen ein Baby und seitdem während seiner gesamten Kindheit im Zirkus, in Kinderstücken und Musikkomödien.

Ausdauerndste Hauptdarstellerin ist *Anna Neagle* (* 20. Oktober 1904). Sie spielte zwischen Dezember 1965 und dem 27. März 1971 in 2062 Vorstellungen die Hauptrolle in *Charlie Girl* im *Adelphi Theater* von London. Außerdem spielte sie die Rolle in 327 Vorstellungen in Übersee.

Die längste Reihe von Revuegirls bildeten die Tänzerinnen der *Rocketts-Truppe* in der *Radio*

Für eigene Rekorde

City Music Hall, als diese im Dezember 1932 in New York (USA) eröffnet wurde. Die 36 Girls tanzten die Präzisionsschritte ihrer »Chorus Line« auf einer Bühne von 43,9 m Breite.

Die höchste Gage in einem Nachtklub, nämlich 100 000 Dollar (200 000 DM), erhielt *Liza Minelli* (* 12. März 1946) für die Silvester-Show im *Colonie Hill Club* von Long Island, New York, am 1. Januar 1975. Die Eintrittskarten kosteten 150 Dollar (300 DM). Doch auch die Disco-Queen *Donna Summer* ist ein rechtes Goldkehlchen. Für ihre Auftritte im *Resort-Hotel* in *Atlantic City* kassierte sie im April 1980 für eine Woche 250 000 Dollar, also knapp eine halbe Mio. DM.

200 000 DM für die Silvester-Show: Liza Minelli.

Die meisten Oma-Küsse: *Don Tai Loy Ho* (* 13. August 1930 in Oahu, Hawaii) tritt seit September 1970 im *Polynesian-Palace* im *Reef Towers Hotel* von Honolulu (Hawaii) auf. In 4000 Vorstellungen hat er schätzungsweise 250 000 Großmütter geküßt.

Eis-Shows: Die von *Morris Chalfen* 1945 gegründete *Holidays on Ice Production Inc.* inszeniert die teuerste Live-Unterhaltung der Welt mit bis zu sieben Produktionen, die gleichzeitig in mehreren von 75 regelmäßig besuchten Ländern laufen und 20 Mio. Zuschauer anlocken, die 40 Mio. Dollar (78 Mio. DM) im Jahr Eintritt bezahlen. Die Gesellschaft beschäftigt mehr als 900 Eisläufer, darunter viele Weltmeister und Olympiasieger. Die beliebtesten und bekanntesten deutschen Stars der *Holiday on Ice-Shows* sind *Marika Kilius* und *Hans-Jürgen Bäumler.*

Der erste Striptease auf einer Bühne wurde 1910 im *Casino de Paris* vorgeführt. Der Name der Dame, einer Studentin, war *Mona.*

Die längste Lesung eines Werkes der Weltliteratur fand vom 18. bis 22. Juni 1979 in *Klagenfurt* (Kärnten) statt, der Heimatstadt des österreichischen Dichters *Robert Musil* (* 6. Nov. 1880, † 15. April 1942), dessen Roman *Der Mann ohne Eigenschaften* eine Vorlesezeit von 100 Stunden in Anspruch nahm. Es beteiligten sich 16 weibliche und 24 männliche Laien-Vorleser im Alter zwischen 16 und 76 Jahren. Einziger »Profi« bei dieser Lesung war der Burgschauspieler *Klausjürgen Wussow,* (* 30. April 1929), der zufällig in Klagenfurt weilte, die Veranstaltung besuchte und ein ganzes Romankapitel las. Die Lesung fand im Rahmen einer »Woche der Begegnung« statt und war von *Alexander Widner* und *Robert Gratzer* initiiert worden.

Die schnellste Lesung der Werke Shakespeares gelang im Mai 1980 den zehn Mitgliedern des englischsprachigen *Theatre of Amsterdam.* Sie rasselten 37 Schauspiele, 154 Sonette und fünf Balladen in genau 30 Stunden herunter und blieben damit um fünf Stunden und 53 Minuten unter der bisherigen Rekordzeit, die von Schauspielschülern aus *Wakefield* (England) aufgestellt worden war.

Für eigene Rekorde

Schallplatten und Tonbänder

Anfänge: Das *Grammophon* bzw. der *Phonograph* wurde zum ersten Mal von *Charles Cros* (1842–88), einem französischen Dichter und Wissenschaftler, ersonnen, der seine Idee in versiegelten Papieren beschrieb, die er am 30. April 1877 in der französischen *Akademie der Wissenschaften* hinterlegte. Verwirklicht wurde die Erfindung jedoch von *Thomas Alva Edison* (* 1. Februar 1847, † 18. Oktober 1931) in den USA. Das erste brauchbare Gerät wurde am 4.–6. Dezember 1877 von seinem Mechaniker *John Kruesi* gebaut, am 7. Dezember vorgeführt und am 19. Februar 1878 in den USA patentiert.

Bespielte Tonbänder wurden zum ersten Mal 1950 von *Recording Associates* in New York City (USA) verkauft.

Ältestes Grammophon: Das erste brauchbare, von Hand angetriebene Wachszylindergrammophon wurde 1886 von *Chichester Bell* und *Charles Sumner Tainter* in den USA hergestellt.
Der Vorfahre der modernen Schallplatte wurde 1887 für *Emil Berliner* (1851–1929), einen deutschen Einwanderer, in den USA patentiert. Obwohl ein Spielzeuggrammophon nach diesem Prinzip in Deutschland bereits 1889 produziert worden war, wurde das Schallplatten-Grammophon erst 1896 eine ernsthafte kommerzielle Konkurrenz für den Zylinderphonographen.

🌐 **Die meisten Schallplattengeräte,** insgesamt 75,3 Mio. bis Dezember 1976, gibt es in den USA. Jährlich werden in den USA mehr als eine halbe Mrd. Dollar (über 950 Mio. DM) in die 500 000 Musikautomaten und »Juke-Boxes« gesteckt.
Der Einzelhandelsverkauf von Schallplatten und Tonbändern ergab 1976 in den USA einen Umsatz von 2,74 Mrd. Dollar (4,8 Mrd. DM), einschließlich 273 Mio. Stereo-Langspielplatten, 190 Mio. Singles und 127,8 Mio. Stereo-Bändern.
(D) In der westlichen Welt haben durchschnittlich 32 Prozent aller Haushalte einen Plattenspieler. Dieser Durchschnittswert wird in Westdeutschland jedoch weit übertroffen: hier haben 81 Prozent aller Haushalte ein Plattengerät. (Noch beträchtlicher ist der Unterschied bei Kassettenrecordern: Westdeutschland = 127 Prozent (d. h. viele Zweitgeräte!) gegenüber 35 Prozent weltweit.

Die Ausgaben für Musik (Geräte, Platten, Kassetten, Zubehör) betragen in der westlichen Welt durchschnittlich 0,25 Prozent der gesamten Konsumausgaben. In Westdeutschland ist der Prozentsatz 0,32 Prozent.
Hier werden z. Zt. im Jahr pro Kopf der Bevölkerung 37,– DM für Tonträger ausgegeben (vergleiche: 90,– DM für Blumen, 105,– DM für Bücher, 475,– DM für Reisen).

Die ältesten abspielbaren Tonträger, insbesondere *Wachszylinder,* werden bei der Rundfunkanstalt *BBC* in London (England) aufbewahrt. Den Altersrekord dürfte ein Zylinder halten, der am 26. Juni 1888 in *Edisons* Labor aufgenommen wurde.
Insgesamt enthält die Sammlung der BBC etwa eine Mio. Schallplatten. Zur BBC-Sammlung gehören auch mehrere der frühen Aufnahmen *Emil Berliners.*

Das größte Schallplatten- bzw. Tonträger-Archiv Westdeutschlands hat der NDR *(Norddeutscher Rundfunk)* in Hamburg. Es umfaßt ca. 109 000 LPs und Singles und 240 000 Tonbandaufnahmen.

Der größte multinationale Schallplatten- bzw. Musikkonzern ist die *Polygram B. V./G. m. b. H. Baarn* (Niederlande) und *Hamburg* (Westdeutsch-

Erfolgreichster Schallplatten-Solist: Bing Crosby.

land). Z. Zt. gehören etwa 100 Schallplattenfirmen, Musikverlage u. ä. zu ihm. Er beschäftigt 13600 Mitarbeiter in 31 Ländern und betreibt Schallplattenfabriken in 20 Ländern. Sein Umsatz betrug 1978 1,2 Mrd. Dollar (2,37 Mrd. DM). 80 Prozent davon erbrachte das Schallplattengeschäft, davon wiederum 87 Prozent die U-(= Unterhaltungs)Musik, 13 Prozent die E-(= ernste-)Musik. Eigentümer des Konzerns sind mit je 50 Prozent Kapitalanteil die großen europäischen Elektrofirmen *Philips* (Niederlande) und *Siemens* (Westdeutschland).
Allerdings werden 65 Prozent des Weltumsatzes in Musik in den USA gemacht, wo die Mammut-Multis CBS *(Columbia Broadcasting Systems)* und *Warner Bros* marktführend sind.

Die kleinste abspielbare Schallplatte der Welt befindet sich im Londoner BBC-Archiv. Sie hat einen Durchmesser von 3,5 cm und wurde 1924 für die Aufstellung eines Puppenhauses im englischen Königspalast hergestellt; insgesamt gab es 250 Stück davon. Auf der Platte ist die englische Nationalhymne zu hören.

Die erste Jazzschallplatte, die aufgenommen wurde, war *Indiana* und *The Dark Town Strutters Ball* bei der Firma *Columbia* in New York (USA), und zwar am oder um den 30. Januar 1917. Es spielte die *Original Dixieland Jazz Band* unter der Leitung von *Dominick* (»Nick«) *James La Rocca* (1889–1961). Diese Schallplatte kam am 31. Mai 1917 auf den Markt. Als erste erhältlich war jedoch die Platte mit dem *Livery Stable Blues* (aufgenommen am 24. Febr.) mit der Rückseite *The Dixie Jazz Band One-Step* (aufgenommen am 26. Februar) der gleichen Band, die die Firma Victor am 7. März 1917 herausbrachte.

Der erfolgreichste Schallplattensolist aller Zeiten ist wohl nach wie vor *Harry Lillis »Bing« Crosby* jr. (* 2. Mai 1904, † 14. Oktober 1977). Ihm überreichte die Handelskammer von Hollywood (USA) am 9. Juni 1960 eine Platin-Schallplatte zur Erinnerung an den Verkauf von angeblich 200 Mio. Exemplaren seiner 2600 Singles und 125 Langspielplatten. Am 15. September 1970 erhielt er eine zweite Platin-Schallplatte, als die Firma *Decca* den Verkauf von 300,65 Mio. seiner Platten melden konnte.
Crosbys erste kommerzielle Aufnahme war *I've Got the Girl,* die am 18. Oktober 1926 gemacht wurde, und die erste Million verkaufte er von *Sweet Leilani* im Jahre 1937. Eine detaillierte Aufstellung seiner Gesamtverkäufe wurde allerdings nie veröffentlicht.
Ebensowenig wurden von unabhängiger Seite überprüfte Zahlen für *Elvis (Aron) Presley* (* 8. Januar 1935, † 16. August 1977) veröffentlicht. Angesichts der 150 Presley-Hits auf 45er Platten und 70 populären LPs, die er von 1956 bis zu seinem Tod verkaufte, kann angenommen werden, daß er Bing Crosby als Rekordhalter zumindest ebenbürtig gewesen ist.

Die Sänger mit den höchsten Verkaufszahlen als Gruppe waren die *Beatles.* Die Gruppe aus Liverpool (England) bestand aus vier Mitgliedern: *George Harrison* (* 25. Februar 1943), *John Oho* (zuvor John Winston) *Lennon* (* 9. Oktober 1940), *James Paul McCartney* (* 18. Juni 1942) und *Richard Starkey,* genannt *Ringo Starr* (* 7. Juli 1940). Der Gesamtverkauf von *Beatles*-Platten bis Ende 1978 wurde auf 100 Mio. Singles und 100 Mio. LPs geschätzt – eine Zahl, die von keiner anderen Gruppe erreicht wurde.
Die sog. *Beatles-Anthologie,* zwei LP-Doppelalben mit den Titeln *The Beatles 1962–1966* und *The Beatles 1966–1970,* auf denen die größten Hits der Gruppe im Jahr 1974 noch einmal weltweit veröffentlicht wurden, wurden ab 30. April 1974 auch in Westdeutschland verkauft. Bis Ende 1979 wurden davon in Westdeutschland jeweils ca. 1,7 Mio. Langspielplatten bzw. Music-Cassetten abgesetzt, d. h. insgesamt 6,8 Mio. LP/MC, da es sich um Doppelalben handelt. Der Verkauf (durch *EMI Electrola*) hält immer noch an.
Ein weiterer Rekord dieser Alben: Sie wurden von Mitte 1974 bis April 1979 insgesamt 300 Wochen lang in der maßgebenden deutschen Hitparade *Top 50* der Zeitschrift *Der Musikmarkt* notiert!

Goldene Schallplatten wurden anfänglich für jeweils 1 Mio. verkaufter Platten vergeben. Die ersten Aufnahmen, die das erreichten, waren Darbietungen des Tenors *Enrico Caruso* (* 27. Februar 1873 in Neapel, Italien, † 2. August 1921) der Arie *Vesti la giubba* aus der Oper *Bajazzo* von *Ruggiero Leoncavallo* (1858–1919), von der die erste Version in Klavierbegleitung am 12. November 1902 aufgenommen wurde.

Die erste Single, die eine Mio. überschritt, war *Carry Me Back to Old Virginny* der Firma *Victor,* von Alma Gluck, und zwar als 30,48 cm einseitig bespielte Platte.

Die erste regelrechte goldene Schallplatte war die, welche von der Firma *R. C. A. Victor* für die Verleihung an den amerikanischen Posaunisten und Bandleader *Alton »Glenn« Miller* (1904–44) für seine Platte *Chattanooga Choo Choo* am 10. Februar 1942 mit Goldbronze besprüht wurde.

Der einzige, offiziell geprüfte Maßstab für Millionenseller bei *Singles* und *LPs,* die sich 500 000mal und mehr verkauft haben, ist ein Zertifikat des *Dachverbandes der amerikanischen Schallplat-*

Keine Gruppe machte mehr Geld als die vier Beatles aus Liverpool. Ihre Glanzzeit: 1962–1970.

tenindustrie, das am 14. März 1958 eingeführt wurde. Von den 2390 von dieser Gesellschaft bestätigten *Goldenen Schallplatten,* die bis 1. Januar 1979 verliehen wurden, gingen die meisten an die *Beatles* mit 42 (zusätzlich einer mit Billy Preston) als Gruppe. *Paul McCartney* erhielt darüber hinaus 18 außerhalb der *Beatle*-Gruppe und *Wings.*

Die meisten Auszeichnungen als einzelner Interpret, nämlich 38, erhielt *Elvis Presley* (1935–1977) für die Zeit von 1958 bis zum 1. Januar 1979. Insgesamt soll die Zahl von *Goldenen Singles* für *Presley* an die 80 betragen.

Goldigster Bandleader ist ohne Frage *James Last* (50), der es bis Mai 1980 auf 154 *Goldene Schallplatten* gebracht hatte. Der Hamburger hat seinen Plattenschatz im Banksafe gelagert, denn jede der Platten ist aus 800 Gramm reinem Gold. Ein beachtliches Kapital bei den horrenden Goldpreisen, und »Hänschen« Last beabsichtigt nicht, das Sammlen von »Goldenen« aufzugeben. Übrigens hat er auch schon an die zehn Platin-Platten.
Unter den *deutschsprachigen* Interpreten, die *Goldene Schallplatten* erhielten, war der erste, der für ein *einziges* Lied gleich *dreimal* mit dieser Trophäe ausgezeichnet wurde, *Freddy Quinn* (*Manfred Petz,* * 27. September 1931): er erhielt für das Lied *Heimweh* im Jahr 1956 zwei und 1958 eine dritte *»Goldene«.*
Andere bekannte Interpreten und Bandleader, die in Deutschland mehrere *Goldene Schallplatten* gewannen, waren u. a. *Caterina Valente, Lolita, Lale Andersen* (»Lili Marlen«), der am 22. Juni 1980 verstorbene *Bert Kaempfert, Heidi Brühl, Fred Bertelmann* (sein 1957 erschienener »Lachender Vagabund« erreichte eine Verkaufszahl von 1,7 Mio.!), *Heintje (Hein Simon), Nana Mouskuri, Gerhard Wendland, Udo Jürgens (Jürgen Udo Bockelmann) und Peter Alexander (Peter Neumayer).* Einige der Genannten haben auch bereits Platin-Schallplatten bekommen.

🌐 **Die meistaufgenommenen Songs** mit mehr als 1000 Aufnahmen sind *Yesterday* von *Paul McCartney* und *John Lennon* mit 1186 Versionen zwischen 1965 und dem 1. Januar 1973, und *Tie a Yellow Ribbon Round the Old Oak Tree* von *Irwin Levine* und *L. Russell Brown* mit mehr als 1000 von 1973 bis 1. Januar 1979.

Die meisten Aufnahmen als Interpret hat die Inderin *Lata Mangeshker* (* 1928) gemacht. Sie hat zwischen 1948 und 1974 angeblich nicht weniger als 25 000 Solo-, Duett- und von Chor begleitete Lieder in 20 indischen Sprachen aufgenommen. Häufig hatte sie fünf Aufnahmen pro Tag und sang bis 1974 die Hintergrundmusik zu 1800 Filmen.

Die meistverkaufte Singles-Schallplatte ist bis heute *White Christmas* von *Irving Berlin* (d. i. Israel Bailin, (11. Mai 1888 in Tjumen, Rußland) mit 25

Mio. für die *Bing-Crosby*-Version (aufgenommen am 29. Mai 1942) und mehr als 100 Mio. in anderen Versionen (s. a. Seite 230).

Die höchste Verkaufszahl für eine Pop-Platte – die allerdings nicht offiziell bestätigte Menge von 25 Mio. – nimmt *Rock Around the Clock* für sich in Anspruch, für die *James E. Meyers* unter dem Namen *Jimmy DeKnight* und *Max C. Friedmann* 1953 das Copyright eintragen ließen und die am 12. April 1954 von *Bill Haley* und den *Comets* aufgenommen wurde.

Die meistverkaufte Langspielplatte aller Zeiten ist das Doppelalbum (vier Seiten) der Filmmusik zu *Saturday Night Fever* (*Nur Samstag nacht*), von dem bis zum 1. Mai 1979 insgesamt 25 Mio. Exemplare verkauft waren. Die populärsten der Songs wurden von den *Bee Gees* geschrieben, zu denen die Brüder *Barry Alan Gibb* (* 1. September 1947) und die Zwillinge *Robin* und *Maurice* (* 22. Dezember 1949) gehören.
Von der Soundtrack-Schallplattenaufnahme des US-Films *Sound of Music* (deutscher Titel: *Meine Lieder, meine Träume*), der Musical-Fassung des Ruth Leuwerik-Films *Die Trappfamilie,* wurde das Album, das am 2. März 1965 in den amerikanischen Schallplattengeschäften erschien, bis Januar 1973 19 Mio. mal verkauft. Der Film erhielt fünf *Oscars,* war jedoch in Europa kein überragender Erfolg.

Einen Millionen-Verkaufsrekord für eine Aufnahme klassischer Musik erreichte die von dem US-Pianisten *Van Cliburn* bespielte Schallplatte des *Klavierkonzerts Nr. 1* von *Peter Tschaikowsky.*

Goldene Schallplatten für Udo Jürgens.

Die meisten Auszeichnungen erhielt Elvis Presley.

Zwischen ihrem Erscheinen 1958 bis 1961 wurde sie 1 Mio. mal, bis 1970 2,5 Mio. mal verkauft.

Hitparaden wurden für *Singles* zum ersten Mal am 20. Juli 1940 von der US-Zeitschrift *Billboard* veröffentlicht, als *I'll Never Smile Again* von *Tommy Dorsey* (* 19. November 1905, † 26. November 1956) die Nummer 1 war. Drei Platten blieben damals 13 Wochen lang an der Spitze: *Fernesi* von *Artie Shaw* ab Dezember 1940, *I've Heard that Song Before* von *Harry James* ab Februar 1943 und *Goodnight Irene* von *Gordon Jenkins* und den *Weavers* ab August 1950. *I go Crazy* von *Paul Davis* blieb ab August 1977 40 Wochen lang in der Hitparade. Die *Beatles* hatten die meisten Platten auf Platz 1 (20), und *Elvis Presley* hatte die meisten in der Hitliste *Billboards Heiße Hundert,* nämlich 97 von 1956 bis Mai 1979.
Am 15. März 1945 veröffentlichte *Billboard* zum

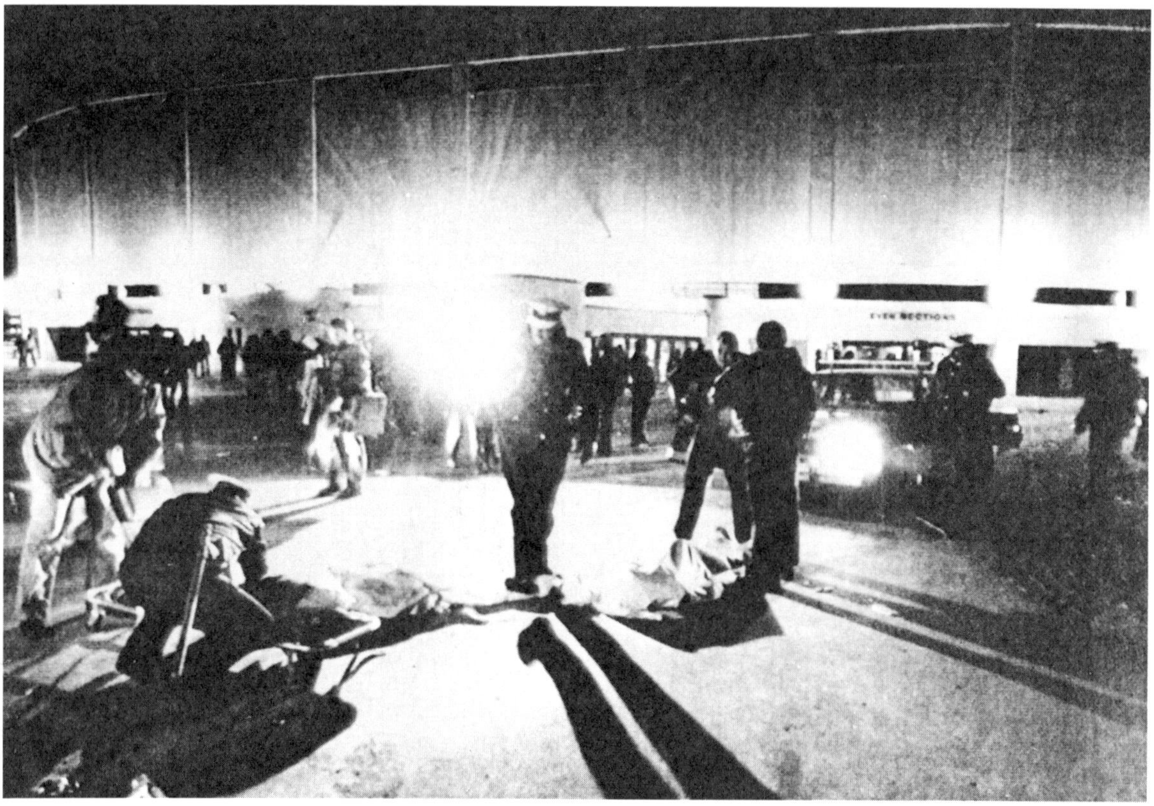

Elf Tote, viele Verletzte gab es bei einem Konzert der Gruppe »Who« in Cincinnati (USA).

ersten Mal auch eine Hitparade für *LPs*, als das *King-Cole-Trio* mit *Nat »King« Cole* (* 17. März 1919, † 15. Februar 1965) Nummer 1 war. *South Pacific* stand ab Mai 1949 69 Wochen lang (allerdings nicht hintereinander) an erster Stelle. *Johnny's Greatest Hits* von *Johnny Mathis* blieb ab April 1958 490 Wochen lang (mehr als neun Jahre!) in der Hitparade. Die *Beatles* hatten die meisten Nummern 1 (15) und *Elvis Presley* die meisten Hit-LPs (75 von 1956 bis Mai 1979).

(D) **Deutscher Hitparaden-Rekordhalter** 1979 war der Sänger *Peter Maffay* (* 30. August 1949). Seine Single *So bist du* stand 38 Wochen lang in den Hitlisten. – Mitte 1980 wechselte Peter Maffay seine Plattenfirma; er ging von *Teldec* zu *Metronome* für einen Drei-Jahres-Vertrag, der ihm – unabhängig vom jeweiligen Erfolg seiner Platten – 6 Mio. DM garantiert.

Erfolgreichste Sängerin der deutschen Hitparaden 1979 war *Donna Summer*, erfolgreichste Gruppe *Dire Straits*, deren gleichnamige LP 1978/79 hintereinander 69 Wochen in Hitlisten stand.

(A) Die österreichische Hit-Parade 1979 führte die Gruppe *Eruption* mit *One Way Ticket* an.

(CH) In der Schweiz war 1979 Nr. Eins der Hitparaden *Y. M. C. A.* der Gruppe *Village People*, dicht gefolgt von *Peter Maffay* mit *So bist du*.

Die am schnellsten verkaufte Platte aller Zeiten ist *John Fitzgerald Kennedy – A Memorial Album*

Deutscher Hitparadenrekordhalter 1979: Peter Maffay.

(Premium Albums), eine LP, die am 22. November 1963, am Tag der Ermordung Kennedys, aufgenommen wurde und von der innerhalb von sechs Tagen (7.–12. Dezember 1963) vier Mio. zum Preis von 99 Cents (damals ca. DM 4,–) pro Stück verkauft wurden. Damit schlug diese Platte auf makabre Weise den bis dahin gültigen Rekord der satirischen Langspielplatte *The First Family (Die Präsidenten-Familie)* aus dem Jahre 1962–63.

Den größten Vorverkauf vor Erscheinen einer Platte, nämlich 2,1 Mio., erreichte *Can't Buy Me Love* von den *Beatles,* die in den USA am 16. März 1964 auf den Markt kam.

Die lauteste Popgruppe: Die Verstärkeranlage bei einem Konzert der *Who* im *Charlton Athletic Football Stadion* in London am 31. Mai 1976 hatte eine Gesamtstärke von 76000 Watt aus achtzig 800 W *Crown D. C. 300 A*-Verstärkern und zwanzig 600 W *Phase Linear 200*-Verstärkern. Die Lautstärke in einer Entfernung von 50 m von der Anlage betrug 120 Dezibeln. Solchen Lautstärken ausgesetzt zu sein, führt zu partiellem Gehörverlust.
Daß man bei einem Konzert der *Who* nicht nur sein Gehör, sondern auch sein Leben verlieren kann, bewies eine Veranstaltung dieser Popgruppe in *Cincinnati,* Ohio (USA), am 3. Dezember 1979. Während die Gruppe im Inneren der Halle noch probte, stürmten in Panik geratene Teenager die Saaltüren. Es gab elf Tote und zahlreiche Verletzte. Das Konzert fand trotzdem statt.

Film und Kino

Anfänge: Die größten Fortschritte in der Entwicklung der Photographie zur Kinematographie gehen auf den Erfindungsreichtum der Franzosen *Étienne Jules Marey* (1830–1903) und *Pierre Jules Janssen* (1824–1907) sowie des in England geborenen Amerikaners *Eadweard Muybridge* (1830–1904) zurück. Sie entwickelten um und nach 1870 Apparate zur Anfertigung schnell aufeinander folgender photographischer Reihenaufnahmen, so Janssen einen *Photographischen Revolver,* Muybridge das *Lebensrad,* den *Chronographen* und den *Zoopraxograph*, Marey die *Photographische Flinte* und den *Photochronographen.*

Die erste Vorführung eines Zelluloid-Kinematographen auf einer Leinwand wurde am 22. März 1895 in dem Haus Nr. 44 der *Rue de Rennes* in Paris (Frankreich) von den Brüdern *Auguste Marie Louis Nicolas Lumière* (1862–1954) und *Louis Jean Lumière* (1864–1948) unternommen. Der Film hieß *La Sortie des Ouvriers de l'Usine Lumière (Die Arbeiter der Fa. Lumière beim Verlassen der Fabrik)* und wurde wahrscheinlich im August oder September 1894 vor den Fabriktoren in Lyon aufgenommen. Allerdings gelangen dem Franzosen *Louis Aimé Augustin Le Prince* nach Angaben in *The Shell Book of Firsts* schon 1885 schwache Filmprojektionen auf einer weißen Wand der Taubstummenanstalt *Washington Heights,* (USA).

🌐 **Die erste öffentliche Filmvorführung** der Brüder *Lumière* fand am 28. Dezember 1895 im Pariser Hotel *Scribe* statt. 33 Zuschauer bezahlten je einen Franc Eintritt, um zehn kurze Filme zu sehen, darunter *Baby's Frühstück* und *Ankunft eines Zuges im Bahnhof von La Ciotat.*

(D) **Die erste öffentliche Filmvorführung in Deutschland** fand im Rahmen des Programms des Berliner

Erster deutscher Ton-Spielfilm: Die Nacht gehört uns. Mit Hans Albers und Charlotte Anders.

Andy Warhol drehte den längsten je in einem Kino aufgeführten Film.

Varietés *Wintergarten* am 1. November 1895 durch die Brüder *Max* (1863–1939) und *Emil* (1867–1945) *Skladanowski* statt. Mit ihrem Produktionsgerät *Bioscop* zeigten sie neun kurze Filmstreifen, darunter die später weltbekannt gewordenen Ur-Filme *Das boxende Känguruh* und *Serpentinentanz*.

Den ersten Tonfilm schuf *Eugène Augustin Lauste* (* 17. Januar 1857 in Paris), der seine Erfindung am 11. August 1906 patentieren ließ und 1910 in London ein brauchbares Vorführsystem mit Hilfe eines Galvanometers herstellte. Meist wird diese Erfindung allerdings *Dr. Lee de Forest* (1873 bis 1961) aus New York (USA) unter dem Datum vom 13. März 1923 zugeschrieben.

Ⓓ **Die erste Tonfilmproduktion in Europa** fand im September 1922 in Berlin statt, als die Erfinder des *Tri-Ergon*-Lichttonverfahrens, *Hans Vogt* (1890 bis 1979), *J. Massolle* (1889–1961), und *Jo Engl* (1893–1942) ihre Erfindung öffentlich vorstellten.

🌐 **Der erste komplette Tonfilm** war *Lights of New York (Die Lichter von New York)*, der am 6. Juli 1928 in *The Strand* in New York City gezeigt wurde.

Ⓓ **Die erste Uraufführung eines Tonfilms in Deutschland** fand am 12. März 1929 im Kino *Mozartsaal* in Berlin statt. Es war ein von *Walter Ruttmann* gestalteter Weltreise-Bericht mit dem Titel *Melodie der Welt*, in dessen Rahmen-Spielhandlung die Darsteller *Iwan Kowal-Samborski* und *Renée Stobrawa* zu sehen waren. Chefkameramann des Films war *Reimar Kuntze*, die Musik schrieb *Wolfgang Zeller*.

Der erste deutschsprachige Ton-Spielfilm war *E. A. Duponts Atlantik*, eine in London gedrehte deutsch-englische Gemeinschaftsproduktion, die am 28. Oktober 1929 im Berliner *Gloria-Palast* uraufgeführt wurde.

Der erste in Deutschland gedrehte vollwertige deutschsprachige Tonfilm war *Die Nacht gehört uns.* Unter der Regie von *Carl Froelich* spielten u. a. *Hans Albers, Charlotte Ander, Ida Wüst, Lucie Englisch* die Hauptrollen. Premiere war am 23. Dezember 1929 im Berliner *Capitol*.

🌐 **Die ersten Tonfilme mit weltweitem Erfolg** waren die amerikanischen Produktionen der *Warner Brothers The Jazzsinger (Der Jazz-Sänger)* und *The Singing Fool (Der singende Narr)*, beide 1929 mit dem Star *Al Jolson* in der Hauptrolle.
Mit *The Singing Fool* gab es auch den ersten Tonfilm-Schlager, der weltweit gesungen wurde: *Sunny Boy*.

🌐 **Der erste Farbfilm der Welt** war die US-Technicolor-Produktion *Der schwarze Pirat* mit *Douglas Fairbanks*. Er wurde 1926 gedreht.

Höchste Gage (5 Mio. DM) für Marlon Brando.

Die Günther Grass-Verfilmung »Die Blechtrommel« erhielt als erster deutscher Spielfilm einen Oscar.

Ⓓ **Der erste deutsche Farbspielfilm** war die Ufa-Produktion *Frauen sind doch bessere Diplomaten* mit *Marika Rökk* und *Willy Fritsch* in den Hauptrollen (Regie: *Georg Jacoby*). Er war nach dem *Agfacolor*-Farbverfahren aufgenommen und wurde am 31. Oktober 1941 in Berlin uraufgeführt.

🌐 **Der erste Film der Welt, der in einem Flugzeug uraufgeführt** wurde, war der Film *Erinnerungen an die Zukunft* von *Harald Reinl* und *Manfred Barthel* nach dem gleichnamigen Buch des Schweizers *Erich von Däniken.* Die Premiere fand während des ersten Jumbo-Fluges H 404 der Deutschen Lufthansa von Frankfurt/Main nach New York am 26. April 1970 statt.

🌐 **Der teuerste Film, der je gedreht wurde,** ist die sechs Stunden und 13 Minuten lange Bearbeitung der sowjetischen staatlichen Filmgesellschaft von *Leo Tolstois* Meisterwerk *Krieg und Frieden* in der Regie von *Sergej Bondartschuk* (* 1921), der zwischen 1962 und 1967 produziert wurde. Die Gesamtkosten wurden mit mehr als 200 Mio. DM angegeben. Für den Film mußten mehr als 165 000 Uniformen angefertigt werden, und die Darstellung der Schlacht von Borodino (7. September 1812) erforderte 120 000 Statisten der Roten Armee, für monatl. 3 Rubel (ca. 10,– DM).

Der höchste Preis für Filmrechte, der je bezahlt wurde, beträgt 9,5 Mio. Dollar (ca. 18,5 Mio. DM). *Columbia* bezahlte diesen Betrag am 20. Januar 1978 für *Annie,* das Broadway-Musical von *Charles Strouse* mit *Andrea McCardle, Dorothy Loudon* und *Reid Shelton.*

Der längste Film, der je gezeigt wurde, ist *The Human Condition (Barfuß durch die Hölle),* ein Film in drei Teilen des japanischen Regisseurs *Masaki Kobayashi.* Er dauert neun Stunden, 27 Minuten ohne Pausen. Er wurde im Oktober 1961 in Tokio, Japan, zum Eintrittspreis von 250 Yen pro Platz, etwa DM 2,–, vorgeführt.

Der längste Film, der je auf den Markt gebracht wurde, war ein Werk von *Andy Warhol* (d. i. Andrew Warhola, * 8. August 1931 in Cleveland, Ohio, USA), das 24 Stunden dauerte. Es kam daher nicht überraschend, (es sei denn für seinen Schöpfer), daß der Film kein kommerzieller Erfolg wurde.

🌐 **Der Film mit den bisher größten Bruttoeinnahmen** ist *Star Wars (Krieg der Sterne),* den *Gary Kartz* produzierte und in dem *George Lucas* Regie führte; vom 25. Mai 1977 bis 1. Januar 1979 spielte er 267 Mio. Dollar (480 Mio. DM) ein.

Ⓓ **Der erfolgreichste Film der Spielzeit 1978/79** war in Westdeutschland *Die Blechtrommel,* die Verfilmung des gleichnamigen Romans von *Günter Grass* (Regie *Volker Schlöndorff*). Er gewann 1979 den höchsten deutschen Filmpreis, die *Goldene Schale,* und im gleichen Jahr bei den Internationalen Filmfestspielen von Cannes die *Goldene Palme.* 1980 erhielt *Die Blechtrommel* als erster deutscher Film den *Oscar* als »bester fremdsprachlicher Film«.

Um die höchste Gage in der Filmgeschichte konkurrieren *Marlon Brando* (* 3. April 1924) für seine kurze Rolle in *Superman* und *Steve McQueen*

(* 1930) für seine Rolle in *Tai Pan.* Beide erhielten mehr als 2,5 Mio. Dollar (fast 5 Mio. DM), aber das Endresultat wird von ihrem jeweiligen Anteil an den Gesamt-Einspielergebnissen abhängen. Für seine Hauptrolle in *Der Pate* (USA, Produktion *Paramount*) kassierte *Marlon Brando* – einschließlich seiner Beteiligung an den Gesamt-Einspielergebnissen – rund zehn Mio. Dollar.

Die größten Filmstudios der Welt befinden sich in der *Universal-City* von Hollywood, USA. Zu ihnen gehören neben einem riesigen Freigelände 561 Gebäude, darunter 34 Aufnahmestudios für Farbtonfilme.

(D) **Die größten Filmateliers Westdeutschlands** gehören der *Bavaria Atelier GmbH* in München-Geiselgasteig (Bayern). Es gibt sechs Aufnahmehallen: die größte von ihnen, die Doppelhalle 4/5, ist über 2000 m² groß.

Emil Jannings: als erster Deutscher einen Oscar.

(DDR) **Das bekannteste und größte Filmgelände auf deutschem Boden** ist die ehemalige Ufastadt *Babelsberg* bei Berlin. Es wird jetzt von der *DEFA*, der staatlichen Filmgesellschaft Ostdeutschlands, betrieben.

(A) Die größten Filmstudios Österreichs sind die der *Wien-Film* in Sievering und auf dem Rosenhügel in Wien.

(CH) Das größte Filmatelier der Schweiz ist das Studio *Bellerive* in Zürich.

Die begehrteste Filmtrophäe ist der *Oscar*, der alljährlich von der amerikanischen Filmakademie für hervorragende Leistungen auf dem Gebiet des Films verliehen wird. Die erste Verleihung fand am 16. Mai 1928 statt. Benannt ist die Oscar-Statuette nach einem texanischen Farmer namens *Oscar Pierce.* Dessen Nichte arbeitete als Bibliothekarin an der *Academy of Motion Picture Arts and Science*, als die Trophäe noch keinen Namen hatte. Einmal bemerkte sie en passant, die Statue erinnere sie an ihren Onkel Oscar. Dies hörte ein Journalist und schrieb in einem Artikel »Die Angestellten nennen ihre Statuette liebevoll Oscar.«

Die meisten Oscars bekam *Walt Disney* (* 5. Dezember 1901, † 15. Dezember 1966), der »Vater der Micky Maus«, nämlich 20 Statuetten und 9 andere Plaketten und Urkunden, darunter einige posthum, verliehen.

Die einzige Schauspielerin, die drei Oscars als Hauptdarstellerin gewann, ist *Katherine Hepburn* (* 9. November 1909 in Connecticut, USA). Sie wurde für die Filme *Morning Glory* (1932/33), *Guess Who's Coming to Dinner (Rat' mal, wer zum Essen kommt,* 1967) und *The Lion in Winter* (*Der Löwe im Winter,* 1968) ausgezeichnet. Insgesamt wurde sie elfmal für diese Auszeichnung nominiert. Auch dies ein Rekord.

Den ersten Oscar als deutschsprachiger Schauspieler erhielt 1928 *Emil Jannings* (* 23. Juli 1886, † 2. Januar 1950) als bester Hauptdarsteller für die Filme *Sein letzter Befehl* (1927, Regie *Joseph von Sternberg*) und *Der Weg allen Fleisches* (1927, Regie *Victor Fleming*).

Die meisten Oscar-Auszeichnungen erhielt der Film *Ben Hur* (1959), nämlich elf, gefolgt von *Vom Winde verweht* (1939) mit zehn und *West Side Story* (1961) mit zehn.

Die meisten Oscar-Nominierungen erhielt der Film *All About Eve* (*Alles über Eva,* 1950) mit vierzehn. Er gewann sechs Auszeichnungen.

Die jüngste Oscar-Gewinnerin war 1934 *Shirley Temple* im Alter von sechs Jahren und der älteste *George Burns* für *The Sunshine Boys (Die Sunny Boys)* 1976 mit 80 Jahren.

Das erste Kino, also ein Gebäude, das nur entworfen und erbaut wurde, um in ihm Filmvorführungen durchzuführen, soll im Oktober 1895 zur *Atlanta Show* in Georgia (USA) errichtet worden sein, um C. F. Jenkins *Phantoskop* vorzuführen. *Thomas Alwa Edison* zeigte dort auch seine ersten farbigen Filme. Sie waren handkoloriert. Einer von ihnen hatte den Titel *Die Tänzerin Annabella.*

(D) **Das erste Kino in Deutschland** wurde im Oktober 1896 in Berlin in der Passage zwischen der Fried-

richstraße und der Straße *Unter den Linden* eröffnet und erhielt den Namen *Kinematograph.*
Am 1. November 1899 eröffnete der Schausteller *Otto Pritzkow* in der Berliner Münzstraße, Nähe Alexanderplatz, den ersten *Kintopp* (worunter die Berliner einen Bierausschank mit Filmvorführungen verstanden) mit regulärem Programm. Dieses Filmtheater war bis 1959 in Betrieb, also über 60 Jahre lang!

🌐 **Das älteste Kino der Welt,** das noch bespielt wird, ist das *Erika*-Kino in der *Wiener Kaiserstraße* (Österreich). Es wurde 1900 eröffnet und hat heute 203 Sitzplätze. Bisher wurde das *Biograph-Kino* im Stadtteil Victoria von London (England) für das älteste gehalten, doch dieses Kino ist erst 1905 erbaut worden.

(D) **Das älteste, noch betriebene Filmtheater in Westdeutschland** ist die 1903 errichtete *Corona-Filmbühne* in Neunkirchen (Saarland).

🌐 **Das größte Kino** ist *Radio City* in New York, USA, mit 4400 Sitzplätzen.

(D) **Das größte Filmtheater Westdeutschlands** ist die *Lichtburg* in Essen (Nordrhein-Westfalen) mit 1662 Plätzen.

(A) **Das größte Kino Österreichs** ist das *Thalia* in Graz (Steiermark), das seit 1956 besteht und heute 904 Sitzplätze hat.

(CH) **Das größte Kino der Schweiz** ist das *Metropol* in Lausanne (Kanton Waadt) mit 1400 Sitzplätzen.

Das größte Autokino der Welt ist in Newington, Connecticut (USA). Es hat Platz für 4000 Autos.

Die meisten Kinoplätze pro Kopf der Bevölkerung werden auf den Falkland- und auf den Cook-Inseln angeboten, nämlich 250 Sitze pro 1000 Einwohner. Die Zentral-Afrikanische Republik hat acht Kinos bei 2,6 Mio. Einwohnern – einen Kinoplatz für je 4100 Einwohner!

🌐 **Die fleißigsten Kinogänger:** Die Bevölkerung von *Taiwan* geht häufiger als jedes andere Volk der Welt ins Kino mit durchschnittlich 66 Besuchen pro Kopf und Jahr.

(D) In Westdeutschland wurden 1979 140 Mio. Kinobesucher gezählt, also nur rund 2,4 Kinobesuche pro Kopf und Jahr. Aber immerhin ist diese Besucherzahl noch siebenmal höher als die der Theater.

(DDR) In Ostdeutschland geht jeder Bürger im Jahr fünfmal ins Kino, Kinder zehnmal.

Die meisten Kinos hat die Sowjetunion. 1974 sollen es 163 400 gewesen sein. In dieser Zahl sind jedoch auch Vorführräume mitgezählt, in denen lediglich Projektionsgeräte für 16 mm Schmalfilme installiert sind. Die USA haben 16 000 Kinos für normale 35 mm Film-Vorführungen.

(D) In Westdeutschland gibt es zur Zeit 3210 ortsfeste Kinos mit rund 1 Mio. Sitzplätzen.

(A) In Österreich bestehen gegenwärtig 509 Filmtheater, die zusammen 147 397 Sitzplätze anbieten.

(CH) Die Schweiz hat 494 Filmtheater mit 176 765 Plätzen.

Die größte, fest installierte Kinoleinwand ist 21,33 m hoch und 29,26 m breit und wurde am 16. Mai 1978 im *Pictorium Theater* von Santa Clara, Kalifornien (USA), angebracht. Sie war von einer englischen Firma hergestellt worden. Eine provisorische Leinwand von 90,5 m × 10 m wurde während der *Pariser Weltausstellung* 1937 benutzt.

Die größte Kinobildwand Europas besitzt der *Royal-Palast* im Europa-Center von Berlin (West). Sie mißt 35 × 18 m, also 630 m². Nur Autokinos haben noch größere Bildwände.

Rundfunk, Fernsehen, Video

Rundfunk

Anfänge: Die früheste Beschreibung eines Radioübertragungssystems gab am 21. Juli 1864 *Dr. Mahlon Loomis* (* 21. Juli 1826 in New York, USA), der die Erfindung im Oktober 1866 in *Bear's Den,* Virginia (USA), zwischen zwei mehr als 22 km voneinander entfernten Drachen vorführte. Er erhielt am 20. Juli 1872 die amerikanische Patentnummer 129 971 unter der Bezeichnung *Verbesserung im Telegraphenwesen.* Er starb 1886.

Das erste Patent für ein Kommunikationssystem mit Hilfe von elektromagnetischen Wellen wurde am 2. Juni 1896 dem Italo-Iren *Marchese Gugliel-*

mo Marconi (1874–1937) offiziell zuerkannt. Eine öffentliche Vorführung einer drahtlosen Übertragung von Sprache fand jedoch bereits 1892 auf dem Marktplatz von Murray in Kentucky (USA) statt; sie wurde von *Nathan B. Stubblefeld* veranstaltet, der am 28. März 1928 mittellos starb.

Die erste feste drahtlose Übertragungsstation wurde im November 1896 von Marconis *Wireless Telegraph Co., Ltd.* in *The Needles* auf der Insel Wight vor der englischen Küste errichtet.

Die erste Radioübertragung, die zuvor angekündigt wurde, vollführte am 24. Dezember 1906 der gebürtige Kanadier *Prof. Reginald Aubrey Fessenden* (1868–1932) vom 128 m hohen Mast der *National Electric Signalling Company* in Brant Rock, Massachusetts (USA). Unter anderem wurde *Händels Largo* übertragen. Schon 1900 war *Fessenden* die Übertragung von Sprache gelungen, allerdings stark verzerrt.

(D) **Die erste drahtlose Meldung auf deutschem Gebiet** wurde am 15. Mai 1900 zwischen der Nordseeinsel *Borkum* und dem *Borkum-Riff-Leuchtschiff* übertragen.
1906 wurde die *Großfunkstation Nauen* bei Berlin eröffnet. Sie hatte zur drahtlosen telefonischen Übermittlung die 40 km lange Strecke Nauen–Berlin zu überbrücken.
Am 1. September 1922 wurde der direkte Vorläufer des deutschen Rundfunks, der *Drahtlos-telefonische Wirtschaftsrundspruchdienst,* in Betrieb genommen. Er war damit **der erste regelmäßige gebührenpflichtige Rundfunkbetrieb der Welt.**
Am 6. April 1923 wurde der erste deutsche *Radioclub* in Berlin gegründet. Zugleich erschien die erste deutsche Rundfunkzeitschrift *Radio.*
Am 1. Oktober 1923 war der erste Rundfunksender fertiggestellt; am 23. Oktober wurde der Sendebetrieb aufgenommen. (Das Wort *Rundfunk* ist übrigens eine Wortschöpfung des damaligen Staatssekretärs im Reichspostministerium *Hans Bredow* (* 26. November 1879, † 9. Januar 1959), der als *Vater des Rundfunks* in die Geschichte einging.

(D) **Die erste Genehmigung** zum privaten Rundfunkempfang erhielt der Berliner Zigarrenhändler *Wilhelm Kollhoff* am 31. Oktober 1923. Er bezahlte dafür eine Gebühr von 350 Mrd. (Inflations-)Mark. Am 1. Januar 1924 wurde die Rundfunkgebühr auf jährlich 60,– Reichsmark festgesetzt, wenig später aber auf 2,– RM monatlich ermäßigt.

(D) **Die ersten deutschen Rundfunknachrichten** wurden am 9. November 1923 ausgestrahlt. Zu dieser Zeit gab es etwa 450 private Rundfunkteilnehmer. Am 1. Juli 1924 waren es bereits 100 000, am 1. Januar 1926 war 1 Mio. registriert.

Marchese Guglielmo Marconi erfand das Radio.

Zur Zeit gibt es in Westdeutschland rund 22,5 Mio. angemeldete Rundfunkgeräte.

Die frühesten drahtlosen Signale nach Übersee (der Buchstabe *S* im Morsealphabet) wurden am 12. Dezember 1901 um 12.30 Uhr von *Marconi, George Stephen Kemp* und *Percy Paget* von einer 10-kW-Station in Cornwall (England) aus gesendet und in Neufundland (Kanada) gehört.
Sprache wurde zum ersten Mal im November 1915 über den Atlantik gesendet, als eine Übertragung von der US-Marinestation in *Arlington,* Virginia, von amerikanischen Radio-Telephon-Ingenieuren auf dem Pariser *Eiffelturm* empfangen wurde.

Die älteste immer noch bestehende Rundfunk-Sendereihe der Welt ist das *Hamburger Hafenkonzert* des Norddeutschen Rundfunks. Sie wurde am 9. Juni 1929 von der damaligen *NORAG* erstmals produziert und über 1700mal gesendet.

Die längste ununterbrochene Sendung (ausgenommen solche von Disc-Jockeys) erreichte mit

336 Stunden vom 17. bis 31. März 1979 *Bill Tinsley* von der Radiostation WATN in Watertown, New York (USA).
Zwischen dem 15. und 19. Juni 1979 gelangen *Tony Richards* 101 Stunden Sendung mit Musik auf dem Krankenhaussender von Crawley, Sussex (England).

Den frühesten Radioempfang um den halben Erdball hatte *Frank Henry* Alfred Walker (* 11. 11. 1904). Er hörte in der Nacht zum 12. November 1924 auf seinem selbstgebastelten Zwei-Röhren-Radioempfänger auf 75 m Wellenlänge Signale von Marconis Yacht *Electra* (Rufsignal ICCM), die zu dieser Zeit in australischen Gewässern kreuzte. Walkers Empfänger befand sich in *Walton-on-Thames* in der englischen Grafschaft Surrey.

Die meisten Rundfunksender gibt es in den USA. 1978 waren dort 8608 autorisierte Stationen registriert, von denen 4547 auf Mittelwelle und 4061 auf Ultrakurzwelle senden.
In der Sowjetunion sind etwa 6000 Rundfunkstationen in Betrieb.

Fernsehen, Video

Anfänge: Die Erfindung des Fernsehens, das unmittelbare Sehen von Gegenständen außerhalb der normalen Sichtweite durch elektrische Übertragung, war kein einzelnes Ereignis, sondern ein Prozeß von aufeinanderfolgenden, voneinander abhängigen Entdeckungen.

Die erste kommerzielle Kathodenbildröhre wurde 1897 von dem Deutschen *Karl Ferdinand Braun* (1850–1918) entwickelt, wurde aber erst 1907 von dem Russen *Boris Rosing* in St. Petersburg (jetzt Leningrad) mit »elektronischem Sehen« in Verbindung gebracht. *A. A. Campbell Swinton* (1863–1930) veröffentlichte die Grundlage der Fernsehübertragung am 18. Juni 1908 in einem kurzen Brief an die Zeitschrift *Nature* unter dem Titel *Elektrisches Fernsehen.*

Die erste öffentliche Fernseh-Vorführung zeigte am 27. Januar 1926 der Schotte *John Logie Baird* (1888–1946), der eine Weiterentwicklung des mechanischen Bildfeldreglers benutzte, den der Deutsche *Paul Nipkow* (* 22. August 1860, † 24. August 1940) im Jahre 1884 entwickelt hatte (sog. *Nipkow-Scheibe*). Es gelang *Baird* im Februar 1924 in Hastings (England), ein Malteserkreuz über 3,05 m zu übertragen und am 30. Oktober 1925 schaffte er die erste Bildübertragung eines menschlichen Gesichtes.

Am 29. Dezember 1923 hat *Dr. Wladimir Kosma Zworykin* (* 30. Juli 1889 in Rußland, seit 1924 US-Bürger) einen Patentantrag für sein *Ikonoskop* eingereicht, der aber erst am 20. Dezember 1938 genehmigt wurde. Das Patent, das von *Philo Taylor Farnsworth* (USA) am 7. Januar 1927 beantragt worden war, wurde dagegen bereits am 26. August 1930 gewährt.
1929 hat die *Deutsche Reichspost* zum ersten Mal Fernsehbilder gesendet, die mit Hilfe der Nipkow-Scheibe erzeugt wurden. Die Wellenlänge betrug 468 Meter.
Am 22. März 1935 wurden in Berlin die ersten Versuchssendungen auf Ultrakurzwelle (UKW) mit niederer Bildauflösung (180 Zeilen) ausgestrahlt. (Die Sendeanlage wurde noch im August des gleichen Jahres durch Feuer zerstört.)

Die erste Ansagerin, die dieses Programm auf dem Bildschirm vorstellte (und damit die erste der Welt), war die Berliner Schauspielerin *Ursula Patzschke.*

Der erste Fernsehsender der Welt mit hoher Bildauflösung (d. h. 405 Zeilen) wurde am 2. November 1936 in Haringey, Bezirk London (England) eröffnet, als es in Großbritannien ungefähr 100 Fernsehempfänger gab.

Die ersten Versuche in Deutschland, die durch den Krieg und die erste Nachkriegszeit unterbrochene Entwicklung des Fernsehens wieder zu beleben, unternahmen acht Techniker 1948 beim *Nordwestdeutschen Rundfunk* mit Hilfe eines Bildabtasters, der über das Kriegsende hinweg gerettet worden war.
Am 12. Juli 1950 wurde von Hamburg aus ein Testbild gesendet. Am 27. November startete ein Versuchsprogramm.
Am 25. Dezember 1952 begann offiziell das Fernsehen in Westdeutschland. Der *NWDR* strahlte täglich von 20 Uhr bis 22 Uhr (bzw. 22.30 Uhr) ein Programm aus, zusätzlich ein halb- bis einstündiges Nachmittagsprogramm.

Das erste Programm der Eurovision, des europäischen Fernsehgemeinschaftsprogramms, war die Übertragung der englischen Krönungsfeierlichkeiten am 2. Juni 1953. Angeschlossen waren *England, Frankreich, Holland, Belgien und Westdeutschland.*

Die erste transatlantische Übertragung über Satellit wurde am 11. Juli 1962 um 1 Uhr nachts per *Telstar 1* von *Andover,* Maine (USA) nach *Pleumeur Boudou* in Frankreich erreicht. Auf dem Bildschirm sah man *Frederick R. Kappell,* den Vorsitzenden der amerikanischen Telefon- und Telegraphengesellschaft, der der Satellit gehörte.

Die erste *Live*-Übertragung fand am 23. Juli 1962 statt, und die erste Frau auf dem modernen Bildschirm war am nächsten Tag die Modeschöpferin *Ginette Spanier,* Direktrice bei *Balmain* in Paris.

Die erste Live-Übertragung via Satellit aus den USA, die in Deutschland empfangen wurde, war eine Reportage aus einem Baseball-Stadion in Chicago am 23. Juli 1963, bevor eine Pressekonferenz des US-Präsidenten *John F. Kennedy* übertragen wurde.

(D) **Die erste reguläre Farbfernsehsendung** in Deutschland wurde am 25. August 1967 von der *Berliner Funkausstellung* aus ausgestrahlt.

Die dauerhafteste Fernsehserie der Welt ist *Meet the Press (Begegnung mit der Presse)* der amerikanischen Fernsehgesellschaft NBC, die zum ersten Mal am 6. November 1947 und seit dem 12. September 1948 allwöchentlich ausgestrahlt wird. Die Idee zu diesem Programm hatte *Lawrence E. Spivak,* der bis 1975 jede Woche entweder als Moderator oder Gesprächsteilnehmer mitwirkte.

(D) **Die beständigste Dauersendung in Westdeutschland** ist die ARD-Sonntagssendung *Internationaler Frühschoppen mit sechs Journalisten aus fünf Ländern,* die von *Werner Höfer* (* 21. März 1913) geleitet wird. Ebenso wie die US-Sendung *Meet the Press* war auch der *Frühschoppen* ursprünglich eine Hörfunksendung. Seit 30. August 1953 wird er im Fernsehen ausgestrahlt.

Zahl der Fernsehgeräte: Auf der Welt gibt es schätzungsweise 19 870 Fernsehübertragungsmasten (in Gebrauch oder im Bau), für 363 Mio. 770 000 Geräte (91 pro 1000 Bewohner in der Welt).

In den Vereinigten Staaten, wo seit 1976 99 Prozent der Bevölkerung technisch die Möglichkeit haben, Fernsehsendungen zu empfangen, ist die Zahl der Fernsehgeräte von 200 000 im Jahr 1960 bis Oktober 1978 auf 56,9 Mio. angewachsen. Seit Januar 1980 werden Adapter angeboten, durch die Untertitel in das laufende Programm eingeblendet werden können. Das Verfahren wurde für Taube und Schwerhörige entwickelt. Im Laufe des Jahres soll es Farbfernsehgeräte mit eingebautem Adapter für 500 Dollar geben.

(D) In Westdeutschland gibt es gegenwärtig mehr als 20,5 Mio. angemeldete Fernsehgeräte.

(DDR) In Ostdeutschland sind rund 6,5 Mio. Geräte registriert.

Für eigene Rekorde

34 Mio. Dollar in drei Jahren: Dean Martin.

Ⓐ Österreich hat zur Zeit etwa 2 Mio. TV-Empfänger.
Ⓒⓗ In der Schweiz sind es ebenso rund 2 Mio.

Zuschauerdauer: Im Juli 1978 wurde errechnet, daß das amerikanische Durchschnittskind bis zu seinem 18. Geburtstag 710 volle Tage (17040 Stunden) fernsieht, mehr als 350600 Werbespots über sich ergehen läßt und mehr als 15000 Fernsehmorde erlebt.

Höchste Zuschauerzahl: Die größte geschätzte Zahl von Zuschauern bei einer Fernsehübertragung beträgt 1 Mrd. für die Aufzeichnungen und Live-Übertragungen von den *XX. und XXI. Olympischen Spielen* in München (1972) und in Montreal (1976). Während des Irland-Besuches von Papst Johannes Paul II im September 1979 sahen ebenfalls mehr als 1 Mrd. Menschen die Übertragungen. Zur Messe im Phönix Park in Dublin (Irland) waren 1,3 Mio. Menschen erschienen – mehr als es in Irland Rundfunk- und Fernsehteilnehmer gibt!

Einen fernsehfreien Tag hat *Island* an jedem Donnerstag, »um die Störung des Familienlebens zu verringern«. Ansonsten sind die Sendezeiten auf die Zeit zwischen 20 und 23 Uhr beschränkt.

Die wenigsten Fernsehgeräte hat *Obervolta*. Dort gab es 1974 nur eines pro 1000 Einwohner.

Der höchstdotierte Fernsehvertrag, der je unterzeichnet wurde, belief sich auf 34 Mio. Dollar (damals ca. 100 Mio. DM). Es war ein Dreijahres-Exklusiv-Vertrag zwischen *Dean Martin* (d. i. *Dino Paul Crocetti*, * 7. Juni 1917) und der US-Fernsehgesellschaft NBC, der im Jahre 1968 geschlossen wurde.
Zur Zeit ist *Johnny Carson*, Gastgeber der *Tonight Show*, der größte Verdiener. Sein gegenwärtiger Fünfjahresvertrag mit NBC garantiert ihm angeblich Zahlungen von ungefähr 2,5 Mio. Dollar (4,5 Mio. DM) für 125 Arbeitstage pro Jahr und vielleicht das Doppelte durch seine Beteiligung an Werbeeinnahmen.
In den kommenden drei Jahren wird Carson mit seiner täglichen *Tonight Show* bei NBC noch kräftiger »absahnen«. Er kassiert – bei 15 Wochen Urlaub im Jahr – jährlich 5 Mio. Dollar (z. Zt. etwa 8,8 Mio. DM). Außerdem zahlt NBC einer dem Talk-Star gehörenden Gesellschaft für die Produktion der Show für diese drei Jahre nochmals 50 Mio. Dollar.

Die höchstbezahlte Fernsehjournalistin im Bereich des Nachrichtenwesens bzw. Zeitgeschehens ist *Barbara Walters* von ABC (USA), die für ihre Sendung *The Evening News* am oder um den 21. April 1976 einen Fünfjahresvertrag für 1 Mio. Dollar (ca. 1,75 Mio. DM pro Jahr) unterzeichnete.

Der höchstbezahlte Fernsehschauspieler dürfte bis auf weiteres *Peter Falk* (* 16. September 1927) gewesen sein, der entnervend beharrliche Detektiv in der Serie *Columbo*. Er erhielt 1976 zwischen 300000 und 350000 Dollar (ca. 750000 DM) pro Episode. Da 1976 sechs Episoden produziert wurden, verdiente er also insgesamt 1,95 Mio. Dollar (3,8 Mio. DM) in diesem Jahr.

Die größte Summe, die von einem einzelnen Menschen in Form eines Fernsehpreises gewonnen wurde, war 264000 Dollar (damals etwa 1,05 Mio. DM): *Teddy Nadler* (* 1910) aus St. Louis in Missouri (USA), verdiente sie sich als Teilnehmer an Quizprogrammen in den USA bis September 1958. Angeblich mußte er 155000 Dollar Steuern zahlen und ist seitdem arbeitslos.

Die erfolgreichsten Spendenaufrufe im Fernsehen werden in *Neuseeland* ausgestrahlt. Der *Telethon* im Südpazifik-TV Auckland erzielte 1978 für die *Arthritis- und Rheuma-Stiftung* Spenden von insgesamt 3 Mio. 275000 Dollar (rund 6 Mio. DM) unter nur 2,55 Mio. Zuschauern.

Ⓓ **Die Fernseh-Lotterien in Westdeutschland** haben ebenfalls Rekordergebnisse gebracht. Die seit 1956, also seit 24 Jahren bestehende, jetzt von der Stiftung *Deutsches Hilfswerk* betriebene Lotterie *Ein Platz an der Sonne* der ARD *(Arbeitsgemeinschaft der Rundfunkanstalten Deutschlands)* hat einschließlich der zusätzlichen Spenden und Zinserträge bisher über 977 Mio. DM eingebracht. Es wurden über 186 Mio. Lose à. 5 DM verkauft. Der Gesamtreinertrag bzw. Zweckertrag betrug rund 613 Mio. DM, nachdem die Ausgaben für Gewinnbeschaffung, Lotteriesteuer und Durchführungskosten abgezogen waren. Das Rekordjahr war 1971 mit einer Gesamteinnahme von 71 Mio. DM und einem Ertrag von 45,5 Mio. DM für den guten Zweck.
Das Rekordjahr der *Glücksspirale*, einer ARD-

Für eigene Rekorde

Wim Thoelke und Wum – Stars der Fernsehlotterie »Der große Preis«.

Fernsehlotterie, deren Reinertrag zu gleichen Teilen dem gesamten deutschen Sport und den Verbänden der Freien Wohlfahrtspflege zugute kommt, war 1972, das Jahr der Olympischen Spiele in München: 167 Mio. DM wurden damals abgeführt. Seit 1970 bis 1979 wurde über eine Mrd. DM Umsatz gemacht und mehr als 426 Mio. DM zur Verfügung gestellt.
Die Fernseh-Lotterie des ZDF *(Zweites Deutsches Fernsehen),* die mit den Sendereihen *Vergißmeinnicht, 3×9* und *Der Große Preis* verbunden war bzw. ist und – bei einem Lospreis von 3 DM – für die *Aktion Sorgenkind* zur Hilfe für behinderte Kinder durchgeführt wird, erzielte in den 16 Jahren ihres Bestehens einen Nettoerlös von rund 507,1 Mio. DM. Das erfolgreichste Jahr war 1979 mit 101 Mio. DM aus der Lotterie und 17,2 Mio. Spenden.
(*Nettoerlöse* bei Lotterien bedeuten, daß vom Spielkapital die Gewinne und Steuern, die laut Gesetz zu bezahlen sind, sowie die Kosten für die Durchführung der Lotterien abgezogen sind.)

Jüngster Gewinner der Fernsehlotterie *Ein Platz an der Sonne* ist ein zweieinhalbjähriger Bub aus Ulm (Baden-Württemberg). Anfang 1980 gewann er statt des erhofften Spielzeugautos ein richtiges.

🌐 **Der höchste Preis für Werbespots** im Fernsehen betrug 370 000 Dollar pro Minute (etwa 3500,– DM pro Sekunde). Der US-Fernsehsender CBS kassierte sie für eine Einschaltung während der Übertragung von *Super Bowl* am 14. Januar 1979.
Ⓓ Bei den westdeutschen Fernsehanstalten kostet eine Werbeminute 36 800 DM beim *WDR,* 23 360 DM bis 18 670 DM beim *NDR,* 12 800 DM beim *Bayerischen Rundfunk.* Dies betrifft Werbeausstrahlungen im Regionalprogramm der Sender. Das *Zweite Deutsche Fernsehen (ZDF)* verlangt für bundesweite Werbesendungen je nach Monat zwischen 84 700 DM und 64 900 DM pro Minute.

Höchste Werbegagen: Die damals erst 14jährige *Brooke Shields* soll 1979 für einen Ein-Minuten-Filmauftritt in einer Sendung eines japanischen kommerziellen TV-Senders fast 500 000 DM kassiert haben.
Von dem US-Filmstar *Faye Dunnaway* heißt es, sie habe im Mai 1979 die Riesengage von 900 000 Dollar (1 Mio. 750 000 DM) für sechs (!) Worte in einem kommerziellen japanischen Regionalsender bekommen.
Den Rekord aber hält der US-Star *James Coburn:* Er hat 1977 tatsächlich für die beiden Worte *Schlitz Light* in einer amerikanischen Bier-Werbesendung rund 1 Mio. DM eingestrichen – eine halbe Million pro Silbe!

Die erste Vorführung eines Videorecorders gab *Alexander M. Poniatoff* im Jahr 1956. Das System wurde *Ampex* genannt – seine Initialen plus »ex« für »Exzellenz«.

Die besten Absatzmärkte für Video-Geräte sind die *USA* und *Westdeutschland.* 1979 wurden 180 000 Geräte in Westdeutschland abgesetzt. Für 1980 erwartet man einen Absatz von 260 000 Stück. Die drei erfolgreichsten Systeme sind *Beta* (Anteil 20 Prozent), *VHS* (40 Prozent) und das neue Philips-Grundig System *Europa 2000.* Die Japaner beliefern gegenwärtig den eigenen Markt mit Vorrang. In Japan liegt die Markterschließung bei fünf Prozent, in Westdeutschland erst bei einem Prozent der Haushalte. Am gefragtesten unter den bereits bespielten Kassetten sind solche mit Sex- und Horror-Themen. Leerkassetten werden zu 70 Prozent dazu benützt, um Spielfilm- und Musiksendungen mitzuschneiden.

1 Mio. DM für zwei Worte: James Coburn.

Das älteste deutsche Theatergebäude steht in Kassel: das Ottoneum ist heute Naturkunde-Museum.

Ältestes deutsches Heldenepos: das Hildebrand-Lied. Um 820 niedergeschrieben.

Gemeinschaft und Gesellschaft

Gemeinschaft und Gesellschaft

Nationen, Länder, Grenzen

Nationen

Die größte Nationengemeinschaft ist das *British Commonwealth of Nations,* eine Gemeinschaft von 41 unabhängigen souveränen Staaten mit ihren Kolonien und vier assozierten Staaten. Sie umfaßt ein Gebiet von 33915000 km^2 mit einer Bevölkerung von über 1 Mrd. (1979).
Die *Europäische Gemeinschaft* (EG), die seit Januar 1958 aufgrund der am 25. März 1957 geschlossenen *Römischen Verträge* besteht, umfaßt gegenwärtig die Staaten Belgien, Bundesrepublik Deutschland, Dänemark, Frankreich, Großbritannien, Irland, Italien, Luxemburg und die Niederlande. 1981 soll Griechenland Mitglied werden, später auch Spanien und Portugal.
Seit 1971 ist die EG die drittgrößte Industriemacht der Welt (nach USA und Japan). Sie hat 260 Mio. Einwohner, umfaßt einen Flächenraum von 1,85 Mio. km^2 und erreicht z. Zt. ein Bruttosozialprodukt von 720 Mrd. Dollar (1 Bio. 238,4 Mrd. DM).

Das meiste Geld aus EG-Haushaltsmitteln erhielten 1979 die Luxemburger, nämlich 538 Mio. DM mehr als sie einzahlten. Das entspricht einem pro-Kopf-Gewinn von 1514,08 DM. Es folgen die Iren (426,85 DM), die Dänen (186,71 DM) und die Belgier (100,46 DM). Die Hauptlast des Finanztransfers der EG trugen die Deutschen, von denen pro Kopf 58,22 DM mehr in die Kasse gezahlt wurden als zurückfloß.

Länder

Die Gesamtzahl der getrennt verwalteten politischen Territorien der Welt beläuft sich auf 224, von denen 165 im August 1980 unabhängige Länder waren. 31 von ihnen sind Monarchien. (1 Kaiser, 10 Könige, 3 Königinnen, 4 Prinzen und ein gewählter Monarch.)
30 souveräne Länder haben keine Meeresküste.

Das Land mit dem größten Flächeninhalt ist die UdSSR, die aus 15 Unionsrepubliken besteht und 22402200 km^2 oder 15 Prozent der gesamten Landfläche der Erde einnimmt. Ihre Küstenlinie (einschl. Inseln) ist 106360 km lang. Von Osten nach Westen mißt sie 8980 km und von Norden nach Süden 4490 km. Sie ist über 90mal so groß wie Westdeutschland.

(D) Die Bundesrepublik Deutschland hat einen Flächeninhalt von 248139,46 km^2 (einschl. Berlin-West 248625 km^2). Sie besteht aus zehn Bundesländern zzgl. Berlin-West. Die Nord-Süd-Ausdehnung beträgt etwa 840 km, die West-Ost-Entfernung etwa 635 km.

(DDR) Ostdeutschland ist – einschl. Berlin-Ost – 108181 km^2 groß und in 15 Bezirke eingeteilt (einschl. Berlin-Ost). Die Längenausdehnung ist 510 km in der Nord-Süd-Richtung, 345 km die Ausdehnung von West nach Ost.

(A) Österreich bedeckt eine Fläche von 83853 km^2. Es ist in neun Bundesländer eingeteilt. Von West nach Ost mißt das Staatsgebiet 465 km, von Nord nach Süd 245 km.

(CH) Die Schweiz hat einen Flächenraum von 41293 km^2. Sie ist politisch in 23 Kantone gegliedert, davon drei mit je zwei Halbkantonen. Die Ausdehnung von West nach Ost beträgt 330 km, die von Nord nach Süd 225 km.

Die kleinste Kolonie: der Felsen von Gibraltar. 1981 soll der Landzugang von La Linea wieder geöffnet werden.

Die Höchsten – zu ihrer Zeit

(Marksteine absoluter menschlicher Höhenrekorde)

Höhe m	wer	womit	wo	wann
24	Jean-François Pilâtre de Rozier (Frankreich)	Heißluftballon (Fesselballon)	Vorstadt von Paris (Frankreich)	15.u.17. Okt. 1783
ca. 100	Rozier und Marquis d'Arlandes (1742 bis 1809) (Frankreich)	Heißluft(frei)-ballon	La Muette Paris (Frankreich)	21. Nov. 1783
ca. 900	Dr. Jacques Alexandre César Charles (1746 bis 1823) und Aîne Robert (Frankreich)	Charlière (Wasserstoffballon)	Tuilerien, Paris (Frankreich)	1. Dez. 1783
ca. 2750	J. A. C. Charles (Frankreich)	Wasserstoffballon	Nesles (Frankreich)	1. Dez. 1783
ca. 4000	James Sadler (GB)	Wasserstoffballon	Manchester (GB)	Mai 1785
7740[1]	James Glaisher (1809–1903) (GB)	Wasserstoffballon	Wolverhampton (GB)	17. Juli 1862
9615	Arthur Berson (Deutschland)	Wasserstoffballon Phoenix	Straßburg (damals Deutschland)	4. Dez. 1894
11 145	Sadi Lecointe (Frankreich)	Nieuport-Flugzeug	Issy-les-Moulineaux (Frankreich)	30. Okt. 1923
15 837	Auguste Piccard und Paul Kipfer (Schweiz)	Ballon F.N.R.S.1	Augsburg (Deutschld.)	27. Mai 1931
22 066	Hauptmann Orvill A. Anderson u. Albert W. Stevens, US-Air-Force	US Explorer II Heliumballon	Rapid City, South Dakota (USA)	11. Nov. 1935
24 262	William Barton Bridgeman (USA)	US Douglas D558-11 Skyrocket	Kalifornien	15. Aug. 1951
38 465	Capt. Iven C. Kincheloe US-Air-Force	US-Bell-X-2 Raketenflugzeug	Kalifornien	7. Sept. 1956
51 694	Joseph A. Walker (USA)	US-X-15 Raketenflugzeug	Kalifornien	30. März 1961
327 000	Major Juri Gagarin (UdSSR)	Wostok-I-Raum-Kapsel	Erdumlauf	12. April 1961
377 269	Oberst Frank Borman, Kapitänleutnant J. A. Lovell u. William A. Anders (Major) (USA)	US-Apollo-VIII-Kommandoeinheit	Mondumlauf	25. Dez. 1968
400 187	Kapitänleutnant J. A. Lovell, Frederick W. Hayes, John Swigert	US Apollo XIII	Mißglückte Mondlandung	15. April 1970

[1] Glaisher behauptete, mit Henry Tracey Coxwell (1819–1900) am 5. September 1862 von Wolverhampton (GB) 11 275 m hoch geflogen zu sein. Einige Autoren akzeptieren 9145 m.

Für eigene Rekorde

Die kürzeste Küste aller maritimen Staaten hat das Fürstentum Monaco: sie ist 5,6 km lang.

Das kleinste unabhängige Land der Welt ist mit 0,44 km² die Vatikanstadt *(Stato della Città del Vaticano)*, ein Stadtstaat, der am 11. 2. 1929 zu einer Enklave von Rom (Italien) gemacht wurde.
Der souveräne maritime Staat mit der **kürzesten Küstenlinie** ist *Monaco* mit 5,60 km ohne seine Kais und Wellenbrecher.

Die kleinste Republik ist *Nauru*, weniger als einen Grad südlich vom Äquator in Ozeanien im Westpazifik. Sie wurde am 31. Januar 1968 unabhängig, ist 21 km² groß und hat eine Bevölkerung von 8000 (laut Schätzung Mitte 1978).
Tuvalu, seit Oktober 1978 selbständig und ebenfalls in Ozeanien, hat einen Flächeninhalt von 24,6 km², aber nur 6000 Einwohner.

Die kleinste Kolonie ist Gibraltar mit einer Fläche von 5,8 km² und ca. 2000 Einwohnern.

Pitcairn, die einzige bewohnte Insel einer Gruppe von vier Inseln (Gesamtfläche 48 km²) im Ostpazifik, ist ca. 5 km² groß und hat 70 Einwohner (1977).

Der offizielle Sitz des Großmeisters des Ordens der Malteserritter besteht seit 1834 aus der *Villa del Priorato di Malta* (1,2 km²) auf dem Aventin, dem niedrigsten der sieben Hügel von Rom (Italien). Der Orden besitzt immer noch gewisse diplomatische Privilegien. Der Orden hat akkreditierte Gesandte im Ausland und wird daher manchmal **der kleinste Staat der Welt** genannt.

Das Land, mit der niedrigsten Anhöhe von 4 m ist die Republik der *Malediven*.

Das Land mit der am höchsten gelegenen tiefsten Stelle ist *Lesotho*, wo die Mündung des Senqu-Flusses (Oranje) 1380 m üNN liegt.

Grenzen

Die undurchdringlichste Grenze ist der 1381 km lange sog. *Eiserne Vorhang,* der Westdeutschland von Ostdeutschland trennt. Er besteht aus 2,23 Mio. Landminen und 80 500 km Stacheldraht sowie einer großen Zahl von mit Suchgerät versehenen Beobachtungstürmen, Selbstschußgeräten und anderen Abschreckungsanlagen. Der 246 m breite sog. *Todesstreifen* nimmt 344 km^2 des ostdeutschen Gebietes ein.

Die längste zusammenhängende Grenze liegt zwischen Kanada und den USA, die (einschl. der Großen Seen, aber ohne die 2547 km lange Grenze mit Alaska) 6416 km lang ist.

Die am häufigsten überquerte Grenze – mehr als 120 Mio. Grenzübertritte im Jahr – ist die 3110 km lange Grenze zwischen den USA und Mexiko.
Die Grenze zwischen China und der Sowjetunion, die von der chinesisch-mongolischen Grenze unterbrochen wird, ist 7240 km lang. Die Zahl der dortigen Grenzübertritte ist nicht bekannt.
Die Landgrenze zwischen Gibraltar und Spanien bei La Linea (seit 1969 geschlossen) ist 1,53 km lang. Man rechnet damit, daß sie bis Ende 1980 wieder geöffnet wird.
An einem Punkt in der Nähe der Viktoriafälle des Sambesiflusses im südlichen Afrika treffen Sambia, Namibia, Zimbabwe-Rhodesien und Botsuanaland zusammen.

Die meisten Landgrenzen hat China mit 13 benachbarten Ländern: Mongolei, UdSSR, Nord-Korea, Hongkong, Macao, Vietnam, Laos, Birma, Indien, Bhutan, Nepal, Pakistan und Afghanistan.

Die undurchdringlichste Grenze: der Eiserne Vorhang.

Westdeutschland grenzt an neun, Ostdeutschland an zwei, Österreich an sieben, die Schweiz an fünf Nachbarländer.

Bevölkerung

Allgemein: Schätzungen der Bevölkerung der Erde hängen weitgehend von der Genauigkeit der Angaben über die Bevölkerungszahl der Chinesischen Volksrepublik ab, die einen wesentlichen Anteil darstellt. Sie wurde Ende 1979 amtlich mit 1 Mrd. angegeben.
Man schätzt das tägliche Bevölkerungswachstum der Welt auf 214 900 oder 148 Geburten pro Minute. 1977/78 gab es schätzungsweise 286 Geburten und 114 Sterbefälle je Minute. In den letzten 49 Jahren hat sich die Bevölkerung der Erde verdoppelt und nimmt jetzt noch schneller zu. Man vermutet, daß während der letzten 600 000 Jahre 75 Mrd. Menschen geboren und gestorben sind.

Die höchste Bevölkerungszahl von allen Ländern hat China mit 1 Mrd. (somit ist etwa jeder vierte Mensch auf der Erde ein Chinese).
Durch verstärkte Geburtenkontrolle will China sein Bevölkerungswachstum bis zum Jahr 2000 zum Stillstand bringen. Bis zu diesem Zeitpunkt wird sich nach Ansicht der Pekinger Regierung die Bevölkerungszahl bei 1,2 Mrd. einpendeln. Regierungsappelle und Förderungsmaßnahmen für Ein-Kind-Familien sollen bewirken, daß der Bevölkerungszuwachs schon 1985 auf nur fünf Promille verringert wird. 1971 hat die Zuwachsrate noch bei über 23 Promille gelegen.

Weltbevölkerung – Geschätzte Steigerung

Zeitpunkt	Millionen	Zeitpunkt	Millionen
10 000 v. Chr.	ca. 5	1930	2070
1 n. Chr.	ca. 200	1940	2295
1000	ca. 275	1950	2533+
1250	375	1960	3049+
1500	420	1970	3704+
1650	550–600	1975	4090+
1700	615	1976	4163+
1750	720	1977	4314++
1800	900	1978	4395+
1900	1625	1980	4470+
1920	1862	2000	6351+

+Von mittleren Varianten abgeleitete Zahlen des US-Statist.Amtes (US Bureau of Census)
++Die vorläufige Schätzung der Vereinten Nationen (Mitte 1978) beläuft sich auf 4,205 Mio.
Einige Bevölkerungswissenschaftler behaupten, daß die Zahl während des 21. Jahrhunderts bei 10 bis 15 000 Mio. konstant bleiben, aber über 8000 Mio. steigen wird. Die Tsui-Bogue-Schätzung der Universität Chicago für das Jahr 2000 ist 5800 Mio.

Der souveräne Staat mit der kleinsten Einwohnerzahl ist die Vatikanstadt (siehe kleinstes Land, Seite 248) mit 728 Einwohnern (Mitte 1978) und einer Geburtenziffer = 0.

Am dichtesten bevölkert ist die portugiesische Provinz Macao an der Südküste von China. Mitte 1978 hatte sie eine geschätzte Einwohnerzahl von 276 000 auf einem 16,05 km^2 großen Gebiet, also eine Bevölkerungsdichte von 17 183 pro km^2.
Das Fürstentum Monaco an der Südküste Frankreichs hat 26 000 Einwohner (30. Juni 1978) auf einem 1,5 km^2 großen Gebiet, also eine Bevölkerungsdichte von 15 073 pro km^2. Durch Trockenlegung von Teilen der Meeresbucht soll das Gebiet auf 1,8 km^2 vergrößert werden.
Die Einwohnerzahl von Singapur beträgt 2 334 000 (Schätzung Mitte 1978) auf einem besiedelten Gebiet von 189 km^2.
Unter den Gebieten, die größer sind als 1000 km^2, hat Hongkong (1049 km^2 Landfläche) 4 606 000 Einwohner und damit eine Bevölkerungsdichte von 4391 pro km^2. Hongkong ist von allen Kolonien am dichtesten bevölkert. Der Name ist eine Umschreibung des Wortes *Xiang gang* (Weihrauchhafen) in der Aussprache von Peking.
Kaulun (Kowloon) auf dem Festland hat eine Bevölkerungsdichte von etwa 100 000 pro km^2.
Die größte Bevölkerungsdichte unter den Ländern, die über 2500 km^2 groß sind, hat Bangladesh mit 84,7 Mio. (Schätzung Mitte 1978) auf einem Gebiet von 142 775 km^2, d. h. eine Dichte von 592 pro km^2. Die indonesische Insel Java (126 295 km^2) hat rund 70 Mio. Einwohner, demnach eine Bevölkerungsdichte von 547 je km^2.
Ⓓ Westdeutschland (248 139,46 km^2) hat mit 61 Mio. 321 000 E. eine Bevölkerungsdichte von 247/km^2.
(DDR) Ostdeutschland: 108,181 km^2, 16,75 Mio. Einwohner, d. h. eine Bevölkerungsdichte von 154,9 je km^2.
Ⓐ Österreich hat eine Flächenausdehnung von 83 853 km^2 und 7,51 Mio. Einwohner, d. h. eine Bevölkerungsdichte von 89,6 je km^2.
(CH) Die Schweiz: 41 293 km^2, 6,3 Mio. Einwohner, also eine Bevölkerungsdichte von 153,5 je km^2.

Die geringste Bevölkerungsdichte hat die Antarktis. Sie wird seit Oktober 1956 ständig von einander ablösenden Wissenschaftlern bewohnt. Die Bevölkerungszahl ändert sich mit der Jahreszeit und erreicht manchmal 1500.
Abgesehen von der Antarktis hat Grönland die niedrigste Bevölkerungszahl mit 51 000 (Schätzung Mitte 1978) auf einem 2 175 000 km^2 großen Gebiet, d. h. eine Bevölkerungsdichte von einer Person je 42,6 km^2. Etwa 84,3 Prozent der Insel sind von einer Eiskappe bedeckt.

Den Auswandererrekord hält Mexiko (abgesehen von kriegs- oder bürgerkriegsbedingten Flüchtlingsströmen in anderen Ländern und Regionen). 1976 wanderten aus Mexiko 800 000 Personen illegal nach den USA aus.
Das Jahr mit der höchsten Auswandererquote aus einem europäischen Land war 1852, als 360 000 Menschen, größtenteils Iren, nach Nordamerika auswanderten.
Ⓓ Aus der Bundesrepublik Deutschland sind 1978 53 016 deutsche Staatsbürger ausgewandert. 1979/80 ist die Zahl der Auswanderungswilligen sprunghaft angestiegen.

Die meisten Einwanderer werden regelmäßig von den USA aufgenommen (1977: 462 315). Man schätzt die Zahl der offiziellen Einwanderer zwischen 1820 und 1977 auf über 42 Mio., jeder 24. Bewohner der USA ist ein illegaler Einwanderer.
Ⓓ Die Bundesrepublik Deutschland verzeichnete 1978 eine Einwandererquote von 559 620 Personen, von denen 456 117 nichtdeutschstämmige Ausländer waren.

Die Zahl der Flüchtlinge auf der Welt beläuft sich, nach Angaben des Hochkommissars der *Vereinten Nationen* in Genf (Schweiz), Ende Mai 1980 auf mehr als 17 Mio. Schwerpunkte sind die Gebiete Somalia–Äthiopien (Ostafrika), Thailand–Kambodscha–Vietnam, Afghanistan–Pakistan, Rhodesien/Zimbabwe–Mozambique, Sambia, Botswana, Sudan und Südamerika. Aus Lateinamerika 1,1 Mio.; aus Afrika 4,8 Mio.; aus dem Nahen Osten 3,3 Mio.; aus Asien 7,8 Mio.

Die verschiedensten Staatsangehörigkeiten konnte die Tochter von *Mai Ung Ly,* einer Vietnamesin, sich aussuchen. Das Mädchen wurde im Mai 1980 in einem britischen Jumbo-Jet im amerikanischen Luftraum beim Transport vietnamesischer Flüchtlinge von Japan über Alaska nach Schottland geboren. Die Mutter entschied sich für die britische Staatsangehörigkeit.

Die höchste Geburtenziffer (1970–1975) hat die Republik Niger mit 52,2 je 1000 Einwohner. Der Geburtendurchschnitt für die ganze Welt im Jahr 1975 betrug 30,4 je 1000. Abgesehen von der Vatikanstadt, wo verständlicherweise von Geburtenzuwachs keine Rede sein kann, hatte im Jahr 1977 Monaco mit 7,5 je 1000 Einwohner die niedrigste Zuwachs-Ziffer.
Ⓓ In Westdeutschland betrug die Geburtenrate 1977 9,3 pro Tausend. Die Entsprechungswerte waren für Ostdeutschland 13,9 pro Tausend, Österreich 11,3 pro Tausend, Schweiz 11,5 pro Tausend.
Die Geburtenziffern in Westdeutschland nehmen in den letzten Jahren von Jahr zu Jahr ab. Von 1966–78 ging die Geburtenziffer von 1,05 Mio. auf 570 000 zurück, hat sich also nahezu halbiert. 1979 und 1980 ist die Geburtenrate allerdings wieder

(DDR) angestiegen. In Ostdeutschland wurden dagegen 1979 über 345 000 Kinder geboren, rund 3000 mehr als im Vorjahr und 55 000 mehr als fünf Jahre zuvor.

Die höchste Sterblichkeitsziffer hat nach der letzten verfügbaren Erhebung der Yemen mit 26,3 Sterbefällen je 1000 Einwohner (Weltdurchschnitt 1975: 12,3 je 1000).

Die niedrigste Sterblichkeitsziffer hatte 1976 das Königreich Tonga mit 1,9:1000 Sterbefällen.

(D) Die Sterberate Westdeutschlands betrug 1978 11,7 pro Tausend.

(DDR) In Ostdeutschland lag sie mit 13,9 pro Tausend genauso hoch wie die Geburtenrate.

(A) Die Sterberate Österreichs betrug 12,2 pro Tausend,

(CH) die der Schweiz (1977) 8,8 pro Tausend.

Die häufigste Todesursache der zivilisierten Welt sind Herz- und Kreislaufstörungen. In Westdeutschland bewirken diese Erkrankungen etwa 40 Prozent aller Todesfälle.

Die häufigste Todesursache für Kinder ist *Diarrhö* (Durchfall), zumal in Verbindung mit Unterernährung und Erkrankung der Atmungsorgane. Diese Kombination ist die Ursache für zwei Drittel aller Todesfälle von Kindern auf der Welt.

Die Kindersterblichkeit (d. h. Sterbefälle von Neugeborenen und Kindern, die noch kein Jahr alt waren) war 1978 in Schweden mit 7,7 je 1000 Lebendgeborenen am niedrigsten.

Für die ganze Welt (letzte Feststellung 1975) war das Verhältnis 98:1000.

Die höchste verzeichnete Ziffer hatte 1952 Burma (jetzt Birma) mit 195 bis 300. Anscheinend nehmen viele Länder aber keine Zählungen mehr vor. Eine nicht amtliche Schätzung der Kindersterblichkeit in Äthiopien im Jahre 1969 ergab fast 550 je 1000 Lebendgeborene.

(D) Die Säuglingssterblichkeit lag in Westdeutschland bei 14,7 je 1000 Lebendgeborene. Entsprechungswerte: Ostdeutschland 14,1 pro Tausend, Österreich 16,9 pro Tausend, Schweiz 10,7 pro Tausend.

Die Müttersterblichkeit (Todesfälle von Frauen bei der Geburt eines Kindes) lag in Westdeutschland 1976 mit 36,3 auf 100 000 Geburten an 15. Stelle der Weltstatistik. Die niedrigsten Raten: Dänemark 3,1 – Schweden 4,1 – Niederlande 5,1.

Schwangerschaftsabbrüche: 1979 waren in Westdeutschland 82 788 Schwangerschaftsabbrüche erfaßt. Die Dunkelziffer wird dreimal so hoch geschätzt. Allein im 2. Quartal 1979 wurden 20 975 Abbrüche registriert, d. h. 141 auf 1000 Lebend- oder Todgeborene. Die meisten Schwangerschaftsabbrüche wurden bei 18–25jährigen Frauen durchgeführt. Über ein Drittel war ledig. Der Stadtstaat Bremen liegt mit einem Zuwachs von 192 Prozent an der Spitze der Abbrüche, Niedersachsen mit 4,7 Prozent am Ende.

Die höchste natürliche Bevölkerungszunahme hatte lt. neuester Statistik Syrien mit 29,1 je 1000 Einwohner (39,6 Geburten auf 10,5 Sterbefälle). Die Ziffer für die ganze Welt war 1975 30,4 auf 12,3 = 18,1 je 1000. Die UN-Behörde für Bevölkerungsfragen veröffentlichte im Juni 1980 Berechnungen, nach denen im Jahr 2000 ca. 6,5 Mrd. Menschen den Erdball bevölkern. Zwei Mrd. mehr als heute. Weltweit werden pro Tag 300 000 Kinder geboren; zehn von elf Babies kommen in einem Entwicklungsland zur Welt. 60 Prozent des Bevölkerungszuwachses entfällt auf Asien.

Die geringste natürliche Zunahme von allen größeren souveränen Staaten hatte Westdeutschland mit 2,4 je 1000 (9,3 Geburten und 11,7 Sterbefälle) für 1978 zu verzeichnen.

Lebenserwartung: Die Lebenserwartung in Europa betrug im 5. Jahrhundert 33 Jahre für Männer und 27 Jahre für Frauen.

Zwischen 1890 und 1900 war die Lebenserwartung bei der Bevölkerung Indiens 23,7 Jahre.

Aus dem neuesten Demographischen Jahrbuch der UNO geht hervor, daß hinsichtlich der *Lebenserwartung* bei den Frauen Norwegen und die Niederlande an der Spitze stehen. Mädchen, die dort 1977 geboren wurden, können mit einem Lebensalter von 78,4 Jahren rechnen. Die Lebenserwartung für Männer erreicht in Japan, Norwegen und Schweden 72,1 Jahre.

Mit dem niedrigsten Lebensalter überhaupt von nur 25 Jahren müßen die in dem afrikanischen Staat Gabun geborene Männer rechnen, im Tschad (ebenfalls Afrika) geborene Frauen mit rund 35 Jahren.

(D) In Westdeutschland betrug in den Jahren 1974–76 die Lebenserwartung 68,6 Jahre für Männer und 75,2 Jahre für Frauen. Zum Vergleich die Werte für die Jahre 1901–10: Männer 44,82 Jahre, Frauen 48,33 Jahre.

(A) Für Österreich liegen Berechnungen aus dem Jahr 1976 vor. Die Werte lauten 68,07 Jahre für Männer, 75,05 Jahre für Frauen.

(CH) Die Zahlen der Schweiz basieren auf Berechnungen aus den Jahren 1968–73. In dieser Zeit betrug die Lebenserwartung für Männer dort 70,29 Jahre, die der Frauen 76,22 Jahre.

Geschlechterverhältnis: Laut Schätzung aus dem Jahre 1975 gab es auf der Welt 1003,5 Männer für 1000 Frauen.

Das Land mit der größten Männerknappheit ist die

Sowjetunion mit 1143 Frauen je 1000 Männer (Volkszählung 1979).
Das Land mit der größten Frauenknappheit ist Pakistan, wo es 1972 nur 885 Frauen je 1000 Männer gab. (Die Zahlen sind jedoch vielleicht infolge des in vielen Ländern noch immer existierenden Ausschlusses der Frauen vom öffentlichen Leben zu niedrig gehalten.)

Ⓓ In Westdeutschland gibt es 1100 Frauen für 1000 Männer, was einem Prozentverhältnis von 52,37:47,63 entspricht.

(DDR) In Ostdeutschland ist das Verhältnis 53,3 Prozent Frauen zu 46,7 Prozent Männer.

Ⓐ In Österreich überwiegen die Frauen mit 52,65 Prozent gegenüber 47,35 Prozent Männern.

(CH) Die Schweizer Verhältnisse: 52,4 Prozent Frauen, 47,6 Prozent Männer.

Das niedrigste Durchschnittsalter für Eheschließungen hat Indien mit 20,0 Jahren für Männer und 14,5 Jahren für Frauen. Am entgegengesetzten Ende steht Irland mit 31,4 Jahren für Männer und 26,5 Jahren für Frauen. In der chinesischen Volksrepublik ist das empfohlene Heiratsalter für Männer 28 und für Frauen 25 Jahre.

Ⓓ In Westdeutschland ist das Durchschnittsalter für erste Eheschließungen bei Frauen 23,9 Jahre, bei Männern 26,5 Jahre.

Ⓐ In Österreich ist das Heiratsdurchschnittsalter bei Frauen 21,5, bei Männern 24,5 Jahre.

Die erste Frau Dr. med.: Dorothea Christiane Erxleben.

(CH) In der Schweiz schließen Frauen im Durchschnittsalter von 24,4 Jahren eine erste Ehe, die Männer im Alter von 26,8 Jahren.

Die meisten Ehescheidungen gab es mit 1 Mio. 90 000 im Jahr 1977 in den USA; das entspricht 50,09 Prozent aller Eheschließungen im Jahr.

Ⓓ In Westdeutschland betrug die Zahl der Scheidungen 1976 108 258, was 29,6 Prozent der Eheschließungen entspricht. Damit hat sich die Zahl der jährlichen Ehescheidungen seit 1960 verdoppelt.

(CH) Für die Schweiz wurden 1977 10 474 Scheidungen = 31,7 Prozent der Eheschließungen registriert.

Gesundheitswesen

Das Land mit den meisten Ärzten ist die UdSSR mit 831 300 oder einem Arzt je 307 Personen. China hat über eine Mio. paramedizinisches Personal, die sogenannten *Barfußdoktoren.*

Ⓓ In Westdeutschland gibt es rund 130 000 Ärzte. Die Zahl umfaßt die niedergelassenen Ärzte der Allgemeinmedizin und die Fachärzte aller Richtungen (ohne Zahnärzte und Tierärzte) wie auch alle Ärzte an Krankenhäusern, Kliniken, Instituten, Kurheimen, Behörden usw. Jeder Arzt betreut im Durchschnitt 472 Einwohner. 20 Prozent der Ärzte sind Frauen, 7,4 Prozent sind Ausländer.

Ⓓ **Die erste Ärztin** Deutschlands und zugleich die erste Frau, die an einer deutschen Universität *Dr. med.* wurde, war *Dorothea Christiane Erxleben, geb. Leporin* (1715–62). 1754 legte sie in Halle (Sachsen) die mündliche Doktorprüfung ab.

Die wenigsten Ärzte hatte 1970 Obervolta mit 58 (einen für 92 759 Personen).

Die meisten Zahnärzte gibt es in den *Vereinigten Staaten*, wo 1978 die Zahl der eingetragenen Mitglieder des Zahnärzteverbandes 131 000 betrug.

Ⓓ In Westdeutschland waren 1978 32 482 Zahnärzte tätig. Jeder hatte im Durchschnitt die Zähne von 1888 Bundesbürgern zu ziehen, zu plombieren

Für eigene Rekorde

oder zu bohren. Zahnärzte stehen an der Spitze der Einkommensskala aller freien Berufe in Westdeutschland.

Die meisten Psychiater gibt es ebenfalls in den USA. 1978 betrug die Zahl der eingetragenen Mitglieder des amerikanischen Psychiaterverbandes 22 000, und die Mitgliederzahl des amerikanischen Psychologenverbandes belief sich im gleichen Jahr auf 45 000.

(D) In Westdeutschland praktizieren etwa 1300 Psychiater und 500 Psychotherapeuten.

Apotheken: In den 1978 gezählten 15 340 Apotheken Westdeutschlands waren 27 500 Apotheker tätig, die Hälfte von ihnen sind Frauen. (D)

Der größte Krankenhauskomplex ist das *District Medical Center* in Chicago (USA). Es erstreckt sich über 19,3 km^2 und besteht aus fünf Krankenhäusern mit zusammen 5600 Betten und acht Lehranstalten mit über 3000 Studenten.

(D) In Westdeutschland gibt es ca. 3500 Krankenhäuser mit rund 750 000 Betten. Das größte allgemeine Krankenhaus in Deutschland in einem geschlossenen Areal sind die *Städtischen Krankenanstalten* in Nürnberg (Bayern) mit 2680 Betten. Die größte psychiatrisch-neurologische Klinik nicht nur Deutschlands, sondern Europas ist die *Rheinische Landesklinik Bedburg-Hau* (Nordrhein-Westfalen) mit 3485 Betten. Das *Nervenkrankenhaus Haar* bei München (Bayern) verfügt über 3000 Betten.

(A) Das größte Krankenhaus in Österreich ist das *Allgemeine Krankenhaus in Wien* (2987 Betten). Die größte psychiatrische Klinik Österreichs ist die *Pflegeanstalt Im Steinhof in Wien* (2300 Betten).

(CH) Das größte Krankenhaus in der Schweiz ist *L'Hôpital Cantonal* in Genf mit 1765 Betten.

Die größte Heilanstalt ist das *Pilgrim State Hospital* im Staat New York (USA) mit 3816 Betten. Früher hatte es 14 200 Betten.

Das größte Geschrei herrscht im *Mama Yemo Spital,* Kinshasa (Zaire), einer Entbindungsanstalt mit 599 Betten, wo 1976 41 930 Kinder zur Welt gebracht wurden. Die Spitzenleistung wurde im Mai 1976 mit 175 Entbindungen innerhalb von 24 Stunden erzielt.

Den längsten Aufenthalt in Anstalten gehabt zu haben, war das traurige Schicksal von Miss *Martha Nelson.* Sie wurde 1875 in die staatliche Anstalt für Schwachsinnige in Columbus, Ohio (USA), eingeliefert. Im Januar 1975 starb sie im Alter von 103 Jahren, sechs Monaten in der *Orient State Institution,* Ohio, nachdem sie über 99 Jahre in Anstalten verbracht hatte.

Friedhöfe

Den größten Friedhof hat *Leningrad* (UdSSR). Auf ihm sind die letzten Ruhestätten von 500 000 der 1 300 000 Menschen, die bei der Belagerung der Stadt durch die deutsche Wehrmacht 1941–42 ums Leben kamen.

(D) **Der größte Friedhof Europas und der schönste der Welt** ist der über 100 Jahre alte *Hamburger Zentralfriedhof Ohlsdorf.* Auf dem 402,6 ha großen Areal fanden über 1,2 Mio. Menschen ihre letzte Ruhe. Darunter so prominente wie *Hans Albers, Albert Ballin, Gustaf Gründgens, Carl Hagenbeck, Alfred Kerr, Felix Graf Luckner.* Zwei Buslinien verkehren auf dem parkähnlichen Gelände; 2500 Sitzbänke, 660 Brunnen und 1600 Papierkörbe stehen an den Wegrändern.

(A) **Österreichs größter Friedhof** ist der *Zentralfriedhof Wien.* Auf 200 ha sind hier 2,5 Mio. Verstorbene in 480 000 Gräber zur letzten Ruhe gebettet. Auf dem angeschlossenen Ehrenfriedhof sind u. a. *Beethoven, Brahms, Mozart, Nestroy* sowie alle österreichischen Bundespräsidenten bestattet.

Das größte Krematorium ist Teil des *Nikolo-Archangelskoje-Friedhofs* in Ostmoskau (UdSSR). Es besitzt sieben Doppelverbrennungsöfen und besteht seit 1972. *Hallen des Abschieds* sind für die Angehörigen und Freunde vorgesehen.
Großbritannien weist mit 63,6 Prozent den größten Prozentsatz feuerbestatteter Personen in den Ländern auf, wo die Einäscherung nicht obligatorisch ist.

Die älteste Messinggrabplatte stammt aus dem Jahre 1231. Sie befindet sich in der *St. Andreaskirche* in Verden (Niedersachsen) und ist dem Gedenken des Bischofs *Ysowilpe* gewidmet.

Städte

Die älteste heute bekannte befestigte Stadt ist *Arihā (Jericho).* Die letzten mit dem Radiokarbonverfahren gemachten Altersbestimmungen von Funden aus den tiefsten, bisher von Archäologen erreichten Schichten ergaben, daß sich dort schon 7800 v. Chr. eine Ansiedlung von etwa 3000 Menschen befunden haben muß.
Das Dorf *Zawi Chemi Shanidar,* 1957 im nördlichen Irak entdeckt, wird auf 8910 v. Chr. datiert.

Die älteste Hauptstadt der Welt ist *Dimashq (Damaskus),* die Hauptstadt von Syrien, die seit ca. 2500 v. Chr. ständig bewohnt war.

Die älteste befestigte Stadt: Jericho. Schon vor 10 000 Jahren lebten hier mindestens 3000 Menschen.

Die älteste noch existierende Stadt Europas ist *Cadiz* (Spanien), eine phönizische Gründung aus der Zeit um 1100 v. Chr.

Ⓓ Als älteste Städte Westdeutschlands gelten *Worms* (Rheinland-Pfalz), als *Borbetomagus* eine keltische Gründung aus der Zeit um 60 v. Chr., von den Römern *Civitas Vangionum* genannt (um die Zeitwende). Als älteste Freie Stadt auf dem Gebiet Westdeutschlands besteht sie seit 1156. *Köln* (Nordrhein-Westfalen) wurde um 50 v. Chr. von den Römern gegründet (seit 50 n. Chr. *Colonia Agrippinensis). Trier* (Rheinland-Pfalz) ist eine römische Gründung aus der Zeit um 15 v. Chr. Im 3.–4. Jahrhundert war sie römische Kaiserresidenz.

Das älteste Stadtsiegel führt *Köln*. Es war schon im Jahre 1149 im Gebrauch.

Die meisten Einwohner von allen Städten der Erde hat *Tokio,* nämlich 8,5 Mio., beziehungsweise 11,5 Mio., wenn man die Vororte dazu rechnet. Ähnliche Zahlen werden auch für São Paulo (Brasilien) und Mexiko-City genannt. Für das Jahr 2000 haben die UN jedoch bereits 27 717 000 Einwohner für den 2800 km^2 großen Verwaltungsbezirk *Keihin* (den Verwaltungsbezirk Tokio-Jokohama) geschätzt.

Die größte Stadt der Erde, die nicht am Meer oder an einem Fluß liegt, ist Mexiko-City *(Ciudad de Mexico),* die Hauptstadt der Republik Mexiko, mit 11 943 100 Einwohnern (Schätzung 1976).

Die größte Stadt Deutschlands ist Berlin. Bei einer Flächenausdehnung von 480,19 km^2 hat Berlin-West 1 Mio. 909 700 Einwohner, Berlin-Ost (403 km^2) 1 Mio. 122 700 Einwohner. Bei einer Gesamtfläche von 883 km^2 ergibt das eine Gesamteinwohnerzahl von 3 Mio. 32 400.

Ⓓ Die nächstgrößten Städte Westdeutschlands sind *Hamburg* (rund 1,8 Mio. Einwohner) und *München* (rd. 1,3 Mio.)

(DDR) In Ostdeutschland sind nach *Berlin-Ost Leipzig* mit rund 565 000, Dresden (513 000) und Karl-Marx-Stadt (früher Chemnitz) mit 312 000 Einwohnern die größten Städte.

Ⓐ In Österreich führt die Hauptstadt *Wien* mit rd. 1,6 Mio. Enwohnern die Reihe der großen Städte an, gefolgt von den Landeshauptstädten *Graz* (Steiermark) mit 250 000, *Linz* (Oberösterreich) mit 208 000 und *Salzburg* mit 139 000 Einwohnern.

(CH) Die größten Städte der Schweiz sind *Zürich* mit 383 000, *Basel* mit 188 800, *Genf* mit 152 000 und die Hauptstadt *Bern* mit 146 800 Einwohnern.

Die größte Ausdehnung von allen Städten hat *Mount Isa* in *Queensland* (Australien). Das von den Stadtbehörden verwaltete Gebiet hat einen Flächeninhalt von 40 978 km^2, aber nur 22 000 Einwohner.

Die Stadt Kiruna in Lappland (Nord-Schweden) hat eine Flächenausdehnung von 19 500 km^2.

Die höchstgelegene Hauptstadt der Welt – vor der Angliederung von Tibet an China – war Lhasa, 3684 m über dem Meeresspiegel.

La Paz, der Regierungssitz und die (de facto) Hauptstadt von Bolivien, liegt 3631 m hoch. Die Stadt wurde 1548 von *Alonso de Mendoza* an einer

Stelle gegründet, wo sich vorher ein indianisches Dorf namens *Chuquiapu* befunden hatte. Ursprünglich hieß die Stadt *Ciudad de Nuestra Senora de La Paz,* wurde aber 1825 umbenannt und heißt seither *La Paz de Ayacucho.* Sie hat heute rund 700 000 Einwohner. *Sucre,* die eigentliche Hauptstadt von Bolivien, liegt 2834 m hoch.

Die höchstgelegene Stadt der Welt ist die neue Stadt *Wenchuan* (China), die 1955 an der Straße von *Chinghai* nach *Tibet,* nördlich vom Tanglagebirge, gegründet wurde. Sie liegt 5100 m hoch.

Die höchstgelegenen Wohnstätten befinden sich in *Bāsisi* in Indien, nahe der tibetanischen Grenze, in einer Höhe von ca. 5988 m und in *Chupiquinamine* (Chile) in 5600 m üNN.

Die höchstgelegene Hauptstadt Europas ist die des gleichnamigen Kleinstaates *Andorra* in den Pyrenäen. Sie liegt 1061 m üNN.

(CH) **Die höchstgelegene Ortschaft in Europa** ist *Findelen* bei *Zermatt* (Schweiz) in 2164 m Höhe. Sie ist allerdings nur im Sommer bewohnt.

Als höchstgelegenes Dorf Europas gilt darum das auch im Winter bewohnte *Juf* im *Aversertal* (Kanton Graubünden) mit 2133 m Höhe. Nicht weit davon, ebenfalls im *Aversertal,* liegt *Cresta,* mit 1963 m das höchste Kirchdorf Europas.

(D) Die höchstgelegene Ortschaft in Westdeutschland ist Oberjoch bei Hindelang im Allgäu (Bayern) mit einer Höhenlage von 1150 m üNN.
Die höchste Marktgemeinde Westdeutschlands ist *Mittenwald* (Bayern) mit 920 m üNN.

(DDR) Die höchstgelegene Stadt Ostdeutschlands ist Oberwiesenthal am Fichtelberg im Bezirk Karl-Marx-Stadt (Chemnitz, Sachsen): 911 m üNN.

(A) Die höchstgelegenen Dörfer Österreichs sind Hochsölden (2150 m) und Obergurgl (1950 m), beide im Ötztal (Tirol).

Die tiefstgelegene Siedlung der Welt ist *Ein Bokek* (Israel) mit einer Synagoge am Ufer des Toten Meeres: 395,9 m uNN.

Die nördlichste Stadt der Welt mit über 10 000 Einwohnern ist der arktische Hafen *Dikson* (UdSSR) (73° 32′ N).

Das nördlichste Dorf ist *Ny Alesund* (78° 55′ N), eine Bergarbeitersiedlung an der *King's Bay,* West-Spitzbergen, im norwegischen Gebiet *Svalbard,* die nur während des Winters bewohnt ist.

Die nördlichste Hauptstadt ist *Reykjavik,* die Hauptstadt von Island (64° 08′ N) mit rund 85 000 Einwohnern im Jahr 1974.

Die Stadt mit den meisten Einwohnern: Tokio (Japan).

Höchstgelegene Hauptstadt: La Paz, 3631 m (Bolivien).

Die nördlichste Hauptstadt ist Reykjavik, Islands Regierungssitz. Sie hat 85 000 Einwohner.

Der nördlichste ständig bewohnte Platz der Erde ist der Stützpunkt in *Alert* (82° 31′ N) an der *Dumb Bell Bay* an der Nordostküste von *Ellesmere Island* im nördlichen Kanada.

Die südlichste Ortschaft ist *Puerto Williams* mit ca. 350 Einwohnern an der Nordküste der *Isla Navarino* im Feuerland (Chile), ca. 1090 km nördlich der Antarktis.

Die südlichste Hauptstadt (41° 17′ S) ist *Wellington* auf der Nordinsel von Neuseeland.

Die einzige Stadt, die sich auf zwei Kontinente verteilt, ist *Istanbul* (Türkei). Es gibt einen europäischen und einen asiatischen Teil.

Die teuersten Städte der Welt, was die Lebenshaltungskosten betrifft, sind für ihre Einwohner (nicht für Touristen!) die Städte *Tokio* (Japan) mit einem internationalen Wechselkurs-Index von 180,1, bezogen auf 100 US-Dollar in New York; ferner *Zürich* (Schweiz 146,5), *Genf* (Schweiz 144,6), *Kopenhagen* (Dänemark 128,8), *Frankfurt/Main* (Westdeutschland 128,3) und in der weiteren Reihenfolge *Stockholm* (Schweden), *Brüssel* (Belgien), *Wien* (Österreich), *Paris* (Frankreich). Für Geschäftsreisende oder Touristen ergibt sich nach neusten Untersuchungen allerdings eine andere Reihenfolge der teuersten Städte. Danach ist *Lagos,* die Hauptstadt Nigerias, die vergleichsweise teuerste Stadt vor *Tokio* (Japan), *Douala* (Kamerun) und *Zürich* (Schweiz).

(D) Die in dieser Hinsicht teuersten Städte Westdeutschlands (bezogen auf den Index Bonn = 100), jedoch ohne Mieten, sind *Stuttgart* (Baden-Württemberg, Index 103,2), *Hamburg* (101,7), *Frankfurt/Main* (Hessen, 101,6) *Berlin-West* (100,9), *München* (Bayern, 100,7).

Die »billigsten« Städte in Westdeutschland sind *Nordhorn* (Niedersachsen 95,5), Fulda (Hessen, 95,8) und *Landshut* (Bayern 95,9).

Für eigene Rekorde

Instanbul, früher Konstantinopel, noch früher: Byzanz, ist die einzige Stadt auf zwei Kontinenten.

Monarchen, Staatsoberhäupter, Regierungen

Das älteste Herrscherhaus hat Japan. Kaiser *Hirohito* (* 29. April 1901) regiert seit dem 25. Dezember 1926. Er ist der 124. aus dem Geschlecht des ersten Kaisers, *Jimmu Tenno* oder *Zinmu,* der laut Überlieferung von 660–581 v. Chr. (wahrscheinlicher von ca. 40 bis ca. 10 v. Chr.) regierte.

Seine Gemahlin, Kaiserin *Nagako,* hat am 6. März 1980 *Kiju,* das »Alter der Freude«, erreicht: sie wurde 77 Jahre alt und ist damit die erste Monarchin des Landes, die dieses Alter erreicht, während ihr Ehemann noch auf dem Thron sitzt.

Am längsten von allen Monarchen regierte *Pepi II.*, ein ägyptischer Pharao der Sechsten Dynastie. Seine Regierung begann ca. 2310 v. Chr., als er sechs Jahre alt war, und dauerte ca. 94 Jahre. *Musoma Kanijo,* Häuptling des *Nzega*-Bezirks in

Japans Kaiser Hirohito aus dem ältesten Herrscherhaus.

Königin Viktoria v. England regierte fast 64 Jahre.

West-Tanganjika (heute Teil von Tansania), soll über 98 Jahre regiert haben, von seinem achten Lebensjahr im Jahre 1864 bis zu seinem Tod am 2. Februar 1963.

Laut Überlieferung regierte der sechste japanische Kaiser, *Koo-an,* 102 Jahre lang (von 392–290 v. Chr.). Wahrscheinlich aber regierte er von ca. 110 bis ca. 140 n. Chr. Die Herrschaft des elften Kaisers *Suinin* soll von 29 v. Chr.–71 n. Chr. (99 Jahre) gedauert haben, wahrscheinlich aber von 259–291 n. Chr.

Von allen bedeutenden europäischen Monarchen am längsten regierte *Ludwig XIV.* von Frankreich, der am 14. Mai 1643 im Alter von vier Jahren 231 Tagen den Thron bestieg und bis zu seinem Tod am 1. September 1715, (vier Tage vor seinem 77. Geburtstag), 72 Jahre und 110 Tage regierte.

Großherzog *Karl Friedrich von Baden* (1728–1811) regierte vom 12. Mai 1738 73 Jahre und 29 Tage.

Königin *Viktoria von England* (* 24. Mai 1819, † 22. Januar 1901) regierte vom 19. Juni 1837 bis 22. Januar 1901, also 63 Jahre und 216 Tage. Bei ihrem Tod war sie 81 Jahre und 243 Tage alt.

Von allen deutschen Monarchen hatte *Friedrich III. von Habsburg* (* 21. September 1415), Kaiser des Heiligen Römischen Reiches Deutscher Nation, die längste Regierungszeit, nämlich vom 2. Februar 1440 (als er als Nachfolger seines Vetters *Albrecht II.,* König von Österreich, Ungarn und Böhmen wurde) bis zu seinem Tod am 19. August 1493: insgesamt 53 Jahre, sechs Monate und 17 Tage. Zum Kaiser wurde er 1452 gekrönt; es war die letzte Krönung eines deutschen Kaisers in Rom durch den Papst.

Der am längsten regierende Monarch ist gegenwärtig König *Sobhuza II.* (* 4. Juni 1899), der *Ngwenyama* (Oberster Häuptling) von Swasiland, britisches Protektorat seit 1899, seit dem 6. September 1968 unabhängig. Bei der letzten veröffentlichten Zählung 1972 hatte er 112 Frauen.

Die kürzeste Regierungszeit hatte König *Vickramabahu II.* aus der *Kalinga-Kshatriya*-Dynastie von Ceylon *(Sri Lanka).* Er wurde wenige Stunden nach seiner Krönung im Jahre 1160 ermordet.

Der englische König *Eduard V.* aus dem Hause York (* 2. November 1470) regierte nach dem Tode seines Vaters *Eduard IV.* im Jahre 1483 nur 77 Tage; sein Onkel *Richard III.* ließ ihn im August dieses Jahres zusammen mit seinem jüngeren Bruder im Tower von London ermorden.

Die kürzeste Regierungszeit als deutscher Kaiser hatte ebenfalls ein *Friedrich III.* – allerdings *von Hohenzollern* (* 18. Oktober 1831). Er regierte im sog. »Dreikaiserjahr« 1888 nur 99 Tage als Deutscher Kaiser und König von Preußen. Am 15. Juni erlag er einem Krebsleiden.

Die längste Regierungszeit eines österreichischen

Kürzeste Regierungszeit deutscher Kaiser: Friedrich III. aus dem Hause Hohenzollern.

Ⓐ Monarchen hatte Kaiser *Franz Joseph I.* (* 18. August 1830). Er bestieg den Habsburger Thron am 2. Dezember 1848, regierte 67 Jahre und elf Monate und starb am 21. Nov. 1916 im 87. Lebensjahr.

Die kürzeste Regierungszeit hatte als österreichischer Kaiser der Großneffe Franz Josephs I., *Karl I.* (* 17. August 1887, † 1. April 1922). Er dankte am 11. November 1918 nach knapp zwei Jahren ab.

Längste Regierungszeit eines österreichischen Kaisers: Franz Joseph I. aus dem Hause Habsburg.

Die kürzeste Zeit als Kronprinz, nämlich 232 Tage, erlebte der am 23. Mai 1979 als zweites Kind des schwedischen Königspaares *Carl XVI. Gustaf* und *Silvia,* geb. Sommerlath, geborene Prinz Carl Philip Edmund Bertil. Infolge einer im Jahre 1978 vom Parlament beschlossenen und am 1. Januar 1980 in Kraft getretenen Änderung des schwedischen Erbfolgegesetzes wurde die ältere Schwester des Prinzen *Victoria* (* 14. Juli 1977) Kronprinzessin und erhielt den Titel einer *Herzogin von Vaestergoetland.*

Die allerhöchste einem Herrschernamen folgende Ordnungszahl war 75. *Graf Heinrich IXXV. Reuss* (1800–01) hatte dieses Vergnügen nur kurze Zeit. Alle männlichen Nachkommen jenes Zweiges dieser deutschen Adels-Familie heißen Heinrich und werden in jedem Jahrhundert der Reihe nach mit Nummern versehen, beginnend mit I.

Die Königin mit dem höchsten Alter Königin *Sawang*, die Königin-Großmutter von Siam (Thailand * 10. September 1862), 27. Tochter des Königs *Mongkut (Rama IV.)*, die am 17. Dezember 1955 im Alter von 93 Jahren, drei Monaten starb.

Kronprinz für 232 Tage: der erste Sohn des schwedischen Königspaares Carl XVI Gustav und Silvia.

Den jüngsten König in den gegenwärtig noch bestehenden 31 Monarchien unter den 165 unabhängigen Staaten der Welt hat Bhutan (im Hymalaja): *Jigme Singye Wangchuk.* Er wurde am 11. Januar 1955 geboren und bestieg am 24. Juli 1972 den Thron.

Der schwerste Monarch der Welt ist der 1,90 m große König *Taufa'ahau Tupou IV. von Tonga*, der im September 1976 auf der einzigen für ihn ausreichenden Waage des Landes gewogen wurde – er mußte zu diesem Zweck zum Flughafen – und ein Gewicht von 209,5 kg verzeichnete. Im Herbst 1979 besuchte er Westdeutschland.

Der kinderreichste von allen monogamen Fürsten war Prinz *Hartmann von Liechtenstein* (1613–86) mit 24 Kindern, von denen 21 lebendgeboren waren. Seine Gemahlin war Gräfin *Elisabeth zu Salm-Reifterscheidt* (1623–88).
Roberto I. Herzog von Parma hatte auch 24 Kinder, aber von zwei Frauen.

Rekordhalter unter den polygamen Fürstlichkeiten als Vielfach-Vater war Sultan *Mulay Ismail*, der von 1672–1727 Marokko regierte. Bis 1703 hatte er bereits 548 Söhne und 340 Töchter gezeugt. 1703 wurde innerhalb von nur vier Monaten Vater von 40 Söhnen, und bis 1721 hatte er es auf 700 Söhne gebracht. Niemand bei Hofe machte sich mehr die Mühe, auch noch die Töchter zu zählen...

Das gegenwärtig älteste Staatsoberhaupt ist Dr. *Sandro Pertini*, (* 27. September 1896), der seit Juli 1978 Staatspräsident von Italien ist. Ihm fiel die Würde des Ältesten zu, nach dem am 4. Mai 1980 Marschall *Tito* von Jugoslawien (d. i. *Josip Broz*, * 25. Mai 1892), kurz vor seinem 88. Geburtstag gestorben war.

Das jüngste, nicht königliche Staatsoberhaupt ist seit dem 21. April 1971 *Jean-Claude Duvalier* (* 3. Juli 1951) von Haiti. Bei seinem Amtsantritt war er also 19 Jahre und zehn Monate alt.

Erstes weibliches Staatsoberhaupt in Europa, das aus Wahlen hervorging, wurde die 50jährige Lehrerin und Theaterleiterin *Viggis Tinnbogadottir* bei den isländischen Präsidentschaftswahlen im Mai 1980.

Das gekrönte Schwergewicht von Tonga lud viele Deutsche in sein Inselreich ein. Die meisten machten aber schnell wieder kehrt, denn mit der versprochenen Steuerfreiheit war es nichts!

Parlamente

Die erste gesetzgebende Körperschaft bestand aus zwei Kammern und befand sich ca. 2800 v. Chr. in *Erech* in Mesopotamien (Zweistromland), auf dessen Gebiet jetzt der Irak liegt.

Das einzige ungewählte Parlament der demokratischen Welt ist das House of Lords.

Die älteste Volks- und Gerichtsversammlung war das 930 in Island entstandene *Althing*. Diese Körperschaft, die ursprünglich aus 39 Ältesten bestand, wurde im Jahre 1800 abgeschafft, aber 1843 wurde ihr konsultativer und 1874 ihr legislativer Status von Dänemark wieder hergestellt.

Das am längsten ohne Unterbrechung bestehende Parlament ist das *Tynwald* auf der *Isle of Man* (Großbritannien), von dem man annimmt, daß es älter als 1000 Jahre ist.
Das Wort *Parlament* findet sich zum ersten Mal in England in einem amtlichen königlichen Schreiben vom 19. 12. 1241, wo es im Sinne einer Aufforderung, den Beratungen am Hofe des Königs beizuwohnen, verwendet wird.
In Mitteleuropa reicht die Tradition der Parlamente als gewählte Volksvertretungen und gesetzgebende Körperschaften (Legislative), wie auch als Kontrollorgan der ausführenden Gewalt (Exekutive) bis ins Mittelalter zurück.
Das einzige ungewählte Parlament der demokratischen Welt ist das englische *House of Lords*. Es ist die Revisionskammer für die gesetzgeberische Arbeit des Unterhauses, seine neun Law Lords sind außerdem das oberste Gericht des Landes. Der Erbadel stellt etwa 800 der 1150 Lords, außerdem gehören 26 Bischöfe der Staatskirche zum Oberhaus, in dem mehr Nobelpreisträger sitzen als in allen übrigen Parlamenten der Welt zusammen!

🌐 **Die höchstbezahlten Gesetzgeber** sind die Mitglieder des *amerikanischen Kongresses*, deren Grundgehalt seit dem 12. Oktober 1979 60 700 Dollar (etwa 121 400,– DM) im Jahr beträgt.
Außerdem gewährt man ihnen bis zu über 1 Mio. Dollar (ca. 1,90 Mio. DM) Zuschuß für Büropersonal (max. 16 Personen) mit Höchstgehältern von ca. 50 000 Dollar im Jahr. Für alle mit ihrer amtlichen Tätigkeit verbundenen Unkosten wie Amtsreisen, Telegramme, Ferngespräche, Porto, Briefpapier, Zeitungsabonnements und Bürospesen in ihrem Heimatstaat erhalten Senatoren einen Zuschuß von 143 000 Dollar (rund 250 000,– DM) im Jahr. Und für Filmaufnahmen, Abschriften von Reden, Tonbänder von Radiosendungen usw. (– und sogar Schönheitspflege, wenn es sich um Senatorinnen handelt –) zahlen sie stark ermäßigte Preise.

Ⓓ Ein *Abgeordneter* des *deutschen Bundestages* bezieht ein zu versteuerndes Monatsgehalt von DM 7500,– DM und etwa 4500,– DM steuerfreie Nebenzulagen.
Die zu versteuernden Bezüge eines *Bundesministers* betragen monatlich ca. DM 18 500,– zzgl. etwa DM 4500,– steuerfreie Nebenzulagen.
Der *Bundeskanzler* der Bundesrepublik Deutschland hat ein zu versteuerndes Monatseinkommen von etwa DM 19 000,–, dazu kommen sein – ebenfalls steuerpflichtiges – Abgeordnetengehalt von DM 3750,–, sowie steuerfreie Aufwandsentschädigungen von monatlich DM 2000,– und sonstige Nebenzulagen von DM 3375,–.
Das Gehalt des *Bundespräsidenten* beträgt DM 19 245,45 monatlich (steuerpflichtig). Seine Aufwandsentschädigung: 11 000,– DM. Der Bundespräsident bezieht sein Gehalt auch nach dem Ausscheiden aus dem Amt weiter.
Auch die Beamten der *Europäischen Gemeinschaft* (EG) haben hohe Bezüge: 766 von ihnen verdienen monatlich brutto 18 000,– DM. Ein EG-Generaldirektor hat sogar ein monatliches steuer-

pflichtiges Einkommen von 20234,– DM, also mehr als der deutsche Bundespräsident.

(D) **Die meisten Abgeordneten** für den deutschen *Reichstag* wurden am 5. März 1933 gewählt: 647. Von den deutschen *Bundestagen* hatte der im September 1961 gewählte mit 499 die meisten Abgeordneten.

(A) Die größte Mitgliederzahl im *österreichischen Parlament* hatte mit 516 das Abgeordnetenhaus von 1907.

(CH) In der Schweiz amtierten mit 198 Mitgliedern die meisten Abgeordneten in der Legislaturperiode von 1922.

(D) **Der jüngste Abgeordnete** im deutschen *Bundestag* war Holger Börner (* 7. Februar 1931), jetziger Ministerpräsident von Hessen. Er wurde am 15. September 1957 im Alter von 26 Jahren und 7 Monaten in das Hohe Haus gewählt.

Die längste ununterbrochene Rede, die ihm den Dauerrekord als *Filibuster* (Langzeitsprecher) einbrachte, hielt im Mai 1977 Senator *Bill Meier* (Texas). 43 Stunden lang wetterte er ununterbrochen gegen die Verheimlichung von Betriebsunfällen.
Ein politische Rede von 33 Stunden, fünf Minuten hielt zwischen dem sechsten und siebenten November 1978 *Marvin Eakman* aus Minneapolis.
Den Europarekord für Langredner hält *Alessandro Tessari,* Abgeordnete der Radikalen Partei Italiens. Am 29. Januar 1980 stand er mehr als zehneinhalb Stunden am Rednerpult, um die Verabschiedung von Anti-Terror-Gesetzen zu verhindern. Die längste Rede bei den *Vereinten Nationen* dauerte vier Stunden, 29 Min. Sie wurde im August 1960 von Kuba-Präsident *Dr. Fidel Castro Ruz* (* 13. August 1927) gehalten.

(D) Die längste Rede im deutschen *Reichstag* wurde von dem SPD-Abgeordneten *O. F. W. Antrick* am 13. und 14. Dezember 1902 gehalten. Sie dauerte acht Stunden.
Die längsten Reden im deutschen *Bundestag* hielt der CSU-Abgeordnete und Bundesfinanzminister *Fritz Schäffer* (* 12. Mai 1888, † 29. März 1967) in den Haushaltsdebatten der Jahre 1953, 1956 und 1957. Sie dauerten jeweils länger als drei Stunden.

Wahlen

Die größten jemals abgehaltenen Wahlen waren die *Lok-Sabha*-(Haus des Volkes-)Wahlen, die vom 16.–20. März 1977 in Indien stattfanden. Für die 325 Mio. Wähler brauchte man 373 000 Wahllokale. Die vorher zurückgetretene, aber wieder kandidierende Ministerpräsidentin *Indira Ghandi* war den Wählern besser durch ihr Symbol – eine Kuh – als ihren Namen bekannt. Im Januar 1980 wurde sie – nach jähem Sturz – mit überwältigender Mehrheit wiedergewählt.

Die einseitigste Wahl: Am 8. Oktober 1962 verzeichnete Nord-Korea eine 100prozentige Wahlbeteiligung und einstimmige Wahl der Arbeiterpartei von Korea. Vorher war Albanien bei den Wahlen vom 4. Juni 1962 Rekordhalter gewesen, als bis auf sieben alle 889 875 Wahlberechtigten ihre Stimme abgaben: eine Wahlbeteiligung von 99,9992 Prozent! Von den 889 868 Stimmen erhielten 889 828 die Kandidaten der albanischen Arbeiterpartei, 99,9955 Prozent der Stimmenzahl.

Den unmöglichsten Wahlsieg errang bei den Präsidentenwahlen in Liberia im Jahre 1928 Präsident *Charles D. B. King.* Auf Grund einer offiziell bekanntgegebenen Stimmenmehrheit von 234 000 besiegte er seinen Gegner *Thomas J. Faulkner.* Die gesamte Wählerschaft belief sich seinerzeit jedoch nur auf knapp 15 000.
Die stärkste Regierungsmehrheit im *Deutschen Bundestag* erzielte 1965 die sog. *Große Koalition* aus CDU/CSU und SPD mit 447 von 496 Sitzen.
Das höchste Wahlergebnis einer Partei bei einer *Bundestagswahl* errang 1957 die CDU/CSU mit

Die große Koalition aus CDU/CSU und SPD erzielte 447 von 496 möglichen Stimmen im Jahre 1965.

Längste Amtszeit als Parlamentarier: Sir Winston Churchill vor dem Londoner Rathaus.

370 von 497 Sitzen. 50,2 Prozent der Wähler hatten die Doppelpartei gewählt.

Das beste Wahlergebnis einer Partei bei einer *Landtagswahl* errang 1978 die CSU in Bayern mit 129 von 204 Sitzen. 63 Prozent der Bayerischen Wähler hatten die CSU gewählt.

Erste Wählerinnen: Die erste Wahl, an der Frauen teilnehmen durften, fand 1870 im US-Staat Wyoming statt.

32 Jahre im Bundestag: Herbert Wehner.

Als erster europäischer Staat räumte Finnland 1907 den Frauen das aktive und passive Wahlrecht ein. Aus diesen Wahlen zum finnischen Reichstag gingen damals 19 Frauen als Abgeordnete hervor.

Ⓓ In Deutschland wurde den Frauen das Wahlrecht erstmals bei den Wahlen zur *Verfassungsgebenden Nationalversammlung* am 19. Januar 1919 gegeben. Von den 423 Abgeordneten, die aus dieser Wahl hervorgingen, waren 41 Frauen, also fast 10 Prozent. Ein Rekord, der bei keiner parlamentarischen Wahl wieder erreicht wurde.

Die längste Amtszeit als Parlamentarier hatte unter den weltbekannten Politikern *Sir Winston Churchill* (* 30. November 1874, † 24. Januar 1965). Er war von 1900–64 Mitglied des britischen Unterhauses. In dieser Zeit war er außerdem mehrmals Kabinettsmitglied als Innenminister, Kriegsminister, Marineminister, Munitionsminister, Finanzminister und zweimal Premierminister (1940–45 und 1951–55).

Einige hundert der 1947 gewählten Abgeordneten der Nationalversammlung von *Taiwan* bekleiden gegenwärtig ihr Amt schon 33 Jahre lang.

Ⓓ Von den am 5. Oktober 1980 zu wählenden Abgeordneten des *Deutschen Bundestages* werden drei bereits in ihre neunte Legislaturperiode eintreten und Ende 1980 bereits im 32. Jahr dem Bundestag angehören. Der gegenwärtige Bundestagspräsident *Richard Stücklen* und der SPD-Fraktionsführer *Herbert Wehner* zum Beispiel werden diesem Los nicht entgehen.

Das früheste aktive Wahlrecht haben die Wähler auf den *Philippinen.* Dort ist man schon mit 15 Jahren wahlberechtigt. In *Andorra* darf man erst mit 25 Jahren wählen.

Ministerpräsidenten

Der älteste Regierungschef war vermutlich *Christopher Hornsrud,* der vom 28. Januar bis 15. Februar 1928 Minsterpräsident von Norwegen war. Er wurde am 15. November 1859 geboren und starb am 13. Dezember 1960 im Alter von 101 Jahren 28 Tagen.
El Hadji Muhammad el Mokri, Sultan von Marokko, starb am 16. September 1957 angeblich im Alter von 116 Jahren (nach mohammedanischer *Hijri*-Zeitrechnung, was 112,5 Jahren gregorianischer Zeitrechnung entspricht).
Der bisher im höchsten Alter ernannte Ministerpräsident war der mit 81 Jahren im März 1977 gewählte Inder *Morarji Ranchhodji Desai* (* 29. Februar 1896).
Die längste Amtszeit hatte *Prof. Dr. Antonio de Oliveira Salazar* (1889–1970). Er war vom 5. Juli 1932 bis 27. September 1968, also 36 Jahre 84 Tage, Ministerpräsident von Portugal. Elf Tage, nachdem er das Bewußtsein verlor, wurde er seines Amtes entbunden.

Längste Zeit deutscher Reichskanzler: Otto v. Bismarck.

Am längsten im Amt von allen demokratisch gewählten Ministerpräsidenten war *Tage Erlander* in Schweden, der 22 Jahre 357 Tage lang (vom 10. Oktober 1946 bis zum 1. Oktober 1969) dieses Amt innehatte.

Längste Zeit Bundeskanzler: Dr. Konrad Adenauer.

Ⓓ Die längste Regierungszeit als Ministerpräsident und Reichskanzler hatte *Fürst Otto von Bismarck-Schönhausen, Herzog von Lauenburg* (* 1. April 1815, † 30. Juli 1895). Er wurde 1862 Ministerpräsident von Preußen, 1867 Bundeskanzler des *Norddeutschen Bundes* und war von 1871 bis zu seiner Entlassung durch *Kaiser Wilhelm II.* am 18. März 1890 Kanzler des Deutschen Reiches, also nahezu 20 Jahre lang.
Die kürzeste Amtsperiode als deutscher *Reichskanzler* hatte *Prinz Max von Baden* (* 10. Juli 1867, † 6. November 1929). Er war nur vom 3. Oktober bis zum 9. November 1918 im Amt – ganze 38 Tage.
Die längste Amtszeit als *Bundeskanzler* der Bundesrepublik Deutschland hatte *Dr. Konrad Adenauer* (* 5. Januar 1876, † 19. April 1967). Er wurde am 20. September 1949 im Alter von 73 Jahren mit einer (seiner eigenen?) Stimme Mehrheit von den Abgeordneten des ersten Bundestages zum ersten Mal zum Bundeskanzler gewählt und führte vier Kabinette, bis er am 15. Oktober 1963 nach einer Amtszeit von über 14 Jahren mit 87 Jahren zurücktrat. Er starb im Alter von 91 Jahren.
Die kürzeste Amtszeit als *Bundeskanzler* der Bundesrepublik Deutschland hatte *Kurt Georg Kiesinger* (* 6. April 1904) mit zwei Jahren, elf Monaten, vom 1. Dezember 1966 bis 21. Oktober 1969.
Als jüngster Bundeskanzler trat der SPD-Politiker *Helmut Schmidt* (* 23. Dezember 1918) am 16. Mai 1974 im Alter von 54 Jahren, 144 Tagen sein Amt an. Sein Vorgänger *Willy Brandt* (* 18. Dezember 1913) war, als er am 22. Oktober 1969 zum ersten Mal Bundeskanzler wurde, 54 Jahre und 307 Tage alt. Also 163 Tage älter!
Der erste weibliche Ministerpräsident war die ceylonesische Politikerin *Sirimavo Bandaranaike* (* 17. April 1916). Sie war von 1960–64 und dann

noch einmal von 1970–77 Ministerpräsidentin von *Sri Lanka* (früher: Ceylon).
Indira Gandhi (* 19 November 1917) war von 1966–77 Ministerpräsidentin von Indien und wurde im Januar 1980 wieder in dieses Amt gewählt.
Golda Meir (* 3. Mai 1898, † 8. Dezember 1978) amtierte als Ministerpräsidentin Israels von 1969–74.
Der erste weibliche Ministerpräsident Europas ist die britische konservative Politikerin *Margaret Thatcher* (* 13. Oktober 1925). Sie ist seit Mai 1979 britischer Premierminister.

Ⓓ **Die jüngste Ministerin in Westdeutschland** war *Rita Waschbüsch*, die 1974 im Alter von 33 Jahren in der Regierung des Saarlandes Minister für Arbeit, Gesundheit und Sozialordnung wurde.

Erste Ministerpräsidentin Europas: Margaret Thatcher, die nach dem Wahlsieg der Konservativen Partei 1979 britische Premierministerin wurde, ohne vorher ein Ministeramt begleitet zu haben. Ihr Spitzname: »Die eiserne Lady«.

Waffen und Verteidigung

Kriege und Belagerungen

Der längste aller »offiziellen« Kriege war der sogenannte *Hundertjährige Krieg* zwischen England und Frankreich, der von 1338–1453 (also 115 Jahre) dauerte.
Der *Heilige Krieg* mit seinen neun Kreuzzügen vom ersten (1096–1104) bis zum neunten (1270–91) erstreckte sich – allerdings mit Unterbrechungen – über 195 Jahre.

Der kürzeste »reguläre« Krieg fand zwischen Großbritannien und Sansibar (heute Teil von Tansanien) am 27. August 1896 statt. Er dauerte 38 Minuten. Seine Ursache: Die britische Flotte stellte dem Sultan *Sa'id Khalid*, der sich selbst dazu ernannt hatte, ein Ultimatum, den Sultans-Palast zu räumen und sich zu ergeben. Dies geschah jedoch erst nach 38minütigem Beschuß.

Der blutigste Krieg war der *Zweite Weltkrieg* (1939–45). Von allen Kriegen hat er die meisten Opfer gefordert. Die Gesamtzahl an Gefallenen und Toten der Zivilbevölkerung wird auf 54,8 Mio. geschätzt. Dabei ist die Zahl der Toten der Sowjetunion mit 25 Mio. und die der chinesischen Zivilbevölkerung mit 7,8 Mio. angesetzt.
Die Opfer des Ersten Weltkrieges betrugen 9 Mio. 700 000 Tote, d. h. sie entsprachen 17,7 Prozent der Verluste des Zweiten Weltkrieges.

Das Land mit den größten Verlusten war Polen, wo 6 Mio. 28 000 Menschen oder 22,2 Prozent der Bevölkerung von ca. 27 Mio. ums Leben kam.
Im *paraguayischen Krieg* von 1864–70 gegen Brasilien, Argentinien und Uruguay ging die Bevölkerung des Landes von 1,4 Mio. auf 220 000 zurück. Nur 30 000 davon waren erwachsene Männer.

Der blutigste Bürgerkrieg war der *T'ai-P'ing* (Großer Frieden-)Aufstand von 1851–64, in dem der südlichen Ming-Dynastie zugetane Bauern gegen die Truppen der Mandschuregierung kämpften. Der Aufstand wurde von dem geistesgestörten *Hung Hsui-ch'üan* (später hingerichtet) geführt, der sich einbildete, der jüngere Bruder von Jesus Christus zu sein. Daher wurden seine Anhänger *T'ai-p'ing T'ien Kuo* (Das himmlische Reich des Großen Friedens) genannt. Man nimmt an, daß damals 20–30 Mio. Menschen ums Leben kamen. Allein mehr als 100 000 Aufständische wurden von den Regierungstruppen zwischen dem 19.–21. Juli 1864 getötet, als sie die Stadt Nanking plünderten.

Der teuerste Krieg: Sachschäden und Materialkosten des Zweiten Weltkrieges waren weit größer als die Kosten sämtlicher früherer Kriege zusammengerechnet. Sie werden auf 1 Billion 500 Mrd. US-Dollar (rund 3 Billionen DM) geschätzt. Davon entfallen auf die Sowjetunion (laut halbamtlicher Schätzung vom Mai 1959) 2 Billionen 500 Mrd. Rubel (7500 Mrd. DM), auf die Vereinigten Staaten 530 Mrd. (1060 Mrd. DM), auf Großbritannien 34,4 Mrd. £ Sterling (129 Mrd. DM), auf Deutschland 565 Mrd. RM.

Die meisten Todesopfer gab es bei der ersten Schlacht an der *Somme* (Frankreich), die während des Ersten Weltkrieges vom 23. Juni bis 26. November 1916 dauerte und in der über 1 030 000 Mann – 614 105 britische und französische und ca. 420 000 (nicht 650 000) deutsche Soldaten – ums Leben kamen.

Blutigste Schlacht auf deutschem Boden: Die Völkerschlacht bei Leipzig im Jahre 1813.

Die schwersten Kämpfe des Zweiten Weltkrieges und die schwerste Panzerschlacht überhaupt spielte sich 50 Tage lang vom 5. Juli bis 23. August 1943 bei *Kursk* und *Orel* an der Ostfront ab. Dabei kamen 1,3 Mio. Angehörige der Roten Armee mit 3600 Panzern, 20 000 Geschützen und 3130 Flugzeugen gegen eine deutsche Heeresgruppe mit über 2700 Panzern zum Einsatz.
In der Schlacht bei *Stalingrad* (heute *Wolgograd,* UdSSR) vom 22. November 1942 bis 2. Februar 1943 hatte die deutsche Wehrmacht 265 000 Mann Verluste (154 000 Gefallene, 29 000 Verwundete, 91 000 Gefangene, von denen 86 000 starben).

(D) Die blutigste Schlacht auf deutschem Boden im 19. Jahrhundert war die sog. *Völkerschlacht* bei Leipzig vom 16.–19. Oktober 1813.
306 000 Soldaten der verbündeten Armeen Rußlands, Österreichs und Preußens standen 190 000 Soldaten Napoleons gegenüber. In dieser Schlacht fanden 84 000 Mann den Tod.

(A) Die blutigste Schlacht auf ehemals österreichischem Boden war die bei *Königgrätz* am 3. Juli 1866, in der die 178 000 Mann starke österreichische Armee 13 068 Tote, 22 170 Gefangene und 7514 Verwundete, insgesamt 42 812 Mann, zu beklagen hatte. Die Preußen verloren nur 5500 Mann.

Die schwerste Belagerung war die 880 Tage währende Belagerung von *Leningrad* (UdSSR) vom 30. August 1941 bis 28. Januar 1944 durch die deutschen Streitkräfte. Die Menschenverluste beliefen sich schätzungsweise auf 1,3 bis 1,5 Mio. (Verteidigungstruppen und Zivilbevölkerung).

Die am längsten dauernde Belagerung war die von *Azotos* (jetzt *Ashdod* in Israel), einer Stadt, die laut *Herodot* 29 Jahre lang, von 664–610 v. Chr., von *Psammetichos I.* von Ägypten belagert wurde.

Rüstung und Armeen

Die Rüstungsausgaben der ganzen Welt im Jahre 1978 schätzt man auf 400 Mrd. US-Dollar (ca. 800 Mrd. DM), d. h. 180,– DM pro Kopf und Jahr oder über sechs Prozent der gesamten Weltproduktion an Waren und Dienstleistungen. Nach einem im Juni 1980 veröffentlichten Bericht der *Vereinten Nationen* werden in der ganzen Welt pro Tag ca. eine Mio. Dollar für Rüstungen ausgegeben.
1977 wurde die Zahl der Berufssoldaten und Wehrdienstpflichtigen in aller Welt auf 22,5 Mio. geschätzt.

Die von der amerikanischen Regierung für das Jahr 1979 festgesetzte Summe für Verteidigungszwecke betrug 126 Mrd. Dollar oder 6,9 Prozent des Bruttosozialproduktes der USA.

Die amtliche chinesische Schätzung der sowjetischen Rüstungsausgaben im Jahre 1978 belief sich auf über 15 Prozent des Bruttosozialproduktes, also mehr als das Doppelte der amerikanischen Ausgaben.

(D) Im Haushalt Westdeutschlands für 1980 sind rund 38,5 Mrd. DM für Verteidigung eingesetzt, d. i. rund 18 Prozent des Gesamthaushaltes.

(DDR) Der Ansatz für Verteidigungskosten in Ostdeutschland betrug 1979 11,7 Mrd. Mark.

(A) Die österreichischen Verteidigungskosten sind im Haushalt 1979 mit 11 Mrd. 095 Mio. öS angesetzt (1,52 Mrd. DM).

(CH) Die Verteidigungsausgaben der Schweiz betrugen 1980 die Rekordsumme von 1,5 Mrd. sfr. Davon entfielen allein auf die Luftabwehr 1,2 Mrd. sfr.

Das älteste Heer ist die 83 Mann starke *Schweizergarde* der Vatikanstadt, die am 21. Januar 1506 zur päpstlichen Leibwache gemacht wurde, aber schon vor 1400 existierte.

Die größte Armee ist zahlenmäßig das 4 Mio. 325 000 Mann starke stehende Heer der chinesischen Volksrepublik, davon dienen ca. 3 Mio. 625 000 Mann beim Heer. Chinas halbmilitärische bewaffnete und unbewaffnete Miliz wird vom Internationalen Institut für Strategische Forschung *(Institute of Strategic Studies)* auf etwa 115 Mio. geschätzt.

Dasselbe Institut schätzte Mitte 1978 die Streitkräfte der UdSSR und der USA, der beiden militärisch mächtigsten Staaten, auf 3 Mio. 683 000 bzw. 2 Mio. 68 000 Mann.Die sowjetischen Landstreitkräfte werden auf 1 Mio. 825 000 Mann geschätzt, die vermutlich in 170 Divisionen von je 12 700 Mann eingeteilt sind.

Das älteste Heer: die Schweizer Garde des Vatikans.

(D) Westdeutschland hatte Ende 1978 insgesamt 495 000 Soldaten. Davon gehörten 345 000 zum Heer. 111 000 zur Luftwaffe und 39 000 zur Bundesmarine. Im Ernstfall kann die Bundeswehr innerhalb von 48 bis 72 Stunden auf 1,2 Mio. Mann verstärkt werden.

(DDR) Die Streitkräfte Ostdeutschlands (»Nationale Volksarmee«) betragen 145 000 Mann. Davon dienen 98 000 beim Heer, 30 000 bei der Luftwaffe und 17 000 bei der Marine.

(A) Österreich unterhält Streitkräfte in einer Stärke von 30 000 Mann (27 000 Heer, 3000 Luftwaffe).

(CH) Die Schweiz hat 33 500 Heeressoldaten ständig unter Waffen, 9000 Mann dienen in der Luftwaffe. Im Mobilmachungsfall verfügt die Schweiz jedoch über ein Heer von 540 000 und eine Luftwaffe von 46 000 Mann.

Das niedrigste Wehrdienstpflichtalter hat Guinea (Westafrika). Im März 1976 ordnete der damalige, im August 1979 durch Staatstreich gestürzte Präsident *Francisco Macias Nguema* von Äquatorial-Guinea die Wehrdienstpflicht für alle Knaben im Alter zwischen sieben und 14 Jahren an. Eltern, die die Herausgabe ihrer Kinder verweigerten, wurden »eingesperrt oder erschossen«.

Der bisher allergrößte Soldat war *Väinö Myllyrinne* (1909–63), der zum finnischen Heeresdienst eingezogen wurde, als er 2,21 m groß war und es später sogar auf 2,47 m gebracht haben soll.

(D) Der bisher größte und auch der kleinste Soldat der Deutschen Bundeswehr dienten 1975 gleichzeitig in der gleichen Panzergrenadier-Einheit. Es waren der damals 19jährige *Wolfgang Delp* mit einer Körpergröße von 2,14 m und der 18jährige *Wolfgang Kayser,* der nur 1,59 m klein war.

Die ersten freiwilligen Soldatinnen gibt es seit Juni 1980 in der jugoslawischen Armee. Militante Evas zwischen 18 und 25 können sechs Monate freiwillig in den Streitkräften dienen. Die Wehrpflicht für Männer wurde 1980 auf 15 Monate festgesetzt.

Als älteste Veteranin des Ersten Weltkrieges verstarb am 31. Dezember 1979 im Alter von 80 Jahren in Salzburg (Österreich) *Viktoria Savs,* bekannt als das *»Heldenmädchen von den Drei Zinnen«.* Sie war mit allerhöchster Erlaubnis Kaiser *Franz Josephs I.* an Stelle ihres Vaters als Sechzehnjährige in ein kaiserlich-österreichisches Landsturmbataillon eingerückt und wurde bei den Dolomitenkämpfen um die »Drei Zinnen« schwer verwundet.

Der längste Marsch der Kriegsgeschichte war der berühmte *Lange Marsch* der chinesischen Kommunisten 1934–35. In 368 Tagen, von denen sie 268 Tage in Bewegung waren, marschierte ihr 90000 Mann starkes Heer 9650 km von *Kiangsi* nach *Yenan* in *Schensi* über *Yünnan*. Sie überquerten 18 Gebirge und sechs große Flüsse und wurden in dauernden Nachhutkämpfen gegen die Nationalistischen Kuomintangtruppen auf 22000 Mann reduziert.

Panzer

Der erste Kampfpanzer namens *Mutter* alias *Big Willie* wurde in England am 8. September 1915 fertiggestellt.
Zum ersten Mal zum Einsatz kamen Panzer dieses Typs beim *Royal Tank Corps* (dem Kgl. Panzerkorps) am 15. September 1916 in der Schlacht von *Flers* (Frankreich). Der wenig später gebaute und eingesetzte *Mark-I*-Kampfpanzer war mit einem Paar Sechs-Pfünder-Kanonen und zwei Maschinengewehren versehen, wog 28,4 t und wurde von einem 105-PS-(78kW-)Motor angetrieben, dessen Höchstgeschwindigkeit von 4,8–6,4 km/h war.

Der schwerste jemals gebaute Panzer war der deutsche Panzerkampfwagen *Maus II*, der 192 t wog. 1945 hatte er jedoch erst das Versuchsstadium erreicht. Seine Weiterentwicklung wurde eingestellt.
Der schwerste je von einem Heer eingesetzte Panzer war der französische 82,8 t schwere, 13-Mann-*Char de Rupture 2C bis* aus dem Jahre 1923. Er war mit einer 155-mm-Haubitze ausgerüstet und hatte zwei 250-PS-(185 kW-)Motoren, mit einer Höchstgeschwindigkeit von 12 km/h.

Der schnellste Panzer ist der für die amerikanische Armee bestimmte 1,8 Mio. Dollar (3,12 Mio. DM) teure *XM-1*. Der Prototyp erreichte eine Geschwindigkeit von 72,4 km/h. 4000 Stück sollen in den nächsten Jahren bei der US-Army eingeführt werden.
Der deutsche Kampfpanzer *Leopard 2* mit seiner 12-cm-Kanone besitzt die größte Feuerkraft. Sein Preis: 3,6 Mio. DM. 1977 wurden 1800 Stück für die deutsche Bundeswehr und andere NATO-Streitkräfte in Auftrag gegeben.

Größte Feuerkraft: deutscher Kampfpanzer Leopard 2 nach Unterwasserfahrt.

Feuerwaffen und Geschütze

Die frühesten Feuerwaffen sollen um 1250 n. Chr. von den Arabern in Nordafrika hergestellt worden sein, doch fehlen dafür verbindliche Belege.
Die ersten Feuerwaffen in Europa dürfte der Bernhardinermönch *Berthold* entwickelt haben, der um 1380 in Südwestdeutschland lebte und seiner alchimistischen Künste wegen *bartoldus niger*, d.h. *Berthold der Schwarze*, genannt wurde. Ihm, der jetzt allgemein *Berthold Schwarz* genannt wird, wird die Erfindung des Schießpulvers nachgesagt, was nicht bewiesen ist. Wahrscheinlich ist, daß er nur eine schon bekannte Pulvermischung verbessert hat. Gesichert erscheint, daß er ein Neuerer in der jungen Geschütztechnik war.

Die älteste datierbare Handfeuerwaffe, die bis jetzt bekannt ist, befindet sich im *Germanischen Museum* in Nürnberg (Bayern). Sie wurde im 19. Jahrhundert in den Ruinen der 1399 zerstörten Burg *Tannenberg* bei Seeheim a. d. Bergstraße (Hessen) gefunden. Darum nennt man sie *Tannenberg-Büchse*. Sie muß vor Ende des 14. Jahrhunderts hergestellt worden sein und ist auch benutzt worden. Es handelt sich um ein Bronzerohr, das mit einfachem Schwarzpulver und einer Eisenkugel geladen wurde.

Die zwei schwersten Geschütze, die je gebaut wurden, benutzte die deutsche Armee im Ersten Weltkrieg bei der Belagerung von *Sewastopol* auf der Krim (heute UdSSR). Sie hießen *Dora* und *Gustav*, hatten ein Kaliber von 800 mm und 28,87 m lange Kanonenrohre. Sie waren von der Fa. *Krupp* als Eisenbahngeschütze gebaut worden, zu deren Transport 24 Wagen notwendig waren, von denen zwei Wagen je 40 Achsen hatten. Die Höchstladung betrug 2000 kg Kordit zum Abfeuern eines 4800 kg schweren Geschosses über eine Entfernung von 47 km. Jede Kanone mit Lafette wog 1344 t und erforderte eine Besatzung von 1500 Mann. Die Reste dieser Geschütze wurden im August 1945 wiederentdeckt, ein Teil bei Metzenhof (Bayern, Westdeutschland), der andere in Ostdeutschland.

Die größte Schußweite, die je von einer Kanone erreicht wurde, erzielte das *H.A.R.P.-(High Altitude Research Project-)* Geschütz. Es besteht aus zwei 41,9-cm-Rohren in Tandemanordnung, hat eine Länge von 36,4 m und wiegt 150 t. Am 19. November 1966 wurde damit in *Yuma,* Arizona (USA), ein 84 kg schweres Projektil 180 km hoch geschossen.
Das berühmte *Kaiser-Wilhelm-Geschütz,* mit dem während des Ersten Weltkrieges *Paris* beschossen wurde, hatte ein Kaliber von 22 cm und eine Sollschußweite von 127,9 km. Im März 1918 erreichte es aus dem Wald von *Cerpy* eine Schußweite von 122 km.
Die dicke Bertha war ein 42-cm-Mörser mit einer Schußweite von 14,5 km.
Die unterirdischen statischen Feuerführungsrohre für die V-3-Waffen, die in Schächte mit einem Winkel von 50° eingebaut waren und sich in der Nähe von *Mimoyecques* bei *Calais* (Frankreich) befanden, um von dort aus *London* zu treffen, konnten wegen der ständigen Bombenangriffe der allierten Luftwaffe nie geladen werden.

Die größte Reichweite im Zweiten Weltkrieg hatte die deutsche 208 t schwere K-4-Kanone. Ihr 21,54 m langes Geschützrohr hatte ein Kaliber von 280 mm. Sie konnte ein Projektil von 136 kg Gewicht 150 km weit schießen.

Die größten je gebauten Mörser waren der *Mallet-Mörser* (Woolwich Arsenal, London, 1857) und der *little David* des Zweiten Weltkrieges, der in den USA konstruiert wurde. Beide hatten ein Kaliber von 92 cm, aber keiner wurde je in einem Gefecht eingesetzt.
Das deutsche 60-cm-Feldgeschütz auf Selbstfahrlafette namens *Karl,* das im Zweiten Weltkrieg vor Stalingrad zum Einsatz kam, war der schwerste je zur Anwendung gebrauchte Mörser.

Das größte Kaliber von allen Kanonen hatte der *Zar Puschka,* der jetzt im *Kreml* in Moskau ausgestellt ist. Er wurde im 16. Jahrhundert gebaut mit einem Kaliber von 92 cm, einem 3,18 m langen Rohr und einem Gewicht von 40 t.
Bei der Belagerung von *Konstantinopel* vom 12. April bis 29. Mai 1453 schossen die Türken bis zu sieben Kugeln am Tag aus einer *Bombarde* ab. Diese war 7,92 m lang, hatte ein Kaliber von 106,6 m, wurde von 60 Ochsen gezogen und von 200 Mann bedient. Die steinernen Kanonenkugeln wogen bis zu 544 kg.

Die erste Flugabwehrwaffe war ein Steilfeuer-Artilleriegeschütz, das die Preußen 1870 gegen französische Ballons zum Einsatz brachten.

Raketen und Kampfflugkörper

Die stärksten interkontinentalen Raketen sind die sowjetischen *SS-18,* von denen jede mit bis zu zehn 1-MT-M.I.R.V. *(Multiple Independently Targetable Re-entry-Vehicles)* ausgerüstet und demnach 50mal so stark ist wie die Hiroshima-Bombe. Der *Minuteman III* der USA hat drei 335-KT starke M.I.R.V.

Die neueste mobile Interkontinental-Rakete aus der US-Fernlenkwaffen-Entwicklung ist die *MX (Missile Experimental).* Im Vergleich zu ihrer Vorgängerin *Minuteman III* ist sie doppelt so schwer, transportiert eine viermal so schwere »Nutzlast« und verbessert die Zielgenauigkeit um mehr als ein Drittel.
Unter den sog. Mittelstrecken-Raketen konkurrieren die Waffensysteme *SS-20* der UdSSR, das wegen seiner Mobilität und Zielgenauigkeit von westlichen Experten als bedeutsame Bedrohung Westeuropas betrachtet wird, und das US-System *Pershing II,* das die bereits aus den fünfziger Jahren stammenden *Pershing-I*-Raketen ersetzen soll. Letztere haben eine Reichweite von 650 km, *Pershing II* dagegen hat einen Radius von rund 2500 km.

Seekrieg und Kriegsschiffe

Die größten Seestreitkräfte mit 524 000 Arbeitskräften und 184 000 Matrosen hatten Mitte 1979

Für eigene Rekorde

Größte Wasserverdrängung aller Kriegsschiffe: der US-Flugzeugträger Nimitz.

die USA. Ihre Flotte bestand 1979 aus 13 Flugzeugträgern, 41 mit strategischen Flugkörpern ausgerüsteten U-Booten, 73 mit Atomenergie angetriebenen Angriffs-Unterseebooten und sieben mit Diesel angetriebenen U-Booten, 73 Lenkflugkörper-Kriegsschiffen (28 Kreuzer, 37 Zerstörer und 7 Fregatten) sowie 65 Amphibienschiffen.

Die sowjetische Kriegsmarine hat eine Unterseeflotte von 338 Schiffen, davon sind 85 durch Atomenergie angetrieben und 90 mit strategischen Atomflugkörpern ausgerüstet. Außerdem verfügt sie über 243 große Überwasserkriegsschiffe. (2 Flugzeugträger, 37 Kreuzer, 100 Zerstörer.)

(D) Die westdeutsche Bundesmarine hat an schwimmenden Einheiten elf moderne Zerstörer, sechs Fregatten der *»Köln«*-Klasse (die in den achtziger Jahren durch sechs hochmoderne, 30 Knoten bzw. 55,5 km/h schnelle Fregatten vom Typ *122* ersetzt werden. Als erste Schiffe dieses Typs sind die *Bremen* und die *Niedersachsen* von Stapel gelaufen.), 57 Minenleger, 24 U-Boote und 40 Schnellboote zur Verfügung. Die Personalstärke beträgt 39 000 Mann.

Die größten Schlachtschiffe aller Zeiten waren mit jeweils 73 977 BRT die japanischen Schlachtschiffe *Yamato* (am 16. Dezember 1941 in Dienst gestellt, am 7. April 1945 von US-Flugzeugen südwestlich von Kyuschu, Japan, versenkt) und *Musahi* (am 24. Oktober 1944 durch elf Bomben und 16 Torpedos im Philippinenbecken versenkt). Mit einer Gesamtlänge von 263 m, einer Breite von 38,7 m und einem Tiefgang von 10,8 m waren sie mit neun 460-mm-Geschützen und drei Drillingstürmen bewaffnet. Jedes Geschütz wog 164,6 t, war 22,8 m lang und feuerte Geschosse von 1415 kg Gewicht ab.

Das größte Schlachtschiff der Welt ist noch immer die *New Jersey* der amerikanischen Kriegsmarine mit 59 900 BRT und einer Gesamtlänge von 270 m. Sie war der letzte Schlachtkreuzer im aktiven Einsatz und wurde 1969 außer Dienst gestellt.

Die größte Wasserverdrängung aller Kriegsschiffe haben z. Zt. die amerikanischen Flugzeugträger *Nimitz* und *Dwight D. Eisenhower* mit je 91 400 BRT. Sie haben eine Gesamtlänge von 332 m und eine Geschwindigkeit von mehr als 30 Knoten (56 km/h), die sie aus Kernreaktoren mit einer Leistung von 280 000 Wellen-PS beziehen. Nach einer Fahrstrecke von 1 450 000 km müssen sie neu aufgeladen werden. Ihre volle Besatzung beträgt 6300 Mann; die Gesamtkosten der *Eisenhower,* die am 18. Oktober 1977 in Dienst gestellt wurde, beliefen sich auf mehr als 2 Mrd. Dollar (3,6 Mrd. DM), nicht gerechnet die mehr als 90 Flugzeuge an Bord.

Die amerikanische *Enterprise* ist 335,8 m lang und somit das längste Kriegsschiff.

(D) Das längste je in Deutschland gebaute Schlachtschiff war die *Tirpitz* (42 900 t), die am 1. April 1939 in Wilhelmshaven vom Stapel lief. Das Schiff war mit acht 380-mm-Kanonen bestückt. Sein Turbinenmotor entwickelte 138 000 PS (102 000 kW) und ermöglichte eine Geschwindigkeit von 30,8 Knoten, also mehr als 57 km/h. Die *Tirpitz* wurde am 14. November 1944 durch die britische Luftwaffe im Tromsöfjord (Norwegen) versenkt.

Der größte deutsche Flugzeugträger war das 23 200-t-Schiff *Graf Zeppelin,* das am 8. Dezember 1938 in Kiel vom Stapel gelassen wurde. Der Träger wurde bei Kriegsschluß vor Stettin angebohrt und sank bevor er nach Leningrad geschleppt werden konnte.

Die größten Unterseeboote: Das amerikanische Unterseeboot *Ohio* mit Atomantrieb, dessen Herstellung ¼ Mrd. Dollar (rund 435 Mio. DM) kostete, wurde im April 1979 in Groton, Connecticut (USA), in Dienst gestellt. Es hat 24 Trident-I-Raketen mit einer Reichweite von 7400 km an Bord, eine Wasserverdrängung von 18 700 BRT bei Tauchfahrten und eine Länge von 170,6 m.

Die sowjetischen Unterseeboote der *Delta-II-Klasse* mit einer Bewaffnung von 16 SSN-8-Raketen sind möglicherweise noch größer. Vier von ihnen waren bereits im Januar 1977 im Einsatz. Im Juni 1980 wurde bekannt, daß die UdSSR eine neue U-Boot-Generation baut. Die Boote sind ca. 146 m lang, 17 m breit und verfügen über 12 bis 20 Abschußrampen für Mittelstreckenraketen.

Die größte Invasion über See: die Landung der Alliierten am 6. Juni 1944 in der Normandie.

Das erste atomkraftgetriebene Kriegsschiff der Welt, das U-Boot *Nautilus,* wurde am 17. Januar 1955 von der US-Kriegsmarine im Stützpunkt *Marc Islands* an der Westküste der USA in Dienst gestellt und nach 25 Jahren im März 1980 dort auch wieder abgemustert. In ihrer Dienstzeit hat die *Nautilus* 800 000 km zurückgelegt. Es war das erste Schiff, das nach einer Unter-Eis-Fahrt den geographischen Nordpol erreichte. 1957 stellte es auf der Strecke England–New York mit weniger als sechs Tagen einen Unterwassergeschwindigkeitsrekord auf. Die Durchschnittsgeschwindigkeit betrug 20 Knoten (37 km/h). Sie war 3000 BRT groß und hatte sechs Torpedo-Ausstoßrohre.

Die schnellsten Unterseeboote sind die amerikanischen Atom-U-Boote der *Los-Angeles*-Klasse mit tropfenförmigem Rumpf. Offiziell schreibt man ihnen eine Geschwindigkeit von mehr als 30 Knoten (mehr als 55 km/h) zu, die wirkliche dürfte wesentlich höher liegen. Vier wurden 1975/76 in Dienst gestellt; 1980 sollen weitere 19 folgen.

(D) Das größte im Zweiten Weltkrieg konstruierte deutsche U-Boot war der Typ XI mit einer Unterwasserverdrängung von 3650 BRT.

Das schnellste U-Boot der deutschen Kriegsmarine war U 2511 vom Typ XXI mit 1820 t und einer Unterwassergeschwindigkeit von 17,5 Knoten (32,4 km/h).

Das erste U-Boot der westdeutschen Bundesmarine, die U I mit 350 t, lief am 22. Oktober 1961 auf der Kieler *Howaldt-Werft* vom Stapel.

Die größte Tauchtiefe können zwei amerikanische Unterseeboote erreichen: 3650 m. Es handelt sich um das 3-Mann-Boot *Trieste II* (DSV I) mit 303 BRT, das im November 1973 wieder in Dienst gestellt wurde, und die *Alvin* (DSV II) – *Deep submergence vessel* = Tieftauchboot. Die *Trieste II* wurde dem rekordbrechenden Tiefseeboot *Triest* nachgebaut, aber ohne die von *Krupp* (Westdeutschland) entwickelte Tauchglocke, die ihm eine Tauchtiefe von 10 917 m ermöglichte.

Die größte Seeschlacht der Neuzeit war die Schlacht vor dem *Skagerak* in der Nordsee am 31. März 1916, bei der 151 Schiffe der britischen Flotte mit 101 deutschen Kriegsschiffen ins Gefecht kamen. Die britische Flotte verlor 14 Schiffe und 6097 Mann, die deutsche Flotte 11 Schiffe und 2545 Mann.

Die größte Seeschlacht der Antike war die Schlacht bei *Salamis* in Griechenland am 23. September 480 v. Chr. Man nimmt an, daß die geschlagene persische Flotte 800 Schiffe und die siegreiche griechische Flotte 310 Schiffe hatte und vielleicht 190 000 Mann zum Einsatz kamen.
Die Zahl der Toten in der Seeschlacht von *Lepanto* am 7. Oktober 1571 wird auf 33 000 geschätzt.

Die größte Zahl von Schiffen und Flugzeugen, die je in einer See- und Luftoffensive eingesetzt worden sind, waren 231 Schiffe und 1996 Flugzeuge im Angriff auf *Leyte* (Philippinen). Sie dauerte vom 22. bis 27. Oktober 1944; 166 alliierte und 65 japanische Kriegsschiffe kamen dabei ins Gefecht, von denen 26 japanische und sechs amerikanische Schiffe versenkt wurden. Außerdem kamen 1280 amerikanische und 716 japanische Flugzeuge dabei zum Einsatz.

Die größte Invasion über See war die Land-, Luft- und Seeoperation der Alliierten in der Normandie am 6. Juni 1944. 38 Konvois, bestehend aus 745 Schiffen und unterstützt von 4066 Landungsbooten mit 185 000 Mann und 20 000 Fahrzeugen, sowie 347 Minenräumbooten wurden in den ersten drei Tagen eingesetzt. An der Luftoffensive nahmen 1087 Flugzeuge und 18 000 Mann Fallschirmtruppen teil. Die 42 verfügbaren Divisionen wurden von 13 175 Flugzeugen unterstützt. In der kurzen Zeit von einem Monat waren bereits 1,1 Mio. Truppen, 200 000 Fahrzeuge und 750 000 t Proviant gelandet.
Bei der Invasion der Alliierten in Sizilien vom 10.–12. Juli 1943 landeten 181 000 Soldaten.

Die größte Invasion aus der Luft war die britisch-amerikanische Offensive dreier Divisionen (34 000 Mann) mit 2800 Flugzeugen und 1600 Segelflugzeugen am 17. September 1944 bei *Arnheim* (Niederlande). Es gab jedoch überdurchschnittlich hohe Verluste bei den Landetruppen.

Die größte Evakuierung in der Kriegsgeschichte wurde zwischen dem 27. Mai und dem 4. Juni 1940 mit Hilfe von 1200 Kriegs- und Handelsschiffen der Alliierten vom Brückenkopf um *Dünkirchen* (Frankreich) durchgeführt. Im ganzen wurden dabei 338 226 britische, französische und belgische Truppen nach England befördert.

Luftwaffe, Luftkrieg und Bomben

Die älteste Luftwaffe ist die *Royal Air Force,* die britische Luftwaffe, die am 13. Mai 1912 als *Royal Flying Corps* gegründet wurde.

Den ersten militärisch genutzten Luftballon setzte die preußische Armee schon am 24. September 1870 in der Nähe von Straßburg ein.

Die stärkste Luftwaffe aller Zeiten hatten die Vereinigten Staaten im Jahr 1944 mit 79 908 Flugzeugen und 2 411 294 Personal. 1979 verfügte die US-Luftwaffe mit den strategischen Streitkräften über 563 000 Mann und 3400 Kampfflugzeuge.
Die sowjetische Luftwaffe einschließlich der Luftverteidigungskräfte hatte Mitte 1979 1 025 000 Mann und 7600 Kampfflugzeuge. Außerdem verfügten die strategischen (Raketen-)Streitkräfte der UdSSR Mitte 1979 über ca. 375 000 Mann.

(D) Die größte Anzahl Frontflugzeuge der deutschen Luftwaffe im Zweiten Weltkrieg betrug 7244.
Die Luftwaffe der westdeutschen Bundeswehr hat eine Personalstärke von 106 000 Mann. Sie verfügt über vier Staffeln *RF-4E*-Aufklärer, acht Staffeln *F 104 G*-Jagdbomber, acht Staffeln *F-4F*-Abfangjäger und Jagdbomber, vier Staffeln *G-91* leichte Jagdbomber, ein Jabo-Geschwader zur Waffensystem-Ausbildung *Alpha Jet,* eine Waffenschule mit *F-104 G,* vier Staffeln *C-160*-Transporter, fünf Staffeln *UH-1D*-Hubschrauber und die Flugbereitschaft des Bundesministers für Verteidigung. Über schwere Bomber verfügt die westdeutsche Luftwaffe nicht.

(A) Die Luftwaffe Österreichs hat etwa 85 Kampf-, Jagd- und Aufklärungsflugzeuge verschiedener Typen, darunter z. B. 34 *Saab 1005 E,* und etwa 80 Hubschrauber verschiedener Baumuster.

(CH) Die Luftwaffen-Ausstattung des Eidgenössischen Militärdepartements der Schweiz umfaßt 19 Fliegerstaffeln mit 240 Erdkampfflugzeugen *Venom* und *Hunter,* 33 Abfangjägern *Mirage,* diversen Raumschutzjägern *Tiger* und etwa 26 Aufklärungsflugzeugen *Venom* und *Hunter.* Ferner unterhält die schweizerische Luftwaffe acht Leichtfliegerstaffeln mit rund 100 Helikoptern *Alouette II* und *Alouette III* und mehreren anderen Flugzeugen, sowie rund 150 Schul- und Trainingsflugzeuge, in der Hauptsache *Pilatus P2* und *P3.*

Die schwerste konventionelle Bombe war die 9975 kg wiegende 7,75 m lange *Grand Slam (großer Knall),* die am 14. März 1945 von der englischen Luftwaffe auf einen Eisenbahnviadukt bei Bielefeld abgeworfen wurde.

(D) **Die stärkste Bombe,** die von der deutschen Luftwaffe eingesetzt wurde, war eine 2800 kg schwere Bombe mit der Bezeichnung *S C 2800.* Sie war mit Trichloräthylen gefüllt.

Die Luftangriffe, die die meisten Opfer forderten, wurden vom 13. bis 15. Februar 1945 von der britischen und amerikanischen Luftwaffe gegen die Stadt *Dresden* (Sachsen) geführt. Die mit Flüchtlingen überfüllte Stadt wurde damals von 1,13 Mio. Menschen bewohnt. Während der 34 dem Angriff folgenden Tage wurden 202 000 Tote bestattet oder verbrannt.

Bei dem amerikanischen Luftangriff auf *Tokio* (Japan) am 9. 3. 1945 starben 84 000 Menschen.
Beim Angriff der britischen *Royal Air Force* auf *Hamburg* am 27. bis 28. Juli 1943 gab es über 60 000 Todesopfer.
Insgesamt fielen während des Zweiten Weltkrieges Bomben im Gesamtgewicht von 11 Mio. t auf das Gebiet des *Großdeutschen Reiches.* Den schwersten Angriff erlebte Dortmund vom 12. zum 13. März 1945: in diesen Tagen warf die *RAF* Bomben von insgesamt fast 5000 t auf die Stadt ab.

Die meisten Bomben mit fast 50 000 t wurden in 24 Großangriffen auf *Berlin* abgeworfen. Die Stadt *Essen* erlebte zwischen März 1942 und März 1945 28 Großangriffe.

Am schwersten von Kriegsverwüstungen betroffen wurde *Würzburg* (Bayern). Am 16. März 1945 wurde es innerhalb von 20 Minuten, zwischen 21.20 Uhr und 21.40 Uhr, durch circa 300 Maschinen der *RAF* zu fast 80 Prozent zerstört; etwa 5000 Menschen kamen im Bombenhagel und Flammenmeer ums Leben. Die Zerstörung war so groß, daß nach Kriegsende gezweifelt wurde, ob Würzburg überhaupt wieder aufgebaut oder als Mahnstätte in Trümmern belassen werden sollte.
In der Stadt *Kassel* (Hessen) wurden bei mehreren Luftangriffen 54 Prozent der Gebäude zerstört.
(CH) In der Schweiz entstand am 1. April 1944 großer Schaden durch einen irrtümlichen amerikanischen Luftangriff auf die Stadt *Schaffhausen.* 37 Tote und 60 Schwerverletzte wurden gezählt. Die USA zahlten 3 Mio. Dollar (12,8 Mio. DM) Schadenersatz an die Betroffenen.

Die meisten Bomben entschärfte Werner Stephan.

Die schwersten Verluste durch den Einschlag einer deutschen V 1-Rakete hatte *Antwerpen* (Belgien) am Abend des 21. Januar 1945. Es gab 76 Tote und 57 Verwundete.
Ebenfalls in *Antwerpen* schlug am 16. Dezember 1944 eine deutsche V 2-Rakete ein. Sie traf ein Kino, wobei 567 Menschen getötet und 291 verletzt wurden.

Den Rekord im Bombenentschärfen hielt der Berliner Feuerwerker und Sprengmeister *Werner Stephan.* Er entschärfte zwischen 1945 und 1957 in Berlin (West) etwa 8000 Blindgänger-Bomben aus dem Zweiten Weltkrieg. Am 17. August 1957 wurde er bei einem Entschärfungs- bzw. Sprengversuch das Opfer seines Berufs.

Atombomben: Die beiden 1945 von den USA gegen Ziele in Japan eingesetzten Atombomben besaßen eine Detonationsenergie von je ca. 20 KT Trinitrotoluol, auch TNT genannt. Die über *Hiroshima* abgeworfene Bombe war ca. 3 m lang und wog 4080 kg.

Die bisher größte Energie von 57 MT wurde in der Sowjetunion in der Gegend von *Nowaja Semlja* am 30. Oktober 1961 um 8.33 Uhr morgens freigesetzt. Man registrierte, daß die Erschütterungswellen dreimal um die Erde gelaufen waren und für den ersten Umlauf 36 Stunden 27 Minuten gebraucht hatten. Die Detonationsenergie dieser Bombe wird verschiedentlich sogar auf 62 bis 90 MT geschätzt.
Am 9. August 1961 erklärte *Nikita Chruschtschow,* der damalige Ministerpräsident der UdSSR, daß die Sowjetunion im Stande sei, eine 100 MT-Bombe herzustellen. Am 16. Januar 1963 verkündete er in *Berlin (Ost),* daß man sie bereits hätte. Eine solche Bombe würde einen Krater mit einem Durchmesser von 30 km und schwere Brände im Umkreis von 58–64 km verursachen.
Über die *Jüngstes Gericht (Doomsday)* genannte Atomwaffe liegt keine offizielle Schätzung vor, aber ihre Kraft übersteigt jegliche bisher erprobte Waffe. Sollte man sie je herstellen können, so würde eine solche 50 000 MT-Kobaltbombe die ganze Menschheit vernichten, und nur diejenigen würden verschont bleiben, die tief unter der Erde verborgen sind und länger als fünf Jahre sich dort aufhalten würden.
Mitte 1980 gab es allein in Europa nach zuverlässigen Schätzungen mehr als 5000 taktische Atomwaffen.

Größte »konventionelle« Explosion: Die größte Menge konventionellen Sprengstoffs – über 4000 t – wurde für die Zerstörung der Befestigung auf *Helgoland (Westdeutschland)* am 18. April 1947 verwendet.

Rechtswesen

Gesetze und Gerichtsverfahren

Die älteste niedergeschriebene Gesetzessammlung stammt von König *Hammurabi* von Babylon (1728–1686 v. Chr.). Sie ist auf einem zwei Meter hohen Dioritblock in Keilschrift eingemeißelt, der jetzt im Louvre (Paris, Frankreich) ausgestellt ist. In der modernen zivilisierten Welt werden die Gesetze – außer in diktatorisch regierten Staaten – von den gesetzgebenden Körperschaften *(Legislative)* beschlossen. Dies sind in der Regel die Parlamente. Mit der Unterzeichnung durch das Staatsoberhaupt treten sie in Kraft. Ihre rechtmäßige Ausübung überwachen die Gerichte.

Die ersten Gerichtsordnungen in Deutschland waren im wesentlichen Strafprozeßordnungen. Die ältesten von ihnen sind die *Bambergische Halsgerichtsordnung* von 1507 und die sogenannte *Peinliche Gerichtsordnung* Kaiser Karls V. von 1532. Sie schufen ein geregeltes Prozeßwesen und halfen mit, das ungeordnete und willkürliche Rechtswesen des Mittelalters zu überwinden.

Der älteste politische Vertrag der Welt, der durch eine Unterschrift rechtsverbindlich wurde, ist das am 16. Juni 1373 zwischen England und Portugal geschlossene Bündnis. Der damalige Schreiber *John de Banketre* bemerkte dazu, er habe *»seinen üblichen Schnörkel unter den Text gesetzt«.*

Der langwierigste aktenkundige Prozeß endete am 28. April 1966 in Poona (Indien), als der Gerichtshof ein Urteil zugunsten von *Balasaheb Patloji Thorat* fällte und damit eine Rechtsstreitigkeit regelte, die im Jahr 1205, also 761 Jahre vorher, von seinem Vorfahren *Maloji Thorat* begonnen worden war. Er hatte damals für sich das Recht verlangt, bei öffentlichen Veranstaltungen den Vorsitz zu führen und um Klärung der Rangordnung bei religiösen Festen ersucht.
Der Streit zwischen dem Dekan und dem Kapitel der Kathedrale von *Durham* (England) um die Frage, wer während einer Vakanz des Bischofsitzes die geistlichen Dinge zu verwalten habe, flammte im Jahre 1283 auf, brach 1672 und 1890 von neuem aus, und ein im November 1975 unternommener Versuch, den damals 692 Jahre alten Streit zu schlichten, war erfolglos. Keiner der beiden Gegner erkennt die Rechtmäßigkeit von Ernennungen durch die andere Seite an, selbst wenn beide Seiten dieselbe Person ernennen.
Geradezu ein »Kurzverfahren« muß man dagegen den »nur« fast 60 Jahre lang währenden Prozeß der *Sioux-Indianer* gegen die Regierung der Vereinigten Staaten von Amerika nennen, den diese Indianer-Nation wegen der in den siebziger Jahren des vorigen Jahrhunderts auf Befehl von Präsident *Ulysses Simpson Grant* (* 27. April 1822, † 23. Juli 1885, Präsident der USA von 1869–77) erfolgten Wegnahme der Gebiete in den *Black Hills* in den Staaten Wyoming und South-Dakota angestengt hatten. Diese Gebiete waren ihnen 1851 in *Fort Laramie* (Wyoming) zugesprochen worden. Als sie ihnen wegen der reichen Goldvorkommen wieder genommen wurden, kämpften die Sioux blutig um ihr Reservat (u. a. Schlacht am *Little Bighorne* im Staat Montana). 1922 strengten sie den Entschädigungsprozeß an und erhielten Ende Juni 1980 durch den Obersten Gerichtshof in Washington eine Entschädigung von 105 Mio. Dollar (ca. 185 Mio. DM) zugesprochen, die ihrem heutigen Wert nach natürlich bei weitem nicht dem entspricht, den das Land mit seinen Bodenschätzen und Erträgnissen vor und seit hundert Jahren hatte.

Der am längsten währende deutsche Prozeß hat Kriegsverbrechen und Völkermord zum Thema. Es ist der sogenannte *Majdanek-Prozeß* (nach dem gleichnamigen Konzentrationslager benannt). Er begann am 26. November 1974 und hatte am 20. Februar 1980 bereits 386 Verhandlungstage gedauert. Zu diesem Zeitpunkt war nach Einschätzung von Prozeßbeteiligten ein Ende dieses zeitraubendsten Strafverfahrens der deutschen Rechtsgeschichte noch nicht abzusehen. Es wurde die Hoffnung geäußert, noch bis Ende 1980 ein Urteil erreichen zu können.
Der sogenannte *Auschwitz-Prozeß* wurde innerhalb von 20 Monaten an 182 Verhandlungstagen geführt.
Rund 30 Monate dauerte der Prozeß, der gegen eine Herstellerfirma pharmazeutischer Präparate wegen des Schlaf- und Beruhigungsmittels *Contergan* geführt wurde, das Mißbildungen bei Ungeborenen im Mutterleib bewirkt hatte. Der Prozeß begann am 25. Mai 1968 und endete erst nach zweieinhalb Jahren.

Der längste Strafprozeß gegen eine Terroristengruppe war bisher der sogenannte *Baader-Meinhof-Prozeß*. Er begann am 21. Mai 1975 und endete nach 192 Verhandlungstagen am 28. April 1977. Er war – bei einem Kostenaufwand von ca. 20 Mio. DM – zugleich der teuerste Prozeß in Westdeutschland.

Der größte Prozeß der deutschen Rechtsgeschichte, gemessen an der Zahl der Kläger, begann am 29. April 1980 in München (Bayern). 5724 Klagen wurden wegen des geplanten *Großflughafens München II* von den betroffenen Städten, Gemeinden und Privatpersonen gegen den Planfeststellungsbeschluß der Regierung von Oberbayern eingereicht. Zur Vereinfachung hat das Verwaltungsgericht daraus 40 Klagen zu einem Musterverfahren zusammengefaßt.

Der höchste Schadenersatz wegen Körperverletzung wurde der 12jährigen *Janelle Lynn Stearns* zuerkannt. Zur Zahlung verurteilt wurden das *Park Avenue Hospital* und der Narkosearzt *Dr. Howard K. Gifford* wegen angeblich falscher Behandlung bei einer in Pomona, Kalifornien (USA), im Mai 1973 durchgeführten Tonsillektomie, die eine schwere Gehirnverletzung zur Folge hatte. Janelle wurden monatliche Zahlungen bis an ihr Lebensende zuerkannt. Die durchschnittliche Lebenserwartung für Amerikanerinnen liegt bei 76 Jahren, so daß – wenn Janelle weitere 64 Jahre lebt – sie insgesamt 26 Mio. 541 832 Dollar (z. Zt. ca. 45,8 Mio. DM) erhalten würde.

Der höchste ausgezahlte Schadenersatz belief sich auf 14 387 674 Dollar (damals ca. 45 Mio. DM) und wurde nach dem Absturz eines Privatflugzeuges in South Lake, Kalifornien (USA), am 21. Februar 1967 dem einzigen Überlebenden, dem 45jährigen *Ray Rosendin,* vom Höchsten Gerichtshof in Santa Clara am 8. März 1972 zugesprochen. *Rosendin* erhielt u. a. 1 069 374 Dollar für den Verlust beider Beine und Verstümmelung der Arme; 1 213 129 Dollar für den Verlust seiner Frau und 10,5 Mio. Dollar als Bußezahlung der Firma *Avco-Lyconing Corporation* wegen Verstoßes gegen staatliche Vorschriften bei der Montage des Flugzeuges.

Den höchsten einer einzelnen Person zuerkannten Entschädigungsbetrag, nämlich 6,8 Mio. Dollar (damals ca. 18 Mio. DM) mußte die Firma *Remington Arms* am 23. Oktober 1973 zahlen. Diesen Betrag erstritt der 42jährige Rechtsanwalt *John Coates* aus Austin, Texas (USA), für sich. Er beanspruchte Entschädigung wegen schwerer Körperverletzung durch ein fehlerhaftes Jagdgewehr.

Für eigene Rekorde

Nur Annelies Hoffmann bestand 35mal die Prüfung für das Deutsche Sportabzeichen.

Die höchste Kaution – 46,5 Mio. Dollar (195 Mio. DM) – mußte für *Antonio de Angelis* hinterlegt werden. Er war von der *Harbor Tank Storage Company* beim Obersten Gerichtshof in Jersey City (USA) im Zusammenhang mit dem sogenannten *Salatölschwindel* angezeigt worden. Die Kaution wurde nicht gezahlt, *Antonio de Angelis* wurde erst am 4. Juni 1973 entlassen.

Die größte je versammelte Zuhörerschaft füllte den als Gerichtssaal verwendeten Sportpalast in Havanna (Kuba) beim Prozeß gegen den 51jährigen Major *Jesus Sosa Blanco,* der angeblich 108 Morde begangen hatte. Gelegentlich waren während des zwölfeinhalb Stunden dauernden Prozesses 17 000 Zuschauer anwesend.

Zur bisher höchsten bekannten Unterhaltszahlung von 2,261 Mio. Dollar (etwa 4,1 Mio. DM) wurde am 29. Oktober 1974 der 74jährige *George Storer Sr.* verurteilt. Dieser Betrag wurde seiner dritten Frau, der 73jährigen *Dorothy* in Miami, Florida (USA), zuerkannt.

Die höchste bisher bekannte Abfindung bei einer Ehescheidung ist die im März 1979 vor einem

Gericht in Los Angeles vereinbarte Hälfte des sich auf schätzungsweise 100 Mio. Dollar (ca. 175 Mio. DM) belaufenden Vermögens des Verlegers *James Kent Cooke* (* 1913 in Las Vegas, Nevada, USA), zugunsten seiner Frau *Jeannie Cooke* (* 1917) nach 42jähriger Ehe.

Die größte Entschädigung wegen ungerechtfertigter Haft erhielt *William De Palma* (* 1938) aus Whittier, Kalifornien (USA). Er gab sich mit 750 000 Dollar (1,35 Mio. DM) zufrieden, die ihm am 12. 8. 1975 für 16 Monate Aufenthalt im Gefängnis angeboten wurden. Auf Grund gefälschter Fingerabdrücke, die 1968 gegen ihn als Beweismaterial vorgelegt worden waren, hatte das Gericht ihn zu 15 Jahren Gefängnis wegen Raubüberfalls verurteilt.

Die höchste Schadenersatzforderung, die je gestellt wurde, nämlich den unerhörten Betrag von 675 Billionen Dollar (weit über 2 Billiarden DM), damals zehnmal so viel wie das Gesamtvermögen der USA, forderte am 14. April 1971 *Mr. Walton Bader* in einer vor dem Amtsgericht von New York erhobenen Klage gegen *General Motors* und andere wegen Umweltverschmutzung sämtlicher Bundesstaaten der USA.

Der längstdauernde Pachtvertrag besteht in Dublin (Irland). 1863 wurde der Stadtverwaltung von einem gewissen *John Jameson* ein Teil des Viehmarktes für 100 000 Jahre verpachtet. Die Pacht läuft am 1. Januar des Jahres 101 863 ab.

Das kürzeste gültige Testament lautet *»Vse zene«,* d. i. tschechisch für *»Alles meiner Frau«,* und wurde am 19. Januar 1967 von *Karl Tausch* aus Langen in Hessen (Westdeutschland) abgefaßt.

Das längste bekannte Testament verfaßte zu Anfang dieses Jahrhunderts eine Mrs. *Frederica Cook* (USA). Es bestand aus vier Bänden mit zusammen 95 940 Worten.

Richter und Anwälte

Der älteste in seinem Amt fungierende Richter war *Albert R. Alexander* (1859–1966) aus Plattsburg (USA). Bis zu seiner Pensionierung am 9. Juli 1965 im Alter von 105 Jahren und 8 Monaten war er Friedensrichter und Nachlaßrichter in Clinton County.
James Russell McElroy (* 1. Oktober 1901) fungierte 49 Jahre und 125 Tage (1927–77) als Richter beim Ordentlichen Gerichtshof von Alabama (USA).
Von Januar 1954 bis zum 19. Januar 1977 verhandelte der Richter *Vernon D. Hitchings* aus Norfolk (USA) 1 Mio. Verkehrsunfälle. Gegen 965 000 seiner Urteile wurde entweder keine Berufung eingelegt, oder, wenn dies doch geschah, wurden seine Urteile in zweiter Instanz bestätigt.
Über das Alter von Ernennungen zum Richter gibt es keine vergleichenden Unterlagen. So wurde z. B. *Thomas J. Boynton* am 20. Januar 1864 im Alter von 25 Jahren und 142 Tagen in Key West (Florida) zum Bundesrichter ernannt.
Susan I. Broyles wurde am 9. Januar 1973 im Alter von 23 Jahren und 198 Tagen zur Amtsrichterin im Bezirk von Conefos, Colorado (USA), ernannt.
(D) In Westdeutschland gibt es z. Zt. etwa 15 500 Richter, davon sind 12,2 Prozent Frauen. 24 Prozent der Richter und Richterinnen sind über 50, 23 Prozent sind unter 35 Jahre alt.

Der erfolgreichste Verteidiger dürfte Sir *Lionel Luckhoo* in Georgetown (Guyana) sein. Bis 1. Februar 1980 konnte er seinen 231. Freispruch für Mandanten von der Mordanklage durchsetzen.

Der »erfolgreichste« Staatsanwalt dagegen ist *Joe Freeman Britt* vom 16. Gerichtsbezirk in North Carolina (USA). Innerhalb von 28 Monaten bis Mitte 1976 setzte er 23 Todesurteile durch und hatte außerdem schon 13 Angeklagte in den Todeszellen sitzen.

Massen-Verbrechen

Das größte Massaker, das von einer Regierung befohlen wurde, kostete 26,3 Mio. Chinesen während der Regierung *Mao Tse-tungs* in der Zeit zwischen 1949–1965 das Leben. Diese Behauptung wurde jedenfalls am 7. April 1969 in einer Rundfunkmeldung von einer sowjetischen Regierungsstelle aufgestellt. Danach sollen die Tötungen in vier Wellen stattgefunden haben: 2,8 Mio. von 1949–52; 3,5 Mio. von 1953–57; 6,7 Mio. von 1958–60 und 13,3 Mio. von 1961–Mai 1965. *Radio Peking* dagegen nannte in seinen monatlichen Berichten »nur« 1 176 000 in den Provinzen *Anhwei, Tschekiang, Kiangsu und Schantung,* sowie 1,15 Mio. in den südlichen Provinzen von Mittelchina. Der vom Rechtsausschuß des amerikanischen Senats veröffentlichte *Walker-Bericht* von Juli 1971 schätzte die Zahl der Toten in China zwischen 32,25 und 61,4 Mio. Eine Schätzung von 63 Mio. 784 000 Toten wurde von *Jean-Pierre Dujardin* im *Figaro Magzine* im November 1978 veröffentlicht.

In der UdSSR fand die *Große Säuberung* in den Jahren 1936–38 statt. Die Zahl der hingerichteten Personen ist nie veröffentlicht worden. *S. V. Utechin,* ein Fachmann in sowjetischen Angelegenheiten, hielt Schätzungen von 8–10 Mio. Opfern für »wahrscheinlich nicht übertrieben«.

Ⓓ **In den Konzentrationslagern** der deutschen Nationalsozialisten sind schätzungsweise 6,5 Mio. Juden und Zigeuner getötet worden.
Im SS-Vernichtungslager *Auschwitz* (Polen), wo mindestens 920 000 Menschen (die sowjetische Schätzung ist 4 Mio.) vom 14. Juni 1940 bis zum 18. Januar 1945 umgebracht wurden, war die größte Zahl der an einem Tag getöteten 6000. Während dieser Zeit war SS-Oberscharführer *Moll* Leiter der Vergasungsanlage *Birkenau*, die zu *Auschwitz* gehörte. Von 1940–43 war *Rudolph Franz Ferdinand Höss* der Kommandant. Er wurde in Warschau zum Tode verurteilt und am 15. April 1947 im Alter von 47 Jahren in *Auschwitz* (polnisch *Oswiecim*) gehängt.
Am 17. August 1942 erklärte *Stalin* in Moskau gegenüber *Winston Churchill*, daß von deutschen Truppen und Organisationen 10 Mio. *Kulaks* (russische Bauern) getötet worden seien. Nach späteren Schätzungen dürfte die Zahlenangabe 6 Mio. wahrscheinlicher sein.
Wegen erwiesener Mitschuld an der sogenannten *Endlösung* der Judenfrage wurde am 31. Mai 1962 der SS-Obersturmbannführer *Karl Adolf Eichmann* (* 19. März 1906) im Gefängnis von Ramleh (Israel) gehängt.
Über die Zahl der in den *»Besserungslagern«* der UdSSR umgekommenen Menschen liegen keine offiziellen Statistiken vor. Man weiß, daß es 1946 über 200 solcher Lager gab, aber 1956 wurden viele in (nicht ganz so strenge) *»Besserungskolonien«* umgewandelt.
Nach einer in den Niederlanden veröffentlichten Schätzung belief sich die Zahl der Toten in diesen Lagern im Zeitraum von 1921 bis 1960 auf 19 Mio. Bis 1922 wurden die Lager von der *Tscheka* verwaltet, 1922–34 von der *O.G.P.U.*, 1934–46 vom *N.K.W.D.*, 1946–53 vom *M.V.D.*, und seit 1953 unterstehen sie dem *K.G.B.* Der aus der UdSSR ausgewiesene Schriftsteller und Nobelpreisträger *Alexander Solschenizyn* (* 11. Dezember 1918) schätzt die Gesamtzahl der Inhaftierten auf 66 Mio.

Die größte Verbrecherorganisation ist die *Mafia* oder *La Cosa Nostra*, die in die Verwaltung, ins Rechtswesen und die gesetzgebenden Körperschaften der USA eingedrungen ist. Sie besteht aus etwa 3000–5000 in 24 *Familien* zusammengeschlossenen Personen, die der *Kommission* unterstehen. Laut einer Schätzung der Zeitschrift *Time* vom Mai 1977 erzielte die *Mafia* durch die Förderung von allen möglichen Lastern, Spielhöllen, Erpressungen, Zigaretten- und Alkoholschmuggel, Raubüberfällen, Drogenhandel, Schwindeleien, Prostitution usw. einen Jahresumsatz von 48 Mrd. Dollar (84 Mrd. DM), wovon über 50 Prozent reiner Gewinn waren. Der Ursprung der *Mafia*-Organisation in den USA geht auf das Jahr 1890 zurück, als elf Mafiosi in New Orleans gelyncht wurden. Die nichtsahnende amerikanische Regierung zahlte den Witwen dafür 30 000 Dollar Entschädigung. Dieser Summe bemächtigte man sich und benutzte sie als Grundlage für die Finanzierung der neuen kriminellen Operationen. Die meisten *Mafiamorde* fanden vom 11.–13. September 1931 statt, als der oberste Anführer *Salvatore Maranzano, Il Capo di Tutti Capi*, und 40 seiner Verbündeten umgebracht wurden.
Terroristen: Von knapp 150 in Westdeutschland namentlich bekannten Terroristen waren Ende Februar 1980 fast 90 in Haft. 19 waren tot, 40 wurden mit Vorrang per Haftbefehl gesucht. Etwa zwei Drittel der terroristischen Gewalttäter sind Männer, etwa der gleiche Prozentsatz war Ende Februar in Haft. Von den Frauen konnte dagegen nur jede dritte Terroristin festgenommen werden. Anschläge terroristischer Gewaltverbrecher haben 1977 in Westdeutschland neun Menschenleben gefordert.

Morde

Die höchste Mord-Quote hat Mexiko. Dort kommen 46,3 Morde auf 100 000 Einwohner. So die Statistik des Jahres 1970.
Während *La Violencia* (der *Gewaltherrschaft*) sollen in Kolumbien insgesamt 300 000 Menschen getötet worden sein. Da die Gewaltherrschaft 17 Jahre, von 1945–1962 dauerte, entspräche dies einem Durchschnitt von täglich 48 Morden.
Die höchste Zahl amtlich bestätigter Morde in New York (USA) war 58 innerhalb einer Woche im Juli 1972 und 13 an einem Tag im August 1972. 1973 wurden in Detroit (USA), das damals 1,5 Mio. Einwohner hatte, 751 Menschen ermordet.

Die niedrigste Mordquote: Im indischen Staat *Sikkim* im Himalaja ist Mord praktisch unbekannt und im *Hunzagebiet* von Kaschmir im Karakorum wurde seit 1900 nur ein einziger Mord registriert.
Ⓓ In der im September 1978 veröffentlichten Kriminalstatistik Westdeutschlands für das Jahr 1977 sind 485 vollendete und 689 versuchte Morde aufgeführt, darunter 63 Raubmorde und 38 Versuche, sowie 45 vollendete und 27 versuchte Sexualmorde. Zugleich gab es 282 vollendete und 1269 versuchte Totschlagsdelikte. 43 erfolgte Kindestötungen und 3 versuchte wurden registriert.
Im Jahr 1978 verloren in Westdeutschland 848 Menschen durch Mord und Totschlag ihr Leben. Die Aufklärungsquote betrug bei Totschlag 98,5 Prozent, bei Mord 93,2 Prozent.

Der größte Massenmörder: Beim Prozeß gegen *Buhram*, einen indischen *Thug* (Hindi: tag = Räuber), kam heraus, daß er zwischen 1790 und 1840 im Bezirk *Oudh* mindestens 931 Menschen mit einem gelb-weißen Band erwürgt hatte. Die *Thug* oder *Thag* waren Mitglieder einer indischen Raubmörderkaste, die die blutdürstige Göttin *Kali* verehrte und ca. 1835 von den Engländern endgültig unterdrückt wurde.

Die »tatkräftigste« Mörderin soll die ungarische Gräfin Erszebet Bathory (1560–1614) gewesen sein. Während des Prozesses, der am 2. Januar 1611 begann, sagte ein Zeuge aus, er habe eine von ihr selbst geschriebene Liste mit den Namen ihrer 610 Opfer gesehen. Bei allen soll es sich um junge Mädchen aus der Nachbarschaft ihres Schlosses in *Csejthe* gehandelt haben. Nach dem Schuldspruch wurde sie in einem Zimmer ihres Schlosses eingemauert und starb dort am 21. August 1614.

Der schrecklichste Mörder in neuer Zeit war der Amerikaner *Herman Mudgett* (* 16. März 1860), besser unter dem Namen *H. H. Holmes* bekannt. Er hat schätzungsweise 150 junge Frauen umgebracht, die als *»zahlende Gäste«* in sein *»Schloß«* in der 63. Straße von Chikago (USA) kamen. Im Zusammenhang mit einer unaufgeklärten Brandstiftung wurde das *»Schloß«* am 22. November 1893 durchsucht. Dabei entdeckte man Geheimgänge, verborgene Treppen und ein Labyrinth von sonderbaren Räumen, einige ohne Fenster, andere mit gepolsterten Wänden, mit versteckten Einmündungen von Gasleitungen und mit Leuchtsignalanlagen. Man fand auch eine Seilwinde, einen Verbrennungsofen, ein Säurebad, einen Seziertisch, ein Sortiment chirurgischer Instrumente und Überreste menschlicher Körper. *Holmes* wurde am 7. Mai 1896 wegen der Ermordung seines Teilhabers gehängt.

Auch die vermutlich größte Mörderin neuerer Zeit wurde in den USA entdeckt: Es war *Bella Poulsdatter Sorensen Gunness,* geborene *Grunt* (1859–1908) aus La Porte, Indiana (USA). Man warf ihr 16 Morde vor, aber sie hat wahrscheinlich 28 begangen. Beweise dafür entdeckte man erst, als man sie nach ihrem Giftselbstmord fand. Im Schweinestall ihres Anwesens fanden sich zahlreiche Überreste ihrer Opfer. Man vermutete, daß sie außer ihren beiden Ehemännern mindestens acht, wahrscheinlich aber zwanzig sogenannte *Verlobte* umgebracht hat, die durch kleine Zeitungsanzeigen unter der Rubrik *»Einsame Herzen«* angelockt worden waren. Auch drei Frauen und drei Kinder sollen Opfer ihrer Mordlust geworden sein.

Mord als Beruf übte die Mitte Februar 1980 in New York (USA), verhaftete 21jährige *Blanche Wright* aus. Gemeinsam mit ihrem Partner, dem 35jährigen *Miguel Oquendo,* der beim Verhaftungsversuch von der Polizei erschossen wurde, soll sie kaltblütig mindestens sechs Morde gegen Bezahlung ausgeführt haben. Ihr Killer-Lohn: jeweils 10 000 Dollar (rund 20 000 DM).

Die meisten Einzelmorde in unserem Jahrhundert beging der Deutsche *Bruno Lüdke* (* 1909). Er gestand, zwischen 1928 und 1943 85 Frauen umgebracht zu haben. Er wurde am 8. April 1944 ohne Prozeß in einem Krankenhaus in Wien (Österreich) durch eine Injektion getötet.

Frans Hooijmaijers, ein 40jähriger Krankenpfleger in einer Altenklinik in Kerkrade (Holland) gab zu, im August 1976 14 Patienten umgebracht zu haben. Bereits seit November 1969 hatte es in seiner Abteilung 245 ungewöhnliche Todesfälle gegeben. Im April 1977 wurde er zu 18 Jahren Gefängnis verurteilt.

Als Clown bei Kinderfesten beliebt: Massenmörder John W. Gacy (38). Mindestens 32 Morde werden ihm zur Last gelegt.

Der Amerikaner *John Wayne Gacy* (38) wurde des Mordes an 7 Jugendlichen angeklagt. Während der Verhandlung stellte sich heraus, daß er weitere 26 überfallen und erwürgt hatte. Die ersten 29 Leichen wurden am 21. Dezember 1978 unter seinem Haus in Park Ridge, Chicago (USA) gefunden. Der Prozeß gegen ihn begann Ende Januar 1980 und endete am 13. März 1980 mit der Verurteilung Gacys zum Tode auf dem elektrischen Stuhl. Als Hinrichtungsdatum wurde der 2. Juni 1980 angesetzt, doch ging das Urteil automatisch erst einmal in die Revision.

Zwei Massenmördern, den beiden Exzuchthäuslern *Lawrence Bittaker* (39) und *Roy Norris* (32) kam die Polizei von Los Angeles (Kalifornien, USA), Mitte Februar 1980 auf die Spur. In ihrem Kombi-Wagen waren Tonbänder gefunden worden, auf denen Schreie in Todesangst sowie Geräusche von Folterungen, Vergewaltigungen und Morden festgehalten waren. Ferner fand man bei den beiden Mördern, denen zunächst der Mord an fünf jungen Mädchen nachgewiesen werden

konnte, etwa 500 Schnappschuß-Fotos von Teenagern, von denen mindestens 50 bei der Polizei als vermißt gemeldet sind.
Ein Verkäufer von Süßwaren, der 31jährige *Alonso Lopez* aus Quito (Ekuador), wurde im März 1980 des Mordes an 31 kleinen Mädchen überführt, die er mit Bonbons angelockt, sich dann an ihnen vergangen und schließlich stranguliert hatte. Die Gräber der Kinder wurden in Vororten von Quito, aber auch in anderen Landesteilen von Ekuador gefunden. Lopez gestand außerdem weitere 300 Morde, die er seit 1973 in Kolumbien, Ekuador und Peru begangen hat.

Bandenmorde: Zur Zeit der offenen Bandenkriege in Chicago (USA) war 1926 mit 76 ungelösten Mordfällen das schlimmste Jahr. Der 1000. Bandenmord seit 1919 wurde am 1. Februar 1967 in Chicago von der Polizei registriert. Nur 13 der 1000 Mordanklagen endeten mit Schuldsprüchen.

Selbstmorde: Für die meisten industrialisierten Staaten der Erde beträgt die jährliche Selbstmordrate 10–20 je 100 000 Einwohner. Im Jahre 1965 überstieg die Zahl der auf der ganzen Erde begangenen Selbstmorde 1000 pro Tag.

Das Land mit den meisten gemeldeten Selbstmorden war *Ungarn* mit 42,6 je 100 000 der Bevölkerung (1977). Die wenigsten hatte im gleichen Jahr *Jordanien* mit einem einzigen Fall, also 0,04 je 100 000 Einwohner.

(D) In Westdeutschland sterben jährlich etwa 13 000 Menschen (1976: 13 353 = 21,6 : 100 000) durch Selbstmord, also etwa 20 je 100 000 Einwohner.
In Berlin (West) mit seiner überalterten Bevölkerung wurden 1978 659 Selbstmorde registriert (34,9 auf 100 000 Einwohner). 1975 waren es sogar 842 Selbstmorde (44,4 : 100 000). Damals hatte **Berlin die höchste Selbstmordrate der Welt.**

(A) In Österreich wurde für das Jahr 1976 ein Selbstmord-Verhältnis von 24,1 Fällen auf 100 000 Einwohner errechnet.

(CH) In der Schweiz wurde 1977 eine Selbstmord-Quote von 18,5 Fällen auf 100 000 Bürger errechnet. Insgesamt verübten 1505 Menschen Selbstmord.

Der spektakulärste Massenselbstmord ereignete sich am 18. November 1978, als sich 910 Anhänger der *Volkstempel-Sekte* auf Befehl und unter Anführung des irrsinnigen *»Reverend« Jim Jones* aus San Francisco, Kalifornien (USA) in der Nähe von Port Kaituma bei Jonestown (Guyana) mit cyanidhaltigen Getränken vergifteten. *Jones,* noch 1977 von hohen offiziellen US-Stellen unterstützt, soll zuvor »viele Millionen Dollar« auf verschiedenen Banken deponiert haben.
Wie Ende Juni 1980 gemeldet wurde, wird dieser Massenselbstmord von der amerikanischen Fernsehanstalt *CBS* als Fernsehfilm bearbeitet. Titel: *Guyana Tragedy – The Story of Jim Jones.*

Raubüberfälle

Der größte Raub war der Diebstahl von Reserven der *Deutschen Reichsbank* kurz nach der deutschen Kapitulation im Mai 1945. Devisen und Geldbestände im Wert von 400 Mio. Dollar (1,6 Mrd. Mark) wurden gestohlen. Im April 1979 wurden drei Männer in Brantfort (USA) zu Gefängnisstrafen wegen Mithilfe bei diesem Bankraub verurteilt.
Außerdem wurden aus der *Deutschen Reichsbank* im Mai 1945 Goldbarren, Devisen und Juwelen im *heutigen* Wert von 400 Mio. DM durch amerikanische und deutsche Armee-Angehörige gestohlen. Bis heute ist kein Stück dieses Diebesgutes wieder aufgetaucht, noch konnte einer der Beteiligten vor Gericht gestellt werden.

Der größte Bankraub: Während der Bürgerkriegskämpfe in Beirut (Libanon) sprengte eine Guerillagruppe die Stahlkammer der *Britischen Bank* in *Bab Idriss* und räumte die Schließfächer aus, deren Inhalt vom ehemaligen Finanzminister *Lucien Dahadah* auf 90 Mio. DM geschätzt wurde.
Am 20. Juli 1976 wurden in einer Bankfiliale in *Nizza* (Frankreich) 317 Stahlfächer aufgebrochen und ihres Inhalts beraubt. Die Räuber waren durch einen unterirdischen Gang in den Tresorraum gelangt. Der geschätzte Wert der Beute: 25 Mio. DM.

Der größte Eisenbahnraub fand am 8. August 1963 gegen 3 Uhr morgens statt, als ein von Glasgow (Schottland) kommender Postzug bei Mentmore in Buckinghamshire (England) überfallen wurde. Die Bande entkam mit etwa 120 Postsäk-

Für eigene Rekorde

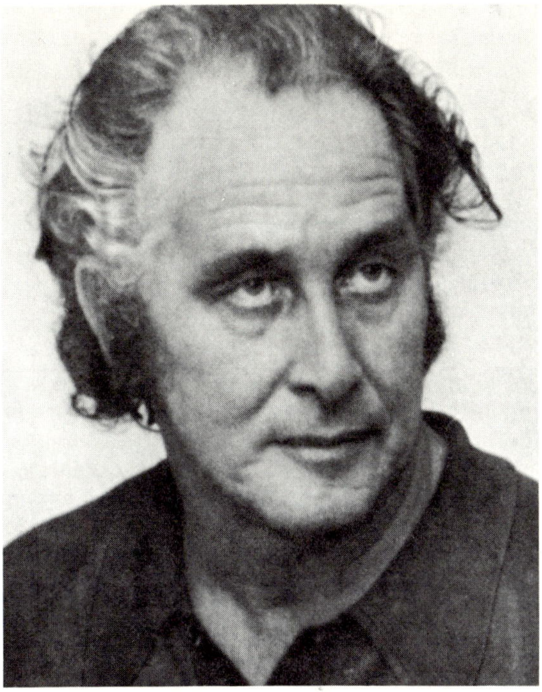

Posträuber wird Diebstahlversicherer: Roland Biggs.

ken, die Banknoten im Wert von über 2,6 Mio. Pfund Sterling (damals etwa 20 Mio. DM) enthielten, die dazu bestimmt waren, in London vernichtet zu werden. Nur etwa 10 Prozent des Geldes konnten wieder herbeigeschafft werden. Dieser Posträuber-Coup war Gegenstand der Handlung eines sehr erfolgreichen deutschen Fernsehspiels von *Henry Kolarz* und *John Olden* mit dem Titel *Die Gentlemen bitten zur Kasse.*
Bandenmitglied Roland Biggs blieb als einziger nach einem Gefängnisausbruch in Freiheit, weil er sich nach Brasilien abgesetzt, eine brasilianische Staatsangehörige geheiratet und ein Kind mit ihr hat. Sinnigerweise hat er dort eine Diebstahlsversicherung gegründet...

Der größte Juwelenraub gelang am 14. April 1976, als aus Stahlkammern in *Palm Beach,* Florida (USA), Juwelen und andere Wertgegenstände gestohlen wurden, die laut Schätzung der Polizei damals etwa 14 Mio. DM wert waren.

Der größte Goldraub in der Geschichte der USA gelang einer Einbrecherbande, als sie am 12. März 1980 370 kg Gold im (damaligen) Wert von 18,5 Mio. DM aus einem Juweliergeschäft in *Miami* (Florida, USA) entwendete. Außerdem nahmen die Gangster, die die komplizierte Alarmanlage des Geschäfts überlistet hatten, Schmuckstücke im Wert von 16 Mio. DM mit.
321 Silberbarren im (damaligen) Wert von 16 Mio. DM raubten als Polizisten verkleidete Gangster am 25. März 1980 an einer Fernstraße in der Nähe von *London* (England) aus einem Container-Lastzug. Das Silber, Eigentum der ostdeutschen Behörden, wurde von Beamten der Londoner *Flying Squad* bis auf zwölf Barren am 5. Juni 1980 bei einer Razzia in einer Londoner Garage wiedergefunden. Sechs Tatverdächtige waren inzwischen festgenommen worden.

Die hübscheste Räuberin unserer Tage ist zweifellos die inzwischen 29jährige *Suzanne Angly,* ehemalige *Miss France* von 1969. Zusammen mit vier Männern hat sie in *St. Louis* (Elsaß, Frankreich) ein Zollamt und in *Wittenheim* eine Bank überfallen und mehr als eine Mio. DM erbeutet.

Entführungen, Erpressungen

Das höchste Lösegeld in den Annalen der Geschichte zahlten die *Inka* zwischen 1532 und 1533 für ihren Herrscher *Atahualpa* an den Spanier *Francisco Pizarro* (1478–26. Juni 1541), der ihn in *Cajamarca* (Peru) gefangen hielt. Sie mußten einen ganzen Raum mit Gold und Silber füllen – Schätze, die in heutigem Geldwert mehr als 200 Mio. Dollar (etwa 350 Mio. DM) wert waren.
Der bisher je gemeldete Höchstbetrag von 1500 Mio. Peso (etwa 40,5 Mio. DM) wurde für die Brüder *Jorge* (40) und *Juan Born* (39) von der Firma *Bunge & Born* am 20. Juni 1975 an die linksgerichtete Guerillagruppe der *Montoneros* in Buenos Aires (Argentinien) als Lösegeld gezahlt.
(D) Die spektakulärste Entführung und Lösegelderpressung in Westdeutschland ereignete sich am 14. Dezember 1976, als *Richard Oetker* (28), ein Sohn des Industriellen und Millionärs *Rudolf August Oetker* (* 20. September 1916) in Freising (Bayern) entführt, in einer unter Strom stehenden Holzkiste gefangengehalten und schließlich gegen ein Lösegeld von 21 Mio. DM zwei Tage später lebensgefährlich verletzt in der Nähe von München wieder freigelassen wurde. Als der Tat bzw. zumindest der Mittäterschaft dringend verdächtig wurde im Januar 1979 der Münchner Betriebswirt *Dieter Zlof* (37) verhaftet und vor Gericht gestellt. Nach einem langwierigen Indizienprozeß wurde er am 9. Juni 1980 zu 15 Jahren Freiheitsentzug, zur Zahlung eines Schmerzensgeldes von 60 000,– DM an Richard Oetker und zur Rückzahlung der erpreßten Lösegeldsumme von 21 Mio. DM an dessen Vater verurteilt. Seine Anwälte legten Berufung ein.
Am 28. Juni 1980 gegen 8 Uhr früh wurde in der Nähe von Poitiers (Frankreich) der Vizepräsident des französischen Unternehmerverbandes, der Ziegeleibesitzer *Michel Maury-Laribière* (60), Vater von sechs Kindern, von Unbekannten in sei-

21 Mio. DM Lösegeld für Richard Oetker.

nem Wagen überfallen und verschleppt. Auf dem Autositz fand man einen Brief mit einer Lösegeldforderung von 3 Mio. ffr. (1,3 Mio. DM). Dies ließ zunächst auf eine rein kriminelle Erpressungsaktion schließen. Wenige Stunden später meldeten sich jedoch bei einer Presseagentur telefonisch angebliche Mitglieder der politischen Terrorvereinigung *Action directe* und forderten nebst einem Lösegeld von 30 Mio. ffr. die umgehende Freilassung in Haft befindlicher Mitglieder ihrer »Organisation«.

Die jüngste bisher entführte Person war 29 Minuten alt. Es war *Carolyn Wharton,* die am 19. März 1955 um 12 Uhr 46 im *Baptist Hospital* in Texas (USA) geboren und von einer als Krankenschwester verkleideten Frau um 13 Uhr 15 entführt wurde.

Flugzeug-Entführungen

Den höchsten Lösegeld-Betrag, nämlich 15 Mio. DM in Banknoten mit kleinem Nennwert, zahlte die Regierung der Bundesrepublik Deutschland am 23. Februar 1972 in Beirut (Libanon) an die Vertreter der *Volksfront für die Befreiung Palästinas* (PLO) als Lösegeld für die Freigabe einer *Lufthansa-Boeing 747,* die diese auf der Strecke Neu-Delhi–Athen gekapert hatten und die in Aden (Südjemen) gelandet war.

Die längste Zeit, in der Luftpiraten eine Flugzeugmannschaft in ihrer Gewalt hielten, waren acht Tage, die am 14. April 1976 endeten. Es handelte sich um drei mohammedanische Separatisten aus den südlichen Philippinen, die zuerst eine BAC 111 und dann in Bangkok eine DC 8 gekapert hatten und damit bis Bengasi in Libyen eine Flugstrecke von 14 160 km zurücklegten.

Die größte Anzahl Geiseln brachte eine Gruppe von fünf Luftpiraten in ihre Gewalt, als sie am 27. Juni 1976 ein aus Tel Aviv (Israel) kommendes *Airbus*-Flugzeug der französischen Luftfahrtgesellschaft *Air France* bei einer Zwischenlandung in Athen (Griechenland) kaperte: 257 Passagiere und 13 Besatzungsmitglieder. Nach einer weiteren Zwischenlandung in Bengasi (Libyen) landete die Maschine schließlich auf dem Flugplatz Entebbe am Viktoria-See in der Nähe der ugandischen Hauptstadt Kampala. Dort verlangten die Entführer, die sich als Angehörige einer Organisation mit dem Namen *Radikale Volksbefreiungsfront für Palästina* bezeichneten, ultimativ die Haftentlassung von 53 in fünf Ländern (darunter 40 in Israel und 6 in Westdeutschland) inhaftierten sog. »Freiheitskämpfern«; sie drohten, andernfalls das entführte Flugzeug und die Geiseln in die Luft zu sprengen.
Nachdem die Piraten zunächst 47, dann weitere 101 der in einem abgelegenen Hangar von Entebbe festgehaltenen Geiseln freigelassen und nur noch die Besatzung und etwa 100 Personen, meist israelische Staatsangehörige, in ihrer Gewalt hatten, gelang es einer Spezial-Kampfeinheit israelischer Streitkräfte am 4. Juli 1976, also eine Woche nach der Entführung, in einer offenbar minuziös vorbereiteten Blitzaktion mit drei Flugzeugen auf dem Flugplatz Entebbe zu landen und in einem blutigen Handstreich von nur halbstündiger Dauer die Geiseln zu befreien. Dabei fanden alle Terroristen und 20 ugandische Soldaten, aber auch drei der Geiseln und ein Israeli den Tod.

Ein arabisch-palästinensisches Kommando kaperte am 13. Oktober 1978 die von der spanischen Balearen-Insel Mallorca abgeflogene Lufthansa-Maschine *Landshut* mit 82 Passagieren und fünf Besatzungsmitgliedern an Bord. Ziel der Luftpiraten war es, die Freilassung von elf in Westdeutschland inhaftierten Mitgliedern der Baader-Meinhof-Terroristen-Bande, der sog. *RAF (Rote Armee Fraktion),* und von in der Türkei gefangengehaltenen Palästinensern zu erpressen. Andernfalls drohten sie die Sprengung der Maschine und die Ermordung des am 5. September 1978 gewaltsam

Der Kommandeur Ulrich Wegener und die Mogadischu-Männer der Grenzschutz Sondertruppe 9.

entführten Präsidenten der *Bundesvereinigung der deutschen Arbeitgeberverbände* und des *Bundesverbandes der deutschen Industrie, Hanns-Martin Schleyer,* an. Die Luftpiraten dirigierten das Flugzeug zu mehreren Flughäfen und schließlich – nach Ermordung des Flugkapitäns *Jürgen Schumann* – nach *Mogadischu* (Somalia). Dort wurden Besatzung und Passagiere am 18. Oktober 1978 um 0 Uhr 12 von der mit Genehmigung des somalischen Staatspräsidenten *Barre* und unter Einschaltung des damaligen Staatsministers im Bundeskanzleramt, *Hans Jürgen Wischnewski* (* 24. Juli 1922), nach *Mogadischu* eingeflogenen *Sondergruppe GSG 9* des deutschen Bundesgrenzschutzes innerhalb weniger Sekunden befreit, wobei drei der Luftpiraten getötet und eine Terroristin verletzt wurden.

In den Morgenstunden des gleichen Tages wurde *Hanns-Martin Schleyer* nach 45 Tagen von seinen Entführern ermordet. Man fand seine Leiche am 19. Oktober 1978 in Mühlhausen im Elsaß (Frankreich). Ebenfalls am 18. Oktober begingen die deutschen Terroristen und *RAF*-Mitglieder *Andreas Baader, Jan-Carl Raspe* und *Gudrun Ensslin* in der Strafvollzugsanstalt Stammheim bei Stuttgart (Baden-Württemberg) mit eingeschmuggelten Waffen Selbstmord. Wie die Waffen sowie Sprengstoff in die Zellen geschmuggelt werden konnten, blieb bis Redaktionsschluß ungeklärt.

Rauschgifthandel

Der größte Rauschgiftfang gelang am 16. August 1975, als 1049 Säcke hochwertiges *Marihuana* mit einem Gewicht von 38,85 t und einem Wert von 24 Mio. Dollar (ca. 50 Mio. DM) auf den Bahamas entdeckt wurden.

Die wertvollste, je gemachte Beute waren 425 kg reines *Heroin* im Wert von 106,25 Mio. Dollar (damals ca. 300 Mio. DM) Einzelhandelspreis, die auf dem 60-t-Krabbenfischer *Caprice des Temps* am 28. Februar 1972 beschlagnahmt wurden. Der 57jährige Kapitän *Louis Boucan* versuchte, Selbstmord zu begehen. Er wurde am 5. Januar 1973 zu 15 Jahren Gefängnis verurteilt.

Am 7. Juni 1980 entdeckte die italienische Polizei im Kastell *Cereseto* bei Alessandria in Norditalien die laut Polizeibericht *größte Heroinfabrik Europas.* 100 kg reines Heroin sowie Morphinbase und andere Rohstoffe, aus denen weitere 1000 kg Heroin hätten hergestellt werden können (Schwarzmarktwert 300 Mio. DM), wurden sichergestellt und 17 Personen, darunter vier französische Chemiker, verhaftet.

Der Ministerpräsident von Thailand, General *Kriangsak Chammanand,* veranstaltete am 31. Januar 1979 in Bangkok eine Verbrennung, bei der in einer 4×10 m großen Grube 1625 kg *Heroin,* 2000 kg *Marihuana,* 1215 kg *Amphetamin* und 3290 kg andere Rauschgifte in Flammen aufgingen. Im freien Handel hätte die gesamte in den Jahren 1975–78 beschlagnahmte Beute *»viele Milliarden Dollar«* eingebracht.

Am 29. April 1978 wurde gemeldet, daß im Zuge von Razzien auf der Halbinsel Guajira in Kolumbien vom 27.–29. April 1978 529,7 t *Marihuana* erbeutet wurden. Der Großhandelspreis wurde auf 200 Mio. Dollar geschätzt (ca. 380 Mio. DM).

(D) Die größte Zahl an Heroinsüchtigen in Westdeutschland wurde im Juli 1980 mit 50 000 erreicht. Trotz bundesweiter Aktionen gelang es nicht, den Vertrieb von Rauschgiften und die Ausbreitung der Drogensucht unter Kontrolle zu bekommen.

Betrug

Die größte Unterschlagung in Europa wurde am 2. September 1974 aufgedeckt. In den Fall war die

Zweigstelle der *Lloyd's Bank International* in Lugano (Schweiz) verwickelt. Ein Betrag von 33 Mio. Pfund Sterling (damals ca. 275 Mio. DM) wurde unterschlagen. Ein gewisser *Mark Colombo* wurde wegen Fälschung ausländischer Konten und Unterschlagung von Beweismaterial verhaftet.

Der größte Schwindel auf dem Gebiet der Sozialfürsorge wurde von dem Zigeuner *Anto Moreno* in Marseille (Frankreich) verübt. Indem er Geburtsscheine und Schulanmeldungsformulare fälschte, »fabrizierte« er 197 fiktive Familien und 3000 Kinder, für die er von 1960 bis Mitte 1968 von den französischen Sozialfürsorgebehörden Unterstützung erhielt. Nach Aufdeckung des Betruges floh *Moreno* mit etwa 25 Mio. DM Beute nach Spanien.

Todesurteile und Hinrichtungen

Allgemein: Nur in 19 Staaten der Welt ist die legale Todesstrafe vollkommen abgeschafft. De facto wurde sie zuerst 1798 im Fürstentum Liechtenstein gesetzlich untersagt.

Ⓓ In Westdeutschland ist die Todesstrafe seit 1949 durch Art. 102 des Grundgesetzes aufgehoben.

Ⓐ In Österreich ist die Todesstrafe auf Militärvergehen beschränkt; im übrigen ist sie seit 1945 durch Art. 85 der Verfassung abgeschafft.

(CH) In der Schweiz wurde die Todesstrafe 1937 abgeschafft; sie ist dort lediglich auf Militärvergehen im Kriegsfall beschränkt.

1972 sprach sich der Oberste Gerichtshof der USA gegen die Todesstrafe aus (Abstimmungsverhältnis 5:4). Seither führten jedoch 39 der 50 Bundesstaaten die Todesstrafe wieder ein.

Mit einer Mehrheit von 95 gegen 25 Stimmen hat sich am 23. April 1980 das *Europa-Parlament* in Straßburg (Frankreich) für die Abschaffung der Todesstrafe in den 21 Mitgliedsländern des Europarats ausgesprochen. Die Versammlung folgte damit einer Empfehlung des Rechtsausschusses, der die Todesstrafe »unmenschlich« nannte.

Die meisten Hinrichtungen durch den Strang an einem Tag wurden am zweiten Weihnachtsfeiertag 1862 von *William J. Duly* an 38 *Sioux-Indianern* vollstreckt. Sie starben alle an ein und demselben Galgen nahe bei *Mankato* (USA). Ihr Tod war die Strafe für die Ermordung unbewaffneter Weißer.

Die größte Massenhinrichtung unserer Zeit fand am 9. Januar 1980 in acht verschiedenen Städten Saudi-Arabiens statt. Auf Verfügung König *Chalids* (* 1913) wurden 63 Menschen enthauptet, die sich im November 1979 an der Besetzung der *Großen Moschee* in Mekka beteiligt und dabei Morde und andere Verbrechen begangen hatten.

Die meisten Hinrichtungen innerhalb eines Jahres fanden 1979 in *Südafrika* statt. Unter 133 Delinquenten befanden sich nur zwei Weiße; 98 wurden der »schwarzen«, 33 der »farbigen« (»coloured«) Bevölkerungsgruppe zugerechnet. Innerhalb von vier Jahren hat sich die Zahl der Exekutionen in Südafrika mehr als verdoppelt: 1976 wurden 61 Todeskandidaten hingerichtet, 1977 waren es 90, und 1978 bereits 132.

Die letzte Hinrichtung durch den Strang in den USA wurde in Owensboro (Kentucky) im Jahre 1936 vollstreckt.

In Großbritannien fand eine Stranghinrichtung zum letztenmal am 13. August 1964 statt.

Ⓓ In Berlin gab es 1949 aufgrund von Urteilen deutscher Gerichte die beiden letzten Hinrichtungen durch den Strang.

Die letzte öffentliche Hinrichtung durch die *Guillotine* fand am 17. Juni 1939 vor einer großen Zuschauermenge in Versailles (Frankreich) statt. Der Delinquent war der Mörder *Eugen Weidmann. Dr. Joseph Ignace Guillotin* (1738–1812), der Namenspatron der *Guillotine,* hat diese nicht erfunden. Er hatte 1789 in der *Gesetzgebenden Nationalversammlung* nur die Anwendung der von *Dr. Antoine Louis* konstruierten Maschine befürwortet.

Die längste Zeit in der Todeszelle, nämlich 14 Jahre, verbrachten der 44jährige *Edgar Labat* und *Clifton A. Paret* (38) im Angola-Gefängnis in Louisiana (USA). Im März 1953 wurden sie zum Tode verurteilt, nachdem sie 1950 der Vergewaltigung überführt worden waren. Am 5. Mai 1967 wurden sie entlassen, aber auf Grund der ursprünglichen Beschuldigung sofort wieder verhaftet.

Der 38jährige *Caryl Whittier Chessman,* der 17 schwere Verbrechen auf dem Gewissen hatte, wurde am 2. Mai 1960 in der Gaskammer im Staatsgefängnis von Kalifornien hingerichtet, nachdem es ihm fast zwölf Jahre lang gelungen war, die Vollstreckung aufschieben zu lassen.

Der älteste Todeskandidat der Welt dürfte der Japaner *Sadamichi Hirasawa* sein, der 1955 vom

Für eigene Rekorde

Obersten Japanischen Gerichtshof wegen zwölffachen Mordes zum Tode verurteilt worden war. Er beging im Februar 1980 seinen 88. Geburtstag und beteuert noch immer seine Unschuld an der 1948 erfolgten Vergiftung von zwölf Bankangestellten, die Hirasawa, als Vertreter des Gesundheitsamts getarnt, begangen haben soll, um die Bank ausrauben zu können.

Elektrischer Stuhl: Seit dem Jahr 1967 war der 30jährige *John Spenkelink* der erste, der am 25. Mai 1979 mit Hilfe des elektrischen Stuhls im Gefängnis Railford, Florida (USA), hingerichtet wurde.

Scharfrichter: Von allen Henkern übte *William Calcraft* (1800–1879) sein Amt am längsten aus. Er war von 1828 bis zum 25. Mai 1874 innerhalb und außerhalb des *Newgate-Gefängnisses* in London (England) tätig. Er hatte die »Ehre«, 1868 die letzte öffentliche Hinrichtung einer Frau zu vollstrecken. Ein »selbstbewußter, äußerst aufopfernder, kühler und absolut diskreter« Mann wird seit März 1980 von *Gayle Franzen*, dem Gefängnisdirektor des Staatsgefängnisses von Illinois (USA) gesucht – als Henker. Nach Wiedereinführung der Todesstrafe in diesem US-Bundesstaat warten bisher 23 Kriminelle, einschließlich des Massenmörders John Gacy (siehe S. 277), auf ihre Exekution.

Gefängnisstrafen

Die längste Gefängnisstrafe waren 7109 Jahre, die ein iranisches Gericht am 15. Juni 1969 über zwei Betrüger verhängte. Die Länge der Gefängnishaft ergab sich aus der großen Anzahl ihrer Verbrechen.
Am 11. März 1972 forderte der Vertreter der Anklage gegen den 22jährigen Postangestellten *Gabriel March Grandos* in *Palma de Mallorca* (Spanien) eine Gefängnishaft von 384 912 Jahren für die Nichtauslieferung von 42 768 Briefen.
Juan Corona, ein US-Mexikaner, wurde dazu verurteilt, seine lebenslängliche Haft 25mal abzusitzen. Er hatte 1970–71 in der Gegend von Yuba City (Kalifornien) 25 Farmarbeiter ermordet.

Die längste abgesessene Gefängnisstrafe hatte vermutlich der Amerikaner *Paul Geidel*, als er am 15. Mai 1980 im Alter von 86 Jahren nach fast 69jähriger Haft begnadigt und – nach langem Zureden von Fürsorgern – aus der Strafanstalt Fishkill im US-Bundesstaat New York wieder in die ihm völlig fremd gewordene Freiheit entlassen wurde. Der damals 17jährige Geidel hatte 1911 in einem New Yorker Hotel einen 73jährigen Geschäftsmann mit Chloroform umgebracht und um sieben Dollar, eine Uhr und andere Habseligkeiten beraubt. Für diesen Raubmord war er noch im gleichen Jahr zu lebenslanger Haft verurteilt worden.

Kjell Forslund, ein damals 48jähriger schwedischer Häftling, hatte im April 1980 29 Jahre hinter Gittern verbracht. Als er entlassen werden sollte, weigerte er sich, die Strafanstalt zu verlassen. Dabei berief er sich auf ein Gesetz, wonach ein Häftling nicht entlassen werden darf, wenn er sich für die Freiheit nicht reif genug fühlt. Und Forslund meinte, er müsse zunächst einmal wieder lernen, einzukaufen und U-Bahn zu fahren...

Das teuerste Gefängnis der Welt: im Spandauer Gefängnis sitzt nur noch ein Häftling: Rudolf Heß.

Der jüngste »Lebenslängliche« dürfte zur Zeit der 14jährige *Robert Cammerer* aus Winchester (England) sein. Er wurde am 27. April 1980 zu lebenslänglicher Verwahrung verurteilt, weil er ein kleines Mädchen aus der Nachbarschaft, die sechsjährige *Kelli Thomas*, aus Wut zu Tode getrampelt hatte. »Wenn du so leicht in Wut gerätst und dann sogar tötest, ist es möglich, daß du es nochmals tust«, meinte der Richter.

Am häufigsten straffällig wurde offenbar der wohlerzogene, aber dem Trunk ergebene *Edward Eugene Ebzery*, dessen Strafregister 1433 Eintra-

Das sicherste Gefängnis der Welt: die Insel Alcatraz in der Bucht von San Franzisko.

gungen aufwies, als er am 23. September 1967 im Gefängnis von *Brisbane* (Australien) starb.

Zur höchsten Haftstrafe wegen eines Wirtschaftsvergehens (»white-collar-crime«) hat ein US-Bundesgericht in New York am Freitag, den 13. (!) Juni 1980 den aus Italien stammenden Finanzmakler *Michele Sindona* verurteilt: 25 Jahre Freiheitsentzug wegen Betrugs und Verschwörung im Zusammenhang mit dem Zusammenbruch der *Franklin National Bank* im Jahre 1973, der größten Bankpleite in der amerikanischen Geschichte. Ausdrücklich stellte der Vorsitzende des Gerichts, Bundesrichter *Thomas Griesa* fest, daß Sindona die Strafe voll abbüßen müsse und nicht mit ihrer vorzeitigen Aussetzung rechnen dürfe.

Zur höchsten Geldstrafe der Welt sollte im Januar 1979 der italienische Filmproduzent *Carlo Ponti* (* 11. Dezember 1913), Ehemann von *Sophia Loren* (* 20. September 1934), von einem italienischen Gericht wegen angeblicher Steuerhinterziehung verurteilt werden. *Ponti* sollte 22 Mrd. Lire (ca. 48,8 Mio. DM) zahlen. Er legte Berufung ein.

Gefängnisse

Das größte Gefängnis befindet sich in *Charkow* in der UdSSR. Zu »Stoßzeiten« sollen bis zu 40 000 Gefangene in ihm untergebracht gewesen sein.

Das sicherste Gefängnis der Welt: Seit dem Bestehen (1934) der US-Bundesstrafanstalt auf *Alcatraz* in der Bucht von San Franzisko (Kalifornien) ist es keinem Gefangenen gelungen, lebend von dort zu entkommen. Insgesamt 23 Insassen machten den Versuch auszubrechen, aber zwölf wurden wieder eingefangen, fünf auf der Flucht erschossen, einer ertrank, und von fünf weiteren wird dies vermutet. Am 16. Dezember 1962 gelang es einem Mann, lebend das Festland zu erreichen, aber er wurde sofort wieder gefangen. Das Gefängnis wurde im März 1963 geschlossen.

Das teuerste Gefängnis ist das *Spandauer Gefängnis* bei Berlin (West), das vor 100 Jahren für 600 Insassen gebaut wurde. Es wird jetzt nur noch für den *»Stellvertreter des Führers« Rudolf Hess* (* 26. April 1894) benutzt. Die Kosten des 105 Mann starken Personals dürften bei 415 000 Dollar (rund 725 000 DM) im Jahr liegen.

Die größte Strafvollzugsanstalt in Westdeutschland ist das Gefängnis *Stadelheim* in München (Bayern). Es hat z. Zt. eine Insassenkapazität von 1500 Häftlingen und eine Gefangenenfluktuation von jährlich 19 000. Die durchschnittliche Haftzeit in diesem Gefängnis beträgt 50 Tage; es nimmt sowohl Untersuchungs- wie Strafhäftlinge auf.
Fast ebensogroß wie Stadelheim ist die Männerhaftanstalt in *Werl* (Nordrhein-Westfalen), die 1480 Häftlingen Platz bietet.
Die berühmte Justizvollzugsanstalt *Tegel* in Berlin-West, mitunter fälschlich als »Europas größter Knast« bezeichnet, bietet 1200 Häftlingen Platz.

Die älteste, noch benutzte Strafvollzugsanstalt Westdeutschlands befindet sich in *Bruchsal* (Baden-Württemberg). Sie wurde 1848 erbaut.

Das bekannteste Gefängnis Westdeutschlands – und eins der teuersten und modernsten – ist das von *Stammheim* bei Stuttgart (Baden-Württemberg). Es wurde von 1959–1962 für rund 22 Mio. DM erbaut, ungerechnet die 15 Mio. DM, die später für das Gebäude und dessen Sicherungsanlagen aufgewendet werden mußten, in dem der Prozeß gegen die sog. *Baader-Meinhof-Bande,* also die Terroristen der *Rote Armee Fraktion (RAF) Ulrike Meinhof, Andreas Baader, Jan-Carl Raspe, Gudrun Ensslin,* und später auch gegen weitere Terroristen geführt wurde. Das besondere Interesse der Weltöffentlichkeit erregte Stammheim, als *Baader, Raspe* und *Ensslin* dort am 18. Oktober 1978 z. T. mit eingeschmuggelten Waffen Selbstmord begehen konnten, wie im gleichen Gefängnis vor ihnen schon die Terroristin *Ulrike Meinhof* (* 7. Oktober 1934) am 9. Mai 1976.

Das kleinste Gefängnis hat die Kanalinsel *Sark* (Großbritannien). Nur zwei Häftlinge haben Platz.

Erste Leiterin einer deutschen Strafanstalt mit männlichen Gefangenen ist seit August 1968 die Berliner Oberregierungsrätin Elisabeth Harre. Ihr untersteht die Jugendstrafanstalt Plötzensee in Berlin.

Gar kein Gefängnis hat der Zwergstaat *Monaco,* was im März 1980 einer französischen Zigeunerin zugute kam, die mit Falschgeld ertappt worden war. Da der große Nachbar Frankreich kein ausreichendes Beweismaterial zur Verfügung stellen konnte, sahen sich die Richter – die in den vergangenen zehn Jahren ohnehin nur viermal zusammengetreten waren – genötigt, den *ersten Freispruch* des Landes aus Mangel an Beweisen auszusprechen. Wo hätten sie ihre Delinquentin auch einlochen sollen, da es in Monaco doch gar kein Gefängnis gibt –?

Straflager

🌐 **Die größten Straflager** der Welt waren die bei *Karaganda* und *Kolyma* in der UdSSR, deren Belegung 1958 auf je 1,2–1,5 Mio. geschätzt wurde.

Zur Zeit soll das größte Arbeitslager in der UdSSR der *Dubrovlag*-Komplex mit 15 Lagern sein, dessen Zentrale in *Pot'ma* (Moldau-Republik) liegt. Im März 1960 belief sich die offizielle NATO-Schätzung auf »über 1 Mio.« für alle Sowjetlager zusammen, während zur Stalin-Zeit die Höchstzahl an Lagerhäftlingen wahrscheinlich 12 Mio. betrug.

Die größte französische Strafkolonie war *St. Laurent du Maroni,* zu der die berüchtigten *Teufelsinseln Royale und St. Joseph* (für Schwerverbrecher), nahe der Küste von Französisch-Guyana in Südamerika, gehören. Sie dienten von 1854–1953 als Strafkolonie. Am 22. August 1953 wurde die letzte Gruppe Gefangener nach Frankreich zurückgebracht, unter ihnen *Théodore Rouselle,* der 50 Jahre abgebüßt hatte. Es wird angenommen, daß kaum 2000 Sträflinge von den insgesamt 70 000 Deportierten je zurückgekehrt sind. Einer von ihnen war jedoch der Scharfrichter *Ladurelle,* der von 1921–37 im Bagno war und 1938 in Paris ermordet wurde.

Ausbrecher

🌐 **Die längste Zeit,** die ein ausgebrochener Sträfling in Freiheit verbrachte, waren 46 Jahre. Dies gelang *Leonard T. Friscoe,* der am 15. Dezember 1923 aus dem Gefängnis von *Nevada* (USA) entkam und am 15. November 1969 im Alter von 77 Jahren von seinem Sohn wieder eingeliefert wurde. Er hatte 1920 zwei Polizeibeamte ermordet.

(D) **Den Titel eines deutschen »Ausbrecherkönigs«** darf wohl mit Recht der Berliner Strafhäftling *Ekkehard Lehnmann* (33) führen. Ihm gelang im Juni 1980 sein zehnter Ausbruch. Er hatte wegen gemeinschaftlicher Vergewaltigung und anderer Delikte noch ein Strafe bis zum März 1984 zu verbüßen.
Dem westdeutschen Knastbruder *Horst Zimmermann* gelang es bisher siebenmal, aus verschiedenen Haftanstalten auszubrechen.

(CH) Der 37jährige Schweizer *Walter Sturm* hält den Rekord seines Landes mit – bisher – fünf gelungenen Ausbrüchen.

Massenausbrüche: Im Februar 1979 stürmte ein pensionierter amerikanischer Oberst, *Arthur ›Bull‹ Simons,* mit einer Gruppe von 14 Mann das *Gasre*-Gefängnis in Teheran (Iran), um zwei seiner Landsleute zu befreien. Etwa 11 000 andere Gefangene nutzten dies und die Wirren der islamischen Revolution aus, um selbst auszubrechen.

Im Juli 1971 entkamen *Raoul Sendic* und 105 andere *Tupamaro-Guerilleros* aus einem Gefängnis in Uruguay durch einen 91 m langen Tunnel.

Arbeit u. Gewerkschaften

Allgemein: Die Gewerkschaftsbewegung ging von England aus. Nach Aufhebung des bis dahin bestehenden Koalitionsverbotes wurden die englischen *Trade Unions,* die sich zu Beginn des 19. Jahrhunderts bildeten, Vorbild für alle anderen Länder. Überall mußten sich die Gewerkschaften anfänglich gegen den Widerstand der herrschenden Schicht durchsetzen. Erst zu Beginn des 20. Jahrhunderts wurden sie mehr und mehr anerkannte Vertreter der Arbeitnehmerschaft.

Die älteste aller Gewerkschaften ist eine der 150, die sich in Großbritannien im Jahre 1868 zum Gewerkschaftsbund *Trades Union Congress* zusammenschlossen, nämlich der 1747 gegründete *Verband der Bürstenmacher und Arbeiter* mit heute 1547 Mitgliedern.
In Deutschland entstanden die ersten Gewerkschaften um 1860. Die erste deutsche freie Gewerkschaft war der *Allgemeine Deutsche Zigarrenarbeiter-Verein,* gegründet 1865. 1866 folgte der *Deutsche Buchdruckerverband.*

Die größte Gewerkschaft der Welt ist die bundesdeutsche *Industrie-Gewerkschaft (IG) Metall* mit 2 Mio. 684 509 Mitgliedern (1. Januar 1980); das sind 34,6 Prozent aller Mitglieder des *Deutschen Gewerkschaftsbundes (DGB),* der Ende 1979 7,83 Mio. Mitglieder hatte. Ende 1979 gab es im DGB 5,37 Mio. Arbeiter, 1,6 Mio. Angestellte und 840 000 Beamte. Die Zahl der weiblichen Mitglieder betrug 1,54 Mio.

Den längsten Namen hat wahrscheinlich der *Internationale Verband der Marmor-, Schiefer- und Steinpolierer, Reiber und Säger, Kachel- und Marmorplattenlegergehilfen und Marmormosaik- und Zementmosaiklegergehilfen* in Washington, (USA).

Die kleinste dem englischen Gewerkschaftsbund angeschlossene Gewerkschaft mit 32 Mitgliedern ist der *Verband der Wollscherer* in Sheffield. Der 1874 gegründete nichtangeschlossene *Verband der handschmiedenden Löffel- und Gabelmacher* in London hat sechs Mitglieder.
Die kleinste Mitgliedergewerkschaft des *DGB* ist die *Gewerkschaft Gartenbau, Land- und Forstwirtschaft* mit 41 311 Mitgliedern (1. Januar 1979).

Streiks

Die früheste Arbeitsstreitigkeit gab es wegen eintöniger Verpflegung und schlechter Arbeitsbedingungen in *Theben* (Ägypten) im Jahre 1153 v. Chr. Sie ist dokumentarisch belegt.

Der erste Streik, ebenfalls dokumentarisch belegt, wurde von einem griechischen Kapellmeister namens *Aristos* ca. 309 v. Chr. in Rom veranlaßt. Der Grund: Essenspausen für die Musiker.

Der längste Streik endete am 4. Januar 1961 nach 33 Jahren. So lange streikten Friseurgehilfen in *Kopenhagen* (Dänemark), um ihre Vorstellung über Anstellungsbedingungen durchzusetzen.

Den ersten Streik in Deutschland veranstalteten die Gürtlergesellen von *Breslau* (Schlesien) im Jahre 1329. Sie streikten ein Jahr lang.

Der größte Streik in Westdeutschland war der 20-Tage-Streik von 130 000 bayerischen Metallarbeitern im August 1954.

Als längster Streik in Westdeutschland gilt der Ausstand der schleswig-holsteinischen Metallarbeiter. Er dauerte 108 Tage lang von Oktober 1956 bis Mitte Februar 1957.

Arbeitslosigkeit

Die höchste Arbeitslosenzahl wurde am 28. Februar 1932 in Deutschland gezählt: 6 Mio. 128 400.

In Westdeutschland gab es Ende 1954 mit 2 Mio. 42 000 die meisten Arbeitslosen. 1979 betrug die Arbeitslosenquote 3,8 Prozent. 876 000 Einwohner Westdeutschlands waren arbeitslos, 88 000 leisteten Kurzarbeit.

Für eigene Rekorde

Die niedrigste Arbeitslosenquote in Westdeutschland gab es 1970 mit 0,7 Prozent.
(CH) Die Schweiz mit einer Bevölkerung von 6,6 Mio. hatte im Dezember 1973 nur 81 Arbeitslose.

1979 hatte von allen *EG-Ländern* Belgien mit 8,8 Prozent die höchste Arbeitslosenquote, gefolgt von Irland (8,1) und Italien (7,6). Die niedrigste Quote hatte Luxemburg mit 0,7 Prozent.

Postverkehr

Fernmeldewesen

Telefone: Nach einer Schätzung der *American Telephone & Telegraph Co.* gab es im Januar 1978 auf der Welt rund 423 Mio. Telefonapparate.
Davon hatten die USA mit über 162 Mio. die meisten, d. h., auf je 1000 Personen 744 Apparate.
(D) In Westdeutschland gab es Ende 1978 24,74 Mio. Telefonanschlüsse (ohne Nebenanschlüsse), so daß auf 1000 Einwohner 398 Anschlüsse entfielen.
(DDR) Ostdeutschland hatte etwa 2,75 Mio. Telefonanschlüsse; das entspricht einem Verhältnis von 16:1000.
(A) Österreich erreicht mit 2,28 Mio. Anschlüssen ein Verhältnis von 30:1000.
(CH) In der Schweiz gibt es etwa 4 Mio. Telefonanschlüsse bzw. 63 je 1000 Einwohner. Damit besitzt die Schweiz fast soviel Telefonanschlüsse wie ganz Afrika.

Die wenigsten Telefone gibt es auf der zu Großbritannien gehörenden Insel *Pitcairn* im Ostpazifik: insgesamt 32.
Zu den Ländern mit den wenigsten Fernsprechapparaten gehören *Tschad, Obervolta* und *Nepal* mit weniger als 1 Prozent.

Die meisten Telefone pro Kopf der Bevölkerung hat die Insel *Midway,* eine Pazifikinsel der USA, nämlich 130 pro 100 Einwohner.

Die Stadt mit den meisten Fernsprechgeräten mit New York (USA) mit 5,9 Mio. bzw. 808 pro 1000. In Washington D. C. (USA) ist die Dichte 1495 pro 1000. Noch mehr Telefone gibt es – mit 1600:1000 – in Beverley Hills bei Los Angeles (USA).
Unter den europäischen Großstädten nimmt nach der Zahl der Telefonanschlüsse Stockholm mit 1185:1000 den ersten Platz ein, gefolgt von Paris mit 111 Prozent, Zürich (107,7 Prozent) und Genf (104,9 Prozent).

Die meisten Ferngespräche werden in den USA geführt: 221,5 Mrd. jährlich, 975 pro Person.

(D) In Westdeutschland werden jährlich etwa 16 Mrd. Telefonate geführt, d. h. 262 pro Einwohner.

Der am meisten benutzte öffentliche Fernsprecher befindet sich in der Endstation der *Greyhound*-Überlandbusse in Chicago (USA). Dort werden durchschnittlich 270 Gespräche innerhalb von 24 Stunden geführt.

(D) **Die ersten Münz-Telefongeräte in Eisenbahnzügen** hat die Deutsche Bundespost ab 1. Juni 1980 eingeführt. Versuchsweise werden die Telefon-Automaten ein Jahr lang in den *Intercity*-Zügen zwischen Hamburg und München (Bayern) erprobt. Bewähren sie sich, sollen bis 1982 alle *TEE*- und *Intercity*-Züge mit Münzfunk-Telefonen ausgerüstet werden.

Die meisten Zerstörungen von Münztelefonen, Fernsprechzellen und Fernsprechhauben wurden 1979 in Westdeutschland registriert. Von den insgesamt 110 000 Geräten waren 60 108 mutwillig zerstört worden. Der Schaden beläuft sich auf 10,1 Mio. DM, der Gebührenausfall auf schätzungsweise 1,2 Mio. DM. 5191 Täter konnten ermittelt und bestraft werden.
Seit Juni 1980 darf laut einem Rundschreiben des Bundespostministeriums an die Oberpostdirektionen übrigens auch in Deutschland das Telephon offiziell auch »Telephon« heißen. Bis dahin wurde im Amtsdeutsch der Bundespost grundsätzlich nur der Begriff *Fernsprecher* verwendet.

Das längste unterseeische Fernsprechkabel ist das *Commonwealth Pacific Cable (COMPAC),* das von Australien via Auckland (Neuseeland) und Hawaii bis nach Port Alberni in Kanada – über eine Entfernung von 14 480 km – reicht. Es kostete ca. 420 Mio. DM und wurde am 2. Dezember 1963 eingeweiht.

Die fehlerhafteste Telefonrechnung erhielt am 18. August 1975 der Wirt eines Restaurants in Staffordshire (England) in Höhe von 1 Mrd. 494 Mio. Pfund Sterling (damals etwa 5,5 Mrd. DM). Die Post gab zu, daß die Rechnung einen »Rechenfehler« enthielt.

Die meisten Telegramme, etwa 478,5 Mio., wurden im Jahre 1977 in der UdSSR aufgegeben.

(D) Die Zahl der Telegramme in Westdeutschland wurde zuletzt 1976 mit 16 Mio. ermittelt, davon 7 Mio. im Auslandsverkehr.

Das erste Telegramm wurde in Deutschland am 22. November 1794 über eine Strecke von 1,5 km nach Karlsruhe (Baden-Württemberg) befördert, allerdings noch mit dem optischen Telegrafen. Es

Die größte Erdfunkstelle der Welt wird im Frühjahr 1981 in Raisting (Bayern) in Betrieb genommen.

war ein Huldigungsgedicht zum Geburtstag des Markgrafen *Karl Friedrich von Baden.*

Die erste elektromagnetische Telegrafenlinie mit nur einem Draht wurde 1844 zwischen Wiesbaden (Hessen) und Mainz-Kastell (Rheinland-Pfalz) in Betrieb genommen.

🌐 **Das größte Fernschreibnetz** besteht mit über 125 000 Anschlüssen in Westdeutschland.

Postämter, Brief- und Paketdienst

🌐 **Das höchstgelegene Postamt** gehört der nepalesisch-indischen Postverwaltung und liegt im Himalaja-Gebirge in einer Höhe von 5610 m üNN.

(CH) Das höchstgelegene Postamt Europas befindet sich bei der Station *Eismeer* der Zahnrad-Bergbahn zum *Jungfraujoch* (Schweiz). Seine Höhe: 3161 üNN. Eine Postagentur befindet sich auch auf der Jungfraujochhöhe, 3454 m üNN.

(D) **Das höchstgelegene deutsche Postamt** ist die Posthilfsstelle *»Münchner Haus«* auf der Zugspitze (2966 m üNN.). Eine Poststelle I liegt knapp darunter im *Schneefernerhaus* (2650 m).

(A) **Das höchstgelegene Postamt Österreichs,** das ganzjährig geöffnet ist, ist das von *Obergurgl* im *Ötztal* (Tirol) mit 1930 m Höhe üNN. Das Postamt von *Kühtai* (Tirol), 1986 m üNN., ist nur als Saisonpostamt eingerichtet.

🌐 **Den stärksten Gebrauch vom Postdienst** macht man in den USA, deren Bevölkerung 1977 über 92 Mrd. Briefe und Pakete versandte und wo 655 097 Menschen bei der Post beschäftigt waren.
Auch bei der Durchschnittszahl an Briefen, die jeder einzelne schreibt, stehen die USA an erster Stelle, 1977 waren es 427 pro Person.

(D) Die *Deutsche Bundespost* beförderte 1978 fast 12 Mrd. Brief- und 264 Mio. Paketsendungen. Umgerechnet bedeutet dies, daß pro Einwohner Westdeutschlands 197 Briefe geschrieben und vier bis fünf Pakete verschickt wurden.

Der erste Briefkasten. Dokumentarisch verbürgt ist die Aufstellung eines Briefkastens 1653 in *Paris.*

(D) Der erste Briefkasten Deutschlands wurde 1766 angebracht. Er war aus Holz und hing auf dem Flur des *Zentralen Berliner Posthauses.* Da die Berliner keinen rechten Gebrauch von ihm machten, wurde er bald wieder entfernt.
Hölzerne Briefkästen (mit weißem Anstrich) gab es dann erst wieder nach 1815. Seit etwa 1840 bestanden die Briefkästen aus Metall; zuerst aus Blech, später aus Gußeisen. Jetzt sind sie aus Plastik.
Zur Zeit gibt es in Westdeutschland etwa 109 000 Postbriefkästen.

Die modernste Paketverteileranlage der Welt wurde am 27. September 1979 im Postbahnhof von *Frankfurt am Main* (Hessen) in Betrieb genommen.

Die längste Zeit, die ein Brief brauchte, um – wenn schon nicht seine eigentliche Adressatin, so doch deren Nachkommen – zu erreichen, dauerte 269 Jahre. Es handelt sich um einen Feldpostbrief, den ein schwedischer Soldat 1711 während eines Feldzugs *Karls XII.* von Schweden aus der Türkei – wohin er auf der Flucht aus Rußland verschlagen worden war – an seine Schwester *Margarete Nilsdotter* in *Märsta* (Schweden) geschickt hatte. Der Brief blieb jedoch im ebenfalls mit Schweden kriegführenden Dänemark liegen und landete im dänischen Reichsarchiv. Dessen Beamte entschlossen sich erst jetzt, die Post weiterzubefördern und übergaben den Brief dem für Märsta zuständigen Propst *Dag Wiren,* als dieser Kopenhagen besuchte. Dieser Geistliche gab ihn an die Ururenkel von Margarete Nilsdotter weiter.

Die größte Erdfunkstelle der Welt für Fernsprechverbindungen und Fernsehübertragungen via Satellit besteht im westdeutschen *Raisting* bei Weilheim (Bayern). Zwei je 300 t schwere Antennen mit einem Durchmesser von 32 Metern pro Anlage werden gegenwärtig aufgestellt und sollen im Frühjahr 1981 ihre Arbeit als »Ohren im Weltraum« im interkontinentalen Fernmeldeverkehr aufnehmen.

(D) **Der erste Postomnibus** Deutschlands fuhr am 1. Juni 1905 von Bad Tölz nach Lenggries (Bayern). Er ist heute im Verkehrsmuseum von Nürnberg (Bayern) zu sehen.

Für eigene Rekorde

....

....

....

Eine Rückkehr zum Nachrichtenverkehr des Mittelalters unternahm im April 1980 die Redaktion eines in Kopenhagen (Dänemark) erscheinenden Magazins, weil die Briefzustellung durch die dänische Post von den Außenredaktionen oft sechs Tage dauerte. Jetzt setzte der Verlag Brieftauben ein, die eine Strecke von 250 km, für die ein Brief über eine Woche gebraucht hatte, in drei Stunden schafften.

Erziehung und Bildung

Analphabetentum

Allgemein: Da für eine große Anzahl von Ländern keine Unterlagen existieren, läßt sich die Zahl der erwachsenen Analphabeten (ab 15 Jahren) nur annähernd feststellen. Ihr Anteil wurde zuletzt auf 814 Mio. geschätzt, d. h. 20 bis 30 Prozent der Weltbevölkerung. Die Tendenz ist steigend.
Der Erdteil mit den meisten Analphabeten ist *Afrika,* wo 81,5 Prozent der Erwachsenen weder lesen noch schreiben können. Die letzte bekanntgegebene Zahl für *Mali* aus dem Jahre 1960 zeigte, daß dort 97,8 Prozent der Bevölkerung über 15 Jahre Analphabeten waren.
(D) Für Westdeutschland wurde im März 1980 geschätzt, daß 500 000 bis 1 Mio. Bundesbürger aller Altersklassen weder lesen noch schreiben können, also etwa ein bis anderthalb Prozent.

Universitäten, Schulen

Die älteste Lehranstalt mit dem Charakter einer Universität ist wahrscheinlich die von *Karauyne* in *Fez* (Marokko), die 859 n. Chr. gegründet wurde.
Die ersten Universitäten in Europa entstanden im 12. und 13. Jahrhundert, so die von *Bologna* im Jahr 1199, von *Neapel* 1224 und die *Sorbonne* von Paris 1253.
Die älteste Universität im Deutschen Reich war die *Prager Universität.* Ihr Gründungsjahr war 1348.
(D) Die älteste Universität in Westdeutschland ist die *Ruprecht-Karl-Universität* in Heidelberg (Baden-Württemberg), die 1386 gegründet worden ist.
(DDR) Die ältesten Universitäten in Ostdeutschland sind *Erfurt* (1388) und *Leipzig* (1409).
(A) Österreichs älteste Universität ist die von *Wien* aus dem Jahre 1365.
(CH) In der Schweiz wurden 1460 die ersten Universitäten in *Fribourg* (Freiburg) und *Basel* gegründet.
Die berühmten englischen Universitäten von *Oxford* und *Cambridge* bestehen seit Anfang des 13. Jahrhunderts.

Die meisten Studenten der Welt hat die Universität des Staates New York (USA), wo sich 1978

Links und rechts der Ludwigstraße: die größte deutsche Universität, die Ludwig-Maximiliansuniversität von München

344 000 Studenten immatrikuliert haben. Der älteste Teil dieser Universität, der sich in Albany im Staat New York befindet, wurde 1844 gegründet.

Das größte Universitätsgebäude steht in Moskau.

Die größte Universität wird in *Riad* (Saudi-Arabien) errichtet. Die Ausschreibungen für diese 70-Milliarden-DM-Universität wurden im Juni 1978 abgeschlossen. 15 000 Familien werden auf ihrem Gelände wohnen können. Ein eigenes Verkehrsnetz wird für sie eingerichtet.

Das größte schon bestehende Universitätsgebäude der Welt ist die *M. V.-Lomonosov-Staatsuniversität* auf den Leninhügeln südlich von Moskau (UdSSR). Das Gebäude ist 240 m hoch, hat 52 Stockwerke und 40 000 Zimmer. Es wurde von 1949–53 erbaut.

Die größte Universität Westdeutschlands ist die *Ludwig-Maximilians-Universität* von München, die 1826 gegründet wurde. An ihr waren 1978/79 40 014 Studenten eingeschrieben, davon 17 527 weibliche. 2771 ausländische Studenten waren in München immatrikuliert.
Insgesamt haben in Westdeutschland im Wintersemester 1979/80 etwa 982 000 Personen studiert, darunter 36 Prozent weibliche. Etwa 40 000 Studierende waren Ausländer, ein Drittel von ihnen weiblichen Geschlechts.
An den westdeutschen Hochschulen sind etwa 25 000 Professoren und Dozenten tätig, davon 1400 Frauen. Bei der bisher letzten, 1977 vorgenommenen Erhebung wurden insgesamt 70 300

hauptberuflich Tätige erfaßt, von denen mehr als drei Viertel an den Universitäten, der Rest an Gesamthochschulen, pädagogischen und theologischen Hochschulen, Kunst- und Fachhochschulen arbeiteten.

Die größte Universität Ostdeutschlands ist die *Humboldt-Universität* in Berlin (Ost). 1978 gab es in Ostdeutschland etwa 128 000 Studierende, darunter über 47 Prozent weibliche.

Ⓐ **Die größte Universität Österreichs** ist die von *Wien* mit z. Zt. etwa 40 000 Studierenden.

(CH) **Die größte Universität der Schweiz** ist die von *Zürich*. Sie hatte 13 231 Studenten im Wintersemester 1977/78.

Die am wenigsten besuchte Universität dürfte die von *Hearst* (Ontario, Kanada) sein. Sie hatte 1977/78 zeitweise nur 76 Studenten und 15 Professoren.

Ⓓ **Die kleinste Universität Westdeutschlands** ist die von *Speyer* (Rheinland-Pfalz), an der im Wintersemester 1978/79 nur 296 Studierende immatrikuliert waren.

Der jüngste Akademiker, dem jemals ein Lehrstuhl an einer Universität angeboten wurde, war der 19jährige *Colin MacLaurin* (1698–1746), der am 30. September 1717 zum Professor der Mathematik am *Marischal College* in Aberdeen (Schottland) ernannt wurde. 1725 wurde er auf Empfehlung von *Sir Isaac Newton* Professor der Mathematik an der Universität Edinburgh.
1967 wurde *Dr. Harvey Friedman* zum außerordentlichen Professor der Mathematik an der *Stanford* Universität (Kalifornien, USA) ernannt. Er war gerade 19 Jahre alt geworden.

Die längste Zeit als Lehrstuhlinhaber mit insgesamt 63 Jahren verbrachte *Thomas Martyn* (1735–1825), der von 1762 bis zu seinem Tod Professor der Botanik an der Universität *Cambridge* (England) war.

🌐 **Der jüngste aller Studenten** war *William Thomson* (1824–1907), später *Lord Kelvin,* der im Oktober 1834 mit zehn Jahren und vier Monaten die Universität *Glasgow* bezog und am 14. November 1834 immatrikuliert wurde.
Dr. Merrill Kenneth Wolf (* 28. August 1931) aus Cleveland (Ohio, USA) promovierte im September 1945 kurz nach seinem 14. Geburtstag an der Universität *Yale* (USA) in Musik.

Ⓓ Der jüngste Student Westdeutschlands war *Elmar Eder,* der 1970 im Alter von 14 Jahren an der Universität *München* das Vorexamen in Mathematik und Physik mit *»sehr gut«* bestand.

🌐 **Die älteste Universitätsbesucherin** war die Amerikanerin *Sarah Raw.* Sie wurde am 29. September 1976 im Alter von 102 Jahren und neun Monaten immatrikuliert.
Ⓐ Mit dem Wunsch, Archäologie zu studieren, meldete sich eine 81jährige Insassin eines Wiener Altenheims im Wintersemester 1979/80 bei der Wiener Universität an. Im Sinne einer Aktion der österreichischen Rektorenkonferenz für das *»Seniorenstudium«* wurde ihrem späten Wunsch entsprochen.

Der älteste Doktorand war der 78jährige *Ernesto del Trono* aus Messina (Sizilien, Italien), der im März 1980 an der Universität von *Messina* zum *Dr. med.* promovierte und sich damit einen Lebenstraum erfüllte. Mit drei Jahren Vollwaise geworden, konnte er aus finanziellen Gründen nicht studieren und erwarb sich in langen Jahren seine für die Promovierung notwendigen Kenntnisse als Grundschullehrer auf dem zweiten Bildungsweg.

Ewigste Studenten: Ein gewisser *Friedrich H. Martin* schrieb sich 1973 im Alter von 50 Jahren für sein 53. Jura-Semester an der Universität *Göttingen* (Niedersachsen) ein.
Der Ägypter *Dakthor Frarouz Hussein* (51) studierte in den verschiedensten Fakultäten an mehreren bundesdeutschen Universitäten. Erst nach 49 Semestern hatte die Langmut ein Ende und der Ägypter mußte nach Kairo zurück. In den 19 Jahren hat er die deutschen Steuerzahler mehr als eine Mio. DM gekostet.

Die ersten Schulen entstanden bereits im 5. Jahrhundert v. Chr. in Griechenland. Sie unterwiesen ihre Schüler in grammatisch-rhetorischen und philosophischen Fragen.
Zwischen 35 und 100 n. Chr. wurden ähnliche Schulen in Rom gegründet. Im 2. Jahrhundert erfolgte dort die Errichtung christlicher *Katechetenschulen.*
Zwischen dem 4. und 6. Jahrhundert entstanden die von den Benediktinern gegründeten ersten *Klosterschulen* des Abendlandes.
Die ersten *Rats-, Stadt- und Schreibschulen* in Deutschland entstanden Ende des 13. und Anfang des 14. Jahrhunderts.

🌐 **Das erste Gymnasium** eröffnete *Johannes Sturm* (* 1. Oktober 1507, † 3. Mai 1589) in Straßburg (Elsaß, Frankreich).
Nach 1600 wurde in den meisten deutschen Staaten die Schulpflicht eingeführt.

Das erste Volksschullehrer-Seminar wurde 1698 in Gotha (Sachsen) gegründet.

Denkmal für den unbekannten Schüler in Bad Sachsa.

Die erste deutsche Realschule entstand um 1700 in Halle (Sachsen).

Die ersten höheren Mädchenschulen entstanden um 1900. Gleichzeitig wurden Gymnasien, Realgymnasien und Oberrealschulen als gleichberechtigte, das Hochschulstudium ermöglichende Lehranstalten instituiert.
In Westdeutschland gab es 1978 28 835 allgemeinbildende Schulen mit 9,75 Mio. Schülern.

🌐 **Die größte Schule** der Welt war die *De Witt-Clinton High School* im Stadtbezirk Bronx (New York, USA). Sie hatte 1934 12 000 Schüler. Jetzt sind es »nur« noch 4500.

Ⓓ **Die größte Schule Westdeutschlands** ist die *Additive Gesamtschule* in Oberursel (Hessen) mit 2750 Schülern im Schuljahr 1978.

Die kleinste Schule in Deutschland ist die auf der *Hallig Gröde* (Schleswig-Holstein). Sie hat einen Grund- und zwei Hauptschüler.

🌐 **Die teuerste Schule** ist das *Institut Le Rosey in Rolle* (Kanton Waadt, Schweiz). Die Gebühren belaufen sich auf mindestens 25 000 sFr. im Jahr.

🌐 **Die meisten Schulen, die ein Schulkind jemals besuchte,** waren 265. *Wilma Williams,* jetzt Mrs. *R. J. Horton,* absolvierte sie von 1933–1943, als ihre Eltern in den USA im Show-Business tätig waren und von Ort zu Ort reisten.

🌐 **Das einzige Denkmal für einen unbekannten Schüler** steht vor dem Eingang des *Pädagogiums* von *Bad Sachsa* (Niedersachsen). Es wurde von ehemaligen Schülern dieses Gymnasiums gestiftet und Pfingsten 1951 aufgestellt. Die Statue wurde von dem Bildhauer *Edwin Epler* aus Göttingen (Niedersachsen) geschaffen.

Religion, Kirchenwesen

Allgemein: Religionsstatistik kann nur auf Schätzungen beruhen. Das amtlich angegebene Bekenntnis eines Menschen braucht nicht mit seiner Überzeugung übereinzustimmen. Abgesehen davon gibt es viele Menschen, besonders im Osten, die mehreren Religionen angehören.

Die älteste dogmatisch definierbare Religion ist der *Hinduismus.* Gegen 1500 v. Chr. brachten die Arier seinen Vorläufer, den *Wedismus,* nach Indien. Gegenwärtig gibt es etwa 525 Mio. Hindus.

Die am weitesten verbreitete Religion ist das *Christentum* mit ca. 1,17 Mrd. Anhängern im Jahre 1978. Ihr Anteil an der Weltbevölkerung beträgt etwa 25 Prozent. Mehr als die Hälfte aller Christen leben in Europa, über ein Drittel in Amerika.

Die meisten Christen sind römisch-katholisch; die *römisch-katholische Kirche* ist zugleich die größte religiöse Organisation der Welt mit einem Klerus von ca. 1,5 Mio., über 400 000 ordinierten Priestern und über 950 000 Nonnen. Sie hat insgesamt 2947 Kardinäle, Erzbischöfe und Bischöfe. Es gibt 420 000 Kirchen in 2372 Diözesen.
Laut Mitteilung des *Statistischen Büros* des *Vatikans* gab es 1978 724,4 Mio. Katholiken. Die meisten von ihnen – 62,3 Prozent der Gesamtbevölkerung – leben auf dem amerikanischen Kontinent, vorwiegend in Südamerika, gefolgt von Europa (39,8 Prozent), Ozeanien (25 Prozent), Afrika (12,4 Prozent) und Asien (2,4 Prozent).

Die Zahl der Protestanten in aller Welt beträgt rund 344 Mio. Unter ihnen sind 70,5 Mio. Lutheraner und 55 Mio. Mitglieder der Anglikanischen Kirche. Die Zahl der orthodoxen Christen wird mit 90 Mio., die aller sonstigen christlichen Kirchen, Glaubensgemeinschaften und Sekten mit etwa 30 Mio. angegeben.

Die flächenmäßig größte katholische Diözese in Westdeutschland ist *Osnabrück* (Niedersachsen) mit 45,8 km². Mehr Angehörige, nämlich etwa 9 Mio., hat dagegen die Diözese *Paderborn* (Nordrhein-Westfalen). **Die größte evangelische Diözese in Westdeutschland** hat die lutherische Kirche in *Lübeck* (Schleswig-Holstein), die 265 km² umfaßt.

Die Gesamtzahl der römisch-katholischen Gläubigen in Westdeutschland beträgt 27,07 Mio. oder 44,6 Prozent der Bevölkerung. Die stärkere Christengruppe in Westdeutschland sind allerdings die Protestanten mit 29,75 Mio. bzw. 49 Prozent.

Die meisten Anhänger einer nichtchristlichen Religion hat mit ca. 550 Mio. Moslems der *Islam*. Die Moslems haben in ca. 40 Staaten die Bevölkerungsmehrheit. Die Anhänger Mohammeds sind in unzählige verschiedene Gruppierungen aufgeteilt. Hauptsächlich wird unterschieden in *Sunniten*, die etwa 90 Prozent aller *Moslems* umfassen, und *Schiiten*, die etwa 10 Prozent ausmachen und vorwiegend im Iran und Irak leben.

Die Zahl der *Buddhisten* beträgt etwa 300 Mio., die der *Konfuzianer* wird auf 50 bis 100 Mio. geschätzt.

Die Gesamtzahl der *Juden* in der ganzen Welt wurde 1978 mit 14,3 Mio. angenommen. Davon leben 5,8 Mio. in den USA, 2 Mio. allein im Bezirk New York. In Israel leben insgesamt 3,06 Mio. Juden, also weniger als ein Viertel.

In Westdeutschland gab es im Jahre 1978 über 28 000 Juden.

Heilige, Päpste, Kardinäle

Allgemein: Es gibt 1848 in den Kanon aufgenommene Heilige (darunter 60 Hl. Johannes), von denen 628 Italiener und 576 Franzosen sind, 271 von den britischen Inseln stammen und 175 aus Deutschland kommen. Aus Österreich stammen 32 Heilige, aus der Schweiz 33. Bisher wurden insgesamt 78 Päpste heiliggesprochen (kanonisiert).

Die erste in den USA geborene Heilige war Mutter *Elisabeth Ann Bayley Seton* (1774–1821), die am 14. September 1975 kanonisiert (heiliggesprochen) wurde.

Am schnellsten nach seinem Tod heiliggesprochen wurde der *Hl. Antonius von Padua*, der am 13. Juni 1231 starb und schon 352 Tage später am 30. Mai 1232, kanonisiert wurde.

Die längste Zeit dagegen mußte der *Hl. Bernhard von Tiron* warten, der 1117 starb und erst 744 Jahre später, 1861, heiliggesprochen wurde.

Am längsten auf dem Stuhl Petri: Papst Pius IX.

Am längsten von allen Päpsten regierte *Pius IX. (Giovanni Maria Mastai-Ferretti)*, der das Amt 31 Jahre und 236 Tage, vom 16. Juni 1846 bis zu seinem Tod am 7. Februar 1878 im Alter von 85 Jahren, innehatte.

Papst *Stephan II.* wurde am 24. März 752 gewählt und starb zwei Tage später.

Der älteste Papst war bei seiner Wahl der *Hl. Agatho* (678–681). Er wurde im Alter von 103 Jahren gewählt und starb mit 106, jedoch werden diese Daten von neueren Forschern bezweifelt.

Der älteste Papst in neuerer Zeit war *Leo XIII. (Gioacchino Pecci)*, der am 2. März 1810 geboren, am 20. Februar 1878 bei der dritten Abstimmung zum Papst gewählt wurde und am 20. Juli 1903 im Alter von 93 Jahren und 140 Tagen starb.

Der jüngste von allen Päpsten war Papst *Benedikt IX.* († 1056), der den Heiligen Stuhl dreimal innehatte: 1032–44, April Mai 1045 und vom 8. November 1047 bis 17. Juli 1048. Es wäre denkbar, daß er bei seiner ersten Wahl erst elf oder zwölf Jahre alt war, aber der Katalog der Päpste spricht nur von seiner »großen Jugend«.

Der gegenwärtige Papst *Johannes Paul II.*, der am 16. Oktober 1978 gewählt wurde (d. i. *Karol Wojtyla*, * 18. Mai 1920 in *Wadowice* bei Krakau, Polen), ist der erste nichtitalienische Papst seit Kardinal *Adrian Florenz Boeyens* (als Papst *Adrian VI.*) aus den Niederlanden, der am 31. August 1522 gekrönt wurde.

Ⓓ **Aus Deutschland** kamen vier Päpste, die alle von dem Salierkaiser *Heinrich III.* (1017 bis 1056, seit 1039 Kaiser) eingesetzt wurden. Sie regierten nacheinander elf Jahre lang: *Klemens II.* von 1046 bis 1047, *Damasus II.* im Jahr 1048, *Leo IX.* von 1049 bis 1054 und *Viktor II.* von 1055 bis 1057.

Letzter verheirateter Papst: Die ersten 37 Päpste unterlagen noch nicht dem Eheverbot. Papst *Hormisdas* (514–523) war der Vater von Papst *Silverius* (536–537). Der letzte verheiratete Papst war *Adrian II.* (867–872). *Rodrigo Borgia* (1431–1503) war Vater von mindestens sechs Kindern, bevor er 1492 zum Papst *(Alexander VI.)* gewählt wurde.

Die längste Papstwahl dauerte 31 Monate. Ohne *habemus papam (»Wir haben einen Papst«)* erklären zu können, wurden die Kardinäle vom Bürgermeister von *Viterbo* (Italien) zu einer Entscheidung gezwungen, indem er ihnen nichts als Wasser und Brot vorsetzte und ihnen das Dach über dem Kopf wegnahm. Daraufhin wählten sie am 1. September 1271 den Erzbischof von Lüttich, *Tabaldo Visconti* (ca. 1210–1276), zum Papst *(Gregor X.).*

Das kürzeste Konklave fand am 21. Oktober 1503 bei der Wahl von Papst *Julius II.* statt. Er wurde schon bei der ersten Abstimmung gewählt.

Der älteste Kardinal in der katholischen Kirchengeschichte war *Giorgio da Costa* (* Portugal 1406). Er starb im Alter von 102 Jahren am 18. September 1508 in Rom.

Der jüngste Kardinal war *Luis Antonio de Bourbon* (* 15. Juli 1727), der am 19. Dezember 1735 im Alter von 8 Jahren und 147 Tagen zum Kardinal ernannt wurde. Sein Sohn Luis wurde ebenfalls zum Kardinal ernannt, aber erst mit 23 Jahren.

Der jüngste Kardinal in unserer Zeit ist *Jaime L Sin,* Erzbischof von *Manila* (* 31. August 1928).

Der älteste Bischof in neuester Zeit war Bischof *Angelo Teutonico,* ehem. Bischof von *Aversa* (* 28. August 1874), der am 30. Mai 1978 im Alter von 103 Jahren und 275 Tagen starb.
Bischof *Herbert Welch* von der *United Methodist Church,* der 1916 zum Bischof von *Japan* und *Korea* ernannt wurde, starb am 4. April 1969 im Alter von 106 Jahren.

Der jüngste Bischof aller Zeiten war der zweite Sohn von *Georg III.* von England, der Herzog von York und Albany, der durch den Einfluß seines Vaters als Kurfürst von Hannover am 27. Februar 1764 im zarten Alter von 196 Tagen zum Bischof von *Osnabrück* (Niedersachsen) ernannt wurde. Nachdem er sich 39 Jahre lang dieser Würde erfreut hatte, legte er sein Amt nieder.

Die größte Pilgerschar gab es bei den Hindu-Festlichkeiten von *Kumbh-Mela* in *Allahabad* (Indien). Dort, wo die *Dschamma* und die *»unsichtbare« Sarasvati* in den *Ganges* fließen, versammelten sich am 19. Januar 1977 schätzungsweise 12,7 Mio. Wallfahrer, die alle den gleichen Wunsch hatten: sie wollten zum heiligsten Zeitpunkt dieses besonders heiligen Tages, an dem die Planeten zum ersten Mal seit 1833 zwischen 9 Uhr 28 und 9 Uhr 40 den gleichen Stand erreichen würden, im Fluß untertauchen und ihre Sünden waschen. Aber nur 200 000 Gläubigen gelang es, einen Platz im Wasser zu finden.

Das größte Leichenbegängnis war die Beerdigung des ägyptischen Staatspräsidenten *Gamal Abdel Nasser* (* 15. Januar 1918, † 28. September 1970) am 1. Oktober 1970. An diesem Tage versammelte sich in Kairo die größte je bei einem solchen Anlaß gesehene Menschenmenge von schätzungsweise 4 Mio.

Feiertage

Allgemein: In den meisten Kulturstaaten haben die Feier- und Festtage religiösen Charakter und religiösen Ursprung.
Dazu kommen bei den meisten Staaten die an ein wichtiges nationales Ereignis erinnernden Nationalfeiertage bzw Gedenktage.
International gefeiert wird der *Tag der Arbeit* (1. Mai).

(D) Der nationale Gedenktag der Bundesrepublik Deutschland ist der als arbeitsfreier *Tag der deutschen Einheit* begangene 17. Juni.

(DDR) In Ostdeutschland wird der 8. Mai als *Tag der Befreiung* gefeiert.

(A) Der österreichische *Nationalfeiertag* wird am 26. Oktober begangen. An diesem Tag hatte laut Staatsvertrag vom 15. Mai 1955 der letzte Soldat der Besatzungstruppen österreichisches Hoheitsgebiet zu verlassen. Der Feiertag wird auch *Tag der Fahne* genannt.

(CH) In der Schweiz erinnert der 1. August als *Nationalfeiertag* an die Errichtung der Eidgenossenschaft im Jahr 1291.

Die meisten Feiertage von allen Staatswesen der Welt genießen gegenwärtig noch die Beschäftigten der Vatikanstadt in Rom (Italien), nämlich 29. Allerdings plant die Kurie nach dem Willen des Papstes, in Kürze die italienische Regelung mit nur zehn arbeitsfreien Festtagen im Jahr zu übernehmen.

(D) **Die Zahl der Feiertage,** die in Westdeutschland begangen werden, ist uneinheitlich, da sie von den gesetzlichen Bestimmungen in den verschiedenen Bundesländern bzw. von der konfessionellen Zusammensetzung der Bevölkerung abhängt. Allgemein werden in ganz Westdeutschland acht Feiertage begangen, dazu bis zu fünf weitere in den Bundesländern. In Bayern wird es ab 1984 14 Feiertage geben.

(DDR) In Ostdeutschland gibt es nur sieben gesetzliche Feiertage.

(A) In Österreich sind 13 Feiertage gesetzlich festgelegt, in der Schweiz acht. (CH)

Nobelpreise, Auszeichnungen, Orden

Nobelpreisträger

Allgemeines: Die Nobel-Stiftung in Höhe von 3,2 Mio. Pfund Sterling (12,8 Mio. DM) wurde von *Alfred Bernhard Nobel* (1833–96), dem unverheirateten schwedischen Chemiker und Industriellen geschaffen, der 1866 das *Dynamit* erfand. Die Nobelpreise werden jährlich am 10. Dezember, dem Jahrestag von Nobels Tod, verliehen.

Seit der Verleihung der ersten Preise im Jahre 1901 belief sich der höchste Geldwert der einzelnen Preise für die bedeutendsten Leistungen auf dem Gebiet der Physik, Chemie, Medizin und Physiologie, der Literatur, des Friedens und seit 1969 der Wirtschaftswissenschaften auf 160 000 Dollar (640 000,– DM) gegenüber 161 000 Dollar (323 000,– DM) im Jahre 1978.

Die meisten Preise nach Ländern: (Geteilte Preise gelten als ein Preis.) Insgesamt 144 Nobelpreise haben die Amerikaner gewonnen, davon 39 für Physik, 21 für Chemie, 52 für Medizin und Physiologie, 9 für Literatur, 17 für Frieden und 6 für Wirtschaftswissenschaften.

Nach Gebieten halten die USA den Rekord für Medizin und Physiologie mit 52, für Physik mit 39, für Frieden mit 17 und Wirtschaftswissenschaften mit 6; Deutschland und die USA für Chemie mit je 21, und Frankreich für Literatur mit 12.

(D) Von 1901–1979 gab es 60 deutsche Nobelpreisträger.

(A) 7 Österreicher erhielten von 1901–1979 Nobelpreise.

(CH) 11 Schweizern wurden von 1901–1979 Nobelpreise verliehen.

Die meisten Nobelpreise nach Personen: Der einzige, der zweimal einen ungeteilten Nobelpreis gewonnen hat, ist *Prof. Linus Carl Pauling* (* 28. Februar 1901), seit 1931 Professor für Chemie an der Technischen Hochschule in Pasadena (USA). 1954 wurde ihm der Preis für Chemie und 1962 der Friedenspreis verliehen.

Die einzigen anderen Doppelpreisträger waren

Doppelter Nobelpreis: Marie Curie und ihr Mann Pierre.

Madame *Marie Curie* (* 7. November 1867, † 4. Juli 1934), als Marja Sklodowska in Polen geboren, die 1903 den Preis für Physik zusammen mit ihrem Mann *Pierre Curie* (* 15. Mai 1859, † 19. April 1906) und *Antoine Henri Becquerel* (1852–1908) erhielt und 1911 allein den für Chemie.

Prof. *John Bardeen* (* 23. Mai 1908 in Madison, USA) erhielt 1956 und 1972 den beide Male geteilten Preis für Physik.

Das *Internationale Komitee vom Roten Kreuz* (gegr. 29. Oktober 1863) in Genf erhielt dreimal den Friedenspreis und zwar 1917, 1944 und 1963. Diesen letzteren teilte es mit dem *Internationalen Verband der Rotkreuz-Gesellschaften.*

Der älteste Preisträger war Prof. *Francis Payton Rous* (1879–1970) in den USA. 1966 erhielt er im Alter von 87 Jahren die eine Hälfte des Preises für Medizin.

Der jüngste der bisherigen Nobelpreisträger war Prof. *Sir William Lawrence Bragg* (1890–1971, Großbritannien), der 1915 im Alter von 25 Jahren den Preis für Physik zusammen mit seinem Vater *Sir William Henry Bragg* (1862–1942) für ihre gemeinsamen Arbeiten auf dem Gebiete der Röntgenstrahlen und der Erforschung des Kristallaufbaues erhielt. *Bragg* und auch *Theodore William*

Richards (1868–1928, USA), der 1914 den Preis für Chemie erhielt, legten ihre preisgekrönten Arbeiten im Alter von 23 Jahren vor.

Der jüngste Gewinner des Literatur-Nobelpreises war *Joseph Rudyard Kipling* (1865–1936). Er erhielt ihn 1907 im Alter von 41 Jahren.

Der jüngste Gewinner des Friedenspreises war der Amerikaner *Dr. Martin Luther King* (1929–68), der den Preis 1964 im Alter von 35 Jahren erhielt.

Zivile Ehrungen

Die meisten Ehrendoktor-Titel die je einem Menschen verliehen wurden, – nämlich 89 –, hatte *Herbert Clark Hoover* (1874–1964), der von 1929–33 Präsident der Vereinigten Staaten von Amerika war.

Die meisten Ehrenbürgerrechte – nämlich 57 – erhielt der amerikanische Großindustrielle und Philanthrop *Andrew Carnegie* (1835–1919), der in Dumfermline (Schottland) geboren wurde, aber 1848 nach den USA auswanderte.

Sportabzeichen-Rekord: *Herbert Pulver* aus Berlin-Siemensstadt hat die Prüfung für das *Deutsche Sportabzeichen* 45 mal erfolgreich abgelegt. Unter den Frauen hat als erste *Annelies Hoffmann* die Prüfung bereits 35 mal bestanden.

Das erste Verdienstkreuz des *Verdienstordens der Bundesrepublik Deutschland,* das am 7. September 1951 vom damaligen Bundespräsidenten (1949–1959) *Prof. Theodor Heuss* (*31. Januar 1884, † 12. Dezember 1963) gestiftet wurde, erhielt der Bergmann *Hans Brandel.* Er hatte 1950 bei einem Wassereinbruch im Reichenberg-Schacht unter Lebensgefahr zwei Arbeitskameraden vor dem Ertrinken gerettet.
Das Bundesverdienstkreuz ist in acht Stufen und einer Medaille in folgende drei Klassen unterteilt: Verdienstkreuz, Großes Verdienstkreuz und Großkreuz. Daneben gibt es Länder-Verdienstkreuze in *Bayern, Niedersachsen* und im *Saarland.* In *Bayern* wurde außerdem am 1. April 1980 vom Ministerpräsidenten Franz Josef Strauß (*6. September 1915) der *Maximiliansorden* neu gestiftet, der schon von 1853 bis 1933 bestanden hatte und der an bedeutende Künstler und Wissenschaftler (– höchstens 200 lebende Träger –) verliehen wird.
Beamten der *Hansestadt Hamburg* ist es nach dem dortigen Beamtengesetz untersagt, das Bundesverdienstkreuz anzunehmen.

Die längste Eintragung im »Who's Who?« *(Wer ist Wer?,* gegr. 1848) hatte *Sir Winston Leonard Spencer Churchill* (1874–1965). Seit 1899 erschien 67 Jahre lang in jeder Ausgabe etwas über ihn, aber die anfänglich nur 18 Zeilen waren im Laufe der Jahre auf 211 Zeilen angewachsen. Zur Zeit kann sich *Barbara Cartland,* Verfasserin von vielgelesenen Unterhaltungsromanen, der längsten Eintragung –114 Zeilen – rühmen.
Abgesehen von denjenigen, die aufgrund ihrer ererbten Adelstitel Anspruch auf eine Eintragung haben, ist der Geiger *Yehudi Menuhin* (*22. April 1916, New York, USA) der jüngste, dessen Name im *Who's Who?* aufgenommen wurde. Zum erstenmal 1932, als er 15 Jahre alt war.

Die längste aller 66 000 Eintragungen im *Who's Who in America?* hat *Dr. Glen T. Seaborg,* Chemiker und Nobelpreisträger (*12. April 1912), dessen 97 Zeilen die 16 Zeilen lange Eintragung über den Präsidenten der Vereinigten Staaten *Jimmy Carter* weit in den Schatten stellen.

Die meisten Titel der Welt hat die *18. Herzogin von Alba* (Alba de Tormes), *Dona Maria del Rosario Cayetana Fitz-James Stuart y Silva.* Sie ist achtfache Herzogin, 15fache Marquise, 21fache Gräfin und 19fache spanische Grande.

Die meisten Denkmäler für sich selbst setzte sich *Generalissimo Dr. Rafael Leonidas Trujillo y Molina* (1891–1961), der ehemalige Präsident der Dominikanischen Republik. Eine Zählung im März 1960 ergab »über 2000«. Der höchste Berg des Landes wurde *Pico Trujillo* (heute *Pico Duarte*) genannt. Eine Provinz erhielt den Namen *Trujillo,* eine andere *Trujillo Valdez.* Die Hauptstadt wurde 1936 *Ciudad Trujillo* genannt, erhielt aber inzwischen ihren alten Namen *Santo Domingo de Guzman* wieder zurück.

Der Mann, dem die meisten Statuen errichtet wurden, war zweifellos *Lenin,* (d. i. *Wladimir Iljitsch Uljanow,* 1870–1924). Büsten von ihm, wie auch von *Mao Tse-Tung* (1893–1976) und *Ho Tschi Minh* (1890–1969) werden am Fließband produziert. Nur das Material wechselt.

Orden und Auszeichnungen

Der älteste Orden ist der venezianische *St. Markus-Orden,* der bereits 831 n. Chr. verliehen worden sein soll.
Das Jahr, in dem der *Kastilianische Orden von Calatrava* erstmals vergeben wurde, ist verbürgt: es war das Jahr 1158.

Das Vorbild aller königlichen Orden ist der exklusive *Orden des blauen Hosenbandes,* der 1348 von König *Edward III.* von England gestiftet wurde.

Als höchste amerikanische Tapferkeitsauszeichnung vergibt der Präsident der Vereinigten Staaten von Amerika die vom Kongress verliehene *Congressional Medal of Honor* (Kongressmedaille). Sie wurde 1862 als Belohnung heroischer Taten im Bürgerkrieg auf Seiten des Nordens geschaffen. Nach den Regeln wird sie nur an Mitglieder der Streitkräfte vergeben, die sich unter Einsatz des Lebens im Konflikt mit einem Feind der USA durch Tapferkeit *jenseits des Rufes der Pflicht* hervorgetan haben. Im Widerspruch dazu steht, daß der Kongress im April 1980 die Kongressmedaille an die den Wettkämpfen der Olympischen Spiele in Moskau fernbleibenden amerikanischen Athleten verliehen hat.

Die höchste britische Tapferkeits-Auszeichnung ist das 1856 geschaffene *Victoria-Kreuz* (Victoria-Cross). Es wurde 1349 mal verliehen. *A bar* (ein Streifen) zum Victoria-Cross wurde seit seiner Einführung nur dreimal verliehen. Ihn erhalten Personen, die bereits das Victoria-Cross haben, für Verdienste, die eine zweite Verleihung rechtfertigen.

Die höchste sowjetische Tapferkeits-Auszeichnung ist der *Goldene Heldenstern der UdSSR.* Über 10 000 wurden im Zweiten Weltkrieg verliehen. Ein zweiter Stern wurde an 109 Personen verliehen. Einen dritten Stern erhielten nur vier Personen, als bisher letztem wurde er Staats- und Parteichef *Leonid Iljitsch Breschnew* (* 19. Dezember 1906) 1978 an seinem 72. Geburtstag verliehen. Einen vierten Stern erhielten lediglich *Marschall Georgij Konstantinowitsch Schukow* (1896–1974) und *Nikita Sergejewitsch Chruschtschow* (1894–1971, von 1958 bis 1964 Ministerpräsident der UdSSR).

Die höchste Klasse der deutschen Tapferkeitsauszeichnung *Eisernes Kreuz,* das am 10. März 1813 vom preussischen *König Friedrich Wil-*

Jüngster Träger des Friedens-Nobelpreises: Dr. Martin Luther King.

helm II. geschaffen wurde, war im Zweiten Weltkrieg das *Goldene Eichenlaub mit Schwertern und Brillanten zum Ritterkreuz des Eisernen Kreuzes.* Es wurde nur einmal verliehen: am 1. Januar 1945 an den Oberst der Luftwaffe *Hans-Ulrich Rudel* für die Vernichtung von 463 Sowjet-Panzern an der Ostfront.

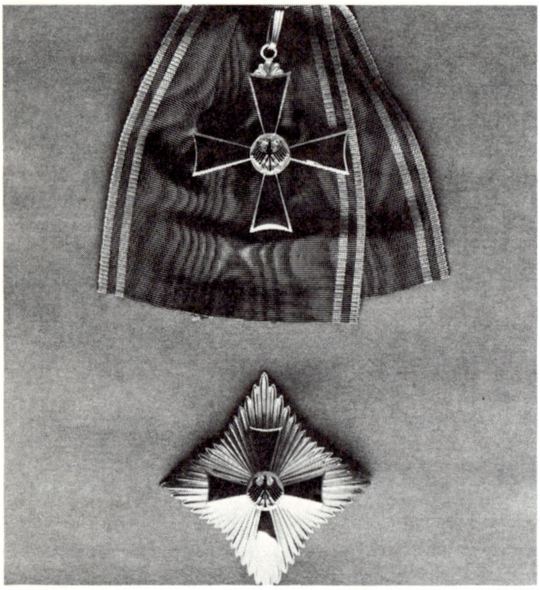

Großes Verdienstkreuz mit Stern und Schulterband.

In letzter Minute

Monarchen (Seite 259) Der einzige König, der nicht auf dem Wege der dynastischen Erbfolge den Thron besteigt, sondern gewählt wird, ist der König von *Malaysia.* Alle fünf Jahre wählen die Sultane der neun malaysischen Teilstaaten einen aus ihrer Mitte zum König und einen zu seinem Stellvertreter. Der gewählte König regiert als konstitutionelles Staatsoberhaupt und kehrt nach fünf Jahren in seinen Heimatstaat zurück, um dort wieder als Sultan zu herrschen. Bei seiner Amtseinführung wird der moslemische König zwar feierlich inthronisiert, jedoch nicht gekrönt.
Der letzte Thronwechsel in Malaysia erfolgte am 10. Juli 1980. An diesem Tage wurde der 49jährige *Sultan von Pahang* zum König gewählt. Sein voller Name lautet Tuanku Hadschi Achmed Schah el-Musta 'In Billah Ibm Almartum Sultan Abu Baker Ri'Ayatuddin el Mu'Adsam Schah. Auch der volle Königstitel klingt sehr imposant: Duli Yang Maha Mulia Seri Paduka Baginda Yang Di-Petuan Agung.

Parlamentarier (Seite 260) Einen Rekord eigener Art stellte – nach einer Meldung der Münchener *Süddeutsche Zeitung* vom 19./20. Juli 1980 – der SPD-Abgeordnete *Hans Gertzen* aus Gelsenkirchen (Nordrhein-Westfalen) auf, der dem Bundestag seit 1965 angehörte und für die 9. Legislaturperiode nicht mehr kandidierte. Er hat während der 15 Jahre seiner Parlamentszugehörigkeit nicht ein einziges Mal, weder schriftlich noch mündlich, seine parlamentarische Existenz bezeugt.

Entführung (Seite 278) *Michel Maury-Laribière* konnte am 9. Juli 1980 unversehrt und ohne daß das Lösegeld von 3 Mio. ffr. gezahlt worden war, in einer Villa in der Nähe von *Perigueux* (Südwestfrankreich) durch die Polizei befreit werden. Eine junge Frau die ihn bewachte, wurde verhaftet, die übrigen Entführer entkamen.

Hinrichtungen (Seite 282) Die meisten Todesurteile wurden seit Mai 1980 im *Iran* vollstreckt, zumeist auf Geheiß des obersten Revolutionsrichters *Ayatollah Sadegh Khalkhali.* Die überwiegende Mehrzahl wurde wegen Rauschgifthandels exekutiert, viele auch aufgrund angeblicher Sittlichkeitsdelikte. Dabei kam es (so am 9. Juli 1980 in *Kerman* im südlichen Iran) sogar zu öffentlichen Steinigungen – erstmals wieder seit Jahrhunderten. Pressemeldungen besagten, daß allein zwischen dem 11. Mai und dem 10. Juli im Iran 294 Personen öffentlich erschossen, gehängt oder gesteinigt worden seien. Gleichzeitig hatte Khalkhali »noch mindestens 1000 weitere Hinrichtungen« angekündigt.

Scharfrichter (Seite 283) Für die ausgeschriebene Stelle des »freiwilligen Henkers« von Illinois (USA) gingen wochenlang Hunderte von Bewerbungsschreiben aus aller Welt ein, und zwar von Männern und Frauen aller Altersklassen zwischen über 70 und sogar unter 25 Jahren. Die Skala der Motive schwankte zwischen reiner Vergeltungssucht, Sendungsbewußtsein und Geldmangel.

Analphabetentum (Seite 289) Vor der Zweiten Frauenkonferenz der Vereinten Nationen im Juli 1980 in Kopenhagen (Dänemark) erklärte UNO-Generalsekretär *Kurt Waldheim* (* 21. Dezember 1918), daß in der sog. Dritten Welt zwei von drei Analphabeten weiblichen Geschlechts seien.

Für eigene Rekorde

Welt der Wirtschaft

Welt der Wirtschaft

Handel und Industrie

Die amerikanische und die britische Währung sind in diesem Kapitel mit einer festgesetzten Durchschnittsquote von 1 Dollar = 2,– DM, das Pfund Sterling = 4,–DM, umgerechnet worden.

Als älteste Industrie der Welt wird oft die Landwirtschaft genannt, aber es gibt keinen Beweis, daß sie irgendwo schon vor etwa 11 000 v. Chr. ausgeübt worden ist.

Die älteste bekannte Industrie ist die Steinbearbeitung (Feuerstein) in Verbindung mit der Herstellung von Hackgeräten und Handäxten. Sie wurde zuerst vor ungefähr 1 Mio. 750 000 Jahren betrieben. Etwa zur gleichen Zeit begann auch bereits die Salzgewinnung.

Die älteste Firma der Welt ist die *Faversham Oyster Fishery Co.,* die in der *Faversham Austern-Fischerei-Verordnung* von 1930 als ›aus undenklichen Zeiten stammend‹ bezeichnet wird. Das bedeutet nach englischem Recht: aus der Zeit vor dem Jahre 1189.

Das größte Anlagevermögen aller Unternehmen hat das *Bell-System,* zu dem die *American Telephone and Telegraph Company* mit ihrer Zentrale am Broadway in New York (USA) und ihre Tochtergesellschaften gehören. Die Bilanzsumme des *Bell-Systems* wurde in der Konzernbilanz vom 28. Februar 1980 mit 115 Mrd. 505 Mio. 319 000 Dollar (rund 220 Mrd. DM) angegeben. Im Sachvermögen inbegriffen sind 139,1 Mio. Telefonapparate. Das Unternehmen hat 1 Mio. 035 000 Mitarbeiter. An der Jahreshauptversammlung im April 1961 nahmen 20 109 Aktionäre teil, was seinerzeit Weltrekord war.

Den größten Nettogewinn, der jemals von einem Industrieunternehmen in einem Geschäftsjahr erzielt wurde, machte die Erdöl-Firma *Exxon Corp.,* New York (USA), 1979 mit 4,295 Mrd. Dollar (ca. 8,6 Mrd. DM). Der Umsatz von *Exxon* im Geschäftsjahr 1979 betrug 79,1 Mrd. Dollar (158 Mrd. DM). Eine solche Umsatzhöhe wurde nie zuvor von einem Industrieunternehmen erreicht. *Exxon* verdrängte damit die jahrzehntelang auf Platz 1 fixierte Autofirma *General Motors* von der Spitze der Liste der größten US-Unternehmen.

Das erste Unternehmen mit einem Anlagevermögen von über 1 Mrd. Dollar (2 Mrd. DM) war die *United States Steel Corp.* mit 1,4 Mrd. Dollar, als sie im Jahre 1900 im Zuge einer Fusion gegründet wurde.

Ⓓ **Das bedeutendste Industrieunternehmen Westdeutschlands**, gemessen an der Umsatzhöhe, ist der *VEBA-Konzern* (Energie, Öl, Chemie), dessen Umsatz 1979 den Rekordbetrag von 34,6 Mrd. DM erreichte. An zweiter Stelle steht *VW* mit 30,9 Mrd. DM Umsatz 1979. 239 714 Mitarbeiter waren bei VW beschäftigt. An dritter Stelle steht der Elektrokonzern *Siemens* mit 28,02 Mrd. DM Umsatz.

Ⓐ **Das größte Industrieunternehmen Österreichs** ist der ÖIAG-Konzern mit dem Hauptsitz in Wien. Zu ihm gehören Erzeuger- und Verarbeitungsfirmen aus den Industriebereichen Eisen und Stahl, Kohle, Maschinenbau, Mineralöl und -produkte, Chemie, Elektrowaren, NE-Metalle u. ä. Der Konzern beschäftigt etwa 115 000 Personen. Der Umsatz betrug (1978) 107,7 Mrd. öS (etwa 15,4 Mrd. DM), der Exporterlös 37,8 Mrd. öS (5,4 Mrd. DM).

(CH) **Das größte Unternehmen der Schweiz** ist der Nahrungsmittelkonzern *Nestlé* mit einem weltweit konsolidierten Umsatz (1979) von 21,64 Mrd. sfr (rund 23 Mrd. DM), einem Gewinn von 1,94 Mrd. sfr. und rund 147 000 Beschäftigten. Das zweitgrößte Schweizer Unternehmen, der Pharmakonzern *Ciba-Geigy,* erreichte mit 75 294 Beschäftigten einen Umsatz von rund 9 Mrd. sfr. und einen Gewinn von 962 Mio. sfr.

Die größte Lohn- und Gehaltsliste, die ein ziviles Unternehmen in der Welt hat, besitzt die *Sowjetische Nationale Eisenbahn-Verwaltung* mit einer gesamten Mitarbeiterzahl von 2 Mio. 31 200 (Stand vom Jahr 1976).

Ⓓ Die drei größten nichtstaatlichen Arbeitgeber in Westdeutschland, sind *Siemens* (334 000), das *Volkswagenwerk* (239 000) und der Chemiekonzern *Farbwerke Hoechst* (182 000).

Ⓐ Die meisten Beschäftigten in Österreich hat der *ÖIAG-Konzern* mit 115 000.

(CH) die größte Mitarbeiterzahl in der Schweiz haben *Nestlé* (147 000) und die *Brown, Boveri & Cie. AG* (Elektro und Großmaschinen) mit 100 000.

Den größten Verlust, den ein Unternehmen in einem Geschäftsjahr verzeichnen mußte, erlitt die *British Steel Corp* 1977/78 mit 443 Mio. Pfund Sterling (1 Mrd. 772 Mio. DM).
Den höchsten Verlust, den ein Staatsunterneh-

men den Steuerzahler in einem Jahr kostete, verursachte die *Britische Eisenbahngesellschaft* im Jahre 1975 mit 567,6 Mio. Pfund Sterling (2 Mrd. 270 Mio. DM) – oder 1079 Pfund Sterling (4316,– DM) pro Minute.

Die größte Kapitalverminderung in der Geschichte von Privatunternehmen war die Abschreibung von 800 Mio. Dollar (1,6 Mrd. DM) für Entwicklungskosten des amerikanischen *Tristar*-Flugzeuges, die im November 1974 bekanntgegeben wurde.

Ⓓ **Die höchste Verlustquote** unter den nichtstaatlichen Unternehmen Westdeutschlands mußte 1978/79 der Elektrokonzern *AEG-Telefunken* (damals 162600 Beschäftigte) verzeichnen: sie betrug 347 Mio. DM und 1979 ca. 960 Mio. DM.
Unter den bundeseigenen Unternehmen Westdeutschlands fuhr die *Deutsche Bundesbahn* 1978 am tiefsten in die roten Zahlen: ihr Defizit erhöhte sich um 116 Mio. DM auf 4,64 Mrd. DM, der gesamte Schuldenstand betrug 30,37 Mrd. DM. Im Jahr 1979 schloß die *DB* mit einem Jahresdefizit von 3,5 Mrd. DM ab.

Den größten Bankrott verursachte der 1936 in Ungarn geborene *William G. Stern* (seit 1957 amerikanischer Staatsbürger), der 1971 in London (England) die Immobilienfirma *Wilstar Group Holding Co.* gegründet hatte. Sie wurde im Februar 1979 gerichtlich für bankrott erklärt. Die Konkursforderungen beliefen sich auf 104 Mio., 390248 Pfund Sterling (417 Mio., 561160,– DM).

Werbung

Allgemein: Die finanziellen Werbeaufwendungen für Produkte und Dienstleistungen in der ganzen Welt sind zahlenmäßig nicht erfaßt. Es ist jedoch bekannt, daß sie jährlich viele Milliarden Dollar betragen und daß sie in den USA und in den Ländern der *Europäischen Gemeinschaft* am höchsten sind.
Ⓓ In Westdeutschland übertraf der Aufwand für die in den klassischen Medien (Zeitungen und Zeitschriften, Fernsehen, Hörfunk) betriebene Werbung im Jahr 1979 mit 7 Mrd. 248 Mio. DM den des Vorjahres um 7,5 Prozent. Insgesamt setzte die deutsche Werbewirtschaft im Jahre 1979 über 10,8 Mio. DM um. In den letzten zehn Jahren hat sich – gemessen am monitären Aufwand – eine Steigerung der Werbeausgaben um 95,7 Prozent ergeben. Auf Presseerzeugnisse entfielen dabei 75,6 Prozent, auf das Fernsehen 17,8 Prozent und auf den Hörfunk 6,6 Prozent. Werbestärkste Branchen waren 1979 in Westdeutschland (in Mio. DM) Handelsbetriebe mit 526,5, Autoindustrie 422,3, Pharmazie 248,4, Banken 245,4 und Spirituosen 210,6.
Im Fernsehen haben Süßwaren, Waschmittel, Zahn- und Mundpflegemittel, Putz- und Haushaltspflegemittel und Genußmittel (Kaffee, Tee, Kakao) 1979 mit über 30 Prozent vom Gesamtvolumen am meisten geworben. Zigarettenwerbung ist im Fernsehen und im Hörfunk nicht erlaubt.

Die größte Werbefirma der Welt war 1978 lt. *Advertising Age* die *Dentsu Inc.* in Tokio (Japan) mit einem geschätzten Gesamtetat von 2,2 Mio. Dollar (4,4 Mio. DM).

Die größte Werbeagentur als Einzelfirma ist die 1865 gegründete *J. Walter Thompson Co.*, New York (USA), die im Jahre 1978 weltweit Aufträge für über 1,47 Mrd. Dollar (2,94 Mrd. DM) und einen Bruttogewinn von 230 Mio. Dollar (460 Mio. DM) verzeichnen konnte.
Ⓓ Die größte in Westdeutschland tätige Werbeagentur ist die Gruppe *H. K. McCann Company mbH*, eine Tochtergesellschaft des gleichnamigen, international tätigen US-Werbeunternehmens. Hauptsitz der deutschen *McCann* ist Frankfurt/Main (Hessen). Der Umsatz 1979 war 431 Mio. DM.

Die größte Agentur für Öffentlichkeitsarbeit *(Public Relation)* ist *Hill and Knowlton Inc.*, New York (USA). Die Firma beschäftigt ständig mehr als 700 Angestellte und unterhält außer in New York in zehn weiteren Städten der USA und in 22 Städten in Übersee Niederlassungen. Einer im Februar 1980 veröffentlichten Meldung zufolge soll sie in Kürze von der *J. Walter Thompson Co.* für 28 Mio. Dollar (26 Mio. DM) übernommen werden.

Der größte Anzeigenkunde der Welt ist das US-Versandhaus *Sears Roebuck & Co.* mit einer Summe von 491 Mio. Dollar (992 Mio. DM) im Jahre 1979 – die Kosten für seinen eigenen Katalog nicht gerechnet!

Messen und Ausstellungen

Die ersten Warenmessen entstanden in Europa bereits im Mittelalter im Anschluß an Kirchenfeste, bei denen *»Messen«* gelesen wurden. Vom 12. und 13. Jahrhundert an wurden Messen vornehmlich in Frankreich (Champagne, Lyon, Paris), Belgien (Brügge, Antwerpen), in der Schweiz (Genf) und an anderen Handelsplätzen abgehalten.
Ⓓ In Deutschland erlangte die Messe von Frankfurt am Main bereits im 14. Jahrhundert internationale Bedeutung. Mit Beginn des 18. Jahrhunderts wurden die Leipziger Messen (jetzt Ostdeutschland) führend, die als Mustermessen noch heute größte internationale Bedeutung haben.

Größtes westdeutsches Messezentrum: die Hannover-Messe. 5636 Aussteller – 650 000 Besucher.

(DDR) Die *Leipziger Messe* wird jetzt jährlich zweimal, im Frühjahr und im Herbst, veranstaltet. Bei den Frühjahrsmessen umfaßt die Ausstellungsfläche 340 000 m^2, bei den Herbstmessen 280 000 m^2. Es gibt 22 Ausstellungshallen auf dem Messegelände, zahlreiche Pavillons und 16 Messehäuser in der Innenstadt. Für die Frühjahrsmesse 1980 (9.–15. März) hatten 9000 Außenhandelsunternehmen und Exportbetriebe aus 60 Staaten ihre Teilnahme gemeldet. Die Teilnehmerzahl wird auf etwa 500 000 aus nahezu 100 Ländern geschätzt.

(D) **Das größte Messezentrum Westdeutschlands** ist das von Hannover (Niedersachsen). Das dortige Messegelände umfaßt 97 ha, die reine Ausstellungsfläche 66,1 ha, davon 51,4 ha in den 23 z. T. mehrgeschossigen Ausstellungshallen. 1980 waren 5636 Aussteller auf der *Hannover-Messe* vertreten, davon 1636 aus dem Ausland. Über 650 000 Besucher wurden gezählt, u. a. 3811 Journalisten.

(A) **Die größte Messe Österreichs** ist die *Wiener Messe,* die über eine Ausstellungsfläche (einschl. Freigelände) von 35 ha und über 32 Hallen verfügt. Die Herbstmesse 1979 haben 3944 Aussteller beschickt, ca. 700 000 Besucher wurden gezählt.

(CH) **Die größte Messe der Schweiz** ist die *Mustermesse von Basel.* Sie umfaßt drei Hallenkomplexe (z. T. mit vier Stockwerken) und eine Brutto-Ausstellungsfläche von ca. 19 ha. Mehr als 3000 Aussteller empfingen bei der letzten Baseler Messe 450 000 Besucher.

Die erste Weltausstellung war die *Great Exhibition* von 1851 im Crystal Palace, damals im Hyde Park, London (England), die in 141 Tagen von 6 Mio. 39 195 Menschen besucht wurde.

Das größte Ausstellungsgelände aller Zeiten nahm die *Louisiana-Purchase-Ausstellung* in St. Louis, Missouri (USA) ein, nämlich 514,66 ha. Dort wurden auch die *Olympischen Spiele* von 1904 mit 19 Mio. 694 855 Zuschauern abgehalten.

Das größte Kongreßzentrum Deutschlands ist das *Internationale Congress Centrum (ICC)* in Berlin (West), das Anfang 1979 seiner Bestimmung übergeben wurde. Von den über 80 Räumen bietet der größte 5000 Tagungsteilnehmern Platz.

Messe mit Tradition: die Leipziger Messe.

Größtes deutsches Kongreßzentrum ist seit 1979 das Internationale Congress Centrum in Berlin (West).

Die höchste Besucherzahl irgendeiner Weltausstellung, nämlich 64 Mio. 218 770, erzielte die *Expo '70,* die in Osaka (Japan) auf einem Gelände von 330 ha vom März bis 13. September 1970 abgehalten wurde. Expo '70 warf einen Gewinn von 19 439 402 017 Yen (rund 146 Mio. DM) ab.

Börsen, Aktien, Wertpapiere

Allgemein: Aus ursprünglich formlosen Zusammenkünften von Kaufleuten entstanden vom 13. Jahrhundert an rechtlich geregelte Einrichtungen, bei denen Handelsgeschäfte mit Wertpapieren (Effekten) und Waren (Produkten) aufgrund von Angebot und Nachfrage abgewickelt wurden.
Der Begriff *Börse* wird erst im 16. Jahrhundert erstmals für einen solchen Platz in *Brügge* (Belgien) erwähnt, auf dem schon jahrhundertelang vorher derartige Geschäfte betrieben wurden; er geht auf den Namen einer dort ansässigen Patrizierfamilie *van der Beurse* zurück.

Die erste internationale Börse entstand 1531 in *Antwerpen* (Belgien). Zwischen 1546 und 1566 wurden Börsen in Frankreich (Lyon, Toulouse, Rouen) gegründet; die *Pariser Börse* besteht erst seit 1724.
In *London* entstand zwischen 1566 und 1570 die *Royal Exchange (The Bourse).* 1602 wurde die *Börse von Amsterdam* gegründet.
Am 22. Juni 1976 gab es in der ganzen Welt 138 Börsen.

Die größte Warenbörse der Welt existiert in Chicago (USA).

Ⓓ **Die ersten deutschen Börsen** wurden im 16. Jahrhundert in *Augsburg, Nürnberg, Hamburg und Köln* eröffnet.
Die führende *Effektenbörse* in Westdeutschland ist die von *Frankfurt am Main* (Hessen); weitere bestehen in München, Hamburg, Düsseldorf, Stuttgart, Hannover, Bremen und Freiburg/Br. Daneben gibt es in Westdeutschland 23 Produkten- bzw. Warenbörsen.

Die meisten Aktionäre gibt es in den USA: 25,3 Mio. In Japan wurden Mitte 1979 etwa sechs Mio. Aktienbesitzer gezählt.
An dritter Stelle folgt Westdeutschland mit fünf Mio. Aktionären. Darunter sind jedoch nur 22 Prozent deutsche Privatleute, der Rest verteilt sich auf Fremdunternehmen (38 %), Ausländer (17 %), Banken (8 %), Versicherungen (4 %). Zehn Prozent aller deutschen Aktien gehören dem Staat.
Börsennotierte und echt gehandelte Aktiengesellschaften gibt es in Westdeutschland nicht mehr als 300. Nur etwa 150 von ihnen haben mehr als

1000 Aktionäre, so z. B. *VEBA* (900 000), *Volkswagenwerk* (590 000) und die Chemiekonzerne *Bayer, Hoechst* und *BASF.* Der gesamte deutsche Aktienbesitz wird mit rund 320 Mrd. DM bewertet.

Die ersten Belegschaftsaktien der Welt wurden 1921 von der *Friedrich Krupp AG* in Essen (Westdeutschland, Nordrhein-Westfalen) ausgegeben. Diese Aktien erhielten aus dem Jahresgewinn der Firma einen Gewinnanteil von 6 Prozent vorweg, ehe auf die übrigen Aktien ein Gewinn ausgeschüttet werden durfte.

Die höchste Überzeichnung von Mitarbeiter-Genußrechten (eine Art stimmrechtslose Vorzugsaktie) erlebte das Verlags- und Druckunternehmen *Bertelsmann AG* in Gütersloh (Westdeutschland, Nordrhein-Westfalen), die ihren Mitarbeitern Ende 1979 solche Genußrechte im Gesamtwert von 60 Mio. DM zur Zeichnung anbot. Am Ende der Zeichnungsfrist, am 31. Januar 1980, hatten 3000 Mitarbeiter jedoch Genußrechte im Gesamtwert von fast 100 Mio. DM gezeichnet – also etwa 35 Mio. mehr, als die Firmenleitung erwartet hatte. Die neuen Kapitalseigner bekommen eine Verzinsung von 15 Prozent.

Den höchsten Aktiennennwert der Welt hat eine einzige Aktie des Pharmakonzerns *Hoffmann-La-Roche* in Basel (Schweiz), die am 23. April 1976 mit 101 000 sfr. (111 200,– DM) notiert wurde.

Den größten Gesamtmarktwert von 33,5 Mrd. Dollar (67 Mrd. DM) hatte der US-Großkonzern *Intern. Business Machines/IBM* (Computertechnik, Elektronik, Büromaschinen) am 31. Dezember 1975. Er errechnet sich aus dem Aktienschlußpreis von 206,625 Dollar (413,25 DM), multipliziert mit dem Gesamtbestand vorhandener Aktien, der 149 Mio. 533 813 Stück ausmachte.

Den nachweislich höchsten persönlichen Verlust an Aktienwerten erlitten *Ray A. Kroc,* der Vorsitzende der internationalen Restaurantkette *McDonald's Corp.,* mit 64 Mio. 901 718 Dollar (rund 130 Mio. DM) am 8. Juli 1974 und *Edwin H. Land,* Vorsitzender der Foto-Handelsgesellschaft *Polaroid Corp.,* in Höhe von 59 Mio. 397 355 Dollar (rund 120 Mio. DM) am 28.–29. Mai 1974, als die *Polaroid-Aktien* um 12,12 Dollar fielen.

Die größte Neuemission machte am 21. Juni 1971 an der New Yorker Börse die *American Telegraph and Telephone Company,* als sie Aktien im Wert von 1 Mrd. 375 Mio. Dollar (damals ca. 4,2 Mrd. DM), bestehend aus 27 Mio. 500 000 Vorzugsaktien mit Umtauschrecht anbot.

Banken und Sparkassen

Das größte internationale Bankinstitut ist die sog. *Weltbank,* nämlich die *Internationale Bank für Wiederaufbau und Entwicklung* in Washington, D. C. (USA), die am 27. Dezember 1945 als Organisation der *Vereinten Nationen* gegründet wurde. Sie verfügt über ein genehmigtes Stammkapital von 34 Mrd. Dollar (68 Mrd. DM). Sie hat gegenwärtig 130 Mitglieder. Ihr Präsident ist seit 1968 der ehem. US-Verteidigungsminister *Robert McNamara* (* 9. Juni 1916). Das gezeichnete Kapital der Mitglieder beträgt rund 26 Mrd. Dollar (52 Mrd. DM).
Der *Internationale Währungsfond (IWF),* ebenfalls in Washington, hatte am 31. März 1980 140 Mitglieder mit Gesamtanteilen zu Sonderziehungsrechten in Höhe von 39 Mrd., d. h. rund 50 Mrd. Dollar bzw. 100 Mrd. DM.

Die Bank mit den höchsten Einlagen, als privates Unternehmen, ist die *Bank of America National Trust and Savings Association* in San Francisco (Kalifornien, USA), die am 31. Dezember 1979 über ein Kapital von 84 Mrd. 828 Mio. 984 000 Dollar (170 Mrd. 656 Mio. DM) verfügte. Ihre gesamten Aktiva beliefen sich auf 108 Mrd. 318 Mio. 464 000 Dollar (rund 217 Mrd. DM).
Barclays Bank (mit *Barclays Bank International* und weiteren Tochterfirmen) hatte im Dezember 1979 rund 5000 Filialen und Büros in 75 Ländern. Die Einlagen beliefen sich auf eine Summe von 26,3 Mrd. Pfund Sterling (104,3 Mrd. DM) und die Aktiva auf 30,3 Mrd. Pfund Sterling (121 Mrd. DM).

(D) **Die größte Bank in Westdeutschland** ist die 1870 gegründete, 1957 wiedergegründete *Deutsche Bank* mit dem (jetzigen) Sitz in Frankfurt am Main (Hessen). Ihre Bilanzsumme betrug 1979 98,78 Mrd. DM, ihr Kreditvolumen 57,3 Mrd., ihre Fremdmittel wurden mit 91,3 Mrd. beziffert.

(A) **Die bedeutendste Bank Österreichs** ist die 1855 gegründete *Creditanstalt*-Bankgruppe (Bankverein) mit der Zentrale in Wien und 15 Geschäftsstellen in den Bundesländern mit 288 Filialen und Außenstellen. Die Bilanzsumme der *Creditanstalt* betrug Ende 1979 167,1 Mrd. öS (23,88 Mrd. DM), der Reingewinn 180,3 Mio. öS (26 Mio. DM).

(CH) **Das größte Bankunternehmen der Schweiz** ist die *Schweizerische Bankgesellschaft/Union de Banques Suisses (SBG/UBS)* in Zürich mit 220 Geschäftsstellen und 14 700 Beschäftigten. Die Bilanzsumme belief sich am 30. September 1979 auf 65,4 Mrd. sFr. (72 Mrd. DM). Die Gewinnrechnung hatte per 31. Dezember 1978 den Betrag von 257,5 Mio. sFr. (288,4 Mio. DM) ergeben.

Die Bank mit den meisten Filialen ist die *Staatsbank von Indien,* die am 1. Januar 1979 über 7262 Niederlassungen und Aktiva von umgerechnet rund 25 Mrd. DM verfügte.

Die wenigsten Geldinstitute gibt es in Japan. Dort steht im Durchschnitt je 7000 Bürgern nur eine Bankfiliale zur Verfügung.

Die größte »Bankdichte« hat dagegen die Schweiz: für je 1316 Einwohner gibt es eine Bank!

Der größte Banktresor der Welt wurde im Mai 1961 im *Chase-Manhattan*-Gebäude in New York (USA) installiert. Er ist 106,4×30,4×2,4 m groß und wiegt 893 t. Seine sechs Türen wiegen je bis zu 40,6 t, aber jede kann mit einem Fingerdruck geschlossen werden.

Ⓓ **Die älteste Sparkasse in Westdeutschland** ist die *Kreissparkasse in Detmold* (Nordrhein-Westfalen), die am 1. April 1786 gegründet wurde. Die *Ersparniskasse Oldenburg* (Niedersachsen), die den Detmoldern den ersten Platz lange streitig machte, nahm erst ein Vierteljahr später, also am 1. August 1786, ihre Arbeit auf.

Versicherungen u. Krankenkassen

Die höchsten Versicherungsprämien für alle Arten von Versicherungen zahlen der Summe nach die US-Amerikaner. Man schätzt, daß dort 1978 ungefähr 100 Mrd. Dollar (200 Mrd. DM) an Versicherungsprämien gezahlt wurden, also mehr als 1400 Dollar (2800,– DM) pro Haushalt.
In Westdeutschland wurden 1979 über 22,8 Mrd. DM an Versicherungen gezahlt.

Die größte Versicherungsgesellschaft ist die *Prudential Insurance Co. of America* in Newark (New Jersey, USA) mit 367 Mrd. 284 Mio. Dollar (680 Mrd. DM) Kapital am 31. Dezember 1979. Das bestätigte Vermögen dieser Gesellschaft beläuft sich umgerechnet auf über 100 Mrd. DM.

Für eigene Rekorde

Ⓓ Die größte allgemeine und zugleich auch die größte Lebensversicherungsgesellschaft in Westdeutschland ist die *Allianz Versicherungs AG* Berlin (West)/München (Bayern). Sie hatte 1979 Prämieneinnahmen in Höhe von 10,5 Mrd. DM, davon 3,7 Mrd. für Lebensversicherungen. Zur Zeit hat die Allianz einen Personalbestand von 22 300 Beschäftigten. Sie verzeichnet 45 Mio. versicherte Risiken und hat jährlich durchschnittlich 2,5 Mio. Schadensfälle zu regulieren.

Die größte Krankenversicherung und zugleich der Welt größte Vereinigung von Einzelmitgliedern ist das *Blue Cross System,* die US-Krankenhaus-Versicherungsorganisation, die am 1. Januar 1979 rund 83,25 Mio. Mitglieder hatte und 1978 Leistungen im Gesamtwert von 15,7 Mrd. Dollar (ca. 30 Mrd. DM) erbrachte.

Ⓓ **Die größte private Krankenversicherung in Westdeutschland** ist die *Deutsche Krankenversicherung (DKV)* mit dem Hauptsitz in Köln (Nordrhein-Westfalen).
Die 37 privaten Krankenkassen Westdeutschlands kassierten im Jahr 1979 etwa 9 Mrd. DM an Beiträgen und zahlten fast 7 Mrd. DM (einschl. Beitragsrückerstattungen) aus. 6 Mio. Personen waren bei ihnen voll versichert, 3,6 Mio. haben eine private Zusatzversicherung zur gesetzlichen Krankenversicherung abgeschlossen.
Die größte Angestellten-Krankenkasse in Westdeutschland mit über 6 Mio. Mitgliedern ist die *Barmer Ersatzkasse,* Hauptsitz Wuppertal (Nordrhein-Westfalen).

Die älteste noch bestehende Versicherung in Westdeutschland ist die *Hamburger Feuerkasse.* Sie schloß am 3. Dezember 1593 die erste Feuerversicherung ab.

Die ersten Vorsorgeuntersuchungen ihrer gesunden Mitglieder führte 1919 die *Betriebskrankenkasse* der Fa. *Friedrich Krupp* in Essen (Nordrhein-Westfalen) ein, und zwar regelmäßig wiederkehrend, kostenlos und freiwillig.

Der höchste auf eine einzige Lebensversicherung ausgezahlte Betrag waren 18 Mio. Dollar (damals über 50 Mio. DM), die laut Bericht vom 14. November 1970 an *Linda Mullendore,* die Frau eines Farmers in Oklahoma (USA), gezahlt wurden. Ihr Mann, der ermordet worden war, hatte im Jahr 1969 Prämien von 300 000 Dollar eingezahlt.

Die höchste Schadensersatzklage gegen den Erbauer eines öffentlichen Versorgungsunternehmens beläuft sich auf 500 Mio. Dollar (1 Mrd. DM) und wurde im März 1980 von der Gesellschaft *General Public Utilities* in Pennsylvania (USA) als

Betreiberin des Atomreaktors von *Three Miles Island* in Harrisburg gegen das für Planung und Bau des Atommeilers (bei dem im März 1979 ein schwerer Störfall auftrat) verantwortliche Unternehmen *Babcock und Wilcox* vor einem US-Bundesgericht in New York erhoben. Der Klagetenor: Grobe Fahrlässigkeit, volle Haftbarkeit für Materialfehler, Vertragsbruch und Bruch der Gewährleistungspflicht.

Der höchste private Schadensersatz-Anspruch wurde im März 1980 vom Obersten Bundesgericht des US-Staates New York anerkannt: Frau *Gloria Hall,* Kundin eines New Yorker E-Werks, erhielt nahezu 10 Mio. Dollar (20 Mio. DM) Schadenersatz für schwere Verletzungen, die sich die jetzt 52jährige 1975 beim Sturz im dunklen Flur eines Wolkenkratzers zugezogen hatte. Das E-Werk hatte den Strom gesperrt, weil die Hausverwaltung die Rechnung nicht bezahlt hatte.
3,5 Mio. Dollar (rund 7,0 Mio. DM) Schadenersatz durch einen Reifenkonzern in Baltimore (Maryland, USA) sprach ein amerikanisches Gericht im Februar 1980 dem New Yorker Ehepaar *Helen und Nicholas Daskarolis* zu. Das Paar war nach einem Reifendefekt frontal mit einem anderen Auto zusammengestoßen und dabei verletzt worden. Das Gericht kam zu der Ansicht, daß der Unfall ohne Verschulden des Ehepaares durch einen Fabrikationsfehler am Reifen verursacht worden war.

Den größten Versicherungsverlust zur See verursachte der 125000 BRT große Öltanker *Olympic Bravery.* Das Schiff, das für 25 Mio. Pfund Sterling (100 Mio. DM) bei *Lloyds* in London (England) versichert war, lief am 24. Januar 1976 bei der Insel *Uissant* auf Grund.
Der 83000 BRT große Erdgastanker *Aquarius,* der 1977 von der *General Dynamics Corp.,* Massachusetts (USA), gebaut wurde, ist gegenwärtig mit 175 Mio. Dollar (350 Mio. DM) versichert.

Gegen ein hohes politisches Risiko und seine möglichen Folgen hat sich die amerikanische Fernsehgesellschaft *NBC (National Broadcasting Corpor.)* 1979 versichert, als sie bei *Lloyds* in London eine Versicherung gegen den eventuellen Ausfall der Olympischen Spiele von Moskau 1980 abschloß. Die TV-Firma hatte 1976 von den Sowjetbehörden die Fernseh-Übertragungsrechte von den *Olympischen Spielen '80* für 85 Mio. Dollar – damals noch rund 200 Mio. DM – erworben, wovon im Februar '80 bei Ablauf des Boykott-Ultimatums von Präsident *Carter* bereits 45 Mio. DM an die UdSSR gezahlt waren. Um diese Investition abzusichern, wurde die *Lloyds*-Versicherung abgeschlossen. Prämie: 2 Mio. Dollar (4 Mio. DM). Nach Ansicht Londoner Versicherer kann Lloyds in Verbindung mit dem Boykott der Olympischen Spiele mit Schadenersatzansprüche von 58 Mio. Dollar (113 Mio. DM) rechnen. Lloyds bestreitet jedoch die volle Deckungspflicht, weil die meisten Fernsehfirmen freiwillig auf die Senderechte verzichteten.

Grundbesitz

Der Grundstückswert der gesamten Welt beträgt nach einer im April 1980 veröffentlichten Berechnung eines westdeutschen Grundstücksmaklers gegenwärtig etwa 3,8 Billionen DM. Ihr liegt die Annahme zugrunde, daß es auf der Erde eine »nutzbare Fläche« von 120 Mio. km^2 gibt, und das ergäbe einen Durchschnitts-Grundstückspreis von knapp drei Pfennig je m^2.
Der teuerste Kontinent wäre nach dieser Berechnung Europa, das teuerste Land Westdeutschland mit einem m^2-Durchschnittspreis von 4,– DM. Der billigste Kontinent wäre Afrika: er würde 75 Mrd. DM kosten, d. h. 0,0025 DM je m^2.

Der bedeutendste Großgrundbesitzer der Welt ist die Regierung der USA mit Ländereien von 3,082 Mio. km^2, was etwa der Größe Indiens entspricht.

Den größten privaten Grundbesitz der Welt soll die *International Paper Co.* mit 3,64 Mio. ha haben.

Ⓓ **Der größte private Grundbesitz in Westdeutschland** gehört dem Fürstenhaus von *Thurn und Taxis* in Regensburg (Bayern), derzeit geleitet von

Größter Grundbesitzer: Joh. v. Thurn und Taxis.

Höchstmietpreise für Geschäftsräume und Grabstätten werden in der Kronkolonie Hongkong bezahlt.

Erbprinz Johannes von Thurn und Taxis (* 5. Juni 1926). Größen- und Wertangaben über den Besitz werden durch das Haus *Thurn und Taxis* nicht veröffentlicht.

Der teuerste Boden der Welt ist gegenwärtig die *Stadtmitte von Tokio* (Japan). 1980 kostete ein m^2 im Einkaufszentrum Tamagama Takashimaya 93 000 DM.
Der Wert pro m^2 der beiden wertvollsten französischen Weinberge, *Grand* und *Petit Cognac* in Bordeaux, ist in letzter Zeit nicht geschätzt worden, doch gelten sie seit jeher als teuerste landwirtschaftliche Nutzfläche der Welt.
Am 2. Dezember 1977 verkaufte die *China Square Inch Land Ltd.* bei einer Wohltätigkeitsauktion 1 cm^2 Land in *Sha Tau Kok* (Hongkong, China) für 2000 Hongkong-Dollar (gleich 753,80 DM). Die Käufer waren *Stephen* und *Tony Nicholson.*

Die höchste Miete wird für die Geschäftsräume in der britischen Kronkolonie *Hongkong* (China) verlangt: 20 US-Dollar (40,– DM je Quadratfuß (33,3 cm^2) pro Monat. Der Preis für eine Grabstätte mit Eigentumsrechten, ca. 1,5 × 3 m groß, beträgt in Hongkong etwa 200 000 Hongkong-Dollar (88 460,– DM) oder fast 20 000,– DM pro m^2.

Die größte Grundstücksauktion fand am 11. September 1969 in *Anchorage* (Alaska, USA) statt, wo 179 Parzellen von insgesamt 182 455 ha der Erdölfelder des North Slope, versteigert wurden. Die *Amerada Hess Corp. (Getty Oil Consortium)* machte ein Rekordangebot von 72 Mio. 277 133 Dollar (damals etwa 220 Mio. DM) für die Pacht von 1036 ha dieses Geländes.

Lebensstandard

Das Land mit dem höchsten Durchschnittseinkommen je Staatsbürger war 1977 Abu Dhabi mit ca. 70 000 Dollar (135 000,– DM).

(D) Das Durchschnittseinkommen in Westdeutschland betrug 1978 je beschäftigten Arbeitnehmer jährlich 34 848,– DM, was einem Monatseinkommen von 2904,– DM entspricht.

(DDR) In Ostdeutschland – genaue Angaben fehlen – kann das Jahreseinkommen pro Arbeitnehmer mit 12 000,– Mark angenommen werden.

Ⓐ In Österreich betrug das Jahreseinkommen 168 000 öS bzw. 24 000,– DM.

Ⓒⓗ Schweiz: 36 350 sfr., bzw. rund 40 000,– DM jährlich oder 3300,– DM monatlich.

Ⓓ **Der Preisindex für die Lebenshaltung** aller Haushalte in Westdeutschland hat sich zwischen 1970 und 1976 nahezu verdoppelt. Er wird an einem sog. *Warenkorb* gemessen und betrug 1970 monatlich 1294,– DM. 1976 lag der Monatsverbrauch für Lebenshaltung pro Haushalt bei 2326,– DM.

Für eigene Rekorde

Finanzwirtschaft, Staatshaushalte

🌐 **Die höchsten Jahresausgaben,** die je von einem Land im Staatshaushalt geplant wurden, beliefen sich auf 500,2 Mrd. Dollar (865,35 Mrd. DM) und waren im Haushaltsplan der USA für das am 30. September 1979 endende Finanzjahr enthalten. Das höchste geplante Steueraufkommen der USA betrug 439,7 Mrd. Dollar (769,3 Mrd. DM) für 1978/79.

Für das Haushaltsjahr 1981 der USA hat Präsident *Jimmy Carter* (* 1. Oktober 1924) einen Etat in Höhe von 615,8 Mrd. Dollar (1 Billion, 65,3 Mrd. DM) auf der Ausgabenseite vorgelegt, denen Einnahmen von 600 Mrd. Dollar (1,04 Bill. DM) gegenüberstehen. Das Defizit im ordentlichen Haushalt der USA würde demnach 1981 nur noch 16 Mrd. Dollar (27,7 Mrd. DM) ausmachen. Es wäre damit das niedrigste seit sieben Jahren und weniger als halb so groß wie das Defizit des Vorjahres.

Ⓓ **Der Haushaltsplan Westdeutschlands** für 1980 ist der bisher größte in der Geschichte der Bundesrepublik. Er beläuft sich auf 214,48 Mrd. DM. In den acht Jahren seit 1972 (109,2 Mrd. DM) hat sich der Etat Westdeutschlands nahezu verdoppelt.

Ⓐ **Der Staatshaushalt Österreichs** war für 1979 auf 288,8 Mrd. öS (41,26 Mrd. DM) veranschlagt.

Ⓒⓗ **Die Schweiz** gab für 1979 einen Bundeshaushalt von 16,64 sFr. (18,3 Mrd. DM) an. Für Bund, Kantone und Gemeinden zusammen waren 44,37 Mrd. sFr. (48,8 Mrd. DM) Haushaltsausgaben verplant.

Die Auslands- und Entwicklungshilfe, die von 1945 bis Januar 1978 von den USA gespendet wurde, belief sich auf 177,681 Mrd. Dollar (etwa 570 Mrd. DM). Das Land, das 1977 die meiste Hilfe erhielt, war Israel mit 1,476 Mrd. Dollar.

Die allererste Auslandshilfe von 50 000 Dollar erhielt Venezuela 1812 von den USA im Zuge einer Erdbebenhilfsaktion.

Ⓓ Die Bundesrepublik Deutschland leistete in den Jahren 1975–77 an Entwicklungsländer staatliche Hilfe in Höhe von 11,139 Mrd. DM, die durch private Entwicklungshilfe (vorwiegend in Form von Investitionen) von weiteren 27,8 Mrd. DM ergänzt wurde. Im Haushaltsplan Westdeutschlands für 1980 sind 5,23 Mrd. DM für den Etat des Entwicklungshilfe-Ministers eingeplant.

🌐 **Die niedrigsten Steuern** zahlen die Einwohner der Ölstaaten am Persischen Golf: *Bahrain, Kuwait und Katar.* In diesen Ländern sind die Steuern – ohne Rücksicht auf das Einkommen – gleich Null.

Keine Steuern zahlen auch die Bewohner der Insel *Lundy,* nahe der Küste von Nord-Devon (England). Zwischen den beiden Weltkriegen wurde auf dieser 429,9 ha großen Insel eine inoffizielle Währung von *Puffins* (ein Puffin ist ein Seepapagei) und *Halb-Puffins* in Umlauf gesetzt. Wer jedoch einen *Puffin* besaß wurde bestraft.

Die größten Handelsflotten der Welt

Rang	Land/Flagge	BRT (Mio.)	davon Tanker	Tanker-tragfähigkeit
1	Liberia	80,2	50,0	116,6 Mio. t
2	Japan	40	16,3	35,4 Mio. t
3	Griechenland	34	10,6	22,4 Mio. t
4	Großbritannien	31	14,7	33,0 Mio. t
5	Norwegen	26	13,8	31,2 Mio. t
6	UdSSR	22	4,6	6,9 Mio. t
7	Panama	21	6,3	12,4 Mio. t
8	USA	16	6,6	14,5 Mio. t
9	Frankreich	12	7,7	16,0 Mio. t
10	Italien	11,5	4,8	12,6 Mio. t
11	Westdeutschland	9,7	3,4	6,0 Mio. t
12	Spanien	8	5,0	10,2 Mio. t
13	Singapur	7,5	3,1	6,0 Mio. t
14	Schweden	6,5	3,0	6,8 Mio. t
33	Ostdeutschland	1,34		
60	Schweiz	0,25		
82	Österreich	0,07		

Die ruinösesten Steuern müssen in Norwegen bezahlt werden. Im Januar 1974 wurde die 80-Prozent-Grenze abgeschafft, so daß etwa 2000 norwegische Bürger mehr als 100 Prozent von ihrem steuerpflichtigen Einkommen zu zahlen hatten. Dem großen Reedereibesitzer *Hilmer Reksten* wurden 491 Prozent seines Einkommens besteuert.
In Dänemark beträgt die persönliche Steuerbelastung bereits bei einem Einkommen von 50 200,– DM 61,1 Prozent.
Ⓓ Die Steuerbelastung in Westdeutschland beträgt z.Zt. bei Alleinstehenden mit einem Jahreseinkommen von 50 000,– DM 33,8 Prozent, bei einem Einkommen von 100 000,– DM 43,1 Prozent. Die höchste Steuerquote beträgt 56 Prozent bei Jahreseinkommen über 130 020,– DM. Das gesamte Steueraufkommen in Westdeutschland betrug 1979 insgesamt 343,4 Mrd. DM. Die ergiebigste Steuer war mit etwa 97,1 Mrd. DM die Lohnsteuer.
Ⓐ In Österreich lauten die Vergleichszahlen: 50 000,– DM = 38,9 Prozent, 100 000,– DM = 47,9 Prozent, höchste Quote: 62 Prozent.
(CH) Für die Schweiz gelten folgende Quoten: 50 000,– DM = 18,3 Prozent, 100 000,– DM = 28 Prozent.

Die größte Staatsverschuldung haben die USA. 1975 überschritten die Schulden eine halbe Billion Dollar (fast 1 Billion DM) und am 1. Januar 1978 hatten sie 721,8 Mrd. Dollar (1,7 Billionen DM) erreicht. Wenn man diese Summe in Dollarnoten aufeinanderstapelte, so würde man eine 63 km hohe, 557 661 t schwere Säule erhalten.
Ⓓ Die öffentliche Verschuldung in Westdeutschland betrug Ende 1978 für den Bund 177,5 Mrd. DM, für die Länder 102,1 Mrd. DM, für die Gemeinden 87,5 Mrd. und für andere öffentliche Schuldner 4,75 Mrd. DM, insgesamt 371,64 Mrd. DM. Das entspricht einer Verschuldung von ca. 5300,– DM je Einwohner.
Ⓐ Die Staatsverschuldung Österreichs belief sich
(CH) Ende 1978 auf 199,2 Mrd. öS (28,46 Mrd. DM), die der Schweiz (1976) auf 16,3 Mrd. sFr. (17 Mrd. DM).

Das Land mit dem größten Bruttosozialprodukt (das ist die jährliche Summe aller Sach- und Dienstleistungen, bewertet mit Marktpreisen) waren Ende 1979 die USA mit über 2 Mio. Dollar (ca. 3,5 Billionen DM), d.h. ca. 7900 Dollar (14 000,– DM) je Einwohner.
Ⓓ Das Bruttosozialprodukt Westdeutschlands betrug Ende 1979 1 Billion, 394 Mrd. DM, je Einwohner 13 900,– DM.
(DDR) In Ostdeutschland betrug das dortige sogenannte *Gesellschaftliche Gesamtprodukt* im Jahre 1978 424,8 Mrd. Mark.
Ⓐ Österreichs Bruttosozialprodukt belief sich 1978 auf 850 Mrd. öS (etwa 121,5 Mrd. DM) – je Einwohner 78 680 öS bzw. 11 240,– DM.

(CH) In der Schweiz wurde als Bruttosozialprodukt 1978 die Summe von 157,9 Mrd. sFr. (173,7 Mrd. DM) errechnet, d.h. 14 650,– sFr. bzw. 16 115,– DM je Einwohner.

Die reichste Nation pro Kopf der Bevölkerung (Durchschnitt) war im Jahre 1976 *Abu Dhabi* mit 70 000 Dollar (damals etwa 175 000,– DM).
Die USA, die 1910 an der Spitze standen, waren 1977 auf den dritten Platz nach Schweden und der Schweiz zurückgefallen.
Die Bundesrepublik Deutschland stand mit etwa 18 000,– DM an fünfter Stelle.

Die effektive Wirtschaftsleistung betrug im Jahre 1978 in den 20 wohlhabendsten Ländern der Erde je Einwohner im Durchschnitt 9263 Dollar (17 136,– DM).

Die höchste Wirtschaftsleistung je Einwohner erbrachte die Schweiz mit einer Durchschnittsquote von 13 850 Dollar (25 622,– DM), gefolgt von Kuwait (13 000 Dollar/24 050,– DM), Dänemark (10 950 Dollar/20 257,– DM) und Schweden (10 440 Dollar/19 314,– DM).
Ⓓ Westdeutschland steht an fünfter Stelle. Seine Wirtschaftsleistung je Einwohner betrug 10 420 Dollar bzw. 19 277,– DM.
Ⓐ Die Österreicher erwirtschafteten eine Pro-Kopf-Leistung von 7660 Dollar (14 170,– DM) und Ost-
(DDR) deutschland eine solche von 4940 Dollar bzw. 9139,– DM.
In dieser Vergleichsstatistik liegen die USA an achter, Saudi-Arabien an zehnter Stelle. Frankreich folgt auf Platz 13, Japan hält Platz 15 und England den 20. Platz.

(CH) **Die fleißigsten Sparer** sind die Schweizer mit durchschnittlichen Einlagen von 11 225 Dollar (etwa 19 400,– DM) pro Kopf.
Ⓓ In Westdeutschland werden z.Zt. von allen Sparern im Durchschnitt 13,8 Prozent ihrer verfügbaren Einkünfte gespart.

Das erste Prämiensparsystem führte 1900 die Firma *Friedr. Krupp* in Essen (Nordrhein-Westfalen) für ihre Arbeiter und wenig verdienenden Angestellten ein. Bereits zehn Jahre nach Gründung wurden 1220 Prämien im Gesamtwert von 62 000 Goldmark an die 16 650 freiwilligen Prämiensparer verlost.

Das niedrigste Jahreseinkommen aller Länder der Erde hat mit 70 Dollar (etwa 125,– DM) pro Kopf *Ruanda* in Zentralafrika.

Die größten Goldreserven besitzt zur Zeit Westdeutschland. Im Februar 1979 belief sich deren Wert auf rd. 75 Mrd. DM. Im Februar 1980 betrug

Die Goldbarrenverwahrungsstelle der USA: Fort Knox bei Louisville. Es gilt als absolut einbruchsicher.

der Wert 139,3 Mrd. DM. Wegen der vor allem durch Spekulationen ausgelösten sensationellen Goldpreisbewegungen insbesondere um die Jahreswende 1979/1980 sind genaue, angepaßte Bewertungen in fremden oder eigenen Währungseinheiten der Eigentümerländer zur Zeit jedoch kaum möglich.
Die Goldbarrenverwahrungsstelle der USA befindet sich in *Fort Knox,* 48 km sw von Louisville (Kentucky). Das Gold wird in genormten, ungeprägten je 400 Feinunzen oder 12,441 kg schweren, 17,7×9,2×4,1 cm großen Barren aufbewahrt, deren jeder im Januar 1980 einen Wert von etwa 340 000 Dollar bzw. 590 000,– DM hatte.

Die größte Goldbarrenmenge aller Banken befindet sich jetzt in der *Federal Reserve Bank* in New York (USA). Dort lagern 14 000 t in einer 15,25 m×30,50 m großen Stahlkammer mit 89 t schwerer Stahltür, fast 26 m unter dem Erdboden.

Die Weltwährungsreserven betrugen Ende 1978 (ohne Ostblock) insgesamt rund 363 Mrd. Dollar (damals etwa 950 Mrd. DM).

Die schlimmste Inflation der Welt erlebte Ungarn im Juni 1946, als der *Goldpengö* von 1931 mit 130 Trillionen (1,3×10^{20}) *Papierpengö* bewertet wurde. Am 3. Juni 1946 wurden Noten im Wert von 100 Trillionen Pengö in Umlauf gesetzt und am 11. Juli wieder eingezogen. 1000-Trillionen-Noten wurden gedruckt, aber nicht in Umlauf gebracht.
Deutschland hatte seine größte Geldentwertung, als im November 1923 eine Billion *Papiermark* auf den Wert von einer *Goldmark* gesunken war. Am 6. November 1923 waren RM-Geldnoten im Nennwert von 400 Trillionen, 338 Billiarden, 326 Billionen, 350 Milliarden und 700 Millionen in Umlauf.

Die niedrigste Inflationsrate hatte Mitte 1980 die Schweiz mit 4,1 Prozent. Österreich hatte 5,9 Prozent und Westdeutschland 6 Prozent.
Die höchste Inflationsrate in Europa hatte Mitte 1980 England mit 21,8 Prozent.

Geld und andere Zahlungsmittel

Allgemein: Papiergeld ist eine Erfindung der Chinesen. Im Jahre 910 n. Chr. wurde es probeweise verwendet, 970 n. Chr. schon ganz allgemein.

Die ersten Banknoten (*Bancosedlar* genannt) wurden im Juli 1661 in Stockholm (Schweden) in Umlauf gebracht. Die älteste noch existierende Banknote im Wert von 5 *dalers* ist vom 6. Dezember 1662 datiert.

Das größte je gedruckte Papiergeld war die während der *Ming*-Dynastie in China herausgegebene 1-*Kwan*-Note, die fast 33×23 cm maß.

Die kleinste Banknote wurde 1917 vom rumänischen Finanzministerium in Umlauf gesetzt. Sie hatte einen Wert von 10 *Bani* und eine Größe (d. h. bedruckte Fläche) von 2,75×3,8 cm.
Die kleinsten deutschen Banknoten waren *Notgeldscheine* der Stadt Passau (Bayern) im Wert von einem bis drei *Pfennig.* Sie waren nur 20×20 mm groß und wurden 1923 während der Inflation in Umlauf gebracht.

Die Banknoten mit dem höchsten Nennwert sind die 10 000-Dollar-Noten der *US-Federal-Reserve-Bank.* Sie zeigen auf einer Seite den Kopf von *Salomon Portland Chase* (1808–73). Seit Juli 1944 ist davon keine mehr gedruckt worden, und 1969 gab das US-Finanzministerium bekannt, daß keine weiteren Noten im Wert von mehr als 100 Dollar gedruckt würden. Von den 10000 Dollarnoten sind nur noch etwa 400 in Umlauf.

(D) Die Banknote mit dem höchsten Nennwert, die je in Deutschland ausgegeben wurde, war der 100-Billionen-Schein von 1924. Er war 9,5×18 cm groß, zeigte ein Dürer-Gemälde und wurde am 15. Juni 1925 aus dem Verkehr gezogen.
Die deutsche Banknote mit dem größten Wert, die gegenwärtig in Umlauf ist, ist der *Tausend-DM-Schein,* die niedrigste ist die *Fünf-DM-Note.*

Den niedrigsten Nennwert aller Banknoten hat zur Zeit die in der Kronkolonie Hongkong ausgegebene 1-Cent-Note.

Die ältesten Münzen, deren Alter mit Sicherheit bekannt ist, sind die *Elektron-Stater* (Elektron ist eine Legierung aus Gold und Silber), die während der Herrschaft des Königs *Gyges* (ca. 685–652 v. Chr.) in Lydien, der heutigen Türkei, geprägt wurden. Sie waren als Zahlungsmittel in allen Mittelmeerländern üblich.
Von dem primitiven ungeprägten *Spatengeld* aus der *Tschou-Dynastie* in China nimmt man an, daß es aus der Zeit um 770 v. Chr. stammt.
Die 1972 in *Tappeh Nush-i-jan* (Iran) entdeckten Silberbarren, die als Zahlungsmittel dienten, stammen aus dem Jahr 760 v. Chr.

Die früheste mit Jahreszahl geprägte Münze ist die dänische Münze des *Bischofs von Roskilde* mit der Jahresangabe MCCXXXIIII (1234). Nur sechs Exemplare sind davon bekannt.

(D) Im heutigen deutschen Hoheitsgebiet waren zuerst römische Münzen (seit dem 2. Jahrhundert v. Chr.) als Zahlungsmittel bekannt. Vor 500 n. Chr. prägten die *Wandalen* und andere germanische Stämme Münzen, und der *Denar* von Straßburg sowie der sog. *karolingische Pfennig* (= 1/240stel Pfund reinen Silbers) als erste europäische Grund-Münzeinheiten aus der Zeit *Karls des Großen* (um 800) waren verbreitete Zahlungsmittel. Die *Mark* als Münzwertbegriff taucht erstmals im 12. Jahrhundert in Deutschland auf.

Die schwerste je geprägte Münze war eine schwedische *10-Daler-Kupfermünze* aus dem Jahr 1644. Sie wog fast 20 kg.
Von den primitiven Tauschmitteln ist das *Fe* genannte Steingeld auf *Yap,* einer Inselgruppe im Westpazifik, bei weitem am schwersten. Ein *Fe* ist eine runde Steinplatte mit einem Loch in der Mitte, einem Durchmesser bis zu 3,65 m und einem Gewicht bis zu 84 kg. Ein mittelgroßes Exemplar ist so viel wert wie eine Frau oder ein Kanu.

(D) **Die größten Münzen in Deutschland** waren *10-Dukaten-Stücke* von je 35 g Gewicht. Ein riesiges Einzelstück, die böhmische *100-Dukaten-Münze Kaiser Ferdinands III.* (1608–57), wiegt 350 g und hätte demnach heute einen reinen Goldwert von ca. 16000,– DM. Ihr Sammlerwert dürfte aber mindestens das Zehnfache betragen.

(A) **Die größte Münze Österreichs** war das quadratische *50-Dukaten-Stück* mit Rundprägung des *Grafen Guidobald von Thun-Hohenstein* aus dem Jahr 1654, das 165 g wog.

(CH) **Die größte Schweizer Münze** war das 82,5 g schwere *Baseler 25-Dukaten-Stück,* das von 1695 bis 1710 in Umlauf war.

Die kleinsten Münzen sind die silbernen, etwa um 1740 während der Regierung von *Jeya Prakash Malla* in Nepal geprägten *1/4-Dam* oder *Jawa,* die ca. 2×2 mm groß waren und 0,008 bis 0,014 g wogen. Sie wurden dennoch manchmal halbiert oder sogar geviertelt.
Die um 1800 im südlichen Indien gebräuchlichen sog. *Stecknadelkopf-Münzen* wogen nur 0,06 g.

(D) Die kleinste deutsche Münze war der *1/32stel-Dukat aus Gold,* um 1700 in Nürnberg (Bayern) geprägt. Er wog nur 0,1 g und hatte einen Durchmesser von 5 mm.

Die Münze mit dem höchsten Nennwert ließ *Schahdschahan,* der Großmogul von Indien (1627–58), 1654 in Umlauf setzen. Es war das goldene *200-Mohur-Stück.* Es wog 2,177 kg und hatte

Die Goldmünze mit dem höchsten Nennwert: ist zur Zeit das 2500-Dollarstück der Bahamas.

einen Durchmesser von 13,6 cm. Sein heutiger Wert wäre etwa 70 000,– DM. Das einzige bekannte Exemplar verschwand gegen 1820 in *Patna* (Indien), aber es gibt einen Gipsabdruck davon im *Britischen Museum* in London.

Den höchsten Nennwert hat heute das goldene 2500-Dollarstück der *Bahamas,* von dem 1977 noch 250 Exemplare geprägt wurden. Es ist aus 22-karätigem Gold, wiegt 435,5 g und hat einen Durchmesser von 7,2 cm. Sein Sammlerwert liegt inzwischen bei 32 000 DM.

Ⓓ **Die wertvollsten deutschen Münzen** sind die 35 g schweren *10-Dukaten-Goldstücke* aus *Bremen* und *Verden* (Niedersachsen) aus dem Jahr 1650. Sehr wertvoll sind auch die von den brandenburgischen Kurfürsten *Joachim II.* (1570), *Johann Georg* (1584 und 1587), *Joachim Friedrich* (1605), *Johann Sigismund* (1612), *Georg Wilhelm* (1620) geprägten Münzen, sowie ein 1675 von *Friedrich Wilhelm,* dem Großen Kurfürsten, ausgegebenes *4-Dukaten-Stück.*

In Westdeutschland haben die gelegentlich erscheinenden *10-DM-Silbermünzen* (z. B. zur Olympiade 1972) den höchsten Nennwert unter den geprägten Zahlungsmitteln.

Die höchste Scheidemünze Westdeutschlands im normalen Umlauf ist das 5-DM-Stück, die niedrigste der Pfennig (= $^1/_{100}$stel DM), früher aus Kupfer, jetzt aus einer Legierung.

Zweimal geprägt: deutsche Otto-Hahn-Gedenkmünze.

Die seltensten Münzen: Es gibt einige Münzen, von denen nur noch ein Exemplar bekannt ist. Von ganz besonderer Seltenheit ist eine aus einer einzigartigen Bronzelegierung bestehende mit Gold eingelegte Münze aus der Zeit von *Kaleb I.* von *Aksum* (ca. 500 n. Chr.). Aus Aksum, der damaligen Hauptstadt Äthiopiens, sind nur 700 Münzen bekannt, aber keine davon hat diese Legierung oder stammt aus dieser Zeit.

Ⓓ Ein einziges Exemplar gibt es nur noch von dem vor 435 Jahren geprägten »Eineinviertel-Taler«, den 1545 der Haager Graf Ladislaus prägen ließ. Die kleine Gemeinde Haag (4687 Einwohner) bei Warrenburg (Bayern, Westdeutschland) wurde durch die Münze unter Numismatikern weltberühmt. Jetzt wird sie in reinem Silber nachgeprägt. Das Ostberliner Münzkabinett stellte den Gipsabdruck zur Verfügung.

Ⓓ **Die seltenste und zugleich teuerste deutsche Münze** dürfte der 1855 unter der Regierung des Großherzogs *Friedrich I. von Baden* geprägte *Doppeltaler* sein, von dem nur neun Stück hergestellt und sieben wieder eingeschmolzen wurden. Eines der beiden »überlebenden« Exemplare befindet sich im *Staatlichen Münzkabinett* von Karlsruhe (Baden-Württemberg). Das andere wurde 1975 bei einer Münzauktion in Mannheim (Baden-Württemberg) für 111 000,– DM (einschl. Aufgeld) von einem anonymen Käufer erworben.

Die deutsche Münze unserer Tage mit dem eigenartigsten Schicksal dürfte die *5-DM-Sonderprägung Otto Hahn* (1879–1968) sein, die 1979 anläßlich des 100. Geburtstages dieses großen deutschen Chemikers, Nobelpreisträgers und Entdekkers der Kernspaltung ausgegeben werden sollte – aber nicht wurde, weil durch den rapiden Anstieg des Silberpreises auf dem Weltmarkt der Metallwert vor der Emission der Münze weit über den Nennwert gestiegen war. Die Münzen wurden eingeschmolzen und im Herbst 1980 als Neuprägung aus einer Kupfer-Nickellegierung in einer Auflage von 5,35 Mio. Stück ausgegeben.

Auch in Frankreich wurden wegen ihres zu hohen Silbergehalt-Wertes im Februar 1980 die Münzen zu fünf, zehn und 50 Francs als offizielles Zahlungsmittel abgeschafft. Der Silbermetallwert des Zehn-Francs-Stücks war zuletzt auf 102, der des 50-Francs-Stücks auf 122 Francs gestiegen.

In England wurde 1980 nach 429 Jahren die Six-Pence-Münze ein Opfer des metrischen Systems. Sie wurde aus dem Verkehr gezogen.

Der Höchstpreis für eine einzige Münze – nämlich 272 000 Dollar (damals 816 000,– DM) oder 314 000 Dollar (942 000,– DM) einschl. Provision – wurde bei einer Auktion in Zürich am 28. Mai 1974 von der Firma *Constantinople Fine Arts Inc.* für eine *athenische Silber-Dekadrachme* bezahlt.

Die größte Münzprägestätte ist die 1965–69 in Philadelphia gebaute, sich über 4,65 ha erstrekkende Münzanstalt des *Schatzamtes der USA* mit einer Jahresleistung von 8 Mrd. Münzen (bei einer Sieben-Tage- und Drei-Schichten-Woche). Eine einzige Prägemaschine kann 10 000 Münzen pro Stunde anfertigen.

Die längste Reihe Münzen – 3,8 km (200 000 Münzen) – brachten 36 Studenten vom *Villanova College* in Coorparoo, (Australien), am 24. September 1976 zusammen, als sie damit das Wort *Hunger* in großen, vom Flugzeug aus sichtbaren Buchstaben legten.

Den höchsten Wert hatten 27530 aufeinandergestapelte britische 10-Pence Münzen – eine Säule im Wert von 2753 Pfund Sterling (ca. 10300 DM) –, die körperlich behinderten Kindern zugute kam.

Fast ebensoviel wert, nämlich 2679 Pfund Sterling (etwa 10050 DM) war eine in Hameln (Niedersachsen) von stationierten britischen Soldaten am 3. September 1977 aneinandergelegte Reihe von Zehnpfennigstücken.

Der höchste je mit einem einzigen Scheck bezahlte Betrag in den Annalen des Bankwesens waren 16 Mrd. 640 Mio. *Rupien* (ca. 5,2 Mrd. DM). Er wurde vom amerikanischen Gesandten *Daniel Moynihan* am 18. Februar 1974 in New Delhi der indischen Regierung überreicht.

Der höchste Scheck, der jemals einer deutschen Bank vorgelegt wurde, lautete über 857 Mio., 332384,14 DM und war der Erlös, den der Verkauf des *VW-Werkes* 1961 eingebracht hatte. Der damalige Bundesschatzminister *Dr. Hans Wilhelmi* nahm ihn in Empfang.

Reichtum und Armut

Allgemein: Die Schwierigkeiten, große Privatvermögen miteinander zu vergleichen, sind verständlich. Ein Mantel der Verschwiegenheit umgibt sie, und Schätzungen können nur annähernd sein. *Jean Paul Getty* (1892–1976) sagte einmal »man ist kein Milliardär, wenn man seine Millionen noch zählen kann«. Der Ausdruck *Millionär* wurde ca. 1740, der Ausdruck *Milliardär* 1861 geprägt.

Die ersten Dollar-Milliardäre waren *John Davison Rockefeller* (1839–1937), *Henry Ford* (1863–1947) und *Andrew William Mellon* (1855–1937). Im Jahre 1937, als alle drei noch lebten, war eine Mrd. Dollar 4,2 Mrd. Mark wert.

Die reichsten Männer: Heute gibt es von den sieben im 20. Jahrhundert als Dollar-Milliardäre bezeichneten amerikanischen Staatsbürgern nur noch einen. (1 Mrd. Dollar ist heute etwa 1,80 Mrd. DM wert.) Es ist *Daniel K. Ludwig* (geb. Juni 1897 in South Haven in Michigan, USA), dessen Vermögen im Jahr 1977 auf 3 Mrd. Dollar geschätzt wurde. Es heißt, daß Mr. *Ludwig* seine Laufbahn im Alter von neun Jahren mit dem Kauf eines versunkenen Bootes begann, wofür er 25 Dollar bezahlte. Heute besitzt er die drittgrößte Tankerflotte der Welt und sehr viel Grund und Boden.
(Henry) Ross Perot (* 1930 in Texarkana, Texas, USA) hatte im Dezember 1969 ein Vermögen mit einem Nominalwert von über einer Mrd. Dollar.
Zu Europäern mit Privatvermögen im Wert von über einer Mrd. Dollar gehört die Familie *Wallenberg* in Schweden.

Einer der ersten drei Dollar-Millionäre: J. D. Rockefeller.

Die meisten Millionäre der USA leben in New York. Eine Statistik vom Februar 1980 errechnete ihre Zahl mit 51000.

Zu den reichsten Männern Westdeutschlands werden der Industrielle *Dr. Friedrich Karl Flick* (* 3. Februar 1927), der persönlich haftende und geschäftsführende Gesellschafter der *Friedrich Flick KG.* und der Industrielle Konsul *Dr. Herbert Quandt* (* 22. Juni 1910), Chef der sog. *»Quandt-Gruppe«*, gerechnet.

Reichster Mann Deutschlands? Dr. Friedrich Karl Flick.

Der reichste aller reichen Deutschen aber soll der Bankier und Landwirt *August von Finck* (* 18. Juli 1898, † 22. April 1980) gewesen sein. Man sagt, bei seinem Tode habe selbst er den Umfang seines Vermögens nicht gekannt...

Die höchsten Einkommen haben die Herrscher der ölreichen Scheichtümer und Emirate, die persönliche Anrechte auf Konzessionsabgaben pro Faß Öl besitzen.
Die Einkünfte des 11. Emirs von Kuwait, Scheich *Abdullah as-Salim as-Sabah* (* 1895), beliefen sich vor seinem Tod 1965 auf 2,6 Mio. Pfund Sterling (damals 28,8 Mio. DM) pro Woche oder 135 Mio. Pfund bzw. 1 Mrd. 500 Mio. DM im Jahr.

Das höchste Bruttoeinkommen einer Privatperson in einem einzigen Jahr – schätzungsweise 105 Mio. Dollar (damals 420 Mio. Mark) – hatte im Jahre 1927, im Alter von 28 Jahren, der in Neapel geborene Gangster *Alphonse (»Scarface Al«) Capone* (1899–1947), der in Chicago sein Unwesen trieb. Er bezog seine Einkünfte aus dem Schwarzhandel mit Spirituosen, verbotenen Destillen, Spielhöllen, Hunderennplätzen, Tanzsälen, Erpressung und Prostitution. Auf seiner Geschäftskarte nannte *Capone* sich *»Altwarenhändler (Möbel)«*.

Das erste Millionen-Girl: Shirley Temple.

Die reichste Frau der Welt war wahrscheinlich Prinzessin *Wilhelmina Helena Pauline Maria von Orange-Nassau* (1880–1962), von 1890 bis zu ihrer Abdankung, am 4. September 1948, Königin der Niederlande, mit einem Vermögen, das auf über 2 Mrd. 200 Mio. DM geschätzt wurde.
Die Kosmetikerin *Sarah Walker*, geborene *Breedlove* (* 23. Dezember 1867 in Louisiana, USA), soll die erste Frau gewesen sein, die ihre Millionen selbst verdient hat. Sie war eine ungebildete Negerin, Vollwaise und begann als Putzfrau. Den

War Wilhelmina die Reichste?

Grundstein ihres Vermögens legte sie mit einem Mittel zum Entkräuseln der Haare von Negern. Laut Schätzungen von 1978 besitzen Frauen mehr als die Hälfte aller privaten amerikanischen Millionenvermögen.

Der jüngste Millionenverdiener war der ehemalige Kinderfilmstar *Jackie Coogan* (* 26. Oktober 1914 in Los Angeles, USA), der in dem 1920 gedrehten Film *»The Kid«* zusammen mit *Charlie Chaplin* (1889–1977) eine Hauptrolle spielte.
Die am 23. April 1928 in Santa Monica (Kalifornien, USA) geborene *Shirley Temple*, jetzt Mrs. *Black*, hatte vor ihrem zehnten Geburtstag schon über eine Mio. Dollar (damals 4,2 Mio. Mark) verdient. Ihre Karriere als Kinderstar dauerte von 1934–39.

Die reichste Familie ist wahrscheinlich die aus Frankreich stammende Familie *Du Pont*. Laut vorläufiger Schätzungen belaufen sich die gesamten Vermögenswerte, die sich dem Namen nach im Besitz der aus ungefähr 1600 Mitgliedern bestehenden Familie befinden, auf ca. 150 Mrd. Dollar (262,5 Mrd. DM). Die Familie kam am 1. Januar 1800 ohne einen Pfennig in den USA an.

Der größte Geizhals der Welt war – wenn man als Maßstab für den Geiz das Verhältnis zwischen dem verfügbaren Vermögen und dem Geldverbrauch nimmt – die Amerikanerin *Henrietta (Hetty) Howland Green* (geb. *Robinson*, 1835–1916). Allein auf einem ihrer vielen Bankkonten hatte sie über 31,4 Mio. Dollar (damals 131,8 Mio. Mark). Trotzdem mußte ihrem Sohn ein Bein amputiert werden, weil sie nicht rechtzeitig ein Krankenhaus finden konnte, wo man ihn kostenlos behandelt hätte. Sie selbst lebte von kalten Haferflocken, da sie zu sparsam war, sie warm zu machen. Sie starb an einem Schlaganfall, als sie gerade dabei war, über die Vorzüge von Magermilch zu diskutieren, und hinterließ ein Vermögen von 95 Mio. Dollar (damals ca. 400 Mio. Mark, heute ca. 165 Mio. DM).

🌐 **Die größte Stiftung** in der Geschichte der Philanthropie machte die 1936 in New York gegründete *Ford-Foundation,* als sie am 12. Dezember 1955 Spenden im Werte von 500 Mio. Dollar (rund 2 Mrd. DM) an 4157 Fortbildungsanstalten und andere Institute verteilte.

Ⓓ **Die größte Westdeutsche Stiftung** ist die des *Volkswagenwerkes.* Sie wurde 1959 zum Zwecke der Förderung von Wissenschaft, Technik, Forschung und Lehre gegründet. Von 1962–1979 hat sie ca. zwei Mrd. DM für die Förderung dieser Gebiete ausgegeben.

🌐 **Die ärmsten Menschen der Welt** dürften die Angehörigen eines Volksstammes sein, der im Inneren von *Mindanao* – einer Insel der Philippinen – lebt. Dieser Stamm der *Tasaday* wurde erst 1971 entdeckt. Von der Welt abgeschlossen, leben diese Menschen auf Steinzeit-Niveau in Höhlen. Sie kennen weder Kleidung, noch das Rad, noch Tongefäße und ernähren sich von Jagdbeute.

Ⓓ **Die höchsten Wohnungsmieten in Deutschland** werden in Berlin(West) verlangt; hier beträgt der m^2-Höchstpreis 15,– DM. In Westdeutschland führt München mit 12,50 DM, während der Durchschnitt in anderen Städten bei 11 DM pro m^2 liegt.

Jakob Fugger II: erster sozialer Wohnungsbau-Meister.

Die niedrigste Miete in Westdeutschland zahlen ausgewählte, bedürftige Bürger in der sog. *Fuggerei* in Augsburg (Bayern). Der Mietpreis für eine Dreizimmer-Wohnung beträgt dort seit der Errichtung dieser ersten Reihensiedlung der Welt durch den Großkaufmann *Jakob Fugger II.* (*6. März 1459, †30. Dezember 1525) im Jahre 1519 jährlich einen Rheintaler, jetzt 1,72 DM. Die *Fuggerei* kann somit auch als der *älteste soziale Wohnungsbau der Welt* angesehen werden.

Gewerbe, Handel, Dienstleistungen

(in alphabetischer Reihenfolge)

Aluminium. Der größte Aluminium-Hersteller ist die *Aluminium Company of America (Alcoa)* in Pittsburgh (USA) mit ihren Tochterfirmen. Im Jahr 1979 betrug ihre Produktion 1 Mio. 710 000 t reines Aluminium und ihr Umsatz erreichte den Betrag von *4,785 Mrd.* Dollar *(8,5 Mrd. DM).*
Den größten Aluminium-Schmelzofen der westlichen Welt mit einer Jahreskapazität von 422 000 t besitzt die *Aluminium Company of Canada Ltd.* in Arvida in der kanadischen Provinz Quebec.

Ⓓ Der größte Aluminium-Produzent in Westdeutschland sind die *Vereinigten Aluminium-Werke (VAW)* mit dem Hauptverwaltungssitz in Bonn (Nordrhein-Westfalen). Die Werkgruppe produzierte 1978 fast 370 000 t Hüttenaluminium und 821 000 t Aluminiumoxyd. Sie beschäftigte rund 15 000 Mitarbeiter und erzielte einen Jahresumsatz von 2,224 Mrd. DM.
Das größte Aluminiumwerk Westdeutschlands gehört ebenfalls zur VAW und liegt in *Norf* bei Neuß (Nordrhein-Westfalen). Es hat eine Jahreskapazität von 145 000 t Hüttenaluminium.

Apotheken. Die größte Apothekenkette der Welt gehört der Firma *Boots the Chemists* mit 1157 Einzelhandelsgeschäften. Die Firma wurde von *Jesse Boot* (*1850 in Nottingham, England) gegründet, der später zum *I. Baron von Trent* ernannt wurde und 1931 starb.
Die älteste Apotheke Europas soll ein im Jahre 1400 in Llivia (Gerona, Spanien) gegründetes Geschäft sein. Sie ist seit etwa 50 Jahren nicht mehr in Betrieb und wird jetzt als Museum unterhalten.

Ⓓ Die *Löwen-Apotheke* in Trier (Westdeutschland, Rheinland-Pfalz), scheint jedoch wesentlich älter zu sein; sie soll schon 1241 existiert haben.

Ⓐ Die älteste Apotheke Österreichs dürfte die *Winter-Apotheke* in Innsbruck (Tirol) sein, die 1500 gegründet wurde und sich noch heute *»Alte Hofapotheke« nennt.*

Ⓒⓗ Die älteste Apotheke der Schweiz soll die *Weinmarkt-Apotheke* in Luzern sein. Einer ihrer ersten Besitzer war *Konrad Klausner* (1480 bis 1553), doch ist das Geschäft selbst wohl älter.
Die *Pharmacie Brun* in Genf behauptet, schon 1453 gegründet worden zu sein.

Arzneimittel. Die führende Arzneimittelgesellschaft der Welt ist der Chemie-Pharmakonzern *Hoechst* (Westdeutschland, Hessen) mit einem Welt-Jahresumsatz von 26,87 Mrd. DM im Jahr 1979. Der *Hoechst*-Gewinn (vor Steuern) betrug 907 Mio. DM.

Das Pharmaunternehmen *Bayer* in Leverkusen (Nordrhein-Westfalen) verzeichnete 1978 einen Umsatz von 22 Mrd. 836 Mio. DM.

(CH) Die größten Arzneimittelhersteller in der Schweiz sind *Ciba Geigy* mit einem 1978-Umsatz von 8 Mrd. 932 Mio. sfr (9 Mrd. 825 Mio. DM) und *Hoffmann-La-Roche* 4 Mrd. 844 Mio. sfr (5 Mrd. 328 Mio. DM).

Auktionshaus. Das größte Auktions- und Versteigerungsunternehmen ist der Konzern *Sotheby Parke Bernet* mit Hauptsitz in London (England) und New York (USA), der 1744 gegründet wurde. Im Geschäftsjahr 1978/79 erreichte *Scotheby's* mit Niederlassungen in weiteren 17 Ländern einen Umsatz von 410 Mio. 038 000 Dollar (rund 830 Mio. DM). Den höchsten Gesamtbetrag bei der Versteigerung eines eingerichteten und möblierten Hauses erzielte *Sotheby's* zwischen dem 18. und 27. Mai 1977 in Mentmore, Buckinghamshire (England), als das Haus des *6. Grafen von Rosebery* unter den Hammer kam und 6 Mio. 389 933 Pfund Sterling (15 Mio. 560 000 DM) einbrachte. Das Haus war zuvor der britischen Regierung für 2 Mio. Pfund Sterling angeboten worden, aber sie hatte abgelehnt.

Den Weltrekord-Preis für ein einzelnes Schmuckstück erbrachte bei der Herbstversteigerung 1979 von Sotheby in Zürich (Schweiz) eine *Smaragd-Diamant-Tiara* mit 1,6 Mio. Dollar (2,8 Mio. DM).

Auch *Christie's*, das andere große, 1766 gegründete Auktionshaus von Weltbedeutung (London, New York), erzielte bei internationalen Versteigungen viele Rekordergebnisse, so im März 1980 für eine sog. Spinnweblampe des amerikanischen Kunstgewerblers *Louis Comfort Tiffany* (* 18. Februar 1848, † 17. Januar 1933) den Rekordpreis von 360 000 Dollar (damals 660 000 DM).

Quelle-Chefin Grete Schickedanz: ihre Unternehmen machten 1979 9,5 Mrd. DM Umsatz.

Computer. Der größte Computerhersteller der Welt ist *IBM*, die *International Business Machines Corp.* in New York (USA). Nach einer Gerichtsentscheidung aus dem Jahre 1975 hat sie, aufgrund ihrer Lieferungen im Jahre 1971, einen Anteil von 36,7 Prozent an *»elektrischen Computern und Zusatzgeräten, mit Ausnahme von Ersatzteilen«*. Im Jahre 1979 beliefen sich die IBM-Aktiva auf 24 Mrd. 529 Mio. 974 000 Dollar (rund 49 Mrd. DM).

Einzel- und Versandhandel. Die größte Einzelhandelsfirma und zugleich das größte Versandhaus der Welt ist *Sears, Roebuck & Co.* in Chicago (Illinois, USA). Es war 1886 von *Richard Warren Sears* im Bahnhof von North Redwood, Minnesota (USA) gegründet worden, 1979 hatte die Gesellschaft in den USA 866 Verkaufsstellen und 2861 Büros für die Annahme von Bestellungen aus dem Katalog und für Auftragsannahmen per Telefon. Das Geschäftsvermögen betrug 15 Mrd. 262 Mio. 112 000 Dollar (rund 30 Mrd. 500 Mio. DM) und der in der Bilanz von 1979 ausgewiesene Nettoumsatz 17 Mrd. 947 Mio. Dollar (36 Mrd. DM).

(D) Das größte Versandhaus in Europa ist die Fa. *Quelle International* in Fürth (Westdeutschland, Bayern), die zur *Schickedanz-Unternehmensgruppe* gehört. Sie erzielte mit allen angeschlossenen Unternehmen 1979 einen Gesamtumsatz von 9 Mrd. 535 Mio. DM, davon das *Großversandhaus Quelle* allein 6 Mrd. 575 Mio. DM. Stationär betreibt die Handelsgruppe im Inland 27 Warenhäuser, 153 Verkaufsstellen, drei Gartengeschäfte, 69 Photospezialgeschäfte *(»Foto-Quelle«)*, 35 Möbelhäuser *(»Hess«)* und 6 Geschäfte der Versandfirma *Schöpflin*, die *Quelle* angegliedert ist. Sie alle zusammen haben eine Umsatzfläche von 216 500 m^2. Die Unternehmensgruppe unter der Geschäftsführung der persönlich haftenden Gesellschafterin *Grete Schickedanz* (* 20. Oktober 1911), der Witwe des Firmengründers *August Schickedanz*, beschäftigt insgesamt 43 500 Mitarbeiter. Der Versandkatalog wird in einer Auflage von 8,2 Mio. Exemplaren ausgegeben.

Das erste Einkaufszentrum der Welt war das 1896 erbaute *Roland Park Shopping Center* in Baltimore (Maryland, USA).

Als größtes Einkaufszentrum der Welt gilt das *Lakewood Center* (Kalifornien, USA) mit einer bebauten Fläche von 227 745 m² auf einem Gelände von 679 ha und Parkplätzen für 12 500 Wagen.

Der größte Großhandelsmarkt der Welt ist das *Dallas Market Center* in Dallas (Texas, USA) mit einem Flächeninhalt von über 650 000 m² in sechs z. T. mehrstöckigen Gebäuden. Die Gesamtanlage erstreckt sich über 54 ha. In etwa 3000 ständigen Ausstellungsräumen werden die Erzeugnisse von über 22 000 Herstellerfirmen gezeigt. Jährlich werden 27 Ausstellungen und Handelsmessen veranstaltet, die 500 000 Interessenten besuchten.

(D) Das größte innerstädtische Einkaufszentrum in Westdeutschland, zugleich das größte Europas, wurde im Frühjahr 1970 in Hamburg eröffnet. Es hat eine Handelsfläche von 50 000 m² und 2,5 km Schaufensterfront. Zu ihm gehört auch das größte Parkhaus Europas für 2000 Wagen.

Fahrräder. Die größte Fahrradfabrik ist die 25,9 ha große Fabrik der *TI Raleigh Industries Ltd.* in Nottingham (England). Sie stellt Fahrräder, Zubehörteile und Spielzeug auf Rädern her. Die Firma hat 10 000 Beschäftigte und ein Leistungsvermögen von mehr als 2 Mio. Fahrrädern und 850 000 fahrbaren Spielzeugen pro Jahr.

(D) Der größte Fahrradhersteller Westdeutschlands ist die Firma *Otto Kynast GmbH & Co. KG* in Quakenbrück (Niedersachsen). Sie produzierte im Geschäftsjahr 1979 715 000 Fahrräder. Ihre 1200 Mitarbeiter sind zu 45 Prozent in der Fahrradproduktion beschäftigt. Insgesamt wurden in Westdeutschland im Jahr 1980 4,2 Mio. Fahrräder verkauft (Umsatz: 1,7 Mrd. DM). Es gibt über 40 Mio. Radfahrer – also weit mehr als Autofahrer. Der Durchschnittspreis für ein Fahrrad: ca. 400 DM.

Fischfang. Der höchste bisher verzeichnete *Weltfischfangertrag* fiel auf das Jahr 1976 mit 73,5 Mio. t.

Den größten Fang eines einzelnen Landes verzeichnete *Peru* im Jahr 1970 mit 12,16 Mio. t, meistens Kleinfische (Sardellen und Anchovis).

Die größte Fischereiflotte der Welt, mit der sie auf allen Weltmeeren vertreten ist und über 40 Prozent der Fangkapazitäten erreicht, hat die UdSSR. Ihr Fangertrag belief sich 1976 auf 10,14 Mio. t. Ein noch besseres Ergebnis mit 10,6 Mio. t erzielte Japan, das Land mit der zweitgrößten Fangflotte (893 000 BRT). Die nächsten Plätze, hinsichtlich der Flottengröße, belegen Spanien und die USA.

(D) Die Anlandungen der Hochsee- und Küstenfischerei in Westdeutschland beliefen sich 1978 auf 416 500 t Fanggewicht. Die Fangerlöse lagen bei etwa 440 Mio. DM. Seither ist die Entwicklung rückläufig, vor allem infolge politischer Veränderungen (EG-Fang- und Marktordnung, Einschränkung der westdeutschen Meeresanteile). 1980 wurden nurmehr 150 000 t Fisch angelandet und die Hochsee-Fangflotte, die noch 1976 aus 66 Schiffen mit 113 588 BRT bestanden hatte, ist auf 32 Schiffe mit 67 807 BRT zurückgegangen.

In der Hochsee- und Küstenfischerei Westdeutschlands sind ca. 5700 Arbeitnehmer beschäftigt, in der Fischindustrie 12 000, im Fischhandel 11 000. Der Pro-Kopf-Fischverbrauch betrug 1976/77 rund 10 kg pro Jahr.

Das größte Fischereinetz der Welt wurde 1974 in Bremerhaven (Westdeutschland, Land Bremen) von der Firma *Engel* geknüpft. Es besteht aus Nylon, ist 280 m lang und hat eine Öffnung von 73 × 51 m – fast so groß wie ein Fußballfeld! Es hat ein Fassungsvermögen von 75 000 kg Fisch; pro Stunde können 6,8 Mio. m³ abgefangen werden.

Hotels. Die Hotelkette mit dem weltweit erzielten größten Betriebseinkommen ist die *Holiday Inns Inc.*, die im Geschäftsjahr 1979 Einnahmen von 1 Mrd. 113 Mio. Dollar (2,4 Mrd. DM) aus 1741 Hotels mit 296 251 Zimmern in 59 Ländern der Erde erzielte (Stand vom 1. Dez. 1979). Der Konzern wurde 1952 von *Charles K. Wilson* gegründet, der damals sein erstes Hotel in Memphis (Tennessee, USA) eröffnete.

Die 17 deutschen Holiday Inn-Hotels haben 1979 ihren Umsatz um 26,1 Prozent auf 75,3 Mio. DM erhöht. Als nächste Hotels der Kette sind eines in Baden-Baden (Ende 1980) und weitere in Hamburg, Berlin und Regensburg vorgesehen.

(D) Das führende Hotelunternehmen in Westdeutschland ist die *A. Steigenberger Hotelgesellschaft KG a.A.* mit dem Hauptsitz in Frankfurt am Main (Hessen). Sie erzielte 1979 einen Bruttoumsatz von 269 Mio. DM, einschließlich ihrer Management-Betriebe und Ferienclubs sogar 320 Mio. DM. Das Bettenangebot betrug 13 761 in 7703 Zimmern in 23 Hotels. Beschäftigt wurden 5000 Mitarbeiter.

Das größte kommerzielle Hotel ist das *Waldorf Astoria*, Park Avenue, New York (USA). Es ist ein ganzer Wohnblock von 0,75 ha und erhebt sich bis zu einer Höhe von 191 m. Das *Waldorf Astoria* kann gleichzeitig 10 000 Personen in 1852 Zimmern auf 47 Etagen unterbringen und unterhält das größte Hotelfunksystem der Welt. In der Personalliste sind 1700 Personen registriert. In den Restaurants können gleichzeitig bis zu 6000 Gäste bewirtet werden. Täglich werden bis zu 37 851 Liter Kaffee ausgeschenkt. Die jährliche Stromrechnung beläuft sich auf 2 000 000 Dollar (3,8 Mio. DM). Im Hotel haben bereits gleichzeitig sechs Staatspräsidenten gewohnt. Es wurde am 1. Oktober 1931 eröffnet.

(D) Das größte Hotel Westdeutschlands ist das *Frankfurter Intercontinental* in Frankfurt am Main (Hessen) mit 814 Zimmern und 1515 Betten. 1979 verzeichnete das Haus 227085 Übernachtungen.

(CH) Das größte Hotel der Schweiz ist das *Nova Park* in Zürich mit 1000 Betten.

Das Hotel mit den meisten Räumen ist das zwölfstöckige Hotel *Rossiya* in Moskau (UdSSR) mit 3200 Räumen und Betten für 5350 Gäste, das 1967 eröffnet wurde. Demnach würde man mehr als 8 1/2 Jahre benötigen, um in jedem der Hotelzimmer auch nur einmal zu übernachten. Zusätzlich gibt es im Mittelhof des Hotels den *Präsidententurm* mit 21 Etagen. Das Hotel beschäftigt 3000 Personen und verfügt über 93 Fahrstühle. Der Ballsaal soll der größte der Welt sein. Gewöhnliche Sowjetbürger finden im *Rossiya* keine Unterkunft und Ausländer bezahlen das 16fache jener Preise, die sowjetischen Funktionären berechnet werden.

Der höchste Hotelbau, gemessen vom Straßenhaupteingang bis zum Dachfirst, ist das 220 m hohe, 70stöckige *Peachtree Center Plaza,* Atlanta (USA). Das 50-Millionen-Dollar-Hotel mit 1100 Zimmern gehört *Portman Properties* und wird von *Western International Hotels* geführt. Deren *Plaza Hotel* in Detroit, allerdings vom Hintereingang gemessen, ist sogar 228 m hoch.

(D) Der höchste Hotelbau Westdeutschlands ist das *Canadian Pacific-Plaza*-Hotel in Frankfurt. Es ist mit seinen 167 m um 6 m höher als die höchste Kirche der Welt, das Ulmer Münster. Das Hotel hat 46 Stockwerke und 1200 Betten.

(D) **Das höchstgelegene Hotel und Restaurant Deutschlands** ist das *Schneefernerhaus,* das nur 300 m unter dem Gipfel der *Zugspitze* liegt. In 2650 m Höhe können das ganze Jahr über in 24 Betten, 4 Einzel- und 10 Doppelzimmern Gäste übernachten. Wer ein weiches Ei zum Frühstück möchte, muß sich in Geduld fassen: Eier brauchen in fast 3000 m Höhe fast 15 Min. Kochzeit.

(CH) Das höchstgelegene Hotel der Schweiz ist das Hotel *Gornergrat-Kulm* in *Gornergrat* (Kanton Wallis). Es liegt 3150 m üNN, hat 40 Betten und 50 Massenlager-Unterkünfte und ist das ganze Jahr (außer 31. Okt.–20. Dez.) geöffnet.

Noch höher gelegen, aber nur mit Vorbehalt als Hotel einzustufen ist das *Berghaus Belvédère* in *Zermatt* (Kanton Wallis). Es wird zwischen Juli und Oktober als »Hotel garni« (nur mit Frühstück) geführt, hat zehn Betten und liegt 3260 m üNN.

Die teuerste Hotelunterkunft der Welt ist die sogenannte *Flucht des Himmels* auf der neunten Etage des *Astroworld Hotels,* Houston, Texas (USA), wo eine Übernachtung 2500 Dollar (4325 DM) kostet. Die offizielle *Presidential Suite* im *Waldorf Astoria* von New York City ist dagegen bereits um weniger als den halben Preis zu haben.

(D) In Westdeutschland liegen die Spitzenpreise für *einfache* Suites zwischen 400,– und 1500,– DM.

(CH) Die teuerste Suite der Schweiz bietet das Hotel *Palace,* St. Moritz. Für 3750 Schweizer Franken kann man 24 Stunden in vier großen Doppelzimmern sowie einem Salon wohnen und speisen. Die Kurtaxe ist in diesem Preis ebenfalls enthalten.

Kaufhäuser. Das größte Kaufhaus der Welt ist *R. H. Macy & Co. Inc.* an der Kreuzung von Broadway und 34. Straße in New York City (USA). Es umfaßt 20,3 ha und hat 12000 Beschäftigte, die 400000 verschiedene Artikel verkaufen. 1979 betrug der *Macy*-Umsatz 2 Mrd. 58 Mio. Dollar (3,74 Mrd. DM). Als *Rowland H. Macy* am 27. Oktober 1858 sein Galanteriewarengeschäft an der 6. Avenue von New York eröffnete, betrugen die Tageseinnahmen elf Dollar und sechs Cents, also nach damaligem Wert nicht ganz 50 DM.

Das größte Kaufhaus in Europa ist *Harrods* in London (England), so benannnt nach *Henry Charles Harrod,* der 1849 im Stadtteil Knightsbridge ein Kolonialwarengeschäft eröffnete. *Harrods* verfügt über eine Verkaufsfläche von 64000 m² und 4000 Angestellte. 1979 wurden bei Harrods 16 Mio. Verkäufe getätigt.

Das größte Kaufhaus auf dem europäischen Kontinent ist das zum *Hertie-Konzern* gehörende *Kaufhaus des Westens (KaDeWe)* in Berlin (West). Es war am 27. März 1907 gegründet worden und hatte schon damals eine Verkaufsfläche von 20000 m² in vier Etagen. Im Krieg zerstört, wurde das *KaDeWe* am 3. Juli 1950 wiedereröffnet, dann weiter ausgebaut und am 5. April 1978 in seiner jetzigen vergrößerten Gestalt der Öffentlichkeit übergeben. Das Haus hat jetzt 43000 m² Verkaufsfläche und 3500 Mitarbeiter. 250000 verschiedene Artikel (10 Prozent davon Lebensmittel auf 5100 m² Verkaufsfläche) sind im Warensortiment. Rund 70000 Kunden werden täglich bedient; im Jahr 1977 waren es insgesamt 23 Mio. Der Jahresumsatz betrug 320 Mio. DM.

(D) Das größte Kaufhaus in Westdeutschland ist der *Kaufhof Hohe Straße* in Köln (Nordrhein-Westfalen) mit einer Verkaufsfläche von 30030 m² und einem Jahresumsatz (1979) von 344 Mio. DM. Über 2000 Mitarbeiter sind in dem Haus beschäftigt.

Die größte Kaufhauskette der Welt unterhält die Firma *F. W. Woolworth* (Hauptsitz: New York, USA). Anläßlich des 100jährigen Bestehens wurde im Februar 1979 bekanntgegeben, daß *Woolworth* in der ganzen Welt 6040 Zweigniederlassungen unterhält. Seinen ersten *Fünf- und Zehn-Cent-Laden* eröffnete *Frank W. Woolworth* am 22. Februar 1879 in Utica im Staat New York (USA). Im Geschäftsjahr 1979/80 verzeichnete die Kaufhauskette den Rekordgewinn von 180 Mio. Dollar (360 Mio. DM).

Seit 1978 größtes Kaufhaus auf dem europäischen Kontinent: das KaDeWe in Berlin (West).

(D) Das größte Warenhausunternehmen Westdeutschlands und Europas ist – mit einem 1979 erzielten Gesamtumsatz von 12,1 Mrd. DM – der *Karstadt-Konzern* (einschl. Tochtergesellschaften) mit dem Sitz der Hauptverwaltung in Essen-Bredeney (Nordrhein-Westfalen). *Karstadt* ist zugleich das größte Einzelhandelsunternehmen der Welt außerhalb der USA. Es beschäftigt über 87000 Mitarbeiter und hat allein im Bereich der Stammgesellschaft *Karstadt AG* 173 Warenhäuser, Verkaufsstellen und Filialen mit einer Gesamtverkaufsfläche (am 31. Dezember 1978) von 1 Mio. 214600 m^2. Der Jahresumsatz je m^2 betrug 1978 7600,– DM, das Grundkapital 360 Mio. DM.

(A) Das größte Kaufhaus-Unternehmen Österreichs ist die Firma *A. Gerngross Kaufhaus-Ges. m. b. H.* mit dem Zentralsitz in Wien. Sie betreibt in ganz Österreich 13 Kaufhäuser mit einer Gesamtverkaufsfläche (Konzern) von 70000 m^2 bei einem Personalbestand von 4000 Mitarbeitern. Der Konzernumsatz im Geschäftsjahr 1979 belief sich auf 3 Mrd. öS (ca. 430 Mio. DM). – Einen schweren Schadensfall erlebte das Unternehmen, als im Februar 1979 das Stammhaus der Firma, das Kaufhaus Gerngross in der *Mariahilferstraße* im VII. Bezirk von Wien niederbrannte. Der Schaden belief sich auf 700 Mio. öS (100 Mio. DM). Nach Planungs- und Abbrucharbeiten wurde im August 1979 mit dem Wiederaufbau begonnen; Bauerrichtung, Einrichtung und Warenbeschickung wurden in der Rekordzeit von nur siebeneinhalb Monaten bewältigt, so daß die rund 12000 m^2 Verkaufsflächen am 19. März 1980 wieder in Betrieb genommen werden konnten.

(CH) Die größte Kaufhauskette der Schweiz betreibt die *MIGROS-Gesellschaft* mit einem Mitarbeiterstab von über 49500 Personen. Der Umsatz betrug 1979 6,6 Mrd. sFr (ca. 7,26 Mrd. DM), der Gewinn 105 Mio. sFr. (ca. 115 Mio. DM).

Das Kaufhaus mit dem schnellsten Warenumsatz ist die Hauptfiliale von *Marks & Spencer,* genannt *Marble Arch* in der Oxford Street, London (England). Wahrscheinlich ist die Angabe, daß dort jährlich pro m^2 Verkaufsfläche Waren im Wert von rund 2200 Pfund Sterling (8800 DM) abgesetzt werden, noch zu niedrig gegriffen. Das Haus hat eine Verkaufsfläche von 9048 m^2, was einem Warenabsatz von jährlich rund 80 Mio. DM entsprechen würde. Die Firma unterhält in ganz Großbritannien 253 Verkaufsstellen mit einer Gesamtverkaufsfläche von 558000 m^2 und hat neuerdings auch Filialen im übrigen Kontinental-Europa und in Kanada.

Schnellster Warenumsatz der Welt: die Marks & Spencer-Filiale in der Oxfordstreet, London.

Lebensmittel. Die größte Lebensmittelladenkette der Welt ist *Saveway Stores Inc.* in Oakland, Kalifornien (USA). 1978 hatte sie einen Umsatz von 12 Mrd. 550 Mio. 569 000 Dollar (25,1 Mrd. DM) und ein Umlaufvermögen, das am 30. Dezember 1978 mit 1 Mrd., 183 Mio. 390 000 Dollar (ca. 2 Mrd., 367 Mio. DM) angegeben wurde. Die Gesellschaft hat 2436 Einzelgeschäfte mit einer Gesamtverkaufsfläche von 5 Mio. 338 126 m² und beschäftigt in der Zentrale und in den Filialen quer durchs Land 144 243 Mitarbeiter.

(D) Die größte Lebensmittelladenkette in Westdeutschland wird von der *Fa. EDEKA* (Einkaufsgenossenschaften deutscher Kolonialwaren- und Lebensmittel-Einzelhändler), die in Hamburg ihren Hauptsitz hat, betrieben. Ihr gehören 22 200 Einzelhandeslgeschäfte mit einer Gesamtverkaufsfläche von 2,6 Mio. m² an. Der Jahresumsatz 1979 betrug 16,6 Mrd. DM.

Der Lebensmittel-Einzelhandel in Westdeutschland erzielte 1979 einen Gesamtumsatz von 107 Mrd. DM (Steigerung gegenüber Vorjahr: 4,5 Prozent). Übrigens werden 40 Prozent aller Kosmetika und Körperpflegemittel über den westdeutschen Lebensmittel-Einzelhandel vertrieben.

(A) Die größte Lebensmittel-Einzelhandelskette Österreichs ist *Konsum Österreich* (Zentrale Wien). Das Unternehmen ist aus dem Zusammenschluß 15 kleinerer und größerer Genossenschaften entstanden. In der Umsatzstruktur nehmen Lebensmittel-Frischwaren mit 34,1 Prozent den führenden Platz ein. Der Gesamtumsatz betrug 1979 18,7 Mrd. öS (2,67 Mrd. DM). An Verkaufsflächen standen 445 563 m² zur Verfügung. In den 1073 verschiedenen Verkaufsstellen waren 20 109 Mitarbeiter beschäftigt.

Papier. Die Papier-Weltproduktion betrug 1976 rund 150 Mio. t, davon 22,2 Mio. t Zeitungspapier. Größter Papierhersteller der Welt sind die USA mit jährlich über 54 Mio. t, gefolgt von Japan mit etwa 16 Mio. t, Kanada mit 11 Mio. t, der UdSSR mit 8,8 Mio. t und China mit 6,6 Mio. t.

Die größte Papierfabrik der Welt gehört der *Union Camp Corp.* in Savannah, Georgia (USA), die 1936 gegründet wurde und im Jahre 1974 die Rekordmenge von 909 829 t Papier erzeugte.

Die größte Papierfabrikation Europas betreibt die *Svenska Cellulosa AB* in Sundsvall (Schweden). Ihr Jahresumsatz: 1977 3,63 Mrd. skr (2,1 Mrd. DM).

(D) In Westdeutschland werden jährlich 6,5 Mio. t Papier produziert, davon 500 000 t Zeitungspapier in Rollen und Bogen. Die Produktionskapazität in Westdeutschland hat steigende Tendenz und wird Ende 1980 voraussichtlich 8 Mio. t erreichen.

Der größte Papierhersteller in Westdeutschland sind die *Papierwerke Waldhof-Aschaffenburg AG (PWA)* mit dem Hauptsitz in München. Ihr Umsatz soll 1980 2,5 Mrd. DM betragen. Das Unternehmen hat etwa 11 000 Mitarbeiter. Es ist der größte Hersteller von holzfreiem Druck- und Schreibpapier in der *Europäischen Gemeinschaft.*

Der jährliche Pro-Kopf-Verbrauch an Papier liegt in den westlichen Industrieländern bei 15 bis 30 kg. Am meisten Papier wird in den USA, Kanada und Japan verbraucht. In Europa hält Westdeutschland mit über 30 kg pro Kopf und Jahr die Verbrauchsspitze.

Silber: 1979 war die UdSSR zum ersten Mal führender Silberproduzent. Mit 49,8 Mio. Feinmünzen (1 Feinmünze = 31,1 g) lag sie vor Mexiko, das 49,4 Mio. Feinmünzen produzierte. Alles deutet jedoch darauf hin, daß bei der Produktion 1980 Mexiko wieder führend sein wird.

🌐 **Spielzeug.** Der größte Spielzeughersteller der Welt ist die *Mattel-Inc.-Hawthorne-Gruppe* in Los Angeles (Kalifornien, USA), die 1945 gegründet wurde. In dem am 2. Februar 1980 endenden Geschäftsjahr betrug der Umsatz der Unternehmensgruppe, deren größter Geschäftszweig von *Mattel* repräsentiert wird, ca. 805 Mio. Dollar (1,6 Mrd. DM).

(D) Der größte Spielwarenhersteller in Westdeutschland ist die *Fa. Gebr. Märklin & Cie. GmbH* in Göppingen (Baden-Württemberg), die 1978 einen Umsatz von 120 Mio. DM erzielen konnte. Den Hauptgeschäftszweig stellen Spielzeugeisenbahnen dar. Seit Bestehen der Firma, die 1900 gegründet wurde, sind nicht weniger als 17 Mio. Lokomotiven und 50 Mio. Personen- und Güterwagen hergestellt worden.

🌐 **Stahl.** Der größte Rohstahlproduzent ist die UdSSR, deren Jahreserzeugung 1978 151 Mio. t betrug. Die größten Stahlproduktionsstätten der UdSSR sind die *Kombinate in Magnitogorsk* (15,8 Mio. t), *Kriwoj Rog* (13,5 Mio.) und *Nowo-Lipzek* (9,2 Mio. t). Im Stahlproduktionsplan der UdSSR waren für 1979 156,7 Mio. t vorgesehen.
Das Weltrekordergebnis in der Produktion von Rohstahl wurde 1974 erreicht. In diesem Jahr wurden weltweit 677 Mio. t Stahl erzeugt.

(D) An zweiter Stelle der Weltstahlproduktion folgen die USA mit 123,9 Mio. t, dann Japan mit 102,1 Mio. t und an vierter Stelle Westdeutschland mit 41,26 Mio. t.

(DDR) Ostdeutschland produzierte 1978 fast 7 Mio. t Rohstahl.

(A) Österreich 4,82 Mio. t.

🌐 Die größte Rohstahlherstellerfirma der westlichen Welt ist die *Nippon Steel* in Tokio (Japan), die 1978/79 33,5 Mio. t Stahl und Stahlprodukte erzeugte.
Die *Fukuyama Werke* von Nippon Kokan (Japan) haben eine Jahreskapazität von 16 Mio. t. Im Januar 1979 betrug die Zahl der Beschäftigten 76 034.

(D) Der größte Stahlproduzent von Westdeutschland ist die *August-Thyssen-Hütte AG* in Essen (Nordrhein-Westfalen), die 11,8 Mio. t im Jahr 1978 herstellte, gefolgt von *Hoesch* und *Krupp* mit je 5,1 Mio. t., sowie *Mannesmann* (4,3 Mio. t) und *Klöckner* (4,1 Mio. t). Bei *Thyssen* waren 1978 rund 160 000 Arbeitskräfte beschäftigt, bei *Mannesmann* 105 000, bei *Krupp* 84 700.

(A) Die größten Hersteller für Stahl und Stahlprodukte in Österreich sind die zum *ÖIAG-Konzern* gehörenden *Vereinigten Österreichischen Eisen- und Stahlwerke VÖST-Alpine* in Linz (Oberösterreich) und die *Vereinigten Edelstahlwerke AG (VEW)* in Wien. Die *VÖST-Alpine* hat ein Grundkapital von 4 Mrd. öS (571,4 Mio. DM), rund 42 300 Beschäftigte und hatte 1979 einen Umsatz von 31,3 Mrd. öS (4,5 Mrd. DM), wovon 65 Prozent aus dem Export kamen. Die *VEW* arbeitet mit einem Grundkapital von 1,6 Mrd. öS (229 Mio. DM), beschäftigt 19 000 Arbeitnehmer und hatte 1979 einen Umsatz von 9,4 Mrd. öS (1,35 Mrd. DM), davon nahezu 80 Prozent aus dem Exportgeschäft.

(CH) Der größte Stahlproduzent der Schweiz ist die *von Roll AG* in Solothurn. Die Jahresproduktion dieses Unternehmens lag 1978 bei 600 000 t, weltweit bei 800 000 t. Der Stahlumsatz der *von Roll AG* lag 1978 bei 398 Mio. sF. (446 Mio. DM); der Personalbestand betrug 2716 Mitarbeiter.
Das größte Stahlwerk der Schweiz ist die Produktionsstätte in *Bodio* mit einer Kapazität von 400 000 t bei 800 Mitarbeitern.

Ziegel. Ziegel *(Backsteine)* gehören zu den ältesten Festbaustoffen der Welt. Die ersten gebrannten Ziegel sind aus dem 8. Jahrtausend v. Chr. bezeugt. Glasierte Ziegel gab es schon um 4000.
Die größte Ziegelei der Welt ist die *London Brick Company* in Stewartby, Bedfordshire (England). Die Fabrik, die 1898 gegründet wurde, erstreckt sich heute über 90 ha und hat eine Produktionskapazität von 16 Mio. Ziegelsteinen und Ziegel-Produkten pro Woche.

Landwirtschaft

Die Anfänge: Man nimmt an, daß etwa 21 Prozent der Landfläche der Erde anbaufähig sind, davon aber tatsächlich nur 7,6 Prozent wirklich bebaut werden. Funde, die 1971 in einigen Höhlen in *Thailand* gemacht wurden, scheinen zu bestätigen, daß Pflanzen- und Tierzucht schon im 11. Jahrtausend v. Chr. dort Bestandteil der Kultur waren. *Rentiere* wurden vielleicht schon um 18 000 v. Chr. gezähmt, doch ist dies noch nicht eindeutig erwiesen.
Der früheste Nachweis für den Anbau von Getreide stammt aus *Ali Kosh* im Iran und aus *Jericho* (Westjordanien). *Ziegen* wurden um 8050 v. Chr. in Asiab im Iran gezüchtet, und ein *Hund* ist aus der

Zeit um 7700 v. Chr. in *Star Carr,* North Yorkshire (England), nachgewiesen.
Die frühesten Beweise für Schafzucht stammen aus der Zeit von ca. 7200 v. Chr. aus *Argissa-Magula,* Thessalien (Griechenland). Um 7000 vor Christus hielt man dort auch bereits Schweine und Rinder. Das erste gezähmte Pferd gab es etwa um das Jahr 4350 v. Chr. in der Ukraine (heute UdSSR).

Die größten landwirtschaftlichen Betriebe der Welt sind die *Kolchosen* und *Sowchosen* (kollektive Produktionsgenossenschaften und Staatsgüter) der UdSSR. 1940 gab es davon noch 235 000, doch bis 1969 war ihre Zahl auf 36 000 gesunken, wobei sie aber derart vergrößert wurden, daß Betriebe von 25 000 ha keine Seltenheit sind.
Einer der größten landwirtschaftlichen Betriebe in Privatbesitz war die *Pionierfarm* von *Laucidio Ceolho* bei Campo Grande, Matto Grosso (Brasilien). Sie hatte beim Tode ihres Besitzers im Jahr 1975 eine Größe von 8700 km². Der Viehbestand auf dieser Riesenfarm betrug 250 000 Stück.
Der gesamte Produktionswert der westdeutschen Landwirtschaft im Wirtschaftsjahr 1978/79 betrug rund 57,6 Mrd. DM. Es gibt etwa 800 000 landwirtschaftliche Betriebe, von denen jedoch nur etwa die Hälfte Vollerwerbsbetriebe sind. Die andere Hälfte sind Zuerwerb- bzw. Nebenerwerbsbetriebe mit geringfügiger Produktionskapazität.

Die besten Verdiener unter den Landarbeitern im EG-Bereich leben in Dänemark: ihr durchschnittlicher Stundenlohn beträgt (umgerechnet) 10,71 DM. In Westdeutschland verdient ein Landarbeiter im Schnitt 9,17 DM in der Stunde. Das Schlußlicht ist Irland mit umgerechnet 4,43 DM Landarbeiter-Stundenlohn.
Der Selbstversorgungsgrad Westdeutschlands an Nahrungsmitteln aus der eigenen landwirtschaftlichen Produktion hat im Wirtschaftsjahr 1978/79 einen Durchschnittswert von 91 Prozent erreicht. Wesentlichen Anteil daran haben allerdings Import-Futtermittel.

Ackerbau

Allgemein: Die Getreideerzeugung der Welt im Produktionsjahr 1979/80 wurde vom US-Landwirtschaftsministerium im Februar 1980 auf insgesamt 1,527 Mrd. t geschätzt (Vorjahr: 1,582 Mrd. t). Für die Ernte in den USA wurden dabei 299 Mio. t angenommen, für Westeuropa 147,7 Mio. t. Die Prognose für die UdSSR lautet 235 Mio. t. Der Volksrepublik China stellt die Voraussage eine Produktion von 278,5 Mio. t in Aussicht.

Die Getreideernte Westdeutschlands erreichte 1978 mit rund 23,9 Mio. t eine Rekordmarke für das vergangene Jahrzehnt. Dabei nahm Gerste mit 8,6 Mio. t bei einer Anbaufläche von ca. 2 Mio. ha den ersten Platz ein, gefolgt von Weizen mit 8,1 Mio. t bei einer Anbaufläche von 1,7 Mio. ha. Diese Anbauflächen haben sich auch 1980 kaum verändert. Es wurden angebaut (jeweils mal 1000 ha): Sommer und Wintergerste 1967, Sommer- und Winterweizen 1654, Hafer 686, Roggen 540, Körnermais 110.

Die größte Pilzfarm der Welt ist die *Butler-County-Mushroom-Farm, Inc.*, die 1937 in einer ehemaligen Kalkgrube bei West Winfield, Pennsylvania (USA), angelegt wurde. Dort sind 1000 Menschen damit beschäftigt, in einem Labyrinth unterirdischer Stollen von 177 km Gesamtlänge jährlich über 20 000 t Champignons zu züchten.

Viehzucht

Die größte Rinderfarm ist *Alexandria Station* im Northern Territory von Australien. *Robert Collins* nahm sich das Gebiet 1873 nach einem 2575 km langen Ritt. Ursprünglich hatte sie eine Fläche von 2 Mio. 916 818 ha, heute 1 Mio. 683 500 ha. Es gibt dort 82 Brunnen, 90 Angestellte und 60 000 Stück Vieh.
Bis zum Jahre 1915 erstreckte sich die *Victoria River Downs Station,* ebenfalls im *Northern Territory* von Australien, über ein dreimal so großes Gebiet (über 9 Mio. ha).

Die größte Schafzucht der Welt befindet sich in *Commonwealth Hill* im Nordwesten Südaustraliens. Hier weiden 70 000–90 000 Schafe, 700 Rin-

Für eigene Rekorde

der und 25 000 (uneingeladene) Känguruhs auf einem Gebiet von 10 567 km^2.

Der größte Schaftrieb fand 1886 statt, als 27 Reiter eine Herde von 43 000 Schafen 64 km weit von *Barcaldine* zur *Beaconsfield Station* in Queensland (Australien) überführten.
Am 2. März 1978 wurden in Seiberscross (Schottland) 9 Schafe, die 33 Tage lang im Schnee begraben waren, von *Peter Boa* ausgegraben. Zwei Schafe waren noch am Leben.

Die größte Truthahnfarm der Welt gehört der Firma *Bernard Matthews* in Norfolk (England), wo 1076 Mitarbeiter 5,4 Mio. Truthähne betreuen.

Die größte Hühnerfarm der Welt ist die *Egg City (Eierstadt)* in Moorpark, Kalifornien (USA), die 1961 von Julius Goldman gegründet wurde. Dort legen auf einem Gelände von 210 ha 3,1 Mio. Hennen täglich etwa 2 Mio. Eier.

Die größte Entenfarm Europas liegt in Westenscheps (Oldenburg). Auf dem Gelände von *Bölts Entenfarm* leben ständig 15 000 Zucht- und ca. 300 000 Mastenten. Tag und Nacht schlüpft alle zehn Sekunden ein Küken im Brutkasten aus dem Ei. Der tägliche Futterbedarf liegt bei 60 t. Eigene Brunnen liefern täglich 3 Mio. l Wasser. Zwei wichtige Nebenprodukte: Entenfeder für Daunendekken und Entenfüße, die als Delikatesse nach Hongkong exportiert werden. Die UdSSR hat zehn Entenfarmen nach dem *Bölt*-Muster aufgebaut.

Die größte Schweinezucht der Welt befindet sich in *Sljeme* (Jugoslawien) mit einer Jahresproduktion von 300 000 Schweinen. Es ist möglich, daß es in Rumänien noch größere Schweinezüchtereien gibt, doch sind keine Einzelheiten bekannt.

Ⓓ **Der westdeutsche Rekord im »Schweinsgalopp«** wurde am 27. April 1980 in dem kleinen Odenwalddorf Erlenbach bei Fürth (Hessen) aufgestellt. Dort schleppten beim *2. Odenwälder Saurennen* 23 gut trainierte Borstenviecher ihren Speck über eine 120 m lange schlammige Rennbahn ins Ziel. Sieger wurde in nur 19,48 Sekunden der Eber *Schorsch, der Diskrete* mit mehreren Saulängen vor *Schlunzenborsch vom Gickelhof.* Trotz seines »schnellen« Namens wurde *Speedy Gonzales* mit mehr als zehn Sekunden Rückstand nur Dritter.

Erstes Perpetuum mobile auf vier Beinen; eine holsteinische Kuh in Fresko (Kal. USA) betrieb ihre Melkmaschine mit ihrem eigenen Mist, aus dem Biogase für den Antrieb der Maschine gewonnen wurden. Das Experiment fand Juni 1980 während eines Kongresses über alternative Energiequellen in der Landwirtschaft statt.

Gewichtsrekorde

Huhn: Die größte Gewichtszunahme bei einer Hühnerschar von mind. 2500 Stück verzeichneten innerhalb von 56 Tagen mit 2677 kg die Ross Breeders Ltd. in Edinburgh (Schottland), im April 1979.

Rind: Das schwerste Rind war eine Holsteiner-Durham-Kreuzung namens *Mount Katahdin.* Es wurde 1906–10 von A. S. Rand aus Maine (USA) ausgestellt und wog ca. 2270 kg. Seine Schulterhöhe betrug 1,83 m, sein Umfang 3,96 m; es ging 1923 bei einem Stallbrand zugrunde.
Die größte schwere Rinderrasse sind die *Chianini,* die in vorrömischen Zeiten aus dem Nahen Osten nach Italien gebracht wurden. Ausgewachsene Stiere haben eine Schulterhöhe von 1,73 m und wiegen 1300 kg. Bei einer Ausstellung in Arezzo (Toskana, Italien) im Jahr 1955 wog ein Stier namens *Donetto* 1740 kg – ein Rekordgewicht für einen Rassestier.
Das höchste Gewicht eines neugeborenen Kalbes betrug 102 kg. Es wurde 1961 von einer britischen *Friesenkuh* auf der Rockhouse Farm in Bishopston, Wales (Großbritannien), geworfen.

Schaf: Der Weltrekord für das Gewicht eines neugeborenen Lammes wurde 1975 in Clearwater, Kansas (USA) erzielt; es wog 17,2 kg, aber sowohl das Schaf als auch das Lamm gingen ein.

Schwein: Der schwerste Eber, *Big Bill* genannt, wog 1 575 kg, war 2,75 m lang, mit einem Bauch, der bis zum Boden reichte; er wurde in Henderson County, Tennessee (USA), gezüchtet und 1933 geschlachtet. Er wurde ausgestopft und war bis 1946 im Heimatmuseum ausgestellt.
Das höchste Gewicht für ein acht Wochen altes Ferkel hatte mit 36,7 kg ein Eber, eines von neun Geschwistern, die am 6. Juli 1962 von der Prachtsau *Manorport Ballerina 53* (alias Mary) auf der *Kettle Lane Farm,* West Ashton, Wiltshire (England), geworfen wurden. Der »Vater« hieß Johnny.

Viehpreise

Anmerkung: Manche außergewöhnlich hohen Preise, die bei Versteigerungen erzielt werden, können unter Umständen auch auf Abmachungen zwischen Käufer und Verkäufer zurückzuführen sein, um die Preise für eine bestimmte Zucht zu erhöhen.

Stier: Der höchste Preis, der jemals für einen Stier bezahlt wurde, betrug 2,5 Mio. Dollar (damals 6,5 Mio. DM) für den *Beefalo* (eine Kreuzung aus Büffel, Charolais- und Hereford-Rind), der am 9. September 1974 von *D. S. Basolo* aus Burlingame, Kalifornien (USA) an die *Beefalo Cattle Co.* in Calgary, Alberta (Kanada), verkauft wurde.

Kuh: Der Höchstpreis für eine Kuh betrug 235 000 kanadische Dollar (fast 600 000 DM). Soviel wurde für die rotbunte holsteinische *Hannover Hill Barb* am 8. November 1976 von einem US-kanadischen Syndikat in Oakville, Ontario (Kanada) bezahlt.

Schaf: Der höchste Preis, der jemals für ein Schaf bezahlt wurde, betrug 46 000 australische Dollar (107 180 DM) für einen *Merino-Bock,* den Frau *P. L. Puckridge* aus White River am 2. September 1976 bei der südaustralischen Landwirtschaftsmesse in Adelaide (Australien) von *John Collins & Sons,* Mount Bryan kaufte.
Der höchste Wollpreis in Höhe von 46 australischen Dollar pro Kilo (107 DM) wurde im Februar 1973 für einen Ballen extrafeines *Merinovlies* in Launceston (Tasmanien), bezahlt. Der Verkäufer war *C. Stephen* vom *Mount Morriston Estate,* der Käufer die Fa. *Fujii Keori Ltd.* in Osaka (Japan).

Schwein: Der höchste Preis für ein Schwein betrug 42 500 Dollar (85 000 DM) für einen Duroc-Eber namens *Glacier,* den am 24. Februar 1979 *Wilbert & Myron Meinhart* aus Hudson, Iowa (USA), von *Baize Durocs,* Stamford, Texas (USA), erwarben.

Pferd: Der Höchstpreis von 47 500 Dollar (rund 200 000 DM) für ein Zugpferd – also nicht etwa für ein Reit- oder Sportpferd – wurde für den siebenjährigen belgischen Hengst *Farceur* am 16. Oktober 1917 von *E. G. Good* in Cedar Falls, Iowa (USA), bezahlt.

Esel: Den wohl niedrigsten Preis, der jemals für Vieh erzielt wurde, bezahlte man bei einer Auktion in Kuruman (Südafrika), im Jahre 1934, wo Hunderte von Eseln für zwei Pence (damals etwa 40 Pfennig) verkauft wurden.

Fruchtbarkeitsrekorde:

Kühe: Am 25. April 1964 wurde aus *Moghilew* (UdSSR) gemeldet, daß eine Kuh namens *Lyubik* sieben Kälber geworfen hätte.
Ein Fall von fünf Kälbern bei *einer* Geburt wurde 1928 von *T. G. Yarwood* in Manchester (England), gemeldet.
Den Rekord für lebenslängliche Fruchtbarkeit hielt eine Kreuzungskuh, die 30mal gekalbt hatte und *G. Page* von der *Warren Farm,* East Sussex (England), gehörte; sie starb im November 1957 im Alter von 32 Jahren.
Eine Hereford-Kreuzung, die 1916 geworfen worden und Eigentum von *A. J. Thomas* von der *West Hook Farm,* Wales (Großbritannien) war, brachte im Mai 1955 ihr 30. Kalb zur Welt und starb im Mai 1956 im Alter von 40 Jahren.

Rekordertrag für eine Laktation: 25 247 Liter Milch.

Schweine: Die höchste bisher verzeichnete Zahl von Ferkeln in einem Wurf ist 34. Sie wurden am 25.–26. Juni 1961 von einer Sau im Besitz des *Aksel Egedee* in Dänemark geworfen.

Schafe: Ein Fall von acht Lämmern bei einem Wurf wurde im Juni 1956 von *D. T. Jones* von der *Priory Farm,* Gwent, Wales (Großbritannien) gemeldet, doch konnte keines der acht Tiere länger als 24 Stunden überleben.
Das Herdenbuch von *H. Poole* aus Wexford (Irland), erwähnt ein Schaf, das 26 Jahre alt wurde.
Im März 1977 warf ein Mutterschaf in der *Moss Side Farm,* (England), sechs lebende Lämmer.

Hühnereier: Der Rekord im Eierlegen wurde von einer schwarzen Orpington-Henne namens *Prinzess Te Kaway* aufgestellt, die während einer offiziellen Prüfung in Taranaki (Neuseeland), die am 31. März 1930 beendet wurde, innerhalb von 364 Tagen 361 Eier legte.
Der höchste Jahresdurchschnitt pro 1000 Hühner ist 313 Eier in 52 Wochen. Er wurde 1974–75 auf der *White Lane Farm* (England) erzielt.
(D) Die meisten Eier legen Hennen in Deutschland nachweislich dann, wenn sie sich in Gesellschaft von 5000 bis 10 000 Artgenossinnen befinden. Dies besagt ein im März 1980 veröffentlichter Bericht der *Zentralen Markt- und Preisberichtsstelle* Westdeutschlands. Hennen, die in Batterien dieser Größenordnung gehalten werden, legen durchschnittlich 260 Eier im Jahr und damit zwölf mehr als das deutsche Durchschnittshuhn.
Das schwerste bekannte Hühnerei wog 454 g, hatte ein doppeltes Dotter und eine doppelte Schale und wurde in Vineland, New Jersey (USA), am 25. Februar 1956 von einer Leghorn-Henne gelegt.
Das größte Hühnerei, von dem bisher berichtet

wurde, hatte fünf Dotter, einen Umfang von 31 cm um die Längsachse und 22,8 cm um die Querachse und wurde 1896 auf dem Stafford-Bauernhof in Damstead Mellor, Lancashire (England), gelegt.
Die größte Anzahl von Dottern in einem Hühnerei ist neun. Sie wurde von *Diane Hainsworth* von den *Hainsworth Poultry Farms,* Mount Morris, New York (USA), im Juli 1971 gemeldet.
Das größte Gänseei brachte die weiße Gans *Speckle,* Eigentum von *Donny Brandenberg,* Goshen, Ohio (USA) hervor. Sie legte am 3. Mai 1977 ein Ei, das 680 g wog und dessen Längs- und Querumfang 34 bzw. 24 cm betrug.

Milch und Butter: Den Weltrekord für den Milchertrag im Laufe eines Lebens erzielte die holsteinische Kuh *Or-Win Masterpiece Riva,* Eigentum von *Willard und Gary Behm* in Adrian, Michigan (USA), bis zum 10. April 1975 mit 154 479 l bei 3,3 Prozent Butterfett.
DDR Als Rekordkuh wird die zehnjährige *Greta* aus dem Stall der Genossenschaftsbauern von *Lindtorf* (Ostdeutschland) geschätzt. Wie im Februar 1980 gemeldet wurde, hat sie bis zu ihrem zehnten Geburtstag mehr als 100 000 l Milch gegeben. Allein im Jahr 1979 produzierte sie 11 740 l mit einem Fettgehalt von 5,23 Prozent. Diese Menge würde ausreichen, um mehr als 2500 Halbpfundstücke Butter herzustellen.
Den Weltrekord für den Butterfettertrag im Laufe eines Lebens stellte die Jersey-Kuh *Sunny King Berna* (* 5. März 1950) mit 6645 kg innerhalb von 5726 Tagen bis Januar 1979 auf den *J. W. Cppini-Gütern* in Ferndale, Kalifornien (USA), auf.
Der Butterfettrekord für 365 Tage beträgt 1011 kg und wurde von der Holsteinischen Kuh *Breezewood Patsy Bar Pontiak* erreicht, wie ihre Besitzer, die *Gebrüder Gelbke* aus Vienna, Ohio (USA), am 8. Oktober 1976 meldeten.
Den Rekordertrag für eine Laktation (365 Tage) lieferte mit 25 247 l die schwarzweiße holsteinische Kuh *Beecher Arlinda Ellen* aus Rochester, Indiana (USA), im Jahr 1975.

Arbeitsrekorde

Im Hühnerrupfen blieb *Ernest Hausen* (1877 bis 1955) aus Fort Atkinson, Wisconsin (USA), als Weltmeister unbesiegt, nachdem er diese Würde 33 Jahre lang innegehabt hatte. Er hatte am 19. Januar 1939 kontrollierte 4,4 Sekunden gebraucht, um ein Huhn zu rupfen. Angeblich soll er einige Jahre später zweimal sogar nur 3,5 Sekunden dafür benötigt haben.

Im Melken stellte *Andy Faust* (nomen est omen!) im Jahr 1937 in Collonsville, Oklahoma (USA), den Weltrekord auf, als es ihm gelang, innerhalb von zwölf Stunden 455 l Milch zu melken – selbstverständlich ohne Verwendung einer Melkmaschine!

Im Schafscheren hält *G. Phillips* den Weltrekord, der am 25. Juni 1975 auf der Tymawr-Farm in Powys, Wales (Großbritannien), innerhalb von neun Stunden 694 Lämmer maschinell schor – durchschnittlich 77 Tiere pro Stunde! Bei einem Marathonscheren in Brecon, Powys, Wales (Großbritannien), haben am 13. und 14. Juli 1977 vier Männer innerhalb von 24 Stunden 1649 Schafe maschinell geschoren.
Für das Schafscheren mit der Hand betrug der Rekord seit 1899 350 Tiere innerhalb von neun Stunden: doch am 13. Februar 1979 wurde *Peter Casserly* aus *Christchurch* (Neuseeland), innerhalb von neun Stunden mit 353 Lämmern fertig.

Weltmeisterschaften im Pflügen wurden 1953 erstmals ausgeschrieben, bisher in 17 Ländern abgehalten und von Pflügern aus zehn Ländern gewonnen. Dabei war Großbritannien mit sechs Siegen am erfolgreichsten. Der einzige Teilnehmer mit drei Siegen war bisher *Hugh Barr* aus Nordirland: er siegte 1954, 1955 und 1956.
Den Geschwindigkeitsrekord für das Pflügen eines ›acre‹ (0,404 ha) stellte *Martin Allnoss* am 29. Sept. 1979 bei den *Royal East Berkshire Acricultural Ass. Ploughing Match* in Crookham (England), auf. Er mußte mindestens 32 Wendungen nach rechts bei einer Pflugtiefe von 22 cm ausführen und brauchte dazu 12 Minuten und 9,5 Sekunden. Er verwendete dabei einen von einem *Ford TW 20-Traktor* gezogenen 35,5 cm breiten Fünf-Schar-Karrenpflug.
Die größte Ackerfläche, die je innerhalb von 24 Stunden umgepflügt wurde, war 49,9 ha groß und wurde am 6./7. Juli 1978 von *David Griffiths* und *Pat Neylan* im Nakuru District (Kenia) unter Verwendung eines *Lamborghini-Traktors R-1056 DT* und eines Sechs-Schar-Pfluges mit einer Tiefe von 17,7 cm gepflügt.
Zwischen dem 1.–6. Okt. 1979 hat *Colin Tamkin* aus Groombridge, Kent (England), 140 Stunden und fünf Minuten lang gepflügt.

Für eigene Rekorde

Reichsbanknote.
Ein Hundert Mark
Nr 9629265A
100
Berlin, den 7. Februar 1908.
Reichsbankdirektorium
C·10346307
Reichsbanknote
Zehntausend Mark
zahlt die Reichsbankhauptkasse in Berlin gegen diese Banknote dem Einlieferer
Berlin, den 19. Januar 1922
Reichsbankdirektorium
10000
Reichsbanknote
Fünfzigtausend Mark
zahlt die Reichsbankhauptkasse in Berlin gegen diese Banknote dem Einlieferer
Berlin, den 19. November 1922
Reichsbankdirektorium
50000
30м·119866
Reichsbanknote J·05068609
Hunderttausend Mark
J·05068609
100000 Mark
Deutsche Reichsbahn
Zehn Millionen Mark
Dieser Schein wird an allen Kassen der Deutschen Reichsbahn wie gesetzliche Zahlmittel in Zahlung genommen und bis zum 31. Dezember 1923 eingelöst.
Berlin, den 2. September 1923.
HR-41
Der Reichsverkehrsminister
360667
10000000
Reichsbanknote
Fünfhunderttausend Mark
Berlin, den 1. Mai 1923
Reichsbankdirektorium
H·1936153
DEUTSCHE REICHSBAHN
Fünfzig Millionen Mark
Dieser Schein wird von allen öffentlichen Kassen wie gesetzliche Zahlmittel angenommen; er kann vom 1. Januar 1924 ab mit dreimonatiger Frist zur Einlösung aufgerufen werden
Berlin, den 18. September 1923.
HR-22
530422
Der Reichsverkehrsminister
Deutsche Reichsbahn
Hundert Millionen Mark
Dieser Schein wird an allen öffentlichen Kassen wie gesetzliche Zahlmittel in Zahlung genommen; er kann vom 1. Januar 1924 ab mit dreimonatiger Frist zur Einlösung aufgerufen werden.
Berlin, den 25. September 1923.
Der Reichsverkehrsminister
Ab
180626
100000000
Reichsbanknote
Fünfhundert Millionen Mark
Berlin, den 1. September 1923
Reichsbankdirektorium
D·7803878
29P·145254
Reichsbanknote
Eintausend Mark
zahlt die Reichsbankhauptkasse in Berlin gegen diese Banknote dem Einlieferer
Berlin, den 15. Dezember 1922.
Reichsbankdirektorium
Eine Milliarde Mark
1000

Welt des Verkehrs

Schiffahrt

Kriegsschiffe s. Kap. »*Gemeinschaft und Gesellschaft*«, Seite 268

Anfänge

Die ersten Wasserfahrzeuge: Bereits um 7250 v. Chr. scheint zwischen dem griechischen Festland und der Insel Melos ein Seeverkehr bestanden zu haben, bei dem Handel mit Feuerstein getrieben wurde, aus dem man in der Steinzeit Messer und ähnliches Gerät herstellte. Die Beweise dafür wurden 1971 veröffentlicht.
In den Sümpfen von *Magle Mose* auf Seeland (Dänemark) und in *Star Carr*, Nord-Yorkshire (England), wurden Ruder gefunden, die aus dem 8. Jahrtausend v. Chr. stammen.

Das älteste erhalten gebliebene Wasserfahrzeug ist ein Nilboot von 43,4 m Länge und 40 t Gewicht, das etwa um 2515 v. Chr. in der Nähe der Großen Pyramide von *Khufu* (Ägypten) entdeckt und wieder hergestellt wurde. Es wurde von 20 Ruderern und mit einem Mittelsegel bewegt.

Das älteste bisher entdeckte Schiffswrack ist das eines Handelsschiffs, das vor der kleinen Insel *Dhókós*, in der Nähe der griechischen Insel *Hydras* in der Ägäis im Mai 1975 von Tauchern gefunden wurde. Das Wrack stammt vermutlich aus dem Jahre 2450 v. Chr. (± 250). Es enthielt Ton- und Keramikscherben aus der Kykladen-Kultur der frühen Bronzezeit.

Ⓓ **Das älteste Schiff, das jemals in Deutschland gefunden wurde,** ist ein römischer oder spätkeltischer Einbaum, der im März 1980 bei Bauarbeiten hinter dem Römisch-Germanischen Museum in *Köln* (Nordrhein-Westfalen) ausgegraben wurde. Man schätzt sein Alter auf 2000 Jahre. Er wird jetzt im Schiffahrtsmuseum von *Bremerhaven* (Land Bremen) ausgestellt.

Die ersten maschinengetriebenen Schiffe gab es Ende des 18. Jahrhunderts. Der Antrieb durch eine Dampfmaschine wurde zum erstenmal erfolgreich durchgeführt, als der *Marquis Jouffroy d'Abbans* 1783 mit dem 182 t schweren Raddampfer *Pyroscaphe* auf der Saône bei Lyon (Frankreich) eine Strecke stromaufwärts fuhr.

Das erste mit Erfolg betriebene Motorschiff war der Schlepper *Charlotte Dundas*, ein Raddampfer, den *William Symington* (1763–1831) 1801/1802 in Schottland gebaut hatte. Er verwendete eine von *James Watt* (* 19. Januar 1736, † 19. August 1819) entwickelte doppelt arbeitende Dampfmaschine.

Den ersten regelmäßigen Dampfschiffsverkehr eröffnete der Raddampfer *Clermont*, den der amerikanische Ingenieur *Robert Fulton* (* 14. November 1765, † 24. Februar 1815) mit einer *Boulton-und-Watt*-Maschine ausgestattet hatte. Er nahm am 17. August 1807 die Verbindung auf dem *Hudson* von New York nach Albany auf. Für die 240 km benötigte er 32 Stunden.

2000 Jahre ist dieser Einbaum alt, der 1980 bei Bauarbeiten in Köln ausgegraben wurde.

Ungarischer Donaudampfer. Im Hintergrund das berühmte Parlamentsgebäude von Budapest.

Das älteste Dampfschiff der Welt, das immer noch in Betrieb ist, ist die *Skibladner,* die seit 1856 den *Mjøsa-See* in Norwegen befährt. Sie wurde in *Motala* in Schweden gebaut und bisher nur zweimal generalüberholt.

Ⓓ **Das erste deutsche Dampfschiff** wurde 1816 in *Bremen-Vegesack* gebaut.

Die erste Dampferlinie Europas war jedoch schon 1812 zwischen *Glasgow* und *Greenrock* (Schottland) auf dem *Clyde* eröffnet worden.

(CH) **Das erste Dampfschiff der Schweiz** war der 1859 erbaute Eindeck-Raddampfer *Gießbach,* der erst 1956, also fast 100 Jahre später, auf dem *Brienzer See* (Kanton Bern) außer Dienst gestellt wurde.

Ⓐ In Österreich besteht die **Dampfschiffahrt auf der Donau** seit 1829. Damals wurde in Wien die erste *Donau-Dampfschiffahrts-Gesellschaft* gegründet, seinerzeit die größte Binnenschiffahrts-Reederei der Welt. Sie nahm 1830 den Verkehr zwischen *Wien* und *Pest* (Ungarn) auf; er wurde bald auf die ganze schiffbare Donau zwischen *Regensburg* und dem *Mündungsdelta* ausgedehnt. Seit 1946 ist die Gesellschaft verstaatlicht. 1978 bewältigte sie elf Prozent des gesamten grenzüberschreitenden Frachtverkehrs Österreichs. Die im gleichen Jahr mit sieben Schiffen erreichte Gesamtzahl von 469000 Fahrgästen bleibt allerdings weit hinter den Leistungen aus der Zeit der k. u. k. Monarchie zurück: 1883 waren es 3,5 Mio. Passagiere.

Der erste Postdampfer der Welt überquerte den Atlantik 1838 von *Cork* (Irland) nach *New York.*

Die erste regelmäßige Dampfschiffverbindung zwischen Europa und Nordamerika wurde 1840 von *Sir Samuel Cunard* (* 21. November 1787, † 28. April 1865) gegründet.

Das letzte seegehende Dampfschiff in Westdeutschland, die in *Flensburg* (Schleswig-Holstein) beheimatete *Diana* (4390 t), wurde im November 1973 an eine zypriotische Reederei verkauft. Damit endete die Ära der Dampfschiffahrt in der deutschen Handelsflotte. Noch 20 Jahre davor waren fast die Hälfte aller deutschen Seeschiffe Dampfer, 1972 nur noch 0,25 Prozent. Dieselmotoren und Turbinenantriebe traten an die Stelle der alten Kolben-Dampfmotoren.

Das erste durch eine Turbine angetriebene Schiff war die *Turbinia*, die 1894 nach dem Entwurf von *Sir Charles Algernon Parsons* (1854–1931) in *Wallsend-on-Tyne*, Tyne and Wear (England), gebaut wurde. Die *Turbinia* war 30,50 m lang und hatte 45,2 t Wasserverdrängung. Ihre maschinelle Ausrüstung bestand aus drei Dampfturbinen mit einer Gesamtleistung von etwa 2000 PS (1480 kW). Bei ihrem ersten öffentlichen Einsatz 1897 erreichte sie eine Gesamtgeschwindigkeit von 34,5 Knoten (64 km/h).

Passagierschiffe

Das gegenwärtig größte Passagierschiff der Welt ist seit dem Frühjahr 1980 die ehemalige *France*, die den Spitzenplatz bereits von 1968–74 (nach der *Queen Elizabeth 1*) einnahm. Sie war 1960–62 in *St. Nazaire* (Frankreich) für die *Compagnie Générale Transatlantique* gebaut worden und hatte am 3. Februar 1962 zwischen *Le Havre* (Frankreich) und *New York* (USA) ihre Jungfernfahrt absolviert. Am 19. Dezember 1974 wurde sie wegen Unrentabilität außer Dienst gestellt. Nach langer untätiger Liegezeit kaufte der norwegische Reeder *Knut Ulstein Kloster* die *France* und ließ sie zwischen dem 22. August 1979 und dem 14. April 1980 auf der westdeutschen *Hapag-Lloyd*-Werft (Bremerhaven) für 100 Mio. DM zu einem besonders für Karibik-Kreuzfahrten geeigneten Passagierschiff umbauen, das jetzt den Namen *Norway* trägt. Im Zuge dieses größten Schiffsumbaus aller Zeiten wurde die Tonnage des Luxusliners auf 70 000 BRT erhöht, so daß die *Norway* nun tatsächlich das größte Passagierschiff der Welt ist. Die Fahrgast-Kapazität ist auf 2235 erhöht worden, dagegen konnte die Besatzungsstärke von 1100 der alten *France* auf 700 reduziert werden. Der nunmehr 315 m lange Ozeanriese verfügt wegen seines geänderten Einsatzzwecks jetzt nur noch über eine Maschinenleistung von 40 000 PS (29 600 kW) gegenüber den ursprünglichen 160 000 PS (111 700 kW) und fährt statt früher 31 Knoten (57,4 km/h) jetzt nur noch gemütliche – und ölsparende – 21 Knoten (38,9 km/h). Am 1. Juni 1980 startete die *Norway* von *Miami* (Florida, USA) aus zu ihrer ersten Karibik-Kreuzfahrt-Woche. Die Touristen zahlen dafür je nach Klasse zwischen 950 und 1435 Dollar (1900,– bis 2900,– DM) und erleben dafür alle Karibik-Attraktionen, einschließlich des Besuchs einer unbewohnten Insel, die Reeder Kloster eigens dafür angekauft hat.

Zum zweitgrößten Passagierschiff der Welt ist damit die *Queen Elizabeth 2* mit 66 851 BRT und einer Gesamtlänge von 293 m geworden. Sie wurde 1969 für die *Cunard Line Ltd.* fertiggestellt. Am 17. Mai 1972 stellte sie in New York einen Umschlagrekord von acht Stunden, drei Minuten auf. Bei ihrer Weltreise im Jahre 1979 betrug der Preis für eine Kabinen-Suite 183 193 Dollar (ca. 335 300,– DM).

Das größte je gebaute Passagierschiff war die *Queen Elizabeth I.* der *Cunard*-Flotte (zunächst 83 673, zum Schluß 82 998 BRT). Sie hatte die größte Wasserverdrängung, eine Gesamtlänge von 314 m, eine Breite von 36 m und war mit Dampfturbinen ausgerüstet, die 168 000 PS (124 000 kW) entwickelten. Ihre letzte Passagierreise endete am 15. November 1968. Im Jahre 1970

Das Ende der Queen Elizabeth I., des größten je gebauten Passagierschiffs: 1972 brannte sie in Hongkong aus.

Generationenbegegnung: das Passagierschiff »Europa« und das Segelschulschiff »Seute Deern«.

wurde sie nach *Hongkong* geschafft, um dort als schwimmende Marine-Universität zu dienen, und auf den Namen *Seawise University* umgetauft. Am 9. Januar 1972 fiel sie einem Brand zum Opfer, der gleichzeitig an drei Stellen ausbrach. Der größte Teil des zerstörten Rumpfs wurde auseinandergeschweißt und bis zum Dezember 1977 abgeschleppt.

Ⓓ **Das größte Passagierschiff Deutschlands** ist die *Europa* der *Hapag-Lloyd*-Reederei, Hamburg. Sie ist 21 514 BRT groß und bietet 570 Passagieren Platz.

Die wenigsten Passagiere bei einer Atlantik-Überquerung, nämlich nur einen, dürfte die unter deutscher Flagge fahrende *World Discovery*, die sonst 193 Passagieren Platz bietet, im März 1980 auf ihrer Rückfahrt von *Montevideo* (Uruguay) nach Europa gehabt haben. Das Schiff hatte eine Kreuzfahrt um *Kap Horn* (Südspitze Südamerikas) nach dem chilenischen Hafen *Punta Arenas* unternommen. Auf der Rückfahrt nach Montevideo hatten alle Passagiere das Schiff in südamerikanischen Häfen verlassen, bis auf einen Deutschen, der die zweiwöchige Fahrt über den Atlantik nun allein absolvierte, – betreut von einer 75 Mann starken Besatzung. In zwei Schiffsbars, mehreren Speisesälen, dem Swimmingpool, dem Bordkino und auf dem Aussichtsdeck konnte er es sich mehr als bequem machen.

Die größte Handelsflotte der Welt gehört Liberia.

Handelsschiffe

Im Jahre 1978 wurden Schiffe mit insgesamt 18 194 000 BRT neu gebaut. Nicht inbegriffen sind Segelschiffe, Schlepper und Fahrzeuge mit weniger als 100 BRT, sowie Schiffe, die in der UdSSR und China gebaut wurden. Japan stellte 6 307 155 BRT her, also 34,67 Prozent der Gesamtmenge.

Ⓓ In Westdeutschland wurden im Jahr 1978 Handelsschiffe mit 0,6 Mio. BRT fertiggestellt. Die gesamte Handelsflotte umfaßt ca. 1500 schwimmende Einheiten.

Die führende Schiffswerft der Welt war 1977 die japanische *Mitsubishi Heavy Industries Co.*, die 81 Handelsschiffe von zusammen 1 377 342 BRT vom Stapel ließ.

Die größte Reederei der Welt ist der *Royal-Dutch/Shell-Konzern,* dessen Flotte von eigenen und gecharterten Schiffen am 31. Dezember 1978 aus 232 Erdöltankern (mit zusammen 30 Mio. t Tragfähigkeit), elf Gastankern (mit einem Gesamtfassungsvermögen von 732 000 m³) und sieben Trocken-Großfrachtern (600 000 t Tragfähigkeit) bestand.

Die größte Reederei Westdeutschlands ist die *Hapag-Lloyd-AG.,* Hamburg. Sie betreibt (Stand Ende 1979) außer dem Passagierschiff *Europa* (s. Seite 331) 42 Frachtschiffe mit zusammen 857 926 t Tragfähigkeit, darunter 22 Containerschiffe mit 853 844 BRT, 15 Tanker und Mehrzweckfrachter, 29 Seeschlepper, drei Flußschlepper, vier Versorgungsschiffe und ein Binnenschiff mit 2350 t Tragfähigkeit.

Die größte Handelsflotte der Welt fährt unter der (sog. Billig-) Flagge der westafrikanischen Republik *Liberia.* Sie umfaßte Mitte 1978 ca. 2500 Schiffe mit insgesamt 80 Mio. BRT, darunter Tanker mit zusammen 50 Mio. BRT. Sie haben eine Tragfähigkeit von 116,6 Mio. t.
Die etwa 33 000 Schiffe der Welthandelsflotte haben zusammen 406 Mio. BRT; die Welt-Tankerflotte mit rund 7000 Einheiten hat etwa 175 Mio. BRT.

Tanker

Der größte Tanker (und das größte Schiff der Welt überhaupt) ist die *Pierre Guillaumat* mit einer Tragfähigkeit von 555 031 t (274 838 BRT), die am 9. November 1977 für die französische *Compagnie Nationale de Navigation* in Dienst gestellt wurde. Sie hat eine Länge von 414 m, eine Breite von 63 m, einen Tiefgang von 28,6 m, und ist mit vier Turbinen ausgerüstet, die 65 000 PS (48 000 kW) entwikkeln und dem Schiff eine Dauergeschwindigkeit von 16 Knoten (29,63 km) ermöglichen.
Die *Bellamya,* am 31. Dezember 1976 für die *Société Maritime Shell* in Dienst gestellt, hat 275 276 BRT bei einem Eigengewicht bzw. einer Tragfähigkeit von 553 662 t.
Die Firma *Globtik Tankers U. S. Inc.* plant für das Jahr 1985 die Inbetriebnahme des ersten von drei atomgetriebenen Tankern mit 600 000 t Eigengewicht, die von der *Newport News Shipbuilding and Dry Dock Co.* (England) zum Preis von je 187 Mio. Pfund Sterling (z. Zt. ca. 750 Mio. DM) hergestellt werden. Diese 397 m langen Tanker werden eine Jahreskapazität von 5 Mio. t Rohöl haben und eine Geschwindigkeit von 22 Knoten entwickeln.

Das größte Schiff in Westdeutschland ist die *Esso Deutschland,* die in Japan gebaut und am 7. Oktober 1976 in Dienst gestellt wurde. Sie hat eine Tragfähigkeit von 409 500 t.

Der stärkste sowjetische Eisbrecher »Arktika«.

Der größte, in Westdeutschland gebaute Tanker mit einem Eigengewicht bzw. Tragfähigkeit von 315 000 t ist die *Lagena,* die für die *Deutsche Shell AG* gebaut wurde und am 1. April 1974 auf der *Vulkan-Werft* in Bremen von Stapel lief.

Die größte Schiffsschraube der Welt gehört zu dem Kuweit-Tanker *Al Rawadatain.* Sie wiegt 76 t, mißt 9,6 m im Durchmesser und wurde von der Fa. *Héliphoc* aus Marseille (Frankreich) auf der Werft von La Ciotat gebaut.

Das größte Frachtschiff der Welt für den Transport von Trockengütern ist der liberianische Erz- und Öl-Frachter *World Gala* mit 152 068 BRT/286 981 t Tragfhähigkeit, einer Länge von 338 m und einer Breite von 54 m im Besitz der *Liberian Trident Transports Inc.,* der im Jahre 1973 in Dienst gestellt wurde.

Spezialschiffe

Das größte Walfangschiff der Welt ist die sowjetische *Sovietskaja Ukraina* mit 32 034 BRT und einem Sommer-Eigengewicht von 46 738 t, die im Oktober 1959 in Dienst gestellt wurde. Sie ist 217,5 m lang und 28,7 m breit.

Die größten und stärksten Schlepper sind die südafrikanische *Wolraad Waltemade* und ihr Schwesterschiff *John Ross* mit je 2822 BRT, etwa 19 200 PS und einer Schleppkraft von 150 t. Sie sind 85 m lang und 15,2 m breit. Sie wurden gebaut, um die größten Tanker schleppen zu können und 1976 in *Leith* (Schottland) bzw. im Oktober 1976 in *Durban* (Südafrika) in Dienst gestellt.

Als schnellster Hochsee-Schlepper erwies sich die englische *Scylla,* als sie am 25. September 1970 ihr Schwesterschiff *Penelope* mit einer Geschwindigkeit von 24 Knoten (44 km/h) an einem 1600 m langen, 279 mm dicken Nylonseil durchs Mittelmeer schleppte.

Der größte Kabelleger ist die 11 200 t große *Long Line,* die 1963 in Westdeutschland auf der Deutschen Werft in Hamburg für 665 000,– DM für die amerikanische *Telephone & Telegraph Co.* gebaut wurde. Sie hat eine Wasserverdrängung von 17 282 BRT, ist 156 m lang und wird von zwei elektrischen Turbinenmotoren angetrieben.

Die größte Fahrzeug- und Personenfähre ist die *GTS Finnjet* mit einer Geschwindigkeit von 30,5 Knoten und einer Wasserverdrängung von 24 600 BRT, die am 13. Mai 1977 den Verkehr über die Ostsee zwischen *Helsinki* (Finnland) und dem westdeutschen *Travemünde* (Schleswig-Holstein) aufnahm. Sie kann 350 Fahrzeuge und 1532 Personen befördern.

Das größte Tragflächenboot ist die 65 m lange *Plainview* mit 314 BRT, die von der *Lockheed Shipbuilding and Construction Co.* in *Seattle,* Washington (USA), am 28. Juni 1965 vom Stapel gelassen wurde. Sie hat eine Betriebsgeschwindigkeit von 50 Knoten (92 km/h).
Drei 165 t große *Supramar* PTS-MK-III-Tragflächenboote mit einem Fassungsvermögen von 250

Gallionsfigur der »Seute Deern«.

Die größte Auto- und Personenfähre: GTS Finnjet.

Passagieren und einer Geschwindigkeit von 40 Knoten (74 km/h) verkehren regelmäßig zwischen *Malmö* (Schweden) und *Kopenhagen* (Dänemark). Sie wurden von der *Westermoen Hydrofoil Ltd.* in *Mandal* (Norwegen) gebaut.
Aus der Sowjetunion liegen Berichte über ein 500 t großes Fahrzeug mit Flügelauftrieb mit einer Tragfläche von 900 t vor.

Der stärkste Eisbrecher ist die 25 000 t große sowjetische *Arktika* mit Atomantrieb, die eine Eisdecke von nahezu 4 m Dicke zu brechen vermag. Am 9. August 1977 fuhr sie von *Murmansk* (UdSSR) ab und erreichte am 17. August um zwei Uhr früh GMT den Nordpol.

Der größte umgebaute Eisbrecher war der 306,9 m lange, 43 000 PS starke Dampfer *Manhattan,* der von der *Humble Oil Co.* in einen 152 407-t-Eisbrecher mit einem 21,08 m langen, verstärkten Bug umgewandelt wurde. Er durchfuhr in der Zeit vom 24. August bis zum 12. November 1969 zweimal die Nord-West-Passage im arktischen Kanada, die zum ersten Mal 1906 befahren worden war.

Die teuerste Yacht ist die 20 Knoten schnelle, 64,6 m lange *Al Riyadh,* die in der Werft von *van Lent* in *Kaag* (Niederlande) für König *Khalid* von Saudi-Arabien zu einem geschätzten Preis von 7 Mio. Pfund Sterling (28 Mio. DM) gebaut wurde. Sie verfügt über einen Hubschrauber-Landeplatz, Satelliten-Übertragung, einen Swimming-Pool, einen Operationssaal und eine Besatzung von 26 Mann für 24 Gäste.

Der stärkste Schwimmbagger ist die 142,7 m lange *Prins der Nederlanden* mit 10 586 BRT. Er ist in der Lage, mit Hilfe von zwei Saugrohren 20 000 t

Sand in weniger als einer Stunde aus einer Tiefe von 35 m zu baggern.

Das schwerste jemals aus Holz gebaute Schiff war die *Richelieu* mit 101,70 m Länge und 8534 BRT, die am 3. Dezember 1873 in *Toulon* (Frankreich) vom Stapel lief.

Das längste Holzschiff der Neuzeit, das jemals gebaut wurde, war die 1867/72 in *New York* (USA) konstruierte *Rochambeau* (früher: *Dunderberg*). Sie hatte eine Gesamtlänge von 115 m. (In diesem Zusammenhang ist erwähnenswert, daß die Länge der biblischen *Arche Noah* 300 Ellen oder – bei einem Ellenmaß von 45,7 cm – 137 m betragen haben soll.)

Das letzte aus Holz gebaute Großsegelschiff Deutschlands war die Bark *Seute Deern*, die in Bremerhaven als Restaurantschiff betrieben wird bzw. wurde.

Das längste Kanu der Welt ist das 35,7 m lange, 20 t schwere *Maori*-Kriegs-Kanu *Nga Toki Matawhaorua* aus Kauri(Fichten-)-Holz, das 1940 auf der kleinen Insel *Kerikeri* (Neuseeland) mit Breitbeilen für eine Besatzung von 70 oder mehr Personen gebaut wurde.

Das schnellste Wasserfahrzeug ist *Spirit of Australia*, ein von einem Turbinenstrahl-Triebwerk angetriebenes Gleitboot, das bei Einsätzen auf einem See in Neusüdwales (Südost-Australien) Spitzengeschwindigkeiten von über 480 km/h erreichte. Es ist eine Eigenbau-Konstruktion des Mechanikers *Ken Warby*.

Segelschiffe

Das größte Segelschiff der Welt lief 1911 in *Bordeaux* (Frankreich) vom Stapel; es war die *France II* mit 5806 BRT, eine Bark mit Stahlrumpf und fünf Masten. Sie hatte eine Gesamtlänge von 127,4 m. Obwohl sie ursprünglich als Gaffelsegler gebaut wurde, war sie gleichzeitig mit zwei Dampfmaschinen ausgerüstet. 1922 erlitt sie Schiffbruch.

Der einzige Segelschoner der Welt mit sieben Masten wurde 1902 in *Quincy*, Massachusetts (USA), gebaut. Es war die 114,4 m lange *Thomas W. Lawson* mit 5218 BRT; sie ging am 15. Dezember 1907 im Ärmelkanal unter.

Ⓓ **Das einzige Segelschulschiff** Westdeutschlands ist die Dreimastbark *Gorch Fock* (Heimathafen *Kiel*, Schleswig-Holstein). Es ist 89,30 m lang, 12 m breit, hat eine Segelfläche von 1953 m² und eine Stammbesatzung von 274 Mann. Die *Gorch Fock* dürfte auch das am meisten abgebildete Segelschiff der Welt sein: Sie ist auf der Rückseite der deutschen 10-DM-Banknote zu sehen, die in vielen Millionen Exemplaren in Umlauf ist.

Am meisten abgebildet: Dreimastbark »Gorch Fock«.

Bei der im Juni 1980 durchgeführten Transatlantik-Regatta für Großsegler von *Boston* (USA) nach *Kristiansand* (Norwegen) erreichte die Dreimastbark der Deutschen Bundesmarine am 7. Juni in einem Nordweststurm südlich von Neufundland unter Führung von Kapitän zur See *Horst Helmut Wind* ein *Etmal* (d. i. die innerhalb von – nicht immer genau – 24 Stunden zurückgelegte Strekke) von 316 Seemeilen (rund 585 km).
Am 22. Juni 1980 ging die *Gorch Fock* als Siegerin des Rennens in Kristiansand vor dem norwegischen Segelschulschiff *Christian Radich* durchs Ziel.

Die größte Tagesleistung (Etmal), die je von einem Segelschiff vollbracht wurde, betrug 465 Seemeilen (861,72 km). Die Strecke wurde von dem Klipper *Champion of the Seas* (2722 BRT) der *Black-Ball*-Linie aus *Liverpool* unter dem Kommando von Kapitän *Alexander Newlands* im Dezember 1854 in 24 Stunden, 17 Minuten zurückgelegt. Das Schiff entwickelte im südlichen Indischen Ozean, getrieben von einer steifen Nordwest-Brise, eine Durchschnittsgeschwindigkeit von 19,97 Knoten (37 km/h).

Die größte Spiere der Welt wurden von dem britischen Schiff *Temeraire* getragen, das am 31. August 1877 in *Chatham*, Kent, in Dienst gestellt

Weltumsegler-Rekorde

Eine echte Weltumsegelung muß über zwei entgegengesetzte Punkte gehen, die mindestens 20 000 km voneinander entfernt sind. (Zusammengestellt von Major d. L. D. H. Clarke)

Was	Womit/Bootsname	Wer	Von	Nach/Reisedauer
Erster*	*Victoria*-Expedition von Fernando de Magalhaes (*1480, †27. April 1521)	Juan Sebastian de Elcano (*1486, †1526)	San Lucar (Spanien), 20. Sept. 1519	San Lucar, 6. Sept. 1522, 49 400 km
Erster Brite	*Golden Hind (Ex-Pelikan)*, 100 t	Francis Drake (*ca. 1540, †28. Januar 1596)	Plymouth (England), 13. Dezember 1577	Plymouth, 26. Sept. 1580
Erste Frau	*Etoile*	Verkleidet als Diener von M. de Commerson	St. Malo (Frankreich), 1766	St. Malo, 1769
Erste Längsschiff-takelung	*Union*, 98-t-Schaluppe	John Boit, Jr. 19–21 (USA)	Newport, Rhode Island (USA), 1794, Westweg über Kap Horn	Newport, R. I., 1796
Erste Jacht	*Sunbeam*, 51,8 m, 3-Masten-Toppsegel-schoner	Lord & Lady Brassey (GB), Passagiere u. Mannschaft	Cowes, Insel Wight, 1876	Cowes, Insel Wight, 1877
Erste Alleinfahrt	*Spray*, 11,20 m, Gaffeljolle	Capt. Joshua Slocum, 51, Nicht-Schwimmer (USA)	Newport, R. I., 24. April 1895, über Magellan-straße	3. Juli 1898, 74 000 km
Erstes Motorboot	*Speejacks*, 29,87 m	Albert Y. Gowen (USA), Frau und Mannschaft	New York City (USA), 1921	New York City, 1922
Erste Frau allein	*Mazurek*, 9,5 m, Bermuda-Schaluppe	Krystyna Chojnowska-Liskiewicz (Polen)	Las Palmas, 28. März 1976, Westweg über Panama	machte einen Knoten am 21. März 1978
Erste Frau allein (über Kap Horn)	*Express Crusader*, 16,15 m, Bermuda-Schaluppe	Naomi James (Neuseeland / GB)	Dartmount, 9. Sept. 1977, via Kap Horn, 19. März 1978	Dartmount, 8. Juni 1978 (266 Tage, 19 Stunden)
Kleinstes Schiff	*Ahodori II*, 6,3 m, Bermuda-Jolle	Hiroshi Aoki (Japan)	Osaka, Japan, 13. Juni, Kap Horn, 12. Jan. 1973	Osaka, Japan, 29. Juli 1974
Erstes Unterseeboot	US-U-Boot *Triton*	Capt. Edward L. Beach, plus Mannschaft (162)	New London, Connecticut, 10. Febr. 1960	10. Mai 1960, 49 422 km
Erste Non-Stop-Solofahrt (Hafen bis Hafen)	*Suhaili*, 9,87 m, Bermuda-Ketsch	Robin Knox Johnston (*1939)	Falmouth, 14. Juni 1968	22. April 1969 (312 Tage); am längsten allein auf See
Schnellste Solofahrt (3 Rümpfe)	*Manureva* (ex *Pen Duick IV*), 21,33 m, Trimaran	Alain Colas (Frankreich)	Saint Malo über Sydney	29. März 1974 (167 Tage)
Schnellste Solofahrt (1 Rumpf)	*Egregios*, 11,4 m, Bermuda-Schaluppe	Webb Chiles (USA)	San Diego, 18. Okt. 1974, via Kap Horn, 12. Dez. 1975	San Diego, 1. Okt. 1976 (202 Tage)
Schnellster	*Great Britain II*, 23,52 m, Ketsch	1. Mike Gill (13 Mann) 2. R. Mullender (15 Mann)	Thames, 31. Aug. 1975 über Sydney (Mannschaftswechsel)	67 Tage, 5 Stunden, 19 Minuten
Schnellstes Solo (Westweg über Kap Horn)	*Mermaid III*, 8,80 m, Schaluppe	Kenichi Horie (Jap.) (*1939)		66 Tage, 22 Stunden, 31 Minuten, 42 445 km (338 km/Tag)
Allerschnellster (Kap Horn)	*Awahnee II*, 16,15 m	Bob Griffith (USA) (5 Mann)	Bluff, Neuseeland, 1970 (Ostweg)	Bluff, 1971 (84 Tage)

* Eduard Roditi, der Verfasser von »Magellan vom Pazifik«, ist der Ansicht, daß Magellans Sklave Enrique der erste Weltumsegler war. Er war zwar in Malakka gekauft worden, kannte aber den Filippinodialekt Visayan, als er, vom Osten her kommend, 1521 die Philippinen erreichte.

wurde. Die Vor- und Hauptspiere hatten eine Länge von 35 m. Das Hauptsegel bestand aus 1555 m Leinen, wog 2,03 t, und die gesamte Segelfläche umfaßte 2322 ².

Die größte, bis jetzt bekannte Dschunke war die seetüchtige *Cheng Ho*, das Flaggschiff der 62 Schatzschiffe des chinesischen Admirals *Cheng Ho*, um 1420. Sie hatte eine Wasserverdrängung von 3150 BRT, eine Länge, die 164 m betragen haben soll und vermutlich 9 Masten.

Von einer Flußdschunke von 110 m Länge, die mit fußgetriebenen Schaufelrädern in Gang gesetzt wurde, wird aus dem Jahre 1161 berichtet.

Etwa um das Jahr 280 nahm eine von *Wang Chün* gebaute schwimmende Festung von 182,8 m² Größe auf dem *Yjangtse-Kiang* an dem Flußkrieg von *Chin-Wu* teil. Heutzutage gibt es, selbst unter den *Chiang-su*-Frachtern, keine Dschunken mehr von mehr als 51,8 m Länge.

Das größte Wrack entstand, als der 25 Mio. Pfund Sterling (damals 132 Mio. DM) teure Tanker *Olympic Bravery* (275 000 t Tragfähigkeit) am 24. Januar 1976 auf seiner Jungfernfahrt vor der Insel *Ushant* (Nordwest-Frankreich) auf Grund lief. Er zerbrach am 12. März 1976 in zwei Teile.

Die größte bisher bekannte Schiffskollision ereignete sich am 19. Dezember 1977, als der Tanker *Venoil* (330 954 t Ladegewicht) 35 km vor der südafrikanischen Küste mit seinem Schwesterschiff *Venpet* (330 869 t) zusammenstieß.

Ozeanüberquerungen

(Atlantik und Pazifik)

Die erste Atlantiküberquerung durch ein Schiff mit Maschinenantrieb (im Gegensatz zu Segelschiffen oder Schiffen mit Hilfsmotor) war eine 22-

Tage-Reise, die im April 1827 von der *Curaçao* auf der Strecke *Rotterdam–Westindien* durchgeführt wurde. Das Schiff war ein 38,7 m langer, hölzerner Raddampfer von 438 t, der 1826 in *Dundee* (Schottland, Großbritannien) gebaut und von der niederländischen Regierung angekauft wurde.

Rekord-Chronik der Atlantik-Überquerungen

(Zusammengestellt von Major L. D. H. Clarke)

Was	Wer	Womit/ Bootsname	von	nach	Dauer/Geschwindigkeit	Jahr
Erstes Kanu	»Finn-Man« (Eskimo)	Kajak, 3,6 m	Grönland	Humber (England)	unbekannt	1613
Erstes Rudern (teilweise)	Sechs britische Deserteure von Garrison	Rettungsboot ca. 6,1 m	St. Helena, 10. Juni	Belmonte (Brasilien)	28 Tage (133,5 km/Tag)	1799
Erste Überquerung W–O (2 Mann)	C. R. Webb und 1 Begleiter (USA)	Charter Oak, 13,1 m	New York	Liverpool (England)	35 Tage	1857
Erster Trimaran	John Mikes und 2 Mann (USA)	Non Pareil, 7,62 m	New York (4. 6.)	Southampton (England)	51 Tage	1868
Erstes Solosegeln	Alfred Johnson (USA)	Centennial, 6,09 m	Kanada	Wales (Engl.)	46 Tage	1876
Erste Frau (mit US-Ehemann)	Mrs. Joanna Crapo (geb. in Schottland)	New Bedford, 6,09 m	Chatham, Mass. (USA)	Newlyn, Cornwall	51 Tage	1877
Erste Ein-Mann-Wettfahrt	Sieger J. W. Lawlor (USA)	Sea Serpent, 4,57 m	Boston (USA) (21. 6.)	Coverack (England)	45 Tage	1891
Erstes Rudern, 2 Mann (nördlich)	George Harbo u. Frank Samuelson (USA)	Richard K. Fox, 5,58 m	New York City (6. Juni)	Scilly-Inseln (1. August)	55 Tage (90,10 km/Tag)	1897
Schnellstes Solosegeln	J. V.T. McDonald (GB)	Inverarity, 11,58 m	Kanada	Irland	16 Tage	1922
Erstes Kanu mit Segel	F. Römer (Deutschland)	Deutscher Sport	Las Palmas	St. Thomas (Westindien)	58 Tage (75,62 km/Tag)	1928
Erste Frau, allein (Osten–Westen)	Mrs. Ann Davison (GB)	Felicity Ann, 7,01 m	Las Palmas (20. 11. 1952)	Portsmouth, Dominik. Rep.	65 Tage	1952/3
Erste Frau, allein (Westen–Osten)	Gladys Gradley (USA)	Lugger, 5,5 m	Nova Scotia (Kanada)	Hope Cove (England)	60 Tage	1903
Schnellste Frau, allein	Clare Francis, jetzt Mrs. Redon (GB)	Robertson's Golly, 11,43 m	Plymouth	Newport (USA)	29 Tage, 1 Std., 52 Min.	1976
Längste non-stop-Solo-Fahrt einer Frau	Anna Woolf (S.-Afrika)	Zama Zulu, 13,10 m	Kapstadt, Ascension I.	Ascension-Insel (Schottland)	2896,2 km, 29 Tage, 11 456,1 km, 80 Tage	1976
Kleinstes Schiff (über 2 Ozeane)	John Ridding (GB)	Sjo Ag, 3,65 m	Plymouth über Panama	Neuseeland, 1973	In der Tasman-See verschw.	1964/74
Kleinstes Schiff, Westen–Osten	William Verity (USA)	Nonoalca, 3,65 m	Florida	Tralee (Irland) (12. Juli)	54 Tage, 6115 km	1979
Kleinstes, Osten–Westen (südlich)	Hugo S. Vihien (USA), Eric Tabarly (Frankreich) + 2 Mann	The April Fool, 1,83 m	Casablanca, 29. März	Ft. Lauderdale (USA), 21. Juni	85 Tage	1968
Schnellste Überquerung (Trimaran)	Wilson Marshall (USA) und Mannschaft	Pen Duick IV, 20,42 m	Teneriffa	Martinique	404,5 km/Tag (10 Tage, 12 Stunden)	1968
Schnellste, Segelboot (1 Rumpf, O–W)	Wilhelm Hirte u. Mannschaft (Deutschland)	Kriter II, 24,38 m	Kanar. Inseln	Barbados	13 Tage, 8 Stunden	1977
Schnellste, Segelboot (1 Rumpf, W–O)	Wilson Marshall (USA) und Mannschaft	Atlantic, 56,38 m	Sandy Hook (USA)	Lizard (England)	12 Tage, 4 Std. 4913,88 km	1905
Schnellste Solo (O–W, nördlich, 1 Rumpf)	Jean-Yves Terlain (Frankreich)	Vendredi 13, 39 m	Plymouth 13. Juni	Newport (USA) 8. Juli	21 Tage $5\frac{1}{4}$ Stunden	1972
Schnellste Solo (O–W, südlich, 1 Rumpf)	Sir Francis Chichester (England)	Gipsy Moth V, 17,37 m	Portugiesisch-Guinea	Nicaragua	288,2 km/Tag (22,4 Tage)	1970
Schnellste Solo (O–W, nördlich, Trimaran)	Alain Colas (Frankreich)	Pen Duick IV, 21,33 m	Plymouth, 17. Juni	Newport (USA) 7. Juli	20 Tage $13\frac{1}{4}$ Stunden	1972
Schnellstes Solo-Rudern Ost–West	Sidney Genders, 51 (England)	Khaggavisana, 6,02 m	Penzance, Cornwall	Miami (USA), über Antigua	60 km/Tag, 162 Tage 18 Stunden	1970
Erstes Solo-Rudern Ost–West	John Fairfax (GB)	Britannia, 6,70 m	Las Palmas, 20. Januar	Ft. Lauderdale (USA), 19. Juli	180 Tage	1969
Erstes Solo-Rudern West–Ost	Tom McClean (Irland)	Super Silver, 6,10 m	St. John's (Neufundld.), 17. Mai,	Black Sod Bay (Irland), 27. Juli	70,7 Tage	1969
Jüngster Solo-Segler	David Sandeman ($17\frac{1}{2}$, GB)	Sea Raider, 10,67 m	Kanal-Insel Jersey	Newport (USA)	43 Tage	1976
Ältester Solo-Segler	Jean Gau (72, USA)	Atom, 9,14 m	New York	Frankreich, (kenterte vor Nordafrika)	50 Tage	1975
Erstes Floß	Margaretha Arens (NL) und belg. Begleiter	Floß	Las Palmas (Gr. Canaria)	Barbados	67 Tage	13. Jan. bis 20. März 1980

Rekord-Chronik der Pazifiküberquerungen						
Was	**Wer**	**Womit/ Bootsname**	**von**	**nach**	**Dauer/ Geschwindigk.**	**Jahr**
Schnellster	Bill Lee (USA)	Merlin, 20,42 m Schaluppe	Los Angeles, Kalifornien (USA)	Honolulu, Hawaii	8 Tage, 11 Std., 1 Min.	1977
Schnellster, Solo	Andrew Urbanczyk (USA)	Nord III, 8,23 m Schaluppe	Yohosuba, Japan 23. April	San Franzisko, Kal., 11. Juni	49 Tage	1979
Erstes Solo (Frau)	Sharon Sites Adams (USA)	Sea Sharp II, 9,45 m	Yokohama, Japan	San Diego, Kalif. (USA)	75 Tage (9510,8 km)	1969
Erstes Rudern	John Fairfax (GB) Sylvia Cook (GB)	Britannia II, 10,66 m	San Franzisko, Kal., 26. 4. 1971	Hayman-Insel, Austral., 22. 4. 72	362 Tage	1971/2
Erstes Solo Rudern	Anders Svedlund (Schweden)	Roslagena, 6,10 m	Chile, 2. Juni	Samoa	118 Tage	1974

Anmerkung: Die ersten Überquerungen des Pazifik vollbrachten allein ohne Hilfe: von Osten nach Westen Bernard Gilboy (USA), 1882, im 5,48 m langen *Pacific* und von Westen nach Osten Fred Rebel (Lettland) in *Elaine*, 5,48 m, und Edward Miles (USA) in *Sturdy II*, 11,2 m, beide 1932.

Die erste, ganz mit Dampfantrieb durchgeführte Atlantiküberquerung (mit Unterbrechungen zum Entsalzen der Kessel) absolvierte 1832 das britische Schiff *Rhadamanthus* auf der Strecke von *Plymouth* (England) nach *Barbados* (Kl. Antillen).

Die erste Atlantiküberquerung mit ständiger Dampfzufuhr wurde von dem mit einem Dampfkondensator ausgerüsteten Paketschiff *Sirius* (714 BRT) zwischen *Queenstown* (jetzt *Cóbh*, Irland) und *Sandy Hook*, New Jersey (USA), zwischen dem 4. und 22. April 1838 in 18 Tagen und 10 Stunden durchgeführt.

🌐 **Die schnellste Atlantiküberquerung** wurde von der *United States* (damals 51 988, jetzt 38 216 BRT), dem früheren Flaggschiff der *United States Lines*, durchgeführt. Auf ihrer Jungfernfahrt vom 3. bis 7. Juli 1952 von *New York* (USA) nach *Le Havre* (Frankreich) und *Southampton* (England) betrug ihre Durchschnittsgeschwindigkeit in einer Zeit von 3 Tagen, 10 Stunden, 40 Minuten (3. Juli 18,36 GMT bis zum 7. Juli 5.16 GMT) 35,59 Knoten (65,95 km/h). Die Strecke (vom *Ambrose*-Leuchtschiff bis zum Leuchtfeuer von *Bishop's Rock* auf der Insel *Scilly* in Cornwall) war 2949 Seemeilen (5465 km) lang. Während dieser Fahrt legte die *United States* vom 6.–7. Juli 1952 die größte Strecke zurück, die jemals von einem Schiff in einer Tagesreise (24 Std.) geschafft wurde: 868 Seemeilen = 1609 km; sie erreichte damit eine Durchschnittsgeschwindigkeit von 36,17 Knoten (67,02 km/h). Ihre Höchstgeschwindigkeit hatte die *United States* mit ihren Maschinen von 240 000 PS (177 500 kW) bei einem Probelauf am 9. und 10. Juni 1952 mit 38,32 Knoten (71,01 km/h) erreicht.

Die meisten Atlantiküberquerungen hat der englische Kapitän *Brooks* zwischen 1856 und 1894 absolviert. In diesen Jahren fuhr er 690 mal über den Nordatlantik, insgesamt über 3,9 Mio. km. In seinem ganzen Seemannsleben hat er über 4 Mio. km auf dem Meer zurückgelegt, seit er 1850 als Matrose 2. Klasse auf dem englischen Schiff *Bressie* in Liverpool angeheuert hatte.

🌐 **Die schnellste Pazifik-Überquerung** von *Yokohama* (Japan) bis *Long Beach* in Kalifornien (USA), 4840 Seemeilen = 8960 km, dauerte 6 Tage, 1 Stunde und 27 Minuten und wurde von dem Container-Schiff *Sea-Land-Commerce* (50 315 BRT) mit einer Durchschnittsgeschwindigkeit von 33,27 Knoten (61,65 km/h) durchgeführt. (Vgl. Tabelle oben.)

Die südlichste Region, die je von einem Schiff erreicht wurde, wurde am 15. Februar 1912 registriert, als die *Fram* 78. Grad 41' südlicher Breite vor der antarktischen Küste erreichte.

Der tiefste Ankerplatz der Welt wurde am 29. Juli 1956 von Jacques-Yves *Cousteaus* (* 11. Juni 1910) Forschungsschiff *Calypso* mit 7498 m im *Romanche-Graben* im Mittel-Atlantik erreicht. Er verwendete dabei ein 8,9 km langes Nylon-Seil.

Den absoluten Weltrekord im Schlingern erzielte am 13. November 1971 bei schwerer See vor *Coos Bay*, Oregon (USA) das Motorrettungsboot *Intrepid* der amerikanischen Küstenwache, als es sich 360 Grad um seine eigene Achse drehte.

Eine Weltumrundung, ohne einen einzigen Hafen anzulaufen, hat als vierter Mensch der polnische Einhandsegler Henryk *Jaskula* (56) geschafft, allerdings als erster in der Rekordzeit von 178 Tagen. Er war am 12. Juni 1979 mit seiner 14,20 m langen Ketsch *Dan Przmysla* in *Gdingen* (jetzt *Gdynia*, Polen) gestartet und erreichte am 13. Februar 1980 die Höhe der portugiesischen Insel *Madeira* vor der Westküste Marokkos. Seit dem 21. September 1979, an dem offenbar sein Funkgerät defekt wurde, galt er als verschollen. Erst vor Madeira hörte ein griechisches Schiff seine Funkzeichen wieder. Am 20. Mai 1980 erfolgte – weiterhin ohne Hafenberührung – Jaskulas Rückkehr nach Gdingen nach 372 Tagen auf See und einer Gesamtstrecke von 33000 Seemeilen.

Wasserstraßen

Die meisten und längsten natürlichen Binnenwasserstraßen hat *Finnland* mit etwa 50000 km schiffbaren Seen und Flüssen.

Der längste schiffbare Fluß, zugleich die längste schiffbare natürliche Wasserstraße, ist der *Amazonas,* den Überseeschiffe bis nach *Iquitos* (Peru), 3598 km von der Küste des Atlantischen Ozeans entfernt, hinauffahren können. Bei einer von der Nationalen Geographischen Gesellschaft in den USA veranstalteten und am 10. März 1969 beendeten Expedition fuhren *Helen* und *Frank Schreider* die 6187 km lange Strecke von *San Francisco* (Peru) nach *Belem* im Staat *Parà* (Brasilien) flußabwärts.

Die längsten schiffbaren Flüsse in Westdeutschland sind die *Donau* (Gesamtlänge 2850 km, im westdeutschem Gebiet 647 km, schiffbar ab *Kelheim*/Bayern); der *Rhein* (Gesamtlänge 1320 km, im westdeutschen Gebiet 865 km, in dieser Länge schiffbar); die *Elbe* (Gesamtlänge 1144 km, davon 761 km in deutschem Gebiet, zwischen *Bad Schandau* und *Schnackenburg* im Gebiet von Ostdeutschland, dessen wichtigste Wasserstraße sie ist); der *Main,* 524 km, schiffbar zwischen der *Regnitzmündung* nahe *Bamberg* (Bayern) und *Mainz* (Rheinland-Pfalz), und die *Weser,* Länge 440 km, in ganzer Länge unterschiedlich schiffbar.

🌐 **Die meistbefahrene Wasserstraße** der Welt ist die *Themsemündung* bei *London* (England), die täglich von etwa 300 Schiffen befahren wird.

Ⓓ **Die Wasserstraße mit dem größten Schiffsverkehr in Westdeutschland** ist die *Elbemündung* bei *Hamburg;* sie wird täglich von etwa 200 Schiffen passiert.
(S. a. *»Kanäle«,* Kap. 5, S. 175)

Häfen, Docks, Schleusen usw.

🌐 **Der größte Hafen** der Welt ist – seiner Ausdehnung nach – der Hafen von *New York* (USA). Sein 238 km² großes Wasserbecken hat eine schiffbare Länge von 121,5 km (weitere 474 km im Staat *New Jersey* schließen sich an). Mit 261 Anlegeplätzen für Güterumschlag und -transport und weiteren 130 Piers können dort 391 Schiffe gleichzeitig

Der Rhein – seine gesamten 865 »westdeutschen« Kilometer sind voll schiffbar.

Der größte Tanker, der je im Hamburger Hafen anlegte: Die Lagena der Deutschen Shell AG., 315 000 t.

anlegen. Die Bodenfläche der Lagerhäuser beläuft sich auf insgesamt 170,9 ha.

Der größte künstliche Hafen mit dem größten Umschlag der Welt ist der *Europort* von *Rotterdam* mit einem 100 km² großen Becken. 1978 wurden dort 31 042 Hochseeschiffe mit insgesamt 280 Mio. t Seefrachtgut, sowie etwa 200 000 Lastkähne abgefertigt. Gleichzeitig können dort 310 Hochseeschiffe mit bis zu 318 000 t und 20,72 m Tiefgang anlegen. *Rotterdam* ist vor allem der größte Rohöl-Umschlaghafen der Welt. Der Rekord wurde 1973 mit knapp 170 Mio. t erreicht. 1979 betrug der Umschlag 141,1 Mio. t Rohöl; 120,3 Mio. t davon wurden in *Rotterdam* gelöscht. 17,3 Prozent davon wurden im Transit nach Übersee weitergeleitet, 82,7 Prozent waren für die Weiterbeförderung auf dem europäischen Kontinent bestimmt.

(D) **Der größte Hafen in Westdeutschland** ist der Hafen von *Hamburg* mit einer Flächenausdehnung von 8900 ha und rund 21 km Kaimauern, sowie 8 km Dalbenplätzen zum Festmachen von rund 300 Seeschiffen. Der Hafen besitzt ferner 500 Kaikräne, sowie 12 Schwimmkräne und 160 Schlepper. 1978 hatte der Hamburger Hafen einen Gesamtgüterumschlag von 54,9 Mio. t, davon fast 17 Mio. t Stückgut.
Der gewaltigste Hafenschwimmkran Hamburgs für Bergungs- und Umschlagzwecke hat eine Hebkraft von 1000 t.
Im Hamburger Hafen befinden sich auch die größten deutschen Docks: das Schwimmdock 11 von *Blohm & Voss* mit einer Länge von 320 m für Schiffe bis ca. 230 000 t Tragfähigkeit, sowie – ebenfalls auf der Werft von *Blohm & Voss* – das Trockendock *Elbe 17* mit einer Länge von 350 m, einer Breite von 56 m und einer Höhe von 15 m (von der Kaikante bis zur Docksohle).
Mit dem 1850 m langen *Burchardkai* hat Hamburg auch den längsten Kai Westdeutschlands.

Der größte Binnenhafen der Welt ist der von *Duluth* am *Oberen See* in *Minnesota* (USA). Er hat seine Hauptbedeutung als Verschiffungsplatz für Eisenerz und Weizen.

(D) **Das größte Binnenhafensystem Europas** und zugleich den **größten Flußhafen der Welt** bilden die *Duisburg-Ruhrorter* Häfen am Zusammenfluß von *Rhein* und *Ruhr* (Westdeutschland, Nordrhein-Westfalen). Ihr Gesamtgebiet umfaßt 904 ha. Das Güteraufkommen erreichte 1974 mit 63,6 Mio. t einen Rekord, 1978 waren es 57,2 Mio. t. Das Hafensystem besteht aus den öffentlichen Hafenanlagen und 14 privaten Werkshäfen und Umschlagstellen. Die öffentlichen Häfen der *Duisburg-*

Größte Flußhäfen der Welt sind die Duisburg-Ruhrorter Häfen. Ihr Gesamtgebiet umfaßt 904 ha.

Ruhrorter Häfen-AG verzeichneten 1978 das Einlaufen von 30626 Schiffen, die an den 43 km langen Kaimauern der 20 Hafenbecken festmachen konnten. Hauptumschlagsgüter sind Erze (1978 über 10 Mio. t), Kohle (über 5 Mio. t), Mineralöl (4,4 Mio. t), Eisen, Stahl und NE-Metalle (über 3 Mio. t) und Steine, Erden, Baustoffe, Salze (über 1,5 Mio. t).

Der längste Pier der Welt ist der *Dammanpier* in Saudi-Arabien am Persischen Golf. Ein mit Steinschüttung aufgeführter 7,80 km langer Fahrdamm führt zum 2,90 km langen Stahlgerüstpier, an das sich der 226 m lange Hauptpier anschließt, was eine Gesamtlänge von 10,93 km ergibt. Der Bau des Piers begann im Juli 1948 und wurde am 15. März 1950 vollendet.

Der längste Hafendamm der Welt für Hochseeschiffe ist der *Quai Hermann du Pasquier* in *Le Havre* (Frankreich) mit einer Länge von 1524 m. Die Mole bildet einen Teil eines abgeschlossenen Vorhafens mit einer konstanten Wassertiefe von 9,8 m auf beiden Seiten.

Das größte Trockendock der Welt in *Koyaki*, Nagasaki (Japan), das 1972 fertiggestellt wurde, ist 970 m lang, 100 m breit und hat eine Maximalsenkung von 14,5 m.

Der längste Wellenbrecher der Welt schützt den Hafen von *Galveston*, Texas (USA). Der *South Breakwater* aus Granit ist 10,85 km lang.

Das größte Schleusentor der Welt in *Nigg Bay*, Cromarthy Firth (Schottland), ist seit März 1974 in Betrieb. Es ist 124 m lang, 15,2 m hoch und besitzt ein 1,20 m dickes Unterhaupt; es ist aus Spannbeton und wiegt mit Sohle, Schließkeilen und Rundköpfen 16257 t.

(D) **Das erste Schiffshebewerk Deutschlands** wurde am 11. August 1899 in *Henrichenburg* nahe Dortmund (jetzt Nordrhein-Westfalen) eröffnet. Mit seiner Hilfe konnte der 14 m betragende Höhenunterschied zwischen dem *Rhein-Herne*-Kanal und dem *Dortmung-Ems*-Kanal überwunden werden. Das Hebewerk war bis 1962 in Betrieb, dann wurde es durch ein moderneres Abstiegswerk ersetzt.

Leuchttürme

Der Leuchtturm mit dem intensivsten Licht der Welt ist *Créac'h d'Ouessant* auf der Insel d'Ouessant vor der bretonischen Küste (Frankreich). Er wurde 1638 errichtet und zuletzt 1939 umgebaut. Der Turm ist 50 m hoch und besitzt bei Nebel eine Leuchtkraft bis zu 500 Mio. Kerzenstärken.
Auf dem *Empire State Building*, New York City (USA), befinden sich die am weitesten sichtbaren Lichtquellen 332 m über dem Boden. Jede der Vierbogen-Quecksilber-Glühlampen besitzt eine

Nennkerzenstärke von 450 Mio., so daß die Lichter in einer Entfernung von 130 km auf Boden- und See-Ebene und 490 km weit vom Flugzeug aus wahrgenommen werden können. Sie wurden erstmalig am 31. März 1956 eingeschaltet.

(DDR) **Der Leuchtturm mit der stärksten Leuchtkraft in Deutschland** ist der von *Greifswald* (Ostdeutschland, Ostsee). Seine Sichtweite: 65 km.

(D) **Der mächtigste Leuchtturm in Westdeutschland** ist der *Kampen*leuchtturm in *Borkum* (Nordsee), der 59,25 km weit sichtbar ist.

Der älteste Leuchtturm Deutschlands steht auf der Insel *Neuwerk* vor *Cuxhaven* (Niedersachsen). Er wurde bereits im 14. Jahrhundert (als Wachtturm) erbaut und war im 16. Jahrhundert ein berüchtigtes Seeräubernest.

Der höchste Leuchtturm der Welt ist der 106 m hohe Stahlturm nahe dem *Jamaschita Park,* Jokohama (Japan). Das Leuchtfeuer besitzt 600 000 Kerzenstärken und ist 32 km weit sichtbar.

Der erste mit Atomenergie betriebene Leuchtturm wurde 1974 vor der baltischen Küste (UdSSR) in der Ostsee installiert. Er ist 30 m hoch und wird elektronisch gesteuert.

Als letzter Leuchtturmwärter Deutschlands tat *Johann* (»Jonny«) *Koopmann* auf dem Leuchtturm *Hoher Weg* bei Bremerhaven in der Wesermündung bis zum 2. Juli 1973 Dienst. Damals wurde er im Alter von 59 Jahren abgelöst, und von da an werden alle deutschen Leuchtfeuer mit Hilfe von Computern vom Land aus gesteuert.

Westdeutschlands ältester Leuchtturm auf Neuwerk.

Für eigene Rekorde

Verkehr zu Lande

Allgemein: Das Entstehen und Betreiben von Verkehrsverbindungen zwischen verschiedenen Orten, Ländern usw. über Landgebiete setzt das Vorhandensein von Verkehrswegen (Straßen und Bahnstrecken) und von entsprechenden Verkehrsmitteln, insbesondere von Fahrzeugen mit unterschiedlicher Zweck- und Nutzbestimmung, voraus.

Die wichtigste Erfindung, die dem Zweck des Verkehrsbetriebs in diesem Sinne diente (und damit eine der wichtigsten menschlichen Erfindungen überhaupt), war das Rad. Dabei ist ungeklärt, ob das Rad zuerst Kultgegenstand (Sonnenkult!) oder Nutzgegenstand war. Die Wurzeln seiner Geschichte reichen bis tief in die Zeit der frühen Kulturen der Alten Welt (Sumerer, Induskultur, Jungsteinzeit).

Die ältesten Rad- bzw. Wagen- oder Karrendarstellungen stammen aus dem 3. Jahrtausend v. Chr.; damals war das Rad also bereits ein dem Verkehr, d. h. der Beförderung von Menschen und Lasten über Land von Ort zu Ort, dienendes Gerät.

(D) **Das älteste Wagenrad** in Deutschland ist ein Vollscheibenrad aus der Spätbronzezeit (etwa um 1000 v. Chr.). Es befindet sich im *Federsee-Museum* von *Bad Buchau* (Baden-Württemberg).

Straßen und Wege

Älteste Straßen: Nach der Erfindung und Benutzung des Rades war die Einrichtung von Wegen und Straßen eine zwangsläufige Folge. Die ältesten Straßen stammen daher ebenfalls schon aus vorgeschichtlicher Zeit. Gewöhnlich bestimmte sich ihr Verlauf nach den Furten der Flüsse oder den Möglichkeiten der Gebirgsübergänge (Pässe).

Als älteste regelmäßig benutzte Verkehrsverbindung der Welt gilt die *Straße der Könige,* die um ca. 500 v. Chr. das persische Persepolis mit Sardes an der kleinasiatischen Mittelmeerküste in Lydien verband. Sie war rund 18 000 km lang.
Eine erste Hochblüte erlebte das Straßenbauwesen zur Römerzeit. Noch heute folgen viele europäische Verkehrswege den Trassen der alten römischen Straßenanlagen.

Der älteste bisher entdeckte Fahrweg ist der *Sweetweg* in Shapwick in Somerset (England). Er stammt vermutlich aus dem Jahr 4000 v. Chr.

3000 Jahre alt ist das älteste deutsche Wagenrad.

Das längste Straßennetz der Welt haben die USA (alle 50 Staaten) mit 6 Mio. 139 600 km nach Klassen eingestuften Straßen, davon rund 62 000 km Autobahnen.
Die UdSSR hat ein Straßennetz von 1 Mio. 421 600 km; das nächstgrößere hat Frankreich mit 793 130 km, davon 2830 km Autobahnen.

(D) Das Straßennetz Westdeutschlands umfaßt 444 530 km, davon 7504 km Autobahnen (Ende 1979). Für 1980 war der Ausbau von weiteren 300 km Autobahnen geplant. Bis 1990 sollen mit einem Aufwand von 53 Mrd. DM weitere 3000 km fertiggestellt sein.

(DDR) In Ostdeutschland umfaßt das Straßennetz 47 530 km.

(A) Das ausgebaute Straßennetz Österreichs hat eine Länge von 22 996 km; die österreichischen Autobahnen haben derzeit eine Gesamtlänge von 847 km. Rechnet man allerdings alle Landstraßen, Karrenwege usw. mit, so sind es 162 000 km. Noch 1964 waren allerdings 189 000 km gemeldet, so daß es scheint, als habe sich das Straßen- und Wegenetz Österreichs in 15 Jahren nicht vergrößert, sondern auf rätselhafte Weise um 26 000 km *verringert*...

(CH) Das Straßennetz der Schweiz umfaßt 61 274 km, davon 628 km Autobahnen.

Das längste Autobahnnetz in Europa nach Westdeutschland hat Italien: 5800 km.

Die längste Landstraße der Welt ist der 27 387 km lange *Pan-American Highway* von NW-Alaska (USA) zum südlichsten Zipfel von Chile. Dieser Highway hat an einer Stelle eine Unterbrechung, die in Panama *Tapon del Darien*, in Kolumbien das *Atrato-Moor* heißt. 1972 gelang es einer britischen Trans-Amerika-Expedition unter Oberstleutnant *John Blachford-Snell,* zum ersten Mal die ganze Strecke in einer Aktion zurückzulegen. Am 3. Dezember 1971 fuhr die Expedition von Alaska ab und erreichte Feuerland am 9. Juni 1972. 99 Tage hatte sie zum Überqueren des *Atratomoores* gebraucht.

Die längste mit einem Namen versehene Straße der Welt ist die *Yonge Street* nördlich und westlich von Toronto (Kanada). Der erste, am 16. Februar 1796 vollendete Abschnitt war 55,78 km lang. Heute reicht die Straße bis *Rainy River* an der Grenze von Manitoba (Kanada) und Minnesota (USA) und hat eine Länge von fast 1900 km.

Der höchste Pfad der Welt befindet sich auf dem *Kantschindschanga* zwischen *Khaleb* und *Hsin-chi-fu* in Tibet. Er ist 13 km lang und führt an 2 Stellen über Höhen von mehr als 6000 m.

Die höchste befahrbare Straße der Welt ist 1180 km lang, geht von Tibet nach SW-Sinkaing über Pässe bis 5632 m Höhe üNN und wurde im Oktober 1957 fertiggestellt.

Der höchste Paß in Europa (ohne die Gebirgspässe im Kaukasus) ist der *Col de Restefond* (2802 m), der 1962 mit 21 Haarnadelkurven zwischen Jaussiers und Saint-Étienne-de-Tinée in Frankreich vollendet wurde. Gewöhnlich ist er von Anfang Oktober bis Anfang Juni geschlossen.

Die längste mit einem Namen: Yonge Street. Ihre 1900 km verlaufen an der Grenze von Kanada/USA.

Die höchste Autostraße in Europa ist der *Pico de Veleta* in der Sierra Nevada im Süden Spaniens. Die baumlose, 36 km lange Straße steigt bis auf eine Höhe von 3469 m an.

(D) Die höchste deutsche Paß-Straße ist der 16 km lange *Riedbergpaß* im Allgäu (Bayern). Er führt von Oberstdorf über den *Renkertobel* (1410 m) nach Balderschwang und weiter nach Vorarlberg ins Kleine Walsertal (Österreich).

(A) Die höchste Paß-Straße Österreichs ist die *Großglockner-Hochalpenstraße,* die eine Paßhöhe von 2575 m erreicht und (von Süden nach Norden) von Heiligenblut (West-Kärnten) nach Bruck ins Salzachtal (Land Salzburg) führt.

Der niedrigste Paß der Welt ist der *Rock-Reef-Paß* im *Everglades-National-Park* in Florida (USA), der nur 91 cm üNN liegt.

(D) Die Paß-Straße mit den meisten Kurven ist in Westdeutschland die *Jochstraße,* der östliche Teil der Bundesstraße 308 zwischen Hindelang (Allgäu, Bayern) und Oberjoch an der Tiroler Grenze Österreichs. Sie hat 107 Kurven und steigt bis auf 1164 m üNN an.

Die tiefstgelegene Straße der Welt (393 m unter dem Meeresspiegel) geht auf der israelischen Seite am Toten Meer entlang.

Die breiteste Straße der Welt ist die 2,4 km lange Monumentalachse in *Brasilia,* der Hauptstadt Brasiliens, mit den repräsentativen Verwaltungsgebäuden der Bundesregierung. Sie wurde im April 1960 eröffnet, ist 250 m breit und hat sechs Fahrbahnen.

Die zur *Bay-Bridge* von San Francisco (Kalifornien, USA) führende Straße hat 23 Fahrbahnen (davon 17 in westlicher Richtung).

Die längste Straße ohne Verkehrsampeln ist die am 21. Dezember 1977 eröffnete Fernstraße *Interstate 75* der USA. Sie hat 3,5 Mrd. Dollar (7,53 Mrd. DM) gekostet, ist 2517 km lang und führt von Sault St. Marie (Michigan) nach Tampa (Florida).

Als kurvenreichste Straße der Welt gilt die *Lombard-Street* in San Francisco (Kalifornien, USA), die innerhalb eines einzigen Häuserblocks zehn Kurven aufweist.

Die steilste Straße der Welt liegt ebenfalls in San Francisco (Kalifornien, USA). Es ist die *22. Straße,* die eine Steigung von 31,5 Prozent hat.

(A) Als Europas steilste Strecke gilt die Anfahrt zum *Loibl-Paß* (1398 m, Kärnten, Österreich) zwischen Klagenfurt (Kärnten) und Ljubljana (Jugoslawien). Ihre Steigung bzw. ihr Gefälle beträgt bis zu 29

Prozent, ist durch eine Tunnelstrecke jetzt aber bis auf 17 Prozent reduziert.

(D) Die steilste Ortsstraße Westdeutschlands ist die *Herrenstraße* in St. Andreasberg im Harz (Niedersachsen); sie hat durchschnittlich 20 Prozent Steigung.

Das höchste Verkehrsaufkommen der Welt wurde in den USA registriert, und zwar am Autobahn-Ostkreuz von Los Angeles (Kalifornien). Wochentags passieren durchschnittlich 443 000 Fahrzeuge in 24 Stunden diese Stelle.
Die am stärksten befahrene Autobahnstrecke der USA ist das Teilstück der *Dan-Ryan-Autobahn* zwischen der 43. und 47. Straße von Chicago mit einem mittleren Tagesvolumen von 254 700 Fahrzeugen.

(D) Das höchste Verkehrsaufkommen in Westdeutschland verzeichnen die Autobahnen in Nordrhein-Westfalen, Hessen und Bayern.

Die größte Verkehrsdichte herrscht in Hongkong.

Die größte Verkehrsdichte der Welt hat die britische Kronkolonie *Hongkong*. Am 1. Januar 1978 gab es auf den insgesamt 1091 km langen Fahrstraßen 191 146 Kraftfahrzeuge, was einer Dichte von 5,7 m pro Kraftwagen entspricht.

(D) Die größte Verkehrsdichte Westdeutschlands hat die Stadt *Frankfurt am Main* (Hessen), wo das Verhältnis von Straßenbenutzungen zu Kraftwagen weniger als 3:1 ist.

(A) Die größte Verkehrsdichte aller österreichischen Verkehrswege hat die berüchtigte Staustrecke zwischen *Salzburg* und *Imlau-Bischofshofen* im Salzburger Land.

(D) Als verkehrsreichster Platz Westdeutschlands – sogar Europas – gilt der im Volksmund *Stachus* genannte *Karlsplatz* in München (Bayern).

Verkehrschaos in Frankfurt am Main.

Der größte Platz der Welt ist der Platz vor dem *Tor des himmlischen Friedens (Tian-an-men-Platz)* in Peking (China); er ist 39,6 ha groß.

(D) **Die erste, ausschließlich dem Autoverkehr vorbehaltene Straße** Deutschlands, praktisch damit die erste Autobahn, war die AVUS *(Automobil-Verkehrs- und Übungsstraße)* in Berlin (West), die

Die Avus in Berlin war die erste Autobahn. 1921 wurde sie dem Verkehr übergeben.

Napoleon führte den Rechtsverkehr ein, damit Truppen auf der linken Straßenseite marschieren konnten.

20 km lang durch den Berliner Grunewald führt. Mit ihrem Bau wurde 1912 begonnen, 1921 wurde sie dem Verkehr übergeben. Sie war als berühmteste deutsche Rennstrecke häufig Schauplatz spektakulärer Autorennen in den 20er und 30er Jahren. Heute ist sie die einzige unmittelbare Autobahneinfahrt nach Westberlin.

Die älteste Straßenverkehrsordnung enthält der zwischen 1220 und 1235 von dem sächsischen Schöffen und Ritter *Eike von Repkow* (bzw. Repgau) verfaßte *Sachsenspiegel,* ein deutsches Rechtsbuch, das bald auch über das damalige deutsche Reichs- und Sprachgebiet hinaus gesetzesgleiches Ansehen erhielt.

Den Rechtsverkehr als Prinzip des geordneten Straßenverkehrs gibt es erst seit der Zeit Kaiser *Napoleons I.* (* 15. August 1769, † 5. Mai 1821). Er ließ seine Truppen auf der jeweils linken Straßenseite vorrücken; damit sie dabei nicht behindert wurden, mußte aller übrige Verkehr auf der rechten Straßenseite abgewickelt werden.
Trotzdem gibt es heute auf der Welt noch 61 Länder, Regionen und Inseln, auf denen *Linksverkehr* vorgeschrieben ist. In Europa sind dies Großbritannien, Gibraltar, Irland, Island und Malta. In Amerika und Afrika sind es jeweils 17, in Asien 15 und in Ozeanien acht Staaten.

Die ersten Verkehrsampeln gab es schon 1868 in London (England). Es waren semaphorähnliche rote und grüne Gaslaternen, die auf dem *Parliament-Square* aufgestellt waren. Sie konnten mit Hilfe von zwei Hebeln abwechselnd die Fahrbahn sperren oder freigeben und sollten nach Einbruch der Dunkelheit vor allem Mitglieder des Unterhauses beim Überqueren der Fahrbahn schützen. Bis 1930, als ein neues Verkehrsgesetz in Kraft trat, war das Mißachten dieser Signale nicht strafbar.
Versuche mit *akustisch* reagierenden Verkehrsampeln *für Blinde* werden gegenwärtig in vielen Ländern, auch in Westdeutschland, gemacht. Besonders erfolgreich scheint ein Experiment in *Kalifornien* (USA) zu sein: dort ertönen an einigen belebten Straßenkreuzungen bei Grün im Nord-Süd-Verkehr *Kuckucksrufe,* im Ost-West-Verkehr ein fröhliches *Gezwitscher.*

Die ersten Parkuhren wurden am 19. Juli 1935 in Oklahoma City (USA) aufgestellt. Sie waren eine Erfindung des Amerikaners *Carl C. Magee* und arbeiteten im Prinzip nach dem System, nach dem sie noch heute funktionieren. Sie gelten als eine der Erfindungen, deren Funktionsart und Erscheinungsbild sich seit ihrer Entstehung am wenigsten verändert haben. Anfang der 50er Jahre wurden sie in Europa eingeführt.

(D) **Das älteste Verkehrszeichen Europas** steht in Westdeutschland auf einer Anhöhe bei *Tutzing* (Bayern). Es zeigt unter der Inschrift »Einhemm-Stelle« einen eisernen Hemmschuh, wie er früher von Kutschen und Pferdefuhrwerken mitgeführt wurde, um an abschüssigen Straßen vor die Hinterräder geklemmt zu werden und so eine langsamere, gefahrlose Talfahrt – nur mit den sich drehenden Vorderrädern – zu ermöglichen.
Im Rathaus der Stadt *Lauf a. d. Pegnitz* (Bayern) wird ein Verkehrsschild aufbewahrt, das vorher etwa 150 Jahre lang ein Haus an einer stark abschüssigen Strecke in der Stadt geziert hatte. Es ist ein Emailschild, ebenfalls mit der Abbildung eines Bremsschuhs und der Inschrift »Schleudergefahr für Postkutschen«.

Das älteste Verkehrszeichen Europas.

Vor dem Reiten lernte man, Wagen zu lenken. Was im Alten Testament bei König Salomo »Reiterei« genannt wurde, waren Einheiten mit Pferdewagen. Vasenbild ca. 3000 v. Chr.

Straßenfahrzeuge

Allgemein: Vor der Erfindung der Kraftfahrzeuge und der Schienenbahnen wurde der Verkehr über Landstrecken – abgesehen von Schlitten und Tragtieren – fast ausschließlich mit Hilfe von Wagen abgewickelt, also von Fahrzeugen mit Rädern, die von Menschen oder Tieren gezogen wurden.

Erste urkundliche Belege von Wagenlenkerszenen (einachsige, zweirädrige Streitwagen) stammen aus der Zeit nach 3000 v. Chr. Größere Bedeutung erreichte der Wagenverkehr jedoch erst bei den Griechen und Römern, in deren Mythologie und in deren Kultgebräuchen Wagen bereits lange eine besondere Rolle gespielt hatten. Erst im Mittelalter aber wurde – mit der Erfindung des Kummetgeschirrs – der Pferdewagen als Fahrzeug für den Transport größerer Lasten geeignet.

Die ersten Kutschen wurden gegen Ende des 16. Jahrhunderts in England gebaut. Sie haben sich hinsichtlich ihrer Bauart, Technik, Ausstattung und Zweckbestimmung auf mannigfache Art entwickelt (*Karossen, Landauer, Postkutschen* u. v. a., seit 1818 auch *Omnibusse*). Noch bis zum Ende des Zweiten Weltkrieges war für weite Teile der Bevölkerung überall in Europa der Besitz einer Pferdekutsche ein ausgesprochenes Statussymbol.
Heute werden Kutschen, insbesondere die Staats- und Prunkkarossen der noch existierenden regierenden Herrscherhäuser, lediglich zu repräsentativen und zeremoniellen Zwecken verwendet.
Bevor man geteerte Straßenoberflächen und *Luftbereifung* für Wagenräder hatte, war das Fahren mit Kutschen langwierig und gefährlich.
Einen Rekord stellte der Engländer *J. Selby* auf, als am 13. Juli 1888 die Kutsche *Old Times* in sieben Stunden und 50 Minuten die 173 km lange Strecke von London nach Brighton und zurück mit acht Gespannen und 14 Pferdewechseln zurücklegte und dabei eine Durchschnittsgeschwindigkeit von 22,19 km/h erreichte.
Kutschen mit vier Pferden konnten nahezu eine

Kutschen sind heute nur noch Statussymbol. Wie hier für die frühere Königin der Niederlande Juliana.

Stunde lang eine Geschwindigkeit von 34 km/h beibehalten. Die englische Postkutsche *Border Union,* die etwa um 1825 gebaut wurde, fuhr vierspännig 632 km von Edinburgh nach London. Als die Linie 1842 wegen der Eisenbahnkonkurrenz eingestellt wurde, betrug die zulässige Fahrzeit 42 Stunden und 23 Minuten.

Kraftfahrzeuge

Die Anfänge: Das erste Auto war ein zwei Fuß (61 cm) langes, dampfgetriebenes Modell, das der belgische Jesuitenpriester *Ferdinand Verbiest* (* 1687) im Jahre 1668 konstruierte und in seiner *Astronomina Europaea* beschrieb. Sein Modell wurde möglicherweise entweder durch *Giovanni Brancas* Beschreibung einer Dampfturbine inspiriert, die dieser im Jahre 1629 in seiner Schrift *La Macchina* veröffentlicht hatte, oder durch Schriften über Feuerwagen aus der Chu-Dynastie (etwa 800 v. Chr.), die *Nan Huai-Jen* für die Bibliothek des chinesischen Kaisers *Khang-hi* verfaßte, dem er in der Zeit von etwa 1665 bis 1680 n. Chr. als Astronom diente.

Das erste mechanisch angetriebene Personenfahrzeug war einer von zwei Dampftraktoren, die *Nicolas-Joseph Cugnot* (1725–1804) konstruiert hatte. Er wurde 1769 im Pariser Zeughaus für den Militärdienst in Betrieb genommen und erreichte eine Geschwindigkeit von 3,6 km/h. *Cugnots* zweiter, größerer Traktor, der im Mai 1771 fertiggestellt wurde, ist noch heute im *Conservatoire Nationale des Arts et Métiers* in Paris zu sehen.

Das erste mit einem echten Verbrennungsmotor angetriebene Fahrzeug wurde von dem Londoner *Samuel Brown* (Patent Nr. 5350 vom 25. April 1826) gebaut. Sein Fahrzeug mit vier PS-Zwei-Zylinder-Flüssiggas-Motor fuhr im Mai 1826 den *Shooters Hill* in Blackheath, Kent (England), hinauf.

Das erste erfolgreich mit Benzin angetriebene Fahrzeug, der sog. *Motorwagen,* wurde von *Karl-Friedrich Benz* (* 25. November 1844, † 4. April 1929) aus Karlsruhe gebaut und Ende 1885 in Mannheim zum ersten Mal gefahren. Es handelte sich um ein 250 kg schweres Dreiradauto mit einer Geschwindigkeit von 13–16 km/h. Sein Ein-Zylinder-Viertakt-Motor mit Kettenantrieb (Bohrung 91,4 mm, Hub 160 mm) leistete 0,85 PS (0,63 kW) bei 200 Upm. Das Patent wurde am 29. Januar 1886 erteilt. Ein Bericht über seine erste, einen Kilometer lange Probefahrt erschien am 4. Juni 1886 in der Neuen Badischen Landeszeitung in der Rubrik *»Vermischtes«*. Von den beiden 1885 gebauten Fahrzeugen befindet sich eines noch immer in *fahrbereitem Zustand* im *Deutschen Museum* in München (Bayern).

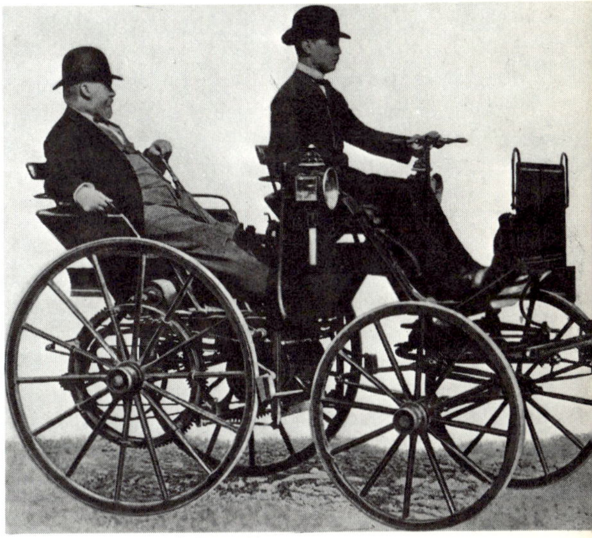

Die ersten Kraftwagen im Stil der Pferdekutschen.

Den ersten Viertakt-Benzinmotor baute der Ingenieur *Nikolaus Eugen Otto* (* 10. Juni 1832, † 26. Januar 1891) zusammen mit dem Zuckerfabrikanten *Eugen Langen* (* 9. Oktober 1833, † 2. Oktober 1895) im Jahre 1867. Für diesen benzingetriebenen Kolbenmotor (Ottomotor) bekam er 1877 das Patent.

Den ersten Kraftwagen mit vier Rädern baute *Gottlieb Daimler* (* 17. März 1834, † 6. März 1900) im Jahre 1886. 1883 hatte er mit *Wilhelm Maybach* (* 9. Februar 1846, † 29. Dezember 1929) eine Versuchswerkstätte gegründet, in der der schnellaufende Verbrennungsmotor mit Glührohrzündung entwickelt wurde (Patent 1883). *Maybach* erfand auch den Vergaser, das Wechselgetriebe, die Kulissensteuerung und den Wabenkühler.

Die ersten Autokennzeichen bzw. Nummernschilder wurden 1893 von der *Pariser Polizei* eingeführt.

Das teuerste Nummernschild erwarb der in Hongkong ansässige chinesische Filmproduzent Sir *Run Run Shaw* am 9. Dezember 1978. Er zahlte 330000 Hongkong-Dollar (130000 DM) für eine *glückverheißende* Nummer, die auf einer Wohltätigkeitsauktion der Hongkong-Kolonialbehörden angeboten wurde. Im April 1973 hatte in London ein Glücks-Nummernschild für 14000 Pfund Sterling (damals 91000 DM) den Besitzer gewechselt.

Das umstrittenste Nummernschild war die Berliner Nummer *IA-1*, auf die der deutsche Kaiser *Wilhelm II.* (*27. Januar 1859, † 4. Juni 1941) ein Anrecht zu haben glaubte. Er prozessierte deswegen gegen den Berliner Kaufhausunternehmer *Rudolf Herzog*, dem die Nummer von der Berliner Polizei für einen seiner Lieferwagen zugeteilt worden war. Der Kaiser verlor den Prozeß. Er hatte beabsichtigt, damit seinen teilweise nach eigenen Angaben ausgestatteten *Großen Mercedes*, ein Acht-Zylinder-Fahrzeug, das 44500,– Reichsmark gekostet hatte, zu schmücken, den schon – statt des üblichen Mercedes-Sterns – ein Kühlerverschluß mit dem Hohenzollernwappen zierte. Der Wagen verbrauchte auf 100 km 25 l Benzin und legte in seiner gesamten »Dienstzeit« fast 130000 km unfallfrei und ohne jede Beschädigung zurück.

Die ersten Führerscheine wurden von der Pariser Polizei verlangt. Der Pariser Polizeipräsident erließ am 14. August 1893 eine Anordnung, wonach kein Motorfahrzeug ohne polizeiliche Erlaubnis benutzt werden durfte. Bewerber mußten einen *Fahrtest* ablegen. Am 10. März 1899 wurden in Paris die ersten Führerscheine, die mit einem Paßbild des Fahrers versehen sein mußten, ausgegeben. Bis zum 1. November 1899 hatten 1795 Bürger von Paris derartige Fahrlizenzen erworben.

(D) Der erste Führerschein in Deutschland wurde am 1. August 1888 in Mannheim für *Karl Friedrich Benz* ausgegeben.

Die erste Kraftfahrerin der Welt war *Clara Benz*, die Tochter des Automobilerfinders *Karl Benz* in Mannheim. Als sie 15 Jahre alt war, durfte sie mit Erlaubnis ihres Vaters eines seiner ersten Baumodelle fahren. Allerdings hatte sie keinen Führerschein.

Das erste Taxi wurde im Frühjahr 1896 in Stuttgart in Dienst gestellt, als der Pferdedroschken-Unternehmer *Dütz* dort zwei Benzinkraftwagen kaufte und gewerbsmäßig vermietete.

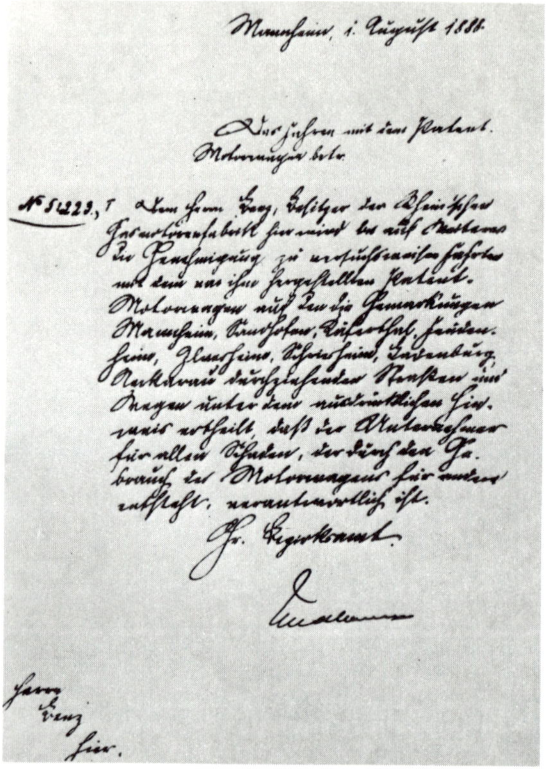

Der erste deutsche Führerschein für Carl Benz.

Die größte Anzahl von Taxis hatte New York (USA) mit 29000 Fahrzeugen im Oktober 1929; gegenwärtig fahren in New York 12500 organisierte Mietwagen und etwa die gleiche Anzahl freie Taxis.

(🌐) **Die längste bisher bekannte Taxifahrt** wurde von *Charles Dailie* und *Herbert Sedingen* in der Zeit vom 9. bis 25. September 1978 durchgeführt. Die beiden mieteten in Lanette (Alabama, USA) das Taxi von *Fred Hamby* und fuhren mit ihm 10868,3 km durch 16 nordamerikanische Staaten.

(D) **Den ersten betriebsfähigen Dieselmotor der Welt** baute 1897 die *Fa. Friedrich Krupp* in Essen (Nordrhein-Westfalen) zusammen mit dem Erfinder *Rudolf Diesel* (* 18. März 1858, † 1913, im Ärmelkanal ertrunken) und der *Maschinenfabrik Augsburg* (Bayern). *Diesel* hatte bereits 1892 ein Patent auf eine Verbrennungskraftmaschine bzw.

einen rationellen Wärmemotor erhalten. Das erste Modell der Konstruktion ist heute im *Deutschen Museum* in München (Bayern) ausgestellt.

Den ersten serienmäßig hergestellten luftgekühlten Fahrzeug-Dieselmotor hat 1934 ebenfalls die *Fa. Friedrich Krupp* in Essen gebaut.

Den ersten Drehkolbenmotor erfand *Felix Wankel* (* 1902) im Jahr 1957 in Neckarsulm (Baden-Württemberg).

Den ersten Kilometerzähler schuf der Chinese *Lu-Tao-Lung* um das Jahr 1027 n. Chr. Er führte dem Kaiser *Shen Tsung* einen Wagen mit einem aus Rädern und beweglichen Stäben bestehenden Mechanismus vor, mit dessen Hilfe sich die zurückgelegte Strecke ermitteln ließ. Einer der Stäbe schlug jeweils nach etwa 0,5 km auf eine Trommel, der andere nach je 5 km an eine Glocke.

Automobilindustrie

🌐 **Die meisten Kraftfahrzeuge** werden in den USA produziert. 1979 waren es 12,6 Mio. Einheiten, doch sind Produktion und Absatz seit Anfang 1980 stark rückläufig.
Zweitgrößtes Produktionsland ist Japan, das 1979 mit 10,065 Mio. Fahrzeugen einen neuen Rekord erreichte.

(D) An *dritter Stelle* liegt Westdeutschland mit dem 1979 erzielten bisherigen Produktionsrekord von 4,2 Mio. Fahrzeugen, gefolgt von Frankreich (3,6 Mio.), Italien und Kanada (je 1,6 Mio.), England (1,5 Mio) und Spanien (1,1 Mio.).

In Westdeutschland sind fast 800 000 Menschen im Kraftfahrzeugbau beschäftigt. Einschließlich der Zulieferer und verwandten Branchen (z. B. Tankstellen, Garagen, Werkstätten), ist jeder achte Arbeitsplatz in Westdeutschland direkt oder indirekt von der Autoindustrie abhängig.
In der Autoindustrie der *Ostblockländer* hält die UdSSR die Spitze. 1978 wurden dort etwa 1,3 Mio. Pkw und Kombi-Fahrzeuge hergestellt.

(DDR) In *Ostdeutschland* wurden 1978 rund 170 000 Kfz. produziert.

🌐 **Die meisten Autos** gibt es in den USA: etwa 135 Mio., davon 110 Mio Pkw und Kombi-Wagen. Für 1978 hat man errechnet, daß 138 Mio. amerikanische Autofahrer 147 Mio. Fahrzeuge 2 Billionen, 380 Mrd. km weit fuhren, was einer wöchentlichen Fahrleistung von 331,9 km pro Fahrer entspricht. Allerdings sind die meisten in den USA unternommenen Autofahrten kürzer als 8 km.

(D) In Westdeutschland beträgt die durchschnittliche Fahrleistung zur Zeit pro Fahrzeug und Jahr rund 12 500 km bzw. 240,4 km pro Woche.

Der Weltbestand an Kraftfahrzeugen betrug 1976 (letzte Zählung) 340,8 Mio. Stück, davon 271,6 Mio. Pkw oder Kombi. Er nahm zwischen 1967 und 1976 um 68 Prozent zu.

(D) (DDR) (A) (CH) In Westdeutschland sind z. Zt. rund 20 Mio. Kfz zugelassen. In Ostdeutschland sind es 2,6 Mio., in Österreich 2,3 Mio. und in der Schweiz 2,2 Mio.
In der Sowjetunion wurde der Kfz-Bestand zuletzt 1973 mit 6,8 Mio. angegeben.

(D) In einer Prognose für 1990 wurde für Westdeutschland ein Bestand von 26 Mio. zugelassenen Fahrzeugen errechnet. Das entspräche 545

Die größte Automobilfabrik der Welt unter einem Dach ist das Volkswagenwerk in Wolfsburg.

Kfz pro 1000 Einwohner über 18 Jahre, wobei mit 54,5 Prozent der Bedarf-Sättigungsgrad erreicht sein dürfte. Zur Zeit entfallen 332 Kfz auf je 1000 Einwohner.

Die größte Kfz-Herstellerfirma der Welt ist die *General Motors Corp.* in Detroit (Michigan, USA). Im Rekordjahr 1978 belief sich der *GM*-Gesamtumsatz weltweit auf 63 Mrd. 221,1 Mio. Dollar (etwa 126 Mrd. DM). Am 31. Dezember 1978 wurde das *GM*-Gesamtvermögen auf 30 Mrd. 598,3 Mio. Dollar (etwa 61 Mrd. DM) geschätzt. Die Lohnauszahlungen an die 839 000 Beschäftigten betrugen 1978 17 Mrd. 195,5 Mio. Dollar (etwa 33,5 Mrd. DM). Die ausgeschüttete Dividende betrug 1978 1 Mrd. 725,5 Mio. Dollar (3 Mrd. 106 Mio. DM).

(D) Der größte Kraftfahrzeughersteller Westdeutschlands ist der Konzern *Volkswagen/Audi-NSU,* aus dessen Produktion 1978 in Westdeutschland 807 782 Fahrzeuge neu zugelassen wurden, was einem Marktanteil von 30,3 Prozent und einer Zunahme gegenüber dem Vorjahr von 2,3 Prozent entspricht. – *Opel* erreichte mit 523 699 Fahrzeugen einen Marktanteil von 19,7 Prozent (+ 5,6 Prozent), *Ford* hatte 13,9 Prozent Marktanteil (– 13,9 %) und *Daimler-Benz (Mercedes)* einen solchen von 8,3 Prozent (+ 0,4 Prozent). *BMW* konnte 154 567 Fahrzeuge absetzen (5,8 Prozent Marktanteil, + 10,3 Prozent), während japanische Marken 1978 in Westdeutschland nahezu 100 000 Pkw verkauften und einen Marktanteil von 3,7 Prozent gewannen, was eine Rekordzunahme gegenüber 1976 von 56,2 Prozent bedeutet. Bis Mitte 1980 hatten japanische PKW einen Anteil von neun Prozent am westdeutschen Automarkt erreicht, bei weiter anhaltender steigender Tendenz.

Die größte Automobilfabrik unter einem Dach ist das *Volkswagenwerk* in Wolfsburg (Westdeutschland, Niedersachsen), wo derzeit 55 000 Mitarbeiter täglich 4500 Volkswagen (allerdings keine *Käfer* mehr) bauen. Das Firmengelände umfaßt 2000 ha und wird von 70 km Eisenbahnschienen durchzogen.

Den Weltrekord für die längste Autoproduktionsserie erreichte das *Volkswagenwerk* Wolfsburg am 17. Februar 1972 mit der Endmontage des *Käfers* Nr. 15 007 034. Diesen Rekord hatte vorher das amerikanische *Ford-T*-Modell *(Tin-Lizzy)* innegehabt, von dem zwischen den Jahren 1908 und 1923 15 Mio. und 7033 Stück gebaut worden waren. Inzwischen sind insgesamt etwa 19,2 Mio. *Käfer* gebaut worden. Seit dem 19. Januar 1978 wird er in Deutschland nicht mehr hergestellt; alle *Käfer*-Neubauten entstehen jetzt nur noch in Mexiko und Brasilien.

Der älteste VW-Käfer stammt aus einer *Prototyp*-Serie aus dem Jahr 1938. Er steht, ebenso wie der letzte in Deutschland gebaute *Käfer*, im *VW-Museum* von Wolfsburg. Die Serienproduktion begann erst 1940 und ging sofort in ihrer Gesamtheit an die deutsche Wehrmacht. Erst 1945 wurde die Produktion für den Zivilsektor wieder aufgenommen; 713 erste Nachkriegs-*Käfer* entstanden.

Den ältesten noch in Betrieb befindlichen VW-Käfer hat der Rentner *Alfred Kaschel* aus Bad Füssing (Westdeutschland, Bayern). Das 40 Jahre alte Fahrzeug fährt – nach einer Gesamtfahrleistung von fast 400 000 km – noch immer mit seinem Originalmotor.

Die schnellsten Autos

Das erste Raketenauto der Welt steuerte *Fritz von Opel* 1928 über die Berliner *AVUS*. Seine verbürgte Höchstgeschwindigkeit: über 280 km/h.

Die höchste Geschwindigkeit, die von einem Raketenlandfahrzeug auf Rädern erreicht wurde, erzielte am 23. Oktober 1970 mit 1016,086 km/h über den ersten gemessenen Kilometer *The Blue Flame,* ein Vierradfahrzeug mit Raketenantrieb, das von *Gary Gabelich* (* 29. August 1940 in San Pedro, Kalifornien, USA) auf dem Salzsee von Bonneville in Utah (USA) gefahren wurde. Die zeitweilige Höchstgeschwindigkeit betrug über 1046 km/h. Das Fahrzeug war mit einem *Raketenmotor* mit

Der älteste Käfer-Veteran fährt nach 400 000 km noch immer mit seinem Originalmotor.

Das erste Raketenauto der Welt. Der deutsche Industrielle Fritz v. Opel erreichte 280 km/h auf der AVUS.

einem Gemisch aus flüssigem Gas und Wasserstoffsuperoxyd ausgerüstet, der eine Maximalleistung von ca. 10000kg Schub im Stand erreichen und somit theoretisch eine Geschwindigkeit von 1448km/h erzielen konnte.

Am 17. Dezember 1979 übertraf der amerikanische Stuntman *Stan Barrett* (37) den Rekord der *Blue Flame*, als er auf dem US-Luftwaffenstützpunkt *Edwards*, 160km nördlich von Los Angeles (Kalifornien), als erster Fahrer eines Landfahrzeugs die Geschwindigkeit von 1190,344km/h erreichte und die Schallmauer durchbrach. Sein *dreirädriger* Wagen mit einer 48000-PS-Maschine (35200kW) war zusätzlich mit einer *Sidewinder-Rakete* ausgestattet, die zusätzliche 8000PS (5900kW) entwickelte. Für die 3,2km lange Meßstrecke brauchte *Barrett* 18Sekunden.

Düsenantrieb: Die höchste Geschwindigkeit, die jemals von einem Auto mit Düsenantrieb erreicht wurde, erzielte am 15. November 1965 mit 988,129km/h über fliegende 609,342m der von *Nordman Craig Breedlove* (* 23.3.1938 in Los Angeles, Kalifornien, USA) gefahrene, 10,5m lange, 4080kg schwere *Spirit of America – Sonic I* auf dem Salzsee von Bonneville. Das Fahrzeug war mit einem *General-Electric-J-79-GE-3-Düsenmotor* ausgerüstet, der eine Leistung von 6080kg Schub im Stand in Meereshöhe erbrachte.

Radantrieb: Die höchste Geschwindigkeit, die jemals von einem Auto mit Radantrieb erreicht wurde, erzielte am 17. Juli 1964 mit 690,909km/h über fliegende 609,342m der britische Ingenieur *Donald Malcolm Campbell* mit dem 9,10m langen, 4353kg schweren *Bluebird* auf dem Salzsee von *Lake Eyre* in Südaustralien. Das Fahrzeug war mit einer *Bristol-Siddeley-Proteus-705-Gas-Turbine* mit einer Leistung von 4500PS (3320kW) ausgerüstet; ihre Höchstgeschwindigkeit betrug etwa 716km/h. Nach einem Unfall am 16. September 1960 bei einer Geschwindigkeit von etwa 579km/h wurde es im Jahre 1962 neu gebaut.

Kolbenantrieb: Die höchste Geschwindigkeit, die jemals von einem Fahrzeug mit Kolbenantrieb erreicht wurde, erzielte am 12. November 1965 mit 673,516km/h über fliegende 609,342m *Robert Sherman Summers* (* 4. April 1937 in Omaha, Nebraska, USA) mit seinem *Goldenrod* auf dem Salzsee von Bonneville. Das 9,75m lange und 2494kg schwere Fahrzeug war mit vier *Chrysler-Hemi-Injektionsmotoren* mit einer Gesamtleistung von 27924cm³ (2400PS bzw. 1780kW) ausgerüstet.

Dieselmotor: Der Prototyp des *3-l-Mercedes C111/3* mit 230PS erreichte im Oktober 1978 bei Probefahrten auf dem Rundkurs von *Nardo* (Italien) eine Geschwindigkeit von 327,3km/h.

Rennwagen: Der schnellste Rennwagen der Welt, der bisher produziert wurde, war der *Porsche 917/30 Can-Am*, der mit einem *12-Zylinder-Boxer-Motor* mit Abgas-Turbolader von 5374cm³ eine Leistung von 1100PS (780kW) erbrachte. Auf der *Paul-Ricard-Rundstrecke* in der Nähe von Toulon (Frankreich) erreichte der Amerikaner *Mark Donohue* im August 1973 eine Geschwindigkeit von 413,6km/h. Die beiden Modelle dieses Wagens benötigten 2,2sec. für eine Beschleunigung von 0 auf 96km/h, 4,3sec. von 0 auf 160,9 und 12,6sec. von 0 auf 321,8km/h.
Im Jahre 1973 erreichte der 8,1l starke turbogetriebene *Chevrolet-V-8-Motor* des *UOP Shadow-Can-Am* eine Leistung von 1240PS (920kW).

Tourenwagen: Der nach den Angaben seines Fabrikanten schnellste Tourenwagen ist der *Lamborghini Countach-P-400* mit einer Spitzengeschwindigkeit von 315km/h.

Der *Ferrari BB Berlinetta Boxer* ist nach einem unabhängigen Test der Zeitschrift *Autocar* mit 262,3 km/h das schnellste Auto, das serienmäßig hergestellt wird.
Der *Aston Martin Vantage Turo* hat eine geschätzte Höchstgeschwindigkeit von 273 km/h.
Mehrere modifizierte Rennwagen sind in einigen Ländern für den Straßenverkehr zugelassen worden, aber man kann sie nicht als serienmäßige Modelle kaufen.
Die serienmäßige 600-PS-Limousine *Panther 6*, deren Prototyp im Oktober 1977 vom Band lief, hat eine Beschleunigung von 9 sec. von 0 bis 160,9 km/h und eine Spitzengeschwindigkeit von 321 km/h. Sie hat einen Listenpreis von 39950 Pfund Sterling einschl. Mehrwertsteuer (ca. 160000,– DM) und wird in *Byfleet* in Surrey (England) gebaut.

Die größten Autos: Das größte für den privaten Straßenverkehr gebaute Auto war der *Bugatti Royale, Modell 41,* genannt der *Goldene Bugatti*, von dem nur sechs Ausführungen von dem Italiener *Ettore Bugatti* in Molsheim (Frankreich) hergestellt wurden und von denen noch einige existieren. 1927 zum ersten Mal gebaut, hat dieses Fahrzeug einen 8-Zylinder-12,7-l-Motor und eine Länge von 6,7 m. Allein die Motorhaube ist mehr als 2 m lang.
Die 100000-Dollar-Sonderanfertigung eines verlängerten 1976er *Cadillac Fleetwood* für *Joel D. Nelson* aus Bakersfield (Kalifornien, USA), die im April 1979 ausgestellt wurde, ist 8,99 m lang. Ihre Ausstattung umfaßt zwei Farbfernsehgeräte, eine Stereoanlage mit acht Lautsprechern, Kühlschrank, Bar, Videorecorder und -kamera, vier Telefone und einen Tresor.

Die längste Limousine ist gegenwärtig das 10türige, 18sitzige *Travelall-Modell* der *Stageway Coaches Inc.* mit einer Gesamtlänge von 7,7 m. (Fahrzeuge, die nicht für den Privatgebrauch bestimmt sind, s. ›Stärkste Motoren‹).

Die stärksten Motoren: Das Fahrzeug mit dem stärksten Kolbenmotor der Welt ist die *Quad Al.* Sie wurde 1964 von *Jim Lytle* entworfen und gebaut und zum ersten Mal im Mai 1965 in der *Sports Arena* von Los Angeles (Kalifornien, USA) vorgeführt. Der Wagen ist mit vier *Allison-V-12-Flugzeugmotoren* mit einer Gesamtleistung von 112087 cm^3 und 12000 PS (8900 kW) ausgestattet, hat Vierradantrieb, acht Räder und eine doppelte Sechs-Scheiben-Kupplung. Der Radstand beträgt 406,4 cm, das Gesamtgewicht 2658 kg. Das Fahrzeug hat 96 Zündkerzen und 96 Auspuffrohre.

Das größte Fahrzeug, das jemals in Gebrauch war, war die *White Triplex,* die im Auftrag von *J. H. White* aus Philadelphia (Pennsylvania, USA) gebaut wurde. Sie wurde nach zweijähriger Arbeit Anfang 1928 fertiggestellt, wog etwa 4,06 t und war mit drei *Liberty-V-12-Flugzeugmotoren* mit einer Gesamtleistung von 81188 cm^3 ausgerüstet, die bei 2000 Upm 1500 PS (1100 kW) entwickelten. Das Fahrzeug sollte den Geschwindigkeits-Weltrekord brechen, aber es ging am 13. März 1929 in Daytona (Florida, USA) zu Bruch.

Das gegenwärtig stärkste Straßenfahrzeug der Welt ist eine *Jameson-Merlin* mit *sechs* Rädern. Sie ist mit einem *Rolls-Royce-V-12-Merlin-Flugzeugmotor* von 27000 cm^3, 1760 PS (1300 kW) ausgerüstet, der ihr eine Höchstgeschwindigkeit von 298 km/h verleiht. Bei einem Tankinhalt von 272 l

Neun Meter ist diese Sonderanfertigung eines Cadillac lang. Zu allem Überfluß fährt dieses Monstrum sogar.

hat sie eine Reichweite von 480 km. Das Fahrzeug wiegt 2,69 t.

Die stärkste Motorenleistung bei serienmäßigen Fahrzeugen ermöglichten 13,5 l Hubraum; sie wurde in den Jahren von 1912–1918 von dem amerikanischen *Pierce-Arrow 6-66 Raceabout,* dem amerikanischen *Peerless 6-60* in der Zeit von 1912–14, und dem *Fageol* aus dem Jahre 1918 erreicht. Gegenwärtig hat der 1972er *Cadillac Fleetwood Eldorado* den stärksten Motor mit einer V-8-Maschine von 8195 cm^3 Hubraum und einer Leistung von 235 PS (178 kW).

Den Weltrekord im sparsamen Treibstoffverbrauch auf einer abgesteckten Strecke (in diesem Fall über 22 km) wurde zuerst von dem Amerikaner *Ben Visser* aufgestellt. Mit einem sehr stark modifizierten 1,5 l 1959er *Opel Caravan* fuhren *Ben* und *Carolyn Visser* am 2. Oktober 1973 bei dem jährlichen Wettbewerb im *Shell-Forschungs-Labor* in Wood River, Illinois (USA), mit einem Verbrauch von 3,78 l auf 606,0 km. Diese Zahlen entsprechen einem Verbrauch von 4,54 l auf einer Strecke von 727,84 km. Der Reifendruck betrug ca. 2 atü, die Höchstgeschwindigkeit 19,3 km/h.

Am 30. Juli 1977 legte ein *Dreiradauto* mit einem 200-cm^3-Dieselmotor auf dem deutschen *Hockenheim-Ring* (Baden-Württemberg) 674 km mit einem Liter Treibstoff zurück.

Auf der gleichen Strecke bewältigte der 17jährige *Frank Maier* am 8. Juli 1979 eine Strecke von 970 km mit nur *einem* Liter Kraftstoff. Der Wagen wurde in der Lehrlingswerkstation von *Daimler-Benz* in Sindelfingen (Baden-Württemberg) gebaut. Der Dieselmotor hat einen Hubraum von 200 cm^3.

Als dauerhaftestes Auto wurde im August 1978 ein *Mercedes 180 D,* Baujahr 1957, mit einer Gesamtleistung von 1 Mio. 906 879 km ermittelt. Das Auto war im Besitz von *Robert O'Reilly,* Olympia (Washington, USA).

Die teuersten und billigsten Autos: Das teuerste Auto, das jemals gebaut wurde, war der als Sonderanfertigung für den amerikanischen Präsidenten hergestellte 1969er *Lincoln Continental Executive,* der am 14. Oktober 1968 an den US-Geheimdienst geliefert wurde. Er hatte eine Gesamtlänge von 6,56 m, einen Radstand von 4,06 m und, mit 2,03 t zusätzlichen Panzerplatten, ein Gesamtgewicht von 5,43 t = 5443 kg. Die geschätzten Forschungs-, Entwicklungs- und Herstellungskosten beliefen sich auf 500 000 Dollar (damals 2 Mio. DM), aber das Fahrzeug wird für 5000 Dollar (heute knapp 10 000,– DM) pro Jahr gemietet. Selbst wenn alle vier Reifen zerschossen würden, könnte es mit einer Geschwindigkeit von 80 km/h auf innen angebrachten Stahlscheiben mit Gummieinfassung weiterfahren.

Die Firma *Carriage House Motor Cars Ltd.* in New York (USA) beendete im März 1978 die vier Jahre andauernden Umbauarbeiten an einem 1973er *Rolls Royce,* einschließlich einer Verlängerung um 76,2 cm. Die Kosten beliefen sich auf 500 000 Dollar (damals rund 1 Mio. DM).

Die Firma *Jack Barclay Ltd.* in London (England) forderte für einen *gepanzerten* Rolls Royce *Phantom VI* 170 000 Pfund Sterling (680 000,– DM) ohne Steuer und Zulassung.

Der höchste Preis, der jemals für einen Gebrauchtwagen gezahlt wurde, betrug 421 040 Dollar (damals 779 000,– DM). Das Fahrzeug war ein 1936er *Mercedes Benz Roadster* aus der Sammlung von *M. L. Cohn,* und der Käufer machte sein Angebot telefonisch aus Monaco am 25. Februar 1979 bei der Versteigerung des Hauses *Christie's* im Convention Center von Los Angeles (Kalifornien, USA).

Anfang Juni 1980 ersteigerte sich *John Warth* aus London bei einer Rolls-Royce-Auktion von *Christie's* in Locarno (Schweiz) einen *Silver Ghost* aus dem Jahr 1910 für 260 000 sfr. (280 000,– DM).

Die größte Oldtimer-Sammlung befindet sich im Besitz von *William F. Harrah* in Reno (Nevada, USA). Sie umfaßt 1700 Fahrzeuge mit einem Schätzwert von mehr als 4 Mio. Dollar (ca. 8 Mio. DM). Mr. *Harrah* ist immer noch auf der Suche nach einem *Chalmer's Detroit Tourabout* (ein viersitziger Roadster des Baujahrs 1909), einem *Owen* aus den Jahren 1910–12 und einem *Nevada Truck,* einem Pritschenwagen mit Vierradantrieb, vom Baujahr 1915.

Das billigste Auto aller Zeiten war der 1922er *Red Bud Buckboard* von der *Briggs and Stratton Co.* in Milwaukee (Wisconsin, USA). Er kostete 125–150 Dollar (damals etwa 600,– Vor-Inflations-Mark). Er hatte einen Radstand von 1,57 m und wog 111 kg.

Die ersten Typen der *King-Midget*-Autos wurden noch bis 1948 im Baukastensystem zur Selbstmontage für nur 100 Dollar (damals 420,– Mk.) verkauft.

Als 1938 die ersten *Volkswagen* in Deutschland in Produktion gingen, sollte ihr (Propaganda-)Verkaufspreis 995,– Mark betragen. Tatsächlich hätte der VW (bei einer vorgesehenen Jahresproduktion von 300 000 Stück) mindestens 1600,– Mark kosten müssen.

Als 1951 – mehr als zehn Jahre nach seiner Erstkonstruktion durch Prof. *Ferdinand Porsche* (* 3. September 1865, † 30. Januar 1951) – der *VW-Käfer* in den Nachkriegshandel kam, kostete das

Standard-Modell 4400,– DM, das Export-Modell 5150,– DM.
Der beim Erstangebot des Volkswagens in Deutschland auf dem Markt befindliche *Opel-Kleinwagen 4 PS* wurde damals für 1450,– Mark hergestellt. Wäre der VW tatsächlich für 995,– Mark verkauft worden (was nie geschah), so hätte Opel seinen 4-PS-Preis aus Marktsicherungsgründen auf 1200,– Mark herabsetzen müssen, wozu das Werk entschlossen war.
Der einzige Wagen, der im Juni 1980 für weniger als 7000,– DM angeboten wurde, war der *Skoda 105,* der 6950,– DM kostete.

Die längste Produktionszeit, die je für ein serienmäßig hergestelltes Auto aufgewendet wurde, betrug 42 Jahre (1910–52), einschl. kriegsbedingter Unterbrechungen. Es handelte sich um den britischen *Jowett* mit 2-Zylinder-Boxer-Motor.

🌐 **Die schnellste Erdumrundung**, bei der mehr als die Länge des Äquators zurückgelegt wurde (nämlich 42670 km), schaffte *Johnnie Parsons* beim *Rund-um-die-Welt-Rennen* aus Anlaß der Feierlichkeiten zum 200jährigen Bestehen der USA in der Zeit vom 4. Juli bis zum 15. Oktober 1976 mit 102 Tagen, 18 Stunden, 26 Minuten, 54,7 Sekunden in einem *Pontiac G. P.* Er erreichte dabei einen Stundendurchschnitt von 75,99 km/h.
Paula Murphy (geb. Mülhäuser), die am 17. Oktober 1976 ans Ziel kam, fuhr mit ihrem *Pontiac Sunbird* in 105 Tagen, zwei Stunden, 29 Minuten, 25 Sekunden mit einem Stundenmittel von 76,42 km/h durch 28 Länder.

🌐 **Weltmeister im Rückwärtsfahren** wurden *Charles Creighton* (* 1908, † 1970) und *James Margis* aus Maplewood, Missouri (USA), als sie vom 26. Juli bis zum 13. August 1930 mit ihrem *Ford S-Roadster,* Baujahr 1929, die 5375 km von New York (USA-Ostküste) bis Los Angeles (Kalifornien, USA-Westküste) im Rückwärtsgang fuhren, ohne den Motor auch nur einmal auszuschalten. Am 5. September trafen sie, ebenfalls im Rückwärtsgang, wieder in New York ein und hatten somit 11555 km in 42 Tagen zurückgelegt.
Gerald Hoagland fuhr einen 1969er *Chevrolet Impala* am 9./10. Juli 1976 in 17 Stunden, 38 Minuten nonstop im Rückwärtsgang auf der Rennstrecke von Chemung, New York (USA), über eine Distanz von 806,2 km.

Ⓐ **Den Europarekord im Rückwärtsfahren** dürfte der Österreicher *Matthias Theiß* (39) aus Kärnten halten. Er fuhr auf der abgesperrten 5,9-km-Rennstrecke des *Österreichrings* in Zeitweg (Steiermark) am 23. Oktober 1975 mit seinem *Mini* in acht Stunden 43 Runden, d. h. 254 km. Für den Blick nach hinten – bzw. vorn – hatte er einen LKW-Rückspiegel an sein Fahrzeug montiert und den Motor außerdem mit vier zusätzlichen Ventilatoren gekühlt.

Die ältesten Autofahrer: Ein Methusalem am Steuer war *Roy M. Rawlings* (* 10. Juli 1870) aus Stockton, Kalifornien (USA). Er wurde im Juni 1974 verwarnt, weil er in einer Zone mit einer Geschwindigkeitsbegrenzung auf 88,5 km/h 152 km/h schnell gefahren war. Am 25. August 1974 wurde ihm dennoch eine bis 1978 gültige Fahrerlaubnis für den Staat Kalifornien zuerkannt, aber Mr. *Rawlings* starb am 9. Juli 1975, einen Tag vor seinem 105. Geburtstag.

🌐 **Den Altersrekord am Steuer** hält jetzt Mrs. *Maude Tull* aus Inglewood, Kalifornien (USA), die im Alter von 91 Jahren, nach dem Tode ihres Ehemannes, anfing, Auto zu fahren. Sie erhielt am 5. Februar 1976 im Alter von 104 Jahren eine neue Fahrerlaubnis.

Die jüngsten Autofahrer (mit amtlicher Genehmigung) gibt es in den USA, wo 13 Staaten schon Jugendlichen von *14 Jahren* eine beschränkte Fahrerlaubnis erteilen. Den normalen Führerschein kann man in den USA mit 15 Jahren erwerben; in den Staaten Hawaii und Mississippi braucht man dazu nicht einmal Fahrunterricht zu nehmen.

Die leichtesten Fahrprüfungen der Welt gibt es in *Ägypten,* wo man die Fähigkeit, 6 m vorwärts und 6 m rückwärts zu fahren, für ausreichend hält.

Den Beharrlichkeits-Rekord bei der Ablegung der Fahrprüfung hält Mrs. *Miriam Hargrave* (* 3. April 1908) aus Wakefield in West-Yorkshire (England). Am 29. April 1970 fiel sie durch die *39. Prüfung* innerhalb von acht Jahren, nachdem sie eine Reihe von roten Ampeln mit Bravour und ohne zu halten passiert hatte. Sie triumphierte bei ihrem 40. Versuch nach 212 Fahrstunden am 3. August 1970. Der Prüfer wußte allerdings nichts von ihren 39 früheren Prüfungsversuchen. 1978 bekam sie ein Strafmandat, weil ihr Rechtskurven zuwider waren ...
Mrs. *Fannie Turner* (* 1903) aus Little Rock, Arkansas (USA), legte ihre schriftliche Fahrprüfung beim *104. Versuch* im Oktober 1978 ab.

Ⓒⓗ Mit ungebrochenem Mut, großer Zuversicht und endlich auch mit Erfolg stieg der schlechteste Autofahrer der Schweiz, ein 30jähriger Wirtschaftsprüfer aus Zürich, am 3. August 1979 in die Fahrprüfung, nachdem er innerhalb von acht Jahren sehr oft versucht hatte, sie zu bestehen. Er hatte es in dieser Zeit auf rund 1000 Fahrstunden gebracht: 200 mit einem Fahrlehrer, wofür er 10000 sFr. (11000,– DM) zahlen mußte, und weite-

David Purleys Auto, nachdem er mit 173 km/h gegen ein anderes Auto fuhr. Er selbst bekam keine Schramme.

re 800 an der Seite autofahrender Freunde, was kein Geld, wohl aber deren Nerven gekostet hat.

Der Rekord als Verkehrssünder muß zweifellos einem 75 Jahre alten männlichen Fahrer aus McKinney, Texas (USA), zuerkannt werden. Er hat am 15. Oktober 1966 in Dallas innerhalb von 20 Minuten zehn Strafmandate wegen verschiedener Verkehrsdelikte erhalten, war viermal auf der falschen Straßenseite gefahren, hatte sich viermal der Fahrerflucht schuldig gemacht und sechs Unfälle mit schweren Beschädigungen fremder Fahrzeuge verursacht.
Im März 1977 rammte ein damals 21jähriger Münchener Student mit seinem Volkswagen innerhalb von 20 Minuten 200 geparkte Autos und verursachte mehr als 250 000,– DM Sachschaden.
Ⓓ In der sog. *Verkehrssünderkartei* des westdeutschen Kraftfahrt-Bundesamtes in *Flensburg* (Schleswig-Holstein) waren Ende 1979 die Namen von 4,6 Mio. Personen registriert. Für 3,68 Mio. von ihnen waren allerdings höchstens zwei Verurteilungen oder Bußgeldbescheide vermerkt, lediglich 97 000 (2,1 Prozent) waren siebenmal oder öfter notiert. Im Jahre 1979 mußten 1,71 Mio. neue Verkehrssünder in das Zentralregister aufgenommen werden (8,2 Prozent mehr als 1978), aber es wurden auch fast zwei Mio. Namen gelöscht, weil sich das Punktekonto der Registrierten auf *»Null«* bereinigt hatte. Das Delikt von 20 Prozent aller westdeutschen Verkehrssünder war das Fahren ohne Führerschein.
In Westdeutschland mußte 1979 jeder dritte Führerscheinbewerber die Prüfung mindestens einmal wiederholen, weil er beim erstenmal durchgefallen war. Von den 14 000 in der Flensburger Verkehrssünderkartei eingetragenen Fahrern, die wegen zu hohen »Kontostands« die Prüfung erneut ablegen mußten, fielen sogar 60 Prozent durch, jedoch nur 600 bzw. 4,3 Prozent Frauen. Schwacher Trost, daß auch von den *Fahrlehrer*-Prüflingen fast 60 Prozent ihre Prüfung nicht bestanden!

Die meisten Verkehrsunfälle der Welt ereignen sich in den USA. Alle 18 Sekunden gibt es dort einen Verkehrsunfall, und alle elf Minuten kommt dabei ein Mensch ums Leben.

Das erste Todesopfer des Autoverkehrs war der Grundstücksmakler *H. H. Bliss* in New York (USA). Er wurde dort 1899 beim Aussteigen aus einer Straßenbahn von einem Auto angefahren und erlag am nächsten Tag seinen Verletzungen.
1978 gab es in den USA insgesamt 1 Mio. 240 200 Straßenverkehrsunfälle mit Personenschäden, wobei 1,846 Mio. Personen verunglückten, davon 49 200 tödlich. Es heißt, daß mehr Amerikaner bei Autounfällen ums Leben gekommen sind als in sämtlichen von Amerika geführten Kriegen zusammengenommen.
Doch auch in den USA sind die Verkehrsunfallzahlen in den letzten Jahren ständig *zurückgegangen.*
Ⓓ In Westdeutschland starben 1979 an den Folgen von Verkehrsunfällen 13 090 Menschen, 11 Prozent weniger als im Vorjahr. Es ist der niedrigste Stand seit 1959, als es nur ein Drittel des heutigen Fahrzeugbestandes gab. Hauptursache für diesen erfreulichen Rückgang der Zahl der Unfallopfer ist die Tatsache, daß immer mehr Autoinsassen *Sicherheitsgurte* anlegen.
Insgesamt wurden 1979 367 253 Unfälle mit Personenschäden registriert (3,4 Prozent weniger als 1978). Die Zahl der verletzten Fahrzeuginsassen oder Fußgänger lag mit 468 164 um 4,4 Prozent unter dem Vorjahrswert.
Im ersten Halbjahr 1980 ist die Zahl der Verkehrsunfälle mit Todesfolge jedoch wieder um etwa zehn Prozent angestiegen.
Ⓐ In *Österreich* gab es 1978 110 000 Verkehrsunfälle, davon 44 908 mit Personenschäden und 1807 Todesopfern.
(CH) In der *Schweiz* ereigneten sich 1978 64 904 Verkehrsunfälle. Bei 25 974 gab es Personenschäden; 1260 Verkehrstote waren zu beklagen.

Die längste Zeit in einer Reparatur-Werkstatt dürfte ein englischer *Triumph*-Sportwagen, Baujahr 1949, verbracht haben, den *John Guest,* Geschäftsmann aus Barmsley (England), im Mai 1966 wegen einer Reifen-Reparatur in eine Werkstatt gegeben hatte. Kurz darauf erkrankte er für längere Zeit, und als er nach seiner Genesung in der Werkstatt nach seinem Wagen fragte, wußte dort niemand etwas davon. Guest nahm an, der Gara-

Außen- und Innenansicht des längsten Omnibusmodells der Welt. Er ist wie ein Sattelschlepper konstruiert.

gist habe den Wagen verkauft, um die Reparaturkosten zu decken. Jetzt fand ihn der neue Werkstattbesitzer wieder – und erwarb das 31 Jahre alte Gefährt zum Liebhaberpreis von 2000 Pfund Sterling (8000,– DM) von seinem ursprünglichen Besitzer, der für seinen Gebrauchtwagen vor 14 Jahren, als er ihn in die Werkstatt gab, höchstens 25 Pfund (damals immerhin noch rund 280,– DM) bekommen hätte.

Den ersten Kraftomnibus baute der deutsche Ingenieur und Fabrikant *Werner von Siemens* (* 13. Dezember 1816, † 6. Dezember 1892) im Jahr 1882 in Berlin. Es war ein Omnibus mit elektrischer Oberleitung, später *Obus* genannt.

Der erste Autobus mit Verbrennungsmotor fuhr am 18. März 1895 von *Siegen* nach *Deutz* bei Köln (Nordrhein-Westfalen). Es war ein *5-PS-(3,7 kW)-Benz-Bus* und konnte *sechs* bis *acht* Passagiere befördern.

Der erste städtische Motor-Omnibus-Dienst der Welt wurde am 12. April 1903 zwischen der Eisenbahnstation von *Eastbourne* und *Meads* (England) in Betrieb genommen.
Ein dampfgetriebener Bus mit den Namen *Royal Patent* fuhr allerdings bereits 1831 vier Monate lang zwischen *Gloucester* und *Cheltenham.*

Die längsten Autobusse der Welt sind die 23,16 m langen, 10 870 kg schweren *Gelenkbusse* mit 121 Sitz- und 66 Stehplätzen, die von der *Wayne Corp.* in Richmond, Indiana (USA), für den Einsatz im Nahen Osten gebaut werden.

Der größte Schuttkipper der Welt ist der *Terex Titan 33-19*, der von der amerikanischen *General Motors Corp.* hergestellt wird. Er hat ein Ladegewicht von 548,6 t und ein Fassungsvermögen von 317,5 t. Beim Kippen erreicht er eine Höhe von 17,06 m. der 16-Zylinder-Motor hat eine Leistung von 3300 PS (2370 kW) und der Treibstofftank einen Inhalt von 5904,6 l. Der Wagen wurde im November 1974 in Dienst gestellt.

Der größte Traktor der Welt ist der achträdrige, 88 t schwere *V 747* der amerikanischen *Northern Manufacturing Co.* zum Preis von 325 000 Dollar (ca. 645 000,– DM). Er hat eine Höhe von 4,26 m, eine Breite von 6,27 m und einen Tankinhalt von 3 212,96 l. Er wurde im Oktober 1978 in Dienst gestellt.

Das stärkste Feuerwehrauto der Welt ist das 860 PS starke, achträdrige *Oshkosh-Löschfahrzeug,* das zur Bekämpfung von Flugzeugbränden eingesetzt wird. Es kann innerhalb von nur 150 Sekunden 188 864 l Löschschaum durch zwei Türme entladen. Das Fahrzeug wiegt 60 t.

Die schwerste Ladung, die jemals auf Rädern fortbewegt wurde, war ein 2177 t schweres Bauteil für eine britische Ölbohrinsel im *Claymore Field* in der Nordsee. Mit Ausmaßen von 60,9 × 15,2 × 18,5 m wurde es im August 1976 auf einem *Magnaload-Tieflader* mit 640 Rädern zum *Willingtonkai* in Walsend (England) transportiert.

Den Weltrekord für eine Straßenladung verzeichnet ein 753 t schwerer Kernreaktorbehälter, der am 12. Februar 1977 von der *Reliance Truck Co.* auf einem *Schearele-Anhänger* mit 384 Rädern über eine Strecke von 9,6 km von Seneca nach Marseilles in Illinois (USA) transportiert wurde.

Die erste Luftbereifung, zunächst für Fahrräder, später auch für Kraftfahrzeuge, entwickelte im Jahr 1888 der schottische Tierarzt *John Boyd Dunlop* (*5. Februar 1840, † 23. Oktober 1921). Allerdings wurde das erste Patent auf einen Luftreifen bereits 1845 dem Engländer *William Thomson* zuerkannt.

Der größte Hersteller von Luftreifen ist die 1898 gegründete *Goodyear Tire & Rubber Comp.* in Acron, Ohio (USA). Sie ist benannt nach dem amerikanischen Chemiker *Charles Goodyear* (* 29. Dezember 1800, † 1. Juli 1860), der 1839 das *Vulkanisieren* des Kautschuks erfand und 1852 die Herstellung von Hartgummi.
Der größte Hersteller von Autoreifen in Europa ist der französische *Michelin-Konzern.* Das Hauptwerk befindet sich in Clermont-Ferrant.
Die größten Reifenhersteller in Westdeutschland sind die *Continental-Gummiwerke* in Hannover.

Die längste fahrplanmäßige Busstrecke der Welt wird vom *Greyhound Supercruiser* zwischen Miami, Florida, und San Francisco, Kalifornien (USA), über eine Entfernung von 5214 km in 81 Stunden, 50 Minuten mit einer Durchschnitts-Reisegeschwindigkeit von 63,71 km/h befahren. Die gesamte *Greyhound-Flotte* besteht aus 5500 Autobussen.
Das längste Omnibusverkehrsnetz aller deutschen Städte hat *Berlin (West)* mit rund 1000 km.

Die längste durchgehende Reise mit einem Motorwohnwagen wurde von *Harry B. Coleman* und *Peggy Larson* in der Zeit vom 20. August 1976 bis zum 20. April 1978 mit einem *Volkswagen-Camper*

Der größte Schuttkipper der Welt. Über 17 m hoch kann er die Ladefläche kippen.

über eine Strecke von 231 288 km durch 113 Länder durchgeführt.
Saburo Ouchi (* 7. Februar 1942) aus Tokio (Japan) legte vom 2. Dezember 1969 bis zum 10. Februar 1978 270 000 km in 91 Ländern zurück. Er berichtete, daß die Straßen in *Queensland* in Australien für seinen *Volkswagen-Kombi* die schlechtesten der Welt waren.

Das schwerste Fahrzeug, das jemals hergestellt wurde, ist der Marion-Trecker mit acht Gleisketten, der zum Transport der *Saturn-V-Raketen* an ihre Abschußrampen im *John-F.-Kennedy-Raumzentrum* in Florida (USA) verwendet wurde. Er hat die Ausmaße von 40×34,7 m, und die beiden von diesem Typ gebauten Fahrzeuge kosteten 12,3 Mio. Dollar (damals 49,2 Mio. DM). Das Gewicht mit voller Beladung beträgt 8165 t. Die Scheiben-

Das stärkste Feuerwehrauto der Welt. Es wurde speziell zur Bekämpfung von Flugzeugbränden entwickelt.

wischer sind mit Blättern von 106 cm Länge die größten der Welt.
Das stärkste Abschleppfahrzeug der Welt ist das *Monster Nr. 2* der *Vance Corp.* in Hammond, Indiana (USA), mit einem Gewicht von 25,4 t und einer Länge von 9,14 m. Es kann an seinem Ausleger ein Gewicht von mehr als 163 t anheben.

Die größten Reifen der Welt wurden von der amerikanischen *Goodyear Co.* im Werk Topeka, Kansas, für überdimensionale Schuttkipper hergestellt. Sie haben einen Durchmesser von 3,50 m, wiegen 5670 kg und kosten mehr als 50 000 Dollar (etwa 100 000,– DM). Es wird angenommen, daß ein Reifen mit einem Durchmesser von 5,18 m die Grenze des Möglichen erreichen würde.

Die längste Bremsspur auf einer öffentlichen Straße wurde am 30. Juni 1960 von einem *Jaguar* verursacht, der in der Nähe von Luton, Bedforshire (England), in einen Unfall verwickelt wurde; sie war 290 m lang. Nach Zeugenaussagen vor dem Obersten Gerichtshof in Sachen ›*Hurlock gegen Inglis und weitere*‹ betrug die Geschwindigkeit mehr als 160 km/h, bevor die Bremsen betätigt wurden.
Die Bremsspur, die der von *Craig Breedlove* gefahrene, düsengetriebene *Spirit of America* hinterließ, als der Wagen am 15. Oktober 1964 auf dem Salzsee von Bonneville in Utah (USA) außer Kontrolle geriet, war fast 9,6 km lang.

Die einzige Atlantiküberquerung mit einem Amphibienfahrzeug wurde von *Ben* und *Elinore Carlin* (Australien/USA) in einem Amphibienjeep vom Typ *Half-Safe* durchgeführt. Er durchfuhr oder durchschwamm als letztes Teilstück den *Ärmelkanal* am 24. August 1951. Am 8. Mai kehrte er nach Montreal (Kanada) zurück, nachdem er eine Rundfahrt von 62 765 km auf dem Land und 15 450 km auf dem Wasserweg hinter sich gebracht hatte.

Mit seinem Schneemotorschlitten *Scorpion 440 Whip* legte *Fritz Sprandel* aus Schnecksville, Pennsylvania (USA), vom 4. Dezember 1977 bis zum 4. Februar 1978 in 62 Tagen die Strecke von 8058,9 km zwischen Westport, Washington, und Lubec, Maine (USA), zurück.

Die größte Menge Treibstoff, die innerhalb von 24 Stunden durch eine einzige Pumpe floß, wurde nach vorliegenden Meldungen am 25. Juni 1977 bei der Firma *Mornington Motors Ltd.* in Dunedin (Neuseeland) verkauft: sie betrug 35 521,4 l.

Das längste bekannte Abschleppmanöver führte über 7658 km von Halifax in Neuschottland (Kanada) bis zur kanadischen Pazifikküste. Dabei überredeten *Frank J. Elliott* und *George A. Scott* aus Amherst an 89 Tagen 168 vorbeikommende Autofahrer, ihren Ford T (der *keinen* Motor hatte) abzuschleppen. Am 15. Oktober 1927 hatten sie auf diese Weise eine Wette über 1000 Dollar (damals 4200,– DM) gewonnen.

Die längste fahrplanmäßige Busstrecke fährt dieses Grayhound Supercruiser-Modell.

Für eigene Rekorde

Der breiteste Rasenmäher der Welt ist die 5t schwere, 18,28 m breite *Big-Green-Maschine* mit 27 Scherblättern, die von dem Rasenfarmer *Jay Edgar Frick* aus Monroe, Ohio (USA), verwendet wird. Sie mäht einen Morgen Rasen in 60 Sekunden. Vom 28. März bis zum 1. April 1959 legte ein *Matador-Motormäher* der Firma *Ransome* in einer Nonstop-Fahrt von 99 Stunden die 603 km lange Strecke von Edinburgh (Schottland) nach London, (England) zurück.

Die älteste Autogarage der Welt war ein *Abstellschuppen* neben dem Wohnhaus des Autoerfinders *Karl Benz* in Ladenburg bei Mannheim (Westdeutschland, Baden-Württemberg).

Die größte Abstellgarage der Welt befindet sich am Flughafen *D'Hare* in Chicago (USA) auf *sechs* Etagen und mit Raum für 9250 Kraftfahrzeuge. Sie wird von *Allright Auto Parks Inc.* betrieben, dem größten Parkplatzunternehmen der Welt.
Die größte Parkfläche Westdeutschlands befindet sich auf dem *Messegelände* von Hannover (Niedersachsen). Auf 1,123 Mio. m^2 finden ca. 50 000 Fahrzeuge Platz.

Die größte jemals gebaute Privatgarage hatte Raum für 100 Kraftwagen und befand sich auf dem Besitz des US-Millionärs *William Kissam Vanderbilt* (* 1849, † 1920) in Long Island, New York (USA).

Der größte Automobilklub der Welt ist die *American Automobile Association* in den USA mit 19,2 Mio. Mitgliedern.
Der größte Automobilklub Europas ist der westdeutsche *Allgemeine Deutsche Automobilclub (ADAC)*, der im Mai 1980 6,4 Mio. Mitglieder hatte. Er war 1903 gegründet worden. 1934 wurde er unter der Naziregierung aufgelöst und 1946 wiedergegründet.
Der *erste* deutsche Automobil-Klub war der 1895 gegründete *Deutsche Touring Club* (DTC).

Der beste Autoverkäufer der Welt war zweifellos *Joe Girard* aus Detroit (USA), der Verfasser des Buches *How to Sell Anything to Anybody (Wie man irgendwem irgendwas verkauft).* Er gewann in den Jahren 1966–77 regelmäßig den Titel *Erster Kfz-Verkäufer des Jahres.* Im ganzen hat er über 13 000 Einzelverkäufe getätigt, ehe er am 1. Januar 1978 in den Ruhestand trat. Sein Rekordjahr war 1973 mit 1425 Autoverkäufen, – das heißt, Joe verkaufte in diesem Jahr durchschnittlich vier bis fünf Autos am Tag.

Die ersten Motorräder: Das erste mit einem Verbrennungsmotor ausgestattete Motorrad war eine Maschine mit Holzrahmen, die im November 1885 in Bad Cannstatt (Westdeutschland, Baden-Württemberg) von *Gottlieb Daimler* (* 17. März 1834, † 6. März 1900) gebaut und erstmalig von *Wilhelm Maybach* (* 9. Februar 1846, † 29. Dezember 1929) gefahren wurde. Sie hatte eine Spitzengeschwindigkeit von 19 km/h und erbrachte eine Leistung von ½ PS (0,37 kW) aus ihrem *Einzylinder-Viertaktmotor* mit 264 ccm und 700 Upm.

Die erste Fabrik, die Motorräder serienmäßig herstellte, wurde 1894 von *Heinrich* und *Wilhelm Hildebrand* und *Alois Wolfmüller* in München (Bayern) gegründet. In den ersten zwei Jahren stellte diese Fabrik mehr als 1000 Maschinen her. Jede hatte einen wassergekühlten 1488-ccm-*Zweizylinder-Viertakt-Motor* mit einer Leistung von etwa 2,5 PS (1,85 kW) bei 600 Upm – der Motor mit der höchsten Leistung für Motorräder, der jemals in Produktion ging.

Die höchste Geschwindigkeit, die in einem unabhängigen Straßentest von einem serienmäßigen Touren-Motor-Rad erreicht wurde, betrug 248,1 km/h. Es handelte sich um eine *Dunstall Suzuki GS 1000 CS.*

Die gegenwärtig schnellsten Motorräder stammen aus japanischer Produktion. Alle zur Zeit gebauten *Kawasaki-, Suzuki-* und *Yamaha*-Maschinen sind darauf abgestellt, unter Rennbedingungen Geschwindigkeiten von bald mehr als 300 km entwickeln zu können.
Auf einer *Yamaha*-Spezialmaschine erreichte der Amerikaner *Don Vesco* auf dem Großen Salzsee bei Utah (USA) am 28. September 1975 eine Höchstgeschwindigkeit von 495,183 km/h.

Die längste Zeit, in der ein Solo-Motorrad in ununterbrochener Bewegung gehalten wurde, beträgt 500 Stunden. Dieser Rekord wurde von *Owen Fitzgerald, Richard Kennett* und *Don Mitchell* aufgestellt, die vom 10.–31. Juli 1977 in Westaustralien 13 570 km abwechselnd zurücklegten.

Die meisten Personen auf einem Motorrad waren 17 Mitglieder des *Stuntman- und Trainingsteams* der *Huntingdon Park Elks* aus Kalifornien (USA). Sie fuhren im April 1974 auf einer 1200-ccm-*Harley-Davidson-Maschine.*
Die Darbietung wurde am 21. Mai 1976 im *Sydney Showground* (Australien) wiederholt, als Sergeant *Henry Brennan* zusammen mit 13 Polizisten und drei Polizistinnen mit einem Gesamtgewicht von 1412 kg auf einer *750-ccm-Honda-Maschine* über eine 535 m lange Strecke fuhr.
Am 18. Mai 1979 fuhr Sgt. *John Patrick Toohey* eine 1000-ccm-*Kawasaki* in den *Brisbane Show Grounds* (Queensland, Australien) zusammen mit 18 anderen Polizisten über eine 805-m-Distanz. Das Gesamtgewicht betrug 2104,8 kg.

Eine Rekordrundfahrt um die Welt auf einem Motorrad absolvierte *Ernest O'Gaffney* (43). Er startete am 27. November 1978 mit seinem Soziusfahrer *Jan Davis* auf einer *Kawasaki KZ 1000 Spirit of America* in New York (USA) und kehrte 79 Tage später, am 15. Februar 1979, zurück, nachdem er auf einer Strecke von 56 300 km 25 Länder durchfahren hatte.

Den Trans-Amerika-Motorrad-Rekord auf der Strecke von New York nach Los Angeles stellte *Tibor Sarossy* 1968 auf einer *BMW R 69 S* auf. Er durchquerte den nordamerikanischen Kontinent in 45 Stunden, 41 Minuten, 41 Sekunden bei einer Durchschnittsgeschwindigkeit von 94,5 km/h.

Das kleinste Motorrad der Welt zu bauen und zu fahren wird immer wieder neu versucht. Der erste Anwärter auf diesen Rekord war der Däne *Agner Vestergaard,* der ein 31 cm langes, 16,3 kg schweres Minimotorrad konstruierte und fuhr, und damit 32 km/h erreichte.

(D) Eine *Hochkonstruktion* eines *Kleinmotorrades* stellte der 20jährige Berliner *Reinhard Bauer* im Oktober 1979 vor. Sein Fahrzeug ist 41 cm hoch, 10 kg schwer und 30 km/h schnell.

(CH) **Den echten Rekord an Winzigkeit** dürfte aber wohl eine Schweizer Kleinkonstruktion halten, die Ende Februar 1980 auf einer *Internationalen Motorradausstellung* in München (Bayern) gezeigt wurde. Dieser Ein-PS-Miniflitzer *(Garage: ein Schuhkarton)* ist nur 27,8 cm lang, 19,6 cm hoch und 15 km/h schnell.

Das kleinste fahrende Motorrad aus der Schweiz.

Fahrräder

Die Anfänge: Den ersten Entwurf für eine durch Kurbeln und Pedale mit Pleuelstangen angetriebene Maschine schreibt man *Leonardo da Vinci* (* 15. April 1452, † 2. Mai 1519) oder einem seiner Schüler um etwa 1493 zu.
Die erste Ausführung eines solchen Entwurfs wurde in den Jahren 1839/1840 von *Kirkpatrick Macmillan* (1810–78 aus Dumfries, Schottland) vorgenommen. Dieses erste Fahrrad ist jetzt im *Wissenschaftlichen Museum* von Kensington und Chelsea in London (England) zu sehen.
1817 erfand der deutsche Forstmeister *Karl Freiherr von Drais* (* 1785, † 1851) ein Fahrrad aus Holz mit Holzrädern, das er *Laufmaschine* nannte, weil es mit den Bewegungen der Füße betrieben werden mußte. Das *Drais-Rad* gilt dessen ungeachtet als Vorläufer unserer heutigen Fahrräder.
Fabrikmäßig werden Fahrräder in Deutschland seit 1881 hergestellt, nachdem das Fahrrad seit seiner Erfindung viele Entwicklungsstufen *(Tretkurbel, Hochrad)* durchlaufen hatte. Sein Siegeszug begann jedoch erst Ende des 19. Jahrhunderts, nach der Erfindung der *Luftbereifung* und der *Freilaufnabe.*

Das längste Mehrsitzfahrrad aller Zeiten wurde von *Vestergaard* im April 1976 in Koege (Dänemark) hergestellt. Es hat ein Gewicht von 1360 kg, Platz für *35 Fahrer* und eine Länge von 21,94 m. Es hat ein zusätzliches Stabilisierungsrad.

Das kleinste Fahrrad der Welt hat einen Durchmesser von 5,4 cm und ein Gewicht von 900 g. Es wurde von *Charlie Charles* in Las Vegas, Nevada (USA), gebaut und gefahren.

Das größte Fahrrad ist das Modell eines normalen Fahrrads mit einem Vorderrad von 162,5 cm und einem Hinterrad von 50,8 cm Durchmesser. Es wurde etwa 1886 von der *Hope Manufacturing Co.* in Massachusetts (USA) gebaut und befindet sich derzeit im Besitz von *Paul Niquette* aus Connecticut (USA).

Die schnellsten Fahrräder: Weltrekorde für mit Menschenkraft angetriebene Fahrzeuge wurden von *Ralph Therrio* im Jahre 1977 mit 79,47 km/h für Einsitzer und von *Jan Russel* und *Butch Stanton* am 7. Mai 1978 mit 87,60 km/h für Mehrsitzer, Rücken an Rücken auf ihrem stromlinienförmigen

Dreirad *White Lightning* liegend, auf dem *Ontario Speedway* in Kalifornien (USA) aufgestellt.

Das höchste Einrad aller Zeiten wurde von *Carlho Sem Abrahams* (* 3. Dezember 1962 in Paramaribo, Surinam) am 26. November 1977 in Paramaribo über eine Strecke von 7 m gefahren. Das Rad war 13,97 m hoch und der Fahrer trug einen Sicherheitsgurt.
Robert Neil Bob McGuinness (* 1951) fuhr vom 6. Juni bis zum 24. August 1978, also in 79 Tagen, auf seinem Einrad 6400 km quer durch Kanada von Halifax nach Vancouver.
Frank R. Williams, 20, amerikanischer Luftwaffensoldat, stellte in zwölf Stunden, 50 Minuten am 5. September 1977 einen Rekord über eine Strekke von 100 Meilen (160 km) von Austin bis Waco (Texas, USA) auf.

Vom *Adler* wurde die erste deutsche Eisenbahn gezogen.

Eisenbahnen und andere Schienenfahrzeuge

Die Anfänge: Loren auf hölzernen Schienen wurden im Bergbau bereits im Jahre 1550 in *Leberthal* im Elsaß (Frankreich) und im Oktober 1605 in der Zeche von *Broseley* in Salop (England) benutzt.

Die erste eigenangetriebene Lokomotive wurde von *Richard Trevithick* (* 1771, † 1833) im Jahre 1803 für den Schienenweg von Coalbrookdale (Salop, England) mit einer Spurweite von drei Fuß (0,915 m) gebaut.

Die erste offizielle Eisenbahn mit einer dampfgetriebenen Lokomotive war die *Middleton Colliery Railway,* die durch einen Erlaß vom 9. Juni 1758 zwischen Middleton Colliery und Leeds Bridge in Yorkshire (England) in Betrieb genommen wurde. Diese Linie ging dazu über, Dampflokomotiven mit einer Spurweite von 1,245 m einzusetzen, die im Jahre 1812 von *Matthew Murray* (* 1765, † 1826) gebaut wurden.
Die *Stockton- and- Darlington-Eisenbahnlinie* in Cleveland (England), die von Shildon über Darlington nach Stockton fuhr, wurde am 27. September 1825 in Betrieb genommen. Die 7,1 t schwere *Locomotion* konnte ein Gewicht von 48,7 t mit einer Geschwindigkeit von 24 km/h ziehen. Sie wurde von *George Stephenson* (* 8. Juni 1781, † 12. August 1848) entworfen und gefahren.

Die erste reguläre dampfgetriebene Passagierlinie wurde am 3. Mai 1830 von Bogshole Farm bis South Street auf der 10,05 km langen Strecke zwischen Canterbury und Whitstable, Kent (England), in Betrieb genommen; die erste Lokomotive hieß *Invicta.*

Ⓓ **Der erste deutsche Eisenbahnzug** fuhr am 7. Dezember 1835 auf der 6,4 km langen Strecke zwischen Nürnberg und Fürth (Bayern) mit einer Reisegeschwindigkeit von 24 km/h. Er bestand aus der von *Stephenson* in England gebauten Lokomotive *Adler,* einem Tender, einem offenen und einem geschlossenen Personenwagen.

Der erste deutsche Güterzug fuhr am 11. Juli 1836 auf der gleichen Strecke von Nürnberg nach Fürth (Bayern) und transportierte als erstes Gut Bier.

Ⓐ **Die erste Dampfeisenbahn in Österreich** verkehrte ab 1837 als Teil der Nordbahnstrecke zwischen Floridsdorf bei Wien und Wagram (Niederösterr.).

Die erste Pferdeeisenbahn auf dem europäischen Kontinent wurde am 1. August 1832 in Betrieb genommen. Sie fuhr zwischen Linz (Niederösterreich) und Budweis (jetzt ČSSR) eine 128,8 km lange Strecke.

Die erste Pferdeeisenbahn Deutschlands nahm ihren Betrieb am 22. Juni 1865 auf. Sie fuhr vom *Brandenburger Tor* nach *Spandau* bei Berlin.

Die erste Eisenbahn mit elektrischem Antrieb wurde von dem deutschen Ingenieur und Fabrikanten *Werner von Siemens* (* 13. Dezember 1816, † 6. Dezember 1892) konstruiert. Sie wurde am 31. Mai 1879 anläßlich der *Berliner Handelsmesse* auf einer Strecke von 548 m in Betrieb genommen.

Den ersten Schlafwagen mit Spezialeinrichtung baute 1858 der amerikanische Industrielle *George*

M. Pullman (* 3. März 1831, † 19. Oktober 1897). 1863 baute er den ersten Pullman-Wagen mit Durchgangsverkehr und Salonausstattung. 1867 gründete er die erste Schlafwagengesellschaft der Welt.
Die erste Schlafwagenlinie Deutschlands wurde 1873 auf der Strecke Berlin–Köln–Ostende (Belgien) eröffnet.

Ⓓ **Die erste Schlafwagenschaffnerin Deutschlands** war *Angelika Brümmer* aus Köln. 1975 wagte die *Deutsche Bundesbahn* das Experiment, diese *»erste weibliche Begleitperson für Schlafwagen«* einzusetzen.

Der erste Speisewagen Deutschlands wurde im April 1880 auf der Strecke *Berlin–Frankfurt* zwischen *Weimar* und *Eisenach* an den fahrplanmäßigen Zug gehängt. Ein Fünf-Gänge-Menü kostete 2,50 Mark.

Der erste deutsche D-Zug fuhr am 1. Mai 1892 zwischen Berlin und Köln.

Das erste Kursbuch Deutschlands verlegte im Jahre 1848 der Geheime Sekretär *Wölker* unter dem Titel *Deutsche Reisezeitung.* Aus ihr entwikkelten sich später die amtlichen Kursbücher.

Der erste Autoreisezug Europas fuhr am 1. Oktober 1969 in Westdeutschland zwischen Köln (Nordrhein-Westfalen) und Ludwigsburg bei Stuttgart (Baden-Württemberg).

Der erste Containerexpreß Europas verkehrte im Oktober 1970 zwischen Köln (Westdeutschland, Nordrhein-Westfalen) und Paris (Frankreich).

Lokomotiven, Züge, Ladungen

Die erste in Deutschland gebaute Dampflokomotive, *Saxonia* genannt, wurde 1838 in Dresden (jetzt Ostdeutschland, Sachsen) hergestellt und auf der Strecke Leipzig–Dresden in Betrieb genommen.

🌐 **Die Höchstgeschwindigkeit einer Dampflokomotive** betrug 202 km/h über eine Strecke von 402 m. Sie wurde am 3. Juli 1938 von der *Mallard (Wildente)* mit der Typenbezeichnung *L.N.E.R. 4-6-2 Nr. 4468* (später 60 022) erreicht, die sieben Waggons mit einem Gesamtgewicht von 243 t über *Stoke Bank* zwischen Grantham und Peterborough (England) zog. Der Lokomotivführer hieß *Joseph Duddington,* der Heizer *Thomas Bray.* Die Lokomotive wurde dabei schwer beschädigt.
Am 12. Juni 1905 wurde eine Höchstgeschwindigkeit von 204,48 km/h für den *Pennsylvania Special*

Die E-Loks der Baureihe 103 sind die schnellsten der Deutschen Bundesbahn.

in der Nähe von *Ada,* Ohio (USA), gemeldet. Dieser Anspruch wurde jedoch von führenden Fachleuten nie anerkannt.

Die stärkste Dampflokomotive, gemessen an ihrer Zugkraft, war die Nr. 700, eine dreiteilige Gelenklokomotive vom Typ 2-8-8-8-4, eine 6-Zylinder-Lok, die 1916 von der *Baldwin Locomotive Co.* für die Eisenbahn von Virginia (USA) gebaut wurde. Sie besaß eine Zugkraft von 75 432 kg bzw. 90 518 kg, je nach stufenweiser Ausnutzung des Dampfdrucks.
Die stärksten Dampflokomotiven der Welt benutzte zwischen 1941 und 1961 die amerikanische *Union Pacific Railroad.* Von den 25 Maschinen der Baureihe 4000 sind noch sieben erhalten.

Ⓓ **Die schnellsten Dampflokomotiven in Deutschland** bauten vor dem Zweiten Weltkrieg 1936 die *Borsig-Werke* in Berlin. Es waren drei Loks der Baureihe 05, über 26 m lang, mit einer Leistung von 2360 PS (1740 kW). Am 11. Mai 1936 fuhr eine von ihnen *(Lok 05002)* mit 200 t Zuglast auf der Strecke Berlin–Hamburg zwischen den Städten Neustadt a. d. Dosse und Nauen 200,5 km/h. Zwei dieser Loks wurden 1958 verschrottet, die dritte und letzte ist seit 1963 im *Verkehrsmuseum* von Nürnberg (Bayern) ausgestellt.

Die schnellsten elektrischen Lokomotiven erprobte die *französische Eisenbahngesellschaft* (S.N.C.F.) am 28. und 29. März 1955 auf der Strekke Bordeaux–Dax zwischen den Orten Facture und Morcenx. Es waren die Loks C-C-7107 und B-B 9004, und sie erreichten mit je drei Wagen (Gesamtgewicht von 103,5 t) eine Geschwindigkeit von 330,8 km/h. Die C-C 7107 wiegt 108 t und hat 4300 PS (3170 kW), entwickelt aber auf der Fahrt (bei 1500 Volt Spannung) 12 000 PS (8860 kW). Die B-B 9004 wiegt 82 t und hat 4000 PS (2950 kW).

Ⓓ **Die schnellsten Lokomotiven der Deutschen Bundesbahn** sind die Elektroloks der *Baureihe 103.* Sie arbeiten mit 15000 V., 16²/₃ Hz Einphasen-Wechselstrom und erreichen ihre größte Dauerleistung bei 640 V Motorspannung und 191 km/h mit 10100 PS (7440 kW). Die Kurzzeitleistung (10 Min. bei 612 V und 152 km/h beträgt 14120 PS – 10400 kW). Die größte zulässige Geschwindigkeit ist 200 km/h. (Für die Lok 103118 sind es 250 km/h.) Sie werden vor allem im IC-*(Intercity-)* und TEE-*(Trans-Europa-Expreß-)* Verkehr eingesetzt.

Die schnellsten Züge im Normalverkehr sind die *Neuer-Tokaido-Expreß*-Züge zwischen Osaka und Tokio–Okayama (Japan). Sie wurden am 15. März 1972 in Dienst gestellt, entwickeln eine Durchschnittsgeschwindigkeit von 165 km/h bei einer Spitze in der Normalverkehrsleistung von 210 km/h, bei Versuchsfahrten 286 km/h. Sie können mit 1200-kW-Motoren oder mit Einphasenstrom von 25000 Volt betrieben werden. – 1978 haben sie täglich 500000 Reisende befördert. Sie verkehren alle Viertelstunden und fahren täglich 90mal hin und her. Ihre tägliche Gesamtstreckenleistung: fast 100000 km.

Die schnellste fahrplanmäßige Verbindung zwischen zwei Stationen wurde am 14. Mai 1979 mit einer Geschwindigkeit von 180 km/h in Betrieb genommen. Sie führt von King's Cross/London nach Berwick und gehört zum *superschnellen Dienst* der *britischen Eisenbahn-Ostregion.* Die SNCF *(Societé Nationale des Chemins de Fer Francais, – Gesellschaft der französischen Staatsbahnen)* plant auf ihrer elektrifizierten Strecke zwischen Paris und Lyon für das Jahr 1982 Geschwindigkeiten von 300 km/h.

Auf der schnellsten Nonstopfahrt (ca. 600 km) durchrast der wieder in Betrieb genommene *Flying Scotsman (Fliegender Schotte)* die Strecke vom Londoner Bahnhof King's Cross bis nach Edinburgh (Schottland) derzeit in vier Stunden, 52 Minuten. Er soll die Fahrzeit jetzt auf vier Stunden, 30 Minuten verkürzen.

Die längste, täglich befahrene Nonstopstrecke bewältigt der *Silver Meteor* zwischen New York und Miami (Florida, USA). Die Gesamtstrecke ist 2216 km lang; 1060 km davon durchfährt der Zug zwischen Richmond (Virginia) und Jacksonville (Florida) ohne Halt.

Der Tokaido-Express passiert hundertmal am Tag diese Brücke vor dem Fudschijama.

Eisenbahn-Geschwindigkeits-Rekorde			
Geschwindigkeit (km/h)	**Wer/Was?**	**Wo?**	**Wann?**
46,8	The Rocket (Stephenson)	Liverpool–Manchester (GB)	8. Oktober 1829
57,9	The Northumbrian	Parkside, Newton-the-Willows (GB)	15. September 1830
91,3	Grand Junction Railway	Madeley Bank, Staffordshire (GB)	13. November 1839
119,5	Great Western Railway	Wooton Bassett, Wiltshire (GB)	11. Mai 1845
125,5	Great Western Railway	Wooton Bassett, Wiltshire (GB)	11. Mai 1848
131,6	Bristol und Exeter Rw.	Wellington Bank, Somerset (GB)	Juni 1854
143,5	Crampton No. 604	Champigny–Pont-sur-Yonne (F)	20. Juni 1890
158,4	Philadelphia and Reading Rw.	Skillmans–Belle Mead, NJ (USA)	Juli 1890
165,4	N. Y. Central/Hudson Riv. Rw.	Grimesville, NY (USA)	9. Mai 1893
181,0	N. Y. Central/Hudson Riv. Rw.	Crittenden West, NY (USA)	11. Mai 1893
182,5	Siemens & Halske E-Lok	Berlin (Deutschland)	1901
193,1	Savannah, Florida/Western	Screven, Florida (USA)	1. März 1901
200,9	Siemens & Halske, E-Lok	Marienfelde–Zossen (Dtschl.)	6. Oktober 1903
206,6	Siemens & Halske, E-Lok	Marienfelde–Zossen (Dtschl.)	23. Oktober 1903
210,1	Siemens & Halske, E-Lok	Marienfelde–Zossen (Dtschl.)	27. Oktober 1903
230,1	Kruckenberg (Propeller-Triebwg.)	Karstädt–Dergenthin (Dtschl.)	21. Juni 1931
242,8	C-C S.N.C.F. 7121 E-Lok	Dijon–Beaune (Frankreich)	21. Februar 1953
330,8	C-C S.N.C.F. 7107 E-Lok	Facture–Morcenx (Frankreich)	28. März 1955
330,8	B-B S.N.C.F. 9004 E-Lok	Facture–Morcenx (Frankreich)	29. März 1955
378,0	»L'Aërotrain« (Düsenantr.)	Gometz-le-Chatel/Limoux (F)	4. Dezember 1967
410,0	LIMRV	Pueblo, Colorado (USA)	14. August 1974

Die schnellsten Züge Europas sind die TEE-Züge *Aquitaine* und *Etendard (Standarte)*, die die 581 km lange Strecke zwischen Paris und Bordeaux (Frankreich) in drei Stunden, 50 Minuten bewältigen, d. h. mit einer Durchschnittsgeschwindigkeit von 151 km/h.

Ⓓ Die höchste Geschwindigkeit, die ein Zug der *Deutschen Bundesbahn* bisher erreichte, betrug 254 km. Sie wurde im März 1974 auf der Strecke Gütersloh–Neubeckum (Nordrhein-Westfalen) von einem sog. *Meßzug* gefahren, dessen drei Meßwagen von der *E-Lok 103118* gezogen wurden.
Im normalen Reiseverkehr werden bei der *Deutschen Bundesbahn* Geschwindigkeiten bis zu 200 km/h gefahren, bei Güterzügen sind es bis zu 120 km/h.

🌐 **Die schnellste Eisenbahn**, die den Weltrekord auf Eisenbahnschienen aufstellte, wurde am 14. August 1974 mit dem von der *Garett Corp.* für die US-Eisenbahnverwaltung gebauten *LIMRV (Linear Induction Motor Research Vehicle = Versuchsfahrzeug für die Einführung neuer Verkehrslinien)* auf der 9,97 km langen Versuchsstrecke von *Pueblo Colorado* (USA), mit einer Geschwindigkeit von 410 km/h aufgestellt.

Der schnellste Güterzug der Welt ist der täglich zwischen Perpignan und Paris (Frankreich) verkehrende *Gemüsezug*. Er fährt bereits seit 1971 mit Tempo 140 km/h.

Der schwerste Zug, der jemals von einer einzigen Lokomotive gezogen wurde, hatte ein Gewicht von 15 545 t, bestand aus 250 Güterwagen und war 2,5 km lang. Die Zugmaschine war die *Matt H. Shay Nr. 5014*, eine 2-8-8-8-2-Lokomotive, die vom Mai 1914 bis 1929 auf der Eisenbahnstrekke von Erie (USA) fuhr.

Der längste und schwerste Güterzug, von dem man bisher gehört hat, war 6 km lang und bestand aus 500 Kohlenwagen. Drei 3600-PS-(3580 kW-) Diesel-Loks zogen und drei weitere schoben diesen Zug am 15. November 1967 über 252 km von Iaeger, West Virginia, nach Portsmouth, Ohio (USA), auf einer Strecke der *Norfolk and Western Railway*. Das Gesamtgewicht betrug 42 674 t.

Die schwerste Ladung, die jemals auf Schienen befördert wurde, war die 10 700 t schwere, im Jahre 1548 in dem Dorf Most (ČSSR) erbaute *Kirche der Jungfrau Maria*. Weil sie der Ablagerung von Kohlenhalden im Wege stand, wurde sie im Oktober/November 1975 innerhalb von vier Wochen über eine Strecke von 730 m mit einer Geschwindigkeit von zwei Zentimetern pro Stunde an ihren neuen Standort transportiert. Die Kosten der Aktion beliefen sich auf rund 50 Mio. DM.
Die Schwere einer Ladung Stückgut, die auf Schienen transportiert werden kann, unterliegt der Leistungsfähigkeit des rollenden Materials.

Das einzige Schienentransportfahrzeug, das in der Lage ist, 850 t zu befördern, ist der 36achsige, 86,3 m lange *Schnabel*, der 1978 von der deutschen Firma *Krupp* (Essen, Nordrhein-Westfalen) für die US-Eisenbahn gebaut wurde.

Das schwerste Lastgut in einem Stück, das je auf Schienen transportiert wurde, war ein 588 t schweres, 32,3 m hohes Teil eines *Wasserstoffreaktors*. Es wurde 1965 von Birmingham, Alabama, nach Toledo, Ohio (USA), gebracht.

Schienenwege und Strecken

Der erste Schienenweg in den USA bestand aus *hölzernen* Gleisen, auf die Stahlbänder geschraubt waren. Er wurde 1809 von *Thomas Lieper* in Crown Creek, Pennsylvanien, angelegt. Auch in Deutschland gab es solche Holzschienen.

Die längste Eisenbahnstrecke der Welt führt auf der transsibirischen Eisenbahn über eine Entfernung von 9438 km von Moskau nach Nakhodka im äußersten Osten der Sowjetunion. Auf der Reise, die acht Tage, vier Stunden und 25 Minuten dauert, gibt es 97 Stationen.
Die *Baikal-Amur-Magistral-(BAM-)Eisenbahn* im Norden der Sowjetunion, deren Bau 1938 von Zwangsarbeitern begonnen wurde, soll 1983 ihren Betrieb aufnehmen und dann die Strecke um das südliche Ende des Baikalsees herum um 500 km verkürzen. Bei diesem Projekt, dessen Kosten auf 32 Mrd. DM veranschlagt werden, müssen insgesamt 283 Mio. m^3 Erde bewegt und 3700 Brücken gebaut werden.

Die längste gerade Schienenstrecke der Welt gibt es bei der *Trans-Australien-Eisenbahn*. Sie führt vom Meilenstein 496 zwischen Nurina und Loongana (Westaustralien) über die Ebene von Nullarbor bis zum Meilenstein 793 zwischen Ooldea und Watson (Südaustralien) über eine pfeilgerade, wenn auch nicht ebene Strecke von 478 km.

Die höchstgelegene Eisenbahnstrecke der Welt mit normaler Spurbreite von 1,43 m gibt es bei der *peruanischen Staatseisenbahn* bei *La Cima* auf der Morocoha-Abzweigung mit einer Höhe von 4817 m üNN. Der höchste Punkt auf der Hauptstrecke liegt mit 4781 m im *Galeratunnel*.

Das steilste Gefälle mit Schienenhaftung beträgt bei normaler Spurweite 1:11 und ist zwischen Chedde und Servoz (Frankreich) auf der *SNCF-Chamonix-Linie* mit 1 m Spurweite zu finden.
(D) Die größte Steigung im Netz der *Deutschen Bundesbahn* muß bei Boppard-Kastellaun (Rheinland-Pfalz) überwunden werden. Das Steigungsverhältnis ist 1:6,4.

Die nördlichste Eisenbahnlinie der Welt verläuft auf der norwegischen Insel *Spitzbergen* fast genau auf dem 79. Breitengrad. Die dort verkehrenden Züge transportieren Kohle aus den Bergwerken zum Hafen.

Die breiteste Spurweite im normalen Gebrauch beträgt 1,676 m. Diese Weite ist in *Indien, Pakistan, Bangladesch, Sri Lanka, Argentinien* und *Chile* üblich.
1885 gab es im US-Bundesstaat *Oregon* eine Holztransportlinie mit einer Spurweite von 2,4 m.

Die schmalsten benützten Spurweiten haben mit 0,381 m die *Ravenglass & Eskdale Railway* in Cumbria (England) (über eine Strecke von 11,2 km) und die *Romney-, Hythe- & Dymchurch-Linie* in Kent (England) (über eine Strecke von 22,53 km).

Die am stärksten beanspruchte Eisenbahnlinie der Welt ist die *Japanische Nationaleisenbahn*, die 1976 täglich 19 Mio. 487 000 Passagiere beförderte. Hauptberufliche *Pushers (Schieber)* sind im Bereich *Tokio* beschäftigt, die Fahrgäste in die Wagen hineinzuzwängen, damit die Türen geschlossen werden können. Unter den Gegenständen, die 1970 im Gedränge verloren wurden, befanden sich 419 929 Regenschirme, 172 106 Schuhe, 250 630 Brillen und Hüte, sowie eine beachtliche Anzahl von Gebissen und Glasaugen.

(CH) **Die am höchsten gelegene Eisenbahn Europas,** die ohne Zahnradantrieb fährt, verkehrt zwischen St. Moritz (Schweiz, Graubünden) und Tirano (Italien) über den 2323 m hohen *Berninapaß*.
Die höchstgelegene Bahnstation Europas ist das 3454 m hohe *Jungfraujoch* (Schweiz, Kanton Wallis).

(D) **Die steilste Bahnstrecke Europas ohne Zahnradbetrieb** überwindet auf der Schwäbischen Alb bei Geislingen/Steige (Baden-Württemberg) eine Steigung von 112 m innerhalb einer Strecke von 5,6 km. Sie kann als die *älteste Gebirgsbahn* in Deutschland gelten, denn sie besteht bereits seit 1850.

Die längste Eisenbahnfahrt der Welt unternahmen englische Reisende mit einem Sonderzug von London zur britischen Kronkolonie Hongkong (China). Sie benötigten für die 14 500 km lange Strecke 42 Tage.

(D) **Die erste Zugführerin Westdeutschlands** war die Stuttgarterin *Elfriede Kugies*. Sie absolvierte 1972 im Alter von 45 Jahren die Prüfung. Sie kann aber diesen Dienst kaum ausüben, weil die vorgeschriebenen Sozialeinrichtungen wie Übernachtungsheime, Duschräume usw. nur für Männer bestehen und es sich für die Deutsche Bundesbahn vorläufig nicht lohnt, diese Einrichtungen auch für Frauen zu schaffen.

Das Land mit dem ausgedehntesten Eisenbahnnetz sind die USA mit 332 856 km Schienen.
In der *UdSSR* ist das Schienennetz 134 600 km.

Das größte Magnetschwebefahrzeug der Welt ist 26 m lang, 36 t schwer und 400 km/h schnell.

(D) Das *westdeutsche Schienennetz* hat eine Länge von 33629 km. Das geschlossene Fernverkehrsnetz umfaßt rund 3100 km Streckenlänge. Auf ihm verkehren insbesondere die 152-*Intercity* (IC)-Züge mit 1. und 2. Klasse im Einstundentakt.
Die *Deutsche Bundesbahn* ist finanziell ein Zuschußunternehmen. Ihre Einnahmen betrugen 1979 etwa 23 Mrd. DM, davon waren rund 8 Mrd. DM Bundeszuschüsse. Die Aufwendungen betragen jedoch ca. 27,5 Mrd. DM, so daß sich ein Fehlbetrag von 4,5 Mrd. DM ergibt. Schon Ende 1978 betrug die gesamte Schuldenlast der *Deutschen Bundesbahn* jedoch über 30 Mrd. DM. Der Personalbestand belief sich auf rund 356000 Mitarbeiter. Das rollende Material umfaßte insgesamt 5921 Loks, dazu 21231 Personenwagen und 288414 Güterwagen.
Die dem öffentlichen Verkehr dienenden Eisenbahnen Westdeutschlands (davon 90 Prozent *Deutsche Bundesbahn*) beförderten 1978 1 Mrd. 40 Mio. Personen über 38,25 Mrd. km, sowie 337,07 Mio. t Güter.

(DDR) In *Ostdeutschland* umfaßt das Eisenbahnnetz 14909 km.

(A) In *Österreich* verfügt die Eisenbahn über ein 6544 km langes Schienennetz.

(CH) In der *Schweiz* befährt die Eisenbahn 5059 km Schienen.

Die größte Gleis-Dichte hat *Belgien* mit 1521 km je km²; die geringste Netzdichte hat *Äthiopien* mit 8 km je km².

(D) In *Westdeutschland* beträgt die Netzdichte
(DDR) 1354 km je km², in *Ostdeutschland* 1379 km. *Öster-*
(A) *reich* hat eine Netzdichte von 780 km je km², die
(CH) *Schweiz* 1230 km je km².

Das kleinste Eisenbahnnetz der Welt hat die *Vatikanstadt* in Rom (Italien). Sie verfügt über nur 600 m Anschlußgleise an das Eisenbahnnetz der italienischen *Staatsbahnen.*

Spezialanlagen, Neukonstruktionen

(D) **Das größte Stellwerk Westdeutschlands** wird von der *Deutschen Bundesbahn* in Mainz (Rheinland-Pfalz) betrieben. Täglich werden dort mehr als 30000 Züge über ein Gewirr von Weichen dirigiert.

Das Zentralstellwerk des *Stuttgarter Hauptbahnhofs,* seit 1978 in Betrieb, umfaßt und überwacht rund 120 km Gleise, fast 500 Weichen, über 100 Haupt- und fast 600 Rangiersignale und annähernd 750 Gleisfreimeldekreise.
Die *Hauptprüfstrecke* der *Deutschen Bundesbahn* befindet sich im Schwarzwald (Baden-Württemberg). Sie ist 35 km lang und führt von Sommerau (800 m üNN) mit vielen Kurven und Tunnels nach Hausach (250 m üNN).

(D) **Der größte und perfekteste Eisenbahn-Großprüfstand** steht bei der westdeutschen Firma *Knorr-Bremse GmbH* in München (Bayern). In ihm sind alle pneumatischen Einrichtungen eines Zuges, wie Hauptluftleitung, Kupplungen, Absperrhähne, Vorratsbehälter, Steuerventile und Bremszylinder original eingebaut. Er hat ungefähr die Abmessungen eines Tennisfeldes und die Höhe eines zweistöckigen Autobusses. In ihm können sämtliche Bremsvorgänge eines Zuges erzeugt, gemessen und registriert werden, sogar für überdimensionale Zuglängen, die nur in außereuropäischen Ländern vorkommen.

(D) **Die erste Magnetschwebebahn** der Welt wurde am 6. Mai 1971 in Westdeutschland von der Fa. *Messerschmidt-Bölkow-Blohm GmbH (MBB)* auf einer 660 m langen Versuchsstrecke bei München (Bayern) vorgeführt. Sie erreichte damals eine Geschwindigkeit von 253 km/h. Der Öffentlichkeit vorgestellt wurde diese *Transrapid* genannte neueste und zukunftsweisendste Entwicklung im Reisezugwesen im Mai 1979 auf der Internationalen Verkehrsausstellung in *Hamburg* in einer weiter entwickelten Version *(Transrapid 05)*. Das zweiteilige, 26 m lange, 36 t schwere Gefährt hat 68 Sitzplätze, kann aber insgesamt 98 Personen bei einer Geschwindigkeit von bis zu 400 km/h nahezu lärmfrei befördern.
Für den weiteren öffentlichen Versuchsbetrieb freigegeben wurde die Gemeinschaftsproduktion der Firmen *MBB, Thyssen Henschel* (Kassel) und *Krauss-Maffei* (München) am 6. Juni 1980 auf einer 600 m langen Versuchsstrecke bei Kassel (Hessen). Experten der Deutschen Bundesbahn sind allerdings der Meinung, daß eine praktische Verwendung dieses elektromagnetisch angetriebenen Fahrzeugs über längere Strecken in diesem Jahrtausend nicht mehr erreicht werden wird.
Ein versuchsweise eingesetzter *Magnetschwebezug* der japanischen Eisenbahn erreichte auf einer *Versuchsstrecke* in der Nähe von Miyazaki am 10. November 1978 eine Geschwindigkeit von 346 km/h; für die nächste Zeit hofft man, annähernd 500 km/h zu erzielen.

Die höchste Geschwindigkeit, die jemals auf einer Schiene erzielt wurde, erreichte am 19. Februar 1959 ein unbemannter, raketengetriebener Schlitten auf der 10,65 km langen Haftschienenstrecke des *Raketenentwicklungszentrums der amerikanischen Luftwaffe* in Holloman, Neu-Mexico (USA), mit 4972 km/h (Mach 4,1). Die Höchstgeschwindigkeit betrug 2084 km/h.

Für eigene Rekorde

Den Geschwindigkeitsrekord für ein Luftkissenfahrzeug auf Schienen hält der von *Jean Bertin* erfundene, düsengetriebene *L'Aérotrain* 02 mit einer Geschwindigkeit von 411 km/h.

Bahnhöfe

Der größte Eisenbahnhof der Welt ist der *Grand Central Terminal* an der Kreuzung von Park Avenue und 43. Straße in New York (USA), der von 1903 bis 1913 erbaut wurde. Er umfaßt auf zwei Ebenen eine Fläche von 19 ha mit 41 Gleisen auf der oberen und 26 Gleisen auf der unteren Ebene. Im Durchschnitt wird er von mehr als 550 Zügen und 180000 Fahrgästen pro Tag benutzt. Eine Spitzenkapazität erreichte er am 3. Juli 1947 mit 252288 Personen.

Der höchstgelegene Bahnhof der Welt befindet sich in *Condor* (Bolivien). Er liegt mit 4786 üNN auf der Strecke von Rio Mulato nach Potosi und hat Gleise mit einer Spurweite von 1 m.

(CH) **Der höchstgelegene Bahnhof Europas** liegt in der Schweiz an der elektrischen Zahnradbahn auf die *Jungfrau*. Es ist die Bergstation *Jungfraujoch* mit einer Höhenlage von 3454 m üNN.

(D) **Der höchstgelegene Bahnhof in Westdeutschland** liegt an der Schwarzwald-Strecke Titisee-Seebrugg (Baden-Württemberg). Es ist der 967 m hoch gelegene Bahnhof *Bärental am Feldberg.*

Die automatische Mittelpuffer-Kupplung ermöglicht das Aneinanderkuppeln von Wagen mit gleichzeitigem Anschluß der luft- und stromführenden Leitungen. Durch sie kann der Schienenverkehr wesentlich rascher ablaufen.

Eisenbahnbrücken – hier eine Stahlrohr-Konstruktion – überwinden Flüße und Täler.

Der belebteste Bahnhof der Welt ist der Hauptbahnhof von *Tokio* (Japan). Er hat eine Tagesfrequenz von 2600 Zügen und 2,2 Mio. Fahrgästen.

Einen Rekord mit einer Tagesinanspruchnahme von 2,7 Mio. Fahrgästen verzeichnete der *Hauptbahnhof von Moskau* (UdSSR) im Jahr 1972.

(DDR) **Als größter Bahnhof in Europa** gilt der *Hauptbahnhof von Leipzig* (Sachsen, Ostdeutschland) mit 26 Gleisen, sechs Längshallen und einem 32 m breiten Querbahnsteig. Die Bahnhofsfassade hat eine Länge von nahezu 300 m. Nach 13 Jahren Bauzeit wurde der letzte Stein 1915 gesetzt.

(D) **Der flächenmäßig größte westdeutsche Bahnhof** ist der *Rangierbahnhof Maschen* (Niedersachsen). Er umfaßt mit einem Gleisnetz von über 300 km Länge 280 ha und hat etwa 1000 Weichen, 21 Brücken und 29 Gebäude. Seine Kapazität beläuft sich auf 11 000 Waggons täglich.

Die meisten Fahrgäste in Westdeutschland hat der *Hauptbahnhof München* mit werktäglich etwa 335 000 Personen (einschl. S-Bahnverkehr). Er hat auch die meisten Bahnsteiggleise (36). Die Bahnsteiglänge beträgt 1,9 km, die Basisbreite 1 km.

Die größten Wartesäle der Welt hat der *Bahnhof am Chang'an Boulevard in Peking* (China) mit einem Fassungsvermögen von 14 000 Menschen. Die Wartesäle wurden im September 1959 in Betrieb genommen.

Der längste Eisenbahnsteig der Welt befindet sich mit einer Länge von 833 m in *Khargpur* in Westbengalen (Indien).
Der U-Bahnsteig vom *State Street Center* an der Station *The Loop* in Chikago (USA) ist 1066 m lang.

(D) **Die einzige Bahnhofsvorsteherin in Westdeutschland** macht in *Murnau* (Bayern) Dienst. Sie heißt *Antonie Müller* und ist 29 Jahre alt.

Brücken und Tunnels

(Vgl. auch Kap. 5 »Architektur« Seite 171/179)

Die längste Eisenbahnbrücke der Welt ist die *Huey-P.-Long-Brücke* von Metairie in Louisiana (USA). Ihre Bahnstrecke ist 7 km lang bei einem max. Pfeilerabstand von 241 m.
Die längste Eisenbahnbrücke Europas ist die *Donaubrücke* bei *Cernavoda* in Rumänien. Sie ist 3850 m lang.

Die längste Eisenbahnbrücke in Westdeutschland ist die *Rendsburger Hochbrücke* über den Nord-ostsee-Kanal auf der Strecke Neumünster-Rendsburg (Schleswig-Holstein) mit 2454 m.

Die höchste Eisenbahnbrücke der Welt ist eingleisig und befindet sich bei *Fades* unweit *Clermont-Ferrand* (Frankreich). Sie wurde zwischen 1901 und 1909 mit einer Stützweite von 144 m gebaut und schwebt 135,5 m hoch über dem *Sioule*-Fluß.

(D) Die höchste *westdeutsche* Eisenbahnbrücke ist mit 109 m die Talbrücke bei *Müngsten* über die *Wupper* an der Strecke Solingen–Remscheid (Nordrhein-Westfalen). Sie wurde in den Jahren 1894–97 erbaut. Ihre Fahrbahn ist 465 m lang. Für den Bau wurden seinerzeit 5000 t Stahl und nahezu 1 Mio. Nieten verwendet. Die Anstrichfläche beträgt 72 000 m^2.

Der erste Eisenbahntunnel wurde 1826 von *George Stephenson* auf der Strecke Liverpool-Manchester (England) nach einer Bauzeit von 3 Jahren gebaut, in der 700 Arbeiter daran beschäftigt waren. Er war 500 m lang.

Der älteste Gebirgs-Eisenbahntunnel Europas, der *Mont-Cenis-Tunnel* in Frankreich, erforderte eine Bauzeit von 14 Jahren (1857–71) und ist 10,23 km lang.
Der erste *deutsche* Eisenbahntunnel wurde 1839 zwischen Dresden und Leipzig gebaut.

Der längste Eisenbahntunnel der Welt, zugleich der größte Alpentunnel, ist der *Simplon II* auf der Strecke zwischen Bern (Schweiz) und Mailand (Italien). Er wurde nach vierjähriger Arbeit am 16. Oktober 1922 vollendet und mißt zwischen Brig (Schweiz) und Domodossola (Italien) 19,823 km.
Sein einspuriger Vorgänger *Simplon I,* von 1898–06 erbaut, war 19,803 km lang.
Weitere Großtunnels in Europa sind der *Apennin-Tunnel* in Italien mit einer Länge von 18,5 km, der *St.-Gotthard-Tunnel* in der Schweiz mit 15 km, der *Lötschberg-Tunnel* (Schweiz, 14,6 km), der von 1880 bis 1884 erbaute *Arlberg-Eisenbahntunnel* in Österreich (Tirol/Vorarlberg, 10,25 km).

(CH) Der längste Bergbahntunnel der *Schweiz* gehört zur *Jungfraubahn.* Er wurde zwischen 1898 und 1912 fertiggestellt und verläuft in 3500 m üNN mit einer Länge von 7,12 km unter dem *Jungfrau-* und dem *Aletschgletscher* (Walliser Alpen, Kanton Wallis).

(D) Der längste Tunnel in *Deutschland* ist der zwischen 1928 und 1930 erbaute *Zugspitztunnel* auf der Bergbahnstrecke von Garmisch-Partenkirchen (Bayern) zum *Schneefernerhaus.* Er ist 4466 m lang.
Der *längste* Tunnel im Netz der *Deutschen Bundesbahn* ist der *Kaiser-Wilhelm-Tunnel,* auch *Cochemer Tunnel* genannt, an der Strecke zwischen Koblenz (Rheinland-Pfalz) und Perl (Saarland). Er ist 4203 m lang.

Noch im Bau: der Pfingstberg-Tunnel (Vgl. S. 180).

Der längste Eisenbahndamm der Welt ist der mit Steinen aufgeschüttete *Great Salt Lake Railroad Trestle* (ein Name, der noch aus der Zeit stammt, wo sich hier eine Pfahl- und Jochbrücke befand), der die Südpazifik-Eisenbahnlinie 19 km weit über den *Großen Salzsee* in Utah (USA) führt. Er wurde am 8. März 1904, damals noch als Jochbrücke, in Betrieb genommen und 1955–60 in einen Steindamm umgebaut.

(D) Der längste Eisenbahndamm *Westdeutschlands* ist der 1927 fertiggestellte *Hindenburgdamm,* der die Nordseeinsel *Sylt* mit Schleswig-Holstein verbindet. Er ist 11 km lang.

Bergbahnen

Die erste Gebirgsbahn der Welt unterfährt den 980 m üNN hohen *Semmeringpaß* zwischen Niederösterreich und der Steiermark in einer Höhe von 897 m. Sie wurde mit zahlreichen Tunneln und etlichen Viadukten in den Jahren von 1848 bis 1854 von dem Eisenbahningenieur *Karl Ritter von Ghega* erbaut.

Die höchste Drahtseilbahn der Welt wurde am 5633 m hohen Elbrus im Kaukasus (UdSSR) gebaut. Sie beginnt in 2300 m Höhe üNN und führt bis auf 4100 m hinauf.

Die unterirdische Standseilbahn bei Kaprun.

Die längste und höchste Gondel-Seilbahn der Welt ist die *Teleférico Mérida* in Venezuela. Sie überwindet von *Mérida* (1639,5 m) bis zum Gipfel des *Pico Espejo* (4763,7 m) einen Höhenunterschied von 3124 m. Die Seilbahn ist in vier Abschnitte eingeteilt. Bei der eine Stunde dauernden Auffahrt über eine Strecke von 12,8 km müssen die Fahrgäste dreimal umsteigen. Der vierte Abschnitt ist 3,069 km lang, dabei hängt das Seil ohne Zwischentürme frei durch und überbrückt 722 m Höhenunterschied. Die beiden Wagen funktionieren nach dem Pendelsystem; das Förderseil ist mit einer Sperre versehen, und die Wagen werden von einem 233-PS-Motor mit Hilfe von 3 Zugseilen gezogen. Sie haben ein maximales Fassungsvermögen von 45 Personen und eine Geschwindigkeit von 35.08 km/h.

Die längste Seilbahn ohne Unterbrechung führt über eine Strecke von 4114 m vom *Coachella Valley* zum *Mount San Jacinto* (3298 m) in Kalifornien (USA). Sie wurde am 12. September 1963 in Betrieb genommen.

Die größte Seilbahn der Welt ist im oberitalienischen *Aostatal* im Betrieb. Die Kabinen fassen je 135 Personen mit Ski-Ausrüstung. Pro Stunde können 3400 Skisportler auf die 100 km langen Skipisten des *Val Vény* befördert werden.

Die höchste Drahtseilbahn Europas führt von *Chamonix* im Mont-Blanc-Gebiet der französischen Alpen (1037 m üNN) auf den 3843 m hohen *Aiguille du Midi.* Sie hat auch das längste freihängende Tragkabel der Welt; es ist 2900 m lang.

Nach einer Anfangsschwierigkeit bei der Probefahrt im Januar 1980, wobei eine der beiden 100-Personen-Gondeln mit einem Felsen kollidierte, wurde am 14. März 1980 die zweithöchste Seilbahn Europas auf das 3820 m hohe *Kleine Matterhorn* (Schweiz, Kanton Wallis) in Betrieb genommen. Sie überwindet in acht Minuten einen Höhenunterschied von 891 m. Die Bauzeit betrug drei Jahre, der finanzielle Aufwand lag bei rund 25 Mio. DM. Die offizielle Einweihung fand am 9. Juni 1980 statt.

Die längste Seilbahn Europas führt über eine Länge von 4 km von *Briançon* in den *Kottischen Alpen* (Frankreich) auf den 2480 m hohen *Serre-Chevalier.*

Die steilste Seilbahn Europas führt von der *Gotthard-Bahnstation Ambri-Piotta* (992 m üNN, Schweiz) zum 1829 m hoch gelegenen *Ritom*-See. Auf dieser Strecke müssen die auf Schienen abgestützten Seilbahnwagen Steigungen bis zu 80 Prozent überwinden (72°).

(D) **Die erste Seilschwebebahn nach dem Umlaufsystem** führt auf den 1284 m hohen *Schauinsland* bei Freiburg/Breisgau (Westdeutschland, Baden-Württemberg). Sie überwindet in 16 Minuten auf der 3,6 km langen Seilstrecke zwischen der Talstation *Günterstal* und der Bergstation 800 m Höhenunterschied.

(CH) **Die größte Luftseilbahn der Alpen** führt von der Talstation *Mulania* an der Strecke *Flims–Laax* (Schweiz, Kanton Graubünden) 4167 m weit auf den 2231 m hohen *Crap-Sogn-Gion.* Dabei wird eine Höhendifferenz von 1133 m überwunden. Die seit 1968 in Betrieb befindliche Bahn hat zwei Kabinen von 34 m^2 Grundfläche. Jede von ihnen kann 125 Fahrgäste und den Kabinenführer aufnehmen. Die reine Fahrzeit liegt bei knapp zehn Minuten; stündlich können in jeder Richtung 650 Personen befördert werden.

(A) **Die größte unterirdische Standseilbahn Europas** verläuft in einem 3,3 km langen Stollen und wurde 1974 bei *Kaprun* in den *Hohen Tauern* (Österreich, Land Salzburg) in Betrieb genommen. Sie bewältigt einen Höhenunterschied von 1735 m.

Die erste Zahnradbahn der Welt wurde 1866 in den USA erbaut. Sie führt auf den 1917 m hohen *Mount Washington* in den *White Mountains,* New Hampshire.

(CH) Die erste Zahnradbahn *Europas* wurde 1871 in der Schweiz in Betrieb genommen. Sie ist 7 km lang und führt von *Vitznau* am Vierwaldstätter See auf den (bei Kulm) 1797 m hohen *Rigi.* Ihr Konstrukteur war der schweizerische Eisenbahningenieur *Nikolaus Riggenbach* (* 12. Mai 1817, † 25. Juli 1899). Er erwarb 1862 das Patent für den Eisenbahnbetrieb mit Zahnrad und Zahnstange.
Die steilste Zahnradbahn der Welt ist die 1889 bei Luzern (Schweiz) eröffnete *Pilatusbahn* von *Alpnachstad* nach *Pilatus-Kulm.* Sie hat eine Steigung von 48 Prozent (43°).

(D) **Die älteste Zahnradbahn Westdeutschlands** ist die 1912 erbaute *Wendelsteinbahn* bei Brannenburg (Bayern). Sie führt bis zum Wendelsteinhaus (1724 m) unterhalb des 1837 m hohen Gipfels.

Die höchste Zahnradbahn Deutschlands führt von *Garmisch-Partenkirchen* (Bayern) auf die *Zugspitze* zum 2650 m hohen *Schneefernerhaus.* Die Fahrzeit beträgt 70 Minuten. Mit dem Bau wurde 1929 begonnen.

Die älteste Bergbahn Deutschlands besteht seit 1883. Sie führt von *Königswinter* bei Bonn (Nordrhein-Westfalen) auf den *Petersberg* (331 m), auf dem das gleichnamige Hotel steht, das jetzt als *Gästehaus der Bundesregierung* neu ausgebaut wird.

Die längste Seilbahn in Westdeutschland ist die *Zugspitzbahn* mit einer Länge von 4453 m. Sie bringt ihre Passagiere – je 44 pro Gondel sind möglich – von der Talstation *Eibsee* bei Grainau (Bayern) mit einer Geschwindigkeit von 10 m/sec. In 8 Minuten, 10 Sekunden auf den *Zugspitzgipfel* (2965 m üNN).

Die größte Seilbahn Westdeutschlands – gemessen an der Kabinengröße – ist die *Fellhornbahn* (I. Sektion) in Oberstdorf (Bayern). Jede Kabine faßt 100 Personen; innerhalb einer Stunde können 660 Personen in jede Richtung befördert werden.

(A) Die größte Seilbahn *Österreichs* ist die *Schattbergbahn* in Saalbach bei *Maria Alm* (Salzburger Land).
Die längste Schwebebahn in den westdeutschen Alpen ist die 3,4 km lange *Brauneckbahn* bei *Lenggries/Bad Tölz* (Bayern).

Die höchste Sesselbahn in Westdeutschland ist seit 1968 am *Nebelhorn* bei *Oberstdorf* (Allgäu, Bayern) in Betrieb. Sie führt von der 828 m hoch gelegenen Talstation zum Gipfel des *Nebelhorns* (2200 m üNN) und kann in der Stunde bis zu 600 Personen befördern.

Die Seilbahn auf die Zugspitze.

(CH) **Die kleinste Bergbahn Europas** ist die *Marzili-Zahnradbahn* in *Bern* (Schweiz), die über eine 105 m lange Strecke zum Parlamentsgebäude führt. Es liegt 32 m höher als die untere Station.

Untergrundbahnen

Die erste und eine der längsten Untergrund- oder Schnellverkehrsbahnen der 67 in der Welt bestehenden Nahverkehrsunternehmen dieser Art, deren erste Teilstrecke am 10. Januar 1863 (damals noch mit Dampfbetrieb) eröffnet wurde, gehört zur englischen *London Transport Executive* mit einem Streckennetz von 410,3 km, von denen 123 km gebohrter Tunnel und 35 km ausgehobene und bedeckte Strecke sind. Das gesamte Untergrundsystem dieser Strecke wird auf 278 Stationen von 11700 Angestellten in Betrieb gehalten. Die 484 Züge beförderten im Jahre 1978 mit 4323 Wagen 569 Mio. Fahrgäste. Die tiefste Stelle liegt mit 67,3 m bei Hampstead auf der nördlichen Linienführung. Die längste Fahrt ohne Umsteigen führt von *Epping* nach *West Ruislip* über eine Strecke von 54,8 km.
Den Rekord für eine Gesamtrundfahrt zu den damals existierenden 277 Bahnhöfen stellte 1968 Leslie R. V. Burwood mit 15 Stunden auf.

Im Mai 1980 benötigte der Polizeisergeant *John Trafford* (38) aus Maidstone (Kent, England) zusammen mit seinem 13jährigen Sohn 18 Stunden und 3 Minuten, um alle gegenwärtig in Betrieb befindlichen 268 Stationen des Londoner U-Bahn-Netzes zwischen *Ongar* und *Upminster* anzufahren.

Die am stärksten beanspruchte U-Bahn-Linie der Welt ist die amerikanische *New York City Transport Authority,* deren erste Teilstrecke am 27. Oktober 1904 in Betrieb genommen wurde und deren Streckennetz jetzt 369,76 km umfaßt, auf denen 1978 1 Mrd. 18 Mio. 833 642 Fahrgäste befördert wurden. Die 458 Stationen liegen näher beieinander als die in London. Den Rekord, die ganze Strecke abzufahren, stellten am 8. Oktober 1973 *Mayer Wiesen* und *Charles Emerson* in einer Zeit von 21 Stunden, 8 Min. und 30 Sek. auf.

Die weltberühmte *Métro* von Paris eröffnete ihre erste Teilstrecke im Jahre 1900. Ihr Stadtbereich umfaßt jetzt 15 Linien mit zusammen 183,4 km und 353 dem Publikumsverkehr geöffneten Stationen. Im Pariser Regionalbereich werden weitere 92,2 km mit 59 zusätzlichen Stationen befahren. Die Fahrgastfrequenz wurde zuletzt für 1977 ermittelt; sie betrug 1 Mrd. 212,6 Mio. Personen.

Die erste elektrische U-Bahn der Welt baute die deutsche Firma *Siemens & Halske* 1896 in *Budapest* (Ungarn).

(D) **Das längste U-Bahn-Netz von allen deutschen Städten** hat *Berlin* (bestehend seit 1902) mit 87 km Länge, wovon 66,6 km unterirdisch verlaufen. Vor der Teilung der Stadt am 13. August 1961 wurden 101 Stationen befahren.

Die *Hamburger Hochbahn,* 1906 gegründet, befährt eine Gesamt-Streckenlänge von 67 km. Im Dezember 1967 wurde von ihr die erste vollautomatische U-Bahn-Strecke der Welt (zwischen den Bahnhöfen *Trabrennbahn* und *Ritterstraße*) dem Verkehr übergeben.

Die seit Oktober 1971 in Betrieb befindliche Untergrundbahn von *München* (Bayern) verkehrt im Rahmen des *Münchner Verkehrs-Verbundes* (MVV) und betreibt zur Zeit zwei Linien mit 52 Triebzügen. Zwei weitere Linien sind gegenwärtig im Bau.

Die ebenfalls vom MVV betriebene, im Mai 1972 eröffnete *Münchner S- (Schnell-)Bahn* der *Deutschen Bundesbahn* befährt zwischen *Hauptbahnhof* und *Ostbahnhof* mit sechs Linien den drittlängsten, z. T. mehrstöckigen Eisenbahntunnel Westdeutschlands: er ist 4,1 km lang.

Eingang zu einer der ältesten U-Bahnstationen von Paris an der Place Blanche. Dahinter die berühmte »Moulin Rouge«.

Ein Wagen der ersten elektrischen Straßenbahnlinie der Welt, die vom 16. Mai 1881 an in Berlin-Lichterfelde verkehrte. Eine wegweisende Konstruktion der Fa. Siemens & Halske.

(A) Die Untergrundbahn der Stadtwerke-Verkehrsbetriebe von *Wien* (Österreich), die 1898 eröffnet wurde, befährt zur Zeit eine Strecke von 10 km. Das Grundnetz soll bis 1981 fertiggestellt sein und wird dann eine Länge von 25,8 km haben. 34 Stationen werden angefahren.

Straßenbahnen

Die erste elektrische Straßenbahn der Welt als öffentliches Verkehrsmittel wurde von der Berliner Firma *Siemens & Halske* am 16. Mai 1881 vom Bahnhof der *Anhaltischen Bahn* (später *Lichterfelde-Ost*) zur Hauptkadettenanstalt Lichterfelde gefahren. Die Strecke war 2,3 km lang. Der Antrieb erfolgte mit Hilfe von 180-V-Gleichstrom, wobei eine Schiene als Hin-, die andere als Rückleitung diente. An Straßenkreuzungen war der Strom unterbrochen; dort mußte mit Schwung durchgefahren werden. Die Wagen hatten noch die bei Pferdebahnen übliche Form und Größe. Beide Achsen wurden mit Ketten von einem unter dem Fußboden liegenden Motor angetrieben.

Die ältesten Straßenbahnen der Welt im Staatsdienst sind die Triebwagen 1 und 2 der britischen *Manx Electric Railway* aus dem Jahre 1893.

Ende 1977 gab es immer noch etwa 315 Straßenbahnunternehmen; die längste von ihnen ist die von *Leningrad* (UdSSR) mit 2500 Wagen auf 53 Strecken.

(D) **Die stärkste Straßenbahn in Westdeutschland** fährt in *Esslingen* (Baden-Württemberg) am Zollberg. Sie überwindet eine bis zu zwölfprozentige Steigung ohne Zahnradbetrieb. Sie wurde bereits im Jahre 1929 gebaut und gehört zu den Trambahnveteranen.

Die längste zur Zeit in Westdeutschland mögliche Straßenbahnfahrt führt von *Krefeld-St.-Tönis* nach *Witten-Annen-Nord* (Nordrhein-Westfalen). Mit einigem Anschlußglück kann die 105,5 km lange Strecke mit ihren acht Zwischenanschlußstellen in fünfeinhalb Stunden bewältigt werden.
Um mit der Straßenbahn von *Unna* nach *Düsseldorf* zu gelangen, braucht man drei Stunden und 50 Minuten, bewältigt 115 km, fährt 203 Haltestellen an und zahlt 13,60 DM. Die Deutsche Bundesbahn schafft die Entfernung (80 km) Düsseldorf–Unna in einer Stunde und 40 Minuten, hält nur 15 Mal und kostet nur 10,00 DM.

Rolltreppen und Aufzüge

Allgemein: Der Begriff *Rolltreppe* wurde in den USA am 28. Mai 1900 registriert, aber die erste aufsteigende Rolltreppe wurde von *Jesse W. Reno* bereits 1896 an der Landungsbrücke von *Coney Island* in New York in Betrieb genommen.

Die Rolltreppen der Untergrundbahn von *Leningrad* haben eine Steigung von 59,4 m.

(D) **Der längste laufende Gehsteig** der Welt wurde 1970 im *Neuen Messe-Zentrum* in Düsseldorf (Westdeutschland, Nordrhein-Westfalen) in Betrieb genommen; er hat eine Länge von 225 m zwischen den Endplatten.

Die schnellsten Personenaufzüge der Welt sind die Expreßfahrstühle zum 60. Stockwerk des 246 m hohen *Sunshine-6-Gebäudes* in *Ikebukuro,* Tokio (Japan), die am 5. April 1978 in Betrieb genommen wurden. Sie fahren mit einer Geschwindigkeit von 609,6 m/Min. oder 36,56 km/h.
Wesentlich *höhere* Geschwindigkeiten werden beim Heraufwinden von *Förderkörben* aus *Bergwerkschächten* erzielt. Ein Schachtaufzug der *Western Deep Levels Ltd.* in Südafrika entwickelt aus einer Tiefe von 2072 m eine Geschwindigkeit von 65,8 km/h (1095 m/Min). Gegen solche Aufzugsgeschwindigkeiten sind Menschen sehr empfindlich. Mittelohrentzündungen können sich schon bei Geschwindigkeiten von mehr als 16 km/h einstellen.

Luftfahrt und Flugverkehr

Vorbemerkungen: Die Anwendung der Mach-Skala zum Messen von Flugzeuggeschwindigkeiten wurde von Prof. Ackeret aus Zürich eingeführt. Die Zahl *Mach* ist das Verhältnis der Geschwindigkeit eines bewegten Körpers zur statischen Schallgeschwindigkeit. Dieses Verhältnis wurde zum ersten Mal von dem Wiener Physiker

Dädalus mit Gefieder am Campanile in Florenz.

Dr. Ernst Mach (* 18. Februar 1838, † 19. Februar 1916) im Jahre 1887 angewendet. Danach entspricht 1,0 Mach einer Geschwindigkeit von 1224,67 km/h auf Meeresspiegelhöhe bei einer Temperatur von 15° Celsius. Der Einfachheit halber rechnet man mit einer Abnahme bis zu konstanten 1061,81 km/h in der Stratosphäre, d. h. in über 11 000 m Höhe.
Wenn bei Zeitangaben die Bezeichnung GMT *(Greenwich Mean Time)* angegeben ist, so bedeutet das, daß nicht die jeweilige Ortszeit, sondern die sog. Weltzeit, bzw. die sog. mittlere Sonnenzeit des durch die englische Ortschaft Greenwich laufenden geographischen Längengrades Null gemeint ist. In der Luftfahrt werden nahezu alle Daten, abgesehen von Passagierflugplänen, auf GMT bezogen. 12 Uhr GMT heißt demnach z. B. 12 Uhr westeuropäische Zeit oder 13 Uhr mitteleuropäischer Zeit (MEZ) oder 14 Uhr deutscher Sommerzeit.

Die Anfänge: Von den Verkehrsmöglichkeiten zu Lande und zu Wasser gibt es schon aus vor- und frühgeschichtlicher Zeit zahlreiche Darstellungen. Sie bezeugen den menschlichen Umgang mit Rädern, Wagen, Trag- und Zugtieren oder Schiffen (und deren Antriebskräften) bis zurück ins 8. Jahrtausend v. Chr. und früher.
Dafür, daß der Mensch seinen uralten Traum zu verwirklichen versuchte, sich auch den Luftraum zu erobern und vogelgleich fliegen zu können, sind derartige, konkret als solche zu identifizierende Nachweise erst seit etwa 500 Jahren bekannt. Alle früheren Darstellungen wie auch immer gearteter *»fliegender Menschen«* oder Fluggeräte sind lediglich Illustrationen zu mythologischen Überlieferungen, wie z. B. der bekannten griechischen *Dädalus*- und *Ikarus*sage oder der germanischen Sage von *Wieland dem Schmied.*

Die ersten technologisch fundierten Entwürfe von Flugapparaten und damit unternommenen Experimenten gibt es erst aus der Zeit um 1500 n. Chr., als der geniale *Leonardo da Vinci* (* 15. April 1452, † 2. Mai 1519) von Muskelkraft betriebene Fluggeräte zeichnete und konstruierte, – sogar bis hin zu einer ersten Idee von einer Art Hubschrauber.

Der erste realistische Entwurf für ein Fluggerät war, nach einem Bericht der *Royal Aeronautical Society,* eine Veröffentlichung des schwedischen Naturforschers und Theosophen *Emanuael Swedenborg* (* 29. Januar 1688, † 29. März 1772), die 1717 in Schweden erschien.
Die erste deutsche *literarische* Behandlung von Luftfahrtproblemen unternahm der Tübinger Professor *Friedrich Hermann Flayder* in seinem Buch *Curiose Gedanken von der Kunst zu fliegen* im Jahre 1737.

Die ersten Gleit- und Sprungflüge unternahm 1896 der deutsche Ingenieur Otto Lilienthal.

Die ersten Ballonflüge (s. S. 388), durch die Menschen sich erstmals tatsächlich in die Luft erheben konnten (wenn auch noch ohne die Möglichkeit, die Flugrichtung zu bestimmen), gingen den Versuchen voraus, mit Hilfe von Fluggeräten die Naturgesetze des Vogelfluges in Gleit- und Sprungflügen zu nutzen.

Die ersten bekannten Versuche von Gleit- und Sprungflügen unternahm der deutsche Ingenieur *Otto Lilienthal* (* 23. Mai 1838, † 9. August 1896) in den *Stöllner Bergen* (Mark Brandenburg nordwestlich von Berlin, heute Ostdeutschland). Mit mehreren unterschiedlich konstruierten Gleitfluggeräten, teilweise mit Doppeldeckern, gelangen ihm ab 1891 Flugsprünge zwischen 25 und 500 m.

Für eigene Rekorde

Als er nach über 2000 solcher Versuche am 9. August 1896 wagte, seinen Gleiter nicht nur durch Verlagerung seines Körpergewichts, sondern mit Hilfe eines kleinen Kohlesäuremotors zu steuern, stürzte er aus 15 m Höhe tödlich ab.

Die ersten Flüge

Der erste Start eines bemannten Flugzeuges mit eigener Kraft erfolgte, als der Franzose *Clément Ader* (1841–1925) am 9. Oktober 1890 in Armainvilliers (Frankreich) mit seiner *Éole* etwa 50 m weit flog. – *Richard William Pearce* (1877–1953) flog, wahrscheinlich am 31. März 1903, mindestens 45 m in einem selbstgebauten Einsitzer mit Benzinmotor entlang der *Main Waitohi Road* im neuseeländischen South Canterbury.

Der erste überwachte Dauerflug mit Motorantrieb fand am 17. Dezember 1903 um 10.35 Uhr vormittags in der Nähe des *Kill Devil Hill* bei Kitty Hawk, North Carolina (USA), statt. *Orville Wright* (* 19. August 1871, † 30. Januar 1948) flog damals mit der 12 PS (8,8 kW) starken *Flyer* mit Kettenantrieb über eine Strecke von 36,5 m mit einer Fluggeschwindigkeit von 48 km/h (Bodengeschwindigkeit 10,9 km/h) in einer Höhe von 3,6 m etwa

Die Brüder Orville (lks.) und Wilbur Wright mit ihrem »Flyer«.

zwölf Sekunden lang, beobachtet von einem Bruder *Wilbur* (* 16. April 1867, † 30. Mai 1912), drei Lebensrettern und zwei weiteren Zuschauern. Beide Brüder, die aus Dayton, Ohio (USA), kamen, waren Junggesellen, weil sie, wie Orville es ausdrückte, nicht die Mittel besaßen, sowohl eine Frau als auch ein Flugzeug zu unterhalten. Der *Flyer* ist jetzt im *Nationalen Luft- und Raumfahrtmuseum* des *Smithsonian Instituts* in Washington, D. C. (USA), ausgestellt.

Erste Kanalüberquerung: Louis Blériot (Mitte).

(D) **Der erste Deutsche, der den Erdboden in einem Motorflugzeug verließ,** war *Karl Jatho.* Am 18. August 1903 gelang ihm auf der *Vahrenwalder Höhe,* nördlich von Hannover (Westdeutschland, Niedersachsen), ein 18 m langer Flugsprung.
Der erste wirkliche Flug von deutschem Boden aus fand im Januar 1909 in Magdeburg (jetzt Ostdeutschland) statt. Der deutsche Flugpionier *Hans Grade* (* 17. Mai 1879, † 22. Oktober 1946) unternahm ihn in einem *Ellehammer-Dreidecker.*

(A) Den ersten Flug in Österreich unternahm im April 1909 der Franzose *Legagneux* mit einem *Voisin-Modell* in Wien. Im November 1909 stieg der Österreicher *Igo Etrich* (* 25. Dezember 1879, † 4. Februar 1967) mit der von ihm konstruierten *Etrich-Taube,* einem verspannten Schulterdecker, der später von *Edmund Rumpler* (* 4. Januar 1872, † 7. September 1940) in Deutschland nachgebaut wurde, in Wiener Neustadt (Niederösterreich) auf.

(CH) Der erste Flug in der Schweiz fand 1910 mit einem Schweizer *Dufaux-Modell* statt.

Die erste Kanalüberquerung mit einem Flugzeug erfolgte am Sonntag, dem 25. Juli 1909. Damals flog der Franzose *Louis Blériot* (* 1. Juli 1872, † 2. August 1936) mit seinem *Blériot-XI-Einsitzer,* der von einem 23-PS(17 kW)-*Anzani-Motor* angetrieben wurde, nach seinem Start um 4 Uhr 41 früh in 36 Minuten, 30 Sekunden die Strecke von 41,8 km von Les Baraques (Frankreich) bis nach Northfall Meadow in der Nähe von Dover Castle.

Die ersten Pläne für einen Düsenantrieb wurden bereits von dem französischen Capitaine *Marconnet* im Jahre 1909, von dem Rumänen *Henri Coanda* (1886–1972) und von *Maxime Guillaume* mit seinen Turbojet-Vorschlägen im Jahre 1921 unterbreitet. Der erste Startversuch wurde am 12. April 1937 von der Firma *British Power Jets Ltd.* mit dem Testflugzeug W. U. *(Whittle Unit)* durchgeführt, das von dem damaligen Oberleutnant (inzwischen Brigadegeneral) *Frank Whittle* (* 1. Juni 1907 in Coventry) entwickelt wurde; er hatte 1930 ein Patent für einen Düsenantrieb angemeldet.

Der erste Flug mit einem Düsenflugzeug wurde von dem deutschen Flugkapitän *Erich Warsitz* am 27. August 1939 bei *Marienehe* nahe Rostock (jetzt Ostdeutschland) in der mit einem Turbojet-Antrieb der Firma *Heinkel* ausgerüsteten *He 178* ausgeführt. Das Flugzeug war mit einem *Heinkel-He-53-b-Motor* ausgerüstet (378 kg Schub im Stand, eingebaut mit langem Auspuffrohr), der von *Dr. Hans Pabst von Chain* entwickelt und erstmalig im August 1937 erprobt worden war. Der Flug dauerte acht Minuten. Die Maschine stieg in einem Winkel von 45° auf und erreichte schnell die Geschwindigkeit von 750 km/h. Weil die Tanks leer waren, setzte das Antriebswerk aus, aber es gab keine Bruchlandung: Flugkapitän Warsitz brachte die Maschine im Gleitflug sicher zu Boden.

Den ersten Überschallflug führte der amerikanische Luftwaffencaptain (später Brigadegeneral) *Charles (Chuck) Elwood Yeager* (* 13. Februar 1923) über dem *Edwards-Luftwaffenstützpunkt* in Muroc, Kalifornien (USA), am 14. Oktober 1947 mit einem *Bell-XS-1-Raketenflugzeug Glamorous Glennis* mit einer Geschwindigkeit von 1,015 *Mach* (1078 km/h) bei einer Flughöhe von 12 800 m durch.

Das erste turbojetangetriebene Flugzeug der Welt, das Überschallgeschwindigkeit erreichte, war ein Nurflügel-Forschungs-Flugzeug vom Typ *de Havilland D. H. 108,* das am 6. September 1948 mit dem Piloten *John Derry* eine *Mach*-Zahl zwischen 1,0 und 1,1 bei einem Sturzflug erreichte.

Die erste Überquerung des Nordatlantik in der Luft in *West-Ost*-Richtung wurde von Korvettenkapitän (später Konteradmiral) *Albert Cushion Read* (1887–1967) und seiner Besatzung (Stone, Hinton, Rodd, Rhoads und Bresse) mit dem 84 Knoten (155 km/h) schnellen *Curtiss-Flugboot NC-4* der amerikanischen Marine auf der Strecke von Trepassey Harbour in Neufundland (Kanada) über die Azoren nach Lissabon (Portugal) vom 16.–27. Mai 1919 durchgeführt. Die gesamte Flugzeit über eine Strecke von 7951 km, die am 8. Mai in Long Island, New York (USA), begann und am 31. Mai in Plymouth (England) ihr Ende fand, betrug 53 Stunden, 58 Minuten. Der Flug von Neufundland bis zu den Azoren über eine Strecke von 1930 km dauerte 15 Stunden, 18 Minuten bei einer Geschwindigkeit von 81,7 Knoten (151,4 km/h).

Den ersten Nonstopflug über den Atlantik in *West-Ost*-Richtung führten Captain *John William Alcock* (1892–1919) und sein Funker Leutnant Arthur Whitten Brown (1886–1948) über eine Strecke von 3154 km in der Zeit von 16 Uhr 10 GMT am 14. Juni bis 8 Uhr 40 GMT am 15. Juni 1919 vom Flugplatz *Lester* in St. John's, Neufundland (Kanada), nach dem *Derrygimla-Moor* in der Nähe von Clifden in der irischen Grafschaft Galway durch. Die beiden flogen mit einer *Vickers Vimy,* die mit zwei je 360 PS (265 kW) starken *Rolls-Royce-Eagle-VIII-Motoren* ausgerüstet war. Sie wurden am 21. Juni 1919 mit einem Zivilorden ausgezeichnet. Außerdem gewannen sie einen Preis der Londo-

Erste Ost-West-Atlantiküberquerung: Ehrenfried G. v. Hünefeld, James G. Fitzmaurice und Hermann Köhl (v. lks.).

Eine riesige Menschenmenge empfängt Lindbergh.

ner Tageszeitung *Daily Mail* in Höhe von 10000 Pfund Sterling (damals 200000,– Mark).

Die erste Ost-West-Atlantiküberquerung gelang am 12. April 1928 den Deutschen *Hermann Köhl* (* 15. Mai 1888, † 7. Oktober 1938), Freiherr *Ehrenfried Günther von Hünefeld* (* 1. Mai 1892, † 5. Februar 1929) zusammen mit dem Chef des irischen Luftcorps, Oberst *James C. Fitzmaurice* (* 6. Januar 1898, † 29. September 1965), mit einer auf den Namen *Bremen* getauften *Junkers-Maschine W33*. Sie starteten in Irland und landeten nach 36 Stunden, 2 Minuten auf der Insel Greenly Island vor Neufundland (Kanada). Nach einer Triumphfahrt durch die Vereinigten Staaten verlieh ihnen US-Präsident *Calvin Coolidge* (* 4. Juli 1872, † 5. Januar 1933) die höchste amerikanische Fliegermedaille.

Der erste Alleinflug über den Atlantik: Captain (später Brigadegeneral) *Charles Augustus Lindbergh* (* 4. Februar 1902, † 26. August 1974) war der 79. Pilot, der eine Atlantiküberquerung durchführte, aber er war der erste, der sie *allein* vornahm. Er startete am 20. Mai 1927 mit seinem 220-PS-Einsitzer *Spirit of St. Louis* vom Typ *Ryan* um 12 Uhr 52 GMT vom *Rossevelt-Flugplatz* in Long Island, New York (USA), und landete am 21. Mai 1927 um 22 Uhr 21 GMT auf dem Flugplatz von *Le Bourget* in Paris (Frankreich) nach einer Flugzeit von 33 Stunden, 29 Minuten, 30 Sekunden über eine Strecke von 5810 km. Er gewann den schon 1919 von dem New Yorker Hotelier und Millionär *Raymond Orfög* für die Ein-Mann-Nonstop-Atlantiküberquerung von New York nach Paris ausgesetzten Preis von 25000 Dollar (damals über 100000,– Mark).

Die erste Ost-West-Atlantiküberquerung mit einem Flugboot unternahm der deutsche Pilot *Wolf-*

Die erste Frau, die rund um die Welt flog: Elli Beinhorn.

Mit Muskelkraft über den Kanal, zum ersten Mal gelang dies 1979 dem Amerikaner Bryan Allen (s. Seite 393) mit dem »Gossamer Albatross« des Konstrukteurs Dr. Paul Mac-Cready. Lohn der Angst: 400 000,– DM.

gang von Gronau (* 25. Februar 1893, † 17. März 1977) am 26. August 1930 mit einem damals schon fünf Jahre alten *Dornier Wal D 1422,* der bereits dem norwegischen Forscher *Rouald Amundsen* (*6. Juli 1872, † 18. Juni 1928) zu einem Polarflug gedient hatte. *Gronau* startete in *List* auf Sylt (nordfries. Insel, Schleswig-Holstein), flog über Island, Grönland und Kanada und landete im Hafen von New York (USA).

Den ersten Nonstopflug über den Pazifik führten Major *Clyde Pangborn* und *Hugh Herdon* vom 3. bis 5. Oktober 1931 in einer Zeit von 41 Stunden, 31 Minuten über eine Strecke von 7335 km mit dem *Bellanca*-Kabinenflugzeug *Miss Veedol* von Sabishiro Beach (Japan) nach Wenatchee, Washington (USA), durch (Erste Überquerung s. u. – Flug im Jahre 1924).

Die ersten Erdumrundungen: Die *Fédération Aéronautique Internationale* erkennt als Weltrundflug diejenigen Flüge an, die eine Entfernung von mindestens 36 787 599 km – die Länge des Wendekreises des Krebses – zurücklegen und dabei an ihren Ausgangspunkt zurückkehren.

Einen ersten Weltrundflug, der diesen Bedingungen entsprach, führten zwei *Douglas-D.W.C.-Flugboote* der US-Army in 57 Etappen über eine Strecke von 42 398 km durch. Die *Chicago* war mit Leutnant *Lowell H. Smith* und Leutnant *Leslie P. Arnold* und die *New Orleans* mit Leutnant *Erik H. Nelson* und Leutnant *John Harding* bemannt. Der Flug fand vom 6. April bis zum 28. September 1924 statt; Start und Ziel war Seattle, (USA).

Den ersten Alleinflug um die Erde führte der Amerikaner *Wiley Hardemann Post* (1898–1935) vom 15. bis 22. Juli 1933 in zehn Etappen mit der *Lockheed-Vega Winnie Mae* mit Start und Ziel auf dem Flugplatz von *Floyd Bennett* in New York (USA) durch. Die in 115 Stunden, 36 Minuten zurückgelegte Strecke von 25 099 km lag jedoch auf einem zu hohen Breitengrad, um gewertet zu werden.

Die erste alleinige Polarumrundung führte Hauptmann *Elgen M. Long* (44) vom 5. November bis zum 3. Dezember 1971 mit einer *Piper Navajo* durch. Er legte in 215 Flugstunden eine Strecke von 62 597 km zurück. Die Kabinentemperatur sank über der Antarktis auf −40° Celsius ab.

Den ersten amtlichen Flugzeugführerschein der Welt erhielt der Franzose *Louis Blériot* (s. a. Erste Kanalüberquerung).
Als erster Deutscher bekam am 1. Februar 1910 der Erbauer des ersten deutschen Motorflugzeuges *August Euler* (* 20. November 1868, † 1. Juli 1957) den Pilotenschein.

Die erste Flugzeugführerin der Welt war die Französin *Raymonde de Laroche* (* 1886). Sie bestand ihre Prüfung im Jahre 1909 in Châlons-sur-Marne (Frankreich) in einem *Voisin-Doppeldecker.* Mit 33 Jahren stürzte sie tödlich ab.

Die erste Pilotin Deutschlands war die 1886 geborene Bildhauerin *Melli Beese.* Sie erwarb 1911 das Pilotenzeugnis, gab ihren Beruf auf und gründete eine eigene Flugschule.
Melli Beese war auch **die erste Flugzeugkonstrukteurin** der Welt. 1914 hatte sie die Konstruktion eines Flugbootes vollendet, konnte die Herstellung aber nicht mehr ausführen, weil der Erste Weltkrieg ausbrach. Nach einem Absturz in der Nähe von Berlin, den sie überlebte, nahm sie sich 1925, gänzlich verarmt, das Leben.

Die ersten Weltumflüge als Frau sowie mehrere Afrika- und Asien-Großflüge unternahm zwischen 1931 und 1937, zuerst mit einer *Klemm,* später mit einer *Messerschmitt-Taifun* die Deutsche *Elli Beinhorn* (* 30. Mai 1907). 1932 flog sie in 275 Flugstunden eine 31 000 km lange Strecke zwischen Berlin und Südamerika über Kleinasien, Indien, den Himalaja, Java, Bali und Australien nach Südamerika.

Luftfahrtindustrie und Flugzeugbau

Der größte Flugzeughersteller der Welt ist die *Boeing Airplane Company* in Seattle, Washington (USA). Die Verkaufsziffern des Konzerns beliefen sich 1978 auf 5,463 Mrd. Dollar (10,9 Mrd. DM). Die Gesellschaft beschäftigte am 1. April 1979 92 200 Mitarbeiter und die Aktiva betrugen 1,474 Mrd. Dollar (2,95 Mrd. DM).
Die *Cessna Aircraft Company* in Wichita, Kansas (USA) stellte mit 9197 Stück im Jahr 1978 eine Rekordanzahl von Zivilflugzeugen her und erzielte Verkäufe im Wert von insgesamt 759 Mio. Dollar (1 Mrd. 520 Mio. DM). Seit dem Bau des ersten Flugzeugs von *Clyde Cessna* im Jahr 1911 hat die Firma über 150 000 Flugzeuge gebaut. Insgesamt sind in der Luft- und Raumfahrtindustrie der USA etwa 890 000 Personen beschäftigt.

Westdeutschland liegt nach der Zahl der in der Flugzeug- und Raumfahrtindustrie Beschäftigten – abgesehen von der UdSSR – mit 54 000 Personen an 4. Stelle nach Großbritannien (227 000) und Frankreich (103 000).

Die größte westdeutsche Flugzeugbaufirma ist *Messerschmitt-Bölkow-Blohm* GmbH in Ottobrunn bei München (Bayern) und anderen Produktionsorten. Sie wurde 1969 nach mehreren Firmenfusionen gegründet. Sie hat rund 25 000 Beschäftigte und erwartet für 1980 einen Umsatz von 3,4 Mrd. DM. An *zweiter* Stelle steht der – ursprünglich deutsch-holländische – Konzern *Vereinigte Flugzeugwerke (VFW)* in Düsseldorf und Bremen. Auch er wurde 1969 nach mehreren Firmenfusionen gegründet. 17710 Beschäftigte erarbeiteten 1978 einen Umsatz von 1,58 Mrd. DM. Noch 1980 wollen *MBB* und *VFW* fusionieren.
Ohnehin produzierten die deutschen Flugzeughersteller meist im Rahmen internationaler Arbeitsgemeinschaften, wie z. B. im Fall des *Airbus*-Flugzeuges, dessen internationale Produktionsgruppe *Airbus Industrie* gegenwärtig (nach *Boeing*) die zweitgrößte Flugzeugbaufirma der westlichen Welt ist.

Fluggesellschaften, Fluglinien, Luftverkehr

Die größte Fluggesellschaft der Welt ist die sowjetische staatliche Gesellschaft *Aeroflot.* Sie trägt diesen Namen seit 1932 und wurde am 9. Februar 1923 unter der Bezeichnung *Zivile Luftflotte des Ministerrats der UdSSR* (abgekürzt *Dobrolet*) gegründet. Sie verfügt über 1300 Flugzeuge, befliegt ein Streckennetz von etwa 900 000 km, beschäftigt 400 000 Mitarbeiter und befördert 100 Mio. Passagiere in 67 Länder.

Die kommerzielle Fluggesellschaft mit dem größten Passagieraufkommen im Jahre 1978 war die 1926 gegründete *United Airlines* in Chicago, Illinois (USA), mit 41 Mio. 676 260 Fluggästen. Diese Gesellschaft hatte 53 831 Mitarbeiter. Ihre Flotte umfaßte im selben Jahr 336 Düsenflugzeuge.

Die älteste noch bestehende Fluggesellschaft ist die holländische *Koninklijke Luchtvaart Maatschappij N. V. (KLM),* die am 17. Mai 1920 ihren ersten Liniendienst von Amsterdam nach London aufnahm, nachdem sie am 7. Oktober 1919 gegründet worden war.
Chalk's International Airline betreibt seit Juli 1919 eine Flugbootlinie zwischen Miami in Florida und den Bahamas. *Albert »Pappy« Chalk* war selbst von 1911–75 Pilot.

Als erste deutsche Fluggesellschaft wurde die *Delag (Deutsche Luftschiffahrt AG)* am 16. November 1909 in Frankfurt am Main (Hessen) gegründet und nahm im Juni 1910 einen Liniendienst mit Luftschiffen auf.

Als erstes deutsches Passagierflugzeug flog eine 1918 von den *Junkers*-Werken in Dessau (jetzt Ostdeutschland) gebaute *Junkers F–13* am 5. Februar 1919 von Berlin nach Weimar (Ostdeutschland, Thüringen).

Von der zweitgrößten Flugzeugbaufirma der westlichen Welt: der Airbus A 300 B.

Als alleinige Trägerin des westdeutschen zivilen Luftverkehrs (abgesehen von Chartergesellschaften) ist die *Deutsche Lufthansa AG* (Hauptsitz Köln, Nordrhein-Westfalen) tätig. Sie wurde am 1. Juni 1926 durch Zusammenschluß der Firmen *Junkers Luftverkehr* und *Deutscher Aero-Lloyd* gegründet. Nach dem Zweiten Weltkrieg mußte sie ihre Tätigkeit aufgrund eines *Alliierten Kontrollratsbeschlusses* einstellen. Am 6. Januar 1953 wurde als eine Art Nachfolgerin die AG für Luftverkehrsbedarf *(Luftag)* gegründet, die am 6. August 1954 wieder den Namen *Deutsche Lufthansa AG* annahm. Nach Rückgabe der Lufthoheit an Westdeutschland nahm sie am 31. März 1955 nach zehnjähriger Pause mit einer *Convair-340*-Maschine zwischen Hamburg und München (über Düsseldorf-Köln-Frankfurt/M.) den innerdeutschen Passagierluftverkehr wieder auf. Kurz darauf beflogen *Lufthansa*-Maschinen auch wieder internationale Strecken.

1979 legte die *Deutsche Lufthansa* auf 164649 Flügen 202,1 Mio. km zurück. Sie beförderte rund 13,7 Mio. Passagiere, 399327 t Fracht und 47730 t Post. Ihre Flotte umfaßt acht Boeing 747, elf DC-10, sieben Airbus A300B, zehn Boeing 707, 29 Boeing 727 und 28 Boeing 737, zusammen 93 Flugzeuge. Ihre Tochtergesellschaften *Condor* und *German Cargo* haben zusammen nochmals 21 Flugzeuge. Der Unternehmensumsatz der *Deutschen Lufthansa* AG betrug 1979 4,8 Mrd. DM. 29400 Mitarbeiter waren beschäftigt.

(A) Die österreichische Luftverkehrsgesellschaft *Austrian Airlines* hatte 1979 14 DC-9-Maschinen im Linien- und Charterverkehr im Einsatz, die 26,63 Mio. km zurücklegten. Im Linienverkehr beförderten sie 1,72 Mio. Passagiere im Jahr 1979 und 375745 im Charterverkehr. Die Frachtbeförderung betrug 13169 t. Insgesamt wurden 25720 Linien- und 5119 Charterflüge durchgeführt. Der Umsatz der mehrheitlich im Staatsbesitz befindlichen Gesellschaft betrug 3 Mrd. 491000 Schillinge (500 Mio. DM) im Jahr 1979.

(CH) Die schweizerische Fluggesellschaft *Swissair* beförderte 1978 auf ihrem 300000 km langen Streckennetz 6,86 Mio. Passagiere in 62 Länder. Wegen ihres hohen Leistungsstandards wurde sie von der US-Fachzeitschrift *Air Transport World* zur *Fluggesellschaft des Jahres 1978* gewählt.

In einer für 1979 aufgestellten Qualitätsliste von »Vielfliegern« der *International Airline Passengers Association (IAPA)* rangiert die *Swissair* an erster Stelle, gefolgt von der *Lufthansa*.

Den schwersten Verlust an fliegendem Material erlebte am 15. Januar 1980 die Flotte der *South African Airways* in Johannesburg (Südafrika), als ein nächtlicher Sturm stundenlang über die Stadt fegte. Durch Hagelschlag wurden vier Boeing 747, eine Boeing 727, vier Boeing 737, zwei Boeing 707 und ein Airbus so schwer beschädigt, daß diesen Maschinen bis auf weiteres die Flugzulassungen entzogen werden mußten.

Das Land mit dem stärksten Flugverkehr sind die USA mit 193 Mrd. 218,8 Mio. Fluggastkilometern auf Linienflügen im Inland. Das entspricht 1435 km je Bewohner der USA.
Im Weltluftverkehr wurden 1978 rund 670 Mio. Passagiere (nur von Mitgliedsfirmen der Internationalen Organisation für Zivilluftfahrt ICAO) befördert.
Der Nordatlantik-Luftverkehr brachte es 1978 auf 16,9 Mio. Passagiere, davon 13,2 Mio. in Linienmaschinen.

Der schnellste Rundflug um die Welt im planmäßigen Luftverkehrsdienst dauerte 53 Stunden, 34 Minuten für *Alec E. Prior* und *Terry Sloane,* die den Rundflug über 38884 km vom 10. bis zum 12. März 1978 in östlicher Richtung von Sydney (Australien) über Los Angeles (USA), London (England), Bombay (Indien), Perth und Melbourne (Australien) zurücklegten.

Der längste Nonstop-Linienflug ist die wöchentliche *Pan-Am-Verbindung* zwischen Sydney (Australien) und San Francisco (Kalifornien, USA), die im Dezember 1976 mit einer *Boeing 747 SP* (Flugnummer 816) mit einer Flugzeit von 13 Stunden, 25 Minuten über eine Srecke von 12030 km in Betrieb genommen wurde.

Den längsten Transportflug mit einem Fracht-Jet führte die *Boeing 747 SP* (eine Sonderanfertigung mit vergrößertem Tankinhalt und weniger Sitzplätzen) *Matroosberg* der *South African Airways* in der Zeit vom 23.–29. März 1976 in einer reinen Flugzeit von 17 Stunden, 22 Minuten, 30 Sekunden durch. Die Strecke von Seattle (Washington, USA) bis nach Kapstadt (Südafrika) betrug 16560 km; dabei wurden 175,5 t vorgekühlter Treibstoff verbraucht.

Der kürzeste Linienflug der Welt verkehrt zwischen den schottischen Orkneyinseln Westray und Papa Westray. Er wird von der Gesellschaft *Loganair* seit September 1967 mit zweimotorigen, 10sitzigen *Britten-Norman-Islander-Transportmaschinen* durchgeführt. Die planmäßige Flugzeit beträgt zwei Minuten, aber unter günstigen Windbedingungen hat *Captain Andrew D. Alsop* die Strecke auch schon in 58 Sekunden zurückgelegt.

Die ersten Stewardessen der Welt stellte am 15. Mai 1930 die US-Firma *Boeing Air Transport* (später *United Airlines*) ein. Sie flogen auf der Strecke Chicago-San-Francisco (USA). Die erste Oberstewardess war die Krankenpflegerin *Ellen Church* aus Iowa (USA), die zusammen mit weiteren sieben Kolleginnen engagiert wurde, die alle nicht älter als 25 Jahre sein und nicht mehr als 57,5 kg wiegen durften.

Flughäfen und Hangars

Der größte Flughafen der Welt ist, seiner räumlichen Ausdehnung nach, der von *Dallas/Fort Worth* in Texas (USA). Er erstreckt sich über eine Fläche von 7080 ha in einem Weinbaugebiet, auf halbem Wege zwischen Dallas und Forth Worth. Er wurde im Januar 1974 mit einem Grundkostenaufwand von nahezu 800 Mio. Dollar (damals rund 2 Mrd., 80 Mio. DM) in Betrieb genommen. Die gegenwärtig verfügbaren vier Rollbahnen und fünf Abfertigungshallen sollen auf neun Rollbahnen und 13 Abfertigungshallen mit 260 Flugschaltern erweitert werden, die dem Flughafen eine Kapazität bis zu 150 Mio. Fluggästen geben sollen.
Das gesamte Reservegelände von *Mirabel,* dem Flughafen von Montreal (Kanada), umfaßt 36000 ha, von denen 7000 ha verwendbar sind.
Die geplante Fläche des Flughafens von *Dschidda* in Saudi-Arabien, der bis zum Jahre 1982 mit einem Kostenaufwand von 3800 Mio. Pfund Sterling (15 Mrd. 200 Mio. DM) fertiggestellt sein soll, ist mit 10600 ha angegeben worden.

Der meistbeflogene Flughafen der Welt ist *O'Hare,* der internationale Flughafen von Chicago (USA) mit einer Gesamtzahl von 754986 Abfertigungen im Geschäftsjahr 1978. Das bedeutet, daß bei einem 24-Stunden-Betrieb alle 41,8 Sekunden ein Start oder eine Landung erfolgte.

Der meist angeflogene Landeplatz aller Zeiten war der amerikanische Luftwaffenstützpunkt von *Bien Hoa* in Südvietnam mit mehr als einer Mio. Starts und Landungen im Jahr 1970.

Der größte Hubschrauber-Landeplatz der Welt war der von *An Khe* in Südvietnam.

Der größte Flughafen Europas ist der *Heathrow-Airport* von London (England) mit einer Ausdehnung von 1140 ha. 1978 wurden hier bei 292055 Starts und Landungen 26 Mio. 910068 Passagiere abgefertigt, die von 73 Fluggesellschaften aus 68 Ländern bedient wurden. Der Passagierrekord eines Tages wurde am 30. Juni 1978 mit 106726 Personen erreicht.
Der größte Flughafen auf dem europäischen Kontinent wird der am 13. März 1974 eröffnete *Charles-de-Gaulle-Flughafen* in Roissy-en-France bei Paris (Frankreich) sein, wenn er 1985 endgül-

tig fertiggestellt ist. Zur Zeit ist er 3000 ha groß und bewältigt 1300 Starts und Landungen täglich, wobei innerhalb von 24 Stunden rund 100000 Passagiere abgefertigt werden können.

(D) **Der größte der elf westdeutschen Flughäfen** ist der *Rhein-Main-Flughafen* bei Frankfurt am Main (Hessen). Er ist mit Frachtvorfeld und Lufthansabasis 131 ha groß und rangiert unter den 592 für den internationalen Linienverkehr zugelassenen Flughäfen im Fluggastverkehr an *zehnter* (in Europa nach Heathrow-London an *zweiter*) Stelle. Im *Luftfrachtverkehr* nimmt er in der Welt den vierten, in Europa den ersten Platz ein. Er hat eine Jahreskapazität von 30 Mio. Fluggästen. Regelmäßig wird er von 67 Fluggesellschaften angeflogen und bietet pro Woche 4754 Verbindungen zu 190 Zielorten in 90 Ländern in fünf Kontinenten. Die beiden Start- und Landebahnen sind 3900 bzw. 3750 m lang; bis 1982/83 werden sie auf je 4000 m verlängert sein.
1978 verzeichnete der *Rhein-Main-Flughafen* 15 Mio. 883148 Passagiere, bewältigte 605493 t Luftfracht und 69103 t Luftpost. 216522 Starts und Landungen wurden registriert.
1979 haben die elf westdeutschen Flughäfen zusammen insgesamt 46,7 Mio. Passagiere abgefertigt, d. h. 9,7 Prozent mehr als 1978.

(A) **Der größte Flughafen Österreichs** ist der von *Wien-Schwechat,* wo 1978 rund 2,6 Mio. an- und abreisende Fluggäste gezählt wurden. Das Frachtaufkommen erreichte 30664 t.

(CH) **Der größte Flughafen in der Schweiz** ist *Zürich-Kloten.* Hier wurden 1978 rund 7,4 Mio. Passagiere abgefertigt. Frachtaufkommen: 153502 t.

Der höchstgelegene Flugplatz der Welt befindet sich mit einer Höhe von 4363 m in *Lhasa* in Tibet.

Die höchste Landung, die jemals von einem Starrflügelflugzeug durchgeführt wurde, nahm ein *Pilatus-Porter-Flugzeug* mit dem Namen *Yeti* in einer Höhe von 6080 m auf dem *Dhaulagri* im Himalaya (Nepal) vor, als es die Schweizer Expedition des Jahres 1960 versorgte.

Der tiefstgelegene Landeplatz liegt bei *El Lisan* am Ostufer des Toten Meeres, 360 m unter dem Meeresspiegel.

Der tiefstgelegene internationale Flughafen ist der von *Schiphol* in Amsterdam (Niederlande): 3,9 m unter dem Meeresspiegel.

Der Flughafen mit der größten Entfernung zum Stadtzentrum, dem er eigentlich zu Diensten sein soll, ist der von *Mirabel* (Kanada). Er ist 53 km von Montreal entfernt.

Die längste Rollbahn der Welt befindet sich mit einer Länge von 11 km (davon 4572 m Zementbahn) auf dem Luftwaffenstützpunkt *Edwards* auf dem Boden des ausgetrockneten Rogers-Sees in Muroc, Kalifornien (USA). Der gesamte, als Versuchszentrum verwendete Flugplatz erstreckt sich über 168 km². Im Notfall steht in der Länge des ausgetrockneten Seebodens eine Hilfs-Landebahn von 19 km Länge zur Verfügung.
Die längste Rollbahn der Welt auf einem *zivilen* Flughafen hat mit einer Länge von 4,89 km die Stadt *Upington* in Südafrika.

Der größte Hangar der Welt ist der von *Goodyear Airship* in Akron, Ohio (USA); er ist 358 m lang, 99 m breit und 61 m hoch. Sein Areal mißt 3,38 ha, der umbaute Raum beträgt 1,6 Mio. m³.
Der größte Hangar für *Starrflügelmaschinen* ist die Prüfstelle von *Lockheed-Georgia* in Marietta, Georgia (USA), mit Abmessungen von 192 × 146 m (2,8 ha), die 1967 fertiggestellt wurde.

(D) **Die größte Flugzeugwartungshalle** hat der *Rhein-Main-Flughafen* von Frankfurt am Main (Westdeutschland, Hessen). Es ist die Halle V, auch *Jumbo-Halle* genannt. Sie ist 320 m lang, 100 m tief, 34 m hoch und bedeckt eine Fläche von 2,8 ha. Ihr umbauter Raum umfaßt 850000 m³. Sie hat acht Schiebetore von je 100 t Gewicht. In ihr können gleichzeitig sechs Boeing 747 oder 14 Boeing 707 gewartet werden. Obwohl sich die Dachbänder aus vorgespanntem Leichtbeton über zweimal 135 m frei spannen, ist die Dachkonstruktion nur 8,5 cm stark.
Die Düsenflugzeugbasis von *Delta Airlines* auf dem *Hartsfielt International Airport,* Atlanta (Georgia, USA), besitzt ein Areal von 56,6 ha, davon 14,5 ha unter Dach.

Flugzeuge

Das schwerste und teuerste Flugzeug aller Zeiten war die dritte *Boeing-E-4A*-Ausführung, die auf Anweisung für die *US-Fallschirmjäger-Kommando-Zentrale* aus der *Boeing 747–200-B*-Transport-Maschine entwickelt wurde. Sie flog zum ersten Mal am 6. Juni 1974, ausgerüstet mit vier *Turbo-Ventilator-Motoren* vom Typ *General Electric F 103-GE-100* mit einem Gesamtschub von 95250 kg. Das Gesamtgewicht wurde mit 385,6 t und die Kosten wurden mit 117 Mio. Dollar (damals 304,2 Mio. DM) angegeben.

Das Flugzeug mit der größten Flügelspannweite, das jemals hergestellt wurde, war das 40-Mio.-Dollar (168-Mio.-DM-)-*Hughes-H-2-Flugboot Hercules,* das am 2. November 1947 mit *Howard Hughes* (1905–76) am Steuer vor dem Hafen von Long

Das leichteste Motorflugzeug, das je in der Luft war. Sein Motor war ein Einzylinder-Zweitakt-Motor.

Beach, Kalifornien (USA), bei einem Versuchsflug über eine Strecke von 914 m auf eine Höhe von 21,3 m gebracht wurde. Das achtmotorige, 193 t schwere Flugzeug hatte eine Spannweite von 97,54 m, eine Länge von 66,75 m und flog nur dieses einzige Mal.

Das leichteste mechanisch angetriebene Flugzeug, das sich jemals in die Luft erhob, war der Prototyp *Birdman TL-1,* ein Einsitzer, der von *Emmet M. Tally III* (* 1976) aus Daytona Beach, Florida (USA), entwickelt und gebaut und zum ersten Mal am 25. Januar 1975 geflogen wurde. Er hatte eine Spannweite von 10,36 m, ein Leergewicht von 45 kg und ein normales Startgewicht von 131 kg. Er war mit einem 15 PS (11,1 kW)starken *Tally-Aircraft-M.C.-101-DT-Einzylinder-Zweitaktmotor* ausgerüstet, der einen Schubpropeller am Heck des Flugzeuges antrieb und eine Höchstgeschwindigkeit von 97 km/h sowie eine Reichweite von 322 km bei einem Treibstoffverbrauch von 15 l entwickelte. Der Pilot saß in einem offenen Sitz.

Das leichteste und kleinste zweimotorige Flugzeug ist der Prototyp *MC 10 Cricri,* ein einsitziger Eindecker, der von dem Franzosen *Michel Colomban* aus Rueil-Malmaison entwickelt und gebaut und zum ersten Mal am 19. Juli 1973 von dem 68jährigen *Robert Buisson* geflogen wurde. Er hat eine Spannweite von 5 m, ein Leergewicht von 63 kg und ein Startgewicht von 170 kg, einschließlich des Piloten. Die 9 PS (6,65 kW) starken *Rowena-Zweitaktmotoren* verleihen ihn eine Höchstgeschwindigkeit von 210 km/h und eine Reichweite von 400 km. Die *Cricri* ist zum Kunstflug geeignet.

Ⓓ **Das kleinste deutsche Flugzeug** wurde 1978 auf der *Luftfahrtschau* der *Messe von Hannover* (Niedersachsen) vorgestellt. Das *Vowi 10 Starlet* genannte, aber scherzhaft als *Fliegender Gartenstuhl* oder *Propellermücke* bezeichnete Kleinflugzeug erreicht bei einem Verbrauch von nur *neun* Litern Treibstoff eine Geschwindigkeit von 129 km/h. Der Zweisitzer ist 6,40 m lang und am Leitwerk, seiner höchsten Stelle, 2,30 m hoch. Der Propellermotor leistet 60 PS (44 kW), die Spannweite beträgt 11 m, und für den Start benötigt die Maschine, die bei ihrer Vorstellung für rund 30000,– DM angeboten wurde, 50 m. Das ganze Flugzeug wird nur von drei Schrauben und zwei Splinten zusammengehalten. Um es zusammenzuklappen, braucht man diese nur zu entfernen.

Das kleinste Flugzeug, das je geflogen wurde, ist der *Stits-Skybaby-Doppeldecker,* der von *Ray Stits* aus Riverside, Kalifornien (USA), entwickelt und gebaut und zum ersten Mal von *Robert H. Starr* am 26. Mai 1952 geflogen wurde. Es war 3 m lang, hatte eine Spannweite von 2,18 m und ein Leergewicht von 205 kg. Es war mit einem 85-PS (63 kW-)-*Continental-C-85-Motor* ausgerüstet und erreichte eine Spitzengeschwindigkeit von 297 km/h.

Das kleinste Flugzeug, mit dem eine Erdumrundung gelang, war die 6,38 m lange, einmotorige *Thorp T-18* mit 180 PS (133 kW), die der Pilot *Donald P. Taylor* aus Sage, Kalifornien (USA), in seiner Werkstatt im Eigenbau herstellte. Sein Flug über eine Strecke von 42148 km in 37 Etappen nahm 176 Flugstunden in Anspruch und endete am 30. September 1976 in Oshkosh, Wisconsin (USA).

🌐 **Den Weltrekord bei einer West-Ost-Atlantiküberquerung mit einem Kleinflugzeug** stellte mit einem Stundendurchschnitt von 243 km/h am 16./17. April 1980 der von deutschen Einwanderern abstammende 56jährige Amerikaner *Gerald Dietrick* auf. Mit seinem einmotorigen Fiberglas-Kleinflugzeug vom Typ *Windecker Eagle* bewältigte er die Strecke von *Cincinnati* (USA) nach *München-Riem* (Westdeutschland, Bayern) in 24 Stunden und 25 Minuten.

Das schwerste Bombenflugzeug der Welt ist das mit acht Düsentriebwerken ausgerüstete Schrägflügel-Flugzeug vom Typ *Boeing B-52 H Stratofortress* mit einem maximalen Startgewicht von 221,35 t. Es hat eine Spannweite von 56,38 m, eine Länge von 48,02 m und eine Geschwindigkeit von mehr als 1046 km/h. Die B 52 kann 12 *SRAM Kurzstrecken-Atomraketen* oder 24 340 kg-Bomben unter ihren Tragflächen und acht weitere SRAM-Raketen oder 84 226 kg-Bomben im Rumpf transportieren.
Die zehnmotorige *Convair B-36 J* hatte mit einem Gewicht von 185 t eine größere Spannweite, nämlich 70,10 m, aber sie ist nicht mehr im Einsatz. Sie hatte eine Spitzengeschwindigkeit von 700 km/h.

Die schnellsten strategischen Bombenflugzeuge der Welt sind die französischen *Mirage IV* der Firma *Dassault,* die eine Geschwindigkeit von 2,2 Mach (2333 km/h) in einer Höhe von 11 000 m erreichen können; die amerikanische *General Dy-*

namics FB-111A mit einer Höchstgeschwindigkeit von 2,5 *Mach*, und die sowjetische *Tupoley Tu-26* mit schwenkbaren Tragflächen, bei der NATO unter dem Namen *Backfire* bekannt. Sie hat eine geschätzte Höchstgeschwindigkeit über dem Ziel von 2,0 *Mach* und einen Einsatzradius bis zu 5745 km.

🌐 **Das größte Verkehrsflugzeug der Welt** ist der *Boeing-747-Jumbo-Jet,* der zum ersten Mal am 9. Februar 1969 geflogen wurde (s. a. *»Das schwerste Flugzeug«*) und bei einer Höchstgeschwindigkeit von 978 km/h 385–500 Fluggäste befördern kann. Er hat eine Spannweite von 59,64 m und eine Länge von 70,5 m. Er wurde am 22. Januar 1970 in Dienst gestellt.

🌐 **Die schnellsten Verkehrsflugzeuge:** Das Überschallflugzeug *Concorde,* eine Gemeinschaftsentwicklung von *BAC* und *Aero Spatiale,* das zum ersten Mal am 2. März 1969 geflogen wurde, entwickelt mit einem Fassungsvermögen von 128 Passagieren eine Geschwindigkeit bis zu 2,2 *Mach* (2334 km/h). Am 10. Oktober 1969 flog sie mit 1,05 *Mach,* überschritt am 4. November 1970 zum ersten Mal 2,0 *Mach* und wurde so das erste Verkehrsflugzeug mit Überschallgeschwindigkeit. Am 21. Januar 1976 wurde es erstmals für den Personenverkehr eingesetzt, als die Gesellschaften *Air France* (Frankreich) und *British Airways* (Großbritannien) gleichzeitig die Linien Paris (Frankreich) –Rio de Janeiro (Brasilien) bzw. London (England) –Bahrein (Vorderasien) in Betrieb nahmen. Liniendienste zwischen London und New York (USA), bisherige Rekordzeit drei Stunden, sechs Minuten, und zwischen Paris und New York wurden am 22. November 1977 aufgenommen.

Die sowjetische *Tu 144*, die zum ersten Mal am 31. Dezember 1968 flog, nahm den Personenverkehr zwischen *Moskau* und *Alma Ata* (UdSSR, 3520 km) am 1. November 1977 mit einer Durchschnittsgeschwindigkeit von mehr als 2000 km/h (1,9 Mach) auf.

Das geräumigste Flugzeug ist die *Lockheed C-5 A Galaxy* der US-Luftwaffe (bekannt unter der Ty-

Die schwersten Flugzeug-Katastrophen			
Datum	**Zahl der Opfer**	**Ort und Umstände**	**Flugzeugtyp**
17. Dezember 1960	52	München (Bayern, Westdeutschland): Absturz auf Straßenbahn und Tankstelle Tote: Engl. Fußballmannschaft Manchester United und 32 Passanten	Brit. Militärmaschine
30. Juli 1971	161	Morioko (Japan): Zusammenstoß mit Militärflugzeug F-86 F	All Nippon Boeing 727
13. Oktober 1972	176	Moskau (UdSSR): Aufprall auf einen Flugplatzpfeiler wegen schlechter Sicht	Aeroflot II 62
22. Januar 1973	173	Kano (Nigeria): Absturz bei Landung	Alia Boeing 707
2. März 1974	346	Nähe Paris (Frankreich): Explosion nach Verlust einer Frachtraumtür	Boeing 747
1. Dezember 1974	191	Sri Lanka (Ceylon): Aufprall auf einen Bergrücken beim Anflug	American Airlines, DC 10
8. April 1975	287	Luanda (Angola): Absturz nach Bodenbeschuß	THY DC 10
3. August 1975	188	Agadir (Marokko): Flug gegen ein Bergmassiv im Nebel	Martin Air DC 8
10. September 1976	176	Über Zagreb (Jugoslawien): Zusammenstoß	Inex-Adria DC 9 und Brit. Airways Trident
19. September 1976	164	Isparta (Türkei): Aufprall auf einen Berg	Brit. Airlines Boeing 727
13. Oktober 1976	190	Santa Cruz (Bolivien): Nach Start Absturz auf eine Schule	Boeing 707
25. März 1977	583	Santa Cruz (Insel Teneriffa, Spanien): Zusammenstoß auf den Landebahnen des Flugplatzes	Zwei Boeing 747 (PanAm und KLM)
1. Januar 1978	213	Bombay (Indien): Absturz ins Moor nach Start	Air India Boeing 747
25. Mai 1979	273	Chicago (USA): Absturz beim Abheben von der Startbahn, weil sich das Triebwerk an der linken Tragfläche gelöst hatte	DC 10

penbezeichnung *Lockheed 500-3)*. Das Fassungsvermögen der kommerziellen Version beträgt 1463 m^3. Sie hat eine Spannweite von 67,8 m und eine Länge von 74,9 m.

Das größte Propellerflugzeug der Welt, die *Tu 114 B,* wurde in der Sowjetunion gebaut. Sie konnte 220 Passagiere aufnehmen, hatte vier Doppelschrauben und erreichte eine Höchstgeschwindigkeit von fast 900 km/h.

Der größte Flugzeugpropeller, der jemals in Gebrauch war, hatte einen Durchmesser von 6,9 m. Er war vom Typ *Garuda* und gehörte zu dem in Breslau (jetzt Polen) gebauten *Linke-Hofmann R II,* 1919 in Betrieb genommen wurde. Er wurde von vier 260 PS (192 kW) starken *Mercedes*-Motoren angetrieben und hatte eine Drehzahl von nur 545 Upm.

Ⓓ **Das erste bewußt auf Langsamflug ausgelegte Flugzeug** der Welt baute 1937 der deutsche Konstrukteur und Kunstflugweltmeister von 1934 *Gerhard Fieseler* (* 15. April 1896). Es war das Kurzstartflugzeug *Fieseler Storch.*

🌐 **Die meisten Privatflugzeuge** und damit auch die meisten Pilotenscheine von allen Staaten der Welt gibt es im US-Bundesstaat Alaska. Dort hat jeder 40. Einwohner eine Fluglizenz.

Hubschrauber

🌐 **Die schnellsten Hubschrauber:** Einen inoffiziellen Geschwindigkeitsrekord stellte ein Forschungshubschrauber mit mehreren Triebwerken vom Typ *Bell YUH-1B,* Modell 533 und mit zwei zusätzlichen Tubojet-Motoren im April 1969 über Arlington, Texas (USA), mit 508,7 km/h auf.
Den offiziellen Geschwindigkeitsweltrekord für normale Hubschrauber hält seit dem 21. September 1978 der Sowjetrusse *Gourguen Karapetjan.* Er erreichte in einem *Mil-A-10*-Hubschrauber über einen Rundkurs von 15 bzw. 25 km eine Geschwindigkeit von 368,4 km/h.

Der größte Hubschrauber der Welt ist der sowjetische *Mil Mi-12 Homer,* auch unter der Bezeichnung *V12* bekannt. Er stellte am 6. August 1969 einen internationalen Rekord auf, als er eine Nutzlast von 40,2 t auf eine Höhe von 2255 m anhob. Er ist mit vier 6500-PS (4800 kW)-Turbinenwellen-Motoren ausgerüstet, hat eine Spannweite von 67 m über die Rotorenspitzen, eine Länge von 37 m und ein Gewicht von 105 t.

Der kleinste Hubschrauber ist der mit einem zusätzlichen Raketenantrieb ausgerüstete Minihubschrauber der US-Firma *Aerospace General Co.* Er wiegt etwa 72,5 kg und kann eine Geschwindigkeit von 137 km/h über eine Strecke von 400 km erreichen.

🌐 **Der Höhenrekord für Hubschrauber** liegt bei 12442 m. Er wurde am 21. Juni 1972 mit einer *Aerospatiale SA 315 B Lama* von dem Piloten *Jean Boulet* über Frankreich aufgestellt.

Die höchste bisher bekannte Landung eines Hubschraubers fand anläßlich einer Rettungsaktion im Mai 1971 in 7000 m Höhe unterhalb der Südostwand des Mount Everest (Himalaja, Nepal) statt.
Der Hubschrauberlandeplatz des *World Trade Center* (Welthandelszentrums) befindet sich in 422 m Höhe oberhalb des Straßenniveaus auf dem *South Tower* von New York (USA).

Als Pilotin des ersten deutschen Hubschraubers *Focke 61* wurde die vielmalige Segelflugweltmeisterin und Versuchspilotin *Hanna Reitsch* (* 29. März 1912) berühmt. 1938 flog sie zum ersten Mal einen Hubschrauber in einem geschlossenen Raum, nämlich in der Berliner *Deutschlandhalle,* die 117,4 m lang, 83,4 m breit ist und die damals ca. 20 m hoch war. Hanna Reitsch war übrigens die erste Frau, die den Titel *Flugkapitän* führen durfte. Noch 1977 stellte sie im Alter von 65 Jahren einen neuen deutschen Segelflugrekord auf.

Drehflügler

Allgemein: Drehflügler oder Kreiselflugzeuge nennt man ein *Rotorflugzeug,* dessen Rotor nicht von Motorkraft, sondern vom Luftstrom während des Fluges angetrieben wird; es war der Vorläufer des späteren Hubschraubers mit motorangetriebenem Rotor.

Den ersten erfolgreichen Drehflüglerflug führte der Spanier *Juan de la Cierva* am 9. Januar 1923 mit seinem Modell C4 (mit der kommerziellen Bezeichnung *Autogiro*) in Getafe (Spanien) durch. Am 6. Dezember 1955 flog der Amerikaner *Dr. Igor B. Bensen* zum ersten Mal in seinem sehr einfachen offenen *Gyro-Copter,* dessen Entwurf er später in Baukastenform Amateurkonstrukteuren und -piloten zugänglich machte.

🌐 **Den Drehflügler-Rekord im Geradeausflug,** den er mit seinem *WA-116-F-Drehflügler* am 28. September 1975 in einem Nonstopflug von *Lydd* in Lent (England) nach *Wick* im schottischen Hochland über eine Strecke von 874,32 km aufstellte, hält der Engländer *Kenneth H. Wallis.* Er hatte mit seiner mit einem 72 PS (53 kW) starken *McCul-*

loch-Motor ausgerüsteten *WA-116* bereits am 11. Mai 1968 eine Rekordhöhe von 4639 m und am 12. Mai 1969 eine Spitzengeschwindigkeit von 179 km/h über eine gerade Strecke von 3 km Länge erreicht.

Flugboote

(s. a. Seite 375 »Die ersten Flüge«)

Das schnellste Flugboot, das jemals gebaut wurde, war der mit vier Düsenmaschinen ausgerüstete Minenleger *Seamaster* vom Typ *Martin XP6M-1* der US-Marine, der in der Zeit von 1955 bis 1959 mit einer Spitzengeschwindigkeit von 1040 km/h geflogen wurde.
Im September 1946 stellte das Flugboot *Mars* vom Typ *Martin JRM-2* einen Rekord mit einer Nutzlast von 30 992 kg auf.

Der offizielle Geschwindigkeitsrekord für Flugboote wurde von *Nikolai Andriewskij* und zwei Besatzungsmitgliedern am 7. August 1961 in einer sowjetischen, mit zwei AL-7-Turbojets ausgerüsteten *Beriew M-10* mit 912 km/h über einen Rundkurs von 15 bzw. 25 km aufgestellt. Die M-10 hält alle zwölf Rekorde, die für düsenangetriebene Flugboote registriert wurden, einschließlich eines Höhenrekords über 14 962 m, den *Georgij Burjanow* und seine Besatzung am 9. September 1961 über dem Asowschen Meer (UdSSR) aufstellten.

Luftschiffe

Den ersten Flug in einem Luftschiff führte der Pariser *Henri Giffard* am 24. September 1852 mit seinem mit Leuchtgas gefüllten, 2500 m³ großen und 43,8 m langen Luftschiff durch.
Das erste Luftschiff der Welt, das nach einem Flug wieder an seinen Ausgangspunkt zurückkehren konnte, war die französische *France,* der dies am 9. August 1884 gelang.

(D) **Die erste Zeppelinfahrt** fand am 2. Juli 1900 über dem Bodensee statt. Der mit zwei Daimler-Motoren von je 15 PS (11,1 kW) ausgestattete *LZ 1* fuhr mit 28 km/h Geschwindigkeit. Die Bezeichnung »Zeppelin« geht auf den deutschen *Grafen Ferdinand v. Zeppelin* (* 8. Juli 1838, † 9. März 1917) zurück, der den Bau eines Luftschiffs aus eigenen Mitteln vorantrieb, nachdem eine Sachverständigenkommission und die Militärverwaltung seine Entwürfe abgelehnt hatten.

Das größte starre Luftschiff, das jemals gebaut wurde, war der 213,9 t schwere deutsche *Graf Zeppelin II* (LZ 130) mit einer Länge von 245 m und einem Rauminhalt von 199 891 m³. Er startete am

6. Mai 1937: Luftschiff »Hindenburg« verbrennt.

14. September 1938 zu seinem Jungfernflug und führte im Mai und August 1939 Radar-Erkundungsaufträge über dem britischen Luftraum durch. Im April 1940 wurde er demontiert. Sein Schwesterschiff *Hindenburg* (s. u.) war 1,70 m länger.

Das größte halbstarre Luftschiff, das jemals gebaut wurde, war das *ZPG 3-W* der US-Marine, das ein Fassungsvermögen von 42 937 m³, eine Länge von 122,9 m und einen Durchmesser von 25,93 m und eine Besatzung von 21 Personen hatte. Es flog zum ersten Mal am 21. Juli 1958, stürzte dann aber im Juni 1960 ins Meer ab.

Die meisten Luftschiff-Passagiere, nämlich 207 Personen, beförderte die *Akron* der US-Marine im Jahre 1931.

Den Passagierrekord bei einer Atlantiküberquerung stellte das deutsche Luftschiff *Hindenburg* 1937 mit 117 Fluggästen auf. Am 6. Mai 1937 verbrannte es bei der Landung auf dem New Yorker Flugplatz *Lakehurst.*

Für eigene Rekorde

Die längste Flugstrecke legte das deutsche Luftschiff *Graf Zeppelin* unter dem Kommando von *Dr. Hugo Eckener* in der Zeit zwischen dem 29. Oktober und 1. November 1928 mit 6384,5 km zurück.

Ballonfahrten

Der erste bekannte Aufstieg eines Ballons wurde mit einem von Pater *Bartolomäu de Cusmao* (Geburtsname: *Lourenco*), * 1685 in Santos (Brasilien), erfundenen Heißluftballonmodell durchgeführt, der am 8. August 1709 im Botschaftersalon der *Casa da India* in Terreiro do Paco (Portugal) aufgelassen wurde. Dabei waren König Johann V. und Königin Maria Anna von Portugal, der päpstliche Gesandte Kardinal Conti (später Papst *Innozenz III.*) und viele andere hochgestellte Persönlichkeiten anwesend.

Der erste Ballon, der einen Menschen emportragen konnte, war der Heißluftballon, den die Brüder *Montgolfier (Jacques-Étienne,* * 7. Januar 1745, † 2. August 1799, und *Joseph-Michel,* * 26. August 1740, † 26. Juni 1810) am 25. April 1783 zum ersten Mal bei Annonay (Frankreich) aufsteigen ließen. Er hob sich auf etwa 300 m Höhe und landete etwa 900 m weit von der Stelle, an der er aufgestiegen war. Der Durchmesser war 12 m.

Die ersten lebenden Geschöpfe, die mit einem Ballon aufstiegen, waren ein *Schaf,* eine *Ente* und ein *Hahn.* Sie bildeten die »Besatzung« eines Heißluftballons der Gebrüder *Montgolfier* von 13 m Durchmesser, den sie am 19. September 1783 in Anwesenheit des französischen Königspaares *Ludwig XVI.* und *Marie-Antoinette* in Versailles aufsteigen ließen. Er erreichte eine Höhe von 500 m und ging nach acht Minuten Flugzeit und drei km Flugstrecke in einem Wald nieder.

Der erste Mensch, der mit einem Ballon aufstieg, war der Franzose *Jean-François Pilâtre de Rozier* (* 30. März 1757, † 5. Juni 1785). Er startete am 15. Oktober 1783 in einem Heißluftballon von 15 m Durchmesser in Paris und erreichte eine Höhe von 26 m. Allerdings wurde der Ballon aus Sicherheitsgründen von einem Seil gehalten.

Den ersten freien Ballonflug unternahmen die Franzosen *de Rozier* und *Marquis d'Arlandes* am 21. November 1783 mit einer *Montgolfière* von 15 m Durchmesser. Sie stiegen um 13 Uhr 54 im *Bois de Boulogne* bei Paris auf, flogen mehrmals über die Stadt und landeten nach 25 Minuten etwa 8,5 km von ihrem Aufstiegsort entfernt. Sie waren 25 Minuten in der Luft. Beim Versuch, mit einem Heißluft-Wasserstoff-Ballon den Ärmelkanal zu überfliegen, stürzte de Rozier mit seinem Begleiter am 15. Juni 1785 bei Boulogne (Frankreich) tödlich ab. Beide gelten als die ersten Todesopfer der Luftfahrt.

Die ersten wasserstoffgefüllten Ballons fertigte der Franzose *Jacques Alexandre César Charles* (* 1746, † 1823) an. Er unternahm am 27. August 1783 auf dem Pariser *Marsfeld* einen ersten Startversuch mit einem unbemannten Ballon, der in 45 Minuten 25 km weit flog.
Am 1. Dezember 1783 stieg Charles mit einem Begleiter in den Pariser Tuilerien-Gärten mit einem Wasserstoffballon von 8,4 m Durchmesser auf und

Aufstiegsversuch J. Montgolfiers 1784 in Lyon.

landete nach 43 km freiem Flug in einer Höhe bis zu 2750 m in der Nähe der Stadt Nesles.

Den ersten Flug über den Ärmelkanal mit einem wasserstoffgefüllten Ballon absolvierten der Franzose *Jean-Pierre Blanchard* und der Amerikaner *Dr. John Jeffries* am 7. Januar 1784. Sie starteten um 13 Uhr bei Dover (England) und landeten nach zweieinhalb Stunden im Forêt de Felmores (Frankreich).

Die weiteste Entfernung, die bisher jemals von einem Ballon zurückgelegt wurde, flog der amerikanische *Double Eagle II,* ein mit Helium gefüllter Ballon vom Typ *Yost HB-72* in der Zeit vom 12.–17. August 1978 in einer Zeit von 137 Stunden, fünf Minuten und 50 Sekunden über eine Strecke von 5001,22 km von *Sprague Earm,* Presque Isle in Maine (USA), nach Coquerel Farm, Miserey (Frankreich). Die Besatzung auf dieser ersten Nordatlantiküberquerung bestand aus *Ben L. Abruzzo* (48), *Maxie L. Anderson* (44), und *Larry M. Newman* (31) aus Albuquerque (USA).

Die größte Höhe – nämlich 51,8 m – erreichte ein unbemannter *Winzen*-Ballon von 1,35 Mio. m^3, der im Oktober 1972 in Chico, Kalifornien (USA), aufgelassen wurde.

Die größte Höhe in einem bemannten Ballon erreichte *Nicholas Piantanida* (1933–66) aus Bricktown, New Jersy (USA), am 1. Februar 1966 mit inoffiziellen 37 735 m bei einem Start in Sioux Falls, South Dakota (USA). Bei der Landung in einem Kornfeld in Iowa kam er ums Leben.

Den offiziellen Höhenrekord erzielten Fregattenkapitän *Malcolm D. Ross* und der verstorbene Korvettenkapitän *Victor E. Prather,* beide von der US-Marine, bei ihrem Aufstieg vom Deck des amerikanischen Schiffs *Antietam* am 4. Mai 1961 über dem Golf von Mexiko mit einer Höhe von 34 668 m.

Der größte Ballon der Welt mit einem Fassungsvermögen von 2 Mio. m^3 wurde von der Firma *Winzen Research* in Minnesota (USA) hergestellt.

Der längste Flug der Welt mit einem Heißluft-Ballon glückte dem Engländer *Philip Charles Clark* am 25. Januar 1978 mit dem *Cameron*-Ballon *Sungas* über eine Strecke von 564,47 km von Bristol (England) nach Châlons-sur-Marne (Frankreich).

Den Höhenrekord für Heißluftballons stellten mit 13 971 m *Julian R. P. Nott* und sein Co-Pilot *Felix J. C. Pole,* beide aus Großbritannien, am 25. Januar 1974 mit dem 10 618 m^3 großen *Cameron-A-375-Ballon Daffodil II* über Bhopal (Indien) auf.

Der größte Heißluftballon, der jemals hergestellt wurde, ist der 14 158 m^3 große britische *Cameron A-500 Gerard A. Heineken,* der erstmals am 18. August 1974 aufgelassen wurde.

Den Dauerrekord von 18 Stunden, 56 Minuten halten *Donald Allan Cameron* (Großbritannien) und *Graf Jean Costa de Beauregard* (Frankreich) seit einem am 21./22. November 1975 in einem *Cameron-A-500*-Ballon durchgeführten Versuch zwischen Melbury Bubb in Dorset (England) und Angers (Frankreich).

Als erste Ballonfahrerin überquerte die Engländerin *Renée Thornton* am 25. November 1979 mit einem Heißluftballon den Ärmelkanal. Mit ihren beiden Mitfahrerinnen brauchte sie für die Strecke von der englischen Grafschaft Kent nach Boulogne (Frankreich) nur eine knappe Stunde. Lohn der Mühe war eine Kiste Champagner.

Die erste Transamerika-Ballonfahrt von *San Francisco* (Kalifornien, USA) an der Westküste zur Ostküste gelang in einem viertägigen Nonstopflug vom 8.–11. Mai 1980 den Amerikanern *Maxie* (45) und *Kris* (23) *Anderson,* Vater und Sohn. Mit ihrem 20 Stockwerke hohen Ballon *Kitty Hawk* wollten sie am gleichnamigen Ort im Staat North-Carolina an der Ostküste landen. Starke Winde trieben sie jedoch 1700 km weiter nach Norden nach *Matane* (Kanada). Nach einer gefährlichen Baumlandung wurden sie dort von kanadischen Hubschrauberpiloten geborgen.

Die erste Allein-Ballonfahrt über die Straße von Gibraltar absolvierte am 16. April 1980 der spanische Fernsehjournalist *Jesus Gonzales Green.* Er war in *Tarifa,* dem südlichsten Punkt Spaniens, gestartet und landete nach genau zwei Stunden in der spanischen Exklave *Ceuta* an der marokkanischen Küste.

Der älteste Ballonfahrer, der 82jährige *Fred Dolder* aus St. Gallen (Schweiz), erlebte seine aufregendste Ballonreise, als er Anfang März 1980 mit einem Freund den *Bodensee* überquerte. Die Fahrt hatte bei sehr gutem Wetter begonnen, endete aber in dichtem Nebel. Trotzdem landeten die beiden betagten Ballonfans wohlbehalten am bayerischen Bodensee-Ufer. Für die Rückreise benutzten sie dann allerdings den Landweg ...

Die erste Ballonfahrt über den Nordpol glückte am 11. April 1980 dem kanadischen Ehepaar *Sidney* (35) und *Elenor* (33) *Comn.* Sie waren mit einem Charterflugzeug von *Hazen Lake* (Kanada) aus zum Pol geflogen und hatten dort ihren blaugelben, 21 m hohen, speziell konstruierten, zusammenlegbaren Ballon mit Propangas aufgeblasen. Dann schwebten sie damit drei Stunden lang über dem Pol. Ihre Aktion war dem Andenken des schwedischen Wissenschaftlers *Salomon Andrée* gewidmet, der 1897 mit zwei Begleitern den letzten derartigen Versuch unternommen hatte und ums Leben kam, als das Gas in seinem Ballon gefror.

Den riskantesten Nachtballonflug unternahmen zwei je vierköpfige Familien (jüngstes Kind: zwei, ältestes: 15 Jahre) in einem selbstgenähten und selbst gebauten Heißtluftballon. In der Nacht vom 16. September 1979 starteten sie etwa fünf km von der Grenze zwischen Ost- und Westdeutschland und landeten nach halbstündigem Flug in der Nähe der Stadt Naila (Bayern, Westdeutschland). Diese Ballonflucht behandelt ein Film der *Walt-Disney-Produktion,* den der US-Regisseur *Delbert Mann* im Winter 1980/81 in München (Westdeutschland, Bayern) unter dem Titel *A Wind to the West (Wind nach Westen)* dreht.

Einen Rekordflug um die Erde in 20 Tagen in einem 80 m hohen Druckluftballon bereitet der Journalist *Volker Mayer* (35) aus Regensburg (Westdeutschland, Bayern) mit drei englischen Freunden aus London (Chemiedirektor *Richard Jenvy* (33), Maschinenfabrikant *Richard Barr* (35) und *Giles Hall* (34) für April 1981 vor. Der Ballon aus spezialbeschichteter Kunstseide ist gegen Hitze und Kälte isoliert. Er trägt eine zweigeschossige, acht Meter hohe Metallgondel-Kabine, in der sich oben die Navigationsanlagen, unten die Wohn- und Schlafplätze der vier Ballon-Abenteurer befinden. In einer Höhe zwischen zehn und 40 km soll der Ballon auf dem Weg über den Nahen und Mittleren Osten, den Himalaja, Fernost, über den Pazifik, die USA und den Nordatlantik die Erde umrunden. Navigationshilfe leistet ein Wettersatellit, und eine britische *Hercules*-Transportmaschine wird in Funkkontakt mit den Ballonfahrern bleiben. Eine italienische Getränkefirma läßt sich als Sponsor dieses Unternehmen drei Mio. DM kosten.

Luftkissenfahrzeuge

Das erste Luftkissenfahrzeug: Das Luftkissenfahrzeug wurde von *Sir Christopher Sydney Cokkerell* (* 4. Juni 1910) erfunden. Der britische Ingenieur entwickelte das Projekt im Jahre 1954, veröffentlichte am 25. Oktober 1955 seinen Bericht über das *Hovercraft*-Prinzip 1/55 und ließ das Patent am 12. Dezember 1955 eintragen.

Das erste Patent mit Bezug auf ein Luftkissenfahrzeug wurde 1877 von *John I. Thornycroft* (1843–1928) aus Chiswick (England) beantragt.

Die erste Fahrt mit einem Luftkissenfahrzeug wurde am 30. Mai 1959 mit der 4 t schweren *Saunders-Roe SR-N 1* bei Cowes (England) durchgeführt. Dieses Fahrzeug erreichte im Juni 1961 mit einem *Viper-Turbojet-Motor* von 680 kg Schubkraft eine Geschwindigkeit von 68 Knoten (126 km/h).

Der erste Liniendienst mit Luftkissenfahrzeugen wurde von Juli bis September 1962 mit der 60 Knoten (111 km/h) schnellen, 24 Passagiere fassenden *Vickers-Armstrong VA-3* über den *Dee Estuary* (Großbritannien) durchgeführt.

Das größte zivile Luftkissenfahrzeug der Welt ist das 305 t schwere britische SRN 4 MK III mit einem Fassungsvermögen von 416 Personen und 60 Fahrzeugen. Es hat eine Länge von 56,69 m und ist mit vier Motoren vom Typ *Bristol Siddeley Marine Proteus* ausgerüstet, die ihm eine Höchstgeschwindigkeit verleihen, die über der zulässigen Verkehrsgeschwindigkeit von 65 Knoten liegt.

Das schnellste Luftkissenfahrzeug der Welt ist das 23,7 m lange, 100 t schwere *SES-100 B* der US-Marine. Es erreichte bei Rekordversuchen 1976 eine Geschwindigkeit von 88,88 Knoten (164,606 km/h).
Das US-Verteidigungsministerium gab bei der Firma *Bell Aerospace* im September 1977 ein 3000 t großes Luftkissenfahrzeug (mit einer durch leichten Überdruck auf eine große Fläche erzielten Hebung) in Auftrag, das Mitte 1981 fertiggestellt sein soll.

Die längste mit einem Luftkissenfahrzeug zurückgelegte Strecke betrug 8047 km. Sie wurde vom 15. Oktober 1969 bis zum 3. Januar 1970 von der britischen *Trans-Africa-Hovercraft-(Luftkissenfahrzeug-)Expedition* durch acht westafrikanische Länder zurückgelegt.

Die größte Höhe, in der sich ein Luftkissenfahrzeug bewegt, liegt mit 3,8 km üNN in Peru, wo seit dem Jahre 1975 eine *HM 2-Hoverferry (Luftkissenfähre)* den Dienst auf dem Titicacasee versieht.

Modellflugzeuge

Den Höhenweltrekord für Modellflugzeuge erzielte der Amerikaner *Maynard L. Hill* am 6. September 1970 mit einem ferngelenkten Modell, das er 8208 m hoch brachte.

Der Geschwindigkeitsrekord im freien Flug wurde am 21. September 1971 von dem Sowjetrussen *V. Goukoune* und *V. Myakinin* in Klementjewa (UdSSR) mit einem ferngelenkten Modellflugzeug mit 343,92 km/h aufgestellt.

Das erste Luftkissenfahrzeug wurde 1954 erfunden. Hier ein Modell, das jetzt im Verkehr ist.

Den längsten Dauerflug eines Modellflugzeuges führte am 1. Oktober 1978 *B. Laging* in Balluvat, Victoria (Australien), mit einer Zeit von 28 Stunden, 28 Minuten durch.

Die erste Kanalüberquerung mit einem Modellhubschrauber erreichte *Dieter Ziegler* am 17. Juli 1974 mit einem 5 kg schweren ferngelenkten *Bell-212-Modell* über eine Strecke von 52 km zwischen Ashford (England) und Ambleteuse (Frankreich).

Den Rekord für die längste Flugzeit eines Papierflugzeuges stellte *William Harlan Pryor* am 26. März 1975 im *Minicipal Auditorium* von Nashville, Tennessee (USA), mit einer Zeit von 15 Sekunden auf.
Augenzeugen berichteten von einem Papierflugzeug, das *Chick C. O. Reinhart* im August 1933 aus seinem Bürofenster im zehnten Stock des Hauses Beaver Street 60 in New York (USA) 2 km weit über den East River bis nach Brooklyn fliegen ließ. Starthilfe leistete ein warmer Aufwind aus einer Kaffeerösterei.
Eine Strecke von 33,27 m beim Flug eines Papierflugzeuges im geschlossenen Raum registrierte *Brian Baumann* am 22. April 1976 im *Gill Colliseum* von Corvallis, Oregon (USA).

Für eigene Rekorde

Höchstgeschwindigkeiten und andere Rekorde

Den offiziellen Fluggeschwindigkeitsrekord stellten Hauptmann *Eldon W. Joersz* und Major *George T. Morgan jr.* am 28. Juli 1976 in einer *Lockheed SR-71 A* mit einer Geschwindigkeit von 3529,56 km/h über einen Rundkurs von 15 bzw. 25 km Länge in der Nähe des US-Luftwaffenstützpunktes *Beale* in Kalifornien (USA) auf.

Den schnellsten Nonstopflug um die Erde in östlicher Richtung führten drei in der Luft aufgetankte *B 52* der US-Luftwaffe unter dem Kommando von Generalmajor *Archie J. Old Jr.* in 45 Stunden, 19 Minuten durch. Die Maschinen legten vom 16.–18. Januar 1957 eine Strecke von 39 147 km mit einer Durchschnittsgeschwindigkeit von 845 km/h zurück und landeten nach vier Auftankungen in der Luft, die von *KC-97-Lufttankern* vorgenommen wurden, auf dem Luftwaffenstützpunkt von *March* in Riverside, Kalifornien (USA).

Das schnellste Starrflügelflugzeug der Welt war die amerikanische *North American Aviation X-15 A-2* (eine Weiterentwicklung der X-15 A), die zum ersten Mal am 28. Juni 1964 flog. Sie war mit einem durch flüssigen Sauerstoff und Ammoniak angetriebenen Raketensystem ausgerüstet. Ableitende Materialien an der Außenhaut gaben ihr eine Widerstandsfähigkeit gegen eine Temperatur von 1560 °C. Die Landegeschwindigkeit betrug vorübergehend 389,1 km/h.

Das potentiell schnellste Luftfahrzeug, das jemals geflogen wurde, ist die Raumfähre *Orbiter,* auch *Space Shuttle* genannt, die von der *Rockwell International Corp.* für die *NASA* gebaut und erstmalig am 18. Februar 1977 im Huckepackverfahren auf einer umgebauten *Boeing 747* gestartet wurde. Wenn sie demnächst (1982?) in den Weltraum fliegt, wird die *Orbiter* wie eine Rakete abheben, im All als Raumschiff mit einer Geschwindigkeit bis zu 28 325 km/h operieren und eine Landegeschwindigkeit bis zu 359 km/h haben.

Das schnellste Düsenflugzeug der Welt ist das *Lockheed-SR-71*-Aufklärungsflugzeug der US-Luftwaffe (s. Offizieller Rekord), das erstmalig am 22. Dezember 1964 geflogen wurde und in der Lage ist, eine äußerste Höhe von nahezu 30 480 m zu erreichen. Die SR-71 hat eine Spannweite von 16,94 m, eine Länge von 32,73 m und ein Startgewicht von 77,1 t. Die angegebene Reichweite beträgt 4800 km bei einer Geschwindigkeit von 3 Mach in einer Höhe von 24 000 m. Mindestens 30 Maschinen dieser Art sind bis heute gebaut worden.

Das schnellste Kampfflugzeug der Welt ist der sowjetische *Mikojan-MIG-25-Jäger* (Codename *Foxbat*). Das Aufklärungsflugzeug *Foxbat-B* ist mit Hilfe von Radar bei einer Geschwindigkeit von etwa 3,2 *Mach* (3395 km/h) geortet worden. Wenn es unter den Tragflächen mit vier großen Luft-Luft-Raketen (bei der NATO unter den Namen *Acrid* bekannt) bewaffnet ist, vermindert sich die Geschwindigkeit des *Foxbat-A* auf 2,8 *Mach* (2969 km/h). Der einsitzige *Foxbat-A* hat eine Spannweite von 13,95 m, eine Länge von 22,3 m und ein maximales Startgewicht von 36 200 kg.

Der schnellste bekannte Doppeldecker war der italienische *Fiat C. R. 42 B,* der mit einem 1010 PS-(750 kW-)Daimler-Benz-Motor vom Typ *DB 601 A* im Jahre 1941 eine Geschwindigkeit von 520 km/h erreichte. Es wurde nur ein Flugzeug dieser Art gebaut.

Das schnellste Flugzeug mit Kolbenmotor war ein umgebauter *Hawker Sea Fury* in Privatbesitz, mit der *Mike Carroll* († 1969) aus Los Angeles (USA) im August 1966 bei einem Geradeausflug über Texas (USA) eine Geschwindigkeit von 836 km/h erreichte.
Den offiziellen Rekord für ein Flugzeug mit Kolbenmotor stellte der Amerikaner *Darryl C. Greenmayer* am 16. August 1969 in einer umgebauten *Grumman F8F-2 Bearcat* mit einer Geschwindigkeit von 776,449 km/h über dem Luftwaffenstützpunkt *Edwards* in Kalifornien (USA) auf.

Das schnellste Flugzeug mit Propellerantrieb ist der sowjetische *Tu-114-Turboprop-Transporter.* Beladen mit schweren Nutzlasten, hat er Durchschnittsgeschwindigkeiten von mehr als 877 km/h erreicht. Er wurde aus dem *Tupolew-Tu-95-Bomber* entwickelt, der im Westen unter dem Namen *Bär* bekannt wurde, und hat 14 795-PS-(10 880 kW-)Motoren.
Der Prototyp des amerikanischen Marine-Jagdflugzeugs *Republic XF-84 H* mit Turboprob-Antrieb, der am 22. Juli 1955 in Dienst gestellt wurde, hatte laut Entwurf eine Spitzengeschwindigkeit von 1078 km/h. Die Fertigung wurde jedoch eingestellt.

Den Rekord für die schnellste Atlantiküberquerung halten Major *James V. Sullivan* (37) und Major *Noel F. Widdifield* (33), die am 1. September 1974 mit einer *Lockheed SR-71 A* in einer Zeit von einer Stunde, 54 Minuten, 56,4 Sekunden in östlicher Richtung flogen.
Die Durchschnittsgeschwindigkeit, die durch das Nachtanken aus einem *KC-135-Tankflugzeug* vermindert wurde, betrug für die Strecke von New York (USA) bis London (England) (5570,80 km) 2908,026 km/h.

Den offiziellen Höhenweltrekord für ein Flugzeug, das mit eigener Kraft vom Boden abhob, stellte der Sowjetrusse *Alexander Fedotow* am 31. August 1977 auf. Die mit zwei Turbo-Jet-Motoren mit einer Schubkraft von 14 000 kg ausgerüstete *Mikojan E 266 M (MIG 25)* erreichte eine Höhe von 37 650 m.
Die größte bekannte Höhe, die jemals ein Pilot ohne Druckkabine oder Druckanzug erreichte, war die von Major *G. W. H. Reynolds,* der im Jahre 1942 über Libyen mit einer *Spitfire Mark VC* 15 085 m hoch flog.

Der Langstreckenrekord von 64 Tagen, 22 Stunden, 19 Minuten und fünf Sekunden wurde von *Robert Timm* und *John Cook* in einer *Cessna 172 Hacienda* aufgestellt. Die beiden starteten am 4. Dezember 1958 kurz vor 15 Uhr 53 Ortszeit auf dem *McCarren-Flugplatz* in Las Vegas, Nevada

(USA), und landeten auf demselben Flugplatz kurz vor 14 Uhr 12 am 7. Februar 1959. Sie legten auf ihrem Flug eine Strecke zurück, die bei regelmäßigem Nachtanken, ohne Zwischenlandung, einer sechsmaligen Erdumrundung entspricht.
Den Rekord für einen Langstreckenflug von 84 Stunden, 32 Minuten *ohne* nachzutanken stellten *Walter E. Lees* und *Frederic A. Brossy* in einem *Bellanca-Eindecker* mit einem 225-PS-(166 kW-) *Packard-Diesel-Motor* in Jacksonville, Florida (USA), in der Zeit vom 25.–28. Mai 1931 auf.

Persönliche Flugrekorde

Die meisten Flugstunden legte der Amerikaner *Max Conrad* (1903–79) in der Zeit von 1928 bis Mitte 1974 mit insgesamt 52 929 Stunden, 40 Minuten im Bordbuch erfaßter Flugzeit zurück; das sind mehr als sechs Jahre. Er überquerte den Atlantik 150mal mit Kleinflugzeugen.

Die meisten Starts und Landungen an einem Tag machte der Amerikaner *Douglas Blair* (34). Er brachte es am 21. Juni 1978 mit einer einmotorigen *Beechcraft Bonanza* in einer Zeit von 14 Stunden, 54 Minuten auf 138 Starts und Landungen bei Tageslicht zwischen Milwaukee, Wisconsin und Urbana, Ohio (USA).
Am 15. Juni 1979 übertrumpften ihn *Al Yates* und *Bob Phoenix* aus Texas (USA): Sie starteten und landeten mit einer *Piper Seminole* innerhalb von 14 Stunden, 57 Minuten bei Tageslicht 193mal.

Der jüngste Militärpilot aller Zeiten, der sich für den aktiven Flugdienst qualifizierte, war mit 15 Jahren, fünf Monaten Sergeant *Thomas Dobney* (* 6. Mai 1926) von der britischen Luftwaffe. Beim Dienstantritt (mit 14 Jahren) hatte er ein höheres Alter angegeben.
Betty Bennett startete, flog und landete am 4. Januar 1952 im Alter von zehn Jahren im Alleinflug in Cuba.
Clark O. Pelaez (* 4. Mai 1957) flog am 24. April 1968, zehn Jahre und elf Monate alt, im Alleinflug eine *Piper Tri-Pacer* (mit Drei-Rad-Fahrgestell) in der Stadt Cebu (Philippinen).

Der älteste Pilot der Welt ist *Ed. McCarty* (* 18. September 1885) aus Kimnerly in Idaho (USA), der 1977 im Alter von 92 Jahren mit seiner umgebauten, 30 Jahre alten *Ercoupe* flog.
Glenn E. Messner aus Birmingham, Alabama (USA), fliegt regelmäßig seit dem 13. Mai 1911.
Albert E. Savoy (* 22. Februar 1895) erhielt seine erste private Fluglizenz (die ihn allerdings nicht zur kommerziellen Fracht- oder Personenbeförderung berechtigt) am 8. November 1977 im Alter von 82 Jahren und acht Monaten.

Die erste deutsche Fallschirmspringerin und Erfinderin des zusammenlegbaren Fallschirms: Käthe Paulus.

Flug mit Menschenkraft: Der von *D. Paul MacCready* entworfene, mit einem durch Pedale anzutreibenden Propeller ausgerüstete, 31,75 kg schwere *Gossamer Condor* mit einer Spannweite von 29,26 m) flog am 23. August 1977 mit dem 61,2 kg schweren *Bryan Allen* einen Achter-Kurs zwischen zwei 804,6 m entfernten Wendemarken auf dem Flugplatz von Shafter in Kalifornien (USA). Der Flug dauerte sieben Minuten, 27,5 Sekunden und brachte Allen einen Preis im Betrag von 50 000 Dollar (damals 116 000,– DM) ein.

Ein neuer Weltrekord für den weitesten Flug mit Menschenkraft wurde am 12. Juni 1979 ebenfalls durch *Bryan Allen* mit dem von *Dr. Paul MacCready* entworfenen *Gossamer Albatross* aufgestellt. Er startete um 5 Uhr 51 in Folkestone (England) und landete nach einem 37-km-Flug um 8 Uhr 40 in Cap Gris Nez (Frankreich). Die zwei Stunden, 49 Minuten lange Angststrecke über den Kanal brachte dem Trampelpiloten und dem Konstrukteur den von Henry Kremer ausgesetzten Preis von umgerechnet 400 000,– DM ein.

Das erste Solarzellen-Flugzeug, das anstelle von üblichem Treibstoff die Sonnenkraft als Energiequelle ausnutzt, wurde ebenfalls von *Dr. Paul Mac-Cready* konstruiert und am 6. Juni 1980 unter dem Namen *Gossamer Penguin* in Los Angeles (Kalifornien, USA) vorgestellt. Es ist ein ca. 30 kg schweres Propellerflugzeug, das mit 18 000 Solarzellen über der Tragfläche ausgerüstet ist. Es erreicht jedoch bei einer Geschwindigkeit von knapp 25 km/h allenfalls eine Höhe von vier Metern. Dr. Mac-Cready bezeichnete es angesichts der über 500 000,– DM Entwicklungskosten, die es verursacht hat, als »nicht allzu praktisch«. Allerdings sei es nur die Vorstufe zu einer geplanten Weiterentwicklung, dem *Solar Challenger.* Dieses Flugzeug soll dann mit Sonnenkraft bis zu 1500 m hoch und 65 km/h schnell fliegen.

Die erste Flugdrachen-Alpenüberquerung gelang dem Schweizer *Marco Broggi* (40) am Ostermontag 1980 (7. April) mit einem motorisierten Flugdrachen-Hängegleiter. Er startete in Altdorf am Vierwaldstätter See (Schweiz, Kanton Uri), überflog den 2109 m hohen Gotthard-Paß und landete nach 130 Minuten auf dem Militärflugplatz von Ambri-Piotta (Kanton Tessin) in einer Höhe von 990 m. Der mit einem 15-PS-Motor (11,1 kW) ausgerüstete Gleiter wurde während des Fluges von einem Hubschrauber begleitet.

Fallschirme

(siehe auch Kap. Sport, S. 484)

Die ersten Skizzen für einen Fallschirm zeichnete der italienische Renaissance-Maler *Leonardo da Vinci* (* 15. April 1452, † 2. Mai 1519).

Die ersten Fallschirmmodelle entwickelte der Franzose *Louis Lenormand* 1783 mit dem Ziel, damit Menschen zu retten, die in brennenden Häusern eingeschlossen waren.

Den ersten öffentlichen Fallschirmsprung zeigte der Franzose *André Jacques Gernerin,* als er 1797 von einem Ballon aus 680 m Höhe über Paris aus einem Fesselballon absprang.

Den ersten Fallschirmabsprung aus einem Flugzeug unternahm am 1. März 1912 der Amerikaner *Albert Berry* über St. Louis in Missouri (USA). Es ging ohne Knochenbrüche ab.

Die größte Höhe, aus der bisher jemand ohne Fallschirm in die Tiefe stürzte und überlebte, beträgt 6700 m. Dies geschah im Januar 1942, als Leutnant *I. M. Tschisow* (UdSSR) aus einer beschädigten *Ilyuschin 4* fiel. Er berührte die Erde an der Kante einer schneebedeckten Schlucht und glitt hinunter auf den Grund. Er brach sich dabei die Hüfte und erlitt Wirbelsäulenverletzungen.
Vesna Vulovic (23), eine Stewardess der jugoslawischen Fluggesellschaft *Jugoslavenski Aerotransport,* überlebte die Explosion ihres Flugzeuges, einer *DC-9,* auf 10 160 m Höhe am 26. Januar 1972 über dem Dorf Ceská Kamenice (CSSR). Sie stürzte zusammen mit einem Teil des Leitwerks in die Tiefe und verbrachte 16 Monate im Krankenhaus, nachdem sie 27 Tage lang im Koma gelegen hatte. Sie mußte wegen zahlreicher Knochenbrüche behandelt werden.
Am 13. Mai 1980 überlebte eine 20jährige Fallschirmspringerin aus *Alabama* (USA) einen freien Fall aus 2500 m Höhe unverletzt – von Kratzwunden und blauen Flecken abgesehen. Die junge Frau, deren Fallschirm sich nicht geöffnet hatte, stürzte in ein Fichtenunterholz, das sie auffing.
Während der *Internationalen Luftfahrt-Ausstellung* (ILA) in *Hannover* (Westdeutschland, Niedersachsen) im Frühjahr 1980 wollten vier deutsche Fallschirmspringer den Rekord im Höhenspringen brechen. Doch nur drei kamen im vorgesehenen Zielgebiet an; der vierte, ein Berufssoldat aus *Oberhausen* bei Neuburg/Donau (Bayern), bezahlte den Versuch mit seinem Leben. Nach über 10 000 m freiem Fall versagte sein Fallschirm und der Soldat stürzte aus 11 583 m tödlich ab.

Die beiden vorderen Douglas-D.W.C.-Flugzeuge sind die Chicago und die New Orleans (siehe S. 379).

Das tägliche Leben

Essen, Trinken, Rauchen

Speisen

Höchstleistungen: Hierbei muß zwischen natürlicher Eßlust und krankhaftem Heißhunger *(Bulimie)* unterschieden werden. Es gibt Bulimie-Patienten, die 15 Stunden am Tag essen müssen. Der berühmteste Fall ist der des zwölfjährigen *Matthew Dakling* (in der medizinischen Literatur als *Mortimers Fall* bekannt). Er verzehrte 1743 in sechs Tagen über 174 kg.
Unter den »normalen« Essern hält der Amerikaner *Edward Abraham (»Bonzo«) Miller* (* 1909) aus Oakland, Kalifornien (USA), den Eßrekord. Er kann bis zu 25 000 Kalorien pro Tag essen, das ist elfmal soviel, wie ein normaler Erwachsener zu sich nimmt. Miller ist 1,71 m groß, wiegt zwischen 127–139 kg und hat einen Taillenumfang von 144 cm. Seit 1931 ist er noch nie bei einem Wettessen besiegt worden.

Die stärksten Esser sollen weltweit die *Lastschiffer auf dem Rhein* sein. Ihr Tageskonsum soll bei durchschnittlich 5200 Kalorien liegen.

Ⓓ **Einen Rekordzuwachs beim Fleischkonsum** gab es 1979 in Westdeutschland. Pro Kopf der Bevölkerung erhöhte sich der Fleischkonsum um 1,2 kg auf jährlich 90 kg.
Die Kartoffel konnte 1979 sogar *»Renaissance«* feiern. Bei ihr stieg der Pro-Kopf-Verbrauch um sechs auf 87 kg.

🌐 **Das größte Gericht** auf einer Speisekarte ist *Kamelbraten,* wie die Beduinen ihn manchmal für Hochzeiten zubereiten. Man fängt mit hartgekochten Eiern an, mit denen man einen Fisch füllt. Der Fisch dient als Füllung eines Huhns, was wiederum zum Füllen eines gebratenen Hammels genommen wird. Dieser kommt dann in ein ganzes ausgewachsenes Kamel.

Das teuerste Lebensmittel, das nicht saisonbedingt ist, sind die *weißen Trüffel* aus Alba, die auf dem amerikanischen Markt bis 440 Dollar (790.- DM) das Kilo kosten können. Trüffel von den Eichenwurzeln in der Gegend von *Périgord* in Frankreich verlangen von Mitte Juli bis Mitte August eine trockene, regenarme Zeit. Nur sieben von den 70 europäischen unterirdischen *Mykorrhiza-Arten* (Symbiose zwischen Waldbäumen und Pilzen) sind genießbar.

Das teuerste Gewürz dürfte frei gewachsenes, also nicht angebautes *Ginseng* (Wurzel der *Panax quinquefolius*) sein. Das Gramm kostete 1977 ca. 70 Dollar (damals 162.– DM). Dem Ginseng werden aphrodisische Eigenschaften zugeschrieben.

Riesenbratwurst, länger als der längste Gartenschlauch, nämlich 2,8 km!

Die kostbarste Würze der Welt ist *Cà Cuong,* eine in winzigen Mengen gewonnene Absonderung einer Käferart in Nordvietnam. Durch den Krieg stieg der Preis dafür auf 3,60 Dollar (8,86 DM) das Gramm, bis dann 1975 der Vorrat erschöpft war.

Das schärfste aller Gewürze soll *Siling labuyo* sein, das auf den Philippinen wächst.

Ⓓ **Die größte Menge Champignons** wurde 1978 von bundesdeutschen Feinschmeckern verzehrt. Insgesamt 149 000 t, das entspricht 2,4 kg, pro Gaumen.

🌐 **Die längste Bratwurst,** über 4,5 km lang und über 2100 kg schwer, dürfte Anfang Mai 1980 im Einkaufszentrum *Hürth-Park* bei Köln (Westdeutschland, Nordrhein-Westfalen) produziert und verzehrt worden sein. In einer Wohltätigkeits-*Olympiade der Superlative* stopften und rösteten die Metzger der Firma *Hardy's Fleischwaren* in Kalscheuren die riesige Wurstschlange, für die sie 225 aneinandergereihte Wurstdärme verwendet und 42 Zentner Fleisch verwurstet hatten. In 20 000 Portionen wurde sie gegen einen Obolus für die Waisenkinder der Dritten Welt verspeist.

Ⓓ **Die schwerste Dauerwurst** entstand 1977 in Essen (Westdeutschland, Nordrhein-Westfalen). 12

Metzger hatten sie in 3 Tagen aus 4 Schweinen, 1,5 Rindern und 45 kg Gewürzen hergestellt. Die Wurst war 4,25 m lang, hatte einen Umfang von 1,5 m und wog 12 Ztr. Geschätzter Wert der Wurst: 10 000 DM. Das Warenhaus *Kaufhof* stiftete sie der Stadt *Köln* zur Verteilung an Bedürftige.

Die größten »Frankfurter« entstanden ebenfalls 1977 in Westdeutschland, aber weder in Frankfurt noch in Neu-Isenburg, woher die echten »Frankfurter Würstchen« stammen, sondern in *Wiesbaden* (Hessen). Zehn Metzger hatten zwei Rinder, vier Schweine und viele Liter Wasser verarbeitet, um diese 15 Ztr. schweren, 3,5 m langen Frankfurter »Würstchen« zu schaffen.

Die größte Fleischpastete wurde im September 1968 bei einem Volksfest in *Denby Dale* (England) gebacken und verzehrt. Ihr Gewicht: 120 Zentner. Zwölf Fleischer hatten sie in 48 Stunden zubereitet. Aufgeteilt in 30 000 Portionsstücke, wurde sie in knapp zwei Stunden von den Festbesuchern vertilgt. Auch von den 500 l Sauce war dann nichts mehr übrig.

Das größte Omelett bestand aus 12 440 Eiern und wurde am 29. Juni 1979 von den Studenten des *Conestoga-College* in Kitchener (Kanada) in einer 9,1 × 3,04 m großen Pfanne zubereitet.
In Westdeutschland wurden 1978 über 17,5 Mrd. Eier verzehrt. Der durchschnittliche Pro-Kopf-Verbrauch betrug demnach 286 Eier. 4,45 Mrd. Eier wurden aus dem Ausland importiert.

Den längsten Laib Brot – 208 m lang – stellte am 22. Juli 1978 die *Buttercup-Bäckerei* in *Unanderra* (Australien) her.
(D) Das längste Brot Westdeutschlands mutet dagegen wie ein Kosthappen an: Bäckermeister *Kolberg* buk es mit seinen Gehilfen aus 150 kg Mehl im Mai 1980 im *Hürth-Park* bei Köln. Es war 16 m lang.

Die größte Pizza wurde ebenfalls im Mai 1980 im *Hürth-Park* bei Köln von Pizzeria-Chef *Da Vinci* gebacken. In oder auf ihr steckten 14 Stunden Arbeit, 100 kg Mehl, 30 kg Tomaten, 45 kg Käse, 10 kg gekochter Schinken und 10 kg Salami. Der 100 m^2 große Teigfladen wurde in 4000 Portionen aufgeteilt und diese zum Stückpreis von 1,– DM zugunsten der guten Sache verkauft.

Käse

Die eifrigsten Käseesser sind die Franzosen mit einem Jahresdurchschnitt von 17 kg pro Kopf. Der größte Käsehersteller der Welt sind die USA mit einer Fabrikerzeugung von 1,7 Mio. t 1978.
(D) Die westdeutsche Käseproduktion betrug 1978 (DDR) 721 000 t, die Ostdeutschlands lag bei 183 000 t. (A) Österreich produzierte 83 000 t Käse, die Schweiz (CH) 118 000 t. Wichtigste Ausfuhrländer für Käse sind die Niederlande, Dänemark, Frankreich, Deutschland, Neuseeland und die Schweiz.

Die ältesten und einfachsten Käse sind die arabischen *Kishk*, die aus getrocknetem Ziegenmilchquark hergestellt werden.
Gegenwärtig gibt es 450 benannte Käsearten von 18 Hauptsorten, doch unterscheiden sich viele nur in der Form oder der Verpackung. In Frankreich gibt es 240 Sorten.

Der teuerste Käse ist *La Baratte* aus dem Loiretal (Frankreich) zu 140 ffr. pro kg (60,-DM).

Der größte Käse, der jemals hergestellt wurde, war ein *Cheddar* von 15 190 kg, der innerhalb von 43 Stunden vom 20.–22. Januar 1964 von der *Wisconsin Cheese Foundation* für die New Yorker Weltausstellung hergestellt wurde. Er wurde in einem 13,7 m langen, eigens dafür konstruierten, gekühlten Sattelschlepper, dem *Käsemobil,* transportiert.

Mahlzeiten

Das teuerste Menü, das je zusammengestellt wurde, dürfte jenes für das fünfeinhalb Stunden dauernde Festbankett gewesen sein, das im Oktober 1971 aus Anlaß des 2500. Jahrestages des persischen Kaiserreichs in *Persepolis* gegeben wurde. Es bestand aus Wachteleiern, gefüllt mit persischem Kaviar; Mousse von Krebsschwänzen in Nantuasauce; gefülltem Lammrücken – und als Hauptgericht gebratenem Pfau, gefüllt mit Gänseleberpastete; frischen Feigen und Himbeeren, dazu Champagnersorbet. Zu den Weinen gehörte ein *Château Lafite-Rothschild 1945* aus der Kellerei des Restaurants *Maxim* in Paris zum Preis von 40 Pfund (damals 340,-DM) pro Flasche.

Die größte Gästezahl, die je bei einer Mahlzeit in einem Raum bewirtet wurde, waren 18 000 französische Gemeindevorstände, die am 18. August 1889 im *Palais d'Industrie* in Paris gemeinsam speisten.

Das größte Freiluftbankett aller Zeiten gab der französische Präsident *Loubet* in den *Tuileriengärten* in Paris am 22. September 1900. Geladen waren die französischen Bürgermeister und ihre Stellvertreter, insgesamt 22 295 Gäste. Mit der französischen Vorliebe für aufgerundete Zahlen wird das Ereignis stets als *»le banquet des 100 000*

Das teuerste Menü war das Festbankett 1971 zum 2500. Jahrestag des ehemaligen persischen Kaiserreichs.

maires« (Das Bankett der 100 000 Bürgermeister) bezeichnet.
Bei einem Militärfest, das August II., der Starke, Kurfürst von Sachsen und König von Polen, (1670–1733) am 25. Juni 1730 in Radewitz in Polen veranstaltete, waren schätzungsweise 30 000 Gäste anwesend.

Das bisher größte Barbecue fand am 16. September 1973 für über 4000 Leute in Kalifornien statt, wo sieben 1700 kg schwere Büffel auf 3,65 m langen Spießen 26 Stunden lang gebraten wurden.
Beim jährlichen *Lancaster Sertoma* wurden im Jahre 1977 in Pennsylvania (USA) 18 500 am Spieß gebratene Hühner serviert.

Das längste kalte Büfett der Welt wurde am 23. April 1978 auf einer eigens dafür gesperrten Straße hinter dem Ort *Marienheide* bei Köln (Westdeutschland) aufgebaut. Die Tafel war 822 m lang. Auf ihr lagen, hübsch garniert, 12 000 Koteletts, 2500 Hühnerkeulen, 100 Ochsenzungen, Lachse, Aale, Eier und kiloweise Salate. Die kulinarische Pracht hielt allerdings nur 88 Minuten – dann war die Tafel von 15 000 Gästen (Essenspreis: 10 DM) leergeräumt. »Das große Fressen« war eine Veranstaltung zu Gunsten der *Aktion Sorgenkind.*

Die größte Freiluftküche stellte die indische Regierung im April 1973 als Feldküche während der Hungersnot im Gebiet von *Ahmadnagar* auf. Dort wurden täglich 1,2 Mio. Notmahlzeiten ausgegeben.

Das älteste regelmäßige Gastmahl ist die *Schaffermahlzeit* in Bremen (Westdeutschland). Seit 435 Jahren findet sie jedes Jahr am 8. Februar statt. Wer kein Bremer Bürger ist, darf nur einmal in seinem Leben daran teilnehmen.

Das erste maschinell hergestellte Eßbesteck brachte die deutsche Firma *Krupp* in Essen 1845 auf den Markt. Die Herstellungsmethode wurde weltweit patentiert.

Eßrekorde

Vorbemerkung: Obgleich nicht bekannt ist, daß ein gesunder Mensch bei einem Wettessen mit oder ohne alkoholfreie, nichtberauschende Getränke gesundheitlichen Schaden genommen hätte, sind derartige Rekordversuche vom medizinischen Standpunkt keineswegs zu empfehlen. Dies gilt ganz besonders für junge Menschen. Wer versuchen will, einen Eß- oder Trinkrekord aufzustellen, sollte sich bemühen, die Geschwindigkeit zu erhöhen, nicht aber die Mengen zu vergrößern. Die deutsche Redaktion von *Guinness Buch der Rekorde* nimmt keine Rekorde auf, bei denen mehr als zwei Liter Bier oder Mengen von Spirituosen getrunken wurden. Auch werden keine Rekorde veröffentlicht, bei denen es sich um möglicherweise gesundheitsschädliche Substanzen handelt, wie lebendige Ameisen, Kaugummi, rohe Eier mit Schale oder ähnliches.
Eine Ausnahme wurde in dieser Ausgabe jedoch gemacht: der Gipfel des Blödsinns – Fahrradessen – wurde aufgenommen, weil es unwahrscheinlich ist, daß sich dafür unter normalen *Guinness*-Lesern ein Nachahmer findet.

Austern. 218 in 5 Min. von *Mickey Rigdon* in Fat City (USA) am 6. Juli 1977. Der Rekord für Austernöffnen ist 100 in 3 Min. 1 sec. von *Douglas Brown* (31), aufgestellt am 29. April 1975 in Christchurch (Neuseeland).

Backpflaumen. 144 in 65 sec. von *Douglas Mein* von der Universität Dundee (Schottland) am 19. Oktober 1978.

Bananen. 17 (eßbares Gewicht mindestens 128 g je Banane) in 2 Min. von *Dr. Ronald L. Alkana,* Universität von Kalifornien in Irvine (USA) am 7. Dezember 1973.

Beefsteaks. 20¾ deutsche Beefsteaks (jedes 100 g) in 30 Min. von *Alan Peterson* in Longview (USA) am 8. Februar 1979.

Bratwürstchen. 96 Bratwürstchen (28 g schwer) in 6 Min. von *Steve Meltzer* aus Brooklyn (USA) am 14. Oktober 1974. Kein Ergebnis von »Hot-Dog«-Wettessen kommt auch nur im entferntesten an diesen Rekord heran.

Bohnen. 2353 kalte, weiße Bohnen, eine nach der anderen mit einem Cocktailstäbchen in 30 Min. von *Lohn Lawrence* in Petersfield (England) am 4. März 1978.

Eier. Sowohl bei hartgekochten, wie bei weichen oder bei rohen Eiern hält der Engländer *Peter Dowdeswell* den Rekord.

Das längste kalte Büfett war 822 m lang.

Er aß: 14 *hartgekochte* Eier in 58 sec. am 18. Februar 1977, 13 *rohe* Eier schluckte er in 2,2 sec. am 26. Januar 1978, 32 *weichgekochte* Eier in 78 sec. am 8. April 1978.

Ⓓ Der Berliner Bauarbeiter *Günter Geili* (21) hält seit 1970 den deutschen Eßrekord bei *weichgekochten* Eiern: er schaffte 25 davon in 30 Min.
Den deutschen Rekord im Verzehr *roher* Eier hält seit dem 2. April 1979 der Berliner Grafiker *Andreas Boedermann.* Der 36jährige schluckte 51 rohe Eier in 14 Min. Jedes Ei wurde von ihm selbst mit einem speziell dafür entwickelten Eierpicker angestochen.

Eierkuchen. 15 cm Durchmesser, mit Butter und Syrup bestrichen. 62 Stück davon aß in 6 Min. 58,5 sec. am 9. Februar 1977 der Engländer *Peter Dowdeswell,* der sich auf Eierrekorde spezialisiert zu haben scheint.

Fahrrad. In 15 Tagen verspeiste Monsieur *»Mangetout« (M. Lotito)* sein Fahrrad. Er benötigte für Reifen und Metallteile die Zeit vom 17. Februar bis 2. April 1977 in Evry (Frankroich).

Fleisch. Einen ganzen gebratenen Ochsen aß in 42 Tagen *Johann Ketzler* aus München (Westdeutschland, Bayern) im Jahre 1880.

Gurken. 453 g saure Gurken aß in 43,6 sec. *Rex Barker* aus Elkhorn (USA) am 30. Oktober 1975.

Huhn. 27 Hühnchen (je 900 g) aß *»Bozo« Miller* 1963 in San Francisco (USA).

Kartoffeln. 1,36 kg in 1 Min. 22 sec. verdrückte der englische Eßrekordler *Peter Dowdeswell* am 25. August 1978.

Kartoffelchips. 30 Tüten mit je 56,5 g in 24 Min. 33,6 sec. verzehrte, ohne dazu zu trinken *Paul G. Tully* von der Universität Brisbane (Australien) im Mai 1969.

Pfannkuchen (Krapfen). 29 Stück in 7 Min. 16 sec. verschlang *Hany Rizk* aus Chedstone (Australien) am 10. April 1976 (Gesamtgewicht etwa 1,25 kg).

Ravioli. 324 (die ersten 250 in 70 Min.) aß 1963 *»Bozo« Miller* in Oakland (USA).

Räucherheringe. 25 selbst entgrätete Räucherheringe schaffte in 60 Min. *Bob Ibbotson* in Scarborough (England) am 10. August 1973.

Sandwiches, mit Butter und Marmelade, jedes 15×9,5×1,2 cm. Davon schaffte Eßrekordler *Peter Dowdeswell* am 17. Oktober 1977 in Reedley (USA) 40 Stück.

Spaghetti. 91,4 m in 28,73 sec. verschlang *Steve Weldon* aus Austin (USA) am 1. Mai 1977.

Trauben. 1380 g in 34,6 sec. aß *Jim Ellis* aus Montrose (USA) am 30. Mai 1976.

Weißwürste. 17 Stück in 1 Min. 33 sec. verdrückte der westdeutsche Gastwirt *Sepp Pölzleitner* in Nürnberg (Bayern) am 18. November 1952.

Würstchen. 23 Stück (je 56,6 g) in 3 Min. 10 sec. verzehrte *Lynda Kuerth* (21) am 12. Juli 1977 im Veterans Stadium, Philadelphia (USA).

Zwiebeln. 91 eingelegte Zwiebeln (Gesamtgewicht 850 g) schaffte in 1 Min. 8 sec. *Pat Donahue* in Victoria, British Columbia, (Kanada) am 9. März 1978.

Ⓐ **Längstes Fasten.** Am 1. April 1979 wurde der 18jährige *Andreas Mihavecz* in eine Gefängniszelle der Ortsverwaltung Hochst (Österreich) eingesperrt und von der Polizei vergessen! Erst am 18. April 1979 entdeckte man ihn. Er war fast verhungert, da er die ganze Zeit weder zu essen noch zu trinken bekommen hatte. Der Grund seiner Verhaftung: er war Beifahrer in einem Pkw gewesen, der in einen Verkehrsunfall verwickelt war.

Für eigene Rekorde

Kuchen, Torten, Süßigkeiten

🌐 **Die größte Torte** hergestellt zu haben ist ein Rekord, der gleich von drei verschiedenen Konditoreigruppen beansprucht wird. Nämlich:
Zum 200. Geburtstag der *Vereinigten Staaten* fertigten Konditoren aus San Francisco im Februar 1976 eine Torte an, die 10 m hoch und 350 Ztr. schwer war. In diesem Torten-Wolkenkratzer wurden 11 500 Pfund Mehl, 20 500 Eier, 5100 Pfund Zucker und eine »Prise« Salz von 200 Pfund verarbeitet. Kosten der Mammut-Torte: ca. 260 000 DM.
Zur Zweihundertjahrfeier der Stadt *Baltimore* (USA) am 4. Juli 1976 entstand eine Torte, die 31,5 t wog. Etwa 10 000 Dutzend Eier, 9800 kg Zucker und 188 kg Salz wurden dafür verwendet.

Ⓓ Die größte Torte Westdeutschlands wurde 1964 in *Soltau* (Niedersachsen) von vier ortsansässigen Bäckermeistern gebacken. Um das süße Monstrum herzustellen, das einen Durchmesser von zwei Metern hatte, 180 cm hoch und 475 kg schwer war, verwendeten sie 100 kg Mehl, die gleiche Menge Zucker, nochmals 100 kg Sahnecreme und 1500 Eier. Zu Gunsten der Insassen von Altenheimen wurde die Riesentorte in 2500 Portionen »verfüttert«.

(CH) Die Bäcker eines Einkaufszentrums von *Schönbühl,* Kanton Bern (Schweiz), präsentierten im März 1976 zum einjährigen Bestehen des Unternehmens den ihrer Meinung nach *»größten Kuchen der Welt «.* Es war eine 105,75 m lange, 1145 kg schwere Cremeschnitte. Das Cremmonstrum aus 380 kg Blätterteig, 585 kg Vanillecreme, 164 kg Glasur und 36 kg Aprikosenmarmelade wurde in 180 Arbeitsstunden geschaffen, verspeist war es in einem Zehntel der Zeit.

Ⓐ **Der längste Prozess um eine Torte** (24 Jahre) wurde in *Wien* (Österreich) ausgetragen. Es ging um den Namen *»Sacher-Torte«*, der schon mehr ein Markenzeichen und Qualitätsbegriff war (und ist). 1962 wurde gerichtlich entschieden, daß das vom Wiener Café *Demel* hergestellte Backwerk »Sacher-Torte« heißen, die von der Konditorei des *Hotel Sacher* hergestellte Torte indessen als »Original Sacher-Torte« angeboten werden dürfe.

(A) **Der längste Apfelstrudel** entstand natürlich in *Wien.* Am 4. April 1979 haben ihn österreichische Köche gebacken. Er war 13,8 m lang, 45 kg Äpfel, 9 kg Rosinen und 8 kg Mehl wurden verbacken. Drei Stunden war der Riesenstrudel in einer »Backstraße«.

Die größte Apfeltorte *(Apple pie)* sah man am 2./3. August 1977 auf der *Orleans-Country-Messe* in New York (USA). Sie hatte einen Durchmesser von über 5 m, wog 9,62 t und hatte 4 Std. 40 Min. zum Backen gebraucht.

(D) **Der größte und schwerste Christstollen** wurde im Dezember 1975 von dem westdeutschen Bäckermeister *Georg Kotter* (48) mit zehn Gehilfen in $2^1/_2$ Tagen gebacken. Ein Amtsrat vom Eichamt in *Traunstein* (Bayern) nahm die Vermessung vor und bestätigte: Länge: 20,27 m, Gewicht: 6,5 Ztr.

Das größte Osterei war aus Schokolade, wog 2 t, war 3,1 m hoch und hatte einen Umfang von 7,5 m. Es wurde vom 2.–16. März 1978 von einer Schokoladenfirma in *Melbourne* (Australien) angefertigt.

(CH) **Die erste Tafel Schokolade** stellte der Schweizer *François-Louis Cailler* 1819 in *Vevey* (Kanton Waadt, Schweiz) maschinell her. Vorher konnte man nur flüssige Schokolade per Hand zu langen »Würsten« rollen.

Die größte Tafel Schokolade wurde im Mai 1980 im *Hürth-Park* bei Köln (Westdeutschland, Nordrhein-Westfalen) im Rahmen der dort veranstalteten, wohltätigen Zwecken dienenden *Olympiade der Superlative* aus 3800 Normaltafeln Schokolade zusammengeschweißt. Sie war 48 m^2 groß. Im Hinblick auf die warme Witterung war es weniger ein Problem, das süße Ungeheuer zu verspeisen, als es in Form zu halten: die Riesentafel mußte mit Trockeneis unterlegt und vom Gebläse dreier Staubsauger gekühlt werden. Der Erlös: rund 1200,– DM für den guten Zweck.

Die größte Schokoladenfabrik wurde von der *Hershey Foods Corp.* in Hershey, Pennsylvania (USA) in den Jahren 1903–1905 erbaut. Sie hat jetzt eine Grundfläche von 185,800 m^2.

(D) **Die führende deutsche Schokoladenfirma** ist die *Monheim-Gruppe* mit Sitz in Aachen. Ihr Umsatz 1979 erreichte 1,34 Mrd. DM. Besonders erfolgreich war dabei die Hausmarke *Trumpf.*

(CH) **Den höchsten pro-Kopf-Verbrauch an Schokoladewaren** von allen Ländern der Welt hat die Schweiz. Der Rekord wurde dort 1972 mit 9,9 kg pro Einwohner und Jahr aufgestellt; seit 15 Jahren bewegt sich der Konsum immer über 8,6 kg pro Jahr und Schweizer Leckermaul.

Leckerei-Rekorde

Eiscreme. 1,5 kg schleckte in 90 sec. *Bennet D'Angelo* in Waltham, Massachusetts (USA), am 10. August 1977.

(D) **Mohrenköpfe,** auch *Negerküsse* genannt, haben es dem 19jährigen westdeutschen Schriftsetzerlehrling *Thomas Wüst* aus Lindau (Bayern) angetan. Am 15. Dezember 1979 verschlang er in 15 Min. 51 Stück, einen mehr, als der bisherige Weltrekordhalter in dieser Zeit schaffte.

Getränke

Höchstleistungen: Genau wie bei der Eßlust muß man auch beim Durst zwischen natürlicher und krankhafter Begierde nach Flüssigkeit unterscheiden. Die bekanntesten Fälle für *Polydipsie* (krankhaften Durst) sind zwei weibliche Patienten: *Fannie Meyer* aus Johannesburg (Südafrika) soll 1974 nach einem Schädelbruch täglich 90 l Wasser getrunken haben. Im Oktober 1978 konnte ihr Durst mit 29,5 l pro Tag gestillt werden. Fräulein *Helge Andersson* (* 1908) aus Lindesberg (Schweden) trank, einem Bericht vom Januar 1971 zufolge, seit 1922 täglich mehr als 22 l Wasser – also insgesamt 3980 hl.

(D) In der Bundesrepublik Deutschland liegt der durchschnittliche Flüssigkeitsverbrauch pro Kehle und Jahr bei mehr als 630 l.
Favorit unter den bundesdeutschen Durstlöschern ist (nach einer Statistik für das Jahr 1979) der *Bohnenkaffee* mit 187,8 l pro Kopf und Jahr.

Alkoholfreie Getränke

Das am meisten gekaufte alkoholfreie Getränk ist *Coca-Cola,* von dem im Jahre 1978 täglich 235 Mio. Flaschen und Dosen in 135 Ländern verkauft wurden. Coca-Cola wurde erstmalig im Jahre 1886 von *Dr. John S. Pemberton* aus Atlanta (USA) als Tonikum hergestellt. Die *Coca-Cola*-Gesellschaft wurde 1892 gegründet und die berühmte Flasche wurde 1915 patentiert.

🌐 **Die größte Mineralwasserfirma** ist *Source Perrier* bei *Nimes* (Frankreich) mit einer Jahreserzeugung von über 2100000000 Flaschen, wovon 1000000000 jetzt aus Perrier und Contrexéville kommen.

Die Franzosen trinken durchschnittlich 50 l Mineralwasser pro Kopf und Jahr.

Ⓓ Das meistverkaufte Mineralwasser in Westdeutschland ist *Apollinaris*. 1979 wurden 1,7 Mio. l in 315 Mio. Flaschen verkauft. 10 Prozent dieser Menge ging ins Ausland.

Größter Hersteller verschiedener Quellwasser ist die *Mineralbrunnen AG*, Bad Überkingen, die 1979 ca. 500 Mio. Flaschen verkaufte.

Im Durchschnitt trank jeder deutsche Bundesbürger 1979 ca. 39,6 l Mineralwasser, was eine Steigerung um 87 Prozent innerhalb von fünf Jahren bedeutet.

Ⓐ In Österreich hat das Mineralwasser *Römerquelle* die erste Position. 90,2 Mio. l bzw. 100312000 Flaschen wurden verkauft.

(CH) In der Schweiz liegt nach Zeitungsberichten die Firma *Henniez* aus dem gleichnamigen Dorf zwischen Bern und Lausanne an der Spitze. Der Marktanteil wird auf 40 Prozent und der Mineralwasser-Absatz auf 80 Mio. l geschätzt.

Ⓓ **Der Durchschnittsverbrauch an Milch** lag 1979 in Westdeutschland bei 91,1 l pro Kopf.

Alkoholische Getränke

Allgemein: Ab 1. Januar 1980 gelten in sämtlichen *EG-Staaten* einheitliche Bestimmungen für die Ermittlung des Alkoholgehaltes in einem Getränk. Unter Alkoholmenge versteht man das in Litern ausgedrückte Volumen des *Äthanols* bei einer Temperatur von 20° C.

Der Alkoholgehalt kann entweder als *Volumenkonzentration* bei 20° C in Prozent Vol. oder als *Massengehalt* in Prozent mas. gemessen werden. In den USA bedeutet *Proof* als Normalstärke das Zweifache des tatsächlichen Alkoholgehalts, und zwar volumenmäßig bei 15,6 C.

Prohibition. Am längsten hat sich das staatliche Verbot der Herstellung und des Verkaufs alkoholischer Getränke in *Island* gehalten, 26 Jahre, von 1908–34. In *Rußland* (später UdSSR) dauerte sie von 1914–24 und in den USA von 1920–33.

Auf den *Färöer-Inseln* besteht das Verbot des öffentlichen Ausschanks (im Gegensatz zu privater Erlaubnis) schon seit 1918, während im nördlichen *Australien* der Jahresverbrauch mit 236 l pro Person festgesetzt ist. In der nordaustralischen Stadt *Darwin* mußte im Juni 1966 ein *Verein zur Verhütung des Alkoholismus* aufgelöst werden, weil sich nicht genügend Mitglieder dafür fanden.

Bier

Allgemein: Bereits 6000 v. Chr. war ein bierähnliches Getränk in Babylon bekannt. Auch die Ägypter verstanden sich aufs Bierbrauen, auch kannten sie bereits Import-Bier, das als *Bier vom Hafen* bezeichnet wurde.

Ⓓ **Das älteste deutsche Bier** steht im Museum von *Alzey* bei Mainz (Rheinland-Pfalz). Es stammt aus dem Jahre 353 n. Chr. und wurde bei Ausgrabungen in einem Tonkrug unter den Ruinen eines römischen Kastells gefunden.

🌐 **Den Rekord im Biertrinken** halten die Deutschen, obgleich in den letzten Jahren weniger Bier als bisher durch deutsche Gurgeln lief. 1976 waren es jährlich 151 l pro Kopf, 1977 nur noch 148 l, 1978 145,6 l und 1979 sank der Durchschnittsverbrauch nochmals auf 145,1 l.

Damit sind die Australier, die mit jährlich 143 l pro Kopf bisher den 2. Platz auf der Bier-Trinkerliste einnahmen, auf dem besten Wege, sich Platz 1 zu erobern. Allerdings bleiben auch dann noch die Bayern mit 246 »Maß« (= Liter) pro Kopf und Jahr einsame Spitze.

Vor 100 Jahren waren die Bayern noch bier-durstiger, da lag der Jahresdurchschnitt bei 300 l pro Einwohner. Die absolute Spitze hielten die durstigen Seelen von *Straubing* und *Ingolstadt:* sie brachten es auf 500 l im Jahr!

🌐 **Das größte zusammenhängende Hopfenanbaugebiet** der Welt ist die *Holledau* (auch *Hallertau*) (Westdeutschland, Bayern). Es erstreckt sich über eine Fläche von 14717,64 ha.

Das stärkste Bier der Welt ist das *EKU 28* (bisher *Urtyp Kulminator hell* genannt). Es hat 28 Prozent Stammwürz-Mindestgehalt und 13,2 Vol.– Prozent Alkohol. Gebraut wird es von der *Ersten Kulmbacher Aktienbrauerei*. Die 0,33-Liter-Flasche kostet ab Brauerei 1,50 DM und in Gaststätten bis zu 7,00 DM.

Das schwächste Bier, das in Westdeutschland nach dem Biersteuergesetz hergestellt werden darf, ist das sogenannte *Einfachbier* mit einem Stammwürzgehalt von 2–2,5 Prozent.

Ⓓ **Das teuerste deutsche Bier** heißt *Feuerfest* und wird in *Treuchtlingen* (Bayern) gebraut. Es muß ein Jahr in Eichenfässern lagern, bevor es auf Flaschen gezogen wird. Jede Flasche ist numeriert und kostet 4,95 DM.

Die meisten Biermarken der Welt gibt es in Westdeutschland: ca. 5000–6000. Auch in den Biersorten führt Deutschland, es gibt ca. 25–30 verschiedene Sorten und Brauarten.

🌐 **Die älteste Brauerei** ist die im Jahre 1040 gegründete Brauerei von *Weihenstephan* in *Freising* bei München. Heute ist sie *Bayerische Staatsbrauerei.* Die zweitälteste Brauerei ist die des bayerischen Klosters *Andechs.*

🌐 **Die größte Brauerei** ist *Anheuser-Busch. Inc.* in St. Louis, Missouri (USA). 1978 verkaufte die Firma 41,6 Mio. US-Barrel (1 Barrel = ca 160 l). Die größte Menge, die je von einer Brauerei erzeugt wurde!
Die größte Brauereianlage in Europa ist die *Guinness Brewery,* Dublin (Irland), die sich über 23,16 ha erstreckt. Die Firma wurde 1759 gegründet.

(D) Das größte deutsche Brauunternehmen ist die *Dortmunder-Union-Schultheiss-Brauerei AG,* deren Verwaltungen in Berlin-West und Dortmund (Nordrhein-Westfalen) ihren Sitz haben. Ihr Jahresausstoß beträgt 4,343 Mio. hl.
Die größte einzelne Braustätte Westdeutschlands ist die *König-Brauerei AG* in Duisburg (Nordrhein-Westfalen) mit einem Jahresausstoß von 2,288 Mio. hl.

Die meisten Brauereien gibt es – dem bayerischen Durst entsprechend – in Bayern. Jede dritte Brauerei der Welt befindet sich innerhalb der weißblauen Grenzpfähle des westdeutschen Freistaates. Der Gesamtausstoß 1979 betrug 25,7 Mio. hl und erreichte damit fast das Rekordergebnis von 1976 mit 26,7 Mio. hl.

Die kleinste gewerbliche Brauerei Westdeutschlands zu sein, ist ein Anspruch, der von mindestens drei Braustätten erhoben wird:
In Oberaudorf (Bayern) braut *Adalbert Balz* in seinem Ein-Mann-Betrieb pro Jahr 140 000 l Bier.
In Pfarrkirchen (Niederbayern) braut *Georg Steiner* – ebenfalls allein – 600 hl Weizenbier pro Jahr.
In Willich bei Düsseldorf (Nordrhein-Westfalen) soll nach einer Meldung der *Welt* vom 31. Oktober 1978 die *historisch handwerkliche Kesselbrauerei* nun wirklich die allerkleinste sein. Dort werden jährlich nur 600 l Bier gebraut.

(A) Die älteste Brauerei Österreichs ist im Vergleich zu der Deutschlands jung: 1449 berichtet das Urbar Wallsee zum erstenmal von der *Brauerei Hofstetten,* St. Martin im Mühlkreis (Oberösterreich).
Die größte österreichische Brauerei ist die in *Schwechat* bei Wien, eine Betriebsstätte der *Österreichischen Brau AG,* die 1 050 000 hl im Jahr 1978 braute.
Die kleinste Brauerei Österreichs ist die *Brauerei Wetzel* in Rankweil (Vorarlberg)
Das stärkste österreichische Bier hat 6 Vol.-Prozent Alkohol, das schwächste ca. 3,5 Vol.-Prozent.
Der jährliche Durchschnitts-Bierkonsum sind 100,9 l pro Kehlkopf.

(CH) Die Bier-Tradition der Schweiz geht bis auf das Jahr 640 n. Chr. zurück. In der Lebensgeschichte des Mönches *Columban* aus dem Kloster *St. Gallen* wird erwähnt, daß bei Festanlässen um diese Zeit dort bereits Bier gebraut und getrunken wurde. Ein Klosterplan von St. Gallen von 820 zeigt mehrere Brauerei-Anlagen. Heute existiert in St. Gallen jedoch keine Klosterbrauerei mehr.
Die ältesten Brauereien der Schweiz, die noch produzieren, stammen aus der Zeit um 1670 bis 1680. Es sind die Brauerei *Schloß Reichenbach* in Zollikofen (Kanton Bern), die jetzt zu einer größeren Firmengruppe gehört, und die Brauerei *Eichhof* in Luzern, deren erste Braustätte 1668 entstanden ist. Insgesamt bestehen in der Schweiz 43 Brauereien, die 4400 Mitarbeiter beschäftigen und 1978/79 – einschließlich Export – 4,04 Mio. hl Bier verschiedener Sorten produzierten.
Die größte Brauerei-Gruppe der Schweiz ist die *Feldschlößchen*-Gruppe in Rheinfelden (Kanton Aargau), deren Gesamtausstoß sich 1978/79 auf 1,21 Mio. hl belief.
Die kleinste Brauerei der Schweiz ist die Brauerei *Wäfler/Rothenburg* mit 331 hl Ausstoß.
Das stärkste Bier der Schweiz produziert die Brauerei *A. Hürlimann,* Zürich. Es ist das dunkle *Dreikönigs-Bier,* ein Starkbier mit einem Stammwürzegehalt von 18,5 Prozent. – Die schwächsten Biere werden in der Schweiz von mehreren Brauereien mit einem Stammwürzegehalt bis zehn Prozent und einem Alkoholgehalt von etwa 2,25 Gewichtsprozent gebraut.
Der durchschnittliche Bierkonsum pro Kopf der Bevölkerung beträgt nach neuester Erhebung 68,6 l pro Jahr.

Ein Weltrekordhalter unter den Biertrinkern ist wegen der unterschiedlichen Biersorten und Trinkgewohnheiten nicht mit Sicherheit zu ermitteln. Von den Rekordmeldungen der letzten fünf Jahre sind folgende vier verbürgt:
2 l in 6 sec. englisches »Lager«-Bier durch *Peter G. Dowdeswell* am 7. Februar 1975.
1 l in 1,3 sec. amerikanisches Bier durch *Steven Petrosino* am 22. Juni 1977 in Carlisle (USA).
17,5 l in einer Stunde kippte 1976 *Horst Pretorius* (36) aus Schwäbisch Gmünd (Westdeutschland, Baden-Württemberg).
20 l *Kölsch* (obergäriges Bier) trinkt *Harry Herkenrath* (42) Tag für Tag. So jedenfalls sagte er am 24. August 1977 vor einem Kölner Gericht aus.

🌐 **Die größte Auswahl an Biersorten** bietet der Biermarkt von *Bruno Maruhn* in Darmstadt-Eberstadt (Westdeutschland, Hessen), direkt an der Autobahn Heidelberg-Frankfurt. 871 Biersorten aus 223 Brauereien hat der Antialkoholiker und Milchtrinker Maruhn in seinem Angebot, darunter zwei Biersorten aus der Volksrepublik China.

Das erste Bier in Dosen wurde 1935 von der Firma *Krueger Beer* in Richmond, Virginia (USA) vertrieben. Der Testverkauf hatte solchen Erfolg, daß Dosenbier neben Flaschenbier ins Angebot aufgenommen wurde.
Die größte Sammlung, nämlich 12 000 verschiedene Dosen, soll *John F. Ahrens* aus Mount Laurel (USA) haben.
In der Bundesrepublik und Berlin sind ca. 880 Mio. Bierflaschen im Umlauf.

Die größte Bierflaschen-Etikett-Sammlung besitzt *Keith Osborne,* ehrenamtlicher Sekretär des Vereins sog. *Etikettisten* (gegründet von *Guinness Exports Ltd.* 1958). Sein ältestes Etikett, für die Biersorte *Bass,* stammt aus dem Jahre 1869.

(A) **Die größte Sammlung von Bieruntersetzern** besitzt *Leo Pisker* aus Wien (Österreich), der bis April 1979 76 000 verschiedene Bieruntersetzer aus 144 verschiedenen Ländern gesammelt hatte.
Ein Rekord für *Bierdeckel-Schnipsen* konnte bis jetzt noch nicht verbindlich aufgestellt werden, da die unterschiedlichen Größen, Formen und Gewichte der Bierdeckel es unmöglich machen, offizielle Regeln für diesen internationalen und weitverbreiteten Wettbewerb aufzustellen. *Roy Clarke* (36) soll am 9. Februar 1979 in Leek, Staffordshire (England) 72 Bierglasunterlagen hochgeschnellt und aufgefangen haben.

Wein

Allgemein: Die Weinanbaufläche der Erde wuchs seit Beginn dieses Jahrhunderts auf das Anderthalbfache, die geerntete Weinmenge sogar auf das Zweieinhalbfache: 320 Mio. hl Wein pro Jahr.
Größter Weinproduzent der Welt ist *Frankreich.* Es verwies in der Saison 1979/80 mit 83,5 Mio. hl das bis dahin mit Abstand führende *Italien* (1979/80: 80 Mio. hl) auf den 2. Platz vor *Spanien* mit 45 Mio. hl.
(D) Die deutschen Winzer haben seit 1900 ihre Produktion verdreifacht, auf ca. 10 Mio. hl in guten Weinjahren.
Mit dem Anbau stieg auch der Konsum des Weins. In Westdeutschland wurden 1979 24,4 l Wein pro Kopf getrunken. Allerdings sind darin auch die zahlreichen Sektflaschen mitgerechnet, deren Korken die Deutschen neuerdings so gerne knallen lassen. Sie trinken pro Kopf und Jahr 4,1 l Sekt.

Der größte Weinberg erstreckt sich in Frankreich zwischen der Rhône und den Pyrenäen in den Départements *Hérault, Gard, Aude* und *Pyrenées Orientales.* Er hat eine Größe von 840 000 ha, wovon 52,3 Prozent nur für den Weinanbau genutzt werden.

(D) Das größte deutsche Weinanbaugebiet ist die *Rheinpfalz* mit 62 105 ha Rebfläche.
(A) Das größte Weinanbaugebiet Österreichs liegt bei *Rust* am Neusiedlersee. Auf 19 242 ha wird dort Wein angebaut.
(CH) Das größte Weinanbaugebiet der Schweiz liegt im Kanton *Wallis* und im *Rhônegebiet.* 1978 war die Weinanbaufläche 5249 ha groß.

(D) **Der älteste Weinberg Deutschlands** dürfte der des *Bürgerspitals zum Heiligen Geist* in Würzburg (Bayern) – eine karitative Stiftung – sein. Er wurde 1319, im Gründungsjahr des Spitals, angelegt.
(Vgl. auch Kap. 2 *Tierreich und Pflanzenwelt,* Seite 69)

Der älteste Wein, dessen Kelterung mit Sicherheit feststellbar ist, befand sich in einer Amphore, die der französische Unterwasserforscher *Jacques Cousteau* (* 11. Juni 1910) aus dem Wrack eines um 200 v. Chr. im Mittelmeer gesunkenen griechischen Handelsschiffes barg und auch selbst kostete.

Die älteste Weinbezeichnung: Weinkrüge, die in Pompeji beim Ausbruch des Vesuvs im Jahre 79 n. Chr. mit verschüttet und in unserem Jahrhundert ausgegraben wurden, trugen das Etikett VESUVINUM.
Im Weinmuseum zu Speyer (Westdeutschland, Rheinland-Pfalz) wird ein anderer 1700 Jahre alter, dickflüssiger Wein als ältester bezeichnet.

(D) **Der älteste deutsche Wein** ist ein unverkäuflicher und auch unbezahlbarer Restbestand: ein 1653er Rüdesheimer Roséwein, der gemeinsam mit einer halben Mio. l edler Weine in den Fässern des *Bremer Ratskellers* lagert. Der Bremer Ratskeller ist die größte Weingaststätte Westdeutschlands und hat das umfangreichste Angebot an deutschen Qualitätsweinen.

Die kompletteste Weinsammlung gibt es in Pouillac (Dep. Gironde, Frankreich). Der legendäre *Château Lafite Rothschild Premier Grand Cru Médoc* ist dort in allen Jahrgängen von 1789 an vorhanden.

Die größte Versteigerung von Wein wurde von der Auktionsfirma *Christie's* am 10. und 11. Juli 1974 in London abgehalten, wobei 2325 Posten von insgesamt 432 000 Flaschen einen Betrag von 962 190 Pfund Sterling (damals ca. 5,8 Mio. DM) erzielten.

Das größte Weinkosten aller Zeiten wurde in *Nederburg* (Südafrika) am 4. März 1978 mit 1737 Gästen, 15 Flaschenöffnern, 93 Einschenkern und 2012 Flaschen gefeiert.

Die teuerste Flasche Wein, die je verkauft wurde, war ein *Château Lafite 1822.* John Grisanti, Inhaber des Restaurants *Grisanti's* in Memphis, Tennessee (USA), ersteigerte sie am 28. Mai 1980 für 30000 Dollar (ca. 55000,– DM).

Die teuerste Flasche, die in einem Restaurant verkauft wird, steht auf der Weinkarte des Restaurants von *François Darroze* in *Villeneuve-de-Marsan* (Landes, Frankreich): ein *Château Lafite Rothschild* von 1806 für 2000 ffr. (860,– DM).
Der teuerste Wein, den man im Laden (z.B. bei *Fauchon* in Paris) kaufen kann, ist ein *Château Lafite* 1902 für 2400 ffr. (etwa 1032,– DM).

Die teuersten unter den gegenwärtigen Konsumweinen sind die Bordeaux-Weine von 1961: Rothschild, Margaux, Latour, Mouton-Rothschild, die zwischen 225 und 380 ffr. pro Flasche kosten (ca. 100,– bis 165,– DM). Einen 1959er bekommt man für 175 bis 400 ffr. (75,– bis 175,– DM).

Die besten Jahrgänge:
Roter Bordeaux 1961
Weißer Bordeaux 1962
Roter Burgunder 1961
Weißer Burgunder 1969
Côtes-du-Rhône 1961
Elsässer 1971
Anjou-Touraine 1947
Champagner 1966

🌐 **Der meistverkaufte Wein der Welt** ist der *Champagner.* Im Rekordjahr 1978 verließen rund 186 Mio. Flaschen die Kellereien bzw. Lager.
Ⓓ Nach Westdeutschland wurden 1979 5,2 Mio. 1/1-Flaschen aus Frankreich exportiert. Damit hat sich die westdeutsche Champagner-Einfuhr seit 1969 mehr als verdreifacht.

Der weltweit bekannteste deutsche Weinname ist *Liebfraumilch.* Ursprünglich bezeichnete er den Wein, den Kapuzinermönche in der Umgebung des Liebfrauenstifts bei *Worms* (Rheinland-Pfalz) anbauten und der einem englischen Schriftsteller des 17. Jahrhunderts »lieblicher als die Milch der Heiligen Jungfrau« schmeckte. Da die Gefahr besteht, daß wegen der Liberalisierung der Weingesetze, vor allem im Bereich der EG, auch Weine anderer Anbaugebiete (– selbst solcher aus Kalifornien/USA, Südaustralien oder den Mittelmeerländern–) den berühmten Namen ohne Rechtsgefährdung übernehmen könnten, versucht das Bundesland Rheinland-Pfalz mit Nachdruck, den Namen für das berühmteste Produkt seiner Weinberge trotzdem so zu schützen, daß nicht in absehbarer Zeit etwa US-Zecher eine Art »Eigenbau-Liebfraumilch« in ihre Kehlen fließen lassen können.

Der berühmteste Burgunder ist der *Romanée Conti.* Er stammt vom rechten Rhôneufer südlich von Lyon (Frankreich). Er ist sehr selten: jährlich gibt es nur 12000 Flaschen.

Ⓓ **Das älteste und größte Weinmuseum** wurde 1909 in *Speyer* (Westdeutschland, Rheinland-Pfalz) gegründet. Es zeigt Objekte, die die Geschichte des Weins vom Rebstock bis ins Glas seit der Römerzeit schildern.

🌐 **Die größten Weinkeller** gehören der *K.W.V. (Kooperativ Wijnbouwers Vereeniging)* in Paarl bei Kapstadt, inmitten der Weinbaulandschaft Südafrikas. Sie erstrecken sich über 10 ha und haben Raum für 136 Mio. l. Die größten Gärungsfässer können 207750 l aufnehmen. Sie sind 5 m hoch und haben einen Durchmesser von 8 m.

Ⓓ **Die größte Weinetikettensammlung** der noch existierenden Einzellagen deutscher Weine hat der Bremer Historiker *Reiner Völckel.* In knapp drei Jahren hat er mehr als 15000 Weinetiketten zusammengetragen. *Völckel* gab ca. 5000 DM allein für Porto und Verpackung aus, um von den Winzern die Etiketten zu erhalten.

Champagner und Sekt

🌐 **Die älteste Champagnerfirma** ist *Ruinart Père et Fils* (Frankreich), die 1729 gegründet wurde.

Ⓓ **Die älteste, noch bestehende deutsche Sektkellerei** ist die 1826 in Esslingen bei Stuttgart (Baden-Württemberg) von Georg Christian Kessler gegründete Sektkellerei *G.C. Kessler u. Co.*
Von den ca. 100 deutschen Sektkellereien stellen nur noch fünf ihren Sekt durch Flaschengärung her. *G. C. Kessler* ist eine davon.

🌐 **Das größte Lager** unterhält die französische Finanzgruppe *Champagner Moët et Chandon und Mercier* mit 53,5 Mio. Flaschen.

🌐 **Die größte Sektkellerei** ist die deutsche Sektkellerei *Henkell u. Co.* in Wiesbaden-Biebrich (Hessen). 1978 lieferte sie ca. 60 Mio. 1/1-Flaschen in alle Welt.

Die höchste gefüllte Säule aus Champagnergläsern bestand aus 19 Gläsern. Sie wurde am 17. April 1979 von *Martin Moore, Annabell Lee, Christine Price* und *Susan Brooklyn* in Brighton (England) von oben her gefüllt.

Flugrekord: Die größte Entfernung, die ein Champagnerkorken aus einer nichterwärmten und unbehandelten Flasche flog, die sich 1,22 m über dem Boden befand, war 31,35 m. *Gary P. Mahan* gelang dieser *»Schuß«* in La Habra Heights (USA) am 2. August 1975.

Spirituosen

Der höchste Preis, der für eine Spirituose auf einer Auktion erzielt wurde, war 780 Pfund Sterling (2910,- DM) für eine 2-Liter-Flasche *Armée Fine Champagne Cognac,* Jahrgang 1811, bei *Christie's,* Genf, am 13. November 1978.

🌐 **Die älteste Cognacbrennerei** ist *Argier Frère & Cie.* (Frankreich). Sie besteht seit 1634.

🌐 **Das größte Cognac-Lager** hat die Fa. *Hennessy.* Es enthält 65 Mio. Flaschen.
Den höchsten pro-Kopf-Verbrauch an Cognac hat *Belgien.*
Insgesamt haben die französischen Cognac-Brennereien 1979 weltweit 151,7 Mio. Flaschen abgesetzt. Davon wurden 120,6 Mio. Flaschen exportiert; Hauptabnehmer waren *Großbritannien,* die *USA,* die *Bundesrepublik Deutschland* und *Belgien,* besonders stark aber auch *Japan* und *Italien.* Dagegen ging der Absatz im *Iran* um über 90 Prozent zurück.

🌐 **Die stärksten, alkoholreichsten Getränke** sind einige (unverkäufliche) Sorten von Rum und Wodka. Sie enthalten 97,2 Volumenprozent Alkohol bei einer Temperatur von 15,6°C.

Ⓓ **Die älteste noch existierende deutsche Spirituosenbrennerei** ist die 1598 in Danzig gegründete Firma von *Isaac Wedling* und *Exdam Dirk Helcker.* Diese Firma stellt heute noch jenen Likör her, in dem kleine Blattgoldschnipsel schwimmen und der deshalb *Danziger Goldwasser,* aber auch *Danziger Lachs* genannt wird. Diesen zweiten Namen führt er jedoch »erst« seit 1704. Damals zog die Danziger Firma in ein Haus, über dessen Eingang als Türschild ein großer Lachs angebracht war. Als Danzig 1921 Freie Stadt wurde, übersiedelte die Firma nach Berlin, jetzt gehört sie zu der *Gräflich Hardenbergschen Kornbrennerei Vertriebs KG* in Nörten-Hardenberg (Niedersachsen). Bereits 1776 warnte die Danziger Lachs-Firma in einem Inserat vor der Nachahmung ihres Goldwassers und ihres Warenzeichens.

An Nachahmungsversuchen hat sich seitdem auch bei Spirituosen kaum etwas geändert: im Januar 1980 beantragte Jugoslawien beim *Internationalen Büro für Markenschutz* in Genf, daß *Sliwowitz* nur noch als Bezeichnung für in Jugoslawien hergestellten Pflaumenschnaps verwendet werden darf.

🌐 **Die größte Spirituosenbrennerei** ist *The Seagram Company Ltd.* in Kanada. Ihre Umsätze in dem am 31. Juli 1978 endenden Geschäftsjahr beliefen sich auf 2 272 584 000 Dollar (4,659 Mrd. DM), von denen 1 886 727 000 Dollar (3,868 Mrd. DM) mit dem Umsatz der *Joseph E. Seagram & Sons Inc.* in den USA erzielt wurden. Die Firma hat rund 15 000 Beschäftigte, davon etwa 10 800 in den USA.
Die größte schottische Whiskybrennerei ist die Firma *Carsebridge* in *Alloa* (Schottland). Diese Brennerei kann pro Jahr mehr als 20 Mio. proof gallons = 90,8 Mio. l herstellen.
Das größte Unternehmen für Verschnitt und Abfüllung schottischen Whiskys ist *John Walker & Sons* in Kilmarnock (Schottland) mit einer Jahreskapazität von 120 Mio. Flaschen *Johnnie Walker,* dem meistverkauften Whisky der Welt.
Die größte Destillerie für schottischen Malzwhisky ist *Tomatin* in Inverness (Schottland), 1897 gegründet, mit einer Jahresproduktion von 22,7 Mio. Westdeutsche Freunde harter Drinks haben 1979 29 Mio. l Whisky konsumiert, 1 Mio. l mehr als 1978. 85 % davon kamen aus dem Ausland, vor allem aus Schottland, den USA und Irland.
Der meistverkaufte Gin ist *Gordon's Gin.*

Ⓓ Der größte Spirituosen-Hersteller in Westdeutschland ist die Unternehmensgruppe *Eckes,* deren Stammhaus sich in Nieder-Olm (Rheinland-Pfalz) befindet. Sie erzeugt, vor allem in Zusammenarbeit mit ihren Tochter- und Beteiligungsfirmen in Brasilien und Argentinien, jedoch auch Fruchtsäfte und andere alkoholfreie Getränke. Der Gesamtumsatz der Firmengruppe erreichte 1978 den Betrag von 885 Mio. DM, davon entfielen etwa 80 Prozent auf die Spirituosen-Produktion der Stammhaus-Firmen und der deutschen Tochter-Unternehmen.

Fässer, Flaschen, Gläser

Fässer

🌐 **Das größte Faß** stammt aus dem Jahre 1751 und steht im Keller des *Heidelberger Schlosses* (Westdeutschland, Baden-Württemberg). Es ist 9 m lang, 8 m hoch und faßt 221 726 l Wein. Doch wurde es nie mit einer Flüssigkeit gefüllt.
Das noch größere Faß in *Bad Dürkheim* (Rheinland-Pfalz) ist leider auch kein Weinbehältnis, sondern ein Restaurant mit 500 Plätzen. Wollte man es mit Wein füllen, so könnte es 1,7 Mio. l aufnehmen.
Das als Behälter benutzte größte Faß der Welt gehört einer englischen Apfelweinfirma in Hereford und führt den Markennamen *Strongbow.* Es ist 19,65 m hoch, mißt 23 m im Durchmesser und hat einen Fassungsraum von 74 100 hl.

Den größten Holzbottich besitzt die Firma *Cusenier* in Thuir (Frankreich). Er hat ein Fassungsvermögen von über 1 Mio. l. Leer wiegt er 110 t, gefüllt 1100 t. Um ihn zu bauen, mußten 220 Eichen gefällt werden.

Flaschen

Die größte Flasche, die normalerweise im Wein- und Spirituosenhandel verwendet wird, ist der *Jerobeam* (so genannt nach dem legendären Oberhofmeister König Salomos). Sie faßt den Inhalt von vier normalen Flaschen Champagner. Seltener wird sie auch mit Cognac gefüllt.
Es gibt auch *Jerobeam-Flaschen,* die mit 5–6 1/2 Flaschen Rotwein gefüllt werden können, je nachdem, ob die Riesenflaschen aus geblasenem oder gegossenem Glas hergestellt wurden.
Eine andere große Flasche ist die *Doppel-Magnum,* deren Fassungsvermögen seit 1934 sechs Flaschen Bordeaux – oder seltener: rotem Burgunder – entspricht.

Der komplette Satz Champagnerflaschen besteht aus der viertel *(Pikkolo,* in Deutschland häufig auch *Pony* genannt), der halben und der ganzen Flasche, dem *Magnum,* dem *Jerobeam, Rehobeam, Methusalem, Salmanassar* und *Balthasar* bis zum *Nebukadnezar,* mit einem Gehalt von 16 l bzw. 20 Flaschen.
Im Mai 1958 wurde eine 1,52 m hohe Sherryflasche in Stoke-on-Trent (England) geblasen mit einem Fassungsraum für 93 l (131 normalgroße Flaschen). Sie erhielt den Namen *Adelaide.*

Die kleinsten im Handel üblichen Spritflaschen sind die Flaschen für Scotch Whisky, die von der *Cumbrae Supply Co.* in Glasgow (Schottland) vertrieben werden. Sie enthalten 1,42 ml und wurden 1979 für 32 p (1,22 DM) verkauft. Sie sind in einer Zündholzschachtel verpackt, die gratis mitgeliefert wird.

Die größte Sammlung von 2307 Originalminiaturflaschen (ohne Doubletten) besaß am 1. August 1979 Frau *Ivy Grant* in Stonegate, Sussex (England).

Die größte Flaschenabfüllanlage wurde von der westdeutschen Firma *Seitz* in Bad Kreuznach (Hessen) gebaut. Eine der Anlagen mit zwei Abfüllaggregaten wird von der Firma *Apollinaris* betrieben. Sie füllt 120 000 Flaschen (zu 0,25 l) in der Stunde. Eine andere dieser Anlagen mit einem Aggregat hat die *Schultheiss-Brauerei* in Berlin (West) 1978 in Betrieb genommen. Sie füllt 100 000 Flaschen (zu 0,33 und 0,5 l) in der Stunde.
Die am meisten (unberechtigt) nachgeahmte Original-Flaschenform ist die des *Bocksbeutels,* der in Deutschland ursprünglich nur den Frankenweinen vorbehalten war. Neuerdings versucht Portugal verstärkt, Weine in Bocksbeutel-Flaschen auf den Markt zu bringen, doch hat der Deutsche Bundestag im Mai 1980 beschlossen, durch Verhandlungen mit Lissabon zu erreichen, daß Verwechslungen künftig nicht mehr möglich sind.

Gläser

Der teuerste Glasbecher: Am 4. Juni 1979 wurde bei *Sotheby's* in London der Auktions-Höchstpreis von 520 000 Pfund Sterling (2,030 Mio. DM) für einen römischen Glasbecher aus dem 4. Jahrhundert mit 17,7 cm Durchmesser und 10,10 cm Höhe bezahlt.

Die ersten Weingläser, die mit einer Neigung von 20 Prozent geformt sind, hat seit Ende 1979 die *Schweizerische Bundesbahn* in den Speisewagen des *Glacier-Express* eingeführt. Wenn der Express zwischen St. Moritz und Zermatt den Oberalp-Aufstieg nimmt, sind die Kurven so eng, daß aus normalen Weingläsern immer der Wein verschüttet wurde.

Tabak, Pfeifen, Zigarren, Zigaretten

Pfeifen

Die größte Tabakpfeife ist im *Deutschen Tabakmuseum* in *Bünde* (Westfalen) zu besichtigen. Sie ist 3,65 m lang, der Umfang des Kopfes beträgt 2 m, seine Höhe 0,90 m. Das handliche Pfeifchen wiegt 173 kg, und für eine Füllung braucht man 23,3 kg Tabak. Hergestellt hat sie der Pfeifenmachermeister *Otto Pollner* aus Bünde. Er arbeitete von 1966 bis 1967 daran.

Die teuerste Pfeife ist eine Bruyèrepfeife mit Silberverzierungen und Elfenbeinmundstück. Hergestellt hat sie die Firma *Julius Vesz* in *Toronto* (Kanada). Die Pfeife kostet ca. 15 000 DM.

Die längsten Dauerbrenner: Der Rekord für das Brennenhalten einer Pfeife (3,3 g Tabak) nach einmaligem Anzünden mit einem Streichholz ist 253 Min. 28 sec. und wurde zwischen 15. und 16. März 1968 von *Yrjö Pentikäinen* aus *Kuopio* (Finnland) aufgestellt. Seitdem wurde immer wieder versucht, seinen Rekord zu unterbieten.
1971 erreichte Josef Reuters aus Würselen bei Aachen (Westdeutschland, Nordrhein-Westfalen) 104 Min. und 45 sec.

Service für Bahnfahrer: Weingläser mit 20 % Neigung.

1976 zog Urgroßvater Reuters nur noch 96 Min. an seiner Tonpfeife. Trotz dieses »Leistungsabfalls« wurde er Sieger der *Internationalen Meisterschaft im Pfeifenlangsamrauchen* in Weidhausen bei Coburg (Westdeutschland, Bayern).
Ebenfalls 1976 stellt der Japaner *Eizo Jnoue* bei einem Wettbewerb, der im November in Tokio (Japan) stattfand, den Jahrespfeifenschmauch-Rekord auf. Der 29jährige hielt seine Pfeife mit 3,3 g Tabak 2 Std., 15 Min und 2 sec. unter Dampf. Der deutschen Teilnehmerin *Eva Maria Zistel* aus Bremen ging die Pfeife schon nach 35 Min. und 50 sec. aus.
1979, bei der *7. Deutschen Meisterschaft der Marathonpfeifenraucher,* die im September in der 142 Einwohner zählenden Gemeinde *Mödlitz* bei Bayreuth (Bayern) stattfand, waren 333 Pfeifenraucher aus der Bundesrepublik, Belgien, den Niederlanden und der Schweiz am Start. Ein Drittel davon waren Frauen. Sieger wurde der Bundesbahnbeamte *Leo Klinkhamels* (30) aus Schwelmtal-Ungerath bei Mönchengladbach (Nordrhein-Westfalen) mit 1 Std., 19 Min. Bei den Pfeifenraucherinnen siegte die 35jährige Hausfrau *Rita Zipp* aus Dortmund. Ihre Pfeife brannte 46 Min. und 50 sec. Ihr Rekord wurde im Juni 1980 von Waldtraut Westhoff aus Mödlitz gebrochen. Sie siegte mit 59 Min., 20 sec.

Bei dem gleichen Wettbewerb, der 1980 in *Monschau/Eifel* (Nordrhein-Westfalen) ausgetragen wurde, verbesserte Langsamraucher *Klinkhamels* seinen Vorjahresrekord enorm: er verqualmte die vorgeschriebenen 3 Gramm Tabak in 117 Minuten, also 3 Sekunden weniger als 2 Stunden.

Zigarren

🌐 **Die längste Zigarre** wiegt 27,3 kg und ist 2,78 m lang. Sie wurde in *Fredericia* (Dänemark) hergestellt und im Mai 1979 dem Herausgeber der dänischen Ausgabe von *Guinness Book of Records* überreicht.

Ⓓ Die längste Zigarre Deutschlands wurde 1936 handgewickelt. Sie ist im *Deutschen Tabakmuseum* in *Bünde* (Westfalen) zu besichtigen Ihre Länge beträgt 1,7 m und ihr Umfang an der Bauchbinde 60 cm.

Die größte, im Handel erhältliche Zigarre ist die 24 cm lange *Partagas Visible Immensas.* Die Partagas-Fabrik in Havanna (Kuba) stellt auch Geschenkzigarren von 50 cm Länge her, die in Europa ca. 32,– DM pro Stück kosten.

Die teuerste im Handel erhältliche Zigarre ist die 18 cm lange *Davidoff Dom Perignon,* die in Westdeutschland 34,- DM pro Stück kostet.

Die größte Sammlung von Zigarrenbauchbinden hat *Russos Restaurant* in San Francisco (USA), nämlich mehr als 5000 Stück, die bis ins Jahr 1860 zurückreichen.

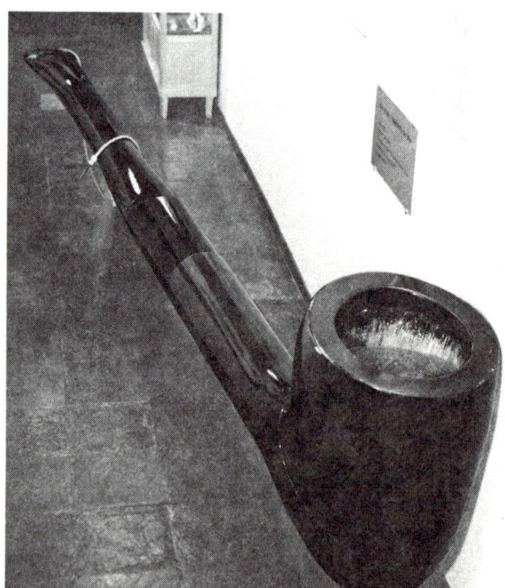

Die größte Tabakpfeife ist 3,65 m lang, der Kopf hat einen Umfang von 2 m.

Die längste Zigarre mißt 2,78 m und wiegt 27,3 kg. In Dänemark den Kollegen vom Guinness-Buch der Rekorde überreicht.

Zigaretten

Die größte Tabakfirma ist die *British-American Tobacco Company Ltd.* (gegr. London 1902). Die Firma und ihre Tochter- und Schwestergesellschaften haben 118 Tabakfabriken in 53 Ländern; der Gesamtumsatz 1977–78 betrug 5,4 Mrd. Pfund Sterling (21,9 Mrd. DM), und das Gesamtvermögen wurde am 30. September 1978 mit 2,96 Mrd. Pfund Sterling (11,4 Mrd. DM) angesetzt. 1978 verkaufte der Konzern über 550 Mrd. Zigaretten.

Die größte Zigarettenfabrik ist die *Philip Morris*-Anlage in Richmond, Virginia (USA), die im Oktober 1974 eröffnet wurde und 200 Mio. Dollar (518 Mio. DM) kostete. Die dort beschäftigten 4000 Menschen stellen täglich 450 Mio. Zigaretten her.

In Westdeutschland liegt die *Philip Morris GmbH,* München nach eigenen Angaben an vierter Stelle der deutschen Zigarettenhersteller. Jahresumsatz 1979: 1,7 Mrd. DM.

Ⓓ **Der größte deutsche Zigarettenhersteller** ist die Firma *H.F. & Ph. F. Reemtsma GmbH,* Hamburg, die 1979 einen Marktanteil mit ihren verschiedenen Marken von 32,6 Prozent erreichte.

Die beliebteste Zigarette der Welt ist die *Marlboro,* eine von der Firma *Philip Morris* hergestellte Filterzigarette, von der im Jahre 1978 186 598 Mio. Stück verkauft wurden.

In Westdeutschland hat die *Marlboro* einen Marktanteil von 11 Prozent und ist damit die Nr. 2 nach der BAT-Marke *HB* (1979: 19,2 Prozent).

Die zehn führenden Zigarettenmarken in Westdeutschland

Marke	Marktanteil 1978 in Prozent
HB (BAT)	20,2
Lord Extra (Brinkmann)	10,9
Marlboro (Philip Morris)	8,5
Stuyvesant (Reemtsma)	7,8
Ernte (Reemtsma)	7,8
Reval (Reemtsma)	5,0
Camel (Reynolds)	4,9
Lux Filter (Brinkmann)	4,8
R 6 (Reemtsma)	4,7
Krone (BAT)	3,4

Ⓐ Die meistgerauchte österreichische Zigarettenmarke ist *Hobby.*

ⒸⒽ Die meistgerauchte Schweizer Zigarettenmarke ist *Select,* die in vier Formaten angeboten wird. Den höchsten Prozentsatz nehmen Filterzigaretten in der Schweiz ein, nämlich mehr als 95 Prozent.

Ⓐ In Österreich sind es 93,6 Prozent.

Ⓓ In Westdeutschland 87,2 Prozent.

Die längste und die kürzeste Zigarette. Die längste Zigarette war die 28 cm lange *Head Plays,* die 1930, um Steuer zu sparen, in den Vereinigten-Staaten in Fünferpackungen verkauft wurde.

Die kürzesten waren die *Lilliput,* 31,7 mm lang, 3 mm im Durchmesser, die 1956 in England erzeugt wurden.

Die größte Zigarettensammlung besitzt der Arzt *Robert E. Kaufmann,* 950 Park Avenue, New York City 28 (USA). Bis Mai 1978 hatte er 7225 Zigaretten, mit 43 verschiedenen Mundstücken aus 167 Ländern gesammelt. Die älteste davon ist die *Lone Jack* aus den USA um 1885.

Der Welt-Zigaretten-Konsum soll 1978 rund eine Trillion Zigaretten betragen haben (–das ist eine Eins mit 18 Nullen). Dabei lösten sich etwa 220 Mrd. DM in Rauch auf!

Den höchsten Pro-Kopf-Zigarettenkonsum haben die USA. 1977 wurden in den Vereinigten Staaten 665 000 Mrd. Zigaretten geraucht. Das entspricht im Schnitt 3900 Stück für jeden erwachsenen Amerikaner. Diese Zigarettenmenge hat einen Wert von 15 Mrd. Dollar (ca. 30 Mrd. DM).

Ⓓ **Einen neuen Konsumrekord** gab es 1979 beim Zigarettenabsatz in Westdeutschland. Einschließlich der Selbstgedrehten und der *Duty-Free*-Importe dürften es ca. 140 Mrd. Stück gewesen sein. An ihrer »Vernichtung« waren etwa 17 Mio. bundesdeutsche Raucher beteiligt. 12,5 Mio. davon waren Männer.
Mehr als 140 000 Menschen sterben in der Bundesrepublik jährlich an den Folgen übermäßigen Tabakkonsums.
Über den Tabakmißbrauch bei westdeutschen Jugendlichen ergab eine Erhebung im März 1980, daß rund 57 Prozent aller Buben und 25 Prozent aller Mädchen schon vor ihrem zehnten Lebensjahr mindestens einmal geraucht hatten. 14jährige rauchen oft schon über 20 Zigaretten täglich. Unter den Zehnjährigen bezeichneten sich schon rund drei Prozent als »regelmäßige Raucher« mit einem Verbrauch von etwa fünf Zigaretten pro Tag. Bei den 19jährigen waren es schon 43 Prozent; sie rauchen täglich 20 Zigaretten und mehr.
Ⓐ In Österreich wurden 1978 15,125 Mrd. Zigaretten geraucht.
(CH) In der Schweiz liegt der jährliche Konsum bei 16 Mrd. Zigaretten.
Den osteuropäischen Rekord halten die polnischen Raucher, die 1979 92 Mrd. Zigaretten verpafften.

Der größte Zigarettenpaffer war *Scott Case.* Er rauchte bei den *Oddball Olympics* in Los Angeles (USA) im Mai 1974 in 30 Sekunden 110 Zigaretten gleichzeitig.
Im Jahre 1975 gewann *Paul Mears* von der Universität *Manitoba* (Kanada) einen Wettbewerb, indem er 35 Zigaretten von normaler Größe gleichzeitig rauchte.
Simon Argevitch aus Oakland (USA) wiederholte am 23. September 1973 seinen Rekord für die etwas ausgefallenere Kunst, 14 Zigarren auf einmal zu rauchen und gleichzeitig zu pfeifen.

Die meisten Rauchringe mit einem einzigen Zug aus einer Zigarette sind 441; diesen Rekord stellte am 21. Dezember 1978 *Atsuhiro Nakamura* aus Nara (Japan) auf.

Die älteste noch existierende Zigarettenpakkung ist das finnische *Petit-Canon*-Paket für 25 Stück aus dem Jahre 1860, das sich in der *Ventegodt-Sammlung* befindet. Die seltenste ist eine Packung aus Riga zur 700-Jahr-Feier Lettlands (1201–1901).

Ⓓ **Die erste Zigarettenmarke,** die in Deutschland in einer verbrauchergerechten Packung auf den Markt kam, war *Laferme* aus der gleichnamigen Petersburger Zigarettenfabrik , die diese Marke ab 1862 in ihrem Dresdener Zweigwerk produzieren ließ.

Eine Zigarette, die nicht mehr angezündet werden muß, aber beim Inhalieren dennoch Nikotindampf entwickelt und das Nikotinbedürfnis des Rauchers befriedigt, haben US-Wissenschaftler Anfang 1980 nach zweijährigen Experimenten zum Patent angemeldet und in der Fachzeitschrift *Medical World News* beschrieben. Die Erfinder hoffen, mit diesem »Stäbchen« die Gefahren des Rauchens mindern zu können, da es nur halb so viel Nikotin abgibt wie gewöhnliche Zigaretten und entsprechend weniger Teer und Kohlenmonoxyd absondert.

Die ersten Zigarettenbildbeilagen wurden 1876 in den USA eingeführt. Das früheste und wertvollste Zigarettenbildmotiv ist *Vanity Fair.*

Die größte Bildersammlung von über einer Mio. Zigaretten- und anderen Sammelbildern in etwa 45 000 Sätzen hat Mr. *Edward Wharton-Tiger* in London (England).
Den höchsten Preis – 2000 Pfund Sterling (10900,– DM) – zahlte *Ian Graham* aus Leed (England) bei einer Versteigerung von Murray in London am 11. Oktober 1975 für einen Satz von *Thaddy's-Clowns*-Bildern.

Das älteste Zündholzschachteletikett stammt aus dem Jahre 1827 von *Jahn Walker* aus Stokton-on-Tees (England).
Sammler von Zündholzschachteletiketten heißen *Phillumenisten,* solche, die Streichholzhefte sammeln sind *Philliberumenisten,* und wer Zündholzschachteln sammelt, ist ein *Cumyxaphist.*
Einige Schildchen sind nur als Einzelstücke be-

Die ersten rauchenden Frauen galten als lasterhaft.

kannt, wie *Byron Match* von *Roche & Co.,* Marseille (Frankreich), und die kanadischen *Allumettes Frontenae* von der *Eddy Match Co.,*beide in der Sammlung *Frank J. Mrazik* in Quebec (Kanada).

Das teuerste Taschenfeuerzeug der Welt ist ein Erzeugnis der Firma *Dunhill* aus 18karätigem Gold und Platin mit 73 Edelsteinen besetzt (Diamanten, Rubine, Saphire), die in Form und Farbe der englischen Flagge entsprechen und das 1979 von *Dunhill* in New York für 20000 Dollar (38000 DM) verkauft wurde.
Das von *Dunhill,* London, hergestellte 18karätige *Tischfeuerzeug,* das einen Leuchtturm auf einer Amethystinsel darstellt, kann jeder erwerben, der bereit ist, für ein Tischfeuerzeug 32500 Pfund Sterling (ca. 130000 DM) auszugeben.

Schnupftabak

🌐 **Den höchsten Schnupftabakverbrauch** hat die Bundesrepublik Deutschland. 1979 waren es ca. 300000 kg, die in Nasenlöcher gezogen wurden.

🌐 **Die größte Schnupftabakfabrik** ist die westdeutsche Firma *Alois Pöschl* in Landshut (Bayern) mit einer jährlichen Durchschnittsproduktion von 180000 kg und einem Jahresumsatz von 6 Mio. DM.

🌐 **Der teuerste Schnupftabak** ist die deutsche Marke *Ozona-Aromatic-Luxury-Snuff,* von dem zehn Gramm 2,– DM kosten.

🌐 **Das einzige Schnupftabakmuseum** wurde 1980 in *Grafenau* (Westdeutschland, Bayerischer Wald) eröffnet. Dort sind insbesondere Schnupftabakdosen, -gläser und -flaschen zu sehen, von denen der Bayernwald-Glasbläser *Joachim Gaschler* z.B. vom August 1900 bis zum Juli 1903 nicht weniger als die Rekordmenge von fast 28000 Stück herstellte.

(D) **Deutscher Meister im Preisschnupfen** wurde im Mai 1980 in *Wernberg-Köblitz* (Bayern) *Klaus Hünsch aus Kucha* bei Nürnberg (Bayern). Er verstaute fünf Gramm »Schmalzler« innerhalb von 60 Sekunden rückstandslos in seinen Nasenlöchern.

Britische Meister wurden etwa zur gleichen Zeit die Eheleute *Jack* (65) und *May* (59) *Pope* aus *Wellington* (England). Um 50 verschiedene Schnupftabakproben »aufzuziehen«, brauchte der Mann 61 Sekunden, sein Eheweib für 25 Proben 49 Sekunden.

Kosmetik, Textilien, Möbel

Kosmetik

🌐 **Der größte Friseurladen** befindet sich in 3303 Audley, Houston (USA), und heißt *Norris of Houston.* 60 Friseure sind für ihn tätig.

🌐 **Die größte aus Menschenhaar angefertigte Perücke** wurde 1975 von der Firma *Bergmann,* 5th Avenue, New York (USA) hergestellt. Sie ist 4,57 m lang.

Die teuersten Locken der Welt dürften zwei kleine Strähnen vom (–1793 abgeschlagenen –) Haupte der französischen Königin *Marie-Antoinette* (* 2. November 1755, † 16. Oktober 1793) und ihres Sohnes, des Kronprinzen *Louis* (1785–95), gewesen sein, die im Februar 1980 in *Chartres* (Frankreich) versteigert wurden. Eine Nachfahrin der Gouvernante des Kronprinzen erwarb sie für 22500 ffr. (ca. 10000,– DM).
Ende Mai 1980 ersteigerte ein anonymer Musikliebhaber bei einer Auktion in New York (USA) eine

Locke des Komponisten *Franz Schubert* (* 31. Januar 1797, † 19. November 1828) für 650 Dollar (etwa 1150,– DM).

Der Rekord im Dauerhaarschnitt liegt seit November 1978 gleich zweimal in Österreich. Die Brüder *Horst* und *Walter Gföllner* überboten – der eine in *Judenburg*, (Steiermark) der andere in *St. Leonard (Kärnten)* – am gleichen Tag den Weltrekord im Dauerhaarschnitt, den bis dahin ein schwedischer Friseur mit 81 Stunden ununterbrochenem Haareschneiden innehatte. Jeder der beiden Brüder schnitt zwölf Minuten länger. Insgesamt wurden von den beiden Marathonfriseuren 136 Köpfe geschnitten. Die Sorge der beiden um das Wohlbefinden ihrer Kunden ging so weit, daß sie ihre Kämme mit Kupferdraht an ihre Metallarmbanduhren anschlossen, um zu verhindern, daß sich die Kämme elektrisch aufluden.
Gerry Strupple aus Dover (England) schnitt, legte und frisierte ohne Unterbrechung 341 Std. 58 Min. lang die verschiedensten Köpfe; dieser Rekord gelang ihm zwischen dem 5. und 19. März 1979.

Das teuerste Parfüm. Die Einzelhandelspreise für Duftstoffe dürften sich eher nach dem Reklamewert als nach wirtschaftlichen Faktoren richten. Der teuerste Bestandteil von Parfüm ist reine *französische Jasminessenz* mit einem Preis von 2900 Pfund Sterling pro kg (ca. 11 600,– DM).

Kleidung

Schuhe

Die teuersten Schuhe für normale Füße sind mit Nerz gefütterte Golfschuhe mit 18karätigen Goldverzierungen und Spikes mit Rubinspitzen, die von der Firma *Stylo Matchmakers International* in Northampton (England) angefertigt werden. Ein Paar kostet die Kleinigkeit von 6800 Dollar (ca. 13 000 DM).

(DDR) **Der größte Reitstiefel** ist auf *Burg Mildenstein* (Sachsen) zu besichtigen. Er ist 3,70 m hoch und 1,90 m lang. Der Mann, dem dieser Stiefel gepaßt hätte, müßte 12 m groß gewesen sein. Den Stiefel haben 1925 sechs Schuhmachermeister aus *Döbeln* bei Leipzig (jetzt Ostdeutschland, Sachsen) aus 10 Rinderhäuten angefertigt.

(D) **Der größte Skischuh** ist in *Oberstdorf* (Westdeutschland, Bayern) zu besichtigen. Er wurde 1951 vom Schuhmachermeister *Josef Schratt* aus der Haut von neun Ochsen hergestellt. Der Schuh ist 3,8 m lang und 1,8 m hoch. Wenn alle Betten des Wintersportortes belegt sind, kann er notfalls als Behelfsschlafstätte benutzt werden. Der Schuh steht jetzt im Heimatmuseum von Oberstdorf. Um ihn dort hineinzubringen, mußte eine Außenwand des Gebäudes aufgeschlagen werden.

Das ehrwürdigste Schuhwerk ist im *Schuh-Museum* von *Vigevano* (Italien) ausgestellt. Traditionsgemäß erhält jeder neue Papst von den Schustern dieser norditalienischen Stadt bei Antritt seines Amtes eine Kollektion neuer Schuhe geschenkt. Dafür revanchieren sich die Heiligen Väter durch Hergabe ihrer gebrauchten Fußbekleidungen. So auch Papst Johannes Paul II., der diese »Zeremonie« im Februar 1980 vollzog.

Die wohlriechendsten und heilkräftigsten Schuhe werden in der Provinz *Hunan* (China) produziert. Im April 1980 wurde aus *Kanton* gemeldet, daß China in diesem Jahr bereits 40 000 Paar parfümierter Stoffschuhe exportiert habe, die wundersame Eigenschaften besitzen. Sie haben zwischen den Sohlen Schichten von Heilkräutern, die auch den penetrantesten Fußgeruch stoppen, Insekten abschrecken und Fußpilz verhindern.

Textilien

Der dünnste Nylonfaden für die Damenstrumpfproduktion ist der 6-Denier-Faden, der im Februar 1956 bei der *Londoner Nylonmesse* gezeigt wurde. Die dünnsten käuflichen Strümpfe sind gewöhnlich 9-Denier. Zum Vergleich: ein menschliches Kopfhaar ist 50 Denier stark.

Das älteste Gewebe der Welt wurde in Schicht VIA in *Catal Hüyük* (Türkei) entdeckt und mit Hilfe der C14-Methode als aus dem Jahr 5900 v. Chr. stammend datiert.

Der teuerste im Handel erhältliche Stoff ist für Abendkleider bestimmte, 95 cm breit liegende reine Seide mit handgestickten und mit Flittern besetzten klassischen Blumenmotiven. Auf jeden Quadratmeter kommen 64 000 winzige Flitter. Der Entwurf dafür stammt von *Alan Hershman* in der Duke Street, London (England); der Preis (Mai 1978) betrug 290 Pfund Sterling (1100,- DM).

Das teuerste und feinste Tuch aus dem graubraunen Halshaar indischer Ziegen heißt *Shatoosh* (oder *Shatusa)* und kostet mehr als *Vikunja* (Lamahaar). Die Firma *Neuman-Marcus* in Dallas (USA) verkauft es zu einem Meterpreis von 1000 Dollar (1800,- DM).

Das älteste bekannte Schottenmuster ist der sogenannte *Falkirk Tartan*, der in einem Kelch voll

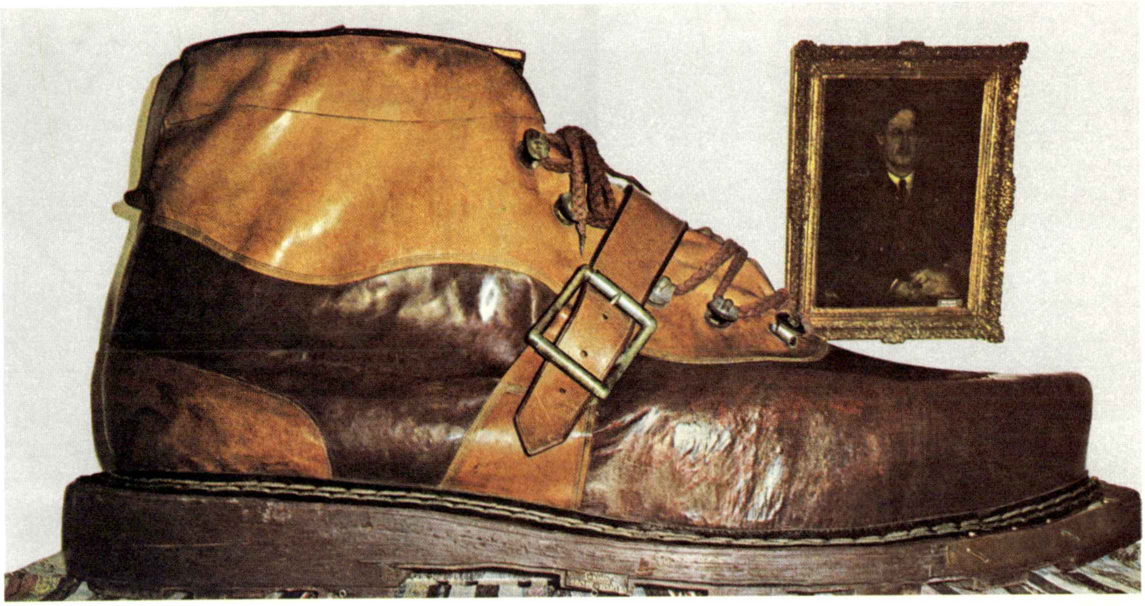

Der größte Skischuh ist 3,8 m lang und 1,8 m hoch. In Oberstdorf (Bayern) kann man um ihn herumgehen.

Münzen bei *Bell Meadows,* Falkirk (Schottland) gefunden wurde. Er hat ein dunkel- und hellbraunes Muster und stammt aus der Zeit um 245 n. Chr.

Das teuerste Kleid, das je von einer Pariser Modefirma gezeigt wurde, gehörte zur Sommerkollektion von *Schiaparelli* (23. Januar 1977). Die von *Serge Lepage* entworfene und mit 512 Diamanten besetzte *Geburt der Venus* kostete 7,5 Mio. ffr. (damals 3,61 Mio. DM).
Der *Krönungsornat* des Exkaisers Jean-Bedel Bokassa von Zentralafrika mit seiner 11,8 m langen Schleppe war mit 785 000 Perlen und 1 220 000 Kristalltropfen besät. Es wurde von *Guiselin* in Paris für rund 310 000 DM zur Krönung in *Bangui* (jetzt Zentralafrikanische Republik) im Dezember 1977 angefertigt.

Der teuerste Hut der Welt kostete 165 570 ffr. (damals 109 227,-DM). So viel mußte 1970 die französische Champagnerfirma *Moët et Chandon* bei einer Auktion für einen Hut bezahlen, der einst *Napoleon I.* (1769–1821) gehört und den er nachweislich am 1. Januar 1815 das letzte Mal getragen hatte.

Teppiche und Tücher

🌐 **Der prächtigste Teppich,** der jemals hergestellt wurde, war der *Frühlingsteppich* von *Khusraw,* der für den Audienzsaal des *Sassanidenpalastes* in *Ktesiphon* (Irak) gewirkt wurde. Er war etwa 650 m² groß, aus Silber- und Goldfäden geknüpft und mit Smaragden besetzt. Er wurde im Jahre 635 v. Chr. von plünderndem Militär als Beute zerschnitten und muß, nach dem überlieferten Verkaufspreis der Stücke zu urteilen, ursprünglich etwa 100 000 000 Pfund Sterling (400 Mio. DM) gekostet haben.
1946 bezahlte das *Metropolitan Museum* in New York 1 Mio. Dollar (damals 4,2 Mio. Mk.) für den 807×414 cm großen *Anholt-Medaillon-Teppich,* der ca. 1590 in *Täbris* oder *Kashan* in Persien hergestellt worden war.
Den höchsten Preis, der je bei einer Versteigerung für einen Teppich bezahlt wurde, erzielte am 29. März 1978 im Versteigerungshaus *Sotheby* in der Bond Street, London (England), ein *Mamelukkenteppich* in der Größe 378×220 cm, wahrscheinlich um 1500 in Kairo (Ägypten) gewebt. Der Preis betrug 121 000 Pfund Sterling (damals 470 000,- DM).

Der älteste bekannte Teppich ist ein wollener Knüpfteppich, rot auf weißem Grund, aus dem 5. Jahrhundert v. Chr., der 1947 bei *Pazyryk* (UdSSR) bei Ausgrabungen entdeckt wurde und jetzt in Leningrad aufbewahrt wird.

Der größte aller alten Teppiche soll der goldverzierte seidene Teppich *Hashims* (743 n. Chr.) aus dem *Abbasiden-Kalifat* in *Bagdad* (Irak) gewesen sein. Angeblich war er 54,86×91,44 m groß.

🌐 **Der größte noch existierende Teppich** ist die 0,81 ha große kastanienbraune Fußbodenbedekkung in der *Coliseum Ausstellungshalle,* New York

(USA). Er wurde für die *Internationale Automobilausstellung* gewebt und am 28. April 1956 zum erstenmal betreten.

Der feinste Teppich mit mehr als 386 Knoten pro cm^2 ist ein Fragment des *kaiserlichen Gebetsteppichs* des Moguls, das sich jetzt in der *Altman Sammlung* im *Metropolitan Museum of Art,* New York (USA), befindet.

Die ältesten Exemplare von Wandteppichen sind drei Stücke, die in der Gruft des ägyptischen Pharaos *Thutmosis IV.* gefunden wurden und aus der Zeit zwischen 1483–1411 v. Chr. stammen.

Das erste Tapeten-Museum der Welt wurde in Kassel (Hessen) eröffnet. Es zeigt Beispiele für die Tapeten-Entwicklung über die Jahrhunderte.

🌐 **Der größte in einem Stück gewebte Wandteppich** ist *Christus auf seinem Thron,* 22×12 m groß, der von *Graham Sutherland* (* 24. August 1903) für die Kathedrale in *Coventry* (England) entworfen wurde. Er kostete 10 500 Pfund Sterling (damals rund 118 000,- DM), wiegt 760 kg und wurde am 1. März 1962 feierlich bei einem Gottesdienst an einer Kathedralenwand befestigt.

🌐 **Der größte Vorhang,** der jemals hergestellt wurde, war der 4 t schwere, 56 m lange orange-rote Vorhang, den am 10. August 1971 der aus Bulgarien stammende Bildhauer *Christo* (36) (bürgerlich: *Javacheff)* 411 m weit über den *Rifle Cap* in Colorado (USA) spannte. 27 Stunden später riß ihn ein Windstoß auseinander. Die Gesamtkosten für die Ausstellung dieses Kunstwerks betrugen 750 000 Dollar (damals 2,6 Mio. DM).

🌐 **Das größte Tischtuch** ist 200 m lang, 1,8 m breit und aus doppeltem Damast. Es wurde von der Firma *John S. Brown & Sons,* Ltd. in Belfast (Nord-Irland) für ein Königshaus im Nahen Osten hergestellt. Gleichzeitig wurden 450 passende Servietten dazu bestellt.

Möbel

🌐 **Das größte Möbelstück** ist das *lange Sofa* – eine Holzbank für alte Seeleute – in *Oscarshamm* (Schweden). Die Bank ist 72 m lang.

Das längste für den Markt angefertigte Sofa ist das 3,7 m lange *King-Talmage-Sofa* der *Talmageville* Möbelfabrik in Kalifornien (USA).

🌐 **Das teuerste Möbelstück** ist ein von dem Franzosen *Dubois* angefertigter 3 m hoher Eckschrank mit Intarsienarbeit und Goldbronzebeschlägen aus der Zeit *Ludwigs XV.* (1710 bis 1774). Am 25. Juni 1979 zahlte das *J.-Paul-Getty-Museum* in Malibu (USA) dafür bei einer Versteigerung von *Sotheby Parke Bernet* in Monte Carlo 7,6 Mio. ffr. (ca. 3,3 Mio.DM).

🌐 **Der größte Sessel** der Welt, 9 m hoch und 4,2 m breit, steht seit 1944 vor der *Edsbyverken-Möbelfabrik* in Edsbyn (Schweden).

Das älteste deutsche Chorgestühl.

(D) **Der größte Stuhl** steht vor einem westdeutschen Möbelgeschäft. Er ist aus massiver Eiche, 3,40 m hoch mit 1,20 m Sitzfläche. Trotz vieler Anfragen ist er unverkäuflich.

Auf die lange Bank, auf der 600 Menschen Platz haben, läßt sich am Genfer Place de Treille viel schieben.

Der teuerste Sessel war ein ca. 1760 von *John Brown Chippendale* angefertigter Ecksessel. Bei einer Auktion in New York (USA) am 21. Oktober 1972 wechselte er für 85 000 Dollar (damals 271 000,- DM) den Besitzer.

Ⓓ **Das älteste Chorgestühl Westdeutschlands** befindet sich in der Stadtkirche *St. Alexandri* von Einbeck bei Hamburg. Es entstand 1288.

Das größte Bett ließ 1430 der Herzog *Philip von Burgund* für seine Hochzeitsnacht mit Prinzessin *Isabella von Portugal* in Brügge (Belgien) anfertigen. Trotz der Maße von 3,8 × 5,8 m dieser königlichen »Spielwiese« wurde die Ehe nie vollzogen. Die Hochzeitsnacht blieb eine reine Formalität.

Das schwerste Bett ist ein 2,9 × 3 m großes Wasserbett, seit 1977 im Besitz von *Milan Vacek*, Canyon Country (USA). Das thermostatisch erwärmte Wasser allein wiegt 1900 kg.

Die größte Tagesbettdecke hat die Maße 20,8 × 30,5 m und wiegt 270 kg. Sie wurde im Verlauf von zehn Monaten (Oktober 1977–Juli 1978) von Leserinnen der Zeitschrift *Woman's Weekly* für die Aktion *Das verkrüppelte Kind* aus mehr als 20 000 gestrickten, 15x15 cm großen Quadraten zusammengesetzt.

Porzellan, Glas, Keramik

Allgemein: Am 15. Januar 1708 glückte dem deutschen Apotheker *Johann Friedrich Böttger* als erstem Europäer die Herstellung von Hartporzellan. Am 23. Januar 1710 verkündete Kurfürst *August II.* von Sachsen die Gründung einer sächsischen Porzellanmanufaktur. Bereits am 3. September 1710 nahm die Manufaktur auf der *Albrechtsburg* bei Meißen die Produktion auf.

Ⓓ **Der höchste Preis,** den ein Kunstwerk aus deutschem Porzellan erzielen konnte, waren 900 000 DM für eine Figurengruppe der *Nymphenburger Porzellanmanufaktur* (Bayern). Anfang 1977 wurde diese Summe bei einer Auktion von *Christie's* (London) erzielt.
1978 wurden auf einer Auktion 400 000 DM vom *Kunstgewerbemuseum* in Köln für eine weiße Vogelplastik aus Meißner Porzellan gezahlt.

Der größte Stuhl der Welt ist 3,40 m hoch. Er ist das Schaustück eines westdeutschen Möbelgeschäfts.

Den höchsten Preis für eine Keramik erzielte eine 41 cm große, blauweiße *Ming*-Flasche aus der Zeit um 1403–1424. Bei einer Auktion im April 1974 bot eine Londoner Kunsthändlerin für diese Flasche 420 000 Pfund Sterling (damals 2,54 Mio. DM).
Eine ca. 530 v. Chr. von *Euxitheos* geformte und von *Euphronios* bemalte griechische Urne wurde im August 1972 vom *Metropolitan Museum of Art*, New York (USA), aufgrund eines Privatabkommens für 1,3 Mio. Dollar (damals 4,147 Mio. DM) erworben.

Die größte bekannte Keramikvase ist 2,78 m hoch, wiegt 295 kg und wurde im August 1976 von *Sebastian Maglio* in den *Haeger Töpfereien* in Dundee (USA) geformt.

Die älteste gläserne Vase stammt aus dem ersten Jahrhundert vor oder nach Christus. Es ist die sogenannte *Portland-Vase,* die in Italien hergestellt wurde und spätestens seit 1642 im Besitz der Familie *Barberini* war. 1792 kaufte sie die Herzogin von Portland, 1847 wurde sie im *Britischen Museum,* (London) durch unsachgemäße Behandlung zerschlagen.

Der größte Glasleuchter wurde 1953 in *Murano* (Italien) für das *Casino* in *Knokke* (Belgien) hergestellt. Er hat einen Umfang von 8 m, eine Höhe von 7 m und ein Gewicht von 3½ t. 1896 Glühbirnen sind in ihm installiert.

Der teuerste Briefbeschwerer aus Glas wurde bei *Christie's,* London, am 10. Juli 1979 für 48 000 Pfund Sterling (192 000,- DM) ersteigert. Es handelte sich um einen *St. Louis*-Briefbeschwerer aus dem 19. Jahrhundert.

Die größte jemals hergestellte Glasfensterscheibe maß 50 m² (20 m × 2,5 m) und wurde von der französischen Firma *Saint Gobain* auf der *Internationalen Spiegelausstellung* im März 1958 gezeigt.

Die größten Einzelfenster besitzt der *Palast der Industrie und Technologie* am Rondpoint de la Défense, Paris (Frankreich), mit einer Breite von 218 m und einer maximalen Höhe von 50 m.

Reisen, Urlaub, Freizeit

Tourismus

Allgemein: Die Zahl der Touristen betrug – nach Angaben der Welt-Touristik-Organisation – im Jahr 1979 270 Mio. An erster Stelle stehen die Touristen aus USA, ihnen folgen die aus Westdeutschland und Frankreich. Der Welt-Touristik-Verdienst betrug 1979 132 Mrd. DM.

(D) Westdeutsche Touristen gaben 1979 32,5 Mrd. DM auf Auslandsreisen aus, 12 Prozent mehr als im Jahr davor. Am meisten Geld ließen deutsche Touristen in Italien, Österreich, der Schweiz, in Frankreich und in Spanien springen. Die Touristik-Einnahmen in Westdeutschland betrugen dagegen im Jahr 1979 nur zehn Mrd. DM, obwohl der Zustrom ausländischer Touristen sich 1979 in Westdeutschland um rund zehn Prozent gegenüber dem Vorjahr gesteigert hatte.

Von allen Bundesdeutschen – Jugendliche unter 14 Jahren nicht gerechnet – haben 1979 57 Prozent eine oder mehrere Urlaubsreisen gemacht, d. h., daß 26,5 Mio. westdeutsche Urlauber unterwegs waren. Im eigenen Lande einschließlich Berlin (West) machten 9,6 Mio. Westdeutsche Ferien. 600 000 Urlauber fuhren nach Ostdeutschland einschließlich Berlin (Ost), und 16,3 Mio. waren es, die die oben erwähnten 32,5 Mrd. DM im Ausland »verurlaubten«.

Als Verkehrsmittel bevorzugten 15,7 Mio den PKW (auch mit Wohnwagen oder im Autoreisezug). 4,4 Mio. reisten mit dem Flugzeug, davon 3,36 Mio. per Charterflug, 1,05 Mio. im Linienflug. Mit der Bahn fuhren 9,3 Mio in die Ferien, 2 Mio. per Bus, 200 000 Schiffsreisende wurden gezählt und weitere 200 000 benutzten andere Verkehrsmittel (nicht wenige davon das Fahrrad).

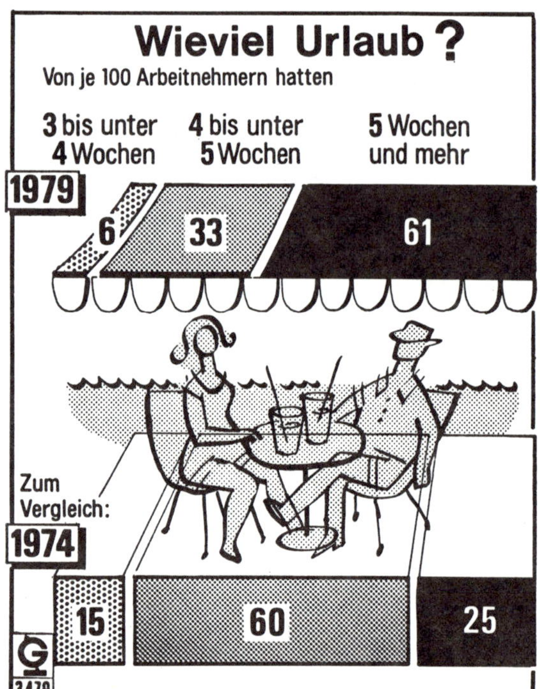

Immer mehr Urlaub! Diese (volkswirtschaftlich nicht unbedenkliche) Parole hört jeder Arbeitnehmer gern.

Ⓓ **Den längsten Urlaub** von allen Europäern können sich die Deutschen aus der Bundesrepublik leisten: durchschnittlich 27 Arbeitstage im Jahr.
Ende 1979 hatten 61 Prozent aller Arbeitnehmer Anspruch auf mindestens fünf Wochen bezahlten Urlaub im Jahr. 1974 konnten sich nur 25 Prozent aller westdeutschen Beschäftigten so ausgiebig erholen.
1979 erhielten 93 Prozent aller westdeutschen Arbeitnehmer ein Urlaubsgeld.

Ⓐ Österreicher kommen nur auf 20 Arbeitstage pro Jahr im Urlaubsdurchschnitt.

(CH) Schweizer erleben »die schönste Zeit des Jahres« nur an 18 Arbeitstagen und stehen damit auf dem letzten Platz aller europäischen Länder.

🌐 **Die teuersten Pässe** sind die Reisepässe der UdSSR, für die man 1974 zum offiziellen Wechselkurs 225 Pfund Sterling (damals 1360,– DM) im voraus zu bezahlen hatte.

🌐 **Als älteste Touristin der Welt** gilt die in *Sarcelles* (Frankreich) lebende 109jährige Sizilianerin *Grazia Costanzo.* Im Mai 1980 reiste sie nach einer Stippvisite von ihrem Geburtsort *Cefalu* bei Palermo (Sizilien, Italien) aus zunächst in ihren französischen Wohnort zurück, um dort weitere Reisepläne zu schmieden. Sie entdeckte ihre Reiselust im Alter von 100 Jahren und hat seither *Rom, Neapel,* die *Kanarischen Inseln,* die *Balearen, Spanien, Portugal* und dreimal *Tunesien* bereist.

Unterkünfte *(Hotels* siehe Kap. *Welt der Wirtschaft,* Seite 317)

🌐 **Die erste Jugendherberge** wurde 1909 in Deutschland von *Richard Schirrmann* und *W. Münker* in Altena (Westfalen) eröffnet.

Ⓓ Die größte Jugendherberge Westdeutschlands ist die von *München* (Bayern) mit 585 Betten.
Am meisten belegt war 1978 das *Jugendgästehaus Berlin.* Es hatte 122710 Übernachtungen.
In der Bundesrepublik Deutschland gibt es zur Zeit 566 Jugendherbergen.

(CH) In der Schweiz gab es 1978 insgesamt 101 Jugendherbergen. Die älteste Schweizer Jugendherberge liegt in *Sulsana (Chinuos-chel),* Kanton Graubünden. Sie ist die kleinste Schweizer Herberge und hat nur ein Strohlager für zehn Personen. Die größte Jugendherberge mit 400 Betten ist in der Stadt *Zürich.* Sie hat auch die meisten Übernachtungen, nämlich 64088 im Jahr 1976.

Volksfeste, Rummelplätze, FKK

🌐 **Das größte Volksfest** ist das *Münchner Oktoberfest,* das alljährlich im September stattfindet. In den USA wird es als *»Beerfestival«* bezeichnet. 1978 gab es nach Zeitungsberichten neue *Oktoberfestrekorde:* 6,6 Mio. Besucher tranken und aßen : 4,5 Mio. l Bier, 759751 Brathendl und 542842 Schweinswürstl.

Die Todesspringer von Acapulco sind eine Touristenattraktion mit Nervenkitzel. Aus 21 m Höhe springen die Männer mit brennenden Fackeln ins Meer.

🌐 **Der größte Rummelplatz** ist *Disney World* auf 11105 ha in den Counties Orange und Oseola, 32 km südwestlich Orlando, Florida (USA). *Disney World* wurde am 1. Oktober 1971 eröffnet, und die 400-Mio.-Dollar (1392 Mio. DM) -Anlage lockte bereits im ersten Jahr 10,7 Mio. Besucher an.

🌐 **Der am meisten besuchte Wunder- und Abenteuerpark** ist *Disneyland* in Anaheim, Kalifornien (USA), der bis zum 1. Oktober 1978 von 175638309 Personen besucht worden war. Im Juli 1980 bestand *Disneyland* 25 Jahre. Mehr als 100 Staatsoberhäupter haben sich dort seither schon amüsiert.

🌐 **Der größte Vergnügungsstrand** ist *Virginia Beach* (USA) mit einem Meeresstrand von 45 km am Atlantischen Ozean sowie 16 km an der Bucht. Das Gebiet erstreckt sich über 660 km^2 und umfaßt 134 Hotels und Motels.

Die Rutschbahn in Bad Tölz ist 1240 m lang.

Der größte Irrgarten befindet sich in *Longleat* bei Warminster (England). Die Wege haben eine Gesamtlänge von 2,59 km und sind von 16 180 Eiben umsäumt. Das Labyrinth wurde am 6. Juni 1978 eröffnet.

Ⓓ **Die längste und schnellste Rutschbahn** gibt es seit 1979 in *Bad Tölz* (Westdeutschland, Bayern). Mitten durch Hochwälder können Kinder, aber auch Erwachsene , 1240 m auf ihren Hosenböden herunterrutschen und dabei einen Höhenunterschied von 220 m überwinden. Seit es die Bahn gibt, hat sich der Absatz von Lederhosen und Jeans in Bad Tölz und Umgebung verdoppelt...

Das erste Riesenrad, nach seinem Konstrukteur *George W. Ferris* (1859–96) *Ferrisrad* genannt, wurde 1893 im Midway, Chicago (USA), für 385 000 Dollar (heute 770 000 DM) errichtet. Der Durchmesser betrug 76 m, der Umfang 240 m, das Gewicht 1087 t; es trug 36 Waggons für je 60 Fahrgäste, insgesamt also 2160 Personen. Der Bau übersiedelte 1904 nach St. Louis und wurde schließlich als Schrott für 1800 Dollar (heute 3600,- DM) verkauft.

Ⓐ **Das größte Riesenrad,** das noch in Betrieb ist, befindet sich im *Prater* von *Wien* (Österreich) und hat einen Durchmesser von 60 m. Es wurde 1896 von dem britischen Ingenieur *Walter Bassett* erbaut und zog bis zum 13. Juni 1971, also in seinen ersten 75 Jahren, 15 Mio. Besucher an.

Die schnellste Berg-und Talbahn. Spitzengeschwindigkeiten für Hochschaubahnen, Berg- und Talbahnen, Achterbahnen usw. werden aus Reklamegründen gerne übertrieben. Der höchste Punkt irgendeiner Schleifenbahn befindet sich mit 38 m auf dem *Colossus Zauberberg* in Valencia, Kalifornien (USA), dessen Rekordfall von 35 m Geschwindigkeiten bis zu 90 km/h verursacht. Die doppelgleisige Bahn ist mehr als 1410 m lang und wurde im Mai 1978 eröffnet.
Die Spitze der »Schußstrecke« der *Sturzwelle* in Santa Clara, Kalifornien (USA), die am 8. Juli 1977 eröffnet wurde, ist 42,5 m hoch.
Die Riesenachterschleifenbahn im *Highland Amusement Park* von Fujikyu (Japan) ist 1432 m lang.

Ⓓ **Den höchsten Maibaum** haben zu Anfang des Wonnemonats 1980 60 stämmige Burschen mit 20 Holzstangen in ihrer Heimtagemeinde *Wonneberg* im Landkreis Traunstein (Westdeutschland, Bayern) aufgerichtet. Er ist 49 m lang und überragt damit seinen Vorgänger um 19 m. Allerdings – das lange Prachtstück ist aus zwei Teilen zusammengesetzt.

Der älteste Nacktkulturpark ist der Freilichtpark von *Klingberg* (Westdeutschland, Schleswig-Holstein), der seit 1903 besteht.

Das größte FKK-Gelände ist das *Centre Helio-Martin* bei *Bordeaux* (Frankreich) mit einem Strand von 2 km und einer Gesamtfläche von 170 ha; es verfügt über 1200 Ferienhäuschen und wird jährlich von 50 000 hüllenlosen Touristen bevölkert.
Das kleinere *Helio-Marin am Cap d'Agde* (Südfrankreich) mit 90 ha wird von 100 000 »Naturliebhabern«, die jedoch den Ausdruck »Nacktkultur« für ihre Freizeitgestaltung ablehnen, besucht.
Den ersten, in England für FKK-Anhänger freigegebenen Badestrand haben die abgehärteten Sonnenanbeter im südenglischen Seebad *Brighton* am 1. April 1980 eingeweiht.
Die Freigabe des Hallenbades in der *Via Mincio* in *Mailand* (Italien) durch die Gemeindeverwaltung für das FKK-Frühjahrstreffen 1980 haben Italiens Nudisten besonders gefeiert: es war das erste Mal, daß ein öffentliches Bad in Italien für sie freigegeben wurde.

Gaststätten, Biergärten, Kneipen, Nachtlokale

Ⓓ **Als ältestes Gasthaus Westdeutschlands,** das auch heute noch in Betrieb ist, gilt der *Rote Bär* am Schwabentor in Freiburg/Breisgau (Baden-Württemberg). Er soll schon um 1100 gegründet worden sein; erste urkundliche Erwähnungen gibt es aus dem Jahre 1387 (nach anderen Quellen 1327). Auch der *Löwe* in Schönberg (Bayern) und der *Riese* in Miltenberg (Bayern), sowie die *Sonne* in Offenburg (Baden-Württemberg) sind ähnlich alte deutsche Gasthäuser.

Ⓒⓗ **Das älteste Gasthaus der Schweiz** ist *Zum Goldenen Sternen* in Basel, das allerdings nicht mehr am Platz seiner Gründung im 14. Jahrhundert steht, sondern aus Verkehrsgründen 1964 abgebrochen, dann aber an anderer Stelle der Stadt

originalgetreu wieder aufgebaut wurde.
Die Baseler Stadtchronik erwähnt allerdings auch eine Taverne, die dort schon im Jahre 821 eröffnet worden sein soll.

Das höchstgelegene Restaurant befindet sich im Wintersportplatz *Chacaltaya* in Bolivien auf 5340 m Höhe.

Das höchstgelegene Restaurant Europas dürfte das Gletscherrestaurant *Jungfraujoch* im Schweizer Kanton Wallis sein. Es liegt 3445 m üNN, hat 450 Plätze und ist ganzjährig geöffnet.

Die längste Theke wurde am 15. Mai 1980 (Christi Himmelfahrt) im Ostseebad *Grömitz* (Westdeutschland, Schleswig-Holstein) von der dortigen Kurverwaltung durchaus mit der Absicht aufgebaut, alle Bar-Rekorde zu brechen. Bei einem rauschenden Strandfest, an dem sich über 15 000 Kurgäste und Einheimische beteiligten, wurde die 3,5 km lange Mauer der Kurpromenade zum Schanktresen umfunktioniert. Es gab ein opulentes kaltes Buffett und zahllose Drinks aller Sorten und »Härtegrade«.

Die längste Theke als ständige Einrichtung wurde 1938 für den *Arbeiterverein* von Mildura, Victoria (Australien), gebaut. Der Schanktisch mit einer Länge von 90,8 m verfügt über 27 Zapfhähne.

Das älteste Nachtlokal war *Le Bal des Anglais,* 6, Rue des Anglais in Paris (Frankreich). Es wurde 1843 eröffnet. 1960 mußte es schließen.

Das größte Nachtlokal ist *Gilley's Club* (früher *Shelly's),* gebaut 1955 und erweitert 1971, an der Spencer Autobahn in Houston, Texas (USA); es hat mehr als 3000 Sitzplätze und kann 5500 Gäste aufnehmen.
Im klassischen Sinn ist jedoch *Der Mikado* im Stadtteil *Akasaka* von Tokio (Japan) mit 2000 Sitzen die größte Bar der Welt. Für die Betreuung der Kundschaft sorgt ein Aufgebot von 1250 Bardamen. Zum richtigen Genuß der Darbietungen auf der Bühne empfiehlt sich ein Opernglas.

Die tiefste Bar, die sogenannte *Minus 206* liegt in Tiberias, am See Genezareth (Israel), 206 m uNN. Für ein anderes tiefes Niveau ist allerdings auch der sogenannte *Kuhpalast* in San Francisco (USA) bekannt, der am 1. August 1971 seine 151. Razzia erlebte. Er gilt als das *»aufgeräumteste«* Bumslokal. Jeden Monat müssen die Gläser und Spiegel erneuert werden.

Das größte Gaststättenkombinat der Welt wird von der *McDonald's Corp.* aus Oakbrook (Illinois, USA) betrieben; gegründet wurde es am 15. April 1955 von *Ray A. Kroc* in *Des Plaines* bei Chicago (USA). Am 1. Januar 1979 betrug die Zahl der von *McDonald's* in 25 Ländern betriebenen Restaurants 5185. Sie setzten zusammen 22 Mrd. *»Hamburger«* aus 100prozentigem Rindfleisch ab. Die Gesamteinnahmen betrugen 1978 4 Mrd. 575 Mio. Dollar (9 Mrd. DM).

Der größte Gaststättenbetrieb in Westdeutschland, der auch in einigen Ländern Europas und in Übersee Niederlassungen besitzt, ist die Unternehmensgruppe *Wienerwald,* die 1955 von dem ehemaligen Kellner und Hotelier, (jetzt) Kommerzialrat *Friedrich Jahn* (* 29. Dezember 1923 in Linz/Österreich) gegründet wurde. Damals eröffnete Jahn im Stadtteil Schwabing von München (Westdeutschland, Bayern) seine erste *Brathendl-Station* und erzielte mit diesem Restaurant (einziges Speisen-Angebot: gegrillte Hähnchen) und vier Mitarbeitern einen Jahresumsatz von 80 190,– DM.

Eine von über 400 »Wienerwald«-Gaststätten.

Heute umfaßt das Unternehmen einschließlich aller Tochtergesellschaften (Einkauf, Finanzierung, Immobilien, Bau, gastronomische Beratung, Rechenzentrum, gastronomische Geräte, Druckerei, Verlag, Hotels) insgesamt 1527 Betriebe mit 24 000 Mitarbeitern. 1979 betrug der Umsatz 1 Mrd. 534 Mio. DM. Zusammen mit seinen 1977/78 übernommenen *LUMS-* und *IHOP*-Restaurants betreibt Jahn in den USA 858 Gaststätten zwischen Maine und Hawaii; außerdem in Japan, Südafrika, Namibia u. a., insgesamt in 17 Ländern.

Für eigene Rekorde

In Westdeutschland umfaßt die *Wienerwald*-Kette über 400 Restaurants, in Österreich 52 und in der Schweiz 11 Betriebe.
Anläßlich des 25jährigen Bestehens des *Wienerwald*-Konzerns im März 1980 wurde bekanntgegeben, daß Friedrich Jahn sein Vermögen in zwei Stiftungen einbringen will: für den europäischen Bereich in eine *Friedrich-Jahn-Stiftung* in Vaduz/Liechtenstein, für die US-Töchter in einen *Friedrich-Jahn-Trust* auf den Bahamas.

Das größte Gasthaus in Westdeutschland (und wahrscheinlich das größte Bierlokal der Welt) ist die *Mathäser-Bierstadt* in München (Bayern), ein Unternehmen der Familie *Reiß* (auch Hotels und Filmtheater) in der Nähe des Münchner Hauptbahnhofs. Es bietet 5335 gedeckte Plätze an.
(Das weitaus berühmtere *Münchner Hofbräuhaus* hat 5000 Plätze.)
Im *Mathäser* erreicht der tägliche Ausschank 48000 l Bier. Das Wirtshaus wurde 1829 eröffnet, im Zweiten Weltkrieg zerstört und 1955 wieder aufgebaut.
Der Ausschank in den *Dube Biersälen* von *Soweto* bei Johannesburg (Südafrika) kann allerdings an manchen Samstagen noch höher sein. Der Durchschnittskonsum an Wochentagen liegt bereits um 27300 l.

Der größte Biergarten ist der *Augustiner Biergarten* in München (Westdeutschland, Bayern), der 1901 eröffnet wurde und Platz für 5200 Gäste hat. Im *Augustiner Biergarten* werden bis zu 100 hl Bier pro Tag verkauft.

Hobbies und Spiele

Hobbies

Briefmarkensammeln

Allgemein: Die Zahl der Briefmarkensammler in aller Welt wird auf 40–55 Mio. geschätzt. Es ist mit Abstand das weltweit verbreiteteste Hobby. In Westdeutschland schätzt man die Zahl der Briefmarkensammler auf ca. 5 Mio.

Die erste Briefmarkensammlung soll im Jahre 1851 von einem gewissen *M. Vetzel* in Lille (Frankreich) angelegt worden sein.

Als größte und wertvollste Briefmarkensammlung gilt die des englischen Königshauses. Ihr Wert wird auf über 50 Mio. DM geschätzt.
Noch größer und kostbarer soll die 1925 erworbene Sammlung eines französischen Privatsammlers sein. Man schätzt sie auf rund 200 Mio. DM.

Die teuersten Briefmarken im offenen Handel sind nach wie vor die berühmten *Mauritius*-Marken, die *rote 1-Penny-Marke* und die *blaue 2-Pence* aus dem Jahre 1847. Von ihnen waren nur je 500 Stück gedruckt worden; heute gibt es davon nicht mehr als 25.
Einen Briefumschlag mit zwei roten 1-Penny-Mauritius-Marken kaufte *Raymond Weill* aus New Orleans, Louisiana (USA), am 21. Oktober 1968 für 380000 Dollar (damals 1,52 Mio. DM) bei einer Versteigerung in New York (USA).
Diesen Briefumschlag hatte ein gewisser *Mr. Williams* 1897 auf einem Bazar in Bombay (Indien) für weniger als 1 Pfund Sterling (damals 20 DM) gekauft. Er stammte von einem Brief, den die Gattin des Gouverneurs der britischen Kronkolonie Mauritius 1847 an einen Empfänger in Bombay geschrieben hatte.

Die meisten Briefmarken, nämlich 4,5 m 250-Rubel-Marken, kleben an einem Brief, der 1922 als

Briefmarken		
Erste Briefmarke der Welt	In Umlauf gesetzt am 1. Mai 1840	Schwarze 1-Penny-Marke, Großbritannien, Kopf der Königin Viktoria; 68 158 080 Exemplare gedruckt. Verkauf begann am 6. Mai 1840, zwei Tage vor der 2-Penny-blau.
Höchster Preis (Auktion) Es ist unklar, ob der revidierte Preis von 1 Mio. DM der echte Kaufpreis oder der Auktions-Mindestpreis ohne Versteigerer-Aufgeld war.	1 Mio. DM	Schweden, 3 Skilling Banco, gelb, mit Farbfehler, aus dem Jahr 1855. Anonymer Käufer in Hamburg am 17. Okt. 1978
Größte Sondermarke	247,5 × 69,8 mm	China, Eilbriefmarken, 1913.
Größte Normalmarke	111 × 90 mm	Zypern, 250 Mil, 2. Juli 1974.
Kleinste Marke	8 × 9,5 mm	Kolumbianischer Staat Bolivar, 10 Cent und 1 Peso, 1863–66.
Höchste Wertbezeichnung	100 Pfund Sterling	Rot und schwarz, Georg V., Kenia, 1925–27.
Höchste Wertbezeichnung in Deutschland	50 Mrd. Mark	Hellblau/dunkelblau, Inflationsmarke, 1923.
Niedrigste Wertbezeichnung	3000 Pengö	Ungarn, ausgegeben 1946, als 1 Goldpengö von 1931 = 130 Trillionen Papierpengö waren.
Seltenste Marken	Je ein einziges Exemplar existiert	Britisch Guayana (heute Guyana), 1-Cent, schwarz auf rot, aus dem Jahr 1856, und die schwedische 3 Skilling Banco gelb, mit Farbfehler, aus dem Jahr 1855 (siehe oben). Die erstere wird bereits auf 2 Mio. DM geschätzt.
Seltenste deutsche Marken	Seit 30 Jahren nur ein Exemplar bekannt	6 Kreuzer Type I Bayern vom 1. November 1849; Wert z. Z. etwa 80 000 DM.
	Nur drei Exemplare bekannt	Fehldruck Baden 9 Kreuzer grün, auf blaugrünem statt rosa Papier, 1851.

Einschreiben aus *Alexandrowsk* (UdSSR) nach *Steyr* (Österreich) geschickt wurde. Da der Rubel zu jener Zeit nur noch den Wert von Pfennigen hatte, mußte der Brief mit so vielen Marken freigemacht werden, daß allein durch das Gewicht der Markenbogen der Brief immer schwerer wurde und entsprechend höher frankiert werden mußte. Schließlich war das Einschreiben mit 1625 Marken zu einem Gesamtwert von 406 250 Rubel versandfertig. Jede Marke mußte gesondert gestempelt werden! Am 20. März 1954 wurde dieser Brief in Hamburg versteigert.

🌐 **Den höchsten Preis für eine Briefmarke,** nämlich 850 000 Dollar (1,53 Mio. DM), zahlte ein anonym gebliebener Philatelist bei einer Versteigerung, die der Auktionator *Robert Siegel* am Osterfest 1980 im *Waldorf-Astoria-Hotel* von New York (USA) veranstaltete. Für diesen Preis – mit Auktionsaufgeld waren es insgesamt umgerechnet rund 1,7 Mio. DM – erstand der Käufer die *»Rote 1-Cent-Guiana«* von 1856, eine Eigendruck-Marke der ehemaligen britischen Kolonie Guayana (heute Guyana). Der Vorbesitzer, der Amerikaner *Irwin Weinberg,* hatte sie genau zehn Jahre zuvor für den damaligen Rekordpreis von 280 000 Dollar (damals etwas über 1 Mio. DM) erworben. Er war mit dem erzielten Erlös sehr zufrieden, obwohl Experten angenommen hatten, daß die einzigartige Marke bei der Oster-Auktion Siegels nicht unter 1 Mio. Dollar weggehen würde.

(D) **Die wertvollste deutsche Briefmarke** ist die *9-Kreuzer-Marke* von 1851 aus Baden, ein Fehldruck, schwarz auf blau-grün, von dem nur noch drei Exemplare bekannt sind.

(A) **Die wertvollste Briefmarke Österreichs** ist die *rote Merkur-Marke,* die am 21. März 1856 ausgegeben wurde.

(CH) **Die seltenste und teuerste Marke der Schweiz** ist ein Paar von waagrecht zweigeteilten *5-Centimes-Briefmarken* aus Genf (schwarz auf gelb-grün), ausgegeben im Oktober 1843.

🌐 **Zur schönsten Briefmarke** wurde im Juli 1979 eine deutsche 50-Pfennig-Briefmarke von der

Die »Rote-1-Cent-Guiana«: 1,7 Mio. DM Wert.

Jury der *Internationalen Philatelisten* in Asagio (Italien) gewählt. Es handelt sich um die von *Albrecht Ade* gestaltete Marke, welche an die 1957 gegründete *Friedlandhilfe* erinnern soll. Die Jury lobte vor allem den hohen Sinngehalt des Motivs: *»Zwei Füße, die in einer unbekannten Welt ihr im Schatten verborgenes Vaterland suchen.«*

Schönste Briefmarke des Jahres 1979 wurde die westdeutsche Erinnerungsmarke an die 1957 gegründete Friedland-Hilfe.

Heimtiere

(D) Die Zahl der in Westdeutschland gehaltenen Heimtiere hat in letzter Zeit die Bevölkerungsziffer überholt. An erster Stelle rangieren die *Zierfische* (50 Mio.), gefolgt von 6,9 Mio. *Vögeln.* 3,5 Mio. *Hunde* aller Rassen und Mischungen bellen in den Haushalten, gewiß zum Verdruß von 2,8 Mio. *Hamstern, Zwergkaninchen* und *Meerschweinchen.* 2,5 Mio. *Katzen* erheben als »Schlußlicht« unter den beliebtesten Heimtieren die Schwänze, aber weitere 1,5 Mio. sind streunend.

Gesellschaftsspiele

Schach

Ursprünge: Der Name Schach ist abgeleitet vom persischen Wort *shah* (König oder Herrscher). Der erste Hinweis kommt vom mittelpersischen Karnamak (etwa 590–620 n.Chr.). Im Dezember 1972 wurden in der usbekischen Sowjetrepublik zwei Elfenbeinschachfiguren gefunden, die sich auf 200 n.Chr. datieren lassen. Um 1050 wird das Schachspiel in dem höfischen Abenteuerroman *»Ruodlieb«* erstmals erwähnt. Das erste Schachlehrbuch in deutscher Sprache erscheint 1616, geschrieben von Herzog August d. Jüngeren von Braunschweig unter dem Pseudonym *Gustavus Selenus.* Der erste deutsche Schachverein ist 1819 in Hamburg gegründet worden.
Der älteste Schachverein der Schweiz ist die Schachgesellschaft Zürich 1809.

(D) Der erste Schachweltmeister ist Adolf Anderssen, der 1851 den ersten Preis in London erhielt.
Die *Fédération Internationale des Échecs* wurde 1924 gegründet. 1973 gab es in der UdSSR schätzungsweise 7 Mio. Turnierspieler.

Die längste unumstrittene Weltmeisterschafts-Titelherrschaft dauerte *27* Jahre, von 1894–1921, durch Dr. Emanuel Lasker (1868–1941), Deutschland. Weltmeister werden seit 1886 allgemein anerkannt. Die Damenweltmeisterschaft hielt Vera Menchik-Stevenson (1906–44), G. B., von 1927 bis zu ihrem Tod und verteidigte sie erfolgreich siebenmal. Nona Gaprindaschwili, UdSSR, trägt den Titel seit 1962 und verteidigte ihn viermal.

Als größter Großmeister aller Zeiten wird nach dem offiziell übernommenen Elo-System Robert J. »Bobby« Fischer (* 9. März 1943) betrachtet.

Die größte Siegessträhne hatte Bobby Fischer im Großmeisterschach vom 2. Dezember 1970 bis zum 30. September 1971, als er 20 Spiele nacheinander gewann.
Anatolj Karpow, UdSSR, hat seit 1966 bis Dezember 1977 nur 4,3 Prozent seiner 597 Spiele verloren.

Den Rekord für die meisten in Schach gehaltenen Gegner (mit Ersatzspielern, wenn sie geschlagen waren) hält Branimir Brebrich, Kanada, der am 17.–28. Januar 1978 in Edmonton. Alberta, Kanada, innerhalb von 28 Stunden Spielzeit *575* Spiele spielte (533 Siege, 27 Remis, 15 Niederlagen).
Vlastmil Horst (* 12. Januar 1944), Tschechoslowakei, spielte am 23.–24. April 1977 in Seltjarnarnes, Island, simultan gegen 201 Gegner und verlor kein einziges Spiel. Georges Koltanowski (* 1903), Belgien, jetzt USA, spielte am 13. Dezember 1960 in San Francisco, USA, 9¾ Stunden lang »blind« gegen 56 Gegner, gewann 50 Partien und spielte 6 Remis.

Der langsamste beurkundete Zug (vor den modernen Regeln) dauerte elf Stunden in einem Spiel zwischen Paul Morphy (1837–84), dem US-Meister von 1852–62, und dem deutschen Schachmeister Louis Paulsen (1833–91).

Das Meisterspiel mit den meisten Zügen endete beim *191.* Zug mit Remis zwischen H. Pilnik, Argentinien, und Moshe Czerniak, Israel, im April 1950 in Argentinien. Die Gesamtspielzeit betrug 20 Stunden.
Ein Spiel von *21½* Stunden wurde 1945 in Baku, UdSSR, zwischen N. Makagonow und Tschechower ausgetragen, das beim 171. Zug mit Remis endete (durchschnittlich brauchten die Spieler mehr als 7½ Minuten pro Zug).

(D) **Die erfolgreichste Schachmannschaft** ist der Münchner SC 1836, der seit 1947 achtmal den Deutschen Meistertitel gewann.
Der erfolgreichste deutsche Spieler ist Wolfgang Unzicker, der in den Jahren 1948–65 siebenmal deutscher Meister wurde.

CH Der erfolgreichste Schweizer Spieler ist der zwölfmalige Schweizer Meister und fünffache Coupe-Suisse-Sieger Hans Johner.

Marathon: Die längste beurkundete Sitzung dauerte *158* Stunden, *24* Minuten am 23.–27. Dezember 1977 in Virginia, USA; Teilnehmer waren Lori Daulton gegen Marion Selby und Charlotte Rugar gegen Gayle Fields, alle aus einer Junior High School in Virginia.

Anatolij Karpow gegen Viktor Korchnoi

Scrabble®

Ursprünge: Das Kreuzworträtselspiel wurde 1931 von Alfred Butts erfunden und 1948 von James Brunot weiterentwickelt und als Scrabble Cross Word Game zur Handelsmarke gemacht.

Das höchste bekannte Wettspielergebnis erzielte mit *730* Ron K. Hendra, G. B., am 12. Juli 1978. Sein Gegner hatte 360 Punkte.
1974 errelchte Ralph Beaman, USA, bei einem idealisierten Spiel eine Punktzahl von *4153.*
Die höchste Wettspielpunktzahl, die ein Spieler in einem einzigen Zug erreichte, ist *380.*

Marathon: Das längste Scrabble Cross Word Rätselspiel dauerte *120* Stunden. Es spielten vom 4.–9. August 1975 Norman Hazeldean, Alan Giles, Tom Barton und Keith Ollett in Uckfield, England, und Mark Morris, Jean-Pierre Burdinat, Robert Emmanuel und Gary Dolton in Sydney, Australien, vom 27. August–1. September 1975.

Dame

Ursprünge: Dame, in Nordamerika als *Checkers* bekannt, ist früheren Ursprungs als Schach. Es wurde im 2. Jahrtausend v. Chr. in Ägypten gespielt. Das früheste Buch über das Spiel schrieb 1547 Antonio Torquemada aus Valencia, Spanien.

Die meisten simultanen Spiele mit *140*, von denen er 133 gewann und sieben unentschieden ausgingen, spielte in Chicago, USA, 1933 Newell Banks (* 10. Oktober 1887), USA. Seine Spielzeit dauerte 145 Minuten, d. h. Banks spielte einen Zug pro Sekunde.

Das längste Spiel dauerte 1958 zwischen Dr. M. Tinsley, USA, und Derek Oldbury, G. B. 7½ Stunden. Im Wettbewerb ist die vorgeschriebene Spielrate nicht weniger als 30 Züge pro Stunde, wobei das durchschnittliche Spiel etwa 90 Minuten dauert.

Das kürzest mögliche Spiel besteht aus *20* Zügen und wurde von Alan M. Beckerson (* 21. Februar 1938), England, am 2. November 1977 zusammengestellt.

Monopoly®

Ursprünge: Der Patentinhaber von *Monopoly®*, von dem 80 Mio. Exemplare verkauft wurden, war Charles Darrow (1889–1967). Er erfand die patentierte Version des Spieles 1933, als er arbeitsloser Heizungsingenieur war. Er verwandte dabei die Straßennamen von Atlantic City, New Jersey, USA, wo er Urlaub machte.

Marathon: Das längste bestätigte Spiel durch vier Spieler dauerte vom 17.–29. August 1978 *288* Stunden. Die Spieler waren Valerie Schmoltze, Karen Schmidt, Bob Schmidt und Boyer aus Pennsylvania (USA).

Domino

Ursprünge: Das Nationalmuseum in Bagdad, Irak, besitzt Gegenstände aus Ur, genannt Dominos, die auf 2450 v. Chr. datieren. Das Spiel war in Europa bis etwa 1750 unbekannt. Ursprünglich erfordert das Spiel 148 Steine, in Europa werden nur 28 verwendet.

Marathon: Die längste Spieldauer für zwei Spieler ist *123* Stunden, 4 Minuten; diesen Rekord stellten David Harrison und Alan Mannering aus Großbritannien am 8.–13. Februar 1978 auf.

Darts (Pfeilwerfen)

Ursprünge: Die Ursprünge sind auf die im Nahkampf zur Selbstverteidigung von Bogenschützen benutzten 25 cm langen Wurfpfeile zurückzuführen. Die *»dartes«* wurden in Irland im 16. Jahrhundert benutzt. Pfeilwerfen wurde 1620 von den Plymouth-Pilgern auf der Mayflower gespielt. Heute gibt es schätzungsweise 6 Mio. Dart-Spieler auf den Britischen Inseln. Die National Darts Association (gegründet 1953) versucht, die Wurfentfernungen und Wurfscheiben zu standardisieren.

Kartenspiele

Skat:

Ursprünge: Skat entstand um 1810 aus dem erzgebirgischen Kartenspiel Schafkopf in der Stadt Altenburg, Thüringen, in der 1899 der Deutsche Skatverband gegründet wurde.
Es gibt für das 32-Blatt beim Skatspiel für jede Hand beim Mischen 63 512 240 Kombinationen. Die Zahl möglicher Verteilungen der Karten auf drei Spieler vor Aufnehmen des Skats beträge nahezu 3 Billiarden, genau: 2 753 294 408 504 640.

🌐 **Marathon:** Vier Spieler aus Osnabrück stellten am 22. November 1978 einen Weltrekord im Dauerskatspielen ohne Pausen mit *120* Stunden, *30* Minuten auf.

Beste Skatspieler Deutschlands waren 1978 im Einzelkampf Günter Sechtenbeck (Karo-Dame, Plettenberg) und Gertrud Tolzin (Weserperle, Bremen). Im Mannschaftskampf gewann der Erste Skatclub Dieburg.
Der Deutsche Skatverband e. V. Bielefeld hat ca. 25 000 Mitglieder.

Schafkopf:

Ursprünge: Das alte deutsche Kartenspiel wurde nach dem früheren Brauch, die Gewinne durch Kreidestriche kenntlich zu machen, die zusammen einen Schafkopf bildeten, so bezeichnet. Es wird als Doppel-Schafkopf oder Doppelkopf mit zwei 32-Skat-Spielen gespielt, aus denen man die Sieben und Achten, bisweilen auch die Neunen, entfernt.
Marathon: Vier Spieler aus Kohlstadt bei Passau spielten *73* Stunden, *20* Minuten im Januar 1980 ununterbrochen Schafkopf.
Im Dauerdoppelkopf stellten fünf Schüler vom Peiner Ratsgymnasium einen Weltrekord mit *103* Stunden auf. Sie spielten im Oktober 1979 in einem Schaufenster eines Peiner Kaufhauses. Der Lehrer hatte ihnen für diesen Wettbewerb schulfrei gegeben. Sie versprachen, nach dem Rekord besonders fleißig zu sein.

Bridge:

Ursprünge: Bridge – eine Verstümmelung von *Biritch* – soll levantinischen Ursprungs sein, da ähnliche Spiele dort in den frühen 1870ern gespielt wurden. Das British Museum besitzt ein Schriftstück von 1886 mit dem Titel *»Biritch or Russian Whist«*.
Auktionsbridge (höchster Bieter nennt den Trumpf) wurde 1902 erfunden. Das Kontraktprinzip, das in mehreren Spielen enthalten ist, wurde am 1. November 1925 von Harold Vanderbilt, USA, während einer Karibikreise an Bord der *S. S. Finland* in das Bridge eingeführt. Im September 1930 wurde es nach dem Herausforderungsspiel USA gegen Großbritannien zu einer weltweiten Manie.

Die meisten Weltmeisterschaften *(Bermuda Bowl)* wurden von Italiens Blauem Team *(Squadra Azzurra)* gewonnen, und zwar in den Jahren 1957–59, 1961–63, 1965–67, 1969, 1973–75 und ebenfalls die Olympiaden 1964, 1968 und 1972. Georgio Belladonna (* 1923) war in all diesen Siegermannschaften.
1971 wurde eine neue Weltrangliste eingeführt, die auf Meisterpunkten basiert.

Der führende männliche Spieler war nach dem Stand von März 1978 Georgio Belladonna mit 1712 Punkten, gefolgt von fünf weiteren Italienern.

Die führende Spielerin der Welt ist Rixi Markus, G. B., mit 269 Punkten im März 1978.

Das brillanteste Spiel spielte im Jahre 1978 Gilles Cohen, Frankreich, der für sein erfindungsreiches, täuschendes Eröffnungsmanöver bei den *World Pairs Championships* einen Preis erhielt.
Die mathematischen Chancen gegen die Ausgabe von 13 Karten einer Reihe stehen *158 753 289 899*:1, während die Chance, eine *»perfekte Hand«* mit allen 13 Pik-Karten zu erhalten, *635 013 559 596*:1 stehen. Die Chancen, daß jeder der vier Spieler eine komplette Folge (eine perfekte Ausgabe) erhält, stehen *2 235 197 406 895 366 368 301 559 999*:1.

Marathon: Die längste Spielsitzung hielten vom 21.–28. April 1972 mit *180* Stunden 4 Studenten der Edinburgh University ab.

Gesellschaftstanz

🌐 **World-Cup-Sieger 1979** bei den *internationalen Amateurtanzmeisterschaften* wurde am 24. März 1979 in Antwerpen das bundesdeutsche Meisterpaar *Max-Ulrich Busch* und *Renate Hilgert* aus Berlin.

Von den Tanzclubs wurden bei den Meisterschaften in Berlin (West) am 17. Mai 1979 der *TF Weiß-Blau, Düsseldorf,* Weltmeister bei den Standardtänzen und der *TSG Bremerhaven* Weltmeister bei den lateinamerikanischen Tänzen.

Der größte jemals veranstaltete Ball fand im Rahmen der *Houston-Mastvieh-Ausstellung* am 8. Februar 1969 im *Astro-Saal,* Houston (USA), statt. Den Ball besuchten mehr als 16 500 Tanzlustige, weitere 4000 fanden keinen Einlaß.

Weltmeister 1980 bei den lateinamerikanischen Tänzen wurde das norwegische Paar Johannsen/Myrengen.

Marathontanzwettbewerb. Der unter den härtesten Bedingungen durchgeführte Marathontanz (nicht zu verwechseln mit der *Tanzwut* oder *Choreomanie,* einem pathologischen Zustand, dessen schlimmster Ausbruch im Juli 1374 in Aachen verzeichnet wurde) war eine amerikanische Veranstaltung, die 4152,5 Stunden dauerte (24 Wochen und fünf Tage). Sie fand vom 6. Juni bis 30. November 1932 im *Motor Square Garden,* Pittsburg (USA), statt. Die Ruhepausen von anfangs 15 Min. pro Stunde wurden auf 10, 7, 6, 5 und in den letzten Wochen des Marathons auf 3 Minuten pro Stunde reduziert, bis dieser *»klassische«* Marathon schließlich von der Polizei gestoppt wurde. Die Siegesprämie von 1000 Dollar (damals 4200,– DM) entsprach einem *»Stundenlohn«* von 24 Cents (damals 0,96 DM).

Den Weltrekord für Ausdauer im Gesellschaftstanz stellte *Carlos Sandrini* mit 106 Stunden 5 Min. 10 sec. in Buenos Aires (Argentinien) im September 1955 auf. Drei Damen lösten sich als seine Partnerinnen ab. Tänzer wie Damen waren nach dem Dauertanz wohlauf, aber sämtliche Schuhe waren ruiniert.

Die erfolgreichsten Gesellschaftstanz-Professionals der Welt sind *Bill Irvine* und *Bobbie Irvine* (England), die zwischen 1960 und 1972 13 Weltmeisterschaften gewannen.

Der älteste Teilnehmer an Tanzturnieren ist Friedensrichter *Albert J. Sylvester* (* 24. November 1889) aus Corsham (England). Am 26. April 1977 gewann der damals 88jährige mit seiner Partnerin *Paula Smith* in Bath (England) den höchsten Preis bei einem aus zehn Tänzen bestehenden Amateurwettbewerb. Das Alter Paulas blieb unerwähnt.

Gewinner des Europapokals beim Internationalen Tanzturnier 1980 in München waren in den Standardtänzen das dänische Paar *Hans-Henrik* und *Anne-Margrethe Laxholm* und bei den lateinamerikanischen Tänzen das deutsche Paar *Horst Beer* und *Andrea Lankenau.*

(D) **Der längste Auftritt einer Tanzkapelle** dauerte 321 Stunden (13 Tage und 9 Stunden); die deutsche Band *Black Brothers* schaffte diesen Rekord Januar-Februar 1968 in Bonn, (Westdeutschland, Nordrhein-Westfalen). Während dieses Marathons waren nie weniger als vier Bandmitglieder in Aktion.

Den Weltrekord im Trommeln – 720 Stunden – erreichte zwischen dem 26. Dezember 1977 und dem 25. Januar 1978 *Clifford Marshall Van Buren* aus Ridgefield (USA).

Der fleißigste Diskjockey ist *Dave Belmonds* aus Brocton (USA). Er arbeitete 2016 Stunden hintereinander vom 15. September bis zum 7. Dezember 1978 .

(A) Österreichs und wahrscheinlich Europas fleißigster Diskjockey ist ein Vierundzwanzigjähriger mit dem »Künstlernamen« Sloby. In einer Diskothek in Töschling am Wörthersee (Kärnten) legte er 120 Stunden ununterbrochen Single-Platten auf.

Tanzrekorde

Bauchtanz. Den längsten Bauchtanz von 100 Stunden vollführte *Sabra Starr* im Hotel Teplitzky, Atlantic City (USA), vom 4.–8. Juli 1977.

Charleston. Die Amerikanerin *Sabra Starr* hält ebenfalls den Ausdauerrekord im Charleston mit 110 Std. 58Min., den sie vom 15.–20. Januar 1979 errang.

Conga. Am 25. August 1978 bildete sich in Sidmouth (England) bei diesem lateinamerikanischen Tanz die nachweislich längste »Schlange«, bestehend aus 8128 Menschen. (Zum besseren Verständnis: 1971 zählte Sidmouth 12039 Einwohner.)

Discotanz. Der Ausdauerrekord im Discotanzen wurde vom 16.–30. April 1979 mit 329 Std. 30 Min. von *Keith Leriche* aus Port Aux Basques, Neufundland (Kanada), aufgestellt.

Flamenco. Der schnellste Flamencotänzer ist der 17jährige *Solero de Jerez.* Im September 1967 stepte er in Brisbane (Australien) bei einer atemberaubenden Schrittkombination 16mal in einer Sekunde, bzw. 1000mal pro Minute.

Go-Go. Der Rekord für Ausdauer im Go-Go-Tanzen (Bugolu oder Reggae) wurde mit 200 Std. 7 Min. von *Nitro* (Sabra Starr) und Rhiannon (Beverly Rainey) in Kelly's Bar, Wrightstown (USA), vom 1.–8. Juli 1978 aufgestellt.

Limbo. Die geringste Höhe, die ein Limbotänzer unter einer brennenden Stange durchtanzte, ist 15,5 cm vom Boden; dies gelang am 24. Juni 1973 *Marlene Raymond* (15) im Port of Spain-Pavillion in Toronto (Kanada). Eigentlich sollte nur die Fußsohle oder -kante den Boden berühren, aber das Berühren des Bodens mit dem Schulterblatt führt gewöhnlich nicht zur Disqualifizierung.

Steptanz. Die höchste Geschwindigkeit, die je für einen Steptänzer gemessen wurde, waren 1440 Schritte pro Minute (24 pro Sekunde) für *Roy Castle* in einer BBC-Sendung am 14. Januar 1973.

Die größte Zusammenkunft von Steptänzern in einer einzigen Vorführung bestand aus 528 Mitgliedern von *Brenda Kalatze's* Tap Studio in Los Angeles für die Fernsehübertragung von *Guinness Spectacular* am 7. April 1979. Die Tänzer waren zwischen 4 und 84 Jahre alt.

Swingtanzen. Den Ausdauerrekord für Non-stop-Swingtanzen erreichte vom 20. bis 24. November 1978 mit 96 Std. 49 Min. *Richard Rimmer* aus Caterham (England).

Twist. Der Ausdauerrekord im Twist von 145 Std. 30 Min. wird von *Anetta Roussou* aus Simonstown (Südafrika) gehalten; sie erreichte ihn vom 12. bis 18. Januar 1977.

Glücksspiele

🌐 **Das größte Kasino** ist das *Casino Mar del Plata* (Argentinien) mit täglich 14500 Besuchern. Im Karneval steigt die Zahl bis auf 25000 an. Das Kasino hat über 150 Roulettetische, die gleichzeitig in Betrieb sind.

Ⓓ **Die größte Spielbank in Westdeutschland** ist das *Casino Baden-Baden.* Dies trifft sowohl auf die Besucherzahlen (1978: ca. 500000 Gäste), wie auf die Spielerträge zu (Brutto-Spielergebnis 1978: nahezu 50 Mio.DM).
Das *Casino Baden-Baden* war auch die erste Spielbank Europas, in der zu besonderen Anlässen am *Goldenen Tisch* mit echten Gold- und Silberjetons gespielt wurde.
Seit *Bremen* als letztes Bundesland am 14. Januar 1980 eine Spielbank eröffnete, gibt es in Westdeutschland 26 Spielbanken.

Ⓐ **Die größte und älteste Spielbank Österreichs** ist die von *Baden* bei Wien. Jeden Abend wird sie im Durchschnitt von ca. 700 Gästen besucht. Sie können an zwei Blackjack-, zwei Baccara- und elf Roulettetischen sowie an 140 Spielautomaten ihr Glück versuchen. Insgesamt gibt es in Österreich neun Spielcasinos.

(CH) In der Schweiz sind Spielbanken und Glücksspielcasinos nicht zugelassen.

Die längste zuverlässig belegte Rouletteserie auf einer unfrisierten Scheibe sind sechs Einsätze auf die Zehn nacheinander im Hotel *El San Juan* (Puerto Rico) am 9. Juli 1959. Die Chancen mit einem Doppelzero standen 1 zu 38^6 oder 3010936383 zu 1.

Das längste Roulettemarathon dauerte 31 Tage, vom 10. April bis zum 11. Mai 1970, in *The Casino de Macao*, um die Richtigkeit oder Unrichtigkeit gewisser Behauptungen über Permanenzen in 20000 Umdrehungen zu prüfen.

Ⓓ **Das beliebteste Glücksspiel in Westdeutschland** ist Lotto. Jährlich geben die Bundesbürger im Durchschnitt 81,04 DM pro Kopf für dieses oder für ähnliche Glücksspiele aus. Das meiste Geld für diese Glücksspiele wird im bevölkerungsreichsten Bundesland Nordrhein-Westfalen ausgegeben, nämlich 89,88 DM pro Kopf und Jahr.
Wie Mathematiker des *Statistischen Landesamts von Berlin* im Juni 1980 errechnet haben, stehen die Chancen im westdeutschen Lotto für einen »Sechser« 1:13983814. Für »fünf Richtige mit Zusatzzahl« ist die Quote 1:2330636, für fünf Richtige 1:55491, für vier Richtige 1:1032 und für drei Richtige 1:57. Wer also den Supergewinn mit einer gewissen Sicherheit einstreichen will, müßte bei

einer Ausspielung rund 14 Mio. Tips abgeben. Allerdings mußten sich 1977 205 »Lottokönige« mit nur je rund 30 000,– DM Gewinn begnügen, da die Höhe des Gewinns immer von der Zahl der Gewinner abhängt, und diese wiederum von der einzigen »konstanten Größe« beim Glücksspiel, dem – Zufall.
Wie unberechenbar aber der Zufall ist und wie großzügig er mitunter sein kann, erlebte bei der letzten Mai-Ausspielung 1980 ein 18jähriger Schüler aus dem westdeutschen Ruhrgebiet. Er hatte bei der sog. »Elferwette« auf seinem Toto-Tippschein auch das *»Spiel 77«*, eine regelmäßige Sonderausspielung, angekreuzt und gewann den Höchstbetrag von 1 777 777,70 DM.

Der größte Spielgewinn betrug ca. 4,2 Mio. DM für einen Einsatz von zwei Cruzeiros (ca. 1,– DM) im brasilianischen Fußballtoto *Loteria Esportiva. Miron Vieira de Sousa* (30) aus Ivolandia (Brasilien) kassierte ihn auf die Ergebnisse von 13 Spielen im Oktober 1975. Das erste, was er sich kaufte, war ein Gebiß.
Als Gewinn in einer Staatslotterie im Januar 1976 kassiert *Eric C. Leek* aus North Arlington (USA) sein Leben lang wöchentlich 1776 Dollar (z. Zt. 3400,– DM). Da er erst 26 Jahre alt war, wird er, sollte er noch 50 Jahre weiterleben, eine Gesamtsumme von 4,6 Mio. Dollar (ca. 9 Mio. DM) einnehmen.

Der erste Brite, der im Fußballtoto mehr als eine Million Pfund Sterling (z. Zt. etwa 4 Mio. DM) gewonnen hat, dürfte der 47jährige Gabelstaplerfahrer *David Preston* aus London (England) sein. Er beteiligte sich mit demselben Tip bei zwei Wettfirmen zugleich. Bei einer davon hat er mit Sicherheit 800 000 Pfund Sterling (3,2 Mio. DM) gewonnen; bei der anderen, die die Gewinnsumme auf Prestons Wunsch geheimhält, mindestens weitere 150 000 Pfund (600 000,– DM), warhscheinlich aber mehr. Schon vor einigen Jahren hatte Glückspilz Preston im Toto 10 000 Pfund (damals 50 000,– bis 60 000,– DM) gewonnen und sich dafür ein Haus gekauft.
Pech im Glück hatte ein 45jähriger Rheinländer, der im Mai 1980 dieselben sechs Zahlen in die acht Felder seines Lottoscheins eintrug – und achtmal gewann. Allerdings kassierte er »nur« 1 398 913,60 DM, denn an diesem Spiel-Wochenende gab es für »sechs Richtige« lediglich 174 864,20 DM.

Als rabiatester und radikalster Kartenspiel-Verlierer erwies sich im April 1980 der 32jährige indische Bauer *Gopala Reddy*. Nachdem er seine letzten 100 Rupien (24,– DM) verloren hatte, pilgerte er zum Grab seines Vaters, schwor, niemehr Spielkarten anzurühren und schnitt sich, um nicht rückfällig zu werden, mit einem Dolch die rechte Hand ab.

Die teuersten Puppen der Welt: fast 100 000,– DM.

Der größte Spielautomat der Welt (oder *einarmige Bandit*) ist *Super Bertha* ($15{,}71\ m^3$), die im September 1973 im *Four Queens Casino*, Las Vegas (USA), aufgestellt wurde. Einmal in 25 000 Mio. Spielen könnte sie 1 Mio. Dollar nach einer Eingabe von zehn Dollar ausspucken.

Den größten Gewinn aus einem *»One-armed bandit«* kassierte mit 285 000 Dollar (949 000,– DM) *Brian Flattery* (USA) am 23. Juni 1979 im *Flamingo Hotel*, Las Vegas.

Das längste Flipperspiel dauerte 216 Stunden und wurde zwischen dem 1. und 9. März 1979 zwischen *John Wood* und *David Irvine* aus Luton (England) ausgetragen.

Die seltensten Spielkarten sind die *Leben-der-Heiligen*-Karten, die im 17. Jahrhundert von der Familie *Bowles* herausgegeben wurden, und wovon ein Spiel etwa 2000 Pfund Sterling (8000,– DM) wert ist. Eine im Jahre 1786 vom Historiker *Edward Gibbon* als Schuldzettel für 320 Pfund Sterling unterschriebene Karo-7-Karte erzielte auf einer Auktion 500 Pfund Sterling (2000,– DM).

Feuerwerk

Das höchste und eindrucksvollste Feuerwerk, das im Handel zu haben ist, wird von der Firma *Marutamaya Ogatsu Fireworks* (Japan) vertrieben. Es heißt *Chrysanthemenstrauß hanabi* und wird aus einem 914-mm-Mörser in eine Höhe von 915 m geschossen. Dort entstehen kugelförmige Chrysanthemen und Pfingstrosen mit Durchmessern von 610 m und *»zwei-bis dreimal wechselnder Farbe«.*

Das tiefste Feuerwerk der Welt war die 102 cm große, 325 kg schwere Leuchtkugel von *George Plimpton,* die im Februar 1975 über Long Island, New York (USA) den japanischen Rekord überbieten sollte. Sie brodelte, zischte, explodierte und hinterließ einen Krater von 3 m Tiefe.

Europas größtes Feuerwerk war ein Geschenk Japans zur Eröffnung der *Bundesgartenschau 1979* in Bonn (Westdeutschland, Nordrhein-Westfalen). 24 Feuerwerker waren im Einsatz, um die 5400 Raketen und Leuchtkugeln rechtzeitig und richtig zu zünden. 350 000 DM kostete diese 30-Minuten-Illumination.
Zum Jahreswechsel 1979/80 wurden in Westdeutschland für ca. 85 Mio.DM Feuerwerkskörper gezündet.

Der größte Knallbonbon war 13,7 m lang und maß 2,4 m im Durchmesser. Er wurde eigens für die BBC-Fernseh-Show *Rekordbrecher* vom 27. Dezember 1975 hergestellt und im Verlauf der Sendung gezündet.

Spielzeug

Die größte Spielwaren-Messe findet alljährlich in *Nürnberg* (Westdeutschland, Bayern) statt. 1980 stellten Fabrikanten aus 40 Nationen ihre Produkte aus. 30 000 Einkäufer besuchten die Messe.

Das größte Spielwarengeschäft ist *Hamleys of Regent Street Ltd.,* London (England), das 1760 in Holborn gegründet und 1901 in die Regent Street verlegt wurde. Die Verkaufsräume erstrecken sich über 2787 m^2 und 11 Stockwerke. Während der Weihnachtssaison werden 3000 Menschen beschäftigt.

Die teuersten Puppen. Der höchste Auktionspreis, der jemals für Puppen bezahlt wurde, betrug 16 000 Pfund Sterling (96 880,-DM) und wurde am 19. April 1974 bei *Sotheby's* in London (England) für zwei bemalte Holzpuppen in Originalkleidung aus dem Ende des 17. Jahrhunderts geboten. Da die beiden Puppen keine Ausfuhrbewilligung erhielten, kaufte das *Victoria and Albert Museum* in London mit finanzieller Unterstützung durch das Publikum das Puppenpaar an.

Spitzenleistungen

Die größte Höhe erreichte die Mannschaft des später verunglückten *Apollo XIII,* als das Raumschiff sich am 15. April 1970 um 1 Uhr 21 Minuten im *Apocynthion* (d.h. am entferntesten Punkt), 254 km über der Mondoberfläche und 400 187 km über der Erdoberfläche, befand. Die Besatzung bestand aus: Kapitain *James Arthur Lovell, Jr.,* USA (* 25. März 1928 in Cleveland, Ohio), *Fred Wallace Haise, Jr.* (* 14. November 1933 in Biloxi, Mississippi, USA) und *John L. Swigert, Jr.* (* 30. August 1931 in Denver, Colorado, USA).

Die höchste Geschwindigkeit – nämlich 39 897 km/h – erreichte die Kommandoeinheit des *Apollo X* mit ihren Insassen: Oberst (jetzt Brigadegeneral) Thomas Patten Stafford, USAF (* 17. September 1930 in Weatherford, Oklahoma), Oberstleutnant Eugene Andrew Cernan (* 14. März 1934 in Chicago) und Fregattenkapitän (jetzt Kapitän zur See) John Watts Young, USN (* 24. September 1930 in San Francisco). Sie erreichten diese Geschwindigkeit auf ihrem Rückflug aus dem Weltraum bei Wiedereintritt in die Atmosphäre in einer Höhe von 121,9 km am 26. Mai 1969.

Die Rekordgeschwindigkeit einer Frau beträgt 28 115 km/h. Sie wurde von Leutnant (jetzt Oberstleutnant) *Valentina Wladimirowna Tereschkowa-Nikolajew* (* 6. 3. 1937, UdSSR) erreicht. Sie war außerdem »die erste Frau im All« im *Wostok 6* am 16. Juni des Jahres 1963. (Vgl. auch Kapitel 3 »Raumfahrt«, Seite 113)

Der Schnellste zu Wasser: der Australier K. P. Warby.

Die Rekordgeschwindigkeit in einem Flugzeug erzielte laut einem Bericht vom 2. 6. 1975 die sowjetische Pilotin *Swetlana Saitskaja* mit 2687,42 km/h. Die höchste Geschwindigkeit irgendeines Landfahrzeuges erreichte die raketenangetriebene *The Budweiser Rocket* von William Frederick. Am 17. Dezember 1979 fuhr damit Stan Barret die Rekordgeschwindigkeit von 1190,37 km/h. Das sind 1,01 *Mach.*

Der Geschwindigkeitsrekord einer Frau zu Lande wurde mit 843,323 km/h von Frau *Kitty Hambleton* (geb. O'Neil, USA) in dem 48 000 PS (35.200 kW) starken dreirädrigen Motivator mit Raketenantrieb S. M. 1. am 6. Dezember 1976 in der Alvardwüste von Oregon (USA), aufgestellt. Ihr offizieller Rekord über die Strecke in beiden Richtungen betrug 825,126 km/h und sie dürfte gelegentlich 965 km/h erreicht haben.

Die höchste Geschwindigkeit zu Wasser – 555,9 km/h – wurde von *Kenneth Peter Warby* (*9. 5. 1939) am 20. November 1977 auf dem Blowering-Stausee in Neusüdwales (Australien) in seinem Gleitboot der Offenen Klasse *Spirit of Australia* erzielt. Der offizielle Weltrekord für Geschwindigkeit zu Wasser liegt bei 514,41 km/h. Er wurde ebenfalls von *Kenneth Warby* auf dem Blowering-Stausee am 8. Oktober 1978 aufgestellt. In seinem Flugboot *»Mr. Ed«* mit Propellerantrieb und Kompressormotor erreichte *Larry Hill* nahe der Küste von Long Beach, Kalifornien (USA), 325,7 km/h. Die Höchstgeschwindigkeit in *einer* Richtung der Rennstrecke betrug 330,2 km/h.

Erste am Nordpol. Weder der amerikanische Polarforscher *Dr. Frederick Albert Cook* (1865–1940), noch Fregattenkapitän (später Vizeadmiral) *Robert Edwin Peary* (1856–1920) konnten zweifelsfrei beweisen, daß sie den Nordpol erreicht hatten. *Cook* in Begleitung der Eskimos *Ah-pellah* und *Etukischuk,* mit 26 Hunden und zwei Schlitten, stieß am 21. März 1908 von der Axel-Heiberg-Insel in Kanada, 96,5 km nördlich von Svartevoeg und 740 km vom Pol entfernt, weiter nach Norden vor und behauptete, am 19. April einen Punkt 89°31′ nördlicher Breite und am 21. April schließlich den Pol selbst erreicht zu haben.
Peary, in Begleitung seines Mitarbeiters, des Negers *Matthew Alexander Henson* (1866–1955) und der vier Eskimos *Uqueah, Eginwah, Siglu* und

Robert Edwin Peary. War er am Nordpol?

Oatah (1875–1955), brach in nördlicher Richtung um 5 Uhr morgens am 2. April 1909, von seinem Lager Bartlett (87°44′ nördl. Breite) auf. Er behauptete, nach weiteren 215 km Marsch sein letztes Lager, Camp Jessup, um 10 Uhr morgens am 6. April in nächster Nähe des Pols aufgeschlagen und sodann 67,5 km zu Fuß quer über das Meereis zurückgelegt zu haben, bevor er um 4 Uhr nachmittag am 7. April nach Süden umkehrte.
Wally Herberts Nordpolexpedition von 1968–69 erzielte auf äußerst günstigem Packeis als besten Tagesdurchschnitt 37 km in 15 Stunden. *Cook* machte für zwei verschiedene Tage Marschleistungen von 41,8 km geltend und *Peary* sogar ein kaum zu erreichendes Durchschnittstempo von 61 km für acht aufeinanderfolgende Tage.

Geprüft und bestätigt, sind folgende Nordpol-Eroberungen: Der Amerikaner *Ralph Plaistedt* und drei seiner Begleiter erreichen am 19. April 1968 um 15 Uhr nach einer 42tägigen Fahrt in vier Motorschlitten den Pol. Ihre Ankunft wurde 18 Stunden später von einem Flugzeug des meteorologischen Dienstes der amerikanischen Luftwaffe bestätigt. (Der Meeresboden ist 4087 m unter dem Nordpol.)
Naomi Uemura (* 1941), der japanische Forscher und Bergsteiger, erreichte als erster im Alleingang am 1. Mai 1978 um 4 Uhr 45 (Weltzeit) über das nördliche Eiskap den Nordpol. Seit seinem Aufbruch am 7.3. von Kap Edward auf Ellesmere Island (Nordkanada) hatte er mit seinem von 17 Hunden gezogenen Schlitten *»Aurora«* 725 km zurückgelegt. Sein Tagesdurchschnitt war 13 km. Er hatte 17 km pro Tag kalkuliert.

Die erste Frau, die den Nordpol betrat, war *Fran Phipps,* die Frau des kanadischen Buschpiloten *Weldy Phipps,* am 5. April 1971. Ihr folgten *Galina Alexandrowna Lastowskaja* (* 1941) und *Lilia Wladislawowna Minina* (* 1959), die zur Besatzung des sowjetischen Eisbrechers mit Atomantrieb *Artika* gehörten, der den Pol am 17. August 1977 erreichte.

Die ersten am Südpol: Die ersten Schiffe, die den Südpolarkreis (66°30′ südlicher Breite) überquerten, waren die *Resolution* (462 BRT) unter dem britischen Kapitän *James Cook* (1728–79) und mit 193 Mann Besatzung; sowie die *Adventure* (336 BRT) mit Kommandant *T. Furneaux* am 17. Januar 1773 auf 39° östlicher Länge.

Der erste, der das antarktische Festland sichtete, war der Amerikaner *Nathaniel Brown Palmer* (1799–1877). Am 17. November sichtete er die dem Orleanskanal zugewandte Küste einer Halbinsel, die später nach ihm *Palmer*-Halbinsel genannt wurde. *Palmer* machte die Reise mit der Schaluppe *Hero* (45 BRT).

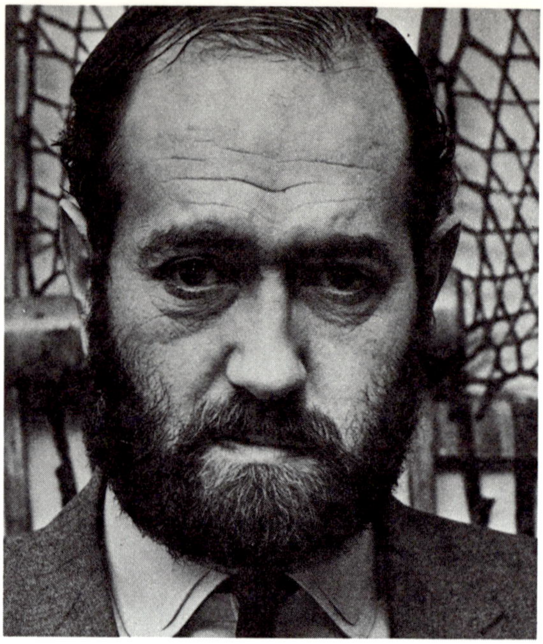

Er war am Nordpol: Wally Herbert.

Der Südpol (2765 m über dem Meeresspiegel auf einer eisbedeckten Hochfläche) wurde erstmalig am 16. Dezember 1911 um 11 Uhr von einer norwegischen Gruppe unter Leitung von *Roald Amundsen* (1872–1928) nach einem Marsch von 53 Tagen mit Schlittenhunden von der Walfischbucht aus erreicht. Bis zur Bucht war die Expeditionsgruppe mit dem Forschungsschiff *Fram* vorgedrungen.
Olav Olavson Bjaaland (der Juni 1961 als 88jähriger verstorbene letzte Überlebende der Expedition) und *Helmut Hanssen* haben, wie später errechnet wurde, den geographischen Südpol vermutlich um 400–600 m verfehlt. Die anderen beiden Mitglieder der Gruppe waren *Sverre H. Hassell* und *Oskar Wisting.*

Die erste Frau, die den Südpolarkontinent betrat, war am 20. Februar 1935 Frau *Klarius Mikkelsen.* Auf dem Südpol selbst stand bis zum 11. November 1969 noch nie eine Frau, erst an diesem Datum trafen dort die Amerikanerinnen *Lois Jones, Kai Linsay, Eileen McSavenay, Jean Pearson, Tarry Lee Tickhill* und *Pam Young* auf dem Luftweg ein.

Die erste Überquerung des arktischen Meereises gelang der britischen Transarktis-Expedition, die am 21. Februar 1968 *Point Barrow* (Alaska) verließ und 464 Tage später, am 29. Mai 1969 am Archipel der *Sieben Inseln* nordöstlich von Spitzbergen eintraf. Sie hatte eine Entfernung von 4699 km zu Fuß und mit Schlitten, sowie 1126 km auf Treibeis zurückgelegt (die Entfernung in gerader

Die Schnellsten – zu ihrer Zeit *(Marksteine absoluter menschlicher Geschwindigkeitsrekorde)*			
Wie schnell? km/h	**Wer? / Wie? / Womit?**	**Wo?**	**Wann?**
40	Schlitten	Süd-Finnland	ca. 6500 v. Chr.
55	Pferd	Anatolien (Türkei)	ca. 1400 v. Chr.
70	Gebirgsschlitten	Hawaii (jetzt USA)	vor 1500
80	Eis-Segler	Niederlande	1600
95	Grand Junction Eisenbahn 2-2-2: Lucifer	Madeley Banks, Staffordshire (GB)	13. Nov. 1830
141,3	Tommy Todd, Skiläufer, bergab	La Porte, Kalif. (USA)	März 1873
144,8	Midland Eisenbahn 4-2-2 2,36 m einzeln	Ampthill, Bedford (GB)	März 1897
210,2	Siemens & Halske, elektr. Lokomotive	Marienfelde-Zossen bei Berlin	27. Okt. 1903
ca. 257,5	Frederick H. Mariott, Stanley Dampfer	Ormond Beach, Florida (USA)	26. Jan. 1907
339	Sadi Lecointe, Nieuport Delage 29	Villesauvage (Frankreich)	25. Sept. 1921
668,2	Hauptmann d. L. George Hedley Stainforth, Supermarine S. 6B	Lee-on-Solent (GB)	29. Sept. 1931
1004	Flugkapitän Heinz Dittmar Me 163V-1	Peenemünde (Deutschland)	2. Okt. 1941
1556	Capt. Charles Elwood Yeager, USAF, Bell XS-1	Muroc Dry Lake, Kal. (USA)	26. März 1948
4675,1	Maj. Robert M. White, North American X-15	Muroc Dry Lake, Kal. (USA)	12. April 1961
ca. 28 260	Maj. Juri Gagarin, Wostok I	Erdumkreisung	12. April 1961
38 988	Oberst Frank Borman, Kapitänleutnant J. A. Lovell, Maj. William A. Anders, Apollo VIII	* Eintritt in die Mondumlaufbahn	21. Dez. 1968
39 897	Eugene Andrew Cernan, John Watts Young und Thomas P. Stafford, Apollo X	Wiedereintritt in die Erdatmosphäre nach Mondumlauf	26. Mai 1969
* Raketenzündung zum Eintritt in die Mondumlaufbahn			

Linie beträgt 2674 km). Leiter der Gruppe war *Wally Herbert* (34). Ihr gehörten ferner an: Major *Ken Hedges* (34), *Allan Gill* (38), der Gletscherforscher *Dr. Roy Koerner* (36) und 40 Eskimohunde. Es war dies die längste ununterbrochene Reise, die jemals über das arktische Packeis unternommen wurde, und das erste Mal, daß der Nordpol mit Schlitten erreicht wurde. Während des Expeditionsmarsches gab es Tage mit Temperaturen bis zu – 43,8°C.

Die erste Überquerung des antarktischen Festlandes wurde am 2. März 1958 um 23 Uhr 37 Minuten beendet. Sie hatte am 24. November 1957 an der Shackleton-Basis angefangen und *über* den Pol zur Scott-Basis geführt, eine Entfernung von 3473 km. Sir Vivian Ernest Fuchs (* 11. Februar 1908) und die zwölf Mitglieder seiner Expedition legten die Strecke in 99 Tagen zurück.

Die längste Wüstenwanderung von 508 km machte in zehn Tagen und zehn Stunden *Bill Collins* (* 22. 10. 1923) aus Las Vegas (USA) durch das Death Valley, Kalifornien, vom 28. 7.–6. 8. 1972.

Die größte Tauchtiefe im Meer wurde in der sogenannten *Challengertiefe* des Marianen-Grabens, 400 km südwestlich von Guam im Stillen Ozean, aufgestellt; das in der Schweiz gebaute Bathyskaph *Trieste* der US-Marine, bemannt von *Dr. Jacques Piccard* (* 1914 in der Schweiz) und Leutnant *Donald Walsh*, US-Marine, erreichte am 23. Januar 1960 um 13.10 h eine Tiefe von 10 917 m. Der Wasserdruck betrug 1183 kp/cm^2, die Tem-

Zuerst am Südpol: der englische Kapitän James Cook.

peratur 3° C. Das Untertauchen bis zum Meeresboden erforderte vier Stunden 48 Minuten, das Auftauchen drei Stunden 17 Minuten.

Taucherrekorde. Den Rekord für Männer im äußerst gefährlichen Tauchen mit angehaltenem Atem stellte *Jacques Mayol* (Frankreich) nahe der Insel Elba am 9. November 1973 mit einer Tiefe von 85,9 m auf. Der Druck auf *Mayols* Brustkasten betrug 9,6 kp/cm^2, sein Puls sank auf 36.
Enzo Maiorca (Italien) war bewußtlos, als er am 27. September 1974 aus einer Tiefe von 87 m wieder auftauchte.

Den Rekord für Frauen hält mit 45 m *Giuliana Treleani* (Italien). Sie erreichte diese Tiefe an der Küste von Kuba im September 1967.

Den Tauchrekord mit Scuba (*s*elf-*c*ontained *u*nder-*w*ater *b*reathin *a*pparatus, deutsch: schlauchloses Tauchgerät) stellten *John J. Gruener* und *R. Neal Watson* (USA) mit 133 m an der Küste von Freeport, Bahamas, am 14. Oktober 1968 auf.
Über einen Tauchrekord von 609 m Tiefe unter Verwendung von Gasmischungen wurde im Juni 1972 berichtet. Es handelte sich hierbei um eine von *Patrice Chemin* und *Robert Gauret* (Frankreich) in einer Trockenkammer der *Comexkammer* in Marseille durchgeführte Simulierung. Einzelne Taucher können auf sehr kurze Zeit Tiefen bis zu 426 m ohne Tauchgerät aushalten.

Die tiefste Unterwasser-Rettungsaktion betraf das U-Boot *Pisces III,* in dem *Roger R. Chapman* (28) und *Roger Mallinson* (35) 76 Stunden lang eingeschlossen waren, nachdem es 240 km südöstlich von Cork (Irland) am 29. August 1973 gesunken war. Das U-Boot wurde aus 480 m Tiefe vom Kabelschiff *John Cabot* am 1. September gehoben. An der Rettung waren außerdem *Pisces V, Pisces II* und das ferngelenkte US-Rettungsschiff *C.U.R.V.* beteiligt.

Die größte Tiefe, aus der ein Mensch sich ohne Hilfe befreien konnte war 68,6 m. In dieser Tiefe gelang es *Richard A. Slater* am 28. September 1970 vor Catalina Island, Kalifornien (USA) aus dem gerammten Tauchboot *Nekton Beta* zu entkommen.

Die tiefste Bergung gelang am 20. Mai 1972 in einer Tiefe von 5029 m, als das Bathyskaph *Trieste II* (Korvettenkapitän *Mel Bartels,* US-Marine) an einem sich auf dem Meeresboden 645 km nördlich von Hawaii befindlichen »elektronischen Paket« Taue anbrachte.
Die Bergungsaktion *Jennifer* des US-Bergungsschiffs *Glomar Explorer* im Juni-Juli 1974 zur Bergung eines sowjetischen Unterseebootes der

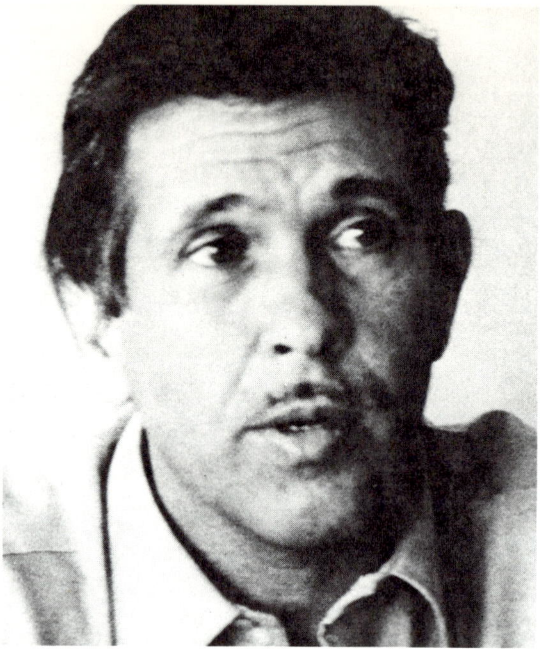

Tauchen ohne Gerät: Jacques Mayol erreichte 86 m.

Klasse *Golf,* die 1200 km nordwestlich von Hawaii unternommen wurde, war ein Fehlschlag. Er kostete angeblich 550 Mio. Dollar.

Bergung durch Taucher. Die tiefste derartige Bergung gelang am Wrack der *Niagara,* die 1940 auf eine Mine gelaufen war und in einer Tiefe von 133,5 m vor Bream Head (Neuseeland) lag. 94 Prozent des Goldes im Laderaum des Schiffs im Wert von 2 250 000 Pfund Sterling (damals 27 Mio. DM) konnten in siebenwöchiger Arbeit geborgen werden.
Die Rekordbergung allerdings gelang am Passagierdampfer *Laurenti* der Schiffahrtslinie *White Star.* Die *Laurenti* war 1917 vor Malin Head (Irland) bei einer Wassertiefe von 40,2 m auf eine Mine gelaufen. Im Laderaum II. Klasse lagen Goldbarren im Wert von 5 000 000 Pfund Sterling. Bis 1924 konnten 3168 der 3211 Barren geborgen werden.

Am längsten auf einem Floß überlebte der Hongkong-Chinese *Poon Lim.* 133 Tage (4½ Monate) verbrachte er auf einem Rettungsfloß, nachdem das britische Handelsschiff *Ben Lemond* im Atlantischen Ozean am 23. November 1942 um 11 Uhr 45 910 km westlich des St.-Paul-Felsens torpediert worden war. *Poon Lim* war Proviantmeister auf diesem Schiff, und es spricht für die gute Bordverpflegung, daß *Lim* ohne fremde Hilfe an Land gehen konnte, als er am 5. April 1943 von einem brasilianischen Fischerboot vor Salinopolis (Brasilien) gerettet wurde.
Maurice und *Maralyn Bailey* überlebten 118⅓ Ta-

ge in einem Schlauchboot von 1,37 m Durchmesser im nordöstlichen Stillen Ozean, vom 4. März bis 30. Juni 1973.

Millionärs-Hobby: Ehefrauen sammeln. Tommy Manville und seine zehnte Ehefrau.

Ehe- und Familienrekorde

Die größte Zahl von Eheschließungen in Ländern mit Monogamie, nämlich zwanzig, erreichte der amerikanische ehemalige Geistliche *Glynn de Moss Wolfe* (* 1908). Er heiratete im Oktober 1977 zum zwanzigstenmal seit 1931; diesmal war es seine 18. Frau, die 18jährige *Maria Valez.* In seinem Schrank hielt er längere Zeit zwei Brautkleider verschiedener Größen, um »auf alle Eventualitäten gefaßt zu sein«. Außerdem mußte er 16 Schwiegermütter ertragen.

Inzwischen hat Glynn »Scotty« Wolfe (71) es schon auf 23 Scheidungen und 24 Hochzeiten gebracht.

Der 71jährige *Glynn Wolfe* reichte am 22. Juni 1979 sein 23. Gesuch um Heiratserlaubnis ein. Mitantragstellerin war *Guadalupe Reyes Chavez* (20). Er behauptet, der Vater von 39 Kindern zu sein. Die meisten Trauungen in Westdeutschland dürfte der Schriftsteller *Fred Denger* (* 12. Juni 1920) aufzuweisen haben. Mit elf Frauen war er zwölfmal auf dem Standesamt. Das Mißverhältnis zwischen Trauungs- und Brautzahl erklärt sich dadurch, daß *Denger* eine seiner Frauen *(Liljana)* ein zweites Mal heiratete. Die vorläufig letzte Ehe wurde am 14. Juli 1980 geschieden. *Denger* war insgesamt über 34 Jahre verheiratet.

Der Millionär mit den meisten Ehefrauen (nacheinander) war *Thomas F. Manville* (1894–1967), der seine 13. Ehe mit seiner 11. Frau, *Christine Erdlen Popa* (1940–1971), schloß. Dies geschah am 11. Januar 1960 in New York City. Sie war 20, er 65. Seine kürzeste Ehe (mit seiner 7. Frau) hielt nur 7½ Stunden. Sein Vermögen, 20 Mio. Dollar (damals 1 000 000 DM), hatte er mit Asbest erworben.

Die meistgeschiedene Frau ist *Beverly Nina Avery,* Bardame aus Los Angeles (USA). Im Oktober 1957, im Alter von 48 Jahren, ließ sie sich zum 16. Mal scheiden und zwar von ihrem 14. Gatten, *Gabriel Avery.* Journalisten erzählte sie, daß von ihren 14 Ehemännern fünf ihr die Nase eingeschlagen hätten.

Die längste Verlobung dauerte geschlagene 67 Jahre. Dann erst entschlossen sich der 82jährige *Octavio Guillen* und die ebenfalls 82jährige *Adriana Martinez,* nach reiflicher Überlegung im Juni 1969 in Cuidad de Mexico (Mexiko) in den heiligen Stand der Ehe zu treten.

Die längste Ehe eines Paares, das nicht im Kindesalter verheiratet worden ist, sondern erwachsen vor den Traualtar trat, war die des inzwischen verstorbenen *Edd* (105) und seiner Frau *Margaret Hollen* (99), die ihren 83. Hochzeitstag am 7. Mai 1972 feierten. Sie hatten am 7. Mai 1889 in Kentukky (USA) geheiratet.

Die meisten Trauungen miteinander erlebten *Jack V.* und *Edna Moran* aus Seattle (USA). Die erste und einzig notwendige Eheschließung zwischen beiden fand am 27. Juni 1937 in Seaside, Oregon (USA), statt. Danach haben beide sich gegenseitig nicht weniger als 40 mal geheiratet.

Lufthansa-Jumbo als Hochzeitskutsche: am 5. November 1971 traute ein Shinto-Priester in 9000 m Höhe 20 japanische Brautpaare auf dem Flug von Tokio nach Frankfurt.

Unter anderem 1952 in Banff (Kanada), 1966 in Kairo (Ägypten) und 1975 in London (England).

Die größte Massenhochzeit mit der gleichzeitigen Trauung von 1800 Brautpaaren nahm *Sun Myung Moon* vom *»Bund des Heiligen Geistes für die Vereinigung aller Christen der Welt«* in Seoul (Südkorea) am 14. Februar 1975 vor. Auf die Frage: »Gelobt ihr einander ewige Liebe und Treue?«, soll vielstimmig ein einstimmiges »Ye!« erklungen sein.
Eine andere Massentrauung fand in einem Jumbo-Jet der *Deutschen Lufthansa* statt. Am 5. November 1971 startete er mit 20 japanischen Brautpaaren in Tokio, die sich 1000 m über dem Meeresspiegel das Ja-Wort gaben.

Die erste Trauung in einem Flugzeug fand bereits am 31. Mai 1919 in einem Bomber statt, der über Houston (Texas, USA) flog. In diesem – offenen! – Flugzeug heirateten *Marjorie Dumont* und Leutnant *R. W. Meade.* Der Priester war nach der Trauung erkältet.

Scheidung, Heirat, Niederkunft – diese drei Stationen brachte die 35jährige Frau eines Bonner Gastwirts in der Weltrekordzeit von wenigen Stunden im Juli 1979 hinter sich. Die Scheidungsverhandlung wickelten die Richter mit Rücksicht auf die hochschwangere Frau in 15 Minuten ab. Unmittelbar danach ging sie mit dem neuen Ehemann zum Standesbeamten. Während der Trauungsformel setzten die Wehen ein. Eine Stunde später war die Neuvermählte Mutter eines gesunden Mädchens.

Für eigene Rekorde

Spaß-Rekorde von A bis Z

Spaß-Rekorde von A bis Z

Die Reihenfolge richtet sich nach dem Alphabet und stellt keinesfalls eine Wertordnung dar.

A

Abbrucharbeit. Fünfzehn Mitglieder der Internationalen Budo Gesellschaft (japanische Verteidigungssportarten) unter Führung von Phil Milner (3. Dan in Karate) zerstörten innerhalb von *sechs Stunden* am 4. Juni 1972 mit Köpfen, Füßen und bloßen Händen ein *Sechs-Zimmer-Haus* aus der Mitte des 19. Jahrhunderts in Idle (Nordengland). Nach der Arbeit verbeugten sie sich vor dem Schutt.

Achterbahnen. Bei *168 Stunden* steht der Dauerrekord für Achterbahnen. Ihn stellte vom 28. August–4. September 1978 Jim King in Panama City, Florida (USA) auf. Er legte dabei eine Strecke von 3132,5 km zurück.

Apfelpflücken. Eine überprüfte Höchstleistung vollbrachte Geoffrey Cash, in Batlow (Australien) am 3. April 1977, als er in *acht Stunden 120,14 Hektoliter Äpfel* pflückte.

Apfelschälen. Den Rekord für die längste beim Schälen unbeschädigte *Apfelschale von 52,51 m* stellte die 17jährige Kathy Wafler aus Wolcott (USA) auf. Zum Schälen des Apfels von *567 g* brauchte sie am 16. Oktober 1976 *elf Stunden und 30 Min.*

Applaus. Den Rekord für anhaltendes Klatschen (durchschnittlich 140maliges Händeklatschen pro Minute, hörbar über 91 m) während *39 Stunden 15 Min.*, erzielten James Dutton, Steven Passmore, Melody Goodrich und Tammy Robertson aus Richmond, (USA) am 19. und 20. August 1977.

Anhalter. Den Titel des Weltmeisters im *Autoanhalten* nimmt Devon Smith für sich in Anspruch, der zwischen 1947 und 1971 468300 km mit dem Wagen mitgenommen wurde. 1957 bereiste er auf diese Weise innerhalb von 33 Tagen alle – damals 48 – Staaten der USA. Beim 6013. Mal gelang es ihm zum ersten Mal, einen Rolls-Royce anzuhalten. Der Chauffeur nahm ihn mit.

Auto-Weitsprung. Im April 1980 gelang es dem bisherigen Weltmeister *Jean-Paul Chirouze* (Frankreich) seinen eigenen Rekord um 40 cm zu verbessern. Im französischen Kurort Aix-les-Bains war er mit einem *Peugeot 404* mit 140 km/h über

Die steilste Achterbahn der Welt: in den USA.

Der Schweizer Gerald Stoeckli wollte mit Auto und Anhänger 50 m weit springen.

Badewannen-Rennen. Diese Eigenkonstruktion gewann die 4. Weltmeisterschaft an der Côte d'Azur.

59,40 m Autowracks gesprungen. Die Verbesserung seines Rekords mußte Chirouze allerdings im Krankenhaus feiern. Die Feuerwehr barg ihn aus den Trümmern seines Autos und lieferte ihn mit Knochenbrüchen ein.

Autowracks. In seiner Berufslaufbahn als »Stuntman« konnte Filmdouble Dick Sheppard aus Gloucester (England) am 1. Juni 1979 die stolze Zahl von *1470* von ihm *kaputtgefahrenen Kraftwagen* notieren.

B

Badewannenrennen. Die Rekordzeit für das jährlich abgehaltene internationale Badewannenrennen über 58 km von Nanaimo nach Vancouver (Kanada) beträgt eine Stunde, 29 Min., 40 sec. und wurde am 30. Juli 1978 von Gary Deathbridge (Australien) erzielt. Wannen-Langenlimit: 1,9 m; die Motoren sind auf 6 PS (4,4 kW) begrenzt.
Die größte Entfernung, über die eine Badewanne in 24 Stunden mit den Händen gepaddelt werden konnte, ist 58,9 km. Dies erreichten 25 Pfadfinder am 10. und 11. Mai 1975 im Priory Park (England).

Badewannenaufenthalt. Bei einer vom Hürth-Park, einem Einkaufszentrum bei Köln (Westdeutschland, Nordrhein-Westfalen) durchgeführten *Olympiade der Superlative,* deren Reinerlös Waisenkinders der Dritten Welt zugute kam, stellte der Kölner Clemens Müter (40) am 3. Juni 1980 mit *173 Stunden* (also mehr als sieben Tagen!) einen neuen Weltrekord im Dauerwannenbaden auf. (Der Rekord wurde vordem von dem österreichischen Maurer Günter Giesser aus Telfs (Tirol) mit 125 Stunden gehalten.) Der Müter-Rekord wurde unter ärztlicher Aufsicht bei einer Wassertemperatur von 32 bis 36 Grad Celsius erreicht. Müters Mitbewerber, der Malermeister Rainer Paur (29) aus Porz bei Köln, mußte wegen einer Nessel-Allergie einen Tag früher aufgeben, wurde mit rund 150 Stunden aber immerhin Vize-Weltmeister in dieser feuchten Disziplin.

Baden in Ketchup. *Rip Howell,* amerikanischer Student der Geologie, saß *17,5 Stunden* in einem Behälter mit *100 Litern Tomatenketchup,* »Ich muß wohl verrückt sein« meinte er danach. Niemand widersprach.

Bahrentragen. Der Dauerrekord für das Tragen einer Bahre mit einer Last von 63,5 kg liegt bei *161,5 km in 25 Stunden, 20 Min.* Aufgestellt wurde er am 29./30. September 1978 von zwei Vierermannschaften des 6. Bataillons der australischen Armee in Enoggera (Australien).

Der Bahren-Rekord für Jugendorganisationen (unter 20 Jahren und auf acht Stunden begrenzt) steht bei 56,9 km. Er wurde am 26. März 1977 von acht Mitgliedern der Pfadfindergruppe *Vulcan Venture* (England) aufgestellt.

Bäumeklettern. Der Geschwindigkeitsrekord im Klettern auf einen 30,4 m hohen Kiefernstamm und wieder zurück auf den Boden ist *31 sec.* Er wurde im Juli 1977 von dem Kanadier Marvin Trudeau aus Honeymoon Bay (Kanada) aufgestellt.

Die kürzeste Zeit, um mit nackten Füßen auf eine 12,2 m hohe Kokospalme zu klettern, brauchte mit *8,4 sec.* Kini Marawai am 2. September 1977 in Suva auf einer der Fidschi-Inseln.

Auf-dem-Baum-Sitzen. Die Dauerleistung im Sitzen auf einem Baum beträgt *182 Tage und zwei*

Min. und wurde von Glen T. Woodrich (23) vom 1. Januar–2. Juli 1978 im *Golf-N'Stuff-Vergnügungspark* in Norwalk, Kalifornien (USA), abgesessen.
Dagegen nimmt sich die »Leistung« des 28jährigen Schweizers Toni Wild recht bescheiden aus. Er verbrachte im Oktober 1976 nur 121 Stunden und 15 Min. auf einer über 100 Jahre alten Kastanie im Kanton Thurgau (Schweiz). Während der fünf Tage und Nächte hatte er lediglich vier Pfund Äpfel gegessen. Er hätte es einfacher gehabt, wenn er sich nicht eine Kastanie, sondern einen Apfelbaum zur Erntezeit ausgesucht hätte. So mußte er die Äpfel mitnehmen.

Baumstammrollen. Bei diesem »Sport« kommt es darauf an, möglichst lange, auf einem Baumstamm stehend, diesen mit den Füßen hin und her zu rollen. Die Rekordzahl von Internatonalen Meisterschaften – insgesamt zehn – gewann Jubiel Wickheim (aus Shawnigan Lake, Kanada) zwischen 1956 und 1969. Am 4. Juli 1956 rollte Wickheim in Albany, Oregon (USA), *zwei Stunden, 40 Min.* lang auf einem Baumstamm von 35,5 cm Durchmesser, bevor er gegen Chuck Harris aus Kelso, Washington (USA), verlor.

Bettenmachen. Die Rekordzeit von *28,2 Sekunden,* unter Einhaltung der strikten Regeln der australischen Meisterschaften im Bettenmachen, hält die 34jährige Wendy Wall aus Hebersham seit dem 30. November 1978.

Begraben zu Lebzeiten. Anmeldungen von Rekordzeiten für freiwilliges Begrabenlassen bei lebendigem Leib (Zeiten bis zu 217 Tagen wurden bereits gemeldet), können nur berücksichtigt werden, wenn garantiert ist, daß der Sarg sich mindestens 2 m unter der Erde befindet, ein Maximalvolumen von 1,5 Mio. cm^3 sowie eine Öffnung für Sprechen und Nahrungsaufnahme von höchstens 10 cm Durchmesser besitzt.
»Country« Bill White (44), benutzte zwar eine unzulässige Öffnung von 20,3×20,3 cm bei seinen *134 Tagen, zwei Stunden und fünf Min.* unter der Erde (in New Bedford, Massachusetts, USA, vom 29. Januar–12. Juni 1978). Der Polizeipräsident von Bristol County (USA) bestätigte jedoch, daß White die gesamte Zeit unter der Erde zugebracht hatte. Er erhielt den Titel eines »Unter-Erdenbürgers«.

Beinschwingen. Den Weltrekord im Beinschwingen mit *8005mal in vier Stunden, 40 Min.* stellte im Sommer 1939 Veronica Evans (geb. Steen, *20. Februar 1910 in Liverpool, England) in den *Pathétone Studios* in Soho, London, auf.

Beschwerdebriefkasten. Den stärksten Gebrauch von einem Beschwerdebriefkasten der britischen Eisenbahnen machte John Drayton

Einen Bart aus Bienen trägt dieser Imker, der Friseur ist!

(*18. September 1907) aus Newport, Wales, mit *28 186 Vorschlägen und Beschwerden* von 1924 bis Mai 1979. Ein Vorschlag von sieben wurde jeweils aufgegriffen.
Mit seinen an die amerikanische Postverwaltung gerichteten Beschwerden hatte John Kingston bis Januar 1976 eine Erfolgsquote von 284 von 1500 zu verzeichnen.

Bienenbart. Der dichteste aus einem Bienenschwarm gebildete »Bart« bestand aus ca. 17 500 Bienen, die am 6. April 1979 das Kinn von Don Cooke aus Ohio (USA) umschwärmten, da ihre Königin sich darauf niedergelassen hatte.

Bierkastenturm. Zehn Männer des *Schützenvereins* in Esslingen (Baden-Württemberg) stapelten im Dezember 1976 fünf Stunden lang *6628 Bierkästen mit 159 072 (leeren) Flaschen* aufeinander, dann war der Turm *12 m* hoch, also so hoch wie ein dreistöckiges Haus! Der oberste Mann in der Kette wurde – sicher ist sicher – mit einem Kran heruntergeholt. Übrigens: mit dem Pfandgeld für alle Flaschen hätte man – damals! – einen Mittelklassewagen kaufen können.

Bindfadenknäuel. Zwei Bindfadensammlungen können Rekordansprüche stellen: Seit 1950 rollt Francis A. Johnson aus Darwin (USA) Bindfaden auf einen Knäuel. Zwölf Jahre später begann

Frank Stoeber aus Cawker (USA) mit dem gleichen Hobby. Nun haben beide je einen Knäuel von 5t Gewicht mit einem Durchmesser von *3,35 m.* Beide sammeln weiter.

Blaskonzert. Das nachweislich längste *Blow-in* (Konzert für Blasinstrumente), das *100 Stunden und zwei Minuten* dauerte, wurde von der *Du Val Schule* in Lanham, Maryland (USA), vom 13.–17. Mai 1977 organisiert.

Blinder Passagier. Der zäheste blinde Passagier war Socarras Ramirez, der am 4. Juni 1969 aus Cuba floh, indem er sich in einem drucklosen Reifen tief im Steuerbordflügel einer Boeing 707 der spanischen Fluggesellschaft *Iberia* auf dem Weg von Havanna nach Madrid versteckte. Die Flugstrecke beträgt 9010 km und dauerte acht Stunden. Ramirez überlebte diese Reise in 9145 m Höhe trotz Temperaturen von –22,2° C.

Blitzschlag. Der einzige Mensch, der siebenmal vom Blitz getroffen wurde, ist der ehemalige Parkaufseher Roy C. Sullivan (USA). Seine Anziehungskraft für Blitze begann 1942 (er verlor dabei den Nagel seines rechten großes Zehs) und wurde 1969 wieder akut (er verlor seine beiden Augenbrauen), dann im Juli 1970 (er versengte sich die linke Schulter), am 16. April 1972 (Haar entzündete sich), am 7. August 1973 (neues Haar verbrannt und Beine versengt), am 5. Juni 1976 (Fußgelenke verletzt) und am 25. Juni 1977, als er während des Angelns vom Blitz getroffen wurde und mit Verbrennungen auf Brust und Bauch ins *Waynesboro Krankenhaus* eingeliefert werden mußte. Verständlich, daß er von seinen Freunden der *Superblitzableiter von Virginia* genannt wird.

Boccia-Spiel. Den Weltrekord im Boccia-Spiel stellte Anfang Juni 1980 das *Zoppl-Team,* eine Gruppe junger Leute aus Zorneding bei München (Westdeutschland, Bayern) auf. Die jungen Sportler kämpften sich 72 Stunden lang durch den sog. Ebersberger Forst, bis sie mit *1822 Spielen auf 25,9 km* den Rekord in der Tasche hatten. Außer mit schlechtem Wetter hatten sie besonders nachts mit Handicaps zu kämpfen, mußten Taschenlampen und Handschuhe als Hilfsmittel benutzen und sogar eine ihrer Kugeln einem Wildschwein abjagen, das das Spielgerät wohl für einen Apfel gehalten und verschleppt hatte.

Bockspringen. Den Weltrekord im Bockspringen – einer bückt sich, der nächste springt über ihn – halten seit März 1979 elf Schüler der *Bischof-Neumann-Schule* in Königstein (Hessen, Westdeutschland). Sie legten die Strecke von Königstein bis zur *Frankfurter Hauptwache* bockspringend in *einer Stunde, 40 Min.* zurück. Jeder der elf mußte auf der ca. 25 km langen Strecke an die *3000 Sprünge* vollführen. Ein Notar begleitete die Bockspringer und bestätigte die Richtigkeit.

Buddelschiffe in Modellbau-Glühbirnen, die nur 3,5 mm groß sind, baut der 38jährige Elektroinstallateur *Christian Heineck* aus Berlin (West). Anlaß dazu war der Bericht von Buddelschiffen, die in Taschenlampenbirnen Platz hatten. »Die erschienen mir etwas groß« sagte der Vater von vier Kindern. Sein Baumaterial: Zahnstocher für den Schiffsrumpf, hauchdünner Draht für die Masten und Zigarettenpapier für die Segel.

Büchsendeckelsammeln. Die längste nachgewiesene Kette aus Konservenbüchsendeckeln, die ein Mann allein gesammelt hat, mißt *18 km.* Arthur J. Jordan Sr. aus Yorktown (USA) hatte mit seiner Sammlung am 4. Juni 1969 begonnen; als die Kette am 14. Mai 1979 gemessen wurde, bestand sie aus schätzungsweise *710 000 Büchsendeckeln.*

C

Clown. Ost und West sind sich einig: Der berühmteste Clown der Welt ist der Russe *Oleg Popow* (* 31. Juli 1930). Seit 1955 tritt er im berühmten *Moskauer Staatszirkus* auf. Er begann seine Karriere als Seiltänzer. 1980 war er die Glanznummer

Bester Clown der Welt: der Russe Oleg Popow.

40 dieser Löwen bändigte »Capitain« Alfred Schneider ohne fremde Hilfe.

des Frühjahrsprogrammes im Zirkus Krone in München.

Chili con Carne. Dieses scharf gewürzte südamerikanische Fleischgericht gilt bei uns als probates Mittel gegen Alkoholkater. In den USA »testete« man 1975 vor über 500 Zuschauern, wer am meisten in kürzester Zeit von diesem Fleisch- und Bohnenbrei essen konnte. Sieger wurde Joe Defrates aus Illinois mit *2,8 kg in 20 Min.*

Chor. Die meisten Sänger und Sängerinnen – nämlich 30 000 – finden sich alle fünf Jahre zu einem Chorfest in Thallinn (UdSSR) zusammen. Seit 1869 besteht diese Veranstaltung, auf der Volkslieder gesungen werden.
Die meisten Hundertjährigen hat der Chor in Suchismi (UdSSR) am Schwarzen Meer. Von den 460 000 Einwohnern sind mehr als 300 über hundert Jahre alt.

D

Dominostein-Sturz. Die größte Zahl von Dominosteinen, die mit einem Stoß umfielen, ist *169 713.* Dieser Rekord gelang am 9. Juni 1979 Michael Cairney (23) im *Mid-Hudson Civic Center,* New York (USA), zugunsten der *Nationalen Hämophilie-Stiftung.* Die Dominosteine dieser Reihe, die sich über *6,9 km* erstreckte, fielen mit einer Geschwindigkeit von *3,6 km/h. 13 Tage* hatte es gedauert, sie aufzustellen.

Dompteur. 40 Löwen ist die Rekordzahl, die je von einem einzigen Tierbändiger ohne Hilfe in einem Käfig unter Kontrolle gehalten und gefüttert wurden. Diese Leistung vollbrachte 1925 Captain« Alfred Schneider.
Clyde Raymond Beatty dressierte mehr als 40

Domino-Weltrekord: Michael Cairney.

Wildkatzen (Löwen und Tiger) gleichzeitig. Beatty (* 10. Juni 1903 in Bainbridge, USA, † 19. Juli 1965 in Ventura, USA) war mehr als 40 Jahre lang in jeder Show, in der er auftrat, die Hauptattraktion. Er bestand darauf, als Löwentrainer bezeichnet zu werden.
Seit 1900 kamen mehr als 20 Löwenbändiger durch Verletzungen ums Leben.

Drachensteigen. Der größte bekannte Drachen wurde 1936 in Naruto City (Japan) aus *3100 Bogen Papier* mit einem Gewicht von *8½ t* hergestellt. Der größte Drachen, der von Hand in Bewegung gesetzt wurde, war *27,7 m* lang und hatte eine Fläche von *245,2 m²*. Don Shearing und seine Frau aus San Pedro (USA) ließen ihn am 17. Oktober 1975 aufsteigen.
Die meisten Drachen, die je an einer einzigen Schnur steigengelassen wurden, waren *4128.* Dies gelang am 21. September 1978 dem Japaner Kazuhiko Asaba (55) in Kamakura (Japan).
Der Höhenrekord für einen einzelnen Drachen steht bei *6850 bis 8535 m* und wurde von Prof. Phillip R. Kunz und Jay P. Kunz in Laramie (USA) am 21. November 1967 aufgestellt.
Der längste belegte Drachenflug dauerte *169 Stunden* und wurde von der *Sunrise-Inn-Mannschaft,* Fort Lauderdale (USA), unter der Leitung von Will Yolen zwischen dem 30. April und 7. Mai 1977 erreicht.

Duschen. Das längste Duschen dauerte *336 Stunden* und fand vom 29. Juli bis 12. August 1978 statt. Unter der Dusche stand Arron Marshall aus Rokkingham Park (Westaustralien). Den Frauenrekord von *120 Stunden 1 Minute* hält Penny Cresswell aus Waikiki (Westaustralien). Sie stellte ihn zwischen 7. und 12. September 1977 auf. Die Gefahr der Hautzerstörung bei derartigen Marathonduschen ist groß.

E

Eifall. Die größte Höhe, von der ein rohes Ei fallengelassen wurde, ohne zu zerbrechen, beträgt *182 m.* David S. Donoghue und John Cartwright erreichten diesen Rekord am 8. Februar 1974. Sie warfen das Ei aus einem Hubschrauber auf eine Wiese mit hohem Gras.

Eierlaufen. Gerry O'Kane aus Carfin (Schottland) gelang am 7. April 1977 ein 43 km langer Marathonlauf. Während dessen Dauer von *fünf Stunden und 27 Min.* balancierte er ein Ei auf einem silbernen Teelöffel.

Eierpellen. Zwei Küchengehilfen, Harold Witcomb und Gerald Harding, pellten am 23. April 1971 in Bowyers (England) innerhalb einer 7¼-Stunden-Schicht *1050 Dutzend Eier (also: 12600 Stück).* Beide Männer sind blind.

Eierwerfen. Die längste belegte Entfernung für das Werfen eines frischen Hühnereis, ohne es zu zerbrechen, ist *106,6 m.* Dieser Rekord gelang William Cole und Jonathan Heller am 17. März 1979 im *Central Park* in New York (USA). Allerdings erst bei ihrem 58. Versuch.

Einmannkapelle. Don Davis aus Hollywood (USA) war 1974 als erster imstande, vier Streich- bzw. Blasinstrumente und zwei Schlaginstrumente ohne Elektronik gleichzeitig zu spielen. Für seine Version des vierten Satzes der fünften Beethoven-Symphonie verwendet er einen von ihm gefertig-

Löwentrainer Clyde Raymond Beatty: »Bei meinen Tieren fühle ich mich am sichersten.«

ten pendelartigen, achtzackigen Klavierhämmerer, sowie ein halbrundes, chromatisches Glokkenspiel mit Fliehkraftmechanismus, das er mit seiner linken Hand bedient.
Die meisten Instrumente, die zum Spielen einer einzigen Melodie verwendet wurden – *75 in zwei Min. 11 sec.* – betätigte Rory Blackwell am 6. September 1977 im *E.M.I. Bingo- und Geselligkeitsklub*, Derry's Cross (England).

Einsamster Mensch: US-Astronaut Alfred M. Worden.

Ein Professor für Musik an der Universität von Connecticut (USA) bestätigte am 11. August 1978, daß James Blain *acht Instrumente* (vier Melodie- und vier Schlaginstrumente) *gleichzeitig* spielte.
Rob Stewart aus Kissimmee (USA) spielte seine *»Einmann-Band«* (Bedingung: mindestens drei Instrumente gleichzeitig) am 5. und 6. Mai 1979 über *38 Stunden und 1 Min.*

Einsamster Mensch. Am weitesten, nämlich *3596,4 km,* war Alfred M. Worden von seinen Nebenmenschen entfernt. Er war der Pilot der Kommandoeinheit bei der US-*Apollo-15*-Expedition zum Mond, vom 30. Juli bis 1. August 1971.

Entfesselungskünstler. Der berühmteste Entfesselungskünstler war Erich Weiss, alias Harry Houdini (1874–1926), der als erster die Unterwasserbefreiung aus Behältern vorführte, während er mit Handschellen und Eisenketten gefesselt war.
Ein Hersteller von Zwangsjacken gibt zu, daß ein Entfesselungskünstler »mit der nötigen Fertigkeit im Manipulieren von Knochen und Muskeln« sich aus einer Standard-Zwangsjacke innerhalb von Sekunden befreien könnte.
Den extremsten Anspruch auf mehrere Rekorde erhebt Bill Shirk, der sich am 19. Juni 1979 im *Sheriff's Department Training Center* in Marion County (USA) in *1,68 sec.* aus einer Zwangsjacke befreit haben will.
Bill Shirk wurde am 31. Oktober 1977 in eine Zelle im Gefängnis von Hamilton County, Indiana, eingesperrt. Seine Hände waren auf dem Rücken mit drei Paar Handschellen gefesselt. Außerdem waren ihm Fußschellen und Ketten mit einer Zugstärke von 6 t angelegt worden. Es gelang ihm, dies alles innerhalb von *drei Stunden, 49 Min. und 42 Sekunden* abzuschütteln.

F

Faßrollen. Mit dem Rollen eines Metallfasses mit *1,6 hl Bier über 1,6 km in neun Min., 52 sec.* stellte eine Gruppe von sechs Mitgliedern des *Bergmannsklub* in Nuneaton (England) am 30. Oktober 1977 einen Rekord auf.
Nachdem ein Niederbayer ein 100-Liter-Bierfaß in *sieben Stunden 16 km weit* gerollt hat, wurde dieser Rekord durch eine Gruppe von sechs Amateurfußballern aus *Hart/Alz* (Bayern, Westdeutschland) ergänzt. Sie rollten ein mit Spezialbier gefülltes Aluminiumfaß (100 l) in Staffette *50 km weit.* Sie benötigten dafür mit kurzen Unterbrechungen 26 Stunden. Durchschnittsgeschwindigkeit: *2–2,5 km/h* auf Sandboden, die doppelte Geschwindigkeit auf Asphalt. Erschwert wurde der Rekordversuch, weil die Polizei das Bierfaßrollen auf einer Landstraße wegen Nebels untersagte. Überhaupt wurde die Straßenverkehrsordnung genau eingehalten, denn der Initiator *Emil Palley* ist Wachmeister bei der Münchner Polizei. Er berechnete, daß das Faß auf den 50 km mindestens *15 000 mal um seine Achse* gedreht worden ist. Erst nach 14 Tagen wurde das Faß angezapft. Diese Ruhepause war notwendig. Nicht für die Sportler, sondern für das Bier!

Fauxpas *(franz.: Fehltritt, Fehler).* Wenn man finanzielle Maßstäbe anlegt, beging den größten Fauxpas der junge Multimillionär James Gordon

Training der Hamburger Feuerwehr, um den Rekord der Dubliner Kollegen im Löschwagen-Ziehen zu brechen.

Harry Houdini (eigentl. Erich Weiss) – als Entfesselungskünstler noch immer unerreicht.

Bennett am 1. Januar 1877 im Elternhaus seiner sittsamen Verlobten Caroline May in der Fifth Avenue in New York (USA). Bennett kam spätabends volltrunken an. Mit Hilfe ausgeklügelter Fußarbeit erreichte er im Zickzackgang die Tür zum Salon, wo sich alle Augen auf ihn richteten. Er verwechselte den Kamin mit einer sanitären Einrichtung, die von Angehörigen des männlichen Geschlechts zu einem bestimmten Zweck benutzt wird. Die Familie May löste das Verlöbnis auf, und Bennett (1841–1918) war »gezwungen«, den Rest seines Lebens in Paris zu verbringen, wodurch dem amerkanischen Finanzministerium Millionen von Dollar an Steuergeldern entgingen. Wozu ein Fauxpas doch manchmal gut sein kann...

Fensterputzen. Die Rekordzeit im jährlichen Fensterputzwettbewerb *(Top Shiner Contest)* mit *46,5 Sekunden plus 3½ Sekunden Strafzeit* für jeden »Schmierer«, also 48 Sekunden im ganzen, erreichte Richard Baterip beim Putzen von drei 1040×1153 cm großen Bürofenstern mit einem 30 cm langen Scheibenwischer und 9 l Wasser.

Feuerwehrwagenziehen. 32 Mann der *Hamburgischen Feuerwehr* (Westdeutschland) zogen am 22. und 23. Juni 1979 *in 24 Stunden einen 508 kg schweren Spritzenwagen 350 km weit.* Sie übertrafen damit den Rekord der Feuerwehr von Dublin (Irland) um volle 70 km.

Feuerwehrpumpen. Zwischen dem 26. und 30. August 1977 gelang es einem Acht-Mann-Team der Feuerwehr in Witney (England) bei einer Wohltätigkeitsveranstaltung in 80stündigem Pumpen mit einer Handfeuerspritze eine Rekord-

Zwei Mio. DM Gage: Fotomodell Margaux Hemingway.

wassermenge von *340,6 hl* durch den Löschschlauch zu pressen.

Filmrolle. Den längsten Film, nämlich *14 000 m* 35 mm-Film brachten Mitarbeiter des NDR (Norddeutscher Rundfunk) in Hannover auf eine Rolle. Das entspricht einer Laufzeit von 24 Stunden. Im Gegensatz zu dem *Andy Warhol*-Film über das *Empire State Building* in New York, der ebenfalls 24 Stunden dauert, wird dieser Film jedoch nie aufgeführt werden, denn er besteht aus Ausschnitten, die aus TV-Sendungen als unverwendbar herausgeschnitten wurden. Die Rolle hat einen Durchmesser von fast zwei Metern.

Flaschenpost. Der längste Zeitraum, der zwischen dem Einwerfen und Auffinden einer Flaschenpost verstrich, beträgt *64 Jahre.* Ausgesetzt wurde die Flaschenpost am 7. August 1910 *(»bitte schreiben Sie an Miss Gladys Potter«)* in Grand Lake und gefunden wurde sie im August 1974 im Huron See. Miss Potter entpuppte sich als Mrs. Oliver Scheid (76), Columbus, Ohio (USA).
Eine Flasche mit einem Brief, der anscheinend am 19. November 1899 von Kapitän Charles Weieerishen des Dampfschiffs *Crown Princess Cecilia* vor Varberg (Schweden) geschrieben worden war, wurde angeblich am 9. Dezember 1936 an der Küste von Victoria (Kanada) gefunden.

Flaschenbalancieren. Den Rekord für das Balancieren einer mit ½ l Milch gefüllten Flasche auf dem Kopf während eines ununterbrochenen Marsches stellte am 24. März 1979 mit *30 km* Willi Hollingsworth aus Freeport (USA) auf.

Fliegen. Der Name der maskierten *»menschlichen Fliege«*, die im April 1977 auf dem Dach einer DC–8 die Geschwindigkeit von *380 km pro Stunde* »mitflog«, wurde nicht veröffentlicht. Im üblichen Sinne dürfte es sich nicht (im wörtlichen Sinne jedoch sehr wohl) um einen Angehörigen des »Jet Set« gehandelt haben.

Flötenmarathon. Das längste belegte Flötenspielmarathon dauerte *48 Stunden* und wurde von Joe Silmon vom 19.–20. Februar 1977 auf dem britischen Schiff *Grampus* durchgeblasen.

Fotomodell. Der höchstdotierte Vertrag, seit es Fotomodelle gibt, belief sich auf *1 Mio. Dollar* (ca. 2 Mio. DM) und wurde am 20. Mai 1975 zwischen dem Modehaus *Fabergé* und Miss Margaux Hemingway (* 1955) aus Ketchum, Idaho (USA), auf fünf Jahre abgeschlossen. Sie wurde als *»maisgenährte Schönheit«* beschrieben und gab ihre Größe mit gut 1,80 m an.
Lauren Hutton soll bei dem Pariser Couturier *Revlon* mit *500 000 Dollar* (ca. 1 Mio. DM) für zwei Jahre einen noch lukrativeren Vertrag haben.
Die Gage von *Cheryl Tiegs* (Mrs. Stan Dragoti), Vertreterin des kalifornischen *Looks*, soll sich bereits 1978 auf *2000 Dollar* (4000 DM) pro Tag belaufen haben.

Froschhüpfen. Auf diese sportliche Weise legten vom 4. bis 10. Juni 1978 vierzehn Angehörige der *Hanover High School* (USA) innerhalb von *148 Stunden 889 km* zurück.

Eine Mio. DM Gage: Fotomodell Lauren Hutton.

G

Garbenwurf. *19,7 m* warf Trond Ulleberg aus Skolleborg (Norwegen) am 11. November 1978 mit seiner Heugabel eine *3,6 kg* schwere Getreidegarbe hoch. Diese Heugabelwettbewerbe gibt es in Norwegen seit 1914.

4000 DM pro Tag: Fotomodell Cheryl Tiegs.

Gehen – auf Händen. Die größte Ausdauer im Auf-Händen-Gehen bewies der Österreicher Johann Hurlinger, der in 55 zehnstündigen Tagesetappen mit einer Durchschnittsgeschwindigkeit von *2,54 km/h* im Jahre 1900 die 1400 km lange Strekke von Wien nach Paris auf diese Weise zurücklegte. Thomas P. Hunt, ein Kadett der *USAF*-Akademie in Colorado Springs (USA), legte am 20. Mai 1978 eine Kurzstrecke von *45,7 m in 18,7 sec.* auf den Händen laufend zurück.

Auf Stelzen bewegen sich Hopfenbinder bei ihrer Arbeit. Aber auch als Fortbewegungsgerät fanden Stelzen einige Liebhaber. Bereits 1892 ging M. Garisoain aus Bayonne auf Stelzen die 8 km nach Biarritz (Frankreich), wozu er *42 Minuten* brauchte. Das entspricht einem *Durchschnitt von 11,4 km/h.* 1891 ging Sylvain Dornon auf Stelzen von Paris nach Moskau über Wilna. Er legte die 2945 km in 50 Etappen zurück. Eine andere Quelle gibt die Dauer seiner Reise mit *58 Tagen* an.
Joe Long (geb. Kenneth Caesar), der fünf Knochenbrüche im Laufe seiner *»Karriere«* als Stelzengeher erlitt, führte am 8. Dezember 1978 im *BBC-Fernsehen* in London (England) das Gehen auf 7 m hohen Stelzen von 25,4 kg Gewicht vor.
Emma Sian Disley (* 17. Mai 1965) ging am 19. August 1977 auf Stelzen innerhalb von *vier Stunden, fünf Min., 45 Sekunden 762 m* den 1085 m hohen Berg Snowdon in Nordwales hinauf. Dieser Stelzengang diente dem *Tierschutzverein.*

Gitarrespielen. Das längste nachgewiesene Gitarrenmarathon dauerte *200 Stunden und 2 Min.* und wurde von Dave Hathaway in Marion, Indiana (USA) zwischen dem 20. und 28. Juli 1978 erfolgreich durchgehalten.

Glückssträhnen. Der Februar 1980 war ein schwarzer Monat für die Spielbanken in Seefeld (Tirol, Österreich) und Garmisch (Bayern, Westdeutschland). In Seefeld gewann ein deutscher Geschäftsmann in drei Nächten *1,4 Mio. DM.* Am ersten Abend ging er mit *800 000 DM* Gewinn ins Hotel, der größte an europäischen Spieltischen in den vergangenen Jahren registrierte Coup. Am zweiten Abend gewann er *350 000 DM* und am dritten »nur« *250 000 DM.*
In der staatlichen Spielbank von Garmisch-Partenkirchen gewann ein griechischer Hotelgast innerhalb von acht Stunden *435 000 DM.* Der Grieche begann sein Spiel am 17. Februar um 15 Uhr und setzte 6200 DM auf sechs Zahlen, die er während der acht Stunden nicht veränderte.
Im Gegensatz dazu machten die Spielhöllen von Las Vegas (USA) 1979 14,7 Prozent mehr Gewinn als im Vorjahr. Glücksspieler verloren *2,2 Mrd. Dollar* (rund 3,8 Mrd. DM). Wieviel Spieler gewannen, wurde nicht mitgeteilt.

Gold sieben. Die schnellste dokumentierte Zeit für das »Sieben« von acht verborgenen Goldnuggets mit einer «Pfanne« von 25,4 cm sind *14,45 Sekunden* (Lance Murray) und *15,27 Sekunden* (Carloyn Box), beide aus Ahwahnee, Kalifornien (USA). Sie stellten ihre Rekorde während der *18. Weltgoldsiebmeisterschaften* am 4. und 5. März 1978 in Gold Mine, Rosamond, Kalifornien, auf.

Golfballbalancieren. Lang Martin (16) balancierte sechs Golfbälle ohne Klebstoff übereinander; dies gelang ihm am 10. Juli 1977 in Charlotte, North Carolina (USA).

Gräberschaufeln. Nach Unterlagen im Stadtarchiv schaufelte Johann Heinrich Karl Thieme, städtischer Totengräber in Aldenburg (Deutschland), während seiner 50jährigen Dienstzeit, *23 311 Gräber.* 1826 grub Thiemes Lehrling das Grab für seinen Lehrmeister.

Gurkenschneiden. Am 28. 9. 1973 erzielte Norman Johnson von der *Fachschule für Kunstgewerbe und Technologie* in Blackpool (England) einen neuen Rekord, als er *in 24,2 sec. eine 30 cm lange Gurke* mit einem Durchmesser von *3,75 cm* in *20 Scheiben* pro Zoll (insgesamt *240 Scheiben*) schnitt.

H

Haarspalterei. Die größte kontrollierte Leistung im Haarspalten gelang dem früheren Radmeister und Kunstgewerbler Alfred West (* 14. April 1901 in London, England.) 1977 glückte es ihm, ein menschliches Haar *15 mal in 16 Teile* zu spalten!

Häkeln. Die längste Kette aus Vierergarn von *41,3 km* wurde von Theresa Bloxsome aus Mortlake (England) im April 1978 fertiggestellt. Was jedoch die Ausdauer betrifft, schlug Sybille Anthony alle bestehenden Rekorde bei einem *120-Stunden*-Häkelmarathon vom 3.–7. Oktober 1977 in Tombul Shopping Town (Australien).

Händeschütteln. Einen Weltrekord im Händeschütteln stellte Theodore Roosevelt (1858 bis 1919), von 1901 bis 1909 Präsident der Vereinigten Staaten, auf, als er am 1. Januar 1907 bei einem Neujahrsempfang im Weißen Haus *8513 Leuten* die Hand schüttelte.
Am 3. Juli 1977 schüttelte Bürgermeister Joseph Lazarow auf der Seepromenade in Atlantic City, New Jersey (USA) *innerhalb von elf Stunden, fünf Min. 11 030 Leuten* die Hand.
Außerhalb des öffentlichen Lebens ist der Rekord sinnlos geworden, da Bewerber dazu neigen, kreisförmige Schlangen zu bilden und absichtlich oder unabsichtlich die gleichen Hände wiederholt schütteln.

Handglockenläuten. Das längste bekannte Konzert mit Handglocken dauerte *43 Stunden und zwei Min.* und fand vom 8.–10. Juni 1978 in der *United Church of Christ*, Louisville (USA), statt. Ausführende waren die *Bluebells of Paradise.*

Handschrift. Den Rekord beim handschriftlichen Briefeverfassen hält Raymond L. Cantwell aus Littlemore (England), der zwischen dem 25. August und dem 16. September 1978 innerhalb von *505 Stunden 3998 Briefe* einschließlich Umschläge schrieb, um für das *Radcliffe Krankenhaus* Spenden zu erbitten.

Holzhacken. Die frühesten Wettbewerbe fanden 1874 in Tasmanien statt. Die bei der *Lumberjack Weltmeisterschaft* (ggr. 1960) in Hayward, Wisconsin (USA), aufgestellten Rekorde sind:

Motorsäge	11,55 sec.	Ron Johnson (USA)	1976
Handsäge: 1 Mann	23,06 sec.	Ron Harthill (Neuseeland)	1976
Hacken: Klotz aufrecht	26,9 sec.	Ron Wilson (Australien)	1973
Hacken: Hand unter Schulterhöhe	20,3 sec.	Jim Alexander (Australien)	1973
Handsäge: 2 Mann	10,40 sec.	Dave Green und Rudy Dettmer (USA)	1976

Zum Hacken werden Klötze aus Weißtanne mit einem Durchmesser von 35,5 cm, zum Sägen 50,8 cm große Klötze genommen.

Hula Hoop. Den Rekord mit diesem um die Taille schwingenden Reifen hält mit *62 Stunden* Jo Ann Barnes (15) aus Inglewood (USA), Mitsiegerin bei den amerikanischen Meisterschaften 1976 in *Six Flags Over Georgia* am 3. Oktober 1976. Den längsten Marathon schaffte Kym Coberly aus Denton (USA). Sie brachte es zwischen dem 7. und 9. Oktober 1978 auf *54 Stunden.*

Hypnosemarathon. Die Münchner Hausfrau Ruth Ante schlief unter Hypnose im September 1979 *201 Stunden* wie ein Murmeltier. Der australische Hypnotiseur Ronricco hatte sie auf diese lange Schlafreise geschickt. Ärzte ernährten sie künstlich während der Schlafzeit.

I

Isolation. Im *Lancaster Moor Hospital,* London (England), unterzogen sich Freiwillige einem aufschlußreichen Test: Wie lange kann es ein Mensch allein in völliger Dunkelheit und ohne jede Geräuschquelle aushalten, ohne die Nerven zu verlieren? Das Ergebnis: *92 Stunden.*

Eine andere Form der Isolation rettete dem südafrikanischen Fallschirmspringer Michel Arama (23) im März 1980 das Leben. Bei einem Absprung in der Nähe von Johannesburg wurde er durch eine Windböe gegen eine Hochspannungsleitung getrieben. Arama erhielt schwere Verbrennungen, überlebte aber den *Stromstoß von 19 000 Volt.*

J

Jodeln. Den längsten Jodler von *sieben Stunden, 29 Min.* schaffte Don Reynolds am 27. November 1976 in Brampton, Ontario (Kanada). Ob Reynolds wenigstens bayerische Vorfahren hatte?

Jo-Jo. Das Spiel wurde aus einer Dschungelwaffe der Filippinos entwickelt. Laut Berichten aus dem 16. Jahrhundert wog es ca. 1,8 kg und hatte eine 6 m lange Schnur. Das Wort Jo-Jo bedeutet *»komm-komm«*. In einem Buch aus dem Jahre 1891 ist es als *»Bandelore«* abgebildet. Aber erst 1926 wurde es durch Donald F. Duncan aus Chicago (USA) zu einem Modespiel. Das schwierigste

moderne Jo-Jo-Kunststück ist der *»Wirbelwind«*, der aus nach innen und nach außen laufenden waagerechten Schwüngen *Looping-the-Loops* zusammengesetzt ist.
Den Einzeldauerrekord von *120 Stunden* stellte vom 23.–28. November 1977 John Winslow aus Gloucester (USA) auf. Und am 23. April 1977 brachte Dr. Allen Bussey in Waco, Texas, (USA) *20302 Loopings in drei Stunden* zustande (darunter *6886 innerhalb von 60 Minuten*). Er benutzte dazu ein Duncan-Imperial-Jo-Jo mit einer 87,6 cm langen Nylonschnur.

Jonglieren. Der einzige Jongleur der Geschichte, der in der Lage war, mit zehn Bällen oder acht Tellern gleichzeitig zu jonglieren – im Gegensatz zum *»Regnenlassen«* – war der Italiener *Enrico Rastelli,* der am 19. Dezember 1896 in Samara (Rußland) geboren wurde und am 13. Dezember 1931 in Bergamo (Italien) starb.

Unerreicht: der italienische Jongleur Enrico Rastelli.

K

Kannibalismus, wenn auch in harmloser Form, gibt es auch heute noch. Jedenfalls hat die Gesundheitsbehörde von New York (USA) allein für ihren Verwaltungsbezirk im Jahr 1979 genau *892 Menschen* registriert, die andere *gebissen* haben. Bissigste Zeiten waren Frühjahr und Sommer, beliebtester Beißtag der Samstag. Seltsamerweise waren die meisten Beißer Einwohner von *Fort Greene* in Brooklyn.

Karateschlag. Wir haben »Rekordleistungen« im Zerschlagen von Ziegeln, Brettern usw. nicht aufgenommen, weil die Kriterien für den Grad an Zerbrechlichkeit, sowie die richtige Messung des Drehpunkt-Abstands zu sehr differieren. Es ist jedoch durch Messungen erwiesen, daß *Karatekas 3000 Newtons Kraft* und eine Geschwindigkeit von *14,4 m/sec.* entwickeln können.

Kartoffelschälen. Am 11. Juni 1977 schälten fünf Teenager (im Alter von 14–16 Jahren) innerhalb von 45 Minuten mit normalen Küchenmessern 77 kg Kartoffeln, und zwar genau nach den Vorschriften für Institutionsküchen. Aufgestellt wurde dieser Rekord in Sydney (Australien) von Julie Morris, Chris Hughes, Kerry White, Angus McKinnon und Julian Morgan.
Bei der vom Einkaufszentrum Hürth-Park bei Köln (Westdeutschland, Nordrhein-Westfalen) durchgeführten Wohltätigkeits-*Olympiade der Superlative* schälten am 27. Mai 1980 sieben Seniorinnen aus einem Kölner Altenheim (– die älteste war 88! –) *in 90 Min. 87,1 kg* Kartoffeln. Ein weiteres Siebener-Team gleichen Alters, darunter ein Herr, schaffte in der gleichen Zeit *83,3 kg.* Zusammen produzierten die 14 »Messerhelden« also *in anderthalb Stunden über 170 kg* geschälte Kartoffeln; das ist – zumindest in dieser Altersklasse – Weltrekord!

Karussell. Die längste Karussellfahrt dauerte *312 Stunden, 43 Min.* und wurde von Gary Mandau, Chris Lyons und Dana Dover in Portland (USA), zwischen dem 20. August und 2. September 1976 durchgeführt.

Kaugummiaufblasen. Rhodessa Ruffin und Cindy McNeil aus Kalifornien, Andy Berrick aus Pennsylvania und Brett Nichols aus Georgia (USA) gelang es, Ballonkaugummis zu einem Ballon mit einem Rekorddurchmesser von *43 cm* aufzublasen.
Bei einem Kaugummi-Blas-Festival am 16. Mai 1976 in Berlin (West), an dem 98 Kaugummi-»Bläser« teilnahmen, erreichte der Schüler Roland Marquardt aus Tübingen mit seinem Ballon *25 cm* Durchmesser. Er wurde deutscher Meister.
Die 14jährige Elizabeth Detraux aus Yorkshire

(England) schaffte am 10. Dezember 1979 bei den Kaugummiblasmeisterschaften in London einen Ballon mit dem erstaunlichen Durchmesser von *28 cm*. Sie wurde einstimmig zur englischen Kaugummiaufblaskönigin gewählt.

Keulenschwingen. Bill Franks stellte am 2. August 1934 den Weltrekord von *17280 Keulenschwüngen in 60 Minuten* (4,8 pro sec.) in der *Webbs Turnhalle*, Newcastle (Australien), auf.
M. Dobrilla schwang seine Keule in Kobar (Australien) ununterbrochen *144 Stunden lang* bis zum 15. September 1913.

Kinderwagenschieben. Die längste Strecke, die kinderwagenschiebend innerhalb von 24 Stunden zurückgelegt worden ist, beträgt *555,6 km*. Dieser Rekord wurde von der *Runner's Factory* in Los Gatos, Kalifornien USA), mit einem Team von 57 kalifornischen Starläufern am 23. und 24. Juni 1979 aufgestellt.

Klavier-Rekorde. Der längste Marathon im Klavierspielen dauerte *1172 Stunden, 27 Min. (48 Tage, 20 Stunden, 27 Min.)*. Roger Lavern spielte vom 6. Januar–24. Februar 1978 in der *Osborne Taverne* in London (England) *täglich 22 Stunden lang* (mit fünf Minuten Pause in jeder Stunde).
Der Frauen-Weltrekord in der jetzt abgeschafften Non-Stop-Kategorie stand bei *133 Stunden (5 Tage, 13 Stunden)* und wurde zwischen dem 18. und 23. August 1958 von Marie Ashton (40) im Theater von Blyth (England) aufgestellt.
Die Rekordzeit für das Zerstören eines Klaviers und das Durchschieben seiner Teile durch einen Ring von 22,8 cm Durchmesser ist *eine Minute, 37 Sekunden*. Dies gelang am 6. November 1977 sechs Mitgliedern des *Tinwald Rugby Football Club*, Ashburton (Neuseeland).
Am 6. Juni 1977 demolierten Anthony Fukes, Mike Newman, Terry Cullington und Malcolm Large in Nottingham (England) ein Klavier nur mit den Händen innerhalb von *sieben Minuten*.
C. Crain, R. Crain, O. Richards und M. Cording brauchten am 16. Dezember 1978 in Nottingham *sieben Minuten und sieben Sekunden* (Die Trümmer wurden durch einen Ring geschoben.).
Die Rekordzeit für das Erhöhen einer Tonlage eines Klaviers um einen Halbton und wieder Herabstimmen auf eine annehmbare Tonqualität ist *neun Minuten 57 Sekunden* und wurde von Sebastian Verdolino am 9. Februar 1979 in New York City (USA) erreicht.

Kaugummiaufblasqueen: Elizabeth Detraux (14).

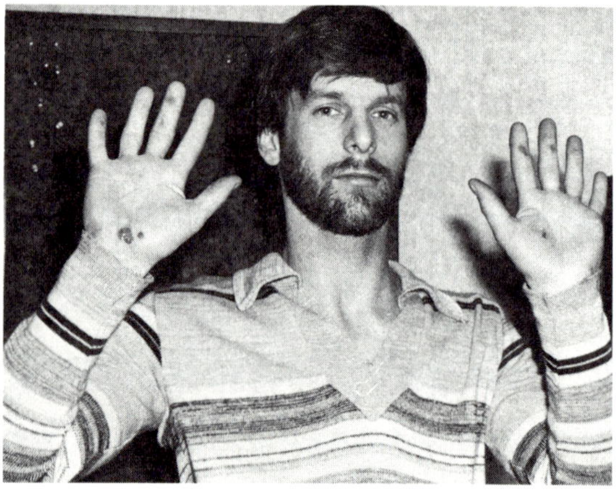

250 000 Dollar Strafe für die Klettertour am World Trade Center sollte Georg Willig zahlen.

Klettern. Die kühnste Besteigung einer vertikalen Fläche an einem Gebäude gelang am 26. Mai 1977 George Willig (27), der an der Außenwand des 411 m hohen *World Trade Center*, New York City (USA) innerhalb von *3½ Stunden* mit einer Geschwindigkeit von 1,95 m pro Minute hinaufkletterte. Nach seinem *»Abstieg«* per Aufzug wurde er von Polizisten in Empfang genommen und wegen unbefugten Betretens eines Gebäudes und grober Fahrlässigkeit verurteilt.

Knotenknüpfen. Den Geschwindigkeitsrekord im Herstellen von sechs Pfadfinderknoten (Kreuzknoten, Slipstek, Trompetenstek, Schifferknoten, Rundtörn mit zwei halben Schlägen, Palstek) an einzelnen Seilen stellte am 13. April 1977 Clinton R. Bailey (52) aus Pacific City (USA) mit *8,1 sec.* auf.

Kohlenschaufeln. Der Rekord für das Füllen eines Halbtonnenförderwagens mit Kohle in *42 sec.* wurde von Robert Taylor aus Dobson (Neuseeland) am 3. Februar 1979 aufgestellt.

Kopfballspielen. Der Schwede Mikael Palmqvist (20) feierte seine Entlassung aus dem Wehrdienst dadurch, daß er seinen eigenen Weltrekord im Kopfballspielen um nicht weniger als 4027 Punkte verbesserte. Er ließ Ende Mai 1980 unter Aufsicht von Sportfunktionären *in zwei Stunden, zehn Min.* einen Fußball *20100mal* von seinem Kopf in die Luft springen und fing ihn damit sanft wieder auf. Sein alter Rekord lag bei 16073 Ballsprüngen.

Kriechen. Die längste freiwillig ununterbrochen auf den Knien zurückgelegte Strecke von *20,27 km* (wobei kein Knie den Boden verlassen darf!) legte am 1. November 1978 Peter Holroyd von der *Universität Bath* (England) zurück.
Am 23. November 1978 traf der 39jährige Baptistenlaienprediger Hans Mullikin vor dem *Weißen Haus* in Washington (USA) ein, nachdem er die *2575 km* von Marshall, Texas, bis auf 13 km kriechend bewältigt hatte.
Auch 1979, am 12. Mai, konnte in Christchurch (Neuseeland) ein Kriechrekord erzielt werden. Wayne Forsyth schaffte *20,27 km* – genau wie sechs Monate vor ihm Peter Holroyd in England.

Küssen. Die längste Küsserei in der Kinogeschichte dauerte *185 Sekunden* zwischen Regis Toomey und Jane Wyman in *You're In the Army Now,* einem Film, der 1940 Premiere hatte.
In einem *»Schmusathon«* in Pittsburgh (USA) küßten sich Bobbi Sherlock und Ray Blazina *130 Stunden und zwei Min.* vom 1.–6. Mai 1978 durch Damenlippen aller Altersstufen.
James Whale (27) von *Metro Radio,* Newcastle-upon-Tyne (England), küßte am 22. September 1978 *in acht Stunden 4049 Mädchen* – eines alle *7,11 Sekunden.*

Kuhfladendiskus. Die Rekordweite beim Wurf eines getrockneten Kuhfladens hängt davon ab, ob ein derartiges Wurfgeschoß in Kugelform gepreßt werden darf oder nicht. Vertreter der »reinen« Fladenschule sind grundsätzlich gegen das Kugeln. Aufgrund der 1970 ergangenen Vorschrift über *»naturbelassene Kuhfladen«* erzielte der 25jährige Robert D. Fleming aus Taylorville (USA) am 27. August 1977 eine Rekordweite von *60,68 m.* Diese ständig zunehmenden Wurfweiten können der Grund sein, daß die Verantwortlichen von politischen Versammlungen ihren Rednern raten, etwas mehr Distanz von den Zuhörern zu halten. Außerdem forderten sie ein Gesetz, das verbietet, vor Wettkämpfen dem Kuhfutter Zementstaub zuzusetzen, da dies als Doping gelten könnte.

L

Langlauf. Fred Howell (36), im westdeutschen Paderborn (Nordrhein-Westfalen) stationierter Oberfeldwebel der britischen Armee, ist in *neun Tagen* die *650 km* lange Strecke bis nach Newcastle-upon-Tyne (Nordengland) gelaufen. Lediglich auf der Fähre zwischen Zeebrügge (Belgien) und Hull (England) hatte er eine Verschnaufpause, in der er seine – bis dahin – 30 Blasen an den Füßen und seinen Muskelkater pflegen konnte.

Luftballons. Der längste Flug eines Luftballons führte über *14500 km* von Atherton in Kalifornien, wo er von Jane Dorst am 21. Mai 1972 losgelassen wurde, nach Pietermaritzburg (Südafrika), wo der Ballon am 10. Juni gefunden wurde.
Der nachweislich längste Flug eines wasserstoffgefüllten Ballons ging von der britischen Kanalinsel Jersey ab. Von dort hatte ihn Gerald Wankling gestartet. 43 Tage später, am 28. April 1974 wurde er von Camps Bay (Südafrka), *9460 km* von Jersey entfernt, zurückgeschickt.

Luftflug. Den Entfernungsrekord für den Abschuß eines Menschen aus einer Kanone hält mit *53,3 m* Emanuel Zacchini, der ihn 1940 in dem *Zirkus Ringling Bros. und Barnum & Bailey* im Madison Square Garden, New York City, aufstellte. Seine Mündungsgeschwindigkeit wurde auf 87 km geschätzt. Als er sein Pensionsalter erreicht hatte, konnte die Zirkusleitung zum Glück feststellen, daß seine Tochter Florina vom gleichen Kaliber war. Sie brauchte keine neue Kanone zu bauen.

M

Marathonläufer. Fred Lorz (USA) wurde als einziger Teilnehmer an dieser olympischen Disziplin auf Lebenszeit von der Teilnahme an Olympischen Spielen ausgeschlossen. Er hatte bei den Spielen in St. Louis 1904 einen Teil der Marathonstrecke im Taxi zurückgelegt.

Maschinenschreiben. Die Höchstgeschwindigkeiten werden so berechnet, daß für jeden Tipp-

Für eigene Rekorde

fehler zehn Wörter als Strafe von der Gesamtwortzahl abgezogen werden.
1918, am 21. Oktober schrieb Margaret Owen (USA) auf einer *Underwood Standard* in einer Minute 170 Wörter.
1923, am 22. Oktober schrieb Albert Tangora (USA) auf dem gleichen Maschinentyp 147 Wörter in einer Minute.
Der offizielle Stundenrekord auf einer elektrischen Schreibmaschine ist 9316 Wörter (40 Fehler) auf einer *IBM-Maschine*. Das entspricht einer Nettogeschwindigkeit von 149 Wörtern in der Minute. Diese Leistung vollbrachte Margeret Hamma (jetzt Dilmore) in Brooklyn (USA) am 20. Juni 1941.
Barbara Blackburn aus Everett (USA) kann 50 Minuten lang eine Geschwindigkeit von 150 Wörtern pro Minute (37 500 Tastenanschläge) aufrechterhalten und mit Hilfe des Vereinfachten Tastensystems von Dvorak *(DSK oder Dvorak Simplified Keyboard)* sogar bis zu 170 Wörter fehlerfrei pro Minute schreiben.
Bei einem offiziellen Test im Jahre 1946 erreichte Stella Pajunas (jetzt Garnard) 216 Wörter die Minute auf einer *IBM-Maschine*.
Den Dauerrekord für Tippen auf einer elektrischen Schreibmaschine stellte mit 162 Stunden, einer Minute Robin Heil von der *Sherman E. Burroughs High School* in Ridgecrest (USA) vom 6.–13. April 1976 auf.
Marva Drew (51) aus Waterloo (USA) tippte zwischen 1968 und 30. November 1974 auf einer *Standard-Schreibmaschine* die Zahlen von 1 bis 1 000 000 in Worten, wozu sie 2473 Seiten brauchte. Als man sie fragte, weshalb sie das getan hätte, antwortete sie: *»Ich tippe doch so gern«*.
Den längsten Tippmarathon auf einer *Standard-Schreibmaschine* stellte mit 120 Stunden, 15 Min. ein 23jähriger blinder Büroangestellter namens Mike Howell aus Greenfield, Oldham (England), auf. Er vollbrachte diese Leistung vom 25.–30. November 1969 in Liverpool auf einer *Olympia-Standard-Schreibmaschine*. Seine 561 006 Anschläge erforderten für das Niederdrücken der Tasten insgesamt eine Gewichtsbewegung von 2521 t, sowie weitere 157 t für das Verschieben des Wagens.

Mäuseschlucker. Nicht als Hobby, sondern als Beruf übt diese ausgefallene Ernährungsform Harry Wilton aus Herford (Westdeutschland, Nordrhein-Westfalen) aus. Schon als Wunderkind verschluckte er als Attraktion des legendären Varietés *Scala* in Berlin eine Maus. Als Erwachsener steigerte er die Tagesration auf sieben Mäuse, die er – wie Röntgenaufnahmen beweisen – verschluckt und wieder ausspuckt. Freitags bevorzugt er Goldfische.

Meckern. Ralph Charell (* 3. Dezember 1929), Verfasser von: *»Wie verwandle ich gewöhnliche Beschwerden in Tausende von Dollar?«* strich zwischen Januar 1963 und Juni 1977 insgesamt 80 710,46 Dollar (ca. 240 000 DM) ein, wobei die einzelnen Rückzahlungen bzw. Schadenersatzbeträge zwischen 6,95 (12 DM) und 25 000 Dollar (50 000 DM) schwankten. Vor kurzem erhob er Beschwerde gegen die Herausgeber dieses Buches, weil seine 51 aufeinanderfolgenden Transaktionen nicht unter der Rubrik *»Termingeschäfte«* erschienen waren.

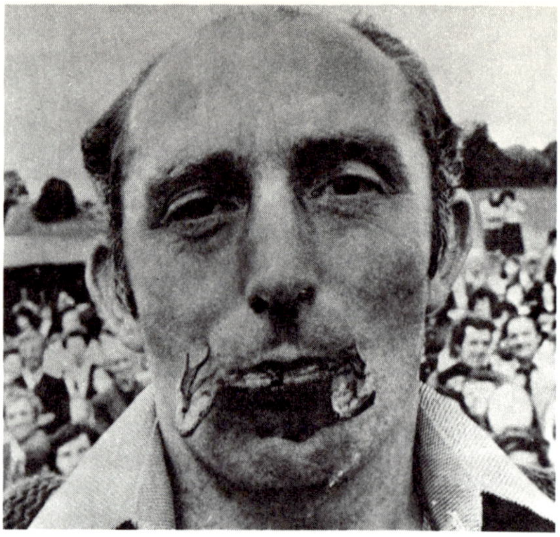

Das gibts wirklich: »Lebende Frösche-Eß-Wettbewerb«.

Mensch-ärgere-dich-nicht. Das längste Spiel dieser Art dauerte 204 Stunden und wurde von einer Sechsermannschaft (immer vier im Spiel) von der *Baulkham Hills High School* (Australien) vom 15.–23. Juni 1976 gespielt.
Im April 1980 haben in Konstanz (Westdeutschland, Baden-Württemberg) fünf 15jährige Schüler einen neuen deutschen Rekord im *Mensch-ärgere-dich-nicht*-Spielen aufgestellt. Sie spielten in einer Gastwirtschaft über hundert Stunden. Um sich fit zu halten, aßen sie vor allem Salate und Obst. Nachts leisteten ihnen Klassenkameraden aufmunternde Gesellschaft.

Miniaturschrift. 1926 wurde ein Bericht über *Alfred Mc Ewen's Pantographrekord* veröffentlicht. Der Rekord bestand darin, daß er den in englischer Sprache 56 Worte langen Text des *Vaterunsers* mit einer Diamantspitze auf eine winzige, nur 0,04×0,02 mm große Glasfläche geschrieben hatte.
Am 24. Januar 1968 führte Frank C. Watts aus Felmigham (England) Fotografen seine Fähigkeit vor, ohne mechanische oder optische Hilfsmittel das *Vaterunser* 34mal (auf Englisch 9542 Buchstaben) auf eine normalgroße englische Briefmarke (21,33×18,03 mm) zu schreiben.

Miss-Wahlen. Der erste internationale Schönheitswettbewerb fand 1921 in Atlantic City im Staat New Jersey (USA) statt und wurde von einer dünnen blauäugigen Blonden mit einem Brustumfang von 76,2 cm gewonnen. Sie hieß Margaret Gorman.
Der Wettbewerb um den *»Miss-Welt«*-Titel begann im Juli 1951 in London. Die Höchstabmessungen von allen Siegerinnen hatte im Jahre 1954 *Miss Äpypten,* Antigone Costanda, deren junoartige Qualitäten mit 101–66–96 cm die westlichen Reize übertrafen.
Die größte Schönheitsparade der Welt findet seit 1952 alljährlich bei den *»Miss-Universum«*-Wettbewerben in Long Beach, Kalifornien, statt. Bisher waren die Damen aus den USA am erfolgreichsten, 1978 regierte *Miss Südafrika.* Westdeutschland stellte nur in einem Jahr eine Königin, ihr Name war absolut unaristokratisch: Marlene Schmidt.
Bei dem Wettbewerb um den *Miss-Universum*-Titel in Perth (Australien) im Juli 1979 waren 78 Länder vertreten. Siegerin war *Miss Venezuela.*
Die erste *Miss Germany* wurde bereits 1909 in Hamburg gewählt. Siegerin: Gerda Sieg. Damals hieß es offenbar noch *»nomen est omen«,* heute muß man eher sagen *»formen est omen«.*

Modelleisenbahn. Die größte Streckenlänge aller Modelleisenbahnen haben Dietrich Siemer und sein Sohn in 30jähriger Bastelarbeit in einer Lagerhalle in Lauenbrück bei Hannover (Westdeutschland, Niedersachsen) aufgebaut. Auf zehn km Schienen fahren 466 Lokomotiven und 4000 Wagen und Waggons.
Übrigens: die erste Modelleisenbahn wurde in Deutschland für *Johann Wolfgang von Goethe* aus den USA importiert. Er schenkte sie seinem Enkel.

Modellschiff. Das größte der Welt ist das seetüchtige, 12 m lange, 3,5 m hohe Modell der *»Bremen 4«,* die 1941 ausbrannte. An diesem detailgenauen Modell bastelten Gunter Bos und Günter Busse aus Osnabrück (Westdeutschland, Niedersachsen) 15 Jahre.
Die größte Modellschiff-Privatsammlung kann man in St. Egyden (Kärnten, Österrreich) besichtigen. Friedrich Jerina hat alle Schiffe gemeinsam mit seinem Sohn selbst gebastelt.

Modenschau. Die längste dauerte 48 Stunden und wurde auf dem *Roseland-Laufsteg* in Sydney (Australien) zwischen dem 16. und 18. Juni 1977 gezeigt. Die Conferenciers Patrick Bollen, Lyn Snowdon, Kay Hammond und Virginia Connor legten 66,6 km auf dem Laufsteg zurück.

Morsealphabet. Die höchste Geschwindigkeit, mit der jemand Morsenachrichten empfangen hat, ist 75,2 Wörter pro Minute – mehr als 17 Zeichen pro Sekunde. Diesen Rekord stellte am 2. Juli 1939 Red R. McElroy (USA) in einem Wettbewerb in Ashville (USA) auf.

Motorradartisten. Am 17. Juli 1979 fuhr Hugo Dabbert in Göttingen (Westdeutschland, Niedersachsen) mit seiner *Honda* drei Stunden, 33 Min. und 35 Sekunden ohne Unterbrechung auf einer senkrechten *»Todeswand«.* Er überbot damit den 1929 aufgestellten Steilwand-Fahrrekord um mehr als 29 Minuten.
Die größte Entfernung, die je im Motorradweitsprung erzielt wurde, ist 64,6 m; diesen Rekord stellte am 6. Februar 1977 der Franzose Alain Jean Prieur (* 4. Juli 1939) in Monthléry in der Nähe von Paris mit einem Sprung über 16 Busse auf. Der Pionier dieser Art von Vorführung, Evel Knievel (* 17. Oktober 1938 in Butte, USA), hatte bis 1975 insgesamt 433 Knochenbrüche erlitten. Sein gescheiterter Versuch, am 8. September 1979 in einer Rakete den *Snake River Canyon* in Idaho (USA) zu überqueren, soll sein Gesamteinkommen um 6 Mio. Dollar (damals 12 Mio. DM) erhöht haben. Trotzdem versuchte er es nicht noch einmal.

Mülltonnen-Rennen. *35 Stunden, sieben Min. und elf sec.* brauchte der »Vorrenner« eines Teams von Teilnehmern an der im Mai 1980 durchgeführten Wohltätigkeits-*Olympiade der Superlative,* um (des Zolls wegen verplombte) Mülltonnen auf Karren über die *270 km* lange Strecke von Brüssel (Belgien) in das Hürth-Park-Einkaufszentrum bei Köln (Westdeuschland, Nordrhein-Westfalen) zu rollen. Beim Start auf dem Grootemarkt von Brüssel waren am 1. Mai 1980 vor 10 000 Zuschauern 15 Tonnenschieber gestartet. Am 4. Mai erreichten zehn von ihnen (der Rest war wegen Blasen an den Füßen und Wadenkrämpfen ausgeschieden) das Ziel in Hürth; als erster in der genannten Rekordzeit traf der Bundesbahnbeamte Hans Mühling (30) aus Gremberghoven ein, vor dem »spiritus rector« dieses Wettkampfs, dem vierzigjährigen Clemens Müter.

Der kleinste Miniatur-Zirkus der Welt.

Weltrekord im Motorrad-Fliegen. Motorcrossfahrer Jürgen Baumgarten (30) sprang mit seiner Spezialmaschine 64 m über den Elbe-Lübeck-Kanal. Seine Startgeschwindigkeit betrug 140 km/h.

Münzenbalancieren. Die höchste Leistung im Balancieren von Münzen brachte Alex Chervinsky aus Lock Haven (USA) 1974 nach 26jährigem Üben zustande, als er 130 Münzen auf einem aufrechtstehenden Silberdollar aufstapelte.

N

Nadelbett. Am längsten – *65 Stunden, 43 Min., 21 sec.* ohne Unterbrechung – hielt das Liegen auf einem mit spitzen Nägeln (15,2 cm lange, in Abständen von je 5 cm) bespickten Lager Tim Robinson (Künstlername: *»Strombo, der Narr«*) aus. Vom 16.–19. Juni 1977 bewies er dies im *Oval House Theatre Club,* London (England).

Den weiblichen Rekord erzielte am 18.–19. März 1977 mit *30 Stunden* Geraldine Williams (gen. *»Miranda, Königin der Fakire«*) aus Welwyn Garden City (England).

Wesentlich längere Zeiten werden von Fakiren geltend gemacht, die sich freilich dabei keiner Überwachung unterzogen. Der extremste Fall war Silki, der *111 Tage,* bis zum 24. August 1969, auf einem Bett mit Nägeln in São Paulo (Brasilien) zugebracht haben will.

Am 29. Mai 1980 wurde gemeldet, daß Silki in São Paulo *115 Tage* auf seinem Nagelbrett gelegen und sich dabei nur von Tee, Limonade und Orangensaft ernährt habe. Sein Gewichtsverlust betrug 30 (von 96) kg. 220 000 Zuschauer haben Silkis Rekordleistung zum Eintrittspreis von (umgerechnet) zwei DM bewundert. Um die Attraktion zu erhöhen, hatte Silki sein spitziges Lager in einem Käfig mit 30 Schlangen aufgeschlagen. Spitzfindiger geht's nicht!

Eine Rekordbelastung von 745 kg in der modernen Version der *»Eisernen Jungfrau«* (d. h. eingezwängt zwischen zwei benagelten Brettern) vermochte *Komar* (Vernon E. Craig) in Old Chicago Town (USA) am 6. März 1977 standzuhalten.

Nadeleinfädeln. Die Rekordzahl von *3795mal* für einen Baumwollfaden in eine Nadel *Nummer 13* (Öse 12, 7 mm × 1,6 mm) erreichte am 20. März 1971 innerhalb von zwei Stunden Brenda Robinson vom *College of Further Education,* Chippenham (England).

Nudelholz. Die Rekorddistanz im Nudelholzwerfen (907 g) für Frauen steht bei *48 m* und wurde von Janet Thomson am 6. Juli 1975 im West-London-Stadion (England) aufgestellt. Janet ist noch nicht verheiratet. Der Grund dürfte jetzt klar sein!

O

Oldtimer. Die größte Privatsammlung alter Autos hinterließ William F. Harrah in San Reno (USA), als er 78jährig 1978 starb. Unter den *1500 Wagen* fehlt keine der großen legendären Marken wie *Facel Vega, Duesenberg, Bentley* und *Rolls Royce.*

Olympisches Feuer. Die mexikanische Hürdenläuferin Norma Sotelo war die erste Frau, die das *Olympische Feuer* entzündete. Das war bei den *XIX. Olympischen Spielen* 1968 in Melbourne (Australien). Bis dahin waren es immer Läufer.

Omelettebraten. Die größte Zahl von aus zwei Eiern bestehenden Omelettes – *217* – machte innerhalb von 30 Minuten am 14. Juli 1978 Howard Helmer aus New York City (USA) in Disneyland, Kalifornien.

Orangenpapier-Sammlung. Jürgen Voss aus Baiersbronn im Schwarzwald (Westdeutschland, Baden-Württemberg) scheint die größte Sammlung dieser hauchdünnen Seidenpapiere zu haben, die mit farbenprächtigen Firmensymbolen bedruckt sind. In seinen Alben hat er *rund 4500* verschiedene Papiere gesammelt.

Orgelspiel. Am längsten auf einer elektrischen Orgel – nämlich *411 Stunden* – spielte zwischen dem 2. und 29. Juni 1977 Vince Bull im Comet Hotel, Scunthorpe (England).
Das längste Konzert auf einer Kirchenorgel – *90 Stunden* – gab zwischen dem 31. Oktober und 4. November 1975 Frank Hughes in Wesley College Chapel, Dublin (Irland).

Ostereier, je ausgefallener, desto lieber, sammelt seit 30 Jahren der österreichische Architekt Eduard Polack aus Wien. Inzwischen hat er fast *6000 Exemplare* aus allen erdenklichen Materialien und in den unterschiedlichsten Größen.

(P)

Peitschenknallen. Mit der längsten aller Stielpeitschen – *Schnurlänge 29,66 m* – »knallte« (d. h. er schwang sie so, daß das Ende der Schnur die Schallgeschwindigkeit – 1223 km/h – überschritt) Noel Harris am 7. August 1978 auf den Stufen des *Parlamensgebäudes* in Melbourne (Australien). Das Trockengewicht der aus rotem Leder geflochtenen Peitschenschnur betrug 12 kg.

Perlenzüchter. Der japanische Teigwarenfabrikant Mikomoto war der erste Perlenzüchter. Er praktizierte Perlmutter-Kerne in vorher betäubte Austern, dadurch erhöhte sich die Perlenproduktion von vorher einer Perle in 500 Austern auf *70 Perlen bei 100 Austern.* Mikomoto ist ...zigfacher Millionär. Seine Frau trägt nur echte Perlen.

Pfarrer. P. Zacharias Nakamhela aus Kenia ist der erste farbige Pfarrer, der seit 1975 an der *Erlöserkirche* in Detmold (Westdeutschland, Nordrhein-Westfalen) predigt und die Gemeinde betreut.

Pfeifen, *34 Stück auf einmal,* hielten Jim Purol und Mike Papa fünf Minuten lang im Mund. Von *Rauchen* konnte natürlich keine Rede sein, das hatten sie schon bei ihrem vorherigen Rekord besorgt: *135 Zigaretten* hatten sie dabei auf einmal geraucht! Dann waren Zigarren dran: *27 Stück* auf einmal! Dabei sind die beiden Nichtraucher! Sie stellen diese Nonsens-Rekorde nur auf, um eine medizinische Stiftung zu fördern.

Pingpong. Der weiteste Wurf eines Tischtennisballes gelang Jochen Dietz aus Obersontheim bei Schwäbisch Hall (Westdeutschland, Baden-Württemberg). Er warf den leichten Ball in einem Saal, also ohne Windbegünstigung, 17,5 m weit.

Predigt. Die längste Predigt wurde zwischen dem 18. und 22. September 1978 von Reverend Donald Thomas aus Brooklyn (USA) gehalten: *93 Stunden.*
Vom 31. Mai bis 10. Juni 1969 hielt der *14. Dalai Lama* (* 6. Juli 1934 als Tenzin Gyalto), der vertriebene Herrscher Tibets, täglich in Indien eine Predigt über *Tantrismus* von fünf bis sieben Stunden Länge, im ganzen *60 Stunden* lang.

Psychiater. Der schnellste Psychiater der Welt war Dr. Albert L. Weiner aus Erlton (USA), der an einem Tag in vier Behandlungszimmern bis zu 50 Patienten »verarztete«. Er machte stark von Methoden wie Analyse unter Narkose, Muskelentspannern und Elektroschockbehandlungen Gebrauch. Im Dezember 1961 wurde er der fahrlässigen Tötung in zwölf Fällen durch Verwendung unsterilisierter Spritzen für schuldig befunden.

(Q)

Quatschrekorde waren es, die vor 27 Jahren im ersten, dünnen *Guinness Book of Records* die Leser so begeisterten, daß aus diesem als einmalige Werbegabe gedachten Heft inzwischen eine feste Institution wurde, die in den USA einen Bekanntheitsgrad von 97 Prozent und im Heimatland England von 93 Prozent hat.

(R)

Radfahren. Der Kolumbianer Jorge Navas (24) hält den Rekord im Dauerradfahren auf einer Radrennbahn. In Bogotá trat er *53 Stunden, zwölf Min.* in die Pedale, ohne daß in dieser Zeit seine Füße ein einziges Mal den Boden berührten. Jorge ist vom Vater her vorbelastet. Der hatte bis dahin den Dauerweltrekord inne, war aber nur 34 Stunden geradelt.

Reden. Der Weltrekord für Dauerreden ist *150 Stunden* und wurde vom 4.–10. Dezember 1977 von Raymond Cantwell in der *Trust House Forte's Travel Lodge* in Oxford (England) aufgestellt.
Mary E. David stellte den Dauerrekord für Frauen auf und redete vom 2.–7. September 1958, wobei sie an einem Radiosender in Buffalo (USA) anfing und erst *110 Stunden, 30 Min., 5 sec.* später in Tulsa im Staat Oklahoma Atem schöpfte.
Die bisher längste politische Rede dauerte *33 Stunden, fünf Min.* und wurde vom 6.–7. November 1978 von Marvin Eakman aus Minneapolis (USA) gehalten.
Der längste Vortrag dauerte *56½ Stunden,* behandelte das Thema: *»Das Alte Testament – ein Spiegel der Theokratie«,* und wurde vom 3.–5. Juni 1978 von Wayne P. Morrow in der *Grants Pass High School* in Oregon (USA) gehalten.
Die längste Tischrede dauerte *drei Stunden.* So lange mußten am 16. Januar 1874 die nichtsah-

nenden Opfer in der *Rainbow-Tavern* in der Fleet Street, London (England) die Rede von Pastor Henry Whitehead († März 1896) über sich ergehen lassen, bevor sie ihre inzwischen kalt gewordenen Steaks anschneiden konnten.
Anläßlich einer im *Hyde Park Hotel* in London veranstalteten Wohltätigkeitsveranstaltung zu Gunsten von *»Action Research«* (Forschungshilfe) blieb der Wettbewerb um die längste Tischrede unentschieden, da Nicholas Parsons und Gyles Brandreth beide *elf Stunden* lang vom 13. Februar um 20 Uhr bis zum 14. Februar 1978 um 7 Uhr sprachen.

Reisen. Mehr Länder als irgendjemand vor ihm dürfte Jesse Hart Rosdail (1914–77), ein Lehrer aus Elmhurst (USA), bereist haben. Seit 1934 besuchte er von den im Bevölkerungsbericht der UN aufgezählten *221 Ländern* (161 souveräne Staaten und 60 abhängige Gebiete) alle bis auf zwei, nämlich Nordkorea und die französischen Antarktisgebiete. Die dabei zurückgelegte Entfernung schätzt er auf *2617766 km.*
Mehmet S. Ersöz (* 1904 in der Türkei) besuchte zwar nicht so viele der gegenwärtig bestehenden Länder, reiste jedoch innerhalb von *210 Ländern* über weit größere Entfernungen. Sogar seine Frau hatte es bis Mitte 1978 auf den Besuch von *163 Ländern gebracht.*
115 souveräne Staaten und *59 abhängige Gebiete* wurden von Professor Daniel J. Crowley aus Davis (USA) besucht, der sich seit März 1946 nur im Rollstuhl bewegen kann.
David Springbett, englischer Versicherungskaufmann mit Geschwindigkeitsrausch, hat im Januar 1980 in *44 Stunden und sechs Min.* per Flugzeug von und bis Los Angeles die Erde umrundet. In London, Singapur, Bangkok, Tokio und Honolulu mußte er umsteigen. Während der Reise konnte der 41jährige Globetrotter nur zwei Stunden schlafen.

Reifenrollen. 1968 wurde berichtet, daß Zolilio Diaz (Spanien) einen hölzernen Kinderspielreifen *innerhalb von 18 Tagen 965 km weit* zwischen Mieres und Madrid hin und zurück rollte.

Reiten. Der längste bekannte Ritt in voller Ritterrüstung zog sich über *269 km* – die Distanz zwischen Edinburgh und Dumfries in Schottland – und drei Tage hin. Der Ritt selbst dauerte *28 Stunden, 30 Min.* Dieser Rekord gelang zwischen dem 13. und 15. Juni 1979 Dick Brown (48).
Vor dem Zeitalter des Stahlrosses dürfte es der Methodistenprediger Francis Asbury aus Birmingham (England) zu Pferd am weitesten gebracht haben. Zwischen 1771 und 1815 legte er in Nordamerika *424850 km* zurück und hielt *16000 Predigten.*

Rentenbezug. Millicent Barclay, Tochter von Oberst William Barclay, die nach seinem Tod am 10. Juli 1872 geboren wurde, war dadurch zum Bezug einer Militärrente berechtigt, allerdings nur bis zu ihrer Heirat. Millicent blieb unverheiratet und starb 1969. Bis dahin hatte sie *97 Jahre und drei Monate* lang eine *»Lebensrente«* bezogen.

Riesenradfahren. Den Weltrekord an Dauerfahrten auf dem Riesenrad stellten im Vergnügungspark von San José (USA) mit *37 Tagen* vom 1. Juli bis 7. August 1978 Rena Clark und Jeff Block auf.

S

Säulensitzen. Moderne Rekorde können nicht an den des *Heiligen Simon d. J.* (ca. 521–597 n. Chr.), genannt *Der Stylit* (griechisch stylos = Säule), heranreichen. Dieser Mönch verbrachte die letzten 45 Jahre seines Lebens auf einer Steinsäule auf dem *Hügel der Wunder* in der Nähe von Antiochia (Syrien). Dies ist wahrscheinlich das erste Beispiel für die bewußte Erzeugung eines Rekordes, obwohl es das Guinness Buch noch nicht gab.
Da es keine internationalen Regeln gibt, ist der »Lebensstandard« auf den Säulenspitzen sehr unterschiedlich. *399 Tage* schaffte Frank Perkins zwischen 1. Juni 1975 und 4. Juli 1976 in einer Kiste von 2,4 m × 2,4 m auf einem 15,25 m hohen Telegraphenmast in San José (USA).

Seilhüpfen. Die längste nachgewiesene Dauer im Seilhüpfen, *sechs Stunden, zwölf Min. (58869 Drehungen),* schaffte Katsumi Suzuki (Japan) am 1. Januar 1979. Nach dem letzten Hüpfer erklärte er zufrieden: *»Das Jahr fängt ja gut an.«*

Seiltanzen. Der größte Seiltänzer des 19. Jahrhunderts war der Franzose Jean François Gravelet, alias *Charles Blondin* (1824–97), der am 30. Juni 1859 die erste Überquerung der Niagarafälle auf einem 76 mm dicken, 335 m langen, 48,75 m über den Fällen schwebenden Seil vornahm. Am 15. September 1860 vollbrachte er dieselbe Leistung, wobei er obendrein noch Harry Colcord huckepack trug. Das war besonders mutig, da Colcord sein Agent war, der alle Verträge für ihn abschloß.
Steve McPeak (* September 1945) überquerte am 5. Juli 1976 auf einem Drahtseil die Entfernung von 91,5 m über die 550 m tief abfallenden Yosemite Valley Wasserfälle in Kalifornien (USA).

Farrell Hettig aus Sarasota und McPeak liefen im April 1979 in Los Angeles ein Rennen gegeneinander auf Drahtseilen, die einen Steigungsgrad von 39° und eine maximale Höhe von 17,35 m hatten.
Philippe Petit (24) aus Nemours (Frankreich) stellte am 7. August 1974 den Rekord für die höchste

Charles Blondin überquerte 1859 den Niagara.

Drahtseilwanderung über bebauter Fläche auf. Er ging zwischen den beiden 411 m hohen Türmen des *World Trade Center* in New York, die 42,6 m auseinanderliegen, *75 Minuten lang* mindestens siebenmal hin und her. Er wurde wegen unbefugten Betretens angeklagt, und der Polizeipsychiater kommentierte: *»Jeder, der so etwas in 400 m Höhe tut, kann nicht ganz richtig im Kopf sein.«*
Den Dauerrekord im Leben auf einem Seil stellte der Franzose Henri Rochetain (* 1926) auf, als er vom 28. März bis zum 29. September 1973 *185 Tage* auf einem 120 m langen Seil 25 m über einem Supermarkt in Saint Etienne (Frankreich) verbrachte. Seine Fähigkeit, auf dem Seil zu schlafen, versetzt die Ärzte immer noch in Erstaunen. Er ging ca. *500 km* auf dem Seil spazieren, um sich in guter Form zu halten.
Die längste je auf einem Seil hintereinander zurückgelegte Strecke brachte ebenfalls Henri Rochetain zustande, als er am 13. Juli 1969 auf einem *3465 m* langen Seil eine Schlucht bei Clermont Ferrand (Frankreich) überquerte. Dazu brauchte er *drei Stunden, 20 Min.*
Am 19. März 1977 kletterte Steve McPeak an einem 44 m dicken und 731 m langen Seil innerhalb von *65 Min.* auf den *Zuckerhut* in Rio de Janeiro (Brasilien). Der Aufstieg war 205 m lang.
Den ausgefallensten Seiltänzerrekord hält Manfred Fritsch, der aus Schlesien stammt und in Florida (USA) lebt (Künstlername *»The Great Doval«*). 1972 ging er auf Stelzen über zwei parallel gespannte Hochseile, *12 m* über dem Boden.
Die Jüngste auf dem Hochseil war im April 1980 die sechs Monate alte Tochter von *Falko Traber*, Angehöriger der Seiltänzer- und Gauklerfamilie Traber aus Breisach (Westdeutschland, Baden-Württemberg), die ihre Zugehörigkeit zu diesem Artistenzweig bis ins Jahr 1512 zurück belegen kann. Falkos Onkel Charly trug das Baby in einem Korb über das in fünf Meter Höhe gespannte Seil zu einer Plattform, wo es von einem katholischen Priester auf den Namen *Angelique* getauft wurde. Es war der erste Nachwuchs seit 20 Jahren in dieser Artistenfamilie. Falko Traber hatte 1978 *neun Tage (216 Stunden)* auf einem zehn Meter hohen Hochseil gelebt.

Seiltrick. Der einzige Mensch, der zwölf Seile (ohne Verlängerung) gleichzeitig schwingen konnte, war Roy Vincent (* 1910) aus Gloversville (USA). Er benutzte alle Gliedmaßen, beide Hände, seinen Rücken und seine Zähne.

Spielkarten. Kevin St. Onge warf eine normalgroße Spielkarte am 12. Juni 1979 auf dem Campus des *Henry Ford Community College*, Dearborn (USA), *56,4 m weit.*
Die größte Zahl von Stockwerken, die beim Bau eines freistehenden Kartenhauses erreicht wurde, ist *61*. Der Turm bestand aus *3650 Karten*, hatte eine Höhe von 3,5 m. Am 8. September 1978 baute ihn James Warnock in Cantley (Kanada).

Philippe Petit zwischen den Türmen des World Trade Center.

Singen. Der Dauerrekord im Chorsingen von *61 Stunden* wurde zwischen dem 20. und 22. Januar 1979 vom *Clinton-High-School-Chor*, Saline (USA), aufgestellt.
Acharya Prem Bhikuji begann 1964 mit dem Singen des *Akhand Ram Dhum*, und seine Anhänger setzten es abwechselnd fort, bis sie den Gesang *13 Jahre später* am 31. Juli 1977 in Jamnagar (Indien) beendeten.
Der längste Sologesang dauerte *134 Stunden, 54 Min.* und wurde vom 8.–13. Mai 1979 vom Unteroffizier S. A. Perera (33) des *Sri-Lanka-Heeres* aufgestellt. Seine Untergebenen hatten während dieser Zeit dienstfrei, mußten ihm aber zuhören.

Skate Board. Seit 1966 werden in unregelmäßigem Abstand *»Weltmeisterschaften«* ausgetragen. Mike Kinney gewann am 26. Mai 1979 einen Marathonwettbewerb in Reseda (USA), mit *349,7 km in 30 Stunden, 35 Min.*
Die höchste Geschwindigkeit, die nach Regeln des *amerikanischen Skate-Board-Verbandes* auf einer Bahn in Mount Baldy (USA) gestoppt wurde, ist *115,5 km/h* für Richard K. Brown (33) *in Bauchlage* (am 17. Juni 1979).
Der *aufrechte* Rekord wurde am 11. Juni 1978 mit *86 km* von John Hutson (23) in Signal Hill (USA) aufgestellt.
Den Hochsprungrekord von *1,52 m* stellte Bryan Beardsley (USA) am 24. und 25. September 1977 in Signal Hill auf. Bei den gleichen Meisterschaften sprang Tony Alva (19) über 17 Fässer, was einer Länge von *5,18 m* entspricht.

Sonnenblume. Das Exemplar, das seine Blüte, von der Wurzel an gerechnet, der Sonne am meisten entgegenstreckte, war *6,45 m hoch.* Frank Kelland aus Exeter (England) gelang 1975 diese Rekordzüchtung.

Spaziergänger. Den Dauerrekord hält seit August 1978 Tom Benson (46). Auf der *Pferderennbahn* von Aintree bei Liverpool (England) legte er *in vier Tagen 375 km* zurück.

Frank Kellands (67) Stolz: eine seiner Sonnenblumen.

Springen. Der höchste regelmäßig stattfindende Turmsprung wird von professionellen Springern vom *La-Quebrada-Felsen* in Acapulco (Mexiko) aus einer Höhe von *36 m* gewagt. Anführer des exklusiven Klubs von 27 Turmspringern, *Club de Clavadistas*, ist Raul Garcia (* 1928), der *mehr als 35 000 Kopfsprünge* gesund überstanden hat. Der 6,4 m breite Sockel des Felsens erfordert einen Weitsprung von 8,2 m. Das Wasser ist 3,65 m tief.
Am 8. Mai 1885 sprang Sarah Ann Henley (24) von der *Clifton Hängebrücke,* die den Fluß Avon in England überspannt. Ihr Fall von *76 m* wurde durch ihr voluminöses Kleid und ihren faltenreichen Unterrock, der zum Fallschirm wurde, abgebremst. Sie landete schmutzig und mit blauen Flecken im Schlamm am Nordufer und wurde von vier Polizisten ins Krankenhaus getragen.
Am 11. Februar 1968 sprang Jeffrey Kramer (24) von der 76 m hohen *George-Washington-Brücke* in New York City (USA) in den Hudson.
Von den 511 Personen, die sich seit 1937 bis 25. April 1974 von der 73 m hohen *Golden-Gate-Brücke* in San Francisco (USA) gestürzt haben, überlebten sieben diesen Selbstmordversuch.
Leutnant Harry A. Froboess (Schweiz) sprang am 22. Juni 1936 aus *110 m* Höhe aus dem Zeppelin *Graf Hindenburg* in den Bodensee.
Kitty O'Neil sprang im März 1979 vom 12. Stock des *Valley Hilton Hotels,* Sherman Oaks (USA) aus *38,7 m* Höhe auf ein Luftkissen.
Henri La Mothe (* 1904) stellte am 7. April 1979 einen Rekord auf, indem er in Northbridge (USA) aus einer Höhe von *8,5 m* in ein Planschbecken von 31,4 cm Tiefe sprang. Er schlug mit einer Geschwindigkeit von mehr als 40 km/h zuerst mit der Brust auf das Wasser auf.
Am 5. Februar 1892 setzte Joe Darby (1861–1937) in Wolverhampton (England) über einen 3,65 m langen Billardtisch, wobei er für den Absprung lediglich ein 10 cm hohes Holzblöckchen benutzte.

Spucken. Die größte Entfernung, die bei dem jährlichen *Tabakspuckwettbewerb* (seit 1955) in Raleigh (USA) erreicht wurde, ist *9,47 m.* Dieser Rekord gelang am 26. Juli 1975 Don Snyder (28).
Im dritten *Internationalen Spuck-, Rülps- und Fluchtriathlon* am 13. Juli 1973 in Central City (USA) kam Harold Fielden auf *10,36 m.* Die erreichte Entfernung hängt von der Speichelqualität, dem Seitenwind, dem Zuspitzen des Mundes mit Hilfe von zwei Fingern und der Koordination der Rückenbiegung mit der Nackenbewegung ab.
Der Rekord für *Melonenkernspucken*, aufgestellt nach *WCWSSCA-Regeln*, steht bei *18,02 m* und wurde am 11. Dezember 1976 von Brian Dunne im *Savemore Center,* Yeppoon (Australien) erreicht.
Die größte nachgewiesene Entfernung bei *Kirschkernspucken* ist *14,98 m.* Diesen Rekord stellte am 8. Juli 1978 William A. Mobley in Eau Claire (USA)

auf, doch wird dieser Rekord aus den USA von europäischen Kirschkern-Spuckern nicht für voll genommen. Ihr Weltrekordhalter heißt Josef Görtz aus Düren bei Köln (Westdeutschland, Nordrhein-Westfalen). Er »erspuckte« 1975 satte *17,34 m* und auch 1976, als er nicht ganz so gut in Form war, erreichte er beachtenswerte 16,38 m. Der Rekord wurde auf dem zweckentfremdeten *Hundesportplatz* von Düren aufgestellt.

SCH

Schach. Rekordhalter im *Simultan-Schach* ist der Mathematiker Werner Hug (Schweiz), der 560 Partien in 24 Stunden spielte und davon *385 gewann.* Adalbert Leis aus Bonn (Westdeutschland, Nordrhein-Westfalen) ist seit dem 11. Juli 1978 Rekordhalter im *Blitzschach.* Innerhalb 90 Stunden und 22 Min. trat er gegen 14 Gegner an, mit denen er *415 Partien* spielte, von denen er *314 gewann.* Beim *Blitzschach* hat jeder Spieler nur eine Gesamtbedenkzeit von fünf Min.

Schaukeln. In der Halle und mit Unterbrechungen halten George Partridge und Tamara Marquez von der *Auburn High School* in Washington (USA) den Rekord. Sie schaukelten zwischen 28. März und 13. Mai 1977 insgesamt *1101 Stunden, 40 Min.*
Im Freien, in einer Luftschaukel, halten Georgia Chaffin und Tammy Adams aus Cullman (USA) den Dauerrekord: vom 25. Juni–25. Juli 1975 wippten sie *730 Stunden, 30 Min.*
Die Rekordzeit für ununterbrochenes Schaukeln erreichte mit *185 Stunden* Mollie Jackson aus Tarrytown (USA) vom 25. März–1. April 1979.

Schaukelstuhl. Die längste Zeit für Wippen im Schaukelstuhl liegt bei *435 Stunden* und wurde von Maureen Weston aus Peterborough (England) zwischen dem 14. April und dem 2. Mai 1977 strikkenderweise aufgestellt.

Schlangengruben-Aufenthalt. Den am wenigsten zum Nachahmen einladenden Rekord in der Geschichte des Rekordebrechens stellte der 24jährige Peter Snyman auf, der sich 50 Tage und sieben Stunden, vom 7. April–27. Mai 1979 (bis auf 30minütige Ruhepausen nach je 24 Stunden), in einem 305×213,4 cm großen Käfig in Hartbeesport (Südafrika) aufhielt. Außer ihm befanden sich 24 Giftschlangen (sechs schwarze Mambas, sechs Kobras, sechs Puffottern und sechs Baumschlangen) in dem Käfig. Mensch und Schlangen überstanden unversehrt die gemeinsame Zeit.
Die Versuche, sich längere Zeit in einer Schlangengrube aufzuhalten, ohne getötet zu werden, hatten im Frühjahr 1980 Hochkonjunktur. Der Südafrikaner Austin Stevens kletterte am 20. Mai

Das war ein Marathon-Simultan-Schach: in 24 Stunden spielte der Schweizer Werner Hug gegen nicht weniger als 560 Partner.

1980, an seinem 30. Geburtstag, in Johannesburg (Südafrika) aus einem Schlangenkäfig, in dem er *52 Tage* zusammen mit 24 hochgiftigen Schlangen verbracht hatte. Beinahe hätte er sein drittes Dezennium nicht mehr vollendet, weil er am 42. Tag seines *Schlangen-sit-in* völlig übermüdet seine Kaffeetasse direkt auf einer Puffotter abstellte. Das Reptil biß sofort zu. Ein Arzt half mit einer Gegengift-Spritze und Stevens konnte zehn Tage später seinen Weltrekord als Geburtstagsgeschenk feiern. Wie lange er diesen Ruhm bewahren kann oder konnte, ist ungewiß, denn zur gleichen Zeit saß sein Landsmann Johannes Mothemane schon seit 46 Tagen mit 30 Giftschlangen zusammen und wollte mindestens 60 Tage erreichen, und die 18jährige Leigh van den Beerg bezog am 29. Mai 1980 in Durban (Südafrika) einen aus Holz und Glas gefertigten Käfig, wo sie von 35 giftigen Reptilien erwartet wurde. Ihr Ziel war es, 100 Tage bei den lieben Tierchen zu bleiben. Ob sie es erreichte, konnte das diesjährige *Guinness-Buch der Rekorde* bis Redaktionsschluß nicht feststellen. Außerdem hat die deutsche Redaktion nicht die Absicht, weitere Meldungen über dieses gefährliche Spiel mit dem Tod zu veröffentlichen, um abenteuerlichen Naturen keinen Anreiz für derartige leichtfertige Nervenspiele zu geben.

Schleuder. Die größte Entfernung, die für einen Schleuderschuß gemessen wurde, ist 349,7 m, mit einer 86 cm langen Schleuder und einem Stein von 212 g Gewicht. Diesen Rekord stellte am 25. September 1970 Melvyn Gaylor auf dem *Golfplatz in Newport,* Insel Wight (England), auf.

Schneidern. Die größte Geschwindigkeit, mit der ein zweiteiliger Anzug auf Bestellung von Bud Macken aus Mascot (Australien) am 23. Dezember 1931 angefertigt wurde, war eine Stunde, 52 Min., 18,5 sec. Das Schafscheren dauerte 35 sec., das Streichen und Krempeln der Wolle 19 Min., das Weben 20 Min., der Rest der Zeit ging für Zuschneiden und Nähen drauf. Leider hatte man in der Eile vergessen, Maß zu nehmen, so daß der Anzug zwar fertig war, aber nicht paßte.
Da war die Österreicherin Lotte Meisl bei einem *Schneiderwettbewerb* in Graz (Steiermark) vorsichtiger: In drei Min. und 31 sec. nähte sie auf einer elektrischen Nähmaschine ein Kleid, das sofort von einem Mannequin vorgeführt wurde.

Aus Schrauben und Muttern werden Kunstwerke.

Schraubenkünstler. Der Kfz-Mechanikermeister Oswald Truckenbrodt aus Fürth bei Nürnberg (Westdeutschland, Bayern) kommt auch in seiner Freizeit nicht von seinem Arbeitsmaterial los: aus Schrauben, Zahnrädern, Splinten, Muttern und anderen Kleinteilen bastelt er Collagen, die Autos,

Porträt – mit der Schreibmaschine getippt.

Lokomotiven, Kutschen und ähnliches darstellen. Diese Werke haben bereits einen festen Liebhaberkreis und erzielen beachtliche Preise.

Schreibmaschinenmaler. Die Möglichkeiten, die Schreibmaschinentypen auch graphisch zu nutzen, findet immer wieder Anhänger. Der erfolgreichste deutsche Schreibmaschinenmaler dürfte Josef Abel (* 1915) aus Frankfurt (Hessen) sein, der sich sogar erfolgreich an die schwierige Kunst des getippten Porträts wagte.

Schrubben. Bei der Spaß-*Olympiade der Superlative* im Hürth-Park bei Köln (Westdeutschland, Nordrhein-Westfalen) betätigten sich Ende Mai 1980 fünf junge Herren vom Sportverein Berzdorf als Saubermänner. Im Tag- und Nachteinsatz reinigte das *Schrubber-Ballett* in *40 Stunden* (– alter Rekord: 36 Stunden –) ein Fläche von *3430 m²* und legte *108 km zurück. 32 Schruber gingen zu Bruch. Der Reinerlös betrug 600,– DM; er kam Körperbehinderten und Waisenkindern zugute.*

Schubkarrenrennen. Der Streckenrekord über eine Meile (1,609 km) für *»Schubkarren«*, die von zwei Menschen gebildet werden, ist *fünf Min., 1,59 sec.* und wurde von Bryan Zellweger (dem *Gaul)* und Jack Zellweger (dem *Schieber)* bei einem

Für eigene Rekorde

Centennial Sportfest in Delta (Kanada) am 1. Juli 1979 aufgestellt.
Eine echte Schubkarre, mit 289 Ziegeln – ein Gewicht von 1064,5 kg – beladen, wurde am 30. Juni 1979 von Bill Richardson (England) *6,09 m* weit geschoben.

Schuhputzen. In dieser *»Sportart«* (beschränkt auf eine Mannschaft von vier Jugendlichen, acht Stunden Dauer und Schuhe »am Fuß«) steht der Rekord bei *6334 Paar* Schuhen. Er wurde am 16. Juli 1977 von den *Pfadfindern* in Bedford North (England) aufgestellt.

Schuldscheine. Die Höchstleistung im Ausstellen von Schuldscheinen vollbrachte der Beamte für Aktienausgaben im *US-Schatzamt,* L. E. Chittenden († 1902). In 48 Stunden (vom 20.–22. März 1863) stellte er *12 500 Schuldscheine* im Wert von 10 Mio. Dollar aus (heutiger Wert ca. 20 Mio. DM), die vor Abgang eines Dampfers nach England an Bord sein mußten. Chittenden zog sich einen Schreibkrampf zu, der jahrelang anhielt. Von keinem einzigen dieser Schuldscheine wurde je Gebrauch gemacht.

Schwimmen in Fesseln. An Händen und Füßen gefesselt schwamm der Argentinier Luis Aguero im Februar 1980 *50 Stunden und 18 Min.* in der Bucht von Corrientes, 100 km südlich von Buenos Aires (Argentinien). Er schlug damit den bisherigen Weltrekord des Holländers Herf von Deerkef um achtzehn Min.

Schuhputzrekord: 6334 Paar in sieben Stunden.

ST

Stehen. Die längste Zeit, die nachgewiesenermaßen irgendjemand ohne Unterbrechung im Stehen verbrachte, ist *17 Jahre.* Dies war bei Swami Maujgiri Maharij der Fall, der von 1955 bis November 1973 in Shahjahanpur, Uttar Pradesh (Indien) Buße *(Tapasya)* tat. Zum Schlafen lehnte er sich an ein Brett.
Auf einem Bein stand am längsten, nämlich *31 Stunden, 45 Min.,* Anton Christy in Jaffna (Sri Lanka) vom 27. zum 28. Mai 1979. Zu den Vorschriften dieses Wettbewerbs gehört es, daß das Spielbein nicht auf das Standbein gestützt werden darf, ebenso ist Stockhilfe zum Stützen bzw. Gleichgewichthalten verboten.

Auf Händen gehen können viele, doch »Jonny le Désossé« kreuzt dazu noch die Beine hinter seinem Kopf und kann sich so 35 Minuten vorwärts bewegen.

Steine heben, tragen und hüpfen. Den Weltrekord im Steineheben hält seit dem 17. Juni 1980 der 25jährige Metzger Ludwig Fey aus Haldenwang/Allgäu (Westdeutschland, Bayern). Genau *1170,5 kg* lupfte der *Bär von Haldenwang* in die Höhe und schlug damit Johann Pfaffinger aus Altötting (Bayern), der 1977 *1112 kg* hob.
Im Steine *tragen* liegt der Rekord in England. John Pitson aus Oxford trug am 31. Mai 1978 die beachtliche Zahl von *56 Ziegeln* zu 2 kg im Gesamtgewicht von 112 kg eine 3,65 m hohe Leiter hinauf.
Steine so geschickt über eine Wasseroberläche *werfen,* daß sie *»hüpfen«*, ist eine Begabung, die jeder jährlich auf dem *Steinhüpf-Turnier* auf Mak-

kinac Island (USA) beweisen kann. Seit dem 5. Juni 1975 liegt der Rekord bei *24 »Hüpfern«*, den Warren Klope (20) aus Troy (USA) mit einem 10 cm großen, flachen Kalkstein aufstellte. Wiederholt wurde der Rekord von John S. Kolar und Glenn Loy Jr. am 4. Juli 1977.

Stenographie. Die höchsten Geschwindigkeiten, die je unter Wettbewerbsbedingungen erreicht wurden, sind 300 Wörter pro Min. (99,64 Prozent Genauigkeit) bei fünf Min. und 350 Wörtern pro Min. (99,72 Prozent Genauigkeit, d. h. zwei unwesentliche Fehler) bei zwei Min. Testdauer.
Aufgestellt wurden diese Rekorde im Dezember 1922 in New York von Nathan Behrin (USA). Behrin (* 1887) benutzte das *Pitman-System,* das 1837 erfunden wurde. Morris I. Kligman, offizieller Prozeßberichterstatter des *US Court House* in New York, schrieb 50 000 Worte in fünf Stunden mit (ein Durchschnitt von 166,6 Wörter pro Min.).
Die Geschwindigkeit hängt stark von der Art, Schwierigkeit und Silbendichte der Vorlage ab. G. B. Bunbury aus Dublin (Irland), zeichnete sich am 23. Januar 1894 durch die Leistung von 250 Wörtern pro Min. über zehn Min. aus.
Dagegen steht die Meinung des deutschen Großmeisters *Ferdinand Schrey,* der 88 Jahre alt wurde und 1986 das System *Stolze-Schrey* ersann. Er erklärte 1937, er habe die Rekordleistungen der Meisterstenographen von Amerika genau nachgeprüft und festgestellt, daß sie unter den Höchstleistungen verschiedener deutscher Stenographen liegen. Vielleicht spielt auch die Bleistift-Qualität eine Rolle?

Stricken. Die produktivste Handstrickerin aller Zeiten ist Gwen Matthewman aus Featherstone (England), die 1975 *aus 298,5 kg Wolle* (das entspricht der Wolle von 85 Schafen) *885 Kleidungsstücke* strickte. In einem 30-Min.-Test kam sie auf einen Durchschnitt von 108 Maschen pro Min. Ihre Technik wurde vom einzigen Professor für Strikken – einem Japaner – im Film festgehalten.

T

Tauchen. Der Rekord für den längsten Aufenthalt unter Wasser (ohne Hilfe einer Tauchglocke) ist *141 Stunden, 24 Min.* Er wurde zwischen dem 12. und dem 18. August 1978 vom Obergefreiten Steven Cook (22) aus Romsley (England) in einem 22 500-Liter-Tank auf dem *Confederation Square,* Ottawa (Kanada), aufgestellt. Die Wassertemperatur betrug 28,5° C.

Teetrinken. Noch hat niemand Marion Tindall aus Barton-on-Sea (England) geschlagen. Sie trank im August 1970 in sechs Stunden *78 Tassen* (Normalgröße) Tee.

Telefonzelle. Wieviele Personen in eine Telefonzelle passen, ist umstritten, da keine klaren Regeln existieren, ob – wie im Mai 1974 in Los Angeles (USA) geschehen – die Beine außerhalb der Zelle bleiben dürfen, so daß übereinander 30 Jünglinge Platz fanden oder ob alle Gliedmaßen in der Zelle sein müssen, so daß »nur« elf Mädchen in eine Telefonzelle in Cedar Rapids (USA) paßten.

Tellerdrehen. Die größte Zahl von Tellern, die gleichzeitig in der Luft gedreht wurden, ist *53.* Dies gelang am 3. Januar 1979 Shukuni Sasaki aus Takamatsu (Japan).

Traubenfangen. Die größte Entfernung, über die eine geworfene Weintraubenbeere mit dem Mund gefangen wurde, ist *79 m.* Dies schaffte am 7. November 1977 Arden Chapman an der *Northeast Louisiana University* (USA). Der Traubenwerfer war Benny David Jones.

Treppensteigen. Der 100-Stockwerk-Rekord fürs Treppensteigen wurde am 26. Juni 1978 von Dennis W. Martz im *Detroit Plaza Hotel,* Detroit (USA), mit *elf Min., 24 sec.* aufgestellt.
Jerry Rafferty (26) rannte am 15. Februar 1979 die 1575 Stufen des *Empire State Building,* New York City (USA) in *zwölf Min., 19,8 sec.* hinauf.

Trinkgeld. John Webb, Autohändler in London (England), verkaufte einem Ölscheich drei Sportwagen, zwei Land-Rover und einen Reisebus (für den Harem des Scheichs?). Als *»Trinkgeld«* für die prompte Lieferung schenkte der Araber dem Autohändler seinen »alten« Sportwagen, den John Webb wenige Tage später für *ca. 28 000 DM* verkaufen konnte.

U

Unterhaltskosten. Mehr als irgendein anderer geschiedener Ehemann mußte der englische Milliardär *Jean Paul Getty* (* 15. Dezember 1892, † 6. Juni 1976) an seine vier »Verflossenen« zahlen, *monatlich ca. 100 000 DM.* Nur Adolphine Henle, seine fünfte Ehefrau aus Westdeutschland, verzichtete auf Unterhaltszahlungen. Ihr Vater ist selber mehrfacher Millionär.

V

Verteidigungsrede. Die längste der Welt dauerte fünf Tage. Sie wurde nicht aus Rekordsucht in die Länge gezogen, sondern um der Frau eines Generals, der von einem Kriegsgericht zum Tode verurteilt werden sollte, die Zeit zu verschaffen, beim König ein Gnadengesuch durchzusetzen. Wenn die Verteidiger nicht so lange gesprochen hätten, wäre das Urteil gefällt worden und hätte sofort vollstreckt werden müssen. So geschehen 1815 in Rennes (Frankreich) im General-Traol-Prozeß.

Vernieten. Der Weltrekord für Vernieten steht bei *11209 Nietungen innerhalb von neun Stunden.* Aufgestellt wurde er im Juni 1918 von J. Moir auf einer Werft in Belfast (Nordirland). Seine Höchstleistung erreichte er in der siebten Stunde, mit 1409 Nieten, was einem Durchschnitt von fast 23½ Nieten pro Minute entspricht.

VW-Käfer. Der vollste, aber nicht mehr fahrfähige VW-Käfer war während eines Volksfestes in Fallersleben bei Braunschweig (Westdeutschland, Niedersachsen) im Juli 1978 zu besichtigen. *103 Jugendliche* hatten in und auf ihm Platz gefunden. Um die Stehfläche zu vergrößern hatte man alle Sitze ausgebaut und die Türen geöffnet.

W

Wachen. Der Finne Toimo Silvo aus Hamina behauptet, *38 Tage und Nächte lang* kein Auge geschlossen zu haben. Die drei Kontrolleure konnten es nicht bestätigen. Sie waren eingeschlafen.

Wasserkur. Die Bäuerin Maria Furtner aus Weizenreit (Westdeutschland, Bayern) hat von 63 Lebensjahren 52 nichts anderes zu sich genommen als Wasser. So jedenfalls steht es auf dem Gedenkstein, der am 4. November 1884 auf ihrem Grab errichtet wurde und der noch dort steht.

Wassertreten. Der Weltrekord wurde nicht im *Kneipp-Kurbad Wörishofen* aufgestellt, sondern in Colombo (Sri Lanka). In einem Swimmingpool mit 20° trat 1978 Kumar Anadan (24) *über 60 Stunden* Wasser. Die Zuschauer honorierten den Rekord mit *»betretenem«* Schweigen.

Witzeerzählen. G. David Howard erzählte zwischen dem 14. und dem 15. Juli 1979 im *Hilton Inn*, Clearwater Beach (USA), *16 Stunden lang* ununterbrochen Witze.
Der Dauerrekord für ein Duo – *52 Stunden* – wird von Wayne Malton und Mike Hamilton gehalten, die ihn zwischen dem 13. und dem 16. November 1975 im *Howard Johnson Motor Hotel,* Flughafen Toronto (Kanada), aufstellten. Drei Zuhörer lachten so herzlich, daß sie darüber den Start ihres Flugzeugs versäumten.

XY

Mister XY ist die häufigste Bezeichnung für jemanden, der anonym bleiben möchte.

Z

Ziegelwerfen. Robin Tait aus Auckland (Neuseeland) warf am 20. Juni 1979 einen Normalziegel im Gewicht von 2,3 kg *44 m weit.*

Ziehharmonikaspielen. Stas Szezesnak spielte vom 20.–22. April 1979 in Westchester (USA) *64 Stunden und 13 Min.* lang Ziehharmonika.

Ziehen mit den Zähnen. Der Mann mit den *»stärksten Zähnen der Welt«* ist *»Herkules«* John Massis (* Wilfried Oscar Morbee, 4. Juni 1940) aus Ostakker (Belgien). Am 8. November 1978 bewies er die Stärke seiner Zähne, als er drei *126,3 t* schwere Eisenbahnwaggons in der Nähe von Stockholm (Schweden) auf ebenen Schienen zwei Meter zog. Bei der *Guinness-Spectacular-Fernsehschau* in Los Angeles am 7. April 1979 hinderte Massis, lediglich mit Hilfe einer Trensenzäumung, einen Hubschrauber am Aufsteigen.

Zwiebelschälen. Der Rekord für Zwiebelschälen steht bei *22,6 kg* innerhalb von 25 Min. sieben sec. und wurde am 29. März 1979 von Alan Benn im *EMI Bingo und Social Club* in Newcastle (England) aufgestellt.

»Herkules« John Massis zog 1978 in Stockholm drei Eisenbahnwagen, (126,3 t), nur mit seinen Zähnen.

Für eigene Rekorde

Für eigene Notizen

Die Welt des Sports

Welt des Sports

Allgemein:

Ursprünge: Der Sport entstand in der Zeit, in der die Menschen nicht mehr nur durch den Kampf um Selbsterhaltung in Anspruch genommen wurden. Bogenschießen war in mesolithischen Zeiten (etwa gegen 8000 v. Chr.) eine Jagdkunst und wurde etwa 300 n. Chr. unter den Genuesern zum organisierten Sport. Der früheste Nachweis für Sport datiert von etwa 2450 v. Chr. für Vogeljagd mit bumerangähnlichen Wurfstöcken. Ballspiele von Mädchen, die auf Wandgemälden aus dem Mittleren Reich in Beni Hasan, Ägypten, abgebildet sind, wurden auf etwa 2050 v. Chr. datiert.

Die höchste Geschwindigkeit bei einer nichtmechanischen Sportart wurde beim Fallschirmspringen erreicht, wobei selbst in der niedrigeren Atmosphäre bei freiem Fall mit Kopf nach unten eine Geschwindigkeit von *298 km/h* erzielt wird. Bei Absprüngen mit verzögerter Fallschirmöffnung sind in Höhen mit stark verdünnter Atmosphäre Geschwindigkeiten von *998 km/h* registriert worden.

Die höchste Fluggeschwindigkeit in einem Ballspiel beträgt *302 km/h* bei Pelota. Dies läßt sich mit einem vom Abschlag geschlagenen Golfball mit einer Geschwindigkeit von *273 km/h* (elektronisch abgestoppt) vergleichen.

Die langsamste Sportart war das Ringen, bevor die Regeln abgeändert wurden. Bis dahin wendeten die Wettkämpfer Klammergriffe an, so daß eine einzige Runde einmal geschlagene elf Stunden 40 Minuten dauerte.
Im Extremfall des Zwei-Stunden-41-Minuten-Zugs im Regiments-Tauziehen in Jubbulpore, Indien, am 12. August 1889 bewegte sich die Siegermannschaft über eine Entfernung von *3,6 m* mit einer Durchschnittsgeschwindigkeit von *0,00135 km/h.*

Der ausgedehnteste Sporttest war ein Autodauertest von *358 268 km,* gefahren 1963 von Appaurchaux und anderen in einem Ford Taunus in 142 Tagen. Die Entfernung entsprach einer 8,93maligen Umrundung des Äquators.

Das ausgedehnteste nichtmechanische Sportereignis ist das Tour-de-France-Fahrradrennen. Im Jahre 1926 ging es über 5743 km und dauerte 29 Tage. Der Gesamtschaden für die französische National-Ökonomie aufgrund des Interesses an diesem jährlichen Ereignis, das jetzt auf 23 Tage verkürzt ist, ist enorm und wird gegenwärtig auf mehr als 3,6 Mrd. DM geschätzt.

Das größte Feld für jegliche Ballspiele ist das Polofeld mit 5 ha oder einer Maximallänge von 274 m und einer Breite von 182 m.

Die größte Trophäe der Welt für eine spezielle Sportart ist die *Bangalore-Limited-Handicap-Polo-Tournament*-Trophäe. Dieser massive Pokal ist *1,83 m* hoch und wurde im Jahre 1936 von Radscha von Kolanka gestiftet.

Der schwerste Sportler aller Zeiten war der Profiringer William J. Cobb aus Georgia, USA, bekannt als der *363-kg*-schwere *Happy Humphrey.*
Der schwerste Spieler eines Ballspiels war der *221 kg* schwere Bob Pointer, ein US-Football-Stürmer aus Kalifornien, Mitglied eines High-School-Teams im Jahre 1967.

Der jüngste Weltrekordbrecher ist Gertrude Caroline Ederle (* 23. Oktober 1906), USA, die im Alter von *zwölf* Jahren und *298* Tagen am 17. August 1919 in Indianapolis den Weltrekord im Frauenfreistil der Schwimmerinnen brach. Sie schwamm 880 Yards in 13 min. 19 sec.

Der älteste Weltrekordbrecher ist der in Irland gebürtige John Flanagan (1868–1938), der für die USA im Hammerwerfen am 24. Juli 1909 im Alter von *41* Jahren und 196 Tagen seinen letzten Weltrekord mit *56,18 m* aufstellte.

Die meisten Weltrekorde wurden zwischen dem 24. Januar 1970 und dem 1. November 1977 mit einer Gesamtsumme von *80* offiziellen Weltrekorden von Wassili Alexejew (* 7. Januar 1942), UdSSR, im Gewichtheben gebrochen.

Der jüngste internationale Titelträger ist die *acht* Jahre alte Joy Foster, Jamaika, die Tischtennismeisterin im Einzel und gemischten Doppel im Jahre 1958 ihres Landes wurde. Offenbar das höchste Alter, in dem jemand aktiv für ein Land am Wettkampf teilnahm, ist *72* Jahre, *280* Tage im Fall von Oscar G. Swahn (1847–1927), Schweden, der bei den Olympischen Spielen von 1920 in Antwerpen eine Silbermedaille im Schießen gewann. Er qualifizierte sich für die Spiele von 1924, war jedoch aufgrund von Krankheit nicht in der Lage, teilzunehmen.

Der vielseitigste Sportler ist nach Maßstäben der Vielseitigkeit, die sich am Leistungsniveau auf äußerst verschiedenen Gebieten mißt, Charlotte Dod (1871–1960), England, die zwischen 1887 und 1893 fünfmal den Titel im Wimbledon-Einzel, 1904 die britische Damenmeisterschaft im Golf, 1908 eine olympische Silbermedaille im Bogenschießen gewann und 1899 England im Hockey vertrat. Sie zeichnete sich ebenfalls im Schlittschuhlaufen und im Schlittenfahren aus.

Der jüngste und erfolgreichste Titelbewerber war ein Franzose, dessen Name nicht festgehalten ist und der am 26. August 1900 in Paris den niederländischen Olympia-Zweier (Rudern) steuerte. Er war nicht älter als zehn und möglicherweise erst sieben Jahre alt.
Die jüngste olympische Einzelgewinnerin war Marjorie Gestring, USA, die im Alter von *13* Jahren, *neun* Monaten bei den Olympischen Spielen 1936 in Berlin den Titel im Kunstspringen gewann.

Das größte Vermögen, das jemand im Sport ansammelte, beträgt schätzungsweise *60 Mio. Dollar (108 Mio. DM)* und wurde von dem Boxer Muhammad Ali Haj, USA, bis zum August 1979 eingenommen.

Die höchstbezahlte Athletin der Welt ist die Eisläuferin Janet Lynn (* 6. April 1953), USA, die 1974 einen Drei-Jahres-Vertrag über *1,5 Mio. Dollar (2,79 Mio. DM)* unterzeichnete. 1974 verdiente sie mehr als *750 000 Dollar (1,35 Mio. DM)*

Die größte in einem einzelnen Sportwettkampf gewonnene Summe beträgt *6,5 Mio. Dollar (11,7 Mio. DM)* und wurde von Muhammad Ali Haj, USA, eingenommen, als er in New York am 28. September 1976 Ken Norton, USA, besiegte.

Die teuerste aller Sportarten ist das Rennen großer Yachten – der *»J«-Typ*-Boote –, die zuletzt 1937 gebaut wurden und die Boote der Internationalen *12-m*-Klasse. Besitz und Wettkampf dieser Boote überschreiten die Mittel eines einzelnen Millionärs und beschränken sich auf Multimillionäre oder Verbände.

Die größte Anzahl von Live-Zuschauern bei einem Sportereignis sind die schätzungsweise *2,5 Mio.* Menschen, die die Route des New York Marathon am 21. Oktober 1979 säumten. Der Lauf wurde das vierte Mal nacheinander von Bill Rogers, USA, gewonnen. Obwohl sich die jährliche Tour de France über 23 Tage erstreckt, stehen entlang der Route mehr als 10 Mio. Zuschauer.

Die größte Menschenmenge, die zu einem Sportereignis reist, beträgt mehr als *400 000* zum jährlichen Grand Prix d'Endurance auf dem Sarthe-Ring in der Nähe von Le Mans, Frankreich. Die Rekordmenge in einem Stadion betrug *199 854* Zuschauer beim Wettspiel Brasilien/Uruguay im Maracaña-Fußballstadion, Rio de Janeiro, Brasilien, am 16. Juli 1950.

Die meisten Teilnehmer sind die über *50 000* Läufer des Stramilano-Laufs am 16. April 1978, die eine Strecke von 22 km um Mailand, Italien, laufend bewältigen.
Im Mai 1971 nahmen am *»Ramblin' Raft Race«* auf dem Chattahoochee River bei Atlanta (Georgia, USA) *37 683* Wettkämpfer auf 8304 Flößen teil.

Die meisten Sportler, die in einem Land aktiv tätig sind, sind die 55 Mio. Menschen in der UdSSR. Das Land hat 3282 Stadien, 1435 Schwimmbecken und dazu noch über 66 000 Sporthallen. Man schätzt daß etwa 29 Prozent der Bevölkerung Ostdeutschlands (17 Mio. Einwohner) regelmäßig am Sport teilnehmen.

Die schwerste Sportkatastrophe in der jüngeren Geschichte ereignete sich, als schätzungsweise 604 Menschen am 26. Februar 1918 getötet wurden, als einige Tribünen auf dem Rennplatz des Honkong Jockey Clubs einstürzten und Feuer fingen.
Während der Regierungszeit von Antonius Pius (138–161 n. Chr.) brachen die oberen Holzränge im *Circus Maximus* in Rom während eines Gladiatorenkampfes zusammen und töteten etwa 1112 Zuschauer.

(A)

Angeln

Der größte offiziell anerkannte Fisch, der je mit einer Angelrute gefangen wurde, ist ein großer weißer menschenfressender Hai *(Carcharodon carcharis),* der *1208 kg* wog und *5,13 m* lang war. Gefangen wurde der Fisch mit einer *58-kg*-Testleine von Alf Dean in der Denial Bucht, Ceduna (Südaustralien), am 21. April 1959. Ein weißer Dornhai mit dem Rekordgewicht von *1537 kg* wurde nicht anerkannt, weil Walfleisch als Köder benutzt worden war.

Der größte Fisch, der mit einer Harpune erlegt wurde, war ein weißer Hai, der *2040 kg* wog und *5,18 m* lang war; er wurde am 6. Juni 1964 von

Capt. Frank Mundus, USA, vor Montauk Point, New York, USA, nach fünfstündigem Kampf von Peter Brandenberg, Gerald Mallow, Frank Bloom und Harvey Ferston an Land gebracht.

Das größte je mit der *Hand*harpune getötete Meerestier war ein *29,56 m* langer Blauwal, der 1910 von Archer Davidson in Twofold Bay, Neusüdwales (Australien), gefangen wurde. Seine Schwanzflossen hatten eine Breite von *6,09 m* und sein Kieferknochen *7,11 m*.

Der kleinste Fisch, der einen Wettbewerb gewann, ist ein Stint, der *3,88 g* wog und am 9. Januar 1977 von Peter Christian bei Buckenham Ferry, Norfolk, England, gefangen wurde, womit er 107 Mitbewerber schlug.

Speerfischen: Der größte je unter Wasser gefangene Fisch war ein *364 kg* schwerer schwarzer Zackenbarsch, gefangen 1955 von Don Pinder vom Miami Triton Club, Florida, USA.

Weltmeisterschaftsrekorde: Die *Confédération-Internationale-de-la-Pêche-Sportive*-Meisterschaften wurden 1953 als europäische Meisterschaften eingeführt. Sie wurden 1957 als Weltmeisterschaften anerkannt. Frankreich gewann zwischen 1956 und 1978 zehnmal; Robert Tesse, Frankreich, gewann als einziger dreimal den Einzeltitel (1959/60, 1965).

Das Rekordgewicht im Teamwettbewerb erzielte Italien in drei Stunden auf der Donau bei Belgrad am 29. September 1957 mit *26 kg, 240 g.*
Der Einzelrekord von Fausto Pasinetti, Italien, beträgt *12 kg, 38 g,* erzielt am 3. Oktober 1976 bei Varna, Bulgarien.
Die meisten Fische wurden am 27. August 1967 von Jacques Isenbaert, Belgien, bei Dunajvaros, Jugoslawien, gefangen. Es waren 652 Stück.

Der weiteste Leinenauswurfrekord unter I.C.F. *(International-Casting-Federation-)*-Regeln in Süßwasser beträgt *175,01 m,* erreicht von Walter Kummerow, Westdeutschland, beim *30-g*-Gewicht-Weitwurf (beidhändig) in Lenzerheide, Schweiz, während der Meisterschaft von 1968.
Der längste Fliege-Weitwurf beträgt *78,38 m,* erreicht von S. Scheen, Norwegen, ebenfalls im Jahr 1968 in Lenzerheide.

Der längste dokumentierte Kampf eines Einzelnen mit einem Fisch betrug 32 Stunden, fünf Minuten und spielte sich ab zwischen Donald Heatley (* 1938), Neuseeland, und einem schwarzen Speerfisch (geschätzte Länge: *6,09 m,* Gewicht: *680 kg*) vor Tauranga, Nordisland, am 21./22. Januar 1968.
Der Fisch schleppte die 12-t-Barkasse *80 km,* bevor er die Leine zerriß.

Marathon: John Reader angelte vom 7.–30. Juli 1979, *552* Stunden lang am Weston-super-Mare, Avon, England.

Weltrekorde		
Art	**Gewicht (kg)**	**Name des Anglers**
Barracuda	37,648	K. J. W. Hackett
Barsch (Riesensee)	255,599	James D. McAdam jr.
Karpfen	25,089	Frank J. Ledwein
Kabeljau	44,792	Alphonse J. Bielevich
Schwarzer Merlan	707,604	Alfred C. Glassell jr.
Hecht (Nördl.)	20,921	Peter Dubuc
Lachs	42,184	Howard C. Rider
Hai (Weißer oder Menschen-)	1208,370	Alfred Dean
Hai (Herings-)	210,920	Jorge Potier
Stör (weiß)	163,293	Willard Cravens
Schwertfisch	536,146	Lou E. Marron
Forelle (See-)	29,483	Larry Daunis
Thun (Bluefin)	560,186	Michael McDonald

Autorennen

Ursprünge: Das früheste Rennen, über das es widersprüchliche Angaben gibt, war das Autorennen von Green Bay nach Madison, Wisconsin, USA, im Jahre 1878 über eine Länge von *323 km*; es wurde von einem dampfgetriebenen *Oshkosh* gewonnen. 1887 gewann Graf de Dion de Malfiance (1856–1946) das La-Velocipede-31-km-Rennen in Paris in einem *De-Dion*-Dampf-Vierrad, mit dem er *59 km/h* überschritten haben soll. Das erste richtige Rennen ging am 11.–13. Juni 1895 von Paris nach Bordeaux und zurück *(1187 km).* Der Erste am Ziel war Émile Levassor (1844–97) aus Frankreich in einem *Panhard*-Levassor-Zweisitzer mit einer 1,2-Liter-Daimler-Maschine, die 3 1/2 PS entwickelte. Seine Durchschnittsgeschwindigkeit war *24,15 km/h.* Das erste Rundstreckenrennen ging über fünf Runden auf einer 1,6 km Aschenbahn in Cranston, USA, am 7. September 1896 und wurde von A.H. Whiting gewonnen.

🌐 **Das älteste Rennen der Welt,** das immer noch regelmäßig abgehalten wird, ist das R.A.C. *Tourist Trophy* auf der Isle of Man, das am 14. September 1905 zum ersten Mal veranstaltet wurde.

Das älteste Rennen auf dem Kontinent ist der französische Grand Prix, der zum ersten Mal am 26.–27. Juni 1906 veranstaltet wurde. Das Coppa Florio auf Sizilien wurde seit 1900 in unregelmäßigen Abständen veranstaltet.
Ⓓ Das älteste deutsche Rennen fand am 24. Mai 1898 von Berlin nach Potsdam und zurück statt.

Die höchste Rundengeschwindigkeit auf einem geschlossenen Ring erreichte mit *355,922 km/h* Mark Donohue Jr. (1937–75) aus den USA, der am 9. August 1975 das 4,28 km lange Dreier-Oval mit einer 33°-Böschung des Alabama International Motor Speedway, Talladega, Albama, USA, in *43,299* Sekunden umrundete; er fuhr einen 5374-ccm-*Porsche Turbo 917/30 Can-Am.*

Die höchste Runden-Durchschnittsgeschwindigkeit bei einem Rundstreckenrennen erreichte mit *344,654 km/h* Mario Andretti, USA (* 28. Februar 1940 in Italien), der am 6. Oktober 1973 einen 2,6 l turbogetriebenen Viceroy-Parnelli-Offenhauser auf dem 3,2-km-Oval mit einer 22°-Böschung des Texas World Speedway, College Station (Texas, USA) fuhr.

Der schnellste Straßenring war der Francorchamps-Ring in der Nähe von Spa, Belgien, damals 14,1 km lang, der in drei Minuten, 13,4 Sekunden (Durchschnittsgeschwindigkeit: *262,461 km/h*) auf Runde 7 des 1000-km-Sportwagenrennens am 6. Mai 1973 von Henri Pescarolo (* 25. September 1942), Frankreich, umrundet wurde; er fuhr einen 2993-ccm-*V12-Matra-Simca-MS670*-Gruppe-5-Sportwagen.

(D) **Der Runden-Durchschnittsgeschwindigkeitsrekord** bei einem Rennen auf der Berliner Avus war *276,38 km/h* durch Bernd Rosemeyer (1909–38) in einem 6-Liter-*V16-Auto-Union* im Jahre 1937.

Der schnellste Weltmeisterschafts-Grand-Prix-Ring, der gegenwärtig gefahren wird, ist die 4,719-km-Strecke von Silverston, England, die 1948 eröffnet wurde. Der Rennrundenrekord ist eine Minute, 14,4 Sekunden (Durchschnittsgeschwindigkeit: *228,31 km/h*), aufgestellt von (Clay) Regazzoni (* 5. September 1939), Schweiz, in einem *Saudia-Williams*-FW07 am 14. Juli 1979. Der Übungsrundenrekord ist eine Minute, 11,88 Sekunden *(263,31 km/h)*,aufgestellt von Alan Jones (* 2. November 1946), Australien, in einem *Saudia-Williams* am 12. Juli 1979.

(D) **Die schnellste Runde** fuhr auf dem Nürburgring (Nordschleife = 22,835 km) Clay Regazzoni auf einem *Ferrari* 312 T F.1 im Jahre 1975 mit einer Geschwindigkeit von *192,79 km/h* (7.06,4 Minuten). Die schnellste Runde auf dem Hockenheimring (6,78861 km) fuhr 1979 Gilles Villeneuve, Kanada, auf einem *Ferrari 312 T4,* in *218,4 km/h* = 1,51,69 Minuten.

Das schnellste Rennen der Welt war das *NASCAR* Grand National über 201 km auf dem 4,02 km Dreier-Oval mit 31°-Böschung des Daytona International Speedway, Florida, USA. Die Rekordzeit für dieses Rennen ist *40* Minuten, *55* Sekunden (Durchschnittsgeschwindigkeit: *294,985 km/h*) durch William »Cale« Yarborough (* 27. März 1939), USA, am 19. Februar 1970 in einem *1969 Mercury V8.*

Das schnellste Straßenrennen war das Francorchamps-Sportwagenrennen über 1000 km. Die Rekordzeit für dieses 71-Runden-Rennen (*1001,100 km*) war *vier* Stunden, *eine* Minute, *9,7* Sekunden (Durchschnittsgeschwindigkeit: *249,070 km/h*) durch Pedro Rodriguez (1940–1971) aus Mexiko und Keith »Jackie« Oliver (* 14. August 1942), England, am 9. Mai 1971 in einem 4998-ccm-12-Zyl.-*Porsche-917K*-Gruppe-5-Sportwagen.

Der schnellste Boxen-Stop fand am 30. März 1976 statt. Robert William Unser (* 20. Februar 1934), USA, brauchte nur *vier Sekunden,* um auf Runde 10 des Indianapolis-500-Rennens Treibstoff aufzunehmen.

Der härteste Ring der Welt ist der Targa Florio (erstes Rennen am 9. Mai 1906). Das schwierigste Rennen wurde auf dem Piccolo-Madonie-Ring auf Sizilien abgehalten, erstreckte sich über elf Runden (792 km) und forderte die Bewältigung von *9350* Kurven über steile Berghänge und enge, schwierige Straßen. Die Rekordzeit fuhren am 21. Mai 1972 Arturo Francesco Merzario (* 11. März 1943), Italien, und Sandro Munari (* 1940), Italien, mit *sechs* Stunden, *27* Minuten, *48* Sekunden (Durchschnittsgeschwindigkeit: *122,537 km/h*) in einem 2998,5-ccm-*Ferrari-312P*-Gruppe-5-Sportwagen beim 56. Rennen. Den Rundenrekord stellte mit *33* Minuten, *36* Sekunden (Durchschnittsgeschwindigkeit: *128,57 km/h*) Leo Juhani Kinnunen (* 5. August 1943), Finnland, auf Runde 11 beim 54. Rennen am 3. Mai 1970 auf; er fuhr einen 2997-ccm-*Porsche-908/3-Spyder* Gruppe-6-Prototyp-Sportwagen.

Der härteste Grand Prix ist zugleich die langsamste Grand-Prix-Strecke in Monaco (erstes Rennen am 14. April 1929) durch die Straßen und den Hafen von Monte Carlo. Sie ist 3,312 km lang und hat elf scharfe Kurven und mehrere starke Gefälle. Das Rennen geht über 76 Runden (215,7 km) und erfordert über 1600 Gangwechsel. Die Rekordzeit für das Rennen fuhr mit *einer* Stunde, *55* Minuten, *22,48* Sekunden (Durchschnittsgeschwindigkeit: *130,901 km/h*) Jody Scheckter (* 29. Januar 1950), Südafrika, am 27. Mai 1979 in eiem *Ferrari 312 T4.* Den Rundenrekord stellte am 7. Mai 1978 mit *einer* Minute, *28,65* Sekunden (Durchschnittsgeschwindigkeit: *134,649 km/h*) Andreas Nikolaus *»Niki«* Lauda (* 22. Februar 1949), Österreich, auf. Er fuhr einen *Brabham-Alfa-Romeo-BT46.* Der Übungsrundenrekord ist *eine* Minute, *26,45* Sekunden

(Durchschnittsgeschwindigkeit: *137,92 km/h*) durch Jody Scheckter in einem *Ferrari 312 T4*, gefahren am 26. Mai 1979.

Le Mans: Die größte je beim 24stündigen *Grand Prix d'Endurance* (zum ersten Mal abgehalten am 26.–27. Mai 1923) zurückgelegte Entfernung auf dem alten Sarthe-Ring von Le Mans, Frankreich, ist *5335,313 km; Dr. Helmut Marko (* 27. April 1943), Österreich, und Jonkheer Gijs van Lennep (* 16. März 1942), Niederlande, fuhren sie in einem 4907-ccm-12-Zyl.-Porsche-917-K*-Gruppe-5-Sportwagen am 12.–13. Juni 1971. Den Rekord für den heutigen Ring stellten mit *5044,52 km* Didier Pironi (* 26. März 1952) und Jean-Pierre Jaussaud (* 3. Juni 1937), Frankreich (Durchschnittsgeschwindigkeit: *210,18 km/h*), am 10.–11. Juni 1978 in einem *Alpine Renault* auf. Der Rundenrekord im Rennen (13,64-km-Runde) ist *drei* Minuten, *34,2* Sekunden (Durchschnittsgeschwindigkeit: *229,244 km/h*); Jean-Pierre Jabouille (* 1. Oktober 1942), Frankreich, fuhr ihn in einem *Alpine Renault* am 11. Juni 1978. Der Übungsrundenrekord ist *drei* Minuten, *27,6* Sekunden (Durchschnittsgeschwindigkeit: *236,53 km/h*) durch Jacques-Bernard *»Jacky«* Ickx (* 1. Januar 1945), Belgien, in einem turbogetriebenen 2,1-Liter-*Porsche 936/78* am 7. Juni 1978.

Die meisten Siege beim Rennen in Le Mans konnten neunmal von *Ferrari*-Wagen 1949, 1954, 1958 und 1960–65 gewonnen werden. Die meisten Siege eines einzelnen Fahrers sind vier für Olivier Gendebien (* 1925), Belgien, in den Jahren 1958, 1960–62, und Jackie Ickx, 1969 und 1975–77.

Indianapolis 500: Das 500-Meilenrennen (804 km, 200 Runden) wurde in den USA am 30. Mai 1911 eingeführt. Der erfolgreichste Fahrer war Anthony Joseph »A.J.« Foyt jr. (* 19. Januar 1935), USA, der 1961, 1964, 1967 und 1977 gewann. Die Rekordzeit von *drei* Stunden, *vier* Minuten, *5,54* Sekunden (Durchschnittsgeschwindigkeit: *262,261 km/h*) fuhr Mark Donohue jr. in einem turbogetriebenen 2595-ccm-900-Brems-PS-*Sunoco-McLaren*-M16B-Offenhauser am 27. Mai 1972. Den Rundenrekord im Rennen fuhr mit *46,71* Sekunden (Durchschnittsgeschwindigkeit: *310,085 km/h*) Danny Ongais am 29. Mai 1977 in einem 2,6-Liter turbogetriebenen *Parnelli-Cosworth DFX* auf Runde 42 des Rennens. Der Vier-Runden-Qualifikationsrekord ist *zwei* Minuten, *58,08* Sekunden (Durchschnittsgeschwindigkeit: *325,338 km/h*), aufgestellt von Tom Sneva (* 1. Juni 1948), USA, am 20. Mai 1978 in einem turbogetriebenen *Penske-Cosworth DFX PC6*.

Die höchste Gewinnsumme war *1 116 807 Dollar (2 010 253 DM)* für das 61. Rennen am 29. Mai 1977.

Der älteste Weltmeister im Automobilrennsport war der Argentinier Juan Manuel Fangio.

Die höchste Einzel-Gewinnsumme ist *271 697,72 Dollar (489 055,90 DM);* Al Unser gewann sie am 30. Mai 1970.

Der erfolgreichste Fahrer nach der World Driver's Championship, eingeführt 1950, ist *Juan Manuel Fangio* y Cia (* 24. Juni 1911), Argentinien, der fünfmal gewann in den Jahren 1951, 1954–57. Er trat 1958 zurück, nachdem er 24 Grand-Prix-Rennen gewonnen hatte.

Die meisten Rennsiege gewann Richard Lee Petty (* 2. Juli 1937), USA, mit 186 *NASCAR*-Grand-National-Siegen zwischen 1960 und 1979. Seine beste Saison war 1967 mit 27 Siegen.

(D) **Der erfolgreichste deutsche** Autorennfahrer ist Rudolf Caracciola (1901–51), der 15 Grand-Prix-Siege, vier große Sportwagenrennen, 13 große internationale Rennen gewann. In den Jahren 1930–32 wurde er Europa-Bergmeister, 1935–38 Europameister und 1935, 1937 und 1939 Deutscher Meister.

Die meisten Grand-Prix-Siege errang mit *27* John Young *»Jackie«* Stewart (* 11. Juni 1939), England, zwischen 1965 und 73.

Die meisten Grand-Prix-Siege in einem Jahr sind von James *»Jim«* Clark (1936–68), Schottland, mit *sieben* im Jahre 1963 gewonnen worden. Er gewann eine Rekordzahl von 61 Formel-Eins- und Formel-Libre-Rennen zwischen 1959 und 68.

Die meisten Grand-Prix-Starts machte mit *176* (von möglichen 184) zwischen 1958 und 75 der britische Fahrer Norman Graham Hill (1929-75). Er nahm zwischen dem 20. November 1960 und dem 5. Oktober 1969 an 90 Grand-Prix-Rennen nacheinander teil.

Der jüngste VI Weltmeister war Emerson Fittipaldi (* 12.Dezember 1946), Brasilien, der seine erste Weltmeisterschaft am 10. September 1972 im Alter von *25* Jahren und *273* Tagen gewann.

Der älteste Weltmeister war Juan Manuel Fangio, Argentinien, der seine letzte Weltmeisterschaft am 18. August 1957 im »hohen« Alter von *46* Jahren und *55* Tagen gewann.

Der jüngste Grand-Prix-Sieger war Bruce Leslie McLaren (1937–70), Neuseeland, der den United-States-Grand-Prix in Sebring, Florida, USA, am 12. Dezember 1959 im Alter von *22* Jahren und *104* Tagen gewann.

Der älteste Grand-Prix-Sieger war Tazio Giorgio Nuvolari (1892–1953), Italien, der den Albi-Grand-Prix in Albi, Frankreich, am 14. Juli 1946 im Alter von *53* Jahren und *240* Tagen gewann.

Der älteste erfolgreiche Grand-Prix-Fahrer war Louis Alexandre Chiron (1899–1979), Monaco, der beim Monaco-Grand-Prix am 22. Mai 1955 im Alter von *55* Jahren und *292* Tagen als Sechster ins Ziel ging.

Der jüngste Grand-Prix-Fahrer war Christopher Arthur Amon (* 20. Juli 1943), Neuseeland, der am belgischen Grand Prix in Spa am 9. Juni 1963 im Alter von *19* Jahren und *324* Tagen teilnahm.

Die früheste Langstrecken-Rallye wurde 1907 von der Pariser Tageszeitung *»Le Matin«* gefördert und verlief von Peking, China, nach Paris, Frankreich, über *12000 km.* Fünf Wagen verließen am 10. Juni 1907 Peking. Der Sieger, Fürst Scipione Borghese, kam am 10. August 1907 in seinem 40-PS-Itala zusammen mit Ettore und Luigi Barzini in Paris an.

»Jackie« Stewart errang die meisten Grand-Prix-Siege.

Die längste Rallye der Welt war die London-Sydney-Rallye der Singapore Airlines über *31 107 km;* sie startete von Covent Garden, London, am 14. August 1977 und führte durch 17 Länder zum Sydney Opera House. Andrew Cowan, Colin Malkin und Michael Broad gewannen sie am 28. September 1977 in einem *Mercedes 280 E.*

Die längste jährlich abgehaltene Rallye ist die East African Safari (erstes Rennen: 1953 durch Kenia, Tansania und Uganda), die bis zu *6234 km* lang ist. Sie wurde dreimal von Joginder Singh, Kenia, in den Jahren 1965, 1974 und 1976 gewonnen.

Die meisten Rallye-Monte-Carlo-(erstes Rennen: 1911) **Siege** erzielte *viermal* Sandro Munari, Italien, in den Jahren 1972, 1975, 1976 und 1977.
Der kleinste Wagen, der die Rallye-Monte-Carlo gewann, war ein 851-ccm-*Saab,* der von Erik Carlsson und Gunnar Häggbom aus Schweden am 25. Januar 1962 und von Carlsson und Gunnar Palm am 24. Januar 1963 gesteuert wurde.

Die kürzeste Zeit, die für einen *Dragster* mit Kolbenmotor registriert wurde, ist auf einer Streckenlänge von 404 m (eine Drittel Meile) *5,637* Sekunden (Endgeschwindigkeit: *403,45 km/h*), gemessen auf dem Ontario Motor Speedway, Kalifornien, USA, am 11. Oktober 1975; Donald Glenn *»Big Daddy«* Garlits, USA, fuhr sie mit einem 7948-ccm-Kompressor-Dodge-V8-Motor in einem AA/F-Dragster mit Heckmotor.

Der Weltgeschwindigkeitsrekord für Autos mit Kompressions-Zündmotor ist *306,328 km/h* (Durchschnitt von zwei in entgegengesetzter Richtung gefahrenen Touren über 1,6 km) durch Robert Havemann, USA, der einen stromlinienförmigen Corsair fuhr. Dieser Wagen hatte einen turbogetriebenen 6981-ccm-6-Zylinder-GMC-6-71-Dieselmotor und entwickelte 746 Brems-PS. Die schnellere Tour wurde mit *337 km/h* gefahren, beide im August 1971 in Utah, USA.

Der erfolgreichste Rekordbrecher von Landgeschwindigkeiten war Sir Malcolm Campbell (1885–1948), England. Er brach den offiziellen Rekord neunmal zwischen dem 25. September 1924 mit *235,216 km/h* in einem Sunbeam und dem 3. September 1935, als er im *Bluebird* mit Rolls-Royce-Motor *480,620 km/h* erreichte.

B

Badminton

Ursprünge: Ein ähnliches Spiel wurde in China im 2. Jahrtausend v. Chr. gespielt. Das moderne Spiel wurde ca. 1863 in Badminton Hall in Avon (England), dem Sitz des Duke of Beaufort, erfunden.

Der älteste Club ist der Newcastle Badminton Club, der am 24. Januar 1900 als Armstrong College Club gegründet wurde.

Thomas Cup: Die Internationale Meisterschaft oder der Thomas Cup (gestiftet 1948) wurde siebenmal, 1957–58, 1960–61, 1963–64, 1969–70, 1972–73, 1975–76 und 1978–79 von Indonesien gewonnen.

Der Uber Cup: Die Internationale Damenmeisterschaft oder der Uber Cup (gestiftet 1956) wurde viermal von Japan gewonnen (1966, 1969, 1972 und 1978).

Im kürzesten Spiel schlug 1969 Noriko Takagi (später Mrs. Nakayama), Japan, P. Tumengkol beim Uber Cup in Djakarta, Indonesien, in *neun* Minuten.

Den weitesten Schlag eines Federballs erzielte Frank Rugani bei einem Hallenwettbewerb am 29. Februar 1964 in San Jose, Kalifornien, USA, mit einer Weite von *24,29 m.*

Das längste Einzelmatch dauerte *65* Stunden, gespielt von Phil Duffy und Aiden Taffe in Drogheda bei Lough, Irland, am 6.–9. April 1979.

Baseball

Das früheste Spiel unter den Cartwright-Regeln (Alexander Joy Cartwright jr. 1820–92) fand am 19. Juni 1846 in Hoboken, New Jersey, USA, statt, wobei die New York Nine die Knockerbockers 23-1 in vier Durchgängen schlugen.

(D) **Der erste deutsche Baseballverband** in Deutschland war die Amateur Baseball Federation Deutschland und wurde 1953 in Mannheim gegründet. Bis heute gibt es in Westdeutschland fünf Vereine.

Den höchsten Schlagdurchschnitt in einer Laufbahn erzielte mit 367 Tyrus Ramond Cobb (1886–1961), der mit Detroit (1905–26) und Philadelphia (1927–28) spielte. Während seiner Laufbahn stellte *Ty Cobb* einen Rekord von 2244 Läufen bei einem Rekord von 4191 Treffern in 3033 Oberligaspielen auf.

Pitching: Das einzige *»perfekte Spiel«* (keine Hits, keine Runs, keine Walks) in einer World Series pitchte Don Larsen (New York Yankees), * 7. August 1929, mit 97 Pitches (71 in der Strike Zone) gegen die Brooklyn Dodgers am 8. Oktober 1956.

Der schnellste Pitcher (Werfer) der Welt ist Lynn Nolan Ryan (California Angels), * 31. Januar 1947, dessen Pitching am 20. August 1974 in Anaheim Stadium, Kalifornien, USA, mit *162,3 km/h* gestoppt wurde.

Der jüngste Oberligaspieler aller Zeiten war der Pitcher von Cincinatti, Josef Nuxhall, * 30. Juli 1928, der seine Laufbahn im Juni 1944 im Alter von *15* Jahren, 10 Monaten und 11 Tagen begann.

Die Rekordzuschauerzahl in einer Gesamtsaison für beide Ligen (USA) betrug *29 193 417* im Jahr 1971.

Die meisten Zuschauerplätze in einem Baseballstadion hat mit *76 977* das Cleveland Municipal Stadium, Ohio, USA.

Die meisten Zuschauer, ca. *114 000,* sahen ein Spiel zwischen Australien und einer amerikanischen Militärmannschaft bei einem *»Schaubaseballspiel«* während der Olympischen Spiele in Melbourne am 1. Dezember 1956.

Basketball

Ursprünge: Das Spiel *»Pok-ta-pok«* wurde im 10. Jahrhundert v. Chr. von den Olmeken in Mexiko gespielt und war seinem Grundkonzept nach dem Basketball sehr ähnlich. *»Ollamalitzli«* war eine Abart dieses Spiels und wurde von den Atzteken in Mexiko bis zum 16. Jahrhundert gespielt. Wurde der Ball, der aus massivem Gummi bestand, im Spiel durch einen befestigten Steinring geworfen, so hatten die Spieler das Anrecht auf die Kleidung sämtlicher Zuschauer. Der moderne Basketball (der sich möglicherweise auf das deutsche Spiel Korbball gründet), wurde vom kanadisch gebürtigen Dr. James A. Naismith (1861–1939) an der Trainingsschule des *Internationalen YMCA College* in Springfield, Massachusetts, USA, Mitte Dezember 1891 entwickelt. Das erste Spiel mit abgewandelten Regeln fand am 20. Januar 1892 statt. Die *International Amateur Basketball Federation* (F.I.B.A.) wurde 1932 gegründet.

(D) Der Deutsche Basketball-Bund wurde 1949 in Hagen gegründet. Der Österreichische Basketball-Verband wurde 1940 in Wien gegründet.

Der Schweizerische Basketball-Verband wurde 1929 in Genf gegründet.

Die meisten olympischen Titel im Basketball seit Aufnahme dieser Sportart in die Olympischen Spiele im Jahre 1936 gewannen die USA. Bis 1968 verloren sie nicht ein Wettspiel. Erst 1972 wurde ihre Serie von 64 aufeinanderfolgenden Siegen bei den Olympischen Spielen in München unterbrochen, als sie 50:51 gegen die UdSSR im umstrittenen Endspiel verloren.

Die meisten Titel bei Weltmeisterschaften (1957 eingeführt) für Männer gewannen zweimal Brasilien, 1959 und 1963, die UdSSR, 1967 und 1974, und Jugoslawien, 1970 und 1978. Im Jahr 1975 gewann die UdSSR, die (1953 eingeführte) Weltmeisterschaft für Damen, zum fünften Mal seit 1959.

Die meisten Europameisterschaftspokaltitel (gestiftet 1957) gewann Real Madrid, Spanien, mit sechs. Der Damentitel wurde 16mal von Daugawa, Riga, UdSSR, gewonnen.

Die meisten Siege in den europäischen Nationalmeisterschaften für Herren sind elf, erzielt durch die UdSSR, und in den Damenwettkämpfen 14, ebenfalls durch die UdSSR.

Die höchste belegte Punktzahl in einer internationalen Begegnung wurde am 15. Mai 1975 mit 164 Punkten von Rumänien gegen Wales (50) bei der europäischen Herrenmeisterschaft in Hagen, Westdeutschland, erzielt. Die höchste Punktzahl einer Damenmannschaft erzielte die UdSSR mit 153 gegen die Schweiz (25) am 4. Juni 1956 bei der Europäischen Meisterschaft.

Die höchste individuelle Punktzahl erzielte Mats Wermelin, 13 Jahre alt, Schweden, der alle 272 Punkte bei einem 272:0-Sieg während eines regionalen Knabenturniers am 5. Februar 1974 in Stockholm, Schweden, erreichte.
Die höchste Einzelspielpunktzahl bei einem N.B.A.*(National Basketball Association-)*-Spiel wurde am 2. März 1962 mit 100 Punkten von Wilton Norman Chamberlain (* 21. August 1936) für Philadelphia gegen New York erzielt.
Die meisten Punkte in einer Laufbahn erzielte Wilton Chamberlain mit einer Gesamtpunktzahl von 31 419 in den Jahren 1960–73.

Der größte Spieler aller Zeiten ist angeblich Suleiman Ali Nashnush (* 1943), der 1962 für das libysche Team spielte und *2,45 m* groß war. Die größte weibliche Spielerin ist Juliana Semenowa (* 1951), UdSSR, die laut Zeitungsberichten *2,18 m* groß ist und *127,4 kg* wiegt.

Der genaueste Korbwerfer ist Ted St. Martin aus Jacksonville, Florida, der am 25. Juni 1977 *2036* aufeinanderfolgende Freiwürfe erzielte. In einem Zeitraum von 24 Stunden erzielte Fred L. Newman aus San Jose, Kalifornien, USA, vom 31. Mai bis 1. Juni 1975 mit 13 116 Würfen *12 874* Körbe (*98,15 Prozent* Genauigkeit).
Den Rekord für Blindwürfe errang ebenfalls Fred L. Newman am 5. Februar 1979 im YMCA von San Jose mit 88 Würfen nacheinander.

Die weiteste Entfernung für einen Feldtreffer in einem Match wurde mit *27,12 m* von Rudy Williams (* 16. Dezember 1957) am 17. Februar 1979 am Providence College, Rhode Island, USA, erzielt.

Das meistgereiste Team ist die Mannschaft von *Harlem Globetrotters*, USA, die 94 Länder auf 6 Kontinenten besuchten und dabei über *9 600 000 km* reisten. Sie hatten seit ihrer Gründung am 7. Januar 1927 in Hinckley, Illinois, schätzungsweise *80 000 000* Zuschauer. Sie haben über 12 000 Spiele gewonnen (und weniger als 350 verloren), aber viele waren keine ernsthaften Wettkämpfe.

Die größte Besucherzahl bei einem Basketballspiel ist *75 000*, die 1951 im Olympiastadion von Berlin (West) bei einem Schaumatch der Harlem Globetrotters, USA, gezählt wurde.
Die größte Zuschauerzahl beim Hallenbasketball wurde am 20. Januar 1968 erreicht, als *52 693* im *Aerodome*, Houston, Texas, USA, das Spiel zwischen der University of Houston und der University of California, Los Angeles, (U.C.L.A.) sahen.

Ⓓ **Die erfolgreichste deutsche** Herrenmannschaft ist der USC Heidelberg, der seit 1947 neunmal den Meisterschaftstitel gewinnen konnte (in den Jahren 1957–62, 1966, 1973 und 1977). Bei den Damen war der Heidelberger TV 46 siebenmal Deutscher Meister in den Jahren 1955–60 und 1963.
Die erfolgreichste Pokalmannschaft der Männer ist der TUS 04 Leverkusen, der viermal Pokalsieger wurde in den Jahren 1970, 1971, 1974 und auch im Jahre 1976.

Ⓐ **Die erfolgreichsten österreichischen** Basketballmannschaften sind die Wiener Spitzenvereine Union Babenberg und der E.K. Engelmann, die mehrere österreichische Meistertitel erkämpften.

Bergsteigen

Ursprünge: Obwohl gefertigte Gegenstände aus der Bronzezeit auf dem Gipfel des Riffelhorns, Schweiz *(2927 m)*, gefunden wurden, hat das Bergsteigen als Sport erst seit 1954 eine kontinuierliche Geschichte. Vereinzelte Bergbesteigungen lassen sich bis ins 13. Jahrhundert zurückdatieren. Die Atacamaer bauten Opferplattformen in der Nähe des Gipfels des Llullaillaco *(6723 m)* in späten präkolumbischen Zeiten, etwa 1490.

Der Mount Everest *(8848 m)* wurde zum ersten Mal am 29. Mai 1953 um 11.30 Uhr bezwungen, als Edmund Hillary (* 20. Juli 1919) aus Neuseeland und der Sherpa Tensing Norgay (* 1914), Nepal, den Gipfel erreichten. Seit dem ersten Aufstieg ist die Besteigung bis Juni 1979 weiteren 85 Bergsteigern gelungen.

Ⓐ Am 14. 5. 1978 bestieg der Österreicher Franz Oppurg den Gipfel des Mount Everest im Alleingang. 1978 erreichte die österreichische Everest-Expedition unter Wolfgang Nairz internationale Beachtung, weil der Österreicher Peter Habeler und der Südtiroler Reinhold Messner den Gipfel ohne künstlichen Sauerstoff bestiegen.
Drei Frauen haben den Gipfel erreicht; die erste war Junko Tabei (* 1939), Japan, am 16. Mai 1975.

Die höchste Endstrecke in einem Wandaufstieg ist die der Südseite des *Anapurna I (8091 m).* Sie wurde von einer britischen Expedition unter der Leitung von Christian Bonington (* 1934) bestiegen. Vom 2. April–27. Mai 1970 erstiegen Donald Willans (* 1934) und Dougal Haston mit Hilfe von *5500 m* Seil den Gipfel.

Der längste Wandaufstieg ist die Rupal-Flanke vom Basislager in *3560 m* Höhe zum *8042 m* hohen Südpunkt des *Nanga Parbat* – ein senkrechter Aufstieg von *4482 m.* Er wurde im April 1970 von der österreichisch-deutsch-italienischen Expedition unter der Leitung von Dr. K. Herrligkoffer unternommen.

Die höchste Wand in Europa ist die *2000 m* hohe Eiger-Nordwand, die zum ersten Mal vom 21.–24. Juli 1938 erstiegen wurde von Fritz Kasparek und Heinrich Harrer, Österreich, und Anderl Heckmaier und Ludwig Vörg, Deutschland.
Die Nordostseite des Eiger wurde am 20. August 1932 von Hans Lauper, Alfred Zurcher, Alexander Raven und Josef Knubel bestiegen.

Den größten alpinen Alleingang bewältigte Walter Bonatti (* 22. Juni 1930), Italien, als er die Südwestsäule des *Dru,* Montenvers, jetzt *Bonatti-*Säule genannt, mit fünf Biwaks in *126* Stunden, *7* Minuten vom 17.–22. August 1955 bestieg.

Ⓓ Eine einmalige Leistung für den Klettersport stellten die Münchner Alpinisten Siegert, Kauschke und Uhner am 26. Januar 1963 auf, als sie die erste Winterdurchsteigung der *550 m* hohen Nordwand der *Großen Zinne,* Dolomiten, auf der Route der direkten Fallinie unternahmen. Sie erreichten den Gipfel bei *-40°* C und nach *17* Biwaks.

Die größte alpine Katastrophe ereignete sich im Dezember 1952, als 40 Mitglieder der sowjetischen Expedition am Mount Everest den Tod fanden.

Ⓐ Im Alleingang ohne Sauerstoff stieg am 3. Juli 1953 Hermann Buhl (1924–57), Österreich, auf den Nanga Parbat (8125 m).

War auf dem Mount Everest: Wanda Rutkiewicz.

Besteigungen des Mount Everest

1953, 29. Mai	E. Hillary u. Sherpa Tensing
1956, 23. Mai	Ernst Schmidt, Jürg Marmet
1956, 24. Mai	H. R. von Gunten, A. Reist
1960, 25. Mai	Wang Fu-Chou, Chu Yin-Hua, Konbu
1963, 1. Mai	James Whittaker u. Sherpa Nawang Gombu
1963, 22. Mai	Barry Bishop, L. G. Jerstad
1963, 22. Mai	Dr. W. F. Unsöld, Th. Hornbein
1965, 20. Mai	Capt. A. Cheema u. Sherpa Nawang Gombu
1965, 22. Mai	Sonam Gyaltso u. Sonam Wangyal
1965, 24. Mai	C. P. Vohra u. Sperpa Ang Kami
1965, 29. Mai	H.P.S. Ahluwalia, H.C.S. Rawat, Phu Dorji
1970, 1. Mai	Nomi Uemura, Tero Matsuura
1973, 5. Mai	M. Minuzzo, R. Carrel, L. Tenzing, S. Tamany
1975, 16. Mai	Junko Tabei, Ang Tserang
1975, Nov.	D. Scott, D. Haston
1978, 8. Mai	Reinhold Messner, Peter Habeler
1978, 15. Okt.	P. Mazeaud, J. Afanassief, N. Jaeger
1978, 16. Okt.	Wanda Rutkiewicz

Billard

Die früheste schriftliche Erwähnung von Billard datiert in das Jahr 1429 in Frankreich, als von Ludwig XI., König von Frankreich (1461–83), berichtet wurde, er besäße einen Billardtisch.
Der erste öffentliche Billardsaal in Deutschland wurde angeblich 1707 eröffnet.

Ⓓ **Der älteste deutsche Billardverein** ist der Stuttgarter Billard-Club von 1891.
1909 wurde der Verband Schweizerischer Billardamateure in Luzern gegründet.
Im Jahr 1911 wurde der Deutsche Amateurbillardbund in Dresden gegründet,
1929 der Österreichische Amateurbillardverband in Wien.

Die größte Zahl an Weltmeisterschaftstiteln (eingeführt 1870), die von einem Spieler gewonnen wurde, ist acht, erzielt von John Roberts, jr. (1847–1919), England, im Jahr 1870 (zweimal), 1871, 1875 (zweimal), 1877 und 1885 (zweimal).
Die meisten Weltmeisterschaftstitel in der Spielvariante der Vereinigten Staaten gewann zwischen 1906 und 1952 William F. Hope, USA (1887–1959), mit 51 Siegen.

Spielvarianten: Im gesamten deutschsprachigen Raum sind alle Billardspielarten vertreten, was bedeutet: Freie Partie, Cadre 47/2, Cadre 47/1, Cadre 71/2, Einband, Dreiband, Fünfkampf und Kunststoß.

Dreiband: Diese Variante ohne Löcher datiert zurück auf 1878. Der weltherrschende Verband, die *Union Mondiale de Billard* (U.M.B.), wurde 1928 gebildet.

Die meisten U.M.B.-Titel gewann mit 14 Titeln Raymond Ceulemans (Belgien), * 1937, in den Jahren 1963–66, 1968–73, 1975–78 mit einem Spitzendurchschnitt von 1479 im Jahr 1973.

Ⓓ **Der erfolgreichste deutsche Dreibandspieler** war August Tiedtke (* 3. März 1913), der von 1933–57 23mal Deutscher Meister, 1937 Weltmeister im Fünfkampf, 1938 im Kunststoß und 3mal Vizeweltmeister, sowie 10mal Vizeeuropameister gewesen ist. Walter Lütgehetmann wurde Fünfkampfweltmeister 1933. Zweifacher Fünfkampfweltmeister 1977 in Antwerpen und 1978 in Santiago de Chile wurde Dieter Müller.

Die höchste Punktrate im Kaderbillard in 24 Stunden wurde durch ein Fünferteam erzielt mit *1 359 370* Punkten. Es war das G.D.-Searle-›A‹-Team, das am 16.–17. März 1979 in High Wycombe, England, diesen Rekord aufstellte.

Ⓓ **Erfolgreichster Cadre-47/1-Spezialist** ist der dreimalige Europameister (1969, 1970 und 1975) sowie Vizeweltmeister (1977) Dieter Müller, Westdeutschland. Hinzu kommen mehrere zweite Plätze auf Europameisterschaften.

Poolbillard: Das Spiel mit numerierten Bällen wurde gegen 1890 standardisiert. Die bedeutendsten Vertreter waren Ralph Greenleaf, USA (1899 bis 1950), der 19mal (1919–37) den Weltmeisterschaftstitel für Profi gewann, und William Mosconi, USA (* 17. Juni 1913), der das Spiel von 1941–57 maßgeblich beherrschte.

Die längste durchgehende Runde, die je in einem amerikanischen fortlaufenden Poolspiel erzielt wurde, fand am 2. Februar 1960 Michael Eufemia mit 652 Bällen in Logan's Billard Academy, Brooklyn, USA, statt.

Die größte Zahl ins Loch gespielter Bälle innerhalb von 24 Stunden ist *10 752* (eine Quote von einem pro 8,03 Sekunden). Sie wurde von Patrick D. Young (* 17. März 1932) am 2.–3. Mai 1978 in Camden Arms, London, erreicht.

Das längste Marathonspiel dauerte *151* Stunden und wurde vom 12.–19. April 1979 von Roy Sadd und Richard Smith in Brislington (GB) gespielt.

Bob- und Schlittensport

Ursprünge: Der älteste bekannte Schlitten wird auf 6500 v. Chr. datiert und kam aus Heinola (Finnland). Das erste bekannte Bobrennen fand 1889 in Davos in der Schweiz statt. Die *International Federation of Bobsleigh and Tobogganing* wurde 1923 gebildet, gefolgt von der *International Bobsleigh Federation* im Jahr 1957.

Die meisten olympischen Viererbobtitel wurden viermal von der Schweiz gewonnen (1924, 1936, 1956 und 1972). Die USA haben den olympischen Zweierbob (1932 und 1936), Italien (1956 und 1980) und Westdeutschland (1952 und 1972) zweimal gewonnen.

Die meisten von einer Einzelperson gewonnenen Medaillen sind sechs (zwei Gold, zwei Silber, zwei Bronze), durch Eugenio Monti (* 23. Januar 1928), Italien, 1956–68.

Für eigene Rekorde

Die Bobweltmeister Wolfgang Zimmerer und Peter Utzschneider (Westdeutschland).

Die meisten Weltmeisterschaftstitel im Viererbob wurden *zwölfmal* von der Schweiz gewonnen (1924, 1936, 1947, 1954–57, 1971–73 und 1975). Italien gewann den Zweierbob-Titel *14 mal* (1954, 1956–63, 1966, 1968–69, 1971 und 1975). Eugenio Monti war Mitglied von elf Weltmeisterschaftsmannschaften, acht Zweier- und drei Vierer.

Ⓓ **Der erfolgreichste westdeutsche Bobfahrer** ist Wolfgang Zimmerer (* 15. November 1940), der Olympiasieger 1972 und Olympia-Zweiter 1976 im Zweierbob wurde. Im Viererbob gewann er 1972 und 1976 die Bronzemedaille, wurde Weltmeister 1973 und 1974 im Zweierbob, Weltmeister 1969 und 1974 im Viererbob und mehrfacher Europameister, ebenfalls im Viererbob. Peter Utzschneider (* 6. März 1946) wurde im Viererbob Olympiasieger 1972, Weltmeister 1969, Vizeweltmeister 1970, 1971 und Olympia-Dritter 1972; im Zweierbob wurde er 1973 Weltmeister, Weltmeisterschafts-Zweiter 1970, Europameister 1970 und 1973. Er fuhr mit Wolfgang Zimmerer.

Tobogganing

Das Wort *Toboggan* stammt vom Wort *tobaaken* der nordamerikanischen *Micmac*-Indianer. Der 1887 gegründete *Tobogganing Club* von St. Moritz, Schweiz, ist der älteste der Welt. Er ist der Standort des *Cresta*-Rennens, das 1884 zuerst stattfand. Der Fahrer nimmt auf einem Einer-Toboggan eine liegende Haltung ein. Auf der *1212,25 m* langen Cresta-Bahn mit einem Gefälle von *175 m* wurde am 9. Februar 1975 von Poldi Berchtold aus der Schweiz ein Abfahrtsrekord von *53,24* Sekunden (Durchschnitt: *81,96 km/h*) erreicht. Der Rekord vom Junction *(888 m)* ist *42,96* Sekunden, durch Berchtold am 22. Februar 1975. Gelegentlich werden Geschwindigkeiten von *145 km/h* erreicht.

Die größte Zahl von Siegen im *Grand National* (eingeführt 1885) ist *acht* und wurde durch den Olympiameister Nino Bibbia (* 9. September 1924), Italien, 1960–64, 1966, 1968 und 1973 erzielt.
Die größte Zahl der Siege im *Curzon Cup* (eingeführt 1910) ist acht, erreicht in den Jahren 1950, 1957, 1958, 1960, 1962–64 und 1969 durch Bibbia, der dabei auch 1960, 1962 und 1963–64 das Doppel gewann.

Die meisten Abfahrten in einer Saison sind 1965 mit *7832* in 65 Tagen gezählt worden.

Rodeln

Erfolgreichster Tobogganing-Sportler: Nino Bibbia.

Beim Rodeln nimmt der Fahrer statt einer liegenden eine sitzende Haltung ein. Der offizielle internationale Wettkampf begann 1881 in Klosters (Schweiz). Die ersten Europameisterschaften fanden 1914 in Reichenberg (Deutschland) statt, und die ersten Weltmeisterschaften 1953 in Oslo (Norwegen). Der *Internationale Rodel-Verband* wurde 1957 gegründet.
Rodeln wurde 1964 zu einer olympischen Sportart. Geschwindigkeiten von über *128 km/h* wurden in Krynica (Polen) registriert.

Der erfolgreichste Rodler in den Weltmeisterschaften ist Thomas Köhler (* 25. Juni 1940), Ost-

deutschland, der einzige zweifache olympische Goldmedaillengewinner, der den Einsitzer-Titel 1962, 1964 (olympisch), 1966 und 1967 gewann. Den Zweisitzer-Titel 1967 und 1968 (olympisch) gewann er anteilig.
In der Damenmeisterschaft gewann Margit Schumann (* 14. 9. 1952), Ostdeutschland, fünfmal in den Jahren 1973–75, 1976 (olympisch) und 1977.

Ⓐ **Die erfolgreichste österreichische** Rennrodlerin ist Maria Isser, die 1957 und 1960 Weltmeisterin und fünfmal Europameisterin wurde. Der Rennrodler M. Schmid wurde 1969 und 1970 mit E. Walch Weltmeister im Doppelzweier und letzterer außerdem mit E. Frosch Weltmeister 1960.
Ⓓ Erfolgreichster westdeutscher Rennrodler ist J. Fendt, der 1970 und 1974 Weltmeister wurde; Elisabeth Demleitner wurde 1971 Weltmeisterin.

Bogenschießen

Früheste Nachweise: Die Entdeckung steinerner Pfeilspitzen in Ablagerungen bei Border Cave, Nord-Natal, Südafrika, weisen darauf hin, daß der Bogen vor 46 000 v. Chr. erfunden wurde. Bogenschießen als organisierter Sport entwickelte sich mindestens schon im 3. Jahrhundert n. Chr. Der weltbeherrschende Verband ist die *Fédération Internationale de Tir à l'Arc (FITA),* gegründet 1931.

Die Weltrekorde bei einer einzelnen *FITA*-Runde sind: Männer *1318* Ringe (möglich 1440), erreicht von Giancarlo Ferrari (Italien) am 15.–16. Oktober 1977 in Viareggio, Italien, und Frauen *1304* Ringe (möglich 1440), erreicht durch Zebiniso Rustamova (UdSSR) am 3. Oktober 1977 in Mailand, Italien.

Die größte Zahl an Welttiteln (eingeführt 1931), die je von einem Mann errungen wurden, sind vier durch Hans Deutgen (Schweden) von 1947–50. Die größte von einer Frau gewonnene Zahl ist sieben, durch Janina Spychajowa-Kurkowska (Polen) in den Jahren 1931–34, 1936, 1939 und 1947. Oscar Kessels (Belgien) hat seit 1921 an 21 Weltmeisterschaften teilgenommen.

Die meisten olympischen Titel gewann bei den Olympischen Spielen 1900 und 1920 Hubert van Innis (1866–1961), Belgien, mit sechs Gold- und sieben Silbermedaillen bei Wettkämpfen im Bogenschießen.

Weitschießen: Die längste belegte Entfernung, die je geschossen wurde, ist *1854,40 m* in der unbeschränkten Fußbogenklasse, erzielt durch den Berufsschützen Harry Drake (* 7. Mai 1915) aus Lakeside, Kalifornien, USA, in Ivanpah Dry Lake, Kalifornien, am 24. Oktober 1971.

Rennrodlerin Elisabeth Demleitner. 1971 Weltmeisterin.

Don Brown (* 13. November 1945, USA) stellte mit *1065,19 m* am 18. September 1977 in Wendover, Utah, USA, den Rekord für den Handbogen auf. April Moon (USA) stellte einen Frauenrekord beim selben Treffen am 17. September 1977 mit *741,19 m* auf. Den Armbrustrekord erzielte Harry Drake am 14.–15. Oktober 1967 in Ivanpah Dry Lake mit *1242,4 m.*

Bowling

Ursprünge: Das uralte deutsche Kegelspiel mit neun Kegeln *(Heidenwerfen)* wurde im frühen 17. Jh. in die Vereinigten Staaten exportiert. Etwa 1845 wurde das Spiel verboten. Um das Spielverbot zu umgehen, wurde ein zehnter Kegel hinzugefügt.

Das größte Bowlingzentrum der USA ist das Willow Grove Park Lanes, Philadelphia, mit 116 Bahnen. Das größte (jetzt geschlossene) Bowlingzentrum war das Tokyo World Lanes Centre, Japan, mit 252 Bahnen.
Das größte Bowlingzentrum in Europa ist das Nottingham Bowl, Nottingham, England, mit 48 Bahnen auf zwei Etagen.
Ⓓ Das größte Bowlingzentrum in Westdeutschland ist das Brunswick Center im Henninger Turm, Frankfurt a. M., mit 40 Bahnen.
Die meisten Bowlingeinrichtungen gab es 1977 mit 8640 Zentren, 147 237 Bahnen und 65 000 000 Spielern in den USA.

Weltmeisterschaften: Die Weltmeisterschaften *(Fédération Internationale des Quilleurs)* wurden 1954 eingeführt.

Die höchste Trefferquote in einem Einzel-Herrenwettkampf erzielte mit 5963 (in 28 Spielen) Ed Luther, USA, am 28. August 1971 in Milwaukee, Wisconsin. Der Rekord in der Damenmeisterschaft (eingeführt 1963) wird von Annedore Haefker, Westdeutschland, mit 4615 Pins in 24 Spielen, aufgestellt am 11. Oktober 1975 in Tolworth, Surrey (England), gehalten.

Das höchste Einzelergebnis bei drei autorisierten Spielen erzielte mit 886 Punkten (möglich: 900) Albert »Allie« Brandt aus Lockport, New York, USA, am 25. Oktober 1939.
Der Damenrekord ist 818 durch Bev Ortner in Galva, Iowa, USA, im Jahr 1968.

Den Rekord für eine Folge von Volltreffern in einem autorisierten Turnier erzielte mit 33 John Pezzin (* 1930) am 4. März 1976 in Toledo, Ohio, USA.
Das Maximum von 900 in einer Dreierspielserie wurde dreimal in nichtautorisierten Spielen registriert, erzielt durch Leo Bentley in Lorain, Ohio, USA, am 26. März 1931; durch Joe Sargent in Rochester, New York State, USA, 1934 und durch Jim Margie am 4. Februar 1937 in Philadelphia, Pennsylvania, USA. Solche Serien müssen aus 36 aufeinanderfolgenden Volltreffern bestanden haben (d. h. alle Pins müssen mit einem Ball zu Fall gebracht werden).

Der höchste erreichte Durchschnitt in einer Saison im autorisierten Wettkampf beträgt 239, erzielt 1975–76 von Jim Lewis aus Schenectady, N.Y., USA, in 88 Spielen.

Marathon: Tom Destowet kegelte am 2.–8. April 1978 *150 Stunden, 15 Minuten* lang in Dublin, Kalifornien, USA. Er kegelte 709 Spiele mit einer 3,63 kg schweren Kugel.

Boxen

Ursprünge: Die frühesten Nachweise für Boxen mit Handschuhen finden sich auf einem Fresco vor der Insel Thira, Griechenland, datiert auf das Jahr 1520 v. Chr. Der früheste Kodex von Wettkampfregeln wurde am 16. August 1743 vom Boxchampion Jack Broughton (1704–89) formuliert, der 1734–50 Meister war. Boxen wurde zuerst in England nach einer Gerichtsentscheidung zu einem legalen Sport unter festgelegten Regeln erklärt. Der Boxer Billy Smith war bei einem Kampf so k.o. geschlagen worden, daß er tot liegen blieb. Das Gerichtsurteil vom 24. April 1901 sprach Smith' Boxgegner frei!
In Deutschland waren öffentliche Kämpfe bis 1908 verboten, aber bereits 1912 entstand der Deutsche Boxsport-Verband.

Anfänge des heutigen Box-Sports um 1750.

Der längste dokumentierte Kampf mit Handschuhen fand am 6.–7. April 1893 in New Orleans, USA, zwischen Andy Bowen und Jack Burke statt. Der Kampf dauerte *110* Runden und 7 Stunden, 19 Minuten. Beide Männer waren unfähig, weiterzukämpfen, so daß der Wettkampf nicht anerkannt und später zu einem unentschieden erklärt wurde.

Der längste Wettkampf ohne Handschuhe dauerte *6* Stunden, *15* Minuten, zwischen James Kelly und Jack Smith in Dalesford, Australien, am 3. Dezember 1855.

Die höchste Rundenzahl war *276* in *vier* Stunden, *30* Min., als 1825 Jack Jones Patsy Tunney schlug.

Kürzeste Kämpfe: Es gibt einen Unterschied zwischen dem schnellsten Knockout und dem kürzesten Kampf.
Ein Knockout in *10½* Sekunden einschließlich einer 10-Sekunden-Zählung ereignete sich am 26. September 1946, als Al Couture Ralph Walton schlug, während der letztere in seiner Ecke noch seinen Mundschutz zurechtrückte, in Lewiston, USA. Beim Eröffnungs-Gong muß R. Walton, wenn die Zeit genau gestoppt war, den Ring halbwegs überquert haben.

Der kürzeste dokumentiert Kampf fand am 4. November 1947 in Minneapolis, USA, im Golden-Gloves-Wettkampf statt, als Mike Collins Pat Brownson mit dem ersten Faustschlag niederstreckte und der Wettkampf *vier* Sekunden nach dem Gongschlag, ohne daß auch nur angezählt wurde, abgebrochen wurde.

Der kürzeste Weltmeisterschaftstitelkampf, als Tommy Burns (1881–1950), Kanada, am 17. März 1908 Jem Roche in *1* Minute, *21* Sekunden k.o. schlug, fand in Dublin, Irland, statt. Der Kampf zwischen Cassius Clay (* 17. Januar 1942), USA, der später den Namen Muhammad Ali Haj annahm, und Charles »Sonny« Liston (1932–70) am 25. Mai 1965 in Lewiston, USA, dauerte nach der Zeitberechnung von Videoaufnahmen *1* Minute, *52* Sekunden.

Der kürzeste Welttitelkampf fand statt, als am 7. April 1914 Al McCoy in *45* Sekunden George Chip im Kampf um den Mittelgewichtstitel in New York k.o. schlug.

Der größte Berufsboxer war Gogea Mitu (* 1914), Rumänien. Er war 1935 *2,23 m* groß und wog *148 kg*. John Rankin, der im November 1967 einen Kampf in New Orleans, USA, gewann, war angeblich ebenfalls *2,23 m* groß.

Die längste Laufbahn eines Schwergewichtsboxers dauerte *39* Jahre, von 1875–1914. Diesen Rekord erreichte Bobby Dobbs (1858–1930), USA. Walter Edgerton, die *»Kentucky Rosebud«*, schlug den 45jährigen John Henry Johnson am 4. Februar 1916 in New York City, USA, in vier Runden k.o., als er 63 Jahre alt war.

Die größte nachgewiesene Anzahl von Kämpfen während einer Laufbahn ist *1024*, ausgetragen von Bobby Dobbs, USA. Abraham Hollandersky, alias *Abe the Newsboy,* USA, soll von 1905–1918 an *1309* Kämpfen teilgenommen haben, aber viele davon waren Show-Runden.

Die meisten »Knock-outs«, die von den Regeln als solche klassifiziert werden, erzielte in einer Laufbahn (1936–63) mit *141* Archie Moore (* 13. Dezember 1913 oder 1916), USA. Der Rekord für aufeinanderfolgene K.o.'s ist *44*, aufgestellt von Lamar Clarke aus Utah am 11. Januar 1960 in Las Vegas, USA. Er erzielte am 1. Dezember 1958 sechs K.o's an einem Abend (fünf in der ersten Runde) in Bingham, Utah, USA.

Das größte Vermögen, das je in einer Boxerlaufbahn erworben wurde, sind schätzungsweise *60 Mio. Dollar (108 Mio. DM),* einschließlich Schaukämpfe, zusammengebracht von Muhammad Ali vom Oktober 1960 bis August 1979 in 59 Kämpfen mit 529 Runden.

Das größte zahlende Publikum bei einem Boxkampf: *120 757* beim Welttitelkampf im Schwergewicht zwischen Tunney und Dempsey am 26. September 1926 im Sesquicentennial-Stadium, Philadelphia, USA. Der Hallenrekord ist *63 350* beim Kampf Ali gegen Leon Spinks am 15. September 1978 im Superdome, New Orleans, USA.

Die geringste Zuschauerzahl bei einem Welttitelkampf im Schwergewicht war *2434* beim Kampf Clay gegen Liston am 25. 5. 1965 in Lewiston, USA.

Der früheste Welttitelkampf im Schwergewicht mit Handschuhen und Drei-Minuten-Runden war der zwischen John Sullivan und *»Gentleman«* James J. Corbett am 7. September 1892 in New Orleans, USA. Corbett gewann in 21 Runden.

Die längste Titelherrschaft eines Weltmeisters im Schwergewicht beträgt *elf* Jahre, *acht* Monate und *sieben* Tage durch Joe Louis (* 13. Mai 1914), USA, vom 22. Juni 1937, als er James Braddock in der 8. Runde in Chicago k.o. schlug, bis er am 1. März 1949 seinen Rücktritt erklärte. Während seiner Titelherrschaft stellte Louis einen Rekord von 25 Titelverteidigungskämpfen auf.

Die kürzeste Titelherrschaft hatte Leon Spinks, USA (* 11. Juli 1935), mit *212* Tagen vom 15. Februar bis 15. September 1978 inne.

Für eigene Rekorde

Muhammad Ali (links), einziger Boxweltmeister, der den Titel zweimal wiedererlangte, im Kampf gegen Leon Spinks.

Der älteste Gewinner des Schwergewichtstitels war Jersey Walcott (* 31. Januar 1914), USA, der am 18. Juli 1951 in Pittsburgh, Pennsylvania, USA, im Alter von *37* Jahren, *168* Tagen, Ezzard Charles (1921–75) k.o. schlug. Walcott war mit *38* Jahren, *7* Monaten und *23* Tagen der älteste Titelinhaber und verlor seinen Titel am 23. September 1952 an Rocky Marciano (1923–69).

Der jüngste Gewinner war Floyd Patterson (* 4. Januar 1935), USA, der im Alter von *21* Jahren, *331* Tagen, Weltmeister wurde. Nach dem Rücktritt Marcianos gewann Patterson den Titel, indem er am 30. November 1956 Archie Moore in fünf Runden in Chicago, USA, schlug.

Der einzige Boxer, der die Meisterschaft im Schwergewicht zweimal wiedererlangte, ist Muhammad Ali. Ali gewann den Titel zum ersten Mal am 25. Februar 1964, als er Sonny Liston schlug. Er schlug George Foreman am 30. Oktober 1974, nachdem ihm am 28. April 1967 der Titel durch die Weltboxbehörden genommen worden war. Er gewann dann den W.B.A.-Titel von Leon Spinks am 15. September 1978, nachdem er ihn zuvor am 15. Februar 1978 verloren hatte.

Der einzige Weltmeister im Schwergewicht, der während seiner gesamten Laufbahn (1947–56) ungeschlagen blieb, war Rocky Marciano (1923–69).

Der schwerste Weltmeister war Primo Carnera aus Italien, der *»Ambling Alp«,* der am 29. Juni 1933 in New York City, USA, den Titel in sechs Runden von Jacj Sharkey gewann. Er wog bei diesem Kampf *121 kg,* sein Höchstgewicht war jedoch *122 kg.* Er hatte einen erweiterten Brustumfang von *134 cm,* die längste Reichweite von *2,17 m* und auch die größten Fäuste mit einem Umfang von *37 cm.*

Der leichteste Meister war Robert Fitzsimmons (1863–1917), England, der mit *75 kg* am 17. März 1897 in Carson City, USA, den Titel gewann, als er James Corbett in 14 Runden k.o. schlug.

Der größte Gewichtsunterschied zwischen zwei Boxern in einem Welttitelkampf war *39 kg* zwischen Carnera *(122 kg)* und Tommy Loughran *(83 kg)* aus den USA.

Der größte Weltmeister war den Messungen der Harvard Universität zufolge Canera mit *1,98 m*. Jess Willard, der 1915 den Titel gewann, war *1,96 m* groß. (Willard lebte mit 86 Jahren, 351 Tagen am längsten von allen Schwergewichtsmeistern.)

Der kleinste Weltmeister war der Kanadier Tommy Burns (1906–08) mit *1,70 m* und *81 kg*.

Den Weltmeister-Dauerrekord im Schwergewicht für alle Klassen hält Joe Louis mit *11* Jahren, *252* Tagen.

Die kürzeste Titelherrschaft war die des französischen Federgewichts Eugène Criqui (1893–1977). Sie dauerte vom 2. Juni bis zum 26. Juli 1923.
Der umstrittene Fliegengewichtmeister Émile Pladner (* 2. September 1906), Frankreich, hatte den Titel nur *47* Tage, vom 2. März bis zum 18. April 1929 inne, ebenso wie der umstrittene Federgewichtsmeister Dave Sullivan vom 26. September bis zum 11. November 1898.

Der jüngste Weltmeisterschaftstitelträger im Halbweltergewicht ist mit *17* Jahren und *180* Tagen Wilfredo Benitez (* 8. September 1958), Puerto Rico, der diesen am 6. März 1976 in Puerto Rico gewann.

Der älteste Weltmeister war Archie Moore, der bis zum 10. Februar 1962, als ihm der Titel genommen wurde, als Weltmeister im Halbschwergewicht anerkannt war. Sein Alter wurde auf *45–48* Jahre geschätzt.
Bob Fitzsimmons hatte mit mehr als *32* Jahren von 1882–1914 die längste Laufbahn eines offiziellen Weltmeistertitelinhabers. Er gewann am 25. November 1903 in San Francisco, USA, im Alter von 40 Jahren und 183 Tagen seinen letzten Weltmeistertitel. Er war von 1880–82 Amateur.

Der längste Weltmeistertitelkampf (unter Queensberry-Rules) war der zwischen den Leichtgewichten Joe Gans (1874–1910) und Oscar Matthew Nelson (1882–1954), am 3. September 1906 in Goldfield, USA. Er wurde in der *42.* Runde beendet, als Gans aufgrund eines Fouls zum Gewinner erklärt wurde.

Die meisten Wiedergewinne eines Weltmeistertitels in einer Gewichtsklasse gewann mit fünf ›Sugar‹ Ray Robinson (* 3. Mai 1920) USA, der am 25. März 1958 in Chicago Carmen Basilio, USA, schlug, um den Weltmeisterschaftstitel im Mittelgewicht zum vierten Male zurückzugewinnen. Die Rekordzahl an Titelrunden in einer Laufbahn ist *33* oder *34* im Bantam- und Federgewicht durch George Dickson, alias *»Little Chocolate«*, (1870–1909), Kanada, zwischen 1890 und 1901.

Der einzige Boxer, der Weltmeister in drei verschiedenen Gewichtsklassen war, ist Henry *»Homicide Hank«* Amstrong (* 12. Dezember 1912), USA, der im Federgewicht, Leichtgewicht und Weltergewicht vom August bis zum Dezember 1938 gleichzeitig Titelträger war.

Das größte in einem Kampf registrierte Gewicht zweier Boxer sind *317 kg* im Kampf zwischen Claude McBride *(154 kg)* und Jimmy Black *(163 kg)*. Die größte *»Tonnage«* in einem Welttitelkampf war *221,5 kg*, als Canera, damals *117,5 kg*, am 22. Oktober 1933 in Rom gegen Paolino Uzcudon *(104 kg)* aus Spanien kämpfte.

Der kleinste Boxer, der je einen Weltmeistertitel gewann, war Pascual Perez (1926–77), der am 26. November 1954 in Tokio mit *48,5 kg* und *1,51 m* den Titel im Fliegengewicht gewann. Jimmy Wilde (1892–1969), der von 1916–1923 den Titel im Fliegengewicht innehatte, soll nie mit mehr als *49 kg* gekämpft haben.

Die meisten K.o.'s im Titelkampf erzielte Vic Toweel, Südafrika, als er Danny O'Sullivan, England, am 2. Dezember 1950 in Johannesburg im Kampf um den Weltmeistertitel im Bantam in 10 Runden insgesamt 14 mal k.o. schlug, bevor der Engländer aufgab.

(D) **Der erfolgreichste deutsche Berufsboxer** ist Max Schmeling (* 28. September 1905), der 1926 Deutscher Halbschwergewichtsmeister, 1927 Europameister, 1928 Deutscher Schwergewichtsmeister, 1930 Weltmeister, 1939 Europameister im Schwergewicht wurde.

Amateure

Der einzige Amateurboxer, der drei olympische Goldmedaillen gewann, ist der Linkshänder László Papp (* 25. März 1926), Ungarn, der die Titel im Mittelgewicht 1948 und im Halbmittelgewicht 1952 und 1956 gewann. Der Einzige, der zwei Titel bei einem Anlaß gewann, war Oliver Kirk, USA, der im Jahre 1904 in St. Louis, USA, als die USA alle Titel gewannen, die Titel im Bantam und Federgewicht holte.

Der älteste Goldmedaillengewinner ist im Alter von *38* Jahren Richard Gunn (* 1870), England, der am 27. Oktober 1908 die Goldmedaille im Federgewicht gewann.

Ⓓ **Der erfolgreichste Amateurboxer** ist Horst Rascher (* 11. März 1940), der 1958 und 1959 Europameister und neunmal Deutscher Amateurmeister wurde.
In 162 Kämpfen wurde Gustav Eder (* 23. Dezember 1907), Deutscher Meister im Weltergewicht 1930–41, 1934 und 1935 Europameister, 1946 und 1947 Deutscher Mittelgewichtsmeister, nur *einmal* 1947 k.o. geschlagen.

Ⓓ **Erfolgreichster Länderkampfboxer** ist Hein ten Hoff (* 19. November 1919), der Amateureuropameister im Schwergewicht des Jahres 1942. Er erreichte sage und schreibe 18 Siege in 19 Länderkämpfen.

Ⓐ **Als Österreichs erfolgreichster Amateurboxer** ist Rupert König (* 1937) einzustufen, der sechsmal, 1957–62, Österreichischer Meister im Halbweltergewicht wurde.

Ⓒ

Curling

Ursprünge: Obwohl eine Bronzefigur aus dem 15. Jahrhundert im Museum von Florenz einen Curlingstein zu halten scheint, fand sich die früheste Illustration des Sports auf einer der Winterszenen des flämischen Malers Pieter Breughel von etwa 1460. Der Club mit den frühesten Belegen, die auf 1716 zurückdatieren, ist der von Kilsyth, Strathclyde, der 1954 wieder ins Leben gerufen wurde. Das Spiel wurde 1759 in Kanada eingeführt. Die organisierte Verwaltung begann 1838 mit der Gründung des Grand (später Royal) Caledonian Curling Club in Edinburgh. Die erste Halleneisbahn, die Curling einführte, befand sich in Southport, Mercyside, 1879. Obwohl Curling bei den Winterolympiaden von 1924, 1932 und 1964 vorgeführt wurde, ist es nie ins offizielle Olympiaprogramm aufgenommen worden.

Die meisten Weltmeisterschaftstitel (eingeführt 1959) um den *Air Canada Silver Broom* errang Kanada mit zwölf in den Jahren 1959–64, 1966, 1968–72.

Das größte Mannschaftsspiel der Welt ist das Manitoba-Bonspiel, das in Winnipeg, Kanada, abgehalten wird. Beim Wettkampf im Februar 1977 waren *728* Mannschaften von je vier Spielern beteiligt.

Das längste registrierte Curlingmatch dauerte *64* Stunden, *28* Minuten und wurde vom 13.–15. Januar 1979 von acht Mitgliedern des Pine Point Curling Club, N. W. T. Canada, gespielt.

Ⓓ

Drachenfliegen

Ursprünge: Im 11. Jahrhundert soll der Mönch Elmer von einem 13,3 m hohen Turm von Malmesbury Abbey geflogen sein. Der früheste moderne Pionier war Otto Lilienthal (1843–96), Deutschland, dem zwischen 1893 und 1896 zahlreiche Flüge gelangen. In den 50er Jahren des 20. Jahrhunderts entwickelte Prof. Francis Rogallo von der National Space Agency, USA, aus seinen Forschungen über den Wiedereintritt von Raumkapseln in die Erdatmosphäre einen Drachenflieger.

Die größte Entfernung erzielte mit *153 km* George Worthington, USA, am 21. Juni 1977 in einer ASG-21 (Rogallo) über Kalifornien (Offizieller Fédération Aéronautique-Internationale-Rekord).

Die größte Höhe stellte George Worthington mit seinem F. A. I.-Rekord am 22. Juni 1978 mit *3566 m* über Bishop, Kal., USA, auf.
Die größte Höhe, aus der ein Schwebeflieger abgestiegen ist, ist *9631 m*. Bob McCaffrey, 18, USA, wagte am 21. November 1976 den Flug in einem Versuchsmodell von einem Ballon über der Mojavewüste, Kalifornien, USA, aus.

Ⓔ

Eishockey

Ursprünge: Es gibt Bildhinweise, daß ein hokkeyähnliches Spiel in den Niederlanden im frühen 16. Jahrhundert auf dem Eis gespielt wurde. Das Spiel wurde wahrscheinlich das erste Mal 1855 mit einem Puck in Kingston, Ontario, Kanada, gespielt. Die *International Ice Hockey Federation* wurde 1908 gegründet. Die *National Hockey League* of North America wurde 1917 ins Leben gerufen. Die *World Hockey Association* wurde 1971 gegründet.

Ⓓ Das erste Eishockeywettspiel in Deutschland fand im offiziellen Rahmen am 4. Februar 1897 zwischen dem Akademischen Sportclub Berlin und einer gemischten Mannschaft statt. Die erste deutsche Eishockeymeisterschaft wurde 1911 ausgetragen.

Ⓒⓗ In der Schweiz wurde erstmals 1886 Eishockey gespielt.

Ⓐ Die erste österreichische Meisterschaft wurde 1913 vom Österreichischen Eishockeyverband ausgerichtet.

Olympische Spiele und Weltmeisterschaften:
Die meisten Olympiameisterschaften hat Kanada

gewonnen (1920, 1924, 1928, 1932, 1948, 1952). Die meisten Weltmeisterschaftstitel gewann mit *19* Kanada, das letzte Mal 1961 in Genf.

Die meisten Goldmedaillen, die je ein Spieler gewann, sind *drei,* gewonnen von Witalij Dawidow, Anatolij Firssow, Viktor Kuskin und Aleksandr Ragulin aus den UdSSR-Mannschaften, die die olympische Titel von 1964, 1968 und 1972 gewannen.
Die Weltamateurmeisterschaften begannen 1920 in Antwerpen, Belgien, und wurden 1976 zum ersten Mal für Profis geöffnet.

(D) **Die besten Ergebnisse** deutscher Eishockeymannschaften bei Weltmeisterschaften sind der 2. Platz 1930 in Chamonix und 1953 in Zürich/Basel gewesen.
Bei Olympiaden wurde 1932 in Lake Placid und 1976 in Innsbruck die Bronzemedaille gewonnen. Europameister wurde Deutschland in den Jahren 1930 und 1934.
(A) Die österreichischen Mannschaften erzielten bei den Weltmeisterschaften 1931 in Krynica und 1947 in Prag den 3. Platz; sie wurden 1927 in Wien und 1931 in Krynica Europameister.
(CH) Die schweizerische Mannschaft erreichte achtmal bei Weltmeisterschaften den 3. Platz, wurde 1935 in Davos Zweiter. Bei der Olympiade 1928 in St. Moritz und 1948 in St. Moritz erhielt die Schweiz die Bronzemdeaille. Europameister wurde die schweizerische Mannschaft 1935 in Davos, 1939 in Zürich/Basel und 1950 in London.

Die größte Zahl an Toren, die in einem Weltmeisterschaftsspiel verzeichnet wurden, war *47:0,* als Kanada am 12. Februar 1949 Dänemark in Stockholm, Schweden, schlug. Der Rekord der *National Hockey League* ist 21 Tore, als Montreal Canadian am 10. Januar 1920 Toronto St. Patrick's in Montreal 14:7 schlug.

Die meisten Tore eines Profispielers in einer Saison erzielte mit *83* Anders Hedberg (* 25. Februar 1951 in Schweden) für die Winnipeg Jets von 1976–77. Die meisten Tore in der National Hockey League sind 80, geschossen von Reggie Leach (* 23. April 1930, Kanada) für die Philadelphia Flyers in den Jahren 1975–76. Die meisten Punkte in einer Saison einschließlich Entscheidungsspiele erzielte mit 169 (71 Tore und 98 Zuspiele) Marc Jardif (* 12. Juni 1949) für die Quebec Nordiques in der Saison 1977–78.

Der nordamerikanische Laufbahnrekord ist *1033* (786 in der National Hockey League) durch Gordie Howe (* 31. März 1928) – gespielt bei Detroit Red Wings, Houston Aeros und New England Whalers – in 30 Saisons, beendet 1977/78. Er brauchte 2204 Spiele, um das 1000. Tor zu erringen, aber Bobby Hull (* 3. Januar 1939) – gespielt bei Chicago Black Hawks und Winnipeg Jets – schoß sein 1000. Tor in 1600 Spielen am 12. März 1978.

Das schnellste Oberligator schoß nach *vier* Sekunden im 2. Drittel Claude Provost (Montreal Canadians) gegen Boston Bruins am 9. November 1957 in Montreal. Kim I. Miles schoß ein Tor in *drei* Sekunden für Univ. of Guelph gegen Univ. of. W. Ontario am 11. Februar 1975.
Toronto schoß am 19. März 1938 innerhalb von vier Minuten, 52 Sekunden acht Tore gegen die New York Americans.
Der Kanadier Bill Mosienko (Chicago Black Hawks * 2. November 1921) schoß am 23. März 1952 in 21 Sekunden drei Tore gegen die New York Rangers. Im Jugendhockey gelang Kant Guest (* 1. Januar 1964) in 14 Sekunden drei Tore für Bay Ridges gegen Ajax am 19. März 1975 in Toronto, Kanada.

Bester deutscher Eishockeyspieler: Erich Kühnhackl.

Die meisten Punkte in einem nordamerikanischen Oberligaspiel sind drei Tore, sieben Zuspiele, erzielt von Jim Harrison (* 9. Juli 1947) für Alberta in Toronto am 30. Januar 1973. Ebenfalls zehn Punkte erzielte Darryl Sittler (* 18. September 1950) (sechs Tore, vier Zuspiele) für Toronto Maple Leafs am 7. Februar 1976 in Toronto.

Der erfolgreichste Torhüter ist Terrance Gordon Sawchuck (* 28. Dezember 1929), der in 103 Spielen mitwirkte, ohne ein Tor durchzulassen. Er spielte zwischen 1950 und 1967 bei den Detroit

Red Wings, Boston Bruins, Toronto Maple Leafs, Los Angeles Kings und New York Rangers.

Die schnellste Geschwindigkeit eines Spielers erreichte mit 47,7 km/h Bobby Hull.
Die Puck-Höchstgeschwindigkeit wird ebenfalls Bobby Hull zugeschrieben, dessen linkshändiger Schlag mit 190,3 km/h gestoppt wurde.

Das längste Spiel dauerte zwei Stunden, 56 Minuten und 30 Sekunden (Spielzeit), als Detroit Red Wings die Montreal Maroons in der sechsten Verlängerung am 25. März 1936 um 2.25 Uhr im Forum von Montreal 1:0 schlugen.

(D) **Die erfolgreichste deutsche** Vereinsmannschaft ist der EV Füssen, der 15mal deutscher Meister wurde (1953–59, 1961, 1963–65, 1968, 1969, 1971 und 1973).

(D) Der erfolgreichste deutsche Eishockeyspieler ist Erich Kühnhackl, der in der Bundesliga über 450 Treffer erzielte und in der Nationalmannschaft 91mal für Deutschland traf.

Eiskunstlauf

Die meisten olympischen Medaillen, die von einem Eiskunstläufer gewonnen wurden, sind drei Goldmedaillen für Gillis Gråfstrom (1893–1938) aus Schweden in den Jahren 1920, 1924 und 1928 (dazu die Silbermedaille im Jahre 1932). Die erfolgreichste Läuferin war Sonja Henie (1912–1969) aus Norwegen mit drei Goldmedaillen in den Jahren 1928, 1932 und 1936.

(D) **Olympiaden:** 1964 konnte Manfred Schnelldorfer (* 2. Mai 1943) eine Goldmedaille in Innsbruck gewinnen.

(A) Erfolgreichster Olympiateilnehmer Österreichs ist Karl Schäfer (* 17. Mai 1909), der 1932 und 1936 die Goldmedaille gewann.

(A) Bei den Damen gewann 1924 M. Szabo in Chamonix und 1972 B. Schuba (* 15. Februar 1951) in Sapporo die Goldmedaille.

(D) Im Paarlaufen holten die Deutschen R. Falk/ P. Falk 1952 in Oslo die Goldmedaille; M. Kilius und H.-J. Bäumler gewannen 1960 in Squaw Valley und 1964 in Innsbruck die Silbermedaille.

Die größte Zahl an Weltmeisterschaftseinzeltiteln im Kunsteislauf (eingeführt 1896) errang mit zehn Titeln Ulrich Salchow (1877–1949) aus Schweden in den Jahren 1901–05 und 1907–11. Den Damenrekord (eingeführt 1906) stellte ebenfalls mit zehn Titeln Sonja Henie, Norwegen, zwischen 1927 und 1936 auf.
Die größte Zahl an Weltmeisterschaftspaartiteln (eingeführt 1908) gewann Irina Rodnina, UdSSR (* 12. Sept. 1949) mit zehn Titeln, vier mit Aleksij Ulanow (* 4. Nov. 1947) in den Jahren 1969-72 und sechs mit ihrem Mann Aleksandr Zaitsew (* 16. Juni 1952) in den Jahren 1973–78.

(D) **Die meisten Eistanztitel** (eingeführt 1950) gewannen Aleksandr Gorschkow (* 8. Dezember 1946) und Ludmila Pachomowa (* 31. Dezember 1946), UdSSR, in den Jahren 1970–74 und 1976.

Die meisten Weltmeisterschaftstitel für Westdeutschland gewannen im Paarlauf M. Kilius/ H.-J. Bäumler (* 24. März 1943 und 28. Januar 1942) 1963 in Cortina d'Ampezzo und 1964 in Dortmund. Dieses Paar wurde in den Jahren 1959–64 sechsmal Europameister. Manfred Schnelldorfer gewann 1964 den Herreneinzeltitel in Dortmund.

(A) Die meisten Weltmeisterschaftstitel für Österreich gewann K. Schäfer in den Jahren 1930–36 sechsmal. Er wurde in den Jahren 1929–36 achtmal Europameister. Bei den österreichischen Damen gewann M. Szabo 1922–26 fünfmal den Weltmeisterschaftstitel, die Eiskunstläuferin B. Schuba 1971 und 1972.

(DDR) Die meisten Weltmeisterschaftstitel für Ostdeutschland gewannen bei den Damen G. Seyfert (* 23. November 1948) 1969, 1970 und A. Pötzsch im Jahr 1978. G. Seyfert konnte dreimal die Europameisterschaft 1967, 1969 und 1970 gewinnen. Ebenfalls dreimal gewann Ch. Errath bei Europameisterschaften 1973, 1974 und 1975. 1974 außerdem den Weltmeisterschaftstitel in München.

Höchste Punktzahlen: Die größte Zahl an Höchstbewertungen (sechs Punkte) für eine Darbietung bei einer internationalen Meisterschaft war elf für Aleksandr Zaitsew und Irina Rodnina, UdSSR, im europäischen Paarlauf 1974 in Zagreb, Jugoslawien. Die meisten für einen Sololäufer waren sieben für Donald Jackson (* 2. April 1940), Kanada, bei den Herrenweltmeisterschaften 1962 in Prag, Tschechoslowakei.

Den schwierigsten Sprung vollführte im Wettkampf mit dem ersten Dreier-Axel Vern Taylor (* 1958), Kanada, bei den Weltmeisterschaften in Ottawa am 10. März 1978. Der vierfache Rittberger wurde nur von einem einzigen Paar, Sergej Schakrai (* 1957) und Marina Tschwerkasowa (* 1962), UdSSR, bei einer internationalen Meisterschaft am 26. Januar 1977 in Helsinki ausgeführt.

Die größte Halleneisbahn der Welt befindet sich in der Moskauer Olympiahallenarena und hat eine Eisfläche von *8064 m²*. Die größte Kunsteisbahn im Freien ist der Fünferkomplex des Fujikyu Highland Promenade Rink, Japan (eröffnet 1967), mit einer Fläche von *26 500 m²*.

Marika Kilius und Hans-Jürgen Bäumler, erfolgreichstes Paar Westdeutschlands im Eiskunstlauf.

Das längste registrierte Eislaufmarathon lief Austin MyKinley aus Christchurch, Neuseeland, mit *109* Stunden, *fünf* Min., vom 21.–25. Juni 1977.

Eislauf

Ursprünge: Der erste Hinweis auf das Schlittschuhlaufen findet sich in der frühen skandinavischen Literatur und bezieht sich auf das zweite Jahrhundert, obwohl aufgrund von archäologischen Nachweisen angenommen wird, daß seine Ursprünge noch zehn Jahrhunderte weiter zurückdatieren. Der erste englische Bericht von 1180 nimmt Bezug auf Schlittschuhe, die aus Knochen gefertigt sind. Die früheste bekannte Abbildung ist ein holländischer Holzschnitt von 1498.
Im Stammbuch von Andreas Bayer (entstanden 1615–26) sind auf einer Tuschzeichnung deutsche Eisläufer abgebildet. Der älteste deutsche Eislaufverein ist der *Frankfurter Schlittschuhklub von 1861.*
Der Wiener Eislaufverein wurde 1867 gegründet; der internationale Schlittschuhclub von Davos trat 1896 dem Dachverband *ISU* bei.

Eisschießen

Ursprünge: Das Eisschießen ist eine typisch alpenländische Sportart (vgl. dazu: Curling) und entstand aus alten Volksspielen im 16. Jahrhundert. Das Spiel wird auch als *Weiberleuteschießen* bezeichnet, weil es üblicherweise auch Frauen spielten.
Die erste deutsche Meisterschaft fand 1926 statt, die erste Europameisterschaft 1951. Es gibt ungefähr 80000 organisierte Eisschützen in der Internationalen Föderation für Eisstockschießen, die 1950 in Frankfurt gegründet wurde.

Ⓓ **Die erfolgreichsten** deutschen Vereine sind der SC Rießersee, der Europameister 1952, 1953 und 1954 wurde, der EC Frauenau, der 1964, 1965 und 1967 Europameister wurde und der EC Krun, der 1956, 1957 und 1976 Europameister wurde.
Ⓐ Die erfolgreichste österreichische Mannschaft ist der SKK Salzburg, der viermal Europameister wurde, und zwar in den Jahren 1970, 1972, 1973 und im Jahre 1975.

Eisschnellauf

Die meisten olympischen Goldmedaillen im Eisschnellauf gewann mit sechs Lidia Skoblikowa (* 8. März 1939), UdSSR, 1960 (zwei) und 1964 (vier).
Den Herrenrekord stellte Clas Thunberg (* 5. April 1893), Finnland, mit fünf Goldmedaillen (einschließlich einer bei Punktgleichheit) und ebenfalls einer silbernen und einer bronzenen bei Punktgleichheit auf.

Die größte Anzahl an Weltgesamttiteln eingeführt 1893, die je von einem Eisläufer gewonnen

Geschwindigkeitsweltrekorde im Eisschnellauf
(Ratifiziert von der I.S.U. – International Skating Union – Stand vom 1. Juni 1979)

	Entfernung	Min./Sek.	Name/Land	Ort	Datum
Herren:	500 m	37″	Ewgenj Kulikow, UdSSR	Medeo, UdSSR	29. März 1975
	1 000 m	1′14″61	Vladimir Lobanow, UdSSR	Medeo, UdSSR	31. März 1978
	1 500 m	1′55″18	Jan Egil Storholt, Norwegen	Medeo, UdSSR	20. März 1977
	3 000 m	4′04″06	Dimitri Ogloblin, UdSSR	Medeo, UdSSR	29. März 1979
	5 000 m	6′56″90	Kay Arne Stenshjemmet, Norw.	Medeo, UdSSR	19. März 1977
	10 000 m	14′34″33	Viktor Leskine, UdSSR	Medeo, UdSSR	3. April 1977
Damen:	500 m	40″68	Sheila Young, USA	Inzell, W.-Deutschl.	13. März 1976
	1 000 m	1′23″46	Tatjana Awerina, UdSSR	Medeo, UdSSR	29. März 1975
	1 500 m	2′07″18	Khalida Worobjewa, UdSSR	Medeo, UdSSR	10. April 1978
	3 000 m	4′31″00	Galina Stepanskaja, UdSSR	Medeo, UdSSR	23. März 1976

Der erfolgreichste Eisschnelläufer ist Eric Heiden, USA, der seit 1977 ununterbrochen Weltmeister im Sprint und im Vierkampf wurde und 1980 in Lake Placid fünf Goldmedaillen im 500-m-, 1000-m-, 1500-m-, 5000-m- und 10 000-m-Lauf gewann.

wurden, ist fünf für Oscar Mathisen, Norwegen, in den Jahren 1908–09 und 1912–14 und Clas Thunberg in den Jahren 1923, 1925, 1928–29 und im Jahre 1931.

Die meisten Damentitel gewannen mit vier Inga Woronina (* Artomonowa, 1936–66), UdSSR, in den Jahren 1957, 1958, 1962 und 1964 und Antje Keulen-Deelstra (* 31. Dezember 1938), Niederlande, in den Jahren 1970, 1972–74.

(D) **Die erfolgreichsten Läufer Westdeutschlands** sind Erhard Keller (* 24. Dezember 1944), der 1968 bei der Olympiade in Grenoble und 1972 in Sapporo die Goldmedaille gewann, und in der gesamtdeutschen Mannschaft der Damen H. Haase,
(DDR) (* 9. Juni 1934), Ostdeutschland, die 1960 beim 500-m-Lauf die Gold- und beim 1000-m-Lauf die Silbermedaille gewann. 1972 konnte Monika Pflug die Goldmedaille im 1000-m-Lauf erringen.
(A) Der Österreicher M. Stiepl gewann 1936 beim 10 000-m-Lauf die Goldmedaille.

Der längste Wettlauf, der regelmäßig abgehalten wird, ist der *Elfstedtentocht* (›Tour der elf Städte‹) in den Niederlanden. Die schnellste Zeit auf der über 200 km langen Strecke erreichte Jeen van den Berg (* 8. Januar 1928) am 3. Februar 1954.

Eissegeln (Strandsegeln)

Ursprünge: Der Sport entstand in den Niederlanden im Jahr 1600 und entlang der Ostseeküste. Der erste authentische Bericht aus Holland datiert von 1768. Land- oder Sandsegler holländischer Bauart wurden zum ersten Mal 1595 auf Stränden gemeldet. Die internationale Meisterschaft fand zum ersten Mal 1914 statt. Die europäische Spitzenorganisation ist die 1929 gegründete Europäische Eissegelunion mit Sitz in Hamburg.

Der größte bekannte Eissegler war *Icicle.* Gebaut wurde er etwa 1870 für Commodore John E. Roosevelt, damit er Rennen auf dem Hudson River in New York veranstalten konnte. Er war *21 m* lang und trug *99 m²* Segeltuch.

Die gemessene Höchstgeschwindigkeit ist *230 km/h,* erreicht von John D. Buckstaff in einem heckgesteuerten Klasse-A-Segler auf Lake Winnebago, Wisconsin, USA, im Jahr 1938. Diese Geschwindigkeit ist bei einer Windgeschwindigkeit von *115 km/h* möglich.
Die größte dokumentierte Höchstgeschwindigkeit für einen Strandsegler ist *125,11 km/h,* erreicht durch Jan Paul Lowe (* 15. April 1936), USA, in Sunkist am Ivanpaugh Dry Lake, Kalifornien, USA, am 25. März 1975.

(F)

Fallschirmspringen

Ursprünge: Fallschirmspringen wurde mit der Einführung der Weltmeisterschaften 1951 zu einem geregelten Sport. Ein Mannschaftstitel wurde 1954 eingeführt, und 1956 wurden Damenwettbewerbe miteinbezogen.

Die meisten Titel der Welt gewannen die UdSSR mit den Herrenmannschaftstiteln bei den Weltmeisterschaften 1954, 1958, 1960, 1966, 1972 und 1976; mit den Damenmannschaftstiteln in den Jahren 1956, 1958, 1966, 1968, 1972 und 1976. Kein Einzelbewerber hat je den Weltgesamttitel ein zweites Mal gewonnen.

Die größte Genauigkeit beim Zielspringen erzielte Jacqueline Smith, G. B. (* 29. März 1951), bei den Weltmeisterschaften in Zagreb, Jugoslawien, am 1. Sept. 1978, indem es ihr gelang, zehnmal nach-

Fallschirmrekorde				
Was	**Wer**	**Umstände**	**Wo**	**Wann**
Erster vom Turm	Louis-Sébastien Lenormand (1757 bis 1839)	fallschirmähnlich	Montpellier (Frankreich)	1783
Erster vom Fesselballon	André-Jacques Garnerin (1769–1823)	680 m	Monceau Park, Paris (Frankreich)	22. Okt. 1797
Erster aus einem Flugzeug (Mann)	Hauptmann Albert Berry	US-Armee	St. Louis, Missouri (USA)	1. März 1912
(Frau)	Georgina »Tiny« Broadwick (geb. 1893)		Griffith Park, Los Angeles (USA)	21. Juni 1913
Erster freier Fall	Georgina »Tiny« Broadwick	Pilot Glenn L. Martin	North Island, San Diego, Kalifornien (USA)	13. Sept. 1914
Von geringster Höhe	Major Terence Spencer, England	9–12 m	Bucht von Wismar, Ostsee (jetzt Ostdeutschland)	19. April 1945
Fall von längster Dauer	Oberstleutnant Wm. H. Rankin, US-Marine	40 Minuten durch Thermik	North Carolina (USA)	26. Juli 1956
Aus höchster Höhe	Hauptmann J. de Salis und P. Lowe, brit. Luftwaffe	17 068 m	Monyash, Derby (England)	9. April 1958
Längster verzögerter Fall	Hauptm. J. W. Kittinger[1] (USA)	25 816 m aus einem 31 333 m hohen Ballon	Tularosa, New Mexico	16. Aug. 1960
(dito, Frau)	O. Kommissarova (UdSSR)	14 100 m	über der Sowjetunion	21. Sept. 1965
Zivilist, Welt	R. W. K. Beckett, Harry Ferguson (beide England)	9144 m aus 9753 m	D. F. Malan Airport, Kapstadt (Südafrika)	23. Nov. 1969
Meiste Sprünge	Anatolij Osipov u. a. (UdSSR)	8000 Sprünge	über der Sowjetunion	April 1978
(dito, Frau)	Patty Wilson (USA)	mehr als 1000	Elsinore Fallschirmcenter, Kalifornien (USA)	Nov. 1973
Höchste Landung	Zehn sowjetische Fallschirmspringer[2]	7133 m	Leningipfel, Kaukasus (UdSSR)	Mai 1969
Höchstes Gewicht	US Air Force C-130 Hercules	22,88 t Stahlplatten, 6 Fallschirme	El Centro, Kalifornien (USA)	28. Jan. 1970
Höchster von Brücke	Donald R. Boyles (USA)	320 m	Royal Gorge, Col. (USA)	7. Sept. 1970
Höchster vom Turm	Herbert Leo Schmitz (USA)	KTUL-TV-Mast 604 m	Tulsa, Oklahoma (USA)	4. Okt. 1970
Größter »Stern« (5 Sek. Zusammenh.)	32 Enquirer Mannschaft (USA)	Formation 5 Sek. gehalten	Tahlequah, Oklahoma (USA)	14. Juli 1975
Höchster von Säule	8 Mitglieder der Enquirer Mannschaft (USA)	52 m	Kalifornien (USA)	Oktober 1978
Meistgereister	Kevin Seaman aus einer Cessna Skylane	19 611 km	Sprünge in allen 50 Bundesstaaten der USA	26. Juli bis 15. Okt. 1972
Ältester Mann	Bob Broadbere (England), 1092–1977	85 Jahre (Brille zerbrochen)	Honiton, Devon (England)	10. Juli 1977
Älteste Frau	Mrs. Ardath Evitt (USA)	74 Jahre, 6 Mon.	Mooresville, Indiana (USA)	6. Aug. 1978
Gesamtzahl in 24 Stunden[3]	David Parchment (England)	233 (18 Std., 7 Min.)	Shobdon Air Centre (Engl.)	19. Juni 1979

Anmerkungen:
[1] Höchstgeschwindigkeit in verdünnter Luft 1006 km/Std. bei 27 430 m – knapp Überschallgeschwindigkeit.
[2] Vier kamen ums Leben.
[3] Erste Schätzungen der Einnahmen für die Wohltätigkeitsorganisation Age Concern beliefen sich auf 1 Mio. Pfund Sterling (4 Mio. DM). Später wurde die Zielsumme von 1 Mio. Pfund Sterling auf 100 000 Pfund (400 000,– DM) reduziert, aber am 1. August 1979 waren erst 20 000 Pfund (80 000,– DM) eingegangen.

einander genau im Zentrum (*10-cm*-Scheibe) aufzutreffen. In Yuma, Arizona, USA, erreichte im März 1978 Dwight Reynolds einen Rekord von 105 Zentraltreffern am Tag. Bill Wenger und Phil Munden, die als Mitglieder des US-Army-Teams *›The Golden Knights‹* teilnahmen, hatten einen Gleichstand von 43 Zentraltreffern bei Nachsprüngen.

Die größte Anzahl von Sprüngen nacheinander schaffte mit *233* in 24 Stunden David Parchment am 19. Juni 1979 auf dem Shobdon Airfield, Hereford, England.

Ⓓ **Der erfolgreichste deutsche Fallschirmspringer** heißt Aloys Riesenbeck, der u. a. längere Zeit den Weltrekord im Einzelzielspringen hielt.

Ⓓ **Die größten Erfolge** der deutschen Fallschirmsportler wurden auf der Weltmeisterschaft im Formationsspringen 1977 in Gatton, Australien, mit dem Gewinn der Silbermedaille im Achter- und der Bronzemedaille im Vierer-Formationsspringen und einer Silbermedaille in der Gesamtwertung erzielt. Bei der Weltmeisterschaft 1978 in Zagreb errang Westdeutschland die Silbermedaille im Mannschaftszielspringen und die Bronzemedaille in der Nationenwertung.

Fechten

Ursprünge: Fechten (Kämpfen mit einzelnen Stöcken) wurde als Sport in Ägypten bereits etwa 1360 v. Chr. praktiziert. Die erste bestimmende Körperschaft für Fechten in Europa war die von Heinrich VIII. vor 1540 gegründete *Corporation of Masters of Defense.* Fechten wurde als Sport vor allem in Preiskämpfen seit jener Zeit praktiziert. Das Florett war seit dem 17. Jahrhundert die Übungswaffe für das kurze Hofschwert. Der Degen wurde in der Mitte des 19. Jahrhunderts eingeführt und der leichte Säbel von den Italienern im späten 19. Jahrhundert.

Die größte Zahl an Weltmeisterschaftseinzeltiteln gewann mit *vier* d'Oriola, ebenfalls gewann er zwei olympische Einzeltitel. Von den drei Fechterinnen mit drei Einzelweltmeisterschaftstiteln, Helene Mayer, Deutschland (1929, 1931, 1937), Ellen Müller-Preis, Österreich (1947, 1949, 1950) und Ilona Schacherer-Elek, Ungarn (1934–35, 1951), gewann nur Ilona Schacherer-Elek zwei olympische Einzeltitel (1936 und 1948).

Die meisten olympischen Goldmedaillen sind *drei,* gewonnen von Ramon Fonst, Kuba (1883–1959), in den Jahren 1900 und 1904 (zwei) und von Nedo Nadi, Italien (1894–1952), 1912 und 1920 (zwei). Nadi gewann 1920 ebenfalls drei Manschaftsgoldmedailen und kam damit auf eine einmalige Gesamtzahl von fünf Goldmedaillen bei einem Olympischen Fest.

Die meisten olympischen Medaillen erhielt Eduardo Mangiarotti, Italien (* 7. April 1919), mit sechs Gold-, fünf Silber- und zwei Bronzemedaillen. Er gewann sie von 1936–60 für Florett und Degen.

Die meisten Goldmedaillen für Damen gewann mit vier (drei Einzel, ein Team) Elena Nowikowa-Belowa, UdSSR (* 28. Juli 1947), von 1968–76.
Die größte Anzahl von Medaillen bei den Damen gewann Ildikó Sagine-Retjöo (früher: Ujlaki-Retjöo), Ungarn, (* 11. Mai 1937) mit sieben Medaillen (zwei Gold-, drei Silber-, zwei Bronzemedaillen) in den Jahren 1960–76.

Ⓓ **Die erfolgreichsten Fechter Westdeutschlands** sind bei den Damen Heidi Schmidt (* 5. Dez. 1938) und Cornelia Harnisch. Heidi Schmidt gewann 1960–61 die Damenflorettweltmeisterschaft und 1960 die Goldmedaille; Cornelia Harnisch wurde 1979 Damen-Florett-Weltmeisterin.
Der erfolgreichste Herrenfechter ist der Degenweltmeister Alexander Pusch, der 1975–76–78 den Weltmeistertitel gewann und 1976 in Montreal die Goldmedaille erhielt.

Ⓐ Der erfolgreichste österreichische Fechter ist der Degen-Weltmeister Losert (* 6. Jan. 1945), der diesen Titel 1963 erhielt.

Ⓓ Die bedeutendsten Mannschaftsrekorde der Westdeutschen-Fechter sind im Mannschafts-Herrenflorett 1976 und 1977 der Gewinn des Weltmeisterschaftstitels und 1976 der Gewinn der Goldmedaille. Die Mannschaft der Degenkämpfer gewann 1973 den Weltmeisterschaftstitel und 1976 in Montreal die Silbermedaille.

Fußball

Ursprünge: Ein Spiel, genannt *Tsu-chu,* wurde in China im 3. und 4. Jahrhundert vor Chr. gespielt und hatte mit Fußball Ähnlichkeit. Ein Fußballspiel, *Calcio,* existierte 1410 in Italien. Einer der frühesten Hinweise auf das Spiel in England bezieht sich auf einen Unfalltod eines Torwarts am 23. Februar 1582 in Essex. Die früheste Darstellung des Spiels ist ein Edinburgher Druck, der von 1672–73 datiert. Das Spiel wurde mit der Gründung der Football Association in England am 26. Oktober 1863 standardisiert.

Ⓓ In Deutschland wurde Fußball zuerst im Raum Braunschweig an Höheren Schulen gespielt. 1878 wurde der erste deutsche Fußballverein in Hannover gegründet. Der Deutsche Fußballbund wurde 1900 in Leipzig, der Österreichische Fußballbund 1904 in Wien und der Schweizer Fußballverband 1895 in Bern gegründet.

Der erste deutsche Fußballmeister wurde 1903 ermittelt; VFB Leipzig schlug DFC Prag 7:2.
Das erste Fußballänderspiel Deutschlands fand am 5. April 1908 in Basel gegen die Schweiz statt. Deutschland verlor mit 3:5 Toren.

Berufsfußball

Der Dauerrekord für Erste-Klasse-Spiele wurde am 2.–3. August 1962 im Copa Libertadores in Santos, Brasilien, erzielt, als Santos ein 3:3 gegen Penarol F. C. Montevideo, Uruguay, spielte. Das Spiel dauerte *3½* Stunden (mit Unterbrechungen), von 21.30 Uhr bis 1.00 Uhr.

Die höchste registrierte Torzahl in einem Spiel der britischen 1. Liga ist *36.* Sie wurde im Cupspiel zwischen Arbroath gegen Bon Accord am 5. September 1885 erzielt, als Arbroath 36:0 gewann.

Damals waren die Tore noch nicht mit Netzen ausgestattet.

Die höchste Torspanne in einem internationalen Spiel ist *17.* Dieses Ergebnis erzielte England im Spiel gegen Australien am 30. Juni 1951, als England in Sydney 17:0 gewann.

Bundesliga

Die höchste Gesamttrefferzahl von *1085* Toren wurde von den Mannschaften der Fußballbundesliga in der Saison 1973/74 erreicht.

Das höchste Torergebnis in einem Bundesligaspiel erzielte am 29. April 1978 Borussia Mönchengladbach gegen Borussia Dortmund mit *12:0.* Das höchste Torergebnis in einem Spiel der obersten deutschen Spielklasse erzielte der 1. FC Kaiserslautern gegen Trier in der Saison 1946/47 mit einem 20:0-Sieg.

Der höchste Sieg in der Endrunde der Deutschen Meisterschaft wurde von Kaiserslautern erzielt, das 1957 Hertha BSC *14:1* schlug.

Einzelrekorde

Die meisten Tore in einer Bundesligasaison erzielte 1972 Gerd Müller (* 3. November 1945) mit *40* Toren. Er wurde Torschützenkönig 1967, 1969, 1970, 1972, 1973, 1974 und 1978.

Die Rekordzahl an Toren, die von einem Spieler bei einem internationalen Spiel geschossen wurden, ist *zehn* durch Gottfried Fuchs (3. Mai 1889–1972) beim 16:0-Sieg Deutschlands gegen Rußland während der Olympischen Spiele 1912.

Die meisten erzielten Tore in einer bestimmten Periode sind *1216* durch Eson Arantes do Nascimento (* 23. Oktober 1940), Brasilien, bekannt als *Pelé,* der vom 7. September 1956–2. Oktober 1974 dieses Ergebnis in *1254* Spielen erzielte. Sein bestes Jahr war 1958 mit *139* Toren, und das 1000. erfolgte bei einem Elfmeter für seinen Verein Santos am 19. November 1969 in Maracañastadion, Rio de Janeiro, als er sein 909. 1.-Klasse-Spiel absolvierte. Er spielte später für Cosmos New York, und als er am 1. Oktober 1977 in den Ruhestand trat, hatte er eine Gesamtzahl von *1281* Toren in *1363* Spielen erreicht.

(A) Franz *»Bimbo«* Binder (* 1911) schoß zwischen 1930 und 1950 in Österreich und Deutschland *1006* Tore in *756* Spielen.

Das schnellste verzeichnete Tor in einem Bundesligaspiel wurde 1963 von Timo Konietzka im Spiel Werder Bremen gegen Borussia Dortmund und 1965 im Spiel 1860 München gegen Bayern München jeweils in der ersten Minute erzielt.

Einen Hat-Trick erzielte in *einer* Minute *50* Sekunden der Spieler Maglioni von Independiente gegen Gimnasia y Escrima de La Plata in Argentinien am 18. März 1973. (Drei Tore hintereinander).

Das schnellste Tor bei einem Weltpokalspiel wurde von Olle Nyberg für Schweden gegen Ungarn in *30* Sekunden am 16. Juni 1938 in Paris geschossen.

Das schnellste Eigentor erzielte Pat Kruse von der englischen Mannschaft Torquay United, als er am 3. Januar 1977 im Spiel gegen Cambridge United den Ball nach *sechs* Sekunden ins eigene Netz köpfte.

Die längste Siegessträhne in einer Bundesligasaison hatte die Mannschaft von Eintracht Frankfurt in der Saison 1976/77 mit *21* Spielen ohne Niederlage.

Ligameisterschaften

Die Weltrekordzahl aufeinanderfolgender Landesmeisterschaftssiege ist *neun,* erzielt von Celtic Glasgow 1966–1974, Schottland, C. S. K. A. Sofia, Bulgarien, 1954–1962 und von MTK Budapest, Ungarn, 1917–1925. Der Verein aus Sofia hält mit 19 Ligatiteln einen europäischen Nachkriegsrekord.

(D) **Den deutschen Rekord** von *neun* Titeln für die Deutsche Meisterschaft hält der 1. FC Nürnberg. Schalke 04 wurde siebenmal, Bayern München sechsmal, Borussia Mönchengladbach fünfmal und der HSV viermal Deutscher Meister.

(A) Die meisten österreichischen Landesmeistertitel errang der Sportklub Rapid Wien mit *25* Titeln.

(CH) Die meisten Landesmeistertitel für die Schweiz erzielte die Mannschaft von Grasshopper Zürich mit *16* Schweizer Meisterschaften.

(DDR) Die meisten Landesmeistertitel gewann mit *fünf* die Mannschaft von Dynamo Dresden.

Weltmeisterschaft

Die Fédération Internationale de Footbal (*F.I.F.A.)* wurde am 21. Mai 1904 in Paris gegründet und führte am 13. Juli 1930 in Montevideo, Uruguay, den Weltpokalwettkampf ein.

Für eigene Rekorde

Das einzige Land, das dreimal gewann, ist Brasilien, und zwar in den Jahren 1958, 1962 und 1970. Brasilien war ebenfalls 1950 Zweiter und 1938 und 1978 Dritter und ist das einzige von allen 45 Teilnehmerländern, das bei allen Weltmeisterschaften angetreten war.
Antonio Carbajal (* 1923) spielte für Mexiko in den fünf Wettkämpfen von 1950–66 im Tor. Der Rekordtorschütze war Just Fontaine (* 18. August 1933), Marokko, mit 13 Toren für Frankreich in sechs Spielen während der Weltmeisterschaft 1958 in Schweden.

Die meisten Tore in einem Finale schoß mit *drei* Geoffrey Hurst (* 1941) für England gegen Westdeutschland am 30. Juli 1966.

Den Torrekord in Weltpokalfinalen hält mit 14 Gerd Müller, Westdeutschland, geschossen 1970 und 1974 für Deutschland.

Ⓓ Die deutsche Mannschaft wurde 1954 in Bern, Schweiz, und 1974 in München, Westdeutschland, Weltmeister und 1966 in England Zweiter.

Ⓐ Die österreichische Mannschaft erreichte 1954 bei der Weltmeisterschaft den 3. Platz.

Den Rekord von *21* Spielen bei Weltmeisterschaften hält Uwe Seeler (* 5. November 1936), der an der WM von 1958, 1962, 1966 und 1970 teilnahm.

Weltpokal: Dieses Vereinsturnier wurde 1960 zwischen den Gewinnern des Europapokals und der Copa Libertadores in Südamerika ins Leben gerufen. Drei Vereine haben ihn zweimal gewonnen: Penarol, Uruguay, 1961 und 1966; Santos, Brasilien, 1962 und 1963; Inter Mailand, Italien, 1964 und 1965. Bayern München gewann 1976 den Weltpokal im Spiel gegen Cruzeiro, Brasilien.

Europameisterschaften: Seit 1958 wird im Abstand von vier Jahren die Europa-Meisterschaft ausgefochten. Jedes Turnier läuft zwei Jahre mit den Vorentscheidungen und Finalen im selben Land. Die UdSSR gewann die erste, als sie am 10. Juli 1960 in Paris Jugoslawien 2:1 schlug, gefolgt von Spanien 1964, Italien 1968, Tschechoslowakei 1976, Westdeutschland (1972 und 1980).

Europapokal der Landesmeister der jeweiligen Nationen wurde am 8. Mai 1955 von der F. I. F. A. gebilligt und von der Union of European Football Associations *(U. E. F. A.)* abgehalten.
Real Madrid gewann das erste Finale und diesen Pokal insgesamt sechsmal, davon fünfmal nacheinander, 1956–60 und 1966. Bayern München gewann den Pokal dreimal hintereinander 1974, 1975 und 1976.

Helmut Schön, erfolgreichster Fußball-Nationaltrainer.

Europapokal der Pokalsieger: Dies Turnier für die Landespokalsieger begann in den Jahren 1960/61 mit zehn Bewerbern.

Ⓓ **Die erste deutsche Mannschaft** im Finale war 1860 München am 19. Mai 1965. Die erste deutsche Mannschaft, die den Europacup gewann, war am 5. Mai 1966 Borussia Dortmund im Spiel gegen Liverpool mit 2:1.

(DDR) Der FC Magdeburg wurde am 8. Mai 1974 im Spiel gegen AC Mailand Sieger im Europapokal der Pokalsieger mit 2:1.

U. E. F. A.-Pokal: Dieses Vereinsturnier, ursprünglich als *International Intercity Industrial Fairs Cup,* begann 1955.

Ⓓ **Die erste deutsche Mannschaft,** die den *U. E. F. A.*-Pokal gewann, war Borussia Mönchengladbach, als sie im Jahre 1975 Twente Enschede mit 5:1 schlug.

Spieler

Die meisten internationalen Auftritte hatte Robert »Bobby« Moore (* 12. April 1941), England, als er am 14. November 1973 in Wembley sein *108.* Spiel für England bestritt. Er nahm zum ersten Mal am 20. Mai 1962 am Spiel gegen Peru teil und beendete am 14. Mai 1977 mit seinem 1000. Spiel seine Profilaufbahn.

Ⓓ **Die meisten Länderspiele für Deutschland** machte Franz Beckenbauer (* 11. September 1945) mit *103* in den Jahren 1965–77.

(DDR) Die meisten Länderspiele für Ostdeutschland machte mit *87* Jürgen Kroy (* 19. Oktober 1946) als Torwart.

Ⓐ Die meisten Länderspiele für Österreich mit *92* Berufungen bekam Gerd Hanappi (* 9. Juli 1929) in den Jahren 1948–62.

(CH) Die meisten Länderspiele in der Schweiz machte Xam Abegglen (1902–70) mit *68* in den Jahren 1923–37.

Der älteste Mannschaftskapitän war Billy Meredith, der am 15. März 1920 im Alter von *45* Jahren Linksaußen für Wales gegen England spielte.

Die ersten Transfergebühren der Welt, die an *1* Mio. Pfund (*4,4 Mio.* DM) herankamen, waren die *922 300* Pfund (*3 689 200* DM), die der FC Barcelona an Ajax Amsterdam am 20. August 1973 für Johan Cryuff (* 25. April 1947) bezahlte.

Der erfolgreichste Nationaltrainer war Helmut Schön (* 1915) von der Deutschen Fußballnationalmannschaft. Seine Mannschaften gewannen die Europameisterschaft von 1972, die Weltmeisterschaft von 1974 und wurden Zweite bei der WM von 1966 und bei der EM von 1976 und Dritte bei der WM 1970.

Der schwerste Torwart im internationalen Fußball war der englische Nationalspieler Willie *»Fatty«* Foulke (1874–1916), der *1,90 m* groß war und *141 kg* wog. Zur Zeit seiner letzten Spiele wog er *165 kg.* Er stoppte einmal ein Spiel dadurch, daß er die Torlatte zerbrach.

Die größte registrierte Zuschauermenge bei einem Fußballspiel betrug *205 000* (199 854 verkauften Karten), beim Weltmeisterschaftsspiel Brasilien gegen Uruguay am 16. Juni 1950 im Maracaña-Stadion, Rio de Janeiro, Brasilien. Die Rekordbesucherzahl bei einem Europapokalspiel ist *136 505,* bei der Vorentscheidung zwischen Celtic Glasgow und Leeds United am 15. April 1970 im Hampden Park, Glasgow.

Gerd Müller, Europas Torschützenkönig.

(D) **Der deutsche Zuschauerrekord,** *103 000,* wurde bei dem Länderspiel Deutschland gegen Schweiz in Stuttgart 1950 erzielt.

(D) **Die Wahl zum Fußballer des Jahres** fiel *viermal* auf Franz Beckenbauer in den Jahren 1966, 1968, 1974 und 1976. Uwe Seeler und Sepp Maier (* 28. Februar 1944) erhielten den Titel je dreimal.

(D) **Die meisten Länderspieltore** für Deutschland schoß Gerd Müller mit *68* in 62 Länderspielen von 1966–74. Bei der WM 1970 wurde er mit *zehn* Toren Torschützenkönig. Uwe Seeler schoß in 72 Länderspielen 43 Tore von 1954–70.

(CH) Die meisten Tore für die Schweiz schoß Xam Abegglen mit 34 Toren von 1923–37.

Die meisten Bundesligaspiele ohne Unterbrechung spielte mit *350* Sepp Maier vom 21. August 1966 an mehr als zehn Jahre.

Amateur-Vereine

Die meisten Olympiasiege im Fußball hat Ungarn in den Jahren 1952, 1964 und 1968 gewonnen.
Die Mannschaft Ostdeutschlands wurde 1976 in Montreal Olympiasieger.

Das höchste Torergebnis im olympischen Fußball erzielte 1908 Dänemark gegen Frankreich: *17:1.*

Für eigene Rekorde

Die größte Zuschauermenge bei einem Amateurspiel war *120 000* am 26. Februar 1976 im Senayan Stadion, Djakarta, Indonesien, zum vorolympischen Gruppe II-Finale Nordkorea – Indonesien.

Die diszipliniertesteste Mannschaft ist die Mannschaft vom FC Coleridge, England, die seit ihrer Gründung im Jahre 1954 *25* Jahre spielte, ohne daß ein einziges Mitglied verwarnt, vom Platz gestellt oder in anderer Weise diszipliniert wurde.
Am 23. Dezember 1973 verwies in einem Pokalspiel in Essex der Schiedsrichter das gesamte Juventus-Cross-Team und einige Vereinsfunktionäre vom Platz.

Ballbeherrschung: Adrian Nalsh jonglierte mit einem den Vorschriften entsprechenden Fußball am 24. Juni 1979 Nonstop *vier* Stunden, *drei* Minuten und *26* Sekunden lang im Town Park, Mallow, Cork, Irland. Er vollführte *23 547* Wiederholungen mit Füßen, Beinen und Kopf, ohne daß der Ball jemals den Boden berührte.

(A) **Die Amateurauswahl** von Österreich wurde 1967 Europameister der Amateure; 1974 Deutschland und Jugoslawien.

(D) **Die meisten Berufungen** für Amateurländerspiele in Deutschland erhielt mit *78* Egon Schmitt (* 12. November 1948).
Die meisten Tore in Amateurländerspielen erzielte mit *18* Bernd Nickel (* 15. März 1949).

(D) **Die erfolgreichsten Amateurvereine** in Westdeutschland sind *Hannover 96* und *SC Jülich 1910*. Ersterer wurde Deutscher Amateurmeister 1960, 1964, 1965, letzterer 1969, 1970 und 1971.

Die meisten Tore in einem offiziellen Fußballspiel wurden in 90 Minuten mit *135* Toren in Südjugoslawien erzielt; die Mannschaft von Ilinden 1903 gewann gegen Velgosti 134:1 im Jahre 1979.

G

Gehen

Ursprünge: Geherrennen sind seit 1906 in die olympischen Sportarten einbezogen, aber Geherwettkämpfe sind bereits seit 1589 bekannt.

Der erfolgreichste Geher war Ugo Erigerio (1901–68), Italien, der drei Goldmedaillen mit 3000 m und 10 000 m in den Jahren 1920 und 1924 gewann. Er hält ebenfalls den Rekord für die meisten Medaillen mit vier (Bronze 1932), gemeinsam mit Wladimir Golubnitschi (* 2. Juni 1936), UdSSR, der Goldmedaillen für 20 000 m in den Jahren 1960 und 1968 gewann, die Silbermedaille 1972 und Bronze 1964.

Die meisten Titel gewann der vierfache Olympiateilnehmer Ronald Laird (* 31. Mai 1938), USA, mit insgesamt 65 Landestiteln und vier kanadischen Meisterschaften in den Jahren 1958–76.
(D) Der Deutsche Bernd Kannenberg (* 20. August 1948) wurde 1972 Olympiasieger beim 5-km-Gehen und hielt 1976 mehrere Weltrekorde. Der Geher Gerhard Weidner wurde 60mal in die Nationalmannschaft berufen.

Die Weltbestleistungen für Straßengehen sind: 20 000 m in *einer* Stunde, *22* Minuten, *16* Sekunden durch Daniel Bautista (* 4. August 1952), Mexiko, erzielt am 19. Mai 1979 in Valencia, Spanien; 50 000 m in *drei* Stunden *41* Minuten, *19,2* Sekunden durch Raoul Gonzales (* 29. Februar 1952), Mexiko, erzielt am 11. Juni 1978 in Podebrady, ČSSR.

Das längste jährliche Rennen ist der Straßburg-Paris-Wettkampf, eingeführt 1926, über 504–554 km. Die Bestleistung erzielte Robert Rinchard (* 29. Mai 1931), Belgien, der im Rennen von 1974 über *523 km* in *63* Stunden, *29* Minuten (abzüglich vier Stunden Zwangsstops) ging. Dies stellt eine Durchschnittsgeschwindigkeit von *8,24 km/h* dar. Gilbert Roger (* 1914), Frankreich, gewann sechsmal.

Die größte Entfernung in einem Wettbewerb über *100 000 km*, organisiert vom Touring Club de France am 1. April 1910, hielt als Einziger von 200 Teilnehmern. Dimitru Dan (1890–1976), Rumänien, durch. Er legte bis zum 24. März 1916 96 000 km zurück, also durchschnittlich *43,85 km* am Tag.

Längste Wanderungen: Der Erste, der *»um die Welt gegangen«* sein soll, ist George Schilling, USA, vom 3. August 1897–1904.
Der Erste, der es nachweislich schaffte, war David Kunst aus Minnesota, USA, vom 10. Juni 1970–5. Oktober 1974. Tomas Carlos Pereira (* 16. November 1942), Argentinien, verbrachte zehn Jahre, 6. April 1968–8. April 1978, damit, *48 000 km* um alle fünf Kontinente zu wandern. Georgi Buschujew (* 1924) wanderte 1973–74 in 238 Tagen *10 940 km* von Riga, Lettland, nach Wladiwostok, UdSSR. Den Trans-Kanada-Marschrekord (von Halifax nach Vancouver) von *6057 km* stellte vom 1. Mai–4. August 1973 Clyde McRae, 23 Jahre alt, mit 96 Tagen auf. John Lees (* 23. Februar 1945), England, wanderte zwischen dem 11. April und 3. Juni 1972 *4628 km* durch die USA, vom Rathaus Los Angeles bis zum Rathaus New York, in 53 Tagen, zwölf Stunden, 15 Minuten (Durchschnitt: *86,495 km* am Tag).

Argentinien, Fußballweltmeister 1978, im Endspiel gegen die Niederlande.

Offizielle Geher-Weltrekorde (Aschenbahn)				
Entfernung	**Zeit**	**Name und Land**	**Ort**	**Datum**
	Std. Min. Sek.			
20 000 m	1 20 58,6	Domingo Colin, Mexiko	Fana, Norwegen	26. Mai 1979
30 000 m	2 08 00,0	Jose Marin, Spanien	Barcelona, Spanien	8. April 1979
50 000 m	3 41 39,0	Raul Gonzales, Mexiko	Fana, Norwegen	8. April 1979
28 165 m	2 00 00	Jose Marin, Spanien	Barcelona, Spanien	25. Mai 1979

Die Bestleistung für eine Strecke in 24 Stunden erzielte mit *228,93 km* Jesse Castañeda am 18.–19. September 1976 in New Mexiko, USA. Die Bestleistung für eine Frau erbrachte am 28.–29. April 1979 Anne Sayer, G. B., mit *187,7 km* in Rouen, Frankreich,

Geländelauf

Internationale Meisterschaften: Der früheste belegte Geländelauf fand am 20. März 1898 zwischen England und Frankreich (England gewann mit 21 Punkten zu 60) statt und erstreckte sich ab Ville d'Avray, außerhalb von Paris, über *14,5 km.*

Die größte Siegesspanne ist *56* Sekunden oder *356 m* durch Jack T. Holden, England, am 24. März 1934 auf dem Ayr Race-Course, Schottland.

Den knappsten Sieg errang Jean-Claude Fayolle, Frankreich, am 20. März 1965 in Ostende, Belgien, als es den Zeitnehmern nicht gelang, seine Zeit von der Melvyn Richard Batty's, England, zu trennen, der auf den zweiten Platz kam.

Die meisten Siege im internationalen Geländelauf wurden durch Jack Holden, England, 1933–35 und 1939, Alain Mimoun-o-Kacha, Frankreich, 1949, 1952, 1954 und 1956 und Gaston Roelants, Belgien, 1962, 1967, 1969 und 1972 erzielt.

Die größte Zahl an Siegen bei dem Damenlauf erzielte Doris Brown-Heritage, USA (*7. September 1942), mit fünf in den Jahren 1967–71.

Gewichtheben

Ursprünge: Amateurgewichtheben ist vergleichsweise modernen Ursprungs, und die erste »Weltmeisterschaft« wurde am 28. März 1891 im *Café Monico,* Piccadilly, London, veranstaltet. Die erste Darbietung im Gewichtheben überhaupt fand am 3. Oktober 1882 im *Fechtklub Hartl* in Wien statt. Vor dieser Zeit bestand das Gewichtheben aus beruflichen Darbietungen, wobei einige angegebene Hubleistungen anzuzweifeln sind.

Ⓐ Der Erste, der *181 kg* hob, war Karl Swoboda (1882–1933), Österreich, der 1910 in Wien 182 kg hob und dabei den Stoßstil anwandte.

Die meisten olympischen Medaillen gewann mit *vier* Norbert Schemansky (*30. Mai 1924), USA: Gold, Halbschwergewicht 1952; Silber, Schwergewicht 1948; Bronze, Schwergewicht 1960 und 1964. Schemansky gelang ein Weltrekord im Alter von 37 Jahren und 10 Monaten am 28. April 1962 in Detroit mit 163,75 kg.

Das größte je von einem Menschen gehobene Gewicht sind *2844 kg* (2,84 t) mit einer Rückenhebung (das Gewicht wird von Böcken aufgehoben). Erzielt wurde dieser Rekord von dem *165 kg* schweren Paul Anderson (*17. Oktober 1932), USA, dem olympischen Schwergewichtsmeister von 1956, am 12. Juni 1957 in Toccoa, Georgia (USA).

Das größte Gewicht für eine Frau hob Josephine Blatt (1869–1923) mit *1616 kg* mit einer Hüft- und Gurthebung am 15. April 1895 im *Bijou Theatre,* Hoboken, New Jersey (USA),

Ⓓ **Die größten Hebungen** über den Kopf sind die Stoßhebungen durch Superschwergewichtler, die über *254 kg* hinausgehen. Die größte Hebung über den Kopf, die je einer Frau gelang, ist *129 kg* mit Umsetzen durch Katie Sandwina, geb. Brummbach (1884–1952), Deutschland, im Jahre 1911. Sie war *1,80 m* groß, wog *95 kg* und soll inoffiziell *141,747 kg* gehoben und eine Kanone geschultert haben, die angeblich *544 kg* wog.

Das größte gehobene Gewicht erreichte Paul Anderson als Profi mit *284 kg* im Bankdrücken; er bewältigte in der Hocke *544 kg* und brachte es zusammen mit einem *371 kg* Ausheben auf eine Summe von *1200 kg.*
Der Erste, der das Zehnfache seines eigenen Gewichtes hob, war Ronald Collins, G. B., der *74,8 kg* Gewicht hatte und am 15. Dezember 1973 *750,5 kg* in Liverpool hob. Neun weitere Gewichtheber haben diesen Rekord inzwischen ebenfalls geschafft, aber nur Collins hat es in mehr als einer Gewichtsklasse wiederholt.
Der neueingeführte Zweimannrekord im Ausheben wurde am 3. März 1979 in El Dorado, Arkansas (USA) von Clay und Dorg Patterson auf 652½ kg erhöht.

Den Rekord für eine einhändige Aushebung vollführte am 20. Juli 1920 in Dresden Hermann Görner (1891–1956), Deutschland, mit *333,1 kg.* Görner hob ebenfalls auf einem Brett am 3. Juni 1921 in Leipzig auf seinen Fußsohlen 24 Männer mit dem Gewicht von *1870 kg* und trug ein *654 kg* schweres Klavier *16 m* weit.
Peter B. Cortese (USA), vollführte am 4. September 1954 in Pennsylvania eine einarmige Aushebung von *167 kg,* d. h. 9,9 kg mehr als das Dreifache seines Körpergewichts.

Rolf Milser, der erfolgreichste westdeutsche Gewichtheber. Er stellte zwei Weltrekorde auf.

Die höchste zweihändige Wettkampfaushebung für eine Frau vollführte mit *210 kg* Jan Todd (*22. Mai 1952), USA, am 4. Mai 1979 in Honolulu (Hawaii). Sie hält ebenfalls den Dreierhebung-Gesamtrekord von *510,29 kg,* aufgestellt am 24. Juni 1978 in Stephenville Crossing, Neufundland (Kanada).

Der Aushebungsrekord in 24 Stunden wird von einem Zehn-Mann-Team vom Darwen Weightlifting Club (England) gehalten, das am 19. August 1978 *952543 kg* hob.

(D) **Der erfolgreichste deutsche Gewichtheber** ist Rolf Milser (* 28. Juni 1951), der von 1975–77 Europameister im beidarmigen Stoßen und 1979 im beidarmigen Stoßen und olympischen Zweikampf wurde, Weltmeister von 1975–79 im Stoßen und ebenfalls 1978 im olympischen Zweikampf war. Er stellte am 8. April 1976 im Stoßen einen Weltrekord im Leichtschwergewicht mit *207,5 kg* und am 25. Mai 1979 im Stoßen Mittelschwergewicht mit *222,5 kg* auf.

(DDR) Einer der erfolgreichsten Gewichtheber Ostdeutschlands ist im Superschwergewicht Bonk, der 1972 die Bronze- und 1976 die Silbermedaille gewann (Olympische Spiele).

(A) **Als einer der stärksten Männer der Welt** galt um 1900 der Österreicher Steinbach, der bei den *Olympischen Spielen 1906* in Athen die Wettbewerbe im einarmigen Gewichtheben gewann.

(CH) Der einzige Weltmeister der Schweiz ist der Gewichtheber Graf, der 1922 im Federgewicht den Titel errang.

Steinheben: Das größte Gewicht, das mit nur einem Finger gehoben wurde, beträgt 715 Pfund. Der Haidhauser Gastwirt Paul Merkel, 46 Jahre, Westdeutschland, hob diesen schweren Marmorblock mit seinem rechten Mittelfinger, der 12 cm Umfang hat. Er ließ schon eine BMW-Isetta (350 kg) im Jahr 1979 20 cm über den Boden schweben.

Golf

Ursprünge: Die früheste Erwähnung des Golfsportes findet sich in einem Untersagungsgesetz, das im Jahre 1457 vom Schottischen Parlament angenommen wurde. Die Römer hatten ein verwandtes Spiel, genannt *Paganica,* das möglicherweise 400 n. Chr. nach Britannien gebracht wurde. Der Nationalchinesische Golfverband behauptet, das Spiel sei chinesischen Ursprungs (»*Ch'ui Wan* – das Ballschlagspiel«) und stamme aus dem 3. oder 2. Jahrhundert v. Chr.
1848 wurden Federbälle durch Guttaperchabälle abgelöst und diese 1902 wiederum durch Bälle mit Gummikern, die 1899 von Haskell (USA) erfunden wurden. Die Stahlschäfte der Schläger wurden 1929 genehmigt.

Der älteste Club ist der *Gentlemen Golfers,* der im März 1744, zehn Jahre vor der Gründung des *Royal an Ancient Club of St. Andrews,* Fife, gegründet wurde. Der älteste in Nordamerika bestehende Club ist der *Royal Montreal Club* von 1873.
Der älteste Club in Deutschland ist der *Golf- und Land-Club in Berlin,* gegründet 1895.
Der älteste Österreichische Club ist der *Wiener Golf-Club* von 1901.

Sam Snead spielte als erster der amerikanischen Spitzengolfer eine Runde unter 60.

Der höchste Golfplatz der Welt mit *4369 m* über dem Meeresspiegel an seiner niedrigsten Stelle ist der *Tuctu-Golfclub* in Morococha (Peru). Golf wurde jedoch in Tibet schon in einer Höhe von über 4875 m gespielt.

Das längste Loch der Welt ist mit *681 m* das 17. Loch (PAR 6) des Black Mountain Golf Club, North Carolina (USA), eröffnet 1964.

Das größte Grün der Welt ist wahrscheinlich das 5. Grün im International G. C. Bolton, Mass. (USA), mit einem Gebiet, das größer ist als *2600 m²*.

Der größte Sandbunker der Welt ist Hell's Half Acre auf dem 7. Loch des Pine Valley Golfplatzes, New Jersey (USA), der 1912 gebaut wurde und als der schwierigste Golfplatz der Welt gilt.

Der längste Golfplatz der Welt ist im Dub's Dread G. C. Piper, Kansas (USA), er hat Par 78 und mißt *7407 m.* Floyd Satterly Rood benutzte die Vereinig-

Weltrekorde im Gewichtheben (Stand: 25. September 1979)

Klasse	Disziplin	Gewicht	Name, Land	Ort	Datum
Fliegen, bis 52,0 kg	Reißen	111,0 kg	Han Gen Si, Nordkorea	Leningrad, UdSSR	25. Juli 1979
Fliegen, bis 52,0 kg	Stoßen	142,0 kg	Alexander Woronin, UdSSR	Varna, Bulgarien	19. Mai 1979
Fliegen, bis 52,0 kg	Zweikampf	247,5 kg	Alexander Woronin, UdSSR	Stuttgart, Westdeutschland	17. Sept. 1977
Bantam, bis 56,0 kg	Reißen	121,5 kg	Anton Kodjabaschew, Bulgarien	Sofia, Bulgarien	8. Juli 1979
Bantam, bis 56,0 kg	Stoßen	152,0 kg	Anton Kodjabaschew, Bulgarien	Sofia, Bulgarien	8. Juli 1979
Bantam, bis 56,0 kg	Zweikampf	265,0 kg	Anton Kodjabaschew, Bulgarien	Sofia, Bulgarien	8. Juli 1979
Feder, bis 60,0 kg	Reißen	130,0 kg	Georgyi Todorow, Bulgarien	Sofia, Bulgarien	25. Mai 1976
Feder, bis 60,0 kg	Stoßen	165,5 kg	Nikolai Kolesnikow, UdSSR	Varna, Bulgarien	21. Mai 1979
Feder, bis 60,0 kg	Zweikampf	292,5 kg	Nikolai Kolesnikow, UdSSR	Varna, Bulgarien	21. Mai 1979
Leicht, bis 67,5 kg	Reißen	147,0 kg	Yanko Rusew, Bulgarien	Sofia, Bulgarien	10. Juli 1979
Leicht, bis 67,5 kg	Stoßen	186,0 kg	Georgyi Todorow, Bulgarien	Leningrad, UdSSR	29. Juli 1979
Leicht, bis 67,5 kg	Zweikampf	325,0 kg	Yanko Rusew, Bulgarien	Sofia, Bulgarien	10. Juli 1979
Mittel, bis 75,0 kg	Reißen	157,5 kg	Yurik Wardanyan, UdSSR	Rostow, UdSSR	7. Mai 1977
Mittel, bis 75,0 kg	Stoßen	196,5 kg	Alexander Logutow, UdSSR	Simferopol, UdSSR	16. Nov. 1978
Mittel, bis 75,0 kg	Zweikampf	347,5 kg	Yurik Wardanyan, UdSSR	Rostow, UdSSR	7. Mai 1977
Leichtschwer, bis 82,5 kg	Reißen	175,5 kg	Yurik Wardanyan, UdSSR	Leningrad, UdSSR	30. Juli 1979
Leichtschwer, bis 82,5 kg	Stoßen	212,0 kg	Yurik Wardanyan, UdSSR	Leningrad, UdSSR	30. Juli 1979
Leichtschwer, bis 82,5 kg	Zweikampf	390,0 kg	Yurik Wardanyan, UdSSR	Leningrad, UdSSR	30. Juli 1979
Mittelschwer, bis 90 kg	Reißen	180,5 kg	David Rigert, UdSSR	Havirov, Tschechoslowakei	16. Juni 1978
Mittelschwer, bis 90 kg	Stoßen	222,5 kg	Rolf Milser, Westdeutschland	Varna, Bulgarien	25. Mai 1979
Mittelschwer, bis 90 kg	Zweikampf	400,0 kg	David Rigert, UdSSR	Karaganda, UdSSR	14. Mai 1976
1. Schwer, bis 100 kg	Reißen	180,0 kg	David Rigert, UdSSR	Varna, Bulgarien	26. Mai 1979
1. Schwer, bis 100 kg	Stoßen	230,0 kg	Viktor Kononow, UdSSR	Lipetzk, UdSSR	9. Juni 1979
1. Schwer, bis 100 kg	Zweikampf	402,5 kg	David Rigert, UdSSR	Varna, Bulgarien	26. Mai 1979
2. Schwer, bis 110 kg	Reißen	185,0 kg	Valentin Christow, Bulgarien	Berlin (Ost)	10. April 1976
2. Schwer, bis110,0 kg	Stoßen	237,5 kg	Valentin Christow, Bulgarien	Moskau, UdSSR	22. Sept. 1975
2. Schwer, bis 110,0 kg	Zweikampf	417,5 kg	Valentin Christow, Bulgarien	Moskau, UdSSR	22. Sept. 1975
Superschwer, über 110 kg	Reißen	200,5 kg	Sultan Rachmanow, UdSSR	Kiew, UdSSR	25. April 1978
Superschwer, über 110 kg	Stoßen	256,0 kg	Wasili Alexejew, UdSSR	Moskau, UdSSR	1. Nov. 1977
Superschwer, über 110 kg	Zweikampf	445,0 kg	Wasili Alexejew, UdSSR	Moskau, UdSSR	1. Sept. 1977

ten Staaten als Golfplatz, als er vom 14. September 1963 bis zum 3. Oktober 1964 in *114737* Schlägen von der Brandung des Pazifik bis zur Brandung des Atlantik spielte. Er verlor auf seiner 5468-km-Strecke 3511 Bälle.

Den weitesten, bestätigten Schlag auf einem gewöhnlichen Platz führte mit *471 m* Michael Austin (* 17. Februar 1910), USA, bei den U.S. National Seniors Open Championship am 25. September 1974 in Las Vegas, Nevada (USA), aus.

Der weiteste ins Loch gespielte Putt in einem bedeutenden Turnier betrug *26m* auf dem großen 13. Grün im Augusta National, Georgia. Es wurde von Cary Middlecoff (* Januar 1921), USA, 1955 beim Master's Tournament erzielt.

Meisterschaftsrekorde

U. S. Open: Die United States Open Championship wurde 1894 eingeführt. Das niedrigste 72-Löcher-Ergebnis ist *275* (71, 67, 72, 65), erzielt von Jack Nicklaus (* 21. Januar 1940), USA, auf dem Lower Course (6414 m) in Springfield, New Jersey, am 15.–18. Juni 1967 und von Lee Trevino (1. Dezember 1939), USA, ebenfalls mit 275 (69, 68, 69 und 69) in Rochester, N. Y., 13.–16. Juni 1968.

Das niedrigste Ergebnis für 18 Löcher ist *63*, erzielt durch Jonny Miller (* 29. April 1947) auf dem 6328-m-Par-71-Golfplatz in Oakmont Country Club, Pennsylvania, am 17. Juni 1973.

The Open (G. B.): The Open Championship wurde 1860 in Prestwick, Schottland, eingeführt.

Die niedrigste Punktzahl für neun Löcher erzielten mit *29* Tom Haliburton und Peter W. Thomson, Australien, in der ersten Runde des Open auf dem Golfplatz des Royal Lytham and St. Anne's Course am 10. Juli 1963 und Tony Jacklin in der ersten Runde des Open am 8. Juli 1970.

Die niedrigste Runde in The Open selbst war *63*, gespielt von Mark Hayes (* 12. Juli 1949 – USA) in Turnberry, G. B., am 7. Juli 1977 in der zweiten Runde.

U. S. Masters': Die niedrigste Punktzahl im U. S. Masters', eingeführt 1934, erzielten mit *271* Jack Nicklaus 1965 und Raymond Floyd (* 4. September 1942) 1976.

Die niedrigsten Runden waren *64* durch Lloyd Mangrum (1914–74) (erste Runde, 1940), Jack Nicklaus (3. Runde, 1965), Maurice Bembridge (* 21. Februar 1945), G. B. (vierte Runde, 1974), Hale Irwin (* 3. Juni 1945) (vierte Runde, 1975), Gary Player, Südafrika (vierte Runde, 1978) Miller Barber (* 31. März 1931) (zweite Runde, 1979).

Weltcup (früher: Kanada-Cup): Der Weltcup, eingeführt 1953, wurde mit 14 Siegen zwischen 1955 und 1978 am häufigsten von den USA gewonnen. Die einzigen Männer, die in sechs Gewinner-Teams waren, sind Arnold Palmer (* 10. September 1929) (1960, 1962–64, 1966–67) und Jack Nicklaus (1963–64, 1966–67, 1971 und 1973). Nur Jack Nicklaus hat den Einzeltitel dreimal gewonnen. (1963–64 und 1971).

Die niedrigste Gesamtpunktzahl für 144 Löcher erzielte mit *545* Australien, am 12.–15. November 1970 in Argentinien. Die niedrigste Einzelpunktzahl war 269 durch Roberto de Vicenzo (* 14. April 1923), Argentinien, ebenfalls 1970.

Der höchste Preis für den 1. Platz im World Open in Pinehurst, North Carolina, (USA), war *100000* Dollar (*180000* DM) und wurde von Miller Barber am 8.–17. November 1973 über 144 Löcher gewonnen.

Der größte Profi-Geldgewinner aller Zeiten ist Jack Nicklaus, der bis zum 31. Dezember 1978 *3349393* Dollar (*6028857* DM) gewonnen hat. Der Jahresrekord ist *362429* Dollar (*68392* DM), gewonnen 1978 von Tom Watson.

Die Rekordeinnahme von *822214* Dollar (*1479985* DM) kassierte die Spielerin Kathy Whitworth (* 27. September 1939), USA, bis zum 31. Dezember 1978.

Die meisten Turniersiege in einer Saison erzielte 1945 mit *19* Byron Nelson (* 4. Februar 1912), USA. Dem Spieler Sam Snead wurden seit 1934 eine Gesamtzahl von 134 Turniersiegen bescheinigt.

Das längste gradlinige Loch, das jemals mit einem Schlag eingelocht wurde, ist das zehnte (406 m) im Miracle Hills, G. C. in Nebraska (USA), Robert Mitera (* 1944) schaffte es am 7. Oktober 1965.

Die größte Anzahl von *»holes-in-one«* (»Asse«) in einer Laufbahn erzielte mit *44* Norman L. Manley (* 1923) bis zum Jahr 1980.

Jack Nicklaus: gewann als einziger fünf Titel zweimal.

Die besten internationalen Golfer

Die meisten Titel bei den großen Meisterschaften der Welt gewannen:

Turnier	Spieler	Siege
The Open	Harry Vardon (1870–1937)	6 (1896, 1898, 1899, 1903, 1911, 1914)
Open (U.S.)	Robert Tyre Jones jr. (1902–71)	4 (1923, 1926, 1929, 1930)
	Willie Anderson (1880–1910)	4 (1901, 1903, 1904, 1905)
	Ben William Hogan (*1912)	4 (1948, 1950, 1951, 1953)
U.S. Amateur	Robert Tyre Jones jr. (1902–71)	5 (1924, 1925, 1927, 1928, 1930)
P.G.A. Championship (USA)	Walter Charles Hagen (1892–1962)	5 (1921, 1924, 1925, 1926, 1927)
Masters' Championship (USA)	Jack W. Nicklaus (*1940)	5 (1963, 1965, 1966, 1972, 1975)
U.S. Women's Open	Elisabeth Earle-Rawls (*1928)	4 (1951, 1953, 1957, 1960)
	»Mickey« Wright (*1935)	4 (1958, 1959, 1961, 1964)
U.S. Women's Amateur	Glenna C. Vare (*1903)	6 (1922, 1925, 1928, 1929, 1930, 1935)

Anm.: Nicklaus ist der einzige Golfer, der fünf verschiedene bedeutende Titel (The Open, U.S. Open, Masters', P.G.A. und U.S. Amateur) zweimal gewann.

Es gibt mindestens 15 Fälle von *»Assen«*, die auf zwei aufeinanderfolgenden Löchern erzielt wurden, das größte war der *»Doppel-Albatros«* auf dem 7. (310 m) und 8. Loch (265 m) des G. C. Course in Saugus, Kalifornien, am 2. September 1964 durch Norman L. Manley.

Der jüngste Golfer, der ein Loch mit einem Schlag spielte, war Coby Orr (fünf Jahre) aus Colorado 1975 auf dem 94-m-fünften Loch des Golf-Course, San Antonio, Texas.

Für eigene Rekorde

Die ältesten Golfer, die diese Leistung vollbrachten, sind der *93* Jahre alte George Miller, auf dem 106-m-elften Loch in Anaheim, Kalifornien, am 4. Dezember 1970 und der *93* Jahre alte Charles Youngman im Tam O'Shanter Club, Toronto, ebenfalls 1970.

(H)

Handball

Ursprünge: Handball wurde zum ersten Mal etwa 1895 gespielt. Handball entstand in der ausgeübten Form in Deutschland. Das Regelwerk für das Handballspiel wurde 1917 durch die Deutschen M. Heiser, C. Schelenz und E. König festgelegt. 1927 bekamen die Regeln internationale Gültigkeit. 1928 wurde die Internationale Amateur-Handball-Föderation gegründet.
Der Deutsche Handball-Bund wurde im Jahre 1949 in Mühlheim/Ruhr gegründet; der Österreichische Hand-und-Faustball-Bund 1925 in Wien; der Schweizerische Handball-Ausschuß schließlich 1939 in Basel.
1936 wurde das Feldhandballspiel in die Olympischen Spiele aufgenommen.
Seit 1952 wird im Hallenhandball mit sieben Spielern gespielt.

(D) **Der erste deutsche Feldhandballmeister** war 1922 Polizei Berlin. Das erste Länderspiel verlor Deutschland gegen Österreich am 13. September 1925 mit 3:6.

Die meisten Siege bei Olympischen Wettkämpfen im Hallenhandball (die Disziplin wurde 1972 eingeführt) trugen die UdSSR davon, die 1976 in Montreal, Kanada, die Damen- und Herrentitel gewannen. Bei den Olympischen Spielen 1936 konn-
(D) te Deutschland die Goldmedaille, Österreich die
(A) Silbermedaille und die Schweiz die Bronzeme-
(CH) daille gewinnen.

Erfolgreichste westdeutsche Vereinsmannschaft im Hallenhandball, der VFL Gummersbach.

Die meisten Siege bei Weltmeisterschaftswettkämpfen im Hallenhandball errang Rumänien mit vier Herren- und drei Damentiteln 1956–74.

Die erfolgreichste Mannschaft Westdeutschlands ist der siebenmalige deutsche Meister im Hallenhandball ›Frisch auf Göppingen‹ und mit gleichem Erfolg der VFL Gummersbach.

(D) Die Mannschaft von Deutschland konnte 1938 im Hallenhandball Weltmeister werden und die Mannschaft Westdeutschlands 1978.

(DDR) Die Frauenmannschaft Ostdeutschlands wurde 1971, 1975 und 1978 Weltmeister.

(D) Den Weltmeisterschaftstitel im Feldhandball konnte die Nationalmannschaft von Deutschland 1938, 1952, 1955, 1959 und 1966 gewinnen.

(D) **Die erfolgreichste Vereinsmannschaft** im Europacup der Landesmeister ist der VFL Gummersbach, der 1967, 1970, 1971, 1974 den Cup gewinnen konnte. Außerdem gewann diese Mannschaft 1978 und 1979 den Europacup der Pokalsieger.

(D) **Der höchste Sieg** von Deutschland ist das 46:4 gegen Luxemburg am 27. Februar 1958 in Berlin (Ost) bei den Hallenweltmeisterschaften.

(D) **Der erfolgreichste Handballspieler** Westdeutschlands ist Herbert Lübking (* 23. Oktober 1941), der in 116 Länderspielen 599 Tore warf. Für seine Vereinsmannschaft Grün-weiß Dankersen warf er in 10 Jahren 4480 Tore.

Hockey

Ursprünge: Eine Darstellung zweier Spieler mit gekrümmten Schlagstöcken wurde im Grab Nr. 17 in Beni Hasan, Ägypten, entdeckt und auf 2050 v. Chr. datiert. Es gibt einen britischen Hinweis auf ein Spiel 1277 in Lincolnshire. Das erste Land, das eine nationale Vereinigung gründete, war England mit dem ersten Hockeybund, gegründet am 16. April 1875 im Cannon Street Hotel, City of London.

Der früheste Damenclub war East Molesey in Surrey, England, der etwa 1887 gegründet wurde.

Der älteste Herrenclub mit einer kontinuierlichen Geschichte ist der im Herbst 1871 gegründete Teddington H.C.

Der älteste deutsche Hockeyklub ist der Hamburger Hockeyklub, gegründet 1898.

(D) Die deutsche Nationalmannschaft errang bei den Olympischen Spielen 1956 in Melbourne, Australien, den dritten Platz und 1972 in München die Goldmedaille.

(D) Bei Europameisterschaften errang die deutsche Nationalmannschaft auf dem Feld 1970 den ersten Platz, 1974 den zweiten Platz und 1978 wieder den ersten Platz. In der Halle konnte sie 1974, 1976 und 1980 jeweils den ersten Platz erreichen.

Die Damennationalmannschaft erreichte 1975 und 1977 jeweils den ersten Platz der Europameisterschaften in der Halle.

Der bedeutendste Hockeytorhüter war Richard James Allen (* 1902), Indien. Er ließ bei dem olympischen Turnier nicht ein einziges Tor durch und insgesamt nur drei bei den olympischen Spielen von 1932 und 1936.

Das längste internationale Spiel dauerte *145* Minuten (bis in die sechste Verlängerungsperiode), als die Niederlande am 25. Oktober 1968 beim Olympiaturnier in Mexico City Spanien 1:0 schlugen.

Die höchste Punktzahl in einem internationalen Damenspiel war 23:0, als England am 3. Februar 1923 in Merton (Greater London) Frankreich schlug.

Hockey-Olympiasieger 1972 wurde Westdeutschland gegen Pakistan.

Die höchste Punktzahl die ein Land im internationalen Hockey jemals errang, erreichte Indien, als es die Vereinigten Staaten bei den Olympischen Spielen 1932 in Los Angeles, Kalifornien, USA, 24:1 schlug.

Marathon: Zwei Elfer-Mannschaften vom New Market Hockey Club spielten am 19.–20. Mai 1979 *27* Stunden, *10* Minuten lang in Coldhams Common Cambridge, England.

I–J

Judo

Ursprünge: Judo ist ein moderner Kampfsport, der sich aus einer Mischung von mehreren alten japanischen Kampfarten zusammensetzt, deren beliebteste Jiu-Jitsu war, das vermutlich chinesischen Ursprungs ist und bereits ca. 100 v. Chr. bekannt war. Judo wurde weitgehend seit 1882 entwickelt, nachdem es zunächst von Dr. Jigoro Kano (1860–1938) ausgedacht worden war.

Die meisten Weltmeisterschaftstitel – die Weltmeisterschaften wurden am 5. Mai 1956 in Tokio eröffnet – wurden von Wilhelm Ruska (* 29. August 1940), Niederlande, gewonnen, der die Titel 1967 im Schwergewicht, 1971 im Schwergewicht und 1972 im Olympiaschwergewicht und im Open gewann. Drei Mannschaftstitel nacheinander gewannen bei den Europameisterschaften nur Großbritannien (1957–59) und die UdSSR (1972–74).

(D) Die Mannschaft Westdeutschlands konnte 1967 in Rom und 1969 in Ostende Europameister werden.

(D) **Die größten Erfolge** westdeutscher Judokämpfer bei Weltmeisterschaften sind der 3. Platz 1964 in Tokio von Klaus Glahn, 1967 der 2. Platz in der Allkategorie in Salt Lake City, 1969 der 2. Platz im Schwergewicht in Mexiko; Peter Hermann belegte 1967 im Halbschwergewicht den 3. Platz in Salt Lake City und wurde Vizeweltmeister in Mexiko 1969. Der Judokämpfer Günter Neureuther wurde bei der Weltmeisterschaft in Paris 1979 Dritter im Halbschwergewicht.

Die größten Erfolge bei Olympischen Spielen erreichte mit der Silbermedaille Klaus Glahn 1972 in München im Schwergewicht und eine Bronzemedaille 1964 in Tokio in der Allkategorie.
Eine Silbermedaille konnten 1964 in Tokio Wolfgang Hofmann und 1976 in Montreal Günter Neureuther im Schwergewicht erringen.
Bei Europameisterschaften gewannen Klaus Glahn 1968 und 1970, Wolfgang Hofmann 1965 und 1968 und Peter Herrmann 1967 und 1968 den Titel (jeweils in ihren Klassen).

Die höchsten Tüchtigkeitsgrade im Judo sind aufgeteilt in Schüler-*(kyu-)* und Meister-*(dan-)* Grade. Der höchste Grad, der verliehen wird, ist der sehr seltene rote Gürtel, *Judan* (10. dan), der bisher nur sieben Männern ausgehändigt wurde. Das Judoprotokoll sieht noch einen elften *dan*

Klaus Glahn, bester westdeutscher Judokämpfer. Er war dreimal bei Weltmeisterschaften erfolgreich.

(Juichidan) vor, der ebenfalls einen roten Gürtel tragen würde, einen zwölften dan *(Junidan)*, der einen weißen Gürtel tragen würde, der doppelt so breit ist wie der übliche Gürtel, und den höchsten von allen, den *Shihan.* Sie sind bisher allerdings noch nie verliehen worden.

Ⓓ Die höchsten Judograde von Kämpfern deutscher Abstammung sind der 8. dan von Otto Schmelzeisen und der 7. dan von Metzler, Glahn, Brief, Münstermann, Unterburger, Greven und Han Ho San.

Ⓚ

Kanufahren

Als Pionier gilt der englische Rechtsanwalt *John Macgregor,* der das Kanufahren als Sport 1865 ins Leben rief. Der englische Kanu-Klub wurde am 26. Juli 1866 gegründet.

Ⓓ **Der erste Kanuklub** in Deutschland war der 1879 gegründete *Grönländerklub* in Breslau.

Die meisten Olympischen Titel gewann Gert Fredriksson (* 21. 11. 1919), Schweden, mit *sechs* in den Jahren 1948, 1952, 1956 und 1960 (immer Gold).

Die meisten von einer Frau gewonnenen Medaillen sind *drei* für Ludmila Pinajewa (* 14. Januar 1936), UdSSR, in den Jahren 1964, 1968 und 1972.

Die Olympische Bestleistung über *1000 m* wurde durch das spanische K. 4 mit *3* Minuten, *06,46* Sekunden erzielt, d. h. einer Durchschnittsgeschwindigkeit von *19,30 km/h* und einer Schlagquote von etwa 125 Durchzügen pro Minute.

Die meisten Welttitel gewann Gert Fredriksson mit *drei* in den nichtolympischen Jahren. Auf dieselbe Zahl kamen Juri Lobanow UdSSR (* 29. September 1952), von 1972–77 und Ludmila Pinajewa, die von 1966–73 sechs weitere Weltmeisterschaftstitel erreichte.

Die längste Kanufahrt von *12 096 km* um die östlichen USA mit Paddel und Tragen machten Randy Bauer (* 15. August 1949) und Jerry Mimbach (* 22. Mai 1952), beide USA, vom 8. September 1974 bis zum 30. August 1976 von Lake Itasca, Minnesota, über New Orleans, Miami, New York und Lake Ontario (USA).

Die längste Fahrt ohne Tragen und ohne Hilfe irgendwelcher Art betrug *9820 km* und wurde von

Richard H. Grant und Ernest »Moose« Lassy unternommen, die vom 22. September 1930 bis zum 15. August 1931 die östlichen Vereinigten Staaten über Chicago, New Orleans, Miami, New York und die Great Lakes befuhren.

Der Einzelrekord über den Ärmelkanal ist *3* Stunden, *33* Minuten, *47* Sekunden durch Andrew Samuel (* 12. Juli 1937), Schottland, von Dover (England) nach Wissant (Frankreich) am 5. September 1976.
Der Zweierrekord für die Kanalüberquerung ist *3* Stunden, *20* Minuten, *30* Sekunden, aufgestellt am 20. September 1961 von William Crook und Ernest Rhodes mit dem Kunststoffboot *Accord* von Dover (England) nach Cap Blanc Nez (Frankreich).
Der Rekord für eine doppelte Überfahrt sind 12 Stunden, *47* Minuten durch neun Mitglieder des englischen *Canoe Camping Club,* in K. 1-Kanus am 7. Mai 1976.

Die längste Fahrt auf offener See machten Beatrice und John Dowd, Ken Beard und Steve Benson (Richard Gillett löste ihn in der Mitte der Reise ab) vom 11. August 1977 bis zum 29. April 1978 in zwei *Klepper-Aerius-20-Kajaks* auf einer Länge von *2509 km* (Gesamtlänge 3235 km) von Venezuela nach Miami, Florida (USA), über die Westindischen Inseln.

Ⓓ **Als erster Mensch** überquerte 1928 der deutsche Kapitän F. Romer im Faltboot den Atlantik.

Das längste regelmäßig abgehaltene Kanurennen in den USA ist die *Texas Water Safari* (eingeführt 1963) von *674 km* auf den Flüssen von San Marcos und Guadalupe. Butch Hodges und Robert Chatham stellten am 5./6. Juni 1976 mit *37* Stunden, *18* Minuten einen Rekord auf.

Die höchste Höhe, aus der im September 1976 Dr. Michael Jones (1951–78) und Michael Hopkinson von der *British Everest Canoe Expedition* hinunterpaddelten, betrug *5334 m* den *Dudh-Kosi-Fluß* (Neapel) abwärts.

Der Rekord für Eskimo-Rollen ist 1000 in *65* Minuten, *39,3* Sekunden durch Bruce Parry (* 25. September 1960) am 17. Dezember 1977 auf Lake Lismore, Neusüdwales, Australien. Ein »hand-rolling«-Rekord von 100 Rollen in *3* Minuten *58,7* Sekunden wurde am 15. Juni 1975 von David A. Clapham (15) in *Bootham School Pool,* England, aufgestellt.

Ⓓ **Die erfolgreichsten** deutschen Kanusportler sind Annemarie Zimmermann (* 10. Juni 1940), die im Zweierkajak mit Roswitha Esser (* 18. Januar 1941) Olympiasieger 1964 und 1968, Europameister und Weltmeister 1963 und Weltmeister 1970 wurde. Detlev Lewe (* 20. Juni 1939) wurde im Einerkanadier Weltmeister 1968 und 1971, Olympia-Zweiter 1968, Olympia-Dritter 1972, Europameister 1965 und 1967 und dreimal Deutscher Meister (siehe S. 521).

Ⓐ Der Österreicher Gregor Hradetzky (* 31. Januar 1909) gewann 1936 im Einerkajak über 1000 m und Einerfaltboot über 10 000 m zwei Goldmedaillen.

Karate

Ursprünge: Auf der Grundlage von Techniken, die die chinesische Kunst des *Shaolin*-Boxens (Kempo) im 6. Jahrhundert hervorgebracht hatte, wurde Karate gegen 1500 von der waffenlosen Bevölkerung in Okinawa als Verteidigung gegen bewaffnete japanische Unterdrücker entwickelt.
Als diese Kampfmethode in den 20er Jahren von Funakoshi Gichin nach Japan gebracht wurde, verfeinerte man sie zu Karate und organisierte sie als Sport mit Wettkampfregeln. Die fünf Hauptstile des Karate in Japan sind: *Shotokan, Wado-ryun, Goju-ryu, Shito-ryu,* und *Shukokai.* Die militärische Form *Tae kwan-do* mit neun dan ist ein koreanisches Gegenstück zu Karate. Wu shu ist ein umfassender Begriff, der alle chinesischen Kriegskünste einbezieht. *Kung fu* ist ein Aspekt dieser Künste, der vor allem durch den Film bekanntgemacht wurde.

Das erste Land, das die Japaner im Wettkampf schlug, war Großbritannien, als es sie bei den Weltmeisterschaften 1972 in Paris besiegte. Es wiederholte diese Leistung beim Finale der Weltmeisterschaften von 1975 in Long Beach, Kalifornien, USA, und während der Weltmeisterschaften von 1977 in Tokio.

Die meisten Titel gewann Takeshi Oishi mit drei japanischen Nationaltiteln in den Jahren 1969–72.

Kegeln

Ursprünge: Das uralte deutsche Kegelspiel mit neun Kegeln *(Heidenwerfen)* wurde im frühen 17. Jahrhundert in die Vereinigten Staaten exportiert. Etwa 1845 wurde das Spiel verboten. Um das Spielverbot zu umgehen, wurde in den USA ein zehnter Kegel hinzugefügt.

Der älteste Kegelklub Westdeutschlands ist der Klub *»Sie wackeln«.* Er wurde 1919 in Gelsenkirchen gegründet. Der Kegelklub besteht aus zehn aktiven Keglern mit einem Gesamtalter von 719 Jahren.

Das höchste Kegelergebnis in 24 Stunden erzielten acht Spieler vom South Molton Round Table: Sie warfen vom 6.–7. Mai 1979 49543 Kegel um. Zwölf Spieler vom Plume of Feathers, Daventry, Northamptonshire, warfen am 19.–20. März 1976 107487 Kegel um.

Der Weltrekord im Dauerkegeln erzielten vom 6.–11. April 1979 zwei Kegelklubs in Willingen. Die *»Lustigen Schlümpfe«* aus Bottrop und der Bonner *»Club 63«* spielten *150* Stunden ununterbrochen.

Kricket

Ursprünge: Das Spiel wurde in Guilford, Surrey, mindestens seit 1550 gespielt. Das früheste Wettspiel, dessen Ergebnis erhalten blieb, fand am 18. Juni 1744 auf dem Artillery Ground in Finsburg, London, statt. Kricket wurde bereits 1803 in Australien gespielt.

Die höchste registrierte Punktzahl einer Mannschaft sind 1107 Läufe von Victoria gegen Neusüdwales in einem australischen interstaatlichen Wettkampf am 27./28. Dezember 1926 in Melbourne, Victoria.

Die niedrigste registrierte Punktzahl ist 12, erzielt am 24. Mai 1877 von der Oxford University gegen den Marylebone Cricket Club (M.C.C.) in Oxford und 12 am 11. Juni 1907 von Northamptonshire gegen Gloucestershire in Gloucester (Großbritannien).

Die größte registrierte Siegesspanne ist ein innings und 851 Läufe, als Pakistan Railways in der ersten Dezemberwoche 1964 Dera Ismail Khan schlug.

Das früheste registrierte Damenkricketmatch fand am 26. Juli 1745 in Gosdon Common, Surrey, England, statt. Das erste Damenkrickettestspiel fand am 28. Dezember 1934 zwischen Australien und England statt.

Krocket

Früheste Erwähnung: Krocket wurde wahrscheinlich vom französischen Spiel *Jeu de Mail* abgeleitet, das im 12. Jahrhundert zum ersten Mal erwähnt wurde. In seiner gegenwärtigen Form entstand es als ein Landhaus-Rasenspiel in Irland in den Jahren 1830, als es *»crockey«* genannt wurde. 20 Jahre später wurde es in Hampshire eingeführt.

Kunstflüge

Frühester Kunstflug: Als erstes Kunstflug-*»Manöver«* wird der Dauerrückenflug von Célestin-Adolphe Pégoud in einer *Blériot* am 21. September 1913 bei Buc, Frankreich, angesehen. Aber Leutnant Peter Nikolajewitsch Nesterow vom kaiserlich-russischen Luftdienst brachte am 27. August 1913 in einem Eindecker *Nieuport Type IV* ein Looping bei Kiew, UdSSR, zustande. Weltmeisterschaften werden seit 1960 (mit Ausnahme von 1974) alle zwei Jahre abgehalten, die Auswertung basiert auf dem von Col. José Arest, Spanien, entwickelten System. Der Wettkampf besteht aus zwei Pflicht- und zwei freien Programmen.

Die meisten Titel bei Weltmeisterschaften im Mannschaftswettbewerb sind bei vier Anlässen von der UdSSR gewonnen worden. Niemand hat mehr als einen Titel gewonnen; der erfolgreichste Wettbewerbsteilnehmer ist Igor Egorow, UdSSR, der 1970 gewann, 1976 Zweiter wurde, 1972 Fünfter und 1968 Elfter. Die Erfolgreichste im Frauenwettkampf war Lidia Leonowa, UdSSR, mit dem ersten Platz 1976, dem zweiten 1978, dem dritten 1972 und dem fünften 1970.

Der erste Weltmeister im Kunstflug wurde der Deutsche Gerhard Fieseler, * 15. April 1896, bei seinem Flug 1934 in Paris.

Der Rückenflugdauerrekord beträgt *zwei* Stunden, *15* Minuten, *vier* Sekunden, geflogen von John Leggatt bei einem Meisterschaftszehnkampf am 28. Mai 1974 über der Wüste von Arizona, USA.

Looping: Am 16. Dezember 1973 vollführte John »Hal« McClain *1501½* Innenloopings in einer *Pitts S-2A* über Long Beach, Kal., USA. Er flog außerdem 180 Außenloopings bei einem Bellanca Superzehnkampf am 2. September 1978 über Houston, Texas, USA.

L

Lacrosse

Das Spiel stammt von nordamerikanischen Indianern und war ein Wettspiel zwischen Indianerstämmen. Es wurde vor 1492 als *»Baggatawy«* von den Irokesen in Nieder-Ontario, Kanada, und im nördlichen New York State, USA, gespielt. Die Franzosen nannten es nach ihrem Spiel *Chouler à la Crosse,* das seit 1381 bekannt ist. Es wurde 1908 in die Olympischen Spiele einbezogen und diente bei den Spielen von 1928 und 1948 als Schausport.

Leibesübungen

Eine frühe Form von Leibesübungen wurde im alten Griechenland und Rom während der Zeit der alten *Olympischen Spiele* (776 v. Chr.–393 n. Chr.) praktiziert. *Johann Friedrich Simon* war der erste Lehrer für moderne Leibesübungen an *Basedows Schule,* Dessau (Deutschland) im Jahre 1776. *Friedrich Jahn* (1778–1852), Schöpfer der deutschen Turnbewegung, eröffnete 1811 auf der Hasenheide (Berlin) den ersten Turnplatz.

Der älteste deutsche Turnverein ist die *Hamburger Turnerschaft* von 1816. Der erste Turnverein in der Schweiz wurde 1819 in Zolfingen gegründet.

🌐 **Die meisten Weltmeistertitel** bei den Herren gewann mit *zehn* Einzeltiteln Boris Schachlin (* 27. Januar 1932), UdSSR, 1954–64. Er gewann ebenfalls drei Mannschaftstitel. Den weiblichen Rekord stellte mit zehn Einzelsiegen und fünf Mannschaftstiteln Larissa Latynina (* 27. Dezember 1934), UdSSR, zwischen 1956 und 1964 auf. Japan hat die Rekordzahl von fünf Herrenmannschaftstiteln gewonnen (1962, 1966, 1970, 1974 und 1978). Das Damenteam der UdSSR gewann sechs Mannschaftstitel (1954, 1958, 1962, 1970, 1974 und 1978).

Die meisten olympischen Herrenmannschaftstitel hat Japan 1960, 1964, 1968, 1972 und 1976 gewonnen. Die UdSSR haben den Damentitel siebenmal gewonnen (1952–76).
Der einzige Mann, der sechs Einzel-Goldmedaillen gewonnen hat, ist Boris Schachlin (UdSSR) mit einer 1956, vier (zwei gemeinschaftliche) 1960 und einer 1964. Er war ebenfalls Mitglied der Siegermannschaft für gemischte Übungen im Jahre 1956.

Die meisten Einzel-Goldmedaillen bei den Frauen hat mit *sieben* Vera Caslavska (* 3. Mai 1942), Tschechoslowakei, gewonnen, drei 1964 und vier (eine gemeinsame) 1968.

Einen olympischen Rekord stellte für beide Geschlechter in einer Sportart Larissa Latynina auf. Sie gewann *sechs* Einzel-Goldmedaillen und war zwischen 1956 und 1964 in drei Siegermannschaften, also insgesamt *neun* Goldmedaillen. Sie gewann ebenfalls fünf Silber- und fünf Bronzemedaillen, alles in allem also *18.*

Die höchste olympische Punktzahl erhielt 1976 in Montreal Nadia Comaneci (* 12. November 1961), Rumänien, mit *sieben* perfekten Punktbewertungen von *10.00.* Nelli Kim (* 29. Juli 1956), UdSSR, erhielt bei der selben Gelegenheit zwei solcher Bewertungen.

Olympia-Kunstturn-Star Nadia Comaneci.

Die jüngste internationale Kunstturnerin, die sich an einem Wettkampf beteiligte, war Anita Jokiel (Polen) mit *elf* Jahren, *zwei* Tagen, als sie am 6. Dezember 1977 in Brighton (England) startete.

Die meisten Titel in einem Weltpokalwettkampf gewann in London 1975 Ludmilla Turischewa (* 7. Oktober 1952), UdSSR. Sie erhielt alle fünf Goldmedaillen, die zu gewinnen waren.

(D) **Der erfolgreichste deutsche Kunstturner** ist Eberhard Gienger (* 21. Juli 1951), der Weltmeister 1974, Europameister 1973 und 1975 am Reck, Vizeweltmeister 1975 im Sechskampf, 1976 Olympia-Dritter, Vizeweltmeister 1978 am Seitpferd und Reck, 1979 Vizeweltmeister und 1979 Goldcupgewinner in Tokio am Reck wurde.

(CH) Der erfolgreichste Schweizer Turner ist Josef Stalder (* 6. Februar 1919), der 1948 Olympiasieger am Reck wurde und die Silbermedaille im Zwölfkampf (Mannschaft) gewann, 1952 Olympia-Zweiter im Zwölfkampf (Mannschaft) wurde und die Bronzemedaille im Zwölfkampf (Einzel) gewann.

(DDR) Die erfolgreichste ostdeutsche Turnerin dürfte Karin Janz (* 17. Februar 1952) sein, die Europameisterin 1969 im Kürturnen, Pferdsprung, Schwebebalken und Stufenbarren wurde. Zudem

Weltmeisterin 1970 (Stufenbarren), Goldmedaillengewinnerin 1972 (Pferdsprung, Stufenbarren) und Bronzemedaillengewinnerin am Schwebebalken.

Sonstige Leibesübungen

Die meisten aufeinanderfolgenden Klimmzüge (aus dem Hang) vollführte mit *120* Lee Chain-Yong (* 15. August 1925) in der Y.M.C.A.-Turnhalle, Seoul (Korea), am 1. März 1979. William Vaught (* 1959) vollführte am 3. Januar 1976 *20* einarmige (rechter Arm) Klimmzüge im *Finch's Gymnasium,* Houston, Texas (USA). Francis Lewis (* 1896), Nebraska (USA), gelangen im Mai 1914 sieben Klimmzüge nacheinander, wobei er lediglich den Mittelfinger seiner linken Hand benutzte. Sein Körpergewicht betrug *71,667 kg.*

Die meisten Liegestütze nacheinander vollführte Henry C. Marshall (* 1946) mit *7650* innerhalb der ersten drei Stunden, 55 Minuten seiner *9075* Liegestütze in *fünf* Stunden am 5. September 1977 in San Antonio, Texas (USA).

Die meisten Liegestütze in 30 Minuten schaffte mit *1834* Troy Lapic (* 30. März 1966) aus Texas (USA) am 19. August 1978. James L. Palmer (19 Jahre alt) vollführte am 22. September 1978 *240* einarmige Liegestütze an der *Brock University St. Catharines,* Ontario (Kanada).

Die meisten Fingerspitzenliegestütze schaffte Noel Mason (England) am 11. Juni 1979 mit *261* in *einer* Minute, *50* Sekunden.

Die meisten Handstandstützen vollführte Robert Goldman aus New York am 31. August 1978 mit *80* in *43* Sekunden.

(D) Die meisten Liegestütze in *115* Minuten erreichte am 22. Dezember in Würzburg Helmut Müller (20 Jahre) mit *3216.*

Bumerangwerfen: Die früheste Erwähnung eines Wortes, das ähnlich wie Bumerang klingt, ist *womurrang* in Collins Wörterbuch aus dem Jahre 1798. Der früheste Bericht aus Australien über eine *»Kehrwiederkeule«,* d. h. einen Bumerang, stammt von Sir Thomas Mitchell aus dem Jahre 1831. Gebogene Wurfstöcke zur Jagd auf Vögel wurden in der Gruft Tut-ench-Amuns in Ägypten aufgefunden, dürften daher aus der Mitte des 14. Jh. v. Chr. stammen.
Weltmeisterschaften im Bumerangwerfen mit festen Regeln gibt es erst seit dem Jahre 1970. Jeff Lewry siegte in den Jahren 1970, 1971, 1972 und 1973; 1974 errang er auch die australische Meisterschaft.

Die Rekordstrecke für den Bumerangwurf (d. h. vor Rückkehr zum Werfer), die beim australischen Verband registriert ist, beträgt *88,2 m* im Durchmesser und *270 m* für die Kreisbahn;
(CH) Diese Leistung vollbrachte Leo Meier (Schweiz) in Darlington Place, Neusüdwales (Australien), am 6. November 1976.

Reckweltmeister Eberhard Gienger, erfolgreichster westdeutscher Kunstturner.

Leichtathletik

Ursprünge: Die Leichtathletik stammt von den alten Olympischen Spielen. Die frühesten mit Gewißheit bekannten Olympischen Spiele fanden im Juli 776 v. Chr. statt, bei denen Coroibus den Wettlauf gewann. Die ältesten überlieferten Messungen sind ein Weitsprung von 7,05 m durch Chionis aus Sparta im Jahre 656 v. Chr. und ein Diskuswurf von 100 Ellen (etwa 46,30 m) durch Protesilaus.
Die erste Leichtathletikveranstaltung in Deutschland führte 1872 der *MTV Braunschweig* durch.

Große Sensationen im Sport waren es, als Jim Hines (USA) am 20. Juni 1968 in Sacramento die 100 m in *9,9* Sekunden lief. Über 400 m wurde bei den Olympischen Spielen in Mexiko 1968 im Finale die 44-Minuten-Grenze mit *43,8* Sekunden von L. Evans (USA) unterschritten.

Der schnellste Läufer ist Robert Lee Hayer (* 20. Dezember 1942), USA, der wahrscheinlich am 21. Juni 1963 bei einem 100-Yard-Lauf (91,44 m) in St. Louis, Missouri (USA), bei seinem damaligen Weltrekordlauf von *9,1* Sekunden, eine Geschwindigkeit von mehr als *43,5 km/h* erreichte. Marlies Göhr, geb. Oelsner (* 21. März 1958), Ostdeutschland, erreichte bei ihrem Rekordlauf über 100 m in *10,88* Sekunden am 1. Juli 1977 in Dresden, Ostdeutschland, eine Geschwindigkeit von mehr als *38,6 km/h*.

Die besten Hochsprungathleten übertrafen die offizielle Weltrekordhöhe von 2,34 m. In Berichten über Stammesmitglieder der Tutsi in Zentralafrika wird erwähnt, daß diese aus gebeugten Absprüngen angeblich bis zu 2,50 m sprangen.
Die größte Höhe über dem eigenen Kopf eines Athleten erreichte mit *59 cm* Franklin Jacobs (* 31. Dezember 1957), der am 28. Januar 1978 in New York (USA) auf 2,32 m kam. Er ist nur *1,73 cm* groß.

Die größte Höhe für eine Frau über ihrem eigenen Kopf erreichte mit *26 cm* Tamami Yagi (* 15. November 1958), Japan, die *1,64 cm* groß ist und am 19. Oktober 1978 in Matsumoto (Japan) *1,90 cm* sprang.

Die meisten olympischen Goldmedaillen der Herren gewann mit *zehn* (absoluter Olympiarekord) Ray C. Ewry (1874–1937), USA, im Hochsprung aus dem Stand, Weitsprung und Dreisprung in den Jahren 1900, 1904, 1906 und 1908.

Die meisten Goldmedaillen für Damen gewannen mit *vier* Francina E. Blankers-Koen (* 26. April 1918), Niederlande, mit 100 m, 200 m, 80 m Hürden und 4×100-m-Staffel im Jahre 1948; und Betty Cuthbert (* 20. April 1938), Australien, mit 100-m-, 200-m-, 4×100-m-Staffel im Jahre 1956 und 400 m 1964.

Die meisten Goldmedaillen bei einer Veranstaltung gewann mit *fünf* Paavo Nurmi (1897–1973), Finnland, und die meisten Einzelmedaillen mit *vier* Alvin C. Kraenzlein (1876–1928), USA, im Jahre 1900 mit 60 m, 110 m Hürden, 200 m Hürden und Weitsprung.

Die meisten olympischen Medaillen gewann mit *zwölf* (neun Gold und drei Silber) Paavo Nurmi bei den Spielen von 1920, 1924 und 1928.

Die meisten olympischen Medaillen für eine Frau gewann mit *sieben* Shirley de la Hunty. geb. Strickland (* 18. Juli 1925), Australien, mit drei Gold-, einer Silber- und drei Bronzemedaillen bei den Spielen von 1948, 1952 und 1956. Ein kürzlich entdecktes Foto-Finish zeigt, daß sie beim 200-m-Lauf von 1948 als Dritte und nicht als Vierte durchs Ziel ging, so daß sich ihre Medaillenzahl inoffiziell auf acht erhöht.
Irena Szewinska, geb. Kirszenstein (* 24. Mai 1946), Polen, gewann bei den Spielen von 1964, 1968, 1972 und 1976 drei Gold-, zwei Silber- und eine Bronzemedaille und ist die einzige Athletin, die bei vier Spielen nacheinander eine Medaille gewann.

Der älteste Athlet, der einen olympischen Titel gewann, war der aus Irland stammende Patrick J. »Babe« McDonald (1878–1954), USA, der *42* Jahre, *26* Tage alt war, als er am 21. August 1920 in Antwerpen (Belgien) das 25,4-kg-Gewichtwerfen gewann.

Die älteste Meisterin war Lia Manolin (* 25. April 1932), Rumänien, die mit *36* Jahren, *176* Tagen am 18. Oktober 1968 in Mexico City im Diskus gewann.

Die jüngste Goldmedaillengewinnerin war Barbara Jones (* 26. März 1937), USA, die im Alter von *15 Jahren, 123* Tagen am 27. Juli 1952 in Helsinki (Finnland) zum Siegerteam im 4×100-m-Staffellauf gehörte.

Der jüngste Meister war Robert Mathias (*17. November 1930) USA, der *17* Jahre, *263* Tage alt war, als er am 5.–6. August 1948 in London den Fünfkampf gewann.

Die älteste Weltrekordbrecherin in der Leichtathletik ist Dana Zatopkopva, geb. Ingrova (* 19. September 1922), Tschechoslowakei, die im Alter von *35* Jahren, *255* Tagen am 1. Juni 1958 in Prag (Tschechoslowakei) den Frauenrekord im Speerwerfen mit 55,73 m brach.

Olympiasiegerin 1972, Ulrike Meyfarth.

(D) **Der jüngste Einzel-Rekordbrecher** ist Ulrike Meyfarth, (* 4. Mai 1956) Westdeutschland, die im Alter von *16* Jahren, *123* Tagen bei der Olympiade am 24. September 1972 in München mit *1,92 m* im Damenhochsprung die Goldmedaille gewann. Barbara Jones nahm an einem Mannschaftswettbewerb im Alter von *15* Jahren, *123* Tagen teil (s. Olympiameister).

Die meisten Rekorde an einem Tag stellte Jesse Owens (* 12. September 1913), USA, am 25. Mai 1935 in Ann Arbor, Michigan (USA), in *45* Minuten mit *sechs* Weltrekorden auf, in einem 100-Yard-Lauf in *9,4* Sekunden um 15.15 Uhr, einem *8,13-m*-Weitsprung um 15.25 Uhr, einem 200-m-Lauf in *20,3* Sekunden um 15.45 Uhr und einem 200-m-Hürden-Lauf in *22,6* Sekunden um 16.00 Uhr.

(D) **Als erste Frau der Welt** warf 1967 Liesel Westermann (* 2. November 1944), Westdeutschland, den Diskus über *60 m* in Sao Paulo (Brasilien).

Als erster Sprinter der Welt erreichte 1960 Armin Harry (* 22. März 1937), Westdeutschland, die *10,0* Sekunden über 100 m.

Die erfolgreichste deutsche Leichtathletin ist mit 30 deutschen Meisterschaften die Olympiasiegerin 1972, Weltrekordlerin und Europameisterin Heide Rosendahl (* 14. Februar 1947).

(A) Die Österreicherin Ilona Gusenbauer (* 16. September 1947) stellte im Damenhochsprung 1971 mit *1,92 m* einen Weltrekord auf und wurde Olympia-Dritte 1972 in der Hochsprungdisziplin.

(CH) Die erfolgreichste Leichtathletin der Schweiz ist Meta Antenen, die in den Jahren 1965–1976 31 Schweizer Meistertitel gewann, 1967 Junioren-Europameisterin im Fünfkampf und im Hürdenlauf wurde und 1969 im Fünfkampf und 1971 im Weitsprung die Silbermedaille bei den Europameisterschaften gewann.

Einen Weltaltersrekord stellte Duncan McLean (* 3. Dezember 1884) im Alter von *92* Jahren über 100 m in *21,7 Sekunden* im August 1977 auf, über 73 Jahre nach seinem besten Sprint von 100 Yard (91,44 m) in *9,9* Sekunden in Südafrika im Februar 1904. In Athen (Griechenland) beendete im Oktober 1976 Dimitrion Yordanidis, *98* Jahre alt, einen Marathonlauf in *7* Stunden, *33* Minuten.

Den höchsten einbeinigen Sprung sprang der Versehrte Arnie Boldt (* 1958) aus Saskatchewan (Kanada) mit 2 m in der Halle in Sakatoon (Kanada) im Jahre 1977.

Der längste Nonstoplauf ist *300 km*, gelaufen von Max Telford (* 2. Februar 1936) in *31* Stunden, *33* Minuten, *38* Sekunden in Wailuku, Hawaii (USA), am 19.–20. März 1977. Es wurden keine Rastpausen gemacht, daher der Name »Non-stop«.

Den längsten Lauf lief Max Telford (Neuseeland) in *106* Tagen, *45* Minuten, vom 25. Juli–9. November 1977 mit *8224 km* von Anchorage (Alaska) nach Halifax (Kanada).

Die schnellste Zeit für den Lauf quer durch Amerika lief mit *53* Tagen, *7* Minuten über *4902 km* Tom McGrath (Nord-Irland) vom 29. August bis 21. Oktober 1977.

Die größte Rennstrecke legte mit *9537 km* in 192 Läufen von Marathonlänge oder mehr Ted Corbitt (* 31. Januar 1920), USA, vom April 1951 bis Ende 1978 zurück.

Die größte Strecke, die ein Läufer in seinem Leben zurücklegte, sind *315 198 km*; Earle Linwood (* 20. September 1894), USA, legte sie bis Ende 1977 zurück.

Der längste je veranstaltete Wettlauf war das *Trans-Continental-Race* von 1929 (5898 km) von New York City nach Los Angeles, Kalifornien (USA). Der gebürtige Finne Jonny Salo (1893–1931) gewann das Rennen in *79* Tagen vom 31. März bis zum 18. Juni 1929. Er lag mit seiner Zeit von *525* Stunden, *57* Minuten, *20* Sekunden

(Durchschnitt: *11,21 km/h*) nur 2 Minuten, 47 Sekunden vor dem Engländer Pietro Gavuzzi (* 28. September 1905).

Der älteste kontinuierlich abgehaltene Wettlauf ist das *»Red Hose Race«* in Carnwath, Lanarkshire (Schottland), das seit 1507 veranstaltet wird. Der Preis ist eine handgestrickte knielange rote Hose.

Die beste Vereinszeit für eine Massenstaffel von 100×400 m Länge lief mit *1* Stunde, *29* Minuten, *11,8* Sekunden (Durchschnitt: *53,5* Sekunden) das *Institut für Körpertraining* Löwen (Belgien) am 19. April 1978.

Massenstaffelrekord: Ein 13 Mann starkes Staffelteam vom *Los Angeles Police Revoler and Athletic Club,* Kalifornien (USA), startete am 10. Mai 1974 von den Stufen des Capitols in Washington und lief in *20* Tagen, *5* Stunden, *20* Minuten *6230,7 km* zum Rathaus von Los Angeles.

Die längste je gelaufene Staffel, an der 1607 Studenten und Lehrer beteiligt waren, fand vom 21. Oktober–23. November 1977 in Trondheim (Norwegen) statt. Sie legten 9679,645 km zurück.

Marathon
Aufgrund des wechselnden Schwierigkeitsgrades der Strecken gibt es keine offiziellen Marathonrekorde. Die beste Zeit auf 42,195 km (1924 standardisiert) lief mit 2 Stunden, 8 Minuten, 33,6 Sekunden (Durchschnitt: 19,69 km/h) Derek Clayton (* 17. November 1942), Australien, in Antwerpen (Belgien), am 30. Mai 1969. Die beste Zeit für eine Frau lief mit 2 Stunden, 32 Minuten, 30 Sekunden (Durchschnitt: 16,60 km/h) Grete Waitz (* 1. Oktober 1953), Norwegen, am 22. Oktober 1978 in New York (USA).

Hammerwurfrekordler Karl Hans Riehm.

Deutsche Rekorde (Stand 30. September 1979)		
Herren		
Sportart	**Rekord**	**Name und Jahr**
100 m	10,23 Sek.	G. Wucherer, 1971
200 m	20,48 Sek.	J. Eigenherr, 1968
400 m	44,70 Sek.	K. Honz, 1972
800 m	1:44,65 Min.	W. Wülbeck, 1979
1500 m	3:34,8 Min.	T. Wessinghage, 1976
5000 m	13:13,8 Min.	K. Hildenbrand, 1976
10 000 m	27:36,8 Min.	K. Fleschen, 1979
110 m Hürden	13,56 Sek.	M. Lauer, 1959
400 m Hürden	47,85 Sek.	H. Schmid, 1979
3000 m Hindernis	8:14,1 Min.	M. Karst, 1977
4 × 100 m	38,76 Sek.	Nationalstaffel, 1968
4 × 400 m	3:00,5 Min.	Nationalstaffel, 1968
Hochsprung	2,32 m	D. Mögenburg, 1979
Weitsprung	8,35 m	S. Schwarz, 1970
Stabhochsprung	5,60 m	G. Lohre, 1979
Dreisprung	16,68 m	W. Kolmsee, 1976
Kugelstoßen	20,82 m	R. Reichenbach, 1977
Diskuswurf	68,08 m	H. D. Neu, 1977
Hammerwurf	80,32 m	K. H. Riehm, 1978
Speerwurf	94,22 m	M. Wessing, 1978
Zehnkampf	8498 Pkt.	G. Kratschmer, 1978

Deutsche Rekorde (Stand 30. September 1979)		
Damen		
Sportart	**Rekord**	**Name und Jahr**
100 m	11,01 Sek.	A. Richter, 1976
200 m	22,39 Sek.	A. Richter, 1974
400 m	50,88 Sek.	R. Wilden, 1974
800 m	1:58,5 Min.	H. Falck, 1971
1500 m	4:01,5 Min.	B. Kraus, 1978
3000 m	8:54,4 Min.	B. Kraus, 1979
100 m Hürden	13,14 Sek.	M. Koschinski, 1975
400 m Hürden	55,14 Sek.	S. Hollmann, 1978
4 × 100 m	42,59 Sek.	Nationalstaffel, 1976
4 × 400 m	3:25,70 Min.	Nationalstaffel, 1976
Hochsprung	1,95 m	B. Holzapfel, 1978 U. Meyfahrt, 1978
Weitsprung	6,84 m	H. Rosendahl, 1970
Kugelstoßen	21,43 m	E. Wilms, 1977
Diskuswurf	64,96 m	L. Westermann, 1972
Speerwurf	65,14 m	M. Becker, 1976
Fünfkampf	4825 Pkt.	E. Wilms, 1977

Weltrekorde – Herren

Eine Liste der Weltrekorde in den 32 vorgesehenen Wettkampfarten für Herren (unter Ausschluß der Gehrekorde – s. Gehen), herausgegeben von der International Amateur Athletic Federation nach dem Stand vom 16. August 1979. Vollautomatisches elektrisches Timing ist für die sechs Disziplinen bis zur 400-m-Entfernung Vorschrift.
* bedeutet, daß die Bestätigung noch aussteht.

Laufen

Sportart	Min./Sek.	Name und Land	Ort	Datum
100 m	9,95	James Ray Hines, USA	Mexico City, Mexiko	14. Okt. 1968
200 m	19,83	Tommy C. Smith, USA	Mexico City, Mexiko	16. Okt. 1968
400 m	43,86	Lee Edward Evans, USA	Mexico City, Mexico	18. Okt. 1968
800 m	1:42,4*	Sebastian Newbold Coe, England	Oslo, Norwegen	5. Juli 1979
1 000 m	2:13,9	Richard Charles Wohlhuter, USA	Oslo, Norwegen	30. Juli 1974
1 500 m	3:32,1*	Sebastian Newbold Coe, England	Zürich, Schweiz	15. August 1979
2 000 m	4:51,4	John George Walker, Neuseeland	Oslo, Norwegen	30. Juni 1976
3 000 m	7:32,1	Henry Rono, Kenia	Oslo, Norwegen	27. Juni 1978
5 000 m	13:08,4	Henry Rono, Kenia	Berkeley, Kalifornien, USA	8. April 1978
10 000 m	27:22,5	Henry Rono, Kenia	Wien, Österreich	11. Juni 1978
20 000 m	57:24,2	Jos Hermens, Niederlande	Papendal, Niederlande	1. Mai 1976
25 000 m	1 Std. 14:11,8	William Rogers, USA	Saratoga, Kalifornien, USA	21. Febr. 1979
30 000 m	1 Std. 31:30,4	James Alder, England u. Nordirland	London, England	5. Sept. 1970

Staffel

Sportart	Min./Sek.	Mannschaft	Ort	Datum
4 × 100 m	38,03	Nationalmannschaft der USA (W. Collins, S. Riddick, C. Wiley, S. Williams)	Düsseldorf, Westdeutschland	3. Sept. 1977
4 × 200 m	1:20,3*	University of Southern California, USA (J. Andrews, J. Sandford, W. Mullins, C. Edwards)	Temple, Ariz., USA	27. Mai 1978
4 × 400 m	2:56,1	Nationalmannschaft der USA (V. Matthews, G. James, R. Freeman, L. Evans)	Mexico City, Mexiko	20. Okt. 1968
4 × 800 m	7:08,1	UdSSR-Mannschaft (W. Podoliakow, N. Kirow, W. Malosemlin, A. Reschetniak)	Podolsk, UdSSR	13. Aug. 1978
4 × 1500 m	14:38,8	Westdeutsche Mannschaft (T. Wessinghage, H. Hudak, M. Lederer, K. Fleschen)	Köln, Westdeutschland	17. Aug. 1977

Sportart	m	Name, Land	Ort	Datum
Hochsprung	2,34*	Wladimir Jaschtschenko, UdSSR	Tiflis, UdSSR	16. Juni 1978
Stabhochsprung	5,70	David L. Roberts, USA	Eugene, Oregon, USA	26. Juni 1976
Weitsprung	8,90	Robert Beamon, USA	Mexico City, Mexiko	18. Okt. 1968
Dreisprung	17,89	João Carlos de Oliveira, Brasilien	Mexico City, Mexiko	15. Okt. 1975
Kugelstoßen	22,15	Udo Beyer, Ostdeutschland	Göteborg, Schweden	6. Juli 1978
Diskuswerfen	71,16	Wolfgang Schmidt, Ostdeutschland	Berlin (Ost)	9. Aug. 1978
Hammerwerfen	80,32	Karl Hans Riehm, Westdeutschland	Heidenheim, Westdeutschland	6. Aug. 1978
Speerwerfen	94,58	Miklos Nemeth, Ungarn	Montreal, Kanada	26. Juli 1976

*Jaschtschenko erreichte am 12. März 1978 in der Halle in Mailand 2,35 m.

Hürden

Wettkampf	Min./Sek.	Name, Land	Ort	Datum
110 m	13,0	Renaldo Nehemiah, USA	Westwood, Kal., USA	6. Mai 1979
400 m	47,45	Edwin C. Moses, USA	Westwood, Kal., USA	11. Juni 1977
300 m Hindernis-rennen	8:05,4	Henry Rono, Kenia	Seattle, Wash., USA	13. Mai 1978

Marathon (vgl. S. 506)
Es gibt keine offiziellen Marathonrekorde. Die beste Zeit auf *42,195 km* (1924 standardisiert) lief mit *zwei* Stunden, *08* Minuten, *33,6* Sekunden (Durchschnitt: *19,69 km/h*) Derek Clayton (*17. November 1942), Australien, in Antwerpen (Belgien), am 30. Mai 1969. Die beste Zeit für eine Frau lief mit *zwei* Stunden, *32* Minuten, *30* Sekunden (Durchschnitt: *16,60 km/h)* Grete Waitz (*1. Oktober 1953), Norwegen, am 22. Oktober 1978 in New York (USA).

Weltrekorde – Damen

Eine von der I.A.A.F. herausgegebene Liste für die 19 programmgemäßen Damensportarten nach dem Stand vom 16. August 1979. Dieselbe Bedingung wie in der Herrenliste gilt hinsichtlich getimter Disziplinen.
* Ratifizierung steht noch aus.

Laufen

Sportart	Min./Sek.	Name und Land	Ort	Datum
100 m	10,88	Marlies Oelsner (jetzt: Göhr), Ostdeutschland	Dresden, Ostdeutschland	1. Juli 1977
200 m	21,71*	Marita Koch, Ostdeutschland	Karl-Marx-Stadt, Ostdeutschland	10. Juni 1979
400 m	48,60	Marita Koch, Ostdeutschland	Turin, Italien	4. Aug. 1979
800 m	1:54,9	Tatjana Kasankina, UdSSR	Montreal, Kanada	26. Juli 1976
1500 m	3:56,0	Tatjana Kasankina, UdSSR	Podolsk, UdSSR	28. Juni 1976
3000 m	8:27,2	Ludmilla Bragina, UdSSR	College Park, USA	7. Aug. 1976

Staffel

4 × 100 m	42,09	Ostdeutsche Mannschaft (R. Schneider, I. Auerswald, M. Göhr, M. Koch)	Karl-Marx-Stadt, Ostdeutschland	10. Juni 1979
4 × 200 m	1:30,8	Ukraine, UdSSR (R. Maklova, N. Zuskova, T. Provrochenko, M. Kulchunova)	Moskau, UdSSR	29. Juli 1979
4 × 400 m	3:19,2	Ostdeutsche Mannschaft (D. Maletzki, B. Röhde, E. Streidt, C. Brehmer)	Montreal, Kanada	31. Juli 1976
4 × 800 m	7:52,3	UdSSR-Nationalmannschaft (T. Prowidochina, W. Gerasimowa, S. Stjrkina, T. Kasankina)	Podolsk, UdSSR	16. Aug. 1976

Sportart	m	Name, Land	Ort	Datum
Hochsprung	2,01	Sara Simeoni, Italien	Brescia, Italien	4. Aug. 1978
Weitsprung	7,09	Wilma Bardauskiene, UdSSR	Prag, ČSSR	29. Aug. 1978
Kugelstoßen	22,32*	Helena Fibingerova, ČSSR	Nitra, ČSSR	20. Aug. 1977
Diskuswerfen	70,72	Evelin Jahl, Ostdeutschland	Dresden, Ostdeutschland	12. Aug. 1978
Speerwerfen	69,52	Ruth Fuchs, Ostdeutschland	Dresden, Ostdeutschland	13. Juni 1979

* H. Fibingerova stellte am 19. Februar 1977 in Jablonec (ČSSR) einen Hallenrekord von 22,50 m auf.

Fünfkampf (mit 800 m)

Punkte	Name, Land	Ort	Datum
4839 Punkte	Nadesda Tkatschenko, UdSSR	Lille, Frankreich	18. Sept. 1977

(100 m Hürden *13,49 Sek.*, Kugelstoßen *15,93 m*, Hochsprung *1,80 m*, Weitsprung *6,49 m*, 800 m *2:10,62*)

Hürden

Sportart	Min./Sek.	Name, Land	Ort	Datum
100 m	12,48	Grazina Rabsztyn, Polen	Fürth, Westdeutschland	10. Juni 1978
400 m	54,78	Marina Makejewa, UdSSR	Moskau, UdSSR	27. Juli 1979

M–N

Moderner Fünfkampf

Allgemein: Punktergebnisse beim Reiten, Fechten, Geländelauf und folglich auch Gesamtergebnisse haben keinerlei Vergleichswert zwischen einem Wettkampf und einem anderen. Beim Schießen und Schwimmen (300 m) sind die Ergebnisse von Rekordbedeutung, und es werden die Bestleistungen aufgeführt.
Der Moderne Fünfkampf (Reiten, Fechten, Schießen, Schwimmen und Laufen) wurde bei den

Olympischen Spielen von Stockholm 1912 eingeführt.

🌐 **Die meisten Welttitel** gewann mit *sechs* András Balczó, * 16. August 1938), Ungarn, in den Jahren 1963, 1965–67 und 1969. In olympischen Jahren gilt dieser Titel ebenfalls als Welttitel, so daß also Balczó 1972 seinen sechsten Titel erhielt.

Die meisten olympischen Goldmedaillen gewann mit *drei* András Balczó, Mitglied der Siegermannschaft von Ungarn 1960 und 1968 und als Einzelmeister von 1972. Lars Hall (* 30. April 1927), Schweden, hat als einziger *zwei* Einzelmeisterschaften 1952 und 1956 gewonnen. Balczó hat eine Rekordzahl von *fünf* Medaillen gewonnen (drei Gold- und zwei Silber-). Die deutsche Bestleistung erzielte G. Handrick mit seinem Olympiasieg und Goldmedaillengewinn 1936.

Ⓓ **Die größten Erfolge der Modernen Fünfkämpfer** Westdeutschlands sind der 2. Platz in der Mannschaftswertung bei der Weltmeisterschaft der Senioren in den Jahren 1973 und 1978 und der 2. Platz in der Mannschaftswertung bei der Weltmeisterschaft der Junioren 1976. In der Einzelwertung belegte bei den Junioren 1977 Achim Bellmann den 2. Platz und Christian Sandow 1978 den 2. Platz und 1979 den 1. Platz.

Motorbootrennen

Ursprünge: Der erste, der einen Benzinmotor an ein Boot montierte, war Jean-Joseph Étienne Lenoir (1822–1900) auf der Seine, Frankreich, 1865. Dem Sport wurde durch die Stiftung eines internationalen Meisterschafts-Pokals 1903 durch Sir Alfred Harmsworth Auftrieb gegeben; es war auch das Jahr des ersten Rennens von Calais nach Dover über den Ärmelkanal.

Harmsworthcup: Von den 25 Wettkämpfen 1903–1961 gewannen die USA mit 16 die meisten.

Die meisten Siege erzielte Garfield A. Wood (1881–1971) mit *acht* in den Jahren 1920–21, 1926, 1928–30, 1932–33.
Das einzige Boot, das dreimal siegte, ist *Miss Supertest III,* gefahren von Jack Regas, Kanada, in den Jahren 1959–61.
Dieses Boot erreichte 1961 die Rekordgeschwindigkeit von *191,94 km/h.*

Goldcup: Bill Muncey (* 1929), USA, gewann den Goldcup in den Jahren 1956, 1957, 1961, 1962, 1972, 1977 und 1978. Die Rekordgeschwindigkeit für eine 4-km-Runde erreichte Bill Muncey mit *206,539 km/h* in den Jahren 1977 und 1978.

Die höchste Geschwindigkeit in Küstennähe, die offiziell als Rekord anerkannt wurde, ist *124,59 km/h* von einem Klasse-*III-D-Frode,* gesteuert von Mikael Frode, Schweden, am 5. November 1977. Den Rekord für einen R6-Innenbordmotor stellte mit *206,599 km/h* das Wasserflugzeug *Vladivar I* auf, das am 23. Mai 1977 von Tony Fahey, England, gesteuert wurde. Den Rekord der *ON*-Klasse stellte mit *219,48 km/h* J. F. Merten, USA, 1973 auf.

Das längste Rennen war das *Marathon-Off-Shore International* von Port Richborough, London, nach Monte Carlo. Das Rennen erstreckte sich über *4742 km* in 14 Etappen vom 10.–25. Juni 1972. Gewinner waren Mike Bellamy, Eddie Chater und Jim Brooks mit ihrem Boot *H. T. S.* mit einer Zeit von 71 Stunden, 35 Minuten, 56 Sekunden (Durchschnitt: *66,24 km/h.)*

Die längste Reise unternahm der Däne Hans Tholstrup, (* 1946), der Australien *(18 500 km)* vom 11. 5.–25. 7. 1971 in einem 5,20 m langen *Carribean Couger Kunststoff-Runabout* mit einem einzigen 80-PS-Mercury-Außenbordmotor umschiffte.

Den weitesten Sprung mit einem Motorboot schaffte mit *32,5 m* Jerry Comeaux (* 1943), in Louisiana, USA, Mitte Oktober 1972. Die Abhebgeschwindigkeit war *90 km/h.* Der Sprung wurde für eine Sequenz im achten James-Bond-Film »Leben und sterben lassen« benötigt.

Die erfolgreichsten Motorbootfahrer Westdeutschlands sind Kurt Mischke aus Berlin (West), der in den Jahren 1967–76 in den Bootsklassen OB und OA *neun* Welt- und Europameisterschaften gewann, und Dieter König, Berlin (West), der 1957–69 in den Klassen EU, CU, OC, OB und C-Stock *neunmal* Europameister und *zweimal* Weltmeister wurde.

Motorradrennen

Ursprünge: Das erste Moorradrennen wurde auf einer ovalen Bahn von 1,6 km in Sheen House, Richmond, Surrey, am 29. November 1897 abgehalten und von Charles Jarrott (1877–1944) auf einer *Fournier* gewonnen. Die ältesten Motorradrennen der Welt sind die *Auto-Cycle Union Tourist Trophy* (T. T. Series), die zum ersten Mal auf der 25,44 km »Peel«-*(»St. John's«)*-Strecke auf der Isle of Man am 28. Mai 1907 abgehalten wurden und immer noch auf der 60,72 km langen *»Mountain«*-Strecke laufen.

Die höchste Runden-Durchschnittsgeschwindigkeit, die je auf einer geschlossenen Runde

Motorradweltmeister Giacomo Agostini.

erreicht wurde, ist *257,958 km/h* durch Yvon du Hamel, Kanada, im März 1973 im *Dayton International Speedway,* Florida, USA, auf einer umgebauten 903-ccm-Vierzylinder-*Kawasaki Z1.* Die Rundenzeit betrug 56,149 Sekunden auf der 4,02 km langen Bahn.

Die schnellste Straßenstrecke ist die *Francorchamps*-Bahn in der Nähe von Spa, Belgien. Sie ist *14,120 km* lang und wurde von Barry Stephen Frank Sheene (* 11. September 1950), England, während des belgischen Grand Prix am 3. Juli 1977 in 3 Minuten, 50,3 Sekunden (Durchschittsgeschwindigkeit: *220,721 km/h*), auf einer 495-ccm-Vierzylinder-*Suzuki* zurückgelegt.

Ⓓ **Das schnellste Rennen der Welt** wurde 1939 auf dem Grenzland-Ring in der Nähe von Wegberg, Deutschland, abgehalten. Es wurde von Georg Meier (* 1910), Deutschland, gewonnen mit einer Durchschnittsgeschwindigkeit von *250 km/h* auf einer überverdichteten 495-ccm-Parallel-Zweizylinder-*BMW.*

Das schnellste Straßenrennen ist der 500 ccm belgische Grand Prix, der auf der *Francorchamps*-Strecke (s. o.) abgehalten wird. Die Rekordzeit für dieses Zehn-Runden-Rennen (141,20 km) stellte mit 38 Minuten, 58,5 Sekunden (Durchschnittsgeschwindigkeit: *217,370 km/h*), Barry Sheene am 3. Juli 1977 auf einer 495-ccm-Vierzylinder-*Suzuki* auf.

🌐 **Die meisten Weltmeisterschaftstitel** (eingeführt 1949 von der *Fédération Internationale Motorcycliste*) gewann mit *15* Giacomo Agostini (* 16. Juni 1942), Italien, die 350-ccm-Klasse in den Jahren 1968–74 und die 500-ccm-Klasse 1966–72 und 1975. Er ist der einzige Fahrer, der zwei Weltmeisterschaften in fünf aufeinanderfolgenden Jahren gewann (350- und 500-ccm-Titel 1968–72).
Agostini gewann in der Weltmeisterschaftsserie zwischen dem 24. April 1965 und dem 29. August 1976 *122* Rennen einschließlich eines Rekordes von *19* im Jahre 1970, der ebenfalls von Mike Hailwood 1966 erreicht wurde.

Ⓓ Sechs Beiwagen-Welttitel auf *BMW* gewann Klaus Enders (* 1937), Westdeutschland, in den Jahren 1967, 1969–70, 1972–74. In der 50-ccm-Klasse konnte der Deutsche Anscheid (* 23. 9. 35) Weltmeister 1966–68 werden.

Die erfolgreichsten Maschinen sind die italienischen *M. V.-Agusta,* die zwischen 1952 und 1973 *37* Weltmeisterschaften und zwischen 1952 und 1976 *276* Weltmeisterschaftsrennen gewannen.
Die japanischen *Honda*-Maschinen gewannen *29* Weltmeisterschaftsrennen und *5* Weltmeisterschaften 1966. In den 7 Jahren, in denen sie sich an der Meisterschaft beteiligten (1961–67), war ihr jährlicher Durchschnitt *20* Rennsiege.

Der jüngste Weltmeister ist Alberto »Johnny« Cecotto (* 25. Januar 1956), Venezuela, der am 24. August 1975 im Alter von *19* Jahren und 211 Tagen den 350-ccm-Titel gewann.

Ⓓ **Der älteste Weltmeister** war Hermann-Peter Müller (1909–76), Westdeutschland, der 1955 im Alter von *46* Jahren den 250-ccm-Titel gewann.

Höchstgeschwindigkeiten: Offizielle Geschwindigkeitsweltrekorde müssen in zwei Touren über eine abgemessene Entfernung in entgegengesetzten Richtungen innerhalb eines Zeitlimits aufgestellt werden. Dieses Limit ist eine Stunde für F. I. M.-Rekorde und zwei Stunden für A. M. A.-Rekorde. Donald A. Vesco (* 8. April 1939), USA, stellte auf seiner 6,40 m langen stromlinienförmigen 1500 ccm *Silver Bird,* angetrieben von zwei *Yamaha TZ750* Vierzylindermaschinen von 180 Brems-PS, am 28. September 1975 auf den *Bonneville Salt Flats,* Utah, USA, absolute Rekorde auf. Seine Durchschnittszeit war 11,8495 Sekunden *(488,935 km/h)* für den A. M. A.-Rekord und 11,884 Sekunden *487,516 km/h)* für den F. I. M.-Rekord. Am selben Tag legte er eine Viertelmeile nach Anfahrt in 2,925 Sekunden *(495,183 km/h)* zurück, die höchste Geschwindigkeit, die je auf einem Motorrad erreicht wurde.

🌐 **Der offizielle Weltrekord,** der am 4. August 1956 von einem deutschen Fahrer aufgestellt wurde, steht auf *339,404 km/h.* Wilhelm Herz (* 18. Januar 1912) fuhr diesen Rekord auf einer 499 ccm *NSU* in Bonneville, USA.

Ⓓ Der deutsche Fahrer Ernst Henne (* 22. Februar 1904) stellte in den Jahren 1927–29 auf *BMW* 8 Geschwindigkeitsweltrekorde, 68 Klassenrekorde und 78 Weltrekorde auf. Er fuhr 1937 den Geschwindigkeitsweltrekord von *279,505 km/h* heraus.

Das längste Rennen ist das *Liège*-24-Stunden. Die größte Entfernung von *4444,8 km* (mit einer Durchschnittsgeschwindigkeit von *185,20 km/h*) legten Jean-Claude Chemarin und Christian Leon, beide aus Frankreich kommend, am 14.–15. August 1976 auf einer 941-ccm-Vierzylinder-*Honda* auf dem *Francorchamps*-Ring zurück.

Die längste Rennbahn ist die *60,72 km* lange *»Mountain«*-Rennbahn, auf der die *Tourist-Trophy*-Rennen seit 1911 (mit insgesamt geringen Veränderungen seit 1920) abgehalten werden. Sie hat 264 Kurven und Kehren und ist außerdem die längste, die für irgendwelche Motorradrennen verwandt wird.

Ⓞ

Olympische Spiele

(Anmerkung: Die Daten schließen die unnumerierten Spiele mit ein, die 1906 in Athen abgehalten wurden und von einigen Behörden ignoriert werden. Auch wenn die Spiele von 1906, die zwischen die regulären III. Spiele von 1904 und die IV. Spiele von 1908 eingefügt sind, nicht numeriert sind, wurden sie offiziell vom *Internationalen Olympischen Komitee* geleitet und waren von einem höheren Niveau als alle drei vorhergehenden.)

Ursprünge: Die früheste Veranstaltung der alten Olympischen Spiele, über die es eine gesicherte Aufzeichnung gibt, ist die vom Juli 776 v. Chr., bei der Koroibos, ein Koch aus Elis, einen Wettlauf gewann. Ihr Ursprung wird jedoch auf 1370 v. Chr. zurückdatiert. Die frühen Spiele wurden auf einen Befehl hin beendet, der in Mailand im Jahre 393 n. Chr. von Theodosius I., »dem Großen« (ca. 346–395), Kaiser von Rom, erlassen wurde. Auf die Anregung von *Pierre de Fredi, Baron de Coubertin* (1863–1937) hin wurden die Olympischen Spiele der modernen Ära in Athen am 6. April 1896 wieder eingeführt.

Die meisten Einzel-Goldmedaillen für einen männlichen Teilnehmer an den Spielen gewann mit *zehn* Raimond Clarence Ewry (1874–1937), USA. Den weiblichen Rekord stellte mit *sieben* Vera Caslavska-Odlozil, Tschechoslowakei, auf.

Ⓓ Die meisten Medaillen für Westdeutschland gewann Hans-Günther Winkler mit fünf Goldmedaillen, einer Silber- und einer Bronzemedaille.

(DDR) Die meisten Medaillen Ostdeutschlands erhielt Roland Matthes mit vier Gold-, zwei Silbermedaillen und einer Bronzemedaille.

(CH) Die meisten Medaillen der Schweiz gewann Konrad Staehli, der im Schießen 1900 und 1906 fünf Goldmedaillen, zwei Silbermedaillen und eine Bronzemedaille gewann.

Ⓐ Die meisten Medaillen für Österreich erhielt Anton »Toni« Sailer mit drei Goldmedaillen im alpinen Skisport 1956.

Der einzige Olympiateilnehmer, der nacheinander vier Einzeltitel im selben Wettbewerb gewann, war Alfred A. Oerter (* 19. September 1936), USA, der in den Jahren 1956–68 den Diskus-Titel gewann.

Zeittafel der Olympischen Winterspiele

Gesonderte Winterspiele (es hatte 1908 und 1920 Eislaufwettkämpfe und 1920 Eishockey gegeben) wurden 1924 eingeführt und wie folgt festgelegt:

I	1924	Chamonix, Frankreich	25. Januar – 3. Februar
II	1928	St. Moritz, Schweiz	11. – 19. Februar
III	1932	Lake Placid, USA	4. – 15. Februar
IV	1936	Garmisch-Partenkirchen, Deutschland	6. – 16. Februar
V	1948	St. Moritz, Schweiz	30. Januar – 8. Februar
VI	1952	Oslo, Norwegen	14. – 25. Februar
VII	1956	Cortina d'Ampezzo, Italien	26. Januar – 5. Februar
VIII	1960	Squaw Valley, USA	18. – 28. Februar
IX	1964	Innsbruck, Österreich	29. Januar – 9. Februar
X	1968	Grenoble, Frankreich	6. – 18. Februar
XI	1972	Sapporo, Japan	3. – 13. Februar
XII	1976	Innsbruck, Österreich	4. – 15. Februar
XIII	1980	Lake Placid, USA	13. – 24. Februar
XIV	1984	Sarajewo, Jugoslawien	1. – 12. Februar

An den ersten Winterspielen im Jahre 1924 nahmen 294 Wettkampfteilnehmer aus 16 Nationen teil.

Zeittafel der Olympischen Sommerspiele

Die modernen Veranstaltungen wurden vom Internationalen Olympischen Komitee wie folgt beschlossen. Die Daten geben die Zeitspanne der Olympischen Wettspiele an. Das erste Datum ist nicht immer das der Eröffnungszeremonie.

I	1896	Athen, Griechenland	6. – 15. April
II	1900	Paris, Frankreich	20. Mai – 28. Oktober
III	1904	St. Louis, USA	1. Juli – 23. November
*	1906	Athen, Griechenland	22. April – 2. Mai
IV	1908	London, England	27. April – 31. Oktober
V	1912	Stockholm, Schweden	5. Mai – 22. Juli
VI	1916	Berlin, Deutschland	aufgrund des Krieges nicht abgehalten
VII	1920	Antwerpen, Belgien	20. April – 12. September
VIII	1924	Paris, Frankreich	4. Mai – 27. Juli
IX	1928	Amsterdam, Holland	27. Mai – 12. August
X	1932	Los Angeles, USA	30. Juli – 14. August
XI	1936	Berlin, Deutschland	1. – 16. August
XII	1940	Tokio, dann Helsinki, Finnland	aufgrund des Krieges nicht abgehalten
XIII	1944	London, England	aufgrund des Krieges nicht abgehalten
XIV	1948	London, England	29. Juli – 14. August
XV	1952	Helsinki, Finnland	19. Juli – 3. August
XVI	1956	Melbourne, Australien[1]	22. November – 8. Dezember
XVII	1960	Rom, Italien	25. August – 11. September
XVIII	1964	Tokio, Japan	10. – 24. Oktober
XIX	1968	Mexico City, Mexiko	12. – 27. Oktober
XX	1972	München, BRD	26. August – 10. September
XXI	1976	Montreal, Kanada	17. Juli – 1. August
XXII	1980	Moskau, UdSSR	19. Juli – 3. August
XXIII	1984	Los Angeles, USA	noch anzusetzen

* Diese Veranstaltung (zur Feier des Jahrestages der modernen Spiele) wurde offiziell eingeschoben, ist jedoch nicht numeriert.

[1] Die Reitveranstaltungen wurden in Stockholm, Schweden, vom 10.–17. Juni abgehalten.

Der jüngste Gewinner aller Zeiten war ein französischer Junge, dessen Name nicht festgehalten ist, der 1900 Steuermann des niederländischen Zweiers war. Er war nicht älter als zehn und kann sogar erst sieben Jahre alt gewesen sein.

Die jüngste Goldmedaillengewinnerin aller Zeiten ist Marjorie Gestring, USA (* 18.November 1922), die 1936 im Alter von *13* Jahren, *6* Monaten, beim Damenkunstspringen siegte.

(D) Der jüngste deutsche Goldmedaillengewinner war der *14*jährige Klaus Zerta (* 1946), der Steuermann im siegreichen Zweier 1960 war.

Der älteste Medaillengewinner war Oscar Swahn, der 1912 im Alter von *65* Jahren, *258* Tagen, Mitglied der Siegermannschaft beim Schießen auf bewegte Ziele war.

Die längste Teilnahmezeitspanne eines Olympiakämpfers erreichten mit *40* Jahren Dr. Ivan Osiier (1888–1965), Dänemark, der 1908–32 und 1948 als Fechter teilnahm, und Magnus Konow (1887–1972), Norwegen, im Segeln in den Jahren 1908–20 und 1936–48.

(A) Die Dame, die am ausdauerndsten, nämlich 24 Jahre teilnahm (1932–56), ist die österreichische Fechterin Ellen Müller-Preis (* 6. Mai 1912).

Raimondo d'Inzeo (* 8. Februar 1925), der für Italien bei den Reiterspielen mitkämpfte, stellte von 1948–76 einen Teilnehmerrekord von acht Veranstaltungen auf, wobei er eine Gold-, zwei Silber- und drei Bronzemedaillen gewann. Janice Lee York Romary (* 6. August 1928) nahm als US-Fechterin an allen sechs Spielen von 1948–68 teil.

Die größte Teilnehmerzahl bei Olympischen Sommerspielen war *7147* in München im Jahre 1972. Auch die meisten Länder beteiligten sich 1972 an den Olympischen Spielen in München, nämlich *122*.

Die geringste Zahl war 311 Teilnehmer aus 13 Ländern im Jahre 1896. 1904 nahmen nur zwölf Länder teil. Frankreich stellte bei den Spielen von 1900 in Paris mit 880 Männern und 4 Frauen das größte Team aller Zeiten.

Die ständig vertretenen Länder bei allen olympischen Spielen waren Australien, Griechenland, Großbritannien, die Schweiz und die USA, die erstmals 1980 nicht an den Olympischen Spielen in Moskau teilnahmen, um gegen den sowjetischen Einmarsch in Afghanistan zu protestieren. Die Bundesrepublik und 43 andere Staaten schlossen sich diesem Boykott an.

Die größte Zuschauermenge auf irgendeinem Olympiagelände war *150 000* beim Skispringen von 1952 am Holmenkollen außerhalb von Oslo, Norwegen.
Schätzungen der Zuschauerzahlen beim Marathonlauf in Tokio, Japan, am 21. Oktober 1964 gingen von 500 000 bis 1,5 Mio.

P–Q

Pelota Vasca (Jai Alai)

Ursprünge: Das Spiel, das in Italien als *longue paume* entstand und im 13. Jahrhundert nach Frankreich eingeführt wurde, soll das schnellste aller Ballspiele sein. Der Handschuh oder *gant* wurde etwa 1840 eingeführt, und der *chistera* wurde von Jean *»Gantchiki«* Dithurbide aus Ste. Pée, Frankreich erfunden.

Der größte frontón (geschlossenes Stadion) der Welt ist das World Jai-Alai in Miami, Florida, USA, das am 27. Dezember 1975 eine Rekordbesucherzahl von 15 052 hatte.

Affirmed – bis 1979 das teuerste Pferd mit 14,4 Mio. Dollar.

Pferderennen

Ursprünge: Die Reitkunst war ein bedeutender Teil der Hethiter-Kultur Anatoliens, Türkei, die um 1400 v. Chr. blühte. Bei den 33. alten Olympischen Spielen von 648 v. Chr. in Griechenland fanden Pferderennen statt. Das früheste in England beurkundete Pferderennen wurde etwa 210 n. Chr. in Netherby, North Yorkshire, zwischen Arabern abgehalten, die von Lucius Septimus Severus (146–211 n. Chr.), Kaiser von Rom, nach Britannien gebracht worden waren. Das älteste Rennen, das immer noch jährlich stattfindet, ist das Lanark Silver Bell, das von Wilhelm dem Löwen (1143–1214) in Schottland eingeführt worden war.

Ⓓ **Das erste Galopprennen auf deutschem Boden** fand am 22. August 1822 im Mecklenburgischen Doberan statt. Hier wurde auch der erste Rennverein gegründet und zwar der Doberaner RV 1822.

Der erste Jockeyklub der Welt ist der Charleston Jockey Club, Virginia, USA, aus dem Jahr 1734.

Die größte Rennbahn der Welt ist die Newmarket-Rennbahn (gegründet 1636), deren Beacon-Bahn, die längste der 19 Bahnen, *6,8 km* lang und *50 m* breit ist.

Die größte überdachte Tribüne der Welt ist zu einem Kostenaufwand von *30 700 000 Dollar (55 260 000 DM)* 1968 in Belmont Park, Long Island, N.Y., USA, eröffnet worden. Sie ist *33 m* hoch, *402 m* lang, hat 908 beidseitige Fenster und 30 000 Sitze.

Das teuerste Pferd ist der Kentucky Derby-Sieger 1979 *Spectacular Bird.* März 1980 hieß es, er soll für 22 Mio. Dollar (41 Mio. DM) zu 40 Anteilen von je 550 000 Dollar (ca. 1 Mio. DM) verkauft werden. Das teuerste Einjährige kaufte im Juli 1980 der griechische Reeder Stavros Niarchos in Kentucky für umgerechnet 2,9 Mio. DM.

Die höchste Gewinnsumme, die je von einem Pferd erzielt wurde, ist *2 044 218 Dollar (3 679 592 DM)* durch *Affirmed* von 1977–79. Die führende Stute ist *Dahlia* (* 1970), die von 1972–76 *1 535 443 Dollar (2 763 807 DM)* gewann. Die höchste Gewinnsumme brachte mit *901 541 Dollar (1 622 774 DM) Affirmed* 1978 ein.

Ⓓ **Der erfolgreichste deutsche Vollblüter** (international) ist das Pferd *Star Appeal* aus dem Stall *Moritzburg,* das 1975 den Prix de l'Arc de Triomphe gewann und ebenfalls 1975 Champion von Europa und Galopper des Jahres wurde. Es verdiente in seiner Laufbahn *1 527 836 DM.*

(D) Das Pferd *Luciano* ist *»leading money winner«* aller jemals in Westdeutschland trainierten Vollblüter mit einer Gewinnsumme von *595 800 DM* in seiner Laufbahn (national).

Der jüngste Jockey war Frank Wootton (englischer Meisterjockey 1909–1912), der seinen ersten Sieger im Alter von *neun* Jahren, *zehn* Monaten in Südafrika ritt.

Der älteste Jockey war Levi Barlingame, USA, der 1932 sein letztes Rennen in Stafford, Kansas, im Alter von *80* Jahren ritt.

Der leichteste registrierte Jockey war Kitchener († 1872), der 1844 auf Red Deer mit *22,226 kg* den Chester Cup gewann. Er soll 1840 nur *15,875 kg* gewogen haben.

Die kleinste Rennbahn der Welt ist die Lebong-Rennbahn, Darjeeling, Westbengalen, Indien (Höhe: 2125 m), deren Gesamtrunde *439 m* lang ist. Sie wurde 1885 angelegt.

Der höchste Gewinnpreis für ein abgehaltenes Rennen ist bei dem *All-American Futurity,* ein Rennen für Kobpferde, über 402 m (366 m vor 1973) in Ruidoso Downs, New Mexico, USA, vergeben worden. Die Preise betrugen 1978 insgesamt *1 280 000 Dollar (2 304 000 DM).*

Der höchste erste Preis für ein Pferderennen war *437 500 Dollar (787 500 DM)* und wurde von *Moon Lark,* dem Sieger des *All-American Futurity* von 1978, gewonnen.

Das längste Pferderennen ging über *1925 km* in Portugal und wurde von einem Pferd namens *Emir,* das aus einem in Ägypten gezüchteten *Blunt-Arab-Stamm* stammte, gewonnen.

Der Weltrekordhalter für Langstreckenrennen und Geschwindigkeit ist Champion *Crabbet,* der 1920 *482 km* in 52 Stunden, 33 Minuten zurücklegte und dabei *111,13 kg* trug.

Für eigene Rekorde

Den bestbelegten Sieg-Niederlage-Rekord hielt das Pferd *Kincsem,* eine ungarische Stute, die 1874 geboren wurde und bei 54 Rennen (1876–79) ungeschlagen war. *Camarero,* * 1951 und im Besitz von Don José Vidal aus Puerto Rico, hatte eine Siegessträhne von 56 Rennen in den Jahren 1953–55. Das Pferd starb an einer Kolik am 26. August 1956, am Tag nach seinem 73. Sieg.

Der erfolgreichste Jockey aller Zeiten war William Lee (Willie) *Shoemaker* (Geburtsgewicht: *1,133 kg* am 19. August 1931), jetziges Gewicht: *44 kg,* Größe: *1,51 m.* Von März 1949 bis Ende 1978 ritt er 7589 Sieger auf etwa 32 184 Pferden und verdiente *70 020 545 Dollar (126 036 981 DM).*

Die meisten gerittenen Sieger in einem Jahr sind *546* aus einer Rekordzahl an Pferden von 2199 durch Chris McCarron, USA (* 1955) im Jahr 1974.

Erfolgreichster Jockey aller Zeiten: William Lee Shoemaker. Von 1949 bis 1978 errang er 7589 Siege auf über 32 000 Pferden.

(D) **Der erfolgreichste deutsche Jockey** war Otto Schmidt, der siebenmal das Deutsche Derby (1916, 1918, 1923, 1942, 1944, 1950, 1951) gewann sowie 14 Championate und *2216* Siege in seiner Laufbahn von 1915 bis 1952 errang.

Polo

Früheste Spiele: Allgemein wird Polo für ein Spiel persischen Ursprungs gehalten, das ca. 525 v. Chr. als *Pulu* gespielt wurde. Auch Tibet und die Tang Dynastie aus dem Jahr 250 n. Chr. erheben Anspruch darauf.

Der früheste Poloklub der Moderne war der 1859 gegründete Kachar Club in Assam, Indien. Das Spiel wurde 1869 von den 10. Husaren von Aldershot, Hampshire, aus Indien nach England importiert, und das früheste Spiel fand im Juli 1871 zwischen den 9. Ulanen und den 10. Husaren auf Hounslow Heath, Greater London, statt. Das früheste internationale Spiel wurde 1886 zwischen England und den USA ausgetragen.

Ⓓ **Der älteste Klub** in Westdeutschland ist der Hamburger Poloklub von 1896.

Das größte Feld aller Ballspiele der Welt ist das Polofeld mit einer Länge von *274,32 m* und einer Breite von *146,30 m* (mit Seitenumzäunung) oder *182,88 m* Breite (ohne Umzäunung).

Ⓡ

Rackett

Ursprünge: Das Spiel, das aus dem 17. Jahrhundert stammt, wurde von Schuldnern im Fleet-Gefängnis, London, in der Mitte des 18. Jahrhunderts gespielt, und ein Insasse, Robert Mackey, beanspruchte für sich 1820 den ersten »Welt«-Titel. Es gibt Aufzeichnungen über den Verkauf eines Rakkett-Platzes in Southernhay, Exeter, England, die vom 12. Januar 1798 datieren. Der erste Meister auf einem abgeschlossenen Platz war Francis Erwood aus Woolwich im Jahre 1860.

Radrennen

Ursprünge: Das nachweislich früheste Radrennen war ein Hochradrennen über 2 km im Pariser Parc de St. Cloud am 31. Mai 1868. Ein Jahr später, am 17. April 1869, wurde in Hamburg-Altona der erste deutsche Radfahrklub gegründet, der noch im selben Jahr ein *»Velocipeden-Wettreiten«* veranstaltete, das erste Radrennen in Deutschland. Die erste deutsche Radrennbahn wurde erst 1884 in München gebaut.
Der Bund Deutscher Radfahrer wurde 1884 in Leipzig gegründet; in Westdeutschland wurde er 1948 in Frankfurt neu gegründet, und in Ostdeutschland wurde der Deutsche Radsport-Verband 1958 in Leipzig ins Leben gerufen.
Der Schweizerische Radfahrer- und Motorfahrerbund wurde 1883 in Brugg gegründet, die Österreichische Radsportkommission entstand im Jahre 1947 in Wien.

Die Höchstgeschwindigkeit auf einem Fahrrad wurde mit *226,1 km/h* von Dr. A. Abbott, 29 Jahre alt, aus Kalifornien, USA, am 25. August 1973 erreicht. Er fuhr über eine Strecke von 1,2 km hinter einem Chevrolet mit aufmontiertem Windschutz in Bonneville, Utah, USA.

Rudi Altig, mehrfacher Radsportweltmeister.

Die erste Minutenmeile erreichte Charles Murphy (* 1872) mit einer Lokomotive als Schrittmacher. Er fuhr sie auf der Long Island Railroad am 30. Juni 1899 in 57,48 Sekunden mit einem Schnitt von *100,23 km/h*.
Allan Abbott registrierte ohne Schrittmacher eine offizielle Geschwindigkeit von 9,22 Sekunden für 200 m *(78,08 km/h)* auf einem stromlinienförmigen Fahrrad am 30. April 1977 in Kalifornien, USA.

Die längste je in einer Stunde zurückgelegte Strecke ist *122,862 km*. Leon Vanderstuyft (1890–1964), Belgien, fuhr sie auf dem Montlhery-Automobilring, Frankreich, am 30. September 1928 aus einem stehenden Start mit einem Motorrad als Schrittmacher. Den 24-Stunden-Rekord hinter einem Schrittmacher stellte mit *1384,367 km* Hubert Opperman (* 29. Mai 1904) 1932 in Australien auf.
Radrennen gehörte seit der Neubelebung der Spiele 1896 zum Olympischen Programm.

Die meisten gewonnenen Goldmedaillen sind drei, erzielt von Paul Masson, Frankreich, im Jahr 1896, Francisco Verri (1885–1945), Italien, im Jahr 1906 und Robert Charpentier (1916–66), Frankreich, 1936. Beim »inoffiziellen« Radrennprogramm von 1904 gewann Marcus Hurley, USA, alle vier Wettkämpfe.

Tour de France

Die größte Zahl an Siegen bei der *Tour de France* (eingeführt 1903) ist fünf durch Jacques Anquetil (* 8. Januar 1934), Frankreich, in den Jahren 1957, 1961–64 und Eddy Merckx (* 17. Juni 1945), Belgien, in den Jahren 1969–72 und 1974.
Das knappste Rennen war das von 1968, als nach 4665 km in den 25 Tagen Jan Janssen (* 19. Mai 1940), Niederlande, Herman von Springel, Belgien, in Paris um *38* Sekunden schlug.
Die höchste Durchschnittsgeschwindigkeit erreichte mit 37,3 km/h Jacques Anquetil 1962.
Das längste Rennen ging über *5745 km* im Jahr 1926, und die meisten Teilnehmer wurden 1928 gezählt, als 162 Fahrer starteten – nur 41 kamen ins Ziel.

Das längste Eintage-Straßenrennen mit »Massenstart« ist das London-Holyhead-Rennen über *426,47 km*. Den Rekord stellte mit 10 Stunden, 49 Minuten, 4 Sekunden Tom Simpson (1937–67), England, 1965 auf.

(D) **Der erfolgreichste Fahrer** Westdeutschlands ist Rudi Altig (* 18. März 1937), der 1959 Amateur-Verfolgungs-Weltmeister, 1960, 1961 Weltmeister

D. Thurau Sieger der Deutschland-Rundfahrt 1979.

der Berufsfahrer, 1966 Straßenweltmeister auf dem Nürburgring und dreizehnmal Deutscher Meister auf Bahn und Straße wurde.
Gregor Braun konnte 1976 im 4000 m-Einzel-Verfolgungs-Rennen die Goldmedaille gewinnen, 1977 und 1978 wurde er Weltmeister im 5-km-Einzel-Verfolgungs-Rennen.
Dietrich Thurau wurde 1977 und 1979 Zweiter der Straßenweltmeisterschaft und 1979 Sieger der Deutschland-Rundfahrt.

(DDR) Erfolgreichster Fahrer der letzten Jahre Ostdeutschlands ist L. Thoms, der 1977–79 Weltmeister der Amateure im 1000-m-Zeitfahren wurde.

(CH) Der erfolgreichste Fahrer der Schweiz ist Ferdinand Kübler (* 24. Juli 1919), der 1950 die Tour de France gewann, 1942, 1948 und 1951 Sieger der Tour de Suisse und 1951 Straßenweltmeister der Radfahrer wurde.

Ausdauer: Tommy Godwin (1212–75), G.B., fuhr in den 365 Tagen des Jahres 1939 *120 805 km* oder einen Schnitt von *330,96 km* pro Tag. Er machte bis zum 14. Mai 1940 in 500 Tagen *160 934 km* voll.

Die größte Kilometerzahl bei einer Radtour betrug mehr als *643 700 km* und wurde vom Wanderprediger Walter Stolle (* 1926), Deutschland, vom 24. Januar 1956–12. Dezember 1976 zurückgelegt. Er besuchte 159 Länder und hatte in den Jahren über 1000 Reifenpannen.

Weltmeisterschaftstitel

Die meisten Weltmeisterschaftstitel für eine bestimmte Sportart, die seit der Einführung der Amateurmeisterschaften 1895 gewonnen wurden, sind:

Amateurfliegerrennen	7	Daniel Morelon, Frankreich, 1966–67, 1969–71, 1973, 1975
Amateur 100 km mit Schrittmacher	7	Leon Meredith, England, 1904–05, 1907–09, 1911, 1913
Amateurstraßenrennen	2	Guiseppe Martano, Italien, 1930, 1932
Amateurstraßenrennen	2	Gustav Schur, Ostdeutschl., 1958–59
Profifliegerrennen	7	Jeff Scherens, Belgien, 1932–37, 1947
Profifliegerrennen	7	Antonio Maspes, Italien, 1955–56, 1959–62, 1964
Amateurverfolgungsrennen	3	Guido Messina, Italien, 1947–48, 1953
Amateurverfolgungsrennen	3	Tiemen Groen, Niederlande, 1964–66
Profiverfolgungsrennen	4	Hugh Porter, England, 1968, 1970, 1972–73
Profi 100 km mit Schrittmacher	6	Guillermo Timoner, Spanien, 1955, 1959–60, 1962, 1964–65
Profistraßenrennen	3	Alfredo Binda, Italien, 1927, 1930, 1932
Profistraßenrennen	3	Henri (Rik) van Steenbergen, Belgien, 1949, 1956–57
Profistraßenrennen	3	Eddy Merckx, Belgien, 1967, 1971, 1974

Weltrekorde (Für Veranstaltungen, an denen Profis und Amateure teilnahmen, wird nur das bessere Ergebnis angegeben).		
Rennstrecken im Freien		
Profi, stehender Start ohne Schrittmacher		
5 km	5:51,6	Ole Ritter, Dänemark, Mexico City, 4. Oktober 1968
10 km	11:53,2	Eddy Merckx, Belgien, Mexico City, 25. Oktober 1972
20 km	24:06,8	Eddy Merckx, Belgien, Mexico City, 25. Oktober 1972
100 km	2h14:02,5	Ole Ritter, Dänemark, Mexico City, 15. November 1971
49,432 km	1h	Eddy Merckx, Belgien, Mexico City, 25. Oktober 1972
Profi mit motorisiertem Schrittmacher		
100 km	1h03:40,0	Walter Lohmann, Westdeutschland, Wuppertal, 24. Oktober 1955
94,015 km	1h	Walter Lohmann, Westdeutschland, Wuppertal, 24. Oktober 1955
Amateur, stehender Start ohne Schrittmacher		
1 km	1:02,4	Pierre Trentin, Frankreich, Zürich, 15. November 1970
Amateur, fliegender Start ohne Schrittmacher		
200 m	10,61	Omari Phakadze, UdSSR, Mexico City, 22. Oktober 1967
500 m	27,85	Pierre Trentin, Frankreich, Mexico City, 21. Oktober 1967
1000 m	1:01,14	Luigi Borgehetti, Italien, Mexico City, 21. Oktober 1967
Hallenrennen		
HERREN		
Profi, stehender Start ohne Schrittmacher		
5 km	6:05,6	Ferdinand Bracke, Belgien, Grenoble, 5. Dezember 1964
46,847 km	1h	Siegfried Adler, Westdeutschland, Zürich, 2. August 1968
Profi, fliegender Start ohne Schrittmacher		
500 m	28,6	Oscar Plattner, Schweiz, Zürich, 17. August 1956
1000 m	1:01,23	Patrick Sercu, Belgien, Antwerpen, 3. Februar 1955
Profi mit motorisiertem Schrittmacher		
100 km	1h23:59,8	Guillermo Timoner, Spanien, San Sebastian, 12. September 1965
74,641 km	1h	Guy Solente, Frankreich, Paris, 13. Februar 1955
Amateur, stehender Start ohne Schrittmacher		
1 km	1:06,76	Patrick Sercu, Belgien, Brüssel, 12. Dezember 1964
10 km	12:06,29	Hans-Henrick Oerstedt, Dänemark, Kopenhagen, 28. November 1978
20 km	25:14,6	Ole Ritter, Dänemark, Zürich, 30. Oktober 1966
Amateur, fliegender Start ohne Schrittmacher		
200 m	10,72	Daniel Morelon, Frankreich, Zürich, 4. November 1967
500 m	28,89	Pierre Trentin, Frankreich, Zürich, 4. November 1967
DAMEN		
Amateur, stehender Start ohne Schrittmacher		
1000 m	1:15,5	Elisabeth Eichholz, Ostdeutschland, Berlin, 4. März 1964
Amateur, fliegender Start ohne Schrittmacher		
200 m	13,17	Luigina Bissoli, Italien, Mailand, 6. Dezember 1978
500 m	34,32	Luigina Bissoli, Italien, Mailand, 6. Dezember 1978

Tommy Chambers (* 1903), Schottland, hatte von 1922–25. Dezember 1973 nachweislich *1 286 517 km* zurückgelegt. Am Weihnachtstag verletzte er sich so schwer, daß er nicht mehr fahren kann.

Ray Reece (* 13. Juli 1930), England, umfuhr zwischen dem 14. Juni und dem 5. November 1971 die Welt in *143* Tagen *(21 444 km)*.

John W. Hathaway (* 13. Januar 1925), Kanada, legte vom 10. November 1974–6. Oktober 1976 *81 300 km* zurück und besuchte dabei jeden der fünf befahrbaren Kontinente.

John Marino (* 26. November 1948) radelte *4757 km* von Santa Monica nach New York in einer Rekordzeit von *13* Tagen, *1* Stunde, *20* Minuten vom 13.–26. August 1978.

Stan Kuhl (* 31. Dezember 1955) und Steve Jeschien (* 6. August 1956) aus Kalifornien reisten auf einem Tandem vom 29. Juni–3. Oktober 1976 *12 918 km* um die Vereinigten Staaten, um die 200-Jahr-Feier zu begehen.

Vivekananda Selva Kumar Anandan, Sri Lanka, (Ceylon) radelte vom 2.–10. Mai 1979 nonstop *187* Stunden, *28* Minuten um den Vihara-Maha-Devi-Park, Colombo, Skri Lanka (Ceylon).

Querfeldeinweltmeister Rolf Wolfshohl.

David Steed aus Arizona (USA), hielt sich am 25. November 1977 *9* Stunden, *15* Minuten ohne Stütze auf der Stelle.

Querfeldeinrennen
Die größte Zahl an Weltmeisterschaften (eingeführt 1950) wurde von Eric de Vlaeminck (* 23. August 1945), Belgien, mit den Titeln im Amateur- und offenen Rennen 1966 und sechs Profititeln 1968–73 gewonnen.

Ⓓ **Der erfolgreichste deutsche** Fahrer ist Rolf Wolfshohl (* 27. Dezember 1938), der Weltmeister 1960, 1961 und 1963 und fünfmal Vizeweltmeister und viermal Weltmeisterschaftsdritter wurde; 14 mal gewann er die Deutsche Meisterschaft im Querfeldeinfahren.

Reitsport

Ursprünge: Ein Nachweis für Reiten datiert von einer persischen Gravierung von etwa 3000 v. Chr. Die Reiter-Akademie von Pignatelli in Neapel datiert aus dem 16. Jahrhundert. Der früheste Springwettbewerb fand 1869 in der Agricultural Hall, London, statt. Reitveranstaltungen wurden seit 1912 in die Olympischen Spiele aufgenommen.

Die meisten olympischen Medaillen gewann mit fünf Goldmedaillen Hans-Günter Winkler (* 24. Juli 1926), Westdeutschland, der ebenfalls vier Goldmedaillen als Mannschaftskapitän 1956, 1960, 1964 und 1972 und den Grand Prix im Einzel 1956 gewann.

Die meisten Teamsiege im Prix des Nations erzielte Deutschland mit fünf in den Jahren 1936, 1956, 1960, 1964 und 1972.

Das niedrigste von einem Sieger erzielte Ergebnis ist ein Fehlerfrei, erreicht von Frantisek Ventura (* 27. Oktober 1895), Tschechoslowakei, im Jahre 1928 auf *Eliot* und von Alwin Schockemöhle (* 29. Mai 1937), Westdeutschland, 1976 auf *Warwick Rex.*

Der einzige zweifache Gewinner der Einzelgoldmedaille ist Pierre Jonqueres d'Oriola (* 1. Februar 1920), Frankreich, 1952 und 1964. Im Military gewann Richard John Hannay Meade (* 4. Dezember 1938), England, drei Goldmedaillen als Einzelsieger 1972 und in der Mannschaft in den Jahren 1968 und 1972.

Die meisten Weltmeisterschaften der Herren (eingeführt 1953) gewann zweimal Hans-Günter Winkler, Westdeutschland, 1954, 1955 und Raimondo d'Inzeo, Italien, 1956 und 1960.
Der Damentitel (eingeführt 1965) wurde zweimal von Jane *»Janou«* Tissot (geb. Lefèbvre), Frankreich (* Saigon, 14. Mai 1945), auf *Rocket* 1970 und 1974 gewonnen.

Der offizielle Hochsprungrekord der *Fédération Equestre Internationale* ist *2,47 m,* aufgestellt von *Huasó,* der am 5. Februar 1949 von Capt. Alberto Larraguibel Morales, Chile, in Vina del Mar, Santiago, Chile, geritten wurde.

Der Weitsprungrekord über Wasser beträgt *8,30 m* durch *Amado Mio* am 12. November 1951, geritten von Oberstleutnant Lopez del Hierro, Spanien, in Barcelona, Spanien. Das Pferd *Heatherbloom,* geritten von Dick Donnelly, soll 1903 in Richmond, Virginia, USA, eine Weite von *11,48 m* erreicht haben, als es einen *2,5 m*-Mächtigkeitssprung machte.

Der längste Ritt wurde von Aimé Felix Tschiffely gemacht mit einer Länge von *16 093 km* von Buenos Aires, Argentinien, nach Washington DC, USA, in 504 Tagen, angefangen am 23. April 1925. Für diese Strecke benutzte er die Pferde *Mancha* und *Gato.*

Reitmarathon: Michael Grealey aus Australien ritt *55* Stunden, *26* Minuten lang alle Gangarten (einschließlich Springen) am 5.–7. Mai 1978 in Blackwater, Queensland, Australien.

Hans-Günter Winkler gewann die meisten olympischen Medaillen im Springreiten.

Ringen

Ursprünge: Die frühesten Darstellungen von Ringergriffen und -figuren, die auf den Wänden des Grabes von *Ptahhotep* in Ägypten (5. Dynastie) zu finden sind, weisen darauf hin, daß es bereits etwa 2350 v. Chr. organisiertes Ringen gab. Er war der beliebteste Sport bei den frühen Olympischen Spielen, und es gibt seit 708 v. Chr. Verzeichnisse der Sieger. Der griechisch-römische Stil ist französischen Ursprungs und entstand etwa 1860. Die *Fédération Internationale de Lutte Amateur* (FILA) wurde 1912 gegründet.

Die meisten olympischen Titel, nämlich *drei,* haben gewonnen: Carl Westergren (1895–1958), Schweden, in den Jahren 1920, 1924 und 1932; Ivar Johansson (* 31. Januar 1903), Schweden, in den Jahren 1932 (zwei) und 1936; und Alexander Medved (* 16. September 1937), UdSSR, in den Jahren 1964, 1968 und 1972.

Der einzige Ringer, der mehr Medaillen hat, ist Imre Polyák (* 16. April 1932), Ungarn, der die Silbermedaille in der griechisch-römischen Federgewichtsklasse 1952, 1956 und 1960 gewann und die Goldmedaille 1964.

Ⓓ **Der erfolgreichste deutsche Ringer** ist Wilfried Dietrich (* 14. Oktober 1933), Westdeutschland, der Olympiasieger 1960, Weltmeister 1961 und

Wilfried Dietrich, erfolgreichster westdeutscher Ringer.

Europameister 1961 im Schwergewicht wurde. Er hat fünfmal an Olympischen Spielen teilgenommen. Er gewann die Silbermedaille 1960 im griechisch-römischen Stil und die Bronzemedaille 1964 und 1968. Er war Sieger bei 30 deutschen Meisterschaften.

(CH) **Der erfolgreichste Schweizer** dürfte H. Gehri sein, der 1924 im Weltergewicht und Halbmittelgewicht Olympiasieger wurde.

(A) **Der erfolgreichste österreichische Ringer** der Nachkriegszeit war der Salzburger Bartl Brötzner, der in mehreren Gewichtsklassen zehnmal Meister im griechisch-römischen Stil (1951–60) und zweimal Meister im Freistil (1957 und 1959) wurde.

Die größte Zahl an Weltmeisterschaften für einen Ringer gewann mit *zehn* der Freistilringer Alexander Medved (UdSSR) mit den Halbschwergewichtstiteln in den Jahren 1964 (olympisch) und 1966, dem Schwergewicht 1968 und 1968 (olym-

L. Mahan gewann sechs Rodeo-Weltmeisterschaften.

pisch) und dem Superschwergewicht in den Jahren 1969–72 (olympisch). Der einzige Ringer, der denselben Titel sechs Jahre nacheinander gewann, war Abdullah Movahed (* 10. März 1940), Iran, in der Leichtgewichtsklasse 1965–70. Den Rekord für griechisch-römische Titel stellte mit fünf Roman Rurua (* 25. November 1942), UdSSR, im Federgewicht 1966–68 (olympisch), 1969 und 1970 auf.

Die meisten Siege bei internationalen Wettkämpfen errang Osamu Watanabe (* 21. Oktober 1940), Japan, der Olympiasieger im Freistilfedergewicht von 1964, der bei *187* Wettkämpfen nacheinander ungeschlagen und ohne Punktverluste blieb. Wade Schalles (USA) hat von 1964 bis Ende 1977 615 Runden gewonnen.

Die längste Runde mit Zeitmessung dauerte *11* Stunden, *40* Minuten zwischen Martin Klein (1885–1947), Estland für Rußland, und Alfred Asikáinen (1888–1942), Finnland, im A-Kampf um die Silbermedaille im griechisch-römischen Mittelgewicht bei den Olympischen Spielen von 1912 in Stockholm. Sie wurde von Klein gewonnen.

Der schwerste Ringer in der olympischen Geschichte ist Chris Taylor (* 13. Juni 1950), USA, Bronzemedaillengewinner in der Superschwergewichtsklasse im Jahre 1972, der *1,96 m* groß ist und über *190 kg* wiegt.
Der Berufsringer, der am längsten ungeschlagen blieb, war Georges Hackenschmidt, UdSSR (1877–1968), von 1900 bis zu seinem Rücktritt im Jahr 1911 in griechisch-römischen Wettkämpfen.

Rodeo

Ursprünge: Das Rodeo, das sich aus den Fiestas des 18. Jahrhunderts entwickelte, entstand in der Frühzeit der nordamerikanischen Viehzucht. Der früheste Hinweis auf den Sport bezieht sich auf Wettkämpfe in Santa Fe, New Mexico, USA, am 10. Juni 1847. Stierringen kam 1900 mit Bill Pickett (1870–1932) auf.

Das größte Rodeo der Welt ist das *Calgary Exhibition* an Stampede in Calgary, Alberta, Kanada. Die Rekordbesucherzahl wurde mit *1069830* am 10.–17. Juli 1977 erreicht.

Die meisten Welttitel bei den Weltmeisterschaften der *Association of Professional Rodeo Cowboys* gewann mit sechs Larry Mahan, USA (* 21. November 1943), in den Jahren 1966, 1970 und 1973. Jim Shoulders (* 1928) aus Henrietta, Oklahoma, hat zwischen 1949 und 1959 16 Weltmeisterschaften gewonnen.

Die kürzeste registrierte Zeit für das Einfangen eines Kalbes mit dem Lasso brauchte 1967 mit *7,5* Sekunden Junior Garrison aus Marlow, Oklahoma, in Evergreen, Colorado, USA.
Am schnellsten überwand James Bynum aus Wa-

xahachie, Texas, einen Stier in *2,4* Sekunden, und zwar in Marietta, Oklahoma, 1955.

Rollschuhlauf

Ursprünge: Der erste Rollschuh wurde 1760 von Joseph Merlin aus Huy (Belgien) entworfen und zum ersten Mal von ihm selbst öffentlich in London getragen. James Plimpton aus New York stellte den heutigen vierrädrigen Typ her und ließ ihn im Januar 1863 patentieren.

Die ersten Hallenbahnen wurden 1857 in London *(Floral Hall, Covent Garden)* eröffnet. Die erste deutsche Rollschuhbahn wurde 1876 in Berlin gebaut. Die ersten deutschen Meisterschaften fanden 1910 in Stuttgart statt. Zur Mode wurde das Rollschuhlaufen in den Jahren 1870–75, 1908–12 und 1948–54 in den USA.

Die meisten Geschwindigkeits-Weltmeisterschaftstitel gewann mit *16* Alberta Vianello, Italien, zwischen 1953 und 1965.

Ⓓ **Die meisten Paartitel** errang mit *vier* Dieter Fingerle (* 27. Juni 1944) Westdeutschland mit Uta Keller (* 28. Oktober 1948) in den Jahren 1965–67 und 1959 mit S. Schneider.

Ⓓ **Den Rekord für Titel im Figurenlaufen** stellten mit *fünf* Karlheinz Losch (* 5. Dezember 1942) in den Jahren 1958, 1959, 1961, 1962 und 1966 und mit *vier* Astrid Bader (* 23. April 1941) 1965–68 auf.

Die Höchstgeschwindigkeit für einen offiziellen Weltrekord beträgt *41,48 km/h;* Giuseppe Cantarella (Italien) stellte ihn auf, als er am 28. September 1963 auf einer Straße in Catania, Sizilien (Italien) *402 m* in *34,9* Sekunden lief.

Den Meilenweltrekord auf einer Bahn stellte mit *2* Minuten, *25,1* Sekunden Gianni Ferretti (Italien) am 28. September 1968 in Inzell, Westdeutschland, auf.

Die größte Entfernung in einer Stunde legte die Läuferin Marisa Danesi (Italien) mit *35,39 km* auf einer Rollschuhbahn in Inzell (Westdeutschland) am 28. September 1968 zurück. Den Herrenrekord auf einer Bahn stellte mit *37,230 km* Alberto Civolani (Italien) ebenfalls am 28. 9. 1968 in Inzell auf; er lief weiter, bis er auf 50 Meilen *(80,46 km)* in *2* Stunden, *20* Minuten, *33,1* Sekunden kam.

Marathon: Der längste ununterbrochene Rollschuhmarathon dauerte *322* Stunden, *20* Minuten; Randy Reed aus Springfield, Oregon (USA) lief es vom 12.–26. Juni 1977.

Rudern

Der früheste Bericht stammt aus Ägypten von *Amenhotep II.* (1450–25 v. Chr.). Er berichtet, daß er ein Boot etwa drei Meilen weit ruderte. Das früheste überlieferte *Wriggrennen* ist das *Doggett's Coat and Badge,* das zum ersten Mal am 1. August 1716 von London Bridge nach Chelsea

Detlev Lewe, Erfolgreichster im Einerkanadier.

ausgetragen wurde. Der älteste deutsche Ruderverein ist der *Hamburger und Germania RC,* gegründet 1836. Die ersten deutschen Meisterschaften wurden 1882 im Einer ausgetragen. Die erste Regatta fand in Österreich 1868 in Wien auf dem *Kaiserwasser* statt.

Die meisten Olympiamedaillen (seit 1900 fanden 119 Olympia-Finales statt) gewannen mit *26* die USA, Deutschland mit 15 und Großbritannien mit 14 Finalsiegen.
Vier Ruderer haben drei Goldmedaillen gewonnen: John B. Kelly USA (1889–1960), Vater von Fürstin Gracia von Monaco, im Skullboot (1920) und Doppelzweier (1920 und 1924); sein Cousin Paul Costello (* 27. Dezember 1899), USA, im Doppelzweier (1920, 1924 und 1928); Jack Beresford (1899–1977), England, im Skullboot (1924), Vierer ohne Steuermann (1932) und Doppelzweier (1936); und Wjacheslaw Iwanow (* 30. Juli 1938), UdSSR, im Skullboot (1956, 1960 und 1964). Beresford nahm an fünf Spielen teil und gewann zusätzlich zwei Silbermedaillen.

Ruderweltmeister: Peter Michael Kolbe.

Das früheste Universitäts-Bootsrennen, das Oxford (England) gewann, führte am 10. Juni 1829 von Hambledon Lock nach Henley Bridge. Auslegerachter wurden zum ersten Mal 1846 benutzt. Von den 126 Rennen bis 1980 gewann Cambridge 68, Oxford 57 und am 24. März 1877 gab es ein Unentschieden.
Die Rennrekordzeit für die Strecke von 6,779 km (Putney nach Mortlake) ist *16* Minuten, *58* Sekunden, erzielt von Oxford am 20. März 1976. Das ergibt eine Durchschnittsgeschwindigkeit von *23,97 km/h.*

Der kleinste Siegesvorsprung war Oxfords Sieg um eine Segeltuchlänge 1952. Der größte Vorsprung war Cambridges Sieg um 20 Längen 1900.

Die Rekordzeit für eine Ärmelkanalüberquerung ruderte Sidney Swann (1862–1942) am 13. September 1911 mit *3* Stunden, *50* Minuten.

Das längste jährliche Ruderrennen ist die *Ringvaart-Regatta* über *100 km* für Achter in Delft (Niederlande). Die Rekordzeit stellte mit *7* Stunden, *3* Minuten, *29* Sekunden das *Njord-Team* am 31. Mai 1979 auf.

Ⓓ **Der erfolgreichste deutsche Ruderer** der letzten Jahre ist der Sportler des Jahres von 1975, Peter Michael Kolbe (* 2. August 1953), der Weltmeister 1975, Europameister 1973, Silbermedaillengewinner von 1976 in Montreal im Einer wurde und 1978 Weltmeister.

Ⓐ Die erfolgreichsten Ruderer Österreichs waren Alfred Sageder und Josef Kloimstein, die im Zweier ohne Steuermann bei den *Olympischen Spielen 1956* die Bronze- und 1960 in Rom die Silbermedaille gewannen.

(CH) Der erfolgreichste Schweizer Ruderer ist Dr. H. Walter vom Grasshopper-Club Zürich. Er wurde zweimal Olympiasieger im Vierer mit Steuermann (1920 und 1924), zweimal Europameister im Achter (1912 und 1920), viermal Europameister im Vierer mit Steuermann (1911, 1912, 1913 und 1920) und dreizehnmal Schweizermeister in verschiedenen Booten.

Den höchsten Geschwindigkeitsrekord auf gezeitenlosem Wasser über 2000 m stellte ein ostdeutscher Achter am 18. Juli 1976 in Montreal (Kanada) mit *5* Minuten, *32,17* Sekunden (21,67 km/h) auf. Eine Mannschaft vom Penn A.C. (USA) wurde bei den F.I.S.A.-Meisterschaften auf der Meuse, Lüttich (Belgien), am 17. August 1930 mit *5* Minuten, *18,8* Sekunden (22,58 km/h) abgestoppt.

RUDERN – Herren – schnellste Zeiten über 2000-m-Strecke (stehendes Wasser)				
Boot	**Min./Sek.**	**Land**	**Ort**	**Datum**
Einer	6:49,68	Nikolai Dowgan, UdSSR	Amsterdam, Niederlande	26. August 1978
Doppelzweier	6:12,48	Norwegen	Montreal, Kanada	23. Juli 1976
Zweier mit Steuermann	6:56,94	Ostdeutschland	Kopenhagen, Dänemark	August 1971
Zweier ohne Steuermann	6:33,02	Ostdeutschland	Montreal, Kanada	23. Juli 1976
Vierer mit Steuermann	6:09,17	Ostdeutschland	Amsterdam, Niederlande	30. Juni 1979
Vierer ohne Steuermann	5:53,65	Ostdeutschland	Montreal, Kanada	23. Juli 1976
Doppelvierer	5:47,83	UdSSR	Montreal, Kanada	18. Juli 1976
Achter	5:32,17	Ostdeutschland	Montreal, Kanada	18. Juli 1976
RUDERN – Damen – schnellste Zeiten über 1000 m (stehendes Wasser)				
Einer	3:34,31	Christine Scheiblich, Ostdeutschland	Amsterdam, Niederlande	21. August 1977
Doppelzweier	3:16,83	Ostdeutschland	Amsterdam, Niederlande	21. August 1977
Zweier ohne Steuermann	3:26,32	Ostdeutschland	Amsterdam, Niederlande	21. August 1977
Vierer mit Steuermann	3:14,5	UdSSR	Mannheim, Westdeutschland	20. Mai 1979
Doppelvierer	3:08,49	Ostdeutschland	Montreal, Kanada	19. Juli 1976
Achter	2:59	UdSSR	Mannheim, Westdeutschland	19. Mai 1979

Rugby

(Die Rekorde wurden nach heutigen Punktbewertungen bestimmt)

Ursprünge: Obwohl es Belege für ein Spiel gibt, das viele Ähnlichkeiten mit Rugby hat und das bereits römische Legionäre spielten, wird traditionellerweise gesagt, das Spiel sei aus einer Übertragung der Regeln des Fußballs entstanden, der im November 1823 in Rugby School von William Webb und Ellis (etwa 1807–72) gespielt wurde. Dieser Handhabungs-Kodex von Fußball entwickelte sich allmählich und wurde 1839 an der Cambridge University gespielt. Die *Rugby Football Union* wurde am 26. Januar 1871 gegründet.
Seit 1872 wird mit der Gründung der ersten Rugbyabteilung in Heidelberg Rugby in Deutschland gespielt. Der deutsche Rugbyverband wurde 1900 in Kassel gegründet. Es gibt in Westdeutschland 8 Landesverbände und ca. 60 Vereine.

Die meisten olympischen Medaillen im Rugby-Fußball gewannen vier Spieler des U.S.-Teams bei den Spielen 1920 und 1924. Rugby wurde außerdem in den Jahren 1900 und 1908 in das Olympische Programm mit aufgenommen.

Die höchste Punktzahl in einem internationalen Spiel erzielte Wales, als es Japan mit 82 Punkten gegen 6 Punkte am 24. September 1975 in Tokio schlug.
Der internationale Meisterschaftsrekord beträgt 75 Punkte und wurde aufgestellt, als Wales Frankreich in Swansea im Jahre 1910 mit 59 : 16 Punkten schlug. Die Rekordpunktzahl für ein internationales Tourenspiel ist 125 : 0, als Neuseeland am 30. Mai 1962 Nord-Neusüdwales in Quirindi, Australien, schlug.

Für eigene Rekorde

S

Schießen

Der früheste Verein ist die *Luzerner Schützengilde* (Schweiz), die 1466 gegründet wurde; der erste überlieferte Schützenwettbewerb fand 1472 in Zürich statt.

Die meisten Olympiamedaillen mit der Rekordzahl von *elf* gewann Carl Osburn (* 5. November 1884), USA, in den Jahren 1912, 1920 und 1924; es sind fünf Gold-, vier Silber- und zwei Bronzemedaillen. Sechs weitere Schützen haben fünf Goldmedaillen gewonnen. Der einzige Schütze, der drei Einzel-Goldmedaillen gewonnen hat, war Gulbrandson Skatteboe (* 18. Juli 1875), Norwegen, in den Jahren 1906, 1908 und 1912.

Der Einzelweltrekord für Luftgewehr (40 Schuß auf 10 m) ist *393* durch Plegario Vasquez (Mexiko) in Mexico City im Jahre 1973.

Gräfin von Soden: Zwei Weltmeisterschaftstitel im Tontaubenschießen.

Der Einzelweltrekord für Luftpistole (40 Schuß auf 10 m) ist *394* durch Uwe Potteck (* 1. Mai 1955), Ostdeutschland, in Graz, Österreich, März 1979.

Die meisten Weltmeisterschaftstitel im Tontaubenschießen gewann S. de Lamnisczer (Ungarn) in den Jahren 1929, 1933 und 1939. Die einzige Frau, die zwei Weltmeisterschaftstitel gewann, war Gräfin von Soden (Westdeutschland) in den Jahren 1966–67.

Die Rekordzahl an Tontauben in einer Stunde schoß mit *1904* Tom Kreckman, in Cresco, Pennsylvania (USA) auf einem *Skeet*-Schießstand am 28. September 1975. Jerry Teynor schoß am 30. Juli 1977 auf einem *Wurftauben*-Schießstand in Bucyrus, Ohio (USA) *1735* Vögel.

Die größte Leistung im Revolverschießen gelang Ed McGivern (USA), der in *0,45* Sekunden zweimal aus *4,5 m* Entfernung 5 Schüsse abgab, die alle eine silberdollargroße Fläche (3,06 cm) trafen; dieses Ergebnis wurde am 20. August 1932 auf dem Schießplatz des *Lead Club,* South Dakota (USA), erreicht.
Am 13. September 1932 feuerte McGivern in Lewiston, Montana (USA), in *1,2* Sekunden zehn Schüsse aus zwei Gewehren gleichzeitig ab und alle zehn Schüsse trafen zwei Spielkarten vom Format *5,7×8,9 cm* aus 4,57 m Entfernung.

Der bekannteste Kunstschütze aller Zeiten war Phoebe Anne Oakley Mozee *(Annie Oakley)* 1860–1926. Sie führte 32 Jahre lang im Alter zwischen 27 und 62 Jahren vor, daß sie beim Wurftaubenschießen 100×100 schießen konnte. Auf 30 Schritt Entfernung konnte sie eine Spielkarte längsspalten, eine *Dime* (Münze) in der Luft treffen oder eine Zigarette von den Lippen ihres Mannes – Frank Butler – wegschießen. Nach ihr wurde das Musical *»Annie get your gun«* benannt.

Schwimmen

Früheste Hinweise: Schwimmwettkämpfe waren seit 36 v. Chr. bekannt. In Japan wurde Schwimmen in Schulen im Jahre 1603 durch ein kaiserliches Edikt von Kaiser *Go-Yoozei* angeordnet. Das erste Schwimmlehrbuch erschien 1538 in Deutschland und ist von dem Pädagogen *Nycolaus Wynmann* aus Ingolstadt verfaßt worden. Die erste Badeanstalt wurde 1774 in Frankfurt eröffnet. 1837 wurde der erste Schwimmverein, die *Wasserfreunde* Berlin, gegründet; das erste Hallenbad eröffnete 1855 ebenfalls in Berlin.

Das größte Schwimmbecken der Welt ist der *Orthlieb-Meerwasser*-Pool in Casablanca (Marokko). Er ist *480 m* lang und *75 m* breit und hat eine Fläche von 3,6 ha.

Die höchste Geschwindigkeit erzielte mit *8,35 km/h* der Schwimmer Joe Bottom (* 18. April 1955, USA), als er in einem *22,86 m*-Becken in

SCHIESSEN – Einzelweltrekorde
(für Programmwettkämpfe bei Olympischen Spielen) (wie von dem Internationalen Schützenbund U.I.T. bestätigt)

Disziplin	Entfernung	Anzahl der Schüsse	Möglich/ Punktzahl	Name + Ort
Freies Gewehr	300 m	3 × 40	1200/1160	Lones W. Wigger (USA) – Seoul, Südkorea, Oktober 1978
Kleinkaliber	50 m	3 × 40	1200/1170	Sven Johannson (Schweden) – Suhl, Ostdeutschland, 27. Mai 1969
Kleinkaliber	50 m	60 (liegend)	600/599	Acht Männer
Freie Pistole	50 m	60	600/577	Moritz Minder (Schweiz) – Seoul, Südkorea, 28. September 1979
Schnellfeuerpistole	25 m	60	600/600	Weissenberger (Westdeutschland) – Suhl, Ostdeutschland, 27. Mai 1979 und Ian Corneliu (Rumänien) – Bukarest, Rumänien, 1977
Bewegte Scheibe (Keiler)	50 m	60 (normale Serie)	6/581	Thomas Pfeffer (Westdeutschland) – Seoul, Südkorea, September 1978
Wurftaubenschießen		200 Vögel	200/199	Michel Carrega (Frankreich) – Thun, Schweiz, 23. September 1974
Wurftaubenschießen		200 Vögel	200/200	Jewgenij Petrow (UdSSR) – Phoenix, USA, 1970
Wurftaubenschießen		200 Vögel	200/200	Juri Tsuranow (UdSSR) – Bologna, Italien, 1971
Skeet		200 Vögel	200/200	Tariel Shgenti (UdSSR) – Turin, Italien, 1973
Skeet		200 Vögel	200/200	Kjeld Rasmussen (Dänemark) – Wien, Österreich, 1975
Skeet		200 Vögel	200/200	Wieslaw Gawlikowski (Polen) – Wien, Österreich, 1975
Sportpistole	25 m	60	600/597	Thomas B. Smith (USA) – Sao Paulo, Brasilien, 1963

Cleveland, Ohio, am 24. März 1977 einen Rekord von *19,70* Sekunden auf *45,72 m* aufstellte.
Die Höchstgeschwindigkeit für eine Frau erreichte mit *7,11* km/h Sue Hinderaker (USA), am 16. März 1979 in Pittsburg (USA), die *23,14* Sekunden auf *45,2 m* schwamm.

Die meisten Weltrekorde bei den Herren erzielte mit *32* Arne Borg (* 18. August 1901, Schweden), in den Jahren 1921–29; bei den Damen Ragnhild Hveger (* 10. Dezember 1920, Dänemark) mit *42* in den Jahren 1936–42.

Die meisten Medaillen bei Weltmeisterschaften (eingeführt 1973) gewann mit *zehn* Kornelia Ender (jetzt: Matthes, Ostdeutschland), acht Gold und zwei Silber, in den Jahren 1973–75.
Die meisten für einen Mann gewann mit *sieben* James Montgomery (* 24. Januar 1955, USA), mit sechs Gold- und einer Bronzemedaille in den Jahren 1973 und 1975.
Die meisten Medaillen in einer Einzelmeisterschaft gewann mit *sechs* Tracy Caulkins (* 11. Januar 1963, USA), 1975 mit fünf Gold- und einer Silbermedaille.

Die größte Zahl an olympischen Goldmedaillen gewann mit *neun* Mark A. Spitz (* 10. Februar 1950, USA):

100 m und 200 m Freistil	1972
100 m und 200 m Schmetterling	1972
4×100 m Freistil	1968 und 1972
4×200 m Freistil	1968 und 1972
4×100 m Lagenschwimmen	1972

Alle diese Leistungen mit Ausnahme einer (der 4×200 m Freistil von 1968) waren gleichzeitig neue Weltrekorde.
Die meisten Goldmedaillen für eine Frau gewannen mit *vier* Patricia McCormick (* 12. Mai 1930, USA), in den Jahren 1952 und 1956 (ebenfalls der weibliche Rekord für Einzelgold); Dawn Fraser (* 4. Juli 1937, Australien), mit 100 m Freistil (1956, 1960 und 1964) und im 4×100 m Freistil 1956; Kornelia Ender (* 25. Oktober 1958, Ostdeutschland) im 100 und 200 m Freistil, 100 m Delphin und 4×100 m Lagen im Jahr 1976.

Für eigene Rekorde

Vierfache Olympiasiegerin, Kornelia Ender (Ostdeutschland).

Die meisten Medaillen bei den Männern gewann mit *elf* Mark Spitz, der zusätzlich zu seinen neun Goldmedaillen eine Silber- (100 m Delphin) und eine Bronzemedaille (100 m Freistil), beide 1968, gewann.

Die meisten Medaillen bei den Damen gewannen mit *acht* Dawn Fraser, die außer ihren vier Goldmedaillen viermal Silber gewann (400 m Freistil 1956, 4×100 m Freistil 1960 und 1964, und 4×100 m Lagenschwimmen 1960), Kornelia Ender, die neben ihren vier Goldmedaillen viermal Silber gewann (200 m Einzellagen 1972, 4×100 m

Drei Goldmedaillen 1978: Tracy Caulkins (USA).

Erfolgreichster Schwimmer aller Zeiten: Mark Spitz gewann neun Gold-, eine Silber- und eine Bronzemedaille.

Lagenschwimmen 1972, 4×100 m Freistil in den Jahren 1972 und 1976).

Die Rekordzahl an Einzelgoldmedaillen gewannen mit *vier* Charles M. Daniels (1884–1973, USA) im 100 m Freistil 1906 und 1908, 220 yd Freistil 1904, 440 yd 1904; Roland Matthes (* 17. November 1950, Ostdeutschland) mit 100 und 200 m Rükkenschwimmen 1968 und 1972; Mark Spitz und Pat McCormick.

Der knappste Sieg bei olympischen Spielen ereignete sich in München im Finale des 400 m Einzellagenschwimmens am 30. 8. 1972, als Gunnar Larsson (* 12. Mai 1951, Schweden) der Sieg gegen Tim McKee (* 14. März 1953, USA) um *2/1000 Sek.* zugesprochen wurde – ein Vorsprung von *3 mm*.

Springen:
Die meisten olympischen Medaillen für einen Springer gewann mit *fünf* (drei Gold, zwei Silber) Klaus Dibiasi (* 6. Oktober 1947), Italien, in vier Olympischen Spielen von 1964–76.
Er ist ebenfalls der einzige Springer, der denselben Wettkampf (Turm) bei drei Spielen nacheinander (1968, 1972 und 1976) gewann.

Den perfektesten Sprung machte Michael Finneran (* 21. September 1948), USA, bei den olympischen Vorausscheidungen von 1972 in Chicago, USA, der von allen sieben Punktrichtern die Punktzahl *zehn* für einen Kürsprung vom 10-m-Brett mit einem 1½fachen Rückwärtssalto und einer 2½fachen Schraube erhielt. Eine noch nie dagewesene Leistung.

Klaus Steinbach (links): 25 m in 49,78 sec.

Ⓓ **Der erste Schwimmer,** der unter *50,0* Sekunden auf der 25-m-Bahn schwamm, ist Klaus Steinbach (* 14. Dezember 1953), Westdeutschland, 1976 mit 49,78 Sekunden, Weltmeister 1975 und zweimaliger Vizeweltmeister 1972 und Silbermedaillengewinner 1972 und 1976 Olympia-Dritter in der Staffel.

Kanalschwimmen:
Der Erste, der über den Kanal schwamm (ohne Schwimmweste), war der Kapitän der englischen Handelsmarine Matthew Webb (1848–83); er über-

querte den Kanal im Brustschwimmen von Dover (England) nach Calais (Frankreich), in *21* Stunden, *45* Minuten, von 12.56 Uhr am 24. August 1875 bis um 10.41 Uhr am 25. August. Er schwamm schätzungsweise *61* km, um die 33-km-Strecke zu schaffen.
Paul Boyton (USA), war in seinem Patentrettungsanzug am 28.–29. Mai 1875 in *23* Stunden, *30* Minuten von Cap Gris-Nez zum South Foreland geschwommen. Es gibt glaubhafte Nachweise dafür, daß Jean-Marie Saletti, ein französischer Soldat, von einem britischen Gefängnisschiff vor Dover floh und im Juli oder August 1815 nach Boulogne schwamm.

Die erste Überquerung von Frankreich nach England unternahm Enrico Tiraboschi, ein reicher Italiener. Er schwamm am 12. August 1923 in *16* Stunden, *33* Minuten hinüber, um den *Daily-Sketch-Preis* von 1000 Pfund zu gewinnen.

Die erste Frau, der die Überquerung gelang, war Gertrude C. Ederle (* 23. Oktober 1906), USA; sie schwamm am 6. August 1926 von Cap Gris Nez, Frankreich, nach Deal, England, in der damaligen Gesamtrekordzeit von *14* Stunden, *39* Minuten. Die erste Frau, die von England nach Frankreich schwamm, war Florence Chadwick (* 1918), USA, am 11. September 1951 in *16* Stunden, *19* Minuten.
Den offiziellen Rekord der *Channel Swimming Association* (gegründet 1927) stellte mit *7* Stunden, *40* Minuten Penny Dean (* 21. März 1955) USA, am 29. Juli 1978 von Shakespeare Beach, Dover (England), nach Cap Gris Nez (Frankreich) auf.

Die erste Doppelüberquerung schwamm Antonio Abertondo (* 1919), Argentinien, in *18* Stunden, *50* Minuten (8.35 Uhr am 20. September bis 3.25 Uhr am 21. September 1961) von England nach Frankreich und kehrte nach einer etwa vierminütigen Rast in *24* Stunden, *16* Minuten nach England zurück; er landete am 22. September 1961 um 3.45 Uhr in St. Margaret's Bay und hatte also die erste Doppelüberquerung in *43* Stunden, *10* Minuten bewältigt.

Die schnellste Doppelüberquerung schaffte mit *19* Stunden, *55* Minuten Cynthia Nicholas (* 20. August 1957), Kanada, am 7.–8. 9. 1977.

Die erste Unterwasserdurchquerung unternahm Fred Baldasare (* 1924), USA, der eine Entfernung von *67,5 km* von Frankreich nach England mit Taucherausrüstung am 11.–13. Juli 1978 in *34* Stunden, *15* Minuten zurücklegte.

Der erste Deutsche, der den Ärmelkanal überquerte, war Ernst Vierkotter (1900–67) am 31. August 1926.

Langstreckenschwimmen:
Die längste Ozean-Schwimmstrecke legte mit *207,3 km* Walter Poenisch (* 1914), USA, von Havanna, Kuba, nach Little Duck Key, Florida (in einem Haifischkäfig und mit Flossen) am 11.–13. Juli 1978 in *34* Stunden, *15* Minuten, zurück.

Die meisten Langstreckenrekorde stellte Mihir Sen aus Kalkutta (Indien) 1966 auf. Er durchschwamm als einziger die Palk-Straße von Sri Lanka nach Indien (in *25* Stunden, *36* Minuten am 5.–6. April); die Straße von Gibraltar (in *8* Stunden, *1* Minute am 24. August); die Dardanellen-Strecke (in *13* Stunden, *55* Minuten am 12. September) und die Panamakanalstrecke (in *34* Stunden, *15* Minuten am 29.–31. Oktober). Er durchschwamm den Ärmelkanal am 27. September 1958 in *14* Stunden, *15* Minuten.

Das längste Dauerschwimmen von *168* Stunden hintereinander, das am 24. Februar 1941 endete, gewann der beinlose Charles Zibbelman (* 1894), USA, in einem Becken in Honolulu (Hawaii). Den Dauerrekord für eine Frau stellte mit *87* Stunden, *27* Minuten Myrtle Huddelston (USA) in Raven

Deutsche Schwimm-Rekorde
(Stand: 30. September 1979)

Sportart	Min./Sek.	Name und Jahr
Männer		
100 m Kraul	50,79	K. Steinbach, 1978
200 m Kraul	1:51,09	K. Steinbach, 1976
400 m Kraul	3:55,47	F. Wennmann, 1977
1500 m Kraul	15:40,66	R. Henkel, 1979
100 m Brust	1:02,86	G. Mörken, 1977
200 m Brust	2:16,78	G. Mörken, 1977
100 m Delphin	55,90	K. Steinbach, 1976
200 m Delphin	2:00,40	M. Kraus, 1977
100 m Rücken	57,82	K. Steinbach, 1976
200 m Rücken	2:06,56	Th. Lebherz, 1979
200 m Lagen	2:09,35	K. Steinbach, 1979
400 m Lagen	4:31,36	H. J. Geisler, 1976
4 × 100 m Kraul	3:26,57	Nationalstaffel 1977
4 × 200 m Kraul	7:32,27	Nationalstaffel 1976
4 × 100 m Lagen	3:47,29	Nationalstaffel 1976
Frauen		
100 m Kraul	56,73	M. Aizpors, 1979
200 m Kraul	2:03,26	M. Aizpors, 1979
400 m Kraul	4:22,82	S. Schuster, 1978
800 m Kraul	8:49,82	J. Beyermann, 1979
100 m Brust	1:12,55	Chr. Justen, 1974
200 m Brust	2:37,03	D. Rehak, 1978
100 m Delphin	1:01,76	K. Seick, 1979
200 m Delphin	2:16,10	J. Beyermann, 1979
100 m Rücken	1:05,13	B. Neubert, 1978
200 m Rücken	2:19,90	H. John, 1978
200 m Lagen	2:22,25	H. John, 1978
400 m Lagen	4:59,50	J. Sindern, 1979
4 × 100 m Kraul	3:50,75	Nationalstaffel 1979
4 × 100 m Lagen	4:15,25	Nationalstaffel 1978

Hall, Coney Island, N.Y. (USA), in einem Salzwasserbecken 1931 auf.

Den Dauerrekord im Wassertreten (aufrechte Haltung, ohne die Bahnmarkierungen zu berühren, in einem *2,43 m* Quadrat) stellte mit *64* Stunden Norman Albert an der Pennsylvania State University (USA), vom 1.–4. November 1978 auf.

Ⓓ **Der beste deutsche Kraulschwimmer** ist der Sportler des Jahres von 1969–71 Hans Fassnacht (* 28. November 1950), Westdeutschland, der 1969

SCHWIMM-Weltrekorde
(anerkannt von der Fédération Internationale de Natation Amateur. Stand vom 24. August 1979).

Sportart	Min./Sek.	Name und Land	Ort	Datum
Männer				
Freistil				
100 m	49,44	Jonty Skinner, USA	Philadelphia, USA	14. August 1976
200 m	1:49,83	Sergej Kopliakow, UdSSR	Potsdam, Ostdeutschland	7. April 1979
400 m	3:51,41	Wladimir Salnikow, UdSSR	Potsdam, Ostdeutschland	6. April 1979
800 m	7:56,49	Wladimir Salnikow, UdSSR	Minsk, UdSSR	13. März 1979
1500 m	15:02,40	Brian S. Goodell, USA	Montreal, Kanada	20. Juli 1976
4 × 100 m	3:19,74	USA (J. Babashoff, A. Gaines, J. Montgomery, D. McCagg)	Berlin (West)	22. August 1978
4 × 200 m	7:20,82	USA (B. Furniss, W. Forrester, B. Hackett, A. Gaines)	Berlin (West)	24. August 1978
Brust				
100 m	1:02,86	Gerald Mörken, Westdeutschland	Jönköping, Schweden	17. August 1977
200 m	2:15,11	David A. Wilkie, G.B.	Montreal, Kanada	24. Juli 1976
Delphin				
100 m	54,18	Joseph Bottom, USA	Berlin (Ost)	27. August 1977
200 m	1:59,23	Michael Bruner, USA	Montreal, Kanada	18. Juli 1976
Rücken				
100 m	55,49	John Naber, USA	Montreal, Kanada	19. Juli 1976
200 m	1:59,19	John Naber, USA	Montreal, Kanada	24. Juli 1976
Lagen				
200 m	2:03,29	Jesse Vassallo, USA	San Juan, Puerto Rico	6. Juli 1979
400 m	4:20,05	Jesse Vassallo, USA	Berlin (West)	22. August 1978
4 × 100 m	3:42,22	USA (J. Naber, J. Hencken, M. Vogel, J. Montgomery)	Montreal, Kanada	22. Juli 1976
Frauen				
Freistil				
100 m	55,41	Barbara Krause, Ostdeutschland	Berlin (Ost)	5. Juli 1978
200 m	1:58,43	Cynthia Woodhead, USA	San Juan, Puerto Rico	4. Juli 1979
400 m	4:06,28	Tracy Wickham, Australien	Berlin (West)	24. August 1978
800 m	8:24,62	Tracy Wickham, Australien	Edmonton, Kanada	6. August 1978
1500 m	16:04,49	Kim Lineham	Fort Lauderdale, USA	20. August 1979
4 × 100 m	3:43,43	USA (T. Caulkins, S. Elkins, G. Sterkel, C. Woodhead)	Berlin (West)	26. August 1979
Brust				
100 m	1:10,31	Julia Bogdanowa, UdSSR	Berlin (West)	22. August 1978
200 m	2:28,36	Lina Katschuschit, UdSSR	Potsdam, Ostdeutschland	6. April 1979
Delphin				
100 m	59,46	Andrea Pollack, Ostdeutschland	Berlin (Ost)	3. Juli 1978
200 m	2:09,77	Mary Meagher, USA	San Juan, Puerto Rico	7. Juli 1979
Rücken				
100 m	1:01,51	Ulrike Richter, Ostdeutschland	Berlin (Ost)	5. Juni 1976
200 m	2:11,93	Linda Jecek, USA	Berlin (West)	24. August 1978
Lagen				
200 m	2:14,07	Tracy Caulkins, USA	Berlin (West)	20. August 1978
400 m	4:40,83	Tracy Caulkins, USA	Berlin (West)	23. August 1978
4 × 100 m	4:07,95	Ostdeutsche Mannschaft (U. Richter, H. Anke, A. Pollak, K. Ender)	Montreal, Kanada	18. Juli 1976

Weltrekorde können nur im 50-m-Becken aufgestellt werden.

einen Weltrekord über 400 m Kraul aufstellte, 15 Europarekorde erreichte, Europameister 1970 und Olympia-Silbermedaillengewinner 1972 in München war.

Ⓓ **Die meisten Rekordbeteiligungen** mit *101* deutschen Rekorden bei Staffelrennen erreichte Hans-Joachim Klein (* 20. August 1942), der Silber- und Bronzemedaillengewinner von 1964 und Studenten-Weltmeister von 1965. Gerhard Hetz (* 13. Januar 1942) schwamm 2 Welt- und 11 Europarekorde sowie 43 deutsche Rekorde und gewann 27 deutsche Meisterschaften.

Segelflug

Das früheste Segelflugzeug, das einen Menschen tragen konnte, wurde von Sir George Cayley (1773–1857) entworfen und trug seinen Kutscher im Sommer 1853 über ein Tal bei Brompton Hall, Yorkshire, etwa 57 m weit. In Deutschland gehen die Anfänge der Segelfliegerei auf Darmstädter Gymnasiasten und Studenten zurück, die 1911 auf der Wasserkuppe die ersten Flugübungen machten.
Segelflugzeuge erreichen jetzt Geschwindigkeiten von *270 km/h,* und das *Jastrzab*-Kunstsegelflugzeug ist so entworfen, daß es Kurzflüge bis zu *450 km/h* aushält.

Hans Grosse, erfolgreichster Segel-Rekordflieger.

Ⓓ **Die höchste Auszeichnung,** das *Goldene C* mit drei Diamanten (für Zielflug, Entfernung und Höhe) erhielt als erster Deutscher Georg Radatz aus Braunschweig.

Die meisten Titel bei Einzel-Weltmeisterschaften (eingeführt 1948) wurden siebenmal von Deutschen gewonnen und zwar in den Jahren 1937 von H. Dittmar, 1958 von Haase, 1960 von Hossinger und Huth, 1963 von Huth, 1970, 1974 und 1978 von H. Reichmann.

🌐 **Der erfolgreichste Rekordflieger** der Welt ist der westdeutsche Hans-Werner Grosse, Lübeck, der in den Jahren 1972 bis 1980 mehrere Weltrekorde im Streckenflug, Dreiecksflug und Zielflug aufstellte.

Ⓓ **Der erfolgreichste Meisterschaftsflieger** ist Prof. Dr. Reichmann, der 1970, 1974 in der Standardklasse und 1978 in der *15-m*-Klasse die Weltmeisterschaft gewann.

Die erste Frau, die über die Alpen flog, war im Jahre 1937 Hanna Reitsch (* 29. März 1912), die noch im Alter von 67 Jahren 1979 einen Weltrekord im Zielrückkehrflug in Pennsylvania (USA) aufstellte.

Speedway

Ursprünge: Motorradrennen auf umfangreichen Aschenbahnflächen lassen sich in den Vereinigten Staaten bis 1902 zurückverfolgen. Die ersten organisierten »Kurzstrecken-Rennen« fanden im November 1923 bei der West Maitland Agricultural Show, Australien, statt. Der Sport entwickelte sich in Großbritannien.

Die meisten Speedway-Weltmeisterschaftstitel (eingeführt 1936 in London) errang mit fünf Siegen Ove Fundin (* 23. Mai 1933), Schweden, in den Jahren 1956, 1960–61, 1963, 1967. Der Neuseeländer Ivan Gerald Mauger (* 4. Oktober 1939) gewann ebenfalls fünfmal in den Jahren 1968–70, 1972 und 1977.

42 Einzelwettkämpfe gewann von 1974–1979 Ingemar Stenmark (Schweden).

Skisport

Ursprünge: Der älteste existierende Ski wurde guterhalten in einem Torfmoor in *Höting* (Schweden) gefunden und datiert von etwa 2500 v. Chr. Eine Felsschnitzerei von einem Ski in *Bessowjsledki* (UdSSR) datiert von 6000 v. Chr. Der früheste militärische Gebrauch von Skilaufen wurde 1199 in Norwegen gemacht.
Skilaufen entwickelte sich erst 1843 in *Tromsø*, (Norwegen) zum Sport. Der 1861 in Norwegen gegründete *Trysil Schieß- und Skiclub* macht geltend, daß er der älteste der Welt sei.
Skilaufen wurde in den Alpen erst 1883 eingeführt, obwohl es im *Carniola-Distrikt* einige Hinweise auf einen früheren Gebrauch gibt.

Das erste formelle Abfahrtslaufrennen fand 1911 in *Montana*, (Schweiz) statt. Die erste Slalomveranstaltung wurde am 21. Januar 1922 in *Mürren* (Schweiz) durchgeführt. Der *Internationale Skiverband* (FIS) wurde am 2. Februar 1924 gegründet. Die Olympischen Winterspiele wurden am 25. Januar 1924 eingeführt.
Die ältesten deutschen Vereine sind der *Skiclub Todtnau*, (Schwarzwald) und der 1892 gegründete *Wintersportverein Braunlage*. Der *Deutsche Skiverband* wurde 1905 in München, der *Österreichische Skiverband* 1905 in Innsbruck und der *Schweizer Skiverband* 1904 in Bern gegründet.

Die größte Anzahl von alpinen Skiweltmeisterschaftstiteln (eingeführt 1931) gewann mit *zwölf* Christel Cranz (* 1. Juli 1914), Deutschland, mit vier Slalom- (1934, 1937–39), drei Abfahrtsläufen (1935, 1937, 1939) und fünf Kombinationsläufen (1934–35, 1937–39). Sie gewann ebenfalls die Goldmedaille für den Kombinationslauf bei der Olympiade von 1936.

Die meisten Weltmeisterschaftstitel für einen Mann gewann mit *sieben* Anton (Toni) Sailer (* 17. November 1935), Österreich, der 1956 alle vier gewann (Riesenslalom, Slalom, Abfahrtslauf

und die nichtolympische alpine Kombination) und 1958 den Abfahrtslauf, Riesenslalom und Kombinationslauf.
Bei den nordischen Wettkämpfen gewann Sixten Jernberg (* 6. Februar 1929), Schweden, *acht* Titel einschließlich der Staffelläufe in den Jahren 1956–64. Johan Grøttumsbraaten (1899–1942), Norwegen, gewann von 1926–32 sechs Einzeltitel.

Die meisten Titel für eine Frau gewann mit *neun* Galina Kulakowa (* 29. April 1942), UdSSR, in den Jahren 1968–78.
Den Rekord für einen Skispringer stellte mit *fünf* Birger Ruud (* 23. August 1911), Norwegen, in den Jahren 1931–32 und 1935–37 auf.

Die meisten Titel im Alpenweltpokal (eingeführt 1967) gewann *viermal* Gustavo Thöni (* 28. Februar 1951), Italien, in den Jahren 1971–73 und 1975.
Den Damenpokal gewann *sechsmal* die *1,67 m* große und *68 kg* schwere Annemarie Moser-Pröll (* 27. März 1953), Österreich, in den Jahren 1971–75 und 1979. 1973 stellte sie einen Rekord von elf Abfahrtslaufsiegen nacheinander auf, und in zehn Saisons, 1970–79, hat sie insgesamt 62 Einzelwettkämpfe gewonnen.

Die meisten Einzelwettkämpfe für einen Mann gewann mit *42* Ingemar Stenmark (Schweden) 1974–79, davon 14 in der Saison 1979. Ein weiterer Rekord!

Toni Sailer (Österreich): Sieben Weltmeistertitel.

Den nordischen Weltpokal (eingeführt 1979) gewann als erster Oddvar Braa (Norwegen), und den Damentitel Galina Kulakowa (UdSSR).

Der weiteste Skisprung, der je gemessen wurde, beträgt *181 m*; Bogdan Norcic, Jugoslawien, der beim Landen stürzte, machte ihn im Februar 1977 in Planica, Jugoslawien. Den offiziellen Rekord im Skiflug stellte mit *176 m* Toni Innauer (* 1. April 1958), Österreich, am 6. März 1976 in Oberstdorf (Allgäu) auf.
Den Damenrekord sprang mit *98 m* Anita Wold (* 21. September 1956), Norwegen, am 14. Januar 1975 in Okura, Sapporo, Japan.

Der weiteste Sprung bei den Olympischen Spielen ist *111 m* durch Wojciech Fortuna, (Polen), in Sapporo am 11. Februar 1972.

Die größte Sprungschanze der Welt befindet sich seit 1973 in Oberstdorf (Allgäu). Der Turm hat eine Höhe von *72 m*, die Anlaufbahn ist *145 m* lang und der Höhenunterschied zwischen Anlauf und Auslauf beträgt *189 m* (Kölner Dom Höhe: *157 m*). Über dem Schanzentisch erreichen die Skiflieger Geschwindigkeiten bis zu *115 km/h*, bei der Landung bis zu *130 km/h*.

Die höchste Geschwindigkeit für einen Skiläufer erzielte mit *200,22 km/h* Steve McKinney (* 1953), USA, am 1. Oktober 1978 in Portillo (Chile).

Die schnellste Dame war mit *165,898 km/h* Catherine Breyton (Frankreich) in Portillo am 1. 10. 1978.
Die Durchschnittsgeschwindigkeit von *102,828 km/h* erzielte Franz Klammer (* 3. Dezember 1953), Österreich, beim Olympischen Abfahrtslaufrennen von 1976 auf der *Iglis-Patscherkofel-Strecke* (Innsbruck) am 5. Februar 1976.

Die größte Höhe, aus der ein Skifahrer startete, lag bei *7985 m*. Yuichiru Miura (* 1933), Japan, fuhr am 6. Mai 1970 2,5 km den Mount Everest hinab.

Für eigene Rekorde

SKISPORT – Meiste olympische Titel				
	Gold	Name und Land	Disziplin	Jahr
Herren – *alpin*	3	Anton (Toni) Sailer, Österreich (*17. 11. 1935)	Abfahrtslauf, Slalom, Riesenslalom	1956
	3	Jean-Claude Killy, Frankreich (*30. 8. 1943)	Abfahrtslauf, Slalom, Riesenslalom	1968
	3	Ingemar Stenmark, Schweden	Slalom, Riesenslalom	1980
Herren – *nordisch*	4[1]	Sixten Jernberg, Schweden (*6. 2. 1924)	50 km; 30 km; 50 km; 4 × 10 km	1956; 1960; 1964
Damen – *alpin*	2	Andrea Mead-Lawrence, USA (*19. 4. 1932)	Slalom, Riesenslalom	1952
	2	Marielle Goitschel, Frankreich (*28. 9. 1945)	Riesenslalom, Slalom	1964; 1968
	2	Marie-Therese Nadig, Schweiz (*8. 3. 1954)	Abfahrtslauf, Riesenslalom	1972
	2[2]	Rosi Mittermaier, Westdeutschland (*5. 8. 1950)	Abfahrtslauf, Slalom	1976
	2[3]	Hanni Wenzel, Liechtenstein (*14. 12. 1956)	Riesenslalom, Slalom	1980
Damen – *nordisch*	4[4]	Galina Kulakowa, UdSSR (*29. 4. 1942)	5 km, 10 km und 3 × 5-km-Staffel; 4 × 5-km-Staffel	1972; 1976

Anmerkungen:
1 Jernberg gewann außerdem drei Silber- und zwei Bronzemedaillen, also einen Rekord von neun Olympiamedaillen.
2 gewann ebenfalls die Silbermedaille im Riesenslalom im Jahre 1976.
3 gewann außerdem eine Silbermedaille in der Abfahrt 1980.
4 Kulakowa gewann außerdem 1968 und 1976 eine Silber- und zwei Bronzemedaillen.

Die längste Skistrecke der Welt, die nur bergab führt, ist die *Weißfluhjoch-Küblis-Parsennstrecke* in der Nähe von Davos (Schweiz), die *12,23 km* mißt. Die Strecke vom Gipfel *Aiguille du Midi* des *Chamonix-Lifts* (vertikaler Lift *2492 m* über Vallée de Blanche) ist *20,9 km* lang.

Den knappsten 15-km-Skilanglaufsieg bei Olympischen Spielen lief 1980 in Lake Placid der Schwede Thomas Wassberg (23), der den Finnen Juha Mieto um *1/100 Sek.* schlug (das entspricht etwa *sechs* Zentimetern).

Ⓓ **Die meisten deutschen Meisterschaftstitel** im alpinen Skisport gewann mit *16* Ludwig Leitner (* 14. Februar 1940), der 1964 Weltmeister in der Kombination wurde.
Christian Neureuther wurde bisher zwölfmal deutscher Meister. Die meisten deutschen Titel bei den Damen gewann Christel Cranz mit *neun* in der Kombination, *neun* im Slalom und *sechs* in der Abfahrt. Rosi Mittermaier (* 5. August 1950) gewann 18 deutsche Meisterschaften, wurde 1976 Sportlerin des Jahres und im gleichen Jahr gewann sie den Weltpokal.

Ⓐ **Die erfolgreichste österreichische** Skiläuferin ist Annemarie Moser-Pröll mit *12* österreichischen Titeln, 62 Cupsiegen, Weltcupsiegerin 1971–75 und 1979, Weltmeister 1974 in der Abfahrt, 1978 Weltmeister in der Abfahrt und Kombination, Goldmedaille 1980 in der Abfahrt, 1972 Silber in der Abfahrt und im Riesenslalom.

Die meisten österreichischen Meistertitel bei den Herren gewann Karl Schranz (* 18. November 1938) mit *zwölf.* Er gewann die Silbermedaille 1964 im Riesenslalom.

Rosi Mittermaier gewann 18 deutsche Meisterschaften.

(CH) **Die meisten schweizer Titel** in Alpin-Disziplinen gewann Roger Staub (* 1. Juli 1936) mit *acht* (Abfahrt 1958, Riesenslalom 1957–61, Kombination 1958 und 1960). Er wurde 1960 Olympiasieger im Riesenslalom.
Die meisten Titel bei den Damen gewann für die Schweiz Ida Schöpfer mit *zehn* (Abfahrt 1952 und 1953, Riesenslalom 1951 und 1953, Slalom 1952–54 und Kombination 1952–54) und Nini von Arx-Zogg, ebenfalls zehn in den Jahren 1933–40.

(D) **Die meisten deutschen Meisterschaften** in der nordischen Kombination mit *neun* gewann Georg Thoma (* 20. August 1937) in den Jahren 1958–66. Er wurde 1960 Olympiasieger und 1964 Olympia-Dritter, Weltmeister 1966 und außerdem dreimal deutscher Meister im Sprunglauf 1960, 1961 und 1963.
Die meisten deutschen Meisterschaften im Skilanglauf gewann Walter Demel (* 1. Dezember 1935) mit insgesamt *40* Titeln über die Strecken 15-, 30-, 50-km. Er wurde 1960 Weltmeisterschafts-Dritter über 30 km.
Die meisten deutschen Meistertitel bei den Damen im 5-km- und 10-km-Skilanglauf gewann Michaela Endler in den Jahren 1969–76 mit *13.*

(A) **Die meisten Erfolge im Skispringen** konnte Karl Schnabl (* 8. März 1954) für Österreich erzielen, der Olympiasieger 1976 auf der 90-m- und Olympia-Dritter auf der 70-m-Schanze wurde. Er führte die Weltrangliste 1975 und 1976 der Skispringer an. Der 21jährige Toni Innauer gewann 1976 die Silbermedaille und 1980 die Goldmedaille auf der 70-m-Schanze.

(CH) **Der erfolgreichste Schweizer Skispringer** ist Walter Steiner (* 15. Februar 1951), der im Skiflug Weltmeister 1972 und Weltmeisterschafts-Dritter 1973 wurde; er führte die Weltrangliste 1973 und 1977 im Skispringen an, gewann bei den Olympischen Spielen 1972 auf der Großen Schanze die Silbermedaille und stellte zwei Weltrekorde im Skiflug auf.

(DDR) **Der erfolgreichste Läufer** in der nordischen Kombination ist Ulrich Wehling (Ostdeutschland), der dreifacher Olympiasieger 1972, 1976 und 1980 ist.

Das größte nordische Skirennen ist der *»Vasa Lopp«,* der eines Ereignisses von 1521 gedenkt, bei dem *Gustav Vasa* (1496–1560), später König *Gustavus Eriksson,* auf Skiern *85,8 km* von Mora nach Sälen (Schweden) lief. Die Wiederholung dieser Reise in umgekehrter Richtung ist ein jährliches Ereignis, zu dem am 5. März 1978 eine Rekordzahl von *11 596* Läufern startete. Die kürzeste Zeit ist *4* Stunden, *5* Minuten, *58* Sekunden, gelaufen von Ola Hassis (Schweden) am 4. März 1979.

Annemarie Moser-Pröll (Österreich) gewann 62 Einzelwettkämpfe.

Der längste alljährlich veranstaltete Skilanglauf der Welt findet in Oberammergau (Oberbayern) statt. Die *90 km* lange Loipe nennt sich *»Auf König Ludwigs Spuren«.* Wer eine kürzere Strecke laufen will, kann sich auch mit der Hälfte begnügen.

Der erste Skilift der Welt wurde 1908 in Schollach, Schwarzwald (Westdeutschland), von Robert Winterhalder in Betrieb gesetzt.

Für eigene Rekorde

Der längste nordische Nonstop-Skimarathon dauerte *48* Stunden; ihn lief Onni Savi (35) aus Padasjoki am 19.–21. April 1966.
In 24 Stunden legte Ahti Nevada (Finnland) am 30. März 1977 in Rovaniemi, Finnland, *280,90 km* zurück.

Der längste Sessellift der Welt ist der *Alpine Way* zum *Kosciusko-Chalet-Lift* über Thredbo, in der Nähe der Snowy Mountains, Neusüdwales (Australien). Es dauert je nach Wetterlage 45–75 Minuten, um *5,6 km* aufzusteigen.

Den größten senkrechten Abstieg im Fallschirmspringen bewältigte mit *1006 m* Rick Sylvester (* 1943) USA, der am 28. Juli 1976 vom *2011 m* hohen Gipfel des Mt. Asgard im *Auyuittuq National Park,* Baffin Island (Kanada), abfuhr, und auf dem Turnergletscher landete. Dieser Sprung wurde für eine Szene im James-Bond-Film *»Der Spion, der mich liebte«*, aufgezeichnet.

Skibob

Der Skibob wurde von Mr. Stevens aus Hardford, Conecticut (USA), erfunden und am 19. April 1892 als ein *»Fahrrad mit Skikufen«* patentiert. Die *Fédération Internationale de Skibob* wurde am 14. Januar 1961 in Innsbruck (Österreich) gegründet und die ersten Weltmeisterschaften wurden 1967 in Hofgastein (Österreich) abgehalten.
Die höchste Geschwindigkeit erreichte mit *166 km/h* Erich Brenner (* 1940), Österreich, in Cervinia (Italien) im Jahre 1964.

Die einzigen Skibobber, die eine Weltmeisterschaft gewannen, sind Alois Fischenbauer, Österreich, der den Herrentitel 1973 und 1975 gewann, Gerhilde Schiffkorn, Österreich, die den Damentitel 1967 und 1969 gewann und Gertrude Geberth, Österreich, die 1971 und 1973 gewann.

Die höchste Geschwindigkeit mit einem Schneemobil stellte mit *218,75 km/h* Donald J. Pitcen (USA) am 27. Februar 1977 in Union Lake, Michigan (USA), auf.

Surfen

Ursprünge: Der traditionelle polynesische Sport des Surfens in einem Kanu *(ehorooe)* wurde zum ersten Mal von Kapitän James Cook (1728–79) auf seiner ersten Reise in Tahiti im Dezember 1771 beschrieben. Surfen auf einem Brett *(Amo amo iluna ka lau oka nalu)* wurde zum ersten Mal von James King im März 1779 in der Kealakekua-Bucht, Hawai, gesehen und beschrieben. Der Sport wurde 1909 auf Waikiki neu belebt. Hohle Bretter wurden 1929 eingeführt und 1956 der leichte Plastik-Typ.

Die meisten Weltmeisterschaftstitel gewann Joyce Hoffmann, USA, 1965 und 1966. Die Weltmeisterschaften wurden im Mai 1964 in Sydney, Australien, eingeführt.
Die höchsten, angeblich gleichbleibend hohen Wellen kommen in Makaha Beach, Hawai, vor; sie erreichen häufig die reitbare Grenze von 9–10 m.

Die höchste Welle, die je geritten wurde, war die Tsunami von etwa *15 m,* die am 3. April 1868 Minole, Hawai, erreichte; ein Hawaianer namens Holua ritt auf ihr, um sein Leben zu retten.

Der längste Ritt auf einer Meereswelle ist auf den Wellen in der Matanchen Bay in der Nähe von San Blas, Mexiko, möglich; vier- bis sechsmal jährlich brechen sich reitbare Surfwellen, auf denen Strecken bis zu *1700 m* zurückgelegt werden können.

Der längste festgehaltene Ritt auf einer Flußspringflut wurde auf der Severn-Springflut, England, aufgeführt. Im Jahre 1968 berichteten Anwohner von einem Ritt von *6–9 km* durch Rodney Sumpter, England.

Squash-Racket

Ursprünge: Obwohl Rackets mit einem weichen Ball 1817 in Harrow School, London, gespielt wurde, gab es keinen anerkannten Meister irgendeinen Landes, bis John A. Miskey aus Philadelphia, USA, 1906 die amerikanische Amateur-Einzelmeisterschaft gewann.
1973 wurde der Squash-Rackets-Verband in Hamburg, Westdeutschland, gegründet. 1976 wurde die erste internationale deutsche Meisterschaft ausgerichtet. Die Swiss-Squash-Rackets Association wurde 1973 in Genf gegründet.

Die meisten Amateur-Weltmeisterschaftstitel haben die Australier im Einzel (eingeführt 1967) fünfmal und den Mannschaftstitel viermal gewonnen. Geoffrey B. Hunt (* Februar 1947), Australien, hat den Einzeltitel dreimal gewonnen, in den Jahren 1967, 1969 und 1971.
Die Open-Weltmeisterschaft (eingeführt 1976) wurde siebenmal von Geoffrey Hunt, Australien, gewonnen, 1976 und 1977.

Der längste Squashmarathon dauerte *110* Stunden, *3* Minuten und wurde am 26.–30. Mai 1979 von Graham Shepperdson bei der R.A.F. Rheindahlen, Westdeutschland, ausgetragen.

Stierkampf

Frühester: In der letzten Hälfte des 2. Jahrtausends v. Chr. wurde auf Kreta Stierspringen praktiziert. Zum ersten Mal wurde von den Römern im 3. Jahrhundert v. Chr. von einem Stierkampf in Baetica (Andalusien, Spanien) berichtet.

Der erste bekannte professionelle Torero war Francisco Romero aus Ronda in Andalusien, Spanien, der gegen 1700 den *Estoque* und die rote *Muleta* einführte.
Spanien hat heute etwa 190 aktive Matadore. Seit 1700 sind 42 bedeutende Matadore im Ring gestorben.

Der erfolgreichste Matador, gemessen an den getöteten Stieren, war *Largatijo* (1841–1900), geb. Rafael Molinas, der während seines Lebens auf insgesamt 4867 besiegte Stiere kam.

Die längste Laufbahn als professioneller Matador war die von *Bienvenidas* (1922–75), geb. Antonio Mjias, von 1942 bis 1974. Ein neues spanisches Gesetz verlangt eine Zwangspensionierung im Alter von 55 Jahren.

Die meisten Tötungen an einem Tag vollbrachte mit *18* Stieren *Romano* 1884 in Sevilla. Einen neuen spanischen Rekord stellte 1949 *El Litri* (Miguel Bàes) mit 114 Tötungen in einer Saison auf.

Der höchstbezahlte Stierkämpfer war *El Cordobés* (geb. als Manuel Benitez Pérez, wahrscheinlich am 4. Mai 1936, Palma del Rio, Spanien), der 1965 Sterling-Millionär wurde, als er bis zum 4. Oktober in 111 Corridas kämpfte. 1970 erhielt er ca. *750 000 Pfund (3 Mio. DM)* für 121 Kämpfe.

Das höchste Honorar für einen Kampf erhielt *Paco Camino* (* 19. Dezember 1941) und zwar bis zu 2 Mio. Peseten für eine Corrida. Er ging 1977 in den Ruhestand. 1979 kämpfte er noch einmal in der Arena von Palma de Mallorca. Sein Honorar für diesen Kampf betrug *170 000 Dollar (306 000 DM).*

Für eigene Rekorde

T

Taubenwettflug

Früheste Hinweise: Der Taubenwettflug entwikkelte sich aus der Verwendung von Tauben als Briefboten. Schon bei den frühen Olympischen Spielen (776 v. Chr. bis 393 n. Chr.) wurden Tauben als Boten eingesetzt. Der Sport entwickelte sich in Belgien, und das früheste Langstreckenrennen 1819 führte von London nach Antwerpen; 32 Tauben waren beteiligt. Die erste Taube, die nachweislich *804 km* an einem Tag flog, war *Motor,* die am 30. Juni 1896 von Thurso, Schottland, losgelassen wurde und eine Durchschnittsgeschwindigkeit von *79,6 km/h* = 1329 m pro Minute auf dieser Strecke zurücklegte.

Den längsten überlieferten Heimflug unternahm eine Taube, die im Besitz des Duke of Wellington (1769–1852) war. Sie wurde von einem Segelschiff am 8. April 1845 vor den Ichabo-Inseln, Westafrika, losgelassen und stürzte am 1. Juni 1845 eine Meile vor ihrem Schlag in London, also genau 55 Tage später, tot zu Boden, nachdem sie eine Luftlinienroute von *8700 km,* möglicherweise eine tatsächliche Entfernung von *11 250 km* (um die Sahara zu umfliegen), geflogen war.
Es ist sehr zweifelhaft, ob eine Taube in waagerechtem Flug bei Windstille eine Geschwindigkeit von *96 km/h* überschreiten kann.
Die höchste registrierte Renngeschwindigkeit ist 2952 m pro Minute *(177,14 km/h)* im East Anglian Federation Race am 8. Mai 1965, bei dem die 1428 Tauben von einem starken Süd-Südwest-Wind unterstützt wurden.

Die angeblich größte Entfernung in 24 Stunden legte mit *1292 km* (Geschwindigkeit: 1392 m pro Minute) die Sieger-Taube des San-Antonio-R.C.-Wettkampfes von 1941 in Texas, USA, zurück.

Tauziehen

Ursprünge: Obwohl das frühe China und Ägypten als Ursprungsorte für den Sport angenommen worden sind, ist bekannt, daß neolithische Feuerstein-Bergleute in Norfolk, England, *»Tauziehen«* praktizierten. Die ersten Regeln stellte 1879 der New York A.C. auf. 1958 wurde die Tug-of-War-Association gegründet, um Großbritanniens 600 Vereine zu leiten.

Die meisten olympischen Medaillen (Tauziehen gehörte von 1908–20 zu den olympischen Sportarten) gewannen drei Männer: John James Shepherd (1884–1954) zwei Gold-, eine Silbermedaille, Frederick H. Humphreys (1878–1954) zwei Gold-, eine Silbermedaille und Edwin A. Mills (1878–1946) zwei Gold-, eine Silbermedaille, alle waren Sportler aus England.

Das längste Tauziehen unter Regeln, in denen das Liegen auf dem Boden oder das Eingraben der Füße in den Boden nicht gestattet ist, dauerte *11* Minuten, *23* Sekunden, beim ersten Ziehen zwischen den Isle of Oxney und St. Claret's in Surrey, England, am 26. Mai 1979.

Tennis

Ursprünge: Nach allgemeiner Übereinstimmung hat sich das moderne Spiel als Freiluftform aus dem Hallenspiel Tennis entwickelt. Field-Tennis wird in einer englischen Zeitschrift *»Sporting Magazin«* vom 29. September 1793 erwähnt. Der früheste Club für dieses Spiel, das verschiedentlich Pelota oder Lawen Rackets genannt wurde, war der 1872 von Harry Gem gegründete Leamington Club. Amateuren wurde 1968 gestattet, mit und gegen Profis im Open Turnier zu spielen.

(D) 1902 wurde in Berlin der Deutsche Tennis-Bund (A) gegründet; ebenfalls 1902 in Wien der Österreichische Tennis-Verband; bereits 1896 in Bern der (CH) Schweizerische Tennis-Verband. Der erste deutsche Tennisklub wurde 1881 in Baden-Baden als LTC Rot-weiß gegründet.

Die größte Titelherrschaft ist dann erreicht, wenn alle vier Einzeltitel der vier bedeutendsten Meisterschaften der Welt gewonnen wurden: Die Meisterschaften von Wimbledon, den Vereinigten Staaten, Australien und Frankreich. Der erste Mann, der alle vier gewonnen hat, war Frederick John Perry, England (* 18. Mai 1909). Drei Jahre später, 1938, hielt John Donald Budge, USA (* 13. Juni 1915), alle vier Meisterschaften gleichzeitig. Der erste Spieler, dem der große Wurf zweimal gelang, war Rodney George Laver, Australien (* 9. August 1938), der 1962 als Amateur gewonnen hatte und 1969 wieder, als die Titel für Profis »offen« waren.
Nur zwei Frauen gelang der große Wurf: Maureen Catherine Connolly, USA (1934–69), später Mrs. Norman E. Brinker, im Jahre 1953 und Margaret Jean Court, geb. Smith, Australien (* 16. Juli 1942) 1970.

Die meisten olympischen Medaillen (Rasentennis war bei den ersten acht Veranstaltungen der Spiele im Olympia-Programm) erhielt Max Decugis (1882–1978), Frankreich, der vier Gold- und je eine Silber- und Bronzemedaille gewann, in den Jahren 1900, 1906 und 1920. Als Frau gewann Kitty McKane (* 7. Mai 1897), England, die meisten Medaillen, einmal Gold, zweimal Silber, zweimal Bronze, in den Jahren 1920 und 1924.

Chris Evert-Lloyd hatte die höchste Einnahme.

Die meisten Daviscupsiege (eingeführt 1900) erzielten mit *25* die USA.

Die beste Daviscup-Einzelleistung spielte Nicola Pietrangeli (* 11. September 1933), Italien, in den Jahren 1954–72. Er gewann von 164 Spielen *120*. Er spielte 110 Einzel (und gewann 78) und 54 Doppel (und gewann 42). 26mal kam es zu Punktgleichheit.

Den schnellsten Aufschlag, der je gemessen wurde, machte William Tatem Tilden (1893–1953), USA, im Jahre 1931 mit *263 km/h.*

Das längste bekannte Einzelspiel war eins von *37* Einständen (80 Punkten) zwischen Anthony Fawcett, Rhodesien, und Keith Glassy, England, in der ersten Runde der Surrey-Meisterschaften in Surbiton, England, am 26. Mai 1975. Es dauerte 31 Minuten.

Die größte Zuschauermenge bei einem Tennismatch betrug *30 472* im Astrodrome, Houston (Texas, USA) am 20. September 1973, als Billie-Jean King (* 22. November 1943), USA, Robert Larimore Riggs (* 25. Februar 1918), USA, schlug.

Die höchste Einnahme erhielt Guillermo Vilas (* 17. August 1952), Argentinien, 1977 mit einer Summe von *800 642 Dollar (1 441 156 DM).* Den Rekord für eine Spielerin stellte mit einer Einnah-

me von *454 486 Dollar (618 075 DM)* 1978 Christine Evert (* 21. Dezember 1954), USA, auf.
Der Rekord für ein Einzelmatch ist *500 000 Dollar (900 000 DM)*, gewonnen von Jimmy Connors, als er am 26. April 1975 John Newcombe, Australien (* 23. Mai 1944), bei einem Herausforderungsspiel in Caesars Palace, Las Vegas, USA, schlug.

Marathon: Das längste urkundlich belegte Nonstop-Tennis-Einzelmatch dauerte *105* Stunden und wurde gespielt von Ricky Jolston und Jeff Lutton im Bill Jay Park, Kingston, N.C., USA, am 1.–11. Mai 1979. Der Dauerrekord für ein Doppel ist *11* Stunden, aufgestellt von Mark B. Rainford und Peter R. Wachtel gegen Roland W. Wachtel und Damian L. Dorrough in Tyalgum, Australien, am 14.–17. September 1978.

Wimbledonrekorde:
Die meisten Damensiege erzielte mit einem Rekord von 20 Titeln die sechsfache Einzelmeisterin Billie-Jean King, die 1961–79 außerdem zehn Damen- und vier gemischte Doppel gewann.

Die meisten Siege bei den Herren errang mit *dreizehn* Hugh L. Doherty, England (1875–1919), der fünf Einzeltitel in den Jahren 1902–1906 und einen Rekord von acht Doppeln gewann (1897–1901, 1903–05).

Weltbester im Tennis: Björn Borg.

Die größte Zahl an Einzelsiegen errang mit *acht* Helen N. Moody, USA (* 6. Oktober 1905), die 1927–30, 1932–33, 1935 und 1938 gewann.

Die meisten Herreneinzelsiege, seit die Challenge Round 1922 abgeschafft wurde, sind *vier* durch Rod Laver in den Jahren 1961–62, 1968–69 und danach durch Björn Borg, Schweden (* 6. Juni 1956), in den Jahren 1976–79.

Die meisten Siege im gemischten Doppel teilen sich mit vier Siegen Elias V. Seixas, USA (* 30. August 1923), mit Owen Keir Davidson, Australien (* 4. Oktober 1943), und Kenneth N. Fletcher, Australien (* 15. Juni 1940), in den Jahren 1953–1973.

Der jüngste Meister aller Zeiten war Charlotte Dod (1871–1960), die erst *15* Jahre, *9* Monate alt war, als sie 1887 gewann. Richard Dennis Ralston (* 27. Juli 1942), USA, stand 25 Tage vor seinem 18. Geburtstag, als er 1960 mit Rafael H. Osuna aus Mexiko (1938–69) das Herrendoppel gewann.

Der jüngste männliche Einzelmeister war Wilfred Baddely (1872–1929), der im Alter von *19* Jahren und *175* Tagen 1891 den Wimbledontitel gewann.

Die allerjüngste von allen, die jemals in Wimbledon spielten, ist Mita Klima, Österreich, die bei dem Einzel-Wettkampf von 1907 *13* Jahre alt war. Der jüngste der modernen Zeit ist Tracy Austin (* 12. Dezember 1962), USA, die beim Turnier von 1977 erst 14 Jahre, 7 Monate alt war.
(D) Der erfolgreichste deutsche Wimbledonspieler war Gottfried von Cramm (* 7. Juli 1909), der 1933 im gemischten Doppel Wimbledonsieger wurde, 1935–37 im Endspiel stand und 37mal am Davispokal für Deutschland teilnahm.

Die größte Zuschauermenge für einen Tag in Wimbledon war *38 295* am 27. Juni 1979. Der Rekord für die gesamte Meisterschaft in Wimbledon ist *338 591* Zuschauer im Jahre 1975.

Tischtennis

Ursprünge: Der früheste Hinweis auf ein dem Tischtennis ähnliches Spiel fand sich in Katalogen Londoner Sportwarenhersteller aus den 1880er Jahren. Die erste Ping-Pong-Vereinigung wurde 1902 gegründet, aber das Spiel fand nur vorübergehendes Interesse, bis es 1921 wieder auflebte. Der erste deutsche Tischtennisverein ist der Ping-Pong-Club von Berlin, gegründet 1899. 1901 fanden in Berlin und Wien die ersten Turniere statt.

Der jüngste internationale Meister war Joy Foster, Jamaika, die im Alter von *acht* Jahren 1958 die jamaikanische Meisterschaft im Einzel und gemischten Doppel gewann.

Das längste Spiel war das Endspiel um den *Swaythling-Cup* zwischen Österreich und Rumänien in Prag 1936; es dauerte *25* oder *26* Stunden und wurde auf 3 Nächte verteilt.

Den längsten Schlagabtausch hatten am 30. Juli 1978 mit *8* Stunden, *33* Minuten Robert Siegel und Donald Peters in Stamford, USA.

Die Rekordzahl an Schlägen in 60 Sekunden tauschten mit *162* die englischen Nationalspieler Nicky Jarvis (* 7. März 1954) und Desmond Duglas (* 20. Juli 1955) in London am 1. Dezember 1976 aus. Auf dasselbe Ergebnis brachten es am 21. März 1977 Duglas und Paul Day (* 20. Oktober 1958) in Blackpool, England. Die Höchstzahl für Frauen erreichten mit *148* Linda Howard und Melodi Ludi am 11. Oktober 1977 in Blackpool, England.
Mit einem Schläger in jeder Hand schlug Gary Fisher aus Olympia, Washington, USA, am 25. Juni 1979 in *44* Minuten, *28* Sekunden *5000* Schläge nacheinander über das Netz.

Meiste Mannschaftstitel bei Weltmeisterschaften:

Herren-Team (Swaythling Cup)	12	Ungarn, 1927–31, 1933–35, 1938, 1949, 1952, 1979
Damen-Team (Marcel Courbillon Cup)	8	Japan, 1952, 1954, 1957, 1959, 1961, 1963, 1967, 1971

Ⓓ **Der erfolgreichste Spieler** des *DTTB* (Deutscher Tischtennis-Bund) ist Eberhard Schöler (* 22. Dezember 1940), der *156* Spiele für die Nationalmannschaft machte, 1962–69 und 1979 nationaler deutscher Meister, 1962–64 und 1970 internationaler deutscher Meister und 1969 Weltmeisterschafts-Zweiter und 1965 und 1967 Weltmeisterschafts-Dritter wurde.

Die erfolgreichste deutsche Spielerin ist Agnes Simon (* 25. Juni 1935), die *93* Spiele für die Nationalmannschaft spielte, 1967, 1969 und 1976 nationale deutsche Meisterin, 1960–62 internationale deutsche Meisterin wurde. 1962 gewann sie den Europameisterschaftstitel im Einzel und in der Mannschaft sowie 1968 in der Mannschaft.

Ⓐ **Die erfolgreichste österreichische Tischtennisspielerin** ist Trude Pritzi (1919–69), die 1938 Weltmeisterin im Einzel und zweimal, 1939 und 1947, Weltmeisterin im Doppel wurde.

Ⓓ **Die erfolgreichste deutsche Vereins**-Herrenmannschaft ist PSV Borussia Düsseldorf, die deutscher Pokalmeister 1970, 1971, 1974, 1975, 1978 und 1979 und deutscher Mannschaftsmeister 1961, 1969–71, 1974, 1975, 1978 und 1979 wurde.

Ⓓ **Die erfolgreichste Damenmannschaft** ist der *DSC-Kaiserberg,* die deutscher Pokalmeister 1971–73, 1976–79 und deutscher Mannschaftsmeister 1970–72 und 1975–78 wurde.

Das längste Marathoneinzelmatch spielten mit *132* Stunden, *31* Minuten Danny Price und Randy Nunes in New Jersey (USA), am 20.–26. August 1978.

Den längsten Doppelmarathon spielten mit *101* Stunden, *1* Minute, *11* Sekunden Lance, Phil und Mark Warren und Bill Weir am 9.–13. April 1979 in Sacramento, Kalifornien.

Eberhard Schöler, der erfolgreichste Deutsche.

Trabrennen

Ursprünge: Trabrennen wurde 1554 in Valkenburg, Niederlande, abgehalten. In England war der Trab im 16. Jahrhundert bekannt. Der Sulky tauchte im *harness-racing* zum ersten Mal 1829 auf. Paßgänger benutzen gleichzeitig die Vorder- und Hinterbeine einer Seite.

Johannes »Hänschen« Frömming, einer der erfolgreichsten Trabrennfahrer der Geschichte.

Der erfolgreichste Sulkyfahrer in der nordamerikanischen Trabrenngeschichte war Herve Filion (* 1. Februar 1940), Kanada, der bis zum Ende der Saison 1978 einen Rekord von *6705* Siegen erreicht hatte. Jahresrekord 1974: 637 Siege. Er gewann 1978 seine zehnte nordamerikanische Meisterschaft. Der Fahrer William Haughton hat bis zum Ende seiner Laufbahn 1978 eine Rekordsumme von *27,1 Mio.* Dollar (*48,8 Mio.* DM) gewonnen.

(D) **Die erfolgreichsten deutschen Fahrer** sind Johannes Frömming (* 28. Juni 1910), der über *5300* Siege errang, zehnmal das Deutsche Traber-Derby, siebenmal das Buddenbrook-und Matador-Rennen, dreimal den Prix d'Amerique in Paris-Vincennes; Eddy Freundt (* 24. April 1929) errang über *5600* Siege und stellte 1963 mit *384* Erfolgen einen Weltrekord für Trabrennfahrer auf.

Der höchste für einen Traber gezahlte Preis sind *3,2 Mio.* Dollar (*5,8 Mio.*DM) für *Green Speed* vom Pine-Hollow-Gestüt aus New York im Jahre 1977. Der höchste je für einen Paßgänger bezahlte Preis ist 3,6 Mio. Dollar (6,5 Mio. DM) für *Nero* im März 1976 und für *Falcon Almahurst* im Jahr 1978.

Der höchste Betrag, der von einem Traber gewonnen wurde, ist *1 960 945* Dollar (*3 429 701* DM) durch *Bellino II,* Frankreich, bis zu seinem Ausscheiden im Jahre 1977. Der Rekord für einen Paßgänger ist *1 360 887* Dollar (*2 449 598* DM), erzielt durch *Rambling Willie,* USA, bis zum Ende der Saison von 1978.

Trampolin

Ursprünge: Trampolins wurden im Showgeschäft schon zur Zeit der *»The Walloons«* aus der Periode 1910–12 benutzt. Der Trampolinsport (vom spanischen Wort »trampolin«, ein Sprungbrett) datiert von 1936, als das *Prototyp-T*-Trampolinmodell von George Nissen, USA, entwickelt wurde.

Die Weltmeisterschaftstitel (eingeführt 1964) sind von vier Männern zweimal gewonnen worden; Dave Jacobs, USA, in den Jahren 1967–68, Wayne Miller (* 1946), USA, 1966 und 1970, Richard Tison, Frankreich, 1974 und 1976 (anteilig) und E. Janes, UdSSR, 1976 (anteilig) und 1978.
Judy Wills (* 1948), USA, gewann die ersten fünf Damentitel in den Jahren 1964–68.
Zwei europäische Titel (1969 und 1971) gewann Paul Luxon (* 1952), England, der 1972 Weltmeister wurde.

Der längste Marathon im Trampolinspringen dauerte *1248* Stunden (52 Tage); eine Sechser-Mann-

schaft aus Phoenix, Arizona, USA, hielt ihn vom 24. Juni–15. August 1974 durch.
Den Einzelrekord stellte mit *179* Stunden Geoffrey Morton, Australien, am 7.–14. März 1977 auf.
Die deutschen Trampolinturnerinnen Petra Wenzel (TG Jugenddorf Salzgitter) und Ute Scheile wurden 1974 Weltmeister und 1978 Vizeeuropameister im Synchron-Trampolinturnen.

Volleyball

Ursprünge: Das Spiel wurde 1895 als *Minnonette* von William G. Morgan in der Y.M.C.A.-Sporthalle in Holyoke, Massachussetts (USA), erfunden. Der *Deutsche Volleyball-Verband* wurde im Jahre 1955 in Kassel gegründet. Der *Deutsche Sport-Verband Volleyball* ist erst 1958 in Leipzig gegründet worden, der österreichische Volleyballverband bereits 1953 in Wien und der schweizerische Volleyballverband 1958 in Genf. Der *Internationale Volleyballverband* wurde im April 1947 in Paris (Frankreich) gegründet.

Die meisten Weltmeisterschaften (eingeführt 1949) sind mit fünf Herrentiteln von der UdSSR (1949, 1952, 1960, 1962 und 1978) gewonnen worden. Die UdSSR gewann die Damenmeisterschaften in den Jahren 1952, 1956, 1960 und 1970.
Der Sport wurde 1964 sowohl für Herren als auch für Damen als Disziplin in die *Olympischen Spiele* aufgenommen.

Der einzige Spieler mit vier Medaillen ist Inna Ryskal (* 15. Juni 1944), UdSSR, die 1964 und 1976 Silbermedaillen gewann und 1968 und 1972 Goldmedaillen. Den Rekord für einen Mann hält Jurij Pojarkow (* 10. Februar 1937), UdSSR, der 1964 und 1968 Goldmedaillen gewann und 1972 eine Bronzemedaille.

Die größte Zuschauermenge. 60 000 sahen die Weltmeisterschaftsspiele im Jahre 1952 in Moskau (UdSSR).

W

Wandball (Fives)

Eton Fives: Ein Handballspiel gegen den Strebepfeiler der Kapelle des Eton College wurde zum ersten Mal 1825 verzeichnet. Neue Spielfelder wurden in Eton 1840 gebaut, die Regeln wurden 1877 kodifiziert, umgearbeitete Regeln wurden 1931 eingeführt, und die Regeln wurden zum letzten Mal 1950 abgefaßt. Es gibt Spielfelder in mehreren Ländern neben England, darunter mehr als ein Dutzend in Nord-Nigeria.

Wasserball

Ursprünge: Wasserball wurde 1869 in England als *»Water Soccer«* entwickelt und zuerst 1900 in die Disziplinen der Olympischen Spiele von Paris aufgenommen. *Nach Deutschland* kam das Spiel 1894. Der erste deutsche Meister wurde 1912 Germania Berlin.

Die meisten olympischen Titel gewann Ungarn auf den Olympia-Turnieren mit sechs Siegen in den Jahren 1932, 1936, 1952, 1956, 1964 und 1976.
Deutschland wurde 1928 Olympiasieger.

Die meisten Goldmedaillen, nämlich *drei,* teilen sich fünf Spieler: die Briten George Wilkinson (1879–1946) in den Jahren 1900, 1908, 1912; Paulo Radmilovic (1886–1968) und Charles Sidney Smith (1878–1951); und die Ungarn Deszo Gyarmati (* 23. Oktober 1927) und György Kárpáti (* 23. Juni 1935) in den Jahren 1952, 1956 und 1964. Gyarmatis Frau und Tochter gewannen jeweils Gold- und Silbermedaillen im Schwimmen. Paul Radmilovic gewann ebenfalls eine Goldmedaille für die 4 × 200-m-Freistilstaffel im Jahr 1908.

Die meisten internationalen Wettkampfbeteiligungen hatte mit *244* Ozren Bonacic (* 5. Januar 1942), Jugoslawien, in den Jahren 1964–75.

Der erfolgreichste Verein im Wasserball ist mit elf deutschen Meistertiteln der Verein Rote Erde Hamm vor den Vereinen Wasserfreunde Hannover und Hellas Magdeburg mit je acht deutschen Meisterschaften.

Windhundrennen

Die 1. Veranstaltung fand 1876 in Hendon, North London statt, mit einem Hasen auf Schienen, der von einer Winde gezogen wurde. Das moderne Windhundrennen entstand 1919 mit der Perfektionierung des mechanischen Hasen durch Owen Patrick Smith in Emeryville, Kalifornien, USA.

Der schnellste Windhund, *The Shoe,* erreichte *67,14 km/h* Höchstgeschwindigkeit (374 m in 20,1 Sekunden) auf einer geraden Rennbahn in Richmond, Australien, am 25. April 1968. Die letzten 91,44 m lief er in 4,5 Sekunden oder in *73,14 km/h.*

Wasserski

Ursprünge: Wasserski entstand aus dem Laufen auf Brettern und Aquaplaning. Eine Abhandlung

aus dem 19. Jahrhundert über Hexer bezieht sich auf Eliseo von Tarent, der im 14. Jahrhundert auf dem Wasser »wandert und tanzt«. Der erste Bericht über Aquaplaning kommt von der amerikanischen Pazifikküste und stammt aus dem frühen 19. Jahrhundert.
Der Pionier des heutigen Wasserskisports war Ralph W. Samuelson (1904–77), USA, der auf zwei gebogenen Tannenholzbrettern im Sommer 1922 fuhr. Die erste Weltorganisation, die *Union Internationale de Ski Nautique,* wurde am 27. Juli 1946 in Genf gegründet.
Der Deutsche Wasserskiverband wurde 1958 in Kassel, der Österreichische Wasserskiverband 1952 in Grein und der Schweizerische Wasserskiverband 1946 in Montreux gegründet.

Die meisten Titel bei Weltmeisterschaften gewannen mit drei Willa McGuire, USA, in den Jahren 1949, 1950 und 1955 und Elisabeth Allan-Shetter, USA, 1965, 1969 und 1975. Zweimal gewann Alfredo Mendoza, USA, in den Jahren 1953 und 1955, Mike Suyderhoud, USA, 1967 und 1969 und George Athans, Kanada 1971 und 1973.

Den ersten überlieferten Sprung auf Wasserskiern machte Ralph Samuelson 1925 von einer eingefetteten Rampe am Lake Pepin (USA).

Den längsten gemessenen Sprung machte mit *55,18 m* Sammy Duvall, USA, am 15. Juli 1979 in Callaway Gardens, Georgia, USA. Der Damenrekord ist *39,02 m,* aufgestellt von Linda Giddens, USA, in Miami, Florida am 22. August 1976.

Slalom und Kunstlauf: Den Weltrekord für Slalom stellten mit *vier* Bojen an einer *11,25-m*-Leine Kris LaPoint, USA, am 15. Juli 1975 auf Horton Lake, USA, und Bob LaPoint, USA, sein Bruder, im August 1976 in Miami auf.
Der Damenrekord ist *drei* Bojen an einer *12-m*-Leine, aufgestellt von Cindy Todd, USA, in Groveland, Florida, am 16. Juli 1977. Der Kunstlaufrekord ist 7080 Punkte, aufgestellt am 3. September 1977 von Carlos Suarez, Venezuela, in Mailand, Italien. Der Damenrekord von 5570 Punkten für Maria Carrasco, Venezuela, wurde ebenfalls am 3. September 1977 in Mailand aufgestellt.

Die Höchstgeschwindigkeit im Wasserski erreichte mit *202,27 km/h* Danny Churchill 1971 im Oakland Marine Stadium, Kalifornien, USA. Donna Patterson Brice (* 1953) stellte am 21. August 1977 mit *178,81 km/h* in Long Beach, Kalifornien, einen Damenrekord auf.

Die längste Nonstopstrecke legte mit *1809 km* Will Coughey aus Neuseeland auf dem Lake Karapiro, Neuseeland, in 30 Stunden, 34 Minuten am 26.–27. Februar 1977 zurück.

Y

Yachtsegeln

Ursprünge: Das Wort *Yacht* kommt vom holländischen Wort für Jagen. Yachtsegeln in England geht auf ein Wettrennen zwischen Charles II. und seinem Bruder, James, Herzog von York, zurück, das am 1. September 1661 über 23 Meilen von Greenwich nach Gravesend stattfand. Der älteste Klub ist der *Royal Cork Yacht Club,* gegründet als *Harbour Water Club* im Jahre 1720 in Irland.
Der älteste deutsche Segelverein ist der der *Stralauer Tavernen Gesellschaft,* gegründet 1835.

Der erste Sportler, der jemals Einzel-Goldmedaillen bei vier Olympischen Spielen nacheinander gewann, war Paul B. Elvström (* 24. Februar 1928), Dänemark, in der *5,5-m*-Klasse 1948, *Finn*-Klasse 1952, 1956, 1960; dazu acht weitere Weltmeisterschaftstitel in insgesamt sechs Klassen.

Das Ozeanrennen, das die größte Anzahl an Teilnehmernationen angezogen hat (jede Nation kann drei Boote entsenden), ist der *Admirals-Cup,* der jährlich vom *Royal Ocean Racing Club* im Ärmelkanal veranstaltet wird.
Eine Rekordzahl von 19 Nationen beteiligte sich in den Jahren 1975, 1977 und 1979. Bis 1977 hatte Großbritannien den *Admirals-Cup* siebenmal gewonnen, die USA zweimal und Australien einmal. 1973 gewann Westdeutschland diesen Cup.

Der Amerika-Pokal war ursprünglich als Direktpreis vom Schoner *America* am 22. August 1851 in Cowes gewonnen worden und wurde später als Wandertrophäe vom New York Yacht Club angeboten. Am 8. August 1870 versuchte J. B. Ashburns *Cambria,* England, die Trophäe der *Magic,* im Besitz von F. Osgood, USA, abzujagen. Seitdem bewarben sich Großbritannien bei Wettkämpfen fünfzehnmal, Kanada zweimal und Australien viermal vergeblich um den Pokal.

Das knappste Rennen um diesen Pokal wurde 1962 gesegelt, als die *12-m*-Schaluppe *Weatherly* am 22. September ihren australischen Herausforderer *Gretel* um etwa dreieinhalb Längen schlug und mit einem Vorsprung von nur *26* Sekunden siegte.

Die kürzeste Zeit für das Rennen von *London* nach *Sydney* benötigte die *Great Britain II,* eine *23,5-m-Ketsch,* bemannt mit einer britischen Crew aus mehreren Abteilungen der Streitkräfte. Sie segelte vom 31. August bis 7. November 1975 in *67* Tagen, *5* Stunden, *19* Minuten und *49* Sekunden von der Themsemündung nach Sydney (Australien) und stellte damit den früheren Rekord des

Clippers *Patriarch* von 1870 um nahezu 2 Tage ein. Die Rückreise nach Dover (England) dauerte nur *66* Tage, *22* Stunden, *31* Minuten und *35* Sekunden. Die gesamte Weltumsegelung von *42 280 km* wurde in einer Rekordzeit von *134* Tagen, *3* Stunden, *51* Minuten und *24* Sekunden ausgeführt.

Ⓓ **In einem Rekord** von *35,5* Tagen überquerte Ludwig Schlimbach (1876–1949) 1931 den Atlantik von Hamburg (Deutschland) nach New York.

Ⓓ Der erste deutsche Weltumsegler in Alleinfahrt ist W. Erdmann (SV Cuxhaven, Deutschland) in den Jahren 1966–68.

Den offiziellen Geschwindigkeitsweltrekord im Segeln stellte mit 33,4 Knoten *(61,89 km/h)* die *22,40 m Crossbow II* am 4. Oktober 1977 über eine 500-m-Strecke in Portland Harbour (England) auf. Das Schiff (Segelfläche *130,06 m²)* war von Rod McAlpine-Downie entworfen worden und befand sich im Besitz von Timothy Colman, der es auch steuerte. *Crossbow II* soll eine Geschwindigkeit von 45 Knoten *(83 km/h)* erreicht haben.

Den schnellsten 24-Stunden-Alleingang mit einer Segelyacht verzeichnete Nick Keig (* 13. Januar 1936) von der Isle of Man (England), der in einem *11,43-m-Trimaran Three Legs of Man I* während des Rennens von Falmouth nach Punta (Azoren) am 9.–10. Juni 1975 *340* Seemeilen zurücklegte, d. h. eine Durchschnittsgeschwindigkeit von 14,6 Knoten *(26,23 km/h)*. Die höchste Geschwindigkeit lag teilweise bei 25 Knoten *(46,32 km/h)*.

Die erfolgreichste Rennyacht der Geschichte war die Königliche Yacht *Britannia* (1893–1935) im Besitz von König Edward VII., als er Prince of Wales war. Danach übernahm die Yacht König Georg V. Sie gewann von 625 Starts *231* Rennen.

Das größte je hergestellte Segel war ein Fallschirmspinnaker mit einer Fläche von *1672 m²* (mehr als 0,1 ha) für Vanderbilts *Ranger* 1937.

Der größte Yachthafen der Welt ist *Maria del Rey*, Los Angeles (USA), mit *7500* Liegeplätzen.

Die meisten Wettkampfteilnehmer, die je zu einem einzigen Rennen starteten, waren *1261* Segelboote beim *Rund-Seeland-Rennen* (Dänemark) im Juni 1976 über eine Strecke von 375 km.

Die höchste Höhe, in der gesegelt wurde, ist *4910 m* auf Laguna Huallatani (Bolivien) in einem *Finn-Dingi* (Mirror), das abwechselnd von Peter Williams, Gordon Siddeley, Keith Robinson, Brian Barrett am 19. November 1977 gesteuert wurde.

Ⓓ **Der erfolgreichste Segler Westdeutschlands** ist Willi Kuhweide (* 6. Januar 1943), der im *Finn-Dingi* Olympiasieger 1964, Europameister 1961 und 1964, Weltmeister (Gold-Cup) 1963, 1966–67 wurde und im *Star*-Boot den Gold-Cup 1972, die Bronzemedaille 1972 bei den Olympischen Spielen und die Europameisterschaft 1974 errang.

Ⓐ Erfolgreichster österreichischer Segler dürfte Hubert Raudaschl (* 26. August 1942) sein, der im *Finn-Dingi* die Silbermedaille 1968 gewann und Gold-Cup-Sieger 1964 und Europameister 1966 wurde.

In letzter Minute

Wimbledon-Rekorde (Seite 537) Am 5. Juli 1980 gewann der Schwede *Björn Borg* (* 6. Juni 1956) zum fünften Mal hintereinander das Herren-Einzel-Finale des Turniers von *Wimbledon* gegen den Amerikaner *John McEnroy* (21).
Einen solchen Rekord meldete das *Guinness-Buch der Rekorde* bisher nur für den Engländer *Hugh Laurence Doherty* (1875–1919), der von 1902 bis 1906 fünf Herren-Einzel-Siege im Endspiel nacheinander verzeichnen konnte.

Gewichtheben (Seite 492) *Weltmeister im Dauerbankdrücken* nennt sich eine Gruppe von vier westdeutschen Bodybuilding-Spezialisten aus Esslingen und Umgebung (Baden-Württemberg), die dort am 23. März 1980 innerhalb von 30 Minuten insgesamt 86 990 kg hochstemmten. Bei dieser Disziplin liegt der Athlet mit dem Rückem auf einer Bank und drückt eine Gewichtheber-Hantel in vorgeschriebener Zeit möglichst oft über der Brust hoch. Im einzelnen schafften dabei der Fernmeldesekretär *Jusup Wilkosz* (31) 234 × 60 kg und 208 × 50 kg, zusammen 24 400 kg; der Sportlehrer *Friedrich Seese* (29) 520 × 60 kg = 31 200 kg; der Friseurmeister und Diplom-Karatelehrer *Max Jörg Bergbauer* (45) 273 × 50 kg = 13 650 kg und der Kfz.-Mechaniker *Gernoth Unrath* (20) 354 × 50 kg = 17 700 kg. Die Rekordleistung der vier Kraftmenschen wurde notariell kontrolliert und beglaubigt.

Letzte vorolympische Weltrekorde:
Guido *Kratschmer*, USC Mainz (Westdeutschland), im *Zehnkampf* 8649 Punkte (Juni 1980).
Tatjana *Birgulina* (UdSSR), *Speerwurf* 70,08 m.
Maria *Wergova* (Bulgarien), *Diskus* 71,80 m.
Frauen-Staffel 4 × 100 m, ostdeutsche Staffel, 41,85 Sek.

Stichwortregister

Quellenverzeichnis der Abbildungen

Associated Press, Frankfurt 13, 15u, 24, 77, 136, 140, 152u, 155, 165u, 169, 213, 233, 279, 357o, 398, 433l, 436u; **Alte Pinakothek (Joachim Blauel), München** 187; **Burda/Bunte, Offenburg** 232r; **Camera Press, London** 310, 320; **Conti-Press, Hamburg** 76, 370; **Deutsche Bank, Frankfurt** 165o; **Deutsche Bundesbahn, Film- u. Bildstelle, Mainz** 362, 369; **dpa, Frankfurt** 14, 17u, 37l, 70, 92, 142, 143, 151u, 178, 223o, 228, 229, 232l, 235o, 245, 259l, 269, 277, 285, 293, 299, 302o, 303, 307, 327, 331o, 333u, 343, 344l/o, 350, 358, 363, 372, 379, 399, 408, 417, 425, 429o, 430, 432, 434, 435, 442, 448r, 451, 457, 458l, 461, 472, 502, 525o, 526o; **Droemersche Verlagsanstalt, München** 421; **Foto-Studio Engelbrecht, Bünde (Westf.)** 408u; **Globus-Kartendienst, Hamburg** 416; **Dr. Reinmar Grimm, Hamburg** 9l; **Heimatmuseum Oberstdorf** 413; **Hoesch, Dortmund** 146; **Walter Hötzel, Berlin** 181; **Keystone, Hamburg** 9r, 10, 18, 22, 27o, 85, 86, 91, 100, 115, 117, 179u, 182, 204, 217, 219, 231, 235u, 239, 241, 266, 284, 288, 302u, 319, 329, 346l/u, 371, 395, 396, 415r/l, 419, 433r, 436o, 437, 438, 439, 440u, 443o, 444, 445, 448l, 450, 452, 459r, 474r, 533; **Knorr-Bremse GmbH, München** 367; **Kraftwerk Union, Mühlheim/Ruhr** 139; **Foto Krupp Rheinhausen** 144u, 147u, 148, 175; **Kugelfischer, Schweinfurt** 147o; **laenderpress, Düsseldorf** 47, 82, 89, 95, 120u, 121, 157, 161, 162, 167, 168, 176, 184l, 185, 338, 368, 391; **Franz Lazi, Stuttgart** 80; **Le Démocrate Delémont, Châtillon** 71; **Prof. Dr. W. Leydhecker, Würzburg** 19; **Jean Claude Lézin, Berlin** 1, 16, 68, 73, 98/99, 107, 111, 112, 326, 331u; **Rudolf Lindemann, Einbeck** 414r; **Luftbild Albrecht Brugger (freigegeben vom Regierungspräsidium)** 104; **Michael Matheis, München** 360; **Max-Planck-Institut, Bonn** 153o; **Motorenwerke Mannheim AG** 348; **Nowostni, Berlin** 119, 138, 170, 183, 332; **Ohrenstein & Koppel AG, Lübeck** 144o; **Österr. Nationalbibliothek, Wien** 20; **Presse- u. Informationsamt Kassel** 130, 244, 414l; **Heinz J. Preuß, Dortmund** 7; **Propyläen-Archiv** 17o, 159l, 186, 199, 263, 315; **Peter Rogowsky, Maineschaff** 11, 459l; **Sartorius GmbH, Göttingen** 129; **Seba Seilbahnbau GmbH, Bad Tölz** 418; **Service de documentation (Louvre)** 189; **Franz Seitz, München** 80, 236; **Stern** (Anders) 83, (Bollinger) 94, (Ihrt)483; **Struttmann, Bad Sachsa** 292; **Süddeutscher Verlag** 96; **Die Tabakzeitung, Mainz** 409; **Ullstein Bilderdienst, Berlin** 8u, 12, 15u, 21, 25o, 27u, 28, 69o, 90, 101, 105, 106, 114, 116, 120o, 124u, 127, 131, 149, 150, 151o, 154, 156, 159r, 160, 166, 173, 179o, 184r, 190, 200, 205, 207, 208, 218, 221, 225, 226, 234, 237, 243, 246, 248, 249, 252, 254, 225o, 256, 257, 258, 259r, 260, 261, 262, 263r, 264, 265, 267, 270, 272, 280, 281, 283, 286, 290, 295, 306, 312, 313, 314, 316, 328, 330, 334, 339, 340,341, 344u, 345, 346r/o, 347, 349, 351, 361, 366, 374, 375, 376, 377, 378, 381, 387, 388, 393, 411, 429u, 431, 440o, 441, 443u, 447, 455, 456, 458r, 463, 468, 469, 474l, 475r, 481, 492, 497, 498, 499, 503, 505, 506, 510, 514, 515, 516, 517, 518, 519, 520, 521, 522, 523, 526u, 529, 531, 532, 536, 538, 539, 542; **V-Dia-Agentur, Heidelberg** 29; **Carl Zeiss, Oberkochen (Westf.)** 153u.

Folgende Abbildungen wurden übernommen aus der englischen Ausgabe: 15o, 23, 25u, 26, 54, 55, 61, 66, 87, 124o, 126, 152o, 164, 188, 194, 216, 255u, 311, 324, 333o, 352, 355, 356, 357u, 384, 394, 423, 427, 476, 478, 488, 489, 491, 493, 495, 513, 525u, 530, 537
aus der französischen Ausgabe: 32, 33, 34, 35, 36, 37r, 38, 40, 41, 42, 45, 48, 49, 51, 53, 56, 57, 58, 60, 61, 64, 65, 69u.

GUINNESS BUCH DER REKORDE

Redaktion der deutschsprachigen Ausgabe
Abteilung: Rekord-Anerkennung

Lindenstraße 76
1000 Berlin 61

Rekord-Anmeldung

Absender: .... Adresse: ....

.... Alter: ....Jahre ....

Rekord, aufgestellt von:

Name ....

Adresse ....

Alter ...., Beruf ....

Art des erzielten Rekordes: ....
(Genaue Beschreibung)[1]

....

....

....

....

....

....

....

....

....

Anzahl der beigefügten Fotos[2]/Unterlagen[3]: ....

Der Rekord schlägt den auf Seite .... gemeldeten

Der Rekord betrifft ein Gebiet, das noch nicht erwähnt wurde, nämlich: ....

....

	Name	Adresse	Unterschrift
1. Zeuge			
2. Zeuge			
3. Zeuge			

[1] Ort, Datum (Jahr, Tag, Stunde, Minute, Sekunde), beteiligte Personen (Name, Geburtsort und -datum, Tätigkeit, Familienstand) gegebenenfalls angeben.

[2] Möglichst Fotos oder/und Unterlagen zum Rekord beifügen.

[3] Zeitungsausschnitte und/oder bestätigte Berichte von Fernseh- oder Radiosendungen.

Hiermit bestätige ich die Richtigkeit der vorstehenden Angaben

in .... am ....

....
(Unterschrift des Absenders)

Für eigene Notizen

Ergebnisse der Olympischen Spiele von Moskau

Moderner Fünfkampf

G Anatoli Starostin (UdSSR) 5568 P.
S Tamas Szombathelyi (Ungarn) 5502 P.
B Pawel Lednew (UdSSR) 5382 P.

Mannschaftswertung
G UdSSR 16126 P.
S Ungarn 15912 P.
B Schweden 15845 P.

Radsport

Fliegerrennen
G Lutz Hesslich (DDR)
S Yave Cahard (Frankreich)
B Sergej Kopylow (UdSSR)

Mannschaftsverfolgung
G UdSSR 4:15,700 Min.
S DDR 4:19,670 Min.
B CSSR ohne Zeit

1000 m Zeitfahren
G Lothar Thoms (DDR) WR 1:02,955 Min.
S Alexander Panfilow (UdSSR) 1:04,845 Min.
B David Weller (Jamaika) 1:05,247 Min.

4000 m Einer-Verfolgung
G Robert Dill-Bundi (Schweiz) 4:35,66 Min.
S Alain Bondue (Frankreich) 4:42,96 Min.
B Hans-Henrik Örsted (Dänemark) 4:36,54 Min.

Einzel-Straßenrennen (189 km)
G Sergej Suchoruschenkow (UdSSR) 4:48:28 Std.
S Czeslaw Lang (Polen) 2:57 Min. zur.
B Juri Barinow (UdSSR) gleiche Zeit

100 km Mannschaftszeitfahren
G UdSSR 2:01:21,72 Std.
S DDR 2:02:53,16 Min.
B CSSR 2:02:53,83 Min.

Reiten

Preis der Nationen
G UdSSR 20,25 Fehlerp.
S Polen 56,00 Fehlerp.
B Mexiko 59,75 Fehlerp.

Springreiten
G Jan Kowalczyk (Polen) 8,0 Fehlerp.
S Nikolai Korolkow (UdSSR) 9,5 Fehlerp.
B Joaquin Perez-Heras (Mexiko) 12,0 Fehlerp.

Military, Einzelwertung
G Federico Roman (Italien) auf Rossinan 108,60 P.
S Alexander Blinow (UdSSR) auf Galzun 120,80 P.
B Juri Salnikow (UdSSR) auf Pintzet 151,60 P.

Military, Mannschaftswertung
G UdSSR 457,00 P.
S Italien 656,20 P.
B Mexiko 1172,85 P.

Dressur, Einzel
G Elisabeth Theurer (Österreich)
S Juri Kowschow (UdSSR)
B Viktor Ukrimow (UdSSR)

Dressur, Mannschaft
G UdSSR 4383 P.
S Bulgarien 3580 P.
B Rumänien 3346 P.

Ringen

(Griechisch-römischer Stil)

Papiergewicht (48 kg)
G Zaksilik Uschkempirow (UdSSR)
S Kostantin Alexandru (Rumänien)
B Ferenc Seres (Ungarn)

Fliegengewicht (52 kg)
G Wachtang Blagidse (UdSSR)
S Lajos Racz (Ungarn)
B Mladen Mladenov (Bulgarien)

Bantamgewicht
G Schamil Serikow (UdSSR)
S Josef Lipien (Polen)
B Benni Ljungbeck (Schweden)

Federgewicht (62 kg)
G Stylianos Migiakis (Griechenland)
S Istvan Toth (Ungarn)
B Boris Kramorenko (UdSSR)

Leichtgewicht (68 kg)
G Stefan Rusu (Rumänien)
S Andrzej Supron (Polen)
B Lars-Erik Skjöld (Schweden)

Weltergewicht (74 kg)
G Ferenc Kocsis (UdSSR)
S Anatoli Bykow (UdSSR)
B Mikko Huhtala (Finnland)

Mittelgewicht (82 kg)
G Gennadi Korban (UdSSR)
S Jan Dolgowicz (Polen)
B Pavel Pawlov (Bulgarien)

Halbschwergewicht (90 kg)
G Norbert Noveniy (Ungarn)
S Igor Kanygin (UdSSR)
B Petre Dicu (Rumänien)

Schwergewicht
G Gheorghe Raikov (Bulgarien)
S Roman Bierla (Polen)
B Vasile Andrei (Rumänien)

Superschwer (über 100 kg)
G Alexander Koltschinski (UdSSR)
S Alexander Tomov (Bulgarien)
B Hassan Bschara (Libanon)

Freistil

Papiergewicht (bis 48 kg)
G Claudio Pollio (Italien)
S Jang Se Hong (Nordkorea)
B Sergej Kornilajew (UdSSR)

Fliegengewicht (bis 52 kg)
G Anatoli Beloglasow (UdSSR)
S Wladyslaw Stecyk (Polen)
B Nermedin Selimov (Bulgarien)

Bantamgewicht (bis 57 kg)
G Sergej Beloglasow (UdSSR)
S Ho Pyong Li (Nordkorea)
B Dugarsuren Oinbold (Mongolei)

Federgewicht (bis 62 kg)
G Magomedgasan Abuschew (UdSSR)
S Mikho Doukov (Bulgarien)
B G. Hadjiionnidis (Griechenland)

Leichtgewicht (bis 68 kg)
G Daidullan Abseidow (UdSSR)
S Iwan Jankow (Bulgarien)
B Saban Seidi (Jugoslawien)

Weltergewicht (bis 74 kg)
G Valentin Ratischev (Bulgarien)
S Jamtsying Dawaajaw (Mongolei)
B Dan Karabin (CSSR)

Mittelgewicht (bis 82 kg)
G Ismail Abilow (Bulgarien)
S Magomet Akrakilow (UdSSR)
B Istvan Kovacs (Ungarn)

Halbschwergewicht (bis 90 kg)
G Sanagar Oganesian (UdSSR)
S Uwe Neupert (DDR)
B Alexander Cichon (Polen)

Schwergewicht (bis 100 kg)
G Ilja Mate (UdSSR)
S S. Tscherwenkow (Bulgarien)
B Julius Strnisko (CSSR)

Superschwergewicht (über 110 kg)
G Soslan Andiew (UdSSR)
S Joszef Balla (Ungarn)
B Adam Sandurski (Polen)

Rudern

Frauen

Einer
G Sanda Toma (Rumänien) 3:40,69 Min.
S Antonia Mackina (UdSSR) 3:41,65 Min.
B Martina Schröter (DDR) 3:43,54 Min.

Zweier mit Steuerfrau
G DDR 3:30,49 Min.
S Polen 3:30,95 Min.
B Bulgarien 3:32,29 Min.

Doppelzweier
G UdSSR 3:16,27 Min.
S DDR 3:17,63 Min.
B Rumänien 3:18,91 Min.

Doppelvierer mit Steuerfrau
G DDR 3:15,32 Min.
S UdSSR 3:15,73 Min.
B Bulgarien 3:16,10 Min.

Vierer mit Steuerfrau
G DDR 3:19,37 Min.
S Bulgarien 3:20,75 Min.
B UdSSR 3:20,92 Min.

Achter
G DDR 3:03,32 Min.
S UdSSR 3:04,29 Min.
B Rumänien 3:05,63 Min.

Männer

Einer
G Pertti Karppinen (Finnland) 7:09,61 Min.
S Vasili Jakuscha (UdSSR) 7:11,66 Min.
B Peter Kersten (DDR) 7:14,88 Min.

Zweier ohne Steuermann
G DDR 6:48,01 Min.
S UdSSR 6:50,50 Min.
B Großbritannien 6:51,47 Min.

Zweier mit Steuermann
G DDR 7:02,54 Min.
S UdSSR 7:03,35 Min.
B Jugoslawien 7:04,92 Min.

Doppelzweier
G DDR 6:24,33 Min.
S Jugoslawien 6:26,34 Min.
B CSSR 6:29,07 Min.

Vierer ohne Steuermann
G DDR 6:08,17 Min.
S UdSSR 6:11,81 Min.
B Großbritannien 6:16,58 Min.

Vierer mit Steuermann
G DDR 6:14,51 Min.
S UdSSR 6:19,05 Min.
B Polen 6:22,52 Min.

Doppelvierer
G DDR 5:49,81 Min.
S UdSSR 5:51,47 Min.
B Bulgarien 5:52,38 Min.

Achter
G DDR 5:49,05 Min.
S Großbritannien 5:51,92 Min.
B UdSSR 5:52,66 Min.

Segeln

Finn Dinghy
G E. Rechardt (Finnland)
S W. Mayrhofer (Österreich)
B A. Balaschow (UdSSR)

Flying Dutchman
G A. Abascal/M. Noguer (Spanien)
S D. Wilkins/J. Wilkinson (Irland)
B Szabolcs und Zsolt Detre (Ungarn)

Tornado
G A. Welter/L.S. Bjorkstrmm (Bras.)
S P. Due/P. Kjergaard (Dänemark)
B G. Marström/J. Ragnarsson (Schweden)

Soling
G Jensen/Bandolowski/Hansen (Dänemark)
S B. und A. Budnikow/Poljakow UdSSR
B Boudouris/Gavrilis/Rapanakis (Griechenland)

470er
G M. Soares/E. Penido (Brasilien)
S J. Borowski/E. Swensson (DDR)
B J. Lindgren/G. Tallberg (Finnland)

Starboote
G V. Mankin/A. Muzyschenko (UdSSR)
S H. Raudaschl/K. Ferstl (Österreich)
B G. Gorla/A. Peraboni (Italien)

Schießen

KK-Gewehr, liegend
G Karoly Varga (Ungarn) WR 599 Rg.
S Hellfried Heilfort (DDR) WR 599 Rg.
B Petar Zaprianov (Bulgarien) 598 Rg.

KK-Gewehr, Dreistellungskampf
G Viktor Wlasow (UdSSR) WR 1173 Rg.
S Bernd Hartstein (DDR) 1166 Rg.
B S. Johansson (Schweden) 1165 Rg.

Laufende Scheibe
G Igor Sokolow (UdSSR) WR 589 Rg.
S Thomas Pfeffer (DDR) WR 589 Rg.
B Alexander Gazow (UdSSR) 587 Rg.

Skeet (200)
G H.K. Rasmussen (Dänemark 196 Tr.
S L.G. Carlsson (Schweden) 196 Tr.
B Roberto Castrillo (Cuba) 196 Tr.

Trap, 200 Tauben
G Luciano Giovanetti (Italien) 198 Tr.
S Rustam Jabalatow (UdSSR) 196 Tr.
B Jörg Damme (DDR) 196 Tr.

Freie Pistole
G A. Melentjew (UdSSR) WR 581 Rg.
S Harald Vollmar (DDR) 568 Rg.
B Lubicho Diakov (Bulgarien) 565 Rg.

Schnellfeuerpistole
G Corneliu Ion (Rumänien) 596 Rg.
S Jürgen Wiefel (DDR) 596 Rg.
B G. Petritsch (Österreich) 596 Rg.

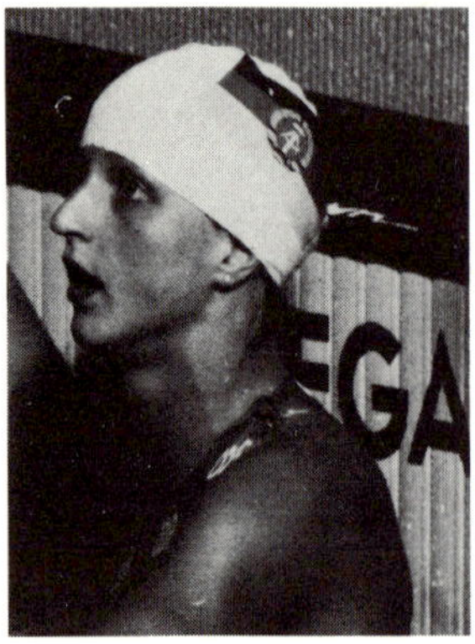

Olympisches Gold für Barbara Krause

Schwimmen

Frauen

100 m Kraul
G Barbara Krause (DDR) WR 54,79 Sek.
S Caren Metschuk (DDR) 55,16 Sek.
B Ines Diers (DDR) 55,65 Sek.

200 m Kraul
G Barbara Krause (DDR) 1:58,33 Min.
S Ines Diers (DDR) 1:59,64 Min.
B Carmela Schmidt (DDR) 2:01,44 Min.